D1752459

Peter Böckli

Das neue Aktienrecht

Peter Böckli

Dr. iur., Advokat
a.o. Professor an der Universität Basel

Das neue Aktienrecht

Darstellung für den Praktiker

Bundesgesetz vom 4. Oktober 1991 über die Revision des 26. Titels des schweizerischen Obligationenrechts «Die Aktiengesellschaft»

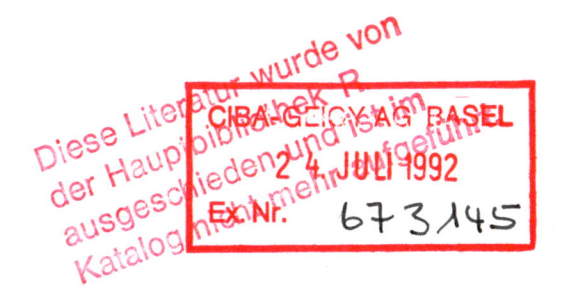

Schulthess Polygraphischer Verlag Zürich 1992

© Schulthess Polygraphischer Verlag AG, Zürich 1992
ISBN 3 7255 2998 1

à Marie-Edith

Dank

Es ist dem Verfasser ein besonderes Bedürfnis, allen zu danken, die ihn unterstützt haben.

Der Verfasser möchte für die Durchsicht der Kapitel über die Rechnungslegung, die stillen Reserven und die Konzernrechnung Prof. André Zünd herzlich danken. Sein wohlwollendes Schmunzeln über die Bemühungen, einmal nicht von der buchhalterischen, sondern von der wirtschaftsrechtlichen Seite her die Sinnzusammenhänge in der Rechnungslegung darzustellen, hat den Verfasser angespornt. Grossen Dank schuldet der Verfasser seinen Bureau-Partnern, Dr. Felix H. Thomann, Dr. Patrick Wamister und Dr. Bernhard Bodmer, für die Lektüre des Manuskriptes und die hilfreichen Hinweise. Herrn Rechtsanwalt Jürgen Schow, bis 1990 Chef-Syndikus (Leiter der Rechtsabteilung) der Volkswagen AG, Wolfsburg, ist der Verfasser aufrichtig verbunden für zahlreiche Hinweise zur Praxis des deutschen Aktienrechts. Grossen Nutzen zog der Verfasser aus seinen Gesprächen mit Herrn Fürsprecher Hanspeter Kläy, der im Bundesamt für Justiz das Dossier der Aktienrechtsreform in der aufgewühlten Schlussphase ab 1988 betreute; er las kritisch mehrere Teile des Manuskriptes. Für die Durchsicht der Fahnen und vielfache Anregungen ist der Verfasser Herrn Dr. Kaspar Hotz, Zürich, und, hinsichtlich der prozessrechtlich relevanten Teile, Herrn Prof. Dr. Franz Hasenböhler, vormals Bezirksgerichtspräsident in Arlesheim, sehr dankbar. Die Korrekturen der Anmerkungen und die Kontrolle der Literaturangaben besorgte Herr lic. iur. Thomas Häusler. Frau Alice Ravasi setzte Diktat und Hieroglyphen in Times Roman und half bei der Erstellung des Sachregisters; ihr – ebenso wie Herrn Bénon Eugster, der die Drucklegung für den Verlag Schulthess betreute – ist der Verfasser aufrichtig dankbar.

Vorwort

Am 4. Oktober 1991 kam in den eidgenössischen Räten das neue Aktienrecht zur Schlussabstimmung: Nach 23-jährigem Hin und Her war dieses Muster helvetischer Kompromisskunst aufbereitet. Letzte Verbeugungen nach links und Zugeständnisse nach rechts führten zur Einstimmigkeit: 148 : 0 im Nationalrat und 40 : 0 im Ständerat. Das neue Recht tritt auf den 1. Juli 1992 in Kraft (mit Ausnahme der drei Artikel über die Konzernrechnung, die erst am 1. Juli 1993 wirksam werden).

Dieses Buch soll erläutern, was im neuen Schweizer Aktienrecht wirklich neu ist - und warum. Ziel ist es, den Praktikern des Aktienrechts (Juristen ebenso wie interessierten Nicht-Juristen, Bücherexperten ebenso wie Zahlenscheuen) eine Erläuterung in die Hand zu geben, mit der sie sich Rechenschaft über die Zusammenhänge im neuen Recht ablegen können. Das Buch will die geänderten Regeln vor dem Hintergrund dessen, was unverändert geblieben ist, herausarbeiten. Dies kann für alle von Bedeutung sein, die eine Schweizer Aktiengesellschaft auf ihrem Weg durch das Geschäftsjahr zu begleiten haben - von den Sitzungen des Verwaltungsrats zur Jahresrechnung, von deren Revision zur Generalversammlung. Die Kenntnis der Neuerungen ist unerlässlich, wenn es zu aussergewöhnlichen Ereignissen kommt: zu einer genehmigten oder bedingten Kapitalerhöhung, einer Einschränkung der Bezugsrechte, zum Kauf eigener Aktien, zu Übernahmekämpfen, Sonderprüfungen, Anfechtungs- oder Verantwortlichkeitsklagen. Vertrautheit mit der Tragweite der ausserordentlich zahlreichen Neuerungen ist aber auch nützlich, wenn es darum geht, die Statuten innerhalb der gesetzlichen Frist dem neuen Recht anzupassen.

Die Darstellung bezieht das neue Schweizer Aktienrecht in die wirtschaftlichen Zusammenhänge und in den Kontext des EG-Rechts ein. Der Verfasser stützt sich dabei auf seine Erfahrungen bei der Vorbereitung der Gesetzesrevision als Mitglied der Arbeitsgruppe von Greyerz, aber auch als Mitglied des Verwaltungsrates von Schweizer Aktiengesellschaften. Die Arbeit baut auf einem rechtsdogmatischen Verständnis der Aktiengesellschaft auf, verweist darauf jedoch nur im Vorbeigehen, wenn immer der Rückgriff auf die tieferen Zusammenhänge unerlässlich scheint für einen Einblick in die gesetzgeberische Lösung. Dieser Methode entsprechen die Fussnoten: Nur auf jene Literatur ist verwiesen, die besonders hilfreich ist für das Verständnis gerade des Neuen im Aktienrecht von 1991 oder seiner Herausentwicklung aus früheren Etappen. Spezialliteratur, die dem Leser weiterhelfen wird, ist zu Beginn angegeben.

Das neue Schweizer Aktienrecht folgt insgesamt durchaus der Entwicklung des europäischen Gesellschaftsrechts. Es trägt zwar einige Auswüchse helvetischen Eigensinns, vollzieht aber einen grossen Schritt in Richtung auf die EG-Richtlinien und die Vorschläge für eine europäische Aktiengesellschaft («Societas Europaea» oder «SE»). Die Annäherung geht dabei insgesamt viel weiter, als man auf den ersten Blick vermuten könnte. Eine knappe Bilanz über das Verhältnis zum EG-Recht und die verbleibenden Unterschiede findet sich am Ende jedes Kapitels.

Basel, den 28. April 1992   Peter Böckli

Inhaltsübersicht

Einleitende Bemerkungen   1

Teil I   Gründung und Aktien   13

Kapitel 1   Gründung   15
Kapitel 2   Kapitalerhöhung und Bezugsrecht   46
Kapitel 3   Neue Vorschriften über die Aktien   86
Kapitel 4   Partizipationsscheine als stimmrechtslose Aktien   131
Kapitel 5   Vinkulierung der Namenaktien   153

Teil II   Rechnungslegung   215

Kapitel 6   Regeln der Rechnungslegung   217
Kapitel 7   Stille Reserven   304
Kapitel 8   Konzernrechnung   317

Teil III Organe   343

Kapitel 9   Generalversammlung und Depotstimmrecht   345
Kapitel 10   Verwaltungsrat   397
Kapitel 11   Revisionsstelle   481

Teil IV   Klagerechte   503

Kapitel 12   Sonderprüfung, Anfechtung, Nichtigkeit und Auflösung   505
Kapitel 13   Verantwortlichkeit   536

Teil V   Schlussbestimmungen   553

Kapitel 14   Übergang zum neuen Recht   555

Inhaltsverzeichnis

Vorwort	VI
Inhaltsübersicht	IX
Inhaltsverzeichnis	XI
Literaturübersicht	XLIII
EG-Gesellschaftsrecht	LIX
Abkürzungen	LXI
Einleitende Bemerkungen	1

Teil I   Gründung und Aktien 13

Kapitel 1   Gründung 15

I. Bausteine der Aktiengesellschaft 15

    A. Begriff, Mindestkapital und Grundelemente 16
        1. Erhöhung des Mindestkapitals 16
            a) Erhöhung auf Fr. 100,000 16
            b) Rechtsfolge für bestehende Gesellschaften 17
            c) Herabsetzung nicht unter Fr. 100,000 17
        2. Erhöhung der Mindesteinlage 18
        3. Verbot der Unterpari-Emission 18
        4. Definition der Aktienzeichnung 18
        5. Auflösungsklage gegen Aktiengesellschaften mit weniger als drei Aktionären 19

    B. Die Bargründung 20
        1. Die Hauptelemente der Gründung 20
        2. Öffentliche Urkunde und Sperrkonto als Sicherungen 20
            a) Intervention der Urkundsperson 20
            b) Sperrkonto auf einer Bank 20
        3. Rückgewähr des Gründungskapitals nach der Errichtung 21
        4. Gründungsprüfung auch bei Bareinzahlung? 22

II. Die Neuerungen 22

    A. Abschaffung der Sukzessivgründung 23
        1. Schwächen des alten OR 23
        2. Zweistufiges Verfahren 23

    B. Begriff der qualifizierten Gründung 24
        1. Schutzbedürfnis 24
        2. Sacheinlage 24
        3. Sachübernahme 25
            a) Herkömmliches Verständnis des Begriffs 25

		b) Die Frage der Güteraustauschgeschäfte mit Dritten	25
	4.	Besondere Vorteile	26
C.	Sondervorschriften für die qualifizierte Gründung		27
	1.	Formvorschrift für Sacheinlagen und -übernahmen	27
	2.	Gründungsbericht als «Rechenschaft»	27
	3.	Die Gründungsprüfung	28
		a) Prüfungsgegenstand	28
		b) Aussage der Prüfungsbestätigung	29
		c) Gründungsprüfung mit Bestätigungsvermerk als Voraussetzung für die Eintragung der Gesellschaft	30
		d) Prüfungskriterien des Handelsregisterführers	30
	4.	Die Offenlegung	31
		a) Offenlegung in Statuten und Handelsregister	31
		b) Aufhebung der Sacheinlage- oder Sachübernahmeklausel nach 10 Jahren	31
D.	Sonderprobleme bei der Gründung		31
	1.	Schulden der Gesellschaft im Augenblick der Gründung	31
		a) «Verrechnung» bei der Gründung zwecks Liberierung	31
		b) Schuldübernahme bei der Gründung	32
		c) Übernahme der vor der Eintragung eingegangenen Schulden	33
	2.	Gründungsmängel	33

III. Die Gründungsstatuten — 34

A. Der notwendige Inhalt der Gründungsstatuten — 34
  1. Eckdaten — 34
  2. «Zweck» der Gesellschaft als Tätigkeitsfeld — 35
  3. Angabe der Teilliberierung — 35
  4. Streichung der «Art der Ausübung der Vertretung» — 35
  5. Streichung der Pflichtaktien; Beibehaltung der Qualifikationsaktie — 36

B. Der bedingt notwendige Statuteninhalt — 36
  1. Beibehaltener Grundstock der Regelung — 36
  2. Neue Punkte — 36
  3. Gestrichene bzw. fehlende Punkte — 37
     a) Weglassungen — 37
     b) Keine Angabe der Verrechnung in den Statuten — 37
     c) Anderswo geregelter bedingt notwendiger Statuteninhalt — 37

IV. Eintragung ins Handelsregister — 38

A. Bedeutung des Registereintrags — 38
  1. Erwerb der Persönlichkeit — 38
  2. Klage auf Auflösung — 39

B. Anmeldung und Eintragung — 39
  1. Anmeldung — 39
  2. Prüfung durch den Handelsregisterführer — 40
     a) Im allgemeinen — 40
     b) Prüfung der «Befähigung» des Revisors — 40
     c) Lex Friedrich — 40
  3. Inhalt des Eintrags — 41

V. Änderung der Statuten 42
1. Notarieller Akt über den Änderungsbeschluss 42
   a) Zuständigkeiten der Generalversammlung 42
   b) Doppelbeschluss des Verwaltungsrates 42
2. Beschlussquoren 43
3. Unübersteigbare Schranken der Statutenrevision 43
4. Inkrafttreten der geänderten Statuten 43
   a) Rückwirkung auf den Tag der Anmeldung 43
   b) Interne Wirksamkeit 44

VI. Verhältnis zum EG-Recht 44

Kapitel 2 Kapitalerhöhung und Bezugsrecht 46

I. Übersicht über die wesentlichen Neuerungen 46
A. Ausgangspunkt: Starrheit des OR 1936 und ihre Überwindung durch die Praxis 46
   1. Drei formal getrennte Generalversammlungsbeschlüsse und Einmalverfahren 47
      a) Unter der Herrschaft des OR 1936 47
      b) Unter dem neuen Aktienrecht 47
   2. Zeitliche Einengung 48
   3. Wandel- und Optionsanleihen 48
   4. Kapitalerhöhung aus Eigenkapital (Gratisaktien) 49
   5. Kapitalerhöhung durch Verrechnung 49

B. Methodik und neue Starrheit des Gesetzes 50
   1. Ordentliche und genehmigte Kapitalerhöhung 50
   2. Bedingte Kapitalerhöhung 50
   3. Erhöhung des Partizipationskapitals 51
   4. Qualifizierte Mehrheit für die meisten Erhöhungsbeschlüsse 51
   5. Beschränkung der genehmigten und der bedingten Kapitalerhöhung auf 50% des bisherigen Aktienkapitals 51
   6. Zwangsjacke für die Ausgabebedingungen 52

II. Die ordentliche und die genehmigte Kapitalerhöhung 52
A. Der Erhöhungsbeschluss 52
   1. Der Erhöhungsbeschluss bei der ordentlichen Kapitalerhöhung 52
      a) Wesen dieses Beschlusses 52
      b) Der vorgeschriebene Inhalt des Erhöhungsbeschlusses 53
      c) Weitere zu beachtende Neuerungen 54
   2. Bei der genehmigten Kapitalerhöhung 55
      a) Die Ermächtigung für zwei Jahre 55
      b) Der Ermächtigungsbeschluss 55
      c) Festlegungen, die dem Verwaltungsrat zustehen («Durchführungsbeschluss») 56
   3. Die neuen Regeln über die Beschränkung des Bezugsrechts 57

B.	Einlagepflicht, Rechenschaft und Prüfung	57
	1. Der Zeichnungsschein	57
	2. Der Emissionsprospekt	57
	a) Prospektzwang	58
	b) Prospektinhalt	58
	3. Die Leistung der Einlage («Liberierung»)	59
	a) Qualifizierte Kapitalerhöhung	59
	b) Erhöhung aus Eigenkapital (Gratisaktien)	59
	c) Kapitalerhöhung durch Verrechnung	61
	4. Kapitalerhöhungsbericht des Verwaltungsrates	61
	a) Pflicht bei jeder Kapitalerhöhung	61
	b) Inhalt	61
	5. Prüfungsbestätigung der Revisionsstelle	62
	a) Ausnahme von der Prüfungspflicht	62
	b) Prüfungsbestätigung	63
C.	Der abschliessende Feststellungs- und Anpassungsbeschluss des Verwaltungsrates	63
	1. Verwaltungsratsbeschlüsse	63
	2. Eintragung im Handelsregister	64

III. Bedingte Kapitalerhöhung als Sonderfall   64

A.	Funktion der bedingten Kapitalerhöhung	64
B.	Gesetzliche Eingrenzung der Optionsberechtigten	65
	1. Anwendungskreis des bedingten Kapitals	65
	a) Wandel- oder Optionsanleihen	66
	b) Optionen auf Mitarbeiteraktien	66
	2. Nicht erfasste Fälle	67
	a) Qualifizierte Kapitalerhöhungen	67
	b) Schaffung von Gratisoptionen	67
C.	Die rechtliche Verankerung des bedingten Kapitals	69
	1. Definition des Vorgangs in den Statuten	69
	2. Veröffentlichung im Handelsamtsblatt	70
	3. Schutz der Bezugsrechte der bisherigen Aktionäre	70
	4. Schutz der Optionsberechtigten vor nachträglicher Verwässerung	70
	a) Herabsetzung des Ausübungspreises oder angemessener Ausgleich	70
	b) Gleiche Beeinträchtigung	70
	5. Schutz der Optionsberechtigten bei Anrechten	71
D.	Durchführung der bedingten Kapitalerhöhung	71
	1. Schriftliche Ausübungserklärungen	71
	2. Einreichung bei der Bank	72
	3. Prüfung durch einen besonders befähigten Revisor	72
	a) Qualifikation des Prüfers	72
	b) Prüfungsgegenstand	72
	4. Jährlicher Feststellungs- und Anpassungsbeschluss	73
	5. Streichung der Statutenbestimmung	73

IV.	**Die Einschränkung des Bezugsrechtes**	74
	A. Das Problem	74
	1. Der Rechtszustand unter dem OR 1936	74
	a) Tendenzen in der Praxis	74
	b) Canes c. Nestlé	75
	2. Die Neuerungen des Aktienrechts von 1991	76
	a) Verbot der Einschränkung des Bezugsrechts in den Statuten	76
	b) Kapitalerhöhungsbericht	77
	B. Doppelte Voraussetzung für die Einschränkung des Bezugsrechts bei ordentlicher und genehmigter Kapitalerhöhung	78
	1. Positive Voraussetzung: Aufhebung im konkreten Fall aus «wichtigem Grund»	78
	2. Negative Voraussetzung: Keine unsachliche Begünstigung oder Benachteiligung	79
	3. Weitere Voraussetzungen bei der ordentlichen Kapitalerhöhung	80
	4. Die genehmigte Kapitalerhöhung	80
	a) Abweichende Situation	80
	b) Delegation im Ermächtigungsbeschluss	81
	C. Einschränkung des Bezugsrechtsrechtes bei der bedingten Kapitalerhöhung	82
	1. Besonderheit der Situation	82
	2. Die gesetzliche Regelung von 1991	82
	a) Positive Voraussetzung: Vorwegzeichnungsrecht der Aktionäre	83
	b) Negative Voraussetzung: Keine unsachliche Begünstigung oder Benachteiligung	83
	3. Überreglementierung durch das Gesetz von 1991?	84
V.	**Verhältnis zum EG-Recht**	85

Kapitel 3   Neue Vorschriften über die Aktien   86

I.	**Verwerfung der nennwertlosen Aktie**	86
	1. Die ursprüngliche Reformidee	86
	2. Vor- und Nachteile	87
II.	**Die Kleinaktie**	88
	A. Der Grundgedanke	88
	1. Verbesserung der Marktgängigkeit	88
	2. Rückzieher des Bundesrates	89
	3. Kein «Penny Stock»	90
	B. Bedeutung der Änderung	90
	1. Marktgängigkeit	91
	2. Stimmrechtsaktien	91

	3. Im Fusionsfall	92
	4. Übergang zur Einheitsaktie	92
III.	**Aktiensplit und Zusammenlegung**	93
IV.	**Stimmrechtsaktien**	93

    A. Problematik   93

        1. Ausgangspunkt: Die Kompromisslösung von 1936   93
        2. Die Änderungen von 1991   94
            a) Nachteile der Stimmrechtsaktien   94
            b) Gestaltungsautonomie der Gesellschaften   95

    B. Bedeutung der Änderungen   97

V.	**Vorzugsaktien**	98

        1. Abschaffung des lästigen Präsenzquorums   99
        2. Beibehaltung der «besonderen Versammlung» der
            Vorzugsaktionäre   99
            a) Der Zustimmungsentscheid   99
            b) Die «abweichende Ordnung»   100

VI.	**Zwei Aktienarten (Inhaber- und Namenaktien) und unverbriefte Aktien**	100

        1. Inhaber- und Namenaktien   100
        2. Unverbriefte Namenaktien   101
            a) Namenaktien mit aufgeschobenem Titeldruck   101
            b) Unverbriefte Aktien in geschlossenen Gesellschaften   102

VII.	**Eigene Aktien**	103

    A. Die Problematik des Rückkaufs eigener Aktien   104

        1. Das Problem und die Ansätze zu seiner Lösung   104
        2. Die Lösung des OR 1991   106
        3. Verurteilung zur Rücknahme eigener Aktien aus wichtigen Gründen
            (Abfindungsurteil)   107

    B. Voraussetzungen und Schranken   107

        1. Die neuen Voraussetzungen für einen rechtmässigen Rückkauf
            eigener Aktien   108
            a) Verwendbares Eigenkapital   108
            b) Limite der 10% bzw. 20%   108
            c) Reserve für eigene Aktien   109
            d) Kein Stimmrecht   109
            e) Offenlegung im Anhang zur Jahresrechnung   110
        2. Der Vorbehalt der allgemeinen Schranken des Aktienrechts   110
            a) Gleichbehandlungs- und Sorgfaltspflicht   110
            b) Vorhandensein nicht-betriebsnotwendiger Mittel   111
        3. «Green mail» unter den Kriterien des neuen Aktienrechts   111
            a) Gleichbehandlungsprinzip   111
            b) Gesicherte Weiterveräusserung   112

	C.	Rechtsfolgen	112
		1. Nichtigkeit eines gesetzwidrigen Rückkaufs eigener Aktien?	112
		a) Unter dem OR 1936	112
		b) Nach neuem Aktienrecht	113
		2. Pflichten des Verwaltungsrates und der Revisionsstelle	114
		a) Wiederveräusserung oder Vernichtung eigener Aktien	114
		b) Steuerliche Teilliquidationstheorie	115
		3. Sonderprüfung hinsichtlich eigener Aktien	116
	D.	Abgrenzungsfragen	117
		1. Eigene Aktien in Tochtergesellschaften	117
		a) Transparenz	117
		b) Würdigung der neuen Regeln	117
		2. Die Freistellung der Pfandnahme eigener Aktien	118
		3. Vorkaufs- und Kaufsrechte an eigenen Aktien	119
		4. Kursgarantie an Dritte ohne Aktienerwerb	119
		5. Kurspflege und Kursstützung	120
	E.	Das Schicksal der früheren fünf gesetzlichen Ausnahmen	121
		1. Rückkauf zur Vernichtung	121
		2. Entgegennahme an Zahlungsstatt	121
		3. Übernahme mit einem Gesamtvermögen	122
		a) Unter dem Aktienrecht von 1936	122
		b) Unter dem neuen Aktienrecht	122
		4. Eigene Aktien bei Banken und Effektenhändlern	122
		5. Pflichtaktien	123
VIII.	Vorratsaktien		123
		1. Entstehung der Vorratsaktien	123
		2. Arten	123
		a) Gebundene Vorratsaktien als Ersatz für bedingtes Kapital	124
		b) Freie Vorratsaktien als Ersatz für genehmigtes Kapital	124
		3. Gefahr einer Scheinliberierung	125
IX.	Mitarbeiteraktien		125
X.	Teilliberierte Aktien		126
XI.	Gratisaktien		128
XI.	Verhältnis zum EG-Recht		128

Kapitel 4   Partizipationsscheine als stimmrechtslose Aktien   131

I.	**Wesen und Bedeutung des Partizipationsscheines**	131
	A. Die Herausentwicklung des Partizipationsscheins aus dem Genussschein	131
	1. Entstehung des Partizipationsscheins	131

			2. Rechtliche Hürden	132
		B.	Bedeutung der Partizipationsscheine auf dem Schweizer Kapitalmarkt	133
			1. Kapitalaufnahme im Ausland	133
			2. Flexibles Eigenkapitalpapier	134
		C.	Hauptpunkte der neuen Regelung	134
II.	**Die neue Regelung**			135
		A.	Der Grundsatz der Gleichstellung mit den Aktien	135
			1. Das Konzept der stimmrechtslosen Aktie	135
			2. Gleichstellung und Schlechterstellungsverbot	136
			a) Die Gleichstellung mit den Aktien	136
			b) Unterschiedliche Rechtsstellung trotz Schlechterstellungsverbot	137
			c) Schaffung von Aktien durch Umwandlung von Partizipationsscheinen	137
			d) Kein Mindestkapital	137
			e) Vinkulierte Partizipationsscheine	138
			3. Schutz vor rechtlicher Zurücksetzung	138
		B.	Bezeichnung und Plafond	139
			1. Der Zwang zur Verwendung des gesetzlichen Ausdrucks	139
			a) Warum nicht «stimmrechtslose Aktie»?	139
			b) Unverbriefte «Partizipationsscheine»	140
			2. Beschränkung auf das Doppelte des Aktienkapitals	140
		C.	Abgrenzung der den Partizipanten zwangsweise zustehenden und der frei zuteilbaren Mitwirkungsrechte	141
			1. Kein Stimmrecht	141
			a) In der Generalversammlung: Ausschluss	141
			b) In der Sonderversammlung: Ausnahme	142
			2. Kein verbürgter Sitz im Verwaltungsrat	142
			a) Die Regelung des Gesetzes	142
			b) Freiwillige Einräumung eines Verwaltungsratssitzes	142
			3. Mitgliedschaftliche Rechte, die allen Partizipanten zwingend zustehen	143
			a) Orientierung über die Einberufung der Generalversammlung	143
			b) Recht auf Auskunft oder Einsicht	144
			c) Antrag auf Sonderprüfung	144
			d) Orientierung über die von den Aktionären gefassten Beschlüsse	145
			e) Anfechtungs- und Verantwortlichkeitsklage	145
			4. Mitgliedschaftliche Rechte, die die Statuten den Partizipanten zuteilen können	145
			a) Die dispositiven Mitwirkungsrechte	145
			b) Regelungsbedarf im Einzelfall	146
		D.	Bezugsrecht der Partizipanten	147
			1. Stand der Praxis	147
			2. Bei der Einführung von Partizipationsscheinen	147

	3. Bei einer Erhöhung von Aktien- und Partizipationskapital	147
	a) Bei gleicher Erhöhung	147
	b) Bei ungleicher Erhöhung der beiden Kapitalzahlen	148
	c) Abweichungen im Einzelfall	148
III.	**Genussscheine**	**149**
	1. Nuancen gegenüber der bisherigen Regelung	149
	a) Zweck der Genussscheine	149
	b) Beschränkungen für die Gestaltung neuer Genussscheine	150
	2. Die «Gemeinschaft» der Genussscheininhaber	150
	3. Bezugsrechte der Genussscheininhaber	151
IV.	**Verhältnis zum EG-Recht**	**151**

Kapitel 5 Vinkulierung der Namenaktien — 153

I. Das Problem und die Grundzüge seiner Lösung — 153

1. Häufung der rechtlichen Probleme — 153
2. Die Grundentscheide vom 4. Oktober 1991 — 155
   a) Keine Namenaktien mehr mit Übertragungsverbot — 155
   b) Abweichung von der Einheit des Aktienrechts — 156
   c) Abschaffung der «Spaltung» der Aktionärsrechte — 156
   d) Notwendige Verankerung der Ablehnungsgründe in den Statuten — 156
   e) Typisierung der Ablehnungsgründe — 157
   f) Weggefallene Ablehnungsgründe — 157
   g) «Escape clause» nur für nichtkotierte vinkulierte Namenaktien — 158
   h) Einführung oder Verschärfung der Vinkulierung nur mit qualifizierter Mehrheit — 159
   i) Wandel- und Optionsrechte auf vinkulierte Namenaktien — 159
   k) Kein Interventionsrecht der Regierung — 160
3. Wenig veränderte allgemeine Bestimmungen — 160
   a) Zuständigkeit von Verwaltungsrat oder Generalversammlung — 160
   b) Gesetzliche Vinkulierung teilliberierter Aktien — 161
   c) Nutzniessung und Liquidation — 161
   d) Inhalt der Eintragungen — 161
   e) Sperrfrist für Umschreibungen im Aktienbuch — 161

II. Vinkulierung bei börsenkotierten Namenaktien — 162

  A. Anknüpfungspunkt — 162
    1. An der Börse erworben oder börsenkotiert — 162
       a) Das Konzept des Gesetzes — 162
       b) Kotierte Aktien im ausserbörslichen Verkehr — 163
    2. «Börsenkotiert» — 163
       a) Schweizer Haupt- oder Nebenbörse — 163
       b) Ausländische Börsen — 164

B. Der erste materielle Ablehnungsgrund: Die Quote als statutarische prozentuale Begrenzung 164
  1. Inhalt und Begründung einer Quote 164
     a) Im allgemeinen 164
     b) Beibehaltung einer minimalen Streuung im Aktienbesitz 164
  2. Umschreibung der Betroffenen 165
     a) Statutarische Definition der «betroffenen Einheit» 165
     b) Rechtsfolgen 166
  3. Bezugsgrösse der Quote 166
  4. Besitzstandgarantie auf den Tag des Inkrafttretens der Quote 167
  5. Vom Verwaltungsrat zugestandene Ausnahmen von der Höchstquote 168
     a) Rechtliche Anforderungen: Willkürverbot 168
     b) Gründe für eine Ausnahme 168
     c) Rechtsfolgen einer ungerechtfertigten Ausnahme 169
     d) Einsatz der Ausnahmekompetenz zur Durchsetzung statuten fremder Motive 170

C. Ablehnung von Ausländern wegen bestimmter Bundesgesetze 170
  1. Verwerfung früherer Diskriminierungsideen 170
     a) Werdegang der Regelungsidee 170
     b) Doppelte Einschränkung 171
  2. Ablehnung nur noch im Hinblick auf bestimmte Bundesgesetze 171
     a) Bundesgesetze, die ausländisch-beherrschte Aktiengesellschaften diskriminieren 171
     b) Diskriminierung im internationalen Doppelbesteuerungsrecht 172
  3. Ablehnung bei Erreichen der Gefahrenzone für den Nachweis 173
     a) Einschränkung der diskriminierenden Wirkung 173
     b) Lex Friedrich 173
     c) Missbrauchsbeschluss 175
     d) Bankengesetz 175
  4. Schwierigkeiten bei der Anwendung des Art. 4 der Schlussbestimmungen 176
     a) «Soweit und solange»: Warteschlange? 176
     b) Bestimmung der Gefahrenzone 177
     c) Die Aussagen der Statuten zur gültigen Berufung auf Art. 4 Schl.Best. 178
  5. Die Definition des (ablehnbaren) ausländischen Erwerbers und der «Ausländerlimite» 179
     a) Die Person 179
     b) Die Gesamtlimite 179

D. Unzulässige und neu zulässige Regelungen 179
  1. Das von bundesgesetzlichen Nachweisen unabhängige «Ausländerkontingent» 180
  2. Der «unbedenkliche» Ausländeranteil 180
  3. Anerkennungszwang bei Erwerb durch Erbgang, Erbleitung oder eheliches Güterrecht 181
  4. Die Ablehnung von Strohpersonen: Erwerb «für fremde Rechnung» 181

E.	Rechtsfolgen der Übertragung börsenkotierter Namenaktien	182
	1. Beschränkung der Vinkulierung auf das Stimmrecht (Stimmrechtsausschluss)	182
	a) Der Eintrag als «Aktionär ohne Stimmrecht» (Träger des «beneficial interest»)	182
	b) Schrumpfung der Stimmrechtsbasis	183
	2. Der Rechtsübergang bei «börsenmässiger» Abwicklung: das ruhende Stimmrecht	183
	a) Übergang von Mitgliedschaft und Vermögensrechten	183
	b) Die «Aktionäre ohne Stimmrecht» und ihre Rechtsstellung	184
	3. Rechtsübertragung bei ausserbörslichem Erwerb: Suspendierung aller Rechte bis zur Anmeldung	185
	a) Abweichender Rechtsübergang	185
	b) «Börsenmässiger» Erwerb	186
	4. Meldepflicht der Veräussererbank	186
	5. Indirekte Meldeobliegenheit des Erwerbers	187
	a) Der ständerätliche Ansatz	187
	b) Entwirrung des Knäuels	188
	c) Rechtsfolgen	189
	6. Gesetzliche Genehmigungsvermutung	189
	7. Rechtsfolgen einer widerrechtlichen Ablehnung	189
	a) Klage auf Eintragung	189
	b) Wirksamkeit und Schadenersatz	190
	8. Nachträgliche Streichung eines Aktienerwerbers im Aktienbuch	191
	a) Falsche Angaben und ihre Folgen	191
	b) Gegenstand der nachträglichen «Streichung»	191
F.	Beurteilung	192

III. Vinkulierung bei nichtkotierten Namenaktien   193

A.	«Escape clause»: Ablehnung ohne wichtigen Grund unter Übernahme der nichtkotierten Aktien zum wirklichen Wert	193
	1. Eine zusätzliche Handlungsvariante für die Gesellschaft	193
	2. Schranken eines Rückkaufs zwecks Ablehnung	194
	a) Rückkaufsfähigkeit der Gesellschaft	194
	b) Rechtspflichten und Missbrauchsverbot	194
	c) Sanktionen	194
	3. Die Bestimmung des «wirklichen Wertes»	195
	a) Innerer Wert	195
	b) Verhältnis zum «äusseren Wert»	196
	c) Nähere Bestimmungen in den Statuten zum «wirklichen Wert»	196
	d) Wertfestlegung durch die Revisionsstelle	197
	4. Offerte als Gültigkeitsvoraussetzung einer Ablehnung unter der «escape clause»	197

XXI

B. Ablehnung bei nichtkotierten Namenaktien aus einem
«wichtigen Grund» 198
1. Die Ablehnung gestützt auf eine Statutenbestimmung «über
die Zusammensetzung des Aktionärskreises im Hinblick auf
den Gesellschaftszweck» 199
   a) Persönliche Eigenschaften von Aktionären für die Zweckerreichung 199
   b) Fernhaltung von Konkurrenten 199
   c) Fernhaltung von Ausländern 200
2. Die Ablehnung gestützt auf eine Statutenbestimmung
«über die Zusammensetzung des Aktionärskreises im
Hinblick auf die wirtschaftliche Selbständigkeit» 200
   a) Klausel über die Fernhaltung von Konkurrenten unter dem Kriterium
der Erhaltung der Selbständigkeit 201
   b) Recht auf Ablehnung eines konkreten Beherrschungsübergangs 201
   c) Quote zur Erhaltung der Selbständigkeit 201
   d) Rechtliche Problematik der «Selbständigkeits»-Klausel 202
   e) Materielle Schranken des Aktienrechts gegenüber der Einführung
einer engen Quote 203
   f) «Sippen-Klauseln» in den Statuten 204
   g) Vinkuliert im Ergebnis nur die Minderheitsaktien 204
3. Die Frage der Ausländerdiskriminierung (Art. 4 Schl.Best.) 204

C. Weitere Bestimmungen 205
1. Ablehnung von Strohmännern, Strohfrauen und Treuhändern 205
2. Aktienerwerb durch Erbgang, Erbteilung, eheliches Güterrecht
oder Zwangsvollstreckung 206
   a) Die Sonderfälle 206
   b) Erbteilung 206
3. Annahmevermutung 207
4. Verbot von weitergehenden Erschwerungen der Übertragbarkeit 207
   a) Die zwingende neue Schranke für Übertragungserschwerungen 207
   b) Statutarische Vorhand- und Vorkaufsrechte 208
   c) Zwillingsaktien 209
5. Verwaltungsrat oder Generalversammlung 209

D. Die Rechtsfolgen der Übertragung nichtkotierter vinkulierter
Namenaktien 210
1. Aufhebung der Spaltung bei nichtkotierten Namenaktien 210
   a) Alle Rechte beim Veräusserer bis zur Genehmigung 210
   b) Stellung des Veräusserers bei Ablehnung des Erwerbers 210
2. Bei einem Erwerb durch Erbgang, eheliches Güterrecht oder
Zwangsvollstreckung 211
3. Objekt der Genehmigung 211

IV. Einsicht ins Aktienbuch 212

V. Verhältnis zum EG-Recht 213

Teil II Rechnungslegung 215

Kapitel 6 Regeln der Rechnungslegung 217

I. Ausgangslage und wesentliche Neuerungen 217

1. Modernisierung der Rechnungslegung — 217
   a) Lücken und Widersprüche des OR 1936 — 217
   b) Die «allgemein anerkannten kaufmännischen Grundsätze» — 219
   c) Rechnungslegung als Kreuzweg des Aktienrechts — 219
2. Zusammenhänge Rechnungslegung / Offenlegung — 221
3. Eckwerte des neuen Rechnungslegungsrechts — 222

II. Die wesentlichen Neuerungen im einzelnen 225

A. Die Grundsätze ordnungsmässiger Rechnungslegung — 225
   1. Der Grundgedanke — 225
      a) Möglichst zuverlässige Beurteilung der Vermögens- und Ertragslage — 226
      b) «Sicherer Einblick», «zuverlässige Beurteilung», «entsprechendes Bild» und «true and fair view» — 226
      c) Möglichst zuverlässige Beurteilung der Finanzlage: Mittelflussrechnung — 227
      d) Vorjahreszahlen — 228
      e) Verhältnis zum betrieblichen Rechnungswesen — 228
   2. Die drei «alten» Grundsätze der Ordnungsmässigkeit — 228
      a) Die Vollständigkeit — 228
      b) Die Klarheit — 229
      c) Die Vorsicht: Imparitätsprinzip und Anschaffungswert — 229
   3. Die vier «neuen» Grundsätze der Ordnungsmässigkeit — 231
      a) Die Fortführung — 231
      b) Die Stetigkeit — 232
      c) Bruttoprinzip: Verrechnungsverbot und Saldierungsverbot — 233
      d) Die Wesentlichkeit — 234
   4. Weitere Grundsätze der Ordnungsmässigkeit — 234
      a) Verkettung von Erfolgsrechnung und Bilanz — 234
      b) Periodengerechte Abgrenzung — 235
      c) Ordnungsmässige Führung der Bücher — 235
      d) Verweisung auf die «kaufmännische Buchführung» — 235
   5. Die Frage der «Einzelbewertung» — 235
      a) Der Stand des Schweizer Rechts — 235
      b) EG-Recht: strenger Grundsatz der Einzelbewertung — 236
   6. Wesentliche Ereignisse nach dem Stichtag — 237

B. Die erlaubten Abweichungen von den Grundsätzen der Ordnungsmässigkeit — 237
   1. Darlegung und Begründung einer Abweichung — 238
   2. Anpassungen an die Besonderheiten des Unternehmens — 238
   3. Abweichung vom Verrechnungsverbot — 239
   4. Abweichung vom Saldierungsverbot — 239
   5. Die Schutzklausel: Der Vorbehalt der Interessen der Gesellschaft oder des Konzerns — 239

C. Die Erfolgsrechnung 240
  1. Ertrag 241
     a) Ordentliche betriebliche und alle anderen Erträge 241
     b) Mindest-Raster für die Ertragsseite 241
     c) Verrechnungs- und Saldierungsverbot 242
  2. Aufwand 242
     a) Ordentlicher, ausserordentlicher, betrieblicher und betriebsfremder Aufwand 242
     b) Mindest-Raster für die Aufwandseite 243
     c) Wertberichtigungen, Abschreibungen, Rückstellungen 243
     d) Aufwand für Steuern 244
     e) Jahresgewinn 244
  3. Erfolgswirksamkeit der stillen Reserven 245

D. Die Bilanz 246
  1. Bedeutung der Bilanz 246
     a) Schwächen dieses Rechenwerkes 246
     b) Funktion dieses Rechenwerkes 247
  2. Obligatorische Gliederung der Aktivseite 248
     a) Das Umlaufvermögen 248
     b) Das Anlagevermögen 249
     c) Insbesondere geleaste Anlagen 250
     d) Organisationskosten 250
  3. Obligatorische Gliederung der Passivseite 250
     a) Fremdkapital 250
     b) Eigenkapital 251
     c) Das Aktienkapital insbesondere 252
  4. Reserven (Rücklagen) 253
     a) Die allgemeine gesetzliche Reserve 253
     b) Freie Reserven 253
  5. Gesetzliche Sonderreserven für eigene Aktien und für Aufwertung von Grundstücken oder Beteiligungen 254
     a) Die Aufwertungsreserve 254
     b) Die Reserve für eigene Aktien 255
     c) Bedeutung der beiden zusätzlichen Sperrzahlen im Eigenkapital 255

E. Der Anhang 257
  1. Bedeutung des neuen Bestandteils der Jahresrechnung 257
  2. Klarstellung gegenüber dem heutigen Recht 257
     a) Eventualverpflichtungen und Interzessionen (Ziff. 1) 257
     b) Brandversicherungswerte (Ziff. 4) 258
     c) Obligationenanleihen (Ziff. 6) 258
     d) Eigene Aktien (Ziff. 10) 258
  3. Neuerungen im Anhang 259
     a) Verpfändete Aktiven (Ziff. 2) 259
     b) Leasingverträge (Ziff. 3) 259
     c) Schulden gegenüber Vorsorgeeinrichtungen (Ziff. 5) 260
     d) Beteiligungen (Ziff. 7) 260
     e) Aufwertungen (Ziff. 9) 261
     f) Genehmigtes und bedingtes Kapital (Ziff. 11) 262

4. Die heisseste Neuerung: Nettoauflösung stiller Reserven im Anhang (Ziff. 8) 262
   a) Der Streit im Parlament und der Kompromiss 262
   b) Nettoauflösung (Saldo der internen Veränderungsbilanz) und Schwelle der Wesentlichkeit 263
5. Übrige Angaben (Ziff. 12) 264
6. Bewertungsgrundsätze 264
   a) Goodwill-Abschreibung 264
   b) Die Formel «direkt dem Eigenkapitalkonto belastet» 265
7. Anlagenspiegel (Anlagengitter) 266
8. Bekanntgabe von bedeutenden Aktienpaketen im Anhang von Publikumsgesellschaften 266
   a) Neuartige Bekanntgabepflicht 266
   b) Übergangszone vom Aktien- zum Kapitalmarktrecht 267
   c) Auswirkungen der Bekanntgebepflicht auf das Konzernrecht .. 268

F. Der Jahresbericht des Verwaltungsrates 268
1. Entfallene Gegenstände 269
2. Erweiterter Inhalt 269
   a) Darstellung des Geschäftsverlaufs 269
   b) Darstellung der wirtschaftlichen und finanziellen Lage 269
   c) Freiwilliger Inhalt 270
   d) Formelle Angaben über vollzogene Kapitalerhöhungen 270
3. Keine Revision und keine Offenlegung des Jahresberichtes 270

G. Die Mittelflussrechnung 271
1. Die Darstellung der finanziellen Lage der Gesellschaft 271
2. Die Mittelflussrechnung als Instrument 271

III. Die aufgefrischten Bewertungsregeln 275

A. Kostenaktivierung 275
1. Erlaubte Aktivierung 275
2. Unstatthafte Aktivierungen 275
3. «Direkt dem Eigenkapital belastete Kosten» 276
4. Bauzinsen 276

B. Bewertung des Anlagevermögens 276
1. Restwert nach Abschreibungen 277
2. Indirekte Abschreibungen 277
3. Immaterielle Güter 278
4. Aufwertung von Grundstücken und Beteiligungen 278

C. Umlaufvermögen 279
1. Vorräte 279
   a) «Cost or market whichever is lower» 279
   b) Der allgemein geltende Marktpreis 279
2. Wertschriften 280
   a) Vergleich mit der Aufwertung zur Beseitigung einer Unterbilanz 280
   b) Wertpapiere des Umlaufvermögens 281
   c) Wertpapiere des Anlagevermögens: Anschaffungskosten unter Abzug der notwendigen Abschreibungen 281

		d) Ergebnis		282
	3.	Transferrisiken		282
	4.	Vorbehalt des besonderen Wirtschaftsaufsichtsrechtes		283

IV. Abschreibungen und Rückstellungen 283

- A. Abschreibungen und Wertberichtigungen 283
- B. Planmässige Abschreibungen vom Anschaffungswert im Anlagevermögen 284
    1. Lineare und degressive Abschreibungen 284
    2. «Wegen schlechten Geschäftsgangs unterlassene Abschreibungen» 285
- C. Ausserordentliche Abschreibungen auf Wirtschaftsgütern des Anlagevermögens 286
    1. Ausserordentliche Abschreibungen 286
    2. Ausbuchungen 286
- D. Wertberichtigungen im Umlaufvermögen 287
    1. Saldierung mit anderem Aufwand 287
    2. Terminologie 287
- E. Rückstellungen 288
    1. Nicht-barer Aufwand 288
    2. Die Arten von Rückstellungen 288
        a) Rückstellungen für sicher eintreffende, jedoch in der Höhe noch ungewisse künftige Zahlungsmittelabgänge ohne Gegenwert 289
        b) Rückstellungen für sowohl im Eintreffen wie in der Höhe noch ungewisse künftige Zahlungsmittelabgänge ohne Gegenwert 290
        c) Rückstellungen für wahrscheinliche künftige Vermögenseinbussen 290
        d) Globalrückstellungen als Eigenversicherung 291
        e) «Generalrückstellungen für allgemeine Unternehmensrisiken» als stille Reserve 291
    3. Die Bildung der Rückstellungen 292
    4. Auflösung überflüssig gewordener Rückstellungen 292
        a) Nicht-barer Ertrag 292
        b) Auswirkungen auf die Mittelflussrechnung 293
- F. Sogenannte Rückstellungen zu Wiederbeschaffungszwecken 294
    1. Das Phänomen der steigenden Wiederbeschaffungskosten 294
        a) Die Geldentwertung 294
        b) Die zunehmende Komplexität 295
        c) Folgerung 295
    2. Methoden zur Bewältigung des Problems in der Rechnungslegung 295
        a) Beschleunigte Abschreibungen 295
        b) Indirekte Abschreibung mit «Abschreibung unter Null» 296
    3. Ausweis zusätzlichen Aufwandes, Nichtausweis von anfallendem Ertrag 297
        a) Mehraufwand für Wiederbeschaffungszwecke 297
        b) Kritik der unspezifischen «Rückstellungen» zu Wiederbeschaffungszwecken 298
        c) «Wertberichtigungen» zu Widerbeschaffungszwecken 298

		d) Stehenlassen überflüssig gewordener Rückstellungen (nicht ausgewiesener Ertrag)	299
	4.	Wiederbeschaffungswert, Tageswert und Anschaffungswert	299
		a) Keine Ausnahme	300
		b) Berücksichtigung des Zustands und des Standes der Technik	300
		c) Verkettung von Bewertung und Erfolg	300
V.	**Offenlegung der Jahresrechnung**		300
VI.	**Verhältnis zum EG-Recht**		301

Kapitel 7 Stille Reserven 304

I. Die Wirkungszusammenhänge 304

1. Die frühere Auffassung — 304
2. Die heutige Differenzierung: Bildung und Auflösung stiller Reserven — 305
   a) Bildung — 305
   b) Auflösung — 306

II. Bildung stiller Reserven 307

1. Verknüpfung stiller Reserven mit Aktiven oder mit Passiven — 307
2. Die Voraussetzungen für die Bildung stiller Reserven zulasten der Erfolgsrechnung — 308
   a) Die Kompromissformel von 1991 — 308
   b) Bedeutung — 308
3. Schranken gegenüber einer allzu weitgehenden Bildung stiller Reserven — 309
   a) Gegenläufige Erwägungen des Verwaltungsrates — 309
   b) Verbot einer verzerrten Darstellung der Gewinnsituation — 309
4. Mitteilung an die Revisoren und interne Veränderungsbilanz über die stillen Reserven — 310

III. Auflösung stiller Reserven 311

1. Auflösung ohne Dazutun des Verwaltungsrates — 311
2. Ertragsverbesserung durch willentliche Auflösung stiller Reserven — 311
   a) Arten der Auflösung — 311
   b) Die Frage der Bargeld-Wirksamkeit — 312
3. Die neue Regelung für die Auflösung stiller Reserven — 312
4. Die Verwendung aufgelöster stiller Reserven für Ausschüttungen — 314
   a) Die Formel von der «möglichst ausgeglichenen Dividende» — 314
   b) Kritische Würdigung — 314
   c) Ausblick — 315

IV. Verhältnis zum EG-Recht 315

Kapitel 8 Konzernrechnnung 317

I. Der Bedarf nach einer konsolidierten Rechnungslegung 317

- A. Entwicklung der Konsolidierungspraxis 317
- B. Schwächen der Konsolidierung 318
  1. Die Fiktion und ihre Folgen 319
  2. Gefahr einer Verzerrung 319
- C. Stärken der Konsolidierung 320

II. Konzern und Konsolidierung 321

- A. Das Fehlen eines Konzernrechts im weiteren Sinne 321
  1. Entscheid von Fall zu Fall 321
  2. Nachteile des einzelfallbezogenen Durchgriffs 323
- B. Zusammenfassung unter einheitlicher Leitung 324
- C. Die Freistellung von Kleinkonzernen 325
  1. Der Grundgedanke 325
  2. Die Kriterien 325
- D. Die Freistellung von Zwischenkonzernen 326
- E. Der «Bonus» für den Einzelabschluss der konsolidierten Untergesellschaft 327
- F. Konsolidierungskreis 328

III. Die Konsolidierungsmethode 329

  1. Konsolidierung und Quotenkonsolidierung 329
     - a) Vollkonsolidierung 330
     - b) Quotenkonsolidierung 330
  2. Eigenkapital-Methode (keine Konsolidierung im engeren Sinne) 330
     - a) Anteiliges Eigenkapital der Untergesellschaft 330
     - b) Gefahren der «Equity-Methode» 330
  3. Das Vorgehen bei der Konsolidierung 331
     - a) Die fünf Grundschritte 331
     - b) Kapitalaufrechnungsdifferenz oder Konsolidierungsreserve 332

IV. Schranken der Freiheit in der Konzernrechnung 332

- A. Erfordernis eines zweckmässigen, widerspruchsfreien Satzes von Konsolidierungsregeln 332
- B. Auswirkungen der Grundsätze ordnungsmässiger Rechnungslegung 333
  1. Allgemeines 333
  2. Grundsatz der Einheitlichkeit 334
  3. Erfolgsneutrale Zuschreibung oder Wegschreibung bei Verschiebungen in den Währungsrelationen 334

		4. Zuschreibungen zum Eigenkapital bis zum höheren Tageswert		334
			a) Im Einzelabschluss: tageswertig bemessene Abschreibungen	335
			b) Eigenkapitalzuschreibungen in der Konzernrechnung	335
		5. Bindung an die eigenen Regeln und Revision der Konzernrechnung		336
V.	Die Bestandteile der Konzernrechnung			337
	A.	Konzernerfolgsrechnung		337
	B.	Konzernbilanz		338
	C.	Konzernanhang		339
	D.	Konzernjahresbericht		339
	E.	Das weitere Schicksal der Konzernrechnung		340
VI.	Verhältnis zum EG-Recht			341

Teil III   Organe   343

Kapitel 9   Generalversammlung und Depotstimmrecht   345

I.	Regeln für die Generalversammlung			346
	A.	Die Generalversammlung im allgemeinen		346
		1. Die Institution		346
			a) Retouchen	346
			b) Genehmigung der Konzernrechnung	347
		2. Die Fristen		347
		3. Individuelle Stimmrechtsvertretung		348
			a) Beschränkung der Vertretung	348
			b) Schriftlichkeit von Vollmacht und Ermächtigung	348
		4. Keine schriftliche Stimmabgabe		349
		5. Kein Stimmrechtsausschluss wegen Interessenkollision		349
	B.	Einberufung und Orientierung der Aktionäre vor der Generalversammlung		349
		1. Begehren um Einberufung oder Ansetzung von Traktanden als Minderheitsrechte		350
			a) Minderheitsrecht auf Einberufung	350
			b) Minderheitsrecht auf Ansetzung eines Traktandums	350
		2. Die Einberufung		351
			a) Direkte Kenntnisgabe	351
			b) Auflage zur Einsicht mit Anforderungsrecht	352
		3. Der vorgeschriebene Inhalt der Einberufung		352
		4. Rechtsfolgen einer mangelhaften Einberufung		356
			a) Anfechtbarkeit	356
			b) Nichtigkeit	356

5. Änderung und Widerruf der Einberufung — 357
C. Informationspflichten und Leitungsbefugnis in der Generalversammlung — 358
1. Auskunftspflicht — 358
   a) Verwaltungsrat und Revisionsstelle — 358
   b) Inhalt der Auskunft — 358
2. Angaben über die institutionelle Stimmrechtsvertretung — 359
3. Leitungsbefugnis des Verwaltungsrates — 359
4. Führung des Protokolls — 360

D. Informationspflichten nach der Generalversammlung: Offenlegung — 361
1. Änderung der massgeblichen Bezugspunkte: Kreis der offenlegungspflichtigen Gesellschaften — 361
2. Offenzulegende Angaben — 362
3. Art der Offenlegung: Veröffentlichung oder Zusendung — 362
4. Einsichtgewährung gegenüber Gläubigern bei den übrigen Gesellschaften — 363
5. Auflegung der Beschlüsse zur Einsicht für die Partizipanten — 363
6. Keine Pflicht zu Zwischenberichten — 364

II. Institutionelle Stimmrechtsvertretung — 364

A. Ausgangslage: Die ungelösten Fragen des Depotstimmrechtes — 364
1. Der Begriff — 364
2. Der Lösungsversuch des OR 1936 — 364
3. Die Einholung von Stimmrechtsvollmachten durch die Gesellschaft selbst — 365

B. Das Depotstimmrecht der Banken — 366
1. Die Stellung der Banken — 366
2. Verknüpfung mit der Einberufungsfrist — 366
3. Die «Kanalisierung» des Depotstimmrechts der Banken — 367
   a) Umschreibung der «Depotvertreter» — 367
   b) Weisungsbefolgung — 367
   c) Ersuchen um Weisungen — 368
   d) Verhalten des Depotvertreters mangels Weisungen — 368
   e) Verpflichtung zur Ausübung der Rechte — 369

C. Die Einrichtung des «Organvertreters» bei Namenaktien — 370
1. Das Problem — 370
2. Die Vorschriften für Organvertreter — 371
3. Unabhängigkeit der Drittperson — 371

D. Gemeinsame Vorschriften — 372
1. Zustellung des Materials für die Generalversammlung — 372
2. Transparenz der institutionellen Stimmrechtsvertretung — 372
   a) Meldepflicht der institutionellen Stimmrechtsvertreter selbst — 372
   b) Bekanntgabe der institutionellen Stimmrechtsvertretung durch den Vorsitzenden — 373
3. Sanktionen — 373
   a) Die unterlassene Meldung des Stimmrechtsvertreters — 373

		b) Die unterlassene Mitteilung des Vorsitzenden	374
	E.	Beurteilung der neuen Regelung	374
III.	Präsenz- und Beschlussquoren in der Generalversammlung		375
	A.	Aufräumarbeit	376
		1. Gestrichene qualifizierte Mehrheit «zwei Drittel des gesamten Grundkapitals»	376
		2. Keine allgemeine qualifizierte Mehrheit für Statutenänderungen	376
		3. Wegfall von Präsenzquoren	376
		4. Stichentscheid des Vorsitzenden	377
	B.	Qualifizierte Mehrheit für wichtige Beschlüsse nach neuem Aktienrecht	377
		1. Die neue «Doppelhürde» bei wichtigen Beschlüssen	377
		2. Die «wichtigen Beschlüsse»	378
		a) Die Fälle	378
		b) Die Einführung von Stimmrechtsaktien insbesondere	379
		c) Bruchstelle zum System der «gültig abgegebenen Stimmen»	380
		3. Das zusätzliche «abgeleitete» Erfordernis einer qualifizierten Mehrheit	381
		a) Petrifizierungs-Klauseln («lock up») in den Statuten	381
		b) Hürde für die Einführung neuer «Petrifizierungen»	382
		c) Hürde für die Abschaffung («Siegwart-Regel»)	382
		4. Statutenänderungen ohne qualifizierte Mehrheit	383
IV.	Dividendenbeschluss und Schutz vor ungerechtfertigten Gewinnentnahmen		384
	A.	Gesetzliche Voraussetzungen einer rechtmässigen Ausschüttung	384
		1. Die rechtmässig beschlossene Dividende	385
		a) Voraussetzungen einer Gewinnentnahme	385
		b) Bedeutung der gesetzlichen Entnahmesperre	386
		2. Zwischendividende	387
		3. Tantiemen	387
		4. Bauzinsen	388
	B.	Rechtsfolge bei Verletzung der Ausschüttungsvorschriften	388
		1. Rückerstattungspflicht bei ungerechtfertigten Gewinnentnahmen	388
		2. Ungerechtfertigte, formal als Ausschüttungen abgewickelte Gewinnentnahmen	388
		3. Ungerechtfertigte Gewinnentnahmen in anderem Gewande	389
		a) Verdeckte Gewinnausschüttungen	389
		b) Berücksichtigung der wirtschaftlichen Lage der Gesellschaft	389
		c) Gewinnvorwegnahmen	390
		4. Weitere Aspekte der ungerechtfertigten Gewinnentnahme	390
		a) Verantwortlichkeit des Verwaltungsrates	390
		b) Aktivlegitimation und Verjährung	391
		5. Spezialfall: Tantiemen im Konkurs	391
V.	Aktionärbindungsverträge		392
		1. Die Kritik	392

Inhaltsverzeichnis

2. Rechtliche Gründe für den Entscheid	392
a) Dauer der Bindung	393
b) Unverbindlichkeit für die Aktiengesellschaft	394

VI. Verhältnis zum EG-Recht   394

Kapitel 10   Verwaltungsrat   397

I. Die Problematik der Oberleitung in einer Aktiengesellschaft   397

1. Der Verwaltungsrat als Institution und als Problem — 397
2. Lösungsmöglichkeiten des Gesetzgebers — 398
   - a) Abschaffung des Verwaltungsrates: verworfen — 398
   - b) Übergang zum dualistischen System: verworfen — 398
   - c) Verschärfte personenbezogene Anforderungen an die Wählbarkeit: verworfen — 399
   - d) Bessere Strukturierung der Hauptaufgaben: verwirklicht — 401

II. Zugehörigkeit zum Verwaltungsrat   401

1. Aktionärseigenschaft (Qualifikationsaktie) — 401
2. Amtsdauer — 402
3. Abberufung — 403
4. Gruppenvertreter im Verwaltungsrat — 403
   - a) Vertreter von Aktienkategorien minderen Rechts — 403
   - b) Vinkulierte Namenaktien und Partizipationsscheine — 404
   - c) Kein Einsitz im Ausschuss — 405
   - d) Minderheitsvertreter im allgemeinen Sinn — 405
5. Vertreter öffentlicher Körperschaften im Verwaltungsrat — 406

III. Organisation des Verwaltungsrates   406

1. Die beibehaltenen Grundregeln — 407
   - a) Präsident und Beschlüsse — 407
   - b) Kein Mehrfachstimmrecht, keine Bevollmächtigung zur Stimmabgabe — 407
   - c) Protokoll — 408
   - d) Einsicht, Einberufung — 408
   - e) Führung des Aktienbuches — 409
2. Die Neuerungen hinsichtlich der Informationsrechte des einzelnen Verwaltungsratsmitgliedes — 409
   - a) Der gewährleistete Anspruch auf Information — 410
   - b) Information innerhalb der Sitzung — 410
   - c) Information ausserhalb der Sitzungen — 410
   - d) Einblick ins Rechnungswesen und in die Akten — 411
   - e) Endgültiger Entscheid des Gesamtverwaltungsrates — 411
3. Entschädigung des Verwaltungsrates — 412
   - a) Tantiemen oder Entgelt — 412
   - b) Die Bemessung — 412
4. Nichtige Verwaltungsratsbeschlüsse — 413

IV.	Die neu strukturierten Hauptaufgaben des Verwaltungsrates	414
	A. Kompetenzvermutung für den Verwaltungsrat	415
	1. Die allgemein-subsidiäre Zuständigkeit und ihre Grenzen	415
	2. Unentziehbare Zuständigkeit	415
	3. Kompetenzvermutung zugunsten des Verwaltungsrates nur im Exekutivbereich	415
	4. Geschäftsführungskompetenz	416
	B. Die unübertragbaren und unentziehbaren Hauptaufgaben des Verwaltungsrates	417
	1. Die Oberleitung (Ziff. 1)	417
	a) Begriff	417
	b) Weisungen	418
	c) Der Präsident	418
	2. Die Organisationsverantwortung (Ziff. 2)	419
	a) Organisationsreglement	419
	b) Mindestinhalt des Organisationsreglementes	419
	c) Berichterstattung insbesondere	420
	d) Unzulässiger Genehmigugnsvorbehalt der Generalversammlung	421
	e) Schriftliche Orientierung von Aktionären und Gläubigern	421
	f) Anpassung der Organisation	421
	3. Die Finanzverantwortung (Ziff. 3)	422
	a) Rechnungswesen	422
	b) Finanzkontrolle	423
	c) Finanzplanung	423
	4. Die Wahl der Geschäftsleitung (Ziff. 4)	424
	5. Die Oberaufsicht (Ziff. 5)	425
	a) Inhalt des neuen Begriffs der Oberaufsicht	425
	b) Normative Beaufsichtigung	425
	c) Keine allgemeine Pflicht zum «legal audit»	425
	d) Prüfungsausschuss («Audit Committee»)	426
	e) Verantwortung des Verwaltungsrates hinsichtlich des Insiderstrafrechts	426
	6. Geschäftsbericht und Vorbereitung der Generalversammlung (Ziff. 6)	426
	a) Im allgemeinen	426
	b) Konkrete Schritte des Verwaltungsrates	427
	7. Benachrichtigung des Richters gemäss OR 725 (Ziff. 7)	428
	8. Ausschüsse und Arbeitsgruppen	429
	C. Vertretungsbefugnis	429
	1. Umfang der Vertretungsbefugnis	429
	2. Zuständigkeit des Verwaltungsrates	430
V.	Die Delegation der Geschäftsführung	430
	A. Die Aufgabenüberbindung	430
	1. Das «monistische» System des Schweizer Aktienrechts	430
	2. Die Verankerung der Delegation: das Organisationsreglement	431
	a) Ermächtigungsklausel in den Statuten	431
	b) Ausführung durch den Verwaltungsrat	432

		c) Delegation durch die Statuten selbst?	432
		d) Delegation unter Genehmigungsvorbehalt	432
	B.	Die Wahl des konkreten Delegationssystems	433
		1. Gestaltungsfreiheit	433
		2. Verwaltungsrat und Geschäftsleitung	434
		a) Annäherung ans Trennsystem	434
		b) Leitung der Geschäfte als delegierte Funktion	434
		c) Vorteile	436
		d) Nachteile	436
		3. Das Präsidialsystem	437
		4. «Board System»	437
		5. Der Sonderfall des Bankverwaltungsrates	438
VI.	**Sorgfalt, Treue und Gleichbehandlung**		438
	A.	Die Sorgfaltspflicht	438
		1. Gegenstand der Sorgfalt	438
		a) Sorgfalt in der Mandatsannahme	439
		b) Sorgfalt in der Organisation	439
		c) Sorgfalt in der Aufgabenerfüllung	439
		d) Sorgfalt in der Auswahl der Unterstellten	439
		2. Mass der Sorgfalt	439
		a) Objektivierung	439
		b) Wirtschaftliche Tätigkeit und Risikoscheu	440
	B.	Die Treuepflicht	441
		1. Keine Interessenverfolgung zu Lasten der Gesellschaft	441
		2. Konkurrenzverbot	442
		3. Verbot von eigenen Insidergeschäften (Ausnützung eines Wissensvorsprungs)	442
		4. Weisungsabhängigkeit	443
		a) Weisungsabhängigkeit im Konzernverhältnis	443
		b) Weisungsabhängigkeit ohne Konzernverhältnis	444
		c) Rechtliche Folgen	444
		5. Ausstandregeln im Verwaltungsrat	445
		a) Reglement	445
		b) Direkter Interessenkonflikt	445
		c) Pflichten der übrigen Verwaltungsräte	446
		6. Der Hauptaktionär als Verwaltungsrat	446
		7. Der Minderheitsvertreter im Verwaltungsrat	446
		8. Schweigepflicht	447
	C.	Die Gleichbehandlungspflicht	448
		1. Der Grundsatz	448
		2. Konkrete Auswirkungen	449
VII.	**Der Verwaltungsrat im Übernahmekampf und in der Krise**		450
	A.	Übernahmekampf	450
		1. Kampf um die Beherrschung der Gesellschaft	450
		a) «Time is of the essence»	450

		b) Konzentration der Leitungsmacht	451
		c) Richtungskämpfe	451
		d) Verantwortlichkeit	451
	2.	Folgerungen	452
		a) Rechtswidrigkeit eigentlicher «Giftpillen»	452
		b) Keine Lähmung	453
		c) Intervention Dritter	454
B.	Das Unternehmen in der Krise		454

VIII. Überschuldung und Sanierung 455

A.	Sanierung bei hälftigem Kapitalverlust	455
	1. Definition des hälftigen Kapitalverlustes	455
	a) Rechtliche Massgeblichkeit der Bilanz	455
	b) Erfolgsrechnung, Mittelflussrechnung, «Cash-drain»	456
	2. Die Sanierungsversammlung	457
	a) Pflicht zu konzeptuellen Folgerungen aus der Situation	457
	b) Sanierung als komplexer Vorgang	457
B.	Benachrichtigung des Richters	458
	1. Die Zwischenbilanz und ihre Prüfung	458
	a) Der Tatbestand	458
	b) Die Rechtsfolge	459
	c) Prüfung des Zwischenabschlusses	459
	2. Weiterwirtschaften mit stillen Reserven trotz überschuldeter Fortführungsbilanz	460
C.	Gnadenfrist durch Rangrücktritt	460
	1. Der Rangrücktritt	461
	a) Der reine «Rücktritt im Rang» für den Insolvenzfall	461
	b) Der Rangrücktritt mit Stundung (Stundungsrücktritt)	461
	c) Sanierender Forderungsverzicht	462
	2. Gefahren der neuen Regelung	462
	3. Der Gang zum Richter	463
	4. Ersatzvornahme durch die Revisionsstelle	464
D.	Der Konkursaufschub	464
	1. Abgrenzung zur Nachlass-Stundung	464
	2. Der Antrag auf Konkursaufschub	465
	3. Inhalt der Verfügung über den Konkursaufschub	465
	a) Vermögensverwaltung mit Sachwalterschaft	465
	b) Veröffentlichung oder Geheimhaltung des Konkursaufschubs	466
	c) Keine Zwangseinwirkung auf die Gläubiger	466

IX. Abschaffung der Pflichtaktien der Verwaltungsräte 467

1. Ein mittelbar gesetzliches Fahrnispfand	467
2. Neuer Rechtszustand	468
a) Kein beschränktes dingliches Recht mehr	468
b) Qualifikationsaktie	468

X.	**Exkurs: Vergleich zwischen dem Schweizer Verwaltungsrat und dem EG-System**	**468**
	A. Das Problem der Spitzenverfassung einer Aktiengesellschaft	468
	1. Die cartesianische Klarheit der dualistischen Spitzenverfassung	469
	2. Der Entscheid des Gesetzgebers	470
	B. Vergleich von Verwaltungsrat und Vorstand/Aufsichtsrat	470
	1. «Aufsichtsratsfunktionen» des Schweizer Verwaltungsrates	471
	2. «Vorstandsfunktionen» des Schweizer Verwaltungsrates	472
	C. Konvergenz der Systeme	473
	1. Überwachung ohne Dabeisein – eine konzeptionelle Schwäche des Trennsystems	473
	2. In der Praxis zu beobachtende Annäherung der Systeme	474
	a) Tendenz zu laufender Abstimmung zwischen der Spitze des Leitungsorgans und dem Präsidium des Aufsichtsorgans	474
	b) Einfluss der Mitbestimmung auf die Rolle des Aufsichtsorgans	475
	c) Mangelnde Übereinstimmung von Aufgaben und Mitteln	476
	d) Informelle Kerngruppen	476
	D. Die heutigen Erscheinungsformen des Schweizer Modells	477
	1. Weitgehende Nachformung des dualistischen Systems	477
	2. Annäherung an das amerikanische «Board System»	477
	a) Der Grundgedanke	477
	b) Inside directors und outside directors	478
	c) Dualismus innerhalb eines Organs	479
	3. Ergebnis	479
XI.	**Verhältnis zum EG-Recht**	**480**

Kapitel 11   Revisionsstelle   481

I.	**Der Nachholbedarf**	**481**
	1. Stand der Entwicklung bis zum OR 1936	481
	2. Nachholbedarf	482
II.	**Die wesentlichen neuen Regeln für die Revisionsstelle**	**483**
	A. Verschärfte Anforderungen an die Befähigung	483
	1. Das Dilemma des Gesetzgebers	483
	2. Besonders befähigte Revisoren	483
	a) Kriterien der Befähigung	483
	b) Kriterien für die Erforderlichkeit der «Fachrevision»	484
	c) Prüfung von kritischen Einzelvorgängen	484
	3. Die Prüfung durch Revisoren ohne besonderen Fähigkeitsausweis	485
	a) Der Revisor ohne Fähigkeitsausweis	485
	b) Funktional verstandene Anforderung an die Befähigung	485

c) Vorschlagsverantwortung des Verwaltungsrates ... 486
B. Unabhängigkeit der Revisionstelle ... 486
1. Klarstellung der Unabhängigkeit ... 486
   a) Unabhängigkeit des Revisors ... 486
   b) Unabhängigkeit der Prüfungsgesellschaft ... 487
2. Abgrenzungsfragen ... 487
   a) Unabhängigkeit im Konzern ... 487
   b) Leistungen eines Berater-Revisors ... 488
C. Einsetzung und Abberufung der Revisionsstelle ... 488
1. Amtsdauer ... 488
2. Rücktritt ... 489
3. Abberufung durch den Richter ... 489
D. Das Prüfungsthema ... 490
1. Klarstellungen ... 490
   a) Buchführung und Jahresrechnung ... 490
   b) Prüfungsgegenstände ... 491
2. Abgrenzungen und offene Fragen ... 492
   a) Besondere Prüfungen des Revisors ... 492
   b) Prüfung der Konzernrechnung; Wahl der Konzernprüfer ... 492
   c) Keine direkte Geschäftsführungsprüfung ... 492
   d) Prüfung der Offenlegung des Jahresabschlusses? ... 493
   e) Welches «Gesetz»? ... 493
   f) Vollständigkeits- oder Bilanzerklärung ... 494
   g) Meinungsverschiedenheiten zwischen Revisoren und Verwaltungsrat ... 494
E. Weitere Präzisierungen ... 494
1. Einbindung des Revisionsberichtes in die Beschlussfassung der Generalversammlung ... 494
   a) Der Prüfungsbericht an die Aktionäre ... 495
   b) Rechtsfolgen ... 495
   c) Einberufung der Generalversammlung ... 496
2. Benachrichtigungspflicht der Revisionsstelle ... 496
   a) Gesetzesverstösse ... 496
   b) Benachrichtigung der Generalversammlung ... 497
   c) Anzeichen von Überschuldung ... 497
3. Der Erläuterungsbericht der Revisionsstelle ... 498
   a) Kreis der verpflichteten Gesellschaften ... 498
   b) Bedeutung und Inhalt ... 498
4. Schweigepflicht mit Nuancen ... 498
5. Besondere Vorschriften gemäss Statuten oder Generalversammlungsbeschlüssen ... 499

III. Verhältnis zum EG-Recht ... 500

Teil IV   Klagerechte   503

Kapitel 12   Sonderprüfung, Anfechtung, Nichtigkeit und
    Auflösung   505

I.   Die Sonderprüfung   505

    A. Ein neues ausserordentliches Angriffsrecht der Minderheit   505
        1. Eine Lücke des bisherigen Aktienrechtes   505
        2. Die rechtlichen Hauptprobleme der Sonderprüfung   506

    B. Die Verfahrensregeln der Sonderprüfung   507
        1. Minderheitsrecht, nicht Individualrecht der Aktionäre   507
        2. Antrag an die Generalversammlung als erster Schritt   508
        3. Das Gesuchsverfahren vor dem Richter   509
            a) Gesuch und Begründung   509
            b) Der Entscheid des Richters   511
            c) Auswahl der Sachverständigen   511
        4. Entstehung des Sonderprüfungsberichts in zwei Runden   512
            a) Erste Runde: Das Eindringen in die Geheimsphäre und
               dessen Grenzen   512
            b) Widersprüche   512
            c) Zweite Runde vor dem Richter: Bereinigungsverfahren   513
            d) Abschliessende Stellungnahme beider Seiten   514
            e) Rechtsmittel gegen richterliche Entscheide   514
        5. Bekanntgabe des Ergebnisses der Sonderprüfung   515
            a) Die Empfänger des Sonderprüfungsberichtes   515
            b) «Unterbreitung» anlässlich der Generalversammlung   515
            c) Aushändigung nach der Generaversammlung   516
        6. Kostentragung   516

    C. Beurteilung der Sonderprüfung   517

II.   Die Anfechtungsklage   518

    A. Anfechtungsgründe   518
        1. Grundsätzlich unverändertes Anfechtungsrecht   518
        2. Präzisierung der Anfechtungsgründe   519
        3. Die einzelnen Fälle der Anfechtungsklage   519
        4. Bedeutung der neuen Formulierung   520

    B. Weitere heikle Fragen   521
        1. Kostenverteilung   521
        2. Wirkung der Anfechtung und des Urteils   521
        3. Bedürfnis nach Schutz der Gesellschaft vor
           Blockierung   522
        4. Schiedsklauseln in den Statuten   522

III.   Klage auf Feststellung der Nichtigkeit   523

        1. Die Problematik der Rechtsfolge «Nichtigkeit»   523
        2. Ein kühner gesetzgeberischer Regelungsversuch   524

	a) Eingriffe in Kernrechte des Aktionärs	524
	b) Eingriffe in Grundstruktur und Kapitalschutz	525
	3. Beurteilung	526
	a) Kühner Schritt mit neuen Problemen	526
	b) Gefahr für die Rechtssicherheit	527

IV. Klage auf Auflösung oder Abfindung aus wichtigem Grund   527
       1. Herabsetzung der Schwelle für das Klagerecht   528
       2. Einführung der Abfindung aus Gesellschaftsmitteln   528
           a) Urteil in Abweichung vom Rechtsbegehren   528
           b) Richterlich angeordneter Aktienrückkauf   529
           c) Richterlich angeordnete Kapitalherabsetzung   530
           d) Weniger weit gehende richterliche Anordnungen   531

V. Auflösung mit Liquidation   531
       1. Vorzeitige Verteilung des Ergebnisses   532
           a) Revisionsbestätigung   532
           b) Vorrechte einzelner Aktienkategorien   532
       2. Liquidatoren   533
           a) Wohnsitz in der Schweiz   533
           b) Richterlich aufgelöste Gesellschaft   533
           c) Abberufung   533

VI. Verhältnis zum EG-Recht   534

Kapitel 13 Verantwortlichkeit   536

I. Die Reformpunkte   536

II. Haftung der Exekutivorgane   537
       1. Die Hauptnorm für die Haftung   537
           a) Die Personen, die einzustehen haben   537
           b) Das Fehlverhalten, für das sie einzustehen haben   537
       2. Die neue Einschränkung bei befugter Delegation   538
           a) Der Grundgedanke   538
           b) Die befugte Delegation   539
           c) Delegation auf Nichtorgane   540
           d) Beweislastumkehr   541
           e) Beweislastverteilung auf Kläger und Beklagten   541
           f) Beurteilung der Neuerung   542
       3. Haftung von Doppelorganen   542

III. Revisionshaftung   543
       1. Ausdehnung des Anwendungsbereichs der Revisionshaftung   544
       2. Solidarität der Revisoren mit den Leitungsorganen   544

IV.	**Geltendmachung des Ersatzanspruchs**	545
	1. «Schaden der Gesellschaft»	545
	2. Ansprüche ausser Konkurs und im Konkurs aus dem «Schaden der Gesellschaft»	546
	a) Ansprüche ausser Konkurs	546
	b) Ansprüche im Konkurs	546
	c) Verteilung des erstrittenen Schadenersatzbetrages	547
	3. Wirkung des Entlastungsbeschlusses	547
V.	**Solidarität und Rückgriff**	548
	1. Von der absoluten zur differenzierten Solidarität	548
	2. Möglichkeit der Einklagung des «Gesamtschadens»	550
	3. Der Rückgriff unter den Verantwortlichen	551
VI.	**Verhältnis zum EG-Recht**	551

Teil V Schlussbestimmungen 553

Kapitel 14 Übergang zum neuen Recht 555

I.	**Ersatz von Ausdrücken**	556
	1. Abschied vom «Grundkapital»	556
	2. Einheitliche Begriffe «Verwaltungsrat» und «Revisionsstelle»	557
II.	**Übergangsbestimmungen**	557
	A. Die vier Hauptregeln des Übergangsrechts	557
	1. Die erste Hauptregel: «Nichtrückwirkung»	558
	2. Die zweite Hauptregel: «sofortiges Wirksamwerden» des direkt anwendbaren Gesetzesrechtes	558
	a) Der Vorbehalt für altes statutarisches Recht	558
	b) Beispiele des sofort anwendbaren neuen Gesetzesrechts	559
	c) Zweifelsfälle	560
	3. Die dritte Hauptregel: Die Übergangsfrist für statutarisches Recht	561
	a) Volle fünf Jahre Zeit: altes Statutenrecht bricht neues Gesetzesrecht	561
	b) Die regelmässige Rechtsfolge nach Ablauf der fünf Jahre: schlichte Unwirksamkeit der alten Statutenklauseln	562
	c) Die «drakonische» Ausnahme nach Ablauf der fünf Jahre: Auflösung der Gesellschaft	562
	4. Die vierte Hauptregel: die echten «Grossvater-Klauseln»	563
	5. Die intertemporale Rechtswahl	565
	a) Terminierter Generalversammlungsbeschluss	565
	b) Rechtsgeschäftliche Herbeiführung einer positiven Vorwirkung?	566
	B. Besonderes Übergangsrecht für die altrechtlichen Partizipationsscheine	567

	1. Nichtgeltung der allgemeinen Regel von der fünfjährigen Anpassungsfrist	567
	2. Drei Regelungsbereiche	568
	a) Der Bereich des sofortigen Wirksamwerdens am 1. Juli 1992	568
	b) Anpassungsfrist von 5 Jahren im Bereich der Partizipationsscheine	569
	c) «Grossvater-Klausel» für «zu hohes» altes Partizipationskapital	571
	4. Die umfassende «drakonische Rechtsfolge» im Bereich der Partizipationsscheine	571
	5. Einzelfragen bei der Anwendung der Sonderregel für Partizipationsscheine	572
	a) Altrechtliche Ermächtigungsklauseln in den Statuten für die Ausgabe neuer Partizipationsscheine	572
	b) Rückwirkung auf die historischen «Ausgabebedingungen»?	573
C.	Übergangsrecht für altrechtliche Genussscheine	574
D.	Übergangsrecht für eigene Aktien	574
	1. 10%-Limite	574
	2. Stimmrecht und Reservebildung	575
	3. Angaben im Anhang	575
	4. Pfandnahme eigener Aktien	575
E.	Übergangsrecht für die Rechnungslegung	576
	1. Der Ausgangspunkt: die erste und die zweite Hauptregel	576
	2. Die sachgerechte Anwendung der ersten Hauptregel	576
	3. Konsolidierung	577
	4. Jahresbericht	578
F.	Übergangsrecht für die Revision	578
	1. Befähigung der Revisoren	578
	2. Die übrigen Regeln der Revision	579
	3. Besondere Prüfungen	579
	4. Ergebnis	580
G.	Übergangsrecht für die Vinkulierung	580
	1. Das Problem	580
	2. Die Aufspaltung in Ablehnungsgründe (Statutenrecht) und Rechtswirkungen (Gesetzesrecht)	581
	a) Die statutarischen Ablehnungsgründe	581
	b) Die Wirkungen der Übertragung	581
	c) Die Frage der «öffentlichen Ordnung»	582
	3. «Alte» Dispo-Aktien und «neue» Eintragung ins Aktienbuch	582
	a) Der Sachverhalt	582
	b) Recht auf Eintragung als «Aktionär ohne Stimmrecht»?	583
	c) Abweichende Betrachtungsweise: Abstellen auf die Anmeldung	584
	d) Ergebnis	584
H.	Übergangsrecht für die Pflichtaktien	584
	1. Aktualisiertes Pfandrecht	585
	2. Unvereinbarkeit mit neuem Recht	585
I.	Erlöschen einer altrechtlichen Delegation	586
K.	Erstmaliger Erlass des Organisationsreglementes	586

III.	**Materielle Sondernormen für eine Übergangszeit**	587
	A. Streichung bestimmter qualifizierter Mehrheiten aus den Statuten	587
	1. Beschränkte Geltungsdauer: nur ein Jahr	587
	2. Was gilt danach?	588
	3. Bedeutung des Art. 6 Schl.Best.	589
	B. Die Ausländerdiskriminierung bei vinkulierten Namenaktien	590
IV.	**Pragmatisches Vorgehen zur Anpassung der Statuten**	590

Integrierter Gesetzestext   607
Obligationenrecht. 26. Titel: Die Aktiengesellschaft

Sachregister   667

Literaturübersicht
(Auswahl im Hinblick auf die Aktienrechtsreform)

Albers-Schönberg Max, Haftungsverhältnisse im Konzern, Diss. Zürich 1980

Albertini Flurin von, The Appraisal Remedy. Zum Austrittsrecht des Aktionärs nach amerikanischem Gesellschaftsrecht, Diss. Zürich 1983

Altenburger Peter R., Die Patronatserklärungen als «unechte» Personalsicherheiten, Basler Diss., Zürich 1979

Altorfer Jürg B., Abschreibungen auf Aktiven des Anlagevermögens aus steuerlicher Sicht, SSTK 105, Zürich 1992

Anderson Charles A./Anthony Robert N., The New Corporate Directors, Insights for both members and executives, New York 1986

Arthur Anderson AG, Information der Aktionäre, Rechnungslegung und Berichterstattung, verfasst gemeinsam mit der Schweizerischen Vereinigung für Finanzanalyse und Vermögensverwaltung, Zürich 1991

Bacon/Brown, Corporate Directorship Practices: Role Selection and Legal Status of the Board, The Conference Board, New York 1975

Balastèr Peter, Die qualifizierte Kapitalerhöhung bei Aktiengesellschaften, Diss. Zürich 1952;

Baltzer Uwe, Krisenerkennung durch den Aufsichtsrat, Frankfurt a.M. 1983

Barnett Geoffrey, A Practitioner's Guide to the City Code on Take-overs and Mergers, London 1990

Baumberger Hans Ulrich, Ansätze für einen wirkungsvolleren Verwaltungseinsatz in schweizerischen Aktiengesellschaften, in: Festschrift Hans Siegwart, Bern 1990, 63 ff.

Bär Hans J., Der Verwaltungsrat der herrschenden bzw. abhängigen Gesellschaft im Konzern – aus der Sicht eines Praktikers, in: Die Verantwortung des Verwaltungsrates in der Aktiengesellschaft, SSHW 29, Zürich 1978, 95 ff.

Bär Rolf, Der Kapitalbeschaffungsgenussschein, ZBJV 101 (1965) II 201
- Partizipationsscheine, SAG [SZW] 48 (1976) 107 ff.
- Wertpapierrechtliche Probleme, in: Probleme der Kreditsicherung, Bern 1982
- Die Spaltung der vinkulierten Namenaktie – wieder aufgegriffen aus zweifach aktuellem Anlasse, SAG [SZW] 61 (1989) 125 ff.

Baudenbacher Carl, Aspekte der Europakompatibilität, ST 65 (1991) 608 ff.

Bauer Axel, Partizipationsscheine im Schweizer Aktienrecht – im Vergleich zum deutschen Aktienrecht, Diss. Zürich 1976

Baumann Joseph-Alexander, Gegenstand und Bewertung von Sacheinlagen und Sachübernahmen nach Privat- und Steuerrecht, Diss. Zürich 1972

de Beer Alexander, Viel Placebo und wenig kräftigende Medizin, Bloss punktuelle Verbesserung der Stellung des Aktionärs, NZZ Nr. 28 vom 4. Februar 1992, 37.

Begleitbericht 1975, siehe Abkürzungsverzeichnis

Behr Giorgio, Das neue Bilanzrecht aus internationaler Sicht, in: Aktienrechtsreform, Zu Entwurf und Botschaft 1983 SSTR 59, Zürich 1984, 127 ff.
- Megatrends der Rechnungslegung, in: Festschrift André Zünd, Zürich 1988, 215 ff.
- Grundsätze ordnungsmässiger Rechnungslegung im internationalen Vergleich, in: *André Zünd*, Hrsg. (1990) 55 ff.

- Die Bilanznebel lichten sich. Mehr Transparenz in Rechnungslegung und -prüfung, NZZ Nr. 25 vom 31. Januar 1992, 39

Benz Ulrich, Aktienbuch und Aktionärswechsel, Zürich 1981

Bericht der vom Eidg. Volkswirtschaftsdepartement eingesetzten Studiengruppe, Kleinaktien und nennwertlose Aktien, erschienen als Sonderheft 69 der «Volkswirtschaft», herausgegeben vom Eidg. Volkswirtschaftsdepartement, Bern 1961, zit. Bericht (1961).

Bertschinger Peter, Konzernrechnung und Konzernprüfung nach neuem Aktienrecht, ST 65 (1991) 564 ff.

Biland Thomas A., Die Rolle des Verwaltungsrates im Prozess der strategischen Unternehmungsführung, Diss. St. Gallen 1989

Binder Andreas, Die Verfassung der Aktiengesellschaft, Basler Diss. 1987, Zürich 1988

Binder Peter M., Das Verbot der Einlagerückgewähr im Aktienrecht, Berner Diss., Zürich 1981

Bleicher Knut, Vergleichende Ueberlegungen zur Aktivierung des Verwaltungsrates, in: Festschrift Hans Siegwart, Bern 1990, 47 ff.
- (Hrsg.), Der Aufsichtsrat im Wandel, Gütersloh 1987

Bleicher/Leberl/Paul, Unternehmungsverfassung und Spitzenorganisation, Wiesbaden 1989

Blumer, Karl, Die kaufmännische Bilanz, 10. A. Zürich 1989

Bochud Louis, Darlehen an Aktionäre aus wirtschaftlicher, zivil- und steuerrechtlicher Sicht, Berner Diss. 1989, Bern 1990

Böckli Peter, Das Aktienstimmrecht und seine Ausübung durch Stellvertreter, Diss. Basel 1960; überarbeitete Fassung in: Basler Studien zur Rechtswissenschaft 61, Basel 1961
- Gesellschaftsrechtliche und steuerliche Aspekte bei der Gründung einer Aktiengesellschaft durch Umwandlung einer Personengesellschaft, Steuer-Revue 28 (1973) 393 ff.
- Systeme der Vermögensbildung für Mitarbeiter in privaten Aktiengesellschaften, SAG [SZW] 45 (1973) 3 ff.
- Rechtliche Bemerkungen zu der neuen «Wegleitung zur Bewertung von Wertpapieren ohne Kurswert für die Vermögenssteuer (Ausgabe 1977)», ASA 46 (1977/78) 481 ff.
- Darlehen an Aktionäre als aktienrechtlich kritischer Vorgang, ST 54 (1980) 4 ff.
- Stellung, Aufgabe und Verantwortlichkeit des Verwaltungsrates nach schweizerischem Recht, Referat an der Informationstagung ICME «Der Verwaltungsrat vor neuen Anforderungen», n.publ. Zürich 1981
- Verbesserung der Transparenz im revidierten Aktienrecht, SAG [SZW] 55 (1983) 111 ff.
- Aktienrechtliches Sondervermögen und Darlehen an Aktionäre, in: Festschrift Frank Vischer, Zürich 1983, 527 ff.
- Reformvorschläge für die Verwaltung aus der Sicht der Arbeitsgruppe, in: Aktienrechtsreform, SSTR 59, Zürich 1984, 75 ff.
- Revision des Aktienrechts, SJZ 80 (1984) 257 ff.
- Steuerharmonisierung (mit *Zuppinger/Locher/Reich*), Bern 1984
- Schutzmassnahmen-Trust und Aktienrecht, Festgabe der Basler Juristenfakultät, Basel/Stuttgart 1985, 17 ff.
- Haftung des Verwaltungsrates für Steuern, in: Die Haftung des Verwaltungsrates, SSHW 87, Zürich 1986
- Zankapfel der Aktienrechtsrevision: die Vinkulierung der Namenaktien, SAG [SZW] 60 (1988) 149 ff. (zit. 1988A)
- Aggressive Aktienaufkäufer und Unternehmensleitungen im Clinch, NZZ Nr. 48 1988, 33/34 (zit. 1988B)
- Der Rangrücktritt im Spannungsfeld von Schuld- und Aktienrecht, in: Festgabe für Walter R. Schluep, Bern 1988, 339 ff. (zit. 1988C)

- Insiderstrafrecht und Verantwortung des Verwaltungsrates, SSHW 120, Zürich 1989
- COTO: Aktien- und steuerrechtliche Analyse der Cash- oder Titeloption, ASA 59 (1990/91) 505 ff.
- Wesentliche Änderungen in der Vinkulierung der Namenaktien, ST 65 (1991) 583 ff.
- Rechtliche Rahmenbedingungen für einen effizienten Schweizer Kapitalmarkt, in: Economic Value and Market Capitalization in Switzerland, McKinsey & Co. Inc. (Hrsg.), Zürich 1991, 36 ff.
- Aufsichtsrat oder Verwaltungsrat. Konvergenz in der Spitzenverfassung der Aktiengesellschaft, in: Festschrift Walter Reist, Zürich 1992 (Teile gekürzt und überarbeitet im Exkurs des Kapitels 10)
- Oberleitung mit mehr Profil. Der Verwaltungsrat nach neuem Aktienrecht, NZZ Nr. 18 vom 23. Januar 1992, 37

Boemle Max, Der Erwerb eigener Beteiligungspapiere – rechtliche, finanzwirtschaftliche und buchhalterische Aspekte, in: Festschrift André Zünd, Zürich 1988, 35 ff.
- Konsequenzen für die Rechnungslegung aus den Neuerungen des Aktienrechts, in: *André Zünd*, Hrsg. (1990) 115 ff.
- Unternehmungsfinanzierung, 9. A. Zürich 1991
- Le capital-participation et les bons de jouissance, ST 65 (1991) 598 ff.

Bossard Ernst, Die kaufmännische Buchführung, Zürcher Kommentar, Zürich 1984

Botschaft des Bundesrates über die Revision des Aktienrechts vom 23. Februar 1983, BBl 1983 II 745 ff. (zit. nach dem Sonderdruck «Botschaft 1983»)
- über die Änderung des Bundesgesetzes über Schuldbetreibung und Konkurs (SchKG) vom 8. Mai 1991, BBl 1991 III 1 ff. («Botschaft 1991»)

Brown Courtney C., Putting the Corporate Board to Work, New York/London 1976

Bruderer Otto, Das Antragsrecht des Aktionärs, Diss. St. Gallen 1980

Brunner Andreas C., Fragwürdige Vermehrung staatlicher Vorschriften, ST 57 (1983) 48/49.

Brunner Max, Streifzug durch die Statuten schweizerischer Publikumsgesellschaften. Eine aktienrechtliche Studie, Bern 1976

Bucher Eugen, Organschaft, Prokura, Stellvertretung, in: Festgabe F. Wolfhart Bürgi, Zürich 1971.

Büchler Hans-Peter, Das Kontrollrecht der Aktionäre, Diss. Zürich 1971

Buchmann Peter, Organisation der Verwaltungsräte in 20 der grössten Aktiengesellschaften der Schweiz, Berner Diss., Zürich 1976

Burckhardt Sebastian, Der Erwerb eigener Aktien und Stammanteile, Diss. Basel 1983, in: Basler Studien zur Rechtswissenschaft A7, Basel 1983

Bürgi Ruedi, Möglichkeiten des statutarischen Minderheitsschutzes in der personalistischen AG, Berner Diss., Zürich 1987

Bürgi Wolfhart F., Zürcher Kommentar, Die Aktiengesellschaft (Art. 660 – 97) Zürich 1957; (Art. 698-730) Zürich 1969

Bürgi/Nordmann, Zürcher Kommentar, Die Aktiengesellschaft (Art. 739 – 71) Zürich 1979

Canepa Ancillo, Grundsätze ordnungsmässiger Rechnungslegung (.....), in: *André Zünd*, Hrsg. (1990) 91 ff.
- FER Nrn. 6, 7 und 8 in der Vernehmlassung, ST 1991, 687 ff.

Casutt Andreas, Die Sonderprüfung im künftigen schweizerischen Aktienrecht, Diss. Zürich 1991
- Das Institut der Sonderprüfung, ST 65 (1991) 574 ff.

Dallève Louis, Les participations réciproques entre sociétés anonymes, Genf (s.a., tatsächlich 1970)

Deilmann Barbara, Die Entstehung des qualifizierten faktischen Konzerns, Diss. Münster 1988, Berlin 1990

Demarmels Marc, Die Genuss- und Partizipationsscheine nach dem Entwurf für ein neues Aktienrecht, Diss. Zürich 1985

Dennler Markus, Durchgriff im Konzern, Diss. Zürich 1984

Dessemontet François, Quelques observations à propos du financement des sociétés anonymes, SAG [SZW] 56 (1984) 85 ff.
- Le financement des sociétés anonymes selon le projet de révision du Conseil Fédéral, in: SSTR 59, Zürich 1984, 75 ff.

Dietzi Hans Peter, Die Aktienrechtsreform aus der Sicht eines Bankjuristen, ST 57 (1983) 11, 23 ff.
- Das Gegenrechtserfordernis als Bewilligungsvoraussetzung zum Geschäftsbetrieb einer ausländischen bzw. ausländisch beherrschten Bank, in: Beiträge zum schweizerischen Bankenrecht, Bern 1987, 71 ff.

Dohm Jürgen, Les accords sur l'exercice du droit de vote de l'actionnaire, in: Mémoires publiés par la faculté de droit de Genève, Genf 1971, 252 ff.

Dorscheid Peter, Austritt und Ausschluss eines Gesellschafters aus der personalistischen Aktiengesellschaft, Diss. Genf 1984

Druey Jean Nicolas, Geheimsphäre des Unternehmens, Habilitationsschrift, Freiburg i.Ue. 1976
- Aufgaben eines Konzernrechts, ZSR 99 (1980) II 273 ff.
- Organ und Organisation – Zur Verantwortlichkeit aus aktiver rechtlicher Organschaft, SAG [SZW] 53 (1981) 77 ff.
- Information contra Geheimnisschutz – Abwägung im Einzelfall? SAG [SZW] 56 (1984) 104 ff.
- Wertpapierrecht (mit *Jäggi/von Greyerz*), Basel/Frankfurt a. Main 1985
- Die Entmaterialisierung des Wertpapiers, einige rechtsvergleichende Hinweise, SAG 59 (1987) 65 ff.
- (Hrsg.), Das St. Galler Konzernrechtsgespräch, Bern 1988
- Unabhängigkeit, ein knappes Gut, in: Festschrift André Zünd, Zürich 1988, 91 ff.
- Der Dualismus von GmbH und AG in der Schweiz, in: *Roth Günther H.* (Hrsg.), Das System der Kapitalgesellschaften im Umbruch – ein internationaler Vergleich, Köln 1990, 107 ff.
- Die Übernahmeaktion und ihre Abwehr nach schweizerischem Aktienrecht, in: Erwerb von Beteiligungen am Beispiel der öffentlichen Übernahmeangebote, Kolloquium, in: Schweiz. Beiträge zum Europarecht 36, Lausanne 1990, 157 ff.
- Generalversammlung und Minderheitenschutz, Informationstagung der HSG-Weiterbildungsstufe, Zürich 1991

Düggelin Hans, Die Sonderprüfung als Rechtsbehelf des Aktionärs zur Kontrolle der Verwaltung einer Aktiengesellschaft, Diss. Bern 1973
- Die Sonderprüfung, ST 58 (1984) 262 ff.

Duss Markus, Der Rangrücktritt des Gesellschaftsgläubigers bei Aktiengesellschaften, Diss. Zürich 1971

EG-Richtlinien, siehe Verzeichnis der Abkürzungen

Eppenberger Matthias, Die Solidarhaftung der Revisionsstelle, ST 65 (1991) 542 ff.

Escher Walter, von, Die Erhöhung des Aktienkapitals und Ausgabe von Gratisaktien, Diss. Zürich 1967

FER 0, Zielsetzung, Themen und Verfahren der Fachempfehlungen zur Rechnungslegung (1985)

FER 1, Bestandteile der Jahresrechnung (1985)

FER 2, Konzernrechnung (1986)
FER 3, Grundsätze ordnungsmässiger Rechnungslegung (1990)
FER 4, Fremdwährungsrechnung (1990)
FER 5, Bewertungsrichtlinien für die Konzernrechnung (1990)
FER 6, Mittelflussrechnung (in der Vernehmlassung, 1991)
FER 7, Gliederung der Konzernrechnung (in der Vernehmlassung, 1991)
FER 8, Anhang zur Konzernrechnung (in der Vernehmlassung, 1991)
Fillmann Andreas, Treuepflichten der Aktionäre, Mainzer Diss., Frankfurt a.M. 1991
Forster Martin, Das autorisierte Kapital der Aktiengesellschaft, Diss. Zürich 1970
Forstmoser Peter, Die Bemühungen um ein europäisches Gesellschaftsrecht und der Vorschlag für eine Teilrevision des schweizerischen Aktienrechts, SAG [SZW] 45 (1973) 57 ff.
– Die Verantwortlichkeit der Verwaltungsräte, in: Die Verantwortung des Verwaltungsrates in der AG, SSHW 29, Zürich 1978, 27 ff.
– Schweizerisches Aktienrecht, Bd. I/1, Zürich 1981
– Der Organbegriff im aktienrechtlichen Verantwortlichkeitsrecht, in: Festschrift Arthur Meier-Hayoz, Bern 1982, 125 ff. (zit. 1982A)
– Solidarität, Kausalzusammenhang und Verschulden im aktienrechtlichen Verantwortlichkeitsrecht, SJZ 78 (1982) 369 ff. (zit. 1982B)
– Die Informationsrechte des Gesellschafters nach Schweizer Recht, Rivista delle Società, Mailand 1982 (zit. 1982C)
– Der Generationenwechsel – Erfahrungen aus der Praxis, in: Der Generationenwechsel im Familienunternehmen, SSHW 67, Zürich 1982, 111 ff. (zit. 1982D)
– The Duties and Liabilities of Auditors under Swiss Law, Journal of Comparative Business and Capital Market Law 5 (1983) 305 ff.
– Die Behandlung der personenbezogenen Aktiengesellschaft im Entwurf für eine Reform des Aktienrechts, SAG [SZW] 56 (1984) 50 ff. (zit. 1984A)
– Würdigung der Aktienrechtsreform aus der Sicht der Rechtswissenschaft, in: Rechtliche und betriebswirtschaftliche Aspekte der Aktienrechtsreform, SSHW 74, Zürich 1984, 109 ff. (zit. 1984B)
– Kritische Beurteilung der Reformvorschläge für die Verwaltung, in: Aktienrechtsreform, Zu Entwurf und Botschaft 1983, SSTR 59, Zürich 1984, 45 ff. (zit. 1984C)
– Der mittelbare Schaden im aktienrechtlichen Verantwortlichkeitsrecht, SAG [SZW] 58 (1986) 69 ff.
– Die aktienrechtliche Verantwortlichkeit, 2. A. Zürich 1987
– Aktionärsbindungsverträge, in: Festgabe Walter R. Schluep, Zürich 1988, 359 ff. (zit. 1988A)
– Das Aktienrecht vor letzten Feilenstrichen, NZZ vom 1./2. Oktober 1988, 33/34 (zit. 1988B)
– Das neue schweizerische Insider-Recht, Bank J. Vontobel & Co. AG, Zürich 1988 (zit. 1988C)
– Insiderstrafrecht, SAG [SZW] 60 (1988) 122 ff. (zit. 1988 D)
– Sachausschüttungen im Gesellschaftsrecht, in: Festschrift für Max Keller, Zürich 1989, 701 ff.
– Die Verantwortlichkeit der Organe, ST 65 (1991) 536 ff. (zit. 1991A)
– Welchen Spielraum lässt die neue Vinkulierungsordnung? ST 65 (1991) 592 ff. (zit. 1991B)
– Das neue Aktienrecht – Übersicht über die wichtigsten Änderungen, Zeitschrift für Gesetzgebung und Rechtsprechung in Graubünden 10 (1991) 78 ff. (zit. 1991C)
– Die persönliche Verantwortlichkeit des Verwaltungsrates und ihre Vermeidung, Schriftenreihe SAV 11 (1992) 7 ff.
– Ungereimtheiten und Unklarheiten im neuen Aktienrecht, SZW 64 (1992) 58 ff.
Forstmoser/Hirsch, Der Entwurf zur Revision des Aktienrechts: Einige Vorschläge, SAG [SZW] 57 (1985) 29 ff.

Forstmoser/Lörtscher, Namenaktien mit aufgeschobenem Titeldruck, SAG [SZW] 59 (1987) 50 ff.

Forstmoser/Meier-Hayoz, Einführung in das schweizerische Aktienrecht, 3. A. Bern 1983

Friedländer Heinrich, Aktienrecht, Handkommentar, Berlin 1932

Frei Urs Gaudenz, Nichtige Beschlüsse der Generalversammlung der Aktiengesellschaft, Diss. Zürich 1962

Frey Hans Kaspar, Rechtliche und wirtschaftliche Probleme der Aktionärbegünstigung bei Kapitalerhöhungen und durch Aktienteilung, St. Galler Diss., Winterthur 1962

Frey Martin, Statutarische Drittrechte im schweizerischen Aktienrecht, Diss. Bern 1979

Funk Fritz, Kommentar des Obligationenrechts. Das Recht der Gesellschaften, Aarau 1951

Gail Winfried, Stille Reserven, Unterbewertung und Sonderprüfung, 2. A. Herne/Berlin 1978

Gauch Peter, Die Übertragung von Namenaktien und ihre Beschränkung, SAG [SZW] 55 (1983) 101 ff.

Gautschi Georg, Das Depotstimmrecht der Banken, in: Probleme der Aktienrechtsrevision, Bern 1972, 123 ff.

Gehriger Pierre-Olivier, Faktische Organe im Gesellschaftsrecht, Diss. Zürich 1979

Geilinger Ulrich, Die erschwerten Beschlüsse der Generalversammlung der Aktionäre, Diss. Zürich 1948

Gerum/Steinmann/Fees, Der mitbestimmte Aufsichtsrat, Eine empirische Untersuchung, Stuttgart 1988

Gessler Jörg H., Aktiengesetz mit dem 3. Buch des HGB, Kommentar, Neuauflage, Neuwild/Frankfurt a.M. 1991

Giroud Roger, Die Konkurseröffnung und ihr Aufschub bei der Aktiengesellschaft, Diss. Zürich 1981

Giudicelli Renato, L'amministratore per conto di terzi della società anonima, Freiburger Diss., Locarno 1979

Glattfelder Hans, Die Aktionär-Bindungsverträge, ZSR 78 (1959) II 141a ff.

Glaus Bruno U., Corporate Audit Committee, in: Festschrift André Zünd, Zürich 1988, 111 ff.
– Unternehmensüberwachung der schweizerischen Verwaltungsräte, Diss. St. Gallen 1990

Graffenried André, von, Über die Notwendigkeit einer Konzerngesetzgebung, Die Regelung der Europäischen Aktiengesellschaft als Beispiel, Diss. Bern 1977

Graffenried Dieter, von, Übertragbarkeit und Handelbarkeit von Gesellschaftsanteilen, Diss. Bern 1981

Greuter Andreas Bernhard, Die externe Fortführungsbilanz der industriellen Aktiengesellschaft, Basler Diss., Zürich 1980

Greyerz Christoph, von, Solidarität der Haftung von Verwaltung und Kontrollstelle im Rechtsvergleich, ST 50 (1976) 9/14 ff.
– Die Verwaltung in der privaten Aktiengesellschaft, in: Die Verantwortung des Verwaltungsrates in der AG, SSHW 29, Zürich 1978, 57 ff.
– Bilanzgenehmigung, in: Festgabe Max Kummer, Bern 1980, 143 ff.
– Die Verantwortlichkeit der aktienrechtlichen Kontrollstelle, in: Rechtsgrundlagen und Verantwortlichkeit des Abschlussprüfers, Zürich 1980, 51 ff.
– Die Aktiengesellschaft, in: Schweiz. Privatrecht, Bd. VIII/2, Basel 1982
– Bewertungsgrundsätze im Aktienrecht, SAG [SZW] 54 (1982) 1 ff.
– Ordentliche und genehmigte Kapitalerhöhung, SAG [SZW] 55 (1983) 94 ff.

- Ausgangslagen, Probleme und Werdegang der Aktienrechtsreform, in: Rechtliche und betriebswirtschaftliche Aspekte der Aktienrechtsreform, SSHW 74, Zürich 1984, 1 ff.
- Vom Vorentwurf zur Botschaft, in: Aktienrechtsreform, Zu Entwurf und Botschaft 1983, SSTR 59, Zürich 1984, 9 ff.
- Funktionsgerechte Ordnung der Verantwortlichkeit des Verwaltungsrates, SAG [SZW] 58 (1986) 57 ff.
- Der Teilkonzern, in: *Druey* (Hrsg.), Das St. Galler Konzernrechtsgespräch, Bern 1988, 150 ff.

Gross Kurt Jean, Analyse der haftpflichtrechtlichen Situation des Verwaltungsrates, Diss. Zürich 1990

Grünig Urs, Die Kapitalflussrechnung als Bestandteil der finanziellen Planung und Kontrolle im internationalen Industriekonzern, Diss. Bern 1989

Gubler Benedict, Die Kleinaktie und die Aufhebung oder Herabsetzung der Mindestnennwertgrenze, Diss. Zürich 1985

Gugler Thomas, Wandel- und Optionsanleihen nach schweizerischem Recht, Diss. Zürich 1991

Guhl/Kummer/Druey, Das Schweizerische Obligationenrecht, 8. A. bearbeitet von *Alfred Koller* und *Jean Nicolas Druey* aufgrund der Ausgabe von *Hans Merz* und *Max Kummer*, Zürich 1991

Gutachten über die Bewertung von Wertpapieren ohne Kurswert für die Vermögenssteuer, hrsg. von der Schutzorganisation der privaten Aktiengesellschaften, Zürich 1975

Haefliger Peter, Die Durchführung der Generalversammlung bei der Aktiengesellschaft, Diss. Bern 1978

Halter W., Guten Morgen, Herr Präsident des Verwaltungsrates, Zürich 1985

Handschin Lukas, Papierlose Wertpapiere, Diss. Basel 1987

Häussermann Lutz, Sanierung der Aktiengesellschaft gemäss Chapter 11 des amerikanischen Bankruptcy Code aus schweizerischer Sicht, Berner Diss., Zürich 1986

Helbling Carl, Teilrevision des Aktienrechts, SSTR 18, Zürich 1976
- Neuerungen in der Abschlussprüfung, Rechtliche und betriebswirtschaftliche Aspekte der Aktienrechtsreform, (Hrsg.) Zürich 1984, 2 ff.
- Steuerschulden und Steuerrückstellungen, 2. A. Zürich 1980; 3. A. Bern 1988
- Zur Prüfung der periodengerechten Steuerabgrenzung im Jahresabschluss, in: Festschrift André Zünd, Zürich 1988, 129 ff.
- Bilanz- und Erfolgsanalyse, 7. A. Zürich 1989
- Grundsätze ordnungsmässiger Rechnungslegung, Seminar der HSG-Weiterbildungsstufe vom 14. November 1989, Zürich 1990
- Grundsätze ordnungsmässiger Rechnungslegung: Klarheit, Vorsicht, Unzulässigkeit der Verrechnung, in: *André Zünd*, Hrsg. (1990) 99 ff.
- Unternehmensbewertung und Steuern, 6. A. Düsseldorf 1991
- Anpassung von Rechnungslegung und Revision an das revidierte Aktienrecht, ST 65 (1991) 560 ff.
- Revisions- und Bilanzierungspraxis, 3. A. Bern/Stuttgart 1992

Henn Günter, Handbuch des Aktienrechts, 4. A. Heidelberg 1991

Henn Harry G., Laws of Corporations, 3. A. St. Paul (Minnesota) 1983/86 (zit. *Henn* on Corporations, nach Sections)

Herren Klaus-Werner, Statutarische Berechtigung zum Erwerb von Aktien und GmbH-Anteilen, Diss. Bern 1973

Hertig Gérard, Aspects de la compatibilité européenne, ST 65 (1991) 613 ff.

Herzog Hansjörg, Options- und Wandelanleihen schweizerischer Gesellschaften, St. Galler Diss., Bern 1991

Hess Beat, Die mangelhafte Kapitalerhöhung, Diss. Zürich 1977

Hess Walter, Kritische Bemerkungen eines Verwaltungsrates, SSHW 87, Zürich 1986, 101 ff.

Hirsch Alain, Aspects juridiques des comptes du groupe (comptes annuels consolidés), SAG [SZW] 56 (1984) 80 ff.
- Bemerkungen zum Bundesgerichtsentscheid Canes c. Nestlé, SZW 63 (1991) 291 ff.

Hoffmann Christoph, Die Partizipationsscheine oder die stimmrechtslosen Aktien, Diss. Zürich 1976

Hoffmann Dietrich, Der Aufsichtsrat, München 1979

Höhn Ernst, Steuerrecht, 6. A. Bern 1988

Holzach Robert, Verwaltungsräte vor veränderten Verantwortungen, Referat an der Generalversammlung der Schweizerischen Bankgesellschaft vom 7. April 1983, SBG-Schriften 86, Zürich 1983

Homburger Eric, Kleinaktien und nennwertlose Aktien, in: SAG [SZW] 48 (1976) 115 ff.
- Zum Minderheitenschutz, SAG [SZW] 56 (1984) 75 ff.
- Leitfaden zum neuen Aktienrecht, Zürich 1991

Homburger/Moser, Willensmängel bei der Beschlussfassung der Generalversammlung der Aktionäre, in: Mélanges P. Engel, Lausanne 1989, 145 ff.

Horber Felix, Die Kompetenzdelegation beim Verwaltungsrat der AG, Diss. Zürich 1986

Hunziker Arthur, Neuerungen in der Stellung und Verantwortlichkeit der Organe, SSHW 74, Zürich 1984, 89 ff.

Hütte Klaus, Die Risiken des Verwaltungsrates aus der Sicht der Versicherung, in: Die Haftung des Verwaltungsrates, SSHW 87, Zürich 1986, insb. 52 ff.

Imbach Martin, Die wichtigsten Reformen in der Rechnungsprüfung, in: Aktienrechtsreform, Zu Entwurf und Botschaft 1983, SSTR 59, Zürich 1984, 149 ff.

Jäggi Peter, Die Scheinliberierung von Aktien, SJZ 48 (1952) 297 ff.
- Der Genussschein als Mittel zur Kapitalbeschaffung, SAG (1961) 1 ff.
- Zum Verfahren bei der Erhöhung des Aktienkapitals, in: Festgabe F. Wolfhart Bürgi, Zürich 1971, 295 ff.
- Der Partizipationsschein, in: Probleme der Aktienrechtsrevision, Bern 1972, 9 ff.

Jäggi/Druey/von Greyerz, Wertpapierrecht, Basel/Frankfurt a.M. 1985

Jagmetti Carlo, Die Nichtigkeit von Massnahmen der Verwaltung in der Aktiengesellschaft, Diss. Zürich 1958

Jung/Agner, Ergänzungsband zur 2. A. des Kommentars Masshardt, Zürich 1989

Kaden Jens, Going public und Publizität, Diss. Zürich 1991

Käfer Karl, Praxis der Kapitalflussrechnungen, Originalauflage Zürich/Stuttgart 1967; Kapitalflussrechnungen, 2. A. Zürich/Stuttgart 1984
- Die kaufmännische Buchführung, Berner Kommentar, Bern 1976 und 1981
- Stille Reserven, SAG [SZW] 48 (1976) 54 ff.

Känzig Ernst, Kommentar zur Eidg. Wehrsteuer (direkte Bundessteuer) 2. A., I. Teil, Basel 1982
- Die Einzelbewertung des Geschäftsvermögens nach schweiz. Steuerrecht [1971], in: Grundfragen des Unternehmungssteuerrechts, Festschrift zum 75. Geburtstag, Basel/Bern 1983, 153 ff.

Kaps Roderick, Die Gründungsprüfung nach dem Entwurf zur Revision des schweizerischen Aktienrechts, Diss. St. Gallen 1989

L

Kaufmann/Kunz, Besitzverhältnisse von Schweizer Aktien, *Bank Julius Bär* (Hrsg.), Zürich 1991

Klausing Friedrich, Reform des Aktienrechts, Berlin/Wien 1933

Kläy Hanspeter, Bundesgesetzgebung im Bereich des privaten Wirtschaftsrechts, SZW 62 (1990) 301 ff.; SZW 63 (1991) 161 ff.

Knobbe-Keuk Brigitte, Bilanz- und Unternehmenssteuerrecht, 7. A. Köln 1989

Kocher-Wolfensberger Regine Fides, Namenaktien mit aufgeschobenem Titeldruck im Vollstreckungsrecht, Diss. Zürich 1990

Kolb Alfred, Die rechtliche Stellung der Mitglieder der Verwaltung nach schweizerischem Aktienrecht, Diss. Zürich 1953

Koller Alfred, Die aktienrechtliche Anfechtungsklage, «recht» 1988, 51 ff.

Kölner Kommentar zum Aktiengesetz, 2. A. Köln et al. 1989

Kommission für Regulierungsfragen, Erläuterungen zum schweizerischen Übernahme-Kodex, Zürich 1991

Krebs Ulrich Felix, Gefährdung und Schutz der Minderheit bei Kapitalerhöhungen in der Aktiengesellschaft nach schweizerischem Recht, Diss. Zürich 1980

Küchler Remigius, Die Aktiengesellschaft im Gründungsstadium, Festgabe F. Wolfhart Bürgi, Zürich 1971, 229 ff.

Kummer Max, Das bedingte Kapital; das genehmigte Kapital, in: Probleme der Aktienrechtsrevision, Bern 1972, 63 ff.

Kurtenbach Regina, Schweizerische Aktiengesellschaft im Vergleich zur deutschen Aktiengesellschaft, CH-D Fachschriften, Handelskammer Deutschland-Schweiz, Zürich 1989

Kuy André, Der Verwaltungsrat im Übernahmekampf, Diss. Zürich 1989

Lamb Jochen, Die «Vorfinanzierung» von Kapitalerhöhungen durch Voreinzahlungen auf eine künftige Einlageverpflichtung, Diss. Heidelberg, Frankfurt a.M. 1991

Lanz Paul, Der Erwerb vinkulierter Namenaktien infolge Erbgangs, SAG 17 (1944/45) 1 ff.

Lefèbvre Francis, Comptes consolidés, Paris 1989

Leffson Ulrich, Die Grundsätze ordnungsmässiger Buchführung, Düsseldorf 1987

Lenhard Hansjürg, Der Erwerb von vinkulierten Namenaktien infolge Erbgangs, Diss. Zürich 1975

Locher Ernst Robert, Die Gewinnverwendung in der Aktiengesellschaft, Berner Diss., Diessenhofen 1983

Lübbert Hartmut, Abstimmungsvereinbarungen in den Aktien- und GmbH-Rechten der EWG-Staaten, der Schweiz und Grossbritanniens, Baden-Baden 1971

Lustenberger Thomas, Die Verwaltung der Aktiengesellschaft und ihre Sorgfaltspflichten im englischen und schweizerischen Recht, Diss. Bern 1983

Lüthy Martin, Unternehmenskrisen und Restrukturierungen, Zürcher Diss. 1987, Bern/Stuttgart 1988

Lutter Marcus (Hrsg.), Die Europäische Aktiengesellschaft, 2. A. Köln 1978

Lutz Benno, Die Aussagefähigkeit des Rechnungswesens, Zürich und St. Gallen 1963
– Zur Problematik der Überwachung von Banken, ST 50 (1976) 9/18 ff.
– Stille Reserven in Vergangenheit und Zukunft, in: Festschrift Hans Siegwart, Bern 1990, 195 ff.

Lutz Peter, Vinkulierte Namenaktien, Diss. Zürich 1988

Lyk Reto A., Die Mitarbeiteraktie in der Schweiz, Zürich 1989

Masshardt Heinz, Kommentar zur direkten Bundessteuer, 2. A. Zürich 1985
– Ergänzungsband zur 2. A., von *Beat Jung* und *Peter Agner*, Zürich 1989

Mattar Edward Paul (Hrsg.), Handbook for Corporate Directors, New York et al. 1985

Meier-Hayoz Arthur, Abschied vom Wertpapier? ZBJV 122 (1986) 385 ff.

Meier-Hayoz/Forstmoser, Grundriss des schweizerischen Gesellschaftsrechts, 6. A. Bern 1989

Meier-Hayoz/von der Crone, Wertpapierrecht, Bern 1985

Meier-Hayoz/Zweifel, Der Grundsatz der schonenden Rechtsausübung im Gesellschaftsrecht, in: Festschrift für Harry Westermann, Karlsruhe 1974, 383 ff.

Meier-Schatz Christian J., Unternehmenszusammenschlüsse mittels Übernahmeangebot, WuR 39 (1987) 16 ff.
– Aktienrechtliche Verteidigungsvorkehren (...), SAG [SZW] 60 (1988) 106 ff.
– Wirtschaftsrecht und Unternehmenspublizität, Zürich 1989
– Aktienrechtsreform und Unternehmensübernahmen, Schriftenreihe SAV 11 (1992) 35 ff.

Mengiardi Peider, Die wichtigsten Reformen im Dienste des Minderheitenschutzes, in: Aktienrechtsreform, Zu Entwurf und Botschaft 1983, SSTR 59, Zürich 1984, 35 ff.

Meyer Conrad, Zur Bewertungspraxis in Schweizer Konzernabschlüssen, ST 62 (1988) 176 ff.
– Ordnungsmässigkeit der Konzernrechnung, in: *André Zünd*, Hrsg. (1990) 65 ff.
– Die Bankbilanz als finanzielles Führungsinstrument, 3. A. Bern/Stuttgart 1991

Meyers Gerald C. Bevor die Fetzen fliegen. Die typischen Unternehmenskrisen erkennen, meistern und nutzen, Frankfurt/New York 1989

Mosimann Peter, Die Liberierung von Aktien durch Verrechnung, Diss. Basel 1976, in: Basler Studien zur Rechtswissenschaft 112, Basel 1978

Mühlebach/Geissmann, Lex F., Kommentar zum Bundesgesetz über den Erwerb von Grundstücken durch Personen im Ausland, Thun 1986

Müller Christoph M., Die Bewilligung zum Geschäftsbetrieb einer nach schweizerischem Recht organisierten Bank, Zürcher Diss., Bern 1978

Müller Rainer, Krisenmanagement in der Unternehmung, 2. A. Bern 1986

Münch Dieter, Das Recht einer Aktionärsminderheit auf Vertretung im Verwaltungsrat (...), Diss. Zürich 1976

Neese Martin, Fehlerhafte Gesellschaften, Diss. Zürich 1990

Nenninger John, Der Schutz der Minderheit in der Aktiengesellschaft nach schweizerischem Recht, Basler Diss. 1969, in: Basler Studien zur Rechtswissenschaft 105, Basel 1974.

Niederer Werner, Die stillen Reserven, in: Probleme der Aktienrechtsrevision, Bern 1972, 33 ff.

Niggli Adrian, Die Aufsicht über die Verwaltung der Aktiengesellschaft im schweizerischen Recht, Diss. Bern 1981

Nobel Peter, Konsequenzen für das Schweizer Recht aus amerikanischen Erfahrungen? Ein kritischer Streifzug, in: *Roger Zaech* (Hrsg.), Corporate Acquisitions and Takeovers in the USA, Bern/Stuttgart 1987, 137 ff.
– Klare Aufgaben für den Verwaltungsrat, ST 65 (1991) 531 ff. (zit. 1991A)
– Der Entwurf zu einem Eidg. Börsengesetz in der Vernehmlassung, SZW 63 (1991) 288 ff. (zit. 1991B)
– Aktienrechtliche Entscheide, 2. A. Bern 1991 (zit. 1991C)

O'Neal F. Hodge, Close Corporations, Chicago 1958, 1963

Obrecht Peter, Bezugsrecht und Vinkulierung, Berner Diss., Zürich 1984

Odiorne George S., Traps that Ensure Board Ineffectiveness, in: *Edward Paul Mattar* (Hrsg.), 11

Oertle Matthias, Das Gemeinschaftsunternehmen (Joint Venture) im schweizerischen Recht, Diss. Zürich 1990.

Oesch Klaus, Verwaltungsrat und Unternehmungskrisen. Aufgaben eines Verwaltungsrates unter veränderten Umweltbedingungen, Bern 1984

Ott Edward Emil, Das Bezugsrecht der Aktionäre, Diss. Bern 1962

Paetzold Veronika, Verwaltungsrat und Kontrollstelle einer Schweizer AG – Vorstand, Aufsichtsrat und Abschlussprüfer einer deutschen AG, *Handelskammer Deutschland-Schweiz* (Hrsg.), Zürich 1982

Patry Robert, Les accords sur l'exercice des droits de l'actionnaire, ZSR 78 (1959) II 1a ff.
– Précis du droit suisse des sociétés, Bd. II Bern 1977

Pedrazzini Mario M., Einleitungsreferat zum Seminar «Die Verantwortung des Verwaltungsrates in der AG», SSHW 29, Zürich 1978, 11 ff.

Pelli Flavio, Der Grundsatz der schonenden Rechtsausübung als Schranke der Ermessensfreiheit der Generalversammlung einer Aktiengesellschaft, Diss. Zürich 1978

Pestalozzi-Henggeler Regula, Die Namenaktie und ihre Vinkulierung, Diss. Zürich 1948

Petitpierre-Sauvain Anne, Droit des sociétés et groupes de sociétés, responsabilité de l'actionnaire dominant, retrait des actionnaires minoritaires, Genf 1972
– La cession de contrôle, mode de cession de l'entreprise, Diss. Genf 1977

Pfund Robert W., Die eidgenössische Verrechnungssteuer, Basel 1971

Planta Andreas, von, Die Haftung des Hauptaktionärs, Diss. Basel 1981
– Doppelorganschaft im aktienrechtlichen Verantwortlichkeitsrecht, in: Festschrift Frank Vischer, Zürich 1983, 597 ff.

Planta Flurin, von, Der Interessenkonflikt des Verwaltungsrates der abhängigen Konzerngesellschaft, Diss. Zürich 1988

Plüss Adrian, Die Rechtsstellung des Verwaltungsratsmitgliedes, Diss. Zürich 1990

Prager Martin, Grenzen der deutschen Mitbestimmung (inklusive Betriebsverfassung) im deutsch-schweizerischen Unternehmensrecht, Diss. Zürich 1979

Pümpin/Prange, Management der Unternehmensentwicklung. Phasengerechte Führung und der Umgang mit Krisen, Frankfurt/New York 1991

Ratner David L., Securities Regulation in a Nutshell, 3. A. St. Paul, Minnesota 1988

Regli Werner, Grundsätze ordnungsmässiger Rechnungslegung: Unternehmensfortführung, Stetigkeit, in: *André Zünd*, Hrsg. (1990) 109 ff.

Reichwein Heinz, Über die Solidarhaftung der Verwaltungsräte der Aktiengesellschaft und ihre Beschränkung, SJZ 64 (1968) 129 ff.

Rickenbacher Robert, Globalurkunden und Bucheffekten, Diss. Zürich 1981

Rogg Milton L. (Hrsg.), Corporate Restructuring, New York 1990

Rohrer Kuno Walter, Aktienrechtliche Anfechtungsklage, Diss. Bern 1979

Ruckstuhl François, Die Zulässigkeit von Interimsdividenden nach schweizerischem Recht, Diss. Zürich 1974

Ruedin Roland, Vers un droit des groupes de sociétés, ZSR 99 (1980) II 151 ff.
– Le vote par correspondance dans la société anonyme, in: Hommage à Raymond Jeanprêtre, Neuenburg (s.a.) 101 ff.
– Protection des actionnaires minoritaires, in: SSTR 60, Zürich 1984

- Responsabilité – Conflits d'intérêts dans les organes du groupe, in: *Druey* (Hrsg.) 1988, 198 ff.
- La fondation, ST 65 (1991) 579 ff.

Ruedin/Silbermann, Les groupes de sociétés. Problèmes actuels – solutions futures, Conférences, Neuenburg 1980, 63 ff.

Rüegsegger Otto, Prüfung und Analyse einer Jahresrechnung, 2. A. Bern 1988

Salzgeber-Dürig Erika, Das Vorkaufsrecht und verwandte Rechte an Aktien, Diss. Zürich 1970

Sauber Thomas, Zur aktienrechtlichen Verantwortlichkeit stiller und verdeckter Verwaltungsratsmitglieder, Diss. Zürich 1987

Schaad Hans-Peter, Das Depotstimmrecht der Banken nach schweizerischem Recht, Diss. Zürich 1972

Schärer Heinz, Die Vertretung der Aktiengesellschaft durch ihre Organe, Freiburger Diss., Winterthur 1981

Schett Alfred, Stellung und Aufgabe der Verwaltung einer Aktiengesellschaft bei der Durchführung der ordentlichen Generalversammlung, Diss. Zürich 1977

Schlieper Thomas, Partizipant und stimmrechtsloser Vorzugsaktionär, Diss. Freiburg 1976

Schluep Walter René, Die wohlerworbenen Rechte des Aktionärs und ihr Schutz nach schweizerischem Recht, Diss. St. Gallen 1955
- Mitbestimmung? Bemerkungen zum Verhältnis von Aktiengesellschaft, Unternehmen und öffentlichen Interessen, in: Festgabe F. Wolfhart Bürgi, Zürich 1971
- Die Bemühungen um ein europäisches Gesellschaftsrecht und der Vorschlag für eine Teilrevision des schweizerischen Aktienrechts, SAG [SZW] 45 (1973) 57 ff.

Schmid Niklaus, Schweizerisches Insiderstrafrecht, Kommentar, Bern 1988

Schmid Werner, Das feste Grundkapital der Aktiengesellschaft, Diss. Zürich 1948

Schmitt Petra, Das Verhältnis zwischen Generalversammlung und Verwaltung in der Aktiengesellschaft, Basler Diss., Zürich 1991

Schoop Katharina, Die Haftung für die Überbewertung von Sacheinlagen (...), Berner Diss., Zürich 1981

Schönle Herbert, L'emprunt convertible ou à option avant et après l'introduction de l'augmentation conditionnelle du capital, SAG [SZW] 56 (1984) 66 ff.

Schorer Paul, Reformvorschläge über das Depotstimmrecht aus der Sicht der Arbeitsgruppe, in: Aktienrechtsreform, Zu Entwurf und Botschaft 1983, SSTR 59, Zürich 1984, 101 ff.

Schreiber Christian, Die Zweckbindung bei der Aktiengesellschaft, Diss. Zürich 1974

Schubert Werner (Hrsg.), Verhandlungen über die Entwürfe eines allgemeinen deutschen Handelsgesetzbuches und eines Einführungs-Gesetzes zu demselben in beiden Häusern des preussischen Landtages im Jahre 1861, Frankfurt am Main 1986

Schucany Emil, Kommentar zum schweizerischen Aktienrecht, 2. A. Zürich 1960

Schultz Günther, Fachempfehlung zur Rechnungslegung FER Nr. 3 «Grundsätze ordnungsmässiger Rechnungslegung», SSTR 97, *André Zünd* (Hrsg.), Zürich 1990, 83 ff.
- Fachliche Qualifikation und Unabhängigkeit der Revisoren, ST 65 (1991) 546 ff.

Schweizerisches Revisionshandbuch, Zürich ab 1971

Segesser Georg, von, Die nennwertlose Aktie, Diss. Zürich 1973

Segesser Stephan, von, Eventualverbindlichkeiten, Diss. Zürich 1988

Siegwart Alfred, Zürcher Kommentar zu Art. 620 ff. OR, Zürich 1945

Siegwart Hans, Neue Form einer Kapitalflussrechnung, Das Unternehmen 43 (1989) 216 ff.
- Der cash-flow als finanz- und ertragswirtschaftliche Lenkungsgrösse, 2. A. Zürich 1990

Sigrist/Hirsch, Stille Reserven / Ordnungsmässigkeit, SAG [SZW] 56 (1984) 85 ff.

Slingerland Erik, Die Aufsicht über die Geschäftsführung bei Kapitalgesellschaften nach schweizerischem, niederländischem, deutschem und europäischem Recht, Diss. Zürich 1982

Slongo Bruno, Der Begriff der einheitlichen Leitung als Bestandteil des Konzernbegriffs, Diss. Zürich 1980

Sonderegger Alfons, Mitbestimmung als Gewerkschaftsforderung, Zürcher Diss., Diessenhofen 1979

Spiro Karl, Verwaltungsrat und Aktienbuch, SAG 31 (1958/59) 1 ff.
– Zur Haftung für Doppelorgane, in: Festschrift Frank Vischer, Zürich 1983, 639 ff.

Sprüngli Luzius R., Die neue Rolle des Verwaltungsrates. Veränderte Stellung und Aufgaben sowie mögliche Ausgestaltung des Verwaltungsrates in mittelgrossen schweizerischen Industrieunternehmungen, Diss. St. Gallen 1990

Staehelin Thomas, Der Verwaltungsrat einer privaten Aktiengesellschaft, Zürich 1986, 77 ff.
– Die Familiengesellschaft im neuen Aktienrecht, ST 65 (1991) 602 ff.

Stauber Eric, Das Recht des Aktionärs auf gesetz- und statutenmässige Verwaltung und seine Durchsetzung nach schweizerischem Recht, Diss. Zürich 1985

Stauffer Emmanuel, L'actionnaire sans titre, Genf 1977

Stebler Markus P., Konzernrecht in der Schweiz – ein Überblick über den Stand von Lehre und Rechtsprechung, in: *Druey* (Hrsg.) 1988, 13 ff.

Steiger Fritz, von, Die sog. Pflichtaktien der Verwaltung, SAG 30 (1957/58) 12 ff.
– Das Recht der Aktiengesellschaft in der Schweiz, 3. A. Zürich 1966 und 4. A. Zürich 1970

Steiger Werner, von, Über die Verantwortung des Hauptaktionärs, in: Festgabe Max Gutzwiller, Basel 1959, 699 ff.
– Gesellschaftsrecht, in: Schweizerisches Privatrecht, Bd. VIII/1, Basel/Stuttgart 1976

Stein Ursula, Das faktische Organ, Diss. Frankfurt 1984, Köln 1984

Steinmann Markus, Präventive Abwehrmassnahmen zur Verhinderung unfreundlicher Übernahmen mit Mitteln des Aktienrechts, Diss. Zürich 1989

Stockmann Heinrich, Zum Problem der Gleichbehandlung der Aktionäre, in: Festgabe F. Wolfhart Bürgi, Zürich 1971, 387 ff.

Stratenwerth Günter, Schweizerisches Strafrecht, Besonderer Teil I und II, Teilrevisionen 1987 bis 1990, Bern 1990

Stüber Beat, Der Vorvertrag zur Aktiengesellschaft, Diss. Zürich 1973

Tanner Brigitte, Quoren für die Beschlussfassung in der Aktiengesellschaft, Diss. Zürich 1987
– Bemerkungen zum Bundesgerichtsentscheid vom 9. Oktober 1990, SZW 63 (1991) 204 ff.

Thiel Hanspeter, Stille Reserven als ungelöstes Problem, ST 65 (1991) 556 ff.

Thiel Jochen, Bilanzrecht, 3. A. Köln 1986
– Risikoorientierte Abschlussprüfung, in: Festschrift André Zünd, Zürich 1988, 161 ff.

Thalmann Anton, Die Treuepflicht der Verwaltung der Aktiengesellschaft, Diss. Bern 1975

Thomann Claude Eric, Der Schutz der Minderheit in der amerikanischen Kleinaktiengesellschaft aus schweizerischer Sicht, Diss. Bern 1980

Thommen Jean-Paul, Managementorientierte Betriebswirtschaftslehre, 3. A. Bern 1991

Tillmann Erich, Kritische Beurteilung der Reformvorschläge über das Depotstimmrecht, in: Aktienrechtsreform, Zu Entwurf und Botschaft 1983, SSTR 59, Zürich 1984, 87 ff.
– Das Depotstimmrecht der Banken, Diss. Zürich 1985

Tipke/Lang, Steuerrecht, 13. A. Köln 1991

Tschäni Rudolf, Unternehmensübernahmen nach Schweizer Recht, 2. A. Basel/Frankfurt a. Main 1991

Übernahme-Kodex, siehe Verzeichnis der Abkürzungen

Viandier Alain, Droit comptable, Paris 1984

Vischer Bernhard, Das autorisierte Kapital im amerikanischen und schweizerischen Aktienrecht, Diss. Zürich 1977

Vischer Frank, Die Stellung der Verwaltung und die Grenzen der Delegationsmöglichkeit bei der grossen AG, in: Festgabe Wilhelm Schönenberger, Freiburg i.Ü. 1968, 345 ff.
– Zur Stellung und Verantwortung des Verwaltungsrates in der Grossaktiengesellschaft, in: Die Verantwortung des Verwaltungsrates in der AG, SSHW 29, Zürich 1978, 71 ff.
– Beurteilung der Aktienrechtsreform aus der Sicht des Verwaltungsrates, in: Rechtliche und betriebswirtschaftliche Aspekte der Aktienrechtsreform, SSHW 74, Zürich 1984, 155 ff.
– Würdigung der Reform, ST 65 (1991) 525 ff.

Vischer/Rapp, Zur Neugestaltung des schweizerischen Aktienrechts, Bern 1968

Vogel Wolfgang C., Aktienrecht und Aktienwirklichkeit - Organisation und Aufgabenteilung von Vorstand und Aufsichtsrat, Baden-Baden 1980

Volkart Rudolf, Beiträge zur Theorie und Praxis des Finanzmanagements, 4. A. Zürich 1991

Vollmar Jürg, Grenzen der Übertragung von gesetzlichen Befugnissen des Verwaltungsrates an Ausschüsse, Delegierte und Direktoren, Diss. Bern 1986

Walther Conrad M., Zur Rechtsanwendung wertungsbedürftiger Minderheitsschutznormen im schweizerischen Aktienrecht, Berner Diss., Zürich 1987

Walther Max, Das «Schweizer Modell» der Internen Revision, in: Festschrift André Zünd, Zürich 1988, 191 ff.

Ward John L., Keeping the family business healthy, San Francisco 1987

Watter Rolf, Die Verpflichtung der Aktiengesellschaft aus rechtsgeschäftlichem Handeln ihrer Stellvertreter, Prokuristen und Organe, Diss. Zürich 1985
– Unternehmensübernahmen, Zürich 1990
– Kursmanipulationen am Aktienmarkt unter Berücksichtigung von sogenannten Stützungskäufen, SZW 62 (1990) 193 ff.
– Prospektpflicht und Prospekthaftpflicht, ST 65 (1991), 669 ff.
– Gründung und Kapitalerhöhung im neuen Aktienrecht, Referat im Seminar der HSG-Weiterbildungsstufe vom 25. Oktober 1991 in Zürich, Schriftenreihe SAV 11 (1992) 55 ff.

Weber Rolf H., Vertrags- bzw. Statutengestaltung und Minderheitenschutz, Schriftenreihe SAV 11 (1992) 71 ff.

Weber-Dürler Hans-Peter, Gesellschafterversammlung, Urabstimmung und Delegiertenversammlung, Diss. Bern 1973

Weilenmann Paul, Kapitalflussrechnung in der Praxis, Zürich 1985

Weiss Gottfried, Zum schweizerischen Aktienrecht, Berner Kommentar, Bern 1956

Wenninger Renate M., Die aktienrechtliche Schweigepflicht, Diss. Zürich 1983

Widmer Kurt, Das Recht des Aktionärs auf Auskunftserteilung, de lege lata und de lege ferenda (Art. 697 OR), Diss. Zürich 1961
– Vergleichende Überlegungen zur Aktivierung des Verwaltungsrates, in: Festschrift Hans Siegwart, Bern 1990, 47 ff.

Wieland Alfred, Die verschleierte Apportgründung, Basel 1949
– Die Unvereinbarkeit des Erwerbes eigener Aktien mit dem Einlage-Rückzahlungsverbot, ZSR 56 (1937) 202 ff.

- Zur Übertragbarkeit und Übertragungsform unbeurkundeter Aktienrechte, SAG [SZW] 21 (1948/49) 141 ff.

Willener Erwin, Vorratsaktien, Diss. Zürich 1986

Wohlmann Herbert, Die Treuepflicht des Aktionärs, Diss. Zürich 1968
- Die Gesellschaft mit beschränkter Haftung, in: Schweizerisches Privatrecht, Bd. VIII/2, Basel 1982
- Partizipationsscheine – zugleich ein Beitrag zur Interdependenz von Gesellschaftsrecht und Finanzmarkt, SZW 63 (1991) 169 ff.

Wolf Elias, Rechtliche Bindung auf «ewige» Zeiten bei der Aktiengesellschaft, SAG 9 (1936/37) 9 ff.

Würsch Daniel, Der Aktionär als Konkurrent der Gesellschaft, Diss. Zürich 1989

Würzer Walter, Die Zuordnung der Rechte aus gespaltenen Aktien, Diss. Bern 1982

Zellweger Hans Jakob, Haftungsbeschränkung und Solidarhaftung im Verantwortlichkeitsrecht der Aktiengesellschaft, Diss. Bern, 1972

Zenhäusern Markus, Konzernrechnungslegung und -prüfung, Grüsch 1989

Ziebe Jürgen, Der Erwerb eigener Aktien und eigener GmbH-Geschäftsanteile in den Staaten der Europäischen Gemeinschaft, Frankfurt a.M./Bern 1982

Zindel Gaudenz, Bezugsrechte in der Aktiengesellschaft, Diss. Zürich 1984
- Probleme der organschaftlichen Vertretungsmacht, ZBJV 125 (1989) 289 ff.

Zobl Dieter, Rechtliche Probleme im Zusammenhang mit der Schaffung von Vorratsaktien, SZW 63 (1991) 1 ff.

Zobl/Lambert, Zur Entmaterialisierung der Wertpapiere, SZW 63 (1991) 117 ff., insb. 129 und 138.

Zogg Hans, Der Konzernabschluss in der Schweiz, St. Galler Diss., Zürich 1978

Zoller Ivo, Die Kapitalerhöhung aus Gesellschaftsmitteln im schweizerischen Aktienrecht, Diss. Basel 1969

Zulauf Joos A., Die wechselseitige Beteiligung im schweizerischen Aktienrecht, Diss. St. Gallen 1974

Zünd André, Revisionslehre, Zürich 1982
- Die wichtigsten Reformen in der Rechnungslegung, in: Aktienrechtsreform, Zu Entwurf und Botschaft 1983, SSTR 59, Zürich 1984, 113 ff.
- Einheitliche Leitung – Bedeutung und Tauglichkeit des Begriffs, in: *Druey* (Hrsg.) (1988) 77 ff.
- Überwachung als Managementaufgabe, in: Controlling 2 (1989) 76 ff.
- Die Prüfung der finanziellen Führung, Die Unternehmung 43 (1989) 241 ff.
- (Hrsg.), Grundsätze ordnungsmässiger Rechnungslegung, Seminar der HSG-Weiterbildungsstufe vom 14. November 1989, Zürich 1990
- Die EG-Rechnungslegung als Kompromisswerk, NZZ Nr. 191 vom 20. August 1991

EG-Gesellschaftsrecht

A. In Kraft gesetzte Erlasse

1. *Erste Richtlinie des Rates vom 9. März 1968* (68/151/EWG) zur Koordinierung der Schutzbestimmungen, die in den Mitgliedstaaten den Gesellschaften im Sinne des Artikels 58 Absatz 2 des Vertrages im Interesse der Gesellschafter sowie Dritter vorgeschrieben sind, um diese Bestimmungen gleichwertig zu gestalten.
(ABl. Nr. L 65/8 vom 14.3.1968, S. 8–12)

2. *Zweite Richtlinie des Rates vom 13. Dezember 1976* (77/91/EWG) zur Koordinierung der Schutzbestimmungen, die in den Mitgliedstaaten den Gesellschaften im Sinne des Artikels 58 Absatz 2 des Vertrages im Interesse der Gesellschafter sowie Dritter für die Gründung der Aktiengesellschaft sowie für die Erhaltung und Änderung ihres Kapitals vorgeschrieben sind, um diese Bestimmungen gleichwertig zu gestalten.
(ABl. Nr. L 26 vom 31.1.1977, S. 1–13)

3. *Dritte Richtlinie des Rates vom 9. Oktober 1978* (78/855/EWG) gemäss Artikel 54 Absatz 3 Buchstabe g) des Vertrages betreffend die Verschmelzung von Aktiengesellschaften.
(ABl. Nr. L 295 vom 20.10.1978, S. 36–43)

4. *Vierte Richtlinie des Rates vom 25. Juli 1978* (78/660/EWG) aufgrund von Artikel 54 Absatz 3 Buchstabe g) des Vertrages über den Jahresabschluss von Gesellschaften bestimmter Rechtsformen.
(ABl. Nr. L 222 vom 14.8.1978, S. 11–31; seither mehrmals abgeändert)

5. *Richtlinie des Rates vom 27. November 1984* (84/569/EWG) zur Änderung der in Ecu ausgedrückten Beträge der Richtlinie 78/660/EWG.
(ABL. Nr. L 314 vom 4.12.1984, S. 28)

6. *Sechste Richtlinie des Rates vom 17. Dezember 1982* (82/891/EWG) gemäss Artikel 54 Absatz 3 Buchstabe g) des Vertrages betreffend Spaltung von Aktiengesellschaften.
(ABl. Nr. L 378 vom 31.12.1984, S. 47–54)

7. *Siebente Richtlinie des Rates vom 13. Juni 1983* (83/349/EWG) aufgrund von Artikel 54 Absatz 3 Buchstabe g) des Vertrages über den konsolidierten Abschluss.
(ABl. Nr. L 193 vom 18.7.1983, S. 1–17)

8. *Achte Richtlinie des Rates vom 10. April 1984* (84/253/EWG) aufgrund von Artikel 54 Absatz 3 Buchstabe g) des Vertrages über die Zulassung der mit der Pflichtprüfung der Rechnungslegungsunterlagen beauftragen Personen.
(ABl. Nr. L 126 vom 12.5.1984, S. 20–26)

9. *Zehnte Richtlinie des Rates vom 8. Dezember 1986* (86/635/EWG) über den Jahresabschluss und den konsolidierten Abschluss von Banken und anderen Finanzinstituten.
(ABl. Nr. L 372 vom 31.12.1986, S. 1–17)

10. *Elfte Richtlinie des Rates vom 21. Dezember 1989* (89/666/EWG) über die Offenlegung von Zweigniederlassungen, die in einem Mitgliedstaat von Gesellschaften bestimmter Rechtsformen errichtet wurden, die dem Recht eines anderen Staates unterliegen.
(ABl. Nr. L 395 vom 30.12.1989, S. 36–39)

11. *Zwölfte Richtlinie des Rates vom 21. Dezember 1989* (89/667/EWG) auf dem Gebiet des Gesellschaftsrechts betreffend Gesellschaften mit beschränkter Haftung mit einem einzigen Gesellschafter.
(ABl. Nr. L 395 vom 30.12.1989, S. 40–42)

12. *Richtlinie des Rates vom 13. Februar 1989* (89/117/EWG) über die Pflichten der in einem Mitgliedstaat gegründeten Zweigniederlassungen von Kreditinstituten und Finanzinstituten mit Sitz ausserhalb dieses Mitgliedstaates zur Offenlegung von Jahresabschlussunterlagen.
(ABl. Nr. L 44 vom 16.2.1989, S. 40–42)

13. *Verordnung (EWG) Nr. 2137/85 des Rates vom 25. Juli 1985* über die Schaffung einer europäischen wirtschaftlichen Interessenvereinigung (EWIV).
(ABl. Nr. L 199 vom 31.7.1985, S. 1–9)

B. Vorgeschlagene Massnahmen des EG-Rechts

1. *Geänderter Vorschlag einer fünften Richtlinie des Rates* nach Artikel 54 Absatz 3 Buchstabe g) des Vertrages über die Struktur der Aktiengesellschaft sowie die Befugnisse und Verpflichtungen ihrer Organe
(ABl. Nr. C 240 vom 9.9.1983, S. 2–38; nochmals in geänderter Form 1991, ABl. Nr. C 321 vom 12.12.1991, zit. «Vorschlag EG-Strukturrichtlinie 1991»)

2. *Vorschlag einer zehnten Richtlinie des Rates* nach Artikel 54 Absatz 3 Buchstabe g) des Vertrages über die grenzüberschreitende Verschmelzung von Aktiengesellschaften.
(ABl. Nr. C 23 vom 25.1.1985, S. 11–15)

3. *Gemeinsamer Standpunkt des Rates vom 29.6.1990* im Hinblick auf den Erlass einer Richtlinie des Rates zur Änderung der Richtlinien 78/660/EWG und 83/349/EWG über den Jahresabschluss bzw. den konsolidierten Abschluss hinsichtlich ihres Anwendungsbereichs.
(ABl. Nr. C 172 vom 13.7.1990, S. 1)

4. *Gemeinsamer Standpunkt des Rates vom 29.6.1990* im Hinblick auf den Erlass einer Richtlinie des Rates zur Änderung der Richtlinie 78/660/EWG über den Jahresabschluss und der Richtlinie 83/349/EWG über den konsolidierten Abschluss hinsichtlich der Ausnahme für kleine und mittlere Gesellschaften sowie der Offenlegung von Abschlüssen in Ecu.
(ABl. Nr. C 172 vom 13.7.1990, S. 1)

5. *Geänderter Vorschlag für eine Richtlinie des Rates* über den Jahresabschluss und den konsolidierten Abschluss von Versicherungsunternehmen.
(ABl. Nr. C 30 vom 8.2.1990, S. 51–88)

6. *Geänderter Vorschlag für eine dreizehnte Richtlinie des Rates* auf dem Gebiet des Gesellschaftsrechts über Übernahmeangebote.
(ABl. Nr. C 240 vom 26.9.1990, S. 7–30)

7. *Abgeänderter Vorschlag für eine Verordnung (EWG) des Rates vom 16. Mai 1991* über das Statut der europäischen Aktiengesellschaft («Societas Europaea» oder «SE», zit. «Vorschlag SE 1991»).
ABl. Nr. C 176/1 vom 8. Juli 1991, S. 1–68.

8. *Abgeänderter Vorschlag für eine 5. Richtlinie* («EG-Strukturrichtlinie 1991»), ABl. Nr. C 321 vom 12. Dezember 1991.

Abkürzungen

Die Abkürzungen richten sich nach dem vom Bundesgericht jährlich veröffentlichten Verzeichnis, mit folgenden Ergänzungen bzw. Präzisierungen:

ABl., Amtsblatt der Europäischen Gemeinschaften, Brüssel

ADHGB, Allgemeines Deutsches Handelsgesetzbuch von 1861, vgl. *Schubert*, Hrsg.

AJP, Aktuelle juristische Praxis (ab 1992)

AktG, Deutsches Aktiengesetz vom 6. September 1965, in seiner heute geltenden Fassung.

Arbeitsgruppe von Greyerz, Vom Bundesrat am 20. Dezember 1978 eingesetzte Arbeitsgruppe zur Überarbeitung des Vorentwurfs 1975 für die Revision des Aktienrechts; erarbeitete den *Entwurf 1983*, vgl. *Botschaft 1983*, 35, Ziff. 146.

ASA, Archiv für Schweizerisches Abgaberecht.

BdBSt, Bundesratsbeschluss über die Erhebung einer direkten Bundessteuer, mit Wirkung für Vorgänge ab 1. Januar 1993 ersetzt durch das DBG.

Begleitbericht 1975, Begleitbericht der Eidgenössischen Justizabteilung zum «Vorentwurf 1975» für die Teilrevision des Aktienrechts, veröffentlicht in: Schriftenreihe der Schweizerischen Treuhand- und Revisionskammer 18, Zürich 1976, 11 ff.

BiRiLiG, Bilanzrichtlinien-Gesetz, siehe HGB 1985.

Botschaft 1983, Botschaft des Bundesrates vom 23. Februar 1983 über die Revision des Aktienrechtes (mit Entwurf 1983), BBl 1983 II 745 ff. (zitiert nach Sonderdruck).

Botschaft 1991, Botschaft des Bundesrates vom 8. Mai 1991 über die Änderung des SchKG, BBl 1991 III 1 ff.

Bst., Buchstabe (als Ordnungszeichen in Gesetzesartikeln).

DBG, Bundesgesetz über die direkte Bundessteuer vom 14. Dezember 1990: ersetzt den Bundesratsbeschluss (*BdBSt*) und gilt für Steuertatbestände, die sich *nach* dem 31. Dezember 1992 verwirklichen).

DSC, Décret sur les sociétés commerciales vom 23. März 1967, in seiner heutigen Fassung, zitiert gemäss «Code des sociétés», Paris (Dalloz) 1991. Siehe «LSC».

Entwurf 1983, Entwurf des Bundesrates vom 23. Februar 1983 zur Revision des Aktienrechtes (Änderung des 26. Titels des Obligationenrechtes), BBl 1983 II 745 ff. (zit. nach dem Separatdruck); entsprechend dem Vorentwurf der Arbeitsgruppe von Greyerz zuhanden des Eidgenössischen Justiz- und Polizeidepartementes, *Botschaft 1983*, 30/31, Ziff. 141.

EG-Richtlinie, Richtlinie des Rates der Europäischen Gemeinschaften, zitiert gemäss dem vorstehend wiedergegebenen Verzeichnis «*EG-Gesellschaftsrecht*», jeweils mit der Ordnungsnummer der Richtlinie und dem Jahr.

FAS, Financial Accounting Standards, USA.

FER, Fachempfehlungen zur Rechnungslegung, erarbeitet von der Fachkommission FER und hrsg. von der «Stiftung für Empfehlungen zur Rechnungslegung», Zürich (ab 1984).

HGB 1985, Deutsches Handelsgesetzbuch, in seiner Fassung nach Einordnung der neuen Bestimmungen (§ 238 ff.) gemäss Bilanzrichtlinien-Gesetz vom 19. Dezember 1985 («*BiRiLiG*»). Mit diesem Gesetz sind die 4., 7. und 8. EG-Richtlinie in internes deutsches Recht umgesetzt worden.

IAS, International Accounting Standards, erarbeitet vom International Accounting Standards Committee, London.

Lex Friedrich, Bundesgesetz über den Erwerb von Grundstücken durch Personen im Ausland, vom 16. Dezember 1983, SR 211.412.41.

LSC, Loi sur les sociétés commerciales vom 24. Juli 1966, in ihrer heutigen Fassung, zitiert gemäss «Code des sociétés», Paris (Dalloz) 1991; siehe auch DSC.

N., Note in Kommentaren.

NZZ, Neue Zürcher Zeitung, Zürich.

OR, Die *nicht* von der Aktienrechtsreform abgeänderten Teile des schweizerischen Obligationenrechtes, in der am 1. Juli 1992 geltenden Fassung.

OR 1881, Die erste Fassung des Schweizer Aktienrechts, gemäss dem ursprünglichen Bundesgesetz über das Obligationenrecht vom 14. Juni 1881.

OR 1936, Die bis zum 30. Juni 1992 geltende Fassung des 26. Titels («Die Aktiengesellschaft») des schweizerischen Obligationenrechtes gemäss Bundesgesetz vom 18. Dezember 1936.

OR 1991, Die von der Aktienrechtsreform (Bundesgesetz vom 4. Oktober 1991, in Kraft gesetzt auf 1. Juli 1992, hinsichtlich der drei Artikel 663e, 663f und 663g auf 1. Juli 1993) *abgeänderten Teile* des 26. Titels («Die Aktiengesellschaft») des schweizerischen Obligationenrechtes, in der am 30. März 1992 gemäss Art. 33 GVG berichtigten Fassung.

PS, Partizipationsscheine.

Rz, Randziffer.

SAG, Die Schweizerische Aktiengesellschaft (jetzt «*SZW*»).

Schl.Best. OR 1991, Schlussbestimmungen des neuen Aktienrechts vom 4. Oktober 1991.

SE, Societas Europaea, Statut der Europäischen Aktiengesellschaft (siehe «Vorschlag SE 1991»).

SSHW, Schweizer Schriften zum Handels- und Wirtschaftsrecht, Zürich.

SSTR, Schriftenreihe der Schweizerischen Treuhand- und Revisionskammer, Zürich.

ST, Der Schweizer Treuhänder, Zürich.

StHG, Bundesgesetz über die Harmonisierung der direkten Steuern der Kantone und Gemeinden vom 14. Dezember 1990.

Strukturrichtlinie, siehe Vorschlag EG-Strukturrichtlinie.

SZW, Schweizerische Zeitschrift für Wirtschaftsrecht (früher «Die Schweizerische Aktiengesellschaft», SAG).

Übernahme-Kodex, Schweizerischer Übernahme-Kodex, verfasst von der Vereinigung der Schweizer Börsen, SHAB vom 1. Oktober 1989, Fassung vom 1. Mai 1991, mit Erläuterungen der Kommission für Regulierungsfragen, Zürich 1991.

Vorentwurf 1975, Vorentwurf der Eidgenössischen Justizabteilung für die Teilrevision des Aktienrechts von 1975, in: SSTR 18, Zürich 1976, 32 ff.

Vorschlag EG-Strukturrichtlinie, 1991 abgeänderter Vorschlag der Kommission der EG für eine 5. Richtlinie des Rates über die Struktur der Aktiengesellschaft.

Vorschlag SE 1991, «Societas Europaea» oder SE; abgeänderter Vorschlag der Kommission der EG vom 16. Mai 1991 für eine Verordnung des Rates über das Statut der Europäischen Aktiengesellschaft.

VStG, Bundesgesetz über die Verrechnungssteuer vom 13. Oktober 1965, SR 642.21.

WuR, Wirtschaft und Recht, Zürich (1990 eingestellt).

ZGB 1907, schweizerisches Zivilgesetzbuch.

Zwischenbericht 1972, Zwischenbericht des Präsidenten und des Sekretärs der ersten Aktienrechtskommission («Kommission Tschopp»), vgl. *Botschaft 1983,* 29, Ziff. 142, erstellt aufgrund der im Juli 1971 abgeschlossenen ersten Beratungen (n.publ.).

* * *

Im Kontext beziehen sich alle Artikelangaben *ohne* Zusatz auf das schweizerische Obligationenrecht in seiner am 1. Juli 1992, bzw. hinsichtlich der Artikel 663e, 663f und 663g am 1. Juli 1993 geltenden Fassung.

Zur Zeit des Abschlusses der Arbeit an diesem Buch war die neue, dem Aktienrecht vom 4. Oktober 1991 angepasste Handelsregisterverordnung noch nicht erschienen.

Einleitende Bemerkungen

Zur Erläuterung des neuen Aktienrechts vom 4. Oktober 1991 ist es unerlässlich, vorweg auf vier Aspekte einzugehen.

I. Werdegang der Reform

Tiefere Gründe für die Verzögerungen

Das vorliegende Buch will in erster Linie die nun geltenden Neuerungen behandeln und geht daher auf das Zustandekommen des neuen Rechts[1], mit allem Auf und Ab in der Vorphase von 1958 bis 1975 und der Hauptphase von 1978 bis 1991, nur gerade insoweit ein, als es für das Verständnis notwendig ist[2]. 1

Die Verzögerungen in diesen beiden Phasen sind insgesamt auf drei Gründe zurückzuführen:

Zuerst, von 1958 bis 1975 dachte man nur an *punktuelle Änderungen*; bis zum Ende des Nachkriegsaufschwungs wollte man bloss eine Teilrevision. Die erste Aktienrechtskommission unter dem Vorsitz von Bundesrichter *Tschopp*[3] legte ihren Auftrag entsprechend aus, wenngleich auch sie schon zaghaft neue Fragen aufwarf. Die zweite Expertenkommission von 1978, die Arbeitsgruppe unter dem Vorsitz von *Christoph von Greyerz*[4], hatte mehr Wagemut. Sie griff kräftig ins Wespennest, so hinsichtlich des Depotstimmrechts der Banken und der Sonderprüfung, aber auch der Vinkulierung, einer Frage, in der sich später die Fronten ineinander verkeilen sollten. Entwurf und Botschaft des Bundesrates vom 23. Februar 1983 entsprachen fast überall dem Vorentwurf der Arbeitsgruppe von Greyerz[5]. 2

Die Aktienrechtsreform wurde in dieser langen Zeitspanne das Opfer von eigentlichen *Paradigmenwechseln*: die massgeblichen Bezugspunkte der Revision änderten sich teilweise um 180°, so von der «Verschärfung der Ausländerabwehr» (1975) zur weitgehenden Aufhebung der Ausländerdiskriminierung (1990/91), von der «Verschärfung der Vinkulierung» (1975) zur Verbesserung der Börsengängigkeit von Namen- 3

---

[1] *Christoph von Greyerz* (1984) 1 ff. Auch der Verfasser hat darüber früher berichtet, (1983) 11 ff.; (1984) 257 ff.
[2] Es werden grundsätzlich nur *öffentlich zugängliche Quellen* zitiert, so die Amtlichen Bulletins der beiden Räte, nicht aber die Debatten in deren vorberatenden Kommissionen.
[3] *Botschaft 1983*, 29, Ziff. 142.
[4] Ihr gehörten nebst Prof. Dr. Christoph von Greyerz an: Dr. R. Bloch, Prof. Dr. P. Böckli, Dr. G. Casetti, Prof. Dr. P. Gauch, Dr. A. Jetzer, B. Kappeler, Prof. Dr. A. Koller, Prof. Dr. R. Ruedin, Prof. Dr. W. R. Schluep, Prof. Dr. F. Vischer, Prof. Dr. A. Zünd (*Botschaft 1983*, 35/36, Ziff. 146). Von Seiten der Bundesverwaltung wirkten mit beratender Stimme namentlich Prof. Dr. H. Hausheer und später Prof. Dr. L. Krauskopf und Fürsprecher Paul Schorer mit.
[5] *Amtl. Bull. NR* (1985) 1668; 1730.

aktien (1990), von der «fakultativen Konsolidierung» (1975) zur obligatorischen Konzernrechnung (1983), von der «eingeschränkten Offenlegung» (1975) zu dem am Schluss weit verbreiteten Unbehagen darüber, dass man vor allem auch hinsichtlich der stillen Reserven so weit entfernt von der Transparenz des EG-Modells stehen blieb (1991).

4 Das *Schweizer Zweikammersystem* ist als solches auf einen bedächtigen Rhythmus angelegt. Die Dinge gehen aber noch einigermassen wacker voran, wenn der Erstrat es ist, der gegenüber dem Regierungsentwurf (der «Botschaft») neue Ideen einbringt, und der Zweitrat daran bloss herumfeilt. Die Gesetzgebung läuft dagegen mit mehrjährigen Verzögerungen, wenn der Erstrat mehr oder weniger dem Regierungsentwurf[6] folgt, und der Zweitrat dann ein neues Konzept einbringt. Die so entstehende tiefgreifende Abweichung ist dann von Anfang an nur noch im «do-ut-des» der Differenzbereinigung, im zeitraubenden Pendelschlag zwischen den beiden Kammern, zu behandeln. Das ist hier vor allem in den Streitfeldern[7] der «stillen Reserven»[8] und der «Vinkulierung»[9] geschehen; die Interessenvertreter der Banken und Effektenhändler zerrten die Parlamentarier immer stärker in die eine, die Freunde von Industrie und Gewerbe etwas unentschlossen und zerstreut in die andere Richtung. Eine weitere Verzögerung von mindestens drei Jahren war die Folge.

2. Die Ziele der Aktienrechtsreform als Zwischenziele

Die *Ziele der Aktienrechtsreform* in ihrer Phase nach 1975 und vor allem im Gefolge der Motion Muheim[10] sind trotz allem weitgehend erreicht worden[11]:

5 Die Möglichkeiten für die *Kapitalbeschaffung* sind erweitert durch die Einführung des genehmigten und des bedingten Kapitals, durch die klare Regelung des Partizipationsscheines, aber auch die Herabsetzung des Mindestnennwerts auf Fr. 10.

6 Die *Struktur und die Funktionsweise der Organe* sind verbessert, im Bereich sowohl des Verwaltungsrates wie der Revisionsstelle; für die institutionelle Stimmrechtsvertretung in der Generalversammlung (Depotstimmrecht) ebenso wie für die Frage der qualifizierten Mehrheit bietet das Gesetz neue Lösungen.

7 Der «Aktionärsschutz» und die «Verhinderung von Missbräuchen» sind das Ziel ungezählter Änderungen und Ergänzungen im Gesetz, von der Einführung der Gründungs- und Kapitalerhöhungsprüfung zum Schutz des Bezugsrechts, von der Einführung der Sonderprüfung auf Begehren einer Aktionärsminderheit zur Präzisierung der Anfechtungs- und Nichtigkeitsklage, ja bis zum Recht des Richters, unter Umständen auf Abfindung eines Minderheitsaktionärs aus Gesellschaftsmitteln bei Vorliegen eines wich-

---

[6] *Botschaft 1983*, 206 ff.
[7] Und in geringerem Masse auch der genauen Ausgestaltung der *Solidarität* bei der Organhaftung und in weiteren Punkten.
[8] Vgl. Kapitel 7, Rz 1112 ff.
[9] Vgl. Kapitel 5, Rz 540 ff.
[10] Vom 8. Juni 1979; Debatte 8. März 1980, *Amtl. Bull. StR* (1979) 5
[11] Vgl. die Übersicht bei *Peter Forstmoser* (1991C) 78 ff.

tigen Grundes zu erkennen[12]. Die Verankerung des Treuegebots und des Gleichbehandlungsgrundsatzes im Pflichtenheft des Verwaltungsrates dient ebenfalls dem genannten Ziel[13].

Die *Transparenz* ist verbessert, wenn auch lange noch nicht so, wie es dem Standard der EG-Richtlinien entsprechen würde[14], und die Anforderungen an die *Rechnungslegung* sind stark erhöht und auch präzisiert[15]. Damit ist unser Aktienrecht von 1991 in Bahnen gewiesen, die der Ausrichtung des EG-Rechtes eindeutig entsprechen. 8

Was der Bundesrat 1983 noch gar nicht als Hauptziel herausgestellt hatte, ist in der parlamentarischen Beratung vorrangig geworden: die *Sonderregelung für die Vinkulierung* der börsenkotierten Namenaktien. 9

Die bei weitem wichtigste und auch schwierigste Etappe des «Aggiornamento» unseres Aktienrechts von 1936 ist damit hinter uns. Zwar enthält das neue Aktienrecht zahlreiche Unebenheiten. Das Fundament aber ist errichtet, auf dem sich die weiteren notwendigen Verbesserungen – vor allem hinsichtlich der stillen Reserven[16], der Rechnungslegung[17] und der Offenlegung[18] – nun ohne weiteres aufbauen lassen. 10

II. Die Frage einer Sonderregelung für «personenbezogene» oder «geschlossene» Aktiengesellschaften

Die Aktiengesellschaft dient bekanntlich in der Schweiz – im Gegensatz zum Rechtszustand in Deutschland[19] und teilweise auch Frankreich[20] – schon seit der Jahrhundertwende und stets noch zunehmend als Rechtsform für *mittlere und kleinere Unternehmen* aller Art, für Familiengesellschaften, Immobiliengesellschaften (vor allem in der welschen Schweiz) und Einpersonengesellschaften[21]. Der «Kaufmann mit beschränkter Haftung», im OR 1881 und im OR 1936 nicht vorgesehen, ist Bestandteil der Rechtswirklichkeit geworden; er tritt in der Schweiz mit Vorliebe im Gewande der Aktiengesellschaft auf. Die Aktien von weniger als 250 Aktiengesellschaften sind an 11

---

[12] Vgl. Kapitel 12/IV, Rz 1946 ff.
[13] Kapitel 10/VI, Rz 1613 ff.
[14] Kapitel 9/I/D, Rz 1321 ff.
[15] Kapitel 6 und 8, Rz 783 ff. und Rz 1163 ff.
[16] Kapitel 7, Rz 1112 ff.
[17] Kapitel 6, Rz 783 ff.
[18] Kapitel 9/I/D, Rz 1320 ff.
[19] In *Deutschland* (weniger ausgeprägt in *Frankreich*) dient die Aktiengesellschaft vor allem als Rechtsform für Publikumsgesellschaften und für sehr grosse nichtkotierte geschlossene Gesellschaften. Daher gibt es in Deutschland weniger als 3000 Aktiengesellschaften.
[20] Die S.à.r.l. ist in *Frankreich* fast ebenso verbreitet wie in *Deutschland* die GmbH – der sie nachgebildet worden ist.
[21] *Amtl. Bull. NR* (1985) 1658, 1661.

einer Börse oder Nebenbörse notiert, und die Titel von etwa 200 weiteren werden mehr oder weniger regelmässig ausserbörslich gehandelt[22]. Mehr als 160,000 Schweizer Aktiengesellschaften müssen als «geschlossene Gesellschaften»[23] bezeichnet werden.

12 Die Frage stellt sich daher ernstlich, ob das *Schweizer Aktienrecht zweigeteilt* sein müsste, um den verschiedenartigen Bedürfnissen von geschlossenen Gesellschaften und Publikumsgesellschaften, von kleinen und grossen Aktiengesellschaften[24] gerecht zu werden[25].

Ein Doppeltes steht fest:

13 1. Die «*Einheit des Aktienrechts*» war die bestimmende Vorgabe («mission statement») des Eidgenössischen Justiz- und Polizeidepartementes von 1978, als Auftraggeber, an die Arbeitsgruppe von Greyerz[26]. Der Gedanke der Einheit des Aktienrechts hatte in der Vernehmlassung 1975 «praktisch ausnahmslose Zustimmung» gefunden[27].

> «Die Frage nach einem besonderen Statut für Kleingesellschaften (...) wird in der zweiten Phase geprüft werden. Dort wird sich auch Gelegenheit bieten, den Status und die Zukunft der Gesellschaft mit beschränkter Haftung zu überprüfen.»[28]

14 Der Bundesrat bestimmt nach Schweizer Tradition das Gesetzgebungsverfahren in der Vorbereitungsphase weitgehend. Sein damaliger politischer Entscheid ist eine historische Tatsache. Das Parlament hat 1985 bis 1991 die Differenzierungen zwar vermehrt[29], den Grundentscheid aber gebilligt[30].

15 2. Die *Abweichungen*, die schliesslich für in je verschiedener Hinsicht «grössere» und «kleinere» Gesellschaften ins Gesetz nach und nach hineingeraten sind, machen im Gesamtüberblick nun doch schon fast ein zweigeteiltes Aktienrecht aus. In der Tat gelten heute insbesondere Sondervorschriften für:

– die *Prospektpflicht*: diese richtet sich fast ausschliesslich an die Publikumsgesellschaften[31];

---

[22] Vgl. die Untersuchung von *Kaufmann/Kunz* (1991) 4.
[23] Der Begriff taucht auf in der *1. EG-Richtlinie* (1968) Art. 2 Abs. 2.
[24] «Klein» und «gross» unter den verschiedensten Kriterien. *Forstmoser/Meier-Hayoz* (1983) 43 f.
[25] So namentlich *Peter Forstmoser* (1984A) 50 ff. und (1984B) 109 ff.; insb. 128/29.
[26] *Botschaft 1983*, 28, Ziff. 132.7; vorher ebenso *Begleitbericht 1975*, 17.
[27] a.a.O. 32, Ziff. 144. Vgl. schon *Vischer/Rapp* (1968), 211 ff., insb. 216 ff.
[28] *Botschaft 1983*, a.a.O.
[29] Vor allem im Bereich der *Vinkulierung* durch die rechtliche Sonderregelung für Schranken und Rechtsfolgen der Vinkulierung von Namenaktien, und im Bereich der *Konsolidierung* durch einen «Bonus» für nichtkotierte Unternehmen.
[30] *Amtl. Bull. NR* (1985) 1661; *StR* (1988) 483.
[31] Kapitel 2/II/B/2, Rz 192 ff.

- die *Konsolidierung*: es ist undenkbar, dass eine grössere Gesellschaft oder eine Publikumsgesellschaft von dem «Konsolidierungsrabatt» des neuen Aktienrechts[32] profitieren könnte. Dieser ist auf kleinere «geschlossene Konzerne» zugeschnitten[33];
- die *Vinkulierung*: für die Publikumsgesellschaften gilt ein völlig eigenständiger Regelungsblock, mit wesentlichen Einschränkungen der Vinkulierungsgründe und abweichender Regelung der Rechtsfolgen[34];
- die *Stimmrechtsvertretung*: die Regeln über Organ- und Depotvertreter in der Generalversammlung richten sich nur an Publikumsgesellschaften[35];
- die *Sonderprüfung*[36]: diese kann in Gesellschaften mit einem Aktienkapital von *mehr* als Fr. 20 Mio. (eine Grössenklasse, die praktisch alle Publikumsgesellschaften umfasst, die geschlossenen Gesellschaften nur in seltenen Fällen) von Aktionären beantragt werden, die ganz *wesentlich weniger als 10%*, vielleicht nur 1% oder einige Promille des Aktienkapitals auf sich vereinigen;
- die *Offenlegung*: das Gesetz kennt keine eigentliche Offenlegungspflicht für Gesellschaften, die den Kapitalmarkt nicht in Anspruch nehmen[37], insbesondere also für alle kleineren und mittleren Gesellschaften;
- die *Revision*: besonders befähigte Revisoren müssen die Revision besorgen, wenn eine Konzernrechnung zu prüfen ist oder bestimmte Grössenkriterien überschritten sind, wenn Anleihensobligationen ausstehen oder die Aktien kotiert sind[38]. In kleineren und mittleren Gesellschaften hat der einfache Revisor – mit verhältnismässig wenig Ausbildung, aber viel Erfahrung – nach wie vor sein Betätigungsfeld[39];
- Die *Abfindung aus Gesellschaftsmitteln*: diese völlig neue Lösungsmöglichkeit des Art. 736 Ziff. 4 ist praktisch ausschliesslich auf mittlere und kleinere Unternehmen ausgerichtet[40].

Die Regeln des Aktienrechts sind mit diesen Differenzierungen weitestgehend auch für *mittlere und kleinere Gesellschaften*, deren Aktien nicht kotiert sind und deren Aktionärszahl beschränkt ist, geeignet. Niemand hat jene Bereiche, in denen für kleinere und mittlere Unternehmen – über die jetzt herausgekommenen Differenzierungen hinaus – etwas grundlegend anderes gelten müsste, überzeugend dargelegt. Geeignet für «geschlossene Aktiengesellschaften» sind jedenfalls die jetzt vorliegenden Regeln über

16

---

[32] Art. 663e Abs. 2 OR 1991.
[33] Zu erwähnen ist auch das *Insiderstrafrecht*: dieses richtet sich nur an die Organe von Gesellschaften mit an der Haupt- oder Vorbörse (Nebenbörse) in der Schweiz kotierten Aktien oder sonstigen Wertrechten und bindet damit deren Verwaltungsrat in ganz besondere Tätigkeits- und vor allem Unterlassungspflichten ein. Die mittleren und kleinen Aktiengesellschaften bleiben davon unbehelligt. Art. 161 StGB 1987, dazu *Niklaus Schmid* (1988) und *Peter Böckli* (1989), insb. 136 ff.
[34] Kapitel 5/II, Rz 572 ff.
[35] Kapitel 9/2, Rz 1334.
[36] Kapitel 12/I, Rz 1857 ff.
[37] Kapitel 9/I/D, Rz 1320 ff.
[38] Kapitel 11/II/A/2/b, Rz 1779/80.
[39] Vorbei ist es jedoch mit der *Laienrevision im engeren Sinne*, der Prüfungsbestätigung einer im Gebiet der Rechnungslegung völlig ahnungslosen Person.
[40] Kapitel 12/IV/2, Rz 1948 ff.

Gründung, Kapitalerhöhung und Aktien, aber auch jene über die Partizipationsscheine. Die Rechnungslegung des Schweizer Modells 1991 ist sogar deutlich auf kleinere und mittlere Gesellschaften zugeschnitten. Auch die Generalversammlung, die Sonderprüfung und die Revision sind für geschlossene Gesellschaften durchaus zweckmässig geregelt. Gerade in geschlossenen Gesellschaften kann die Sonderprüfung von erheblicher praktischer Bedeutung zur besseren Wahrung der Minderheitsinteressen sein. Die Möglichkeit des Richters, bei einer Auflösungsklage auf Rücknahme der Aktien zu erkennen, ist ganz spezifisch auf personenbezogene Aktiengesellschaften zugeschnitten.

17 Aber auch im Bereich des *Verwaltungsrats* und der *Konsolidierung* drängen sich Sonderregeln – über das Vorliegende hinaus – keineswegs gebieterisch auf. Die bessere Strukturierung der Hauptaufgaben des Verwaltungsrates[41] trifft gerade auch für kleinere und mittlere Gesellschaften zu – mit wenigen sinngemässen Vereinfachungen, die sich ohne weiteres ergeben. Kaum eine einzige der in Art. 716a aufgezählten Hauptaufgaben ist in einer kleineren Gesellschaft bedeutungslos, es wäre denn Ziff. 4 und 5, wenn der Verwaltungsrat wirklich alles selber macht – aber dann auch nur so lange, als dieser Zustand andauert. Schon der «Konsolidierungsbonus» für kleinere Gesellschaften, den das Parlament ins Gesetz eingefügt hat, geht eigentlich zu weit; die Verheerung, welche mangels Durchblicks in einer unübersichtlich verschachtelten kleineren Unternehmensgruppe angerichtet werden kann, ist keineswegs weniger ernst zu nehmen als jene bei grösseren Firmengruppen[42].

18 Jene, die unbedingt zwei in sich geschlossene und getrennte Regelungssätze für die mittleren und kleinen Aktiengesellschaften einerseits und die Publikumsgesellschaften anderseits einführen möchten, werden gerade im EG-Gesellschaftsrecht dafür wenig Unterstützung finden. Dieses sieht zwar im Bereich der Rechnungslegung eine Differenzierung zwischen grösseren und kleineren Gesellschaften vor – so wie sich dies auch in der Schweiz herauskristallisiert –, viel weniger aber im Gebiet des übrigen Gesellschaftsrechts. Wer eine Zwangsdifferenzierung einführen will, wird dazu verurteilt sein, entweder einen Salat von Querverweisungen anzurichten oder hundert neue Artikel ins Gesetz zu schreiben – und dazu werden ganz neue Abgrenzungsprobleme auftauchen.

19 Insgesamt ist das, was heute vorliegt, ein für grössere und kleinere Gesellschaften *hinreichend differenziertes Aktienrecht*. Es deckt als gesetzgeberischer Kompromiss in zweckmässiger Weise die Regelungsbedürfnisse sowohl von Publikumsgesellschaften wie von geschlossenen Gesellschaften ab.

---

[41] Art. 716a OR 1991.
[42] Zur Frage, ob die Aktionärbindungsverträge, die in geschlossenen Gesellschaften häufiger vorkommen und dort die Rechtswirklichkeit prägen, hätte geregelt werden müssen, vgl. Kapitel 9/V, Rz 1436 ff.

III. Unveränderter Grundaufbau der Aktiengesellschaft

Das Parlament hat bis zum 4. Okober 1991 die übriggebliebenen Holperstellen mit mehr oder weniger Erfolg noch geglättet[43]; das Gesetzeswerk tritt am 1. Juli 1992, hinsichtlich der Konzernrechnung am 1. Juli 1993, in Kraft. 20

Wo liegen die wesentlichen Neuerungen? Und was bedeuten diese für alle jene, die mit dem Aktienrecht leben müssen? Die 14 Kapitel mögen es zeigen. Immerhin sollte man das Augenmerk ganz zuerst auch auf Grundsätze wenden, die dem Änderungseifer der Juristen und Normenschmiede in Bern entgangen sind. Es sind mehr, als man meinen könnte. Nur vier seien vorweg erwähnt: 21

1. Der grundsätzliche Aufbau der Aktiengesellschaft bleibt unberührt.

Die Aktien haben einen *Nennwert*, dieser darf *nicht beliebig klein* sein; die Aktien lauten auf den Namen oder den Inhaber, und die *Ausgabe* dieser Aktien ist nach wie vor ein hochformalisierter Vorgang, mit dem Notare ihr Brot verdienen. 21a

Wer eine Aktiengesellschaft in bar *gründen* will, muss wie bisher durch das Nadelöhr der Geldhinterlegung hindurch; wer Sachwerte zur Liberierung von Aktien einbringen will, wird wie seit 1881 zur Offenlegung des eigenen Namens und des eingelegten Vermögens gezwungen – nur wird die Sacheinlage jetzt durchleuchtet statt nur angeleuchtet. 22

Die *Statuten* haben unveränderte Bedeutung, ihre Formulierung und ihre Änderung bleiben eine heikle Sache – und noch heikler ist es, wenn man sie nach dem Inkrafttreten der Reform *nicht* ändert. 23

Immer noch ist es das *Handelsregister*, welches der Aktiengesellschaft Leben einhaucht; dem Handelsregisterführer bleibt im späteren Leben der Gesellschaft die Rolle des Linienrichters. 24

2. Die geprüfte und genehmigte Jahresrechnung bleibt Voraussetzung für eine rechtmässige Ausschüttung; nur die Generalversammlung kann ausschütten.

Eine ganze Reihe von amerikanischen Einrichtungen – nennwertlose Aktien, Quartalsabschlüsse, vierteljährlich Dividendenausschüttungen, Dividendenhoheit des Exekutivorgans[44] – bleiben Fremdwörter. Die Dividende ist und bleibt ein Beschluss der Aktionäre, einmal pro Jahr. Ohne eine von der Revisionsstelle geprüfte und durch die Generalversammlung genehmigte Jahresbilanz, welche hinreichendes verwendbares Eigenkapital ausweist, ist jede Ausschüttung widerrechtlich – auch und insbesondere jede verdeckte Gewinnausschüttung, jede Interims- oder Zwischendividende. 25

---

[43] *Amtl. Bull.* NR (1991) 854 und 1108; *StR* (1991) 472.
[44] *Board of Directors*, vgl. *Henn* on Corporations (1970) Sec. 203; 327.

3. Der Gedanke der Kapitalerhaltung beherrscht nach wie vor das ganze Aktienrecht.

26 Im schärfsten Gegensatz wiederum zu den amerikanischen Aktienrechten und in Übereinstimmung mit dem EG-Recht[45] bleibt unser Aktienrecht von Kopf bis Fuss auf die Gewährleistung der Kapitalaufbringung und später der Kapitalerhaltung eingestellt. Aktienrecht ist nicht nur, aber auch und vor allem Gläubigerschutzrecht. Die soeben erwähnte, in der Praxis bei Konzerngesellschaften oft hinderliche gesetzliche Kanalisierung der gültigen Ausschüttungsbeschlüsse ist dafür nur eines von vielen Beispielen. Eine ganze Schar überkommener Kapitalerhaltungsvorschriften haben überlebt oder wurden 1991 noch verschärft.

4. Das Geschehen in der Aktiengesellschaft vollzieht sich nach wie vor in den drei Organen der Generalversammlung, des Verwaltungsrates und der Kontrollstelle (jetzt «Revisionsstelle»).

27 Die *Kontrollstelle* hat ihren Namen gewechselt und erhält einen genaueren Auftrag – aber die Institution ist unverändert.

Unversehrt blieb das so ungleiche *Tandem* von Generalversammlung und Verwaltungsrat – ihr Verhältnis wird aber rechtlich präziser festgeschrieben.

28 Der Gesetzgeber hat es mit seltener Einhelligkeit abgelehnt, das «dualistische» System mit «Vorstand und Aufsichtsrat» des deutschen Modells zu übernehmen, ja auch nur – wie im französischen Aktienrecht, im Statut der «Societas Europaea»[46] oder in der EG-Strukturrichtlinie[47] – dieses *wahlweise* zur Verfügung zu stellen. Und die Generalversammlung behält ihre gegenüber der deutschen Hauptversammlung erweiterten Befugnisse, wenngleich sie sich in die dem Verwaltungsrat neu als «unübertragbar und unentziehbar» zugesprochenen Aufgabenbereiche nicht mehr direkt einmischen darf. Grundsätzlich unverändert ist die *Haftung* der Mitglieder der Organe auch für leichtes Verschulden, und ihre Solidarität besteht, wenn auch in Nuancen gemildert, weiter.

Insgesamt sind zwar die Neuerungen des Aktienrechts vom 4. Oktober 1991 zahlreich, und vor allem zahlreicher und einschneidender als manche meinen; aber es ist eine Gesamtrenovation mit Anbauten, kein völlig neues Gebäude.

IV. Verhältnis zum EG-Gesellschaftsrecht

29 Das Gesellschaftsrecht der Europäischen Gemeinschaften hat sich seit der Mitte der Siebzigerjahre zu einem eigentlichen «body of law» entwickelt. Ihm kommt heute

---

[45] *1. und 2. EG-Richtlinie* (1968, 1976).
[46] *Vorschlag SE 1991*, Art. 61.
[47] *Vorschlag EG-Strukturrichtlinie 1991*, Art. 2 Abs. 1.

wegleitende Bedeutung auch für das Schweizer Aktienrecht zu[48]. Dieses EG-Recht findet sich in vierfacher Ausprägung:

1. Der Vertrag von Rom

Grundlage ist der *Vertrag* vom 25. März 1957 über die Gründung der Europäischen Wirtschaftsgemeinschaft mit seinen späteren Ergänzungen. Allerdings kennt diese Grundnorm der EG zum Gesellschaftsrecht praktisch keine direkt verbindlich gestaltenden Vorschriften – im Unterschied etwa zu Art. 100, der direkt die Mehrwertsteuer regelt. Ansatzpunkte sind vielmehr die Bestimmungen über die *Rechtsvereinheitlichung*[49].

2. EG-Richtlinien

Der wesentliche Teil des gemeinschaftlichen Gesellschaftsrechts liegt in den *Richtlinien* des Rates. Diese sind zwar nicht direkt anwendbar, verpflichten aber innerhalb einer Frist alle Mitgliedstaaten zur Umsetzung der darin ausgedrückten Regelungsanweisungen in ihr nationales Recht. Vor allem sieben Richtlinien sind auf diese Weise bis heute erlassen und auch tatsächlich – unter Ausschöpfung der relativ sehr weiten Freiräume und Wahlmöglichkeiten – ins Landesrecht jedes Mitgliedstaates umgesetzt worden:

– *1. EG-Richtlinie*[50] (1968) vor allem über die *Offenlegung*;
– *2. EG-Richtlinie* (1976) über die *Gründung*, die Kapitalerhaltung und die Kapitaländerung;
– *3. EG-Richtlinie* (1978) über die *Fusion*;
– *4. EG-Richtlinie* (1978) über die *Jahresrechnung*, ihre Gliederung, ihren Inhalt, den Lagebericht und die Bewertung;
– *6. EG-Richtlinie* (1982) über die *Spaltung* von Aktiengesellschaften;
– *7. EG-Richtlinie* (1983) über die *Konsolidierung*;
– *8. EG-Richtlinie* (1984) über die Zulassung der *Abschlussprüfer*.

Von Bedeutung sind ferner die *11. und die 12. EG-Richtlinie* (von 1989) betreffend Zweigniederlassungen und die Gesellschaft mit beschränkter Haftung. Die «*Struktur-Richtlinie*» (5. Richtlinie über die Struktur der Aktiengesellschaft sowie die Befugnisse und Verpflichtungen ihrer Organe) ist seit 1972 wegen des deutschen Beharrens auf der Mitbestimmung, an der ganz Europa hätte genesen sollen, steckengeblieben. Die-

---

[48] Vgl. insb. *Gérard Hertig* (1991) 613 ff. und *Carl Baudenbacher* (1991) 608 ff.
[49] Art. 54 Abs. 3 Bst. g des Vertrages von Rom und der durch die Europäische Einheitliche Akte eingefügte Art. 100a.
[50] Quellennachweis siehe Verzeichnis «EG-Gesellschaftsrecht»; alle Inhaltsangaben gestrafft.

se Richtlinie liegt in einer überarbeiteten Fassung von 1991 vor; sie wird inhaltlich erstrangige Bedeutung für das europäische Aktienrecht haben, sobald sie in Kraft tritt[51].

33 Die EG-Richtlinien gehören zum Rechtsbestand der EG («acquis communautaire»), und sie erhalten für die Schweiz erhöhte Bedeutung mit der Aushandlung des EWR-Abkommens: die Schweiz wird, wenn nicht Volk und Stände ein Veto einlegen, diesen EG-Anweisungen zur Rechtsetzung innerhalb der Übergangsfrist durch eine erneute Änderung des Obligationenrechtes entsprechen müssen. Vor allem die 1., 2., 4., 7. und 8. EG-Richtlinie, sowie, wenn sie in Kraft tritt, die 5. EG-Richtlinie (Struktur-Richtlinie), beschlagen die Gegenstände der Aktienrechtsreform von 1991.

3. EG-Verordnungen

34 Von grösserer Bedeutung ist neuerdings eine dritte Form des Gemeinschaftsrechts, die *EG-Verordnung*: vom Rat erlassen, ist die Verordnung direkt auf die Wirtschaftsteilnehmer anwendbar und in diesem Sinn einem «EG-Gesetz» vergleichbar.

35 Die Kommission hat 1991 ihren Vorschlag für den Erlass einer Verordnung über das Statut der Aktiengesellschaft europäischen Rechts oder «*Societas Europaea*» (SE) erneuert und in überarbeiteter Form veröffentlicht[52]. Man möchte den Aktiengesellschaften, die in mehr als einem Mitgliedstaat der EG wirtschaftlich tätig sind, die neue Rechtsform einer «Aktiengesellschaft des EG-Rechts» zur Verfügung stellen. Nachdem 1970 dieser Gedanke erstmals vorgetragen worden und allsogleich versandet war, bot das Vorhaben des Binnenmarktes zum 1. Januar 1993 Anlass zur Wiederbelebung und Aufdatierung. Ziel des SE-Vorschlags ist es

> «dass eine SE gegründet werden kann, um es Gesellschaften verschiedener Mitgliedstaaten zu ermöglichen, zu fusionieren oder eine Holdinggesellschaft zu errichten.»[53]

36 Damit sollen vor allem auch Aktiengesellschaften, die weiterhin den nationalen Rechten unterstehen, eine gemeinsame Tochtergesellschaft mit europäischem Statut gründen können. Von einer gewissen Bedeutung für das transnationale Zusammenwirken von Wirtschaftseinheiten ist auch die ursprünglich aus dem französischen Rechtskreis stammende *«EWIV»*, die europäische wirtschaftliche Interessenvereinigung (EG-Verordnung vom 25. Juli 1985).

Auf das Verhältnis des neuen Schweizer Aktienrechts zum erneuerten Vorschlag 1991 für das Statut der SE ist regelmässig Bezug zu nehmen.

---

[51] *Vorschlag EG-Strukturrichtlinie* (1983) und (1991).
[52] ABl. Nr. C 176/1 vom 8. Juli 1991.
[53] a.a.O. Präambel.

4. Ins Landesrecht «umgesetzte» EG-Normen

Schliesslich liegt in einem weiteren Sinne europäisches Recht auch in den *nationalen Aktienrechten* der Nachbarstaaten, die bereits die EG-Richtlinien umgesetzt und in ihre Gesetzbücher integriert haben. Typische Beispiele waren etwa die Abänderungen des deutschen Aktienrechts zur Umsetzung der EG-Vorschriften für eigene Aktien im Jahre 1978[54] und das «BiRiLiG», das Bilanzrichtliniengesetz, mit dem Deutschland 1985 die Rechnungslegung dem EG-Recht (4., 7. und 8. Richtlinie) anpasste[55]. Frankreich hat seine Loi sur les sociétés commerciales und das sehr wichtige ergänzende Verordnungsrecht gleichfalls in mehreren Schüben den EG-Richtlinien angepasst[56]. Hier ist vor allem auf das deutsche und das französische Recht Bezug zu nehmen, weil diese beiden Rechtskreise für das Schweizer Aktienrecht seit jeher in vielen Hinsichten wegleitend waren.

37

Am Ende jedes Kapitels findet der Leser eine knappe Beurteilung des Verhältnisses unseres neuen Aktienrechts zum *EG-Recht*. Dabei ist Bezugspunkt, je nach dem Gegenstand, das Richtlinienrecht, der Vorschlag zur Verordnung für eine «Societas Europaea» oder das ins nationale Recht umgesetzte EG-Recht Frankreichs und Deutschlands.

38

---

[54] Gesetz vom 13. Dezember 1978, BGBl. I/1959.
[55] Gesetz vom 19. Dezember 1985, BGBl. I/2355.
[56] Vor allem durch das Décret No. 85–295 vom 1. März 1985; Art. 36 und Art. 243 ff. DSC.

Teil I

Gründung und Aktien

Kapitel 1
Gründung

Botschaft 1983, 44, Ziff. 203; 111, Ziff. 313
Amtl. Bull. NR (1985) 1670 ff., (1990) 1357
Amtl. Bull. StR (1988) 464 ff., (1991) 65
1. EG-Richtlinie (1968)
2. EG-Richtlinie (1976)
Vorschlag SE 1991 Art. 11a ff.
§§ 2–7, 23–42 AktG
Art. 71, 73–88 LSC; Art. 58–76 DSC

Der Gesetzgeber hat im ersten Abschnitt des Aktienrechts vor allem die Regeln der Kapitalerhöhung tiefgreifend verändert, dagegen die «*Bausteine*» der Aktiengesellschaft mit dem grössten Teil der grundlegenden Normen fast nicht, die Gründung nur an wenigen Stellen angetastet. Die entscheidenden Schritte der Gründung sind unverändert[1]. Die bisherige «Sukzessivgründung» ist indessen aus dem Gesetz gestrichen worden. Die übrigen Änderungen, die das Gründungsverfahren[2] erfahren hat, zielen darauf ab, die entscheidenden Vorgänge jeder Gründung klarer herauszuarbeiten, die vom Normalfall abweichenden Gründungen besser zu erfassen und vor allem die entstehende Gesellschaft durch mehrere neu eingebaute Sicherungen gegen Gründungsschwindel besser zu schützen.

Vor allem im Bereich von Gründung und Kapitalerhöhung kommt der Handelsregisterverordnung grosse Bedeutung zu. Deren neue, dem Aktienrecht vom 4. Oktober 1991 angepasste Fassung lag Ende März 1992, zum Zeitpunkt des Beschlusses über die Inkraftsetzung des neuen Rechts auf 1. Juli 1992 und beim Abschluss der Arbeiten am vorliegenden Text, noch nicht vor.

39

I. Bausteine der Aktiengesellschaft

Es ist angebracht, vorab die Bausteine der Aktiengesellschaft nachzuzeichnen, die im wesentlichen unverändert geblieben sind. Die Änderungen, die der Gesetzgeber an den Aktien und den Partizipationsscheinen angebracht hat, sind in den nachfolgenden Kapiteln 3 und 4 dargestellt.

---

[1] Die Gründung nach OR 1991 ist nun notwendigerweise eine «*Simultangründung*», im Sinne des Art. 638 OR 1936.
[2] Vgl. *Peter Forstmoser* (1981) 201 ff.; *Christoph von Greyerz* (1982) 85 ff.; *Forstmoser/ Meier-Hayoz* (1983) § 6 und § 7.

A. Begriff, Mindestkapital und Grundelemente[3]

1. Erhöhung des Mindestkapitals

a)   Erhöhung auf Fr. 100,000

40   Das Mindestkapital[4] ist von Fr. 50,000 auf Fr. 100,000, die darauf zu leistende Mindesteinlage[5] von Fr. 20,000 auf Fr. 50,000 erhöht. Bis 1936 hatte unser Recht kein Mindestkapital gekannt; man hatte es der Gestaltungsautonomie der Gründer überlassen, wie hoch sie als eigenverantwortliche Teilnehmer am Wirtschaftsverkehr das Grundkapital festsetzen wollten. Der Eingriff von 1936 entsprach durchaus der Ideologie der dreissiger Jahre: Der Gesetzgeber weiss besser als die Teilnehmer am Wirtschaftsverkehr, wieviel Eigenkapital minimal für ein verantwortliches Wirtschaften notwendig ist[6].

41   In dieser Logik hätte man das Mindestkapital, entsprechend der geschwundenen *Kaufkraft* des Schweizer Frankens, auf Fr. 250,000[7], ja Fr. 400,000 erhöhen müssen. Dass das Parlament davon abgesehen und sich endgültig auf die Zahl *Fr. 100,000* festgelegt hat, zeigt, wie sehr der Glaube an die Segensfolgen obrigkeitlicher Bevormundung in solchen Dingen geschwunden ist. Die Vorstellung ist eher naiv, dass ein Mindestkapital die leichtfertige Gründung von Aktiengesellschaften ernsthaft verhindern könne, dass man die «Lebensfähigkeit» neu gegründeter Gesellschaften verbessern und bewirken könne, dass sie «die schwierigen Einführungsjahre besser überstehen» – so hoffnungsinnig die Botschaft[8]. Auf diese Weise lässt sich die Wirtschaftskriminalität, entgegen den Vorstellungen des Bundesrates, nicht ernsthaft bekämpfen. Für den Wirtschaftskriminellen, hat er die Grenzen des Rechts einmal hinter sich gelassen, ist es ein Leichtes, für die kurze Zeit der Gründungsphase Mittel für die Aufbringung eines wesentlich höheren Aktienkapitals zu «organisieren». Ja ein relativ hohes, nachher sofort wieder «abgeräumtes» Gründungskapital kann gerade ein Instrument sein, mit dem der Delinquent die andern Wirtschaftsteilnehmer umso erfolgreicher täuscht.

42   Die *Beschränkung auf Fr. 100,000* zeigt, dass der Gesetzgeber letztlich Anhänger einer auch hier vertretenen, in dieser Hinsicht eher skeptischen Auffassung ist. Das Parlament war viel mehr beeindruckt von der Schwierigkeit, die sich aus einer markanten rückwirkenden Erhöhung des Mindestkapitals ergibt: Wird das Mindestkapital auch allen bestehenden Aktiengesellschaften aufgezwungen, so müssen jene Zehntausende von Aktiengesellschaften, die sich bislang mit dem Mindestkapital von Fr. 50,000 be-

---

[3] Der Gesetzgeber hat sich davor gehütet, die in Art. 620 OR stehende *Begriffsbestimmung* der Aktiengesellschaft auch nur anzurühren. Wer sich über die Formulierungsschwäche der Juristen erheitern möchte, kommt hier auf seine Rechnung. Möge dieser Artikel noch viele Revisionen überstehen!
[4] Art. 621 OR 1991. Dieses Mindestkapital darf auch im Falle einer Nennwertherabsetzung zufolge Sanierung (Art. 622 Abs. 4 Satz 2 OR 1991) nicht unterschritten werden.
[5] Art. 632 Abs. 2 OR 1991.
[6] Zu Recht kritisch *Forstmoser/Meier-Hayoz* (1983) 39.
[7] So die Kaufkraftrelation gemäss *Botschaft 1983*, 40, auf den 31.12.1982 bezogen. Das war sehr knapp gerechnet, und seither ist der Kaufkraftschwund nochmals stark weitergegangen.
[8] *Botschaft 1983*, 41, Ziff. 201.2.

gnügten[9], zu einer wirtschaftlich nicht notwendigen Kapitalerhöhung schreiten. Dabei spielt eine nicht geringe Rolle, dass nach einer jahrzehntelangen, durch die neuen Bundesgesetze vom 14. Dezember 1990 über die direkte Bundessteuer und die Steuerharmonisierung bekräftigten Tradition jede Umwandlung von freien Reserven in Aktienkapital schädliche Steuerfolgen hat: Solche «*Gratisaktien*» führen zur Emissionsabgabe von 3%[10], zur Erhebung der Verrechnungssteuer von 35% auf dem Erhöhungsbetrag und zur Besteuerung als Einkommen bei den Aktionären[11]. Wird das Meldeverfahren versagt und die Verrechnungssteuer nicht überwälzt, so ist der Steuersatz sogar 53,8%. Will die Gesellschaft nicht mehr als die Hälfte des Erhöhungsbetrages à fonds perdu dem Fiskus überlassen, so bleibt nur das Verfahren der Aufbringung frischer Mittel bei den Aktionären.

b) *Rechtsfolge für bestehende Gesellschaften*

Der Gesetzgeber stand auch vor der knifflichen Frage, welche *Rechtsfolge* er gegenüber jenen überaus zahlreichen Gesellschaften anordnen sollte, die mit Gewissheit diesen Schritt nicht tun wollen oder gar nicht tun können. Gerade wenn das Mindestkapital entsprechend der Geldentwertung seit 1936 auf Fr. 250,000 oder 400,000 angehoben worden wäre, hätte man mit einer sehr grossen Anzahl solcher Fälle rechnen müssen. Eine Löschung solcher Gesellschaften im Handelsregister wäre eine gänzlich unadäquate Rechtsfolge. 43

Das Parlament hat schliesslich gezeigt, dass es an die bundesrätliche Verbeiständungstheorie nicht recht glaubt: Gemäss Art. 2 Abs. 2 Satz 3 der Schlussbestimmungen[12] können Gesellschaften, die am 31. Dezember 1984 oder früher gegründet wurden und ein Aktienkapital von weniger als Fr. 100,000 haben, es bei diesem Zustand bewenden lassen. Mit dieser allgemeinen Stichtagsgarantie[13] oder «grandfather clause» wird eine überaus grosse Zahl von Aktiengesellschaften mit einem Mindestkapital von Fr. 50,000 im Handelsregister eingetragen bleiben. Und es bietet sich den tatendurstigen Wirtschaftskriminellen jede denkbare Gelegenheit zum Erwerb alter Aktienmäntel mit einem Kapital von Fr. 50,000. 44

c) *Herabsetzung nicht unter Fr. 100,000*

Die Aktienrechtsreform hat – es sei hier kurz erwähnt – das Verfahren der *Kapitalherabsetzung* praktisch unangetastet gelassen. Sie hat sich darauf beschränkt, den 45

---

[9] *Botschaft 1983*, 41, Ziff. 201.2. Ende 1990 waren es über 70,000.
[10] Eine EG-widrige Kapitalbeschaffungssteuer. 1991 ist deren Herabsetzung vom Parlament erneut verworfen worden.
[11] Vgl. Art. 20 VStV und Art. 20 Abs.1 Bst. c DBG. Wenige Kantone lassen diese «Gratisaktien» 1992 noch frei, darunter Genf und Baselland, doch müssen sie diese Ausnahme um der Harmonie willen aufheben.
[12] Vgl. zum Übergangsrecht Kapitel 14, Rz 2054 ff.
[13] Vgl. Kapitel 14/II/A/3/d, Rz 2073 ff.

«besonders befähigten Revisor» an die Stelle der früheren Qualifikationsnorm[14] zu setzen, und den Mindestbetrag, unter den das Aktienkapital nicht herabgesetzt werden darf, ebenfalls auf Fr. 100,000 zu erhöhen[15].

2. Erhöhung der Mindesteinlage

46 Die Mindesteinlage auf das Aktienkapital einer Schweizer Aktiengesellschaft bleibt bei den vertrauten 20%[16], in absoluten Währungseinheiten aber beläuft sie sich vom 1. Juli 1992 an auf *Fr. 50,000* (gegenüber Fr. 20,000)[17]. Hier gilt keine mildernde «Grossvater-Klausel» des Übergangsrechts. Alle kleinen Gesellschaften – auch jene, die von der Stichtaggarantie per Ende 1984 profitieren und das Aktienkapital unter Fr. 100,000 belassen dürfen – müssen die Einlage auf Fr. 50,000 bringen, wenn diese bisher darunter lag. Hier gilt sogar die «drakonische Rechtsfolge» des Art. 2 Abs. 2 Satz 1 Schl.Best. – Auflösung der Gesellschaft durch den Richter nach dem 30. Juni 1997, wenn die Gesellschaft auch in der richterlich eingeräumten Nachfrist dem Befehl des Gesetzes nicht nachkommt[18].

3. Verbot der Unterpari-Emission

47 Es bleibt auch bei der altbekannten Regel, dass die Aktien nicht *unter ihrem Nennwert* ausgegeben werden dürfen («Verbot der Unterpari-Emission»)[19]. Dies ergibt sich ohne weiteres aus dem geltenden Axiom, dass der Nennwert der Aktie bei ihrer Ausgabe stets durch eine entsprechende Kapitaleinlage des Aktionärs voll gedeckt sein muss, sei es durch eine bereits vollzogene Leistung (Einlage), sei es – bei den Aktien mit «non-versé» – durch ein Zahlungsversprechen des im Aktienbuch festgehaltenen Aktionärs[20].

4. Definition der Aktienzeichnung

48 Im Verfahren der Sukzessivgründung spielten die Zeichnungsscheine eine grosse Rolle. Im jetzt ausschliesslich geltenden *Simultanverfahren* dagegen wird die Zeichnung – die bedingungslose Verpflichtung zur Aufbringung der Einlage – direkt im notariellen Errichtungsakt der Gesellschaft vollzogen. Es ist nunmehr klargestellt, was diese

---

[14] Früher war es ein «Revisionsverband oder eine Treuhandgesellschaft, die als Revisionsstelle für diese Zwecke vom Bundesrat anerkannt» war, Art. 732 Abs. 2 Satz 2 OR 1936.
[15] Art. 732 Abs. 5 OR 1991.
[16] Nach EG-Gesellschaftsrecht sind es 25%.
[17] Art. 632 Abs. 2 OR 1991.
[18] Dazu Kapitel 14, Rz 2047 ff.
[19] So auch *2. EG-Richtlinie* (1976) Art. 8 Abs. 1.
[20] Aus rein redaktionellen Gründen wurden Art. 624 Abs. 2 und 3 aufgehoben; sie enthalten Selbstverständlichkeiten (Erlaubnis der Überpari-Emission) und solche Bestimmungen, die sich ohne weiteres aus anderen Stellen des Gesetzes ergeben (Einsetzung des Agios in die allgemeine gesetzliche Reserve). Vgl. Art. 671 Abs. 2 Ziff. 1 OR 1991.

«Zeichnung» rechtlich ist: es ist erstens die Identifikation der zu leistenden Einlage, und zweitens die bedingungslose Verpflichtung, sie zu erbringen. Die Einlage kann in einem Barbetrag oder – das ist dann die qualifizierte Gründung – in einer Sacheinlage oder in einer mit einer Übernahmeverpflichtung verknüpften Bareinlage (sog. Sachübernahme) bestehen.

Art. 630 OR 1991 ist rechtlich überzeichnet: *Rechtsfolge* soll die Ungültigkeit einer Zeichnung sein, wenn immer eine der in Art. 630 OR 1991 erforderten Angaben nicht vorhanden ist. Richtigerweise ist für die Gültigkeit die bedingungslose Verpflichtung zur Einlage zu verlangen, während bei Unstimmigkeiten und Lücken in der Angabe von Anzahl, Nennwert, Art, Kategorie und Ausgabebetrag der Aktien funktional zu entscheiden ist. Insoweit als die Bedingungslosigkeit und der Inhalt der Verpflichtung nach den allgemeinen Regeln des Schuldrechtes aus dem Zusammenhang bestimmbar bleiben, ist nicht auf Ungültigkeit der Zeichnung zu schliessen.

5. Auflösungsklage gegen Aktiengesellschaften mit weniger als drei Aktionären

Merkwürdigerweise erscheint Art. 625 unverändert im neuen Recht: die Gründung einer Aktiengesellschaft setzt *mindestens drei Aktionäre* voraus. Einer oder zwei genügen nach wie vor nicht, obgleich nicht einzusehen ist, warum[21].

Art. 625 enthält auch eine erstaunliche Rechtsfolge für den Fall, dass später die Zahl der Aktionäre unter drei sinkt. Weiterhin wird ein Aktionär oder auch ein Gläubiger die *Auflösung der Gesellschaft* beim Richter beantragen können, wenn sie nur noch einen oder zwei Aktionäre hat und diese Anzahl nicht binnen angemessener Frist auf drei zu erhöhen vermag. Diese Vorschrift des «pays légal» steht völlig quer zum heutigen «pays réel». Nicht nur die Tochtergesellschaften von Konzernen haben oft nur einen oder zwei Aktionäre; auch eigenständige Aktiengesellschaften gehören sehr oft einem einzigen Aktionär («Einpersonen-Gesellschaft») oder dann zweien. Setzt sich der Verwaltungsrat aus mehr als zwei Personen zusammen, so ist wegen der Vorschrift, dass die Verwaltungsräte Aktionäre sein müssen[22], dem gesetzlichen Erfordernis ohne weiteres Genüge getan. Amtet aber der Alleinaktionär auch als einziger Verwaltungsrat[23], so droht nach wie vor die Rechtsfolge von Art. 625 Abs. 2.

Es handelt sich hier um einen Gesetzestext, den praktisch niemand während der ganzen Dauer der Debatten zur Diskussion gestellt hat. Er scheint weitgehend *toter Buchstabe* zu sein und hätte gestrichen werden müssen, da die Rechtsfolge – Liquidation der Aktiengesellschaft – in keiner Weise auf die zahlreichen Interessen Rücksicht nimmt, die durch einen solchen «zivilen Tod des Unternehmens» bedroht sein können. Es handelt sich hier um eine lebensferne Ableitung aus der dogmatischen Vorstellung «tres faciunt collegium».

---

[21] Allerdings liegt das Schweizer Recht damit sogar noch am Rand des europäischen Felds: § 2 AktG verlangt fünf Gründer, Art. 73 Satz 2 LSC gar sieben. *Peter Forstmoser* (1981) 214/15.
[22] Vgl. Art. 707 Abs. 1 OR (unverändert).
[23] Vom Gesetz selbst anerkannt in Art. 708 Abs. 3 OR 1991.

B. Die Bargründung

1. Die Hauptelemente der Gründung

53 Das neue Gesetz ändert nichts an den *vier Hauptelementen* der Gründung[24], die sich im materiellen Errichtungsakt vollziehen, arbeitet diese aber in Art. 629 klarer heraus:

(1) Eine übereinstimmende *Willenserklärung* der Gründer, dass sie (i) eine Aktiengesellschaft (ii) mit bestimmten Statuten und (iii) bestimmtem Kapital gründen wollen;

(2) die bedingungslose *Verpflichtung* zur Leistung der ganzen Einlage auf dieses Kapital («Zeichnung»);

(3) die *Leistung* der versprochenen Einlage («Liberierung»);

(4) die Bestellung der *ersten Organe* dieser Gesellschaft (Verwaltungsrat und Revisionsstelle).

54 Die Gründung ist damit ein kurzgeschlossener Vorgang aus Rechtsgeschäften ganz verschiedener Natur. Er enthält eine Normschöpfung (Statutenfestlegung), ein schuldrechtliches Leistungsversprechen, die tatsächliche Erfüllung dieses Versprechens durch die Einlage und körperschaftliche Wahlakte.

2. Öffentliche Urkunde und Sperrkonto als Sicherungen

a) Intervention der Urkundsperson

55 Das schweizerische Recht kennt im Falle der Bargründung schon seit langem eine *Absicherung* gegen Missbräuche und Gründungsschwindel. Für die Ordnungsmässigkeit der rechtlichen Akte leistet gemäss Art. 638 OR 1936 in erster Linie die Intervention eines Notars, einer *Urkundsperson* Gewähr. Auch die Festsetzung der Statuten in einer zweckmässigen Form und die gültige Wahl der beiden notwendigen Organe sind durch die Mitwirkung des Notars praktisch so weitgehend abgesichert, wie dies überhaupt möglich ist. Art. 629 OR 1991 behält dies bei.

b) Sperrkonto auf einer Bank

56 Das bewährte zusätzliche Erfordernis der Einzahlung auf ein Sperrkonto wird beibehalten. Aber dieses Konto muss nicht mehr auf einer «kantonalen Depositenstelle» errichtet werden, sondern alle Schweizer Banken sind jetzt gut genug[25]. Dies soll zwei Risiken abdecken:

---

[24] Zu den Rechtsfragen der Vorgänge vor der Gründung vgl. *Remigius Küchler* (1971) 229 ff.; *Beat Stüber* (1973).

[25] Art. 633 Abs. 1 OR 1991: ein dem Bankengesetz unterstelltes Institut. Der Gesetzesentwurf hatte bei der kantonalen Depositenstelle bleiben wollen, *Botschaft 1983*, 112, Ziff. 313.3.

(1) das Risiko, dass nicht sämtliche Aktien-Nennbeträge durch rechtsgültige, bedingungslose *Zahlungsversprechen* gedeckt sind: durch die einstimmige Erklärung aller Gründer, dass die Zeichnungen vorliegen und die Kontrolle der Urkundsperson, dass dies tatsächlich der Fall ist;

(2) das Risiko, dass die Zahlungsversprechungen *nicht tatsächlich erfüllt werden*: durch die Einschaltung eines qualifizierten Dritten, bei dem der Einzahlungsbetrag von den Zeichnern zur freien Verfügung der Gesellschaft zu hinterlegen ist und der eine für den Notar bestimmte Einzahlungbestätigung ausstellt.

Um ein *Sperrkonto* handelt es sich hier deshalb, weil gemäss Art. 633 Abs. 2 OR 1991 die Bank den eingezahlten Betrag erst dann freigibt, wenn das Handelsregister die Gesellschaft eingetragen hat. Nach der Praxis gibt es eine Ergänzung zu dieser Regel: kommt die Gründung entgegen den Erwartungen, die im Augenblick der Einzahlung bestanden, nicht zustande, so gibt die Bank die Beträge den Einzahlern wieder frei, sobald ihr eine Erklärung der beauftragten Urkundsperson über das Scheitern der Gründung zugeht.

3. Rückgewähr des Gründungskapitals nach der Errichtung

Bei dieser Regelung bleibt im wesentlichen noch ein *ins Gewicht fallendes Risiko* bestehen: die Gefahr, dass die erforderlichen Barbeträge zwar auf das Sperrkonto in bar einbezahlt werden, diese Barbeträge aber wirtschaftlich gar nicht frei verfügbare Mittel der neuen Gesellschaft darstellen. Dies ist etwa dann der Fall, wenn die Hauptgründer mit persönlicher Verschuldung die Barbeträge aufbringen und kurz nach der Freigabe des deponierten Gründungskapitals die neue Gesellschaft dazu veranlassen, ihnen die gesamten Beträge zurückzuerstatten, sei es zur eigenen Verfügung, sei es zur Rückzahlung der aufgenommenen Darlehen. Es handelt sich hier um einen klassischen Gründungsschwindel: das «Geld zur ausschliesslichen Verfügung der Gesellschaft» ist wirtschaftlich nicht vorhanden. Die Organe bieten Hand zu einer Kapitalrückgewähr in Verletzung der Kernbestimmungen über den Kapitalschutz[26]. Es liegt eine widerrechtliche Exekutivhandlung des frisch eingesetzten Verwaltungsrates vor.

Das neue Aktienrecht vermag keine zusätzlichen prozeduralen Sicherungen gegen einen derartigen *Gründungsschwindel* zu bieten. Wenn die Urkundsperson die beabsichtigte rechtswidrige Verfügung über den Gegenwert des Gründungskapitals nicht bemerkt oder nicht genügend Anhaltspunkte und Belege hat, die einen Argwohn bestärken, so sind die vorbeugenden Sicherungen des Aktienrechts überspielt. Es bleibt dann bei den Rechtsfolgen, wie sie schon nach bisherigem Aktienrecht anzunehmen waren:

(1) Verpflichtung des eingesetzten Verwaltungsrates zum sofortigen *Rückruf* der rechtswidrig abdisponierten Mittel;

(2) Verantwortung der Revisionsstelle bei der *Aufdeckung* eines solchen Gründungsschwindels und bei der Prüfung des Erfolgs in der Durchsetzung der Liberierungsforderung;

---

[26] Art. 680 Abs. 2 OR.

(3) *Verantwortlichkeit* der Gründer und der an der Gründung beteiligten Personen[27];

(4) Verantwortlichkeit der Mitglieder des *Verwaltungsrates*[28].

4. Gründungsprüfung auch bei Bareinzahlung?

60 Man kann sich fragen, ob das neue Aktienrecht nicht auch bei der Bargründung – im Hinblick auf solche Gründungsschwindel – eine Prüfung durch *Revisoren* hätte anordnen sollen. Darauf wurde verzichtet, weil eine präventive Wirkung nur dann zu erreichen wäre, wenn der eingesetzte Revisor die privaten Verhältnisse der Gründer zu überprüfen in der Lage wäre. Nötig wäre eine eigentliche wirtschaftliche Durchsuchung der Zahlungsflüsse und Kreditbeziehungen – so wie man sie in der Praxis etwa aus der Anwendung der Lex Friedrich kennt[29], eine Röntgenaufnahme der persönlichen Finanzen, eine Ausforschung möglicher wirtschaftlicher Absichten. Dies wäre mit dem liberalen Geist des Schweizer Aktienrechtes kaum zu vereinbaren.

II. Die Neuerungen

61 Die Neuerungen im Bereich der *Gründung* einer Aktiengesellschaft sind – mit zwei wichtigen Ausnahmen – für die Praxis von verhältnismässig geringerer Bedeutung als jene Änderungen, die im Bereich der Kapitalerhöhung und der Partizipationsscheine ins Gesetz eingefügt worden sind. Sie beziehen sich im wesentlichen auf:

(1) die Abschaffung der sogenannten *Sukzessivgründung*;

(2) die Einführung einer eigentlichen *Gründungsprüfung* (in allen Fällen von sog. «qualifizierten Gründungen») durch unabhängige Revisoren[30].

Dazu kommen eine grosse Anzahl Änderungen in Einzelheiten und Klarstellungen[31].

---

[27] Art. 753 OR 1991: «Gründungshaftung».
[28] Art. 754 Abs. 1 OR 1991: «Haftung für Verwaltung, Geschäftsführung und Liquidation». Wirtschaftlich liegt eine schlagartige Liquidation und Ausräumung der Gesellschaft, rechtlich in Verletzung einer ganzen Reihe zwingender Normen, vor.
[29] Bundesgesetz vom 16. Dezember 1983 über den Erwerb von Grundstücken durch Personen im Ausland. Vgl. dazu Kapitel 5/II/C/2, Rz 607.
[30] Gefordert schon von *Werner Schmid* (1948) 63.
[31] Darunter die schon erwähnte Abschaffung des Erfordernisses der «kantonalen» Depositenstelle; jetzt ist jede Bank zugelassen, Art. 633 Abs. 1 OR 1991.

A. Abschaffung der Sukzessivgründung

1. Schwächen des alten OR

Die *Sukzessivgründung*[32] war die klassische Methode für die Gründung einer Aktiengesellschaft im 19. Jahrhundert. Nur in Art. 638/39 fand sich dagegen jenes Verfahren verankert – die Simultangründung – , die man seit Jahrzehnten in der Schweiz praktisch ausschliesslich für die Errichtung von Aktiengesellschaften verwendete.

Der Kern des Unterschieds liegt darin, dass bei der Sukzessivgründung die vier Elemente der Gründung einer Aktiengesellschaft *hintereinander* geschaltet sind. An der Spitze steht die Festlegung eines Statutenentwurfs, ohne dass aber in dieser Phase über den Erfolg der Kapitalaufbringung Klarheit bestünde. Der Entwurf wird dazu verwendet, bei möglichen Kapitalgebern um Zeichnungen nachzusuchen; nach dem Schluss der Zeichnungsrunde laden die Gründer zur konstituierenden Generalversammlung ein. Erst diese Zusammenkunft – sie ist als debattierende Gründerversammlung zu verstehen – legt die Statuten rechtlich fest[33].

Die Sukzessivgründung kam nicht nur äusserst selten vor, sie war auch *dogmatisch anfechtbar*[34]. Sie ist, wie die Botschaft festgestellt hat, einer einfachen und klaren Regelung der Gründung überhaupt hinderlich[35].

2. Zweistufiges Verfahren

Für alle Fällen, in denen man früher zur Sukzessivgründung geschritten wäre, bietet sich heute das *zweistufige* Verfahren an. Die Initianten gründen in einer ersten Phase eine Aktiengesellschaft mit dem minimalen Aktienkapital von Fr. 100,000 und führen anschliessend, aufgrund der dann feststehenden Einzelheiten der Statuten und im Zusammenwirken mit den in die Organe gewählten Personen, eine Kapitalerhöhung durch.

Der bisherige Art. 636 OR 1936, der für die Annahme der Statutenbestimmungen über die qualifzierte Gründung die Zustimmung der Stimmen von mindestens zwei Dritteln des gesamten Grundkapitals verlangte, konnte ersatzlos entfallen. Denn die Simultangründung verlangt Einstimmigkeit der Gründer im Errichtungsakt auch hinsichtlich der vom Gesetz verlangten Offenlegungsbestimmungen bei der qualifizierten Gründung.

---

[32] *Forstmoser/Meier-Hayoz* (1983) 103 ff.
[33] Erst danach werden die Mindesteinzahlung bestimmt, die Organe gewählt, die vollständige Zeichnung des Grundkapitals und der Vollzug der Kapitaleinlagen festgestellt und die Gesellschaft ins Leben gerufen.
[34] Die Kapitalgeber sind gezwungen, die Zeichnungen als unwiderrufliche Zahlungsversprechen einzureichen, bevor die definitiven Statuten überhaupt feststehen. Das Gesetz musste daher eine schwierige Abgrenzung treffen zwischen «wesentlichen» (nicht mehr möglichen) und «unwesentlichen» (noch möglichen) Änderungen gegenüber dem ursprünglichen Statutenentwurf. Auch dann blieb unklar, wie die an der Versammlung nicht vertretenen Zeichner sich zu den neuen Statutenbestimmungen stellten.
[35] *Botschaft 1983*, 44, Ziff. 203.2 Abs. 2.

Dagegen muss sich die Frage einer qualifizierten Mehrheit wieder bei der qualifizierten Kapitalerhöhung stellen: dort gilt neu das besondere Beschlussquorum des Art. 704 Abs. 1 OR 1991[36].

B. Begriff der qualifizierten Gründung[37]

1. Schutzbedürfnis

67 Sobald die Einlage nicht aus Geld besteht oder mit Gegenleistungen an die Gründer oder diesen nahestehende Personen verknüpft ist, wird das Risiko der ungenügenden Erfüllung der Einlageverpflichtung akut. Die Gründer stehen in einem *Interessenkonflikt* mit ihrer Gesellschaft. Schon das OR 1936 – hervorgegangen aus der Bekämpfung der Gründungsschwindel im 19. Jahrhundert[38] – sah drei rechtliche Sicherungen vor: den Gründerbericht[39]; die Transparenz in Zeichnungsschein und Statuten[40], und die «besondere Beschlussfassung» mit qualifizierter Mehrheit[41].

68 Das neue Gesetz baut den Schutz wesentlich aus. Die qualifizierte Gründung ist nach wie vor mit den klassischen drei Fällen umschrieben. Es sind jene Fälle, in denen entweder der Wert der Einlage schon als solcher eine reine Ermessenssache ist, oder in denen gleichzeitig mit der Gründung ein Abfluss von Mitteln aus der Gesellschaft ins Werk gesetzt wird, ein Abfluss, der im Endergebnis auf eine Entreicherung der Gesellschaft und damit eine wirtschaftliche Rückgängigmachung der Einlage hinauslaufen kann. In einem weiteren Sinn ist nun auch die Gründung mit Vollzug der Einlage durch Verrechnung dazu zu zählen.

2. Sacheinlage

69 Klar ist der Fall der *Sacheinlage*[42]. Es handelt sich um eine Erfüllung der Einlagepflicht durch die Leistung eines nicht in Geld denominierten Wirtschaftsgutes, dessen Bewertung Ermessenssache ist. Als Sacheinlage auf das Aktienkapital anrechenbar sind nur Gegenstände des Rechtsverkehrs, die einen Verkehrswert haben und nach den Grundsätzen ordnungsmässiger Rechnungslegung aktivierungsfähig sind, und nur in diesem

---

[36] Kapitel 2/I/B/4, Rz 167, und Kapitel 9/III/B/1, Rz 1386.
[37] Vgl. *Roderick Kaps* (1989).
[38] Vgl. zu den «Aktien-Skandalen» der siebziger Jahre des vorigen Jahrhunderts BBl 1880 I 218 ff. (Botschaft zum OR 1881).
[39] Art. 630 OR 1936. Allerdings eingeordnet nur bei der Sukzessivgründung.
[40] Art. 632 Abs. 1, Art. 631 Abs. 2 Ziff. 2 und Art. 628 OR 1936.
[41] Art. 636 OR 1936. Vgl. auch Art. 641 Ziff. 6 OR 1936. Es versteht sich, dass der bisherige Art. 636, der für die Annahme der Statutenbestimmungen über die qualifizierte Gründung die Zustimmung der Stimmen von mindestens *zwei Dritteln des gesamten Grundkapitals* verlangte, ersatzlos entfallen musste.
[42] *Katharina Schoop* (1981) 8 ff., *Beat Hess* (1977) 6 f.

Umfang[43]. Untersteht das eingebrachte Wirtschaftsgut einer beschleunigten Abschreibung, so ist das unter Umständen wertmindernd zu berücksichtigen.

3. Sachübernahme

a) Herkömmliches Verständnis des Begriffs

Weniger klar – und in den Einzelheiten sogar äusserst umstritten – ist nach wie vor die *Sachübernahme*. Im einfachsten Fall handelt es sich um einen mit dem Gründungskonzept zusammenhängenden Kauf eines Anlagegutes von einem der Gründer. Damit geht es formal nicht um die Erfüllung der Einlage – diese wird davon getrennt in bar erbracht – , sondern um ein Güteraustauschgeschäft. Da jedoch solche Geschäfte sich seit jeher allzu leicht als Umgehung der Sacheinlagevorschriften anboten – man ersetze die Sacheinlage durch eine Bargründung mit anschliessendem Kauf der Sache – , wird die Sachübernahme als Fall der qualifizierten Gründung behandelt[44]. 70

Nach ihrer Logik müsste diese Bestimmung indessen nur Sachübernahmen erfassen, bei denen ein *Aktionär* oder eine diesem nahestehende Person der Gesellschaft Sachen veräussert. Nur dann liegt wirtschaftlich etwas ähnliches vor wie eine Sacheinlage. Wegen der wiederum naheliegenden Umgehungsmöglichkeiten hat man aber schon im alten Recht auch jene Fälle der qualifizierten Gründung zugeordnet, in denen ein *echter Dritter* Vermögenswerte «*im Zusammenhang mit der Gründung*» auf die Gesellschaft überträgt. 71

b) Die Frage der Güteraustauschgeschäfte mit Dritten

In der Arbeitsgruppe von Greyerz war diese Frage umstritten. Denn benützt der Aktionär einen Dritten als Strohmann und bedient sich seiner als Werkzeug für die Umgehung, so genügen die allgemeinen Vorschriften des Zivilrechts zur Erfassung des Falles. Handelt es sich jedoch um einen *echten Dritten*, der unabhängig und unter Marktbedingungen einen Vermögenswert in der Gründungsphase an die Gesellschaft veräussert, so liegt die vom Gesetz anvisierte Grundsituation gar nicht vor. Der Zusammenprall zwischen dem Liberierungsinteresse der Gesellschaft und dem gegenläufigen Interesse des Aktionärs, möglichst wenig zu leisten oder möglichst viel von der Gesellschaft wieder zurückzubekommen, ist nicht gegeben. 72

Die Arbeitsgruppe von Greyerz hat sich aber unter dem Einfluss der Handelsregisterämter zur Beibehaltung des Einbezugs auch *aller echten Drittgeschäfte* entschlossen[45], und damit zu einer gerade zu klassischen Überregulierung. Daraus entstehen schwierige Abgrenzungsfragen, von denen das Gesetz nur eine beantwortet: 73

---

[43] Mit Art. 38 Abs. 3 des *Vorschlags SE 1991* wird man auch für das Schweizer Recht sagen können: «Das gezeichnete Kapital darf nur aus Vermögensgegenständen bestehen, deren wirtschaftlicher Wert feststellbar ist. Jedoch dürfen diese Vermögensgegenstände nicht aus Verpflichtungen zu Arbeits- oder Dienstleistungen bestehen.»
[44] *Botschaft 1983*, 111, Ziff. 312 a.E.
[45] Art. 81 Abs. 2 HRV.

(1)   Genügt in der Gründungsphase die blosse Absicht zur Sachübernahme?

74 Diese Frage wurde im bisherigen Text nur unklar beantwortet[46]. Die neue Fassung ist überdeutlich: Zur Anwendung der Vorschriften über die qualifizierte Gründung genügt die *Absicht*[47]. Die Praxis wird daher weiterhin bei den Gründern, die eine Bargründung vorhaben, Gewissensforschung betreiben wollen und von ihnen die sog. «Stampa-Erklärung» verlangen. Nicht angebracht ist eine solche Formalität jedenfalls immer dann, wenn ein Gründungsbericht vorliegt[48].

(2)   Wann steht eine Beschaffung von Vermögenswerten im Zusammenhang mit der Gründung?

75 Diese Frage ist vom Gesetz wiederum nicht gelöst. Eine *zeitliche Abgrenzung* von sechs Monaten, wie man sie z.B. von der paulianischen Anfechtung her kennt, oder eine Jahresfrist ist dem Gesetz nicht zu entnehmen. Es bleibt daher nichts anderes übrig, als von Fall zu Fall *funktional* zu entscheiden. Ist die Anschaffung wirtschaftlich bedeutend, liegt sie ausserhalb des normalen Geschäftsgangs und ist sie für die Gesellschaft ein Teil des Gründungsplanes, ohne den die Gründung nicht durchgeführt worden wäre, so liegt eine Sachübernahmegründung vor. Immer jedoch, wenn entweder eine feste Absicht nicht vorliegt oder der neu bestellte Verwaltungsrat objektiv zwischen mehreren Möglichkeiten wählen kann, und die Anschaffung nur eine davon ist, kann von einer Sachübernahmegründung immer dann nicht die Rede sein, wenn ein echtes Drittgeschäft vorliegt.

4.   «Besondere Vorteile»

76 Wirtschaftlich kann es in Einzelfällen nach wie vor sinnvoll sein, bei der Gründung den Gründern oder anderen Personen *Sondervorteile* zuzusichern, die anderen nicht zukommen. Es handelt sich hier um eine Durchbrechung des Gleichbehandlungsprinzips[49]. Das Gesetz löst das Problem nach wie vor durch die Transparenz: Solche besonderen Vorteile, durch die Einstimmigkeit der Gründer abgesichert, sind gültig, aber nur dann, wenn sie in den Statuten unter Nennung der Begünstigten mit Inhalt und Wert der gewährten Vorteile genau bezeichnet werden.

Hier ergeben sich ähnliche heikle Abgrenzungsfragen, die auch das neue Gesetz unbeantwortet lässt[50].

---

[46] BGE 83 II 284. Art. 628 Abs. 2 OR 1936 drückte sich so aus: «Soll die Gesellschaft von Aktionären oder von Dritten Vermögenswerte übernehmen ...»

[47] Nach der weiterhin massgeblichen Rechtsprechung entweder (i) ein unmittelbar nach der Gründung zu vollziehendes Rechtsgeschäft oder (ii) eine erst für später vorgesehene Übernahme von Sachwerten, «sofern sie nur zum voraus geplant und ihre Ausführung, z.B. mit Rücksicht auf die Zusammensetzung des Verwaltungsrates, als einigermassen sicher anzusehen ist» BGE 83 II 290 Erw. 3c am Ende.

[48] Ebenso *Rolf Watter* (1991) 13. Die «Stampa-Erklärung» ist letztlich nichts anderes als ein vom Gesetz ausdrücklich abgelehnter Gründungsbericht für Bargründungen und daher auch als solche nicht rechtmässig.

[49] Art. 717 Abs. 2 OR 1991, Kapitel 10/VI/C, Rz 1651 ff.

[50] Vgl. auch Rz 93 hiernach.

C. Sondervorschriften für die qualifizierte Gründung

Liegt eine qualifizierte Gründung vor, ordnet das Gesetz, für die einzelnen Fälle teilweise unterschiedlich, insgesamt vier Sicherheitsvorkehren an: die Formvorschriften, den Gründungsbericht, die Gründungsprüfung und die Offenlegung.

1. Formvorschrift für Sacheinlagen und -übernahmen

Im Gegensatz zum OR 1936 braucht es nicht nur für Sacheinlagen, die aus Grundstücken bestehen, eine öffentliche Urkunde, sondern nun einen *schriftlichen Sacheinlagevertrag* in allen übrigen Fällen. Zwar wurde das in der Handelsregisterpraxis bisher verlangt, doch ist die Klarstellung zu begrüssen. Der Sacheinlagevertrag wird zum Beleg[51] des Errichtungsaktes und ist der Anmeldung beim Handelsregister beizufügen[52].

Im Falle einer Sachübernahme muss die *gleiche Formvorschrift* analog für die Sachübernahmeverträge, die in Art. 631 Abs. 2 OR 1991 erwähnt werden, gelten, allerdings nur dann, wenn sie – wie das Gesetz sagt – «bereits vorliegen». Andernfalls liegt eine beabsichtigte Sachübernahme vor, und die Absichtsklausel ist in die Statuten aufzunehmen.

2. Gründungsbericht als «Rechenschaft»

Der alte Gründerbericht[53], der früher nur im Zusammenhang mit der Sukzessivgründung auftauchte, ist nun ausdrücklich für die qualifizierte Gründung schlechthin vorgeschrieben. Als «*Gründungsbericht*» erscheint er klarer definiert:

(1) Er bedarf der *Schriftform*, und er ist von allen Gründern zu unterzeichnen;

(2) sein Inhalt ist eine «*Rechenschaft*»; und zwar über (i) die Art und den Zustand von Sacheinlagen oder Sachübernahmen und die (ii) Angemessenheit der Bewertung oder, im Falle der Einlage durch Verrechnung, über den Bestand und die Verrechenbarkeit der Schuld, und (iii) im Falle der «besonderen Vorteile» über die Begründung und die Angemessenheit dieser Vorteile zu Gunsten der Begünstigten (welche Gründer oder «andere Personen» sein können).

Im Gründungsbericht stehen, in aller Knappheit, die «Erwägungen», die die Gründer bei der Bewertung angestellt haben[54] und die sie dazu geführt haben, den Wertansatz als «angemessen» zu betrachten.

---

[51] Art. 631 OR 1991.
[52] Art. 640 Abs. 3 Ziff. 2 OR 1991.
[53] Art. 630 OR 1936 im Unterabschnitt F über die «Sukzessivgründung».
[54] *Botschaft 1983*, 114 Ziff. 313.4.

3. Die Gründungsprüfung

81 Neu ist die Verpflichtung für die Gründer, ihren Gründungsbericht mit den erforderlichen Unterlagen dem *Revisor zur Prüfung* vorzulegen. Der bundesrätliche Entwurf war noch weitergegangen, indem er eine Prüfung stets durch einen «ausgewiesenen Revisor» hatte verlangen wollen[55]. Damit wären jene (kleineren) Gesellschaften, die ihre Jahresrechnung von Revisoren ohne besonderen Fähigkeitsausweis revidieren lassen können, für diesen einen Akt darauf angewiesen gewesen, einen besonderes qualifizierten Revisor beizuziehen. Diese Bestimmung fiel in den parlamentarischen Beratungen weg: wer als Revisionsstelle für die betreffende Gesellschaft handeln darf[56], ist auch zur Prüfung des Gründungsberichtes ermächtigt[57].

a) Prüfungsgegenstand

82 Der Revisor *prüft* den Gründungsbericht und bestätigt schriftlich, dass dieser *«vollständig und richtig»* ist[58]. Das Gesetz ist gerade an dieser Stelle äusserst karg: Es ergibt sich aus dem Zusammenhang, dass die Prüfung des Revisors sich darauf zu erstrecken hat,

(1) ob der Gründungsbericht überhaupt die in Art. 635 OR 1991 verlangten *Punkte* abdeckt;

(2) ob die Gründer darüber die vom Gesetz verlangte *«Rechenschaft»* ablegen, d.h. sachlich und knapp die Sacheinlage oder Sachübernahme identifizieren und deren Zustand beschreiben; und

(3) ob die Aussagen des Gründungsberichts über die *Angemessenheit der Bewertung* zutreffen.

83 Handelt es sich um den seltenen Fall einer Gründung, bei der die Kapitaleinlage durch *Verrechnung* mit einer von der Gesellschaft im Gründungsstadium übernommenen Schuld vollzogen werden soll, so hat der Revisor den Bestand und die Verrechenbarkeit dieser Schuld zu prüfen. Verrechenbar ist die Schuld nur dann, wenn die Voraussetzungen von Art. 120 ff. OR erfüllt sind, insbesondere die Gesellschaft Schuldnerin und die Schuld gleichartig und fällig ist. Nicht fällig ist die Schuld insbesondere dann, wenn der Aktionär für sie einen sog. «Rangrücktritt» erklärt hat und dabei wie üblich gegen die schriftliche Schuldanerkennung der Gesellschaft eine Zins- und Kapitalstundung unterzeichnet hat[59]. Art. 120 Abs. 2 OR kann hier nicht massgeblich sein; das genaue Gegenteil gilt, die Schuld muss «gültigen Bestand» haben; die Verrechnung mit einer bestrittenen Schuld könnte nie als gültige Erfüllung der Einlagepflicht anerkannt werden. Der Revisor wird daher eine bedingungslose und wirtschaftlich begrün-

---

[55] *Botschaft 1983*, 114, Ziff. 313.4 und *Entwurf 1983*, Art. 635a.
[56] Art. 635a OR 1991; Art. 727a und Art. 727b OR 1991.
[57] «*Ein Revisor*» prüft; dies bezieht sich auf Art. 727a OR 1991; *Roderick Kaps* (1989) 9, 30.
[58] Art. 635a OR 1991.
[59] Kapitel 10/VIII/C/1/b, Rz 1703.

dete Schuldanerkennung der Gesellschaft, aus der sich auch die Fälligkeit ergibt, verlangen[60].

b)   *Aussage der Prüfungsbestätigung*

Die *genaue Aussage*, die das Gesetz vom Revisor für diese Prüfungsbestätigung verlangt, ist entgegen dem scheinbar klaren Wortlaut des neuen Gesetzes bereits Gegenstand von Erörterungen. 84

Das Gesetz sagt in täuschender Schlichtheit, der Revisor habe schriftlich zu bestätigen, dass der Gründungsbericht «*richtig*» ist. Der Bundesrat, erfreut, einmal einen irreführenden Gesetzesartikel mit erhellendem Begleittext in die Welt setzen zu können, erklärte dazu in der Botschaft, es handle sich keineswegs um eine Prüfung auf die materielle Richtigkeit. Es sei die Bewertung, die der Gründungsbericht vornimmt, nur daraufhin zu prüfen, ob sie als «*vertretbar erscheint*»[61]. Zu einem ähnlichen Ergebnis führt in der Tat die sorgfältige Überprüfung des neuen Gesetzes: Dieses verlangt vom Revisor nicht, dass er selber Rechenschaft ablegt über die Sacheinlagen und deren Bewertung. Es verlangt vom Revisor nur, dass er (nebst der Vollständigkeit) die im schriftlichen Bericht der Gründer enthaltene «*Rechenschaft*» über bestimmte Angaben und vor allem die «Angemessenheit der Bewertung» auf ihre Richtigkeit überprüft. Nicht die absolute Richtigkeit der Bewertung, sondern die Argumentation der Gründer hinsichtlich ihrer Angemessenheit ist es, was zu untersuchen ist. Das läuft im Ergebnis auf das Kriterium der Vertretbarkeit hinaus: Der Revisor wird die Ausführungen über die Bewertung als angemessen bestätigen, wenn ihm aufgrund seiner Überprüfung die Argumentation im Gründungsbericht als plausibel und aufgrund der eigenen Kontrollüberlegungen die Bewertung selbst als vertretbar erscheint[62]. Das Gesetz verlangt nicht, dass der Revisor in einer eigenständigen Bewertung zur gleichen Zahl käme. 85

Dagegen wird man – in Nüancierung der Botschaft von 1983[63] – für die Rechenschaft über *Art und Zustand* von Sacheinlagen und Sachübernahmen sowie für die Rechenschaft über den *Bestand und die Verrechenbarkeit* der Schuld Vollständigkeit und Richtigkeit der Aussage im Gründungsbericht verlangen müssen[64]. Es genügt nicht, wenn der Revisor bloss zum Ergebnis kommt, die Darstellung des Gründungsberichtes über den Zustand der Sache oder den Bestand und die Verrechenbarkeit der Schuld sei plausibel oder vertretbar[65]. 86

---

[60] Der Revisor muss sich auch davon überzeugen, dass der Gläubiger nicht einen *geheimen Rangrücktritt* – mit Stundung (was die Fälligkeit aufhebt) oder gar Verzicht auf die Kapitalforderung – unterzeichnet hat. Nötigenfalls verlangt er dazu eine gemeinsame schriftliche Erklärung von Gläubiger und Gesellschaft. Zum Rangrücktritt Kapitel 10/VIII/C, Rz 1699 ff.

[61] Der Bundesrat erklärte in seiner Botschaft ausdrücklich zum Gesetzesentwurf, wonach der Revisor die Richtigkeit zu bestätigen habe: «Die Bewertung wird einzig (sic) auf ihre *Plausibilität* hin überprüft, denn eine Bewertung ist nicht richtig oder falsch, sondern höchstens vertretbar oder nicht vertretbar». *Botschaft 1983*, 115, Ziff. 313.4 (zwei Hervorhebungen beigefügt).

[62] Dies bedeutet letztlich, dass ein Ergebnis vorliegt, welches innerhalb der Bandbreite von möglichen Streuungen bei der Bewertung einer derartigen Sacheinlage bzw. eines solchen besonderen Vorteils liegt.

[63] *Botschaft 1983*, 114/15, Ziff. 313.4.

[64] Insbesondere gilt hier Art. 120 Abs. 2 OR nicht.

[65] Vgl. *Roderick Kaps* (1989) 57 ff.

c) *Gründungsprüfung mit Bestätigungsvermerk als Voraussetzung für die Eintragung der Gesellschaft*

87 Die qualifizierte Gründung muss nach der Konzeption des neuen Aktienrechtes wegen des nun verlangten Bestätigungsvermerks durch ein eigentliches «Nadelöhr» hindurch. Nur wenn der Revisor die vom Gesetz verlangte Prüfungsbestätigung *vorbehaltlos* schriftlich erteilt – sei es durch einen Prüfungsvermerk auf dem Gründungsbericht selbst oder in separater Urkunde – kann der Handelsregisterführer die Gesellschaft eintragen. Der «Bestätigungsvermerk mit Vorbehalt», der für die Jahresrechnung möglich ist[66], ist hier untauglich.

d) *Prüfungskriterien des Handelsregisterführers*

88 Der Handelsregisterführer prüft seinerseits nur *formal*: bezeichnet sich die Person, die die Prüfungsbestätigung abgibt, gemäss Errichtungsakt als Revisor, und enthält die Bestätigung des Revisors die dreifache Aussage, dass er den Prüfungsbericht geprüft hat und dass dieser vollständig und richtig[67] ist, so darf der Handelsregisterführer nur noch in extremen Fällen weitere Voraussetzungen für die Eintragung geltend machen[68]. Insbesondere kann der Handelsregisterführer nicht verlangen, dass ein sog. «besonders befähigter Revisor» diese Bestätigung im Gründungsstadium abgibt, selbst wenn durch das Gründungskapital oder die Sachübernahme die Bilanzsumme von Fr. 20 Mio. erreicht ist. Die Kriterien des Gesetzes für Gesellschaften, welche besonders befähigter Revisoren bedürfen[69], sind im Gründungsstadium nicht oder nicht mit hinreichender Gewissheit bestimmbar. Anders wäre nur zu entscheiden, wenn in der Gründung die Aktiengesellschaft ein Geschäft mit Aktiven und Passiven übernimmt, das seinerseits alle Kriterien des Art. 727b erfüllt.

89 Damit ein Revisor das Amt des Gründungsprüfers übernehmen kann, muss er zwar in sinngemässer Anwendung von Art. 727a befähigt sein, seine Aufgabe *bei der konkret zu prüfenden Gesellschaft* zu erfüllen. Nachdem das Parlament die früher vorgesehene durchgehend strenge Anforderung für die Gründungsprüfer[70] gestrichen hat, ist es dem Handelsregisterführer umso weniger erlaubt, sich ein persönliches Urteil über die tatsächliche Befähigung des Revisors für solche Prüfungen zuzumuten. Nur dann, wenn der Revisor, der die Prüfungsbestätigung abgibt, *offensichtlich* für die Funktion der Revisionsstelle nicht in Frage kommt, kann der Handelsregisterführer eingreifen. Dies wäre etwa der Fall, wenn der «Revisor» offensichtlich von den Gründern wirtschaftlich unabhängig ist, dem Verwaltungsrat angehört, der Sprache der geprüften Unterlagen nicht mächtig oder nicht urteilsfähig ist.

---

[66] Art. 729 Abs. 1 Satz 2 OR 1991.
[67] Im erläuterten Sinne.
[68] Hierzu Näheres in Abschnitt IV/B/2, Rz 129 ff.
[69] Art. 727b OR 1991 (Jahresumsatz und Arbeitnehmerzahl).
[70] «Ein ausgewiesener Revisor» nach *Entwurf 1983*, Art. 635a was dem «besonders befähigten Revisor» des geltenden Rechts entsprochen hätte.

4. Die Offenlegung

a)   Offenlegung in Statuten und Handelsregister

Wenig geändert hat die Reform an der in unserem Rechtssystem nach wie vor einzigartigen Transparenz, die für die qualifizierte Gründung gilt. Die Statuten müssen den Gegenstand der Sacheinlage und dessen Bewertung sowie die Identität des Einlegers und die ihm zukommenden Aktien angeben. Davon werden Gegenstand und Aktien im Handelsregister eingetragen und veröffentlicht[71]. Bei Sachübernahmen sind ebenfalls Gegenstand und Gegenleistung sowie die Identität des Veräusserers in den Statuten festzuhalten, wobei nur der Name nicht ins Handelsregister eingetragen und nicht veröffentlicht wird. Analoge Vorschriften der Offenlegung gelten für «besondere Vorteile»[72]. 90

b)   Aufhebung der Sacheinlage- oder Sachübernahmeklausel nach 10 Jahren

Nach dem bisherigen Rechtszustand findet man oft noch in den Statuten *Sacheinlageklauseln*, die vom Beginn unseres Jahrhunderts stammen. Verwundert liest man von insgesamt zu Fr. 12,000 eingebrachten Transmissionseinrichtungen und Pferdefuhrwerken[73]. 91

Statutenbestimmungen über Sacheinlagen und Sachübernahmen können jetzt nach Ablauf von *10 Jahren* durch Beschluss der Generalversammlung aufgehoben und in den Statuten gestrichen werden. Auf diesen Streichungsbeschluss ist die qualifizierte Mehrheit des Art. 704 Abs. 1 nicht anwendbar. Es handelt sich um eine blosse Bereinigung eines obsolet gewordenen Wortlauts. 92

Das Gesetz schweigt zu den *besonderen Vorteilen.* Hier ist analog zu entscheiden: Sind die besonderen Vorteile aus dem Wortlaut der Statuten heraus oder sonst eindeutig erloschen, muss 10 Jahre danach eine Streichung möglich sein. 93

D. Sonderprobleme bei der Gründung

1.   Schulden der Gesellschaft im Augenblick der Gründung

a)   «Verrechnung» bei der Gründung zwecks Liberierung

Das neue Recht verlangt im Falle einer *Kapitalerhöhung durch Verrechnung* ausdrücklich einen Bericht des Verwaltungsrates über Bestand und Verrechenbarkeit der Schuld, 94

---

[71] Art. 628 Abs. 1 und Art. 641 Ziff. 6 OR 1991.
[72] Art. 628 Abs. 2 und Art. 641 Ziff. 6 OR 1991.
[73] Aus BGE 61 I 298 und 68 I 188 musste der Handelsregisterführer schliessen, dass solche Vorschriften ewig in den Statuten bleiben. Denn nur auf eintragungspflichtige Tatsachen durfte der Handelsregisterführer gegebenenfalls sein Urteil darüber stützen, ob die Angaben ihren Schutzzweck verloren hätten, und das war nach dem Stand des Gesetzes von 1936 praktisch unmöglich.

sowie die Prüfungsbestätigung der Revisoren[74]. Dasselbe muss, obgleich es in dieser Ausführlichkeit nicht gesagt wird[75], für die *Liberierung durch Verrechnung bei der Gründung* gelten[76]. Eine Verrechnung zur Erfüllung der originären Einlagepflicht (Liberierung) setzt voraus, dass die Schuld der Gesellschaft im Augenblick der Gründung bereits gültig besteht, und dies wiederum ist nur möglich, wenn man die Gründung mit gleichzeitiger Schuldübernahme zulässt.

95 Eine Liberierung durch Verrechnung im Zusammenhang mit der Gründung ruft zwingend nach der analogen Anwendung der für die Kapitalerhöhung durch Verrechnung vorgesehenen Schutzbestimmungen:

(1) Schriftlicher *Gründungsbericht* des Verwaltungsrates mit Rechenschaft über den Bestand und die Verrechenbarkeit der Schuld[77];

(2) *Prüfungsbestätigung* der Revisionsstelle[78].

96 Dagegen ist die Erwähnung in den Gründungstatuten nicht notwendig, da Art. 628 OR 1991 die Liberierung durch Verrechnung nicht zum obligatorischen Statuteninhalt macht.

b) Schuldübernahme bei der Gründung

97 Das neue Aktienrecht schweigt nach wie vor zu der vorausgesetzten Gretchenfrage: Wie habt Ihr es mit einer *Schuldübernahme* im Augenblick der Gründung[79]?

98 Die Antwort ist in einer erweiterten Anwendung der gesetzlichen Vorschriften über die *Sachübernahme* zu suchen. Erweitert deshalb, weil Art. 628 Abs. 2 OR 1991 nach wie vor nur jene Fälle anvisiert, wo die neu gegründete Gesellschaft ein Umsatz-Geschäft tätigt, eine Schuld als direkte «Gegenleistung» für einen übernommenen Vermögenswert eingeht. Wirklich kritisch sind aber gerade jene Fälle, in denen eine solche direkte Zuordnung nicht möglich ist. Das ist der Fall, wenn in der Gründung gemäss Art. 181 OR ein *Vermögen mit Aktiven und Passiven* übernommen wird[80]. In diesem Zusammenhang ist die Verrechnung der übernommenen Schulden zur Erfüllung der Einlagepflicht grundsätzlich zulässig. Werden sowohl die Vorschriften über die Übernahme eines Geschäftes mit Aktiven und Passiven wie die Sachübernahmevorschriften eingehalten, so ist die Schuldübernahme im Augenblick der Gründung gültig. Ungültig wäre dagegen eine Schuldübernahme *ohne* jeden Gegenwert, als Liberalität zulasten der gegründeteten Gesellschaft oder als Interzession zugunsten eines Dritten.

---

[74] Art. 652e Ziff. 2 und Art. 652 f OR 1991.
[75] Vgl. immerhin Art. 635 Ziff. 2 OR 1991.
[76] *Botschaft 1983*, 45, Ziff. 203.3 Abs. 8: «Die Liberierung durch Verrechnung ist schon bei der Gründung zuzulassen. Sie wird aber voraussichtlich bloss bei der Übernahme von Geschäften mit Aktiven und Passiven, insbesondere bei der Umwandlung von Einzelfirmen und Personengesellschaften in Aktiengesellschaften, vorkommen, indem Gläubiger der bisherigen Unternehmung Aktien zeichnen und die Liberierungsschuld durch Verrechnung mit ihrer Forderung tilgen».
[77] Art. 652f Ziff. 2 OR 1991.
[78] Ausdrücklich Art. 635 Ziff. 2 OR 1991.
[79] Zur Kontroverse unter dem OR 1936 und de lege ferenda *Peter Mosimann* (1978) 57 und 86. Er schloss die Verrechnung im Gründungsstadium prophylaktisch auch schon für das kommende Recht aus!
[80] Vgl. *Peter Böckli* (1973) 393 ff.

c)   Übernahme der vor der Eintragung eingegangenen Schulden

Von der Schuldübernahme zufolge Geschäftsübernahme im Sinne von Art. 181 OR ist zu unterscheiden der in Art. 645 OR – nach wie vor unverändert – angesprochene Fall einer für die Gesellschaft *vor der Eintragung eingegangenen Verpflichtungen*. Die Handelnden haften persönlich und solidarisch für alle Schulden, die sie vor der Eintragung der Gesellschaft *in deren Namen* eingegangen sind[81]. Für die Schuldübernahme der Gesellschaft mit Befreiung der Handelnden muss das Verfahren von Art. 645 Abs. 2 OR eingehalten werden: 99

(1) rechtsgeschäftliche *Übernahme* durch die Gesellschaft, wobei dies auch konkludent erfolgen kann[82]; und zwar

(2) innerhalb von *drei Monaten* nach der Eintragung in das Handelsregister.

Nur so werden die Handelnden – meist, aber nicht notwendigerweise die Gründer – von Gesetzes wegen *ohne Zustimmung des Gläubigers* befreit; und nur so tritt die Gesellschaft in die Schuld ein. Es handelt sich hier um eine Verwirkungsfrist als Kapitalschutznorm auch zugunsten der Gesellschaft. 100

Diese Regelung ist nötig, aber nicht hinreichend. Es fehlt nach wie vor die *Abgrenzung zur Sachübernahme*, und hier mangelt es an jeder Vorschrift für die Transparenz: auch grosse Verpflichtungen, die die aufgebrachten Kapitaleinlagen um ein Mehrfaches überschreiten, können aufgrund von Art. 645 ohne Gründungsprüfung und ohne Offenlegung in den Statuten in das Fremdkapital der Gesellschaft eingehen. Und es fehlt an einer besonderen Überprüfung zur Sicherstellung, dass dieser «per Gründungstag» eingegangenen Schuld angemessene Werte in den Aktiven gegenüberstehen[83]. 101

Insgesamt bleibt das neue Aktienrecht im Punkt der «Schuldübernahme» im Zusammenhang mit der Gründung weit hinter dem verkündeten Ziel[84], Gründungsschwindel zu verhindern, zurück. 102

2.   Gründungsmängel

Das neue Aktienrecht bringt praktisch keine Bestimmungen, die die *Rechtsfolgen bei Gründungsmängeln* beleuchten würden[85]. Immerhin trägt das Gesetz durch die zahlreichen Klarstellungen, verschärften Anforderungen und insbesondere die Gründungsprüfung wesentlich dazu bei, Gründungsmängel von Anfang an zu verhindern. 103

---

[81] BGE 76 I 164 ff. Es versteht sich von selbst, dass damit nur Schulden aus synallagmatischen Rechtsgeschäften gemeint sind und dass der Gegenwert daraus durch Art. 424 und Art. 400 Abs. 1 sowie Art. 401 OR auf die frisch gegründete Gesellschaft übergeht.

[82] Von der Übernahme muss die Gegenpartei «in irgendeiner Form» (*Fritz von Steiger*, 1966, 133) Kenntnis erhalten; SAG [SZW] 60 (1988) 161.

[83] Die Revisionsstelle trägt hinsichtlich des ersten Rechnungsabschlusses nach der Gründung eine besondere Verantwortung. Vgl. die Kritik schon bei *Fritz von Steiger* (1966) 77 ff., 132. Liberalitäten und Interzessionen zulasten der in Gründung befindlichen Gesellschaft fallen nicht unter Art. 645 Abs. 2 OR.

[84] *Botschaft 1983*, 44, Ziff. 203.1 Abs. 2.

[85] Es ist daher auf die einschlägige Literatur und Rechtsprechung zu verweisen, vgl. per analogiam vor allem *Beat Hess* (1977).

104 In der Schweiz hat die Nichtigkeit als Rechtsfolge vor allem bei der Sachübernahme Tradition[86]. Das EG-Recht grenzt die Nichtigkeitsfolge eher ein[87]. Auch für das Schweizer Recht ist jenen, die allzu rasch beim Vorliegen von formellen Gründungsmängeln auf die Rechtsfolge der *Nichtigkeit* schliessen möchten, entgegenzuhalten, dass nach der Eintragung der Gesellschaft ins Handelsregister eine derartige Rückgängigmachung nicht dem System des Gesetzes entspricht. Stets ist vorrangig zu prüfen, ob das mangelhafte Geschäft im Interesse der Gesellschaft gerettet werden kann.

105 Die Gründer und die mitwirkenden Personen sind gemäss Art. 753 OR 1991 der *Gründungshaftung* unterworfen. Der Verwaltungsrat seinerseits ist gehalten, im Falle von Gründungsmängeln die Interessen der Gesellschaft nachhaltig zu vertreten und macht sich, wenn er es an der gebotenen Sorgfalt fehlen lässt, gemäss Art. 754, eventuell Art. 753 OR 1991 haftbar.

III. Die Gründungsstatuten

106 Das Gesetz hat wenig an den Anforderungen geändert, die an die Gründungsstatuten gestellt werden. Auch hat es die Aufzählung jener Bestimmungen, die nur bei Aufnahme in die Statuten gültig sind, mehr klargestellt als abgeändert.

A. Der notwendige Inhalt der Gründungsstatuten

1. Eckdaten

107 Die Gründungsstatuten, welche die Gründer im *notariellen Errichtungsakt* in ihrer Gesamtheit und definitiv festlegen[88], müssen nach wie vor die aus dem OR 1936 bekannten *Eckdaten* enthalten. Neben Firma[89] und Sitz sind es die Beschreibung der Aktien (Anzahl, Nennwert und Art – wobei die «Art» nach dem gesetzlichen System die Inhaber- oder Namenaktie meint), die Einberufung der Generalversammlung, das Aktienstimmrecht, die Vorschriften über den Verwaltungsrat und die Revisionsstelle, schliesslich die Form der von der Gesellschaft ausgehenden Bekanntmachungen.

---

[86] BGE 64 II 282; 83 II 290.
[87] *1. EG-Richtlinie* (1968) Art. 10/11.
[88] Art. 629 Abs. 1 OR 1991.
[89] Art. 626 Ziff. 1 OR ist unverändert. Zu den Anforderungen an die Firma vgl. *Pierre-Alain Killias*, Raisons de commerce (....), *François Dessemontet* (Hrsg.) CEDIDAC 16, Lausanne 1990.

2. «Zweck» der Gesellschaft als Tätigkeitsfeld

Neu ist, dass nicht mehr «Gegenstand und Zweck des Unternehmens» anzugeben ist, sondern ganz kurz der «*Zweck der Gesellschaft*»[90]. Die Streitfrage, was das plötzliche Auftauchen des Begriffs «Unternehmen» hier bedeuten sollte, fällt weg, ebenso die scholastische Erörterung der Frage, was das Gesetz genau mit dem Begriffspaar «Gegenstand und Zweck» gemeint haben könnte.

108

Allerdings ist zu bedauern, dass durch den Schweizer Begriff des «*Zwecks*» eine Diskrepanz zum Sprachgebrauch im deutschen Aktienrecht festgeschrieben wird. Was nämlich die Schweizer «Zweck» nennen, ist im Sprachgebrauch des deutschen Aktienrechts der «Gegenstand»[91]. Mit dem Zweck ist jedenfalls nicht der sog. Endzweck gemeint, die Wirtschaftlichkeit oder Gewinnstrebigkeit, sondern notwendigerweise eine über unbestimmte Angaben deutlich hinausgehende Umschreibung des vorgesehenen *Tätigkeitsfeldes* der Gesellschaft[92]. Der Schweizer Zweck entspricht dem deutschen Gegenstand. Daraus ergibt sich, dass die bisherige Praxis weitergelten muss, wonach allgemeine Zweckklauseln, die das Tätigkeitsfeld nicht näher bestimmen (wie die traditionsreiche Formel «Geschäfte aller Art»), nicht genügen können[93].

109

3. Angabe der Teilliberierung

Eine zweite Neuerung des Gesetzes besteht darin, dass nun unmittelbar in den Statuten selbst die Höhe der auf das Aktienkapital geleisteten Einlagen aufzuführen ist. Mit anderen Worten: wenn immer ein «non-versé» vorliegt, d.h. eine *Teilliberierung*, muss sich dies unmittelbar aus den Statuten ergeben, und zwar mit der Angabe oder dem Prozentsatz der schon geleisteten Einlage[94]. Jede weitere Teilliberierung ruft daher nach einer Statutenänderung. Für diese muss analog zu Art. 652g der Verwaltungsrat zuständig sein.

110

4. Streichung der «Art der Ausübung der Vertretung»[95]

Es ist nicht mehr unbedingt notwendig, in den Statuten die Art der «Zeichnung» anzugeben, weil nun jedes Mitglied des Verwaltungsrates die «*Vertretungsbefugnis, einzeln*» hat[96], falls die Statuten oder das Organisationsreglement nichts anderes bestimmen. Es ist also praktisch durchaus möglich, die fast immer nötige Beschränkung der Vertretungsbefugnis auf einen kleineren Kreis oder die Kollektivunterschrift durch das Or-

111

---

[90] *Botschaft 1983*, 109, Ziff. 312; *Christian Schreiber* (1974) 2 ff.
[91] § 23 Abs. 3 Ziff. 2 AktG. Der «*Gegenstand*» ist ebenso wie der Schweizer «*Zweck*» letztlich nichts anderes als eine Beschreibung des Tätigkeitsfelds.
[92] Vgl. dazu *Peter Forstmoser* (1981) § 3 III.
[93] Rundschreiben des Eidg. Amtes für das Handelsregister vom 10. Juli 1984.
[94] Art. 626 Ziff. 3 OR 1991. Nach OR 1936 war gemäss Art. 627 Ziff. 5 diese Angabe nur dann in den Statuten zu finden, wenn der gesetzliche Mindestbetrag der auf jede Aktie zu leistenden Einzahlung erhöht war.
[95] Art. 626 Ziff. 6 OR 1991.

ganisationsreglement – einen Verwaltungsratsbeschluss[97] – zu regeln. Nötig ist dazu eine ausdrückliche Delegationsnorm gemäss Art. 716b in den Statuten.

5. Streichung der Pflichtaktien; Beibehaltung der Qualifikationsaktie

112 Nicht mehr im vorgeschriebenen Statuteninhalt enthalten sind die *Pflichtaktien*[98]: diese sind im neuen Aktienrecht gestrichen[99]. Was bleibt, ist die *Qualifikationsaktie:* gemäss dem unveränderten Art. 707 muss jedes Mitglied der Verwaltungsrates sich gegenüber der Gesellschaft darüber ausweisen, dass ihm mindestens eine Aktie gehört. Eine ausdrückliche Erwähnung dieser Qualifikationsaktie in den Statuten ist, im Gegensatz zu den früheren Pflichtaktion, nicht absolut notwendig.

B. Der bedingt notwendige Statuteninhalt

1. Beibehaltener Grundstock der Regelung

113 Jene Bestimmung, die bestimmte aktienrechtliche Vorschriften für *ungültig* erklärt, wenn sie nicht in den Statuten stehen, Art. 627, bleibt weitgehend unverändert. Darauf ist zu verweisen. Verschiedene Überbleibsel aus dem 19. Jahrhundert, wie die Tantiemen und Bauzinsen sowie die Möglichkeit, eine Aktiengesellschaft auf begrenzte Dauer zu errichten, schliesslich die Konventionalstrafe bei nicht rechtzeitiger Leistung der Einlage, sind im Gesetz geblieben.

114 Zu den bedingt notwendigen Statutenbestimmungen gehören selbstverständlich, wenn eine *qualifizierte Gründung* vorliegt, die schon erwähnten Angaben über die Sacheinlagen, die Sachübernahmen und die besonderen Vorteile. Dazu gehören die *Delegationsnorm* für die Übertragung der Geschäftsführung, die *Umwandlungsklausel* und die *Vorrechte* einzelner Aktienkategorien.

2. Neue Punkte

115 Neu in diesem Katalog der bedingt notwendigen Statutenbestimmungen sind die Partizipationsscheine sowie die *genehmigte Kapitalerhöhung* und die *bedingte Kapitalerhöhung* – jene zwei ausserordentlichen Methoden der Kapitalerhöhung, die das neue Aktienrecht in Art. 651 ff. einführt. Nachdem wir nun einmal das System der statutarisch festgeschriebenen Kapitalzahl in das neue Recht hinübergenommen haben, ist es unerlässlich, dass die Statuten gegebenenfalls den Leser darüber informieren, dass autorisiertes Kapital besteht[100].

---

[97] Art. 716b OR 1991; vgl. Kapitel 10/V/A/2, Rz 1587.
[98] Kritisch schon *Forstmoser/Meier-Hayoz* (1983) 168; vgl. Kapitel 10/IX, Rz 1722 ff.
[99] Genauer gesagt: als *Hinterlegung sicherheitshalber* gestrichen, vgl. hinten Kapitel 10/IX, Rz 1724.
[100] So häufig die Ausdrucksweise. Dogmatisch steht fest, dass es sich dabei noch nicht um «Kapital» im Sinne einer erfolgten Eigenkapitalfinanzierung und einer Sperrzahl handelt, sondern um eine blosse

3. Gestrichene bzw. fehlende Punkte

a) Weglassungen

Gestrichen ist der bisherige Verweis auf die «*Erweiterung und Verengerung*» des Geschäftsbereichs – was das genau hätte sein sollen, war niemandem klar – , die Erhöhung oder die Herabsetzung des Grundkapitals sowie die Fusion. Nichts mehr zu lesen ist von der das OR 1936 kennzeichnenden Möglichkeit, in den Statuten das Verbot der Übertragung von Namenaktien vorzusehen; ein solches Verbot ist nach neuem Aktienrecht ungültig[101].

116

b) Keine Angabe der Verrechnung in den Statuten

Das Gesetz enthält keine besondere Angabepflicht für die *Liberierung durch Verrechnung* im Gründungsstadium. Obgleich darauf die Bestimmungen über die qualifizierte Gründung beim Gründungsbericht und bei der Gründungsprüfung angewendet werden[102], verlangt die Verrechnung – im Gegensatz zur qualifizierten Gründung – nicht nach einer Offenlegung in den Statuten[103]. Den Statuten ist zwar ohne weiteres zu entnehmen, dass die Gesellschaft bestimmte Anlagegüter im Zusammenhang mit der Gründung zu erwerben beabsichtigt, nicht jedoch, dass u.U. das ganze Gründungskapital durch Verrechnung mit einer im Errichtungsakt übernommenen Schuld gegenüber einer bestimmten Person liberiert worden ist. Es liegt darin – wenn man schon die Erfüllung der Einlageverpflichtung durch Verrechnung bei der Gründung zulässt und die Anforderungen auch für das non-versé verschärft hat – ein Schwachpunkt des neuen Konzepts.

117

c) Anderswo geregelter bedingt notwendiger Statuteninhalt

Beim Umgang mit dem Gesetz ist es nützlich, sich vor Augen zu halten, dass eventuell in die Statuten, wenn die entsprechenden Voraussetzungen erfüllt sind, Bestimmungen über weitere Punkte aufzunehmen sind:

118

1. sollen *Vinkulierungsvorschriften* auch gegenüber Personen wirken, die aus Wandel- oder Optionsanleihen das Recht auf den Bezug von Namenaktien ableiten (Art. 653d OR 1991), so bedarf es eines Vermerks in den Statuten[104];

119

2. die Wahl eines *Vertreters* einer in den Rechten zurückgesetzten Aktienkategorie, namentlich von Stammaktien neben Stimmrechtsaktien, in den *Verwaltungsrat* (Art. 709 Abs. 1 OR 1991), muss in den Statuten näher geregelt werden;

120

3. räumen die Statuten den *Partizipanten* einen festen Sitz im Verwaltungsrat ein (Art. 656e OR 1991), so müssen die Statuten das Vorschlags- und Wahlverfahren näher regeln, denn die Partizipanten haben nie selber ein Stimm- oder Wahlrecht[105];

121

Ermächtigung, um potentielles Kapital. – Weggelassen, weil nicht mehr zulässig, ist das «Verbot ... der Übertragung von Namenaktien», Art. 627 Ziff. 8 OR 1936.
[101] Art. 627 Ziff. 8 OR 1936; vgl. Kapitel 5/I/2/a, Rz 549.
[102] Wie übrigens auch bei der Kapitalerhöhung durch Verrechnung, Art. 652e Ziff. 2 OR 1991 und Art. 652f OR 1991.
[103] *Botschaft 1983*, 110, Ziff. 212.
[104] Und gegebenenfalls im Prospekt.
[105] Kapitel 4/II/C/2/b, Rz 504.

122 4. der *Verwaltungsrat* muss, um sein Amt antreten zu können, Aktionär sein (Art. 707 OR). Kennt eine Gesellschaft nur Inhaberaktien, so wird sie zur Sicherstellung dieses Nachweises die Hinterlegung einer Aktie am Gesellschaftssitz verlangen müssen (Qualifikationsaktie);

123 5. aus Art. 674 OR 1991 ergibt sich, dass die Generalversammlung nicht frei ist in der *Zuweisung von Bilanzgewinn zu offenen Reserven*. Sie braucht dafür eine besondere Ermächtigung («Kann-Vorschrift») in den Statuten, ausser wenn es sich um folgende Reserven handelt:

a) Wiederbeschaffungsreserven;

b) eine unter Berücksichtigung der Interessen aller Aktionäre *«gerechtfertigte»* Reservezuweisung, mit Rücksicht auf das dauernde Gedeihen des Unternehmens oder auf die Ausschüttung einer möglichst gleichmässigen Dividende; oder

c) Reserven für Wohlfahrtszwecke.

Wer sich vor einer Diskussion um die «Rechtfertigung» bewahren will, ist daher gut beraten, wenn er für eine allgemeine offene Reserve eine Bestimmung in die Statuten aufnimmt.

IV. Eintragung ins Handelsregister

A. Bedeutung des Registereintrags

1. Erwerb der Persönlichkeit

124 Das Ziel der ganzen Gründung ist die Eintragung ins Handelsregister. Denn dadurch und erst dadurch erhält die Aktiengesellschaft ihre *juristische Persönlichkeit*, und mit diesem Akt wird die Einlage auf das Gründungskapital frei[106] – daran ändert das neue Recht nichts[107]. Unverändert ist auch, dass die Gesellschaft das Recht der Persönlichkeit durch die Eintragung als solche auch dann erwirbt, wenn die Voraussetzungen der Eintragung tatsächlich nicht vorhanden waren. Nach Art. 647 Abs. 2 OR, der unverändert ist, werden Statutenänderungen sofort mit der Eintragung Dritten gegenüber wirksam; alle anderen Eintragungen, und damit auch die Gründung, entfalten diese Wirkung aber erst nach der *Veröffentlichung*[108].

---

[106] Art. 633 Abs. 2 OR 1991.
[107] Art. 643 OR.
[108] Dies ist nach dem unveränderten Art. 932 Abs. 2 OR der nächste Werktag, der auf den aufgedruckten Ausgabetag derjenigen Nummer des Schweizerischen Handelsamtsblattes folgt, in der die Eintragung veröffentlicht ist. Dies kann eine Verzögerung von mehreren Tagen, im schlimmsten Fall Wochen mit sich bringen.

2. Klage auf Auflösung

Unverändert ist das Recht von Gläubigern oder Aktionären, auf *Auflösung einer Gesellschaft* zu klagen, wenn bei der Gründung gesetzliche Vorschriften[109] missachtet worden sind *und* dadurch die Interessen von Gläubigern und Aktionären in erheblichem Masse gefährdet oder verletzt werden. Nach wie vor ist auch diese Klage zeitlich ausserordentlich streng begrenzt: sie erlischt innerhalb von drei Monaten nach der Veröffentlichung der Gründung im Schweizerischen Handelsamtsblatt. 125

Unverändert ist im übrigen auch die *Nichtigkeit* der vor der Eintragung ins Handelsregister ausgegebenen Aktien[110]. 126

B. Anmeldung und Inhalt der Eintragung

1. Anmeldung

Wenig verändert sind die Vorschriften für die Anmeldung der Gründung beim *Handelsregister*[111]. Da die frühere Sukzessivgründung mit ihren relativ komplizierten Einzelheiten weggefallen ist, ist das Gesetz vereinfacht. Am Sitz der neuen Gesellschaft meldet der Verwaltungsrat die Gründung persönlich oder mit beglaubigter Unterschrift schriftlich an, unter Beifügung der beglaubigten Statuten und des notariellen Errichtungsaktes mit den Beilagen. Dazu gehören neu die Sacheinlage- und -übernahmeverträge sowie der Gründungsbericht und die Prüfungsbestätigung; sie werden damit zu zugänglichen Registerakten[112]. 127

Nötig ist zusätzlich – falls der Errichtungsakt die entsprechenden Angaben nicht enthält – der Ausweis, dass die *notwendigen Organe* bestellt sind (d.h. dass die einzelnen Personen gültig gewählt sind, die Wählbarkeit gegeben ist, und die Organe ihre Wahl angenommen haben). Dies betrifft den Verwaltungsrat und die Revisionsstelle[113]. Nicht beizulegen sind, weil die Aufzählung im Gesetz abschliessend ist, die Vollmachten, die dem Notar vorgelegen hatten, ebenso wie die Einzahlungsbestätigung des «Instituts» (Ersatz für die «kantonale Depositenstelle») bei der Bargründung[114]. 128

---

[109] Das Gesetz erwähnt auch die Verletzung statutarischer Vorschriften im Gründungsstadium, Art. 643 Abs. 3 OR.
[110] Art. 644 Abs. 1 OR.
[111] Art. 640 Abs. 3 OR 1991.
[112] Art. 9 HRV.
[113] Art. 640 Abs. 3 Ziff. 3 OR 1991.
[114] Diese Bestätigung wird im Errichtungsakt bloss «genannt», Art. 631 Abs. 1 OR 1991, ist aber gemäss Abs. 2 keine Beilage.

2. Prüfung durch den Handelsregisterführer

a) Im allgemeinen

129 Die *Prüfungsbefugnis* des Handelsregisterführers ist, wie sich insbesondere nach dem wegleitenden Bundesgerichtsentscheid von 1988[115] ergibt, eindeutig konzentriert auf das Formelle. Der Handelsregisterführer ist zwar durch die Handelsregisterverordnung zur Prüfung aufgerufen, aber es hat sich diese Prüfung auf die äussere Einhaltung der Voraussetzungen einer Eintragung nach Gesetz und Verordnung zu beschränken. Der Handelsregisterführer ist nicht Richter, auch nicht summarisch urteilender Richter. Bei der Eintragung einer Aktiengesellschaft hat der Registerführer insbesondere zu prüfen, ob die Statuten den vom Gesetz verlangten Inhalt aufweisen. Der Handelsregisterführer wird eine Anmeldung zurückweisen, wenn der Sacheinlagevertrag nicht in der erforderlichen Form dem Errichtungsakt beigelegt ist oder Verwaltungsrat oder Revisionsstelle nicht in der von Gesetz und Statuten verlangten Art bestellt sind.

130 Die rechtliche Prüfung erstreckt sich nur darauf, ob *qualifizierte zwingende Vorschriften* verletzt sind, d.h. solche, die im öffentlichen Interesse oder zum Schutze Dritter aufgestellt sind, und ob dies offensichtlich und unzweideutig so ist. In seiner formalen Prüfung wird der Handelsregisterführer nicht persönliche Rechtsauffassungen durchsetzen oder Ermessensentscheide der anmeldungspflichtigen Personen bzw. Gesellschaften durch sein eigenes Ermessen ersetzen. Überall dort, wo keine offensichtliche Verletzung zwingenden, im öffentlichen Interesse erlassenen Rechts zu Tage tritt, muss er im Zweifel eintragen und die Auseinandersetzung um den wirklichen Gehalt des Rechtes den interessierten Parteien und den ordentlichen Gerichten überlassen.

b) Prüfung der «Befähigung» des Revisors

131 Ein wichtiger Ermessensentscheid der Gründer ist die *Wahl der Revisionsstelle* im Errichtungsakt. Der Handelsregisterführer setzt nicht seine Auffassung über die Fähigkeit des Revisors, seine Aufgabe bei der zu prüfenden Gesellschaft zu erfüllen, an die Stelle derjenigen der Gründer. Auch dann, wenn das Gesetz eindeutig einen besonders befähigten Revisor verlangt – was im Gründungsstadium in den meisten Fällen übrigens auszuschliessen ist – , hat der Handelsregisterführer die Erfüllung der Voraussetzungen gemäss bundesrätlicher Verordnung[116] nicht zu prüfen. Zuständig ist im Streitfall der Richter (Art. 727e Abs. 3 Satz 2).

Beschränkt auf die Erfüllung formeller Anforderungen ist die Prüfung des Registerführers hinsichtlich des Gründungsberichtes und der Prüfungsbestätigung.

c) Lex Friedrich

132 Art. 18 des Bundesgesetzes über den *Erwerb von Grundstücken durch Personen im Ausland* hat für das Verfahren der Eintragung ins Handelsregister unverändert grosse Bedeutung. Wird ein Zusammenhang mit einem Grundstückgeschäft angenommen, so

---

[115] BGE 114 II 68.
[116] Art. 727b Abs. 2 OR 1991. Vgl. Entwurf für die Verordnung über die fachlichen Voraussetzungen an besonders befähigte Revisoren (vom 21. Februar 1992), Art. 3.

löst dies das hochnotpeinliche Ausforschungs-, Freistellungs- oder Bewilligungsverfahren aus[117], und die Eintragung bleibt gehemmt. Die Prüfungspflicht des Handelsregisterführers gründet sich in diesem Bereich auf das Spezialgesetz. Die Lex Friedrich wirkt auch an anderer Stelle, bei der Vinkulierung (Kapitel 5), auf die Mechanismen des Aktienrechts ein[118].

3. Inhalt des Eintrags

Die bisherigen Vorschriften über jene Angaben, die ins *Handelsregister* eingetragen werden, sind in Art. 641 wenig verändert; darauf ist zu verweisen. Sie halten sich stark an die Hauptpunkte des Mindestinhaltes der Gründungsstatuten[119]. Auch hier ist der frühere Hinweis auf den «Gegenstand und Zweck» ersetzt durch den kurzen «Zweck», ist die Sprachregelung dem neuen Gesetz angepasst. Wirklich neu sind drei Vorschriften: 133

(1) Nicht ausdrücklich aus dem Kontext von Art. 641, sondern als Schlussfolgerung aus dem Gleichstellungsartikel bei den Partizipationsscheinen[120] ergibt sich, dass die Höhe des *Partizipationskapitals* und der darauf geleisteten Einlagen, Anzahl, Nennwert und Art der Partizipationsscheine sowie deren eventuelle Vorrechte im Handelsregister einzutragen sind.

(2) Neu ist die Vorschrift, dass nicht nur die Anzahl der *Genussscheine*, sondern auch die Angabe des Inhalts der damit verbundenen Rechte im Handelsregister einzutragen sind.

(3) Neu ist schliesslich die Vorschrift, dass die im Errichtungsakt gewählte *Revisionsstelle* unter Angabe des Wohnsitzes oder Sitzes oder einer eingetragenen Niederlassung im Handelsregister einzutragen ist.

Vor allem die dritte Neuerung ist von einer gewissen praktischen Bedeutung. Sie stellt sicher, dass eine *Revisionsstelle* auch nach der Gründungsphase überhaupt im Amte ist[121]; sobald der Handelsregisterführer vom Fehlen einer eingetragenen Revisionsstelle Kenntnis erhält, hat er gemäss Art. 727f Abs. 1 OR 1991 von Amtes wegen einzuschreiten. Es ist auch offensichtlich, dass Ruf und Qualität der eingesetzten Revisionsstelle auf den Kredit einer Aktiengesellschaft in der Praxis mindestens ergänzend einen Einfluss haben. Ist schon dem Handelsregisterauszug zu entnehmen, dass die Gesellschaft sich mit einer «Tante Frieda»-Revision begnügt oder dass die Revision an eine unrühmlich bekannte Person vergeben wurde, oder zeigt sich, dass ein besonders befähigter Revisor zwar erforderlich wäre, aber nicht eingesetzt ist, so entsteht rein faktisch ein gewisser Druck auf die Gesellschaft. 134

---

[117] BGE 114 Ib 261.
[118] Kapitel 5/II/C/2, Rz 606 ff.
[119] Art. 641 im Verhältnis zu Art. 626 OR 1991.
[120] Art. 656a Abs. 2 OR 1991.
[121] So *Botschaft 1983*, 115, Ziff. 314.

V. Änderung der Statuten

135 Das neue Aktienrecht bringt nur wenige grundsätzliche Neuerungen für die nachträgliche *Änderung* der einmal angenommenen Statuten[122].

1. Notarieller Akt über den Änderungsbeschluss

a) Zuständigkeiten der Generalversammlung

136 Die Statutenänderung steht unverändert im Grundsatz[123] der *Generalversammlung* zu, und der Beschluss muss sich in einer öffentlichen Urkunde niederschlagen, um gültig zu sein[124].

b) Doppelbeschluss des Verwaltungsrates

Eine – neue – Ausnahme findet sich im Recht der Kapitalerhöhung. Der *Verwaltungsrat* ist nun allein zuständig für die am Ende des Verfahrens über die Kapitalerhöhung stehenden beiden Beschlüsse, die ebenfalls öffentlich beurkundet werden:

(1) den *Feststellungsbeschluss* (Wissenserklärung des Verwaltungsrates in Beschlussform darüber, dass die Einlagen ordnungsgemäss erbracht sind)[125];

(2) den *Anpassungsbeschluss* (Willenserklärung des Verwaltungsrates in Beschlussform über die Anpassung des Wortlauts der Statuten an die vollzogene Kapitalerhöhung[126]).

Dies ist bei allen drei Arten der Kapitalerhöhung gleich – bei der ordentlichen ebenso wie bei der «genehmigten» und der «bedingten».

137 Dazu kommt bei der genehmigten Kapitalerhöhung die Befugnis und Pflicht des Verwaltungsrates, nach jeder Aktienausgabe, die er in Vollzug der ihm erteilten Ermächtigung abschliesst, die entsprechende Tranche aus dem Ermächtigungsbetrag in den Statuten zu streichen. Ist die gesetzliche Frist abgelaufen, so ist der ganze Ermächtigungstext in den Statuten zu streichen, und analog ist die ganze Bestimmung über das bedingte Kapital aus den Statuten zu entfernen, sobald die Wandel- oder Optionsrechte erloschen sind. Zuständig für diese Statutenänderungen, die nichts anderes als eine Anpassung an die effektiv bestehende Situation enthalten, ist der Verwaltungsrat[127].

---

[122] Art. 647 – 49 OR 1936.
[123] Der Verwaltungsrat ist zuständig für den Feststellungs- und den Statutenanpassungsbeschluss bei der Kapitalerhöhung.
[124] Art. 647 OR 1991. Art. 648 und 649 OR 1936 sind aufgehoben.
[125] Art. 652g Abs. 1 Ziff. 1 – 3; Art. 653g OR 1991.
[126] Art. 652g OR 1991 (für die ordentliche und die genehmigte Kapitalerhöhung); Art. 653g OR 1991 (für die bedingte Kapitalerhöhung).
[127] Art. 651a Abs. 1 und 2 sowie Art. 653i OR 1991.

2. Beschlussquoren

Das neue Aktienrecht hat das Präsenzquorum und das auf zwei Drittel des «gesamten Grundkapitals» ausgerichtete Beschlussquorum abgeschafft – aber nicht ersatzlos. An deren Stelle tritt die «*Doppelhürde*»[128] des Art. 704 OR 1991, die zusätzlich zu den alten Fällen namentlich die Einführung bzw. Verschärfung der Vinkulierung und die Einschränkung des Bezugsrechts dem Erfordernis der qualifizierten Mehrheit unterstellt: darüber Kapitel 9[128a].

138

3. Unübersteigbare Schranken der Statutenrevision

Das neue Aktienrecht enthält neue, recht unerbittlich formulierte Vorschriften zur *Nichtigkeit*[129] von Generalversammlungsbeschlüssen. Diese unübersteigbaren Schranken[130] sind ebenso zu beachten wie die übersteigbaren, aber unterschiedlich gefährlichen der Statutenänderungen, die zur *Anfechtung* durch einen Aktionär Anlass geben können; auch für diesen Bereich bringt das neue Aktienrecht ausformulierte Fallgruppen in Art. 706. Beide Möglichkeiten der rechtlichen Infragestellung einer Statutenänderung sind im Kapitel 12 erläutert[131a].

139

4. Inkrafttreten der geänderten Statuten

Die Gesetzesreform hat nichts geändert an der Sondervorschrift in Art. 647 Abs. 3 OR, wonach die Statutenänderung – entgegen der sonstigen Regel – schon mit der *Eintragung im Handelsregister* (und damit noch *vor* der Veröffentlichung im Schweizerischen Handelsamtsblatt) «auch Dritten gegenüber» wirksam wird. Eine doppelte Unsicherheit über die weitere Bedeutung dieser Vorschrift bleibt leider bestehen.

140

a) *Rückwirkung auf den Tag der Anmeldung*

Sicher ist, dass der Beschluss mit der Eintragung *rückwirkend auf den Tag der Anmeldung* wirksam wird, und damit nicht auf den Tag der notariellen Urkunde, falls die Vertreter der Gesellschaft diese erst später aufs Handelsregister getragen haben[131]. Sicher ist auch, dass Aktionäre und Dritte, die von dem gefassten, aber noch nicht eingetragenen Beschluss *wirklich Kenntnis* haben, in der Schwebezeit zwischen Beschluss und Eintragung – die wegen eines Einspruchsverfahrens nach Handelsregisterverordnung Monate oder schlimmstenfalls Jahre dauern kann – keine für sie günstigen Folgen aus der Tatsache des noch mangelnden Eintrags ableiten können[132].

141

---

[128] Art. 704 Abs. 1 OR 1991; Kapitel 9/III/B, Rz 1386.
[128a] Rz 1386 ff.
[129] Art. 706b OR 1991.
[130] Der Begriff stammt von *Forstmoser/Meier-Hayoz*.
[131] BGE 84 II 34.
[131a] Rz 1905 ff. und Rz 1927 ff.
[132] Illustrativ der Fall in: SJZ 79 (1983) 164/65.

b) Interne Wirksamkeit

142 Auch im Zusammenhang des neuen Aktienrechts erscheint der Schluss als erlaubt, dass die Gesetzesbestimmung mit der Wendung «auch Dritten gegenüber (...) wirksam» weiterhin keine endgültige sofortige *interne Wirksamkeit* einer Statutenänderung unter den Aktionären und zwischen ihnen und der Gesellschaft selbst kennt[133]. Das bedeutet, dass in der *Schwebezeit* bis zur Eintragung unter den Aktionären etwas vorerst provisorisch gilt, was gegenüber Dritten noch keine Geltung hat und schlimmstenfalls nach längerer Zeit auch unter den Aktionären, rückwirkend auf den Tag der Beschlussfassung, wieder aufgehoben wird. Die Statutenänderung ist also *intern schwebend wirksam*[134], von der Eintragung an endgültig; wird die Eintragung zunichte, so fallen auch intern die entsprechenden Akte nachträglich weg.

143 Nach herrschender Ansicht gilt dies nicht für die *Kapitalerhöhung* – jetzt wegen der recht komplexen Statuteninhalte für die bedingte und auch die genehmigte Kapitalerhöhung umso weniger. Die Kapitalerhöhung als definitive Veränderung des Nennkapitals gilt sowohl extern wie intern erst vom Eintragungstag an[135]. Daraus ergibt sich der Schluss, dass während der Generalversammlung die Stimmrechte neu ausgegebener Aktien noch nicht wirksam sein können[136].

VI. Verhältnis zum EG-Recht

144 1. Die neuen Regelungen über die *Gründung* stehen im Verhältnis zum EG-Recht gut da. Die Gründungsvorschriften stimmen zwar nicht vollständig, aber weitgehend mit den Grundsätzen überein, die in der 1. und 2. EG-Richtlinie[137] enthalten sind und auch gemäss dem Vorschlag von 1991 für die Societas Europaea gelten sollen[138].

145 2. Die Anforderungen an die *Prüfung* der Einlagen, die nicht Bareinlagen sind, gehen nach Art. 10 der 2. EG-Richtlinie von 1976 in einzelnen Punkten sogar weniger weit als diejenigen des neuen Schweizer Aktienrechts[139]. Der Vorschlag Societas Europaea verweist für die Prüfung der Rechtmässigkeit der Gründung sowie ihrer Satzung

---

[133] BGE 84 II 38, insb. 40/41, und *Christoph von Greyerz* (1982) 112.
[134] Der «schwebende» Charakter der Wirksamkeit müsste die Gesellschaft dazu veranlassen, alle Akte mit und ohne die fragliche Statutenänderung durchzuführen, damit im Falle der Aufhebung schon feststeht, was rechtens ist.
[135] *Christoph von Greyerz* (1982) 258.
[136] Vgl. aber BGE 84 II 41. Dieser Punkt ist umstritten.
[137] *1. EG-Richtlinie* (1968) namentlich Art. 2 Abs. 1 Bst. a bis d über die Publizität des Errichtungsaktes und der Organe, Bsg. g – k sowie Art. 3 hinsichtlich des Handelsregisters.
2. EG-Richtlinie (1976) Art. 2 ff., namentlich über das Gründungsverfahren, die Aufbringung der Kapitaleinlagen und insbesondere die Sacheinlagen (Art. 7, Art. 10), das Unterpari-Emissionsverbot (Art. 8) und die Sachübernahmen (Art. 11).
[138] Art. 11a ff. SE 1991.
[139] *2. EG-Richtlinie* (1976) Art. 10 Abs. 4.

im Hinblick auf die Bestimmungen der Verordnung und gegebenenfalls der nationalen Rechtsvorschriften auf das Recht des Sitzstaates und weist die Mitgliedstaaten an, geeignete Massnahmen zu ergreifen, um die Wirksamkeit der Prüfung sicherzustellen.

3. Was das neue Aktienrecht nicht kennt, ist eine Vorschrift, dass eine *Sachübernahme*, die 10% des Aktienkapitals überschreitet, der besonderen Offenlegung und Prüfung auch dann noch unterworfen ist, wenn dies erst viel später, aber innerhalb der ersten zwei Jahre geschieht[140].

4. Das Schweizer Recht geht weiter als die EG in den Anforderungen an das *Minimalkapital*. Die 2. EG-Richtlinie gibt sich mit 25,000 ECU zufrieden[141]; immerhin wird für die Societas Europaea, die SE, nun allgemein ein gezeichnetes Kapital von mindestens 100,000 ECU verlangt, was beträchtlich mehr ist als das neue Mindestkapital von Fr. 100,000 gemäss Art. 621 OR 1991.

5. Was dem Schweizer Recht fehlt, sind die in die Einzelheiten gehenden Bestimmungen über die *Nichtigkeit* der Gesellschaft[142]. Doch die schweizerische Rechtstradition ist von den dort aufgeführten Normen insgesamt gar nicht so weit entfernt. Was wir zur Eindämmung von schädlichen Spätfolgen ursprünglicher Mängel vor allem kennen, ist die konstitutive Wirkung des Eintrags im Handelsregister; was wir nicht kennen, ist die ausdrückliche Vorschrift «Abgesehen von diesen Nichtigkeitsfällen können die Gesellschaften aus keinem Grund inexistent, absolut oder relativ nichtig sein oder für nichtig erklärt werden.»

Insgesamt sind die Gründungsvorschriften des neuen Schweizer Aktienrechts weitgehend EG-rechtskonform.

---

[140] *2. EG-Richtlinie* (1976) Art. 11.
[141] a.a.O. Art. 6 Abs. 1.
[142] *1. EG-Richtlinie* (1968) Art. 10/11.

Kapitel 2
Kapitalerhöhung und Bezugsrecht

Begleitbericht 1975, 25 ff.
Botschaft 1983, 46 ff., Ziff. 204; 116, Ziff. 316
Amtl. Bull. NR (1985) 1678 ff., (1990) 1357 ff.
Amtl. Bull. StR (1988) 470 ff., (1991) 65
2. EG-Richtlinie (1976)
Vorschlag SE 1991 Art. 42 ff.
§§ 179, 182, 186/87, 202, 218 AktG
Art. 167, 183 LSC; Art. 154–169 DSC

I. Übersicht über die wesentlichen Neuerungen

149 Der Gesetzgeber wollte ursprünglich die Beschaffung von Eigenkapital gegenüber dem Stand des Gesetzes von 1936 den Schweizer Aktiengesellschaften erleichtern[1]; was aus den Vorbereitungen und den Eingriffen des Parlamentes in den Entwurfstext herausgekommen ist, bringt einige begrüssenswerte Neuerungen, bewirkt aber in mancher Hinsicht eine Behinderung effizienter Eigenkapitalbeschaffung.

A. Ausgangspunkt: Starrheit des OR 1936 und ihre Überwindung durch die Praxis

150 Das OR 1936 beschränkte sich hinsichtlich der Kapitalerhöhung[2] auf eine kärgliche Verweisung auf die Vorschriften über die Gründung der Aktiengesellschaft. Es entstand dadurch eine Starrheit im Verfahren, die letztlich niemandem nützte und die die Gesellschaften zwang, den Bedürfnissen des Kapitalmarktes durch die Herausbildung von dem Gesetz nicht in allen Hinsichten entsprechenden Figuren der Praxis einigermassen nachzukommen. Diese dienten vor allem dazu, den sich aus der Verweisung auf die Gründung ergebenden Hindernissen aus dem Weg zu gehen.

---

[1] *Botschaft 1983*, 26 f., Ziff. 132.5; *Amtl. Bull. NR* (1985) 1658, 1660, 1661, 1687.
[2] Vgl. *Vischer/Rapp* (1968) 70 ff. und 119 ff.; *Christoph von Greyerz* (1982) 253 ff.; *Forstmoser/Meier-Hayoz* (1983) § 31 und § 48.

1. Drei formal getrennte Generalversammlungsbeschlüsse und Einmalverfahren

a)   Unter der Herrschaft des OR 1936

Das alte Aktienrecht verlangte nicht weniger als drei formal getrennte Generalversammlungsbeschlüsse für Kapitalerhöhungen:

(1) zuerst den eigentlichen *Beschluss über die Erhöhung des Grundkapitals*, verstanden als Willensentscheid und Auftrag an die Verwaltung, dann

(2) den *Feststellungsbeschluss* der Generalversammlung über das Zustandekommen von Zeichnung und Kapitaleinlage, als Wissenserklärung, und schliesslich

(3) den Beschluss über die *Anpassung der statutarischen Grundkapitalzahl* an den neuen Zustand, als inhaltlich fixierter, ja obligatorischer normativer Akt.

Nach dem vom Gesetz vorausgesetzten Ablauf hätte zwischen dem ersten und dem zweiten Beschluss jene Zeit verstreichen müssen, die nötig war, um die Zeichnungen einzuholen und die Bar- oder Sacheinlage gesetzmässig zu vollziehen, also mindestens Wochen, eventuell Monate. Man wich dieser Komplikation fast immer aus, indem eine Gruppe von Aktionären oder eine Bank die neuen Aktien zeichnete und liberierte, noch vor dem von den Aktionären auszusprechenden Beschluss über die Erhöhung des Kapitals. Dieses weithin geübte «Einmal-Verfahren»[3] war, jedenfalls in den Augen des Bundesrates, von zweifelhafter Legalität[4].

b)   Unter dem neuen Aktienrecht

Das neue Aktienrecht löst das Problem dadurch, dass die Generalversammlung nur noch einen *einzigen Beschluss* zu fassen hat, denjenigen über die Kapitalerhöhung selbst, verstanden als Auftrag und Ermächtigung an den Verwaltungsrat. Dieser Beschluss muss zwar in eine notarielle Urkunde aufgenommen werden, nicht aber in die Statuten, jedenfalls solange es sich nicht um eine «genehmigte» Kapitalerhöhung handelt. Das Exekutivorgan ist es, das nachher allein zuständig ist für die darauffolgenden zwei Schritte: die Feststellung der Zeichnung und der vollzogenen Liberierung, und die Anpassung der Statuten an den neuen rechtlichen Zustand durch Änderung der Aktienkapitalzahl in den Statuten.

Das neue Aktienrecht baut eindeutig – wenn vielleicht auch etwas wirklichkeitsfremd – auf der Vorstellung auf, das neue Beschlussverfahren mache das Einmalverfahren mit *Vorwegliberierung des Erhöhungskapitals*[5] obsolet. Es regelt daher die zahlreichen damit verbundenen Rechtsfragen wohlgelaunt überhaupt nicht.

---

[3]   Auch «*Simultanverfahren*» genannt, *Peter Forstmoser* (1981) 468 f.
[4]   *Botschaft 1983*, 47, Ziff. 204.1. Die Zeichnungsscheine, mit denen man an die Investoren herantrat, bezogen sich auf eine weder beschlossene noch in ihrer Konfiguration festgelegte Kapitalerhöhung, und die Liberierung folgte auf eine aufschiebend-bedingte Schuld. Trat als Zeichner und Einleger eine nahestehende Gesellschaft auf, so war das mit Art. 659 OR 1936 je nach den Einzelheiten der Gestaltung nur schwer in Übereinstimmung zu bringen.
[5]   *Jochen Lamb* (1991) passim; *Peter Forstmoser* (1992) 58 ff.

2. Zeitliche Einengung

155 Streng nach OR 1936 konnte eine Ausgabe und Plazierung neuer Aktien entweder nur in der jährlichen ordentlichen Generalversammlung beschlossen werden, oder dann in einer speziell einzuberufenden ausserordentlichen Generalversammlung. Dies ist mit den Anforderungen der Praxis nur schwer vereinbar, tauchen doch in der schnelllebigen Zeit Gelegenheiten zu günstiger Eigenkapitalaufnahme, zum Vollzug einer Übernahme durch Aktientausch, zur Absorption einer anderen Gesellschaft im Fusionsverfahren überraschend auf; ebenso rasch sind sie wieder vorbei. Die Praxis fand den Ausweg in der *Vorratsaktie*, und zwar bei der noch zu behandelnden freien Vorratsaktie[6] mit der Formel «für die Übernahme anderer Gesellschaften oder für andere im Interesse der Gesellschaft liegende Zwecke». Dieses Verfahren wurde vom Bundesgericht im Fall Nestlé c. Canes am 25. Juni 1991 für das alte Recht als zulässig bezeichnet.

156 Das neue Aktienrecht stellt für diese Situation die *«genehmigte Kapitalerhöhung»* zur Verfügung. Diese ist nichts anderes als das «authorized capital» der amerikanischen Tradition. Der dogmatische Unterschied zur ordentlichen Kapitalerhöhung ist nur gering: Nachdem man im neuen Recht schon den Feststellungsbeschluss und den Statutenanpassungsbeschluss dem Verwaltungsrat überlassen hatte, musste man nur noch am vorausgehenden Erhöhungsbeschluss der Generalversammlung eine Nuance ändern. Statt dem Verwaltungsrat den Auftrag zur sofortigen Durchführung der Kapitalerhöhung in einem bestimmten Umfang zu erteilen, *ermächtigt* die Generalversammlung den Verwaltungsrat bloss dazu, und zwar innerhalb einer längeren Frist. Es liegt am Verwaltungsrat, dann innerhalb der gesetzlich begrenzten Frist von zwei Jahren[7] von der Ermächtigung ganz oder teilweise Gebrauch zu machen.

3. Wandel- und Optionsanleihen[8]

157 Das alte Aktienrecht kannte keine Möglichkeit, neue Aktien *«tropfenweise»* auszugeben[9]. Genau das aber ist notwendig, sobald die Gesellschaft Wandelobligationen oder Obligationen mit Optionsscheinen auf neue Aktien ausgibt. Erst dann, aber auch sofort dann, wenn der Berechtigte von seinem Recht auf Bezug von Aktien Gebrauch macht, entsteht der Bedarf nach einer neuen Aktie. Im Falle der Wandelobligationen erfolgt die Liberierung durch Verrechnung der Schuld der Gesellschaft mit der Einzahlungsschuld des Wandelobligationärs; im Fall des Optionsanleihens bleibt die Tilgungsverpflichtung der Gesellschaft für das aufgenommene Fremdkapital voll erhalten, anderseits hat der Berechtigte den festgesetzten Liberierungsbetrag zusätzlich einzuzahlen.

158 Die Schweizer Gesellschaften fanden den Ausweg durch die sog. *«gebundene Vorratsaktie»*, wie in Kapitel 3 näher dargelegt: Die Gesellschaft veranlasste gleichzeitig mit der Begebung der Wandel- oder Obligationsanleihe die Zeichnung und Liberierung

---

[6] Kapitel 3/VIII, Rz 440 ff., zit. Anm. 144.
[7] *Amtl. Bull. NR* (1985) 1678.
[8] Vgl. *Hansjörg Herzog* (1991) 48 ff.
[9] Der Begriff «tropfenweise» wird von der *Botschaft 1983*, 53, Ziff. 205.2 verwendet.

der erforderlichen Anzahl von Aktien. Diese wurden sodann in ein Sperrdepot gelegt und in dem Umfange und in dem Zeitpunkt den Berechtigten abgegeben, in dem diese ihre Wandel- bzw. Optionsrechte ausübten. Zwar hat das Bundesgericht in seinem jüngsten Entscheid Canes c. Nestlé dieses Verfahren als erlaubt bezeichnet[10]. Doch unvermeidlich ist die Starrheit bei diesem Vorgehen: zur Sicherstellung der Rechte der Wandel- und Optionsberechtigten ist es unerlässlich, stets die Maximalzahl der möglicherweise benötigten Aktien als definitives Aktienkapital in die Welt zu setzen. Fallen später die Optionen «aus dem Geld» (der Bezug solcher Aktien aufgrund des Sonderrechtes kommt teurer zu stehen als der Kauf auf dem Markt), so bleibt die Gesellschaft auf den überflüssigen Vorratsaktien sitzen.

Das neue Aktienrecht will dieses Problem nach dem zuerst in USA, dann in Deutschland mit Erfolg eingeführten Verfahren der *«bedingten Kapitalerhöhung»* lösen. In diesem Falle erhöht sich das Aktienkapital «ohne weiteres» in dem Umfang, in dem die Berechtigten die ihnen eingeräumten Rechte ausüben und entweder mit ihrer Forderung verrechnen (im Fall der Wandelobligation) oder in bar einzahlen (im Falle der Optionsanleihe)[11].

4. Kapitalerhöhung aus Eigenkapital (Gratisaktien)

Das OR 1936 schwieg zur Liberierung einer Kapitalerhöhung durch frei verwendbares Eigenkapital, zur sog. *Gratisaktienausgabe*[12].

Diese wäre eigentlich in einem System, das auf die Gründung verweist[13], unmöglich, weil diese auf eine Zeichnung neuer Aktien und eine Liberierung durch aussenstehende Personen abstellt. Will die Gesellschaft aber Gratisaktien ausgeben, so handelt sie allein: die Generalversammlung beschliesst die Erhöhung des Kapitals, die Umbuchung von verwendbarem Eigenkapital in Nennkapital, stellt die dadurch erfolgte Liberierung fest, regelt die Zuteilung der neuen Gratisaktien an die Aktionäre und ändert die Statuten. In der Praxis hat man es genau so gemacht[14], doch blieb dabei eine grosse Zahl von Unsicherheiten bestehen: So u.a. die berechtigte Frage, wer in diesem Verfahren die Verfügbarkeit des zur Liberierung verwendeten Eigenkapitals – mit einer Sicherheit, die der vom Gesetz anderswo angewendeten Strenge entspricht – nachweisen und überprüfen soll.

5. Kapitalerhöhung durch Verrechnung

Recht verbreitet ist in der Praxis eine weitere Kapitalerhöhungsart, die im Gesetz von 1936 nicht geregelt war. Erklärt sich ein Aktionär bereit, auf eine ihm gegen die Ge-

---

[10] Bundesgerichtsentscheid i.S. Canes c. Nestlé vom 25. Juni 1991, NZZ Nr. 144 vom 25. Juni 1991, 35, und NZZ Nr. 217 vom 19. September 1991, 33 f.; BGE 117 II 290 ff.
[11] Oder der Option von Arbeitnehmern auf Aktienbezug. Vgl. zur Vorratsaktie unter neuem Recht Rz 444 ff.
[12] *Forstmoser/Meier-Hayoz* (1983) 216.
[13] Art. 650 Abs. 1 OR 1936.
[14] Vgl. dazu *Peter Mosimann* (1978) 78 ff.

sellschaft zustehende *Forderung zu verzichten*, wenn ihm dafür Aktien ausgegeben werden, so ist eine direkte Verrechnung der Forderung mit der Einlageschuld möglich. Die *Handelsregisterpraxis*, trotz Bedenken in der Wissenschaft[15], hat dieses Verfahren genehmigt und in den wichtigsten Punkten geregelt[16].

B. Methodik und neue Starrheit des Gesetzes

1. Ordentliche und genehmigte Kapitalerhöhung

163 Das neue Gesetz geht davon aus, dass die *ordentliche und die genehmigte Kapitalerhöhung* nahe verwandt sind; bei der genehmigten Kapitalerhöhung ist es ganz einfach der Verwaltungsrat, der über das definitive «go-ahead» für die Ausgabe neuer Aktien beschliesst. Das Gesetz kann daher diese beiden Spielarten ohne weiteres in einem Zuge regeln. Damit lassen sich gerade auch die Sondervorschriften für die Gratiskapitalerhöhung und die Kapitalerhöhung durch Verrechnung unterbringen, da diese sich letztlich bloss in den Einzelheiten der Einlage unterscheiden. Nichts geändert ist darin, dass die Gesellschaft ihr Kapital entweder durch Ausgabe zusätzlicher Aktien oder – eher selten – durch eine Zuschreibung zum Nennwert bestehender Aktien erhöhen kann.

2. Bedingte Kapitalerhöhung

164 Eigenständig ist jedoch die *bedingte Kapitalerhöhung* zu regeln. Sie verrät sich als Übernahme eines angelsächsischen Instituts. Trotz aller Bemühungen bleibt daher eine letzte, unüberbrückbare Bruchstelle: es ist methodisch unmöglich, die in den Statuten festgeschriebene Zahl des Aktienkapitals zeitgerecht der steigenden Anzahl von Aktien anzupassen, die übers Jahr «tropfenweise» entstehen, im Rhythmus der Ausübungserklärungen der Berechtigten. Es kommt daher notwendigerweise zu dem Zustand, dass effektiv mehr Aktien schon gültig ausgegeben sind, als zum gleichen Zeitpunkt Statuten und Handelsregistereintrag erkennen lassen. Nur jeweils zu Beginn des neuen Kalenderjahres werden diese formalisierten Kapitalzahlen dem effektiven Rechtszustand angepasst. Der Bundesrat hat daher – dogmatisch zu Recht – mit Achselzucken festgestellt: «Dass das effektive mit dem im Handelsregister eingetragenen Aktienkapital während der Zwischenzeit nicht übereinstimmt, muss und kann in Kauf genommen werden»[17].

---

[15] Vor allem *Carl Wieland*, Handelsrecht, Bd. II München/Leipzig 1931, 51. *Peter Mosimann* (1978) 50/51 bejaht (beinahe) die Zulässigkeit der Verrechnung in der Kapitalerhöhung – verneint sie aber entschieden im Gründungsstadium.
[16] Art. 80 Handelsregisterverordnung.
[17] *Botschaft 1983*, 54, Ziff. 205.2.

3. Erhöhung des Partizipationskapitals

Es versteht sich, dass nach dem Gleichstellungsgrundsatz[18] das Verfahren für die Erhöhung des Aktienkapitals nun auch für diejenige des *Partizipationskapitals* gilt. Informelle Partizipationsschein-Ausgaben sind nicht mehr rechtmässig[19].

165

4. Qualifizierte Mehrheit für die meisten Erhöhungsbeschlüsse

Das neue Gesetz unterstellt im Ergebnis die meisten Kapitalerhöhungsbeschlüsse der neu formulierten Doppelhürde[20] des Art. 704 OR 1991. Es bleibt *eine* Ausnahme, wenn die Kapitalerhöhung:

166

(1) sofort, d.h. innerhalb der drei Monate des *ordentlichen* Verfahrens
(2) *ohne* Einführung von *Stimmrechtsaktien* und
(3) *ohne* jede Einschränkung der *Bezugsrechte*
(4) in vollem Umfange gegen *Bareinlage* und ohne Verknüpfung mit Sachübernahmen oder Sondervorteilen

beschlossen wird.

Dem Erfordernis einer Zweidrittelsmehrheit der vertretenen Stimmen und einer absoluten Mehrheit der vertretenen Nennwerte unterstehen im Ergebnis nicht nur alle qualifizierten Kapitalerhöhungen, sondern auch alle «ausserordentlichen» Erhöhungsverfahren (genehmigtes und bedingtes Kapital) und jede Kapitalerhöhung mit Einschränkung des Bezugsrechts. Dies ist für Gesellschaften mit knappen Mehrheitsverhältnissen und solche mit Stimmrechtsaktien eine völlig neuartige Behinderung des Handlungsfreiraums im Bereich der Eigenkapitalbeschaffung.

167

5. Beschränkung der genehmigten und der bedingten Kapitalerhöhung auf 50% des bisherigen Aktienkapitals

Während die ordentliche Kapitalerhöhung im Umfang gesetzlich nicht beschränkt ist, kennt das Gesetz einen *Plafond* von 50% des bisherigen Aktienkapitals[21] sowohl für die genehmigte wie die bedingte Kapitalerhöhung gemäss Entwurf von 1983[22]. Das Partizipationskapital wird hier nicht erwähnt. Bezugsgrösse ist nicht das *entsprechende* Kapital – Aktienkapital für Aktien, Partizipationskapital für PS –, sondern die Summe, das gesamte Nennkapital, für beide Arten von Beteiligungsrechten. Sonst wäre das

168

---

[18] Art. 656a Abs. 2 OR 1991.
[19] Sehen die Statuten am Tage des Inkrafttretens des OR 1991 ein solches Verfahren, namentlich eine «Ermächtigung» des Verwaltungsrates durch die Generalversammlung vor, so stellt sich die Frage des *intertemporalen Rechts* (Kapitel 14).
[20] Zwei Drittel der vertretenen Stimmen und gleichzeitig absolute Mehrheit der vertretenen Nennwerte, Kapitel 9/III/B, Rz 1386.
[21] Ein in den Statuten stehendes genehmigtes oder bedingtes Kapital ist noch *kein* Aktienkapital. Als bisheriges Aktienkapital zählt die Kapitalziffer, die die *vollzogenen* Kapitalerhöhungen wiedergibt.
[22] Art. 651 Abs. 2 OR 1991 (genehmigtes Kapital) und Art. 653a Abs. 1 OR 1991 (bedingtes Kapital).

Gesetz widersprüchlich zu Art. 656b Abs. 4, der als Bezugsgrösse ausdrücklich die Summe beider Kapitalarten nennt. Dieser Plafond widerspricht zwar dem Grundsatz der Gestaltungsautonomie, entspringt aber dem wachen Misstrauen des Parlamentes gegenüber der Machtausübung durch Verwaltungsräte und stimmt grundsätzlich mit dem EG-Gesellschaftsrecht überein[23].

6. Zwangsjacke für die Ausgabebedingungen

169 Eine der Stärken des OR 1936 war der weite Handlungsspielraum der Leitungsorgane in der Festsetzung der Ausgabebedingungen für die neuen Aktien. Missbräuchen setzte eine reiche Gerichtspraxis klare Grenzen. Das neue Recht, als Ergebnis der sich überbietenden Regulierungsideen sowohl aus der Vorbereitungsphase wie aus den parlamentarischen Beratungen, bringt für die Gültigkeitsdauer der Ermächtigung, für die Eckwerte der Ausgabebedingungen und insbesondere im Bereiche des Bezugsrechts eine Zwangsjacke.

II. Die ordentliche und die genehmigte Kapitalerhöhung

A. Der Erhöhungsbeschluss

1. Der Erhöhungsbeschluss bei der ordentlichen Kapitalerhöhung

a) *Wesen dieses Beschlusses*

170 Der Erhöhungsbeschluss hat eine Doppelfunktion: er ist gleichzeitig eine *Ermächtigung* und ein *Auftrag*. Er erhöht selbst das Kapital noch nicht und ist auch nicht in die Statuten aufzunehmen. In allen Fällen geht der Beschluss von der *Generalversammlung* aus und ist öffentlich zu beurkunden. Die Generalversammlung kann die Festsetzung des Ausgabebetrages[24], d.h. des vom Zeichner für die neue Aktie zu zahlenden Preises, dem Verwaltungsrat überlassen, ohne dass diese Ermächtigung schon die Bestimmungen über die genehmigte Kapitalerhöhung anwendbar machen würde. Der eigentliche Unterschied zum genehmigten Kapital liegt nur darin, dass mehr Punkte, in denen sich gemäss Gesetz eine Kapitalerhöhung definiert, bei der ordentlichen Kapitalerhöhung von den Aktionären selber festgesetzt werden, und darin, dass diese dem Verwaltungsrat einen definitiven Auftrag erteilen, die Kapitalerhöhung nun genau so innerhalb von drei Monaten durchzuführen.

171 Das Parlament hat indessen den *Katalog der notwendigen Beschlusspunkte* für einen Kapitalerhöhungsbeschluss namentlich hinsichtlich der Bezugsrechte verschärft und

---

[23] *2. EG-Richtlinie* (1976) Art. 25 Abs. 2.
[24] Art. 650 Abs. 2 Ziff. 3 OR 1991 – nicht zu verwechseln mit dem «Betrag der auf das Nennkapital zu leistenden Einlage» gemäss Ziff. 1.

einen weiteren Punkt hinzugefügt, wonach im Generalversammlungsbeschluss auch noch die Voraussetzungen für die Ausübung vertraglich erworbener Bezugsrechte anzugeben sind[25]. Damit hat es, aus einem rigoristischen Impuls heraus, die Flexibilität namentlich von grossen Schweizer Publikumsgesellschaften in den rasch ändernden Finanzmärkten ohne zwingenden Grund eingeschränkt.

Es ist Sache des *Verwaltungsrates* in seiner Eigenschaft als Beauftragter der Generalversammlung, in der Zeitspanne von höchstens drei Monaten die Zeichnungen und Kapitaleinlagen einzuholen und zum Abschluss den neu ihm allein zugewiesenen Doppelbeschluss zu fassen: einerseits den Beschluss über die Feststellung der Zeichnung und Liberierung gemäss Art. 652g OR 1991 und anderseits den Beschluss über die Anpassung der Statuten an die neue Kapitalzahl. Damit ist die ordentliche Kapitalerhöhung vollendet. 172

b) Der vorgeschriebene Inhalt des Erhöhungsbeschlusses

Der heute geltende Katalog der Beschlusspunkte ist das Ergebnis der Akribie vor allem auch des Parlamentes[26]; dieses hat die Aufzählung auf neun Punkte gebracht[27]. Zu erörtern sind, ausser den selbstverständlichen Angaben über den Erhöhungsbetrag[28] und Anzahl, Nennwert und Art der auszugebenden Aktien, folgende Einzelheiten des neuen Rechts: 173

(1) Der *Prozentsatz der Liberierung* – meist wird es «voll einbezahlt» heissen – muss nach neuem Aktienrecht ausdrücklich im Erhöhungsbeschluss selbst stehen[29]. 174

(2) Sollen ein Teil oder alle der neu auszugebenden Aktien *Vorrechte* tragen, so müssen diese angegeben und die neuen Aktien als eine eigene «*Aktienkategorie*» bezeichnet werden[30]. 175

(3) Die Generalversammlung setzt den *Ausgabebetrag*, d.h. die Summe von Nennwert und über den Nennwert hinaus gegebenenfalls zu zahlendem Agio, normalerweise nicht selbst fest, sondern ermächtigt dazu den Verwaltungsrat[31]. Fehlt diese Ermächtigungsklausel in der öffentlichen Urkunde, so hat der Verwaltungsrat keine Möglichkeit, die Aktien über dem Nennwert anzugeben. Diese Regelung ist unzweckmässig; viel einfacher und sachgerechter wäre es gewesen, dem Verwaltungsrat diese Ermächtigung von Gesetzes wegen zuzusprechen. 176

(4) Das Datum des *Beginns der Dividendenberechtigung* gehört ebenfalls in den Wortlaut des Erhöhungsbeschlusses, und zwar ist dies im neuen Gesetz redaktionell so unerbittlich klar angeordnet, dass eine Ermächtigung an den Verwaltungsrat zur Festsetzung dieses finanziellen Eckwertes der neuen Aktien wohl kaum mehr zulässig ist[32]. 177

---

[25] Diese gehören beim genehmigten Kapital nicht zu den Beschlusspunkten, die dem freien Entscheid des *Verwaltungsrates* vorbehalten bleiben können, vgl. aber Rz 180.
[26] *Amtl. Bull. NR* (1985) 1678; *StR* (1988) 470 ff.
[27] Art. 650 Abs. 2 Ziff. 1 und 2 OR 1991.
[28] a.a.O. Ziff. 1.
[29] a.a.O. Ziff. 1.
[30] a.a.O. Ziff. 2 am Ende.
[31] a.a.O. Ziff. 3.
[32] Art. 650 Abs. 2 Ziff. 3 Satzteil 2 OR 1991.

178 (5) In den Erhöhungsbeschluss gehört stets die *Umschreibung der Kapitaleinlage*: Bargeld oder Sacheinlage, und wenn das zweite, dann mit allen vier Eckpunkten (Gegenstand, Bewertung, Identität des Einlegers und Anzahl der ihm dafür zukommenden Aktien). Bei einer Sachübernahme sind die bekannten drei Punkte (Gegenstand, Gegenleistung, Identität)[33] in den Beschluss aufzunehmen.

179 (6) Anzugeben ist die *Vinkulierung*, falls neue vinkulierte Namenaktien ausgegeben werden sollen[34]. Dadurch ist die Gesellschaft gezwungen, die Hauptelemente der von ihr aufgrund von Art. 685 ff. eingeführten Vinkulierungsgründe anzugeben. Es genügt nicht, bloss zu erwähnen: «vinkulierte Namenaktien».

180 (7) Stark erweitert hat das Parlament die in den notariellen Akt aufzunehmenden *Angaben über die Bezugsrechte*[35], und zwar jetzt auf drei Puntke:

(i) eine *Beschränkung oder Aufhebung* (wie bisher);

(ii) die *Zuweisung* nicht ausgeübter oder entzogener Bezugsrechte. Es geht hier um die Regeln darüber, wer «Endempfänger» von flottierenden Bezugsrechten sein soll. So sehr das Streben nach Transparenz löblich ist, so sehr ist dadurch die Gefahr einer zusätzlichen Starrheit ins Schweizer Verfahren der Aktienausgabe eingebaut worden. Es muss möglich sein, in diesem Punkt den Verwaltungsrat in einem bestimmten Rahmen zu zweckdienlichen Massnahmen zu ermächtigen[36], vorausgesetzt, dass die Transparenz gewährleistet wird. Es wäre geradezu widersinnig, von den Aktionären selbst die Bestimmung der Enderwerber *im notariellen Akt* zu verlangen;

(iii) Der dritte Punkt betrifft die Voraussetzungen für die *Ausübung vertraglich erworbener Bezugsrechte* – eine die Flexibilität des Leitungsorgans bei der Eigenkapitalbeschaffung einschränkende Idee des Ständerates[37]. Auch in diesem Punkt muss eine in einem bestimmten Rahmen erteilte Ermächtigung an den Verwaltungsrat erlaubt sein.

c) *Weitere zu beachtende Neuerungen*

181 Immer wenn der Erhöhungsbeschluss eine Sacheinlage oder -übernahme, einen Sondervorteil, eine Beschränkung der Übertragbarkeit von Namenaktien (Vinkulierung), die Einführung von Stimmrechtsaktien oder die Einschränkung bzw. Aufhebung des Bezugsrechts vorsieht, ist das *qualifizierte Beschlussquorum* des neuen Art. 704 Abs. 1 anwendbar. Die Ausgabe von vinkulierten Namenaktien ohne Verschärfung der schon bestehenden Beschränkung und die proportionale Ausgabe weiterer Stimmrechtsaktien einer schon bestehenden Kategorie fallen jedoch nicht darunter[38]. Die Gültigkeit des Erhöhungsbeschlusses endet nach drei Monaten; entgegen dem Wortlaut des Gesetzes (Art. 650 Abs. 3) sollte die Frist durch die *Anmeldung,* nicht die vollzogene Eintragung als gewahrt gelten. Jede andere Auslegung ermöglicht eine Vereitlung der Kapitalerhöhung durch einen Einspruch beim Handelsregister.

---

[33] a.a.O. Ziff. 4 und 5. Bei besonderen Vorteilen gilt das Entsprechende gemäss Ziff. 6.
[34] a.a.O. Ziff. 7.
[35] Diese Punkte sind noch besonders abgesichert durch die Pflicht, im *Kapitalerhöhungsbericht* über die Abläufe Rechenschaft zu geben, Art. 652e Ziff. 4 OR 1991.
[36] Gleicher Meinung *Rolf Watter* (1991) 11 Anm. 52.
[37] Art. 650 Abs. 2 Ziff. 9 OR 1991; *Amtl. Bull. StR* (1988) 470.
[38] Vgl. Kapitel 3, Rz 299 ff., und 9, Rz 1254 ff.

Der ganze Text des Erhöhungsbeschlusses, mindestens der wesentliche Inhalt der anwendbaren Punkte, gehört in den *Emissionsprospekt*, falls ein solcher nötig wird[39]. Neu ist auch, dass der Verwaltungsrat in allen Fällen – ausser bei einer bedingten Kapitalerhöhung – einen Kapitalerhöhungsbericht zu erstellen hat. 182

2. Bei der genehmigten Kapitalerhöhung

a) Die Ermächtigung für zwei Jahre

Die genehmigte Kapitalerhöhung ist zweigeteilt; hier lässt die Generalversammlung in ihrer *Ermächtigung* an den Verwaltungsrat zusätzliche Punkte offen – aber nach dem Gesetz nicht sehr viele. Das definitive «go-ahead» betreffend die Ausgabe neuer Aktien kann hier der Verwaltungsrat selber entscheiden, und zwar innerhalb der gesetzlichen Frist von längstens *zwei Jahren*[40]. 183

Europakonform wären fünf Jahre gewesen[41], wie vom Entwurf 1983 auch vorgesehen[42], doch gefiel es leider dem Parlament, «zum Schutze des Aktionärs»[43] ein kleines helvetisches Sonderei zu legen[44]. Diese Einschränkung bringt nur wenig an zusätzlichem Schutz, engt aber unsinnigerweise den *Handlungsfreiraum* der in der Schweiz ansässigen grossen Publikumsgesellschaften im Verhältnis zu ihren europäischen Konkurrenten ein. In der Tat ist die Zweijahresfrist so kurz, dass der Verwaltungsrat vorsorglich alle zwei Jahre um eine neue Genehmigung nachsuchen muss, will er auf dem Gebiet der Eigenkapitalmassnahmen vergleichbar handlungsfähig sein. Das führt zu Beschlussautomatismen, was letztlich kontraproduktiv ist[45]. 184

Entgegen der halbamtlich verkündeten Meinung des Berichterstatters im Nationalrat[46] kann die Generalversammlung eine auslaufende Ermächtigung *vor* deren Erlöschen *erneuern*. Was nicht anginge, ist bloss eine Blankoverlängerung schon im ersten Generalversammlungsbeschluss. 184a

b) Der Ermächtigungsbeschluss

Die Methodik kommt im Begriff «genehmigte Kapitalerhöhung» exakt zum Ausdruck: autorisiert ist die Erhöhung der Kapitalzahl durch spätere eventuelle Ausgabe von neuen Aktien[47]. Zuerst hatte man das Verfahren der genehmigten Kapitalerhöhung nur solchen Gesellschaften vorbehalten wollen, die von besonders befähigten Revisoren ge- 185

---

[39] Art. 652a Abs. 1 Ziff. 7 OR 1991. Nach Art. 651 Abs. 1 Ziff. 9 OR 1936 war eine Beschränkung von Gesamtbetrag, Nennwert und Zahl und Art der neuen Aktien (nebst dem Ausgabepreis) möglich.
[40] Art. 651 Abs. 1 OR 1991.
[41] 5 Jahre nach § 202 AktG und Art. 181 LSC und *Vorschlag SE 1991*, Art. 43 Abs. 2.
[42] *Botschaft 1983*, 117, Ziff. 316.12.
[43] So der Berichterstatter *Amtl. Bull. NR* (1985) 1678.
[44] Zu Recht hat sich der Bundesrat gegen diese Einengung gewehrt, *Amtl. Bull. NR* (1985) 1679.
[45] So zu Recht der Bundesrat, *Amtl. Bull. NR* (1985) 1679.
[46] a.a.O.
[47] Wer den neuen Gesetzestext als «salopp» bezeichnet, wie *Guhl/Kummer/Druey* (1991) 663, verrät entweder dogmatischen Nachholbedarf oder verschmitzten Humor. Was genehmigt wird, ist in der Tat nicht ein Zustand, sondern ein Vorgang, die Erhöhung. Der Vorschlag für das Statut der europäischen Aktiengesellschaft spricht genau so präzise von der «Genehmigung einer künftigen Kapitalerhöhung» (*Vorschlag SE 1991*, Art. 43).

prüft werden[48]. Dem Parlament lag jedoch daran, die genehmigte Kapitalerhöhung allen Gesellschaften zu öffnen.

186 Im Gegensatz zur ordentlichen Kapitalerhöhung ist bei der genehmigten der Beschluss der Generalversammlung nicht nur öffentlich zu beurkunden, sondern sogar in den *Kontext der Statuten* aufzunehmen, und zwar mit einer ganzen Reihe von Punkten, die das neue Gesetz festlegt:

(1) *Nennbetrag*, um den der Verwaltungsrat das Aktienkapital erhöhen kann (d.h. das «autorisierte» Kapital);

(2) *Anzahl, Nennwert und Art* der Aktien sowie Vorrechte einzelner Kategorien;

(3) Beschränkung der *Übertragbarkeit* neuer Namenaktien (Vinkulierung);

(4) Einschränkung oder Aufhebung des *Bezugsrechtes* und Zuweisung nicht ausgeübter oder entzogener Bezugsrechte;

(5) Voraussetzungen für die *Ausübung* vertraglich erworbener Bezugsrechte[49].

187 Für alle diese Festlegungen braucht es gleich schon am Anfang der Zweijahresfrist eine stichfeste Begründung – obgleich die Parameter, die diese Gestaltungsentscheide beeinflussen, gerade während dieser Zeitspanne ändern und teilweise erst als solche erkennbar werden. Das gilt ganz besonders für das Bezugsrecht. Das neue Schweizer Konzept des genehmigten Kapitals ist damit unnötig starr und nur beschränkt einsatztauglich. Dazu kommt eine wohl unvermeidliche Schwerfälligkeit: es gibt bei der genehmigten (wie übrigens auch bei der bedingten) Kapitalerhöhung immer *zwei Statutenänderungen*, eine zum Beginn und eine zum Ende des Verfahrens. Beide Statutenänderungen müssen im Schweizerischen Handelsamtsblatt *veröffentlicht* werden; es handelt sich um eine für Dritte relevante Statutenbestimmung.

c) *Festlegungen, die dem Verwaltungsrat zustehen («Durchführungsbeschluss»)*

188 Dem autonomen Beschluss des Verwaltungsrates bleiben einzelne Hauptpunkte vorbehalten:

(1) Die Festlegung des *Zeitpunktes* und des *Ausgabebetrags*. Der Verwaltungsrat kann innerhalb des gesamten autorisierten Nennbetrages das Kapital auch in mehreren einzelnen Tranchen und mit verschiedenen Ausgabepreisen erhöhen;

(2) der Verwaltungsrat bestimmt die *Art der Einlage*, d.h. insbesondere eine Sacheinlage, wobei dann auch der Verwaltungsrat es ist, der die Formalitäten für eine qualifizierte Kapitalerhöhung zu erfüllen hat; er legt den Gegenstand, die Bewertung der Sacheinlage, den Namen des Sacheinlegers und die Anzahl der ihm zukommenden Aktien fest oder beschliesst eine Sachübernahme entsprechend;

(3) und schliesslich kann in diesem Falle der Verwaltungsrat den Beginn der *Dividendenberechtigung* nach seinem eigenen Ermessen festsetzen.

Diese Beschlusspunkte machen den in Art. 651 Abs. 4 OR 1991 geregelten *«Durchführungsbeschluss»* aus; dieser bedarf, im Gegensatz zu den abschliessenden Beschlüssen (Feststellungs- und Anpassungsbeschluss) nicht der öffentlichen Beurkundung.

---

[48] D.h. den in Art. 727b OR 1991 erwähnten Gesellschaften, die den Kapitalmarkt in Anspruch genommen haben oder die dort erwähnten Grössekriterien überschreiten.

[49] Zur Frage des Bezugsrechts Abschnitt IV, Rz 254 ff.

3. Die neuen Regeln über die Beschränkung des Bezugsrechts

Die Regelung des Bezugsrechtes ist nach dem neuen Aktienrecht derartig einschneidend, und die damit zusammenhängenden Fragen waren im Parlament so lange umstritten, dass dieser heiklen Materie ein eigener Abschnitt zu widmen ist (hiernach IV.).

B. Einlagepflicht, Rechenschaft und Prüfung

1. Der Zeichnungsschein

Für die ordentliche und die genehmigte Kapitalerhöhung muss das Gesetz den Zeichnungsschein regeln; dieser steht hier ausserhalb des Errichtungsaktes und hat selbständige Bedeutung. Das Gesetz verweist zwar auf die Regeln der Gründung, schreibt aber den zusätzlichen Inhalt vor. Der *Text des Zeichnungsscheins* muss ausdrücklich auf den Generalversammlungsbeschluss (bei der ordentlichen Kapitalerhöhung den Erhöhungsbeschluss, bei der genehmigten Kapitalerhöhung den Ermächtigungsbeschluss) *und* auf den Beschluss des Verwaltungsrates über die Erhöhung Bezug nehmen[49a]. Dies ist neu, da bisher der Verwaltungsrat für eine solche Entscheidung überhaupt nicht zuständig war. Zudem muss der Zeichnungsschein in seinem Kontext auf den *Emissionsprospekt* Bezug nehmen, wenn immer das Gesetz einen solchen verlangt[50].

Die Gefahr ist erheblich, dass vor allem in kleineren Aktiengesellschaften das Feingedruckte oder eben Feingetippte des Zeichnungsscheins *einzelne Punkte* weglässt, oder unvollständig oder fehlerhaft wiedergibt. Der Zeichnungsschein ist nur dann nichtig, wenn ohne die Angabe oder wegen ihrer Fehlerhaftigkeit eine Einbindung der Einlageverpflichtung in den konkreten Erhöhungsvorgang nicht mehr gegeben ist und der Zeichner sich zu etwas verpflichtet, was er bei Kenntnis von der Einbindung nicht getan hätte. Auf jeden Fall kann der Zeichner sich nach der Eintragung der Kapitalerhöhung nicht mehr auf Mängel des Zeichnungsscheins berufen.

2. Der Emissionsprospekt[51]

Die Prospektpflicht für *öffentliche Aktienplazierungen* war im OR 1936 relativ streng geregelt[52]. Das Gesetz übernimmt diese Vorschriften in den neuen Art. 652a und passt sie an.

[49a] Das ist bei der genehmigten Kapitalerhöhung der «Durchführungsbeschluss» (RZ 188). Bei der ordentlichen muss offenbar ein ähnlicher Beschluss gefasst werden, obwohl davon im Gesetz sonst nicht die Rede ist.
[50] Nicht nötig ist es, im Zeichnungsschein eine *Befristung* anzugeben. Das Gesetz stellt in Art. 652 Abs. 3 OR 1991 fest, dass mangels anderer Angabe die Verbindlichkeit des Zeichnungsscheins drei Monate nach der Unterzeichnung endet. Es ist dies eine Verwirkungsfrist.
[51] Vgl. *Rolf Watter* (1991) 669 ff.
[52] Art. 651 OR 1936.

a)   Prospektzwang[53]

193   Das Gesetz stellt klar, wann neue Aktien als «*öffentlich*» zur Zeichnung angeboten gelten und der Prospektzwang eintritt: öffentlich ist jede Einladung zur Zeichnung, die sich nicht an einen begrenzten Kreis von Personen richtet[54]. Es handelt sich hier um eine geistige Anleihe beim Anlagefondsrecht[55]. Damit ist klargestellt, dass es nicht die Grösse des Kreises ist, die die Öffentlichkeit ausmacht, sondern seine grundsätzliche Unbegrenztheit[56].

194   Nach der Botschaft[57] ist eine Einladung zur Zeichnung, die die Gesellschaft nur an ihre *eigenen Aktionäre* richtet, per se nicht öffentlich. Dem ist entgegenzuhalten, dass das in dieser unbedingten Weise nur für Gesellschaften mit geschlossenem Aktionärskreis gelten kann, und nur, wenn die Bezugsrechte nicht an Dritte abtretbar sind. Sind Aktien kotiert oder die Bezugsrechte negoziabel und nicht ihrerseits auf einen engen Kreis beschränkt, so richtet sich die Zeichnungseinladung mindestens virtuell an einen nicht begrenzten Kreis von Personen, und der Prospektzwang tritt ein[58].

b)   Prospektinhalt

195   Der *Inhalt des Emissionsprospektes* ist nach neuem Recht nur wenig ausgeweitet. Von den Gedanken des EG-Rechtes[59] oder gar der amerikanischen Prospektbestimmungen[60] ist das OR 1991 meilenweit entfernt. Es besteht hier eindeutig Handlungsbedarf, auch wenn man die amerikanischen Anforderungen nicht übernehmen will.

196   Der Prospekt hat zusätzlich den Beschluss über die Ausgabe der neuen Aktien[61] und die darin enthaltenen Angaben wiederzugeben. Dies ist:

(1) im Falle der *ordentlichen* Kapitalerhöhung: der einheitliche Beschluss der Generalversammlung, mit allen seinen obligatorischen Angaben; und

(2) im Falle der *genehmigten* Kapitalerhöhung: einerseits der Ermächtigungsbeschluss der Generalversammlung gemäss Art. 651 Abs. 1 OR 1991, und anderseits der Durchführungsbeschluss des Verwaltungsrates gemäss Art. 651 Abs. 4 OR 1991.

197   Von grösserer Bedeutung ist die neue Vorschrift, dass der Prospekt nebst der letzten Jahresrechnung auch die *Konzernrechnung* (je mit dem Revisionsbericht) in extenso wiedergeben muss. Liegt der Bilanzstichtag mehr als sechs Monate zurück, muss der Prospekt einen von der Verwaltung veranlassten, nicht notwendigerweise geprüften *Zwischenabschluss* enthalten. Dies bedeutet gegenüber dem Rechtszustand nach OR 1936 immerhin eine Verbesserung der Information für die Zeichner; für alle prospektpflichtigen Kapitalerhöhungen bringt es aber eine erhebliche administrative Belastung,

---

[53]   Vgl. auch *EG-Richtlinie* 89/298/EWG vom 17. April 1989, ABl. L 124 vom 5. Mai 1989, 8 ff.
[54]   Art. 652a Abs. 2 OR 1991.
[55]   Vollziehungsverordnung vom 20. Januar 1967 zum Bundesgesetz über die Anlagefonds, SR 951.311, Art. 1.
[56]   Wenn etwa die Schwellenzahl 20 für den nicht mehr begrenzten Personenkreis zu hören ist, so handelt es sich dabei um eine Faustregel, die mit dem Regelungsgedanken des Gesetzes in keinem näheren Zusammenhang steht.
[57]   *Botschaft 1983*, 120, Ziff. 316.13.
[58]   Die Schweizer Praxis ist bisher weniger prospektfreundlich, vgl. *Rolf Watter* (1991) 670.
[59]   Vgl. Anm. 53.
[60]   *David L. Ratner* (1988) 35 ff.
[61]   Gemäss Art. 652a Abs. 1 Ziff. 7 OR 1991.

sobald die Toleranzfrist des ersten halben Jahres verstrichen ist. Jedenfalls insoweit, als eine Fusion mit einer prospektpflichtigen Kapitalerhöhung einhergeht, ist somit auch eine Unternehmensverschmelzung nicht mehr ohne relativ zeitnahes Rechenwerk durchführbar.

In den übrigen Punkten ist der *Emissionsprospekt* dem neuen Aktienrecht angepasst: er hat über schon bestehendes genehmigtes und bedingtes Kapital Auskunft zu geben und Anzahl und Inhalt der ausgegebenen Genussscheine aufzuführen. Art. 652a Abs. 1 Ziff. 1 befreit umgekehrt den Verwaltungsrat davon, in der Wiedergabe des «Inhaltes der bestehenden Eintragung im Handelsregister» auch die Vertretungsbefugnis aufzuführen; erforderlich und genügend ist die Angabe der Mitglieder des Verwaltungsrates[62]. 198

3. Die Leistung der Einlage («Liberierung»)

Das Gesetz verweist für den Nachweis der Erfüllung der Einlagepflicht auf die Gründungsvorschriften[63]. 199

a) Qualifizierte Kapitalerhöhung

Eine Kapitalerhöhung kann nicht nur in ihrem Ablauf «ordentlich», «ermächtigt» oder «bedingt» sein; sie kann sich auch durch die *Art der Erfüllung der Einlagepflicht*, durch Bargeld, Sacheinlage oder Verwendung von Eigenkapital oder von Gesellschaftsschulden, unterscheiden. Die Kapitalerhöhung – jedenfalls die ordentliche und die genehmigte – kann unter ähnlichen Umständen ablaufen wie jenen, die zu den Sondervorschriften für die *«qualifizierte Gründung»* geführt haben: man spricht von einer qualifizierten Kapitalerhöhung[64]. Der Gesetzgeber ordnet die Fälle der Sacheinlage, der Sachübernahme, der mit der Kapitalerhöhung verbundenen besonderen Vorteile in enger Anlehnung an die Gründung. Darauf ist zu verweisen[64a]. Für die Liberierung durch Eigenkapital oder durch Verrechnung kennt das Gesetz dagegen besondere Vorschriften. 200

b) Erhöhung aus Eigenkapital (Gratisaktien)

Das neue Gesetz regelt, wie erwähnt, die *Gratiskapitalerhöhung*, d.h. die Umwandlung von frei verwendbarem Eigenkapital in Nennkapital (sei es Aktien- oder Partizipationskapital)[65]. Der Erhöhungsbetrag ist in diesem Falle ohne jede Leistung von Drittpersonen an die Gesellschaft gedeckt, wenn frei verwendbares Eigenkapital vorliegt, und dieses durch Umbuchung in Nennkapital übergeht. Drei Voraussetzungen sind zu beachten: 201

- *Frei verwendbar* ist nur jenes Eigenkapital, das nicht den aktienrechtlichen Sperrzahlen zugeordnet ist, also weder dem Nennkapital, noch dem nicht verwendba- 202

---

[62] Es ist also entgegen *Eric Homburger* (1991) 28 nicht notwendig anzugeben, welche Verwaltungsräte wie vertretungsbefugt sind.
[63] Die Fälle der qualifizierten Kapitalerhöhung, d.h. die Art. 633 bis 634a OR 1991.
[64] Vgl. *Ivo Zoller* (1969) passim.
[64a] Rz 67 ff.
[65] Vgl. *Peter Balestèr* (1952); *Joseph-Alexander Baumann* (1972); *Katharina Schoop* (1982); *Christoph von Greyerz* (1982) 253 ff.

ren Teil der gesetzlichen Reserve, weder der Reserve für eigene Aktien noch der Aufwertungsreserve. Auch der übrigbleibende definierte Teil des Eigenkapitals ist nur «frei» verwendbar, wenn nicht statutarische Vorschriften seiner Verwendung zur Umbuchung in Nennkapital entgegenstehen. Eine solche statutarische Vorschrift ist etwa dann anzunehmen, wenn ein Reserveposten als «Dividendenreserve» eingerichtet worden ist. Ein solcher Posten ist entsprechend seiner Zweckbestimmung nur für Ausschüttungen verwendbar; sein Einbezug ins Nennkapital steht dieser Bestimmung diametral entgegen. In einem solchen Falle liegt frei verwendbares Eigenkapital erst dann vor, wenn die Zweckbestimmung in den Statuten entsprechend geändert worden ist. Es versteht sich auch, dass ein etwa bestehender *Bilanzverlust* als negativer Kapitalposten von dem auf der Passivseite gezeigten verwendbaren Eigenkapital vorweg abzuziehen ist[66].

203 – Der frei verwendbare Eigenkapitalbetrag muss immer durch eine von den Aktionären *genehmigte Jahresrechnung* nachgewiesen sein. In dieser Formulierung ist enthalten, dass es sich um eine von der Revisionsstelle *geprüfte* Jahresrechnung handeln muss, da eine ungeprüfte Jahresrechnung gar nicht genehmigungsfähig ist[67]. Vom Gesetz nicht ausgeschlossen ist allerdings der Fall, dass die Aktionäre wider den Stachel gelöckt, die Jahresrechnung entgegen einer Rückweisungs-Empfehlung der Revisionsstelle[68] genehmigt haben. Gerade für einen solchen Fall ist der Nachweis der Verwendbarkeit des Eigenkapitals im Kapitalerhöhungsbericht des Verwaltungsrats, der durch die Revisionsstelle[69] zu prüfen ist, unentbehrlich.

204 – Liegt der Bilanzstichtag um mehr als sechs Monate zurück, so muss nach neuem Recht der Verwaltungsrat einen *Zwischenabschluss* erstellen und von der Revisionsstelle prüfen lassen. Als Zwischenabschluss ist eine etwas vereinfachte Rechnung anzusehen, die sich sinngemäss an die Vorschriften über die Jahresrechnung anschliesst, also aus Erfolgsrechnung, Bilanz und Anhang besteht. Dagegen ist ein Jahresbericht[70] auf das Zwischenabschlussdatum nicht erforderlich, es wäre denn, dass die nach unserem Recht in den «Jahresbericht» verwiesene Rechenschaft über die wirtschaftliche und finanzielle Lage der Gesellschaft[71] für das Thema der Deckung des Erhöhungsbetrages am Tage des Vollzugs wesentliche Bedeutung hätte. In einem solchen Fall müsste der Verwaltungsrat die Revisionsstelle von den relevanten Punkten benachrichtigen.

205 Nach neuem Recht ist klar, dass *Zeichnungsscheine* bei der Erhöhung aus Eigenkapital nicht notwendig sind[72]. Zuständig für den Beschluss zur Erhöhung des Aktienkapitals aus frei verwendbarem Eigenkapital – den Erhöhungs- und den Durchführungsbeschluss – ist die Generalversammlung. Die Verfügung über den Bilanzposten als konstitutiven Akt, und den Beschluss über die Deckung des Erhöhungsbetrags vollzieht die Generalversammlung selbst[73]. Nur wenn eine Erhöhung aus Eigenkapital als genehmigte Kapitalerhöhung durchgeführt wird, ist – aufgrund der Ermächtigung von Art. 651 Abs. 1 und 4 OR 1991 – der Verwaltungsrat zuständig.

[66] Kapitel 6/II/D/5/c, Rz 738, Anm. 196.
[67] Art. 729c Abs. 1 und 2 OR 1991.
[68] Art. 729 Abs. 1 OR Satz 2 1991.
[69] Gemäss Art. 652e und Art. 652f OR 1991.
[70] Im Sinne von Art. 663d OR 1991.
[71] Art. 663d Abs. 1 OR 1991.
[72] So schon *Forstmoser/Meier-Hayoz* (1983) 216.

c) Kapitalerhöhung durch Verrechnung

Das neue Recht ordnet den bisher keck durch die Handelsregisterverordnung[74] geregelten Spezialfall der Liberierung knapp – wohl zu knapp. Verrechnung mit einer existierenden Schuld gilt als gültige Einlage, wie sich aus Art. 652e Ziff. 2 ebenso wie aus Art. 635 Ziff. 2 ergibt. Der von *Peter Forstmoser*[74a] herangezogene Art. 634a behindert den Vorgang in keiner Weise; er bezieht sich ausschliesslich auf die nachträgliche Einberufung des «non-versé» bei teilliberierten Aktien. Er hat mit der Kapitalerhöhung nichts zu tun.

206

Ganz offensichtlich ist die Einlage nur dann gültig erbracht, wenn die Forderung, mit der verrechnet wird, *wirklich existiert*. Die Handelsregisterverordnung hatte verlangt, dass sich aus der öffentlichen Urkunde über die Kapitalerhöhung ergeben muss, dass und wie die Existenz dieser Forderung nachgewiesen worden ist. Indessen ist dies ein Vorgang der Beurteilung von rechtlichen und wirtschaftlichen Verhältnissen, die über das hinausgeht, was gewöhnlich dem Notar zugemutet wird. Das neue Recht unterstellt daher diese Fragen dem formellen Rechenschafts- und Prüfungsverfahren, das bei qualifizierten Kapitalerhöhungen anzuwenden ist.

4. Kapitalerhöhungsbericht des Verwaltungsrates

a) Pflicht bei jeder Kapitalerhöhung

An die Stelle des nur bei qualifizierter Gründung nötigen «Gründungsberichts» tritt hier der vom Verwaltungsrat zu verantwortende *Kapitalerhöhungsbericht* – im übrigen mit den gleichen Punkten[75]. Es handelt sich nicht um eine prospektähnliche Darlegung der Absichten, sondern um eine «Rechenschaft», um einen nachträglichen Bericht über den Stand und Verlauf der Dinge während und *nach* der Kapitalerhöhung. Der Kapitalerhöhungsbericht geht denn auch nicht an die Aktionäre; er endet als Dokument auf dem Handelsregister. Die Aktionäre erfahren von der Existenz eines Kapitalerhöhungsberichtes indirekt durch die Wiedergabe der Prüfungsbestätigung im *Jahresbericht*[76]. Der Aktionär sieht den Kapitalerhöhungsbericht nur, wenn er

207

– im *Handelsregister* gemäss Verordnung in die Belege der Anmeldung persönlich Einsicht nimmt; oder

– gemäss Art. 697 OR 1991 im Rahmen seines gesetzlichen Kontrollrechtes *Auskunft* bzw. *Einsicht* verlangt.

b) Inhalt

Art. 652e fordert Rechenschaft im Kapitalerhöhungsbericht nicht nur in den klassischen Punkten (Sacheinlagen, Sachübernahmen, besondere Vorteile, Verrechenbarkeit der Schuld), sondern auch über weitere Punkte:

208

---

[73] Generalversammlung *oder* Verwaltungsrat können m.E. am Schluss den Beschluss über die Anpassung der Statuten fassen.
[74] Art. 80; *Peter Mosimann* (1978) 38 ff., und sehr kritisch 51, 57. Jetzt Art. 652e Ziff. 2 OR 1991.
[74a] *Peter Forstmoser* (1992) 61.
[75] *Botschaft 1983*, 122, Ziff. 316.13.
[76] Gemäss Art. 663d Abs. 2 OR 1991, Kapitel 6/II/F, Rz 990 ff., insb. 996.

(1) über die *freie Verwendbarkeit* des in Nennkapital umgewandelten Eigenkapitals im Falle der Gratiskapitalerhöhung bzw. Bestand und Verrechenbarkeit der Schuld;

(2) über die Einhaltung des *Generalversammlungsbeschlusses*, insbesondere der Voraussetzungen für eine Einschränkung oder Aufhebung des *Bezugsrechtes*;

(3) über die Zuweisung der *nicht ausgeübten oder entzogenen Bezugsrechte*[77].

209 Der *obligatorische Kapitalerhöhungsbericht* des Verwaltungsrates ist die wohl wichtigste Neuerung in diesem Bereich. Er ist – im Gegensatz zum Gründungsbericht – in allen Fällen einer Kapitalerhöhung zu erstellen[78], wenn auch mit sehr unterschiedlichem Inhalt. Selbst wenn keine Sacheinlagen oder -übernahmen, keine Verwendung von Eigenkapital und keine Verrechnung vorliegen, niemand besondere Vorteile erhält und das Bezugsrecht unangetastet bleibt, ist der Kapitalerhöhungsbericht obligatorisch wegen Art. 652e Ziff. 4. Der Kapitalerhöhungsbericht muss nach dem neuen Recht auch bei einer völlig «orthodoxen» ordentlichen Kapitalerhöhung, die ohne die qualifizierte Mehrheit des Art. 704 Abs. 1 durchführbar ist, immer noch die Rechenschaft des Verwaltungsrates über die Einhaltung des Generalversammlungsbeschlusses enthalten. Ohne Kapitalerhöhungsbericht kann nach neuem Recht der Feststellungs- und Anpassungsschluss des Verwaltungsrates vor dem Notar nicht zustandekommen[79].

210 Für die Praxis völlig neu ist das in der parlamentarischen Beratung eingefügte Erfordernis, im Kapitalerhöhungsbericht darzustellen, was mit *nicht ausgeübten oder entzogenen Bezugsrechten* geschehen ist[80]. Ganz im Sinne der Botschaft des Bundesrates muss der Bericht sogar dann, wenn die Bezugsrechte *aufgehoben* worden sind, eine Ausübung oder Abtretung also gar nicht möglich ist, über die Zuweisung der neuen Aktien Rechenschaft ablegen[81]. Es kann sich hier jedenfalls nur um eine Offenlegung der hierfür angewendeten Grundsätze und nicht um eine Angabe der Identität der Endübernehmer der betreffenden Aktien handeln.

5. Prüfungsbestätigung der Revisionsstelle

a) Ausnahme von der Prüfungspflicht

211 Jede ordentliche oder genehmigte Kapitalerhöhung ruft nach einem Kapitalerhöhungsbericht. Die Prüfung durch die *Revisionsstelle* ist dagegen, wie erwähnt, nicht nötig, wenn es sich um eine in jeder Hinsicht orthodoxe Kapitalerhöhung handelt, d.h. die Einlage in Geld erfolgt und die Bezugsrechte unangetastet bleiben. Es genügt m.a.W. für eine solche und nur eine solche Kapitalerhöhung die schriftliche Rechenschaft des Verwaltungsrates *ohne Prüfungsvermerk*[82].

---

[77] Vom Nationalrat hinzugefügt.
[78] Schluss aus Art. 652e Ziff. 4 und aus Art. 652f Abs. 2 OR 1991. Keinen Bericht gibt es bei der bedingten Kapitalerhöhung.
[79] Und in allen Fällen ausser einem (der Barliberierung ohne Einschränkung des Bezugsrechts) braucht es dazu den Prüfungsvermerk des Revisors: Art. 652g Abs. 1 Satz 1 in Verbindung mit Art. 652f OR 1991.
[80] *Amtl. Bull. NR* (1985) 1680; Art. 652e Ziff. 4 OR 1991.
[81] *Botschaft 1983*, 122, Ziff. 316.13.
[82] Gerade umgekehrt gibt es bei der *bedingten Kapitalerhöhung nie* einen Kapitalerhöhungsbericht und *immer* eine Prüfungsbestätigung des Revisors.

b) Prüfungsbestätigung

Der Nationalrat hat die Vorstellung des Entwurfs von 1983, es müsste für die Prüfungsbestätigung stets ein *besonders befähigter Revisor* eingesetzt werden[83], aufgrund ungewöhnlich erhitzt vorgetragener Gegenargumente fallen lassen. Bei einer Gesellschaft, die nicht von Gesetzes wegen auf besonders befähigte Revisoren angewiesen ist[84], können Revisoren, die der besonderen Qualifikation ermangeln, den Kapitalerhöhungsbericht prüfen und die erforderliche Prüfungsbestätigung abgeben. 212

Der Inhalt der *Prüfungsbestätigung* entspricht demjenigen bei der Gründung. In Schriftform ist zu bestätigen, dass die Prüfung erfolgt ist und dass der Kapitalerhöhungsbericht «vollständig und richtig» ist. Hinsichtlich der Kriterien, die der Revisor anzuwenden hat, um zu seinem förmlichen Richtigkeitsvermerk zu gelangen, ist auf die Gründungsprüfung zu verweisen[85]. 213

Der Verwaltungsrat ist verpflichtet, im *Jahresbericht*[86] die im Rechnungsjahr eingetretenen Kapitalerhöhungen zu nennen und die Prüfungsbestätigungen wiederzugeben. Die Beträge einer noch nicht vollzogenen genehmigten Kapitalerhöhung dagegen gehören in den Anhang[87]. 214

C. Der abschliessende Feststellungs- und Anpassungsbeschluss des Verwaltungsrates

1. Verwaltungsratsbeschlüsse

Im Unterschied zum alten Recht ist es jetzt ausschliesslich der *Verwaltungsrat*, der im Verlauf der Kapitalerhöhung den zweiten und den dritten Beschluss fasst. Nach der gesetzlichen Konzeption tut der Verwaltungsrat dies in einem Zuge, indem er in öffentlicher Urkunde 215

– die vollständige Zeichnung des Ausgabebetrages und den gültigen Vollzug der Einlagen feststellt und

– die Statuten der neuen Kapitalkonfiguration (Aktienkapital mit Höhe und Zusammensetzung; Anzahl, Nennwert und Zahl der Aktien, Einlage sowie gegebenenfalls weitere Angaben) anpasst und die ursprünglich in die Statuten aufgenommene Ermächtigungszahl entsprechend herabsetzt oder gegebenenfalls streicht.

Der Feststellungs- und der Anpassungsbeschluss gemäss Art. 652g OR 1991 sind hochgradig formalisiert; es ist darauf zu verweisen. Den früheren Feststellungs- und Statu- 216

---

[83] *Entwurf 1983*, Art. 652f Abs. 1; *Amtl. Bull. NR* (1985) 1678/80.
[84] Art. 727b OR 1991.
[85] Zum *Jahresbericht*, Kapitel 6/II/F/2/d, Rz 996.
[86] Art. 663d OR 1991.
[87] Art. 663b Ziff. 11 OR 1991.

tenänderungsbeschluss der Generalversammlung gibt es nicht mehr[88]. Daher können die Aktionäre den Feststellungs- und Anpassungsbeschluss auch nicht mehr anfechten.

217 Derjenige Teil der ursprünglich erteilten Ermächtigung, der nach Ablauf der Zweijahresfrist[89] bzw. einer von der Generalversammlung gesetzten noch kürzeren Frist *nicht aufgebraucht* ist, ist vom Verwaltungsrat aus den Statuten zu streichen. Es handelt sich um eine Ordnungsvorschrift; mit Ablauf der Zweijahresfrist tritt die statutarisch festgehaltene Ermächtigung auf jeden Fall ausser Kraft[90].

2. Eintragung im Handelsregister

218 Der Verwaltungsrat ist verpflichtet, den Feststellungs- und Anpassungsbeschluss beim *Handelsregister* zur Eintragung anzumelden, unter Einreichung der öffentlichen Urkunde über die Beschlüsse der Generalversammlung und des Verwaltungsrates mit Beilagen (darunter der Kapitalerhöhungsbericht und, mit einer Ausnahme, der Prüfungsvermerk der Revisionsstelle). Ans Register geht auch eine beglaubigte Ausfertigung der geänderten Statuten[91].

219 Sobald der Feststellungs- und der Anpassungsbeschluss gefasst sind, muss der Verwaltungsrat im Falle von *genehmigtem Kapital* den dadurch «aufgebrauchten» Erhöhungsbetrag von dem Nennbetrag, der in den *Statuten* als Genehmigungsziffer steht, abziehen[92]. Er tut dies normalerweise in einem Zug.

III. Bedingte Kapitalerhöhung als Sonderfall

A. Funktion der bedingten Kapitalerhöhung

220 Wie erwähnt dient die bedingte Kapitalerhöhung dazu, *fortlaufend* und automatisch neue Aktien zu begeben. Neue Mitgliedschaftsstellen entstehen in dem Zeitpunkt und in dem

---

[88] Das ist konzeptgerecht, weil es sich beim Feststellungsbeschluss um eine *Wissenserklärung* handelt und die Statuten notwendigerweise den neu geschaffenen Kapitalverhältnissen angepasst werden müssen. Der Verwaltungsrat handelt unter seiner Verantwortlichkeit gemäss Art. 754 OR 1991.
[89] Der Entwurf hatte, in Übereinstimmung mit dem europäischen Standard, 5 Jahre vorgeschlagen, *Entwurf 1983*, Art. 651 Abs. 1.
[90] Eine Verlängerung untersteht m.E. Art. 704 Abs. 1 OR 1991. Die Generalversammlung kann nach, aber auch schon vor dem Ablauf der Zweijahresfrist einen Verlängerungsbeschluss fassen. Der Verwaltungsrat ist zur Anmeldung erneut verpflichtet. Der blosse Beschluss «Der Beschluss über die genehmigte Kapitalerhöhung vom 1.6.93 wird um zwei Jahre verlängert» sollte nach der hier vertretenen Auffassung trotz Art. 651 Abs. 1 OR 1991 ausreichen.
[91] Art. 652h OR 1991.
[92] Art. 651a OR 1991.

Umfang, in dem die Berechtigten ihre Wandel- oder Optionsrechte ausüben und durch Verrechnung (bei Wandelanleihen) oder Einzahlung (bei Optionsanleihen) ihre Einlagepflicht gegenüber der Gesellschaft erfüllen. Funktional ist damit die bedingte Kapitalerhöhung weitgehend unproblematisch. Denn eine «qualifizierte» bedingte Kapitalerhöhung kommt schon gar nicht in Frage, es liegt eine echte Liberierung durch einen Aussenstehenden vor, und diese vollzieht sich entweder durch einfach überprüfbare Verrechnung von entgegenstehenden Forderungen oder durch Bareinzahlung[93]. Die Berechtigten beziehen gewissermassen am Gesellschaftsschalter fortlaufend gegen Vorweisung ihres Rechtstitels und gegen Nachweis der Liberierung (Verrechnung oder Einzahlung) neue Aktien.

Der Regelungsbedarf beruht darauf, dass stets virtuell eine Gefahr der *Verwässerung* für die bisher Beteiligten besteht, mehr aber noch darauf, dass dieser kontinuierliche Vorgang nur schwer vereinbar ist mit unserem aus dem 19. Jahrhundert hinübergeretteten Grundsatz der festen Kapitalzahl[94]; er ist daher ins neue Aktienrecht mehr hineingeflickt als eingefügt worden. Das Gesetz enthält dabei manche wenig aufregende Bestimmungen, die sich weitgehend aus dem technischen Ablauf ergeben[95], daneben aber einschneidende Hauptvorschriften, mit denen die bedingte Kapitalerhöhung in enge – nach der hier vertretenen Auffassung zu enge – Bahnen verwiesen worden ist[96]. 221

B. Gesetzliche Eingrenzung der Optionsberechtigten

1. Anwendungskreis des bedingten Kapitals

Das Gesetz hätte der Gesellschaft durchaus erlauben können, einem von ihr frei ausgewählten *weiteren Kreis* von Berechtigten ein Anrecht auf fortlaufenden Bezug von neuen Aktien einzuräumen. Schon die Arbeitsgruppe von Greyerz ist jedoch einem solchen liberalen Konzept nicht gefolgt. Sie befürchtete, bei einem weiter gezogenen Kreis von Ausübungsberechtigten könnte die Liberierung der neuen Aktien nicht hinreichend sichergestellt werden[97] – eine der vielen Missbrauchsängste, die die Aktienrechtsreform immer wieder begleitet und beeinträchtigt haben. In Tat und Wahrheit gibt es unzählige Möglichkeiten des Schwindels sowohl bei Gründungen wie bei Kapitalerhöhungen, nirgends aber sind die gesetzlichen Sicherungen engmaschiger als ausgerechnet bei der bedingten Kapitalerhöhung. Die Anwendung der bedingten Kapitalerhöhung ist dennoch eingegrenzt auf genau zwei Fälle: die Zurverfügungstellung von Fremdkapital und das Arbeitsverhältnis. 222

---

[93] Aktien, die in einer bedingten Kapitalerhöhung entstehen, müssen stets *voll liberiert* sein, Art. 653a Abs. 2 OR 1991.
[94] Dazu *Werner Schmid* (1948).
[95] Für die Abläufe kann auf den Gesetzestext verwiesen werden, Art. 653 ff. OR 1991.
[96] Die Frage, ob ein «bedingtes Kapital» überhaupt nötig sei, hatte schon *Bernhard Vischer* (1977) 228 aufgeworfen.
[97] *Botschaft 1983*, 54, Ziff. 205.3

a) Wandel- oder Optionsanleihen

223 Die Gesellschaft kann *Gläubiger* ganz bestimmter Art zum bedingten Bezug berechtigen, nämlich die Inhaber von neuen Anleihens- oder ähnlichen Obligationen[98], die mit einem *Wandelrecht* oder einer *Option* auf Bezug von Aktien ausgestattet sind. Der Nationalrat hat präzisiert, dass Emittentin der Anleihe die Gesellschaft selbst oder eine ihrer Konzerngesellschaften sein kann. Es handelt sich dann um die Anleihensbegebung durch eine Konzernuntergesellschaft mit einem Anrecht auf den Bezug von Aktien der Konzernobergesellschaft.

224 Bei der *Wandelanleihe* geht, sobald der Gläubiger das Wandelrecht ausübt, die Schuld der Gesellschaft ohne weiteres durch Verrechnung mit der Einlagepflicht unter; der Gläubiger wird zum Aktionär, das Fremdkapital vermindert sich im Nennbetrag der gewandelten Schuld. Das Eigenkapital steigt im gleichen Betrag, wobei es Sache der Anleihensbedingungen ist, festzulegen, in welchem Verhältnis der Betrag dem Nennkapital und in welchem er dem Agio (d.h. dem auf allgemeine gesetzliche Reserve zu buchenden eingezahlten Eigenkapital) zuzuweisen ist.

225 Bei der *Optionsanleihe* ist das Schicksal der Forderung und des Bezugs von Aktien (oder Partizipationsscheinen) getrennt, je nach den Anleihensbedingungen. Der Optionsschein, der dem Darlehensgeber zugeteilt wird, ist normalerweise abtretbar. Sein letzter Inhaber erfüllt die Einlagepflicht nicht durch Verrechnung, sondern durch Einzahlung frischen Geldes im erforderlichen Betrag (Ausübungspreis). Im Gegensatz zur Wandelanleihe tritt eine Schrumpfung des Fremdkapitals nicht ein. Die Gesellschaft muss den ganzen Betrag, den sie geborgt hat, zurückzahlen, auch wenn alle Optionen ausgeübt werden.

226 Art. 653 Abs. 1 OR 1991 ist nicht so auszulegen, als wäre die Einräumung von Anrechten auf den Bezug neuer Aktien nur im Zusammenhang mit «neuen» *Serienschuldverschreibungen* gesetzlich erlaubt. Das Wort «neu» steht zwar dort, ist aber eher zufällig ins Gesetz gekommen und umschreibt den normalen Fall. Es ist nicht auszuschliessen, dass eine Gesellschaft für eine schon bestehende Anleihe – oder für schon bestehende ähnliche Serienschuldpapiere – *nachträglich* Rechte auf den Bezug neuer Aktien, sei es durch Wandelrechte oder durch Optionsrechte, zuteilt.

b) Optionen auf Mitarbeiteraktien

227 Berechtigt können sodann die *Arbeitnehmer* der Gesellschaft oder ihrer Konzerngesellschaften sein. Der Nachteil ist hier wieder die neue Starrheit des Gesetzes: die Gesellschaft muss den Kreis der optionsberechtigten Mitarbeiter in die Statuten hineinschreiben[99]. Eine Begrenzung der Wirksamkeit auf zwei Jahre, wie beim genehmigten

---

[98] Wann eine Forderung einer Anleihensobligation «ähnlich» ist, sagt das Gesetz nicht. Auch *Botschaft 1983*, 124, Ziff. 316.21 enthält keine klare Aussage. Aus Art. 1157 OR ergibt sich, dass Anleihensobligationen mit einheitlichen Anleihensbedingungen unmittelbar oder mittelbar durch öffentliche Zeichnung ausgegebene Schuldverschreibungen sind. Bei ähnlichen Forderungen ist an Notes zu denken, doch wird man auch andere Serienschuldverschreibungen wie Commercial Paper als ähnlich ansehen dürfen, wenn die Forderungsbedingungen für eine Serie einheitlich sind.

[99] Art. 653b Abs. 1 Ziff. 3 OR 1991.

Kapital[100], ist hier immerhin nicht vorgesehen. Damit dient das bedingte Kapital entweder einer herkömmlichen Mitarbeiterbeteiligung des Schweizer Modells der sechziger Jahre nach dem Giesskannen-Prinzip[101], oder einer besonderen Aktienbeteiligung des Kaders, oder schliesslich einem eigentlichen, elitär ausgerichteten «stock option plan» amerikanischen Musters. Alle Modelle sind in der Schweiz freilich steuerlich gehemmt und entwertet durch die Praxis der AHV- und Steuerbehörden[102]. Diese behandeln in der Mehrzahl der Fälle die Einräumung der Rechte am Zuteilungstag als realisiertes Erwerbseinkommen, obwohl bei der Gesellschaft kein Personalaufwand gleicher Höhe entsteht und es wirtschaftlich um eine zulasten des übrigen Aktionariats eingeräumte Chance auf künftigen Kapitalgewinn geht.

2. Nicht erfasste Fälle

a) Qualifizierte Kapitalerhöhungen

Dass bei der bedingten Kapitalerhöhung Sacheinlagen und die Liberierung aus frei verwendbarem Eigenkapital der Gesellschaft ausgeschlossen sind, wird auch von der Botschaft 1983[103] angenommen. Nicht vorgesehen ist damit die Schaffung von bedingtem Kapital für die Zwecke der Vorbereitung von *Unternehmenszusammenschlüssen*, wie das im deutschen Aktienrecht möglich ist[104]. Diese beinhalten materiell stets einen Sacheinlagevorgang im engeren oder weiteren Sinne. Für solche Fälle steht in der Schweiz nur die genehmigte Kapitalerhöhung mit ihrer sehr kurzen Frist von zwei Jahren zur Verfügung. 228

b) Schaffung von Gratisoptionen

Auch für die *freie* Schaffung von *Optionen* zum Bezug neuer Aktien – ohne Verknüpfung mit einem Schuldverhältnis – ist die bedingte Kapitalerhöhung des Modells 1991 nicht vorgesehen[105]. Dies ist sehr zu bedauern, da manche Gesellschaften ihren Aktionären seit einiger Zeit Optionsscheine als sog. *Gratisoptionen* für den Bezug neuer Aktien zu bestimmten Bedingungen zuteilen[106]. Diese neuen Aktien werden als gebundene Vorratsaktien bereitgestellt. Leider hat es das Parlament in seinem Differenzbereinigungseifer unterlassen, den Art. 653 Abs. 1 OR 1991 dieser Entwicklung anzupassen. Man hätte einfügen müssen: 229

> «... indem sie in den Statuten ihren *Aktionären* oder den *Gläubigern* von Anleihens- oder ähnlichen Obligationen ...»

---

[100] Art. 651 Abs. 1 OR 1991.
[101] *Peter Böckli* (1973) 3 ff.
[102] *Kreisschreiben* der Eidg. Steuerverwaltung vom 17. Mai 1990 über die Besteuerung von Mitarbeiteraktien und -optionen, ASA 59 (1990/91) 172 ff.
[103] a.a.O. 124, Ziff. 316.21.
[104] § 192 Abs. 2 Ziff. 2 AktG.
[105] Gegen eine Einräumung von Optionsrechten an die Aktionäre *ohne* Bindung an ein Forderungsverhältnis hat sich temperamentvoll, aber zu Unrecht, *Max Kummer* (1972) 81/82 ausgesprochen.
[106] Etwas völlig anderes sind Optionen, die *Dritte* auf Aktien der Gesellschaft ausgeben (Stillhalteroptionen).

230 Nachdem dies nicht gesehen ist, stellt sich die Frage, ob Art. 653 Abs. 1 trotz allem in dem Sinne zu interpretieren sei, dass jedenfalls eine freie Zuteilung von in der Zukunft ausübbaren Bezugsrechten an die eigenen *Aktionäre* systematisch zur bedingten Kapitalerhöhung gehöre[107]. Dafür spräche, dass Art. 653 Abs. 2 OR 1991 die Erfüllung der Einlagepflicht nicht nur durch Wandlung, sondern auch durch Einzahlung vorsieht; das trifft auf die Gratisoption zu. Und die gebundenen Vorratsaktien waren genau jene Erscheinung, die man durch die ausgedachte Regelung für die bedingte Kapitalerhöhung hätte ersetzen wollen.

231 Das neue Aktienrecht gibt das aber kaum her; es ist im Punkt der *Gratisoptionen* bereits überholt. Zwei Schlüsse sind angesichts der Diskrepanz zwischen Fortentwicklung der Praxis und der unangenehm engen Bestimmung des neuen Art. 653 zu ziehen:

232 – Das Verfahren der bedingten Kapitalerhöhung zielt darauf ab, den Gesellschaften eine *neue Möglichkeit* zu bieten zur aufschiebend-bedingten Schaffung neuer Aktien, die Gegenstand von Optionsrechten sind. Es enthebt die Gesellschaft von der Bürde, gleich am Anfang schon, wenn die künftigen Entscheide der Berechtigten über Ausübung oder Verfallenlassen der Option noch in den Sternen geschrieben stehen, zur Deckung so viele Aktien endgültig zu schaffen, wie erst später und nur im Falle des Vollerfolges nötig sein können. Das Instrument schafft damit neue Flexibilität, und nicht neue Rigidität. Dort wo die neuen Bestimmungen des Gesetzes nach Uhrmacherart alles fein regeln wollen, geht es um die *Information* von Aktionären und Dritten. Diese sollen wissen, wie und in welcher Konfiguration das Aktienkapital der Gesellschaft sich durch Bezugsentscheide Dritter erhöht, welche Verwässerung (an Kapitalquote, Gewinnanteil und relativer Stimmkraft) die in Marsch gesetzte eventuelle Aktienausgabe mit sich bringen kann.

233 – Daraus ist zu folgern, dass der so eng formulierte Art. 653 OR 1991 einerseits die Ausgabe von Gratisoptionen nicht erfasst, sie aber anderseits auch nicht ausschliesst. Die Gesellschaft kann auf der Grundlage sowohl der genehmigten Kapitalerhöhung wie – das ist umstritten – «*gebundener Vorratsaktien*» nach wie vor Gratisoptionen auf ihre Aktien schaffen. Dadurch, dass die gebundenen Vorratsaktien von Anfang an bestehen, die Bezugsrechtsfrage bereits entschieden, die Kapitalzahl erhöht ist, gibt es den Schwebezustand hier gar nicht, der bei der bedingten Kapitalerhöhung viele Aktienrechtler so sehr bekümmert. Nur sind die neuen Bestimmungen insoweit sinngemäss anwendbar, als die Aktionäre und die interessierten Dritten Anspruch darauf haben, über die in die Welt gesetzten Gratisoptionen, vor allem hinsichtlich der die Verwässerung[108] bestimmenden Eckwerte, informiert zu werden.

---

[107] Verneinend *Botschaft 1983*, 123, Ziff. 316.21: «Die bedingte Kapitalerhöhung geht stets mit der Einräumung von Bezugsrechten an *Nichtaktionäre* einher.»
[108] Nämlich die Verwässerung der Beteiligung der *alten* Aktionäre, und die eventuelle Verwässerung des Gegenstandes der Option gegenüber den Optionsberechtigten.

C. Die rechtliche Verankerung des bedingten Kapitals

1. Definition des Vorgangs in den Statuten

Das neue Aktienrecht lässt die bedingte Kapitalerhöhung *in den Statuten* nicht etwa nur mit einem kurzen Vermerk aufscheinen (z.B. «Die Generalversammlung hat eine bedingte Kapitalerhöhung im Nennbetrag von Fr. 10 Mio. beschlossen»). Vielmehr ist die ganze Definition des Vorganges in die Statuten aufzunehmen: 234

(1) gesamter (maximaler) *Nennbetrag*;

(2) *Anzahl, Nennwert* und *Art* der auszugebenden Aktien;

(3) *Kreis* der Wandel- oder Optionsberechtigten;

(4) Aufhebung des *Bezugsrechts* der bisherigen Aktionäre;

(5) *Vorrechte* einzelner Kategorien von Aktien;

(6) *Vinkulierungsbestimmungen* (falls vinkulierte Namenaktien Gegenstand der Wandel- oder Optionsrechte sind[109]).

Nur gerade für den Fall, dass den Aktionären auf die eigenkapitalbezogene Anleihe ein *Vorwegzeichnungsrecht* eingeräumt wird[110], hat der Nationalrat zwei weitere Angaben, die der Bundesrat auch noch hatte stets in den Statuten sehen wollen, freigestellt: 235

(7) die Voraussetzungen für die Ausübung der Wandel- oder Optionsrechte;

(8) die Grundlagen, nach denen der Ausgabebetrag zu berechnen ist (also vor allem die Formel über die Preisanpassung als Verwässerungsschutz)[111].

Nach der Botschaft des Bundesrates hätten die *Statuten selbst* auch die Grundzüge der Abhilfe gegen andere Beeinträchtigungen sowie Laufzeit, Wandelrecht und Wandelfrist ausdrücklich nennen sollen[112]. Dafür findet sich im Gesetz kein Anhaltspunkt mehr. Im Gegenteil hat der Nationalrat die Äusserung der Botschaft, die allenfalls für eine solche obligatorische Verankerung der Wandelbedingungen in den Statuten hätte als Argument dienen können, ausdrücklich als unzutreffend erklärt[113]. 236

Nicht in die Statuten gehört der *Beginn der Dividendenberechtigung*. Diese Angabe erscheint im Prospekt über die Anleihe, für die die bedingte Kapitalerhöhung durchgeführt wird. 237

---

[109] *Amtl. Bull. NR* (1985) 1681.
[110] Art. 653b Abs. 2 OR 1991.
[111] Hinten IV/C/2 und 3, Rz 285 ff.
[112] *Botschaft 1983*, 125 und 128, Ziff. 316.21.
[113] *Amtl. Bull. NR* (1985) 1684.

2. Veröffentlichung im Handelsamtsblatt

238 Obgleich ein Umkehrschluss aus Art. 641 OR einen gegenteiligen Schluss vielleicht nahelegen könnte, ist die Statutenbestimmung über das bedingte Kapital *eintragungspflichtig*[114]. Ihr wesentlicher Inhalt ist im Handelsamtsblatt zu veröffentlichen.

3. Schutz der Bezugsrechte der bisherigen Aktionäre

239 Einer der ganz grossen Streitpunkte im Parlament war die genaue Formulierung, die für den Schutz der *Bezugsrechte* der bisherigen Aktionäre anlässlich des Beschlusses über eine bedingte Kapitalerhöhung gelten soll. Darüber ist im Zusammenhang mit dem allgemeinen Thema der Bezugsrechte bei Kapitalerhöhungen zu handeln (hiernach Abschnitt IV.).

4. Schutz der Optionsberechtigten vor nachträglicher Verwässerung

a)   Herabsetzung des Ausübungspreises oder angemessener Ausgleich

240 Eine ganz andere Frage als den Schutz der Bezugsrechte der Aktionäre spricht Art. 653d an: es geht um den Schutz der *Inhaber von schon ausgegebenen Wandel- und Optionsrechten* vor nachträglicher Verwässerung ihres vertraglich eingeräumten Rechtes. Das Wandel- oder Optionsrecht ist notwendigerweise ein derivatives Recht: es wird inhaltlich durch das zugrundeliegende Beteiligungsrecht bestimmt. Erhöht die Gesellschaft das Aktienkapital während der Schwebezeit des Wandel- oder Optionsrechtes, so kann sich der Marktwert oder der innere Wert der Aktie, in die gewandelt werden darf oder auf die das Optionsrecht geht, merklich vermindern. Dasselbe ist möglich durch die Ausgabe nochmals neuer Wandel- oder Optionsrechte oder auf andere Weise, so durch bestimmte Ausgestaltungen einer Kapitalherabsetzung oder durch Aktiensplit, gegebenenfalls auch durch die nachträgliche Umwandlung von Inhaberaktien in vinkulierte Namenaktien oder von Einheitsaktien in vermögensrechtlich zurückgesetzte Stammaktien.

241 In diesen Fällen verlangt das Gesetz – entsprechend der Usanz – , dass entweder der Wandel- oder Ausübungspreis[115] entsprechend *reduziert* oder dem Inhaber eines Wandel- oder Optionsrechtes, insoweit als er beeinträchtigt ist, auf andere Weise ein «*angemessener Ausgleich*» gewährt wird.

b)   Gleiche Beeinträchtigung

242 Wenig überzeugend ist die gesetzliche Regel, wonach dem Wandelobligationär oder Optionsscheininhaber die Zurücksetzung ohne Herabsetzung des Ausübungspreises und

---

[114] Es handelt sich um eine Statutenänderung, die der Verwaltungsrat gemäss Art. 647 Abs. 2 OR beim Handelsregister zur Eintragung anmeldet.

[115] Gemäss der Fassung des Nationalrates verwendet Art. 653d OR 1991 den Begriff «Konversionspreis», der für den Fall einer Optionsanleihe nicht sachgemäss ist. *Amtl. Bull. NR* (1985) 1685.

ohne Ausgleich dann zuzumuten ist, wenn die *gleiche Beeinträchtigung auch die Aktionäre* trifft. Hier handelt es sich um eine Fehlüberlegung[116]: Die Wandelobligationäre und Optionsrechtsinhaber sind Vertragspartner und *Gläubiger* der Gesellschaft; sie stehen ihr bis zur Ausübung des Rechtes auf Bezug von Aktien auch ausschliesslich als Dritte gegenüber. Sie sind daher entgegen der Botschaft vorerst nicht in die Schicksalsgemeinschaft der Aktionäre einbezogen, sondern müssen entweder durch Senkung des Ausübungspreises oder angemessenen Ausgleich in den ihnen vertraglich eingeräumten Rechten auch dann geschützt bleiben, wenn die Aktionäre sich selbst eine Beeinträchtigung zumuten.

5. Schutz der Optionsberechtigten bei Anrechten

Als Schutz der Inhaber der Wandel- und Optionsrechte sieht das Gesetz auch die weitere, neue Vorschrift, wonach die Gesellschaft die *Vinkulierung* demjenigen, der sein Anrecht ausübt, nicht entgegengehalten kann[117]. Immerhin lässt das Gesetz es zu, dass die Gesellschaft – in widersprüchlicher Weise, wenn sie schon ein solches Recht in die Welt gesetzt hat – einen Gläubiger oder Arbeitnehmer, der sein Anrecht ausgeübt hat, trotz allem abweisen kann, wenn sie sich dies ausdrücklich sowohl in den Statuten wie im Emissionsprospekt[118] vorbehalten hat[119].

243

D. Durchführung der bedingten Kapitalerhöhung

Die Durchführung der bedingten Kapitalerhöhung entspricht grundsätzlich der neuen Methodik des Aktienrechts von 1991. Zu beachten sind immerhin recht weitgehende Sondervorschriften. Im Nationalrat bezeichnete der Berichterstatter den Vorgang als «technisch schwierige Angelegenheit»[120].

244

1. Schriftliche Ausübungserklärungen

Das Wandel- oder Optionsrecht ist nur gültig ausgeübt, wenn es in *Schriftform* erfolgt, und wenn die Erklärung *ausdrücklich* auf die Statutenbestimmung über die bedingte Kapitalerhöhung und, wo anwendbar, auf den Emissionsprospekt Bezug nimmt[121]. Der Entschluss zur Ausübung oder Nichtausübung des Rechts hängt allerdings in der Praxis nicht nur von den seinerzeitigen Statuten- und Prospektbestimmungen ab, sondern

245

---

[116] Art. 653d Abs. 2 (am Ende) OR 1991. Schon in der *Botschaft 1983*, 128, Ziff. 316.21.
[117] Vgl. dazu *Peter Obrecht* (1984) 128 ff.
[118] Natürlich nur, wenn ein solcher gesetzlich notwendig ist.
[119] Art. 653d Abs. 1 (am Ende) OR 1991, gemäss einer Idee des Nationalrates, *Amtl. Bull. NR* (1985) 1685, verfeinert in (1990) 1358.
[120] *Amtl. Bull. NR* (1985) 1686.
[121] Art. 653e OR 1991.

vielmehr von der zwischenzeitlichen Entwicklung der Gesellschaft und des Marktwertes der unterliegenden Aktie – Informationen, die weder in den Statuten noch dem inzwischen vergilbten Prospekt aus der Emissionszeit enthalten sein können.

2. Einreichung bei der Bank

246 Die Leistung der Einlage erfolgt bei der bedingten Kapitalerhöhung durch die Einzahlung in Geld (bei Optionsanleihen) bzw. durch Verrechnung (bei Wandelanleihen)[122]. Zur Sicherstellung der Erfüllung muss sowohl die *Zahlung* wie die *Verrechnungserklärung* bei einem Institut hinterlegt werden, das dem Bankengesetz untersteht[123]; die Hinterlegung bei der Gesellschaft allein würde wirkungslos bleiben. Die Aktionärsrechte entstehen sofort und ohne weiteres mit der Zahlung oder Verrechnung[124].

3. Prüfung durch einen besonders befähigten Revisor

a) Qualifikation des Prüfers

247 Der Bundesrat hatte die Vorstellung, die in den Ablauf der bedingten Kapitalerhöhung einbezogene Bank habe hinsichtlich der Vollständigkeit und Übereinstimmung der Ausübungserklärungen eine besondere *Überprüfungspflicht*[125]. Dies stimmt mit dem Gesetz nicht überein. Im Gegenteil hat das Bankinstitut nur die administrativen Pflichten einer sorgfältigen Abwicklung der Zahlungen und der Entgegennahme der Papiere. Überprüfungspflichten im eigentlichen Sinn obliegen immer und ausschliesslich einem *besonders befähigten Revisor*. Im Unterschied zur genehmigten und zur qualifizierten Kapitalerhöhung muss eine Gesellschaft, die sonst ohne Revisoren mit Befähigungsausweis auskommt, bei der bedingten Kapitalerhöhung einen Sonderauftrag an eine Person oder Gesellschaft erteilen, die die Anforderungen des neuen Art. 727b erfüllt[126].

b) Prüfungsgegenstand

248 Der Revisor prüft *nach jedem Geschäftsjahr* gesamthaft, ob die während des letzten Jahres erfolgte Ausgabe der neuen Aktien dem Gesetz, den Statuten und, sofern ein solcher erforderlich ist, dem Prospekt entsprochen hat. Hier gibt es keinen Kapitalerhöhungsbericht des Verwaltungsrates. Der Revisor erfüllt damit eine direkte Prüfungsaufgabe: er nimmt nicht einen Bericht über einen Vorgang, sondern den Vorgang selbst unter die Lupe.

249 Es handelt sich hier indessen nur um die Prüfung der *Ausgabe der Aktien*. Die Revisionsstelle hat daher keine Aussagen über den Gegenstand zu machen, über den gemäss Art. 652e Ziff. 4 OR 1991 bei einer ordentlichen oder genehmigten Kapitalerhö-

---

[122] Art. 120 OR.
[123] Art. 653e Abs. 2 OR 1991.
[124] Art. 653e Abs. 3 OR 1991. Sie entstehen also *vor* der Eintragung im Handelsregister.
[125] *Botschaft 1983*, 129, Ziff. 316.22; Art. 653f OR 1991.
[126] Das war umstritten, *Amtl. Bull. NR* (1985) 1686; *StR* (1988) 472/73; *NR* (1990) 1359.

hung der Verwaltungsrat Rechenschaft abzulegen hat, und der dort von der Revisionsstelle zu prüfen ist: nämlich die Einschränkung des Bezugsrechtes und die Verwendung nicht ausgeübter Bezugsrechte. Diese Beschränkung ist auch methodisch richtig. Die Erhöhungsprüfung ist in der Tat bei der bedingten Kapitalerhöhung vom ursprünglichen Beschluss der Generalversammlung, der diese Dinge festgelegt hat, zeitlich sehr weit entfernt, Jahre oder, bei einer langfristigen Anleihe, eventuell ein Jahrzehnt. Es wäre unsinnig, jährlich von der Revisionsstelle im nachhinein eine Kritik an der Behandlung der Bezugsrechte im ursprünglichen Aktionärsbeschluss zu verlangen.

Der Revisor erstattet dem Verwaltungsrat eine schriftliche *Prüfungsbestätigung*[127], die im Jahresbericht wiederzugeben ist[128]. 250

4. Jährlicher Feststellungs- und Anpassungsbeschluss

Bei der bedingten Kapitalerhöhung gibt es – im Gegensatz zur genehmigten – *immer* einen Prüfungsbericht und *nie* einen Kapitalerhöhungsbericht. 251

Ähnlich wie beim Doppelbeschluss am Ende der ordentlichen bzw. genehmigten Kapitalerhöhung obliegt es hier dem *Verwaltungsrat*, nach Eingang der Prüfungsbestätigung in öffentlicher Urkunde die Jahressumme der «tropfenweise» abgelaufenen Ausgabe der Aktien und den Stand des Aktienkapitals festzustellen. Sache des Verwaltungsrates ist es, in öffentlicher Urkunde die Statuten dem festgestellten Zustand anzupassen[129]. Aus Art. 653h ergibt sich, dass dieser Vorgang einmal jährlich in relativ kurzer Frist nach Abschluss des Geschäftsjahres zu geschehen hat, denn der Verwaltungsrat hat die Anmeldung dem Handelsregister spätestens drei Monate nach Abschluss des Geschäftsjahres einzureichen. Es handelt sich um eine Ordnungsvorschrift, nicht etwa um eine Ausschlussfrist. 252

5. Streichung der Statutenbestimmung

Analog wie bei der genehmigten Kapitalerhöhung ist der Verwaltungsrat verpflichtet, die *Statutenbestimmung* über die bedingte Kapitalerhöhung ganz zu streichen, wenn die letzten Wandel- oder Optionsrechte entweder ausgeübt oder sonst erloschen sind[130]. 253

---

[127] Art. 653f Abs. 2 OR 1991.
[128] Art. 663d Abs. 2 OR 1991.
[129] Das Gesetz sagt ausdrücklich, es sei der Stand des Aktienkapitals am Schluss des Geschäftsjahres *oder* im Zeitpunkt der Prüfung festzustellen. Der einzige Stichtag, der dem ganzen vom Gesetz aufgerichteten System der jährlichen Kapitalanpassung, Rechnungslegung und Revision entspricht, ist jedoch der *Bilanzstichtag*. Andernfalls müsste auch die Prüfung durch die Revisionsstelle den Zeitraum bis zu jenem Kalenderdatum, an dem die Prüfung abgeschlossen wird, umfassen.
[130] Auch diese Feststellung ist vom besonders befähigten Revisor in einem schriftlichen Bericht dem Verwaltungsrat zu bestätigen. Art. 653i OR 1991.

IV. Die Einschränkung des Bezugsrechtes

A. Das Problem

254 Einer der meistumstrittenen Punkte der Aktienrechtsrevision war die Frage, unter welchen Voraussetzungen die Generalversammlung mit Mehrheitsbeschluss das *Bezugsrecht* der Aktionäre auf neue Aktien einschränken oder aufheben dürfe[131]. Auf der einen Seite ist zuzugestehen, dass Missbräuche möglich sind. Anderseits ist in dieser Frage, wo Flexibilität im wechselhaften Geschehen des Gesellschaftslebens und im Auf und Ab der Kapitalmärkte not tut, die Regelung, die aus der parlamentarischen Debatte hervorgegangen ist, zu starr. Das Verständnis der neuen Regelung wird überdies erschwert dadurch, dass sie nicht einen Wurf, sondern den unübersichtlichen Frontverlauf mühsam erkämpfter Kompromisse festhält. Für die ordentliche und die genehmigte Kapitalerhöhung einerseits und die bedingte Kapitalerhöhung anderseits liegen überdies verschiedenartige Probleme und Lösungsansätze vor.

1. Der Rechtszustand unter dem OR 1936

a) Tendenzen in der Praxis

255 Das OR 1936 räumte der Generalversammlung in der Frage des Bezugsrechtes entsprechend dem Grundgedanken der *Gestaltungsautonomie* jeder Gesellschaft weitgehende Freiheit ein[132]. Zwar hatte jeder Aktionär das Recht, bei einer Kapitalerhöhung einen seinem bisherigen Aktienbesitz[133] entsprechenden Teil der neuen Aktien zu beanspruchen. Sowohl die Statuten allgemein wie der Beschluss über die Erhöhung des Grundkapitals im Einzelfall konnten jedoch «*etwas anderes bestimmen*». Dies wurde dahin ausgelegt, dass ein Ausschluss oder eine Einschränkung des Bezugsrechtes in weitem Bereich möglich war, wenn die Hauptgrundsätze der Gleichbehandlung, der Erforderlichkeit, des sachlichen Grundes und des Übermassverbots beachtet blieben[134]:

256 (1) Der Grundsatz der *Gleichbehandlung* der Aktionäre ist einzuhalten. Wiederum ist es das Bundesgericht, das diesen Grundsatz aufgestellt hat[135]. Eine *Abweichung* von der Gleichbehandlung kann allerdings durch sachliche Gründe gerechtfertigt sein. Dies ist dann der Fall, wenn die ungleiche Behandlung «ein angemessenes Mittel zur Erreichung eines gerechtfertigten Zwecks» ist[136].

---

[131] *Amtl. Bull. NR* (1985) 1681 ff.; vgl. *2. EG-Richtlinie* (1976) Art. 29 und 40.
[132] Art. 652 OR 1936.
[133] Der Begriff «*Besitz*» erklärt sich durch die früher ausgeprägte Vorherrschaft der Inhaberaktie.
[134] Vgl. *Forstmoser/Meier-Hayoz* (1983) 245.
[135] BGE 91 II 302 und 102 II 267.
[136] Wiederum BGE 91 II 301.

(2) Der Ausschluss oder die Einschränkung muss selbst durch die Interessen der Gesellschaft begründet sein, d.h. *sachlich erforderlich* sein und nicht zur Wahrung von Sonderinteressen einzelner Gruppen dienen[137]; 257

(3) die Einschränkung darf nicht weiter gehen, als es zur Erreichung des gesellschaftlichen Zieles erforderlich ist, m.a.W., sie darf *nicht übermässig* sein[138]. Die Bezugsrechtseinschränkung untersteht dem Grundsatz der *schonenden Rechtsausübung* bei der Verfolgung des im Interesse der Gesellschaft liegenden Zieles[139]. 258

Auch unter dem früheren Recht konnten schon *indirekte* oder gar bloss *faktische* Beeinträchtigungen des Bezugsrechtes rechtlich relevant sein. Der Verwaltungsrat und die Mehrheitsaktionäre nützen behende eine konkrete Konstellation aus, in der einer oder mehreren Aktionärsgruppen die Ausübung des Bezugsrechtes praktisch verunmöglicht ist[140]. Allerdings war ein Missbrauchsfall nach OR 1936 nicht leichthin anzunehmen. Das Bundesgericht hat in den berüchtigten beiden «*Ringier*»-Entscheiden[141] der Mehrheit das Recht zugesprochen, bewusst eine massive Kapitalerhöhung zum Nennwert durchzuführen und damit den Minderheitsaktionär in das Dilemma zu versetzen, dass er entweder gegen seinen Willen sehr viel neues Kapital zuschiessen oder aber eine einschneidende, fast schon enteignungsähnliche Verwässerung von Kapital-, Gewinn- und Stimmrechtsquote in Kauf nehmen muss[142]. Die beiden «*Ringier*»-Entscheide haben das Schweizer Aktienrecht zutiefst beeinflusst: zuerst haben sie die Mehrheit der Schweizer Aktienrechtler auf die Palme gejagt und am Schluss zu gesetzgeberischen Überreaktionen geführt. 259

b) *Canes c. Nestlé*

Die Tendenz in der Literatur ging denn auch – vor allem zwischen 1968 und 1988 – dahin, es sei die Handlungsfreiheit der Leitungsorgane, ja auch der Mehrheit der Ak- 260

---

[137] Die Praxis geht zurück auf BGE 91 II 298 ff., 309; vgl. die Literaturhinweise bei *Gaudenz Zindel* (1984) 237.
[138] Diese zweite Anforderung geht ebenfalls auf die *Bundesgerichtspraxis* zurück. BGE 91 II 309 «Der Ausschluss des Aktionärs- und Bezugsrecht ... ist nur zulässig, soweit er für den Bestand und die Weiterentwicklung der Gesellschaft unerlässlich ist».
[139] Grundlegend *Meyer-Hayoz/Zweifel* (1974) 389/90 und 392, *Flavio Pelli* (1978) passim und *Gaudenz Zindel* (1984) 244; schon vorher *Walter René Schluep* (1955) 320 und 327. Dem Grundsatz der schonenden Rechtsausübung wird selbständige Bedeutung im Bundesgerichtsentscheid vom 25. Juni 1991 Canes c. Nestlé auch höchstrichterlich zuerkannt, a.a.O. Erw. 3 e/bb (zitiert Anm. 144). Der Grundsatz ist eine Ausfächerung des Grundsatzes von Treu und Glauben; er ist daher in den Gesichtspunkten, die zum Grundsatz der Erforderlichkeit, der Gleichbehandlung und des Übermassverbotes führen, im wesentlichen bereits enthalten.
[140] Vgl. die Beispiele bei *Gaudenz Zindel* (1984) 210.
[141] Die beiden Entscheide wurden insbesondere kritisiert von *Meyer-Hayoz/Zweifel* (1974) 385/86 und 393 ff. sowie von *Christoph von Greyerz* (1982) 160/61 und, schon sehr polemisch, *Max Kummer* in ZBJV 111 (1975) 137 ff.
[142] BGE 99 II 55 ff. Der Minderheitsaktionär musste entweder für Fr. 2,400,000 neue Aktien zeichnen oder eine Stimmkraftverminderung von 45,7% hinunter auf 5,7% hinnehmen(!). Im zweiten Ringier-Entscheid, BGE 102 II 265, stand der Minderheitsaktionär vor der Wahl, Fr. 1,890,000 neu zu investieren oder aber eine Kapitalverwässerung von mehr als Fr. 8,500,000 zu erleiden.

tionäre im Zweifel einzuschränken und in normative Bahnen zu weisen[143]. Insgesamt hat die Praxis sich davon aber nicht einseitig beeinflussen lassen und hat eine *ausgewogene Lösung* gefunden. Auf die kürzeste Formel gebracht: Insoweit als sachliche Gründe für den Ausschluss oder die Einschränkung des Bezugsrechtes bestehen, und das Gleichbehandlungsprinzip nicht unnötig verletzt wird, ist eine Ermächtigung des Verwaltungsrates zur Einschränkung des Bezugsrechts durch Generalversammlungsbeschluss statthaft.

261 Noch im Jahre der Annahme des neuen Aktienrechtes selbst hat das Bundesgericht sich im wegleitenden Entscheid Canes c. Nestlé vom 25. Juni 1991[144] den immer weiter gehenden Tendenzen, einen Bezugsrechtsausschluss *per se* als Missbrauch der Mehrheitsmacht darzustellen, deutlich entgegengestellt. Dies hat Bedeutung auch für die Auslegung des neuen Rechts. Das Bundesgericht hat mit eingehender Begründung das Recht der Generalversammlung bestätigt, die Festlegung und Einschränkung des Bezugsrechts *an den Verwaltungsrat zu delegieren*[145]. Es ist einzig erforderlich, dass die Ermächtigung nicht schon selbst auf unrechtmässige Vorgänge abzielt; der Verwaltungsrat ist seinerseits in jeder Hinsicht an die von der Lehre und Rechtsprechung aufgestellten Grundsätze der Bezugsrechtseinschränkung gebunden. Der Delegationsbeschluss muss aber diese Grundsätze nicht selber erwähnen oder gar aufzählen. Verletzt der Verwaltungsrat die Grundsätze ernstlich, so macht er sich verantwortlich. Die Anfechtungsklage ist gegen den aufgrund der Delegation gefassten Beschluss des Verwaltungsrates nicht gegeben[146]. Anfechtbar sind nur Beschlüsse der Aktionäre.

2. Die Neuerungen des Aktienrechts von 1991

262 Der Text des neuen Aktienrechtes ist durch die vor allem in den siebziger Jahren aufblühende Grundhaltung geprägt, man müsse der Freiheit der Verwaltungsräte, denen man teilweise recht pauschal einen Hang zur *Willkür* vorwarf, mit feinen Regulierungen des Gesetzes enge Schranken setzen. Wenn irgendwo die helvetische Regulierungsfreude Spuren hinterlassen hat, dann in diesem Bereich.

a) Verbot der Einschränkung des Bezugsrechts in den Statuten

263 Obgleich es aus dem neuen Gesetzestext – Art. 652b – zunächst gar nicht augenfällig hervorgeht, enthält das neue Aktienrecht eine Änderung gegenüber dem bisherigen Recht: Die *Statuten* dürfen das Bezugsrecht[147] nicht mehr ausschliessen oder auch nur einschränken[148].

---

[143] Tendenziell auch *Ulrich F. Krebs* (1980) 82, 141, 160; auch *Christoph von Greyerz* (1982) 160 und 185; *Gaudenz Zindel* (1984) 237 ff.
[144] NZZ Nr. 144 vom 25. Juni 1991, 35, und Nr. 217 vom 19. September 1991, 33 f., veröffentlicht in Sem. 113 (1991) 653 ff. und AJP 1 (1992) 108 ff.; BGE 117 II 290 ff.; Bemerkungen von *Alain Hirsch* in SZW 63 (1991) 291 ff.
[145] Noch eher zurückhaltend BGE 91 II 298; nun eindeutig der Bundesgerichtsentscheid vom 25. Juni 1991 i.S. Canes c. Nestlé, Erw. 3 e/cc. In diesem Sinne der grösste Teil der Literatur, vgl. *Peter Forstmoser* (1981) 483; schon *Edward E. Ott* (1962) 56/57; *Martin Forster* (1970) 90 ff.; *Beat Hess* (1977) 70. In neuerer Zeit *Gaudenz Zindel* (1984) 252 und *Erwin Willener* (1986) 41.
[146] a.a.O. Erw. 3 e/cc (am Ende).
[147] Im Gegensatz zum bisherigen Art. 652 OR 1936.

In Tat und Wahrheit kämpft das Gesetz mindestens mit dem Verbot des Ausschlusses 264
gegen Windmühlen. Ein statutarischer Ausschluss des Bezugsrechtes[149] kommt praktisch nicht vor, eine allgemein wirksame Beschränkung scheint äusserst selten zu sein[150].
Die Behauptung aber, man könne sich überhaupt keine legitime Begründung für eine
Einschränkung des Bezugsrechtes in den *Statuten* vorstellen[151], ist in zweifacher Hinsicht missverständlich:

(1) Zulässig bleiben muss die statutarische Einschränkung oder jedenfalls «Kana- 265
lisierung» des Bezugsrechtes als Bestandteil der sachgerecht definierten *unterschiedlichen Rechtsstellung* von Vorzugs- und Stammaktien, von Aktien und Genussscheinen;

(2) Insoweit als die Statuten nichts anderes festhalten als die *Richtlinien*, nach denen 266
im Einzelfall beim Erhöhungsbeschluss das Bezugsrecht eingeschränkt oder ausgeschlossen werden kann, liegt jedenfalls eine gültige Statutenbestimmung vor. Man
wird den Statuten auch zugestehen, dass sie etwa die Grundsätze, die das Gesetz
mit dem Wort «insbesondere» bei den wichtigen Gründen für die Einschränkung
des Bezugsrechtes unbestimmt erwähnt[152], näher ausführen.

Hinter der strengen neuen Regelung steht keineswegs nur eine *Annäherung* an die 267
Rechtslage gemäss der 2. EG-Richtlinie und im vorgeschlagenen Statut der Societas
Europaea[153], im deutschen und im französischen Recht[154]. Dahinter steht vielmehr die
Überlegung, dass sich die gesetzlichen Kriterien nur im konkreten Einzelfall auf eine
Bezugsrechtsbeschränkung anwenden lassen. Der Verwaltungsrat soll gezwungen sein,
im Einzelfall die Gründe zu nennen, die die Einschränkung des gesetzlich bestehenden
Rechtes gerade hier und jetzt, in diesem Kapitalerhöhungsbeschluss, als sachlich geboten und rechtsgleich erscheinen lassen.

b)   Kapitalerhöhungsbericht

Dem entspricht, dass nach neuem Aktienrecht der Verwaltungsrat im *Kapitalerhöhungs-* 268
bericht – der neuerdings bei jeder ordentlichen oder genehmigten Kapitalerhöhung zu
erstatten ist, auch bei einer noch so orthodoxen Barkapitalerhöhung – «*Rechenschaft*»
darüber abzulegen hat, wie es mit dem Bezugsrecht gehalten wurde[155].

---

[148] Das ist die vom Bundesrat ausdrücklich befürwortete Auslegung. Er geht von der angesichts der differenzierten Gerichtspraxis unzutreffenden pauschalen Aussage aus, «im geltenden Recht» (OR 1936) sei das Bezugsrecht «nur schlecht geschützt». *Botschaft 1983*, 24, Ziff. 132.3: «Das Bezugsrecht wird entsprechend seiner grundsätzlichen Bedeutung und seiner wichtigen vermögensrechtlichen Aspekte stärker geschützt. Es kann nur im Erhöhungsbeschluss und nur innerhalb bestimmter Schranken aufgehoben werden.» Ebenso, an anderer Stelle, *Botschaft 1983*, 52, Ziff. 204.4.
[149] Hier immer das Bezugsrecht bei der *ordentlichen* und der *genehmigten* Kapitalerhöhung.
[150] *Gaudenz Zindel* (1984) 212. Zindel hat 120 Statuten überprüft, und in *keinem einzigen Exemplar* kam der totale Bezugsrechtsausschluss vor.
[151] *Christoph von Greyerz* (1982) 160.
[152] Art. 652b Abs. 2 Satz 2 OR 1991.
[153] *2. EG-Richtlinie* (1976) Art. 29 Abs. 4 Satz 1; *Vorschlag SE 1991*, Art. 44 Abs. 3.
[154] § 186 Abs. 3 AktG; Art. 186 Abs. 1 LSC.
[155] Art. 652e Ziff. 4 OR 1991, nach der Fassung des Parlamentes: «... insbesondere über die Einschränkung oder die Aufhebung des Bezugsrechtes sowie über die Zuweisung nicht ausgeübter oder entzogener Bezugsrechte». *Amtl. Bull. NR* (1985) 1680.

B. Doppelte Voraussetzung für die Einschränkung des Bezugsrechts bei ordentlicher und genehmigter Kapitalerhöhung

269 Der Aktionär kann seine Stellung in der Gesellschaft durch eine Kapitalerhöhung in dreifacher Hinsicht negativ verändert sehen, wenn er nicht «mitziehen», d.h. einen seinem bisherigen Aktienbesitz arithmetisch entsprechenden Teil der neuen Aktien erwerben kann:

– hinsichtlich des *Kapitalanteils* (Kapitalverwässerung);

– hinsichtlich des *Gewinnanteils* (Gewinnverwässerung);

– hinsichtlich seiner relativen *Stimmkraft* (Stimmrechtsverwässerung).

270 Zum Schutze dieser Positionen dient das *Bezugsrecht*. Dabei steht aber umgekehrt fest, dass es immer wieder konkrete Situationen gibt, in denen sich das rein arithmetisch-statisch verstandene Bezugsrecht überhaupt nicht oder nicht voll wahren lässt, sollen die Leitungsorgane der Gesellschaft eine günstige Gelegenheit für eine Eigenkapitaltransaktion zeitgerecht – und im Interesse gerade auch der bisherigen Aktionäre – ergreifen können. Und je nach der Konstellation des Einzelfalls, der Grösse der Gesellschaft, je nachdem, ob ihre Aktien kotiert sind oder nicht, kommt jeder der genannten Verwässerungsarten eine ganz unterschiedliche Bedeutung zu[156]. In den meisten Fällen steht allerdings die Kapitalverwässerung im Vordergrund.

271 Das Parlament hat die Lösung des Entwurfs von 1983 in diesem Punkt abgeändert und eine Zweiteilung der Voraussetzungen eingeführt. Für jede Aufhebung des Bezugsrechtes bei einer ordentlichen oder einer genehmigten Kapitalerhöhung gilt nun verfahrensmässig das Erfordernis der *qualifizierten Mehrheit* («Doppelhürde» gemäss Art. 704 Abs. 1 OR 1991) und inhaltlich ein Doppeltest – einer für den *Anlass* bei der Gesellschaft, und einer für die *Auswirkungen* bei den Aktionären. Es braucht als *positive Voraussetzung* einen «wichtigen Grund», und als *negative Voraussetzung* die Feststellung, dass «niemand unsachlich begünstigt oder benachteiligt» wird[157].

1. Positive Voraussetzung: Aufhebung im konkreten Fall aus «wichtigem Grund»

272 Fehlt ein wichtiger Grund für die Bezugsrechtsbeschränkung, so ist diese nach neuem Recht unrechtmässig, selbst wenn zwei Drittel der vertretenen Aktionäre für sie gestimmt haben sollten. Als *«wichtiger Grund»* gilt nach der Aussage des Gesetzes «insbesondere» die Übernahme von Unternehmen, Unternehmensteilen oder Beteiligungen sowie die Mitarbeiterbeteiligung. Man wird sich fragen müssen, warum diese Gründe stets «wichtig» sind, und welche anderen wichtigen Gründe, angesprochen durch das Wort «insbesondere», es noch geben kann. Nicht erwähnt sind ausgerechnet die klassischen Fälle, in denen der Ausschluss des Bezugsrechtes sich von selbst immer

---

[156] Illustrativ schon *Hans Kaspar Frey* (1962) 26 ff.

[157] Art. 652b Abs. 2 OR 1991. Vgl. *2. EG-Richtlinie* (1976) Art. 29 Abs. 4 und Art. 40.

wieder als notwendig ergibt: die *Sacheinlage* und die *Fusion*. Die Gesellschaft kann einem Sacheinleger nur dann neue Aktien als Gegenleistung versprechen, wenn den Altaktionären kein Anrecht auf diese Aktien zusteht. Und auch der für die grossen, international tätigen Gesellschaften wichtigste Fall ist nicht erwähnt, die *Aktienplazierung* auf dem inländischen oder dem ausländischen Kapitalmarkt.

Indessen kann kein Zweifel daran bestehen, dass das Parlament mit dem «*wichtigen Grund*» nichts anderes anstrebte als die Wiedergabe dessen, was sich aus der Bundesgerichtspraxis der letzten Jahrzehnte herauskristallisiert hat – unter den Begriffen des «sachlichen Grundes», der «schonenden Rechtsausübung» und der «Erforderlichkeit». Nach dem Bundesgerichtsentscheid Canes c. Nestlé vom 25. Juni 1991 steht fest, dass jedenfalls die Frage der Zulässigkeit einer Einschränkung des Bezugsrechtes stets im Lichte der *Besonderheiten des Einzelfalls* zu entscheiden ist. Dabei spielt das objektive Interesse der Gesellschaft, im rasch ändernden Auf und Ab der Finanzmärkte günstige Gelegenheiten zur Eigenkapitalbeschaffung rasch auszunützen, eine ebenso bestimmende Rolle wie das Verhältnis von Ausgabepreis zum Marktpreis. Je näher der erste beim zweiten ist, desto geringer ist die allenfalls beim Aktionär feststellbare Einbusse. Wird zum vollen Marktpreis plaziert, so ist die direkte vermögensrechtliche Einbusse (Kapitalverwässerung) bekanntlich null – es bleiben allerdings die Stimmrechts- und gegebenenfalls die Gewinnanteilverwässerung. 273

Der Griff des Gesetzgebers zum «*wichtigen Grund*» ist dennoch eher unglücklich[158]. Man hat bisher stets von den «sachlichen Gründen» gesprochen und damit ein Doppeltes erreicht. Einerseits wurde vermieden, dass der im Obligationenrecht eine grosse Rolle spielende Begriff des wichtigen Grundes[159] im Aktienrecht in einem völlig anderen Sinnzusammenhang verwendet wird. Wichtiger Grund heisst im Obligationenrecht ein Umstand, der die Fortsetzung eines Dauerverhältnisses der einen oder anderen Partei nach Treu und Glauben unzumutbar macht. Mit dieser Unzumutbarkeit einer Dauerbeziehung hat der aktienrechtliche «wichtige Grund» des Art. 652b Abs. 2 Satz 2 kaum etwas zu tun – hier drückt sich die Wichtigkeit des Grundes darin aus, dass positiv ein schutzwürdiges Interesse der Gesellschaft an einer Bezugsrechtsbeschränkung besteht und die Einschränkung auch sachlich begründet, erforderlich und nicht übermässig ist. 274

2. Negative Voraussetzung: Keine unsachliche Begünstigung oder Benachteiligung

Schon der Entwurf von 1983[160] drückte mit dem Vorschlag eines «Begünstigungsverbots» den Grundsatz von Treu und Glauben als Ausprägung des *Gleichbehandlungsprinzips* aus, so wie er in der Rechtsprechung des Bundesgerichts herausgearbeitet worden ist. Es geht hier wiederum um die Sachlichkeit, diesmal aber nicht hinsichtlich der Begründetheit und Erforderlichkeit der Massnahme als solchen, sondern hinsichtlich des Grades, mit der durch sie *in die Gleichbehandlung direkt eingegriffen*, 275

---

[158] *Alain Hirsch* (1991) 295 hat die Frage aufgeworfen, ob die neue Formulierung von Art. 652b Abs. 1 OR 1991 den Fall der Aktienplazierung decke, und sie vorsichtig bejaht.
[159] Art. 337, 418r, 545 Abs. 1 Ziff. 7, 577 OR.
[160] *Entwurf 1983*, Art. 652b Abs. 3 Ziff. 3; *Botschaft 1983*, 121, Ziff. 316.13.

von zwei Gruppen die eine begünstigt, die andere benachteiligt wird. Es geht um die rechtliche Würdigung der *Auswirkungen* auf die am Eigenkapital Beteiligten. Eine unsachliche Benachteiligung bzw. Begünstigung liegt dann vor, wenn – wie im wegleitenden Bundesgerichtsentscheid Fux[161] – die Einschränkung des Bezugsrechts dazu dient, einer bestimmten Aktionärsgruppe Vorteile zuzuschanzen, die in Wahrheit nichts zu tun haben mit der Verfolgung des Gesellschaftszwecks und der Beschaffung neuen Eigenkapitals[162].

3. Weitere Voraussetzungen bei der ordentlichen Kapitalerhöhung

276 Bei der ordentlichen Kapitalerhöhung muss der notariell beurkundete Erhöhungsbeschluss der Generalversammlung die Einschränkung oder Aufhebung des Bezugsrechtes und die Zuweisung nicht ausgeübter oder entzogener Bezugsrechte sowie die Voraussetzungen für die Ausübung vertraglich erworbener Bezugsrechte ausdrücklich nennen[163]. Dies ist bei einer solchen, innerhalb von drei Monaten durchzuführenden Transaktion meist möglich; es schränkt aber die Flexibilität der Gesellschaftsorgane in der schnell wechselnden Welt der Kapitalmärkte ein.

4. Die genehmigte Kapitalerhöhung

a) Abweichende Situation

277 Die Lage stellt sich bei der genehmigten Kapitalerhöhung grundsätzlich anders dar. Beim autorisierten Kapital wird der definitive Beschluss über die *Ausgabe der neuen Aktien* erst *längere Zeit*, vielleicht ein oder zwei Jahre, nach dem Ermächtigungsbeschluss durch den Verwaltungsrat gefasst. Je nach dem Zweck, für den dann die Aktien wirklich ausgegeben werden, kann es sich später als notwendig herausstellen, das Bezugsrecht zur erfolgreichen Durchführung der Eigenkapitalaufnahme einzuschränken. Die Idee nun, dass die Einzelheiten des Bezugsrechts im Hinblick auf eine in zwei Jahren ablaufende Aktienausgabe am ersten Tag, jenem des Ermächtigungsbeschlusses, definitiv feststellbar wären, ist geradezu unhaltbar. Effektiv hängt der Grad der möglichen und in die Güterabwägung einzubeziehenden Beeinträchtigung des Altaktionärs entscheidend von dem Verhältnis des Ausgabepreises für die neuen Aktien zum Marktwert der alten Aktien ab. Je näher der Preis, den die neuen Aktionäre für ihren «Einkauf» in die Gesellschaft zahlen müssen, beim Marktwert liegt, desto geringer ist die relative Vermögenseinbusse des Altaktionärs. Je geringer die Nachteile für den Altaktionär, desto leichter lässt sich eine Bezugsrechtseinschränkung rechtfertigen.

---

[161] BGE 91 II 309.
[162] Eng mit der Vinkulierung verknüpft ist Art. 652b Abs. 3 OR 1991. Danach kann die Gesellschaft demjenigen, dem sie ein Bezugsrecht eingeräumt hat, nicht den Bezug unter Anrufung einer Vinkulierungsklausel verwehren. Die Bedeutung dieser Vorschrift zeigt sich nach dem letzten Stand der Aktienrechtsreform insbesondere dann, wenn durch den Bezug ein bisher Beteiligter eine statutarische Höchstquote überschreitet. Hierzu Kapitel 5/II/B, Rz 579 ff..
[163] Gemäss Art. 650 Abs. 2 Ziff. 8 und 9 OR 1991.

Das Parlament hat den Katalog der *notwendigen Beschlusspunkte* für einen Kapitalerhöhungsbeschluss namentlich hinsichtlich der Bezugsrechte noch verschärft und einen neunten Punkt hinzugefügt: Danach sind auch die Voraussetzungen für die Ausübung vertraglich erworbener Bezugsrechte im Kontext der Statuten anzugeben. 278

Es gehört zu den Schwächen des neuen Aktienrechts, dass seine wörtliche Auslegung den Schluss nahelegen könnte, dem Verwaltungsrat werde ein sachlicher Entscheid in dieser Frage nicht zugetraut, und es sei die Generalversammlung gezwungen, schon im *Ermächtigungsbeschluss* die Einzelheiten über das Bezugsrecht höchstselbst verbindlich festzulegen. Dieser Schluss könnte sich aus Art. 651 Abs. 3 ergeben, dem Befreiungskatalog. Danach scheint es keine Befreiung von der Pflicht zu geben, die Regelung des Bezugsrechtes schon am Anfang festzulegen; es wird anscheinend sogar verlangt, dass diese Festlegungen ihren Platz im *Kontext der Statuten* finden[164]. So verstanden wäre man in der Schweiz aus dem Zustand einer gewissen Unterregulierung direkt in die Sünde der Überregulierung verfallen. 279

b) *Delegation im Ermächtigungsbeschluss*

Ein derartiges Verständnis der Vorschrift von Art. 651 Abs. 3 OR 1991 ist indessen keineswegs zwingend. Die ganze Existenzberechtigung des genehmigten Kapitals liegt in der *erhöhten Flexibilität*, die dem Verwaltungsrat zur raschen Wahrnehmung von für die Gesellschaft günstigen Gelegenheiten eingeräumt wird. Was funktional der Generalversammlung zustehen muss, ist die Festlegung des Rahmens, nicht die Ausfüllung des Rahmens in den Einzelheiten. Es gibt keinen Grund, warum die eindrückliche Bejahung der Delegation solcher Entscheide an den Verwaltungsrat im Bundesgerichtsentscheid vom 25. Juni 1991[165] nicht auch bei der Auslegung des neuen Rechts Gewicht haben sollte. Es ist als sinngemässe Auslegung zu postulieren: Nur der Ermächtigungsbeschluss mit dem *Grundsatz* und den *Leitlinien,* die gelten sollen, ist in den Kontext der Statuten aufzunehmen. Die konkreten Einzelheiten zur Verwendung von nicht ausgeübten Bezugsrechten gehören nicht ins Grundgesetz der Gesellschaft. 280

Mehr noch: Die Zulassung der Delegation für die konkreten Einzelheiten ist allein imstande zu gewährleisten, dass das Anliegen des Gesetzgebers von 1991, die Gesellschaften in jedem konkreten Fall der Aktienausgabe zur *Rechtfertigung der Bezugsrechtsbeschränkung* in concreto zu zwingen, erfüllt wird. Genau diese konkreten Zusammenhänge sind am Tage des Ermächtigungsbeschlusses der Generalversammlung überhaupt noch nicht oder nicht genügend deutlich zu beurteilen. 281

Sollte indessen die Praxis eine *Ermächtigungsklausel* in den Statuten wegen Art. 651 Abs. 3 ausschliessen, so würde ohne Zweifel diese Zwangsjacke – zusammen mit der ohne Notwendigkeit gegenüber dem EG-Standard von fünf auf zwei Jahre verkürzten Frist – die praktische Verwendbarkeit des genehmigten Kapitals nach helvetischer Ob- 282

---

[164] Art. 651 Abs. 3 OR 1991 befreit von der Aufnahme in den Statuten nur vier Punkte der neun Punkte aus Art. 650 Abs. 2 OR 1991, nämlich die Punkte der Ziff. 3 (Ausgabebetrag), Ziff. 4 (die Art der Einlagen), Ziff. 5 (Sachübernahmen) und Ziff. 3 a.E. (Beginn der Dividendenberechtigung). Die Ziffer 1 (Betrag der auf den Nennwert zu leistenden Einlage) und die Ziffern 8 und 9 über die *Bezugsrechtsregelung* gehören damit nach dieser Regelung auch beim genehmigten Kapitel in die *Statuten*.

[165] Canes c. Nestlé (zit. Anm. 144), Erw. 3e.

servanz beeinträchtigen. In einem entscheidenden Punkt würde es an genau jener Flexibilität fehlen, um derentwillen das ganze Institut der genehmigten Kapitalerhöhung ins Gesetz eingefügt worden ist.

C. Einschränkung des Bezugsrechtsrechtes bei der bedingten Kapitalerhöhung

1. Besonderheit der Situation

283 Das Gesetz regelt die Aufhebung bzw. Einschränkung des Bezugsrechts für die *bedingte Kapitalerhöhung* gesondert. Tatsächlich unterscheidet sich hier die Situation in mehrfacher Hinsicht von derjenigen bei einer ordentlichen oder genehmigten Kapitalerhöhung:

a) Die ganze bedingte Kapitalerhöhung ist von Kopf bis Fuss auf die Einräumung von Bezugsrechten an *Nicht-Aktionäre* eingestellt – sie *ist* von Natur aus eine konzeptuelle Abweichung vom Bezugsrecht der Anteilseigner nach ihrer bisherigen Eigenkapital-, Gewinn- und Stimmrechtsquote;

b) die *Kapitalverwässerung*[166], die sich bei einer zu «grosszügigen» Festlegung der Ausübungsbedingungen einstellt, liegt weit in der Zukunft und ist durch die Aktionäre im Augenblick der Beschlussfassung schwer einzuschätzen.

284 Die Bezugsberechtigung Dritter ist umgekehrt begrenzt durch die enge gesetzliche Definition derjenigen, für die überhaupt eine bedingte Kapitalerhöhung durchgeführt werden kann: es sind nur die *Gläubiger* von Wandel- oder Optionsanleihen einerseits und die *Arbeitnehmer* andererseits. Trotz dieser starken Einengung hat aber der Alptraum eines denkbaren Missbrauchs auch beim bedingten Kapital die Nächte der Parlamentarier belastet[167].

2. Die gesetzliche Regelung von 1991

285 Der Gesetzestext weicht recht weit von dem ursprüngliche Vorschlag des Bundesrates ab[168]. Vom Gedanken einer Alternative, einer «*Entschädigung*» der bisher allein beteiligten Aktionäre[169] ist das Parlament ganz abgekommen, und die jetzt geltende Regelung sieht eine positive und eine negative Voraussetzung zugleich vor.

---

[166] *Amtl. Bull. StR* (1988) 472. Oft geht damit aber auch eine Gewinnverwässerung, immer eine Stimmrechtsverwässerung einher.
[167] Illustrativ *Amtl. Bull. StR* (1988) 472.
[168] *Entwurf 1983*, Art. 653c; *Botschaft 1983*, 126, Ziff. 316.21.
[169] *Botschaft 1983*, 127, Ziff. 316.21.

a) Positive Voraussetzung: Vorwegzeichnungsrecht der Aktionäre

Im Parlament hat sich schliesslich der Gedanke des obligatorischen *Vorwegzeichnungsrechtes* durchgesetzt. Die Anleihensobligationen, die das Wandel- oder Optionsrecht tragen, sind vorrangig den Aktionären entsprechend ihrer bisherigen Beteiligung zur Zeichnung anzubieten. Funktionell geht es um ein Vorrecht der bisher Beteiligten gegenüber den neuen Kapitalgebern, die der Gesellschaft Fremdkapital zu niedrigerem Zins, aber gegen eine bestimmte künftige Aktienbezugsberechtigung zur Verfügung stellen wollen.

286

Das *Vorwegzeichnungsrecht*[170] bietet einesteils eine anerkanntermassen elegante Lösung für die Wahrung des Besitzstandes der bisher Beteiligten. Wollen diese nicht mitmachen und kein neues Geld bringen, so können sie sich auch nicht mehr über die eintretende Verwässerung beklagen, wenn Dritte das tun, wozu sie selbst nicht bereit sind. Das Vorwegzeichnungsrecht bringt aber einen prozeduralen Stolperstein; es könnte die Verwendung des Instituts des bedingten Kapitals den grossen, auf internationalen Kapitalmärkten tätigen Publikumsgesellschaften erschweren oder in bestimmten Situationen verunmöglichen. Der Entschluss zur eigenkapitalbezogenen Fremdkapitalaufnahme muss im Wechsel der Marktbedingungen rasch, in der Zeitspanne weniger Tage gefasst werden können. Der Einwand eines kapitalhungrigen Eidgenossen in London, er müsse zuerst noch zu Hause seine Aktionäre fragen – und das Vorwegzeichnungsangebot braucht in der Praxis eher Wochen als Tage – , kann zu Schwierigkeiten führen. Wer nicht entscheidfähig ist, ist nicht verhandlungsfähig.

287

Das Gesetz erlaubt allerdings, dass die Generalversammlung dieses Vorwegzeichnungsrecht beschränkt oder aufhebt, wenn zwei Bedingungen erfüllt sind:

288

(1) es muss ein «*wichtiger Grund*» vorliegen. Jeder auf die Behauptung eines wichtigen Grundes gestützte Beschluss ist aber grundsätzlich anfechtbar und mit Rechtsunsicherheit belastet. Jede rechtliche Ungewissheit ist Gift für eine Kapitalmarkttransaktion.

Die mit Art. 652b Abs. 2 Satz 2 übereinstimmende Formulierung ist entsprechend den dort gewonnenen Einsichten auszulegen: es ist eine Wiederaufnahme dessen, was die Gerichte zu den Kriterien der «Erforderlichkeit» des «sachlichen Grundes» und der «Gleichbehandlung» herausgearbeitet haben.

289

(2) Die Gesellschaft muss in den *Statuten* selbst, also im notariellen Akt und von Anfang an, die Voraussetzungen für die Ausübung der Wandel- oder Optionsrechte angeben, und ebenso die Grundlagen, nach denen der Ausgabebetrag zu berechnen ist[171].

290

b) Negative Voraussetzung: Keine unsachliche Begünstigung oder Benachteiligung

Selbst dann, wenn das Vorwegzeichnungsrecht gewährt wird, die bisher Beteiligten also die Wandel- bzw. Optionsrechte durch die Zeichnung der Obligationenanleihe vorweg

291

---

[170] *Amtl. Bull. StR* (1988) 472.
[171] Art. 653b Abs. 2 OR 1991; *Amtl. Bull. NR* (1985) 1685; *StR* (1988) 471/72.

an sich ziehen können, darf die für die bedingte Kapitalerhöhung notwendige Aufhebung des künftigen Bezugsrechtes – gemeint ist: des Bezugsrechtes derjenigen Aktionäre, die *nicht* neues Fremdkapital beisteuern wollen, auf die später entstehenden Aktien – niemanden *unsachlich begünstigen oder benachteiligen.* Das Gesetz will offensichtlich verhindern, dass der ganze Vorgang der Ausgabe einer Wandel- oder Optionsanleihe (mit Vorwegzeichnungsrecht, oder aus wichtigem Grund ohne Vorwegzeichnungsrecht) mit dem Ziel einer unsachlichen Begünstigung der Mehrheitsgruppe durchgeführt wird. Es ist fraglich, ob es wirklich nötig war, für einen solchen Fall eine eigene Gesetzesvorschrift aufzustellen, befinden wir uns doch ohnehin im Anwendungsbereich der Grundsätze von Treu und Glauben und der Gleichbehandlung.

292 Notwendig dagegen ist die zweite Aussage der neuen Bestimmung, die auf eine ganz andere Frage abzielt: beschliesst die Generalversammlung, das *Vorwegzeichnungsrecht* der bisher Beteiligten aus wichtigem Grund aufzuheben oder einzuschränken, so darf *darin* keine unsachliche Begünstigung oder Benachteiligung liegen.

3. Überreglementierung durch das Gesetz von 1991?

293 Die Einschränkungen der Handlungsfreiheit der Leitungsorgane bei der Aufnahme von eigenkapitalbezogenem Fremdkapital beruhen auf einer skeptischen Einschätzung der Gefahren- und Interessensituation[172]. Der Verwaltungsrat hat gerade in den Publikumsgesellschaften, die für solche Transaktionen in erster Linie in Frage kommen, nur in Ausnahmefällen ein Interesse daran, durch eine allzu grosszügige Gestaltung der Erwerbsbedingungen zugunsten der Fremdkapitalgeber die bisherigen Aktionäre zu schädigen. Er würde damit den Kurs der schon ausstehenden Aktien unnötig herunterdrücken, eine Entwicklung, die seinen Handlungsspielraum in fast allen denkbaren Situationen nur einengt und seine Stellung ganz sicher nicht festigt. Der Verwaltungsrat muss nach neuem Recht eine qualifizierte Mehrheit der Aktionäre von seinem Konzept überzeugen, und er hat jedes Interesse daran, die Konditionen einer Wandel- oder Optionsanleihe *möglichst exakt kapitalmarktkonform* und damit im Interesse des Unternehmens festzulegen. Er wird sich dazu auch praktisch immer professionell beraten lassen. Die neue Regelung neigt, im Pendelschlag gegenüber der früheren Regellosigkeit, nun auf die Seite der Überreglementierung[173].

---

[172] Illustrativ *Amtl. Bull. StR* (1988) 472: «Werden die Wandel- oder Bezugskonditionen zu günstig festgelegt, können sich die Inhaber zu billig in die Gesellschaft einkaufen ...».
[173] Diese Gefahr war in der Tat schon im Nationalrat aufgezeigt worden, aber vergeblich. *Amtl. Bull. NR* (1985) 1682/83. Skeptisch gegenüber den neuen Fesseln ebenso *Peter Forstmoser* (1992) 61/63.

V. Verhältnis zum EG-Recht

Im Bereich der Kapitalerhöhung hat das neue Aktienrecht, vorbehältlich einiger bedauerlicher Ausrutscher, mit dem Stand des EG-Rechtes gleichgezogen. Es hat teilweise das EG-Soll sogar übererfüllt. 294

1. Die besonderen Arten der *Kapitalerhöhung* (genehmigte Kapitalerhöhung, bedingte Kapitalerhöhung, Kapitalerhöhung durch Umwandlung von Eigenkapital und durch Verrechnung; Kapitalerhöhungen gegen Sacheinlagen und im Zusammenhang mit Sachübernahmen sowie Kapitalerhöhungen mit Sondervorteilen) sind im neuen Aktienrecht weithin EG-konform (2. EG-Richtlinie von 1976) und zweckmässig geregelt. 295

   Vom EG-Recht (2. EG-Richtlinie) wird dagegen das *Vorwegzeichnungsrecht* der Aktionäre bei der bedingten Kapitalerhöhung nicht in gleicher Weise angeordnet, weil das Erfordernis des «wichtigen Grundes» für die Einschränkung des Bezugsrechtes dort nicht bekannt ist. 296

2. Die neue Unterscheidung zwischen *Beschluss* einerseits und *Durchführung* der Erhöhung andererseits stimmt mit dem Recht auch der *Societas Europaea* überein. Dagegen steht der vom Parlament auf zwei Jahre verkürzte Gültigkeitszeitraum für das genehmigte Kapital – völlig unnötigerweise – im Widerspruch zum EG-Recht, welches fünf Jahre einräumt[174]. 297

3. Die Regelung des *Bezugsrechts* ist vor allem im Erfordernis des «wichtigen Grundes» – zusätzlich zur qualifizierten Mehrheit des Art. 704, – die grundsätzlich mit dem EG-Recht übereinstimmt – strenger und unflexibler als nach den Vorstellungen der EG-Richtlinien.

   Das Bezugsrecht ist auch in der *Societas Europaea* weniger starr geschützt; zwar darf auch dort das Bezugsrecht durch die Satzung selbst weder beschränkt noch ausgeschlossen werden. Doch kann dies ohne weiteres durch Beschluss der Hauptversammlung geschehen, wenn nur das Leitungs- oder Verwaltungsorgan der Hauptversammlung über die Gründe der Einschränkung und über die Begründung des vorgeschlagenen Ausgabekurses einen schriftlichen Bericht vorlegt[175].

4. Auch nach SE-Recht ist das *genehmigte Kapital* auf die Hälfte des bereits gezeichneten Kapitals beschränkt[176].

Insgesamt würden wenige Retouchen und eine gewisse Re-Liberalisierung im Bereich der Bezugsrechte erforderlich und hinreichend sein, um das Schweizer Aktienrecht im Bereich der Kapitalerhöhung dem EG-Gesellschaftsrecht anzupassen. 298

---

[174] *2. EG-Richtlinie* (1976) Art. 25 Abs. 2; *Vorschlag SE 1991*, Art. 43 Abs. 2.
[175] *Vorschlag SE 1991*, Art. 44 Abs. 3; *2. EG-Richtlinie* (1976) Art. 29 Abs. 4.
[176] *Vorschlag SE 1991*, Art. 43 Abs. 1; Art. 651 Abs. 2 Satz 2 OR 1991. Die 2. EG-Richtlinie (1976) Art. 25 Abs. 2 verweist auf den gegebenenfalls gesetzlich vorgeschriebenen Höchstbetrag.

Kapitel 3
Neue Vorschriften über die Aktien

Begleitbericht 1975, 29
Botschaft 1983, 42 ff.; Ziff. 202, 60 ff. Ziff. 208
Amtl. Bull. NR (1985) 1671, (1990) 1357
Amtl. Bull. StR. (1988) 464 ff., (1991) 65
2. EG-Richtlinie (1976)
Vorschlag SE 1991, Art. 48/49 und Art. 51 ff.
§§ 6–12, 71, 139/40 AktG
Art. 175, 177–1, 217, 367 LSC

299 Das neue Aktienrecht bringt wenige, aber für die Praxis überaus wichtige Neuerungen in den gesetzlichen Eckwerten für die «Aktie»[1]. Zwar hat das Bestreben, der nennwertlosen Aktie in der Schweiz den Weg zu öffnen, nicht zum Ziel geführt. Die Herabsetzung des Mindestnennwertes auf Fr. 10 aber räumt manche Hindernisse aus dem Weg, und die Lockerung des Verbots des Rückkaufs eigener Aktien erhöht die Flexibilität für Aktiengesellschaften mit börsenkotierten Aktien ebenso wie für solche mit geschlossenem Aktionärskreis.

300 Das neue Aktienrecht stellt nun auch in sich geschlossene Regeln für die stimmrechtlose Aktie auf, die nach Landesbrauch weiterhin «Partizipationsschein» (PS) genannt wird; diesem Gegenstand ist das Kapitel 4 gewidmet.

I. Verwerfung der nennwertlosen Aktie

1. Die ursprüngliche Reformidee

301 Vorweg ist auf eine Ironie der Aktienrechtsreform hinzuweisen: die Einführung der *nennwertlosen Aktie* ist gescheitert. Genau dieses Postulat aber war ursprünglich der erste Anlass zur Aufnahme der Reformarbeiten überhaupt. Am Anfang der ganzen Übung standen in der Tat die Postulate von Nationalrat *Weibel* und Ständerat *Rohner* vom 3. und 10. Juni 1958 zur Schaffung «*nennwertloser Aktien*»[2].

302 Die nennwertlose Aktie[3] ist indessen im ganzen Reformverlauf nie wirklich ernsthaft in Betracht gezogen worden – oder auch nur bis in das Stadium von Vorentwürfen ge-

---

[1] Vgl. *Vischer/Rapp* (1968) 78 ff.; *Christoph von Greyerz* (1982) 71 ff.; *Forstmoser/Meier-Hayoz* (1983) § 33.
[2] Vgl. *Eric Homburger* (1976) 115 ff.; *Begleitbericht 1975*, 14.
[3] *Botschaft 1983*, 28, Ziff. 141; *Georg von Segesser* (1973).

diehen. Der Grund dafür liegt in der immer neu erhärteten Erkenntnis, die sich schon aus dem Bericht der zur Erörterung der Ideen Weibels und Rohners ins Leben gerufenen *Studiengruppe Jäggi* aus dem Jahre 1961[4] ergab: Entgegen einer weitverbreiteten Ansicht in den Kreisen der Finanzspezialisten bringt die nennwertlose Aktie relativ wenig. Ein Nebeneinander von Nennwertaktien und nennwertlosen Aktien würde umgekehrt zur Verwirrung beitragen, eine Zwangsumstellung aller heutigen Titel auf nennwertlose Aktien umgekehrt zu Vorwürfen gegen eine in gewachsene Strukturen eingreifende Obrigkeit führen.

2. Vor- und Nachteile

Das Abstellen auf einen «*Nennwert*» ist eigentlich seltsam und kann zu irreführenden Vorstellungen Anlass geben. Die nennwertlose Aktie ist da sicher in sich logischer. Denn sie drückt genau das aus, was die Essenz der Aktie ist: Sie ist eine «share», eine *Quote*[5]. Sie ist nicht mehr und nicht weniger als ein in einem Bruch ausdrückbarer Anteil an einem Unternehmen. Die nennwertlose Aktie – als deutlich gekennzeichnetes, reines Quotenrecht – vermeidet die für manche trotz allem immer noch irreführende Vorstellung, der «Nennwert» (die Teilsumme im Sinne von Art. 620 Abs. 1 OR[6]) drücke den «Wert» der Aktie im üblichen Sinn des Wortes aus – während er in Wirklichkeit, nach dem Tage der Gründung, nichts anderes ausdrückt als einen arithmetischen Bruchteil des gesamten Nennbetrags[7]. 303

Die *nennwertlose* Aktie ist didaktisch zwar geschickter konzipiert. Letztlich würde sie aber ein Abgehen vom Gedanken eines «Aktienkapitals» nötig machen, jenes Nennbetrages, der nach dem Konzept von 1881 als feste Ausschüttungssperrzahl in der Bilanz steht und drin bleibt[8]. Das kontinentale Aktienrecht ist nun einmal auf dem vorgegebenen methodischen Grundgedanken eines festen Nennkapitals aufgebaut. Bei nennwertlosen Aktien gibt es ein Aktienkapital im engeren Sinne nicht mehr. Die nennwertlosen Aktien sind ins amerikanische Aktienrecht gerade deshalb viel einfacher einzubauen, weil dort die im europäischen Aktienrecht konsequent durchgehaltene Methodik einer «Kapitalerhaltung» durch eine feste Kapitalzahl kaum eine Rolle spielt, jedenfalls eine ungleich geringere Bedeutung hat[9]. 304

Würde man die nennwertlose Aktie in der Schweiz einführen, so wäre eine *Systemanpassung* notwendig. Sie würde querstehen zu unserem völlig auf dem Nennwertprinzip aufbauenden Aktienrecht und Sondervorschriften nötig machen. Man müsste 305

---

[4] Das Eidgenössische Volkswirtschaftsdepartement hatte damals eine Studiengruppe «Kleinaktien» unter *Peter Jäggi* eingesetzt, die einen im Sonderheft 69 der «Volkswirtschaft», Bern 1961, 12 ff., veröffentlichten Bericht über «Kleinaktien und nennwertlose Aktien» ausarbeitete.
[5] Auch die Nennwertaktie ist letztlich nichts als eine Quote, aber sie tritt so auf, als ob sie etwas anderes wäre.
[6] Die Aktiengesellschaft wird nach wie vor in Art. 620 OR definiert als Gesellschaft, deren «zum voraus bestimmtes Kapital in Teilsummen zerlegt ist». Dass diese aus Art. 612 OR 1881 stammende Definition keinen Höhepunkt der juristischen Formulierungskunst bedeutet, ist bekannt. Das Kapital ist eben gerade *nicht* «zerlegt».
[7] *Botschaft 1983*, 43, Ziff. 202.2.
[8] Art. 612 und 621 Ziff. 4 OR 1881.
[9] Bericht «Kleinaktien und nennwertlose Aktien» (zit. Anm. 4)

auf das Nennkapital als Regelungsprinzip des Aktienrechtes verzichten, die Gestaltung der Stimmrechtsaktie auf ein echtes Pluralstimmrecht umbauen, die Doppelhürde für wichtige Beschlüsse anders konzipieren und die Normen umstellen auf eine Ausschüttungssperre für «einbezahltes Kapital». Zu einer solchen Übung hatte der Gesetzgeber umso weniger Anlass, als der «*Nennwert*» im französischen und im deutschen Aktienrecht zwingend vorgeschrieben ist[10]. In der Schweiz war – über einzelne Postulate hinaus – ein politischer Druck in Richtung auf eine Einführung nennwertloser Aktien nie auszumachen. Weder die erste noch die zweite Arbeitsgruppe fasste daher dieses heisse Eisen an[11].

II. Die Kleinaktie

A. Der Grundgedanke

1. Verbesserung der Marktgängigkeit

306 Das andere Postulat von 1958 dagegen – den *Mindestnennwert der Aktie* unter Fr. 100 herabzusetzen und, wie man in den frühen Sechzigerjahren sagte, die «Volksaktie» zu erlauben[12] – obsiegte 1991 nach einem überraschenden Hindernislauf. Letztlich geht es um eine rein marktbezogene Zielsetzung: je grösser der minimale Nennwert, desto «schwerer» sind die Aktien langfristig erfolgreicher Gesellschaften. Je schwerer aber die Aktien, die an einer Börse gehandelt werden, desto mehr kleine Anleger sind als Nachfrager ausgeschlossen, desto geringer ist die Liquidität des Titels. Geringe Liquidität, ein gravierender technischer Mangel eines Teilmarktes, drückt auf die Wertentwicklung. Dazu kommt, dass die Anleger vor allem der angelsächsischen Kreise an niedrige relative Werte der einzelnen Aktie gewöhnt sind. Für sie sind Aktienstücke mit einem Börsenwert von Fr. 5,000 Fr. 10,000 und gar einem Mehrfachen davon exotische Erscheinungen; das wiederum wirkt sich als Markthemmnis aus.

307 Die Arbeitsgruppe von Greyerz kam zu einem klaren Ergebnis: die Gründe für die Beibehaltung des (übrigens erst 1936 eingeführten) Mindestnennwertes[13] von Fr. 100 sind

---

[10] § 6 AktG; Art. 179 und 268 LSC.
[11] Und der Bundesrat gab ohnehin den Entwurf der Arbeitsgruppe von Greyerz 1983 praktisch unverändert ans Parlament weiter, *Amtl. Bull. NR* (1985) 1668. Im Parlament fand die nennwertlose Aktie kein Echo, *Amtl. Bull. NR* (1985) 1671.
[12] Vgl. *Benedict Gubler* (1985) 125 ff. Vgl. die entsprechenden Vorstösse im Parlament, insbesondere *Postulate* von Nationalrat Weibel und Ständerat Rohner vom 3. und 10. Juni 1958 über die Einführung von Aktien mit niedrigem Nennwert, *Botschaft 1983*, 28 Ziff. 141. *Begleitbericht 1975*, 16.
[13] *Christoph von Greyerz* (1982) 73. Die Festsetzung des «*Nominalbetrages*», wie es damals hiess, war nach Art. 614 Abs. 2 und 616 Ziff. 4 OR 1881 völlig ins Belieben der Gesellschaft gestellt. 1936 führte man den Mindestnennwert von Fr. 100 ein, um den «Mann auf der Strasse» von Anlagen kleinerer Beträge in Aktien abzuhalten, Art. 622 Abs. 4 OR 1936, vgl. *Alfred Siegwart* (1945) Art. 622 N. 18: «Ein Nennwert von angemessener Grösse (...) verhindert es, dass wenig Begüterte ihr Geld in riskierte Unternehmen stecken».

schwach, jene für die Zulassung von kleiner gestückelten Aktien, bis auf Fr. 10 hinunter, jedoch stark.

2. Rückzieher des Bundesrates

Genau in diesem Punkt beschloss jedoch 1983 paradoxerweise der Bundesrat – der gleiche Bundesrat, der sonst den Vorentwurf der Arbeitsgruppe von Greyerz für die Aktienrechtsreform praktisch ohne Änderungen im Bundesblatt abdruckte – eine Kehrtwendung. Er nahm die Uralt-Begründung aus den dreissiger Jahren, die damals die Einführung des Mindestnennwertes veranlasst hatte, wieder auf: 308

> «Schliesslich ist die mit der Zulassung von Kleinaktien verbundene Gefahr des leichtfertigen Erwerbs von Aktien durch Personen, welchen die Möglichkeit zur Risikostreuung abgeht, nicht von der Hand zu weisen»[14].

Diese Begründung war und ist nicht schlüssig. Es ist schwer einzusehen, wie ein Mindestnennwert von Fr. 100 unerfahrene Anleger aus dem Volke vor *«leichtsinnigen Börsenanlagen»*[15] abhalten könnte. Es ist aber auch widersprüchlich, mit der Risikostreuung zu argumentieren. Denn wenn schon die Streuung in diesem Zusammenhang eine Rolle spielen würde, so kann der Anleger jedenfalls sein Risiko mit kleiner gestückelten Aktien besser streuen als mit grösser gestückelten. Auch die weitere Begründung des Bundesrates war nicht schlüssig: die Versuche der Praxis, mit Teilzertifikaten «kleinaktienähnliche Wertschriften» einzuführen[16], hätten keinen grossen Erfolg gezeigt und offenbar keinem Bedürfnis entsprochen. Jene Teilzertifikate waren riskante Konstruktionen, die den Anlegern eben gerade nicht den unmittelbaren Unternehmensanteil wie eine Aktie verschafften[17]. Das ist nicht nur eine Frage der juristischen Denkmodelle. Wie wir heute wissen, neigt der Markt dazu, jedes zusätzliche Risiko mit einem Abschlag des Preises, mit einem negativen Ecart abzugelten. Genau diese Nachteile hat die Kleinaktie nicht. 309

Das Parlament[18] hat zu Recht die Änderung in Art. 622 Abs. 4 OR 1991 wieder eingebaut: Der Mindestnennwert der Aktie und damit[19] auch des Partizipationsscheines ist Fr. 10. Nur im Falle einer Sanierung gilt die Untergrenze nicht[20], sind Nennwerte von Fr. 5 oder gar Fr. 1 möglich. 310

---

[14] *Botschaft 1983*, 42, Ziff. 202.1.
[15] *Alfred Siegwart* (1945) Art. 622 N. 18.
[16] *Botschaft 1983*, 42, Ziff. 202.1.
[17] Sie gewährten letztlich nicht mehr als eine schuldrechtlich konzipierte Ablieferungsforderung an den dazwischengeschalteten Treuhänder aus Art. 400 OR. Ob den Inhabern solcher Teilzertifikate im Insolvenzfall ein *Aussonderungsrecht* nach Art. 401 Abs. 3 OR zugestanden hätte, ist umstritten und jedenfalls unsicher.
[18] *Amtl. Bull. NR* (1985) 1671.
[19] Wegen Art. 656a Abs. 2 OR 1991.
[20] Wie im bisherigen Recht, falls eine Nennwertherabsetzung im Zuge einer Sanierung beschlossen wird, Art. 622 Abs. 4 Satz 2 OR 1991. Vgl. auch Kapitel 14/II/A/4, Rz 2065.

3. Kein «Penny Stock»

311 Wenn das Parlament schon einmal daran war, an dem 1936 eingeführten gesetzlichen *Mindestnennwert* herumzufingern, so stellte sich naturgemäss die Frage[21]: warum gerade im Normalfall Fr. 10 und nicht Fr. 1? Warum vollends kein «penny stock», d.h. auf Rappen lautende Einzelnennwerte von Aktien, wie dies in den USA möglich ist?

312 Die Begründung dafür hat nichts zu tun mit der erwähnten Uralt-Idee, man könne und müsse durch einen Mindestnennwert von Fr. 100 den «kleinen Mann» davon überhaupt abhalten, an die Börse zu gehen und so gefährliche Dinge wie Aktien zu kaufen.

313 Es sind vielmehr zwei Gründe, die gegen Kleinstaktien unter Fr. 10 und vollends gegen *«penny stock»* sprechen:

314 a) Bei einem Nennwert von Fr. 1 müsste, zumindest in neugegründeten Aktiengesellschaften, wo der Marktwert noch in der Nähe des Nennwertes liegt, eine *Ausschüttung in Rappen* erfolgen, z.B. mit 10 Rappen oder 4 Rappen. Dies führt zur Unmöglichkeit, unsere Verrechnungssteuer von gegenwärtig 35% korrekt abzuziehen, so wie das Gesetz es befiehlt[22]. Denn dem Aktionär wären 65% der Bruttodividende, bei 4 Rappen also 2,6 Rappen zu überweisen, und die Differenz, nämlich 1,4 Rappen, würde an den Bundestresor fliessen. Das Problem der unter einen Rappen gehenden Teilbeträge kann sich allerdings schon beim neuen Mindestnennwert von Fr. 10 stellen. Wird z.B. eine Dividende von Fr. -.50 ausgerichtet, so beläuft sich der an die Bundeskasse abzuführende Verrechnungssteuerbetrag auf 17,5 Rappen. Immerhin ist das Problem, wenn man es als solches auffasst, bei einer Grössenordnung des Nennwertes von Fr. 10 oder Fr. 20 in der Praxis lösbar: die Gesellschaft setzt die Dividende so an, dass sie im 35/65-System unserer Verrechnungssteuer zu ganzen Rappenbeträgen führt.

315 b) *«Penny stock»* reizt aus psychologischen Gründen zu Missbräuchen. Der Unterschied zwischen Aktien zu 50 Rappen und zu 10 Rappen erscheint als geradezu unwesentlich, obgleich er am Schluss genau dieselbe Wirkung hat wie eine Differenzierung in Aktien zu Fr. 500 und Fr. 100. Die Erfahrung lehrt, dass es leichter fällt, das Publikum über stark unterschiedliche Rechtsstellungen zu täuschen, wenn die Nennbeträge sehr klein sind.

B. Bedeutung der Änderung

316 Die Herabsetzung des Mindestnennwertes auf Fr. 10, eine scheinbar kleine Retouche an Art. 622 Abs. 4 Satz 1, hat in der Praxis recht erhebliche Bedeutung:

---

[21] Der *Zwischenbericht 1972*, 148 ff. hatte für börsenkotierte Aktien einen Mindestnennwert von Fr. 1 vorgeschlagen. Vgl. *Begleitbericht 1975*, 16 («Ausgabe von Kleinaktien», aber nur durch Gesellschaften, deren Aktien an einer schweizerischen, der öffentlichen Aufsicht unterstellten Börse kotiert sind).

[22] Bundesgesetz über die Verrechnungssteuer («VStG») vom 13. Oktober 1965, Art. 13 Abs. 1.

1. Marktgängigkeit

Die *Verkehrswerte* der Aktien, die wirtschaftlich nichts anderes als Unternehmensanteile sind, liegen praktisch nur bei neugegründeten Gesellschaften und solchen, die später in Schwierigkeiten geraten, im Bereiche des Nennwertes. Wegen der fortlaufenden Eigenkapital-Akkumulation und der auf die Marktleistung des Unternehmens gestützten höheren Einschätzung seiner Anteile entfernt sich der Marktwert der Aktien im Laufe der Zeit vom Nennwert immer weiter. Zu einer Wiederannäherung an den Nennwert kommt es freilich immer dann, wenn mit einer nach herkömmlichem Muster durchgeführten, sog. «aktionärsfreundlichen» Kapitalerhöhung[23] eine *Verwässerung* einhergeht. Dies ist der Fall, wenn neue Aktien wesentlich unter ihrem Verkehrswert den bisherigen Aktionären zum Bezug angeboten werden (Bezugsrechts-Kapitalerhöhung)[24].

317

Dennoch ist empirisch festzustellen, dass bei «real existierenden» Aktiengesellschaften der *Verkehrswert* das Doppelte, Fünffache, Zwanzigfache, ja in seltenen Fällen das Fünfzig- und Hundertfache des Nennwertes ausmachen kann. In solchen Fällen beginnt sich das erwähnte markttechnisch begründete Gesetz auszuwirken: je «schwerer» die einzelne Aktie ist, desto schwieriger ist es für einen verkaufswilligen Aktionär, einen Käufer zu finden. Die Gesellschaften können nunmehr eine als zu schwer empfundene Aktie mit Nennwert von Fr. 100 in solche von erheblich geringerem Nennwert splitten und dadurch die Marktgängigkeit der Titel erhöhen.

318

2. Stimmrechtsaktien

Gegenüber einer Aktienkategorie mit dem Nennwert von Fr. 100 war es unter dem OR 1936 unmöglich, Stimmrechtsaktien zu schaffen. Denn da eigentliche «*Mehrstimmrechtsaktien*» (Aktien, die direkt mehr als eine Stimme gewähren) in unserem Aktienrecht seit 1936 verboten sind[25], können Stimmrechtsaktien nur dadurch entstehen, dass man den einen Aktien gegenüber den andern (die zu Stammaktien werden) einen geringeren Nennwert verleiht. Das Institut der *Stimmrechtsaktie* steht zwar seit den Dreissigerjahren[26] unter Beschuss. Das Parlament hat sich aber – entgegen den neueren Tendenzen des EG-Rechts[27] – zu ihrer Beibehaltung entschlossen. Nach neuem Aktienrecht ist es nunmehr auch gegenüber bestehenden Aktien zu Fr. 100 möglich, im Rahmen von Art. 693 OR Stimmrechtsaktien zu Fr. 50, zu Fr. 20 oder Fr. 10

319

---

[23] «*Aktionärsfreundlich*» ist eine solche Aktienausgabe nur insofern, als sie eine Kombination von Split und Aktienplazierung enthält. Der Altaktionär hat die Illusion, «billig» zu neuen Aktien zu kommen, und dazu die wirkliche Möglichkeit, einen Teil seiner Investition durch (einkommenssteuerfreien) Verkauf der Bezugsrechte zu Geld zu machen. *Peter Böckli* (1990/91).
[24] Das Recht der Aktionäre zum Bezug neuer Aktien wesentlich unter dem Börsenwert bzw. unter deren innerem Wert vermindert die Kapitalbeschaffungspotenz der Aktienausgabe ganz ausserordentlich, vor allem bei den hohen Gesamtkosten (inkl. Emissionsabgaben von 3%) einer solchen Massnahme. Vorn Rz 254 ff.
[25] Und sie bleiben übrigens verboten; Art. 693 Abs. 1 OR wurde von der Reform nicht berührt.
[26] Hiernach Anm. 35.
[27] Verbot auch der indirekten Stimmrechtsaktie in *Vorschlag SE 1991*, Art. 52 Abs. 2 und 3. Es gibt umgekehrt keine EG-Vorschrift, die den Mitgliedstaaten die Stimmrechtsaktien allgemein verbieten würde; *Vorschlag Strukturrichtlinie 1991*, Art. 33 Abs. 2.

zu schaffen und ihnen damit ein doppeltes, fünffaches oder, an der Grenze des gesetzlich Erlaubten[28], ein zehnfaches Stimmengewicht zu verschaffen[29].

3. Im Fusionsfall

320 Der Mindestnennwert von Fr. 100 konnte unter der Herrschaft des OR 1936 *Fusionsprojekte* erschweren. In einer klassischen Fusion (Verschmelzung von zwei unabhängigen Aktiengesellschaften[30]) brachte die Formel für die Abfindung der Aktionäre der untergehenden Gesellschaft[31] oft zwingend ein Problem: es kam leicht dazu, dass man für eine untergehende Aktie eines bestimmten Nennwertes (z.B. Fr. 100) eine neue Aktie in einem rechnerisch niedrigeren, ungeraden Nennwert (von z.B. Fr. 63.70) hätte ausgeben sollen. War die untere Nennwertschwelle von Fr. 100 erreicht, so war nach bisherigem Recht in solchen Fällen eine ausgewogene, alle wohlbegründeten Interessen wahrende Lösung beinahe nicht zu finden.

321 Künftig wird sich allerdings im Falle von Fusionen mit einer untergehenden Gesellschaft, in der bereits Aktien zu Fr. 10 Nennwert bestehen, das Problem auf der entsprechend tieferen arithmetischen Ebene erneut stellen.

4. Übergang zur Einheitsaktie

322 Ein Problem konnte nach altem Aktienrecht auch bestehen, wenn man zu *Einheitsaktien* übergehen wollte. Bestanden z.B. Aktien zu Fr. 250, so war es aus banalen arithmetischen Gründen gar nicht möglich, durch einen einfachen Aktiensplit zu Aktien mit einem Einheitsnennwert von Fr. 100 überzugehen. Man musste sich mit Aufzahlungen (direkt oder in Verbindung mit einer Kapitalerhöhung) oder mit Doppelmassnahmen (Zusammenlegung, nachfolgender Split) behelfen. Diese Umwege sind nach dem neuen Aktienrecht meist nicht mehr nötig. Die Generalversammlung kann ohne weiteres einen Nennwert von Fr. 250 in fünf Aktien zu Fr. 50 oder 25 Aktien zu Fr. 10 aufsplitten. Sie kann sehr wohl aber auch aufsplitten in eine Stimmrechtsaktie zu Fr. 50 und zwei Stammaktien zu Fr. 100, falls die entsprechenden Regeln beachtet werden[32].

---

[28] Art. 693 Abs. 2 Satz 2 OR 1991.
[29] Überflüssig zu betonen, dass unter deutschem Aktienrecht (§ 12 Abs. 2 AktG) Stimmrechtsaktien grundsätzlich verboten sind. Die Wirtschaftsministerien der Bundesländer können freilich Ausnahmen gestatten. Das EG-Gesellschaftsrecht dagegen kennt bislang kein Verbot.
[30] Der Art. 748 OR wurde in der Aktienrechtsreform von niemandem zur Debatte gestellt; das Parlament hat an ihm nichts geändert.
[31] Vgl. Art. 748 Ziff. 8 OR «die zur Abfindung bestimmten Aktien der übernehmenden Gesellschaft».
[32] Wird das Stimmrecht nicht nach dem Nennwert bemessen, sondern nach der Anzahl Aktien (Art. 693 Abs. 1 OR), so muss die Gesellschaft nach der Auffassung des Verfassers die Regeln über die Einführung von Stimmrechtsaktien beachten (Art. 704 Abs. 1 Ziff. 2 OR 1991). Rz 1390 ff.

III. Aktiensplit und Zusammenlegung

Nichts geändert hat der Gesetzgeber an Art. 622 OR 1936 (mit Ausnahme immer des Mindestnennwertes von Fr. 100, der auf Fr. 10 herabgesetzt worden ist[33]). Unangetastet blieb Art. 623 OR 1936, der die Zerlegung und die Zusammenlegung der Nennwerte in sehr gegensätzlicher Weise regelt. Während die Generalversammlung befugt ist, durch Statutenänderung die Aktien in solche von kleinerem Nennwert zu zerlegen («Aktiensplit»)[34], bedarf die *Zusammenlegung* von Aktien nicht nur einer Statutenänderung, sondern ausdrücklich der Zustimmung «des Aktionärs». Dies erscheint auf den ersten Blick vielleicht als unnötig, doch geht es ohne die Zustimmung aus dogmatischen Gründen nicht. Denn sonst würden alle jene Aktionäre, die nur eine Aktie besitzen, dazu gezwungen, die nötige Anzahl weiterer Aktien zu erwerben, um bei der Zusammenlegung ihre Aktionärsstelle nicht zu verlieren.

323

IV. Stimmrechtsaktien

A. Problematik

1. Ausgangspunkt: Die Kompromisslösung von 1936

Die Stimmrechtsaktien verstossen begriffsnotwendig gegen das vor allem in USA hochgehaltene Prinzip *«one share one vote»*. Gegen die Institution einer Kategorie von Aktien mit verstärkter Stimmkraft hatte sich auch in der Schweiz schon in der ersten Hälfte der dreissiger Jahre nachhaltiger politischer Widerstand ausgebreitet[35]. Nur mit Mühe hatten seinerzeits die Räte den im OR 1936 verankerten Kompromiss gefunden – grundsätzliche Zulassung der Stimmrechtsaktien, aber mit starken Einschränkungen. Diese Regelung von 1936[36] hat in den wichtigsten Einzelheiten die jetzige Reform überstanden:

324

a) es gibt keine direkten Mehrstimmrechte bestimmter Aktien, sondern nur ein indirekt bewerkstelligtes Mehrgewicht an Stimmkraft *durch niedrigeren Nennwert* einer ganzen Aktienkategorie (Art. 693);

325

---

[33] Dies ist in Rz 309 näher besprochen.
[34] Auch das Steuerrecht begünstigt diesen Vorgang, indem er weder zur Erhebung einer Verrechnungssteuer noch zu einer Einkommenssteuer führt, und auch die Emissionsabgabe ist in diesem Fall auf den an sich neu ausgegebenen kleineren Stücken nicht zu zahlen.
[35] Vgl. *Robert Goldschmidt*, Grundfragen des neuen schweizerischen Aktienrechts, St. Gallen 1937, 79.
[36] *Forstmoser/Meier-Hayoz* (1983) 156 f.

326 b) Stimmrechtsaktien dürfen nicht *Inhaberaktien* sein, und sie müssen immer *voll* einbezahlt sein[37];

327 c) das Stimmrechtsprivileg gilt von Gesetzes wegen nicht für *drei Abstimmungen* in der Generalversammlung, nämlich (i) die Wahl der Revisionsstelle, (ii) die Ernennung besonderer Sachverständiger, und (iii) die Anhebung einer Verantwortlichkeitsklage[38].

329 Nicht zu übersehen ist in diesem Zusammenhang eine weitere gesetzliche Vorschrift von 1936, die im Ergebnis das Stimmrechtsprivileg ausschaltete: bei den Beschlüssen nach Art. 636 und Art. 648 war die *Zweidrittelmehrheit* zwingend aufgrund des gesamten Grundkapitals zu berechnen, nämlich für die Beschlüsse betreffend (i) Sacheinlage und -übernahme, (ii) Umwandlung des Gesellschaftszwecks, (iii) Beseitigung von Statutenbestimmungen über die Erschwerung der Beschlussfassung in der Generalversammlung, und (iv) Beschlüsse über die Einführung von (noch weiter privilegierten) Stimmrechtsaktien. In allen diesen vier Fällen spielte daher das Stimmrechtsprivileg ebenfalls nicht.

330 Erblickte man im Beschluss, durch den die aufnehmende Gesellschaft in einer *Fusion* ihr Kapital erhöhte, eine «Sacheinlage», so war diese Bestimmung gerade in einem Fusionsprojekt von Gesellschaften mit kotierten Aktien ein echter Stolperstein[39]. Nach OR 1936 war damit das Stimmrechtsprivileg immerhin in insgesamt *acht* Fällen ausser Kraft gesetzt.

2. Die Änderungen von 1991

a) *Nachteile der Stimmrechtsaktien*

331 In der Zwischenzeit ist die *Stimmrechtsaktie* immer wieder neu erörtert worden. Nicht nur steht sie in einem Widerspruch mit dem Postulat, dass Risiko und Stimmkraft übereinstimmen sollten. Stimmrechtsaktien sind oft auch ein nur sehr unvollkommenes Mittel, das zu erreichen, was von ihnen im allgemeinen erwartet wird: sie sollen vor allem in Klein- und Familien-Aktiengesellschaften ein Instrument zur Bildung von *Führungsschwergewichten* schaffen[40]. Denn jede Stimmrechtsaktie, die durch Erbgang oder Veräusserung den Kreis der für die Führungsverantwortung einmal ausgewählten Aktionärgruppe verlässt, wirkt dem eigentlichen Ziel diametral entgegen – nun ebenfalls mit dem ganzen Gewicht ihrer dauernd verstärkten Stimmkraft.

332 Stimmrechtsaktien haben in bestimmten, praktisch gar nicht so seltenen Situationen auch nicht die ihnen zugedachte stabilisierende, sondern eine *destabilisierende Wirkung*. Wer mit 20% des Kapitals 50,1% der Gesellschaftsstimmen beherrscht, wird umso leichter, wenn er den schönen Gedanken der «Erhaltung der Selbständigkeit des Un-

---

[37] Weil sonst in Bezug auf den einbezahlten Betrag eine zusätzliche Hebelwirkung entsteht, hiernach Abschnitt X, Rz 453 ff.; Art. 693 Abs. 2 OR 1991.
[38] Art. 693 Abs. 3.
[39] So *Christoph von Greyerz* (1982) 286 ff.
[40] *Botschaft 1983*, 43, Ziff. 202.3

ternehmens» einmal aufgegeben hat, einen Käufer finden; dieser erringt mit relativ sehr geringem Kapitaleinsatz die Herrschaft über das Unternehmen. Stimmrechtsaktien sind nicht nur dogmatisch der Kritik ausgesetzt[41], sie sind auch im praktischen Gebrauch ein zweischneidiges Schwert.

b)   Gestaltungsautonomie der Gesellschaften

Umgekehrt kann der Gesetzgeber den Standpunkt einnehmen, dass es Sache der einzelnen Gesellschaft ist, die von ihr gewünschten Aktienkategorien mit je den ihnen zugeordneten Rechten und Vorrechten selbst zu definieren: es gilt das Prinzip der *organisatorischen Eigenverantwortung* der Aktiengesellschaften. Der Gesetzgeber sollte in die grössere Gestaltungsautonomie, die das Schweizer Aktienrecht im Gegensatz z.B. zum französischen und zum deutschen kennzeichnet[42], nur aus zwingenden Gründen mit obrigkeitlichen Vorschriften eingreifen. 333

Das Parlament ist diesen Gedanken gefolgt und hat die grundsätzlichen Entscheidungen des Jahres 1936 durch vier Änderungen – zugleich Einschränkungen und Lockerungen – ergänzt: 334

(1) Neue Stimmrechtsaktien dürfen mit ihrer Stimmkraft das Zehnfache der Stammaktien nicht überschreiten.

Nach dem 1936 eingeführten System ist die Stimmkraft-Differenzierung nur aufgrund unterschiedlicher Nennwerte möglich. Daher bedeutet die neue Beschränkung, dass dann, wenn gemäss Statuten die Stimmkraft sich nach der Anzahl der Aktien richtet (Art. 693 Abs. 1 OR), der Nennwert der Stimmrechtsaktien nicht niedriger sein darf als ein Zehntel desjenigen der Stammaktien[43] (*«Stimmkrafthebel»*). Will eine Gesellschaft unbedingt noch weiter gehen, so kann sie die Stimmkraft nicht auf z.B. 5% ansetzen (20:1), sondern muss dann gerade auf Null gehen: sie muss Partizipationsscheine ausgeben. Diese hinsichtlich der Mitwirkungsrechte noch mehr benachteiligten Beteiligungsrechte unterstehen dann besonderen gesetzlichen Bestimmungen[44]. 335

(2) Die Schranke für die Einführung von Stimmrechtsaktien ist wesentlich gelockert.

Früher war für die Einführung von Stimmrechtsaktien ein Beschluss notwendig, der mindestens die Stimmen von *zwei Dritteln des gesamten Grundkapitals* auf sich vereinigte[45]. Die 1936 geschmiedete Formel bewirkte drei Dinge zugleich: sie setzte das Stimmrechtsprivileg schon bestehender Stimmrechtsaktien für den Beschluss über die Einführung einer *noch* mehr in der Stimmkraft bevorzugten neuen Kategorie von Stimmrechtsaktien ausser Kraft. Und sie brachte direkt ein *Be-* 336

---

[41] Und grundsätzlich verpönt in Deutschland (§ 12 Abs. 2 AktG, mit Ausnahmeregelung in Satz 2) und in der «SE» (*Vorschlag SE 1991*, Art. 52 Abs. 3) bzw. auf Doppelstimmrecht begrenzt (Art. 175 LSC) in Frankreich für Aktionäre, die seit mehr als zwei Jahren ununterbrochen ihre Aktien gehalten haben.
[42] Vgl. Kapitel 10/X/D/3, Rz 1766.
[43] Art. 693 Abs. 2 Satz 2 OR 1991. Vorbestehende Stimmrechtsaktien, die über das Verhältnis 10:1 hinausgehen, werden nicht angetastet, Art. 5 Satz 1 Schl.Best. OR 1991.
[44] Vgl. Kapitel 4, Rz 466 ff.
[45] Art. 648 Abs. 1 OR 1936. Vgl. Kapitel 9/III/B, Rz 1386.

schlussquorum, indirekt aber vor allem ein *Präsenzquorum* von zwei Dritteln aller Aktiennennwerte der Gesellschaft mit sich. Dieses war in Publikumsgesellschaften oft nur mit grösster Mühe, manchmal überhaupt unter keinen Umständen erreichbar. Darin lag ein eigentlicher funktioneller Mangel des bisherigen Rechts.

337 Das OR 1991 kennt diese auf das gesamte Grundkapital abstellende Bestimmung nicht mehr[46]. Statt dessen findet sich ein reines *Beschlussquorum*, ein qualifiziertes Mehrheitserfordernis im klassischen Sinne, nun ausgestaltet als *Doppelhürde*. Art. 704 Abs. 1 Ziff. 2 OR 1991 verlangt für die Einführung von Stimmrechtsaktien einen Beschluss der Generalversammlung, der sowohl (i) mindestens zwei Drittel der vertretenen Stimmen als auch (ii) die absolute Mehrheit der vertretenen Aktiennennwerte auf sich vereinigt[47]. Das Stimmrechtsprivileg ist für diesen Beschluss teilweise ausser Kraft gesetzt. Anderseits ist der Beschluss erleichtert dadurch, dass diese Bestimmung auf die «vertretenen» Stimmen bzw. Nennwerte abstellt. Der Beschluss kann in einer Generalversammlung zustandekommen, in dem wesentlich weniger als zwei Drittel des gesamten Aktienkapitals vertreten sind. Dies wirkt sich insbesondere für Publikumsgesellschaften, wo erfahrungsgemäss eine Präsenz über 55% bis 60% hinaus nur mit Mühe oder gar nicht erreichbar ist, als grosse Erleichterung aus.

(3) Das Stimmkraftprivileg gilt nicht bei der Beschlussfassung über die Durchführung einer Sonderprüfung[48].

338 Gerade die Frage, ob eine Sonderprüfung anzuordnen sei, könnte bei Kämpfen um die Macht eine praktische Rolle spielen. Der Antrag auf Sonderprüfung als Angriffsmittel der Opposition richtet sich ja praktisch stets gegen die amtierende Unternehmensleitung. Die Dissidenten haben durch die neue Vorschrift eine zusätzliche Handhabe, wenn immer das Prinzip «one share one vote» durch Stimmrechtsaktien sonst ausser Kraft gesetzt ist und sich eine Herrschaft gegen den Willen der Mehrheit der Aktiennennwerte etabliert haben sollte.

(4) Das Stimmkraftprivileg ist stark eingeschränkt bei allen «wichtigen Beschlüssen» gemäss Art. 704 OR 1991.

339 Das Gewicht des Stimmrechtsprivileges ist im neuen Aktienrecht indirekt erheblich eingeschränkt. Es scheint, dass die *Bedeutung der neuen Doppelhürde* von Art. 704 OR 1991 für alle Gesellschaften mit Stimmrechtsaktien – dazu gehören grosse Publikumsgesellschaften – nicht überall erkannt worden ist. Das Gesetz erschwert es mit dieser doppelten Beschlusshürde der dank einem Stimmrechtsprivileg herrschenden Mehrheit, gegen den geschlossenen Willen der Stammaktionäre die dort genannten Beschlüsse durchzubringen. Dazu gehören, neben der schon erwähnten Einführung von noch stärker privilegierten Stimmrechtsaktien, die Änderung des Gesellschaftszwecks, die Einführung oder Verschärfung der Vinkulie-

---

[46] Auch Art. 636 OR 1936 ist aufgehoben.
[47] Vgl. Kapitel 9/III/B/1, Rz 1386 ff.
[48] Art. 693 Abs. 3 Ziff. 3 OR 1991.

rung, jede «nicht-orthodoxe» Kapitalerhöhung[49], die Einschränkung des Bezugsrechts, die Sitzverlegung und die Auflösung der Gesellschaft ohne Liquidation, d.h. das Einverständnis damit, dass die Gesellschaft zufolge Fusion mit einer anderen verschmolzen und im Handelsregister gelöscht wird[50]. Insoweit als die Fusion bei der aufnehmenden Gesellschaft eine Kapitalerhöhung bedingt, ist auch bei dieser die Doppelhürde anwendbar, da die Elemente einer Sacheinlage gegeben sind.

Zwar verlangt das Gesetz nicht auch eine Zweidrittelsmehrheit von den Aktiennennwerten, sondern lässt hier die absolute Mehrheit genügen. Dennoch erhält damit in Gesellschaften mit Stimmrechtsaktien die sonst zurückgesetzte *reine Kapitalmehrheit* von Gesetzes wegen in vielen Situationen von strategischer Bedeutung eine erstaunlich weitgehende Sperrstellung. 340

(5) *Die im Stimmrecht zurückgesetzten Stammaktionäre haben Anspruch auf einen Vertreter im Verwaltungsrat.*

Anlässlich der Einführung von Stimmrechtsaktien gilt es, Art. 709 Abs. 1 OR 1991 zu beachten. Nach der neuen Regelung haben bei mehreren Kategorien von Aktien eindeutig nicht nur die in den Vermögensrechten zurückgesetzen Aktionärsgruppen, sondern auch die allein im *Stimmrecht* zurückgesetzen Aktionäre, d.h. die ihnen gegenüberstehenden Stammaktionäre, Anspruch auf mindestens einen Vertreter im Verwaltungsrat. Es handelt sich hier im Ergebnis um eine notwendige zusätzliche Statutenbestimmung[51]. 341

B. Bedeutung der Änderungen

Die neue Regelung für die Stimmrechtsaktien ist damit insgesamt viel *differenzierter,* als man auf den ersten Blick annehmen könnte. Die Bedeutung dieser Änderungen ist nicht zu unterschätzen. 342

1. Mit der Beschränkung des Stimmrechtsprivilegs («Stimmkrafthebel») auf das *Zehnfache* wird einer allzu extremen Einschränkung der Stimmkraft von Stammaktien, die dann materiell beinahe schon stimmrechtslose Aktien wären, Einhalt geboten. Wer die Stimmkraft von Beteiligungsrechten einer Kategorie unter einen Zehntel herabsetzen will, muss dann gerade konsequent auf Null gehen: er muss Partizipationsscheine in der vom neuen Aktienrecht festgelegten rechtlichen Konfiguration einführen. 343

2. Die sachliche Einschränkung des Stimmrechtsprivilegs in den erwähnten Fällen der «*wichtigen Beschlüsse*» der Generalversammlung (Art. 704 Abs. 1 OR 1991) fällt 344

---

[49] Darin eingeschlossen die Kapitalerhöhung aus Eigenkapital oder in Verbindung mit besonderen Vorteilen, die Sacheinlage- und die Sachübernahme-Kapitalerhöhung, das genehmigte und das bedingte Kapital.

[50] Dagegen untersteht der so definierten Doppelhürde nicht der Beschluss über die Einführung einer qualifizierten Mehrheit in den Statuten; darauf ist Art. 704 Abs. 2 OR 1991 anwendbar.

[51] Vorn Kapitel 1/III/B, Rz 118 ff.

umso mehr ins Gewicht, je stärker der Hebel zwischen der Stimmkraft der Stimmrechtsaktien und derjenigen der Stammaktien angesetzt ist. Beträgt der Hebel 10:1, so haben die Stammaktien bei den «wichtigen Beschlüssen» von Gesetzes wegen eine ganz beträchtliche Sperrkraft.

345 3. In bestimmten Machtkämpfen kann auch die Regel, dass für die Abstimmung über eine *Sonderprüfung* das Stimmrechtsprivileg überhaupt nicht spielt, zwingend also die erforderliche Mehrheit nach sämtlichen Nennwerten berechnet wird, eine Rolle spielen. Sie wird auch, wie viele Normen des Aktienrechts, virtuelle Bedeutung haben.

346 In Übereinstimmung mit den eindringlichen Worten des Bundesrates[52] hat das Parlament damit endgültig davon abgesehen, den auch in neuester Zeit immer wieder verlangten letzten Schritt zu tun und die *Stimmrechtsaktie abzuschaffen*[53]. Dieses Instrument ist in der Schweiz aufgrund der über hundertjährigen Verwendung allzu tief verwurzelt. Eine schlichte Abschaffung aller Stimmrechtsprivilegien hätte gewachsene Machtverhältnisse in vielen, vor allem auch familiär beherrschten Aktiengesellschaften brutal verändert. Der Gesetzgeber hat daher auch eine «grandfather»-Klausel eingebaut, derzufolge Gesellschaften, die früher einen Hebel von mehr als 10:1 für die Stimmkraft der Stimmrechtsaktien eingeführt haben, diesen, obwohl er nach neuem Recht an sich nicht mehr erlaubt wäre, beibehalten dürfen[54].

V. Vorzugsaktien

347 Wenig geändert hat das neue Aktienrecht an der Regelung für die Vorzugsaktien[55]. Es handelt sich dabei um eine Aktienkategorie, der die Statuten bestimmte *finanzielle Vorrechte* gegenüber einer oder mehreren anderen Aktienkategorien[56] einräumen[57], namentlich hinsichtlich der Dividende (Dividendenvorrecht), hinsichtlich eines Nachbezugsrechtes auf ausgefallene Dividenden (kumulative Vorzugsdividende), und hinsichtlich des Liquidationsanteils (Vorrecht bei der Verteilung des Liquidationsergebnisses). Eher selten sind die vom Gesetz erwähnten Vorrechte auf den Bezug neuer Aktien.

---

[52] *Botschaft 1983*, 43, Ziff. 202.3.
[53] Es ist nicht ohne Reiz zu beobachten, wie die Franzosen die Doppelstimmrechtsaktie munter beibehalten haben (Art. 175 LSC). «Le droit de vote prévu aux alinéas 1er et 2 ci-dessus peut être réservé aux actionnaires de nationalité française et à ceux ressortissant d'un Etat membre de la Communauté économique européenne», Art. 175 Abs. 3 LSC.
[54] Vgl. Kapitel 14, Rz 2069 ff.; Art. 5 der Schl.Best. OR 1991; *Botschaft 1983*, 162, Ziff. 328.3. Zweifelhaft ist allerdings, ob die Regel, dass Stimmrechtsaktien nie als Inhaberaktien ausgegeben werden dürfen – der Gesetzgeber hat sie ohne Erörterung aus dem alten Recht übernommen - , wirklich unerlässlich ist.
[55] *Forstmoser/Meier-Hayoz* (1983) 256 f. Vgl. auch *Vorschlag EG-Strukturrichtlinie 1991*, Art. 33 Abs. 2.
[56] Oder dann *Partizipationsscheinen*, vgl. Art. 656f Abs. 2 in Verbindung mit Art. 656a Abs. 2 OR 1991.
[57] Nicht zu den «Vorzugsaktien» zählt man im allgemeinen die Stimmrechtsaktien.

1. Abschaffung des lästigen Präsenzquorums

Die einzige Änderung, die das neue Aktienrecht für die Vorzugsaktien bringt, ist die Aufhebung des bisherigen, singulären Art. 655 OR 1936. Danach war die Ausgabe von Vorzugsaktien – ebenso wie die nachträgliche Abänderung oder Aufhebung der den Vorzugsaktien eingeräumten Vorrechte – nur mit einem *Präsenzquorum* von zwei Dritteln sämtlicher Aktien möglich. Die Norm war jedoch wenig effizient, weil sie den Statuten erlaubte, von diesem Präsenzquorum abzusehen. Im übrigen war, wie bei den Beschlüssen über die Erweiterung des Geschäftsbereiches nach Art. 649 OR 1936, in einer zweiten Generalversammlung nur noch die Vertretung von einem Drittel sämtlicher Aktien als Präsenzquorum erforderlich. Zwei Drittel der Aktionäre sind meist recht schwer, ein Drittel aber recht leicht zur Teilnahme an einer Generalversammlung zu bewegen. Art. 655 hatte sich damit als weitgehend sinnlose Norm erwiesen.

348

Art. 655 ist nun *ersatzlos aufgehoben*: es gilt für diese Generalversammlungsbeschlüsse von Gesetzes wegen fortan weder ein Präsenzquorum noch ein Beschlussquorum. Der neue Art. 704 OR 1991 über die «wichtigen Beschlüsse» führt die hier angesprochenen Beschlüsse über die Einführung von Vorrechten nicht auf. Selbstverständlich bleibt es jeder einzelnen Gesellschaft überlassen, eigene Präsenz- oder Beschlussquoren in die Statuten aufzunehmen. So ist es ohne weiteres zulässig, einen derartigen Beschluss statutarisch der in Art. 704 Abs. 1 vorgesehenen doppelten Beschlusshürde zu unterstellen[58].

349

2. Beibehaltung der «besonderen Versammlung» der Vorzugsaktionäre

a) *Der Zustimmungsentscheid*

Auch nach neuem Aktienrecht kommt es zu einer «*besonderen Versammlung*» der Vorrechtsträger, wenn immer einzelne Vorrechte nachträglich beeinträchtigt werden sollen. Für die Aufhebung oder Zurücksetzung der Vorrechte ist die Zustimmung sowohl der Sonderversammlung der beeinträchtigten Vorzugsaktionäre als auch der Generalversammlung sämtlicher Aktionäre notwendig. Die Vorschriften des Gesetzes und der Statuten über die Beschlussfassung in der Generalversammlung sind im Zweifel auch anwendbar auf diesen separaten Zustimmungsentscheid der Vorzugs-Aktionäre.

350

Es braucht stets einen Doppelbeschluss; ein wie auch immer gearteter einzelner qualifizierter Beschluss der Generalversammlung genügt nicht. Ähnlich wie bei den Partizipationsscheinen ist ein Zustimmungsentscheid der Sonderversammlung auch nötig, wenn die Vorzugsaktien allein oder überwiegend in einer Kapitalherabsetzung zurückgenommen werden sollen. Die Tatsache der Existenz der Vorzugsaktie als einmal ausgegebener Beteiligungstitel ist gleich geschützt wie das einzelne Vorrecht.

351

---

[58] Vgl. aber Art. 704 Abs. 2 OR 1991 für die Mehrheit, welche für die Aufnahme eines solchen Beschlusserschwernisses in die Statuten nach neuem Aktienrecht erforderlich ist, Rz 1400.

b) Die «abweichende Ordnung»

352 Die Frage, was mit dem Zusatz «eine abweichende Ordnung durch die Statuten bleibt vorbehalten» gemeint sein könnte[59], bleibt damit nach wie vor offen. Es ist indessen schwer vorstellbar, dass das Aktienrecht den Aktionären erlauben würde, aufgrund einer Statutenbestimmung in einer späteren Generalversammlung mit *einfachem Mehrheitsbeschluss* die Vorrechte der Vorzugsaktien schlicht abzuschaffen. Es handelt sich hier um institutionell geschützte Rechte. Die Statuten können daher wohl gewisse Abweichungen vom Gesetz verwirklichen, keine solchen aber, die eine Aufhebung der Vorrechte ohne Zustimmung einer Sonderversammlung der beeinträchtigten Vorzugsaktionäre zulassen würden. Das Vertrauen in die Rechtsstellung der Vorzugsaktien wäre sonst untergraben. Vorzugsaktien werden ja fast nur in Situationen ausgegeben, in denen die Stammaktionäre zwingend darauf angewiesen sind, durch die Einräumung von finanziellen Vorrechten neue Investoren für die Gesellschaft zu gewinnen. Das Gesetz kann es nicht zulassen, dass die Statuten geradezu eine Falle für solche Neuanleger bereithalten.

VI. Zwei Aktienarten (Inhaber- und Namenaktien) und unverbriefte Aktien

1. Inhaber- und Namenaktien

353 Der Gesetzgeber hat davon abgesehen, in die überkommene, ursprünglich wertpapierrechtlich konzipierte Einteilung in «*Inhaberaktien*» und «*Namenaktien*» einzugreifen[60]. Nach wie vor ist es erlaubt, die eine oder die andere Art von Aktien auszugeben, oder beide zugleich. Dies ist deshalb nicht ohne Bedeutung, weil in der letzten Zeit der Trend gegen die Inhaberaktie zu laufen scheint[61]. Das neue Aktienrecht behält die traditionelle Einteilung, die schon im OR 1881 bekannt war[62], unverändert bei: Inhaberaktien gelten als echte Inhaberpapiere, Namenaktien dagegen – die nach wie vor in das System des *Aktienbuchs* eingegliedert sind – können von den Statuten als Ordrepapiere oder als Rektapapiere ausgestaltet werden[63].

---

[59] Art. 654 Abs. 2 Satz 2 OR.
[60] Art. 622 OR wurde nicht angetastet. Dieser stimmt seinerseits weitgehend mit Art. 614 Abs. 1 OR 1881 überein.
[61] Nicht aber die *Societas Europaea, Vorschlag SE 1991*, Art. 53 Abs. 1.
[62] Art. 614 Abs. 1 OR 1881.
[63] Vgl. *Christoph von Greyerz* (1982) 75 ff.

2. Unverbriefe Namenaktien

a) Namenaktien mit aufgeschobenem Titeldruck

Der Gesetzgeber von 1991 hat auch nicht ein Wort zu den sog. *titellosen* oder *unverbrieften Namenaktien* verloren[64]. Ausgehend von einer Initiative der Schweizerischen Effektengiro-Zentrale «SEGA» ist in der Schweiz die nicht verurkundete Namenaktie in den letzten Jahren rechtlich durchstrukturiert und praktisch eingeführt worden[65]. Die entscheidende gestalterische Idee besteht darin, dass dem Aktionär das Recht auf die Aushändigung von Wertpapieren – es muss sich in diesem System stets um Namenaktien handeln – an sich gewährleistet bleibt; gleichzeitig wird aber diese Verbriefung statutarisch «*aufgeschoben*», d.h. es wird ein Wertpapier nur ausgehändigt, wenn der Aktionär es ausdrücklich verlangt. Die dahinterstehende Überlegung geht – wie in der Zwischenzeit die Praxis bestätigt hat, zu Recht – dahin, dass der weit überwiegende Teil der Aktionäre auf die Aushändigung eines Wertpapiers herkömmlicher Art verzichtet. Er gibt sich mit dem ihm via SEGA-System durch die eigene Depotbank zugeordneten «*Wertrecht*» zufrieden. Damit geht die Gesellschaft elegant dem dornigen Entscheid aus dem Wege, ob das «*Recht auf den Titel*» ein unentziehbares Recht des Aktionärs sei[66].

354

Das neue System geht insofern an die konzeptionellen Grenzen des Aktienrechts, als der einzelne Aktionär keine ihm «gehörende» identifizierbare, numerierte *Mitgliedschaftsstelle* mehr hat. Bestehen in einer Gesellschaft 1000 Namenaktien, so teilt die SEGA einer ihr angeschlossenen Depotbank 200 Aktien nicht mit individualisierten Nummern, z.B. mit den Nummern 200 bis 399 zu, sondern als eine reine Menge, nämlich 1/5 von 1000 Aktien. Kauft ein Bankkunde 15 Aktien, so erhält er von seiner Bank eine Depotbestätigung über die entsprechende Menge, nämlich 15 Namenaktien der betreffenden Gesellschaft. Was ihm wirklich bestätigt wird, ist eine Quote von 15/200 an der Menge von 1/5 der 1000 im SEGA-System verankerten Mitgliedschaftsstellen der fraglichen Gesellschaft. Seine Frage danach, *welche* Mitgliedschaftsstellen ihm nun genau gehören, wäre unerlaubt. Nur eine negative Aussage ist statthaft. Er kann ganz sicher nicht behaupten, ihm gehörten z.B. die Nummern 200 bis 214 – denn es gibt gar keine Aktiennummern als Mitgliedschaftsstellen mit fest zugeordneten alphanumerischen Identifikationszeichen mehr[67].

355

Die *Abtretung* solcher titelloser Namenaktien untersteht dem Erfordernis der Schriftlichkeit[68]. Schwierigkeiten macht eigentlich nur die Verpfändung, da unser Fahrnispfandrecht auf nicht materialisierte Wertrechte keineswegs zugeschnitten ist.

356

---

[64] *Emmanuel Stauffer* (1977) 45 ff.; *Robert Rickenbacher* (1981) 232 ff.; *Regine Fides Kocher-Wolfensberger* (1990) 39 ff.; *Forstmoser/Lörtscher* (1987) 50 ff.; *Zobl/Lambert* (1991) 125 ff.
[65] *Forstmoser/Lörtscher* (1987) 50 ff.
[66] So jedenfalls *Emmanuel Stauffer* (1977) 83; differenziert *F. Wolfhart Bürgi* (1957) Art. 683-87 N. 28; ablehnend *Robert Rickenbacher* (1981) 234 und *Regine Fides Kocher-Wolfensberger* (1991) 43. Unentschieden *Guhl/Kummer/Druey* (1991) 638.
[67] Der Depotkunde kann sich anschliessend ins *Aktienbuch* eintragen lassen. Er legitimiert sich mit der Abtretungserklärung, auf die er seinen Erwerb stützt. Aber auch dann gibt es bloss Ordnungsnummern, keine Aktiennummern im herkömmlichen Sinn.
[68] Art. 165 Abs. 1 OR. Solche Namenaktien können aufgrund des Systems nur unter Mitwirkung einer der SEGA angeschlossenen Bank übertragen werden.

357 Der heutige Stand der Arbeiten an einer *Statutenklausel*, die die Aktien als unverbriefte Wertrechte gestaltet, findet sich in jüngsten Beispielen etwa wie folgt:

> «(1) Bei Namenaktien kann die Gesellschaft auf Druck und Auslieferung von Aktienurkunden verzichten und mit der Zustimmung des Aktionärs ausgegebene Urkunden, die bei der Gesellschaft eingeliefert werden, ersatzlos annullieren. Der Aktionär *kann* von der Gesellschaft jederzeit kostenlos den Druck und die Auslieferung von Urkunden für seine Namenaktien verlangen, *und die Gesellschaft kann jederzeit nicht verurkundete Namenaktien ausdrucken*[69].
>
> (2) *Nicht verurkundete Namenaktien* einschliesslich daraus entspringende, nicht verurkundete Rechte, können *nur durch Zession* übertragen werden. Die Zession bedarf zur Gültigkeit der Anzeige an die Gesellschaft. Das Recht auf die Urkunde geht mit der rechtsgültigen Zession auch ohne Zustimmung der Gesellschaft auf den Erwerber über. Die Gesellschaft kann der Bank, bei welcher der Aktionär die abgetretenen Namenaktien buchmässig führen lässt, von der Zession *Mitteilung* machen.
>
> (3) Nicht verurkundete Namenaktien und die daraus entspringenden Vermögensrechte können nur zugunsten der *Bank*, bei welcher der Aktionär dieselben buchmässig führen lässt, durch *schriftlichen Pfandvertrag* verpfändet werden. Eine Anzeige an die Gesellschaft ist nicht erforderlich. Der Anspruch auf Auslieferung der Urkunde kann auf die pfandnehmende Bank übertragen werden. Im übrigen setzt die Verpfändung von Namenaktien zu ihrer Gültigkeit die Übergabe der zedierten oder indossierten Aktienurkunden nach Massgabe von Art. 901 Abs. 2 ZGB voraus.[70]»

358 Gelöst ist die Frage der Vinkulierung (sie läuft nicht wesentlich anders als bei verbrieften Namenaktien); nur von verhältnismässig geringer Bedeutung ist diejenige des gutgläubigen Erwerbs, denn die Zession gilt als abstrakt[71]. Ist die Abtretungskette vom Gründer zum letzten Prätendenten nicht geschlossen, so sucht dieser sein Recht vergeblich[72].

b) Unverbriefte Aktien in geschlossenen Gesellschaften

359 Insbesondere *kleinere Gesellschaften*, darunter in erster Linie solche mit nur einem oder ganz wenigen Aktionären, haben seit jeher nicht selten von der Ausstellung der in den Statuten eigentlich vorgesehenen Inhaber- oder Namenaktien – als Wertpapiere oder auch nur als Beweisurkunden – abgesehen[73].

---

[69] Hervorhebungen der entscheidenden Stellen beigefügt.
[70] Der letzte Satz ergibt sich eindeutig aus dem Mobiliarsachenrecht und dient der Vermeidung von Missverständnissen.
[71] Vgl. *Zobl/Lambert* a.a.O.
[72] Zuzugestehen ist, dass der «gute Glaube» in der Theorie auch bei Ordrepapieren eine eigentliche Lücke in der Indossamentenkette nicht deckt. Das, woran der Erwerber so «gut» glauben darf, ist nur (aber immerhin) die Befugnis der Rechtsvorgänger, über das Papier zu verfügen.
[73] *Emmanuel Stauffer* (1977) passim.

Das neue Recht äussert sich zu dieser Erscheinung wiederum nicht. Es bleibt beim Zustand unter OR 1936: der Aktionär hat ein Recht auf die Aushändigung der in den Statuten vorgesehenen Aktienart als Wertpapiere und kann dieses Recht jederzeit geltend machen. Die Statuten können das Recht auf Ausstellung von «Aktien» nachträglich nicht gültig aufheben, sondern nur – im äussersten Fall – auf den Anspruch auf eine *Beweisurkunde* reduzieren[74]. Dies aber ist nur möglich hinsichtlich von Namenaktien. Umgekehrt ist eine Gesellschaft keineswegs gezwungen, in ihren Gründungsstatuten die Ausgabe von Wertpapieren vorzusehen; dort ist die Klausel, dass unter der von Art. 626 Ziff. 4 anvisierten «Art» der Aktien «unverbriefte» oder «nichtverurkundete» Namenaktien verstanden werden sollen, zulässig. 360

Gibt die Gesellschaft, ohne dass die Statuten sie dazu ermächtigen würden, keine Aktientitel aus – sei es aus Versehen, sei es weil die Aktionäre nie danach fragen – oder schieben die Statuten den Titeldruck auf, so leitet sich das Beteiligungsrecht des Aktionärs aus dem Errichtungsakt in notarieller Form und der anschliessenden, geschlossenen Kette schriftlicher Abtretungserklärungen ab[75]. Gutglaubensschutz gibt es diesfalls nicht. Der Ansprecher ist für diese Kette beweispflichtig[76]. Das Erfordernis der Zession in Schriftform und einer ununterbrochenen Kette von Abtretungserklärungen gilt selbst für jenes Unikum in diesem Bereich, das es eigentlich gar nicht geben dürfte – die «unverbriefte Inhaberaktie». 361

VII. Eigene Aktien

«Eigene Aktien»[77] sind keine Kategorie von Aktien, sondern nichts anderes als von der Gesellschaft selbst als Eigentümerin gehaltene Aktien jeder Art. Die eigenen Aktien sind ein wichtiger Gegenstand der Bestrebungen zur Vereinheitlichung des Rechts seitens der EG[78] und jetzt der Aktienrechtsreform. Es ist angebracht, sie hier zu erläutern. 362

---

[74] In Übereinstimmung mit *F. Wolfhart Bürgi* (1957) Art. 683-87 N. 28.
[75] Art. 165 Abs. 1 OR. Vgl. zu früheren Kontroversen *Christoph von Greyerz* (1982) 77 Anm. 20.
[76] Ebenso nun klar *Zobl/Lambert* (1991) 133 ff.
[77] Wegleitend *Alfred Wieland* (1937) 202 ff.; Überblick bei *Sebastian Burckhardt* (1983); *Peter M. Binder* (1981) 89 ff.; *Jürgen Ziebe* (1982) 119 ff. zum EG-Lösungsansatz; auch *Max Boemle* (1988) insb. 39 ff.
[78] 2. *EG-Richtlinie* (1976) Art. 18 ff.; *Vorschlag SE 1991*, Art. 48/49; AktG § 71 ff..

A. Die Problematik des Rückkaufs eigener Aktien

1. Das Problem und die Ansätze zu seiner Lösung

363 Sobald Aktien einmal als Wertpapiere[79] zu selbständig handelbaren Gegenständen des Rechtsverkehrs gemacht worden waren, konnte eine Aktiengesellschaft im Lauf der Dinge dazu kommen, ihre eigenen Aktien zu kaufen. Der Gedanke musste nahe liegen, dass dabei eigentlich die «Mitgliedschaftsstelle» im Augenblick des Übergangs auf ihre eigene Emittentin untergehen müsste[80]. Das war aber sowohl mit dem Prinzip der festen Mitgliedschaftsstellen[81] und des festen Nennbetrags in der Bilanz wie mit der Wertpapiereigenschaft der ausgegebenen Aktie nicht vereinbar. Das Problem war also keineswegs durch eine einfache rechtsdogmatische Zauberlösung – wie Untergang durch «Konfusion» – aus der Welt zu schaffen.

364 Schon in der «Gründerzeit» des 19. Jahrhunderts zeigte sich umgekehrt, was für eine *Pandora-Büchse* sich mit den «eigenen Aktien» öffnete[82].

365 a) In dem Umfange, in dem eine Gesellschaft mit ihren liquiden Mitteln eigene Aktien zurückkauft, ist sie daran gehindert, zweckkonforme Investitionen im *Betrieb* vorzunehmen[83]; sie ersetzt echte Betriebsaktiven durch eine quotale Beteiligung an den schon bestehenden Netto-Aktien, an sich selbst.

366 b) Sie setzt im gleichen Umfang ihre eigene *Liquidität* herab. Dies geschieht zuerst schon direkt durch den Mittelabfluss, aber auch virtuell: Sie kann ihre eigenen Aktien nicht am Markt anbieten, ohne auf die Kurse zu drücken und damit den für eigene Aktien typischen Teufelskreis in Gang zu setzen – der einsetzende Kursrückgang entwertet die noch gehaltenen eigenen Aktien.

367 c) Nimmt der Erwerb eigener Aktien eine gewisse Grösse an, z.B. ein Fünftel, ein Drittel oder gar die Hälfte des Aktienkapitals, so zeigt sich sofort, dass jeder Rückkauf eigener Aktien auf nicht viel anderes hinausläuft als eine *Verteilung von Gesellschaftsvermögen* mit Auszahlung in bar. Im Gegensatz zu einer ordentlich durchgeführten Liquidation ist aber das Betriebsvermögen keineswegs in entsprechendem Umfang ordnungsgemäss in liquide Form umgewandelt worden, und es fehlt an sämtlichen Hürden und Schranken, die vom Gesetzgeber für eine Liquidation vorgesehen worden sind[84]. Und es kommt nicht zu einer Herabsetzung der Nennkapitalzahl in der Bilanz und den Statuten, vielmehr bleibt das ganze ursprüngliche Kapital erhalten. Ebenso wenig schrumpft, wie es bei einer Teilliquidation typisch wäre, die Aktivseite der Bilanz: dort findet man fortan die eigenen Aktien in voller Schönheit als «Aktiven» der Gesellschaft.

---

[79] Oder «*Wertrechte*», falls die Aktien nicht verbrieft sind, *Zobl/Lambert* (1991) 128.
[80] Es wäre die Anwendung eines schuldrechtlichen Gedankens auf das Gesellschaftsrecht.
[81] Vgl. *Christoph von Greyerz* (1982) 114.
[82] Vgl. insbesondere *Botschaft 1983*, 60 ff. Ziff. 208; *Christoph von Greyerz* (1982) 137 ff.; *Sebastian Burckhardt* (1983) 41 ff.; *Max Boemle* (1988) 39 ff.
[83] Darin liegen ein eingeengter unternehmerischer Handlungsspielraum und eventuell hohe Opportunitätskosten.
[84] In den Regeln der Kapitalherabsetzung.

d) Dies bewirkt, zusätzlich zum Teilliquidationseffekt, eine drastische *Risikoerhöhung*, mit *Hebeleffekt*: geht später der Wert der Aktien massgeblich zurück, so verlieren die noch ausstehenden Aktien ihren Wert noch viel rascher. Denn das äussere Faktum des sinkenden Aktienwertes führt sofort zu dem inneren Faktum eines Bilanzverlustes, schlägt also direkt auf die Unternehmensbilanz durch[85]. Das *Kursrisiko* wird in dem Umfange, in dem eigene Aktien aufgekauft worden sind, zum *Unternehmensrisiko*[86]. — 368

e) Dazu kommen – was man heute ernster nimmt als früher – *kapitalmarktrechtliche Gefahren* des Rückkaufs eigener Aktien. Die Gesellschaft schafft eine Nachfrage, die zunächst technisch kursstützend wirken muss. Hört der Aufkauf eigener Aktien aber früher oder später auf – und das muss er – , so fällt das kursstützende Element schlagartig weg. Die plötzlich ausbleibende Nachfrage kann den gefährlichen nachträglichen Wertzerfall selbstgehaltener Aktien auslösen. Haben die Kurse einmal zu fallen begonnen, so gilt «la baisse amène la baisse». — 369

f) Die *Versuchung* für eine Unternehmensleitung, in substantiellem Umfang eigene Aktien zurückzukaufen, wird umso grösser, je gefährdeter das Standing der Gesellschaft auf den Kapitalmärkten bereits ist. Denn zunächst wirkt sich ein solcher Rückkauf auf das Kursniveau wie eine Wunderdroge aus: die Kurse steigen. Steht die Gesellschaft vor einer Kapitalerhöhung, oder möchte sie eine Fusion mit günstigen Kursen abwickeln, so ist der Rückkauf eigener Aktien – sei es direkt oder im Wege der sog. Kurspflege – bisher sogar mehr oder weniger Landesbrauch. Der Kauf eigener Aktien zur Beeinflussung des Kurses ist und bleibt jedoch rechtlich fragwürdig. Dies gilt in besonderem Masse dann, wenn Aktien gezielt und nachhaltig zurückgekauft werden, nicht um Kursausschläge zu glätten, sondern um die Aktienkurse auf ein künstliches Niveau zu bringen, eine Kurshöhe nämlich, die aufgrund der vorherrschenden Marktkräfte unerreichbar wäre. — 370

g) *Verkauft* der Verwaltungsrat später die hereingenommenen eigenen Aktien, so muss er alles tun, um ungerechtfertigte Verletzungen des Gleichbehandlungsprinzips oder Verstösse gegen die Pflicht des Geschäftsabschlusses «zu Konditionen wie mit einem Dritten» zu vermeiden[87]. — 371

Erfolgt der Kauf eigener Aktien intransparent, so stellt sich die Frage, ob eine *Kursmanipulation* vorliegt, die unter den Gesichtspunkten nicht nur des Aktienrechtes, sondern des Kapitalmarktrechtes kritisch ist. Nun ist zwar das Aktienrecht nur sehr beschränkt in der Lage, kapitalmarktrechtliche Ziele zu erreichen. Es stellte sich für den Gesetzgeber aber doch die Frage, inwieweit eine klare, institutionelle Schranke für den Rückkauf eigener Aktien die beste Lösung im Gewirr der sich widersprechenden Interessen sei. Der deutsche Gesetzgeber löste schon 1870 alle diese Probleme mit ei- — 372

---

[85] Die *Botschaft 1983*, 61, Ziff. 208.1 ergänzt für den Fall der Dividendenlosigkeit, dass dann Investitionen im Umfang der eigenen Aktien ohne Erträge bleiben.
[86] Allerdings trifft bei *steigenden Kursen* auch das Umgekehrte zu: der Kursanstieg wird zum potentiellen Unternehmensgewinn. Der Hebel wirkt auf beide Seiten.
[87] Vgl. den illustrativen BGE 88 II 98 ff (Fall Knie). Nach neuem Aktienrecht müsste der Fall wohl anders entschieden werden. Vgl. Kapitel 10/VI/C, Rz 1651 ff.

nem einzigen Hammerschlag: er erliess ein *Verbot des Rückkaufs eigener Aktien*[88]. Das Schweizer Obligationenrecht von 1881 übernahm dieses Verbot grundsätzlich[89]. Es drückte jedoch schon damals die Erkenntnis aus, dass ein allumfassendes Verbot gar nicht sinnvoll ist; man fügte einen Ausnahmekatalog ins Gesetz ein.

373 Es zeigte sich bald, dass auch dort, wo das Verbot an sich sinnvoll war, die *Durchsetzung* in der Praxis auf grosse Schwierigkeiten stiess. In der Praxis wurde die 1936 überarbeitete Norm in erstaunlichem Umfange nicht ernst genommen. Ein übereifriger Verwaltungsrat, der – wie das damalige Gesetz es befahl – brav im Geschäftsbericht über die Käufe und Verkäufe eigener Aktien berichtete, löste nur bedauerndes Lächeln aus. Die Lehre der Dogmatiker, es liege in Art. 659 eine blosse «*Sollvorschrift*» oder gar «*Ordnungsvorschrift*» vor[90], führte zum Missverständnis, dem Gesetzgeber sei es letztlich gar nicht ernst mit dem Verbot.

2. Die Lösung des OR 1991

374 Angeregt von den entsprechenden Vorarbeiten der EG[91], aber doch von diesen abweichend[92], hat die Arbeitsgruppe von Greyerz beschlossen, neue Regeln aufzustellen und vom Prinzip «zahnloses Verbot mit fünf Ausnahmen» des OR 1936 abzugehen.

375 Veranlassung dazu war der Missmut darüber, dass die alte Norm – mit dem volltönenden Wort vom «*Verbot*» – in der Praxis so umfassend, mit so grosser Unbekümmertheit, ja dreist übertreten wurde[93]. Anderseits konnte niemand die Augen vor der Erkenntnis verschliessen, dass der Rückkauf eigener Aktien auch sinnvollen Zwecken zu dienen vermag. Durch die Möglichkeit der Gesellschaft, in einem gewissen Umfang eigene Aktien zurückzukaufen, entsteht tendenziell eine bessere Liquidität im oft engen Aktienmarkt. Und auch Gesellschaften mit nichtkotierten Aktien erfreuen sich dadurch einer erhöhten Flexibilität in einer Lage, wo ein eigentlicher Markt für die Unternehmensanteile fehlt und selbst für kleine Aktienpakete grosse Unbeweglichkeit herrscht.

376 *Verantwortungsvoll* und *transparent* durchgeführt, kann ein Plan zum Rückkauf eines bestimmten Teils eigener Aktien im Interesse der Aktionäre liegen. Die amerikanische Praxis (die im übrigen keineswegs uneingeschränkt befürwortet werden muss) hat gezeigt, dass in bestimmten Konstellationen ein Aktienrückkauf die aus dem 19. Jahrhundert stammenden Befürchtungen *nicht* bestätigt. Liegt eine systematische Unterbewertung von Aktien vor, so kann ein solcher Rückkauf die Interessen der treuen Aktionäre, die an das Unternehmen glauben und die Aktien längerfristig behalten wollen,

---

[88] Das französische Aktienrecht kannte eine Gesetzesvorschrift für diese Problematik lange überhaupt nicht, nun Art. 217 LSC als Umsetzung der *2. EG-Richtlinie* (1976).
[89] Art. 628 OR 1881.
[90] So schon BGE 43 (1917) II 293 ff. zum OR 1881; *Alfred Wieland* (1937) 253; *Christoph von Greyerz* (1982) 138.
[91] *2. EG-Richtlinie* (1976) insb. Art. 19. Die *Botschaft 1983*, 61, Ziff. 208.21 verweist zu Unrecht nur auf § 71 Abs. 2 AktG.
[92] *2. EG-Richtlinie* (1976) Art. 19 Abs. 1 Bst. a verlangt im Gegensatz zu Art. 659 OR 1991 einen besonderen Ermächtigungsbeschluss der Generalversammlung, der den niedrigsten und höchsten Preis festlegt und höchstens $1^1/_2$ Jahre Geltung hat.
[93] Vgl. *Christian J. Meier-Schatz* (1988) 117.

massgeblich fördern, zulasten der anderen, die zu einem niedrigen Preis verkaufen wollen – und das auch sofort tun. Die für viele Anleger entscheidende Masszahl des Gewinns pro Aktie kann zufolge des Rückkaufs bei den ausstehenden Aktien ansteigen. Wer dabei bleibt, und das ist letztlich entscheidend, sieht sich als Gewinner.

3. Verurteilung zur Rücknahme eigener Aktien aus wichtigen Gründen (Abfindungsurteil)

Als völlige Novität bietet das Aktienrecht von 1991, aufgrund einer Ergänzung des Entwurfs im Parlament, dem Richter die Möglichkeit, bei einer Klage auf Auflösung der Aktiengesellschaft *aus wichtigen Gründen*[94] nicht auf Abweisung oder Gutheissung des Begehrens zu erkennen, sondern technisch auf Abweisung, aber zugleich auf Rücknahme der Aktien gegen Abfindung. Dieser ausserordentliche Rechtsbehelf ist in Kapitel 12 am Schluss dargestellt[95]. Er ist aber durchaus im Kontext der neuen Regelung über die eigenen Aktien zu sehen.

377

B. Voraussetzungen und Schranken

Trotz allen kurzfristig süssen markttechnischen Effekten ist jeder Rückkauf eigener Aktien kritisch, vor allem unter dem Gesichtspunkt des *Kapitalerhaltungsprinzips*. Hat eine Gesellschaft – im Modellfall – wirklich nur Aktiven, die die Verbindlichkeiten und das Nennkapital decken, und kauft sie in dieser Situation eigene Aktien zurück, so ist dies nichts anderes als eine Rückgewähr des Nennkapitals. Es liegt eine Verletzung von Art. 680 OR vor, jenes Verbots der Rückgewähr, das unter allen Systemen des kontinental-europäischen Aktienrechts Geltung hat und eine zentrale Norm des ganzen Aktienrechts ist.

378

Nun ist allerdings ein solcher Fall in der Praxis beinahe undenkbar. Die meisten Gesellschaften, die den Rückkauf eigener Aktien ins Auge fassen, haben einen Aktivenüberschuss, der über die Ausschüttungs-Sperrzahlen (des Aktienkapitals, des nichtverwendbaren Teils der allgemeinen gesetzlichen Reserve und der übrigen Sperrbeträge des Gesetzes) weit hinausgeht. Mit anderen Worten: sie haben frei verwendbares Eigenkapital. Das neue Gesetz muss nun sicherstellen, dass wirklich nur verwendbares Eigenkapital eingesetzt wird, und es muss für Tansparenz sorgen.

379

---

[94] Art. 736 Ziff. 4 OR 1991.
[95] Kapitel 12/IV/2, Rz 1948 ff.

1. Die neuen Voraussetzungen für einen rechtmässigen Rückkauf eigener Aktien

380 Das neue Aktienrecht erreicht die Beschränkung auf das verwendbare Eigenkapital und eine minimale Durchsichtigkeit mit der kombinierten Anwendung von fünf Regeln, die der Verwaltungsrat zu beachten hat, will er sich nicht verantwortlich machen.

a) Verwendbares Eigenkapital

381 Für den Kauf[96] eigener Aktien muss zuerst und vor allem aufgrund der letzten geprüften und genehmigten Jahresbilanz[97] *frei verwendbares Eigenkapital* in der Höhe der aufgewendeten Mittel vorhanden sein[98].

382 Messgrösse ist derjenige *Teil des bilanzmässig ausgewiesenen Eigenkapitals*, der die Ausschüttungs-Sperrzahlen übersteigt (d.i. das Aktienkapital, das Partizipationskapital, den nicht verwendbaren Teil der gesetzlichen Reserve, die Reserve für eigene Aktien, die Aufwertungsreserve und gegebenenfalls statutarisch der Ausschüttung entzogene Spezialreserven). Handelt es sich um Bilanzgewinn, so ist ohne weiteres die freie Verwendbarkeit gegeben. Müssen offene Reserven eingesetzt werden (verwendbarer Teil der allgemeinen gesetzlichen Reserve und Spezialreserven), so ist aufgrund der Statuten und Generalversammlungsbeschlüsse abzuklären, ob eine derartige Verwendung rechtmässig ist. Von den gesetzlichen Reserven ist nicht verwendbar derjenige Teil, der aus Agio stammt, und im übrigen der Teil, der die Hälfte des gesamten Nennkapitals[99] übersteigt. Ist aber aufgrund eines statutenändernden Generalversammlungsbeschlusses eigens eine «Dividendenreserve» oder eine «Währungsschwankungsreserve» im Eigenkapital geschaffen worden, oder sieht etwa ein Statutenartikel – wie dies in älteren Statuten noch anzutreffen ist – einen «Garantiefonds» zum Auffangen von Verlusten oder einen «Risikoausgleichsfonds» als Spezialreserve vor, so wäre wegen dieser Zweckbestimmungen eine Verwendung für den Rückkauf eigener Aktien nicht rechtmässig. Zuerst müsste die Generalversammlung die Statuten ändern.

b) Limite der 10% bzw. 20%

383 In seinem arithmetischen Ausmass darf der Rückkauf eigener Aktien die *Grenze von 10% des Aktienkapitals* nicht überschreiten[100]; die Rechtsfolge bei einer Überschreitung

---

[96] Die *2. EG-Richtlinie* (1976) untersagt ausdrücklich nicht nur den Kauf, sondern auch den *originären Erwerb*, die Zeichnung eigener Aktien, Art. 18. Anders in der Schweiz: *Alfred Siegwart* (1945) Art. 659 N. 13; aber wie die 2. EG-Richtlinie die herrschende Meinung. BGE 96 II 21/22.

[97] Nur eine geprüfte Jahresbilanz kann genehmigt werden (Art. 729c OR 1991), und eine nicht genehmigte «Jahresbilanz» ist nichts als ein Antrag des Verwaltungsrates an die Generalversammlung, eventuell sogar nur ein Entwurf für einen solchen Antrag.

[98] Das Gesetz schreibt keine Zwischenbilanz vor. Unter Umständen ist daher die Grundlage für den Test des «Verwendbaren Eigenkapitals» durch die Ereignisse von bis zu anderthalb Jahren überholt. In solchen Fällen gehört es zu den Pflichten des Verwaltungsrates, die aktuelle Lage abzuklären und sich entsprechend zu verhalten.

[99] Summe von Aktien- und Partizipationskapital.

[100] Dieser Schwellenwert, dort allerdings eingebettet in andere Regeln, stimmt mit der *2. EG-Richtlinie* (1976) Art. 19 Abs. 1 Bst. b und *Vorschlag SE 1991*, Art. 49 Abs. 3, grundsätzlich überein. Die Zahl 10% als Grenze tauchte erstmals in der deutschen Notverordnung von 1931 auf; *Heinrich Friedländer* (1932).

ist noch gesondert zu behandeln. Der Begriff «Aktienkapital» in Art. 659 ist als «gesamtes Nennkapital» zu verstehen[100a]. Besteht ein Aktienkapital von 1 Mio. Franken und ein Partizipationskapital von 2 Mio. Franken, so kann die Gesellschaft in freier Mischung Aktien und Partizipationsscheine in einem Nennwert von insgesamt 300,000 Franken zurückkaufen. Sie verletzt die Vorschrift von Art. 659 Abs. 1 OR 1991 nicht, wenn sie Aktien allein in der Höhe von 10 Prozent des gesamten Nennkapitals (300,000) zurückkauft. Effektiv wären dann 30% des «Aktienkapitals im engeren Sinne» zu eigenen Aktien geworden.

Zum Zwecke des Rückkaufs von eigenen Aktien im Zusammenhang mit der *Vinkulierung* beträgt die Grenze als Ausnahme und echte helvetische Spezialität *20%* (Art. 659 Abs. 2 OR 1991). Die für solche Zwecke über 10% hinaus erworbenen Aktien sind allerdings, im Gegensatz zu den «freien» ersten 10%, binnen zweier Jahre wieder zu veräussern oder durch Kapitalherabsetzung zu vernichten. Jede vorübergehende Überschreitung der 10%-Grenze im Rahmen der Vinkulierung (Ankauf von Aktien, die sonst an einen nicht erwünschten Erwerber gegangen wären) setzt also den Verwaltungsrat unter Handlungszwang. 384

c)   *Reserve für eigene Aktien*

Die Summe, die zum Erwerb eigener Aktien an den Verkäufer ausgezahlt wurde, ist methodisch auf der Gegenseite, im Eigenkapital, als *verwendet* zu betrachten. Auf der *Passivseite der Bilanz* ist eine «Reserve für eigene Aktien» zu bilden. Dieser Sonderposten hat aktienrechtlich die Wirkung, die Ausschüttungs-Sperrzahl der Gesellschaft zu erhöhen. Konkret bedeutet dies: Gerät die Gesellschaft in die Verlustzone, und schmilzt der Überschuss der gesamten Aktiven über das Fremdkapital zusammen, so kann die Gesellschaft ihre Ausschüttungen erst wieder aufnehmen, wenn die Summe aller vier aktienrechtlichen Sperrzahlen[101] – und damit auch dieser Reserve für eigene Aktien – wieder überschritten wird und im nötigen Umfang neues verwendbares Eigenkapital erwirtschaftet ist. 385

Die eigenen Aktien müssen nicht von Gesetzes wegen auf der *Aktivseite der Bilanz* in einem gesonderten Posten erscheinen, sind aber stets aktivierungspflichtig. Später verschwindet dieser Posten in dem Umfange wieder aus der Bilanz, in dem die Gesellschaft ihre eigenen Aktien abschreiben muss, sie wieder veräussert oder durch Kapitalherabsetzung vernichtet. 386

d)   *Kein Stimmrecht*

Die Stimmrechte[102] eigener Aktien ruhen. Diese Vorschrift fand sich schon in Art. 659 Abs. 5 OR 1936[103]. Neu ist aber, dass diese Regel auch ausdrücklich[104] für jene eigenen Aktien gilt, die durch eine *Tochtergesellschaft* gehalten werden (Art. 659b Abs. 1). 387

[100a] Wegen des auf eine schlichte Addition hinauslaufenden Art. 656b Abs. 3 OR 1991.
[101] Aktienkapital, Partizipationskapital, nicht verwendbarer Teil der allgemeinen gesetzlichen Reserve, gegebenenfalls Aufwertungsreserve und Reserve für eigene Aktien. Hiernach Kapitel 6/II/D/5/b, Rz 932 ff.
[102] Und die damit verbundenen Rechte.
[103] Sogar schon in Art. 628 Abs. 5 OR 1881. Vgl. auch *Vorschlag SE 1991*, Art. 49 Abs. 22.
[104] Bisher hatte das Bundesgericht dieses Ergebnis auf dem Wege der Auslegung gewonnen, BGE 72 II 283 ff.

388 Man wird die Frage stellen, warum die *Vermögensrechte* eigener Aktien nicht auch ruhen. Die Überlegung der Arbeitsgruppe von Greyerz war, dass es der Gesellschaft zu überlassen ist, ob sie die Zahlung an sich selbst ausrichten oder die Vermögensrechte ruhen lassen will. Das Problem liegt eher bei den eigenen Aktien, die einer Tochtergesellschaft gehören: in diesem Falle scheint es angesichts des nach wie vor fehlenden Konzernrechts[105] richtig, dass die Vermögensrechte *nicht* ruhen, vielmehr die Dividende an die Tochtergesellschaft als Aktionärin tatsächlich ausgezahlt wird[106]. Im Gegensatz zum Fall der Stimmrechtsausübung stehen dem keine vorrangigen rechtlichen Überlegungen entgegen.

e) Offenlegung im Anhang zur Jahresrechnung

389 Nach OR 1936 waren die eigenen Aktien ein Thema des jährlichen Geschäftsberichts. Wie im Zusammenhang mit der Rechnungslegung noch darzustellen ist[107], muss der Verwaltungsrat nunmehr im *Anhang* im einzelnen über die Vorgänge (Käufe und Verkäufe mit ihren Bedingungen, Vernichtung) und den Besitzstand im Zusammenhang mit eigenen Aktien Rechenschaft ablegen.

2. Der Vorbehalt der allgemeinen Schranken des Aktienrechts

390 Bei jedem Erwerb eigener Aktien ist *das Aktienrecht als ganzes* zusätzlich zu beachten. Es wäre falsch zu glauben, dass immer dann, wenn die Voraussetzungen und besonderen Schranken der Art. 659, 659a und 659b eingehalten sind, der Rückkauf eigener Aktien rechtlich schlechthin unbedenklich wäre.

a) Gleichbehandlungs- und Sorgfaltspflicht

391 Im Gegenteil. Das *Gleichbehandlungsgebot*[108] entfaltet seine volle Kraft, und es kann hier entscheidender sein als irgendwo sonst. Würde der Verwaltungsrat durch den Rückkauf eigener Aktien bestimmte Aktionärsgruppen ohne hinreichenden sachlichen Grund bevorzugen, so wäre dies ein Verstoss gegen das Gleichbehandlungsprinzip. In Betracht fällt auch die allgemeine *Pflicht zur Sorgfalt in der Führung der Geschäfte*[109]. Gegen die Sorgfaltspflicht würde jener Verwaltungsrat verstossen, der noch rasch eigene Aktien durch die Gesellschaft zurückkaufen lässt, obwohl er den nahenden Wertzerfall mit annähernder Gewissheit voraussieht. Und die Treuepflicht würde vor allem natürlich jener Verwaltungsrat verletzen, der ihm selbst gehörende Aktien in einer solchen Lage noch geschwind auf die Gesellschaft «ablädt»[110]. Ohne Zweifel führt das neue Aktien-

---

[105] Kapitel 8/II/A, Rz 1117 ff.
[106] Andernfalls ist der Kreis des Sondervermögens der Untergesellschaft durch die Tatsache der Konzernierung zusätzlich geschädigt.
[107] Kapitel 6/II/E/2/d, Rz 947 ff.
[108] Art. 706 Abs. 2 Ziff. 3 und Art. 717 Abs. 2 OR 1991.
[109] Art. 717 OR 1991.
[110] Diese Fälle von *direkten Interessenkonflikten* sind im neuen Aktienrecht – im Gegensatz vor allem zum französischen Aktienrecht, Art. 101 ff. LSC – nicht geregelt. Es gilt die unbestimmte Rechtsnorm des Art. 717 Abs. 1 OR 1991 über die *Treuepflicht*. In krassen Fällen liegt ungetreue Geschäftsführung oder, nach der neuen Terminologie (BBl 1991 II 1058), «ungetreue Geschäftsbesorgung», evtl. bei bör-

recht manche Verwaltungsräte mit der 10%-Limite – welche bei grösseren Gesellschaften enormen absoluten Beträgen entspricht – in eine gewisse Versuchung, die Sorgfalts-, Gleichbehandlungs- und Treuepflicht zu wenig ernst zu nehmen.

b) Vorhandensein nicht-betriebsnotwendiger Mittel

Ein Rückkauf von eigenen Aktien in grösserem Umfang aus *betriebsnotwendigen Mitteln* ist fast immer aus unternehmerischer Sicht kritisch. Es ist eine Gefahr gerade der formalistischen neuen Schranken – zehn Prozent, verwendbares Eigenkapital, Sonderreserveposten –, dass sie den Blick der Verantwortlichen einseitig auf die Passivseite der Bilanz fixieren. Der Verwaltungsrat sollte ebenso sorgfältig auf die Aktivseite und die Mittelflussrechnung Bedacht nehmen. Die Frage, ob die in eigenen Aktien gebundenen Mittel der betrieblichen Investitionstätigkeit und dem Geschäft überhaupt fehlen, ob das Kreditschöpfungspotential aufgebraucht und damit dem Betrieb entfremdet wird, hat mindestens so grosse Bedeutung für den Entscheid über einen Rückkauf eigener Aktien wie die drei gesetzlichen Formalkriterien. 392

3. «Green mail» unter den Kriterien des neuen Aktienrechts

a) Gleichbehandlungsprinzip

Unter den Kriterien der Gleichbehandlung und der Sorgfalt ist der Vorgang besonders kritisch, der nach amerikanischem Sprachgebrauch *«green mail»* – als Abwandlung zu «black mail», Erpressung – genannt wird[111]. Nach dem früheren Art. 659 OR 1936 wäre der Fall von «green mail» nach Schweizer Recht eigentlich einfach zu entscheiden gewesen: Kaufte ein angriffiger Börsenakteur ein massgebliches Aktienpaket zusammen, um dann Verwaltungsrat und Geschäftsleitung mit Forderungen unter Druck zu setzen, so war nach Schweizer Recht der naheliegende Ausweg versperrt. Der Verwaltungsrat durfte das Paket nicht zur Beendigung der Bedrohung zulasten der Gesellschaft zurückkaufen, weil Art. 659 Abs. 1 OR dem entgegenstand. Der Aktiengesellschaft war es nach OR 1936 untersagt, eigene Aktien direkt oder indirekt[112] zu Eigentum zu erwerben, und unter einen der fünf gesetzlichen Ausnahmefälle fiel der Rückkauf in der «green mail»-Situation nicht[113]. 393

Nach neuem Aktienrecht sind die Dinge differenzierter zu sehen. Grundsätzlich ist bis zu der Limite von 10% (bzw. 20%) der Rückkauf gestattet, wenn die nötigen liquiden, nicht-betriebsnotwendigen Mittel und das frei verwendbare Eigenkapital vorhanden sind. Der Rückkauf eigener Aktien unter dem Druck eines Börsenakteurs im Sinne des «green mail» wird jedoch regelmässig, auch innerhalb der gesetzlichen Schranke von 394

---

senkotierten Titeln rechtswidriger Insiderhandel vor; *Peter Böckli* (1989) 105. Es handelt sich um den relativ seltenen, aber besonders empörenden Fall des *«Insidergeschäftes à la baisse»*. Erforderlich ist allerdings, dass in der kritischen Zeitspanne eines der in Art. 161 Ziff. 3 StGB erwähnten erheblich kurswirksamen Ereignisse gegeben ist.

[111] Art. 717 OR 1991.
[112] BGE 72 II 283 ff. lässt sich so verstehen.
[113] Jedenfalls ist eine solche Ausnahme schwer vorstellbar, abgesehen vielleicht von Ziff. 1.

10%, gegen das *Gleichbehandlungsprinzip* verstossen[114]. Die Gesellschaft müsste, um dieses einzuhalten, gleichzeitig *allen* Aktionären anbieten, ihre Aktien (bis zu dem genannten Limit von 10% bzw. 20%) der Gesellschaft zurückzukaufen. Dies müsste zu den gleichen Bedingungen geschehen[115], und bei Überschreiten der 10%- bzw. 20%-Grenze müssten alle Angebote proportional gekürzt werden.

395 Gerade aber die proportionelle Kürzung und die Gleichheit des Rückkaufpreises stehen den Wünschen der Parteien in der «green mail»-Situation *diametral entgegen*: der Aufkäufer will einen ausserordentlich hohen Preis durch seine geballte Aktienposition nur für sich selbst erzwingen, und die Gesellschaft hat keine Veranlassung, einen Überpreis zu zahlen, wenn diese Position nicht verschwindet. In diesem Lichte zeigt sich umso deutlicher, dass ein ausschliessliches Angebot eines Überpreises durch den Verwaltungsrat an den aggressiven Aufkäufer – das echte «green mail» nach amerikanischem Modell – mit einer Gleichbehandlung der Aktionäre nach Schweizer Recht[116] kaum je vereinbar sein kann.

b)   Gesicherte Weiterveräusserung

396 Eine Ausnahme ist dann zu machen, wenn der Verwaltungsrat effektiv in der Lage ist, das zurückgenommene Paket *«mit tunlicher Beschleunigung wieder zu veräussern»* (wie es in Art. 659 Abs. 3 OR 1936 so schön geheissen hatte). Hier genügt aber das «Prinzip Hoffnung» nicht. Was nötig ist, ist eine rechtlich und tatsächlich tragfähige Absicherung der Weiterveräusserung, denn sonst bleibt die Gesellschaft auf dem einmal zurückgenommenen Aktienpaket sitzen, und zwar mit umso grösserer Gewissheit, je bedrohlicher sich die Lage nach dem Tage der Rücknahme entwickelt.

397 Insoweit aber, als die Weiterveräusserung rechtlich und tatsächlich in vernünftigem Rahmen abgesichert ist, liegt *kein «Erwerb eigener Aktien»* im Sinne des Gesetzes vor; die 10%-Grenze gilt nicht. Diese Grenze und die übrigen Schranken und Leitlinien sind nur anwendbar, wenn ein Rückkauf eigener Aktien *auf eigenes Risiko* der Gesellschaft gegeben ist.

C. Rechtsfolgen

1.   Nichtigkeit eines gesetzwidrigen Rückkaufs eigener Aktien?

a)   Unter dem OR 1936

398 Unter dem alten Obligationenrecht hatte sich ein Meinungsstreit[117] darum entsponnen, ob eine *Verletzung* des «Verbots» des Rückkaufs eigener Aktien nur die Verantwort-

---

[114] Art. 711 Abs. 2 OR 1991. Vgl. die Bedenken bei *Christian J. Meier-Schatz* (1988) 117/18.
[115] Vielleicht unter Vorbehalt eines Zuschlags für das Paket; das kann sachlich richtig sein.
[116] Art. 717 Abs. 2 OR 1991.
[117] Die *Botschaft des Bundesrates* vom 21. Februar 1928, BBl. 1928 I 235, sprach sich für Nichtigkeit aus. Anders BGE 43 II 295 und 60 II 319 ff. (noch zu Art. 628 OR 1881).

lichkeit der Organe oder direkt die Nichtigkeit des entsprechenden Erwerbsgeschäftes zur Folge haben würde.

Zur Rechtsfolge der *Nichtigkeit*[118] konnte gelangen, wer Art. 20 Abs. 1 OR[119] wörtlich anwenden wollte. Die Debatte ging mit der resignierten Erkenntnis zu Ende, dass dieses «Verbot» des Art. 659 nicht mehr als eine Ordnungsvorschrift sein konnte[120]. Das Veräusserungsgeschäft als solches, mit dem gegen Art. 659 OR 1936 verstossen wurde, war in seiner Gültigkeit nicht in Frage gestellt[121]. Die Rechtsfolge beschränkte sich auf die Verpflichtung des Verwaltungsrates, im Geschäftsbericht die Sache bekanntzumachen[122], die Aktien «mit tunlicher Beschleunigung» wieder zu veräussern (Art. 659 Abs. 3 OR 1936) und für gegebenenfalls schuldhaft angerichteten Vermögensschaden bei Erfüllung der Haftungsvoraussetzungen einzustehen[123]. 399

b) Nach neuem Aktienrecht

Nach neuen Aktienrecht ist ein *Verstoss* gegen die Einschränkung des Erwerbs eigener Aktien rechtlich differenziert zu behandeln. 400

Wird die Begrenzung von 10% oder 20% überschritten, so tritt normalerweise keine Nichtigkeit des zugrundeliegenden Veräusserungsgeschäftes ein. Wohl aber liegt die Rechtsfolge in einer aktualisierten *Handlungspflicht* und *Verantwortlichkeit* von Verwaltungsrat und Geschäftsleitung[124]. Dazu kommt, wie unter dem früheren Recht, die Verantwortlichkeit der Revisionsstelle. Diese ist verschärft, weil der Erwerb und die Veräusserung eigener Aktien nunmehr in der Bilanz, gegebenenfalls in der Erfolgsrechnung und immer im Anhang darzustellen sind. Der Anhang ist, im Gegensatz zum Geschäftsbericht des alten und zum Jahresbericht des neuen Rechts, Gegenstand der Prüfung[125]. Die Revisionsstelle ist auch verpflichtet, die Behandlung der Vorgänge um eigene Aktien in der Bilanz und in der Erfolgsrechnung (bei der Veräusserung oder bei Wertverlust) zu prüfen. Liegen eigene Aktien bei Untergesellschaften, so hat sich die Revisionsstelle der Obergesellschaft nach neuem Recht auch darum zu kümmern[126]. 401

---

[118] Vgl. Art. 706b OR 1991; hinten Kapitel 12/III, Rz 1727 ff.
[119] «Ein Vertrag, der einen unmöglichen oder widerrechtlichen Inhalt hat oder gegen die guten Sitten verstösst, ist nichtig.»
[120] BGE 110 II 299. Wegleitend ursprünglich *Theo Guhl*, Das neue Aktiengesellschafts- und Genossenschaftsrecht der Schweiz, Zürich 1937, 30; neuerdings *Peter Nobel* (1991C) 209/10.
[121] *Alfred Siegwart* (1945), Art. 659 N. 21/22.
[122] a.a.O. N. 43: «Die Aktionäre müssen durch den Geschäftsbericht von den erlaubten und unerlaubten Erwerben Kenntnis erhalten.»
[123] *Forstmoser/Meier-Hayoz* (1983) 207 f. In gravierenden Fällen hätte wohl die Kontrollstelle nach Art. 729 Abs. 3 OR 1936 den Verwaltungsrat benachrichtigen müssen und sogar direkt die Generalversammlung der Aktionäre. Allein, dies blieb toter Buchstabe.
[124] Art. 754 OR 1991.
[125] Art. 728 Abs. 1 in Verbindung mit Art. 662 Abs. 2 OR 1991. Der Prüfungsauftrag geht nunmehr darauf, ob die Jahresrechnung «dem Gesetz» entspricht, d.h. in erster Linie den Vorschriften des Aktienrechts.
[126] Art. 659b Abs. 3 und Art. 663b Ziff. 10 OR 1991.

402 Die Arbeitsgruppe von Greyerz hat sich bemüht, mit den gewählten Worten

«Die Gesellschaft *darf* eigene Aktien nur dann zu Eigentum erwerben, wenn frei verwendbares Eigenkapital ... vorhanden ist und ...»

klarzustellen, dass einseitig die Gesellschaft und damit der *Verwaltungsrat* Normadressat ist. Man hat darauf verzichtet, das «darf» durch «kann» zu ersetzen. Es geht daher, solange die Limite allein verletzt ist oder wenn ein Erwerb eigener Aktien stattfindet, obwohl hinreichendes *verwendbares Eigenkapital nicht vorhanden* ist, um die Verletzung einer Handlungsanweisung, nicht um eine objektive Widerrechtlichkeit im Sinne von Art. 20 Abs. 1 OR. Sowohl das Verpflichtungsgeschäft zum Erwerb der Aktien wie die darauf gestützte Verfügung, mit der das Eigentum auf die Gesellschaft übergeht, sind in ihrer Gültigkeit nicht von vornherein in Frage gestellt. Der Verkäufer, der als Marktgegenseite der kaufenden Gesellschaft gegenübersteht, ist nicht rechtlicher Hüter für die Einhaltung des Aktienrechts durch den Verwaltungsrat.

403 Nichtigkeit ist aber stets dann anzunehmen, wenn das Kaufgeschäft Gegenstand einer von Wissen und Willen *beider* Vertragsparteien getragenen Verletzung des Gesetzes ist. Ein derartiges Komplott gegen das Kapitalerhaltungsprinzip und damit den Kerngehalt des ganzen Aktienrechts ist widerrechtlich im engeren Sinne und fällt ohne weiteres unter Art. 20 OR. Man wird noch einen Schritt weitergehen und allgemein sagen können: Das Verbot des neuen Art. 659 ist dem Veräusserer entgegenzuhalten, wenn er entweder *wusste* oder *hätte erkennen müssen*, dass die Voraussetzungen des Art. 659 Abs. 1 OR 1991 nicht erfüllt waren[127].

404 Zu weit geht aber, wer Nichtigkeit unabhängig vom subjektiven Element auf der Seite der Gegenpartei stets annimmt, sobald objektiv ein Erwerb zulasten des gebundenen Kapitals vorliegt[128]. Dagegen sprechen die erwähnten Gründe. Es wäre aber auch für den Rechtsverkehr unerträglich, wenn es zur Rückabwicklung[129] von solchen Aktienverkäufen kommen sollte, bei denen der Verkäufer gar nicht in der Lage war, das fehlende verwendbare Eigenkapital zu erkennen.

2. Pflichten des Verwaltungsrates und der Revisionsstelle

a) Wiederveräusserung oder Vernichtung eigener Aktien

405 Das neue Gesetz enthält seltsamerweise über die «*Veräusserung mit tunlicher Beschleunigung*»[130] bei unerlaubtem Besitz eigener Aktien keine allgemeine Bestimmung mehr[131]. Nur der Sonderfall des erlaubten vorläufigen Erwerbs von 20% im Zusammenhang mit der Übernahme von eigenen Namenaktien unter der Vinkulierung ist

---

[127] Vgl. auch die bei *Sebastian Burckhardt* (1983) 115 erwähnten weiteren Fälle von Lemma 1 und 2 (Keinmanngesellschaft und originärer Erwerb vor Handelsregistereintrag).
[128] *Peter Nobel* (1991C) 210: «stets eine Einlagerückgewähr».
[129] Art. 62 ff. OR.
[130] Das Recht von 1881 sprach, im echten Überschwang der Gründerjahre, sogar von «tunlichster Beschleunigung» (Art. 628 Abs. 4 OR 1881).
[131] Wie noch Art. 659 Abs. 3 OR 1936.

ausdrücklich genannt: die Gesellschaft hat in diesem Fall *zwei Jahre*, um die Aktien, die über die 10%-Grenze hinausgehen, zu veräussern oder durch Kapitalherabsetzung zu vernichten[132].

Es ginge nun nicht an, diese voraussetzungslose Zweijahresfrist allgemein auch auf den Fall eines *unerlaubten Erwerbs* zu übertragen[133]. Ist die 10%-Grenze ausserhalb der erwähnten Vinkulierungssituation übertreten worden, so bleibt es bei der Pflicht zur Bereinigung der entstandenen Situation, und zwar so rasch wie möglich. Der Verwaltungsrat soll einerseits nicht übereilt und zur Unzeit handeln, die Aktien nicht ohne Rücksicht auf Verluste und en bloc auf den Markt werfen. Er soll die Möglichkeiten zur Weiterveräusserung mit der gebotenen Sorgfalt prüfen, Gelegenheiten beim Schopf ergreifen. Aber auf eine voraussetzungslos geltende Zweijahresfrist kann er sich in diesem Falle nicht berufen.

406

Eingebunden ist auch die *Revisionsstelle*, hat diese doch gemäss Art. 728 OR 1991 zu prüfen, ob die Jahresrechnung «Gesetz und Statuten entspricht». Jetzt sind die eigenen Aktien ein Thema der Bilanz und des Anhangs. Und gegenüber dem früheren, viel stärker eingeschränkten Wortlaut des gesetzlichen Revisionsauftrags (Art. 728 Abs. 1 OR 1936) ist klargestellt, dass die Prüfung keineswegs auf die Übereinstimmung der Darstellung von Geschäftsergebnis und Vermögenslage mit den «*gesetzlichen Bewertungsgrundsätzen*» beschränkt ist. Das Gesetz weist der Revisionsstelle zwar auch nach neuem Recht keinen «*legal audit*» zu[134], doch ist es Kern ihrer Tätigkeit, die Übereinstimmung gerade dieser Teile der Buchführung und der Jahresrechnung mit dem Gesetz zu untersuchen. Dies ergibt sich insbesondere auch aus dem etwas umformulierten Art. 729b Abs. 1: «Stellt die Revisionsstelle bei der Durchführung ihrer Prüfung Verstösse gegen Gesetz oder Statuten fest, so meldet sie dies schriftlich dem Verwaltungsrat, in wichtigen Fällen auch der Generalversammlung». Bei einem erheblichen und nachhaltigen Verstoss gegen die Vorschriften über die eigenen Aktien kann ein «wichtiger Fall» im Sinne dieser Vorschrift gegeben sein, so dass die Revisionsstelle den Missstand den Aktionären zu offenbaren hat[135].

407

b)   Steuerliche Teilliquidationstheorie

Die Wiederveräusserung eigener Aktien ist auch ein Thema des *Unternehmenssteuerrechts*, was hier wegen der einschneidenden Folgen ausnahmsweise erwähnt werden muss. Die Eidgenössische Steuerverwaltung hat veranlasst, dass in die Botschaft 1983 zur Revision des Aktienrechts der folgende ominöse Satz eingefügt wurde:

408

«Diese Neuregelung präjudiziert keine Änderung der von den Steuerbehörden gehandhabten Praxis, wonach der Erwerb eigener Aktien (auch

---

[132] Art. 659 Abs. 2 Satz 2 OR 1991.
[133] A.A. *Eric Homburger* (1991) 44. Er schenkt der Tatsache weniger Beachtung, dass die Zweijahresfrist in Abs. 2, nicht als eigenständiger Abs. 3, erscheint und die Rechtsfolgen für eine *erlaubte* Überschreitung der 10%-Limite darstellt.
[134] Hinten Kapitel 11, Rz 1769 ff.
[135] Nach bisherigem Landesbrauch waren solche Offenbarungen der Revisionsstelle (Kontrollstelle) äusserst selten. Ob sich das unter dem neuen Aktienrecht ändern wird, bleibt abzuwarten. Vgl. Kapitel 11/II/E/2, Rz 1822 ff. zum Vorgehen.

beim Kauf von weniger als 10%) unter dem Gesichtspunkt der Teilliquidation gewürdigt wird.»[136]

409 Diese «*Würdigung*» endete nach der Praxis unter dem OR 1936 bei nicht börsenkotierten Aktien, sobald eine einjährige Toleranzfrist abgelaufen war, oft mit einer Verrechnungssteuer-Forderung: die nicht weiterveräusserten Aktien galten als zum Erwerbspreis amortisiert, so dass 35% oder gar 53,8% auf der Differenz zwischen Nennwert und Kaufpreis fällig wurden[137]. Diese Praxis führte konsequent dazu, dass der *Verkäufer* der Aktien für dieselbe Differenz anschliessend zur Einkommensteuer (direkte Bundessteuer) veranlagt wurde[138].

410 Es ist zu hoffen, dass die *Eidgenössische Steuerverwaltung*, die vor allem durch ihre Kreisschreiben eine gewisse tatsächliche Gewalt über das Steuerrecht in der Schweiz ausübt, ihre Praxis dem neuen Recht anpasst. Ordnungsgemäss gehaltene und verbuchte eigene Aktien können bis zur neuen gesetzlichen *Schwelle von 10%* nicht mehr oder nur unter ganz aussergewöhnlichen Umständen als «teilliquidiert» angesehen werden. Und für die über 10% hinausgehende Quote sollte die Frist von einem auf *zwei Jahre* erhöht werden, veranlasst durch die neue gesetzliche Konkretisierung der alten «tunlichen Beschleunigung». Kommt es nicht zu dieser sachlich gebotenen Anpassung der Steuerpraxis an das neue Recht, so ist dieses steuerlich durchkreuzt; die vom Gesetzgeber als zusätzliche Flexibilität angebotene Möglichkeit des beschränkten Aktienrückkaufs erwiese sich als eine fiskalische Falle.

3. Sonderprüfung hinsichtlich eigener Aktien

411 Eine weitere Rechtsfolge, die nach neuem Aktienrecht im Zusammenhang mit eigenen Aktien denkbar ist, liegt in der *Anordnung einer Sonderprüfung*. Gegen den Willen von Verwaltungsrat und Generalversammlung findet eine solche Untersuchung durch Drittbeauftragte statt, wenn Antragsteller mit hinreichendem Aktienbesitz[139] dem Richter ein Doppeltes glaubhaft zu machen vermögen: (i) im Zusammenhang mit eigenen Aktien habe der Verwaltungsrat das Gesetz verletzt; und (ii) dadurch habe er die Gesellschaft oder die Aktionäre geschädigt[140]. In einem solchen Fall wird viel, ja alles von der Plausibilität des Schadens abhängen. Gerade bei eigenen Aktien kann das Schadenspotential aber aus den beschriebenen Gründen besonders gross sein, grösser jedenfalls, als eine Unternehmensleitung vielleicht im ersten Augenblick annimmt.

---

[136] *Botschaft 1983*, 62, Ziff. 208.23.
[137] W. *Robert Pfund*, Die eidgenössische Verrechnungssteuer, Basel 1971, Art. 4 N. 3.71. Die Verrechnungssteuerlast trifft zufolge des Art. 14 VStG den Verkäufer, den, der damit – im steuerrechtlichen Rückblick – den anteiligen Liquidationsüberschuss erhalten hat.
[138] Urteil des Bundesgerichts vom 2. März 1973, ASA 42 (1973/74) 319 ff.
[139] Kapitel 12/I/B/1, Rz 1863 ff.; Art. 697b Abs. 1 OR 1991.
[140] Art. 697b Abs. 2 OR 1991; vgl. die abweichenden Nuancen in § 142 ff. AktG. Hinten Kapitel 12/I/B/3, Rz 1871 ff.

D. Abgrenzungsfragen

1. Eigene Aktien in Tochtergesellschaften

a) Transparenz

Eine der wesentlichen Klarstellungen ist im neuen Art. 659b zu finden: im Verhältnis *Obergesellschaft/Untergesellschaft* gilt rechtliche Transparenz. Erwirbt eine Untergesellschaft Aktien der Obergesellschaft, so sind die Vorschriften von Art. 659 und 659a OR 1991 auf beide Gesellschaften, aber in je verschiedener Weise anwendbar:

(1) bei der *Untergesellschaft* ist die 10%- bzw. 20%-Schwelle einzuhalten, und bei ihr gilt die Angabepflicht im Anhang[141];

(2) der *Obergesellschaft* obliegt dagegen die Bildung der besonderen Reserve für eigene Aktien, als Sonderposten in den Passiven[142], und ebenfalls die Angabe im Anhang.

b) Würdigung der neuen Regeln

Diese Regelung der sog. *wechselseitigen Beteiligung*[143] ist eine eigenartige Vermischung von konsolidierter und getrennter Betrachtungsweise einer Ober- und Untergesellschaft.

Sie führt dazu, dass der Aktivposten «eigene Aktien» bei der *Tochtergesellschaft* vorhanden ist, jedoch ohne entgegenstehende Reservebildung in den Passiven. Und umgekehrt fehlten die eigenen Aktien in den Aktiven bei der Obergesellschaft, während in ihren Passiven die «Reserve für eigene Aktien» erscheint. Die Dinge werden notwendigerweise erhellt durch die im *Anhang* zur Jahresrechnung gelieferten Angaben (Art. 663b Ziff. 10). Die Obergesellschaft hat über den Erwerb, die Veräusserung und die Anzahl der von der Untergesellschaft gehaltenen eigenen Aktien Angaben zu machen, einschliesslich der Bedingungen[144], zu denen diese Aktien erworben oder veräussert worden sind. Hat die Untergesellschaft ihren Sitz in der Schweiz, so muss sie in ihrem Anhang die Angaben ebenfalls liefern[145].

Da schliesslich eine *Konzernrechnung* ebenfalls mit einem Anhang zu versehen ist[146], erscheint der Vorgang «eigene Aktien» auch dort[147]; er ist im gesetzlich vorgeschriebenen Sinne zu erläutern. Man kann sich allerdings fragen, ob damit das neue Aktienrecht nicht des Guten zu viel getan hat. In einem verfeinerten Konzernrecht kann die Vorschrift sinnvoll sein, dass die Angaben im Anhang zur Konzernrechnung die entspre-

---

[141] Art. 663b Ziff. 10 OR 1991.
[142] Art. 659 Abs. 3 OR 1991. Diesem Eigenkapitalposten in der Obergesellschaft steht kein Posten «eigene Aktien» gegenüber.
[143] Vgl. *Joos A. Zulauf* (1974) passim; *Christoph von Greyerz* (1982) 139/40. Dieser erwähnt den extremen Fall, in dem zwei Gesellschaften gegenseitig 100% der Aktien der anderen besitzen («Keinmanngesellschaft»), ein besonders weitgehender Verstoss gegen das Aktienrecht.
[144] Vor allem natürlich unter Angabe des bezahlten oder gelösten *Preises*.
[145] Art. 663b Ziff. 10 OR 1991 enthält keine Ausnahmebestimmung.
[146] Art. 663g Abs. 2 Satz 1 OR 1991 stellt dies klar.
[147] Vorbehältlich eines «Konsolidierungsbonus» gemäss Art. 663e Abs. 2 und Art. 663f OR 1991.

chenden Angaben der Einzelabschlüsse ersetzen. Allein, nach dem Stand des Schweizer Rechts von 1991 ist die Konzernrechnung dogmatisch nur eine ergänzende Information zum Geschäftsbericht der Obergesellschaft, so dass praktisch keine Rückkoppelung aus der Konzernrechnung in die gesellschaftsrechtlich vorgeschriebenen Einzelabschlüsse besteht[148].

2. Die Freistellung der Pfandnahme eigener Aktien

416 Während man ursprünglich im 19. Jahrhundert die *Pfandnahme* eigener Aktien noch zuliess[149], dehnte der Gesetzgeber das Verbot 1936 auch auf diesen Fall aus[150].

417 Die Arbeitsgruppe von Greyerz ist zum Ergebnis gelangt, dass ein Verbot der Pfandnahme zwar gewisse Gründe für sich hat, aber *über das Ziel hinausschiesst*[151]. Was kritisch ist, ist ja nicht so sehr die pfandmässige Besicherung einer Forderung, welche die Gesellschaft gegenüber einem Schuldner hat, mit eigenen Aktien. Was wirklich kritisch ist, sind *Darlehen an den eigenen Aktionär*[152]. Dieser vom früheren Recht nicht ausdrücklich erfasste Vorgang ist es, der eine verbotene Rückgewähr des Nennkapitals bedeuten oder aus andern aktienrechtlichen Gründen fragwürdig sein kann – und diesen gilt es unter die Lupe zu nehmen[153].

418 Liegt indessen ein *Darlehen* an einen Dritten vor, oder hat man es mit einem Darlehen an einen Aktionär zu tun, das rechtlich einwandfrei ist, so stellt sich erst in zweiter Linie die Frage, welche in der Formel «Pfandnahme eigener Aktien» angesprochen ist. Die vorrangige Frage muss vielmehr jene der Pfandbewertung sein: Darf der Verwaltungsrat ein solches Pfand, diese Aktien, die die eigenen sind, als *vollwertige Sicherheit* einschätzen und entgegennehmen? Dies wiederum hängt davon ab, wie die wirtschaftliche Lage der eigenen Gesellschaft und die Liquidität des Marktes für diese Aktien zu beurteilen sind. Der Verwaltungsrat muss im Zweifel damit rechnen, dass den eigenen Aktien als Pfand kein grosser Wert zuzuschreiben ist; ein solches Pfand ist dann besser als nichts, aber keine vollwertige dingliche Sicherheit. Denn kommt es zur Zwangsverwertung des Pfandes, so kann das plötzliche Angebot auf den Markt drücken, insoweit als die Gesellschaft nicht selber als Erwerber der Aktien auftreten kann oder darf. Auch die Frage, wie die Grösse des verpfändeten Pakets eigener Aktien sich zu der noch freien 10%-Limite verhält, spielt daher eine Rolle. Im schlimmsten Fall ist der Wert des Pfandes null, ist der vermeintlich besicherte Anspruch eine Blankoforderung. Das hat aber mit der eigentlichen Problematik des Kaufs eigener Aktien nur indirekt etwas zu tun.

---

[148] Vgl. allerdings zum «Bonus» Kapitel 8/II/C und D, Rz 1192 ff.
[149] Art. 628 OR 1881.
[150] Art. 659 Abs. 1 OR 1936.
[151] *Botschaft 1983*, 62, Ziff. 208.22; ähnlich schon zum alten Recht *Alfred Siegwart* (1945) Art. 659 N. 20.
[152] Vgl. *Peter Böckli* (1980) 4 ff. und (1983) 527 ff.
[153] Die Arbeitsgruppe von Greyerz hat die Darlehen der Gesellschaft an ihren eigenen Aktionär erörtert, aber am Schluss von einer gesonderten Regelung Abstand genommen.

Ist die *Pfandnahme* eigener Aktien heute auch in der Schweiz – im Gegensatz zur 2. EG-Richtlinie[154] und zur SE[155] – nicht mehr verboten, so wäre es doch verfehlt, daraus zu schliessen, ein solcher Vorgang sei unter dem neuen Aktienrecht rechtlich nicht mehr kritisch. Er ist aber kritisch vor allem unter dem Gesichtspunkt der Darlehensgewährung an Aktionäre und der Pfandbewertung, erst in zweiter Linie unter dem des Erwerbs eigener Aktien. 419

3. Vorkaufs- und Kaufsrechte an eigenen Aktien

Kann die Gesellschaft eigene Aktien zu Eigentum erwerben, so ist sie auch in der Lage, einen Schritt weniger weit zu gehen: sie kann sich an eigenen Aktien ein rein schuldrechtlich konzipiertes *Vorkaufsrecht* von einem Aktionär einräumen lassen. Interessant für die Gesellschaft ist dies vor allem, wenn das Vorkaufsrecht limitiert ist, d.h. der Übernahmepreis selbst bei höherem Drittangebot für die Gesellschaft plafoniert bleibt. Vorteile kann der Gesellschaft auch ein Kaufsrecht oder Verkaufsrecht («call-option» oder «put-option») bieten. 420

Die allgemeine 10%-Grenze und die erweiterte 20%-Grenze des Art. 659 OR 1991 sind auf die *vertragliche Begründung* eines solchen Rechts nicht anwendbar – die Gesellschaft verpflichtet sich nicht; sie schafft sich nur eine rechtlich geschützte Möglichkeit. Auch ist die Gesellschaft stets berechtigt, die Weitergabe von eventuell über die Grenze hinaus erworbenen eigenen Aktien zeitkongruent mit einem Drittinteressenten rechtlich abzusichern; die Intervention in eigenen Aktien ist dann in diesem Sinne von Anfang an «gedeckt». 421

Immerhin ist der Verwaltungsrat auch in diesem Bereich durch das Prinzip der *Gleichbehandlung* der Aktionäre unter gleichen Voraussetzungen gebunden[156]. Sobald der Verwaltungsrat zu einer eigentlichen «Bewirtschaftung des eigenen Aktionariats» ansetzt, und dafür auch bedingte Übernahmerechte aushandelt, muss er alle Aktionärsgruppen unter vertretbaren, durch das Unternehmensinteresse bestimmten Kriterien gleich behandeln. 422

4. Kursgarantie an Dritte ohne Aktienerwerb

Was die Gesellschaft dagegen nicht einräumen darf, das sind *Kursgarantien* für eigene Aktien gegenüber Dritten. Solche Geschäfte finden sich etwa im Umfeld von Übernahmeangriffen: die Gesellschaft als Aufkäuferin veranlasst Dritte, ihre Aktien zu kaufen, und sichert sie auf deren Bitte[157] gegen späteren Kurszerfall ab. Sie verspricht, den Käufern die Differenz zu vergüten, wenn der Kurs anschliessend unter einen bestimmten Schwellenwert fallen sollte. 423

---

[154] *2. EG-Richtlinie* (1976) Art. 24.
[155] *Vorschlag SE 1991*, Art. 49 Abs. 5.
[156] Art. 717 Abs. 2 OR 1991.
[157] Zunächst aufgrund des Auftragsrechtes verständlich, Art. 402 Abs. 2 OR.

424 Auch *innerhalb der 10%-Grenze* ist eine derartige Kursgarantie unstatthaft. Sie verletzt den Gleichbehandlungsgrundsatz und siedelt von vornherein den Gewinn beim Dritten, den Verlust bei der Gesellschaft an. Die Gesellschaft ist auf jeden Fall geschädigt, bei Kursanstieg durch den entgangenen Gewinn, bei Kursrückgang durch den entstandenen Verlust. Die besondere gesetzliche Bewilligung des Erwerbs eigener Aktien bis zu 10%[158] von Art. 659 ist nicht anwendbar – es handelt sich hier gar nicht um einen Aktienerwerb.

5. Kurspflege und Kursstützung

425 Ein ganz besonders schwieriges Kapitel ist die Kurspflege, d.h. das anonyme Tätigwerden der Gesellschaft – direkt oder über dazwischengeschaltete juristische Personen – als Nachfragerin oder Anbieterin von eigenen Aktien auf dem Kapitalmarkt.

426 Rein aktienrechtlich gilt sicher die 10%-Grenze auch hier: in den dargestellten Schranken bedeutet das Aufkaufen eigener Aktien[159] keinen direkten Verstoss gegen das Aktienrecht. Jede Kursstützung hat aber eine augenfällige *kapitalmarktrechtliche* Dimension; sie ist – objektiv und zunächst nicht wertend ausgedrückt – in ihren Auswirkungen auf den Markt gar nicht so leicht von einer Kursmanipulation abzugrenzen. Solange es in der Schweiz an einem eigentlichen Kapitalmarktrecht fehlt[160], sind jedenfalls die folgenden Aussagen möglich:

427 – Unbedenklich ist die *Kurspflege im engeren Sinne*, d.h. das blosse Glätten kleinerer Kursausschläge, ohne dass man es auf ein Anheben oder Absenken des Kursniveaus als solchen abgesehen hätte.

428 – Bedenklicher ist die eigentliche *Kursstützung*, das bewusste Anheben des durch die vorherrschenden Kräfte von Angebot und Nachfrage bestimmten Kursniveaus, mag dahinter noch so sehr die subjektive Überzeugung stecken, dieses Niveau sei «zu tief». In solchen Fällen gehen dann wegen des erforderlichen Volumens bald schon die nicht-betriebsnotwendigen Mittel oder das frei verwendbare Eigenkapital zur Neige. Und das abrupte Aufhören der Stützungskäufe, was im Lauf der Dinge rechtlich wegen der 10%-Grenze oder auch faktisch an einem bestimmten Punkt unvermeidlich ist, drückt dann auf den Kurs und kann das Unternehmen mit seinem aufgeblähten Bestand an eigenen Aktien umso rascher in die Tiefe reissen.

429 – Der Übergang von der vertretbaren zu der zu missbilligenden Kursstützung, und von dieser zu *Straftatbeständen* ist fliessend[161]. Vor allem in verschachtelten Unternehmensgruppen ist es faktisch ohne weiteres machbar, mit eigenen oder, noch

---

[158] Art. 717 OR 1991.
[159] Wenn die übrigen Voraussetzungen des Gesetzes erfüllt sind, vgl. vorn B/1/a und 2, Rz 381 ff.
[160] Vgl. Entwurf für das Börsen- und Effektenhandelsgesetz von 1991, kritisch besprochen bei *Peter Nobel* (1991B) 290 und *Übernahme-Kodex* Ziff. 6.3.
[161] Die Frage des Betrugstatbestands stellt sich in seltenen Fällen unter dem relativ eng formulierten Art. 148 StGB, BGE 113 Ib 170. Es stellen sich auch die Fragen der Insiderstrafnorm, vgl. *Peter Böckli* (1989) 105 ff., der ungetreuen Geschäftsbesorgung und der Kursmanipulation.

typischer, geborgten Mitteln zur Bremsung eines Kurszerfalls eigene Aktien im grossen Stil zusammenzukaufen.

Ein wesentlicher Test für die Kursstützung ist die Frage von *Geheimhaltung* oder *Offenlegung*. Gibt die Gesellschaft – innerhalb ihres Freiraumes der 10% vom Aktienkapital – bekannt, dass sie eigene Aktien mit nicht-betriebsnotwendigen Mitteln aufzukaufen wünscht, so ist gegen einen wirtschaftlich begründeten grösseren Rückkauf eigener Aktien auch kapitalmarktrechtlich weniger oder gar nichts einzuwenden[162].

430

E. Das Schicksal der früheren fünf gesetzlichen Ausnahmen

Das neue Aktienrecht enthält die alten fünf Ausnahmen von Art. 659 Abs. 2 Ziff. 1–5 OR 1936 nicht mehr[163]. Dies bedeutet jedoch keineswegs, dass sie allesamt aus Abschied und Traktanden gefallen wären. In Wirklichkeit ist ihr Schicksal verschieden.

431

1. Rückkauf zur Vernichtung

Nach wie vor kann die Gesellschaft eigene Aktien ohne Sonderverbuchung, ohne Nachweis verwendbaren Eigenkapitals und auch über die 10%-Klausel hinaus zurückkaufen, wenn dies im Rahmen eines Beschlusses über die *Kapitalherabsetzung* geschieht[164]. Die entsprechende Ausnahmevorschrift des alten Rechts war gar keine eigentliche Ausnahme, sondern nur eine Klarstellung; sie ist nach neuem Recht nicht mehr notwendig[165].

432

2. Entgegennahme an Zahlungsstatt

Weggefallen ist die Möglichkeit der Gesellschaft, eigene Aktien zur Abgeltung von *Forderungen* zu erwerben[166], d.h. an Zahlungsstatt entgegenzunehmen. Hier gilt die Regelung von Art. 659 OR 1991: Entweder ist die 10%-Limite nicht erreicht, und dann geht es – oder sie ist erreicht, und dann ist eine solche Transaktion ein Verstoss gegen das Aktienrecht.

433

---

[162] Vgl. allerdings das im *Übernahme-Kodex*, Ziff. 6.3., enthaltene Verbot von «die Börsenkurse manipulierenden Handlungen» nach Beginn des Übernahmeangebotes.
[163] Wohl aber haben diese in der *2. EG-Richtlinie* (1976) Art. 20 Abs. 1, in voller Schönheit überlebt. Die Frist für die Wiederveräusserung beträgt drei Jahre, Art. 20 Abs. 2.
[164] Art. 659 Abs. 2 Ziff. 1 OR 1936.
[165] Der Grundsatz ist jetzt indirekt in Art. 659 Abs. 2 Satz 2 OR 1991 ausgedrückt.
[166] a.a.O. Ziff. 2.

3. Übernahme mit einem Gesamtvermögen

a) Unter dem Aktienrecht von 1936

434 Der in der dritten Ausnahme des alten Rechtes angesprochene Fall[167] liegt vor, wenn zufolge einer *Fusion* die übernehmende Gesellschaft zu eigenen Aktien kommt. Ein ähnliches Ergebnis kann sich bei einer *Übernahme eines Vermögens* nach Art. 181 OR einstellen. Die Aktien liegen aus irgendwelchen Gründen im übernommenen Vermögen, und werden durch die Übernahme automatisch zu «eigenen Aktien».

b) Unter dem neuen Aktienrecht

435 Das neue Aktienrecht erwähnt den Fall der Übernahme eines Gesamtvermögens nicht mehr, wohl aber den Fall, wo eine Gesellschaft die *Mehrheitsbeteiligung* einer andern Gesellschaft erwirbt, die ihrerseits Aktien der Erwerberin hält. In diesem Fall gelten nach dem neuen Aktienrecht diese Aktien als eigene Aktien der Erwerberin selbst (Art. 659b Abs. 2).

436 Art. 659 Abs. 1 OR 1991 ist auf den Fall der *Fusion* entsprechend anwendbar. Es liegt zwar kein «Erwerbsgeschäft», kein einzelgeschäftlicher Abschluss eines Kaufvertrages vor. Es ist ein Übergang zufolge Universalsukzession, als indirekte Folge eines Unternehmenszusammenschlusses. Das Verbot trifft den Übergang der hinzukommenden Aktien nicht. Die Gesellschaft ist aber insoweit, als am Schluss die 10%-Schwelle überschritten ist, in sinngemässer Anwendung des Gesetzes[168] zur Veräusserung oder Vernichtung verpflichtet. Ist die 10%-Klausel eingehalten, genügt die Gesellschaft ihrer Rechtspflicht, indem sie die Reserve für eigene Aktien bildet und im Anhang die nötigen Angaben liefert.

437 Ist das auf die Gesellschaft übergehende Paket eigener Aktien umgekehrt sehr gross – es sind Fälle denkbar, wo dieses mehr als einen Drittel, ja die Hälfte ausmacht -, ist aus rein rechtlicher Sicht guter Rat teuer; es kommt nur eine Plazierung bei Investoren oder eine Kapitalherabsetzung als Ausweg in Frage[169].

4. Eigene Aktien bei Banken und Effektenhändlern

438 Völlig weggefallen[170] ist die alte Ausnahme der Ziffer 4, die vor allem den *Banken* erlaubt hatte, eigene Aktien zu kaufen: bei Banken konnte dieser Vorgang als «mit dem Betrieb eines nach den Statuten zum Gegenstand des Unternehmens gehörenden Geschäftszweiges verbunden» gelten[171]. Auch Banken und Effektenhändler sind nunmehr insoweit, als sie eigene Aktien auf *eigenes Risiko*[172] erwerben – und nur insoweit – an die 10%-Grenze des Art. 659 Abs. 1 OR 1991 gebunden.

---

[167] a.a.O. Ziff. 3.
[168] Art. 659 Abs. 2 und Art. 659b Abs. 2 OR 1991.
[169] Die einschneidenden steuerlichen Folgen einer Teilliquidation sind allerdings zu bedenken.
[170] Im Gegensatz wiederum zur *2. EG-Richtlinie* (1976) Art. 20 Abs. 1 Bst. c, der wenigstens noch einen Sonderfall freistellt.
[171] Vgl. dagegen *Vorschlag SE 1991*, Art. 49 Abs. 7.
[172] Nostro-Geschäfte.

5. Pflichtaktien

Die letzte Ausnahme des früheren Gesetzes ist gegenstandslos geworden: Die *Pfand-* 439
nahme eigener Aktien wird nach neuem Aktienrecht nicht mehr von den Vorschriften
über den Erwerb eigener Aktien erfasst. Der wichtigste frühere Anwendungsfall – das
«Pflichtaktiendepot»[173] als Hinterlegung sicherheitshalber von Aktien der Gesellschaft
– ist ja ersatzlos weggefallen[174]. Nur insoweit, als die Statuten selbst weiterhin mit eigenständigem normativem Willen eine solche Hinterlegung von Aktien vorsehen[175],
kann es nach neuem Aktienrecht noch «eine Hinterlegung eigener Aktien sicherheitshalber» geben. Diese Art von Verpfändung «eigener» Aktien an die Gesellschaft ist
ohne weiteres zulässig, setzt nun aber zur Gültigkeit des beschränkten dinglichen Rechts
die Erfüllung der Formen des Mobiliarpfandrechtes voraus[176].

VIII. Vorratsaktien

1. Entstehung der Vorratsaktien

Unter der Herrschaft des OR 1936 hat sich, vor allem seit den frühen achtziger Jah- 440
ren, die Erscheinung der *Vorratsaktie*[177] immer mehr verbreitet. «Vorratsaktien» im
engeren Sinne oder «reservierte Aktien» nennt man eigene Aktien, die in einer Kapitalerhöhung auf Antrag des Verwaltungsrates von der Generalversammlung in einer
besonderen Tranche neu geschaffen, aber vorerst nicht in Verkehr gesetzt werden[178].
Es ist eine Nachahmung der amerikanischen «authorized but unissued shares» und des
«treasury stock»[179]. Da bei uns Aktien gültig ohne Zeichnung und Übernahme durch
eine von der Gesellschaft verschiedene Person gar nicht ins Leben gerufen werden
können, behilft man sich seit jeher mit einem Dritt-Zeichner, der den Nennwert ein-
zahlt und die Aktien zur Verfügung des Verwaltungsrates verwahrt.

2. Arten

Vorratsaktien haben sich in der Praxis vor allem der letzten zwanzig Jahre in drei ver- 441
schiedenen Ausprägungen heraus entwickelt.

---

[173] Art. 709/710 OR 1936.
[174] Vgl. Kapitel 10/IX, Rz 1522 ff. Was bleibt, ist die Qualifikationsaktie.
[175] Vgl. zum Übergangsrecht Kapitel 14.
[176] Art. 900 und 901 ZGB und Kapitel 14/II/H, Rz 1961 ff.
[177] Schon bei *Friedrich Klausing* (1933) 31 findet sich eine eingehende und kritische Auseinandersetzung mit dem Phänomen der «Vorratsaktie».
[178] Dazu *Dieter Zobl* (1991) 1 ff. mit Hinweisen; Bundesgerichtsentscheid Canes c. Nestlé vom 25. Juni 1991, BGE 117 II 290 ff.
[179] *Henn* on Corporations (1970) Sec. 158.

a)   Gebundene Vorratsaktien als Ersatz für bedingtes Kapital

442   Die sog. «*gebundenen Vorratsaktien*» sind weitgehend problemlos. Insoweit als Vorratsaktien zur Sicherstellung der Wandel- und Optionsrechte geschaffen werden, und insoweit, als die vertragliche Vereinbarung mit der beauftragten Bank nicht etwa eine echte Treuhandschaft vorsieht (in dem Sinne, dass die Bank kein Risiko für die von ihr aufgebrachten Nennwerte trägt), ist diese Methode als grundsätzlich mit dem Gesetz vereinbar anzusehen[180]. Auch der Ausschluss des Bezugsrechts ist praktisch ohne Probleme: der Ausschluss erfolgt zugunsten einer ganz genau zum voraus bestimmten oder bestimmbaren Kategorie von künftigen Investoren, der Wandelobligationäre oder Optionsschein-Inhaber, und die Bedingungen stehen von vornherein weitgehend fest[181]. Heikler werden die Dinge rechtlich aber, wenn den bisher Beteiligten an den neuen Finanzinstrumenten kein Vorwegzeichnungsrecht gewährt werden soll[182].

443   Diese Art von *gebundenen Vorratsaktien* hat praktisch zu Problemen geführt, wenn die Bindung der Vorratsaktien nachträglich entfiel, weil das Wandel- oder Optionsrecht durch einen starken Kursrückgang wertlos wurde. Das Optionsrecht war damit «aus dem Geld» geraten, die hinterlegten Aktien wurden im Nachhinein zu freien Vorratsaktien.

444   Das Gesetz will nun als Ersatz für diese gebundenen Vorratsaktien das «*bedingte Kapital*» zur Verfügung stellen[183]. Es taucht damit die Frage auf, ob es fortan zulässig sei, neue Aktien für Wandel- oder Obligationsanleihen der eigenen Gesellschaft anders als durch das Verfahren des bedingten Kapitals bereitzustellen. Vom Gesichtspunkt der Erleichterung der Kapitalbeschaffung her sollte man das bejahen. Von Anfang an bis zum Ende der Revisionsarbeiten war nie davon die Rede, dass man durch die Reform die Kapitalbeschaffungsmöglichkeiten der Schweizer Unternehmen einschränken möchte. Das bedingte Kapital bietet einen Vorteil, den die Vorratsaktien nicht verschaffen können: die Gesellschaft muss nur gerade so viele neue Aktien ausgeben, wie wegen der Ausübung von Optionen jeweils gerade nötig sind. Wer auf diesen Vorteil verzichtet und nach dem im Fall Canes c. Nestlé für das alte Recht genehmigten Verfahren[183a] von vornherein die Höchstzahl der erforderlichen Aktien bereitstellt, muss jedenfalls die neuen Schutzbestimmungen für die Aktionäre einhalten. Ob das Verfahren aber von den Gerichten als zulässig erklärt wird, ist heute noch eine offene Rechtsfrage.

b)   Freie Vorratsaktien als Ersatz für genehmigtes Kapital

445   Eine weitere Art, die man in der Praxis antrifft, sind die *freien Vorratsaktien*[184]. Der Nachteil dieser Vorratsaktien liegt darin, dass zu ihrer Schaffung das Bezugsrecht ausgeschlossen werden muss, ohne dass der Kreis der künftigen Bezugsberechtigten

---

[180] *Herbert Schönle* (1984) 66 ff., Bundesgerichtsentscheid vom 25. Juni 1991 i.S. Canes c. Nestlé.
[181] *Forstmoser/Meier-Hayoz* (1983) § 35 N. 19; *Erwin Willener* (1986) 42.
[182] *Gaudenz Zindel* (1984) 229; Art. 653c OR 1991.
[183] Art. 653 ff. OR 1991.
[183a] Zit. bei Rz 261, Anm. 144, BGE 117 II 290 ff..
[184] Aktienrechtlich muss unbedingt sichergestellt werden, dass die beauftragte Bank oder Drittgesellschaft das *Risiko* aus dem von ihr eingezahlten Nennwert selber trägt. Eine Scheinliberierung muss ausgeschlossen sein; deshalb darf die Zeichnerin für den gesamten Nennbetrag weder direkt noch indirekt ein Rückgriffsrecht gegen die emittierende Gesellschaft erhalten.

klar definiert wäre. Die Aktionäre und gegebenenfalls PS-Inhaber können sich dadurch in ihren bestehenden quotalen Berechtigungen beeinträchtigt fühlen (hinsichtlich des Gewinns pro Aktie, ihres Eigenkapitalanteils, und ihres quotalen Stimmrechts). Der Ausschluss vom Bezugsrecht für *freie* Vorratsaktien erfolgt ohne eindeutige Zweckbindung, mit der Klausel «... oder für andere im Interesse der Gesellschaft liegende Zwecke ...». Gewichtige sachliche Gründe können aber im Einzelfall sehr wohl eine Einschränkung des Bezugsrechts zur Schaffung freier Vorzugsaktien als *gerechtfertigt* erscheinen lassen. Das Bundesgericht hat im wegleitenden Entscheid vom 25. Juni 1991 die freien Vorratsaktien für das alte Recht ausdrücklich gebilligt[185].

Die freien Vorratsaktien lassen sich nach neuem Aktienrecht in der Form des *genehmigten Kapitals* bereitstellen. Die Kapitalerhöhungsvorschriften schränken aber, wegen der dort eingeengten Handlungsfreiheit im Bereich des Bezugsrechts, dieses Instrument ernstlich ein. Ob Raum bleibt für die Bereitstellung von freien Vorratsaktien auch nach neuem Aktienrecht, wenn die Emittentin die im Entscheid Canes c. Nestlé herausgearbeiteten Voraussetzungen und die neuen Kriterien für den Bezugsrechtsausschluss erfüllt, ist eine offene Rechtsfrage. Denn die Erlaubnis von voraussetzungslos bestehenden eigenen Aktien im Umfang von 10% des Aktienkapitals spricht ebenso sehr für die Zulässigkeit freier Vorratsaktien wie der in zahlreichen neuen Fesseln manifestierte Wille des Gesetzgebers, die Freiheit der Leitungsorgane in diesem Bereich einzuschränken, dagegen spricht.

446

3. Gefahr einer Scheinliberierung

Rechtlich problematisch waren schon unter dem alten Recht freie Vorratsaktien, wenn eine Tochtergesellschaft der Emittentin sie zeichnete und das Geld direkt aus der *Kasse der emittierenden Muttergesellschaft* entnahm[186]. Es konnte je nach Ausgestaltung eine Scheinliberierung im geschlossenen Kreis vorliegen. Ein solches Verfahren ist unter neuem Aktienrecht jedenfalls nun aber statthaft, insoweit als die 10%-Grenze nicht überschritten wird[187]. Zulässig ist das Verfahren immer, wenn ein unabhängiger Dritter zeichnet, in einem typischen Fall eine Bank, und diese das volle Risiko trägt[188].

447

IX. Mitarbeiteraktien

Keine eigene Aktiengattung oder «Kategorie» im Sprachgebrauch des neuen Gesetzes sind meist die sog. *Mitarbeiteraktien*. In gewissen Fällen freilich hat man eine eigene

448

---

[185] Fundstelle bei Rz 261, Anm. 144.
[186] Für Zulässigkeit *Erwin Willener* (1986) 71 ff.
[187] Problematisch ist eventuell auch die Frage des Bezugsrechts.
[188] Vgl. *Forstmoser/Meier-Hayoz* (1983) § 33 N. 33; *Erwin Willener* (1986) 137; *Dieter Zobl* (1991) 3. Es darf sich nicht um einen klassischen Treuhandvertrag handeln, denn der sichert den Treuhänder zulasten des Treugebers vor jeder persönlichen Tragung des Wertrückgangs im Treugut ab. Genau dieser Punkt ist aktienrechtswidrig. Nötig ist eine Eigenrisikoklausel.

Aktienkategorie für die Abgabe an Arbeitnehmer geschaffen. Das geschah durch die Einführung von Vorzugsaktien zur Abgabe an Arbeitnehmer der Gesellschaft, oder durch Namenaktien einer besonderen Klasse, die sich durch ihre Stimmkraft oder die Art ihrer Übertragung von den «normalen» Aktien unterscheiden. In allen diesen Fällen gelten die neuen Vorschriften für Aktien mit vermögensrechtlichen Vorzugsrechten oder eine Zurücksetzung in der Stimmkraft ohne weiteres auch für solche «Mitarbeiteraktien» oder «Kaderaktien».

449 Nur aus drei Gründen sind die Mitarbeiteraktien im Zusammenhang mit dem neuen Aktienrecht besonders zu erwähnen.

450 1. Das Gesetz stellt jetzt ein besonderes Verfahren zur Verfügung für die «Schaffung nach Bedarf»: die ihrem Wesen nach auf Wandel- und Optionsanleihen zugeschnittene «*bedingte Kapitalerhöhung*» kann hierfür eingesetzt werden[189]. Dies ist praktisch, da es die Gesellschaft davon enthebt, Vorratsaktien zu beschaffen. Allerdings gilt das stark formalisierte Verfahren der bedingten Kapitalerhöhung nun auch für die Abgabe von Mitarbeiter-Partizipationsscheinen.

451 2. Das Gesetz erleichtert ausdrücklich die Einschränkung des *Bezugsrechts* der Aktionäre zugunsten der Abgabe von Mitarbeiteraktien[190] an Arbeitnehmer.

452 3. *Steuerlich* sind die Mitarbeiteraktien in der Schweiz nach wie vor benachteiligt. Die Wertdifferenz zwischen Bezugspreis und Marktwert am Tage des Bezugs bzw. am Tage der freien Verfügbarkeit wird gewöhnlich als sofort «realisiert» betrachtet; sie wird, obwohl keine Wertschöpfung durch Arbeit vorliegt, nicht als Kapitalgewinn, sondern als Erwerbseinkommen mit der Sozialversicherungsabgabe an der «Quelle», die für diesen Wertzuwachs gar keine Quelle ist, und mit den Einkommenssteuern von Bund und Kantonen erfasst[191].

X. Teilliberierte Aktien

453 Das neue Aktienrecht ändert praktisch nichts an der rechtlichen Gestaltung der *teilliberierten Aktien*. Diese sind nach wie vor erlaubt und müssen einer ganzen Reihe einschränkender Vorschriften genügen:

– Einzahlung von mindestens *20%* des Nennwertes[192];

– nur *Namenaktien*, gesetzlich vinkuliert[193];

---

[189] Art. 653 ff. OR 1991; *Reto A. Lyk* (1989) 119 ff.
[190] Art. 653 Abs. 1 OR 1991.
[191] Siehe für die Einzelheiten das *Kreisschreiben* der Eidgenössischen Steuerverwaltung, Hauptabteilung direkte Bundessteuer vom 17. Mai 1990, ASA 59 (1990/91) 172 ff.; insb. für den Fall von Sperrfristen. Vgl. Rz 227.
[192] Art. 632 Abs. 1 OR 1991. In allen Fällen muss die geleistete Einlage mindestens Fr. 50,000 insgesamt erreichen, gegen Fr. 20,000 nach Art. 633 Abs. 2 OR 1936.
[193] Art. 683 Abs. 2 OR (unverändert), und Art. 685 OR 1991.

- Angabe des einbezahlten Teils der Einlage auf dem *Titel*[194];
- Verbuchung des «non-versé» in den *Aktiven der Bilanz*[195];
- *Stimmrechtsaktien* dürfen nicht teilliberiert sein[196].

Bestehen neben den teilliberierten Namenaktien *voll einbezahlte Aktien*, und stellen die Statuten für die Stimmkraft auf die Anzahl der Aktien ab, so sind die Aktien mit «non-versé» im Ergebnis beinahe so viel wie Stimmrechtsaktien[197]. Sie unterstehen jedoch den Sondervorschriften des Gesetzes für Stimmrechtsaktien[198] nicht. 454

Neu ist die Bestimmung, dass der Betrag des eingezahlten Teils des Aktienkapitals in den *Statuten* erscheinen muss[199], und die Klarstellung, dass das Einforderungsrecht[200] für «non-versé» dem *Verwaltungsrat* zusteht[201], und dass die nachträgliche Liberierung des bisher geschuldeten Teils der Einlage in Geld, Sacheinlage oder durch Verrechnung erfolgen kann. Nachleistungen in bar müssen nun auf die *Depositenstelle* auf Sperrkonto einbezahlt werden. Bei Sacheinlage und Verrechnung mit einer Schuld der Gesellschaft muss der Verwaltungsrat einen Gründungsbericht erstellen; dieser ist vom Revisor mit seiner Prüfungsbestätigung zu versehen[202]. Diese Formalisierung ist ein Gegengewicht zum Bedenken, dass hier nach neuem Recht eine Sacheinlage oder Verrechnung ohne Beschluss der Generalversammlung (und daher ohne Anfechtungsmöglichkeit) zustande kommt. 455

Umstritten ist, ob es gemäss Art. 634a möglich ist, das «non-versé» nachträglich durch *Verwendung von Eigenkapital* der Gesellschaft im Sinne von Art. 652d zu liberieren. Die Botschaft verneint dies mit der Begründung, dass für den Verwendungsbeschluss die Generalversammlung zuständig sei[203]. Diese Begründung trägt kaum. Effektiv ist eine nachträgliche Teilliberierung aus vorhandenem Eigenkapital in sinngemässer Anwendung von Art. 652d möglich, aber zuerst müssen die kraft Zeichnungsscheins voll einzahlungspflichtigen Aktionäre von ihrer Leistungspflicht freigestellt werden[204]. Da der Erlass der gültig bestehenden Einlagepflicht das Eigenkapital vermindert, ist dazu das Verfahren der *Kapitalherabsetzung* notwendig. 456

Der Verwaltungsrat ist zur *Statutenänderung* (Nennung des neuen eingezahlten Teilbetrags oder der Volleinzahlung auf das Nennkapital) gleichzeitig befugt und verpflichtet. 457

---

[194] Art. 687 Abs. 4 OR (unverändert).
[195] Art. 663a Abs. 4 OR 1991.
[196] Art. 693 Abs. 2 Satz 1 OR 1991.
[197] Nur beinahe, weil der Aktionär sich ja rechtlich für den ganzen Nennwert engagiert hat und jederzeit erfüllungsbereit sein muss.
[198] «*Uneigentliche Stimmrechtsaktien*»; sie fallen nicht unter die Definition von Art. 693 Abs. 2 OR 1991.
[199] Art. 626 Ziff. 3 OR 1991.
[200] Gemäss *Peter Nobel* (1991C) 209 wäre die Generalversammlung zuständig!
[201] Art. 634a Abs. 1 OR 1991. Nur diese Bedeutung hat der neue Artikel mit dem (korrekten) Marginale «Nachträgliche Leistung» (scilicet der Einlage), entgegen *Peter Forstmoser* (1992) 61.
[202] *Botschaft 1983*, 113, Ziff. 313.3.
[203] a.a.O.
[204] Die Aktionäre sind dadurch im Betrag des non-versé von ihrer *Einlagepflicht befreit*. Diese geldwerte Leistung durch Schulderlass hat steuerliche Folgen und ist, wenn daneben eine Kategorie voll einbezahlter Aktien besteht, aktienrechtlich eine vermögensrechtliche *Ungleichbehandlung*.

XI. Gratisaktien

458 Keine Kategorie von Aktien sind auch die seit den zwanziger Jahren so bezeichneten *«Gratisaktien»*. Der Ausdruck war von Anfang an unglücklich gewählt, aber alle späteren Versuche, eine sachgerechte Bezeichnung populär zu machen, sind gescheitert. Das neue Aktienrecht regelt die Ausgabe von Gratisaktien ausdrücklich in der *«Kapitalerhöhung aus Eigenkapital»*[205]: «Gratis» sind die Aktien, weil an die Stelle einer Liberierung durch eine Zahlung des Zeichners die Deckung des Erhöhungsbetrags durch Umbuchung von frei verwendbarem Eigenkapital tritt. In Wahrheit sind die «Gratisaktien» überhaupt nicht gratis; dem Vermögenszugang im neuen Titel entspricht der Vermögensschwund zufolge Verwässerung bei den alten.

459 Der allererste, der den missverständlichen Begriff «Gratisaktien» zum vollen Nennwert nahm, war der *Fiskus*. Seit 1921[206] behandelt dieser fast überall in der Schweiz und wiederum ausdrücklich im neuen Bundesgesetz über die direkte Bundessteuer (DBG)[207] die Zuteilung von Gratisaktien als Ausschüttung der Gesellschaft im Betrag des Nennwerts, und als steuerbares Einkommen beim Empfänger. Die Besteuerung der Gratisaktie hat im Schweizer Unternehmenssteuerrecht enorme dogmatische Bedeutung erhalten als Ansatzpunkt u.a. für die Transponierungstheorie[208].

XII. Verhältnis zum EG-Recht

460 Die *Bestimmungen über die Aktien* stimmen mit dem Stand des EG-Rechtes weitgehend überein. Die EG-Richtlinien überlassen die nähere Gestaltung der Aktie den Mitgliedstaaten, und diese haben ihre nationale Tradition in weitem Umfang beibehalten. Anhaltspunkte für den Stand des gesellschaftsrechtlichen Denkens in der EG bietet dagegen der neueste Vorschlag für die europäische Aktiengesellschaft («Societas Europaea» oder SE)[209].

461 1. Die *nennwertlose Aktie* ist zwar im EG-Recht nicht ausgeschlossen[210]. Aber die nationalen Rechte sowohl Deutschlands[211] wie Frankreichs[212] sind völlig auf die Aktie mit Nennwert ausgerichtet, und auch die SE geht methodisch deutlich von Aktien mit einem Nennbetrag aus[213].

---

[205] Art. 652d OR 1991; Kapitel 2/II/C/1/b.
[206] Bundesgesetz über die Stempelabgabe auf Coupons vom 25. Juni 1921, Art. 5 Abs. 2.
[207] Art. 4, Abs. 1 Bst. b VStG; Art. 20 Abs. 1 VStV; Art. 20 Abs. 1 Bst. c DBG 1990, und die meisten kantonalen Steuergesetze.
[208] Vgl. *Peter Böckli*, Die Transponierungstheorie, ASA 47 (1978) 31 ff. und ASA 57 (1988/89) 241 ff.
[209] *Vorschlag SE 1991*.
[210] *2. EG-Richtlinie* (1976) Art. 3 Bst. h und Art. 10 Abs. 4.
[211] § 6, 8 und § 54 Abs. 1 AktG.
[212] Art. 268 LSC.
[213] *Vorschlag SE 1991*, Art. 39 Abs. 1.

2. Die SE kennt ein *Mindestkapital* von 100,000 ECU, aber keinen Mindestnennwert   462
der einzelnen Aktie[214]. Das deutsche Aktienrecht verlangt mindestens DM 50, das
französische umgekehrt lässt den Statuten freie Hand[215]. Das neue Schweizer Aktienrecht bewegt sich also durchaus im Streubereich der Modelle des EG-Raums.

3. Auch in der Societas Europaea sind *feste Zinsen auf Aktien* verboten, unterschied-   463
liche Gewinn- und Vermögensanteilsrechte der Aktienkategorien erlaubt und *stimmrechtslose Aktien* grundsätzlich zulässig[216]. Immerhin müssen stimmrechtslose Aktien in der EG notwendigerweise besondere Vermögensvorteile gewähren, d.h. Vorzugsaktien sein. Das trifft auf den Schweizer Partizipationsschein nicht zu, und übrigens auch nicht auf die neben *Stimmrechtsaktien* bestehenden Stammaktien. Stimmrechtsbeschränkte Aktien (EG-Sprachregelung) und stimmrechtslose Aktien zusammen dürfen in der SE nur bis zu einem Gesamtbetrag in Höhe der Hälfte des gezeichneten Kapitals ausgegeben werden, während in der Schweiz die Begrenzung für den Partizipationsschein viel liberaler ist[217]. In der vorgeschlagenen neuen Regelung der SE sind, wie in der Schweizer AG, eigentliche *Mehrstimmrechtsaktien* im engeren Sinne unzulässig, während es im geltenden EG-Gesellschaftsrecht bis heute kein Verbot von indirekten Stimmrechtsvorrechten gibt[218]. In den Mitgliedstaaten ist die Doktrin nicht vereinheitlicht: das deutsche Recht verbietet grundsätzlich (mit Ausnahmevorbehalt) die Mehrstimmrechtsaktie, und untersagt auch indirekte Stimmrechtsvorrechte durch verschiedene Nennwerte, während das französische Recht die Aktie mit doppeltem Stimmrecht zulässt.

4. Auch die Aktien nach den EG-Richtlinien und die SE-Aktien können auf den *In-*   464
haber oder auf den *Namen*[219] lauten, und Umwandlungsklauseln sind in den Statuten zugelassen; auch in der SE muss die Inhaberaktie von Anfang an, im Gegensatz zur Namenaktie, voll einbezahlt sein. Unterschiedlich ist das Einsichtsrecht in das *Aktienbuch*: das Aktienbuch muss gemäss dem Vorschlag von 1991 für jeden Aktionär am Sitz der SE zugänglich sein[220]. Weitergehend sind im EG-Recht die Ansatzpunkte zum *Kapitalmarktrecht*, so die Prospektpflichten bei öffentlichen Wertpapierangeboten gemäss der EG-Richtlinie 89/298[221].

5. Stärker eingeschränkt als in der Schweiz sind nach der 2. EG-Richtlinie die *eige-*   465
nen Aktien. Die Schweizer Vorratsaktienpraxis wäre mit dem EG-Recht in Teilen nicht vereinbar. Die neue Schweizer Regelung von Art. 659, 659a und 659b zu dem Erwerb eigener Aktien ist fast in allem liberaler als das EG-Gesellschaftsrecht. Insbesondere kennt das neue Aktienrecht eine völlig freie Limite von 10%, während

---

[214] *Vorschlag SE 1991*, Art. 4 Abs. 1.
[215] § 8 Abs. 1 AktG; Art. 268 LSC (Fassung von 1988).
[216] *Vorschlag SE 1991*, Art. 52 Abs. 2.
[217] Vgl. Art. 656b Abs. 1 OR 1991: «Das Partizipationskapital darf das Doppelte des Aktienkapitals nicht übersteigen»; Art. 693 Abs. 2 Satz 2 OR 1991: «Der Nennwert der übrigen Aktien darf das Zehnfache des Nennwertes der Stimmrechtsaktien nicht übersteigen».
[218] *Vorschlag SE 1991*, Art. 52 Abs. 3; *Vorschlag Strukturrichtlinie 1991*, Art. 33, Abs. 2.
[219] 2. *EG-Richtlinie* (1976) Art. 3 Bst. f; eine schweizerische Spezialität sind nach wie vor die *vinkulierten Namenaktien*. In der SE ist davon nichts zu finden. Vgl. hierzu Kapitel 5/V, Rz 580 ff., über die vinkulierten Namenaktien.
[220] *Vorschlag SE 1991*, Art. 53 Abs. 2.
[221] ABl. Nr. L 124 vom 5. Mai 1989, 8.

nach den Grundsätzen des EG-Rechtes ausserordentliche Voraussetzungen erfüllt sein müssen bzw. eine Ermächtigung durch einen Generalversammlungsbeschluss erforderlich ist[222].

Insgesamt aber besteht im Gegenstand des Kapitels 3, den Aktien, recht weitgehende Harmonie zwischen Schweizer Aktienrecht und EG-Gesellschaftsrecht.

---

[222] *2. EG-Richtlinie* (1976) Art. 19 Abs. 1 und 2. Der Beschluss muss die Anzahl der zurückzukaufenden eigenen Aktien begrenzen und den Höchst- und den Mindestpreis festlegen.

Kapitel 4
Partizipationsscheine als stimmrechtslose Aktien

Begleitbericht 1975, 28 ff.
Botschaft 1983, 55 ff., Ziff. 206 und 132 ff., Ziff. 317
Amtl. Bull. NR, (1985) 1686 ff., (1990) 1359, (1991) 847 f.
Amtl. Bull. StR (1988) 475 ff., (1991) 65, 469
Vorschlag SE 1991, Art. 52 Abs. 2
§§ 139/40 AktG
Art. 269–1, 283–6 LSC.

I. Wesen und Bedeutung des Partizipationsscheines

A. Die Herausentwicklung des Partizipationsscheins aus dem Genussschein

Wie es so gehen kann in einem langen, allzu langen Weg der Gesetzgebung: 1958 gab es den Partizipationsschein noch nicht, und als 1991 das Parlament die Bestimmungen über die Partizipationsscheine endlich verabschiedet hatte, war an den Schweizer Börsen dieses neuartige, seit 1960 im Wildwuchs aufgeblühte Finanzierungspapier bereits wieder im Dahinwelken.

466

1. Entstehung des Partizipationsscheins

Den unmittelbaren Vorläufer des Partizipationsscheins[1] hat 1960 Swisspetrol[2] erfunden – jene im Schweizer Mittelland hoffnungsfroh nach Erdöl suchende Gesellschaft –, und 1963 hat Sulzer AG den Kapitalbeschaffungs-Genussschein mit einem Nennwert ausgestattet und vor allem getauft; sie hat auch als erste die Börsenkotierung zu-

467

---

[1] *Zwischenbericht 1972*, 125; *Begleitbericht 1975*, 28 ff.; *Botschaft 1983*, 55 ff., Ziff. 206; *Vischer/Rapp* (1968) 105 ff.; *Christoph von Greyerz* (1982) 263 ff.; *Forstmoser/Meier-Hayoz* (1983) § 33 und § 48 N. 31/32. Grundlegend *Peter Jäggi* (1961) 1 ff. und *Rolf Bär* (1965) 201 ff. Nach der breiten Literatur der siebziger Jahre rückblickend *Herbert Wohlmann* (1991) 169 ff.

[2] Brief von Dr. h.c. Max Schmidheiny an den Verfasser vom 17. Juli 1991. Statuten der Swisspetrol Holding AG vom 13./31. Mai 1960 mit Emissionsprospekt für die Kapitalbeschaffungs-Genussscheine. Diese waren in der Dividende den Aktien mindestens gleichgestellt und hatten, was später nicht mehr typisch sein sollte, gegenüber den Aktien ein *Vorzugsrecht auf den Teil des Liquidationserlös*es, der den Aktiennennbetrag überstieg. Der Emissionserlös erschien in seiner Gänze in der Bilanz unter Eigenkapital, unter dem Titel «einbezahlte Genussscheine».

stande gebracht³. Es ging beiden Gesellschaften darum, neues Eigenkapital zu beschaffen, ohne dass man bereit gewesen wäre, den neuen Kapitalgebern Stimmrechte zu gewähren⁴. Beide Gesellschaften fanden die Lösung durch eine Änderung der Funktion des altbekannten «*Genussscheines*». Das Gesetz umschrieb ziemlich genau den Wunschkatalog:

> «Durch die Genussscheine können den Berechtigten keine Mitgliedschaftsrechte, sondern nur Ansprüche auf einen Anteil am Reingewinn oder am Liquidationsergebnis oder auf den Bezug neuer Aktien verliehen werden.»

468 Es ging dann nur noch darum, die im Gesetz erwähnten vermögensrechtlichen Ansprüche nicht alternativ, sondern kumulativ zu formulieren, die Genussscheine vermögensrechtlich den Aktien einigermassen gleichzustellen⁵ und sie – das war nun die Neuerung – mit einem Nennwert auszustatten. Bei Sulzer tauchte der Schule machende Gedanke auf, die Genussscheine mit Nennwert «*Partizipationsscheine*» zu taufen.

2. Rechtliche Hürden[6]

Vier verbleibende Hürden waren zu nehmen.

469 Zuerst ging es darum, den Art. 657 Abs. 1 OR 1936 zu überspielen. Denn diese Vorschrift wollte Genussscheine eigentlich nur solchen Personen zugeteilt sehen, die mit dem Unternehmen bereits «*verbunden*» waren. Damit hatte man 1936 die typischen Empfänger von Genussscheinen umschrieben: die vergrämt aus einer Sanierung hervorgehenden alten Kapitalgeber. Hier dagegen ging es darum, mit der «PS»-Ausgabe neue, möglichst muntere Kapitalgeber zu finden.

470 Die zweite Problematik lag in dem eigenartigen Art. 657 Abs. 4 OR 1936. Danach bilden die Genussscheininhaber von Gesetzes wegen eine «*Gemeinschaft*», auf welche die «Vorschriften über die Gläubigergemeinschaft bei Anleihensobligationen entsprechende Anwendung» finden. Man schenkte dieser Verweisung zunächst geringe oder keine Beachtung. Erst viel später sollte sich diese Bestimmung als Stolperstein bei Unternehmens-Umstrukturierungen herausstellen[7].

471 Die dritte Hürde war die *Vertrauensbildung* im Kapitalmarkt. Der Investor war wenig geneigt, sein gutes Geld an der Gesellschaftskasse abzugeben, wenn er nicht gegen die Willkür der Aktionäre einigermassen gesichert war. Die Praxis fand die Lösung in der

---

[3] *Amtl. Bull. NR* (1985) 1687.
[4] Man wollte das nicht einmal in dem minimalen Umfange tun, bis auf den nach OR 1936 eine Aktienkategorie sich in der Stimmkraft kürzen liess. Es gab ja unter dem OR 1936 noch kein Mindeststimmrecht von $1/10$ für die Stammaktien. Nur dadurch, dass die Stimmrechtsaktie einen Nennwert von mindestens Fr. 100 haben musste, und die Stammaktien höheren Nennwerts aus praktischen Gründen nicht beliebig «schwer» sein sollten, ergab sich indirekt eine gewisse Grenze.
[5] Je nach Gesellschaft verschieden.
[6] Vgl. die Darstellung bei *Forstmoser/Meier-Hayoz* (1983) 232.
[7] Vgl. *Christoph von Greyerz* (1982) 264 Anm. 4; BGE 113 II 528 i.S. Alusuisse.

sog. «Verbindlichkeitsklausel». Danach sollten sämtliche Beschlüsse der Generalversammlung für die PS gleicherweise verbindlich sein, sofern der Anspruch auf vermögensrechtliche Gleichstellung gewahrt blieb. Diese Klausel wurde zum Standard[8].

Die vierte Hürde war das *Handelsregister.* Im System des Gesetzes war ein Nennwert mit Aktien und nur mit Aktien verbunden. Schon in der Definition von Art. 620 OR sind Teilsummen nur für Aktien bestimmt. Der Nennwert wird in Art. 622 Abs. 4 ebenso wie in Art. 624 OR 1936 ausschliesslich mit der «Aktie» in Verbindung gebracht[9]. Die Handelsregisterpraxis entschied jedoch beherzt: die Eintragung der Partizipationsscheine wurde auf der Grundlage des Genussschein-Artikels gestattet[10]. 472

B. Bedeutung der Partizipationsscheine auf dem Schweizer Kapitalmarkt

Die Partizipationsscheine erreichten und überschritten in ihrer dreissigjährigen Laufbahn zwei Höhepunkte der Beliebtheit.

1. Kapitalaufnahme im Ausland

Die erste hohe Zeit der «PS» lag in den Sechzigerjahren. Publikumsgesellschaften entdeckten das Papier als probates Mittel, um bei *ausländischen Anlegern* stimmrechtslose Beteiligungsrechte zu plazieren. Nach dem Zweiten Weltkrieg hatten viele Schweizer Publikumsgesellschaften die früher weit überwiegenden Inhaberaktien nach und nach in Namenaktien umgewandelt, und gleichzeitig die Vinkulierung (Beschränkung der Übertragbarkeit der Namenaktien) streng ausgestaltet[11]. Man benützte die Vinkulierungsklausel[12] nicht etwa bloss dazu, eine schweizerische Stimmenmehrheit zu erhalten; war man schon einmal beim Diskriminieren, so schloss man die Eintragung von ausländischen natürlichen und juristischen Personen gerade gänzlich aus. Nun bot sich der «PS» für die Kapitalbeschaffung im Ausland an[13]. 473

---

[8] BGE 113 II 528 Erw. 5 c) am Ende; *Christoph von Greyerz* (1982) 264/65; vgl. die empirische Untersuchung von *Gaudenz Zindel* (1984) 46.
[9] Und von einem Nennwert ist in Art. 626 ebenso wie in Art. 627 OR 1936 nur hinsichtlich von Aktien die Rede.
[10] Entsprechend bei der Gesellschaft früher oft «Partizipationsscheinkapital». So auch noch *Lex Friedrich*, Art. 6 Abs. 2 Bst. a.
[11] Kapitel 5/I, Rz 540 ff. Vgl. dazu *Peter Böckli* (1985) 17 ff.
[12] Art. 686 Abs. 2 OR 1936.
[13] Illustrativ *Amtl. Bull. NR* (1985) 1689.

2. Flexibles Eigenkapitalpapier

474 In einer zweiten Phase entdeckten sowohl Publikumsgesellschaften wie Aktiengesellschaften mit geschlossenem Aktionärskreis, dass der «PS» rechtlich ein *flexibleres Finanzinstrument* war als die Aktie. Die Vorschriften des OR 1936 über den Rückkauf eigener Aktien und die Kapitalerhöhung sollten nach vorherrschender Meinung nicht anwendbar[14] sein. Der Verwaltungsrat konnte die Generalversammlung dazu veranlassen, eine Ermächtigungsklausel in die Statuten aufzunehmen, ganz informell, was nach deutschem und französischem Recht nur durch «genehmigtes Kapital» möglich, in der Schweiz auf der Grundlage des OR 1936 für Aktien unmöglich war[15]. Die meisten «PS»-Klauseln in den Statuten schweizerischer Gesellschaften waren «genehmigtes Kapital avant la lettre»[16].

475 In den achtziger Jahren verfielen mehr und mehr auch mittlere und kleinere Gesellschaften darauf, mit einer «PS»-Ausgabe den Börsenboom auszunützen. Auch für die *Mitarbeiterbeteiligung* wurde der PS häufig eingesetzt. An der Börse verlor der «PS» aber an Reiz, vor allem auch weil in einer Zeit der «takeovermania», des Übernahmefiebers, Titel mit Stimmrecht ein höheres Kurssteigerungspotential in sich tragen können. Die zweite hohe Zeit des «PS» endete mit dem Crash vom Oktober 1987 und der Freigabe der Namenaktien für Ausländer durch Nestlé im November 1988. Man hat erkannt, dass eine Segmentierung des Marktes für die Anteile eines Unternehmens in zwei oder gar drei Teilmärkte die Liquidität vermindert, und dass das Kapitalschöpfungspotential beeinträchtigt wird, wenn die Gesellschaft bei einer Kapitalerhöhung sich auf den Titel mit dem relativ niedrigsten Marktwert ausrichten muss. Und das ist (oft, wenn auch nicht immer) der Partizipationsschein. Seither schwingt das Pendel in die Gegenrichtung: viele Gesellschaft wandeln ihre «PS» in Aktien um, meist in Inhaberaktien, seltener in Namenaktien als «Einheitsaktien».

476 Der «PS» ist damit zurückgestutzt; deswegen ist er aber nicht zum völligen Aussterben verurteilt. In vielen Situationen kann die stimmrechtslose Aktie weiterhin eine Aufgabe als besonderes Instrument der Eigenkapitalbeschaffung erfüllen. Die neue Regelung für den «PS» ist daher keineswegs überflüssig.

C. Hauptpunkte der neuen Regelung

477 Die Regelung des Partizipationsscheins im neuen Aktienrecht (Art. 656a ff.) ist auf weite Strecken eine *Kodifizierung* dessen, was man nach Landesbrauch ohnehin schon gemacht hatte. In einigen wenigen Punkten *weicht* das Gesetz jedoch von dem, was vor-

---

[14] Vgl. *Christoph von Greyerz* (1982) 265.
[15] Vgl. *Botschaft 1983*, 46, Ziff. 204.1 erwähnt die Ersatzlösungen «von zweifelhafter Legalität», bei denen «Missbräuche (...) nicht auszuschliessen» sind.
[16] Dabei hat man regelmässig dem Verwaltungsrat die Genehmigung ohne zeitliche Limite eingeräumt. Nach neuem Aktienrecht ist eine enge zeitliche Begrenzung zwingend (zwei Jahre). Art. 651 Abs. 1 a.E. und Art. 656a Abs. 2 OR 1991.

her gegolten hatte, scharf *ab*. So darin, dass das Partizipationskapital das Aktienkapital nicht um mehr als das Doppelte übersteigen darf. Auch darf fortan eine genehmigte oder bedingte Erhöhung des Aktien- und Partizipationskapitals insgesamt die Hälfte des bisherigen Aktien- und Partizipationskapitals zusammengerechnet nicht übersteigen[17]. Neu ist das klar und zwingend formulierte gesetzliche Schlechterstellungsverbot; PS dürfen nur noch innerhalb der gleichen Schranken in ihren Rechten zurückgesetzt werden, in denen dies auch für Aktien möglich wäre. Die bisherige, dornenvolle Verweisung auf die Vorschriften über die Gläubigergemeinschaft[18] ist verschwunden.

II. Die neue Regelung

A. Der Grundsatz der Gleichstellung mit den Aktien

1. Das Konzept der stimmrechtslosen Aktie

Das neue Aktienrecht umreisst die Partizipationsscheine in praktisch allen Hinsichten als *stimmrechtslose Aktien*. Wie Aktien treten sie in die Welt: im Errichtungsakt, oder nachträglich nach den strikten Regeln über die Kapitalerhöhung (was bisher nicht der Fall war). Wie Aktien funktionieren sie während der Dauer ihrer Existenz. Wie Aktien treten sie ab: durch Kapitalherabsetzung oder in der Auflösung der Gesellschaft.

Nunmehr ist durch die *Gleichstellungsvorschrift*[19] klargestellt, dass auf die Partizipationsscheine auch alle für das Aktienrecht typischen Sondervorschriften anwendbar sind. Dazu gehören die Einschränkung des Erwerbs eigener Aktien; die Möglichkeit, Partizipationsscheine im Verfahren der genehmigten oder der bedingten Kapitalerhöhung zu schaffen; das Anfechtungsrecht gemäss Art. 706 OR – was früher unsicher war. Dies alles stützt sich auf die Bestimmung des Art. 656a Abs. 2 OR 1991, wonach *alle* Vorschriften über den Aktionär, soweit nicht etwas anderes bestimmt ist, auch für den Partizipanten gelten. Dabei verlangt das Schweizer Recht nicht – anders als das deutsche[20],

478

479

---

[17] Art. 651 Abs. 2 Satz 2 und Art. 653a in Verbindung mit Art. 656a Abs. 2 OR 1991.
[18] BGE 113 II 530 Erw. 2 a): «... führt bei der Rechtsanwendung zu Schwierigkeiten.»
[19] Art. 656a Abs. 2 OR 1991. Zur Problematik dieser Gesetzestechnik *Rolf Bär* (1976) 112 ff., doch sind jene Fragen heute weitgehend geklärt – der PS *ist* eine stimmrechtslose Aktie. Den Kern der Sache treffen *Guhl/Kummer/Druey* (1991) 637 nicht, wenn sie sagen, die Revision nähere bloss den PS der Aktie «ein Stück weit» an.
[20] § 139 Abs. 1 AktG «*nachzuzahlender Vorzug*», d.h. das Recht, dass zuerst den Vorzugsaktionären eine in einem Jahr ausgefallene Dividende nachzuzahlen ist, sonst erhalten die Vorzugsaktien das Stimmrecht (§ 140 Abs. 2). Ähnlich *Vorschlag SE 1991*, Art. 52 Abs. 2 Bst. c.

das französische[21] und das im Entstehen begriffene Recht der Societas Europaea[22] –, dass die stimmrechtslosen Beteiligungstitel ein kumulatives Vorzugsrecht auf die Dividende gewähren müssten.

2. Gleichstellung und Schlechterstellungsverbot

a) Die Gleichstellung mit den Aktien

480 Die *Gleichstellungsnorm* des Art. 656a Abs. 2 ist keineswegs bloss juristischer Zierat. Es liegt darin nicht nur eine Generalverweisung auf das Recht der Aktien[23], sondern eine weitgehende Unterstellung. Zu Beginn kamen Partizipationsscheine, die rechtlich gegenüber den Aktien nicht nur durch ihr mangelndes Stimmrecht, sondern noch in weiteren Punkten scharf zurückgesetzt waren, recht häufig vor. Man fand auch Partizipationsscheine, die der Verwaltungsrat durch einfachen Beschluss zu einem zu bestimmenden Wert *zurückrufen* konnte[24]. Es fand sich sogar die Klausel, dass dies jederzeit zum Nennwert geschehen könne. Die Börsen lehnten solche den amerikanischen «redeemable non-voting shares»[25] nachgebildeten Partizipationsscheine allmählich als nicht kotierungsfähig ab; sie sind selten geworden. Nur in geschlossenen Aktiengesellschaften haben sie noch da und dort überdauert.

481 Nach neuem Aktienrecht sind solche *Rückrufklauseln* für Partizipationsscheine nicht mehr gültig, da auf die «PS» die Vorschriften über das Aktienkapital und über die Aktie direkt anwendbar sind. Mit den «redeemable non-voting shares» der beschriebenen Art ist es damit vorbei[26]; Partizipationsscheine können nur noch über das System der Kapitalherabsetzung, durch einen Beschluss der Aktionäre, den Partizipanten gegen ihren Willen abgenommen, zurückbezahlt und vernichtet werden[27]. Ausser wenn in den Statuten klar verankert ist[28], dass die Aktionäre die PS allein durch Herabsetzungsbeschluss, *ohne* entsprechende Herabsetzung auch des Aktienkapitals, zurückrufen können, braucht es für diesen Vorgang zusätzlich die Zustimmung einer Sonderversammlung der Partizipanten[29]. Denn fehlt diese, so versagt das Gesetz vom 1. Juli 1992 an jeder statutarischen Schlechterstellung gegenüber den Aktien[30] die Wirkung.

[21] Art. 177–1 und 269–1 LSC. Anders die *«Titres participatifs»*, die von verstaatlichten Gesellschaften ausgegeben werden können; sie sind eine Art von Partizipationsscheinen mit teils zins-, teils dividendenähnlichem Jahresertrag. Art. 283-6 LSC.
[22] *Vorschlag SE 1991*, Art. 52 Abs. 2 Bst. c.
[23] Vgl. *Botschaft 1983*, 57/58, Ziff. 206.31.
[24] *Christoph von Greyerz* (1982) 265 Anm. 6.
[25] *Henn* on Corporations 296/97, 368. Vgl. zu den «rückerwerbbaren Aktien» 2. *EG-Richtlinie (1976)* Art. 39.
[26] Ebenso *Thomas Staehelin* (1991) 603.
[27] Entgegen *Christoph von Greyerz* (1982) 265 Anm. 6 ist eine formlose «Rücknahme» von Aktien oder Partizipationsscheinen, die sog. «*Amortisation*», ohne Kapitalherabsetzung unzulässig, es wäre denn unter Einhaltung der Vorschriften über die eigenen Aktien.
[28] Ein Rückruf könnte in den Statuten *ohne* Kapitalherabsetzung nur gültig vorgesehen werden, wenn man die Artikel 659, 659a und 659b OR 1991 beachtet. 2. *EG-Richtlinie* (1976) Art. 39 steht auf diesem Boden. Es scheint jedoch auf jeden Fall ein Kapitalherabsetzungsverfahren notwendig zu sein.
[29] Hiernach Bst. b). Die Statutenklausel selbst bedarf der Zustimmung durch eine Sonderversammlung der Partizipanten, wenn sie PS betreffen soll, die schon ausstehen.
[30] Bzw. wenn mehrere Aktienkategorien bestehen, gegenüber derjenigen, die in den Rechten am meisten zurückgesetzt ist, Art. 656 f. Abs. 2 OR 1991. Vorbehalt in Art. 656f Abs. 4 Halbsatz 1.

b) Unterschiedliche Rechtsstellung trotz Schlechterstellungsverbot

Vor allem bei der *Verteilung* von Dividende und Liquidationsergebnis sowie hinsichtlich der Bezugsrechte neuer Aktien dürfen die Statuten die Partizipanten nicht schlechter stellen als die Aktionäre.

482

Dennoch bleibt es möglich, neben Partizipationsscheinen noch Vorzugsaktien zu schaffen; die gesetzliche Gleichstellung geht nicht so weit, dass die Partizipationsscheine die gleichen Rechte wie die am meisten bevorzugte Aktienkategorie haben müssten. Verlangt wird bloss, dass die Partizipationsscheine mindestens jener *Kategorie* gleichgestellt werden, die *am wenigsten bevorzugt* ist. Bestehen zurückgesetzte Stammaktien neben Vorzugsaktien, so dürfen die PS nicht weniger Rechte vermitteln als die Stammaktien – das Stimmrecht immer ausgenommen.

483

Eine Bevorzugung der «PS» gegenüber den Aktien bleibt umgekehrt ohne weiteres möglich. Sollen die Partizipationsscheine als «*Vorzugs-PS*» oder «Prioritäts-PS» ausgestaltet werden, so ist nach neuem Aktienrecht die Regel von Art. 654 Abs. 2 zu beachten. Denn die Partizipationsscheine sind in rechtlicher Beziehung, mit den erwähnten wenigen Ausnahmen, genau wie Aktien zu behandeln. Sollen die neuen «PPS»[31] Vorrechte gegenüber bestehenden Aktien erhalten, so können sie nur ausgegeben werden, wenn die Sonderversammlung der beeinträchtigen Aktionäre zugestimmt hat.

484

c) Schaffung von Aktien durch Umwandlung von Partizipationsscheinen

Da die Inhaber-Partizipationsscheine nun weitestgehend stimmrechtslose Aktien sind, fällt es schwer, der Generalversammlung die Macht zu versagen, durch körperschaftlichen Gesamtakt die «PS» in Inhaberaktien umzuwandeln. Der Beschluss der Aktionäre setzt allerdings voraus, dass die *Statuten* eine Umwandlungsklausel ausdrücklich vorsehen[32]. Dieser Beschluss bedeutet nach neuem Aktienrecht eine Kapitalerhöhung aus Eigenkapital, wobei der Erhöhungsbetrag aus der Herabsetzung des Partizipationskapitals auf null, und damit aus statutarisch genau für diesen Zweck verwendbar gewordenem Eigenkapital stammt. Eine volle Kapitalherabsetzungsprozedur mit Revisionsbericht und Schuldenruf ist für das aus der Bilanz verschwindende Partizipationskapital wegen Art. 732 Abs. 1 OR 1991 nicht nötig.

485

Die in ihrer Stimmkraft dadurch relativ zurückgesetzten bisherigen Aktionäre müssen gleich behandelt werden wie Aktionäre, denen man ein statutarisch verankertes Vorrecht nimmt. Ihre Zustimmung ist erforderlich, ergibt sich aber normalerweise durch ihren Beschluss, so dass die Einberufung einer Sonderversammlung im Sinne von Art. 654 unnötig ist[33]. Müssen indessen für die Umwandlung in Aktien PS-Nennwerte zusammengelegt werden, so gilt Art. 623 Abs. 2 OR: die Zustimmung der Betroffenen ist erforderlich.

486

d) Kein Mindestkapital

Die Partizipationsscheine sind ausdrücklich von der Gleichstellung mit den Aktien hinsichtlich des Mindestkapitals freigestellt: das *Partizipationskapital* kann beliebig klei-

487

---

[31] Abgekürzt für «Prioritäts-Partizipationsscheine».
[32] Art. 627 Ziff. 7 OR 1991 analog.
[33] Jedenfalls, wenn es nur *eine* Kategorie Aktien gibt.

ner sein als Fr. 100,000. Auch die Gesamteinlage darf kleiner sein als Fr. 50,000, doch muss sie – hierin gibt es keine Freistellung – stets mindestens 20% des Partizipationskapitals ausmachen[34]. Teilliberierte Partizipationsscheine sind nur als Namenpartizipationsscheine statthaft[35] und sind damit eine seltene Erscheinung.

e)   Vinkulierte Partizipationsscheine

488   Sind die Bestimmungen über die Aktien auf die Partizipationsscheine anwendbar, so müssten es auch die *Vinkulierungsvorschriften* sein. Fast alle Partizipationsscheine lauten jedoch auf den Inhaber. Frei übertragbare Namen-Partizipationsscheine – vor allem als unverbriefte Wertrechte – sind indes ohne weiteres möglich. Auch nichtkotierte vinkulierte Partizipationsscheine sind als extreme rechtliche Gestaltung denkbar, vor allem wenn sie ein Vorzugsrecht gewähren. Unter dem früheren Aktienrecht gab es in der Tat einige Beispiele eines solchen Beteiligungsrechts. Rechtlicher Ansatzpunkt konnte die Mitwirkungsklausel des Wertpapierrechts sein[36]. Der Gleichstellungsartikel für die PS[37] scheint aber heute Art. 685a und 685b direkt anwendbar zu machen, und diese gehen dem allgemeinen Regelungsmodell eines Mitwirkungsvorbehalts aus dem Wertpapierrecht vor. Die Frage liegt auf des Messers Schneide und kann wohl nur angesichts des konkreten Falls entschieden werden. Nur insoweit jedenfalls, als die Gesichtspunkte des Art. 685b angerufen werden können, wäre eine solche Gestaltung unter neuem Aktienrecht zulässig.

489   Dagegen sind *kotierte* vinkulierte Namen-Partizipationsscheine nicht nur wirtschaftlich ein Unding, sie sind auch rechtlich unmöglich. Denn die Mitgliedschaftsstelle und die Vermögensrechte kotierter Namenaktien gehen von Gesetzes wegen auf den Erwerber über[38]. Die Vinkulierung kotierter Aktien erfasst nur noch etwas, was der «PS» gar nicht vermittelt, das Aktienstimmrecht.

3.   Schutz vor rechtlichen Zurücksetzungen

490   Das neue Aktienrecht hebt die alte Schutzbestimmung über die «Gemeinschaft bei Anleihensobligationen» nicht ersatzlos auf. An ihre Stelle tritt der neue Art. 656f Abs. 4: er wirkt sich aus, sobald die Aktionäre den Partizipationsscheinen Vorrechte nehmen (z.B. ein Recht auf kumulative Vorzugsdividende) oder sie sonst in ihrer Rechtsstellung zurücksetzen wollen. Der Begriff «Vorrechte» ist daher eher irreführend. Die Schutznorm ist auch anwendbar, wenn immer die Generalversammlung die den Partizipanten freiwillig, durch die Statuten eingeräumten Mitwirkungsrechte (z.B. ein Recht auf Teilnahme an der Generalversammlung oder ein Recht auf Vertretung im Verwaltungsrat[39]) wieder entziehen möchte. Hierfür ist – ähnlich wie im Falle der Benach-

---

[34] Art. 656b Abs. 2 in Verbindung mit Art. 652c und Art. 632 Abs. 1 OR 1991.
[35] Art. 683 OR in Verbindung mit Art. 656b Abs. 2 OR 1991.
[36] Art. 967 Abs. 3 OR.
[37] Art. 656a Abs. 2 OR 1991.
[38] Art. 685f OR 1991.
[39] Gemäss Art. 656e OR 1991.

teiligung von Vorzugsaktien – die Zustimmung einer Sonderversammlung der betroffenen Partizipanten notwendig[40], sofern die Statuten nichts anderes bestimmen.

Die Zustimmung der Sonderversammlung ist insbesondere erforderlich, wenn die PS in einem ins Gewicht fallenden Masse schlechter behandelt werden sollen als die Aktienkategorie, der sie gleichgestellt sind[41]. Das ist der Fall, wenn ihnen allein ein *schlechteres Bezugsrecht* eingeräumt wird oder wenn das PS-Kapital, nicht aber das entsprechende Aktienkapital, *herabgesetzt* wird[42]. Der körperschaftliche Akt selbst – die Aufhebung der PS oder der sonstige Eingriff in die körperschaftsrechtliche Stellung der Partizipanten – erfolgt dann jedoch stets allein durch Mehrheitsbeschluss der Generalversammlung der Aktionäre, ohne dass hier die Partizipanten mitstimmen könnten. 491

Die Stimmabgabe im Entscheid über die Zustimmung ist der singuläre Fall, wo – in Anlehnung an die frühere Idee von der Gläubigergemeinschaft bei Anleihensobligationen – den Partizipanten von Gesetzes wegen ein *Sonderstimmrecht* zusteht. Für die Einberufung und die Durchführung der Sonderversammlung der Partizipanten sowie die Anfechtung des Entscheids über die Zustimmung gelten sinngemäss die Regeln über die Generalversammlung. Sehen die Statuten kein besonderes Beschlussquorum vor, gilt die absolute Mehrheit der vertretenen Partizipanten[43]. 492

Auch das neue Gesetz sagt, die Statuten könnten «*eine andere Ordnung*» festlegen. Es ist auf das vorn bei den Vorzugsaktien Gesagte zu verweisen: diese andere Ordnung kann keine Regelung in die Welt setzen, die es gestatten würde, einseitig[44] den Partizipanten Rechte ohne einen Zustimmungsbeschluss zu entziehen. 493

B. Bezeichnung und Plafond

1. Der Zwang zur Verwendung des gesetzlichen Ausdrucks

a)   Warum nicht «stimmrechtslose Aktie»?

In der Arbeitsgruppe von Greyerz wurde darum gerungen, ob die Partizipationsscheine als das zu bezeichnen seien, was sie wirklich sind: als *stimmrechtslose Aktien*[45]. Die Meinung, dass «stimmrechtslose» Aktie ein negativer Begriff sei, und dass in der Schweiz der Begriff Partizipationsschein sich eingebürgert habe, schwang obenaus[46]. 494

---

[40] Vgl. *Peter Nobel* (1991C) 237.
[41] Es gilt auch hier das Wesentlichkeitsprinzip. Eine geradezu arithmetisch exakte Gleichbehandlung ist oftmals gerade in Umstrukturierungen praktisch nicht zu erreichen. Es kommt auf das Gesamtbild der Massnahmen an.
[42] Vgl. *Christoph von Greyerz* (1982) 265 Anm. 6; *Marc Demarmels* (1985) 69; *Peter Forstmoser* (1981) § 16 Anm. 12.
[43] Ebenso *Eric Homburger* (1991) 42.
[44] Vgl. Anm. 41.
[45] Ausdrücklich *Amtl. Bull. NR* (1985) 1687 und *StR* (1988) 473.
[46] Vgl. *Botschaft 1983*, 56; Ziff. 206.2

Wenn man schon aktienähnliche Anteile schafft, die nicht Aktien heissen, so gilt es sicherzustellen, dass die Nomenklatur jede *Verwirrung* ausschliesst. Das neue Gesetz sieht deshalb vor, dass einerseits Partizipationsscheine ausdrücklich als solche zu bezeichnen sind, und dass andererseits Genussscheine keinen Nennwert mehr haben und nie «Partizipationsscheine» genannt werden dürfen. Ja das Gesetz geht so weit zu sagen, dass Genussscheine künftig überhaupt nicht gegen eine Einlage, die unter den Aktiven der Bilanz ausgewiesen wird, ausgegeben werden dürfen[47]. Es sind also «partizipationsscheinähnliche», kapitalbeschaffende Genussscheine ohne Nennwert in Zukunft nicht mehr zugelassen[48].

b) Unverbriefte «Partizipationsscheine»

496 Ebenso wie Aktien als *titellose Wertrechte* oder Namenaktien mit aufgeschobenem Titeldruck geschaffen werden dürfen[49], können Partizipationsscheine *unverbrieft* sein. Unverbriefte Inhaber-PS sind als rechtliche Anomalie auszuschliessen; sie würden nur durch schriftliche Zession übertragbar sein[50], und der Gesellschaft würde es mangels Aktienbuchs an jeder Erleichterung in der Prüfung der Rechtszuständigkeit der Ansprecher für die Geltendmachung der Vermögensrechte fehlen. Praktisch kommen nur unverbriefte Namen-PS in Frage, und Namen-Partizipationsscheine sind ihrerseits unüblich. Es handelt sich dann paradoxerweise zudem um «Scheine» ohne Urkunde. Das Gesetz ist sinngemäss so zu verstehen, dass in einem solchen Fall die Bezeichnung als «*Partizipationsrechte*» zulässig, ja einzig sachgemäss ist. Dasselbe muss gegebenenfalls für unverbriefte Genussrechte gelten.

2. Beschränkung auf das Doppelte des Aktienkapitals

497 Das Partizipationskapital kann kleiner als Fr. 100,000, theoretisch beliebig klein sein[51]. Dass es umgekehrt eine Aktiengesellschaft *nur mit Partizipationskapital* nicht geben kann, folgt aus Art. 622 OR[52]. Dann stellt sich aber sofort die Frage, ob neben einem Mindestaktienkapital von Fr. 100,000 eine Gesellschaft Partizipationsscheine im Nennbetrag von z.B. Fr. 20 Millionen ausgeben könnte. Die Arbeitsgruppe von Greyerz sah vor, dass das Partizipationskapital das Aktienkapital nicht übersteigen dürfe[53]; sie kam dazu aus dem Gedanken heraus, dass damit einer allzu einseitigen Verteilung von Stimmrechten und Risikokapital ein Riegel geschoben wäre. Es sollte nicht beliebig viele stimmrechtslose «Heloten» geben neben den vollberechtigten «Spartiaten», weil sonst das Band der Schicksalsgemeinschaft, welches die Knechte von selbst vor der Willkür ihrer Herren schützen sollte, immer weniger trägt[54].

---

[47] Art. 657 Abs. 3 OR 1991.
[48] Damit sind neue Genussscheine des Typs Swisspetrol (Anm. 2) nicht mehr zulässig.
[49] Vorn Kapitel 3/VI/2, Rz 354 ff.
[50] Da, wie bei unverbrieften Inhaberaktien, in Tat und Wahrheit das Wertpapier mit der Inhaber-Klausel fehlt, die allein das Erfordernis der Schriftlichkeit von Art. 165 Abs. 1 OR aufheben würde.
[51] Mindestens Fr. 10, da der Mindestnennwert für Aktien auch auf Partizipationsscheine anwendbar ist. Die Gesamt-Mindesteinlage von Fr. 50,000 ist ebenfalls nicht anwendbar. Art. 656b Abs. 2 OR 1991.
[52] *Botschaft 1983*, 58, Ziff. 206.32.
[53] *Botschaft 1983*, 60, Ziff. 206.34.
[54] *Amtl. Bull. NR* (1985) 1687.

Ausgerechnet in diesem Punkt verbissen sich aber Nationalrat (als Erstrat) und Ständerat ineinander. Der Nationalrat, nach wortreicher Debatte, wollte für Gesellschaften mit börsengängigen Aktien oder PS die Beschränkung streichen[55], der Ständerat aber ebenso entschlossen am bundesrätlichen Verhältnis 1:1 festhalten[56]. Erst in der Sommersession 1991 waren die beiden Kammern kampfesmüde und kompromissreif: die goldene Mitte zwischen eins und unendlich liegt nach helvetischer Gesetzeskunst bei zwei. Das Partizipationskapital darf bis zum Doppelten des Aktienkapitals betragen[57].

498

C. Abgrenzung der den Partizipanten zwangsweise zustehenden und der frei zuteilbaren Mitwirkungsrechte

Das Gesetz sieht es nun auch als seine Aufgabe an, autoritär einen Strich zu ziehen zwischen den Vermögensrechten, die den Partizipanten zustehen, und den Mitwirkungsrechten, die ihnen nicht zustehen – und jenen, die ihnen überhaupt nicht zustehen können. Einmal an der Sache, regelt es genau, welche Mitwirkungsrechte die Statuten gegebenenfalls den Partizipanten verleihen dürfen.

499

1. Kein Stimmrecht

a)   In der Generalversammlung: Ausschluss

Die Partizipanten haben in der Generalversammlung nie ein Stimmrecht[58]. Das Konzept der *stimmrechtslosen Aktie* ist im neuen Aktienrecht bruchlos durchgeführt. Das Gesetz verleiht den Partizipanten auch nicht in Sondersituationen ein Stimmrecht, so wie es das deutsche und das französische Aktienrecht für «stimmrechtslose Vorzugsaktien» vorsehen[59]. Statutenbestimmungen, die den Partizipanten in der Generalversammlung ein Stimmrecht einräumen, sind nichtig; sie sind unvereinbar mit einer zwingenden Hauptnorm des Aktienrechts. Dies gilt auch für Statutenklauseln, die – in Anlehnung an das deutsche und das französische Recht – den Partizipanten nur bedingt, für ganz bestimmte ausserordentliche Fälle, in der Generalversammlung ein Stimmrecht verleihen möchten[60]. Nichtig wäre auch eine Statutenvorschrift, die den Partizipanten ein Stimmrecht in der Generalversammlung für jene Fälle einräumt, in denen das Gesetz einen Zustimmungsentscheid der Partizipanten verlangt[61].

500

---

[55] *Amtl. Bull. NR* (1985) 1686 ff.
[56] *Amtl. Bull. StR* (1988) 473 ff.
[57] *Amtl. Bull. NR* (1991) 848; *StR* (1991) 469; Art. 656b Abs. 1 OR 1991.
[58] Art. 656c Abs. 1 OR 1991.
[59] § 12 Abs. 1 Satz 2; § 140 Abs. 2 AktG und Art. 269-3 LSC für den Fall, dass das Vorzugsrecht nicht erfüllt wird.
[60] Dies würde mit Art. 656c Abs. 1 OR 1991 absolut unvereinbar sein.
[61] Dieser Entscheid kann nur in einer Sonderversammlung fallen, in der umgekehrt die Aktionäre nicht stimmberechtigt sind.

b)   In der Sonderversammlung: Ausnahme

501   Vorbehalten bleibt einzig und allein jenes Mitwirkungsrecht, das in Kraft tritt, wenn den Partizipanten *Vorrechte* oder *statutarisch eingeräumte Mitwirkungsrechte nachträglich entzogen* werden sollen[62]. Dann geht es indessen nicht um eine volle Stimme in den Angelegenheiten der Gesellschaft, nicht um die Willensbildung der Generalversammlung, sondern um eine blosse Einwilligung in einen körperschaftlichen Gesamtakt der Aktionäre. Diese Abstimmung vollzieht sich in einer Sonderversammlung der Partizipanten, und ihr Gegenstand ist eine einzige Gestaltungserklärung – die Zustimmung zur Aufhebung eines Rechtes der Partizipanten selbst[63].

2.   Kein verbürgter Sitz im Verwaltungsrat

a)   Die Regelung des Gesetzes

502   Das neue Aktienrecht verleiht den Partizipanten *keinen Anspruch* auf eine Vertretung im Verwaltungsrat[64]; in der Exekutive gibt es keinen «festen Sitz» zur Wahrnehmung der Interessen der stimmrechtslosen Aktionäre. Dies ist keineswegs selbstverständlich, nachdem heute die Partizipanten den Aktionären, abgesehen vom Stimmrecht, grundsätzlich gleichgestellt sind. Denn Art. 709 Abs. 1 sieht eine garantierte Vertretung der Aktionärsgruppen «minderen Rechts» im Verwaltungsrat vor[65]. Versteht man die Partizipanten im Sinne des Gleichstellungsartikels[66] als Aktionärsgruppe, so wäre ihnen die Wahl wenigstens eines Vertreters im Verwaltungsrat gesetzlich zugesichert.

503   Die Bestimmung von Art. 656e stellt klar, dass der Gesetzgeber nun gerade in dieser Hinsicht die Partizipanten nicht wie Aktionäre behandeln, ihnen also den Anspruch auf eine feste Vertretung im Verwaltungsrat aberkennen will.

b)   Freiwillige Einräumung eines Verwaltungsratssitzes

504   Das neue Aktienrecht gestattet umgekehrt ausdrücklich, in den Statuten den Partizipanten einen *festen Sitz freiwillig* einzuräumen. Eine Gesellschaft, die dies tut, muss jedoch das Vorschlags- und Wahlverfahren ordnen. Gangbar wäre dabei eine Regelung, die den Partizipanten zum Zwecke der Auswahl ihres Kandidaten ein Vorschlagsrecht in einer Vorversammlung zuerkennen würde. Der durch die Mehrheit der Partizipanten benannte Kandidat wird den Aktionären bekanntgegeben; diese müssen, in Anwendung des vom Bundesgericht 1940 gefundenen Verfahrens, den Kandidaten in den Verwaltungsrat wählen, wenn nicht geradezu wichtige Gründe gegen die Person sprechen[67]. Ein solches Verfahren wäre vereinbar mit der Stimmrechtslosigkeit der Partizipanten, denn sie üben nur in einer Vorversammlung unter sich ein funktional notwendiges Vor-

---

[62]   Art. 656f Abs. 4 OR 1991, mit Vorbehalt für abweichende Statutenbestimmungen.
[63]   Es ist eine quasivertragliche Willenserklärung im Zusammenhang mit dem Verzicht auf eine wohlerworbene Rechtsposition.
[64]   Art. 656e OR 1991.
[65]   In einer Bestimmung, die aus Art. 708 Abs. 4 OR 1936 übernommen worden ist.
[66]   Art. 656a Abs. 2 OR 1991.
[67]   Vgl. BGE 66 II 50; BGE 107 II 179.

schlagsrecht, nicht in der Generalversammlung selbst ein Stimmrecht aus. Ein solches statutarisches Recht stünde in unmittelbarem Zusammenhang mit der vom Gesetz ausdrücklich ins Auge gefassten Option eines festen Sitzes im Verwaltungsrat.

Denkbar ist auch die Bestimmung der Kandidaten für die Wahl in den Verwaltungsrat durch eine *Urabstimmung* der Partizipanten; das Ergebnis ist dann wiederum nicht die Wahl selbst, sondern der Wahlvorschlag an die Aktionäre. Gangbar ist schliesslich ein drittes Verfahren: der Verwaltungsrat fordert die Partizipanten zur schriftlichen Benennung der Kandidaten auf, worauf er die meistgenannte Person in der Generalversammlung den Aktionären zur Wahl als «PS»-Vertreter in den Verwaltungsrat vorschlägt. 505

Wählbar als *Verwaltungsrat* ist der Partizipant[68] nur, wenn er eine Aktie erwirbt. Nach Art. 707 (unverändert) muss jeder Verwaltungsrat «Aktionär» sein. Der Partizipationsschein kann für diese Zwecke nicht als den Aktien gleichstehend[69] verstanden werden, weil er normalerweise kein Teilnahmerecht, jedenfalls niemals ein Stimm- und Wahlrecht vermittelt. 506

3. Mitgliedschaftliche Rechte, die allen Partizipanten zwingend zustehen

Nach neuem Aktienrecht können die Statuten den Partizipanten eine ganze Reihe von *Mitwirkungsrechten* freiwillig einräumen; es stehen den Partizipanten neuerdings aber mehrere mitgliedschaftliche Rechte *zwingend* zu, was nach altem Recht teilweise nicht, teilweise nicht klar der Fall war. 507

a) *Orientierung über die Einberufung der Generalversammlung*

Die Partizipanten haben das Recht auf *Information* über die *Einberufung* der Generalversammlung, die *Verhandlungsgegenstände* (Traktanden) sowie, was neu ist, über die *Anträge*, und zwar alles gleichzeitig wie die Aktionäre (Art. 656d Abs. 1). 508

Was daran für den Verwaltungsrat wichtig ist, ist der Zusatz, dass den Partizipanten die *Anträge schon mit der Einberufung* bekanntzugeben sind. Nach dem OR 1936 traf dies weder für die Partizipanten noch für die Aktionäre zu. Nach OR 1936 konnten, abgesehen einzig von zwei Fällen – den Anträgen des Verwaltungsrates hinsichtlich der Gewinnverwendung und einer Statutenänderung –, alle Anträge vom Verwaltungsrat mündlich noch in der Generalversammlung selbst gestellt werden[70]. Voraussetzung war nur, dass der Antrag sich im Felde bewegte, das vom betreffenden Traktandum abgesteckt war. Umgekehrt hatten nach OR 1936 – von den erwähnten Ausnahmen und anderslautenden Statuten abgesehen – auch die Aktionäre das Recht, den Verwaltungsrat in der Generalversammlung mit ihren mündlichen Anträgen zu überraschen. Diese Waffengleichheit ist nun gestört: während der Aktionär dieses Recht behält, falls die Statuten nichts anderes vorschreiben, ist der Verwaltungsrat nach neuem Recht zu schriftlicher Bekanntgabe seiner Anträge 20 Tage zum voraus gezwungen. 509

---

[68] Gleicher Meinung *Botschaft 1983*, 134, Ziff. 317.31. Abweichend *Eric Homburger* (1991) 41. Vgl. Kapitel 10/II/1, Rz 1467.
[69] Art. 656a Abs. 3 OR 1991.
[70] Vorbehältlich einer abweichenden Statutenbestimmung.

510   Die Bestimmung über die *schriftliche Bekanntgabe der Anträge* – gemäss dem revidierten Art. 696 Abs. 1 OR 1991 muss dies neuerdings sogar 20 Tage zum voraus geschehen – zwingt den Verwaltungsrat zu frühzeitiger Festlegung. Er muss praktisch entweder mit der Einberufung ein *Beiblatt* mit allen seinen Anträgen versenden oder gerade auf der *Traktandenliste* selbst zu jedem Verhandlungsgegenstand den von ihm gewollten Beschlusswortlaut schriftlich bekanntgeben. Diese Mitteilung geht nun stets an die *Partizipanten*, und zwar, da die Partizipationsscheine meistens Inhaberpapiere sind, auf dem Wege der *Veröffentlichung* im Schweizerischen Handelsamtsblatt (und eventuell in weiteren von den Statuten hierfür bezeichneten Zeitungen). Da ein Antrag im Kern nichts anderes ist als der Entwurf für einen zu fassenden Beschluss, bringt das neue Aktienrecht damit eine stark erweiterte Offenlegung interner Geschäfte der Gesellschaft, sobald Inhaberaktien oder Inhaber-Partizipationsscheine ausgegeben worden sind.

b)   Recht auf Auskunft oder Einsicht

511   Der Partizipant hat von Gesetzes wegen das Recht, schriftlich zuhanden der Generalversammlung ein *Begehren um Auskunft oder Einsicht* zu stellen[71]. An die Stelle dieser gesetzlichen Mindestbestimmung[72] tritt allerdings die genauere statutarische Definition mit ihren weitergehenden Rechten, wenn die Statuten das Recht auf Auskunft oder Einsicht den Partizipanten einräumen.

512   Die Gesellschaft erfüllt ihre Pflicht nicht notwendigerweise durch schriftliche Auskunft, sondern durch mündliche Information an der *Generalversammlung*; haben die Partizipanten kein statutarisches Teilnahmerecht, so erfüllt die Gesellschaft ihre Bekanntgabepflicht in analoger Anwendung von Art. 656d durch Auflage des Wortlautes der Auskunft nach der Versammlung zur Einsicht. Funktional sollte eine schriftliche Auskunft an die wissbegierigen Partizipanten statthaft sein.

c)   Antrag auf Sonderprüfung

513   Das Gesetz verleiht neuerdings dem einzelnen Partizipanten das Recht, *schriftlich* der Generalversammlung den *Antrag auf Einsetzung eines Sonderprüfers* zu stellen[73]. Allerdings muss auch der Partizipant zuvor sein Recht auf Auskunft oder auf Einsicht ausgeübt haben[74]; andernfalls ist auf den Antrag nicht einzutreten. Der Partizipant kann auch diese Hürde, ausser wenn die Statuten ihm das Teilnahmerecht verleihen, auf schriftlichem Wege nehmen.

514   Lehnen die Aktionäre den Antrag des Partizipanten auf Sonderprüfung ab, so kann dieser beim Richter wie ein abgewiesener Aktionär die gerichtliche Einsetzung einer Sonderprüfung beantragen, wenn er 10% des Aktienkapitals oder Nennwerte von 2 Millionen Franken unter seinem Banner zu einigen vermag[75]. Dies folgt aus Art. 656a;

---

[71]   Art. 656c Abs. 2 und 3 OR 1991.
[72]   Art. 697 OR 1991.
[73]   Art. 656c Abs. 3 OR 1991. Der Bundesrat hatte den Partizipanten kein Recht auf Einsetzung eines Sonderprüfers zugestehen wollen, *Botschaft 1983*, 58, Ziff. 206.32.
[74]   Art. 697a Abs. 1 OR 1991.
[75]   Art. 697b Abs. 1 OR 1991.

eine Sondervorschrift, die den Partizipanten dieses Aktionärsrecht versagen würde, ist nicht zu finden. Sachlich muss den Partizipanten dieses Recht, das mit dem Stimmrecht selbst nichts, mit den Kontrollrechten alles zu tun hat, zustehen[76]. Eine schwierige Frage bleibt aber, ob es auch für den Antrag vor dem Richter genügt, wenn der Antragsteller bloss 10% des Partizipationskapitals (oder 2 Millionen Franken der «PS» Nennwerte) hinter sich geschart hat. Mit Rücksicht auf den Gleichstellungsartikel, Art. 656a Abs. 2, und den Willen des Gesetz, die Partizipanten möglichst wenig hinter die Aktionäre zurückzusetzen, wäre dies eigentlich zu bejahen, Art. 656b Abs. 3 aber zwingt zur Verneinung der Frage.

d)   Orientierung über die von den Aktionären gefassten Beschlüsse

Die Partizipanten haben ferner von Gesetzes wegen das Recht auf Orientierung über die in der Generalversammlung gefassten und für sie verbindlichen Beschlüsse. Allerdings ist eine Zusendung des Beschlussprotokolles nicht notwendig – auch die Aktionäre haben darauf nicht Anspruch. Es genügt, wenn die Gesellschaft die Beschlüsse «unverzüglich» am Gesellschaftssitz und – wie das Gesetz beifügt – bei jeder einzelnen der im Handelsregister eingetragenen *Zweigniederlassungen*[77] zur Einsicht der Partizipanten auflegt.   515

Die Partizipanten sind in der Bekanntgabe *ausdrücklich* auf diese Auflage hinzuweisen. Es handelt sich um einen vom Gesetz verlangten formellen Zwangsinhalt der Einberufung der Generalversammlung, hier unter den Partizipationsscheinen versteckt. Es hätte einer benützerfreundlichen Gesetzesgestaltung entsprochen, wenn das Gesetz in Art. 700 OR, der von der Einberufung der Generalversammlung handelt, darauf hingewiesen hätte.   516

e)   Anfechtungs- und Verantwortlichkeitsklage

Die Partizipanten haben nun ihr Recht auf *Anfechtung*[78] der Generalversammlungsbeschlüsse gesetzlich verbrieft. Dass die Partizipanten zur *Verantwortlichkeitsklage* gegen die Organe wie Aktionäre legitimiert sind, steht aufgrund von Art. 656a Abs. 2 ebenfalls fest[79].   517

4. Mitgliedschaftliche Rechte, die die Statuten den Partizipanten zuteilen können

a)   Die dispositiven Mitwirkungsrechte

Die Generalversammlung hat die Möglichkeit, den Partizipanten – stets abgesehen vom Stimmrecht - weitere Mitwirkungsrechte zu verleihen, die sonst nur den Aktionären zustehen. Das Gesetz nennt die folgenden: 518

---

[76] Vgl. *Amtl. Bull. StR* (1988) 473. Dieser Schluss wird durch Art. 656c Abs. 3 OR 1991 bestärkt.
[77] Es dürfte sich um ein redaktionelles Versehen handeln; die ursprünglich ähnlich lautende Bestimmung von Art. 700 Abs. 1 OR 1936 ist verschwunden. Art. 696 Abs. 1 OR 1991 nennt nur den «*Gesellschaftssitz*»; dort sind die «Zweigniederlassungen» des alten Art. 696 OR 1936 gestrichen.
[78] Art. 706 in Verbindung mit Art. 656a Abs. 2 OR 1991; *Botschaft 1983*, 58, Ziff. 206.31
[79] *Botschaft 1983*, 58, Ziff. 206.31 und 191, Ziff. 361.

(1) das Recht, die *Einberufung* einer Generalversammlung zu verlangen[80];

(2) das *Teilnahmerecht*, d.h. das Recht, zu den Generalversammlungen eingeladen zu werden und daran (ohne Stimmrecht) teilzunehmen[81];

(3) das *Antragsrecht*, d.h. das Recht, der Generalversammlung bestimmte Beschlussanträge zur Annahme oder Ablehnung vorzulegen, mit der Verpflichtung des Verwaltungsrates, darüber die Aktionäre in der Generalversammlung ordnungsgemäss abstimmen zu lassen[82];

(4) ein erweitertes Recht auf *Auskunft oder Einsicht*, in dem Umfange nämlich, wie es den Aktionären gemäss Art. 696 OR zusteht[83];

(5) schliesslich gehört dazu der schon erwähnte Sitz der Partizipanten im *Verwaltungsrat*[84].

519 Jedes einzelne dieser Mitwirkungsrechte steht dem Partizipanten dann und nur dann zu, wenn die *Statuten* es ihm verleihen. Weitere Mitwirkungsrechte kann die Gesellschaft ihren Partizipanten nicht verleihen. Unzulässig wäre etwa eine Statutenbestimmung, die einen bestimmten Generalversammlungsbeschluss in seiner Gültigkeit von einem Antrag oder der Zustimmung der Partizipanten abhängig machen wollte, oder eine Klausel, die den Partizipanten – in Anlehnung an die Regelungsidee des deutschen Rechts[85] – ein Stimmrecht verleiht, wenn die ihnen zugestandenen Vorzugsansprüche nicht erfüllt werden. Unzulässig wäre eine Bestimmung, derzufolge die Mehrheit des Verwaltungsrates fest den Partizipanten eingeräumt wäre.

b) Regelungsbedarf im Einzelfall

520 Es versteht sich, dass die Gesellschaften Bedacht darauf nehmen müssen, eine Verleihung von solchen Mitwirkungsrechten, die sich um das Stimmrecht gruppieren, an die Partizipanten *sorgfältig zu redigieren*. Dies vor allem dann, wenn die Partizipanten nicht den ganzen Strauss der begleitenden Mitwirkungsrechte erhalten sollen, sondern nur einzelne Sonderrechte. Sollen etwa die Partizipanten das Antragsrecht (verstanden als das Recht, einen Beschlusswortlaut vorzuschlagen und darüber eine Abstimmung zu verlangen), nicht aber das Teilnahmerecht erhalten, so ist es umso notwendiger, ein Minimum an Verfahrensvorschriften in die Statuten aufzunehmen, welche die Art und Frist der in diesem Falle notwendigerweise schriftlichen Antragstellung genauer regeln. Wird umgekehrt das Teilnahmerecht den Partizipanten eingeräumt, so ist klarzustellen, ob diese das Antragsrecht und die beratende Stimme haben, oder nur beratende Stimme (d.h. dass sie an den Debatten in der Versammlung nur mit argumentierenden Voten ohne Antragstellung teilnehmen dürfen), oder ob sie gar auf den reinen Beobachterstatus, eine schweigende Anwesenheit, verwiesen sind.

---

[80] Gemäss Art. 656c Abs. 1 und 2, Art. 656a Abs. 2 und Art. 699 Abs. 3 OR 1991.
[81] Art. 656c Abs. 1 und 2 OR 1991.
[82] Art. 656c Abs. 2 und 3 OR 1991.
[83] Art. 656c Abs. 2 und 3 OR 1991.
[84] Art. 656e OR 1991. Hier handelt es sich normalerweise nur um einen einzigen Sitz, d.h. eine Mindestvertretung im Verwaltungsrat. Denkbar wäre aber auch die statutarische Einräumung mehrerer Sitze.
[85] § 140 Abs. 2 AktG.

D. Bezugsrecht der Partizipanten

1. Stand der Praxis

In den ersten Jahren des Umgangs mit Partizipationsscheinen bestand Unsicherheit hinsichtlich des Bezugsrechts, das mit diesen «Nennwert-Genussscheinen» verbunden war. Diese Unsicherheit bezog sich sowohl auf das Anrecht der Partizipanten bei der Ausgabe *neuer Partizipationsscheine* wie, übers Kreuz, bei der Ausgabe von *neuen Aktien*, und es bezog sich auf das Anrecht der Aktionäre, wiederum übers Kreuz, auf den Bezug neu ausgegebener PS. Denn jedesmal, wenn neue Beteiligungsrechte der jeweils anderen Kategorie allein oder in stärkerem Umfang ausgegeben werden, kommt es zu einer Verwässerung des relativen Anteils der eigenen Kategorie an Gewinn und Eigenkapital. Neuere Statuten enthalten hierüber in die Einzelheiten gehende Regelungen. Um den Anforderungen an den Schutz der Interessen der Partizipanten genüge zu tun, hat das neue Recht eine Reihe von Mindestanforderungen aufgestellt.

521

2. Bei der Einführung von Partizipationsscheinen

Die Aktionäre haben nach neuem Aktienrecht Anspruch auf den verhältnismässigen Bezug von Partizipationsscheinen, wenn das Partizipationskapital neu geschaffen wird. Dieses Recht kann ihnen nur entzogen werden, wenn die verschärften Anforderungen des neuen Aktienrechts für den Bezugsrechts-Ausschluss erfüllt sind[86].

522

3. Bei einer Erhöhung von Aktien- und Partizipationskapital

a) Bei gleicher Erhöhung

Wenn das Partizipationskapital dagegen schon besteht – und dieses gleichzeitig und im gleichen Verhältnis mit dem Aktienkapital erhöht wird – , so stellt sich eine doppelte Frage: kann jeder der Beteiligten nur Beteiligungsrechte seiner eigenen Art beziehen, oder ist ein *«Bezugsrecht übers Kreuz»* vorgesehen? Ist dieses gar gesetzlich zu erzwingen?

523

Die Diskussionen zwischen Ständerat und Nationalrat[87] waren ausgerechnet in diesem Punkt festgefahren bis in das letzte Jahr der Beratungen[88]. Am Schluss folgte der Ständerat dem Nationalrat doch noch: Entgegen dem Vorschlag des Bundesrates[89] gibt es keine zwingende Regel, wonach Aktionäre nur Aktien und Partizipanten nur Partizipationsscheine beziehen können, wenn das Aktien- und das Partizipationskapital gleichzeitig und im gleichen Verhältnis erhöht werden. Schweigen die Statuten, so ist die

524

---

[86] Vorn Kapitel 2/IV/B, Rz 269 ff.
[87] *Amtl. Bull. NR* (1985) 1692; (1990) 1359; *StR* (1988) 474.
[88] *Amtl. Bull. StR* (1991) 65.
[89] *Botschaft 1983*, 136, Ziff. 317.32.

Generalversammlung befugt, im Rahmen der allgemeinen Bezugsrechtsregeln des neuen Aktienrechts von Fall zu Fall entweder ein solches «artgleiches» Bezugsrecht oder, was die Arbeitsgruppe von Greyerz hatte in Acht und Bann schlagen wollen, ein «Bezugsrecht übers Kreuz» festzulegen. Der Normalfall ist freilich das artgleiche Bezugsrecht[90]; sollen die Aktionäre Partizipationsscheine und die Partizipanten Aktien je im gleichen relativen Nennbetrag beziehen können – und das ist es ja, worüber die beiden Räte, ohne es so klar zu sagen, hitzig diskutierten – , so muss dafür ein wichtiger Grund gegeben und darf niemand in unsachlicher Weise begünstigt oder benachteiligt sein[91].

b)   Bei ungleicher Erhöhung der beiden Kapitalzahlen

525 Einigkeit bestand dagegen von Anfang an für den Fall, dass eine Gesellschaft, die sowohl Aktien wie PS ausgegeben hat, eine «schiefe» Kapitalerhöhung – entweder nur in einem Titel oder in beiden Titeln, aber in *ungleichem Verhältnis* – durchführt[92]. Die Bezugsrechte sind den beiden Gruppen von Beteiligten im Sinne einer Erhaltung ihres relativen Besitzstandes zuzuteilen. Werden z.B. nur neue Partizipationsscheine ausgegeben, so läuft dies darauf hinaus, dass Anrechte auf den Bezug dieser Partizipationsscheine sowohl den Partizipanten wie den Aktionären proportional zu den Nennwerten einzuräumen sind. Die Aktionäre erhalten ein «Querbezugsrecht»[93]. Jede Lösung, die in einer solchen Lage die PS den Partizipanten vorbehält, würde dazu führen, dass der verhältnismässige Anteil am *gesamten* Nennkapital (Aktienkapital und Partizipationskapital zusammengerechnet) sich zulasten der Aktionäre und zugunsten der Partizipanten verschöbe[94].

c)   Abweichungen im Einzelfall

526 Allerdings handelt es sich beim *Bezugsrecht* gemäss Art. 656g OR 1991 nicht um absolut unentziehbare Rechte der betreffenden Kategorie[95]. Obgleich das Gesetz die Möglichkeit vorsieht, den Partizipanten mit ihrer mehrheitlichen Zustimmung statutarisch eingeräumte Vorrechte völlig und für immer zu entziehen, und selbst Vorzugsaktionäre ihre Vorrechte aufgrund eines bestimmten Verfahrens[96] verlieren können (eine Sonderversammlung muss mit Mehrheitsbeschluss einem solchen Vorgang zustimmen), kann dies nicht auch für eine einmalige Einschränkung Geltung haben: Stimmen die Partizipanten als Betroffene mehrheitlich einer konkreten Zurücksetzung im Bezugsrecht in einer Sonderversammlung zu, so entbindet dies nicht von der Regelung des Art. 656g.

527 Zulasten der Aktionäre und zulasten der Partizipanten ist eine Einschränkung oder ein Ausschluss des die Kapitalquote wahrenden Bezugsrechtes möglich, falls die strengen Voraussetzungen des Art. 652b Abs. 2 erfüllt sind:

---

[90] Das ergibt sich aus Art. 652b Abs. 1 OR 1991.
[91] Art. 652b Abs. 2 Satz 2 und 3 OR 1991; *Amtl. Bull. NR* (1985) 1692.
[92] Art. 656g Abs. 3 OR 1991.
[93] Besteht ein Aktienkapital, das doppelt so hoch ist wie das Partizipationskapital, so muss die Gesellschaft den Aktionären doppelt so viele Rechte auf Bezug neuer Partizipationsscheine zuteilen wie den Partizipanten.
[94] Eingehend *Botschaft 1983*, 59/60, Ziff. 206.34.
[95] Vgl. *Botschaft 1983*, 52, Ziff. 204.4 und 120, Ziff. 316.13.
[96] Art. 656f Abs. 3 und 4 OR 1991.

- der wichtige Grund;
- keine unsachliche Begünstigung oder Bevorzugung⁹⁷.

Je stärker die eine Kategorie von Beteiligten zugunsten der andern benachteiligt wird, desto strenger sind die Anforderungen unter beiden Kriterien. 528

III. Genussscheine

1. Nuancen gegenüber der bisherigen Regelung

a) Zweck der Genussscheine

Die Aktienrechtsreform hat die *Genussscheine* praktisch unverändert aus dem Obligationenrecht von 1936 übernommen⁹⁸. Der Genussschein gewährt ein Beteiligungsrecht, nicht ein Gläubigerrecht⁹⁹; er nimmt teil am verwendbaren Bilanzgewinn, am Liquidationsüberschuss oder an beidem, räumt dem Berechtigten aber nie ein einklagbares Forderungsrecht ein, bis der entsprechende Verteilungsbeschluss gefasst ist. Und bei diesem Verteilungsbeschluss ist der Inhaber des Genussscheins nicht stimmberechtigt. Das neue Recht versteht jedoch zur klaren Abgrenzung gegenüber den Partizipationsscheinen, wie schon erwähnt, die Genussscheine wieder deutlich als jenen Typ von Beteiligungsrechten, der ursprünglich unter diesem Namen bekannt war. Das Gesetz nimmt die alte Idee, Genussscheine seien nur an solche Personen auszugeben, die mit der Gesellschaft «verbunden sind», neu auf, und ändert die Umschreibung: «durch frühere Kapitalbeteiligung oder als Aktionär, Gläubiger, Arbeitnehmer oder in ähnlicher Weise»; es erhöht damit den bisher heruntergespielten normativen Gehalt dieser Klausel wieder. 529

Zur Aufnahme von Kapital bei *neuen Kapitalgebern* können schon aus diesem Grunde die Genussscheine nach neuem Recht kaum mehr eingesetzt werden. Dagegen sind ausdrücklich jetzt die *Arbeitnehmer* erwähnt. Der Gesetzgeber wollte den Gesellschaften für bestimmte Formen der Arbeitnehmerbeteiligung¹⁰⁰ ein flexibleres Instrument zur Verfügung stellen, als es die jetzt formalisierten Partizipationsscheine sind und die Mit- 530

---

⁹⁷ Kapitel 2/IV/B, Rz 269 ff.
⁹⁸ Vgl. *Forstmoser/Meier-Hayoz* (1983) 230/31.
⁹⁹ In früheren Zeiten war der Genussschein hin und wieder als «*Forderungsrecht*» oder «*Gläubigerrecht*» bezeichnet worden (vgl. den Hinweis in BGE 113 II 528 Erw. 4/b)). Ein Genussschein, so wie er im Schweizer Aktienrecht definiert ist, kann *nie* ein Forderungsrecht sein. Er gewährt einen Anteil am Bilanzgewinn und überhaupt dem verwendbaren Eigenkapital, konkretisiert erst durch den Beschluss über die Verteilung des Gewinns resp. des Liquidationsüberschusses, und inhaltlich bestimmt durch die von der Gesellschaft beschlossene Definition des Genussrechtes.
¹⁰⁰ Vgl. *Botschaft 1983*, 60, Ziff. 207; *Kreisschreiben* der Eidgenössischen Steuerverwaltung vom 17. Mai 1990, ASA 59 (1990/91) 172 ff.

arbeiteraktien immer waren. Es wird sich weisen, ob dieser Hinweis auf die Arbeitnehmer-Genussscheine lebendiger Buchstabe wird.

531 Wie im früheren Recht hat Art. 657 Abs. 1 die Bedeutung einer Schranke gegen missbräuchliche Ausgaben von Genussscheinen. Diese bewirken begriffsnotwendig eine *Verwässerung* des Gewinnanteils der bisherigen Beteiligten und setzen daher einen sachlichen Grund voraus.

Wie bisher können die Gesellschaften auch nach neuem Aktienrecht *unverbriefte Genussrechte* ausgeben, auf die weithin übliche Verbriefung in Inhaberpapieren verzichten[101]. Die Berechtigung ergibt sich dann aus den Statuten. Solche Genussrechte sind im Zweifel abtretbar, und zwar durch schriftliche Zession[102].

b) Beschränkungen für die Gestaltung neuer Genussscheine

532 Neu ist, dass die Genussscheine, die nun unter keinen Umständen mehr Partizipationsscheine heissen dürfen, einen *Nennwert* nicht haben dürfen. Sie können ausserdem nicht mehr gegen eine *Einlage* (sei es in bar oder als Sacheinlage) ausgegeben werden, falls dieser Betrag unter den Aktiven der Bilanz ausgewiesen wird. Das Gesetz scheint damit den Fall offen zu lassen, dass Genussscheine gegen Beträge ausgegeben werden, die in den Aktiven der Bilanz *nicht* aufscheinen («Einlage auf stille Agioreserve»)[103].

533 Neu ist auch, dass in den Statuten nicht nur die Umschreibung der mit den Genussscheinen verbundenen Rechte selbst anzugeben ist – das war bestehendes Recht schon vor dem 1. Juli 1992 – , sondern auch die *Anzahl* der ausgegebenen Genussscheine. Früher war dies nicht notwendig[104]. Art. 627 Ziff. 9 OR 1991 stellt klar, dass die Bestimmungen über die Genussscheine zu ihrer Verbindlichkeit der Aufnahme in die Statuten bedürfen; sowohl die Anzahl der Genussscheine wie der Inhalt der damit verbundenen Rechte sind in das Handelsregister einzutragen[105]. Nach früherem Recht war dies, jedenfalls aufgrund des Wortlauts des Art. 641 OR 1936, für einfache Genussscheine nicht der Fall; die Praxis der Handelsregisterämter verlangte allerdings bei den als Partizipationsscheine ausgestalteten Genussscheinen eine Eintragung der Anzahl ausstehender Titel.

2. Die «Gemeinschaft» der Genussscheininhaber

534 Nach wie vor geht der Gesetzgeber davon aus, dass Genussscheine entgegen ihrem Namen gewöhnlich in einer durchaus unlustigen Lage der Gesellschaft das Licht der Welt erblicken. Sie werden oft im Zuge einer Sanierung als *«Besserungsscheine»* an

---

[101] Zulässig sind natürlich auch Namengenussscheine, sei es als Ordre- oder als Namenpapiere im Sinne von Art. 974 Abs. 2 OR («Namenpapiere» im engeren Sinne oder «Rektapapiere»).
[102] Art. 165 Abs. 1 OR. Vorn Kapitel 3/VI/2, Rz 356 und 361.
[103] Wie sich eine solche Einlage ohne Ausweis des Einlagebetrages mit einer ordnungsmässigen Rechnungslegung neuer Observanz überhaupt noch in Einklang bringen liesse, ist dem Gesetz allerdings nicht zu entnehmen. Nach der hier vertretenen Auffassung wäre eine solche Darstellung unvereinbar mit den heutigen Grundsätzen ordnungsmässiger Rechnungslegung.
[104] Zum alten Recht BGE 67 I 268.
[105] Art. 641 Ziff. 7 OR 1991.

jene Kapitalgeber abgegeben, die zufolge ungünstigen Geschäftsganges ihre bisherigen Beteiligungsrechte teilweise oder ganz haben aufgeben oder abschreiben müssen.

In einer nachfolgenden *zweiten Sanierung* kann es aber sehr wohl zu Projekten kommen, die den Genussscheininhabern nochmals einen Verzicht auf einzelne oder alle ihrer Rechte aus den Genussscheinen zumuten. Daher findet sich in Art. 657 Abs. 4 die vertraute, wenn auch in der Praxis recht problematische Vorschrift, dass die Träger der Genussrechte von Gesetzes wegen eine «*Gemeinschaft*» bilden, für welche die Vorschriften über die Gläubigergemeinschaft bei Anleihensobligationen sinngemäss gelten sollen[106]. Abgesehen von redaktionellen Retouchen ist diese Vorschrift unverändert. Nach wie vor ranken sich um diese «Gemeinschaft» Probleme; immerhin hat sie die Zuständigkeit, mit absoluter Mehrheit aller im Umlauf befindlicher Genussscheine den Verzicht auf einzelne oder alle Rechte zu beschliessen. Damit ermöglicht es das Gesetz, eine Minderheit widerborstiger Genussscheininhaber gegen ihren Willen in das Sanierungskonzept einzuschliessen, wenn die qualifizierte Mehrheit erreicht werden kann. 535

3. Bezugsrechte der Genussscheininhaber

Im Unterschied zu der eingehenden Regelung des Bezugsrechts für Partizipanten ist das Aktienrecht in diesem Punkt bei den *Genussscheinen* offen. Wenn die Rechte klar definiert und entsprechend in den Statuten angegeben sind, ist es möglich, das Recht der Genussscheininhaber auf den Bezug neuer Aktien[107] und, wie man hinzufügen muss, auf neue Genussscheine gleicher oder anderer Art, in weiteren Grenzen festzulegen. 536

IV. Verhältnis zum EG-Recht

1. Der bei uns verbreitete *Inhaber-Partizipationsschein ohne Vorzugsrecht* ist und bleibt eine Schweizer Spezialität. Die Vorschläge für die Societas Europaea (SE) und die Strukturrichtlinie sehen zwar ebenfalls stimmrechtslose Aktien ausdrücklich vor; wie im deutschen und im französischen Recht müssen aber stimmrechtslose Aktien, um gültig zu sein, einen klar definierten Vermögensvorteil gegenüber den stimmberechtigten Anteilen gewähren[108]. 537

2. Die für das deutsche und das französische Aktienrecht kennzeichnende Regelung, wonach die stimmrechtslosen Aktien dann doch wieder ein *Stimmrecht* erhalten[109], wenn die ihnen zugeteilten Vorzugsrechte nachhaltig nicht erfüllt werden, ist nicht 538

---

[106] Illustrativ BGE 113 II 528.
[107] Was damit wegen der gesetzlichen Vorschrift automatisch auch das Bezugsrecht auf neue Genussscheine einschliesst.
[108] *Vorschlag SE 1991*, Art. 52 Abs. 2 Bst. c; *Vorschlag EG-Strukturrichtlinie 1991*, Art. 33; § 139 Abs. 1 AktG; Art. 177-1 LSC.
[109] § 12 und § 140 AktG; Art. 269-3 LSC.

Bestandteil der bereits in Kraft gesetzten EG-Vorschriften; insoweit besteht auch kein Defizit im Schweizer Regelungspaket des «PS», dem bekanntlich ein solches aufschiebend-bedingtes Stimmrecht gänzlich fremd ist.

539 3. Insgesamt geht es überall nur um *Einzelheiten* der rechtlichen Ausgestaltung; der Partizipationsschein des Modells 1991 ist durchaus vereinbar mit den wichtigsten Anforderungen des EG-Rechts.

Kapitel 5
Vinkulierung der Namenaktien

Begleitbericht 1975, 30
Botschaft 1983, 79 ff. Ziff. 211; 154 ff. Ziff. 327
Amtl. Bull. NR (1985) 1722 ff., (1990) 1363 ff., (1991) 848 ff., 1108
Amtl. Bull. StR (1988) 481 ff., (1991) 65 ff., 469 ff., 472
§ 68 Abs. 2 AktG
Art. 340 ff. LSC.

Nichts unterscheidet die Praxis des Schweizer Aktienrechts so sehr von den Gepflogenheiten in den Nachbarstaaten[1] wie die Beschränkung der Übertragbarkeit von Namenaktien – die Vinkulierung. Was für die Engländer das Cricket, ist für die Schweizer die Vinkulierung: ein endloses Positionsspiel nach uneinsichtigen Regeln, wobei Eingeweihte die Finessen enorm zu geniessen scheinen.

I. Das Problem und die Grundzüge seiner Lösung

1. Häufung der rechtlichen Probleme

Die Vinkulierung entwickelte sich in den achtziger Jahren zum eigentlichen *Zankapfel* der Aktienrechtsrevision. Das Ringen um die richtige oder am wenigsten falsche Lösung hat im Hin und Her zwischen Ständerat und Nationalrat den Abschluss der Revisionsarbeiten um drei Jahre verzögert und zu einem Gesetzestext mit zahlreichen Ungereimtheiten geführt. Dies ist auf das Zusammentreffen einer ganzen Reihe von Gründen zurückzuführen.

Die *Vinkulierung* ist und bleibt eines der schwierigsten Rechtsprobleme, die das Schweizer Privatrecht kennt. Zwei Grundideen des Gesellschaftsrechtes prallen aufeinander: die Aktiengesellschaft ist trotz ihrer sehr weit getriebenen institutionellen Entwicklung immer noch «Gesellschaft» und damit verwurzelt im allgemeinen Gesellschaftsrecht. Ausgangspunkt ist dort die Vorstellung, dass ein neues Mitglied in die Gesellschaft nur mit Zustimmung der Gesellschafter aufgenommen werden kann. Dem steht entgegen, dass die moderne Aktiengesellschaft durch und durch auf die freie Veräusserlichkeit der Aktie ausgerichtet ist. Da die Aktie notwendig unkündbar ist, es also einen

540

541

542

---

[1] Die Vinkulierung als Rechtsinstitut ist an sich sowohl in *Frankreich* («clause d'agrément», Art. 274/75 LSC) wie in *Deutschland* (§ 68 Abs. 2 AktG) gesetzlich zulässig. Es findet sich schon in Art. 182 Abs. 3 des Entwurfs für ein Allgemeines Deutsches Handelsgesetzbuch (ADHGB) von 1861, *Werner Schubert* (1986) 41. *Vorschlag SE 1991*, Art. 54: Danach ist der Mitgliedstaat des Sitzes der SE *nicht* mehr zuständig für die Rechtsvorschriften zur Regelung der Übertragung der Aktien.

Austritt aus der Aktiengesellschaft grundsätzlich nicht gibt², ist der Aktionär auf die Möglichkeit einer Veräusserung seines Anteils angewiesen. Ein Beteiligungsrecht, das zugleich unkündbar und unveräusserlich ist, ist ein rechtsdogmatisches Unding³. Was soll nun den Vorrang haben: der Wille, einen unerwünschten Erwerber von Aktien fernzuhalten, oder das Interesse des Inhabers eines Unternehmensanteils, seine Investition durch Veräusserung zu beenden?

543 Teil des Problems waren unbegreifliche Schwächen des *alten Recht*s. Man hatte 1936 schlicht und einfach jeden Grad der Vinkulierung, bis zur Ablehnung des Erwerbers ohne Angabe von Gründen⁴, ja bis zur völligen Unübertragbarkeit der Aktie⁵ zugelassen, und zwar ohne jegliche gesetzliche Voraussetzungen. Auch die Rechtsfolgen einer Nichtgenehmigung waren nicht geregelt.

544 Die Problematik der Vinkulierung ist zudem für Gesellschaften, deren Aktien *börsenkotiert* sind, und Gesellschaften mit *nichtkotierten* Aktien von Grund auf verschieden. Bei börsenkotierten vinkulierten Namenaktien geht es vor allem um die Einschränkung und Voraussehbarkeit der Genehmigungskriterien, um die Klarheit der Rechtsfolgen. Bei nichtkotierten Aktien dagegen sind im Ergebnis bloss die Namenaktien der *Minderheitsaktionäre* vinkuliert. Die Mehrheitsaktionäre sind meist in der Lage, für die Genehmigung einer Aktienveräusserung zu sorgen. Es besteht daher faktische Ungleichheit in der Rechtsstellung; es geht hier um den *Minderheitsschutz* durch Einschränkung möglicher Willkür und durch die Gewährleistung einer besseren Veräusserlichkeit auch von Minderheitsaktien.

545 Dazu kommt ein Wechsel der Orientierungspunkte. In den ersten 20 Jahren der Reformarbeiten stand das Problem der Vinkulierung *ziemlich weit unten auf der Prioritätenliste*⁶. Und damals strebte man – wenn schon – das Gegenteil der Lösung von 1991 an, nämlich eine Beibehaltung der Spaltung, keine Schranken für die Vinkulierung für Gesellschaften mit börsenkotierten Aktien⁷ und eine Erschwerung der Abtretbarkeit von Namenaktien an Ausländer⁸. In den Jahrzehnten bis 1989 wollten viele Publikumsgesellschaften mit einer strengen Vinkulierung den Nachweis der Schweizer Beherrschung unter der amerikanischen Feindgesetzgebung (*«Trading with the Enemy Act»*) sicherstellen – ein heute verblasstes Anliegen⁸ᵃ. Auch machte 1979 der damalige Vorsteher des Eidgenössischen Justiz- und Polizeidepartementes, Kurt Furg-

---

² Vgl. aber den Fall des «wichtigen Grundes» in dem neuen Art. 736 Ziff. 4; Kapitel 12/IV, Rz 1939 ff.; *Peider Mengiardi*, Statutarische Auflösungsgründe im Recht der Aktiengesellschaft, in: Festgabe F. Wolfhart Bürgi, Zürich 1971, 278/79.

³ Diejenigen Stellen des OR 1936, die auf die Zulässigkeit einer unveräusserlichen Aktie hinwiesen (Art. 627 Ziff. 8 und Art. 684 Abs. 1), waren rechtstheoretisch immer schon unhaltbar. Sie sind aufgehoben.

⁴ Art. 686 Abs. 2 OR 1936.

⁵ Art. 684 Abs. 1 und insb. Art. 627 Ziff. 8 OR 1936 «das Verbot (...) der Übertragung von Namenaktien». *Amtl. Bull. StR* (1988) 481.

⁶ Vgl. *Begleitbericht 1975*, 30/31.

⁷ *Begleitbericht 1975*, a.a.O.; *Vorentwurf 1975*, Art. 685 Abs. 2.

⁸ Postulat *Schürmann* 1961 betreffend Überfremdungsgefahr durch Aktienübergang; Postulat *Oehler* 1975 gegen die Überfremdung schweizerischer Aktiengesellschaften; Postulat *Fischer*/Bern 1975 gegen die Überfremdung auf dem Kapitalsektor; einfache Anfrage *Brehm* 1975 betreffend wirtschaftliche Überfremdung; Postulat *Hubacher* 1976 gegen den Ausverkauf der Wirtschaft, alle in *Botschaft 1983*, 1 und 37, Ziff. 151.

⁸ᵃ Vgl. *Peter Böckli* (1985) 19.

ler, die *Einheit des Aktienrechts* zur Prämisse aller Arbeiten der Arbeitsgruppe von Greyerz. Praktisch ausnahmslos hatte die Vernehmlassung von 1977 das Postulat der Einheit des Aktienrechts bekräftig: Kritisiert wurde ausgerechnet der Gedanke einer unterschiedlichen Regelung für die Vinkulierung bei kotierten und nichtkotierten Namenaktien[9].

Die rechtlichen Unstimmigkeiten der vom Bundesgericht in den fünfziger Jahren entwickelten «Spaltungstheorie»[10] kamen bei börsenkotierten Namenaktien mit der Einführung der *Einwegzertifikate*[11] und der Herausentwicklung der sog. *Dispoaktien*[12] in den achtziger Jahren ans Tageslicht. Im Begleitbericht 1975 war die Spaltung der Aktienrechte zufolge Vinkulierung noch kein Thema[13]. Der Ständerat musste die Sonderlösung für die börsenkotierten vinkulierten Namenaktien, die er 1988 erarbeitete, als Differenz zum Erstrat in das Beratungssystem einspeisen. Damit war eine in Jahren zu bemessende Verzögerung programmiert[14]. 546

Die Interessen von *Banken und Effektenhändlern* einerseits, *Industrie und Gewerbe* anderseits gingen nirgends so sehr auseinander wie in der Frage der Übertragungsbeschränkungen[15]. Über alles betrachtet, haben sich bei den kotierten Namenaktien die Ideen der Bankiers, bei den nichtkotierten jene der Industriellen durchgesetzt. 547

2. Die Grundentscheide vom 4. Oktober 1991

Das Gerangel der beiden Kammern in der Differenzbereinigung war zu Zeiten sogar für einen Spezialisten schwer durchschaubar; es ist 1991 mit einer Reihe recht klarer Grundentscheide zu Ende gegangen. 548

a) Keine Namenaktien mehr mit Übertragungsverbot

Das alte Aktienrecht hatte unbegreiflicherweise den Statuten eine Klausel ausdrücklich erlaubt, die die *Unübertragbarkeit* der Namenaktien vorsah[16]. Dieses Übertragungsverbot verstösst offensichtlich gegen Art. 27 ZGB, wenn anderseits eine Kün- 549

---

[9] *Botschaft 1983*, 32, Ziff. 144.
[10] Zuerst offenbar entwickelt von *Paul Lanz* (1944/45) 5 ff.; mit den dogmatischen Weihen versehen von *F. Wolfhart Bürgi* (1957) Art. 686 N. 92 ff.; BGE 83 II 297 ff. und 90 II 235. Kritisch *Regula Pestalozzi-Henggeler* (1948) passim und *Peter Böckli* (1961) 115 ff.; *Vischer/Rapp* (1968) 88 ff.; *Christoph von Greyerz* (1982) 126 ff.; *Walter Würzer* (1982) passim; *Forstmoser/Meier-Hayoz* (1983) § 39.
[11] *Jean Nicolas Druey* (1990) 169 Anm. 5.
[12] *Amtl. Bull. StR* (1988) 482; *Peter Böckli* (1988) 150 ff.; *Jean Nicolas Druey* (1990) 169 Anm. 3.
[13] «Die Arbeitsgruppe ist der Meinung, die sogenannte Spaltung der Rechte des Aktionärs erheische keinen gesetzgeberischen Eingriff. Eine Aufhebung der 'Spaltung' stehe nicht zur Diskussion», *Begleitbericht 1975*, 31.
[14] Das eidgenössische Parlament kennt keine zweite Lesung. Bringt der Zweitrat eine im Grundkonzept unterschiedliche Lösung ein, so kann der Erstrat nicht frei, sondern nur im Sinne der Differenzbereinigung auf diese eintreten.
[15] Im Ständerat war von einem «*Titanenkampf*» die Rede, *Amtl. Bull. StR* (1988) 483.
[16] Art. 627 Ziff. 8 und Art. 684 Abs. 1 OR 1936.

digung der mit dem Erwerb der Aktien verbundenen Investitionen ausgeschlossen ist[17]. Natürlich kann der Gesetzgeber sich erlauben, von Zeit zu Zeit Undinge in die Welt zu setzen; umso mehr ist er aufgerufen, sie bei der ersten Gelegenheit wieder abzuschaffen.

b)   Abweichung von der Einheit des Aktienrechts

550   Mit der Gesetzesrevision fällt die Einheit des Aktienrechts im Bereich der Vinkulierung dahin. Für die über 160'000 Aktiengesellschaften mit nichtkotierten Aktien gelten andere Vorschriften als für die weniger als 250 Gesellschaften mit börsenkotierten Namenaktien[18].

551   Für nichtkotierte Namenaktien ist der Fächer erlaubter «*wichtiger*» Ablehnungsgründe relativ weit geöffnet. Für die börsenkotierten Namenaktien jedoch gibt es als Ablehnungsgrund von Gesetzes wegen nur noch ein einziges allgemeines Kriterium, die prozentmässige Beteiligung eines einzelnen Aktionärs (Quote). Nur in ganz bestimmten Fällen kommt dazu noch die Ablehnung von Erwerbern mit Wohnsitz im Ausland, nämlich dann, wenn Bundesgesetze wie die Lex Friedrich[19] oder das Bankengesetz an den Wegfall des Nachweises schweizerischer Beherrschung für die Gesellschaft nachteilige Rechtsfolgen knüpfen[20].

c)   Abschaffung der «Spaltung» der Aktionärsrechte

552   Die Spaltung der Aktionärsrechte, begründet durch den wegleitenden Bundesgerichtsentscheid von 1957[21], wird nun ihrerseits gespalten. Ganz abgeschafft ist sie für nichtkotierte vinkulierte Namenaktien. Zwar ist die Spaltung auch bei den börsenkotierten Namenaktien nach offizieller Lesart abgeschafft[22], aber dies ist nur die halbe Wahrheit: den «*Buchaktionär*» gibt es als allgemeine Erscheinung nicht mehr[23], dafür aber können die Vermögensrechte ungehindert umlaufen, mit dem nun eingeführten Recht des abgelehnten Erwerbers, sich als «Aktionär ohne Stimmrecht» ins Aktienbuch eintragen zu lassen. Die damit einhergehende Suspendierung des Stimmrechts ist eine Auswirkung der neuen Regelung.

d)   Notwendige Verankerung der Ablehnungsgründe in den Statuten

553   Die erst 1936 ins Gesetz eingefügte Bestimmung, die Statuten könnten bestimmen, dass die Eintragung «*ohne Angabe von Gründen*» verweigert werden darf[24], ist aufgeho-

---

[17] Das muss sie sein, soll das *Sondervermögen* der Aktiengesellschaft den Gläubigern und überhaupt den Wirtschaftsteilnehmern die nötige minimale Gewähr für Stabilität bieten. Schon das ins Ermessen des Richters gestellte «Recht auf Abfindung» bei wichtigen Gründen (Art. 736 Ziff. 4 OR 1991) lässt grosse Probleme ungelöst, Kapitel 12/IV, Rz 1939 ff.

[18] Zur Rechtswirklichkeit in der Schweiz vgl. *Kaufmann/Kunz* (1991) 4.

[19] Bundesgesetz über den Erwerb von Grundstücken durch Personen im Ausland vom 16. Dezember 1983.

[20] Die Ablehnung eines Erwerbers, der die geforderte Bestätigung, für eigene Rechnung zu handeln, nicht abgibt, ist nicht ein eigenständiger, materieller Ablehnungsgrund. Dieser gilt übrigens von Gesetzes wegen auch bei kotierten Namenaktien.

[21] BGE 83 II 297, mit einer Kurskorrektur in BGE 90 II 235, letztmals 114 II 57.

[22] *Amtl. Bull. NR* (1990) 1371.

[23] *Amtl. Bull. NR* (1990) 470. Es gibt ihn bei nichtkotierten Namenaktien überhaupt nicht mehr, bei kotierten nur noch in Ausnahmefällen (ausserbörslicher Erwerb, Art. 685f Abs. 1 Satz 2 OR 1991).

[24] Art. 686 Abs. 2 OR 1936.

ben. Das Gegenteil gilt. Der Fächer der zulässigen Vinkulierungsgründe ist bei kotierten und nichtkotierten Aktien nun verschieden breit. Die Aktienrechtsreform bringt jedoch für beide Typen von Namenaktien gleichermassen die Verwirklichung des unbestrittenen Postulates: Die Statuten *selbst* müssen die einzelnen Gründe nennen[25], aus denen ein Aktienerwerber abgewiesen werden kann[26].

e)   Typisierung der Ablehnungsgründe

Gültig sind zudem nur noch *ganz bestimmte qualifizierte Gründe*: Während nach OR 1936 – jedenfalls in der Praxis – jeder irgendwie noch vertretbare, nicht geradezu willkürliche Grund für die rein interne Rechtfertigung einer Ablehnung ausreichte, braucht es nach OR 1991 einen der gesetzlich typisierten Gründe[27]. Die gesetzlich noch anerkannten Gründe sind für kotierte und nichtkotierte Namenaktien verschieden; in beiden Fällen aber muss der Ablehnungsgrund mit hinreichender *Bestimmtheit* im Kontext der *Statuten* umschrieben sein, und diese Umschreibung des Ablehnungsgrundes muss sich ihrerseits im Rahmen der gesetzlich typisierten Gründe halten[28].

554

Dies sind im Falle der nichtkotierten Aktien «Bestimmungen über die Zusammensetzung des Aktionärskreises, die im Hinblick auf den Gesellschaftszweck oder die wirtschaftliche Selbständigkeit des Unternehmens die Verweigerung rechtfertigen». Im Falle börsenkotierter Namenaktien gilt ein eigentlicher *numerus clausus,* einerseits die «prozentmässige Begrenzung der Namenaktien» und anderseits die Ablehnung von Personen, «soweit und solange deren Anerkennung die Gesellschaft daran hindern könnte, durch Bundesgesetze geforderte Nachweise über die Zusammensetzung des Kreises der Aktionäre zu erbringen»[29]. Dazu kommt in beiden Fällen die Ablehnung von Erwerbern, die nicht für eigene Rechnung handeln oder falsche Angaben machen.

555

Dies hat für die Praxis weitreichende Auswirkungen. Bei Gesellschaften mit börsenkotierten Namenaktien, noch mehr aber bei Gesellschaften mit nichtkotierten Aktien ist damit die *genaue Formulierung der Ablehnungsgründe in den Statuten* einer der wichtigsten Punkte der ganzen Statutenarbeit. Die Formulierung muss sich einerseits innerhalb der vom Gesetz gezogenen Grenzen der anerkannten Gründe halten. Sie muss andererseits möglichst klar und auch praktikabel sein.

556

f)   Weggefallene Ablehnungsgründe

Weitere Gründe, die in Betracht gezogen wurden oder noch in der Aktienrechtsvorlage von 1983 genannt waren[30], sind damit nicht mehr gültig.

557

---

[25] Noch ganz anders hatte der Nationalrat 1985 legiferieren wollen, *Amtl. Bull. NR* (1985) 1722.
[26] Für nichtkotierte Namenaktien Art. 685b Abs. 1 OR 1991; für börsenkotierte Namenaktien Art. 685d Abs. 1 OR 1991 und Art. 4 Schl.Best. OR 1991.
[27] Es ist an sich zu bedauern, dass das Gesetz den Ausdruck «wichtiger Grund», der im deutschen Sprachraum rechtlich ziemlich übereinstimmend einen andersartigen Begriffsinhalt hat, hier verwendet. Vgl. z.B. Art. 545 Abs. 1 Ziff. 7 und Abs. 2 OR für die Auflösung der einfachen Gesellschaft und Art. 736 Ziff. 4 OR 1991 für die Auflösung der Aktiengesellschaft aus einem «wichtigen Grund». Ebenso *Peter Forstmoser* (1991 C) 79.
[28] Vgl. schon *Begleitbericht 1975,* 19.
[29] Art. 4 der Schl.Best. OR 1991.
[30] *Entwurf 1983,* Art. 685b Abs. 2 Ziff. 1 und 2.

558 – Die Formel von der «*Erhaltung des schweizerischen Charakters*» ist in der Versenkung verschwunden. Nur ein – übrigens problembeladener – Schwundrest hat sich in Art. 4 der Schlussbestimmungen für börsenkotierte Namenaktien erhalten.

559 – Kein gültiger Grund ist bei kotierten Aktien die Ablehnung eines Erwerbers von Aktien, weil er ein *Konkurrent* der Gesellschaft oder eine einem Konkurrenten nahestehende Person ist. Eine Familiengesellschaft oder eine andere Gesellschaft ohne kotierte Aktien wird den Erwerb ihrer Namenaktien durch Konkurrenten noch verhindern können, indem sie die im Angebot liegenden Aktien selbst aufgrund der «Escape Clause» übernimmt oder wenn sie sich auf eine statutarische Klausel zur Konkretisierung der «wirtschaftlichen Selbständigkeit des Unternehmens» im Sinne von Art. 685b Abs. 2 OR 1991 zu berufen vermag. Denkbar ist auch, dass die Zulassung von Konkurrenten in den Aktionärskreis die Verfolgung des Gesellschaftszwecks beeinträchtigen oder vereiteln würde[31].

560 – Fraglich ist, ob und inwieweit sog. «*Limiten*» oder «*Kontingente*» zulässig bleiben. Eine Limite unterscheidet sich von der Quote dadurch, dass sie eine Höchstzahl für eine besonders definierte *Gruppe von Aktionären insgesamt* festlegt: «juristische Personen», «Stiftungen», «Pensionskassen» oder eben «Ausländer». Die Statuten schreiben z.B. vor, dass insgesamt nicht mehr als 10% der Namenaktien «juristischen Personen» gehören dürfen. Solche Limiten sind bei kotierten Namenaktien unzulässig, ausser in jenen ganz speziellen Fällen, wo gestützt auf Art. 4 der Schlussbestimmungen die Gesellschaft den ausländischen Besitz beschränken muss, um den von einzelnen Bundesgesetzen (z.B. Lex Friedrich) verlangten Nachweis schweizerischer Beherrschung noch erbringen zu können. Bei nichtkotierten Aktien sind Limite oder Kontingente nicht als solche untersagt, aber nur dann zulässig, wenn eine entsprechende Statutenbestimmung sich im Hinblick auf den Gesellschaftszweck oder für Erhaltung der wirtschaftlichen Selbständigkeit rechtfertigen lässt.

g) «Escape clause» nur für nichtkotierte vinkulierte Namenaktien

561 Nach neuem Aktienrecht gilt die Regel, dass die Gesellschaft den Grund für ihre Ablehnung dem Erwerber bekanntzugeben hat[32]. Bei *nichtkotierten* Aktien kann die Gesellschaft der Bekanntgabe eines Grundes dadurch entgehen, dass sie gleichzeitig mit der Ablehnung dem Veräusserer der Aktien anbietet, *die Aktien*[33] *zum wirklichen Wert zu übernehmen*[34]. Die frühere Möglichkeit, den veräusserungswilligen Aktionär ohne Angabe von Gründen auf den Aktien, die er abstossen will, auf beliebige Zeit einfach sitzen zu lassen, ist abgeschafft.

Das Parlament hat dagegen für *kotierte* Namenaktien diese sog. «Escape»-Klausel nach eingehender Debatte am Schluss gestrichen[35].

---

[31] Und die Statuten diesen Ablehnungsgrund genügend klar umschreiben. Dieser Ablehnungsgrund gilt *nicht* von Gesetzes wegen.
[32] Art. 685b Abs. 1 OR 1991. Bei kotierten Aktien ergibt sich das nicht ausdrücklich, wohl aber sinngemäss aus dem Gesetz.
[33] Für eigene Rechnung, für Rechnung anderer Aktionäre oder für Rechnung Dritter.
[34] Art. 685b Abs. 1 OR 1991.
[35] Der Nationalrat hat sich in diesem Punkt durchgesetzt, *Amtl. Bull. NR* (1990) 1377; *Hanspeter Kläy* (1991) 162.

*h)   Einführung oder Verschärfung der Vinkulierung nur mit qualifizierter
      Mehrheit*

Auf die Frage, welche Schranken einer nachträglichen Einführung der Übertragungsbeschränkung oder eine Verschärfung der Vinkulierung entgegenstehen, gab es unter dem alten Recht verschiedene Antworten. Nach einem weithin als wegleitend angesehenen Urteil des Appellationsgerichts Basel-Stadt[36] unterstand im Ergebnis die Generalversammlung dem *Übermassverbot*: nachträgliche Vinkulierung ja – aber nur so streng, wie es im Interesse der Gesellschaft unbedingt erforderlich ist[37]. Jetzt unterstellt das Gesetz eine solche Statutenänderung der «Doppelhürde» des Art. 704 Abs. 1 für wichtige Beschlüsse: nur wenn eine Mehrheit zustimmt, die zugleich zwei Drittel aller vertretenen Stimmen und die absolute Mehrheit aller vertretenen Nennwerte auf sich vereinigt, kommt ein solcher Beschluss zustande. Diese institutionelle Schranke lässt, wie im Fall der Bezugsrechtsbeschränkung, für weitergehende inhaltliche Voraussetzungen Raum; nicht nur das Rechtsmissbrauchsverbot verbleibt bei nachträglicher Vinkulierung als äusserste Grenze, sondern auch das stärker konkretisierte, von der Rechtsprechung herausgearbeitete Bündel massgeblicher Gesichtspunkte (Gleichheitsgebot, Erforderlichkeit, Übermassverbot und sachliche Gründe).

562

i)   Wandel- und Optionsrechte auf vinkulierte Namenaktien

Werden Wandel- oder Optionsrechte ausgegeben, die zum *Bezug von vinkulierten Namenaktien* berechtigen, so stellt sich die Frage, ob die Gesellschaft dem Ausüber eines solchen Rechtes entgegenhalten kann, er werde von einem in den Statuten festgehaltenen Ablehnungsgrund erfasst[38]. Mit anderen Worten: kann die Gesellschaft mit einer Hand ein Recht auf Bezug von Aktien schaffen, und mit der anderen die Ausübung dieses Rechtes verweigern?

563

Die Frage hat an Bedeutung eingebüsst durch die sehr starke *Einschränkung* der Vinkulierungsgründe für börsenkotierte Namenaktien, aber auch wegen der Beschränkungen einer Vinkulierung bei nichtkotierten Namenaktien auf statutarisch umschriebene Gründe[39]. Dennoch kann sich die Frage stellen. Das Gesetz regelt sie so, dass die Gesellschaft einen Ablehnungsentscheid nur dann dem Ausüber entgegenhalten kann, wenn sie dies sowohl in den Statuten wie im Emissionsprospekt[40] vorbehalten hat. Tut sie dies nur im Emissionsprospekt, so ist der Vinkulierungsvorbehalt unwirksam. Es ist dadurch indirekt zu einer Ergänzung der sog. *bedingt notwendigen Statuteninhalte* gekommen; diese sollten an sich alle in Art. 627 OR 1991 aufgezählt sein. Sinngemäss ist dort der Inhalt des neuen Art. 653d Abs. 1 den Ziff. 6 und 8 zuzuordnen.

564

---

[36]   Der Entscheid des Basler Appellationsgerichts vom 9. Februar 1965, BJM 1965, 83 ff., der nur eine Ablehnungskompetenz «aus wichtigem Grund» als nachträglich einführbar bezeichnete, wurde von den einen als wegleitend begrüsst, von *Christoph von Greyerz* (1982) 146 rundum abgelehnt.
[37]   Appellationsgerichtsurteil Basel-Stadt vom 9. Februar 1965 a.a.O.
[38]   Oder er habe es versäumt, die «für-eigene-Rechnung»-Erklärung im Sinne von Art. 685b Abs. 3 bzw. Art. 685d Abs. 2 OR 1991 abzugeben.
[39]   Gemäss Art. 685b OR 1991.
[40]   Falls ein solcher vorgeschrieben ist.

k) Kein Interventionsrecht der Regierung

565 Im Zuge der Diskussion hatte namentlich die vorbereitende Kommission des Nationalrates ein *Interventionsrecht des Bundesrates* erörtert[41]. Die Landesregierung sollte gegebenenfalls mit einer Untersagung eingreifen können, wenn der Übergang der beherrschenden Stellung in einer Schweizer Aktiengesellschaft mit kotierten Aktien an Personen im Ausland Landesinteressen gefährdete. Die Kommission selbst verwarf jedoch am Schluss dieses öffentlich-rechtliche Eingriffsrecht[42]: «Es wäre nämlich für den Bundesrat keine einfache Aufgabe, im konkreten Fall zu bestimmen, welche Unternehmen tatsächlich im Landesinteresse liegen oder nicht»[43].

3. Wenig veränderte allgemeine Bestimmungen

a) Zuständigkeit von Verwaltungsrat oder Generalversammlung

566 Die allgemeinen Bestimmungen zur Vinkulierung sind wenig verändert. Zuständig für den Entscheid über die Genehmigung der Übertragung ist der *Verwaltungsrat*[44]. Doch steht auch das neue Aktienrecht einer Statutenbestimmung nicht im Wege, die diese Zuständigkeit der *Generalversammlung* zuweist[45] – wenigstens bei nichtkotierten vinkulierten Namenaktien und in geschlossenen Gesellschaften mit relativ engem Aktionärskreis. Ist die Generalversammlung zuständig, so untersteht der Anerkennungs- oder Ablehnungsentscheid der Anfechtungsklage, wobei jedoch der abgewiesene Erwerber im Regime der nichtkotierten Aktien nicht aktivlegitimiert ist.

567 Sind die Namenaktien *börsenkotiert*, so gilt der Sonderregelsatz der Artikel 685d, 685f und 685g; mit diesem gesetzlichen Regime ist nur die Zuständigkeit des Verwaltungsrates vereinbar, muss doch je innerhalb von 20 Tagen entschieden werden[46]. Die rechtzeitige Einberufung einer Generalversammlung für jeden solchen Entscheid ist nicht nur praktisch ein Ding der Unmöglichkeit, sondern auch rechtlich (wegen der Einberufungsfrist).

---

[41] Erstmals im Antrag Villiger, *Amtl. Bull. StR* (1988) 519 im Zusammenhang mit öffentlichen Übernahmeangeboten, Vorschlag eines Art. 751c: «Werden durch eine Übernahme Landesinteressen gefährdet, so kann der Bundesrat die Übernahme untersagen.»

[42] Bericht des Bundesrates in *Amtl. Bull.* NR (1985) 1657; *StR* (1991) 72.

[43] a.a.O. Das ist natürlich eine lendenlahme Begründung. Abgrenzungsentscheide sind nie einfache Aufgaben; für einfache Aufgaben braucht man auch nicht den Entscheid der Spitzenbehörde eines Landes. In Tat und Wahrheit bestand zur Zeit der Entscheidung keine hinreichende politische «Awareness» für dieses Problem eines Kleinstaates, das brennend würde, wenn eine der Schweizer Grossfirmen nach der andern übernommen und in Interessenverfolgungen eingespannt würde, die zur Schweiz keine oder nur noch eine geringe Beziehung haben.

[44] Art. 716 Abs. 1 OR 1991. Der Verwaltungsrat kann die Handhabung der Vinkulierungsentscheide delegieren, *Karl Spiro* (1958/59) 1 ff., aber nach neuem Aktienrecht nur, wenn die *Delegation* als Ermächtigungsklausel in den *Statuten* steht, Art. 716b Abs. 1 OR 1991.

[45] Vgl. *Christoph von Greyerz* (1982) 127.

[46] Art. 685g OR 1991.

b) Gesetzliche Vinkulierung teilliberierter Aktien

Gesetzlich vinkuliert sind nach wie vor die *nicht volleinbezahlten* Namenaktien[47]. Dies ist indessen eine reine «Bonitätsvinkulierung»: die Gesellschaft kann die Zustimmung verweigern, wenn die Zahlungsfähigkeit des Erwerbers zweifelhaft ist und die von der Gesellschaft geforderte Sicherheit nicht geleistet wird.

568

c) Nutzniessung und Liquidation

Eine blosse Klarstellung ist darin zu erblicken, dass eine Vinkulierung von Gesetzes wegen nun auch die Begründung einer *Nutzniessung* erfasst[48], und dass die Vinkulierung von Gesetzes wegen wegfällt, wenn die Gesellschaft in Liquidation tritt[49]. Eine damit übereinstimmende redaktionelle Präzisierung ist auch in der Vorschrift zu erblicken, dass das Aktienbuch nicht nur über die Eigentümer, sondern auch über die Nutzniesser der Namenaktien Auskunft zu erteilen hat, und dass nicht nur der Wohnort, sondern «*die Adresse*» einzutragen sei[50].

569

d) Inhalt der Eintragungen

Wenn man da schon an der Revision des Eintragungsinhaltes war, hätte man gerade auch, wie dies das EG-Gesellschaftsrecht tut, «Zahl und Gattung» der Aktien erwähnen können[51]. Dies umso mehr, als nun aufgrund der Entscheidungen des Parlamentes in der Schlussrunde von 1991 eine neue Kategorie von Aktionären geschaffen worden ist, nämlich die sog. «*Aktionäre ohne Stimmrecht*» gemäss Art. 685f Abs. 3. Das sind die Erwerber von kotierten vinkulierten Namenaktien, die von der Gesellschaft abgelehnt, aber wegen ihres gesetzlichen Erwerbs der Aktionärseigenschaft und der Vermögensrechte unter einer Sonderrubrik im Aktienbuch eingetragen werden. Es ist bedauerlich, dass bei der Schlussredaktion des neuen Börsenvinkulierungsrechts – das im Differenzbereinigungsverfahren gewissermassen aus dem Stand geschaffen worden ist – die Zeit nicht reichte, um Art. 686 Abs. 1 zu überarbeiten.

570

e) Sperrfrist für Umschreibungen im Aktienbuch

Es fehlt nach wie vor eine Bestimmung, dass die Gesellschaft im Zusammenhang mit der Einberufung der Generalversammlung das Aktienbuch schliessen kann, d.h. dass der Sachverhalt an einem bestimmten Stichtag für die Festlegung der Stimmrechts- und Vertretungsverhältnisse allein massgeblich ist. Dies entspricht jedoch einer Usanz und ist auch unter dem neuen Recht nicht anzufechten[52].

571

---

[47] Art. 685 OR 1991.
[48] Art. 685a Abs. 2 OR 1991.
[49] Art. 685a Abs. 3.
[50] Art. 686 Abs. 1 OR 1991.
[51] *Vorschlag SE 1991*, Art. 53 Abs. 2. Im neuen helvetischen Hochdeutsch 1991 ist aus der «*Gattung*» des OR 1936 die «*Kategorie*» geworden; gemeint ist dasselbe.
[52] Gesetzliche Grundlage dafür ist Art. 702 Abs. 1 und Art. 716a Abs. 1 Ziff 6 OR 1991.

II. Vinkulierung bei börsenkotierten Namenaktien

572 Wirklich neu sind die vom Ständerat als Zweitrat eingebrachten Vorschriften über die Vinkulierung von *börsenkotierten* Namenaktien. Diese Regelung, die in der Differenzbereinigung noch tiefgreifende Änderungen erfahren hat[53], ist daher an die Spitze zu stellen. Wie tief der Eingriff geht, der in den letzten beiden Jahren vor allem unter der Federführung des Nationalrates entwickelt worden ist, zeigt sich allein schon aus dem Widerspruch zwischen dem Grundsatzartikel 685a über die Vinkulierung und dem Art. 685f für die kotierten vinkulierten Namenaktien.

573 Dogmatisch bedenklich ist an der Ausdrucksweise des Gesetzgebers von 1991, dass sie genau den Kern der neu getroffenen Regelung irreführend wiedergibt. Wie dann aus der Lektüre des Art. 685f Abs. 1 klar wird, hat der gesetzliche Mechanismus das genaue Gegenteil von dem zur Folge, was Art. 685a Abs. 1 vorgibt: das Eigentum an der Namenaktie, die Aktionärsstellung und alle damit verbundenen Vermögensrechte können gültig *ohne Zustimmung* der Gesellschaft übertragen werden. Bedauerlich ist auch die uneinheitliche Ausdrucksweise im Gesetz: was korrekt «die Ablehnung des Gesuchs um Zustimmung» heisst, erscheint kurz danach als «Verweigerung der Eintragung in das Aktienbuch».

A. Anknüpfungspunkt

1. An der Börse erworben oder börsenkotiert

a)   Das Konzept des Gesetzes

574 Um die Frage, ob die Sonderregeln auf *alle* Übertragungen von börsenkotierten Namenaktien anwendbar sein sollten, oder nur im Falle einer tatsächlich über die *Börse* abgewickelten Transaktion, verstrickten sich die beiden Kammern in nachhaltigen Hader[54]. Richtigerweise hat sich am Ende die Auffassung des Nationalrates durchgesetzt: Es ist die Börsenkotierung als solche, die für alle Übertragungen von Namenaktien der gleichen Art die Sondervorschriften anwendbar macht. Auch Handänderungen kotierter Aktien, die sich im Privatbereich, im Handel zwischen Banken oder bankintern abspielen, unterstehen den Art. 685d ff. OR 1991[55].

575 Es wäre untragbar, wenn je nach der Art des Auftrages[56] ein anderer Satz von Rechtsregeln sowohl für den Fächer der erlaubten Ablehnungsgründe wie für die Rechtsfolgen einer Nichtgenehmigung oder Ablehnung gelten würde. Eine solche Anknüpfung wäre auch für die Gesellschaften selbst beschwerlich, ja unpraktikabel gewesen. Sie

---

[53]   Vgl. dazu *Hanspeter Kläy* (1991) 161.
[54]   a.a.O. 162. *Amtl. Bull. StR* (1988) 492 ff.; *NR* (1990) 1368 ff.
[55]   Allerdings mit einer wichtigen Sonderbestimmung in Art. 685f Abs. 1 Satz 2 OR 1991.
[56]   Vgl. Rz 660.

hätten als Vorfrage bei jedem Eintragungsgesuch die Abwicklung des zugrundeliegenden Geschäftes aufgrund eines Börsenauftrags oder ausserhalb eines solchen Auftrags abklären müssen.

b)   Kotierte Aktien im ausserbörslichen Verkehr

Damit steht fest: alle Übertragungen von einmal *an der Börse kotierten Namenaktien* – vom Tage der Kotierung an bis zum Tage der Dekotierung – unterstehen dem Sonderregime des Art. 685d ff. Dies gilt insbesondere auch für Abtretungen solcher kotierter Namenaktien, die rein privat, z.B. zwischen Vater und Tochter, oder bankextern aufgrund einer ausserbörslich ausgehandelten Grosstransaktion, oder schliesslich im Telephon- und Bildschirmhandel zustande kommen. Konkret bedeutet dies, dass nach der Gesetz gewordenen Fassung die Gesellschaft einem aggressiven Aufkäufer, der kotierte Aktien ausserbörslich zusammenrafft, nur die Quote, die prozentmässige Beschränkung[57] entgegenhalten kann. Sie ist nicht in der Lage, ihn mit einem Angebot der Übernahme zum wirklichen Wert oder gestützt auf die für nichtkotierte Aktien statutarisch mögliche Klausel der Erhaltung der «wirtschaftlichen Selbständigkeit des Unternehmens»[58] abzuweisen. Es bedeutet weiter, dass in einem solchen Fall der Rechtsübergang nach den Sonderregeln eintritt[59], während nach den Vorstellungen des Ständerates bei Erwerb kotierter Aktien ausserhalb der Börse stets die Einheitstheorie, das Verbleiben sämtlicher Rechte beim veräusserungswilligen Aktionär[60], gegolten hätte.

576

2.   «Börsenkotiert»

a)   Schweizer Haupt- oder Nebenbörse

Das Gesetz definiert den Begriff der «*börsenkotierten Namenaktien*» nicht. Es ist nach dem Sinn des Gesetzes[61] zu unterscheiden. Als «börsenkotiert» gelten alle von einer Aktiengesellschaft mit Sitz in der Schweiz ausgegebenen Namenaktien, die am Haupttableau einer Börse kotiert sind oder an einer Börse *vor- oder nebenbörslich* regelmässig notiert werden. Obgleich der Gesetzgeber offenbar nur an die Schweizer Börsen gedacht hatte, ist eine entsprechende Einschränkung nicht ins Gesetz aufgenommen worden. Ausserbörslich gehandelte Namenaktien, selbst wenn Kurse regelmässig veröffentlicht werden sollten, gelten nicht als börsenkotiert im Sinne des Aktienrechtes[62].

577

---

[57]   Allenfalls noch in Ausnahmefällen Art. 4 der Schl.Best. OR 1991 betreffend Nachweis schweizerischer Beherrschung nach einzelnen diskriminierenden Bundesgesetzen.
[58]   Art. 685b Abs. 2 OR 1991.
[59]   Sonderregel von Art. 685f Abs. 1 Satz 2 OR 1991.
[60]   Art. 685c Abs. 1 OR 1991.
[61]   Und in Anlehnung auch an die im Insider-Strafrecht getroffene Regelung, Art. 161 Ziff. 1 StGB 1987; dazu *Peter Forstmoser* (1988 D) und *Peter Böckli* (1989) 40 ff. Vgl. auch Übernahme-Kodex Ziff. 2, Erläuterung B und *Peter Forstmoser* (1992) 63 f.
[62]   Etwas anderes ist die Unterscheidung zwischen «börsenmässigem» und «ausserbörslichem» Erwerb des Art. 685f Abs. 1 OR 1991, hiernach Rz 651 ff. und 658 ff.

b)   Ausländische Börsen

578 Werden in der Schweiz börsenkotierte Namenaktien an einer *ausländischen* Börse gehandelt oder im Ausland ausserbörslich übertragen, stellt sich die international-privatrechtliche Frage, ob auch dann das schweizerische materielle Recht der Art. 685d ff. Anwendung findet. Sicher gilt dies insoweit, als es um die die Gesellschaft treffende Einschränkung der gültigen Ablehnungsgründe und die Rechtsfolgen einer widerrechtlichen Ablehnung geht[63].

B. Der erste materielle Ablehnungsgrund: Die Quote als statutarische prozentuale Begrenzung

579 Der auf börsenkotierten Namenaktien anwendbare Satz von Rechtsregeln lässt nur noch zwei materielle Ablehnungsgründe zu, von denen zudem nur *einer* allgemeine Bedeutung hat.

1.   Inhalt und Begründung einer Quote

a)   Im allgemeinen

580 Die Quote ist die «*pièce de résistance*» des neuen Regimes. Die Statuten können für jeden Aktionär eine prozentmässige Begrenzung[64] der Namenaktien vorsehen. In der Praxis sind es meist Quoten von 2%, 3% oder 5%, vielleicht auch einmal mehr. Die Quote ist nicht etwa absolut zu verstehen: sie macht nicht darüber hinausgehendes Aktieneigentum «ungültig», sondern schafft nur einen Ablehnungsgrund für die Gesellschaft. Die Gesellschaft kann dann jeden Erwerber ablehnen, der diese Grenze mit dem vorgelegten Genehmigungsgesuch überschreiten würde.

581 Diese Quotenregelung hat sich schon während der achtjährigen Beratungen des Parlamentes in der *Praxis* stark verbreitet. Sie ist seit 1986 innerhalb weniger Jahre zur Standardlösung für börsenkotierte Namenaktien geworden. Möglich sind sachgemäss differenzierte Quoten (5% für natürliche, 2% für juristische Personen als Beispiel), nicht aber Abstufungen, die verpönte Kriterien im Ergebnis wieder einführen (5%; aber 1% für Konkurrenten und für Ausländer).

b)   Beibehaltung einer minimalen Streuung im Aktienbesitz

582 Der Quote wirft man etwa vor, damit könnten sich die amtierenden Leitungsorgane der Gesellschaft zusätzlich *verschanzen*. Sie widerspreche liberalen Prinzipien: sie verunmögliche sowohl ausserbörsliche Aufkäufe zum Zwecke einer Kontrollübernahme wie öffentliche Übernahmeangebote zur Erringung der Beherrschung; mindestens erschwere sie solche Vorgänge.

---

[63] Fraglich ist, inwieweit das Schweizer Recht in der Lage ist, der ausländischen Bank des Veräusserers, so wie Art. 685e OR 1991 es tut, Meldepflichten aufzuerlegen.
[64] Art. 685d Abs. 1 OR 1991.

Dem ist entgegenzuhalten, dass eine Quotenregelung nur mit der für Statutenänderungen 583
erforderlichen *Mehrheit in die Statuten* hineinkommt. Selbst wo für die Lockerung oder
Streichung der Vinkulierungsbestimmungen eine qualifizierte Mehrheit erforderlich ist,
die Gesellschaft also einen «lock-up» eingeführt hat, bietet die Quote mehr nur theoretisch Schutz. Der Aufkäufer erlangt nach dem neuen Recht alle Rechte ausser dem
Stimmrecht und kann seine Eintragung im Aktienbuch als «Aktionär ohne Stimmrecht»
durchsetzen. Der Verwaltungsrat steht trotz «lock-up» vor einer schwierigen, meist unhaltbaren Situation, sobald die einfache Mehrheit der Aktionäre ihre Titel verkauft oder
aber in der Generalversammlung ihr Vertrauen dem Aufkäufer ausgesprochen hat. Alle
Erfahrungen sprechen gegen die Vorstellung, eine Quotenregelung könne die Herrschaft
eines Verwaltungsrates nachhaltig gegen den Willen der Mehrheit aller Aktionäre
zementieren.

Was die Quotenregelung aber sein kann – mit dem Willen der Mehrheit der Aktionäre[65] 584
– ist ein Grundsatzentscheid für die Beibehaltung einer *minimalen Streuung im Aktienbesitz*. Ein solcher Entscheid der Aktionäre muss im Rahmen eines auf Gestaltungsautonomie angelegten Aktienrechtes zulässig sein. Den Aktionären ist zuzutrauen, dass sie sich ein Bild darüber machen, welche Vor- und Nachteile eine Statutenbestimmung hat, welche dem Schnüren von beherrschenden Aktienpaketen grundsätzlich entgegensteht. Ein mit Energie vorgetragener Übernahmeangriff bleibt trotz Quotenregelung grundsätzlich stets möglich. Voraussetzung ist bloss, dass eine hinreichende
Menge von Aktionären verkaufsbereit ist[66], und die nötige Anzahl der Verbleibenden
sich in der Generalversammlung auf die Seite des Angreifers schlägt. Und nicht selten
erschlafft der Widerstandswille des Verwaltungsrates schon vorher. Die Quotenregelung
bedeutet keine definitive Festschreibung der Machtverhältnisse.

2. Umschreibung der Betroffenen

a) Statutarische Definition der «betroffenen Einheit» («Gruppenklausel»)

Bei der Quotenregelung sind die genauen *Formulierungen* der *Statuten* von grosser 585
Bedeutung. Denn die Geschichte der prozentmässigen Begrenzungen im Aktienrecht
ist die Geschichte der Gesetzesumgehungen. Schon die alte Begrenzung des von einem Aktionär auszuübenden Stimmrechtes auf 20% nach OR 1881[67] war das Opfer
systematischer Umgehungspraktiken: wer etwas auf sich hielt, verteilte die über die
Grenze hinausgehenden Aktien ganz einfach auf Strohmänner oder – schon damals –
Strohfrauen, auf verdeckt beherrschte Gesellschaften und auf «befreundete» Investoren[68]. Es ist daher praktisch unerlässlich, dass die Statuten umschreiben, wer genau
für die Zwecke der prozentmässigen Begrenzung als *«ein Aktionär»* gilt. In der Praxis
hat sich etwa die folgende Formulierung herauskristallisiert, die, verkürzt gesagt, die

---

[65] Erforderlich ist die qualifizierte Mehrheit des Art. 704 Abs. 1 Ziff. 3 OR 1991 nur dann, wenn die in die Statuten aufgenommene Regel die Übertragbarkeit der Namenaktien stärker beschränkt als die bisherige.
[66] Oder ihre Aktien verkauft: Die *«beneficial rights»* gehen samt und sonders auf den Aufkäufer über, und die entsprechenden Stimmrechte ruhen. Art. 685f Abs. 3 OR 1991.
[67] Art. 640 OR 1881; dazu *Peter Böckli* (1961) 47 f.
[68] Vgl. *Walther Hug*, Zur Revision des schweizerischen Aktienrechts, St. Gallen 1934, 58.

drei Fälle der Strohperson, der Konzerngesellschaft und des Übernahmesyndikats erfassen will:

> «Die Genehmigung kann verweigert werden, falls eine natürliche oder juristische Person durch den Erwerb mehr als 3% der Namenaktien auf sich vereinigt. Dabei gelten juristische Personen, die durch Kapital, Stimmkraft, einheitliche Leitung oder auf andere Weise miteinander verbunden sind, sowie alle natürlichen oder juristischen Personen, welche sich im Hinblick auf eine Umgehung der Quote durch Absprache, Syndikat oder auf andere Weise für den Erwerb von Aktien zusammentun, als eine Person.»[69]

b) Rechtsfolgen

586   Auch eine solche Formulierung ist nicht frei von Abgrenzungsfragen und Beweisproblemen. Auch sie vermag Umgehungsversuche nicht völlig zu vereiteln. Die *Rechtsfolgen* einer Verletzung der Quotenregelung sind verschieden: Hat der Erwerber die Eintragung im Aktienbuch durch falsche Angaben erwirkt, so kann die Gesellschaft die Eintragung streichen[70]. Ausserdem stellt sich die Frage einer strafrechtlich relevanten Falschbeurkundung. Schliesslich ist ein Generalversammlungsbeschluss, der unter Mitwirkung von ungerechtfertigt erworbenen Stimmrechten zustandekommt, in analoger Anwendung von Art. 691 OR anfechtbar.

587   Erwirbt dagegen der Erwerber ohne falsche Angaben kotierte vinkulierte Namenaktien über die Quote hinaus, so geschieht ihm nach dem radikal neuen Recht des Art. 685f OR 1991 überhaupt nichts; er hat im Gegenteil Anspruch, unbekümmert um jede prozentmässige Begrenzung in den Statuten, sich im Aktienbuch als «*Aktionär ohne Stimmrecht*» eintragen zu lassen. Die Quotenregelung, ja die Vinkulierung kotierter Namenaktien als Konzept, ist damit in ihren Wirkungen stark eingeschränkt.

3. Bezugsgrösse der Quote

588   Nach der klaren Regelung des Gesetzes sind Gegenstand der prozentualen Begrenzung stets die «*Namenaktien*»[71]. Dies bedeutet zweierlei.

589   Die Namenaktien stehen im Zähler des Bruchs, der in der Prozentzahl ausgedrückt ist[72]. Den Nenner aber, die Bezugszahl, auf die sich die Quote bezieht, kann die Gesellschaft nach freier Wahl festlegen. Sie kann den Prozentsatz auf *sämtliche Aktien* beziehen[73].

---

[69]   Es ist möglich, auch noch die Personengesellschaften als rechtsfähige Gesellschaften ohne juristische Persönlichkeit, eventuell auch die Trusts, zu erwähnen.
[70]   Art. 686a OR 1991; dazu hiernach Abschnitt E/8, Rz 684 ff.
[71]   Art. 685d Abs. 1 OR 1991.
[72]   Unzulässig ist eine Beschränkung für Namen- und Inhaberaktien eines Aktionärs zusammen. Eine solche Vorschrift wäre nichtig, insoweit als sie sich auf Inhaberaktienbesitz bezieht.
[73]   Bestehen 100'000 Inhaberaktien und 200'000 Namenaktien, so würden 3% aller Aktien eine Grenze von 9'000 Namenaktien bedeuten, was einer Quote von 4% der Namenaktien für sich allein entspricht. Der Bezug auf alle Aktien hat natürlich die Wirkung, dass die Zahl, bezogen auf die Namenaktien allein, automatisch ansteigt, wenn die Gesellschaft zusätzliche Inhaberaktien allein ausgibt.

Normalerweise wird sie aber als Bezugsgrösse die *Anzahl aller Namenaktien allein* wählen[74]. Bei Einhaltung der Grundsätze ist es z.B. auch möglich, für Stimmrechtsaktien oder Vorzugsaktien eine andere Höchstquote festzusetzen als für die ihnen gegenüberstehenden Stamm-Namenaktien.

Nicht nur der «*Aktionär*»[75], auch der Nutzniesser ist wegen Art. 685a Abs. 2 betroffen. Dem Nutzniesser einer Aktie steht nach wie vor von Gesetzes wegen das Stimmrecht zu[76]. Ein mit der Maximalquote im Aktienbuch eingetragener Aktionär kann daher, wenn er die Nutzniessung an weiteren Aktien hinzuerwirbt, nur dank einer Ausnahmebewilligung zu einer Anzahl von Stimmrechten kommen, die die Quote gemäss Art. 685d Abs. 1 OR 1991 überschreitet. 590

Massgeblich für die Bestimmung der Anzahl der durch die Quote begrenzten Aktien ist das *Aktienbuch*. Nach wie vor gilt im Verhältnis zur Gesellschaft nur als Aktionär, wer im Aktienbuch eingetragen ist[77]. Die Bedeutung des Aktienbuchs hat unter dem neuen Aktienrecht nicht nur nicht abgenommen, sondern sich noch erhöht. 591

4. Besitzstandgarantie auf den Tag des Inkrafttretens der Quote

Führt die Gesellschaft eine Quote ein, so hat diese *keine Rückwirkung*. Lautet die Begrenzung auf 3%, und steht ein Aktionär schon mit 11,5% im Aktienbuch, so kann er die über die Grenze hinausgehenden 8,5% behalten; alle Rechte daraus kann er ausüben. Für die Beibehaltung des gegebenen Zustandes ist eine Ausnahmebewilligung des Verwaltungsrates nicht nötig. Andererseits liegt zu Tage, dass der Verwaltungsrat bei der Abwägung über ein Gesuch eines Aktionärs, mit dem er seinen Aktienbesitz *noch weiter* über die Quote hinaus erhöhen möchte, Zurückhaltung anzuwenden hat. Nur wenn auch einem anderen Aktionär die entsprechende Zahl nach den Regeln der Ausnahmebewilligung zugestanden werden dürfte, wird der Verwaltungsrat eine solche Ausnahme zugestehen[78]. 592

Die *Rückwirkung* einer neuen Quotenregelung lässt sich auch nicht durch eine noch so scharf formulierte ausdrückliche Statutenbestimmung einführen. Die aufgrund des früheren Rechtszustandes zustandegekommenen Genehmigungen und die darauf gestützten Eintragungen sind unentziehbar. 593

Massgeblicher Stichtag für das Inkrafttreten ist die Eintragung der Statutenbestimmung im *Handelsregister*[79]. Man wird der Gestaltungsautonomie der Gesellschaft allerdings zugestehen, dass die Statuten das Inkrafttreten bis zurück auf den Tag des Generalver- 594

---

[74] Oder, wenn Stimmrechts- und Stammaktien nebeneinander bestehen, gegebenenfalls die Nennwerte der Namenaktien.
[75] Das Gesetz verwendet nach wie vor oft sachenrechtliche Begriffe, wegen des tief verwurzelten Verständnisses der Aktie als Wertpapier. Gemeint ist stets die uneingeschränkte Rechtsträgerschaft (Vollrecht).
[76] Art. 690 Abs. 2 OR.
[77] Art. 686 Abs. 4 OR 1991 (unverändert).
[78] Zur rechtlichen Problematik der «*Ausnahme*» hiernach Ziffern 5 und 6.
[79] Art. 643 OR.

sammlungsbeschlusses, frühestens auf den Tag nach der Bekanntmachung des Statutenänderungsvorschlages, zurückverlegen.

5. Vom Verwaltungsrat zugestandene Ausnahmen von der Höchstquote

595 Das neue Aktienrecht lässt es zu, dass die Statuten die Ablehnung eines Erwerbers, der die statutarische Quote überschreitet, als *«Kann»-Vorschrift* formulieren. Die «Kann»-Vorschrift ebenso wie eine ausdrückliche Klausel in den Statuten über «Ausnahmen» weist dem Verwaltungsrat die Kompetenz zu, in Einzelfällen Eintragungen über die Quote hinaus zu bewilligen.

a) Rechtliche Anforderungen: Willkürverbot

596 Immerhin ist der Übergang von der Ausnahme im Einzelfall zu einer Willkürpraxis fliessend. An die Handhabung einer Ausnahmeregelung sind daher aus rechtlicher Sicht Anforderungen zu stellen:

597 (1) *Der Verwaltungsrat kann nicht willkürlich von Fall zu Fall Ausnahmen bewilligen oder versagen.*

Er hat die für die Ausnahmefälle geltenden Grundsätze in *sachlicher Weise* festzulegen und folgerichtig zu handhaben. Eine Praxisänderung ist möglich, aber sie muss sich auf die Erkenntnis stützen, dass die alte Praxis aus bestimmten Gründen mangelhaft war, und auf den Willen, sich an die neue Praxis folgerichtig zu halten.

598 (2) *Die für die Entscheidung von Ausnahmefällen angewendete Regel darf nicht in sich selbst im Widerspruch zum Hauptgrund stehen, der die Quotenregelung überhaupt zu rechtfertigen vermag.*

Letztlich kann die Quote nur im Leitgedanken verankert sein, dass damit die Mehrheit der Aktionäre sich grundsätzlich für den *Streubesitz* und gegen beherrschende Pakete einzelner Aktionäre entschieden hat. Besteht eine statutarische Quote von z.B. 3% und würde nun der Verwaltungsrat einem bestimmten Erwerber aufgrund der Ausnahmeklausel allmählich Genehmigungen bis auf 40% zugestehen, so wäre dies nicht eine Ausnahme zur 3%-Klausel, sondern deren Aufhebung. Von Streubesitz wäre keine Rede mehr. Es würde von Stund an zweierlei Recht gelten: eine 40%-Klausel für einen bestimmten Aktionär, und eine 3%-Klausel für alle anderen. Auch jede Ausnahme muss sich vor dem Grundsatz der Gleichbehandlung aller Aktionäre, verstanden in seinem Kern als Willkürverbot, rechtfertigen lassen.

b) Gründe für eine Ausnahme

599 Die *Gründe* für die Gewährung einer Ausnahme, d.h. für eine Überschreitung der Quotengrenze, können sehr verschiedenartig sein. Der Verwaltungsrat gewährt dem Aktionär, der die statutarische Obergrenze erreicht hat, eine Ausnahme zum Beispiel, weil er

– zu weiteren Aktien ohne eigenes Dazutun zufolge einer *Fusion* gekommen ist;

– mit Aktien *gewerbsmässig* handelt und zusätzlicher Aktien als «fonds de roulement» bedarf;

– *eigene Aktien*, die die Gesellschaft aus rechtlichen Gründen veräussern muss und für die sie sonst keine Käufer zu annehmbaren Preisen findet, ihr abnimmt;

– eine *Sacheinlage* erbringt und dafür ein grosses Paket zusätzlicher Aktien erhält;

– in einer *Sondersituation*, z.B. in einem Übernahmekampf, der Gesellschaft beisteht und ihr damit erlaubt, gerade den Zweck der Quotenregelung – Erhaltung der Gesellschaft im Streubesitz – zu erreichen[80].

Mit dem neuen Aktienrecht lassen sich dabei Ausnahmen nach rechtlich völlig ungebundenem Ermessen nicht mehr vereinbaren. Unter dem alten Aktienrecht war es möglich, die Quotenregelung mit der Klausel der «*Ablehnung ohne Angabe von Gründen*» zu verbinden und gestützt darauf Ausnahmen von der statutarisch festgelegten Quote beliebig einzuräumen. Nach Inkrafttreten des neuen Aktienrechtes ist die Rechtslage in dieser Beziehung verändert. Es gilt die prozentmässige Begrenzung genau so, wie sie in den Statuten definiert ist. Den Statuten ist z.B. unbenommen, die Quote für eine natürliche Person auf 3%, für eine juristische Person und einen Anlagefonds auf 2% festzulegen[81]. Es ist der Gesellschaft auch unbenommen, in den Statuten die Gründe zu nennen, aus denen der Verwaltungsrat Ausnahmebewilligungen erteilen darf; auch eine Obergrenze für Ausnahmefälle können die Statuten ausdrücklich nennen. Steht in den Statuten aber nur die prozentmässige Quote – z.B. 3% – zusammen mit der «Kann»-Bestimmung oder der allgemeinen Klausel, Ausnahmen seien möglich, so muss der Verwaltungsrat gewisse Leitlinien aus den vorstehend erwähnten Gesichtspunkten – Sondergründe, Konsequenz, Gleichbehandlungsprinzip – ableiten und willkürfrei handeln.

600

c) *Rechtsfolgen einer ungerechtfertigten Ausnahme*

Unklar sind die Rechtsfolgen einer klar in *Verletzung* dieser Grundsätze erteilten Ausnahme[82]. Das Gesetz regelt nur die widerrechtliche Ablehnung[83]. Eine Anfechtungsklage gegen Verwaltungsratsbeschlüsse gibt es nicht, und eine Nichtigkeit (Art. 706a OR 1991) des Ausnahmebeschlusses wird man ausschliessen. Denkbar ist eine Klage auf Feststellung, dass die Ausnahmebewilligung gegen das Gesetz verstösst, kaum denkbar eine Sonderprüfung, da eine Schädigung der Gesellschaft selbst nicht glaubhaft zu machen sein wird.

601

---

[80] Eine unechte Ausnahme – rechtlich keine Ausnahme, sondern eine Rechtsfolge des intertemporalen Rechts – ist die Bewilligung einer höheren Quote für einen Namenaktionär im Umfang seines am *Stichtag* bestehenden Aktienbesitzes, der über die Quote hinausgeht.

[81] Steht in den Statuten dagegen «für alle Anlagefonds höchstens 50%», so liegt darin ein *Kontingent*, nicht eine Quote. Kontingente sind nach neuem Recht, mit Ausnahme der Sonderbestimmung von Art. 4 Schl.Best. OR 1991, für kotierte Namenaktien unzulässig.

[82] Offenbar bezieht sich der am Schluss der Differenzbereinigung eingefügte Art. 685f Abs. 4 OR 1991 nur auf die widerrechtliche *Ablehnung*.

[83] Art. 685f Abs. 4 OR 1991.

d) Einsatz der Ausnahmekompetenz zur Durchsetzung statutenfremder Motive

602 Die meisten Vinkulierungsbestimmungen sind in den Statuten als «Kann»-Vorschriften formuliert. «Kann» der Verwaltungsrat über die Quote hinausgehende Anerkennungsgesuche ablehnen, so kann er offenbar nicht nur vorbehaltlos genehmigen, sondern dies auch unter *Bedingungen und Auflagen* tun. Ist der amtierende Verwaltungsrat einmal daran, in Umkehrung des Gesellschaftsrechts sich sein Aktionariat zusammenzustellen, so ist der Weg zu Verhandlungen, in denen er dem Interessenten Vorleistungen und Versprechungen im Hinblick auf die Zustimmung zum Aktienerwerb abverlangt, nicht mehr weit[84].

603 Ein derartiges Vorgehen des Verwaltungsrates steht indessen mit den neugefassten Vinkulierungsbestimmungen für Gesellschaften mit *kotierten* vinkulierten Namenaktien auf Kriegsfuss. Der Verwaltungsrat kann nur noch aus den in den *Statuten* genannten Gründen einen Erwerber ablehnen[85]. Lehnt der Verwaltungsrat in Wirklichkeit eine «Kann»-Genehmigung nur deshalb ab, weil der Interessent die vom Verwaltungsrat *ausserhalb der Statuten* aufgestellten weiteren Bedingungen oder Auflagen nicht erfüllen oder ihm abverlangte Zusicherungen nicht abgeben will, so ist das gesetzliche Prinzip des numerus clausus und der Transparenz der Ablehnungsgründe in den Statuten in Frage gestellt[86].

C. Ablehnung von Ausländern wegen bestimmter Bundesgesetze

1. Verwerfung früherer Diskriminierungsideen

a) Werdegang der Regelungsidee

604 Die «Erhaltung des schweizerischen Charakters der Gesellschaft» (so noch der Vorschlag des Bundesrates von 1983[87]) ist im neuen Recht nicht mehr zu finden. Spätestens in den EWR-Verhandlungen dämmerte auf, dass eine *Ausländerdiskriminierung herkömmlicher Art* einfach nicht mehr haltbar ist – ganz sicher jedenfalls nicht gegenüber den EG- und EFTA-Staaten. Gerade in dieser Frage hat sich in den acht Jahren der parlamentarischen Debatte eine Wende gegenüber den Postulaten zur Fremdenabwehr der siebziger Jahre[88] vollzogen. Vorbei ist es vor allem mit der provokativen Formulierung des Ständerates noch von 1988, wonach Ablehnungsgrund schlechthin das «aus-

---

[84] Vgl. den von *Hansjörg Abt*, NZZ Nr. 80 vom 7. April 1988, 35, referierten Fall.
[85] Ein Spezialfall in jeder Hinsicht ist Art. 4 der Schl.Best. OR 1991 (*Ausländerdiskriminierung* durch auf die Gesellschaft anwendbare Bundesgesetze). Dieser Fall wird hier ausdrücklich ausgeklammert.
[86] Zur rechtlichen Beurteilung des Versuchs eines Verwaltungsrates, die Generalversammlung unter seine Kontrolle zu bringen, vgl. *Peter Böckli* (1961) 63/64.
[87] *Entwurf 1983*, Art. 685b Abs. 2 Ziff. 1.
[88] Vgl. *Peter Böckli* (1988) 20 ff.; vorn Anm. 8a.

ländische Bürgerrecht» des Gesuchstellers gewesen wäre[89]. Von schlechtem Gewissen bedrängt hat man im Jahr der Schlussabstimmung die Ausländerdiskriminierung auf einen letzten Rest reduziert und sie in die Schlussbestimmungen verbannt[90]. Dadurch ist das Gesetz unübersichtlich, der Art. 685d Abs. 1 zudem irreführend geworden. Das dort stehende «nur» stimmt eben dann doch nicht: die Gesellschaft kann, zusätzlich zur Quotenbegrenzung, unter bestimmten Umständen aus einem zweiten Grund – Ausländereigenschaft – einen Erwerber börsenkotierter Namenaktien ablehnen.

b)   Doppelte Einschränkung

Die Ausländerdiskriminierung ist nun im Gesetz allgemein, d.h. nicht nur gegenüber den Angehörigen der Europäischen Gemeinschaft und den EFTA-Staaten, *doppelt eingeschränkt*: 605

– es gibt eine Ablehnung von Ausländern nur noch im Hinblick auf bestimmte diskriminierende *Bundesgesetz*e;
– eine Ablehnung ist nur rechtmässig, wenn die Genehmigung den nach jenem Gesetz verlangten *Nachweis* der schweizerischen Beherrschung gefährden *könnte*.

2.   Ablehnung nur noch im Hinblick auf bestimmte Bundesgesetze

a)   Bundesgesetze, die ausländisch-beherrschte Aktiengesellschaften diskriminieren

Die Ablehnung ist gemäss Art. 4 der Schlussbestimmungen nur noch möglich, wenn die Gesellschaft von einem ganz bestimmten *Bundesgesetz betroffen* ist, nach welchem ein «Nachweis über die Zusammensetzung des Kreises der Aktionäre» zu erbringen ist[91]. Dies ist eine verklausulierte Umschreibung dafür, dass verschiedene, aus den Nachkriegsjahren stammende Bundesgesetze einengende oder sonst nachteilige verwaltungsrechtliche Folgen an die *ausländische Beherrschung* einer juristischen Person mit Sitz in der Schweiz knüpfen. Vor allem die Lex Friedrich geht aber noch merklich weiter, indem sie mit Schwellenwerten arbeitet und, wenn einer von diesen überschritten ist, die *Vermutung* einer «ausländischen beherrschenden Stellung» eingreifen lässt. Die nachteiligen Folgen treten schon ein, wenn dann der positive Gegenbeweis einer Beherrschung durch «Schweizer» Personen nicht erbracht werden kann[92], und sei es auch nur aus einem Beweisnotstand heraus. Auf jeden Fall aber muss die Beeinträchtigung, die sich virtuell durch eine Ausländerbeherrschung oder einen mangelnden Nachweis schweizerischer Beherrschung zufolge des einzelnen Bundesgesetzes ergibt, für die wirtschaftliche Tätigkeit der betreffenden Gesellschaft *erheblich* sein, soll Art. 4 der Schlussbestimmungen zum Zuge kommen können. 606

---

[89]   Bzw. der *Wohnsitz* des Gesuchstellers im Ausland, ständerätlicher *Entwurf 1988*, Art. 685d Abs. 1 Ziff. 1 Bst. a/d). *Amtl. Bull. StR* (1988) 492 und 494.
[90]   *Amtl. Bull. NR* (1991) 848.
[91]   Art. 4 der Schl.Best. OR 1991; *Amtl. Bull. NR* (1991) 849/50 und 851.
[92]   Art. 6 Lex Friedrich, siehe Anm. 93.

In Frage kommen namentlich:

- das Bundesgesetz über den Erwerb von Grundstücken durch Personen im Ausland («Lex Friedrich»[93]);
- das Bundesgesetz über die Banken und Sparkassen («Bankengesetz»)[94];
- das Rohrleitungsgesetz[95];
- das Schiffahrtsgesetz[96];
- das Luftfahrtgesetz[97].

b)   Diskriminierung im internationalen Doppelbesteuerungsrecht

608   Wesentliche nachteilige Rechtsfolgen knüpfen sich auch im schweizerischen *Recht der internationalen Doppelbesteuerung*[98] an eine ausländische Beherrschung, ja schon an ein bloss durch direkte oder indirekte Kapitalbeteiligung ausgedrücktes «wesentliches ausländisches Interesse» an einer Schweizer Gesellschaft[99]. Das Abgabrecht stellt dabei nicht auf die Staatsangehörigkeit, sondern die Ansässigkeit, verkürzt das Steuerdomizil ab; ein in der Schweiz unbeschränkt steuerpflichtiger Brite ist in diesem Sinne «Inländer». An diese abgaberechtlichen Zusammenhänge hatte man bei der Formulierung des heutigen Art. 4 der Schlussbestimmungen wenigstens im Vorbeigehen gedacht. Insoweit als sich diese steuerlichen Rechtsnachteile direkt aus einem Doppelbesteuerungsabkommen der Schweiz ergeben[100], wird man die Anwendbarkeit von Art. 4 der Schlussbestimmungen nicht ausschliessen, denn ein solcher Staatsvertrag geht in der Hierarchie der Erlasse noch den in Art. 4 erwähnten Bundesgesetzen vor. Fraglich ist es, wenn der steuerliche Nachteil für eine ausländisch beherrschte Schweizer Gesellschaft sich nicht auf eine besondere Abkommensklausel, sondern nur auf den internen Bundesratsbeschluss vom 14. Dezember 1962 stützt[101]. Dieser führt aber immerhin einen verfassungsunmittelbaren «Bundesbeschluss» und Staatsvertragsrecht aus,

---

[93] Bundesgesetz über den Erwerb von Grundstücken durch Personen im Ausland vom 16. Dezember 1983, SR 211.412.41; dazu die Verordnung vom 1. Oktober 1984, SR 211.412.411; *Mühlebach/Geissmann* (1986).
[94] Vom 8. November 1934, SR 952.0.
[95] Vom 4. Oktober 1963, SR 746.1.
[96] Vom 3. Oktober 1975, SR 747.20.
[97] Vom 21. Dezember 1948, SR 748.0.
[98] *Amtl. Bull. StR* (1988) 487.
[99] *Amtl. Bull. StR* (1988) 487; Art. 2 des *Bundesratsbeschlusses* betreffend Massnahmen gegen die ungerechtfertigte Inanspruchnahme von Doppelbesteuerungsabkommen des Bundes vom 14. Dezember 1962, sog. «*Missbrauchsbeschluss*» (SR 672.202), gestützt auf den Bundesbeschluss vom 22. Juni 1951 (der sich seinerseits auf Art. 8 und Art. 85 Ziff. 2 und 5 der Bundesverfassung stützt). Der entscheidende Begriff in Art. 2 Abs. 2 Bst. b, «*nicht abkommensberechtigte Personen, die an einer schweizerischen juristischen Person zu einem wesentlichen Teil direkt oder indirekt durch Beteiligung oder auf andere Weise interessiert sind*», wird im *Kreisschreiben* der Eidg. Steuerverwaltung vom 31. Dezember 1962, Ziff. 2, erläutert.
[100] z.B. Art. 23 Abs. 1 Doppelbesteuerungsabkommen mit Deutschland vom 11. August 1971.
[101] SR 672.202. Zur Problematik *Walter Ryser* in: Handbuch des internationalen Steuerrechts der Schweiz, *Ernst Höhn* (Hrsg.), Bern 1984, 402 ff.

und der Begriff des «Gesetzes» in Art. 4 ist kaum im formellen Sinn gemeint, umso weniger, als der französische Text von «législation fédérale» spricht. Die Anwendbarkeit von Art. 4 ist daher zu bejahen.

3. Ablehnung bei Erreichen der Gefahrenzone für den Nachweis

a) Einschränkung der diskriminierenden Wirkung

Eine Ablehnung wegen «Ausländereigenschaft», unter Berufung auf Art. 4 der Schlussbestimmungen ist nach dem Recht von 1991 *stark eingeschränkt*, und der Ablehnungsgrund ist auf Anfrage bekanntzugeben. Eine Schweizer Bank kann nicht einen braven Erwerber ohne Schweizer Pass, der sich mit einem Gesuch für die Eintragung von 1'000 Namenaktien aus dem Ausland meldet, mit einem einfachen Hinweis auf das Bankengesetz ablehnen[102]. Nötig ist vielmehr, dass die Anerkennung zusätzlicher Erwerber der Gesellschaft fortan den durch das Bundesgesetz geforderten Nachweis über die Zusammensetzung des Aktionärskreises – d.h. den Nachweis der schweizerischen Beherrschung – erschweren oder gefährden *könnte*[103]. Insoweit kann man von einer «abstrakten Gefährdung» reden, indem der Konjunktiv des Gesetzes («könnte») unterstrichen wird. Die Gefahrenzone selbst ist aber letztlich bei jeder Gesellschaft eine näher bestimmbare Grösse, je nach der sehr verschiedenen Konstellation vor allem der ausgegebenen Beteiligungsrechte. Ist trotz der Genehmigung zusätzlicher Ausländer dieser Nachweis noch ohne weiteres möglich, so greift die Diskriminierungsklausel nicht. Dies bedeutet, dass erst *in der Nähe der Nachweisgrenze* Art. 4 der Schlussbestimmungen eine Ablehnung rechtfertigen kann. Man kommt damit zu einer Gesamtbegrenzung aller noch ohne Nachweisgefährdung als Aktionäre mit Stimmrecht eintragbaren «ausländischen» Eigentümer von kotierten Namenaktien. Die Frage ist dann noch, ob die daraus abgeleitete Limite in die Statuten gehört oder, mit oder ohne Delegationsnorm der Statuten, Gegenstand eines Verwaltungsratsbeschlusses ist.

Wo liegt nun aber die *Zone der Gefährdung* für den Nachweis schweizerischer Beherrschung? Massgebend ist in erster Linie das betreffende Bundesgesetz, vorab die *Lex Friedrich*[104], der *Missbrauchsbeschluss* und das *Bankengesetz*[105], sowie die Praxis dazu, andererseits aber auch die Aktien- und Bilanzstruktur der Gesellschaft.

b) Lex Friedrich

Ein sehr *strenges Gesetz*, wie die Lex Friedrich, arbeitet mit einer *Vermutung* ausländischer beherrschender Stellung bei Erreichen eines Schwellenwertes. Ist dieser überschritten, so ist es Sache der Gesellschaft, die Vermutung zu widerlegen, indem sie

---

[102] Vgl. die Kritik des *Verfassers* in SAG [SZW] 60 (1988) 150 ff.
[103] In diesem Fall Art. 3bis BankG.
[104] *Mühlebach/Geissmann* (1986) passim.
[105] Vom 14. Dezember 1962, SR 672.202.

positiv die Schweizer Beherrschung beweist[106]. Die Vermutung tritt ein (Art. 6 Abs. 2), sobald Personen im Ausland mehr als einen Drittel des Aktien- oder Partizipationskapitals besitzen *oder* über mehr als einen Drittel der Stimmen in der Generalversammlung verfügen *oder* schliesslich der juristischen Person Fremdkapital («rückzahlbare Mittel») in zu hohem Masse zur Verfügung gestellt haben. Das zu hohe Mass ist definiert als «mehr als die Hälfte der Differenz zwischen den Aktiven und demjenigem Teil der Schulden, deren Gläubiger Inländer (nicht bewilligungspflichtige Personen) sind»[107].

612   Das Gesetz lässt sodann verschiedenartige nachteilige Folgen für die Gesellschaft je nach Art des betriebenen Geschäftes eintreten, in drei Stufen der Brisanz:

- «Immobiliengesellschaft im engeren Sinn»,
- «Immobiliengesellschaft im weiteren Sinn», oder
- «Nichtimmobiliengesellschaft».

Daraus ist für die Vinkulierung folgendes herauszugreifen:

613   Hat die Gesellschaft den tatsächlichen Zweck des Erwerbs von Grundstücken, so handelt es sich um eine «*Immobiliengesellschaft im engeren Sinn*»[108]. Unbekümmert darum, ob die Gesellschaft den positiven Gegenbeweis schweizerischer Beherrschung erbringen kann, wird jede Übertragung ihrer *Aktien* an Ausländer zum genehmigungspflichtigen Lex Friedrich-Geschäft[109]. Das nimmt den Aktien die Handelbarkeit und bringt die Dekotierung an der Börse mit sich.

614   Besonders heikel ist die mittlere Kategorie: Hier handelt es sich um Gesellschaften ausserhalb der Immobilienbranche, nämlich gewöhnliche Fabrikations-, Handels- oder Dienstleistungsunternehmen, aber mit «zu schwerem» Schweizer Immobilienbesitz. Übersteigen die inländischen Grundstücke den Schwellenwert von einem Drittel der Aktiven (nach deren tatsächlichem Wert), so handelt es sich um eine «*Immobiliengesellschaft im weiteren Sinn*»[110]. Die Übertragung ihrer Aktien ist dadurch vorerst noch nicht behindert. Sobald aber Personen im Ausland durch den Aktienerwerb

---

[106] «*Art. 6 Beherrschende Stellung*
  1 Eine Person im Ausland hat eine beherrschende Stellung inne, wenn sie aufgrund ihrer finanziellen Beteiligung, ihres Stimmrechtes oder aus anderen Gründen allein oder gemeinsam mit anderen Personen im Ausland die Verwaltung oder Geschäftsführung entscheidend beeinflussen kann.
  2 Die Beherrschung einer juristischen Person durch Personen im Ausland wird vermutet, wenn diese:
    a. mehr als einen Drittel des Aktien-, Stamm- oder Genossenschafts- und gegebenenfalls des Partizipationsscheinkapitals besitzen;
    b. über mehr als einen Drittel der Stimmen in der General- oder Gesellschafterversammlung verfügen;
    c. die Mehrheit des Stiftungsrates oder der Begünstigten einer Stiftung des privaten Rechts stellen;
    d. der juristischen Person rückzahlbare Mittel zur Verfügung stellen, die mehr als die Hälfte der Differenz zwischen den Aktiven der juristischen Person und ihren Schulden gegenüber nicht bewilligungspflichtigen Personen ausmachen.»
[107] Vgl. *Mühlebach/Geissmann* (1986) Art. 6 N. 47.
[108] Art. 4 Abs. 1 Bst. e Lex Friedrich.
[109] BGE 115 Ib 103.
[110] Art. 4 Abs. 1 Bst. d Lex Friedrich.

oder Finanzbeteiligung eine beherrschende Stellung (Vermutung: bei einem Drittel) erhalten oder verstärken[111], wird jede weitere *Aktienübertragung* selbst zum genehmigungspflichtigen Immobiliengeschäft – mit der Folge der Dekotierung. Und auf jeden Fall bewirkt eine über die Drittelsgrenze hinausgehende ausländische Kapitalbeteiligung an der Gesellschaft (mangels Gegenbeweises), dass fortan Schweizer Immobilienkäufe der Gesellschaft nur noch aufgrund einer amtlichen Bewilligung und nur noch, wenn das Grundstück der Erwerberin als «ständige Betriebsstätte» dienen soll[112], möglich sind.

Als *Nichtimmobiliengesellschaft* gilt eine Aktiengesellschaft, wenn inländische Grundstücke einen Drittel oder weniger der Aktiven («zu ihrem tatsächlichen Wert») ausmachen[113]. Die Aktien einer solchen Aktiengesellschaft werden von der Lex Friedrich nicht betroffen. Und solange die ausländische Beteiligung an ihr die im Gesetz definierten Drittels-Schwellen nicht erreicht, oder wenn sie die Feuerprobe echten Schweizertums positiv zu bestehen vermag, kann sie frei Schweizer Grundstücke kaufen. 615

c)   *Missbrauchsbeschluss*

Viel empfindlicher noch als die Lex Friedrich reagiert – nach dem veröffentlichten Wortlaut – der «*Missbrauchsbeschluss*» des internationalen Doppelbesteuerungsrechts: wenn nur schon steuerrechtlich nichtansässige Personen an einer Schweizer juristischen Person «zu einem wesentlichen Teil interessiert sind», treten die nachteiligen Rechtsfolgen ein. Diese Formulierung würde, wenn man sich die Konkretisierung des Wesentlichkeitsbegriffs in andern Fragen vor Augen hält, theoretisch auf eine Schwelle noch unterhalb des Drittels, ja bis auf 20% und darunter, hinweisen. Das ist indessen nicht die Praxis. Treten nicht besondere Umstände hinzu, so bleiben der Gesellschaft bei eindeutiger Verankerung in der Schweizer Wirtschaft durch mehrheitlich schweizerische Unternehmensleitung und andere Indizien die Abkommensvorteile ungeschmälert erhalten, bis eine eigentliche kapital- oder stimmenmässige *Beherrschung* durch Steuerausländer zutage tritt. 616

d)   *Bankengesetz*

Das *Bankengesetz* kennt gleichfalls ein weniger strenges und auch weniger differenziertes Regime als die Lex Friedrich. Die Vermutung einer ausländischen beherrschenden Stellung bei der Drittelsgrenze ist unbekannt. Erst eine Beteiligung von mehr als der Hälfte am Kapital oder den Stimmen, oder gegebenenfalls ein in anderer Weise ausgeübter beherrschender Einfluss ausländischer Personen[114], führt zu den Rechtsfolgen, die im Bankengesetz für ausländisch beherrschte Schweizer Banken vorgesehen sind[115]. 617

---

[111] Ein Beispiel bei *Mühlebach/Geissmann* (1986) Art. 6 N. 19.
[112] Art. 8 Abs. 1 Bst. a Lex Friedrich; *Mühlebach/Geissmann* (1986) Art. 8 N. 3 ff.
[113] Für den Praktiker bedeutet das: es wird *nicht* auf die Bilanzwerte abgestellt, sondern auf Verkehrs- oder Realwerte. Natürlich müssen dann auch die übrigen Aktiven zu ihrem tatsächlichen Wert berücksichtigt werden (Verbot des Methodendualismus).
[114] Art. 3bis Abs. 3 BankG. Dazu *Christoph M. Müller* (1978) 117 ff. (über die Begriffe «massgebend» und «beherrschend», 121).
[115] *Amtl. Bull. NR* (1991) 851.

618 Allerdings kann auch eine Bank darauf angewiesen sein, dass die ausländische Beteiligung an ihrem Kapital unterhalb der Drittelsgrenzen der Lex Friedrich bleibt. Sonst kann sie gezwungen sein, Grundstücke, die sie im Pfandverwertungsverfahren oder in Sanierung übernommen hat, zur Unzeit zwangsweise wieder zu veräussern[115a], insoweit nämlich, als diese Immobilien nicht ihr selbst als ständige Betriebsstätte – als Bank- oder Verwaltungsgebäude – dienen. Ähnliche Probleme können sich auch anderen Gesellschaften stellen, die im Verlaufe ihrer Geschäftstätigkeit darauf angewiesen sind, Immobilien nicht direkt für die eigene Unterbringung zu erwerben.

619 Eines ist immerhin festzuhalten: Für den *grössten Teil* aller wirtschaftlichen Tätigkeiten in der Schweiz gibt es keine einschneidenden nachteiligen Rechtsfolgen, wenn eine hier tätige Gesellschaft nicht nachweisbar «schweizerisch beherrscht» ist. In allen diesen Bereichen gibt Art. 4 der Schlussbestimmungen für eine Ablehnung eines Erdenbürgers ohne Schweizer Pass rein gar nichts her.

4. Schwierigkeiten bei der Anwendung des Art. 4 der Schlussbestimmungen

620 Die Anwendung von Art. 4 der Schlussbestimmungen wird in der Praxis erhebliche Schwierigkeiten bieten und zu Kontroversen führen.

a) *«Soweit und solange»: Warteschlange?*

621 Schon der Wortlaut selbst ist dunkel: Was bedeutet «soweit *und solange* ...»? Wörtlich würde es bedeuten, dass die Ablehnung einer Eintragung in eine *Warteliste* gleichkommt; haben anschliessend genügend Ausländer ihre Aktien verkauft, so ist der Nachweis nicht mehr gefährdet, und der Erwerber rückt automatisch nach und ist genehmigt.

622 Bei kotierten Aktien ist so etwas an sich machbar. Es müssen dann die abgelehnten Gesuche mit Ordnungszahlen versehen werden, und wenn immer ein Ausländer im Aktienbuch gestrichen wird, rückt der Gesuchsteller mit der nächsten Ordnungszahl für den offenen Betrag nach – wenn er überhaupt noch daran interessiert ist und seine Aktien nicht weiterverkauft hat. Es gibt freilich keine klaren Anhaltspunkte dafür, dass so etwas gemeint war. Das «solange» bezog sich wahrscheinlich im wirklichen Gedankenablauf der Normschöpfer nicht auf den Nachweis, sondern auf die Bundesgesetze selbst: «solange solche die Ausländer diskriminierenden Gesetze Geltung haben» war gemeint. Das «solange» hätte dann gar keine eigenständige normative Bedeutung; es unterstriche nur noch einmal, dass die Diskriminierung enden muss, sobald das betreffende Bundesgesetz ausser Kraft tritt oder in einer Revision seinen diskriminierenden Gehalt verliert. Dennoch kommt man aufgrund des 1991 eingeführten Systems praktisch zu einer *Warteliste,* weil diese eine Gleichbehandlung der «Aktionäre ohne Stimmrecht» in der Anerkennungspraxis auf relativ einfache Art gewährleistet[115b].

[115a] Art. 8 Abs. 1 Bst. d Lex Friedrich.
[115b] Ebenso, in Frageform, *Peter Forstmoser* (1992) 65. Damit kommt man zu einem automatischen Nachrücken «first in, first served» der ursprünglich abgelehnten ausländischen Erwerber in die Rubrik der Vollaktionäre («Aktionäre mit Stimmrecht»).

b) Bestimmung der Gefahrenzone

Sind die diskriminierenden Bundesgesetze – vor allem die Lex Friedrich, der Missbrauchsbeschluss und das Bankengesetz – für eine Gesellschaft mit börsenkotierten Namenaktien praktisch ohne Bedeutung, so kann sie sich nicht auf Art. 4 berufen. Eine *Fabrikationsgesellschaft* zum Beispiel, die Immobilien ausschliesslich für ihre Betriebsstätte benötigt und nicht in Gefahr steht, als «Immobiliengesellschaft im weiteren Sinn» nach Lex Friedrich eingestuft zu werden, wird als Ablehnungsgrund Art. 4 der Schlussbestimmungen schwerlich, und eine Bank wird sie erst dann anrufen können, wenn sie eine Kapitalstruktur hat (Inhaberaktien), oder bei ihr eine ausländische Beteiligungsquote erreicht ist, die ihr den Nachweis der schweizerischen Beherrschung gefährden könnte. 623

In vielen Fällen hat eine Gesellschaft nicht nur Namenaktien ausgegeben. Sobald sie neben Namenaktien *auf den Inhaber lautende Beteiligungspapiere* – Inhaberaktien oder Partizipationsscheine, oder beides – in Verkehr gesetzt hat, ist der Nachweis schweizerischer Beherrschung erschwert. 624

(1) Je nach dem anwendbaren Bundesgesetz ist man mit der Regel konfrontiert, wonach nicht bloss die Stimmrechte zählen, sondern auch der *reine Kapitalanteil* ausländischer Eigner *ohne* Stimmrecht. In der Lex Friedrich wird nicht etwa nur ergänzend oder im Zweifelsfall, sondern sogar in erster Linie auf die rein kapitalmässige Beteiligungsquote (Drittelsgrenze für die Vermutung der ausländischen Beherrschung) abgestellt[116]. 625

(2) Dazu kommt eine Tendenz, Inhaberpapiere bis zum Beweis des Gegenteils als «ausländisch» zu supponieren; mindestens bei der Lex Friedrich geht die Praxis gewisser Grundbuchämter in diese Richtung[117]. Mindestens aber werden die Inhaberpapiere neutral behandelt, d.h. in die Gesamtbezugsgrösse für die Berechnung der prozentualen Schweizer Beherrschung eingerechnet, dann aber als weder «ausländisch» noch «inländisch» betrachtet. Sobald Inhaberpapiere ausstehen, muss deshalb die Gesellschaft – selbst wenn die erwähnte schädliche Vermutung nicht eingreift – auf jeden Fall in der Lage sein, einen entsprechend grösseren Prozentsatz von in Schweizer Händen befindlichen Aktien nachzuweisen. 626

Für die Entscheidung der Frage, ob die Gesellschaft in die *Nachweis-Gefahrenzone* gerät, kommt es auf das Gesamtbild an. Je mehr Inhaberaktien[118] ausgegeben worden sind, je mehr Namenaktien nach der famosen neuen Regelung als «Aktien ohne Stimmrecht»[119] im Aktienbuch eingetragen sind, desto höher steigt umgekehrt die Schwelle für den nachzuweisenden «Schweizeranteil», der nötig ist, um noch eine schweizeri- 627

---

[116] Art. 6 Abs. 2 Bst. a Lex Friedrich.
[117] Vgl. *Mühlebach/Geissmann* (1986) Art. 6 N. 15 und 24.
[118] Und – vorausgesetzt, das Bundesgesetz stelle wie die Lex Friedrich auch auf die rein *kapitalmässige* Beteiligung als Kriterium für den Grad des ausländischen Interesses ab – auch Partizipationsscheine (Art. 6 Abs. 2 Bst. a Lex Friedrich).
[119] Art. 685f Abs. 3 OR 1991.

sche Beherrschung oder das Nichtbestehen einer «ausländischen beherrschenden Stellung» im Sinne des anwendbaren Gesetzes aufzeigen zu können[120].

c)   Die Aussagen der Statuten zur gültigen Berufung auf Art. 4 Schl.Best.

628   Das Gesetz sagt nicht, was genauer in den Statuten stehen muss, damit eine Gesellschaft *rechtsgültig* aus Art. 4 Schl.Best. die Ablehnung eines ausländischen Erwerbers ableiten kann. Sicher ist nach der in letzter Stunde von der Redaktionskommission hinzugefügten Klarstellung nur, dass es einer «statutarischen Bestimmung» bedarf, Art. 4 also nicht etwa einen direkten gesetzlichen Ablehnungsgrund schafft.

629   Die eine extreme Meinung hält dafür, es genüge, wenn die Gesellschaft einfach den *Gesetzestext* tel quel in die Statuten aufnimmt. Der Verwaltungsrat wäre dann für alle weiteren Entscheide ohne weiteres kompetent. Die genau entgegengesetzte Meinung verlangt die *Anführung der Bundeserlasse*, von denen sich die Gesellschaft konkret betroffen fühlt, und die Angabe der *Limite*, bei deren Übertretung die Gesellschaft ausländische Erwerber ablehnt oder ablehnen kann, also im Ergebnis ein ausdrückliches Ausländerkontingent (z.B. 20%) direkt im Statutentext.

630   Eine *mittlere Linie* verlangt wenigstens den ausdrücklichen Bezug auf die für die betreffende Gesellschaft relevanten Bundeserlasse (z.B. Lex Friedrich, internationales Doppelbesteuerungsrecht), jedoch keine konkrete Limite in den Statuten; allenfalls soll eine statutarische Ermächtigung an den *Verwaltungsrat* zur Festlegung der Ausländerlimite nötig, anderseits aber auch hinreichend sein.

631   Es geht um eine Quadratur des Kreises. Einerseits zielte die ganze Aktienrechtsreform darauf ab, die im Einzelfall relevanten Ablehnungsgründe *in den Statuten transparent* zu machen. Jeder potentielle Erwerber sollte erkennen können, ob er abgelehnt oder anerkannt werden würde. Anderseits ist diese Erkenntnis so oder so gerade beim Ausländerkontingent – wie der Art. 4 es ja zulässt – unmöglich; denn der Aussenstehende weiss nicht, und kann schon gar nicht den Statuten entnehmen, ob die Gesamtlimite ausgeschöpft ist (und wenn nein, für wieviele Aktien noch Raum besteht). Und das Parlament hat in der Schlussrunde den Passus wieder ersatzlos gestrichen, wonach die Ablehnung sich hätte direkt aus dem Statutentext ergeben müssen[120a]. Nun ist Art. 4 im Gesetz, und dieser Artikel sagt nichts aus zu den hier erörterten Fragen; er ist eher wie eine politische Erklärung, eine allgemeine Anweisung zur Stossrichtung der Problemlösung formuliert denn als klare Verhaltensnorm für die Gesellschaften.

632   Am meisten Aussicht auf Gutheissung hat angesichts der verschwommenen Aussagen des Art. 4 die mittlere Lösung. Dass dagegen die *blosse Abschrift des Gesetzestextes* genügen könnte, ist schon deshalb nicht anzunehmen, weil dann ja der potentielle Erwerber nicht einmal weiss, ob die Gesellschaft die relativ sehr strengen Kriterien der Lex Friedrich im Auge hat oder die – wenigstens in der Praxis – deutlich weniger strengen der Doppelbesteuerungsabkommen bzw. des Missbrauchsbeschlusses.

---

[120]   Dabei spielt eine Rolle, wie das anwendbare Bundesgesetz *methodisch ansetzt*: verlangt es den Nachweis einer schweizerischen Beherrschung, oder knüpft es negative Vermutungen und Folgen schon an die Tatsache einer massgeblichen ausländischen Minderheitsbeteiligung oder gar schon eines massgeblichen ausländischen finanziellen «Interesses» irgendwelcher Art?

[120a]   *Amtl. Bull. NR* (1990) 1368, Art. 685d Abs. 1; *Amtl. Bull. StR* (1991) 67.

5. Die Definition des (ablehnbaren) ausländischen Erwerbers und der «Ausländerlimite»

a) Die Person

Wie die Gesellschaft die zu diskriminierende ausländische Person im Sinne von Art. 4 der Schlussbestimmung definiert, wird man ihr überlassen müssen. Aus dem Zusammenhang des neuen Artikels ergibt sich deutlich, dass nur jene Personen als Ausländer bezeichnet werden können, die vom betreffenden *Bundesgesetz*, das die Gesellschaft anruft, als «Person im Ausland» definiert werden – so am eingehendsten in der Lex Friedrich[121]. Unter der Lex Friedrich etwa sind Ausländer mit Niederlassungsbewilligung («Ausweis C») den Schweizern weitgehend gleichgestellt[122], unter dem Missbrauchsbeschluss die Steuerinländer. Da die in Frage stehenden Bundesgesetze methodisch und in Einzelheiten voneinander abweichen, sind weitere Schwierigkeiten der praktischen Anwendung programmiert.

633

b) Die Gesamtlimite

Sache der Gesellschaft ist es, in Anbetracht des massgeblichen Bundesgesetzes die Limite festzusetzen, bis zu der ausländische Erwerber insgesamt genehmigt werden. Darüber, ob nun diese «*Ausländerlimite*» ausdrücklich in den Statuten verankert sein muss, ist der vorn erwähnte Streit entstanden. Art. 4 beantwortet genau diese Frage nicht eindeutig[123]. Jedenfalls ist die Gefahrenzone je nach Bundesgesetz und Geschäftstätigkeit verschieden. Es ist Aufgabe der Gesellschaft, eine zahlenmässige Grenze der «unbedenklichen» Ausländer-Eintragungen zu definieren, die sachlich haltbar ist. Von grosser Bedeutung ist dabei, dass die Gesellschaft auf die rein *kapitalmässige* Beteiligung von Ausländern («Aktionäre ohne Stimmrecht») nach dem neuen Vinkulierungsregime für kotierte Aktien *keinen* Einfluss mehr hat.

634

D. Unzulässige und neu zulässige Regelungen

Nach der am 4. Oktober 1991 beschlossenen Regelung sind Ablehnungen, die noch bis weit in die parlamentarischen Runden hinein als möglich erschienen waren, fortan schlicht *unzulässig*, und zwei neue Ablehnungsgründe ergeben sich aus dem Gesetz:

635

---

[121] Art. 5 und 6 Lex Friedrich.
[122] Art. 5 Abs. 1 Bst. a Lex Friedrich; allerdings ist zusätzlich der tatsächliche *Wohnsitz* in der Schweiz nötig, *Mühlebach/Geissmann* Art. 5 N. 2 und 3.
[123] Art. 4 Schl.Best. OR 1991.

1. Ein von bundesgesetzlichen Nachweisen völlig unabhängiges «Ausländerkontingent»

636 *Das selbständige Ausländerkontingent* ist nach dem Aktienrecht vom 4. Oktober 1991 nicht mehr erlaubt. Es geht nicht an, für börsenkotierte vinkulierte Namenaktien allgemein – ohne Bezug auf ein konkretes, diskriminierendes Bundesgesetz – eine von der Gesellschaft frei bestimmte Ausländerlimite anzusetzen, z.B. «Insgesamt werden nicht mehr als 20% aller Namenaktien auf Personen im Ausland eingetragen».

637 Eine Limite bezieht sich nicht wie eine Quote auf den Aktienbesitz eines einzelnen Aktionärs, sondern auf den *Gesamtbestand* aller Aktionäre einer bestimmten Gruppe im Aktienbuch. Der einzelne Erwerber kann von aussen gar nicht sagen, ob er mit seinem Genehmigungsgesuch die Grenze überschreitet oder nicht. Das Parlament hat in Art. 685d Abs. 1 für die nicht durch Art. 4 Schl.Tit. gedeckten Fälle diese Art von Limiten oder Kontingenten – ob nun gegen Ausländer oder irgendwelche andere Erwerbergruppen gerichtet – mit dem Wort «nur» abgelehnt.

638 Eine Art von «Ausländer»-Gesamtlimite ist nur noch möglich im Hinblick auf *bestimmte Bundesgesetze*[124], unter denen ein Nachweis schweizerischer Beherrschung zur Vermeidung nachteiliger Rechtsfolgen zu erbringen ist.

2. Der «unbedenkliche» Ausländeranteil

639 Es gibt kein Bundesgesetz, welches so ausländerfeindlich wäre, dass es jede geringste Ausländerbeteiligung schon zum Anlass von nachteiligen Rechtsfolgen nehmen würde. Ein Ermessensentscheid darüber, welche Ausländerzahl unbedenklich ist unter den Kriterien der in Frage stehenden diskriminierenden Erlasse, ist daher notwendig, soll der Bezug in Art. 4 auf bestimmte Bundesgesetze nicht eine Farce sein.

640 Bei all dem ist zu beachten, dass es sich bei Art. 4 der Schlussbestimmungen um eine *Kann-Vorschrift* handelt. Niemand ist gezwungen, von der Möglichkeit der die Ausländer diskriminierenden Ausnahmevorschrift des Art. 4 auch Gebrauch zu machen. Die Gesellschaft kann sich auch dazu entschliessen, die nachteiligen verwaltungsrechtlichen Rechtsfolgen der erwähnten diskriminierenden Bundesgesetze – z.B. die Unmöglichkeit des Erwerbs von Grundstücken, welche anderen Zwecken als der eigenen Betriebsstätte dienen, den Verzicht auf Abkommensvorteile im internationalen Steuerrecht oder eben die Einreichung eines Gesuchs nach Art. 3bis des Bankengesetzes – in Kauf zu nehmen.

---

[124] Darunter ist auch ein Doppelbesteuerungsabkommen oder der Missbrauchsbeschluss zu verstehen, vorn Rz 610 ff.

3. Anerkennungszwang bei Erwerb durch Erbgang, Erbteilung oder eheliches Güterrecht

Unter dem früheren Recht war das gesetzliche Übernahmerecht des Verwaltungsrates[125] ausdrücklich auch bei *börslich* gehandelten Namenaktien anwendbar. Nunmehr gilt das Gegenteil: vinkulierte Namenaktien, die börsenkotiert sind, gehen stets ohne Einsprachemöglichkeit der Gesellschaft auf die Erben, den Ehegatten oder den Ersteigerer über[126]. Die Tatsache allein, dass die Namenaktien *börsenkotiert* sind, setzt das sonst geltende Recht der Übernahme zum wirklichen Wert[127] ohne weiteres ausser Kraft. Auch die statutarische Quote kann Erben oder Ehegatten nicht entgegengehalten werden; Art. 685d Abs. 3 ist eine lex specialis zu Abs. 1. Weniger eindeutig ist, ob der Abs. 3 auch dem Art. 4 der Schl.Best. OR 1991 vorgeht, ob die Gesellschaft auch dann einen Erben oder Ehegatten nicht ablehnen kann, wenn seine Eintragung als «Aktionär mit Stimmrecht» (und nur darauf bezieht sich die Vinkulierung ab 1. Juli 1992 bzw. nach Ablauf der Anpassungsfrist) den Nachweis schweizerischer Beherrschung nach den bekannten Bundesgesetzen gefährdet. Da Art. 4 ausdrücklich als «Ergänzung zu Art. 685d Absatz 1» formuliert ist, wird man die Vorrangigkeit von Abs. 3 auch in diesem Fall bejahen und der Gesellschaft jede Ablehnungsmöglichkeit versagen müssen.

641

4. Die Ablehnung von Strohpersonen: Erwerb «für fremde Rechnung»

In der Praxis verlangen viele Gesellschaften mit vinkulierten Namenaktien vom Gesuchsteller eine Bestätigung darüber, dass er die Aktien im eigenen Namen (was selbstverständlich ist), vor allem aber *für eigene Rechnung* erwirbt. Diese unterschriftliche Bekräftigung soll vorgeschobene Figuren, Treuhänder, Strohmänner und Strohfrauen von der Gesellschaft fernhalten; sie ist nun ausdrücklich im Gesetz verankert[128].

642

Dieser Ablehnungsgrund folgt im Unterschied zur «Quote» (und nach der hier vertretenen Ansicht auch zum «Ausländerkontingent») *unmittelbar aus dem Gesetz*. Auch wenn die Gesellschaft keine entsprechende Klausel in den Statuten kennt oder bloss den Gesetzestext abgeschrieben hat, ist die Ablehnung möglich. Voraussetzung ist nur, dass die Aktien vinkuliert sind und die Gesellschaft den Gesuchsteller um die schriftliche Erklärung ersucht hat, er handle auf eigene Rechnung[129].

643

Das Recht, *unredliche Gesuchsteller* durch nachträgliche Streichung im Aktienbuch (genauer: in der Rubrik «Aktionäre mit Stimmrecht» des Aktienbuchs) zu sanktionieren, wurde schon erwähnt. Es wirkt sich, wenn das schiefe Ding schon vorher zutage tritt, als weiterer unmittelbar anwendbarer gesetzlicher Ablehnungsgrund aus (Art. 686a).

644

---

[125] Art. 686 Abs. 4 OR 1936.
[126] Art. 685d Abs. 3 OR 1991.
[127] Art. 685b Abs. 4 OR 1991 entspricht Art. 686 Abs. 4 OR 1936.
[128] Art. 685d Abs. 2 OR 1991.
[129] Stets möglich ist auch *von Gesetzes wegen* die Ablehnung eines Gesuchstellers, der falsche Angaben macht, denn wenn man einen solchen Übeltäter austragen darf, so muss es auch erlaubt sein, ihn gar nicht erst einzutragen.

E. Rechtsfolgen der Übertragung börsenkotierter Namenaktien

1. Beschränkung der Vinkulierung auf das Stimmrecht (Stimmrechtsausschluss)

a) Der Eintrag als «Aktionär ohne Stimmrecht» (Träger des «beneficial interest»)

645 Das Gesetz legt die Rechtsfolgen einer Übertragung börsenkotierter vinkulierter Namenaktien im Viereck zwischen Veräusserer, Effektenhändler[130], Erwerber und Gesellschaft in den Einzelheiten fest. Es bringt dabei neue Lösungen, die dazu bestimmt sind, die rasche Abwicklung von standardisierten, anonymen Transaktionen sicherzustellen.

646 Der Gesetzgeber hat das Interesse der Gesellschaften daran, dass Erwerber, welche sich nicht melden oder nach der Meldung abgelehnt werden, an der Gesellschaft *keine vermögensrechtlichen Mitgliedschaftsrechte* erwerben, geopfert. Nach der neuen Regelung geht es bei börsenkotierten vinkulierten Namenaktien im Genehmigungsverfahren überhaupt nur noch um das Stimmrecht und die mit ihm zusammenhängenden persönlichen Mitgliedschaftsrechte. Wer börsenkotierte Namenaktien über die statutarische Quote hinaus erwirbt, hat einen festen Anspruch auf Eintragung im Aktienbuch als «*Aktionär ohne Stimmrecht*»[131]. Das gleiche gilt paradoxerweise sogar dann, wenn die Gesellschaft wegen diskriminierender Bundesgesetze eine Ausländerlimite in die Statuten aufgenommen hat: die ausländischen Erwerber können über die Limite hinaus frei weitere Aktien erwerben und sich als «Aktionäre ohne Stimmrecht» eintragen lassen. Das Dividendenrecht, das Bezugsrecht und überhaupt alle vermögensrechtlichen Ansprüche stehen ihnen zu.

647 Da letztlich in der Welt der harten Gegensätze und vor allem auch im System der Lex Friedrich[132] nicht das Stimmrecht, sondern die vermögensrechtliche Beteiligung an der Gesellschaft – das *«beneficial interest»* – die entscheidende faktische Grösse ist, ist die Vinkulierung bei börsenkotierten Namenaktien nach dem Modell 1991 im Mark geschwächt. Die Gesellschaft ist mit dem Instrumentarium der Vinkulierung wehrlos, wenn entschlossene Erwerber das Limit übersteigen und sich als «Aktionäre ohne Stimmrecht» über die Quote hinaus eintragen lassen. Dies steht im Gegensatz zu der Lösung, die der Ständerat im Jahre 1988 eingebracht hatte – nach jener Lösung hätte der nichtgenehmigte Erwerber die mit seiner Aktie verbundenen Vermögensrechte nicht, bei Ablehnung überhaupt nie, ausüben können[133].

---

[130] Normalerweise eine Bank.
[131] Art. 685f Abs. 3 OR 1991.
[132] Art. 6 Abs. 2 lit. a Lex Friedrich.
[133] Ständeratsentwurf 1988, Art. 685d Abs. 1, Amtl. Bull. (1988) 492 ff.; vgl. dazu *Peter Böckli* (1988) 154.

b) Schrumpfung der Stimmrechtsbasis

Mit jedem Eintrag eines «Aktionärs ohne Stimmrecht» schrumpft die *Stimmrechtsbasis* der Gesellschaft – es kommt schliesslich dazu, dass von allen theoretisch, aufgrund der ausstehenden Nennwerte oder Aktien existierenden Stimmrechten der Namenaktien ein grosser Prozentsatz suspendiert ist. Dies führt zu einer Denaturierung der Rechtslage in der Aktiengesellschaft, genau zu dem, was der Ständerat mit seiner Lösung von 1988 hatte verhindern wollen[134]. 648

Die Schrumpfung der Stimmrechtsbasis hat bedeutende negative Auswirkungen auf die Stellung der «Zielgesellschaft» in einem *Übernahmekampf*. 649

In der Praxis ist klar, dass der Aufkäufer die Gesellschaft mit bedeutend *weniger Stimmen* als 50% beherrschen kann. Denn seine Investition in die Gesellschaft, die er nach neuem Aktienrecht entgegen dem Willen der amtierenden Unternehmensleitung vornehmen kann, verschafft ihm in vielen denkbaren Konstellationen die Mehrheit der gesamten «beneficial interests» in der Gesellschaft; er kann – und wird – den Anspruch erheben, ihm «gehöre» effektiv die Gesellschaft. Das führt dazu, dass wohl kaum 100% der Aktien im Streubesitz gegen ihn stimmen werden. So etwas wäre sogar äusserst unwahrscheinlich. Selbst wenn er nur mit einem Teil Überläufern aus dem Streubesitz rechnen darf, erleichtert ihm das den Aufwand für die Erringung der Kontrolle erheblich. 650

2. Der Rechtsübergang bei «börsenmässiger» Abwicklung: das ruhende Stimmrecht

a) Übergang von Mitgliedschaft und Vermögensrechten

Nach neuem Recht gilt: Mit der formrichtigen Übertragung der börsenkotierten Namenaktien an der Börse[135] erhält der Erwerber automatisch die Mitgliedschaft (Aktionärsstellung) sowie sämtliche Vermögensrechte, darin eingeschlossen das Dividendenrecht, das Recht auf den Liquidationsanteil und das Bezugsrecht. Aufschiebend bedingt geht auf ihn auch das Stimmrecht[136] über; dieses ruht und kann von ihm solange nicht ausgeübt werden, bis die Anerkennung durch die Gesellschaft vorliegt. In der Logik dieser neuen Lösung liegt, dass der nicht von der Gesellschaft anerkannte Aktienerwerber die Eintragung im *Aktienbuch* als «Aktionär ohne Stimmrecht» verlangen kann. In der Unlogik der übereilten Neuregelung liegt, dass er das ohne Verwirkungsfrist zu jedem ihm beliebigen Zeitpunkt tun kann, nach Jahren und Jahrzehnten[137]. 651

---

[134] *Amtl. Bull. StR* (1988) 492 ff., insb. 497/98.
[135] Beim ausserbörslichen Erwerb von kotierten Aktien gilt die Sonderregel von Art. 685f Abs. 1 Satz 2 OR 1991.
[136] Und die anderen mit dem Stimmrecht zusammenhängenden Rechte (insbesondere das Antrags- und Teilnahmerecht).
[137] Zur Frage, ob der Erwerber, der sich nicht einmal meldet und *daher* auch nicht als «Aktionär ohne Stimmrecht» im Aktienbuch steht, gegenüber der Gesellschaft dennoch seine *Vermögensrechte* ausüben kann, hiernach Ziff. 5.

652 Der *Veräusserer* hat im Augenblick des börsenmässigen Rechtsübergangs alle Rechte als Aktionär verloren. Er bleibt noch eine Art «Buchaktionär» nur für die Übergangszeit bis zum Eingang der Meldung über die Veräusserung bei der Gesellschaft. Sofort auf die Meldung hin ist er bedingungslos im Aktienbuch zu streichen («Austragung»). Bis zum Augenblick der Anmeldung des Erwerbs durch den Käufer ist die Mitgliedschaftsstelle im Aktienbuch leer; die Aktie ist eine «Dispoaktie» neuen Rechts. Entscheidend für den Rechtsübergang ist nach dem Gesetz die «*Übertragung*»: das ist nicht der schuldrechtliche Vertrag, auf den die Übertragung sich stützt, sondern dessen Erfüllung, die Verfügung, die «Belieferung».

b)   Die «Aktionäre ohne Stimmrecht» und ihre Rechtsstellung

653 Die neue Lösung führt zu einem mindestens vorübergehenden rechtlichen Schisma neuer Art. Es kommt zur Ausprägung von *zwei Arten von Namenaktionären*, die *beide* im Aktienbuch eingetragen sind: Namenaktionäre mit Stimmrecht, und Namenaktionäre ohne Stimmrecht.

654 Dadurch wird im *Aktienbuch* eine neue Rubrik nötig, «Aktionäre ohne Stimmrecht». Es stellt sich auch die Frage, inwieweit diesen «Aktionären ohne Stimmrecht» dann auch jene Rechte zugute kommen, die der Gesetzgeber 1991 für jene anderen «Aktionäre ohne Stimmrecht» – die *Partizipanten* – eingeführt hat. Konkret gefragt: Muss die Gesellschaft den «Namenaktionären ohne Stimmrecht» die Einberufung zur Generalversammlung bekanntgeben? Muss sie ihnen die gefassten Beschlüsse zur Kenntnis bringen? Muss sie in der Einberufung den entsprechenden Vermerk anbringen?[138]

655 Das Gesetz schweigt. Aus der Entstehungsgeschichte und dem Zusammenhang heraus ist zu schliessen, dass der Gesetzgeber den «*Aktionären ohne Stimmrecht*» eine solche Rechtsstellung nicht zukommen lassen wollte. Denn hier handelt es sich nicht um die Institution einer stimmrechtslosen Aktie als Partizipationsschein. Hier geht es um den Entzug des Stimmrechts als Sanktion eines Normtatbestandes – wenn nämlich das Gesuch den Voraussetzungen der Statuten für die Genehmigung und Eintragung nicht entspricht. Den Namenaktionären ohne Stimmrecht bringt daher die Gesellschaft weder die Einberufung noch die gefassten Beschlüsse zur Kenntnis, und ihnen stehen auch etwaige statutarische Partizipantenrechte nicht zu. Übrigens sind auch die Veräusserer solcher börsenkotierter Aktien *nicht* zur Generalversammlung einzuladen, im Gegensatz zum Rechtszustand unter dem alten Obligationenrecht.

656 Die «*Namenaktionäre ohne Stimmrecht*» zählen für die *Mitwirkungsrechte* in der Generalversammlung der Gesellschaft überhaupt nicht. Art. 685f Abs. 3 Satz 2 sagt, dass die entsprechenden Aktien (nämlich diejenigen *ohne Stimmrecht*) in der Generalversammlung «als nicht vertreten» gelten sollen. Sie werden auch für die Berechnung der qualifizierten Mehrheit nach Art. 704 Abs. 1 OR 1991[139] nicht berücksichtigt. Selbst dort, wo eine Gesellschaft ausdrücklich – und nicht nur als deklaratorische Wiedergabe des früheren Rechtes – eine Mehrheit verlangt, die sich auf «sämtliche Aktien» bzw.

---

[138] Zu allem Art. 656d Abs. 1 OR 1991.
[139] Für die «wichtigen Beschlüsse» braucht es einen Beschluss, der mindestens zwei Drittel der vertretenen Stimmen und die absolute Mehrheit der vertretenen Aktiennennwerte auf sich vereinigt.

«sämtliche Aktiennennwerte» oder das «gesamte Grundkapital»[140] der Gesellschaft bezieht, zählen solche «*Namenaktien ohne Stimmrecht*» nicht mit – so, wie wenn es sie nicht gäbe. Der Gesetzgeber hat sich damit, nach früheren Ausflügen in die Gefilde einer quotalen *Verteilung* der Stimmrechte auf die übrigen Aktionäre[141], für das «*Ruhen*» entschieden. Damit nimmt das Gesetz den oft beschworenen Mangel in Kauf, dass eine immer grösser werdende Anzahl nicht zur Eintragung gemeldeter oder abgelehnter Aktienübertragungen die Stimmrechtsbasis der Gesellschaft dahinschrumpfen lässt.

Aus der neuen Regelung der kotierten vinkulierten Namenaktien ergibt sich umgekehrt, dass der «Aktionär ohne Stimmrecht» das *Anfechtungsrecht*, das Recht auf Verantwortlichkeitsklage ausser Konkurs und überhaupt die nicht mit der Rechtsausübung in der Generalversammlung verknüpften Mitgliedschaftsrechte hat. Er kann auch gültig alle Rechte veräussern. Er *ist* Aktionär, nur ruht sein Stimmrecht. Er hat kein Recht auf Einberufung der Generalversammlung, kein Teilnahme- und Antragsrecht, kein Recht auf Auskunft und Einsicht; alle mit dem Stimmrecht zusammenhängenden Mitwirkungsrechte ruhen[141a]. 657

3. Rechtsübertragung bei ausserbörslichem Erwerb: Suspendierung aller Rechte bis zur Anmeldung

a) Abweichender Rechtsübergang

Eine heikle Frage war vom Parlament für jene Fälle zu lösen, wo *kotierte* Namenaktien effektiv *ausserhalb der Börse* übertragen werden. 658

Der Gesetzgeber entschied sich ganz am Schluss, in der Sommersession 1991[142], für eine Zwischenlösung zwischen dem sofortigen Rechtsübergang (unter Suspendierung des Stimmrechtes), wie er für den Börsenhandel typisch ist, und dem Verbleib sämtlicher Rechte beim Veräusserer (bis zur Genehmigung), wie er für die nichtkotierten Namenaktien gilt. Alle Rechte bleiben beim Veräusserer bis zu dem Zeitpunkt, in dem der Erwerber sein *Gesuch um Anerkennung* als Aktionär bei der Gesellschaft einreicht. Bis zu diesem Zeitpunkt – der Monate oder theoretisch Jahre nach der Übertragung liegen kann – ist der Veräusserer fast wie unter dem Rechtszustand des OR 1936 ein sog. «*Buchaktionär*», ja Träger aller Rechte aus der Aktie, und der Erwerber ist aktienrechtlich Träger von keinerlei Rechten. Der Veräusserer als Buchaktionär hat den 659

---

[140] Wozu früher vor allem Art. 648 OR 1936 das Vorbild gab.
[141] Ständeratsentwurf von 1988 für Art. 685f Abs., 3 *Amtl. Bull. StR* (1988) 498. Danach hätte man die Stimmen der übertragenen, aber von der Gesellschaft nicht zur Eintragung auf den Erwerber genehmigten Namenaktien anteilsmässig auf die im Aktienbuch eingetragenen Aktionäre verteilt, nach einer Idee von *Carl Helbling;* vgl. *Peter Böckli* (1988) 154 f. Die «Verteilung» der Stimmrechte wurde als zu weitgehender Schutz der Unternehmensleitung empfunden; der Nationalrat hat sich dagegen durchgesetzt, *Hanspeter Kläy* (1991) 162.
[141a] Art. 685f Abs. 2 Satz 1 OR 1991; Art. 656c OR 1991 kann hier wenn auch nicht ganz analog, so doch als Anhaltspunkt herangezogen werden. Unklar ist, ob der «Aktionär ohne Stimmrecht» das Recht auf Beantragung einer *Sonderprüfung* hat. Da dieses in die Generalversammlung eingebunden ist, ist die nächstliegende Antwort eine Verneinung.
[142] *Amtl. Bull. StR* (1991) 470/71.

Erlös für die von ihm verkaufte Aktie längst erhalten, ist an der Gesellschaft völlig desinteressiert und hat nur noch einen Störwert: für die Gesellschaft, weil sie ihn nach wie vor zu den Generalversammlungen als registrierten Aktionär einladen muss, und nicht zuletzt für sich selbst, weil er fortdauernd unerwünschte Unterlagen über eine Gesellschaft erhält, der er wirtschaftlich längst den Rücken gekehrt hat.

660 Geht das Gesuch der Gesellschaft zu – der Zugang genügt, eine Genehmigung ist nicht nötig –, so steht der Erwerber sofort gleich da wie der börsenmässige Erwerber am Tag der Abwicklung. Er erhält sogleich die Aktionärsstellung als solche und geniesst alle Vermögensrechte aus der Aktie als Vollrechtsträger. Er hat im Falle seiner Ablehnung aus einem gesetzlich anerkannten Grund Anspruch auf Eintragung im Aktienbuch als «*Aktionär ohne Stimmrecht*», sonst aber auf Genehmigung und Eintragung als «*Aktionär mit Stimmrecht*».

b) «*Börsenmässiger» Erwerb*

661 Das Gesetz verwendet, ohne sie zu definieren, die beiden komplementären Begriffe «börsenmässig erworben» und «ausserbörslich erworben». Die Frage stellt sich praktisch, ob die Übertragung von Namenaktien aufgrund eines Börsenauftrags ausserhalb des eigentlichen Ringhandels, nämlich zwischen zwei Banken oder Effektenhändlern oder auch die bankinterne Kompensation, dem einen oder dem andern Begriff zuzuordnen sei. Im Parlament wurden an anderer Stelle der Interbankverkehr und die bankinterne Kompensation ausdrücklich als «Erwerb an der Börse» bezeichnet[143]. Aus der Erläuterung zu Art. 685f Abs. 1 im Ständerat ergibt sich, dass man als «ausserbörslich» jene Übertragungen bezeichnen wollte, wo «die Geschäftspartner einander bekannt» sind[144] und daher eine Rückabwicklung möglich ist. Weder im typischen Interbankgeschäft noch bei der Kompensation kennen sich die Personen, die der Bank die einander gegenüberstehenden Börsenaufträge erteilt haben. Diese Abwicklungsarten sind ist daher als «börsenmässig» im Sinne der neuen Bestimmung anzusehen.

4. Meldepflicht der Veräussererbank

661a Für die Gewährleistung einer möglichst ordnungsmässigen Abwicklung ist der neue Art. 685e OR 1991 zu begrüssen: Die Veräussererbank meldet der Gesellschaft «*unverzüglich*» sowohl den Namen des Verkäufers wie die Anzahl der von ihm verkauften Aktien.

662 Mit dem Begriff «*Bank*» sind hier nicht, wie anderswo[145] die dem Bundesgesetz über die Banken und Sparkassen unterstellten Institute gemeint, sondern funktional die Banken oder Effektenhändler, die den Börsenauftrag für den Veräusserer ausführen.

---

[143] *Amtl. Bull. StR* (1988) 494. Tatsächlich scheinen mehr als die Hälfte aller Börsenaufträge in der Schweiz nicht über den Ring, sondern durch *bankinterne Kompensation* oder im *Interbankgeschäft* abgewickelt zu werden, *Niklaus Schmid* (1988) Rz 238.
[144] *Amtl. Bull. StR* (1991) 471.
[145] Art. 633 Abs. 1 OR 1991.

Diese Vorschrift ist für die zeitnahe Nachführung des Aktienbuchs unerlässlich[146]. Sie erschwert die Entstehung von sog. «Dispoaktien»[147], aber nur, wenn die Abwicklung «börsenmässig» erfolgt. Nach bisherigen Gepflogenheiten kam es oft zu zahlreichen aufeinanderfolgenden Veräusserungen, die der Gesellschaft nicht gemeldet wurden; in nicht wenigen Fällen gingen die Erwerber und deren Beauftragte der Anmeldung bei der Gesellschaft auf Dauer aus dem Wege. Es entstanden so *permanente Dispoaktien*, die praktisch wie Inhaber-Partizipationsscheine frei umliefen[148]. Die Anknüpfung der Meldepflicht bei der Veräussererbank tritt dieser Tendenz entgegen. Allerdings erhält damit die Gesellschaft Kenntnis nur über die Daten des Verkäufers, nicht aber über die Person der Erwerber und die Anzahl der von ihnen gekauften Aktien[149].

5. Indirekte Meldeobliegenheit des Erwerbers

a)   Der ständerätliche Ansatz

Der Gesetzgeber hat eine der wesentlichen Fragen der Vinkulierung am Schluss nicht klar entschieden: der Ständerat wollte in seinem Konzept von 1988 dem *Erwerber eine Obliegenheit* zur Einreichung eines Genehmigungsgesuches aufbürden. Hätte der Käufer sich nicht innerhalb einer bestimmten Frist gemeldet, hätte er eine Beeinträchtigung seiner Rechtsstellung (Nichtausübbarkeit auch der Vermögensrechte) hinnehmen müssen. Im OR 1991 fehlt diese ausdrückliche Meldeobliegenheit des Erwerbers.   663

Die Rechtslage ist keineswegs auf den ersten Blick klar. Die Aktionärsstellung und die Vermögensrechte sollen nach Art. 685f Abs. 1 börsenmässig sofort und bedingungslos auf den Erwerber übergehen. Der nachfolgende Absatz verdeutlicht, der Erwerber sei bei der Ausübung der Vermögensrechte «nicht eingeschränkt». Anderseits aber gilt nach Art. 686 Abs. 4 im Verhältnis zur Gesellschaft als Aktionär, wer im *Aktienbuch* eingetragen ist. Diese Bestimmung bedeutet nach wie vor, dass die Gesellschaft jene nicht als Aktionäre behandelt, die nicht eingetragen sind. Solange der Erwerber sich nun mit seinem Genehmigungsgesuch überhaupt nicht gemeldet hat, kann ihn die Gesellschaft gar nicht ins Aktienbuch eintragen, auch nicht im Sinne von Art. 685f Abs. 3 «als Aktionär ohne Stimmrecht». Fehlt aber der Eintrag im Aktienbuch, so gilt er für die Gesellschaft nicht als Aktionär.   664

Dies steht in einem Spannungsverhältnis zu der Aussage des neuen Gesetzestextes, in der Ausübung aller übrigen Aktionärsrechte – eben insbesondere des Dividendenrechts und des Bezugsrechts – sei der Erwerber auch *vor der Anerkennung durch die Gesellschaft* «nicht eingeschränkt». Dies würde, für sich allein genommen, bedeuten, dass der börsenmässige Erwerber tatsächlich vom Tage der Übertragung an – unbekümmert um die Einreichung eines Gesuches um Anerkennung als Aktionär und vor der Eintra-   665

---

[146] Das hatte der Berichterstatter im Ständerat nicht gesehen, *Amtl. Bull. StR* (1988) 488; vgl. auch *NR* (1991) 470.
[147] *Amtl. Bull. NR* (1990) 1371.
[148] Vgl. die Debatten dazu im Ständerat, *Amtl. Bull. StR* (1988) 483 und 499.
[149] Im Ständerat nannte man als äusserste Spanne, die noch «*unverzüglich*» wäre, fünf Kalendertage oder drei Werktage, *Amtl. Bull. StR* (1988) 498.

gung im Aktienbuch als «Aktionär ohne Stimmrecht» – bereits bei der Gesellschaft unabhängig vom Stand des Aktienbuches seine Dividende geltend machen und neue Aktien beziehen könnte.

b)   Entwirrung des Knäuels

666   Damit hat es der Gesetzgeber fertiggebracht, nicht nur die bisher in diesem Punkt bestehende Verwirrung andauern zu lassen, sondern ihr noch eine zusätzliche hinzuzufügen[150]. Art. 685f und Art. 686 Abs. 4 lassen sich in Übereinstimmung bringen wie folgt:

667   – Bei *börsenkotierten Namenaktien* gehen die Rechte – wobei das Stimmrecht in der Ausübung vorläufig suspendiert ist – auf den Erwerber über, und zwar

– bei börsenmässigem Erwerb[151] sofort mit der Übertragung,

– bei ausserbörslichem Erwerb unter Aufschub der Wirkung bis zum Augenblick, in dem der Gesellschaft das Gesuch um Anerkennung als Aktionär zugeht (Wirkungsaufschub).

Der Erwerber ist im entsprechenden Zeitpunkt «rechtsgültiger Eigentümer»[152] und kann die Aktie von den genannten Zeitpunkten an rechtsgültig weiterveräussern, unabhängig vom Willen der Gesellschaft.

668   – Der *Veräusserer* hat vom Augenblick des Rechtsübergangs an keinerlei Rechte mehr an der veräusserten Aktie. Er ist nicht ein Buchaktionär, sondern ein Nichtaktionär.

669   – Der *Erwerber* aber kann seine Rechte – und zwar alle Rechte, die Vermögensrechte und das Stimmrecht – bis zur *Einreichung des Gesuchs* um Anerkennung als Aktionär und damit um Eintragung im Aktienbuch nicht ausüben (Ausübungsaufschub).

670   – Reicht der Erwerber das Gesuch um Anerkennung als Aktionär ein, so *muss* ihn die Gesellschaft ins Aktienbuch *in jedem Fall sofort eintragen* – es fragt sich nur noch, wie:

– Bei *Ablehnung* muss ihn die Gesellschaft als «Aktionär ohne Stimmrecht» eintragen, womit er alle Vermögensrechte, insbesondere das Dividendenrecht und das Bezugsrecht, ungehindert ausüben kann.

– Bei *Anerkennung* trägt ihn die Gesellschaft als «Aktionär mit Stimmrecht» ein, womit er befugt ist, alle Rechte eines Aktionärs auszuüben, auch das Stimmrecht und die damit zusammenhängenden Mitwirkungsrechte.

---

[150] Mehrere erläuternde Voten im Parlament bringen kein Licht in diese Frage, so *Amtl. Bull. NR* (1991) 850, 1108.
[151] Ringhandel sowie Handel zwischen Banken oder Effektenhändlern und bankinterne Kompensation, alles aufgrund eines Börsenauftrags.
[152] *Amtl. Bull. StR* (1991) 471.

c) Rechtsfolgen

Wer deshalb überhaupt nicht im Aktienbuch eingetragen ist, nur weil er aus eigenem Entscheid die Eintragung nicht einmal beantragt hat, wird somit im Verhältnis zur Gesellschaft *nicht* als Aktionär behandelt. Er ist für sie weder «Aktionär *mit* Stimmrecht», noch ein «Aktionär *ohne* Stimmrecht»[153]. Er hält eine Dispoaktie neuen Rechts und kann – ausser wenn Inhabercoupons diese Rechte verbriefen – weder die Dividende beziehen noch das Bezugsrecht ausüben[154]. Geht (ohne Coupons) der Dividendenbetrag *dennoch* an den Erwerber, der sich nicht gemeldet hat, so ist dadurch das Aktienrecht 1991 verletzt, und der Empfänger ist ungerechtfertigt bereichert im Sinne der Art. 62 ff. OR[155]. Es liegt am Aktionär, den Schwebezustand zu beenden, der mit dem Augenblick des Rechtsübergangs beginnt und in jedem Fall sofort, auch gegen den Willen der Gesellschaft, mit der Einreichung des Gesuchs um Anerkennung als Aktionär endet.

671

Die Einreichung des Gesuchs um Anerkennung als Aktionär und Eintragung ins Aktienbuch erweist sich damit aus dem Zusammenwirken von Art. 685f und Art. 686 Abs. 4 heraus als *Obliegenheit* des Erwerbers. Als Obliegenheit ist die Anmeldung nicht eine Rechtspflicht des Aktienerwerbers, wohl aber eine Voraussetzung für die konkrete Ausübbarkeit aller übergegangenen Rechte.

672

6. Gesetzliche Genehmigungsvermutung

Aus dem Entwurf von 1983[156] stammt der Lösungsansatz, wonach bei Unentschiedenheit der Gesellschaft eine *Vermutung* auf Zustimmung zum Gesuch gelten soll. Gemäss der Gesetz gewordenen Vorstellung des Parlamentes hat die Gesellschaft für ihren Entscheid 20 Tage[157], gerechnet ab Zugang des Gesuchs. Ein Schweigen über diese Frist hinaus gilt als Anerkennung des Aktienerwerbers; dieser ist vom 21. Tage an selbst dann, wenn die statutarische Quote klar überschritten ist, nicht als «Aktionär ohne Stimmrecht», sondern als «Aktionär mit Stimmrecht» ins Aktienbuch einzutragen.

673

7. Rechtsfolgen einer widerrechtlichen Ablehnung

a) Klage auf Eintragung

Anerkennt die Gesellschaft einen Aktienerwerber zu Unrecht nicht, trägt ihn also nicht als Spartiaten, sondern nur als Metöken, als «Aktionär ohne Stimmrecht», im Aktienbuch ein, oder lehnt sie jeden Eintrag überhaupt ab, so steht dem Ansprecher die *Kla-*

674

---

[153] Im Sinne des neuen Art. 685f Abs. 3 OR 1991.
[154] So ausdrücklich der Berichterstatter im Ständerat bei der Annahme des neu formulierten Art. 685f, *Amtl. Bull. StR* (1991) 471.
[155] Vgl. dagegen Kapitel 9, Rz 1411 ff. für die nicht rechtmässig *beschlossene* Dividende.
[156] *Entwurf 1983*, Art. 685c Abs. 3.
[157] Art. 685g OR 1991.

ge auf Zustimmung bzw. Eintragung ins Aktienbuch zu[158]. Darin hat sich grundsätzlich gegenüber dem früheren Recht nichts geändert. Bei börsenkotierten vinkulierten Namenaktien dürften folgende praktische Fälle im Vordergrund stehen:

675 — Die Gesellschaft lehnt den Gesuchsteller, wie wenn das alte Recht noch gälte, dreist «*ohne Angabe von Gründen*» ab;

676 — die Gesellschaft lehnt den Antragsteller ab, obwohl er die *statutarische Quote* nicht erreicht;

677 — der Aktienbesitz des Ansprechers wird unrichtigerweise wegen angeblicher einheitlicher Leitung oder eines behaupteten Syndikats mit demjenigen anderer *zusammengerechnet*;

678 — der Erwerber macht bei Quotenüberschreitung einen *Ausnahmegrund* geltend und behauptet, ihm werde eine Ausnahme ohne sachliche Gründe verweigert, oder es habe der Verwaltungsrat willkürliche Ausnahmen bisher fortlaufend und ohne Willen zur Umkehr erteilt, und daher sei ihm die Gleichbehandlung im Unrecht zuzugestehen;

679 — die Voraussetzungen für die *Abweisung eines ausländischen Erwerbers* gemäss Art. 4 der Schlussbestimmungen sind entgegen der Darstellung der Gesellschaft nicht erfüllt (entweder weil das angerufene Bundesgesetz die Gesellschaft überhaupt nicht oder nicht erheblich betrifft oder die sich aus ihm ergebende Gefahrengrenze – im Sinne der «Unbedenklichkeitsgrenze» – in einer sachlich eindeutig unhaltbaren Weise definiert ist);

680 — entgegen der Darstellung der Gesellschaft handelt der Erwerber für *eigene* Rechnung;

681 — entgegen der Behauptung des Verwaltungsrates sind die *Angaben*, die im Genehmigungsgesuch stehen, *zutreffend*[159].

b)   Wirksamkeit und Schadenersatz

682 Das Gesetz legt fest, dass im Falle der Gutheissung der Klage dem abgelehnten Erwerber das Stimmrecht und die damit zusammenhängenden Rechte ab dem Zeitpunkt des «*richterlichen Urteils*», also ohne die eigentlich naheliegende Rückwirkung auf den Tag der Anmeldung, zuzuerkennen sind[160].

683 Im Ergebnis statuiert das Gesetz zudem eine *vertragsrechtsähnliche Schadenersatzpflicht* der Gesellschaft. Die Gesellschaft hat den aus der unrechtmässigen Ablehnung entstandenen Schaden zu ersetzen, sofern sie nicht beweist, dass ihr kein Verschulden zur Last fällt. Da der «Ablehnungsschaden» sich ausdrücklich auf das Stimmrecht[161]

---

[158] Art. 685f Abs. 4 OR 1991.
[159] Das Streichungsrecht der Gesellschaft wirkt als Ablehnungsrecht, solange die Eintragung nicht erfolgt ist.
[160] Art. 685f Abs. 4 OR 1991.
[161] Und die damit zusammenhängenden Rechte, d.h. praktisch das Recht auf Einberufung einer Generalversammlung, das Teilnahme- und Antragsrecht sowie das Anfechtungsrecht.

bezieht, dürften indessen die Darlegung des Schadens als Vermögensdifferenz sowie der prozessuale Beweis nicht geringe Schwierigkeiten bereiten[162].

8. Nachträgliche Streichung eines Aktienerwerbers im Aktienbuch

a) Falsche Angaben und ihre Folgen

Unter dem OR 1936 war umstritten, was geschehen sollte, wenn ein Aktienerwerber seine Eintragung im Aktienbuch durch *falsche Angaben* erschlichen hatte. Anwendbar sind auf jeden Fall die Vorschriften des allgemeinen Teils des Obligationenrechtes über die *Willensmängel*[163], und dies übrigens auch nach Inkrafttreten der neuen Vorschrift von Art. 686a. Der Unterschied liegt darin, dass nach den allgemeinen Willensmängelregeln der unter Irrtum, Täuschung oder Drohung zustandegekommene Eintrag bloss wirkungslos wird – die Gesellschaft darf ohne Begehren bzw. gegen den Willen des Eingetragenen und ohne Gerichtsurteil die Skriptur des Aktienbuchs nicht ändern. Im ausdrücklich geregelten Fall der «falschen Angaben» im Sinne von Art. 686a ist die Gesellschaft nun berechtigt, den Aktienbucheintrag effektiv zu löschen, d.h. die Daten einseitig zu ändern. Dies führt praktisch zu einer Umkehr der Prozessrollen: die Gesellschaft handelt, und der Betroffene muss klagen. 684

Der Gesetzgeber hat hinzugefügt, dass die Gesellschaft in diesem Falle den Betroffenen über die Streichung immerhin sofort zu *benachrichtigen* habe. Dies verschafft ihm die Möglichkeit, mit Protest oder Klage dem fait accompli der Gesellschaft entgegenzutreten. Rechtsdogmatisch bedeutet die «*Streichung*» eine nachträgliche einseitige Aufhebung der Willenserklärung, die in der Anerkennung des Erwerbers gelegen hatte. Die Einjahresfrist des Art. 31 Abs. 1 OR, die mit der Kenntnis vom Mangel beginnt, muss entsprechende Anwendung finden. Beruft sich die Gesellschaft innerhalb eines Jahres nach Kenntnisnahme von den wesentlichen Elementen über die Falschheit der Angaben nicht auf Art. 686a OR 1991 bzw. Willensmängel, so ist die Möglichkeit, die Genehmigung rückgängig zu machen, verwirkt. 685

b) Gegenstand der nachträglichen «Streichung»

Hat der Erwerber «nur» hinsichtlich der Angaben unredlich gehandelt, die für den Entscheid über die Anerkennung als Aktionär mit Stimmrecht relevant sind, so kann er verlangen, dass er in die Rubrik der «Aktionäre *ohne* Stimmrecht» übertragen wird. Denn um in diese Rubrik zu gelangen, braucht der Erwerber nach dem am 4. Oktober 1991 beschlossenen Vinkulierungsregime keinerlei Angaben über sich selbst zu machen. Die nachträgliche Streichung stellt den Rechtszustand her, der gegolten hätte, wenn der Erwerber von Anfang an nicht anerkannt worden wäre. 686

---

[162] Wieviel besser stünde, so ist methodisch zu fragen, der Aktienerwerber vermögensrechtlich da, wenn er sofort nach Einreichung seines Gesuches, jedenfalls am 20. Tage danach, als «Aktionär *mit* Stimmrecht» anerkannt worden wäre?

[163] Art. 23 ff. OR.

F. Beurteilung

687 Das neue Vinkulierungsrecht für die *kotierten Namenaktien* ist vor allem politisch zu verstehen. Es ist ein Kompromiss zwischen dem Vorschlag des Ständerates von 1988 für ein Sonderregime und dem radikalen Vorschlag, es seien vinkulierte Namenaktien von jedem Börsenhandel überhaupt auszuschliessen[164]. Was herausgekommen ist, ist eine «Stimmrechtsvinkulierung», eine Lösung, die geeignet ist, gerade noch die Nachteile der Vinkulierung aufrecht zu erhalten, ohne ihre Vorteile zu sichern:

688 – *Gestrichen wurde die Suspendierung der Vermögensrechte.* Diese vom Ständerat vorgesehene Rechtsfolge einer berechtigten Ablehnung wäre den Verhältnissen angemessen und wirksam gewesen. Nun gehen die Aktionärsstellung – damit auch das Recht zur Weiterveräusserung – und alle Vermögensrechte trotz Nichtanerkennung des Erwerbers ungehindert auf diesen über. Es braucht für die Ausübbarkeit nur noch die Anmeldung bei der Gesellschaft. Es liegt allein im Entschluss des oder der Erwerber, wieweit sie *über die statutarische Quote hinaus* Namenaktien kaufen und damit diese praktisch zu Partizipationsscheinen machen, die auf «Aktionäre ohne Stimmrecht» lauten und unter voller Gewährung aller Vermögensrechte frei umlaufen. Jeder den Statuten oder dem Gesetz widersprechende Aktienkauf führt zu einer Schrumpfung der Stimmrechtsbasis.

689 – *gestrichen wurde der endgültige Rechtsverlust des Erwerbers, wenn er nicht innert Jahresfrist bei der Gesellschaft ein Genehmigungsgesuch stellt.* Damit wird entgegen allen Beteuerungen der sog. Dispohandel, der als Wildwuchs schon unter der Spaltungstheorie gewuchert hatte, in neuer Ausprägung, in einem gewissen Unfang weiterdauern können.

690 Immerhin ist im Regelfall[165] wenigstens die traurige Gestalt des *Buchaktionärs* verschwunden. Erhält die Gesellschaft Kenntnis vom Rechtsgeschäft, so wird der Veräusserer gelöscht und hat keine Rechte an der Aktie mehr, unbekümmert darum, ob der Erwerber die Billigung der Gesellschaft findet oder nicht. Und der Erwerber, der sich bei der Gesellschaft gar nicht erst meldet, kann – nach der hier vertretenen Ansicht – mangels Eintragung im Aktienbuch auch die Vermögensrechte nicht ausüben[166]. Die Rechte aus den Dispoaktien des Modells 1991 sind vorläufig nicht ausübbar bis zur Anmeldung bei der Gesellschaft. Die Praxis der Banken unter dem alten Aktienrecht, den Dispoaktionären die Dividende trotz allem zuzuweisen, widerspräche dem neuen Recht.

---

[164] *Amtl. Bull. NR* (1990) 1372.
[165] Die Ausnahme ist vorn in E/3, Rz 659 dargestellt.
[166] Es wäre denn, die Gesellschaft habe *Dividendencoupons* als Inhaberpapiere mit den Namenaktientiteln verbunden.

III. Vinkulierung bei nichtkotierten Namenaktien

Ist bei börsenkotierten Namenaktien im Ergebnis die Vinkulierung bis auf die eine pièce de résistance, die Suspendierung des Stimmrechts, in ihren Wirkungen aufgehoben[167], so trifft das genaue Gegenteil für die *nicht*börsenkotierten vinkulierten Namenaktien zu. Der Gesetzgeber hat die Lösungsvorschläge der Arbeitsgruppe von Greyerz in diesem Punkt weitestgehend übernommen und damit die folgenden Postulate verwirklicht:

(1) Einschränkung und Standardisierung der *Ablehnungsgründe*;

(2) Transparenz der Ablehnungsgründe durch ihre *Umschreibung in den Statuten* selbst;

(3) Abschaffung der Klausel «*ohne Angabe von Gründen*»;

(4) Pflicht der Gesellschaft, die Aktien selbst *zum wirklichen Wert* zu übernehmen, wenn sie die Gründe für eine Ablehnung nicht nennen will, oder aber diese Gründe nicht in den Statuten genannt oder nicht gesetzlich als *wichtig* anerkannt sind;

(5) Abschaffung der *Spaltung* der Aktionärsrechte, Verwirklichung der *Einheitstheorie*.

691

A. «Escape clause»: Ablehnung ohne wichtigen Grund unter Übernahme der nichtkotierten Aktien zum wirklichen Wert

1. Eine zusätzliche Handlungsvariante für die Gesellschaft

Was die Regelung für *nichtkotierte* vinkulierte Namenaktien vor allem von derjenigen für kotierte abhebt, ist die «*escape clause*»: Die Gesellschaft kann von Gesetzes wegen[167a], ohne dass sie das Vorliegen statutarischer Gründe behaupten müsste, jedes Übertragungsgesuch ablehnen, wenn sie die fraglichen Aktien zum wirklichen Wert zu übernehmen anbietet.

692

Im Gegensatz zum früheren Recht kann die Gesellschaft diese Aktien auch ausdrücklich «für eigene Rechnung» übernehmen, d.h. als *eigene Aktien hereinnehmen*. Für diesen Fall bietet Art. 659 Abs. 2 OR 1991 – über die allgemeine Freigrenze von 10% des Aktienkapitals hinaus[168] – eine erweiterte Limite von 20% des Aktienkapitals. Allerdings muss eine Gesellschaft, die auf diese Weise eigene Aktien bis zu 20% erwirbt, den Überschuss, der über 10% hinausgeht, binnen zweier Jahre wieder loswerden[169]. Nicht an diese Grenzen ist die Gesellschaft gebunden, wenn sie die Aktien für Rechnung *anderer Aktionäre* oder für Rechnung *Dritter* zurücknimmt und die Weiterveräusserung rechtsbeständig abgesichert ist (und dann auch tatsächlich erfolgt).

693

---

[167] Der sog. nichtanerkannte Aktienerwerber wird ganz einfach zu einem im Aktienbuch eingetragenen «*Aktionär ohne Stimmrecht*», zu einer Art Partizipant.

[167a] Die Äusserungen in *Amtl. Bull. NR* (1985) 1725 können nicht so verstanden werden, als bedürfe die «escape»-Klausel einer Verankerung in den Statuten.

[168] Art. 659 Abs. 1 OR 1991, vgl. hierzu Kapitel 3/VII, Rz 362 ff.

[169] Sei es durch Veräusserung, sei es durch Kapitalherabsetzung, vgl. Art. 659 Abs. 2 Satz 2 OR 1991.

2. Schranken eines Rückkaufs zwecks Ablehnung

694 Ein Rückkauf eigener Aktien zwecks Ablehnung eines unerwünschten Erwerbers ist indessen nicht frei von rechtlichen *Randbedingungen*.

a) Rückkaufsfähigkeit der Gesellschaft

695 Der Verwaltungsrat muss sorgfältig – und zwar rechtzeitig vor seinem bindenden Angebot – das rechtliche und das tatsächliche *Rückkaufpotential* der Gesellschaft nach den Bestimmungen über die eigenen Aktien (Art. 659, 659a, 659b OR 1991) abklären. Denkbar ist allerdings, dass Mitglieder des Verwaltungsrates oder andere Aktionäre die Aktien fest zu übernehmen bereit sind. Dann liegt es am Verwaltungsrat, diese Übernahme rechtsbeständig abzusichern und dafür zu sorgen, dass er nicht durch die Art der Zuteilung dieser Aktien das Gleichbehandlungsprinzip verletzt[170]. Dies alles ist in der Zeit zwischen dem Zugang des Genehmigungsgesuchs und dem Ablauf der Dreimonatsfrist[171] zu bewältigen.

b) Rechtspflichten und Missbrauchsverbot

696 Der Verwaltungsrat muss bei seinem Entscheid über Genehmigung oder Ablehnung des Gesuchs unter Übernahme zum wirklichen Wert das Sorgfalts- und Treueprinzip sowie das Gleichbehandlungsprinzip[172] beachten. Bei der Ausübung des ihm nach Art. 685b zustehenden, sehr weiten Ermessens untersteht er dem Missbrauchsverbot. Als missbräuchlich müsste insbesondere ein Übernahmeentscheid des Verwaltungsrates erscheinen, wenn gegen die Genehmigung des Erwerbers überhaupt keine in der Interessensphäre der Gesellschaft liegenden, vertretbaren Gründe sprechen. Missbräuchlich würde auch ein Verwaltungsrat handeln, der nur ablehnt, weil ihm ein Drittinteressent bekannt ist, dem er dann die dem Veräusserer zum wirklichen Wert abgenommenen Aktien zu einem wesentlich höheren Preis, unter Realisierung eines «Schnitts», weitergeben möchte. Das gesetzliche Übernahmerecht ist ein Mittel zur Erreichung von Gesellschaftszielen.

c) Sanktion

697 Keineswegs einfach ist die Frage nach der *Sanktion* bei einem den Betroffenen nicht passenden Übernahmeentscheid des Verwaltungsrats zu beantworten. Der vom Veräusserer ursprünglich ausgewählte, nun abgelehnte *Erwerber* hat normalerweise keine Klage gegen die Gesellschaft. Das gesetzliche Ankaufsrecht der Gesellschaft belastet jeden Vertrag über vinkulierte nichtkotierte Namenaktien. Anders ist die Rechtslage, wenn die Gesellschaft die Voraussetzungen für eine Ablehnung – entweder Vorliegen eines rechtmässigen Ablehnungsgrunds oder Angebot zur rechten Zeit und zum wirklichen Wert – gar nicht erfüllt hat. Dann ist die Ablehnung widerrechtlich, und der Erwerber kann seine Aktionärsstellung auch gegenüber der Gesellschaft durchsetzen.

---

[170] Art. 717 Abs. 2 OR 1991. Unter Umständen muss der Verwaltungsrat ein ordnungsmässiges Angebot an die Aktionäre durchführen, in dessen Verlauf alle Aktionäre – insbesondere auch jene, die nicht dem Verwaltungsrat angehören – eine ebenmässige Chance haben.
[171] Art. 685c Abs. 3 OR 1991.
[172] Art. 717 Abs. 1 und 2 OR 1991.

Eine Klage steht dem *Veräusserer* zu. Dieser hat gegen seine Gesellschaft Anspruch 698
auf rechtmässige Handhabung der Vinkulierung. Er kann geschädigt sein, wenn er durch
einen missbräuchlichen oder sonst widerrechtlichen Ablehnungsentscheid des Verwaltungsrates mit dem «wirklichen Wert» zu einem *niedrigeren* Verkaufserlös für seine
Aktien kommt, als er bei Genehmigung der Transaktion vom Erwerber erhalten hätte[173].

3. Die Bestimmung des «wirklichen Wertes»

Das Gesetz geht praxisnah davon aus, dass im Normalfall die Gesellschaft und der ver- 699
äusserungswillige Aktionär den «wirklichen Wert» in *Verhandlungen* festlegen. Kommt
eine Einigung innert nützlicher Frist nicht zustande, so bestimmt *der Richter*[174] auf
Kosten der Gesellschaft den «wirklichen Wert».

a) Innerer Wert

Der Begriff des wirklichen Werts stammt aus dem alten Recht[175]. Er ist in der Praxis 700
im Sinne dessen ausgelegt worden, was man in der Bewertungspraxis sonst als den
«inneren Wert» der Aktie bezeichnet[176].

Da ein genauer Nachvollzug der psychologischen Abläufe in der Verhandlung zwischen 701
Erwerber und Veräusserer unmöglich ist, sucht man den massgeblichen Wert aufgrund
jener Elemente zu ermitteln, die in solchen Verhandlungen erfahrungsgemäss den entscheidenden Einfluss ausüben. Diese Elemente sind nach der seit einiger Zeit erhärteten Erkenntnis einerseits – und in der Tendenz deutlich mit geringerer Gewichtung –
der *Substanzwert* des Unternehmens unter dem Fortführungsgesichtspunkt, und andererseits, tendenziell mit immer grösserem Gewicht, die Kapitalisierung des nachhaltig
erzielbaren Unternehmensgewinns. Dieser sog. *Ertragswert* errechnet sich nach der
gängigen Methode aus den repräsentativen Gewinnelementen[177] der unmittelbar vorangehenden zwei bis drei Geschäftsjahre, kapitalisiert mit einem marktüblichen Zinsfuss, der für die Risikohaftigkeit unternehmerischer Gewinne und die Immobilisierung
gewöhnlich um die Hälfte oder sogar noch mehr erhöht wird[178]. Der Praktiker berücksichtigt dabei noch die erkennbaren letzten Trends und gewichtet den Substanzwert einfach, den Ertragswert fast immer doppelt, bei besonders geringer Bedeutung der Substanz sogar dreifach. Das Ergebnis ist der nach der Praktikermethode errechnete anteilige Unternehmenswert[179].

---

[173] Kapitel 13, Rz 1975 ff.
[174] Art. 685b Art. 5 OR 1991.
[175] Art. 686 Abs. 4 OR 1936. Vgl. *Peter Lutz* (1988) 271 ff. 278.
[176] *F. Wolfhart Bürgi* (1957) Art. 686 N. 85 ff.; *Peter Lutz* (1988) 284/85; *Guhl/Kummer/Druey* (1991) 655; *Peter Nobel* (1991C) 213.
[177] Auszuklammern sind nichtwiederkehrende Gewinne (wie Gewinne aus der Veräusserung von Anlagevermögen), andererseits auch ausserordentliche Verluste.
[178] Vgl. zum «wirklichen Wert» im Sinne von Art. 686 Abs. 4 OR 1936 *F. Wolfhart Bürgi* (1957) N. 85 ff.; *Hansjürg Lenhard* (1975) 57 ff.
[179] Vgl. *Carl Helbling* (1991) insb. 422 ff.

702 Sicher ist der überkommene Begriff «*wirklicher Wert*» nicht glücklich. Andererseits hat man sich in Vorbereitung und Erlass des Gesetzes nicht unnötig vom Boden der bisherigen Praxis entfernen wollen.

b)   Verhältnis zum «äusseren Wert»

703 Den Gegensatz zum «inneren» Wert würde logischerweise der «*äussere Wert*» bilden, der Wert, der an der Börse zustande kommt, wenn die Aktien kotiert sind, oder der sich zwischen Veräusserer und Kaufinteressenten als tatsächlicher Verhandlungspreis ergibt. Der Börsenkurs oder konkret ausgehandelte Preis kann sowohl wesentlich niedriger wie auch wesentlich höher sein als ein rechnerisch ermittelter «wirklicher Wert». Ein konkreter Erwerber mag aus Gründen, die in seiner besonderen Situation liegen, nur mit einem erheblichen Abschlag kaufen wollen, oder aber umgekehrt einen Preis bieten, der um 25%, 50% oder gar noch mehr über dem Niveau dessen liegt, was ein Sachverständiger als «*wirklichen Wert*» ermitteln kann. Zu einem solchen höheren Preis kann es etwa kommen, wenn ein Erwerber besondere Ziele verfolgt: Es kann sein, dass er die betreffenden Aktien zur Abrundung, zum Übertrumpfen der Beteiligung eines anderen Minderheitsaktionärs oder gar als Schlüsselstücke zur Erreichung der Mehrheitsposition unbedingt in seine Verfügungsgewalt überführen möchte.

704 Das Gesetz stellt demgegenüber mit dem «wirklichen Wert» auf einen grundsätzlich *objektivierten* Wert ab[180]. Es setzt damit einerseits den Veräusserer der Gefahr aus, dass er ein subjektives Spitzenangebot nicht zu seinen Gunsten ausnützen kann. Es schützt ihn andererseits vor der Gefahr, dass er als Minderheitsaktionär zu einem Schleuderpreis verkaufen muss, weil niemand ihm den anteiligen Unternehmenswert zu zahlen bereit ist[181].

c)   Nähere Bestimmungen in den Statuten zum «wirklichen Wert»

705 Die Statuten können die *Methode* der Festlegung des «wirklichen Wertes» in einer Bandbreite vernünftigen Ermessens selber näher festlegen. Jede tiefgreifende Abweichung aber vom Prinzip des objektivierten anteiligen Unternehmenswertes wäre ein Verstoss gegen zwingendes Recht[182]. Die Statuten können daher nur unter ausserordentlichen Umständen vorsehen «*Als wirklicher Wert gilt der anteilige Substanzwert*» oder «*...gilt der Liquidationswert*». Der Substanzwert – die Bewertung des eingesetzten Eigenkapitals unter Fortführungsgesichtspunkten – ist *für sich allein* gewöhnlich die schlechteste aller Bemessungsgrössen für den anteiligen Unternehmenswert, und der Liquidationswert gibt den Netto-Zerschlagungswert der Aktiven wieder.

706 Problematisch ist auch eine statutarische Gleichstellung des wirklichen Wertes mit dem «Steuerwert», und zwar deshalb, weil dieser methodisch auf die administrativ vereinfachte Erhebung einer *periodischen Vermögenssteuer* ausgerichtet ist[183]; er weist da-

---

[180] Teilweise abweichend *Peter Lutz* (1988) 285 ff. Nur die objektivierten wertbeeinflussenden Faktoren sollten in Betracht fallen.
[181] Antragsberechtigt für die richterliche Wertbestimmung sind sowohl der Veräusserer wie die Gesellschaft als interessierte Parteien.
[182] Ebenso *Peter Lutz* (1988) 295. Vgl. auch *Amtl. Bull. NR* (1985) 1725.
[183] Vgl. *Peter Böckli* (1977/78) 481 ff.

her Eigenheiten auf, deren Wirkungen über die Bandbreite des Ermessens für die Bemessung einer Barzahlung, die als *einmalige und endgültige Abfindung* dient, hinausgehen können. Der Steuerwert bezieht sich auf relativ weit zurückliegende Berechnungszeiträume und liegt in aller Regel deutlich unter dem fachgerecht ermittelten inneren Wert – nicht weil die Steuerbehörden falsch rechnen würden, sondern weil der Steuerwert anderen Zwecken dient.

d)   Wertfestlegung durch die Revisionsstelle

Viele Statuten sehen vor, der «wirkliche Wert» oder ein anderer massgeblicher Wert werde *von der Kontrollstelle verbindlich und endgültig festgelegt»*. In einem wegleitenden Entscheid hat das Zürcher Obergericht einer solchen Einsetzung der Kontrollstelle als Schiedsgutachterin[184] die Anerkennung versagt. Die Beklagte – die Aktiengesellschaft selbst – könne nicht ihr eigenes Organ, die Kontrollstelle, zur verbindlichen Erledigung eines Streites mit ihrer Gegenpartei heranziehen[185]. Dieser Entscheid, obwohl umstritten, drückt doch einen schlüssigen Gedanken aus und dürfte auch unter neuem Aktienrecht zu beachten sein. 707

Selbst wer die Revisionsstelle nicht als Organ im engeren Sinne ansieht – weil sie weder den Willen der juristischen Person bildet noch für diese handelt -, muss in Rechnung ziehen, dass die Revisionsstelle praktisch auf ein *Vertrauensverhältnis* mit dem Verwaltungsrat angewiesen ist. Gebricht es daran, so führt aufkeimendes Misstrauen meist gerade zum Zerwürfnis: Verwaltungsrat und Revisionsstelle liegen sich in den Haaren, ein unerträglicher Zustand innerhalb eines auf Effizienz im Markt ausgerichteten Unternehmens. Das zeigt, dass der Revisionsstelle für eine derartige Schiedstätigkeit die unbefangene Stellung abgeht[186]. 708

4.   Offerte als Gültigkeitsvoraussetzung einer Ablehnung unter der «escape clause»

Voraussetzung für die Gültigkeit einer Ablehnung ohne wichtigen Grund ist nicht etwa, dass die Gesellschaft die im Angebot stehenden Aktien tatsächlich erwirbt, sondern nur (aber immerhin) die *Offerte zum wirklichen Wert*. Lehnt der Veräusserer das Angebot ab[187], so bleibt er auf seinen Aktien vorläufig sitzen. 709

Möglich, aber weder notwendig noch stets sinnvoll ist die Angabe eines zahlenmässig *bestimmten* Übernahmewertes schon bei der *Eröffnung* des Angebots. Eine solche Wertangabe erlaubt dem Veräusserer die sofortige Annahme[188], falls er befriedigt ist. Andernfalls kommt dieser Wert erst viel später in der auf das Angebot folgenden 710

---

[184] Schiedsgutachter unterstehen nicht direkt dem Konkordat über die Schiedsgerichtsbarkeit, wohl aber den allgemeinen Grundsätzen der unparteiischen Streitentscheidung, wie Unabhängigkeit des Entscheids, Anhörungspflicht, Waffengleichheit der Parteien. Gälte das Konkordat, so wäre dessen Art. 6 Abs. 2 zu beachten.
[185] Urteil des Zürcher Obergerichts vom 9. Juli 1985, ZR 85 Nr. 89.
[186] Offenbar a.A. *Peter Nobel* (1991C) 204.
[187] Annahme wird vermutet; die Frist beträgt nach Art. 685b Abs. 6 OR 1991 einen Monat.
[188] Zur Annahmevermutung vorstehende Anmerkung.

Verhandlung mit dem Veräusserer oder durch rechtskräftiges richterliches Urteil zustande.

711 Es handelt sich, wie schon bei Art. 686 Abs. 4 OR 1936, um ein *bedingtes gesetzliches Ankaufsrecht* der Gesellschaft[189]. Der Kaufpreis steht fest nach Festlegung des «wirklichen Werts» durch Verhandlungen oder Gerichtsurteil. Schuldnerin des Veräusserers ist die Gesellschaft selbst, und dies selbst dann, wenn dem Veräusserer bekannt ist, dass die Gesellschaft für Rechnung anderer Aktionäre oder Dritter handelt.

B. Ablehnung bei nichtkotierten Namenaktien aus einem «wichtigen Grund»

712 Wenn die Gesellschaft die im Angebot liegenden Namenaktien nicht zum wirklichen Wert übernimmt, so kann sie den Veräusserer nur noch auf seinen Aktien sitzen lassen, wenn ein «*wichtiger Grund*» zur Ablehnung des Erwerbers gegeben ist. Der Ablehnungsgrund muss sich aus den Statuten ergeben, und diese können nur bestimmte Kriterien zu gültigen Ablehnungsgründen erheben: Es ist die «*Zusammensetzung des Aktionärskreises*» im Hinblick auf (i) den «*Gesellschaftszweck*» oder (ii) die «*wirtschaftliche Selbständigkeit des Unternehmens*».

713 Das Parlament hat damit die schon in der Vorlage von 1983 vorgesehenen Ablehnungsgründe weiter eingeschränkt. Weder die Erhaltung des *schweizerischen Charakters* der Gesellschaft noch der Ausschluss des Erwerbs von Aktien durch *Konkurrenten* ist fortan für sich allein hinreichend als «wichtiger Grund»[190].

714 Das Gesetz stellt für eine «trockene» Ablehnung eines Erwerbers von nichtkotierten vinkulierten Namenaktien – wenn also die Gesellschaft kein Übernahmeangebot zum «wirklichen Wert» macht – gegenüber dem heutigen Recht eine *dreifache Hürde* auf:

715 – Der Ablehnungsgrund, auf den die Gesellschaft sich beruft, muss in den *Statuten* selbst stehen und dort bestimmt umschrieben sein. Eine blosse Verweisung auf Art. 685b Abs. 2, eine blosse Wiedergabe des Gesetzestextes von Art. 685b Abs. 2, verschwommene Generalklauseln («*Der Verwaltungsrat kann bei Vorliegen wichtiger Gründe ablehnen ...*») oder eine allgemeine statutarische Delegation der Ablehnungsentscheide an den Verwaltungsrat sind nach neuem Aktienrecht ungenügend. Eine darauf gestützte Ablehnung wäre rechtlich ohne Wirkung;

716 – der in den Statuten genannte Ablehnungsgrund muss *qualifiziert* sein, nämlich als Konkretisierung eines der gesetzlich abgesegneten «wichtigen Gründe»;

717 – der vorliegende konkrete Fall muss tatsächlich unter die entsprechende statutarische *Definition* des wichtigen Grundes zur Ablehnung fallen.

---

[189] Gemäss *Regula Pestalozzi-Henggeler* (1948) 170 ff.
[190] Der Griff zum Ausdruck «wichtiger Grund» ist bedauerlich, Anm. 27. Ebenso *Peter Forstmoser* (1992) 64 und 65 Anm. 28.

Jede dieser drei neuen rechtlichen Hürden kann in der Praxis zu Streitigkeiten führen. 718
Überdies sind die Gesichtspunkte des «Gesellschaftszwecks» und der «Selbständigkeit»
im Gesetz nur stichwortartig aufgeführt, ohne dass der nähere Inhalt und die Konturen
ersichtlich wären.

1. Die Ablehnung gestützt auf eine Statutenbestimmung «über die Zusammensetzung des Aktionärskreises im Hinblick auf den Gesellschaftszweck»

a)   Persönliche Eigenschaften von Aktionären für die Zweckerreichung

Die Idee, dass ein anerkennenswerter Grund für die (trockene) Ablehnung eines Er- 719
werbers in der «*Zusammensetzung des Aktionärskreises*» und im «*Hinblick auf den Gesellschaftszweck*» liegen könne, stammt aus der ersten Aktienrechtskommission[191]. Dieser leider recht verschwommene Gedanke ging ohne sinnerhellende Erläuterungen in
den Entwurf von 1983 ein[192]. Man hatte den Fall der Neuen Zürcher Zeitung oder
anderer Aktiengesellschaften vor Augen, die die Herausgabe eines parteigebundenen
Blattes bezwecken. Anders gelagerte Fälle sind denkbar: Bezweckt die Gesellschaft
eine professionelle Tätigkeit, z.B. die Revision[193] oder den Betrieb einer Klinik, so
können die Statuten den Besitz eines entsprechenden *Fähigkeitsausweises* zur Voraussetzung für den Erwerb von nichtkotierten Namenaktien erheben.

b)   Fernhaltung von Konkurrenten

Es stellt sich indessen die Frage, ob das gesetzliche Kriterium des «Hinblicks auf den 720
Gesellschaftszweck» nicht auch die Fernhaltung von erklärten *Gegnern der spezifischen
Unternehmenstätigkeit* und vor allem allgemein von *Konkurrenten* zu rechtfertigen
vermag[194]. Bezweckt die Gesellschaft den Betrieb einer Bergbahn, so ist der Erwerb
von ins Gewicht fallenden Aktienpaketen durch Umweltschützer, die den Betrieb behindern wollen, relevant unter dem Gesichtspunkt des Gesellschaftszwecks. Besteht
der Zweck einer Gesellschaft darin, in kompetitivem Verhalten auf dem Markt Gewinne
in einem bestimmten Geschäftsfeld zu erzielen, so kann eine massgebliche Beteiligung
von Personen, die genau dieses Ziel vereiteln möchten, von Konkurrenten, als unvereinbar mit der Erreichung des Gesellschaftszwecks erscheinen. In diesem Sinne bedeutet die Streichung der ursprünglich vorgeschlagenen «Konkurrenz»-Klausel[195] nicht,
dass solche Umstände fortan bei nichtkotierten Aktien unter Art. 685b Abs. 2 gänzlich
irrelevant wären. Die Gesellschaft kann vielmehr in ihre Statuten eine wohlziselierte
Bestimmung aufnehmen, wonach *Konkurrenten*[196] als Aktienerwerber abgelehnt wer-

---

[191] *Kommission Tschopp* 1968–75.
[192] Vgl. *Botschaft 1983*, 82 Ziff. 211.31 und 156 Ziff. 327.2.
«Damit diese statutarischen Gründe aber als wichtig angesehen werden dürfen, müssen sie die Zu-
stimmungsverweigerung im Hinblick auf den Gesellschaftszweck oder die Zusammensetzung des Aktionärskreises rechtfertigen.»
[193] Es handelt sich dann um eine «*Prüfungsgesellschaft*» im Sinne des EG-Rechts, Kapitel 11, Rz 1789.
[194] Vgl. *Daniel Würsch* (1989) 122 ff.
[195] *Entwurf 1983*, Art. 685b Abs. 2 Ziff. 2.
[196] Bzw. ihnen nahestehende Personen, im Sinne der Formulierung von 1983, siehe vorstehende Anmerkung.

den dürfen. Unproblematisch erscheint dies, wenn der Anteil der Konkurrenz am Aktienkapital ein bestimmtes Ausmass erreicht, das die ungehinderte Verfolgung des Gesellschaftszwecks als gefährdet erscheinen lässt. Es handelt sich dann um ein Gesamtkontingent, eine Limite von z.B. 5% oder 10%. Problematischer, weil dem Gesetz die Begründung dann nicht direkt zu entnehmen ist, wäre eine Ablehnung der Genehmigung auch schon einer *einzelnen* Aktie, die ein Konkurrent erwerben möchte.

721 Sollen die Statuten, wie es dem neuen System entspricht, dem potentiellen Aktienerwerber eindeutig zu erkennen geben, ob er anerkennungsfähig ist oder nicht, so müssen sie den sehr weiten Begriff «Konkurrent» näher eingrenzen nach Art der Wirtschaftstätigkeit und räumlicher Reichweite, und zwar mit sachlichen Gründen. Das Konkurrenzverhältnis muss erheblich sein.

722 Stets geht es um die Fakten am Tage der *Einreichung* des Gesuchs. Die Gesellschaft kann nicht nachträglich, wenn ein eingetragener Aktionär zum Konkurrenten wird, diesen einfach wieder «austragen». Das gilt für alle Ablehnungsgründe.

c) Fernhaltung von Ausländern

723 Der wichtige Grund, der sich aus dem Gesellschaftszweck ableitet, kann in bestimmten Fällen, wenn die statutarische Formulierung den Entscheid deckt, dazu dienen, eine *«Person im Ausland»* abzulehnen. Dann nämlich, wenn der Gesellschaftszweck selbst, vor allem auch in Verbindung mit der Firmenbezeichnung der Gesellschaft, eine schweizerische Beherrschung voraussetzt. Dies dürfte für eine Immobiliengesellschaft im weiteren Sinne, stets aber für eine Immobiliengesellschaft im engeren Sinne unter der Herrschaft der Lex Friedrich[197] oder etwa für Banken zutreffen, für alle übrigen Gesellschaften allerdings nur in eher seltenen Fällen.

724 Die Rechtslage ist in diesem Bereich besonders ungewiss, weil das Parlament die Sonderregelung des Art. 4 der Schlussbestimmungen nur gerade für *kotierte* Namenaktien erlassen hat, ohne klarzustellen, ob dadurch eine vergleichbare Regelung für *nicht*kotierte Namenaktien weiterhin offengelassen bleiben sollte[198].

2. Die Ablehnung gestützt auf eine Statutenbestimmung «über die Zusammensetzung des Aktionärskreises im Hinblick auf die wirtschaftliche Selbständigkeit»

725 Die Erhaltung der *wirtschaftlichen Selbständigkeit* des Unternehmens ist bei nichtkotierten Aktien ein wichtiger Grund für die (trockene) Ablehnung eines Aktienerwerbers. Dieser Gedanke kam im Ständerat auf, gewissermassen als Ersatz für die ausgemerzte frühere Heimatschutzformel von der «Erhaltung des schweizerischen Charakters der Gesellschaft»[199].

---

[197] Art. 4 Abs. 1 Bst. d und e Lex Friedrich; vorn II/C/3/b.
[198] Siehe Ziff. 3 hiernach, Rz 742.
[199] *Entwurf 1983*, Art. 685b Abs. 2 Ziff. 1.

Beim Ablehnungsgrund der wirtschaftlichen Selbständigkeit verhält es sich gerade umgekehrt gegenüber demjenigen, der sich auf den Gesellschaftszweck bezieht: der Sinnzusammenhang ist zunächst ziemlich offensichtlich, schwierig dagegen die praktische Ausmessung der Tragweite dieses Rechtfertigungsgrundes. 726

a)   Klausel über die Fernhaltung von Konkurrenten unter dem Kriterium der Erhaltung der Selbständigkeit

Eine Gesellschaft kann sich in den Statuten das Recht zur Ablehnung von Erwerbern verbriefen, welche Konkurrenten sind oder solchen nahestehen. Ob allerdings dieser Gesichtspunkt hinreicht, um schon den Erwerb *einer* Aktie durch einen Konkurrenten ablehnen zu können, ist fraglich. Eine einzige Aktie in der Hand des schärfsten Konkurrenten ist ärgerlich, aber es kann niemand im Ernst behaupten, das bedrohe die Erhaltung der wirtschaftlichen Selbständigkeit des Unternehmens. Letztlich kommt man auch unter diesem Kriterium bzw. zu einer Quote pro Konkurrenten entweder dazu, schon die abstrakte Gefährdung genügen zu lassen – dann kann auch eine einzige Aktie des Konkurrenten abgelehnt werden –, oder zu einer Gesamtlimite. 727

b)   Recht auf Ablehnung eines konkreten Beherrschungsübergangs

Die Statuten können unbestrittenermassen eine Bestimmung enthalten, die dem Verwaltungsrat erlaubt, eine Aktienübertragung abzulehnen, wenn diese dazu führen würde, dass die Gesellschaft unter die rechtliche oder tatsächliche *Kontrolle eines Konzerns* gerät. Die Gesellschaft verliert damit ihre wirtschaftliche Selbständigkeit und wird zur «Tochtergesellschaft» oder «Konzerngesellschaft». 728

Dass die Formel der «Selbständigkeit» nur die Eingliederung in einen bereits bestehenden Konzern verhindert, ist indessen dem Gesetz nicht zu entnehmen. «Wirtschaftliche» Selbständigkeit ist anvisiert, und diese geht auch verloren, wenn ein individueller *Aufkäufer* die Kontrolle übernimmt. Jede andere Auslegung[200] würde den übernahmewilligen Konzern ganz einfach dazu veranlassen, einem Aufkäufer den Vortritt zu lassen und die Gesellschaft anschliessend, wie das Gesetz es ja selber vorsieht, gelegentlich «auf andere Weise» seiner einheitlichen Leitung unterzuordnen. 729

c)   Quote zur Erhaltung der Selbständigkeit

Soll die Vorschrift des Art. 685b Abs. 2 praktikabel sein, so muss der Verwaltungsrat die Möglichkeit haben, zur Erhaltung der wirtschaftlichen Selbständigkeit des Unternehmens für die Ablehnung eine *geringere Prozentzahl* als die Überschreitung der Mehrheitsgrenze in den Statuten festzulegen. Hat eine Gesellschaft zwei unter sich verfeindete Aktionäre mit je 20% Beteiligung, und dazu 60% Aktien in Streubesitz, so ist offensichtlich, dass ein Konzern, der 30% aus dem Streubesitz erwirbt, einer Übernahme der Beherrschung äusserst nahe kommt. Beinahe mit Sicherheit wird einer der beiden unter sich verfeindeten Paketinhaber sich ihm anschliessen, womit 50% erreicht sind. Wenn die Aktien im Streubesitz an der Generalversammlung eine schlechte Präsenz haben oder nicht bis auf die letzte Stimme ihr Stimmrecht einheitlich ausüben, kann der Angreifer sein Ziel sogar mit noch weniger als einem ersten Paket von 30% er- 730

---

[200] In Erwägung gezogen offenbar von *Hanspeter Kläy* (1991) 161/62 N. 8.

reichen. Soll nun der Verwaltungsrat schon den Übergang der ersten 30%, oder erst der nachfolgenden 20% ablehnen dürfen? Oder soll er schon bei weniger als 30%, z.B. 10% oder 5% eingreifen können?

731 Berücksichtigt man die Dinge, wie sie sich in der Praxis wirklich abspielen, so kann ein nur gerade den Übergang der *Stimmenmehrheit* oder die *Eingliederung in einen Konzern* erfassendes Ablehnungsrecht niemals genügen. Die «wirtschaftliche Selbständigkeit des Unternehmens» ist nur wirklich zu erhalten, wenn die Gesellschaft eine rechtliche Handhabe gegen die Bildung oder freie Aufstockung von *massgebenden Aktienpaketen* in der Hand hat. An diesem Schluss führt, nachdem es diesen unscharf umschriebenen gesetzlichen Ablehnungsgrund nun einmal gibt, nichts vorbei. Wenn man die reine Zielnorm der «Selbständigkeit» in eine sachlich durchführbare Verhaltensnorm umsetzen will, kommt man unweigerlich zu einer prozentmässigen Begrenzung des Namenaktienbesitzes. Die Statuten setzen fest, dass der Verwaltungsrat zur Wahrung der wirtschaftlichen Selbständigkeit des Unternehmens die Genehmigung der Übertragung von Namenaktien auf einen Aktionär ablehnen kann, wenn dieser mit den neu erworbenen Titeln eine bestimmte *Prozentzahl* überschreitet. Es wäre auch schwer einzusehen, weshalb bei nichtkotierten Aktien eine Begrenzung unmöglich sein sollte, die man sogar bei kotierten zulässt. Man kommt damit zur Schlussfolgerung, dass die statutarische Quote[201] auch für nichtkotierte Aktien erlaubt ist.

732 Quoten von 5% oder 3%, die man bei der Quotenregelung für Gesellschaften mit börsenkotierten Namenaktien antrifft[202], lassen sich grundsätzlich auch unter dem Regime des Art. 685b einführen. Unproblematisch ist ganz sicher eine Quote, die auf das *massgebende Aktienpaket* im eigentlichen Sinne abzielt, auf Zahlen wie 33 1/3%, 25% oder 20% (Paketquote). Die unterste Grenze für eine «*Quote*» unter den Gesichtspunkten des Art. 685b Abs. 2 dürfte aber bei 3% liegen. Eine noch wesentlich geringere Beteiligung könnte wohl kaum noch sich auf den Selbständigkeitsartikel stützen. Auch steht fest, dass die rechtlichen Probleme der Einführung einer Quote in einer geschlossenen Gesellschaft umso grösser sind, je kleiner die Quote ist; darauf ist zurückzukommen.

733 Es ist möglich, die Quote (z.B. 10% oder 5%) mit einer statutarisch verankerten Ablehnungsbefugnis für den Fall des *effektiven Beherrschungsübergangs* zu kombinieren. In einer solchen Situation ist es unter dem Konzept der Erhaltung der wirtschaftlichen Selbständigkeit denkbar, den Übergang sogar von nur einigen wenigen Aktien oder sogar einer einzigen abzulehnen.

d) Rechtliche Problematik der «Selbständigkeits»-Klausel

734 Bei der Konkretisierung des Ablehnungsgrundes «*wirtschaftliche Selbständigkeit*» entstehen in der Praxis nicht geringe rechtliche Zweifelsfragen[203].

735 Zunächst scheint schon umstritten zu sein, ob eine *Quote* im dargelegten Sinne durch den «Selbständigkeits»-Artikel überhaupt gedeckt ist; bei sehr einschränkender Auslegung – die aber nicht sachgemäss erscheint – würde das Ablehnungsrecht überhaupt

---

[201] Für kotierte vinkulierte Namenaktien, Art. 685d Abs. 1 OR 1991.
[202] Art. 685d Abs. 1 OR 1991.
[203] Ähnliche Bedenken hegt *Hanspeter Kläy* (1991) 161/62 N. 8.

nur im Falle der bevorstehenden *Eingliederung in einen Konzern* aktuell[204]. Das Gesetz sagt das aber nicht – im Gegenteil visiert es positiv die Erhaltung der Selbständigkeit, nicht bloss negativ den letzten Augenblick vor dem Verschlungenwerden an. Sonst würde die «Selbständigkeits»-Klausel zu einer Farce.

Der Prozentsatz, der von Art. 685b Abs. 2 noch getragen wird, ist eine Ermessenssache. In Gesellschaften mit nichtkotierten Aktien kommen *massgebliche Aktienpakete* häufiger vor als bei Publikumsgesellschaften, ja sie sind hier geradezu typisch. Es ist rechtlich kritisch, wenn eine Gesellschaft mit zwei Hauptaktionären von z.B. je 21%, unter Berufung auf die gesetzliche Bestimmung über die «wirtschaftliche Selbständigkeit des Unternehmens», eine Höchstquote von 3% pro Aktionär einführt. Zwar hat eine solche Vorschrift keine Rückwirkung auf die bestehenden Besitzverhältnisse. Wenn die beiden Hauptaktionäre die Gesellschaft in Tat und Wahrheit mit ihren 42% faktisch beherrschen, so ist anderseits nur schwer verständlich, weshalb die Bildung von neuen Aktienpaketen (oder der Übergang eines Paketes von 21% en bloc auf einen einzigen Erwerber) die offenbar schon verlorene oder durch faktische Beherrschung relativierte Selbständigkeit der Gesellschaft noch bedrohen sollte. Wenn die beiden Hauptaktionäre aber verfeindet sind oder aus anderen Gründen die Gesellschaft nicht zu beherrschen vermögen, so ist ebenso schwer einzusehen, warum jeder von ihnen seine Beteiligung von 21% nicht *en bloc* an einen einzigen Erwerber sollte verkaufen dürfen. Der verkaufswillige Hauptaktionär verliert mit der 3%-Quote seinen Rivalen als natürlichen Nachfrager für das ganze Paket. Dieser hätte ihm einen Paketzuschlag gezahlt. Um seine Investition loszuwerden, muss er nun für kleinere Pakete nach sieben Käufern suchen. Dies ist auch deshalb von Bedeutung, weil das Gesetz ausdrücklich verlangt, dass für jede Ablehnung eine «Rechtfertigung» vorhanden sein muss.

736

e) *Materielle Schranken des Aktienrechts gegenüber der Einführung einer engen Quote*

Die Einführung einer Quote in einer Gesellschaft mit nichtkotierten Aktien kann somit unter dem Gesichtspunkt des *Gleichbehandlungsprinzips*, des *Übermassverbots*, der *Erforderlichkeit* und der *sachlichen Gründe* kritisch oder unstatthaft sein. Bestehen massgebliche Aktienpakete, z.B. von 19%, 24% und 34%, und wird nachträglich deren Verkauf «en bloc» durch eine enge Quote von z.B. 5% praktisch verhindert, so sind die bestehenden Pakete durch die Statutenänderung wirtschaftlich virtuell entwertet. Ein Paketzuschlag lässt sich, weil niemand mehr eines der bestehenden Pakete erwerben kann[205], im normalen Lauf der Dinge nicht mehr oder nur noch in viel geringerem Masse erzielen. Es sind Fälle denkbar, in denen sogar eine knappe Mehrheit eine Quote zu Lasten einer knappen Minderheit einführt, gerade um dieses Ziel zu erreichen.

737

---

[204] So lässt sich die angeführte Stelle äusserstenfalls verstehen.
[205] Bei den nichtkotierten vinkulierten Namenaktien gibt es keine Möglichkeit, die Aktie ohne Stimmrecht rechtsgültig zu veräussern. Alle Rechte bleiben mangels Zustimmung der Gesellschaft beim eingetragenen Aktionär, Art. 685c Abs. 1 OR 1991.

f)   «Sippen-Klauseln» in den Statuten

738 Kann die Familienaktiengesellschaft, die von Johann Balthasar Müller gegründet worden ist, in ihre Statuten die folgende Klausel aufnehmen:

> «Im Hinblick auf die Erhaltung der wirtschaftlichen Selbständigkeit des Unternehmens werden nur Nachkommen von Johann Balthasar Müller und deren Ehegatten als Aktionäre anerkannt und ins Aktienbuch eingetragen»?

739 Sicher ist diese Klausel eindeutig und transparent; insoweit stimmt sie mit der Stossrichtung der Aktienrechtsreform überein. Weniger schlagartig überzeugend ist ihre Übereinstimmung mit der Erhaltung der «wirtschaftlichen Selbständigkeit des Unternehmens». Immerhin scheint der Hauptfall des Selbständigkeitsverlustes, der Übergang der Stimmenmehrheit auf einen Konzern, dadurch ausgeschlossen zu sein. Man wird solche und ähnliche den *Aktionärskreis* definierenden Klauseln als mögliche Verwirklichung des dem Art. 685b zugrundeliegenden Gedankens der geschlossenen Gesellschaft akzeptieren müssen.

g)   Vinkuliert im Ergebnis nur die Minderheitsaktien

740 Bei der rechtlichen Beurteilung ist stets im Auge zu behalten, dass die *Vinkulierung* in einer geschlossenen Gesellschaft einerseits ausgesprochen unerbittliche rechtliche Wirkungen hat (Einheitstheorie), anderseits aber *nur die Minderheit wirklich trifft*. Sehen die Statuten nicht eine besondere qualifizierte Mehrheit vor, so können 50,1% der vertretenen Aktionäre die Vinkulierung lockern oder aufheben, sobald sie selber ans Verkaufen denken[205a]. Wer immer sich die Stimmenmehrheit und damit die Folgsamkeit des Verwaltungsrates zu sichern vermag – durch Aktienbesitz, Aktionärsvereinbarungen, Sammeln von Stimmrechtsvollmachten à l'américaine oder durch die schiere Überzeugungskraft in der Generalversammlung – , ist in der Veräusserung nichtkotierter Aktien praktisch frei.

741 Insgesamt hat das Parlament mit der erst im letzten Teil seiner Beratung eingeführten Klausel von der «*wirtschaftlichen Selbständigkeit des Unternehmens*» den Problemen der Vinkulierung bei nichtkotierten Namenaktien erhebliche neue rechtliche Zweifelsfragen hinzugefügt.

3.   Die Frage der Ausländerdiskriminierung (Art. 4 Schl.Best.)

742 Der Gesetzgeber hat, wie schon bemerkt, den früher auch für nichtkotierte Namenaktien geltenden Ablehnungsgrund «*Erhaltung des schweizerischen Charakters der Gesellschaft*» in der Differenzbereinigung gestrichen. Die erst 1991 eingefügte Klausel betreffend die Ausländerdiskriminierung in Art. 4 der *Schlussbestimmungen* bezieht sich

---

[205a] Irrtümlich wäre die Auffassung, jede nur mit einer qualifizierten Mehrheit zu beschliessende Statutenbestimmung – so die Vinkulierung gemäss Art. 704 Abs. 1 Ziff. 3 OR 1991 – könne nur mit darselben Mehrheit wieder aufgehoben werden. Das ist *nicht* der Inhalt der sog. «*Siegwart*-Regel»; diese betrifft nur Statutenbestimmungen, die selbst eine Erschwerung der Beschlussfassung zum Gegenstand haben, hiernach Rz 1405/06.

ausdrücklich nur noch auf an der *Börse* gehandelte vinkulierte Namenaktien. Es wäre unerträglich, dass Gesellschaften mit nichtkotierten Aktien wehrlos sein sollten, wenn aufgrund des Erwerbs ihrer Namenaktien durch Ausländer der durch Bundesgesetze geforderte Nachweis über die Zusammensetzung des Aktionariats – der Nachweis schweizerischer Beherrschung – verloren geht. Die sämtlichen «privaten» Aktiengesellschaften sähen sich damit den in den betreffenden Bundesgesetzen vorgesehenen, nachteiligen verwaltungsrechtlichen Folgen für ihre Geschäftstätigkeit ausgeliefert.

Eine *Bank* etwa, deren Aktien nicht kotiert sind, hat gleich wie eine Bank mit kotierten Namenaktien jeden Anlass, Käufe ihrer Aktien durch Personen im Ausland abzulehnen, wenn durch diese Käufe der Nachweis der schweizerischen Beherrschung verloren geht. In diesem Fall kann die Bank ihre Betriebsbewilligung nur noch unter Einhaltung der zusätzlichen, vom Bankengesetz für diesen Fall geforderten Voraussetzungen, darin eingeschlossen das Gegenrecht, aufrechterhalten[206]. 743

Es liegt nach der hier vertretenen Auffassung wohl ein Versehen des Gesetzgebers vor. Als Ausweg bleibt die Möglichkeit, die von Art. 4 der Schlussbestimmungen bei börsenkotierten Aktien erfassten Fälle bei Gesellschaften mit nichtkotierten Namenaktien unter den Ablehnungsgrund der «*Zusammensetzung des Aktionärskreises*» zu subsumieren. Bezweckt eine Schweizer Gesellschaft z.B. den Betrieb einer Bank, so ist dies, falls nichts anderes aus dem Gesellschaftszweck hervorgeht, als Betrieb einer nach Bankengesetz «schweizerisch beherrschten» Bank zu verstehen. Die Ablehnungsmöglichkeit, die sich bei börsenkotierten Namenaktien aus Art. 4 der Schlussbestimmungen ergibt, folgt im Falle der nichtkotierten Aktien aus dem neuen Art. 685b Abs. 1. Allerdings wäre eine Ablehnung schlicht wegen mangelnden Schweizer Passes bei nichtkotierten Aktien nach neuem Recht nur möglich, wenn man die Erhaltung der wirtschaftlichen Selbständigkeit als «Selbständigkeit gegenüber dem Ausland» versteht. Das aber steht in einem Widerspruch zur Streichung des ursprünglich vorgesehenen Ablehnungsgrundes der «Erhaltung des schweizerischen Charakters» durch das Parlament. Immer ist es jedenfalls notwendig, dass die Gesellschaft in ihren Statuten den gesetzlich anerkannten Ablehnungsgrund hinreichend konkretisiert[207]. 744

C. Weitere Bestimmungen

1. Ablehnung von Strohmännern, Strohfrauen und Treuhändern

Auch für nichtkotierte Namenaktien sieht das Gesetz vor[208], dass die Gesellschaft die Eintragung – richtig müsste es hier bei den nichtkotierten Aktien «Genehmigung» heissen – verweigern kann, wenn der Erwerber nicht ausdrücklich erklärt, dass er die Ak- 745

---

[206] Art. 3bis BankG; *Christoph M. Müller* (1978); *Hans-Peter Dietzi* (1987) 71 ff.
[207] Die Ablehnungsgründe des Art. 685b Abs. 2 OR 1991 wirken nicht von Gesetzes wegen (ebensowenig wie jene des Art. 685d Abs. 1 und des Art. 4 Schl.Best. OR 1991).
[208] Auf Anregung des Ständerates hin, *Amtl. Bull. StR* (1988) 491.

tien *im eigenen Namen und auf eigene Rechnung* erworben hat. Dies gilt im Unterschied zu den materiellen Ablehnungsgründen des «Aktionärskreises» gesetzesunmittelbar, auch ohne entsprechende Bestimmung in den Statuten, wenn immer die Aktien als solche vinkuliert sind.

746 Im Gegensatz zur Regelung bei den börsengängigen Aktien hat hier der Gesetzgeber vergessen, die Worte «*auf ihr Verlangen*» einzufügen. Sinngemäss muss diese Voraussetzung auch hier Geltung haben; es wäre unverständlich, wenn die Gesellschaft einen Erwerber wegen seines Schweigens zu einem Punkt ablehnen könnte, zu dem sie von ihm gar keine Erklärung verlangt hat.

2. Aktienerwerb durch Erbgang, Erbteilung, eheliches Güterrecht oder Zwangsvollstreckung

747 Wenig verändert gegenüber dem bisherigen Recht[209] ist die Sonderregelung für die nichtkotierten vinkulierten Namenaktien, die aus ganz besonderen Rechtsgründen, nämlich zufolge Erbgangs, Erbteilung, ehelichen Güterrechtes oder Zwangsvollstreckung, übergehen[210].

a)   Die Sonderfälle

748 Ein Übergang zufolge *ehelichen Güterrechts* dürfte unter der Herrschaft der Errungenschaftsbeteiligung[211] nicht mehr so häufig vorkommen: während der Ehe gestalten sich die güterrechtlichen Verhältnisse fast genau gleich wie unter der Gütertrennung. Am wichtigsten ist zweifellos der Übergang durch *Erbgang*. Die Gesellschaft kann die Erbengemeinschaft (oder, wenn nur ein Erbe vorhanden ist, den Universalerben) trotz dem Vorhandensein «wichtiger Gründe» im Sinne des neuen Rechtes nicht ablehnen, ausser wenn sie dem Erwerber die Übernahme der Aktien zum «wirklichen Wert» anbietet. Das gleiche trifft zu, wenn der Ersteigerer aus einer *Zwangsvollstreckung* sich bei der Gesellschaft zur Genehmigung und Eintragung meldet. Nach bundesgerichtlicher Rechtsprechung, die für das neue Recht massgebend bleiben wird, ist als vierter Fall für die Anwendung dieser Regel die *Fusion* anzusehen[212].

749 Hinsichtlich des «*wirklichen Wertes*» der vinkulierten Namenaktien gilt das schon Gesagte. Die im OR 1936 enthaltene Klarstellung, dass es der wirkliche Wert «im Zeitpunkte der Anmeldung zur Eintragung» sei[213], ist im neuen Recht entfallen, doch muss sinngemäss auch heute das gleiche gelten.

b)   Erbteilung

750 Der Entwurf 1983 hatte sicherstellen wollen, dass auch der Fall des Erwerbs von Aktien in der *Erbteilung* dieser Sonderregelung untersteht. Diese Idee fand im Erstrat als

---

[209] Art. 686 Abs. 4 OR 1936.
[210] Vgl. *Peter Lutz* (1988) 117 ff.
[211] Art. 196 ff. ZGB 1984. Vgl. *Peter Böckli*, Eintracht und Hader mit Steuerfolgen. Die Einkommenssteuer unter dem Einfluss des neuen Eherechts, Steuer-Revue 46 (1991) Nr. 5 und 6.
[212] BGE 109 II 130.
[213] Art. 686 Abs. 4 a.E. OR 1936.

überflüssig keine Gnade. Erst die Redaktionskommission hat kurz vor dem Schluss der Beratungen die Erbteilung wieder eingefügt; nach herrschender Lehre fällt auch der Erwerb durch Rechtsgeschäft in der Erbteilung unter die Regel für den Erbgang[214].

3. Annahmevermutung

Nach den allgemeinen Bestimmungen des Obligationenrechtes wäre das *Angebot* der Übernahme zum «wirklichen Wert» mangels ausdrücklicher Fristsetzung nur ganz kurzfristig bindend[215]. Unklar wäre ferner, von welchem Tage an das Angebot als abgegeben zu gelten hätte. Auch bestünde die Gefahr, dass Streit darüber entsteht, ob unter den besonderen Umständen eines derartigen Übernahmeangebotes ausnahmsweise stillschweigende Annahme zu vermuten wäre[216]. Zur Klarstellung legt daher das Gesetz fest, dass das Übernahmeangebot als angenommen gilt, wenn der Erwerber nicht innerhalb eines Monats nach Kenntnis des wirklichen Wertes das Gebot ablehnt[217]. 751

4. Verbot von weitergehenden Erschwerungen der Übertragbarkeit

a)   Die zwingende neue Schranke für Übertragungserschwerungen

Die Vorlage von 1983 hatte gesagt:

«Die Statuten können die Voraussetzungen zur Ablehnung erschweren, nicht aber erleichtern.»

Nach der Botschaft sollte dieser dunkle Satz, der eine doppelte Negation enthält, besagen, dass die gesetzlichen Vinkulierungsbestimmungen «einseitig zwingend» seien[218]. Im Klartext sollte dadurch zum Ausdruck kommen, dass die Gesellschaften die *Vinkulierung sollten lockerer* gestalten, nicht aber gegenüber den gesetzlichen Bestimmungen die Behinderung der Übertragbarkeit noch verschärfen dürfen. 752

Diese Bestimmung erscheint heute im Gesetz *redaktionell umgewendet*, ohne die doppelte Negation: die Statuten dürfen, so Art. 685b Abs. 7, «die Voraussetzungen der Übertragbarkeit nicht erschweren». Gemeint ist damit, dass das Gesetz selbst die äussersten Schranken nennt, welche gegenüber einer freien Übertragbarkeit aufgebaut werden können. Jede weitergehende Erschwerung, die der Gesellschaft auch noch einfallen könnte, ist nach dieser ausserordentlich folgenreichen und zwingenden neuen Vorschrift widerrechtlich[219]. 753

Zulässig muss es umgekehrt sein, die *Ablehnung*, den Negativentscheid, von weiteren oder schärferen Voraussetzungen abhängig zu machen; damit wird die Übertragbarkeit 754

---

[214] *Peter Lutz* (1988) 124, mit Hinweisen.
[215] Art. 4 und 5 OR.
[216] Art. 6 OR.
[217] Art. 685b Abs. 6 OR 1991.
[218] *Botschaft 1983*, 158, Ziff. 327.2 a.E.
[219] *Amtl. Bull.* NR (1985) 1723. Damals hiess es noch «... nicht zuungunsten der Aktionäre verschärfen ...». Diese Worte ersetzte der Ständerat durch «... nicht erschweren», *Amtl. Bull. StR* (1988) 489.

im Ergebnis erleichtert. Die Statuten können daher z.B. vorsehen, dass selbst beim Vorliegen eines wichtigen Grundes die Ablehnung nur gültig ist, wenn sie von einem Angebot der Übernahme zum «wirklichen Wert» begleitet ist.

b)   *Statutarische Vorhand- und Vorkaufsrechte*

755   Wenn Art. 685b Abs. 7 so ausgelegt wird, so hat er für *personenbezogene* Aktiengesellschaften ungewöhnlich einschneidende Auswirkungen. In die Statuten solcher Gesellschaften hat man unter der Herrschaft des OR 1936 die vielgestaltigsten Ausprägungen von Vorkaufs-, Vorhand- und Übernahmerechten, mit bedingten Rechten für definierte Gruppen und teilweise in nachgeordneten Untergruppen, aufgenommen[220]. Dürfen die Statuten ab 1. Juli 1992 die Voraussetzungen der Übertragbarkeit nicht erschweren, so stellt sich die Frage, ob nach Ablauf der fünfjährigen Übergangsfrist vor dieser Bestimmung alle jene *statutarischen Vorhand- oder Vorkaufsrechte* noch Bestand haben, die sich in überaus zahlreichen Schweizer Statuten geschlossener Gesellschaften finden[221]. Es findet sich etwa die Vorschrift, dass die Namenaktien auf einen Dritten, d.h. einen Nichtaktionär, nur übertragen werden dürfen, wenn zuvor der Veräusserer seine Aktien bestimmten Aktionären oder einem bestimmbaren Kreis von Personen zur Übernahme zu einem zu errechnenden Wert angeboten hat und diese nicht innert Frist die Übernahme erklären.

756   Eine solche Statutenvorschrift erschwert die Voraussetzungen der Übertragbarkeit, und zwar über das hinaus, was das Gesetz in Art. 685b Abs. 1 bis 3 vorsieht. Dies einmal ganz sicher dann, wenn der statutarische Übernahmepreis wesentlich *unter dem «wirklichen Wert»* liegt. Dies aber auch, wenn der «wirkliche Wert» gilt, aber der Veräusserer gezwungen werden soll, seinerseits ein Verkaufsangebot an statutarisch umschriebene andere Personen als die Gesellschaft zu machen, bevor er an Dritte verkaufen kann. Auch das statutarische Vorkaufsrecht erscheint als Erschwerung der Voraussetzungen der Übertragbarkeit[222] über die vom Gesetz vorgesehenen Schranken hinaus, falls es zur Vinkulierung gemäss Art. 685b Abs. 2 hinzukommt und nicht bloss das Übernahmerecht näher ausführt.

757   Der neue Art. 685b Abs. 7 schneidet damit tief in bisherige *statutarische Gepflogenheiten* ein. Eine Anpassung vieler Statuten in diesem Punkt erscheint als unerlässlich. Die lange Diskussion darum, wie derartige, stark personenbezogene und individualisierte Angebotspflichten und Vorhand- oder Vorkaufsrechte in den Statuten dogmatisch zu konstruieren seien – ob es sich da um echten Statuteninhalt oder um Vertragsinhalt in Statutengewand handle – tritt damit in den Hintergrund. Nach dem neuen Aktienrecht sind die nichtkotierten vinkulierten Namenaktien tatsächlich insoweit frei übertragbar, als die Gesellschaft sich nicht auf eine Statutenbestimmung berufen kann, die einen der in Art. 685b geregelten Ablehnungsgründe verwirklicht. Der Wille, die Vin-

---

[220]   Illustrativ *Vischer/Rapp* (1968) 235.
[221]   Vgl. insbesondere *Erika Salzgeber-Dürig* (1970); *Klaus Werner Herren* (1973) und *Peter Forstmoser* (1984B) 129.
[222]   Ausser in den Fällen, in denen die Gesellschaft die wichtigen Gründe anrufen könnte, aber statt einer (trockenen) Ablehnung dem Veräusserer bloss die Einhaltung eines unlimitierten Vorkaufsrechtes zugunsten der Gesellschaft zumutet. Dann liegt nicht eine Erschwerung, sondern eine Erleichterung vor.

kulierung aufzulockern und ihr klar definierte Schranken zu setzen, ist sowohl aufgrund der Beratungen in der Vorphase wie in der parlamentarischen Beratung eindeutig[223].

c)   Zwillingsaktien

Nach altem Aktienrecht war es möglich, zwei als juristische Personen selbständig bleibende Aktiengesellschaften durch die *Koppelung* ihrer Namenaktien zu verbinden. Dies geschah im Kern durch die Statutenbestimmung bei beiden Gesellschaften, dass die Übertragung einer Aktie A nur zu genehmigen war, wenn gleichzeitig auch eine Aktie B – die damit gekoppelte Aktie der anderen Gesellschaft – übertragen wurde. 758

Bei *kotierten* Namenaktien ist nach neuem Aktienrecht eine solche Koppelungsklausel von vornherein nicht mehr zulässig. Sie verstösst gegen den Numerus clausus der Ablehnungsgründe. 759

Bei *nichtkotierten* Namenaktien wäre eine Koppelungsklausel an sich möglich, wenn es im konkreten Fall gelingt, daraus einen in den Statuten definierten Fall zu machen, in dem sich eine Ablehnung wegen der Bestimmung des Aktionärskreises im Hinblick auf den Gesellschaftszweck oder die wirtschaftliche Selbständigkeit rechtfertigt[224]. Die Schwierigkeit wird offensichtlich in der Frage liegen, wie die Koppelung der Aktien beider Gesellschaften in einen einleuchtenden Sinnzusammenhang mit dem Gesellschaftszweck zu bringen sei. In den meisten Fällen wird dies nicht gelingen und auch der Selbständigkeitsgedanke nicht genügend tragfähig sein, so dass im Ergebnis die in der Vinkulierung verankerte Zwillingsaktie ein weiteres Opfer der neuen Bestimmungen ist[225]. 760

5.   Verwaltungsrat oder Generalversammlung

Das Gesetz, wie schon erwähnt, spricht sich nicht darüber aus, welches Organ zuständig ist für die Entscheidung der Ablehnung oder Genehmigung eines Erwerbers. Sehen die Statuten nichts anderes vor, so ist der *Verwaltungsrat* zuständig[226]. Zulässig ist eine Statutenbestimmung, die die Entscheidung der *Generalversammlung* zuweist. Diese Lösung kann in personenbezogenen Gesellschaften sinnvoll sein. Der Entscheid untersteht dann auch der Anfechtungsklage gemäss Art. 706 OR 1991. 761

---

[223] Vgl. *Botschaft 1983*, 79 ff., Ziff. 211, insb. 80, Ziff. 211.21 und 158, Ziff. 327.2 a.E.; *Amtl. Bull.NR.* (1985) 1722 ff.; *StR* (1988) 481 ff. Eine abweichende Ansicht hat offenbar *Rolf H. Weber* (1992) 84/85. Er sieht statutarische Vorkaufsrechte nicht als Verstoss gegen das Erschwerungsverbot des Art. 685b Abs. 7 OR 1991.
[224] Art. 685b Abs. 2 OR 1991.
[225] Möglich bleibt offenbar die nicht durch *Vinkulierung* verwirklichte Zwillingsaktie: die Koppelung durch Verbriefung in einem einzigen Wertpapier mit Verwendung einer Gesellschaft des ausländischen Rechts.
[226] Vorn I/3/a, Rz 566/67.

D. Die Rechtsfolgen der Übertragung nichtkotierter vinkulierter Namenaktien

1. Aufhebung der Spaltung bei nichtkotierten Namenaktien

a)   Alle Rechte beim Veräusserer bis zur Genehmigung

762   Bekanntlich hat das Bundesgericht 1957 die Spaltungstheorie am Beispiel einer *personenbezogenen Aktiengesellschaft* entwickelt[227]; ausgerechnet für diesen Bereich hebt das neue Aktienrecht die Spaltung vollständig auf. Neu gilt die Einheitstheorie.

763   Solange die Zustimmung zur Übertragung der Aktien nicht erteilt ist, verbleiben *alle* Rechte an der Aktie und alle damit verknüpften Rechte beim Veräusserer[228]. Dies bezieht sich sowohl auf die Mitwirkungsrechte (insbesondere das Stimmrecht und damit zusammenhängende Rechte wie das Einberufungs-, Antrags- und das Teilnahmerecht) als auch auf die Vermögensrechte. Die Genehmigung ist wirksam mit ihrer Erteilung. Dem Art. 685c Abs. 1 ist nichts zu entnehmen, was für eine Rückwirkung auf den Zeitpunkt des Gesuchs sprechen würde.

764   Da ausdrücklich «alle mit der Aktie verknüpften Rechte» beim Veräusserer bleiben, gehen auch die *Forderungsrechte* nicht auf den Erwerber über[229]. Es ist daher bei nichtkotierten vinkulierten Namenaktien nur noch aufgrund einer die Wirkung der Vinkulierung einschränkenden Statutenklausel möglich, die Forderungsrechte in Coupons als Inhaberpapieren zu verkörpern. In allen anderen Fällen aber ist eine Zession der Forderungsrechte, die mit dem Dividendenbeschluss entstehen, hinsichtlich von nichtkotierten vinkulierten Namenaktien rechtlich nicht möglich; Art. 685c Abs. 1 steht der «Abtretbarkeit» im Sinne von Art. 164 Abs. 2 Halbsatz 2 entgegen.

b)   Stellung des Veräusserers bei Ablehnung des Erwerbers

765   Diese Regelung verhilft keineswegs der traurigen Figur des «*Buchaktionärs*» zu weiterem Bestand. Der Erwerber weiss aufgrund der klaren gesetzlichen Vorschrift – und im Gegensatz zu den Verhältnissen unter der früheren Spaltungstheorie – , dass er eine *unteilbare, aufschiebend bedingte Rechtsstellung* erwirbt. Nur in Ausnahmefällen wird er daher bereit sein, sofort bei Vertragsschluss den Kaufpreis zu zahlen, bevor feststeht, dass ihm auch wirklich die Rechte aus der Aktie zukommen.

766   Die Schwebefrist ist durch die gesetzliche *Zustimmungsvermutung* auf eine Zeitspanne von drei Monaten beschränkt, vom Tage des «Erhalts» des Gesuchs an gerechnet[230]. Nach Ablauf dieser Zeit steht – wenn nicht der Erwerber durch Unterlassung eines Gesuchs um Zustimmung den Schwebezustand willkürlich verlängert – notwendigerweise fest, ob der Rechtsübergang zustandekommt oder nicht. Verschwunden ist daher

---

[227]   BGE 83 II 297; auch 90 II 235.
[228]   Art. 685c Abs. 1 OR 1991.
[229]   Nach neuem Recht braucht es dazu daher gar kein «pactum de non cedendo». Die Forderungsrechte sind von Gesetzes wegen beim Veräusserer. A.A. *Peter Nobel* (1991C) 271. Möglich ist in den Statuten umgekehrt ein «pactum de cedendo».
[230]   Art. 685c Abs. 3 OR 1991.

der klassische *Buchaktionär*, der den Kaufpreis bereits erhalten hatte und an der Gesellschaft völlig desinteressiert war, und dem ein Erwerber gegenüberstand, welcher mit der Aktie und der Dividendenberechtigung den wichtigsten Teil dessen erhalten hatte, worauf er abzielte.

Auch eine weitere Unstimmigkeit, die mit dem früheren «Buchaktionär» zusammenhing, ist verschwunden: In der Praxis pflegten manche Gesellschaften die Veräusserer schon im Aktienbuch zu *streichen* oder «*auszutragen*», bevor der Entscheid über die Eintragung seines Rechtsnachfolgers überhaupt gefällt war. Demzufolge musste es zu «offenen Aktionärsstellen» und damit zu Problemen mit der rechtsgültigen Einberufung von Generalversammlungen kommen. Streicht nach neuem Recht eine Gesellschaft mit *nicht*kotierten Aktien im Aktienbuch einen Namenaktionär, bevor gemäss Art. 685c Abs. 1 OR 1991 die Zustimmung zur Übertragung erteilt ist, so verletzt sie das Aktienrecht. 767

2. Bei einem Erwerb durch Erbgang, eheliches Güterrecht oder Zwangsvollstreckung

In den *Sonderfällen* des Erbgangs, der Erbteilung, des ehelichen Güterrechts und der Zwangsvollstreckung ist die Vinkulierung durch die Verknüpfung der Ablehnung mit einem Übernahmeangebot zum «wirklichen Wert» bereits stark eingeschränkt; dazu kommt, dass hier das Gesetz auch die Einheitstheorie nicht durchhalten kann. Das Gesetz sieht im Gegenteil eine vorübergehende *Spaltung* vor: Die Aktionärseigenschaft[231] und die mitgliedschaftlichen Vermögensrechte gehen sogleich und ohne weiteres auf den Erben, den Ehegatten oder den Ersteigerer über. Aber dies geschieht von Gesetzes wegen resolutiv bedingt durch die Entscheidung der Gesellschaft hinsichtlich der Übernahme der Aktien zum wirklichen Wert[232]. Damit wird eine «*hereditas iacens*» vermieden. Die Aktionärsrechte stehen immer jemandem zu: bis zum Tod dem Erblasser, und nach seinem letzten Atemzug der Erbengemeinschaft. Bei der Zwangsvollstreckung ist es zuerst der Schuldner bzw. Verpfänder, sofort mit dem Zuschlag der Ersteigerer. 768

Lehnt der Verwaltungsrat das Übertragungsgesuch ab und bietet er – wozu er in einem solchen Fall gezwungen ist – den «*wirklichen Wert*» an, so tritt bei der Erbengemeinschaft, dem Ehegatten oder dem Ersteigerer das Geld an die Stelle der Aktie. Stimmt die Gesellschaft dagegen der Übertragung zu, so fällt die Resolutivbedingung endgültig weg. Der Erwerber erhält auch die Mitwirkungsrechte, d.h. das Stimmrecht und die mit dem Stimmrecht verknüpften Rechte. 769

3. Objekt der Genehmigung

Die Aufspaltung der rechtlichen Regelung in eine für die kotierten und eine für die nichtkotierten Namenaktien brachte einige Unstimmigkeit mit sich. Im «Allgemeinen Teil» des Vinkulierungrechtes, in Art. 685a, nennt das Gesetz als Objekt der Zustim- 770

---

[231] Noch wertpapierrechtlich ausgedrückt, in den Kategorien des Sachenrechts, als «Eigentum».
[232] Art. 685b Abs. 4 OR 1991.

mung der Gesellschaft die «*Übertragung*» der Namenaktien. Dies trifft aber nur noch für die nichtkotierten Aktien uneingeschränkt zu: diese sind insgesamt und mit sämtlichen Rechten tatsächlich nur dann und erst dann übertragen, wenn die Zustimmung der Gesellschaft vorliegt. Dagegen gehen bei kotierten Namenaktien nach der klaren Formulierung der neuen Regelung die Aktionärsstellung als solche[233] und die sämtlichen Vermögensrechte ohne jede Einspruchsmöglichkeit der Gesellschaft bei börsenmässigem Erwerb sofort auf den Erwerber über[234]. Der börsenmässige Erwerber wird zwar nur «*Aktionär ohne Stimmrecht*» (Art. 685f Abs. 2 OR 1991), er ist aber in diesem Sinne Aktionär, und zwar völlig unbekümmert um die ablehnende Haltung der Gesellschaft.

771   Hinsichtlich des *«Eigentums»* an den Namenaktien und sämtlicher *Vermögensrechte* können also kotierte vinkulierte Namenaktien – und nur diese – sehr wohl im strikten Gegensatz zum Wortlaut von Art. 685a Abs. 1 OR 1991 ohne Zustimmung der Gesellschaft übertragen werden.

IV. Einsicht ins Aktienbuch

772   Das neue Aktienrecht regelt eine Frage nicht[235], die in der Praxis zu erheblichen Streitigkeiten Anlass geben kann: Wer – ausser dem Verwaltungsrat selbst[236] – hat *Einsicht in das Aktienbuch*, und unter welchen Voraussetzungen?

773   Während nach Europäischem Gesellschaftsrecht[237] das Aktienbuch «für jeden Aktionär am Sitze der SE zugänglich sein» muss, betrachtete man unter dem OR 1936 das Aktienbuch als interne Aufzeichnung[238]. Umgekehrt bringt die Pflicht der Gesellschaft, ihr bekannte «bedeutende Aktionäre unter bestimmten Voraussetzungen im Anhang zu nennen, eine gewisse Publizität von sonst im Aktienbuch verborgen bleibenden Tatsachen.

In heutiger Sicht ist wie folgt zu entscheiden:

774   1. Jeder Namenaktionär[239] hat Anspruch darauf, die *eigene Eintragung* durch Einsicht persönlich zu überprüfen[240]. Die Gesellschaft kann dem Ansprecher selbst ihr Geschäftsgeheimnis oder andere schützenswerte Interessen insoweit nicht entgegenhalten.

---

[233] Manchmal noch wertpapierrechtlich mit dem Begriff «Eigentum an Namenaktien» bezeichnet, was ebenfalls mit der heutigen Entwicklung in Richtung auf die Wertrechte nicht mehr in Einklang steht.
[234] Art. 685f Abs. 1 Satz 1 und Abs. 2 Satz 2.
[235] Art. 686 OR 1991.
[236] Das einzelne *Mitglied* des Verwaltungsrates hat Zugang zum Aktienbuch; es braucht nicht die Ermächtigung des Präsidenten oder des Gesamtverwaltungsrates, wie dies nach Art. 715a Abs. 4 OR 1991 für die Vorlage der «Bücher und Akten» erforderlich wäre. A.A. *Christoph von Greyerz* (1982) 120; Kapitel 10/III/2/d, Rz 1506.
[237] *Vorschlag SE 1991*, Art. 53 Abs. 2.
[238] *F. Wolfhart Bürgi* (1957) Art. 685 N. 27/28.
[239] Oder Nutzniesser.
[240] So schon unter dem OR 1936 *F. Wolfhart Bürgi* a.a.O. N. 27; *Ulrich Benz* (1981) 39.

2. Die Einsicht eines Aktionärs in Eintragungen, die *andere Personen* betreffen, richtet sich, da besondere Vorschriften in unserem Aktienrecht fehlen, ausschliesslich nach Art. 697 OR 1991. Dies bedeutet dreierlei: 775

   a) Zuständig ist der Verwaltungsrat; lehnt dieser ab, so muss der Aktionär warten, bis die *Generalversammlung* stattfindet, um das Begehren dort vorzulegen; ist die Sache dringend, könnte er versuchen, eine ausserordentliche Generalversammlung einberufen zu lassen, doch ist das kaum je realistisch. 776

   b) Der Aktionär erhält auch im Falle der Bewilligung Auskunft über andere Eintragungen immer nur insoweit, als dies für die *Ausübung seiner Aktionärsrechte* erforderlich ist. Er ist also gehalten, den ursächlichen Zusammenhang zwischen seinem Begehren und dem von ihm verfolgten Zweck sowie die Notwendigkeit der Einsicht zur Ausübung seiner Aktionärsrechte glaubhaft zu machen. Es liegt am Verwaltungsrat, gemäss Art. 697 Abs. 2 OR 1991 zu entscheiden, inwieweit durch die Auskunft über Eintragungen anderer Aktionäre die Geschäftsgeheimnisse oder «andere schutzwürdige Interessen der Gesellschaft gefährdet werden». Gegen einen abweisenden Entscheid des Verwaltungsrates steht dem Aktionär die Klage beim Richter offen[241]. 777

   c) In das *Aktienbuch als ganzes* kann der Aktionär nicht Einsicht nehmen[242]. Das Interesse an der Wahrung des Geschäftsgeheimnisses und des Persönlichkeitsrechtes der betroffenen Dritten geht vor. 778

Der Aktionär hat daher nach unserem Recht keine Möglichkeit, sich die im Aktienbuch enthaltene *Datenbasis* – Namen und Adressen der Namenaktionäre – für seine eigenen Zwecke dienstbar zu machen, etwa zur Zustellung seiner eigenen oppositionellen Stellungnahmen an die Mitaktionäre oder für die Versendung von Aufforderungen, ihm die Stimmrechtsvollmacht zu erteilen («proxy fight»). 779

V. Verhältnis zum EG-Recht

1. Die *Vinkulierung* ist dem Gesellschaftsrecht von EG-Mitgliedstaaten zwar nicht völlig unbekannt; sie ist dort aber auf geschlossene Gesellschaften oder bestimmte Branchen (Versicherungs-Gesellschaften) beschränkt und in der Praxis von ungleich geringerer Bedeutung. Sicher ist, dass an Börsen der EG-Staaten vinkulierte Namenaktien auch des revidierten Schweizer Modells von 1991 keine freudige Aufnahme finden würden. Die Vinkulierung börsenkotierter Aktien in der umfassenden Art, wie sie sich unter dem alten Aktienrecht verbreitet hat, ist ein Schweizer Sonderfall. 780

---

[241] Art. 697 Abs. 4 OR 1991.
[242] Nach französischem Recht hat jeder Aktionär vor der Generalversammlung das Recht, das Verzeichnis der Aktionäre zu verlangen, Art. 169 LSC. Vgl. die Übersicht bei *Ulricht Benz* (1981) 40 ff.; *Peter Nobel* (1991C) 116.

781 2. Der Grundgedanke der *Ausländerdiskriminierung* hat bis zum Ende der achtziger Jahre zwar nicht den veröffentlichten Text des Aktienrechts, wohl aber seine Handhabung auch in Gesellschaften mit börsenkotierten Namenaktien gekennzeichnet. Eine solche Praxis ist mindestens ein Verstoss im Geiste – und ein sehr handfester dazu – gegen die Freiheit des Kapitalverkehrs. Die nun zurückgestutzte Diskriminierung, die nach dem neuen Aktienrecht noch möglich ist, geht nur noch genau so weit, wie die entsprechenden Schweizer Bundesgesetze gehen; diese ihrerseits sind dann der Sitz des Problems.

782 3. Es ist kaum zweifelhaft, dass auch die *Beschränkungsregeln für nichtkotierte Aktien* den Bestrebungen im EG-Recht mindestens indirekt zuwiderlaufen; nur handelt es sich nicht mehr, wie unter dem OR 1936, um geradezu voraussetzungslose Ausländerdiskriminierungen. EG-rechtlich ist das neue Aktienrecht im Punkt der Vinkulierung zwar nicht verbessert, aber wenigstens deutlich «entschlechtert». Sollte der EWR-Vertrag mit dem umfassenden Diskriminierungsverbot in seinem Art. 124 in Kraft treten, so entsteht jedoch gegenüber Angehörigen dieses Wirtschaftsraums eine völlig neue Rechtslage.

Teil II

Rechnungslegung

Kapitel 6
Regeln der Rechnungslegung

Begleitbericht 1975, 20 ff.
Botschaft 1983, 63 ff., Ziff. 209 und 141 ff., Ziff. 323
Amtl. Bull. NR (1985) 1693 ff., (1990) 1359 ff.
Amtl. Bull. StR (1988) 474 ff.
FER 1 ff.
1. EG-Richtlinie (1968) über die Offenlegung
4. EG-Richtlinie (1978) über den Jahresabschluss
Vorschlag SE 1991 Art. 101
§§ 242 ff. HGB 1985
Art. 340-353 LSC; Art. 243-251 DSC.

I. Ausgangslage und wesentliche Neuerungen

1. Modernisierung der Rechnungslegung

Die Erkenntnis ist alt, dass die Regeln über die Rechnungslegung für das Funktionieren des Aktienrechts zentrale Bedeutung haben. Schon das OR 1881 kannte, entsprechend dem damaligen Stand der Erkenntnis, recht strenge Vorschriften über die von der Aktiengesellschaft zu erstellende Bilanz[1]. Und bei der Revision von 1936 meinte das Parlament, für einen zugleich vorsichtigen und übersichtlichen Ausweis der Vermögens- und Ertragslage bei den Aktiengesellschaften gesorgt zu haben[2]. Die grosse gesetzgeberische Schwäche des OR 1936 lag jedoch darin, dass es zwar hehre Grundsätze in die Welt setzte und auch gewisse Pflöcke einschlug, jedoch für die Einzelfragen in der Praxis allzu wenig klare Antworten zu geben vermochte[3]. 783

a) *Lücken und Widersprüche des OR 1936*

Die Lücken, die das bisherige Recht kennzeichneten, waren zahlreich, und die Widersprüche, an denen es krankte, augenfällig: 784

(1) Zwar verwenden die allgemeinen gesetzlichen Regeln über die *kaufmännische Buchführung*, die auch für die Aktiengesellschaften die Grundlage abgeben[4], eine Sprache, die überzeugend tönt. Sie verpflichten an sich die Unternehmensführung zu einer Betriebsrechnung, die einen «*möglichst sicheren Einblick in die wirtschaft-* 785

---

[1] Art. 656 OR 1881, mit dem Anschaffungskosten- und Abschreibungsprinzip für Anlagen in Ziff. 2, und dem Niederstwertprinzip in Ziff. 4 für Warenvorräte.
[2] Vgl. *F. Wolfhart Bürgi* (1957) Art. 662/63 N. 1 und 2.
[3] *Botschaft 1983*, 23 Ziff., 132.2; 63 ff., Ziff. 209.1; *Forstmoser/Meier-Hayoz* (1983) § 32.
[4] Art. 957 ff. OR

liche Lage des Geschäftes» bietet[5]. Das gleiche OR 1936 erlaubte jedoch in den Bestimmungen über Gewinn- und Verlustrechnung und Bilanz, stille Reserven nicht nur zu bilden – und zwar verdeckt zu bilden – , sondern auch, sie still wieder aufzulösen. Niemand ausser der Kontrollstelle sollte von diesen den Einblick in die wirkliche Lage effektiv verhüllenden Vorgängen Kenntnis erhalten[6]. Im schlimmsten, nach OR 1936 durchaus möglichen Fall, wurde ein Gewinn gezeigt, wo ein Verlust vorlag[7];

786 (2) die kaufmännische Buchführung verpflichtet alle «Geschäfte» zu einer «*vollständigen*» Betriebsrechnung[8]. Das gleiche OR 1936 gestattete es – jedenfalls nach lange geltender Übung – , zum Zwecke der Bildung stiller Reserven gewisse Erträge erst gar nicht auszuweisen und für das Unternehmen wesentliche Aktivposten aus der Bilanz schlicht wegzulassen;

787 (3) die Jahresbilanz hätte eigentlich schon nach dem OR 1936 das *Verhältnis zwischen eigenen Mitteln und den Verbindlichkeiten* zum Ausdruck bringen sollen[9]. Das gleiche Aktienrecht erlaubte aber, dieses Verhältnis fast beliebig verzerrt zum Ausdruck zu bringen, solange nur nicht das Vorsichtsprinzip verletzt oder gar Schulden als eigene Mittel dargestellt wurden;

788 (4) nach den Regeln kaufmännischer Buchführung sollte die Betriebsrechnung «*klar*» sein[10]. Das gleiche Obligationenrecht erlaubte aber nach gängiger Handhabung weitgehende *Saldierungen* von verschiedenen Posten auf der gleichen Seite der Rechnung und *Verrechnungen* von Aktiven mit Passiven, von Aufwand- mit Ertragsposten. Eine gerade noch als mit dem OR 1936 knapp konform angesehene Erfolgsrechnung kam mit Saldierungen «vertikal» und Verrechnungen «horizontal» zu gerade noch drei Posten: «Bruttoertrag» (nach Verrechnung von Verkaufserlösen mit Warenaufwand) auf der Ertragsseite, «Generalunkosten und Abschreibungen» sowie «Reingewinn» auf der Aufwandseite;

789 (5) im OR 1936 überhaupt nicht zu finden war der Grundsatz der *Stetigkeit*, das Prinzip, dass wesentliche Abweichungen von den im Vorjahr angewendeten Grundsätzen offen darzulegen und in ihren Auswirkungen zu erläutern sind;

790 (6) gänzlich fremd war dem OR 1936 die Zusammenfassung der Zahlen von Bilanzen und Erfolgrechnungen im Konzern, die sog. *Konsolidierung*. Man beschränkte sich auf den Abschluss der Obergesellschaft. Dies führte in vielen Fällen dazu, dass in einer Gesellschaft, welche andere Betriebsgesellschaften beherrschte und ihrer einheitlichen Leitung unterwarf, die Auswirkungen der wirklichen Entwicklung der

---

[5] Art. 959 OR; bis 1936 stand dieser Satz im *Aktienrecht* selbst (Art. 656 Abs. 1 OR 1881), allerdings nur im Hinblick auf die *Vermögenslage*, was der damaligen Fokussierung auf die Bilanz entsprach. Die Formel vom «*sicheren Einblick*» wurde 1991 in letzter Stunde ersetzt durch jene von der «*zuverlässigen Beurteilung*», Art. 662a Abs. 1 OR 1991.

[6] Art. 663 Abs. 3 OR 1936. Eine Apologie für die stillen Reserven bei *Friedrich Klausing* (1933) 119.

[7] Es braucht hier nicht mehr entschieden zu werden, ob eine solche Art des Ausweises wirklich gesetzmässig war. *Werner Niederer* (1972) 36.

[8] Art. 959 OR 1936.

[9] Art. 663 Abs. 1 OR 1936.

[10] Art. 959 OR 1936; so schon Art. 656 OR 1881.

Geschäftslage während längerer Zeit von den Aktionären abgeschirmt blieben. Das mochte wie bewusste Vernebelungen aussehen. In allzu vielen Fällen stak jedoch auch der Verwaltungsrat selbst im gleichen Nebel.

b)   Die «allgemein anerkannten kaufmännischen Grundsätze»

Der Gesetzgeber von 1936 hatte gehofft, mit seinem Hinweis auf die «*allgemein anerkannten kaufmännischen Grundsätze*»[11] hinreichend vorgesorgt zu haben, indem er der Praxis Gelegenheit gab, die nötigen Regelungen zu schaffen. Heute würde man darin eine Verweisung auf «Selbstregulierung» oder «soft law» sehen.

Diese Erwartungen haben sich nur sehr beschränkt erfüllt[12]. Unter dem Einfluss zuerst der deutschen Aktienrechtsreform von 1965[13], dann der anglo-amerikanischen Rechnungslegung[14], schliesslich der EG-Richtlinien[15] und ihrer Umsetzung ins Recht der Mitgliedstaaten[16], haben zwar seither die Wissenschaft und die Praxis vor allem der Grossunternehmen Modalitäten einer modernisierten Rechnungslegung auch in der Schweiz herausentwickelt. Rechtlich betrachtet jedoch haben sich diese Modalitäten nicht hinreichend zu eigentlichen Usanzen erhärtet, die durch die Verweisung im Buchführungsrecht zum mittelbaren Gesetzesinhalt geworden wären. Allzu viel ist nach wie vor entweder unklar oder offen, oder dann umstritten.

Die erste Aktienrechtskommission hatte schon erkannt, dass man es im wesentlichen nicht bei den etwas sporadischen Regeln des OR 1936 bewenden lassen konnte[17]. Ihre Vorschläge für eine in die Einzelheiten gehende Zwangsgliederung der Bilanz und der Gewinn- und Verlustrechnung fanden aber recht ungnädige Aufnahme. Die Arbeitsgruppe von Greyerz fasste dennoch einige Jahre später munter den Vorsatz, ein in sich geschlossenes Rechnungslegungsrecht mit Konsolidierungspflicht zu schaffen.

c)   Rechnungslegung als Kreuzweg des Aktienrechts

Die Rechnungslegung bildet aus nicht weniger als fünf Gründen den *entscheidenden Kreuzweg aller aktienrechtlichen Vorschriften*:

– Das Schweizer Aktienrecht, wie das europäische Recht der Kapitalgesellschaften allgemein[18], beruht nach wie vor fundamental auf dem Gedanken der *Kapitalerhaltung*[19]. Ein durch Statuten und Publikation bekanntgegebener, fester Betrag an Eigenkapital wird zwar nicht in seinem dauernden Bestand garantiert, wohl aber

---

[11]   Art. 959; Art. 662 Abs. 2 OR 1936.
[12]   *Botschaft 1983*, 63, Ziff. 209.1; 67, Ziff. 209.4; 73, Ziff. 209.5; 142, Ziff. 323.2.
[13]   §§ 148 ff. AktG 1965; heute finden sich die Regeln der Rechnungslegung zufolge der Umsetzung der *4., der 7. und der 8. EG-Richtlinie* (1978, 1983, 1984) in § 242 ff. und in § 264 ff. HGB.
[14]   Vor allem der FAS (Financial Accounting Standards) der USA.
[15]   Vor allem *4., 7. und 8. EG-Richtlinie* (1978, 1983, 1984).
[16]   Vor allem durch das deutsche «*BiRiLiG*», das Bilanzrichtliniengesetz vom 19. Dezember 1985, jetzt § 264 ff. HGB 1985.
[17]   Vgl. *Begleitbericht 1975*, 20 ff.
[18]   Ganz klar *1. EG-Richtlinie* (1968) (Ingress); *2. EG-Richtlinie* (1976) Ingress Abs. 4 «Die Gemeinschaft muss deshalb Vorschriften erlassen, um das Kapital als Sicherheit für die Gläubiger zu erhalten (...)». Ferner *Vorschlag SE 1991* passim.
[19]   Vgl. *Botschaft 1983*, 63, Ziff. 209.1.

in seiner ursprünglichen Aufbringung gesichert und gegen Ausbeutung durch die eigenen Aktionäre geschützt. Die Sperrzahl des Nennkapitals sorgt dafür, dass dieser Betrag der Gesellschaft zumindest nicht durch Entnahmen (Ausschüttungen und Kapitalrückzahlungen) wieder entzogen wird. Eine Nachschusspflicht der Aktionäre besteht zwar nicht[20], wohl aber ein minimaler Zwang zum «Wiederauffüllen»: Ausschüttungen dürfen erst wieder aufgenommen werden, wenn der Aktivenüberschuss durch erwirtschaftete Mittel die Sperrzahlen in der Bilanz überschreitet. Es geht letztlich um den *Schutz der Gläubiger*[21], um die Absicherung des Leistungsträgers Aktiengesellschaft vor der Kannibalisierung durch die eigenen Beteiligten. Kapitalerhaltung bedeutet nicht Liebe *zum* Nächsten, sondern Schutz *vor* dem Nächsten[22].

795a Das Eigenkapital aber, das so geschützt werden soll, ist und bleibt eine *rein rechnerische Grösse*. Es ist nie etwas anderes als eine buchhalterisch ermittelte Differenz, es ist der Unterschiedsbetrag zwischen der Bewertung der Aktiven und der Bewertung der Schulden. Verhaltensnormen, die der Kapitalerhaltung dienen, haben daher nur Sinn, wenn diese rechnerische Grösse in einer methodisch vertretbaren und folgerichtigen Art ermittelt und nicht nur den Beteiligten, sondern der Kritik Dritter unterbreitet wird – einer möglichst sachverständigen Revisionsstelle. Rechnungslegung und Revision gehören damit zum Kernbestand des Konzepts einer Kapitalgesellschaft.

796 – Zu diesem eher nur erhaltenden Element tritt ein dynamisches: eine Aktiengesellschaft ist angewiesen auf ein Organ, das sie führt, und die Rechnungslegung ist ein eminent wichtiges *Führungsinstrument*. Die hoffnungselige Vorstellung des OR 1936, der Verwaltungsrat werde schon eine höchsten Anforderungen genügende *interne* Finanzrechnung erstellen, ständig hinterfragen und für seine Entscheidungen benützen, hat sich nur zum Teil als realistisch herausgestellt. In allzu vielen Fällen musste man nachträglich feststellen, dass hinter dem kärglichen Zahlenbild, das jeweils den Aktionären vorgelegt wurde, ein beinahe ebenso unzureichendes internes Zahlenwerk stand, das der Verwaltungsrat für seine eigenen Zwecke verwendet hatte.

797 – Verwaltungsräte sind Beauftragte, und jeder Beauftragte schuldet *Rechenschaft*. Rechnungslegung ist das Herz der Rechenschaftspflicht. In dieser Beziehung steht das Aktienrecht bruchlos in der grossen Tradition des Schuldrechtes, sagt doch das Auftragsrecht, «der Beauftragte ist schuldig, auf Verlangen jederzeit über seine Geschäftsführung Rechenschaft abzulegen»[23]. Rechenschaft aber ist selten besser als die Qualität der Rechnungslegung, mit der sie angetreten wird. Die Rechnungslegung ist ein zentraler Ansatzpunkt für die Verantwortlichkeit des Verwaltungsrates und der Geschäftsleitung. Diese richtet sich einerseits an die Kapitaleigner, in deren Auftrag sie tätig sind, andererseits an die Gläubiger, und schliesslich, bei hinreichender wirtschaftlicher Bedeutung, an eine weitere Öffentlichkeit.

---

[20] Jedenfalls nicht im Schweizer Aktienrecht.
[21] So ausdrücklich die *2. EG-Richtlinie* (1976), Ingress Abs. 4; *4. EG-Richtlinie* (1978) Ingress Abs. 1 und 2; vgl. *Giorgio Behr* (1990) 57.
[22] Vgl. Kapitel 9/IV, Rz 1411 ff.
[23] Art. 400 OR.

- Die Rechnungslegung dient der Transparenz gegenüber den Kapitalanlegern und dem *Kapitalmarkt*. Die Kapitalgesellschaft, in der Schweiz traditionell die Aktiengesellschaft[24], ist der typische Träger für die Leistungserstellung im marktwirtschaftlichen System. Die Rechnungslegung ist in diesem Sinne Erfolgskontrolle. Sie stellt sicher, dass zureichend verlässliche Informationen über das finanzielle Schicksal jeder einzelnen Kapitalgesellschaft mindestens zu jenen gelangen, die darüber entscheiden müssen, ob sie dabeibleiben, zusätzlich investieren oder sich abwenden wollen: zu den Kapitalanlegern. Dazu gehören die gegenwärtigen wie die möglichen künftigen Anleger. Rechnungslegung ist die informative Brücke für die Entscheide über Investition und Desinvestition. Sie spielt damit eine wichtige Rolle für die effiziente Allokation der Ressourcen.

798

- Die Rechnungslegung dient aber auch dem *Systemschutz*. Eine unzulängliche Rechnungslegung lässt Misswirtschaft länger fortdauern und erhöht damit die Tragweite der schädlichen Auswirkungen und die Schockwirkung einer Insolvenz. Mangelhafte Rechnungslegung erlaubt einer untüchtigen Geschäftsführung, die Folgen ihrer Taten und Unterlassungen länger, um Jahre länger zu verbergen. Sie setzt Rücksichtslose in die Lage, finanzielle Kartenhäuser höher aufzutürmen, in verschachtelten Gebilden schwerere Schuldenberge aufzuhäufen, und Verlustlöcher länger zu vertuschen. Sie schadet nicht nur der Effizienz, sondern auch der Glaubwürdigkeit des ganzen Wirtschaftssystems.

799

Der Gesetzgeber von 1936 hatte diese weitere Dimension der Rechnungslegung, den *Systemschutz*, überhaupt nicht oder nur in einzelnen Ansätzen erkannt. Dies lässt sich schon aus der systematischen Einordnung der Rechnungslegungsnormen erkennen: Diese sind untergebracht im Abschnitt über «Rechte und Pflichten der Aktionäre»[25]. Dagegen ist die ordnungsmässige Rechnungslegung, verstanden als Systemschutz, keineswegs nur als Ausfluss der Aktionärsrechte, sondern als eigenständige Verpflichtung der Unternehmensleitung zu verstehen.

800

Praktisch jeder Abschnitt des Aktienrechts steht im inneren Bezug zur Rechnungslegung. Sie ist das Herz für Kapitalerhaltung, Führung, Rechenschaft, Kapitalallokation und Systemschutz.

801

2. Zusammenhänge Rechnungslegung / Offenlegung

Aus diesen Zusammenhängen ergibt sich von selbst, dass Rechnungslegung einerseits und ihre Offenlegung gegenüber einer weiteren Öffentlichkeit andererseits ebenfalls

802

---

[24] Die Aktiengesellschaft ist *die* Kapitalgesellschaft der Schweizer Praxis. In Frankreich und Deutschland in erheblichem Umfang die S.à.r.l. bzw. GmbH, konzipiert als personenbezogene Kapitalgesellschaft. In Deutschland gibt es weniger als 3000 Aktiengesellschaften, aber mehr als 400,000 GmbH. In Deutschland ist ferner die Kommanditgesellschaft, bei der der einzige unbeschränkt haftende Gesellschafter eine Gesellschaft mit beschränkter Haftung ist (*GmbH & Co.*), weit verbreitet. Es ist eine Personengesellschaft mit beschränkter Haftung, die nach Schweizer Gesellschaftsrecht (Art. 594 Abs. 2 OR) unmöglich ist.

[25] Art. 662 ff. OR 1936 im 2. Abschnitt des Aktienrechts. Durch Art. 656 OR 1881 fand sich ursprünglich die Rechnungslegung unter die Pflichten der Verwaltung eingeordnet – eigentlich überzeugender.

aufs innigste verbundene Fragen sind. Das OR 1936 hatte es noch fertiggebracht, die *Offenlegung der Jahresrechnung* bis zum Punkt des Bruchs mit der eigenen Logik einzuengen: Sogar der Beteiligte selbst, der gerade nach einem eindimensionalen Verständnis der Dinge nun wirklich derjenige sein musste, der Anspruch auf Rechenschaft hatte, der Aktionär, hatte für seine Willensbildung vor der Generalversammlung nicht einmal ein Recht auf Aushändigung der Jahresrechnung seiner eigenen Gesellschaft[26]. Kam ihm die Gesellschaft nicht über das gesetzliche Minimum hinaus entgegen, so hatte er Anspruch auf nicht mehr als darauf, sich an den Sitz der Gesellschaft zu begeben, in das dort aufgelegte, womöglich aufs äusserste verkürzte Zahlenwerk Einsicht zu nehmen, und sich handschriftliche Notizen zu machen[27]. Das Gesetz mutete ihm zu, dann 10 Tage später diese Gewinn- und Verlustrechnung und diese Bilanz, von denen er kein Exemplar erhielt, an der Generalversammlung zu genehmigen[28]. Erst *nach* der Generalversammlung stand es ihm zu, eine «Abschrift der Gewinn- und Verlustrechnung und der Bilanz» zu verlangen.

803 Es ist offensichtlich, dass in dieser Frage die Auffassungen sich geändert haben. So sehr ein Unternehmen Anspruch darauf erheben kann, einzelne sensitive Dinge von den Konkurrenten fernzuhalten[29], so wichtig ist der Hauptgrundsatz: *hinreichende Transparenz muss sein, jedenfalls gegenüber jenen, denen Rechenschaft abzulegen ist.* Einigkeit besteht daher heute darüber, dass alle Unternehmen, die den Kapitalmarkt für ihre Finanzierung beansprucht haben, auf jeden Fall offenlegungspflichtig sind. Dies war denn auch bei der Beratung des neuen Aktienrechtes kaum mehr strittig[30]. Die Geister schieden sich dagegen bei der Frage, inwieweit eine volkswirtschaftlich bedeutende Aktiengesellschaft, vor allem auch eine ausländisch-beherrschte Holdinggesellschaft mit Sitz in der Schweiz[31], der Öffentlichkeit rechenschaftspflichtig ist, auch wenn sie ihre Finanzmittel *nicht* über den Kapitalmarkt beschafft hat[32]. Die Lösung von 1991 ist in Kapitel 9 Abschnitt I/D (Rz 1320) über die Offenlegung erläutert.

3. Eckwerte des neuen Rechnungslegungsrechts

804 Auf diesem Hintergrund bringt das neue Aktienrecht ein ganz wesentlich modernisiertes, in seinen Auswirkungen auch *eindeutig verschärftes Recht der Rechnungslegung*. In vielen Punkten – wenngleich nicht in allen und vor allem nicht in den Einzelheiten – ist das Aktienrecht 1991 auf der Linie des EG-Rechnungslegungsrechtes[33]. Die wichtigsten Weichenstellungen lassen sich wie folgt in sieben Punkten zusammenfassen:

---

[26] Art. 696 Abs. 1 OR 1936.
[27] Diese Regelungsidee ist sogar noch unterhalb des Standes stehen geblieben, der schon viel früher mit dem *Einsichtsrecht der Kommanditäre* erreicht war, Art. 600 Abs. 3 OR.
[28] Art. 698 Abs. 2 Ziff. 3 OR 1936.
[29] Schutzklausel des Art. 663h Abs. 1 OR 1991.
[30] *Amtl. Bull. NR* (1985) 1774 ff.; *StR* (1988) 508 ff.
[31] Da stieg ein Zuger Nationalrat für seinen Kanton auf die Barrikaden, *Amtl. Bull. NR* (1985) 1474/75.
[32] M.a.W. die Geister schieden sich in der Frage, wie weit die Schweiz die schon 1968 niedergelegten und 1978 verfeinerten EG-Grundsätze zur Offenlegung übernehmen solle, *1. EG-Richtlinie* (1968) und *4. EG-Richtlinie* (1978) Art. 47 ff.; Kapitel 9/I/D.
[33] *4. EG-Richtlinie* (1978); vgl. Abschnitt VI. am Ende dieses Kapitels, Rz 1107 ff.

(1) Der schon im OR 1936 ausgedrückte Grundsatz der *Imparität*[34] bleibt voll erhalten und ist eher noch klarer ausgedrückt. Als Ertrag darf – mit wenigen, genau festgelegten Ausnahmen[35] – nur ausgewiesen werden, was realisiert ist; als Aufwand dagegen ist nicht nur auszuweisen, was realisiert ist, sondern schon alles, was sich auch nur *aktualisiert* hat und als Belastung ursächlich der Rechnungsperiode zuzuordnen ist[36].

805

(2) Das neue Aktienrecht statuiert erneut das Prinzip der Bewertung zu *Anschaffungskosten* in aller Schärfe[37]. Das neue Aktienrecht erlaubt – wie jenes von 1936 – kein in sich geschlossenes «inflation accounting». Hiervon sind immerhin zwei Ausnahmen zu machen: Das neue Aktienrecht erlaubt die Bemessung der Abschreibungen von den meist höheren Wiederbeschaffungskosten, was bei indirekter Abschreibung sogar zu einer «Abschreibung unter Null» führen kann[38]. Eine zweite mögliche Ausnahme liegt in der Konzernrechnung[39].

806

(3) Neu ist die Durchsetzung einer klaren *Mindestgliederung* sowohl in der Bilanz wie in der Erfolgsrechnung[40]. Insoweit besteht Saldierungsverbot. Dies führt, zusammen mit dem in unserem Aktienrecht nun erstmals formulierten Verrechnungsverbot[41], zum *Bruttoprinzip*, zu einem ganz beträchtlichen Zwang, die wirklichen Geschehnisse und Verhältnisse den Aktionären offenzulegen. Ganze Scharen von mehr oder weniger zweifelhaften Praktiken des Postensalats, der Vorwegsaldierung und der Querverrechnung, die in manchen Schweizer Aktiengesellschaften aus früheren Zeiten überlebt haben, werden künftig unrechtmässig sein.

807

(4) Neu ist die gesetzliche Aufstellung der *Grundsätze ordnungsmässiger Rechnungslegung*[42]. Das neue Aktienrecht stellt klar, dass die «möglichst zuverlässige Beur-

808

---

[34] Erwähnt als «*Grundsatz der Imparität*» schon bei *Heinrich Friedländer* (1932) 176.
[35] Vgl. Art. 669 Abs. 2 OR 1991 zur Auflösung von überflüssig gewordenen Rückstellungen und Art. 670 OR 1991 zur Aufwertung.
[36] *Botschaft 1983*, 64, Ziff. 209.1 und 66, Ziff. 209.3. Besonders streng und klar ist in diesem Punkt *4. EG-Richtlinie* (1978) Art. 31 Abs. 1 Bst. c).
[37] In Übereinstimmung mit der *4. EG-Richtlinie* (1978) Art. 35 und 39.
[38] Eine ganz andere Frage ist, ob das Steuerrecht solche aktienrechtlichen Methoden anerkennt. Nach den 1979 erneuerten Grundsätzen der Eidgenössischen Steuerverwaltung zu den Abschreibungen, vgl. *Kreisschreiben* der Eidg. Steuerverwaltung, Hauptabteilung direkte Bundessteuer, vom 31. Januar 1979, ASA 47 (1978/79) 401 ff., wird eine methodische Durchführung einer Abschreibung vom Wiederbeschaffungswert steuerrechtlich *nicht* anerkannt, und ebenso wenig eine «Abschreibung unter Null». Das Unternehmenssteuerrecht steht in der Schweiz auf dem Standpunkt, dass in den gegenüber früher etwas erhöhten Abschreibungssätzen jener zusätzliche Aufwand, der für die Durchführung einer Abschreibung vom Wiederbeschaffungswert nötig ist, bereits enthalten ist. Geht die handelsrechtliche Rechnungslegung nach Auffassung des Unternehmenssteuerrechtes zu weit, so wird der zu weit gehende Teil der Aufwandposten steuerlich aufgerechnet: es kommt zu «versteuerten stillen Reserven», zu einem Auseinanderklaffen von Handelsbilanz und Steuerbilanz.
[39] Kapitel 8/IV/B, Rz 1236.
[40] Viel strenger allerdings *4. EG-Richtlinie* (1978) Art. 8 und Art. 22.
[41] Art. 662a Abs. 2 Ziff. 6 OR 1991.
[42] Zum Vergleich: *4. EG-Richtlinie* (1978) Art. 2.

teilung»⁴³, die die Rechnungslegung zu erlauben hat, sich insbesondere auf die Ertragslage der Gesellschaft erstreckt. Dadurch wird die Möglichkeit, durch die stille Bildung und die stille Auflösung stiller Reserven den Ausweis der Ertragslage «nach unten», vor allem aber «nach oben» zu korrigieren – im Sinne des Ausweises von in der Rechnungsperiode in Wirklichkeit gar nicht erwirtschafteten Gewinnen – drastisch eingeschränkt. Das in Art. 662a Abs. 1 ausgedrückte Verbot der verzerrten Erfolgsdarstellung hat nach neuem Aktienrecht vorrangige Bedeutung. Eine Jahresrechnung, die eine *wesentliche Verzerrung* der Ertragslage der Gesellschaft enthält, widerspricht den im neuen Aktienrecht verankerten Grundsätzen ordnungsmässiger Rechnungslegung. Eine solche Regelung darf weder vom Verwaltungsrat verabschiedet noch von der Revisionsstelle zur Genehmigung empfohlen werden. Nicht weniger gewichtig sind aber auch die übrigen Grundsätze (wie die Stetigkeit).

809 (5) Neu ist der *Anhang*⁴⁴. Dieser Bestandteil der Jahresrechnung ist unerlässlich als Ergänzung zu dem reinen Zahlenraster von Erfolgsrechnung und Bilanz. Der Gesetzgeber von 1936 hatte sich vorgestellt, dass der Verwaltungsrat im jährlichen Geschäftsbericht «den Vermögensstand und die Tätigkeit der Gesellschaft darstellt und den Jahresabschluss erläutert»⁴⁵. Diese Vorschrift ist bei jenen Aktiengesellschaften, die nicht dem Druck der Finanzjournalisten ausgesetzt sind, in erstaunlichem Umfange toter Buchstabe geblieben. Zwar soll auch künftig ein Wortbericht des Verwaltungsrates⁴⁶ die Tätigkeit der Gesellschaft im Verlauf des Rechnungsjahres beschreiben und Erläuterungen bringen⁴⁷. Doch nach neuem Recht bringt nun der Anhang als separater Bestandteil der Jahresrechnung in elf Punkten ergänzende Informationen, die in einem hochgradig formalisierten Zahlenwerk allein nicht genügend zum Ausdruck kommen können.

810 (6) Neu sind die klaren Regeln über den Ausweis *eigener Aktien*⁴⁸, neu die Schaffung zweier Reserveposten für nicht verwendbares, d.h. gegen Ausschüttung gesperrtes Eigenkapital (Reserve für eigene Aktien und Aufwertungsreserve).

811 (7) Ganz neu ist das Obligatorium der *konsolidierten Rechnungslegung*⁴⁹. Zwar bleiben die Schweizer Vorschriften des Modells 1991 noch weit hinter dem EG-Recht zurück⁵⁰, aber sie machen einen Anfang. Eine den Grundsätzen ordnungsmässiger Rechnungslegung entsprechende Konzernrechnung zeigt mit aller Schärfe, wie irreführend sich in einem Unternehmensverbund die auf verschiedenen Ebenen addierten Eigenkapitalposten, konzerninternen Forderungen und gruppeninternen Lei-

---

43 Heute Art. 662a Abs. 1 OR 1991, im Unterschied zu *Entwurf 1983*, Art. 662a Abs. 1 und allen Fahnen bis 1991, die noch vom «*möglichst sicheren Einblick*» gesprochen hatten. Die Änderung der Formulierung muss einer Eingebung der Redaktionskommission in letzter Minute entsprungen sein. Vgl. dazu *4. EG-Richtlinie* (1978) Art. 2 Abs. 3 .
44 Art. 663b OR 1991; grundsätzlich auf der Linie des EG-Rechts, vgl. *4. EG-Richtlinie* (1978) Art. 43 ff., aber mit viel beschränkterem Inhalt.
45 Art. 724 OR 1936.
46 Art. 663d OR 1991.
47 Vor allem zur wirtschaftlichen und finanziellen Lage der Gesellschaft.
48 Art. 659 ff. OR 1991; vgl. dazu *2. EG-Richtlinie* (1976) Art. 18 ff.
49 Art. 663e OR 1991. Vgl. Kapitel 8.
50 *7. EG-Richtlinie* (1983) über den konsolidierten Abschluss.

stungen auswirken können, wie langsam und unvollständig bei einer nicht konsolidierten Rechnung die Ereignisse der unteren Ebenen nach oben durchschlagen.

Mit der Konzernrechnung sind zwar längst nicht alle Probleme einer aussagekräftigen Darstellung gelöst. Sobald man es aber mit einer *verschachtelten Unternehmensgruppe* zu tun hat, ist ohne Konsolidierung die Qualität der Kenntnis von den erfolgswirksamen Vorgängen und den finanziellen Zusammenhängen eindeutig viel geringer. Die Einführung der Konsolidierungspflicht ist ein Markstein des neuen Aktienrechts. Nirgends sonst zeigt sich so klar, wie die Rechnungslegung heute Aufgaben über die reine Kapitalerhaltung hinaus zu erfüllen hat; sie hat heute den Funktionen «Rechenschaft» und «Führungsinstrument» besser, der Funktion «Systemschutz» neu zu dienen. 812

II. Die wesentlichen Neuerungen im einzelnen

Die Neuerungen des Aktienrechts im Bereiche der Rechnungslegung folgen weitgehend den Vorschlägen der Arbeitsgruppe von Greyerz[51]; sie sind so zahlreich und so tiefgreifend, dass es unerlässlich ist, die verschiedenen Regelungsbereiche näher anzusehen. 813

A. Die Grundsätze ordnungsmässiger Rechnungslegung

1. Der Grundgedanke

Das Gesetz bringt methodisch mit den «*Grundsätzen ordnungsmässiger Rechnungslegung*»[52] keine Umwälzung. Es verwendet aber grössere Sorgfalt darauf, die bisher etwas abgelegen, im Recht der «kaufmännischen Buchführung»[53] untergebrachten Grundsätze in den Zusammenhang des Aktienrechtes einzufügen, sie näher auszuführen und sie vor allem zu vervollständigen. 814

Der Gesetzestext bleibt dabei auf einer verhältnismässig *hohen Abstraktionsebene*. Manche der hehren «Grundsätze» der Ordnungsmässigkeit sind nur mit einem einzigen Stichwort wiedergegeben. Sie gewinnen ihre Kraft nur, wenn sie in den Zusammenhang des ganzen Rechnungslegungsrechts eingeordnet und näher erläutert werden. 815

---

[51] Der bis in die Einzelheiten ausformulierte Alternativvorschlag *Salvioni, Amtl. Bull. NR* (1985) 1693 ff., fand keine Gnade. Das Parlament hat sich in der Frage der *stillen Reserven* – mit dem erbärmlichen Ergebnis, das man kennt – so festgebissen, dass für eine materielle Diskussion der Rechnungslegung nur spärlicher Raum blieb.
[52] Art. 662a Abs. 1 und 2 OR 1991. Vgl. dazu *Carl Helbling* (1992) 161 ff.
[53] Art. 951 ff. OR 1936.

Dazu kommt, dass das Gesetz mehrere der tragenden Grundsätze einer ordnungsmässigen Rechnungslegung – darunter die unauflösbare Verkettung der Bilanz mit der Erfolgsrechnung – als völlig selbstverständlich ansieht und in Art. 662a OR 1991 nicht ausdrücklich nennt. Dennoch haben sie Geltung; das Gesetz bezeichnet denn auch die Aufzählung in Absatz 2 des Art. 662a ausdrücklich als nicht abschliessend.

a)   Möglichst zuverlässige Beurteilung der Vermögens- und Ertragslage

816   Die nunmehr dreiteilige Jahresrechnung – sie besteht stets aus Erfolgsrechnung, Bilanz und Anhang – soll den mit wechselndem Erfolg schon bisher angestrebten «*möglichst sicheren Einblick*»[54] in die wirtschaftliche Lage des Geschäfts gewähren: nun aber klarer ausgedrückt als intellektueller Erkenntnisvorgang, als «*möglichst zuverlässige Beurteilung*»[55]. Gegenstand dieser zuverlässigen Beurteilung ist die «Vermögenslage» einerseits, die «Ertragslage» andererseits. Dabei ist diese Zielnorm keineswegs, wie das weithin die Auffassung hinsichtlich des Art. 959 OR 1936 gewesen war, nur als mehr oder weniger unverbindliche Wunschvorstellung anzusehen. Mit dem Finalsatz «die Jahresrechnung wird *so* aufgestellt, *dass* die Vermögens- und Ertragslage möglichst zuverlässig beurteilt werden kann», ist eine überaus klare Gesetzessprache gewählt, die eine vorrangige Norm setzt. Art. 662a Abs. 1 OR 1991 hat nicht Wunsch-, sondern Gebotscharakter. Die gesetzlichen Gliederungs- und Bewertungsvorschriften der folgenden Artikel des Aktienrechtes erweisen sich damit als *Mindestanforderungen*: Die Gesellschaft kann sich nicht in jedem Fall mit der minimalistischen Einhaltung der Gliederungspunkte begnügen, sondern hat gegebenenfalls jene weiteren Aufschlüsse zu bieten, die zur Erreichung des Zieles von Art. 662a Abs. 1 OR 1991 offensichtlich erforderlich sind.

b)   «Sicherer Einblick», «zuverlässige Beurteilung», «entsprechendes Bild» und «true and fair view»

817   Mit der Annahme der Formel von der «möglichst zuverlässigen Beurteilung der Vermögens- und Ertragslage» hat sich der Schweizer Gesetzgeber nicht entschliessen können, die bekannte, etwas anders visierende angelsächsische Ausdrucksweise («*true and fair view*») zu übernehmen. Er hat damit eine Differenz sowohl zur Formel von Art. 959 OR («möglichst sicheren Einblick in die wirtschaftliche Lage des Geschäfts») wie auch zur Ausdrucksweise der EG-Richtlinien geschaffen, nach denen die Jahresrechnung *«ein den tatsächlichen Verhältnissen entsprechendes Bild der Vermögens-, Finanz- und Ertragslage vermitteln»*[56] muss.

818   Obgleich indessen über diesen Unterschied – im einen Fall methodisch ein Blick, im andern Fall ein Bild, nun eine Beurteilung – viel geschrieben worden ist, ist die Abstraktionsebene sehr hoch, und die praktischen Auswirkungen sind gering. Entscheidend ist, was man in jeder konkreten Konfliktsituation mit dem Leitgrundsatz anfängt. Ob man nun den «sicheren Einblick», «die zuverlässige Beurteilung» oder das «entsprechende Bild» anstrebt, spannend werden die Dinge, wenn gestützt darauf konkret zu

---

[54]   Art. 959 OR 1936; vgl. *Günther Schultz* (1990) 84 f.; *Ancillo Canepa* (1990) 92/93.
[55]   Die *Botschaft 1983*, 142, Ziff. 323.21, hatte «einen möglichst sicheren Einblick» vorgeschlagen. Die neue Formulierung entsprang einer Eingebung der letzten Minute.
[56]   *4. EG-Richtlinie* (1978) Art. 2 Abs. 3.

entscheiden ist, welche Norm den Vorrang hat, ob eine Auflösung stiller Reserven die Darstellung der Ertragslage still verzerren darf oder nicht. Bei solchen Entscheiden spielt die methodologische Feinheit des Ansatzes («Einblick», «Bild» oder «Beurteilung») eine denkbar geringe, der vorhandene oder fehlende Wille zur Durchsetzung des hohen Grundsatzes eine umso entscheidendere Rolle.

c)   *Möglichst zuverlässige Beurteilung der Finanzlage: Mittelflussrechnung*

Positiv gesagt bedeutet die Norm von der «möglichst zuverlässigen Beurteilung[57a]», dass ein durchschnittlicher Leser der Jahresrechnung die Grundlage für jene Erkenntnisse und Schlussfolgerungen erhalten muss, die ihm eine Einschätzung der wirtschaftlichen Lage und, gestützt darauf, vernünftige Entscheidungen erlauben. Das ist funktional gemeint. 819

Keine Rolle spielen darf, dass in den Verhandlungen der Arbeitsgruppe von Greyerz die ursprünglich ebenfalls (wie in der EG-Formulierung) vorgesehene Einfügung der *«Finanzlage»* vom Tisch fiel. Eine zuverlässige Beurteilung der Finanzlage ist auf jeden Fall notwendig, um die gemäss Art. 959 nach wie vor entscheidende «wirtschaftliche Lage des Geschäftes» zu erkennen. Unter der Finanzlage sind wie schon im OR 1936[57] das Verhältnis von Eigen- zu Fremdkapital, dazu aber insbesondere die im Rechnungsjahr im Betrieb erarbeiteten Mittel (Cash-flow), die Bindung und Freisetzung von Mitteln im Umlauf- und im Anlagevermögen, der Verlauf der Innen- und Aussenfinanzierung im Rechnungsjahr sowie die Entwicklung der *Gesamtliquidität* zu verstehen[58]. Alle diese Vorgänge werden nur verständlich durch eine klare Nachzeichnung der im Rechnungsjahr akkumulierten und verwendeten Mittel; diese sind weder aus der Erfolgsrechnung noch aus der Bilanz leicht und vollständig abzulesen. Mit andern Worten, die Entwicklung der Finanzlage ist im Überblick nur erkennbar aus einer *Mittelflussrechnung*[59]. 820

Eine Mittelflussrechnung zeigt auf einen Blick, wie sich wesentliche Elemente der finanziellen Verfassung im Rechnungsjahr verändert haben. Vom Buchhalter in verhältnismässig kurzer Zeit erstellbar, enthält sie Angaben, die sonst teilweise aus Bilanzveränderungen und Erfolgsrechnung zusammengetragen werden müssen, teilweise aber dem Aussenstehenden nicht direkt zugänglich sind[60]. Vor allem für den Verwaltungsrat selbst ist eine Mittelflussrechnung hilfreich zur Wahrung der Übersicht über den Stand des Geschäftes. Darüber ist weiter unten zu berichten[61]. 821

---

[57]   Art. 957 OR («die mit dem Geschäftsbetriebe zusammenhängenden Schuld- und Forderungsverhältnisse») und Art. 663 Abs. 1 OR 1936 («Verhältnis zwischen den eigenen Mitteln und den Verbindlichkeiten ...»).

[57a] Im französischen Gesetzestext «un aperçu aussi sûr que possible du patrimoine et des résultats» – was nochmals etwas leicht Abweichendes ausdrückt.

[58]   Vgl. das Beispiel einer leicht verständlichen Mittelflussrechnung in Abschnitt II/G, Rz 1003.

[59]   *FER 1* (1985) Ziff. 1, 2 und 9: «Die Angaben zum Mittelfluss sind in einer Übersicht darzustellen, sofern sie nicht in genügendem Umfang aus der Jahresrechnung ersichtlich sind». *FER 6* (in Vernehmlassung).

[60]   Umso weniger, als die Schweizer Jahresrechnung keinen «Anlagespiegel» oder kein *«Anlagegitter»* enthält, die die Zu- und Abgänge, Abschreibungen und Restwerte im Anlagevermögen offenlegen, im Gegensatz zum deutschen Recht, § 268 Abs. 2 HGB 1985.

[61]   Abschnitt II/G hiernach, Rz 998 ff.

d) Vorjahreszahlen

822 Schliesslich verlangt das Gesetz auch obligatorisch die Angabe der *Vorjahreszahlen*[62], eine Praxis, die sich in der letzten Zeit allgemein durchgesetzt hat. Es ist erstaunlich, wie stark die Angabe der Bezugsgrössen des Vorjahres das Zahlenwerk ins Relief zu setzen vermag[63]. Der Grundsatz der Stetigkeit verlangt, dass die Gesellschaft zu jenen Vorjahreszahlen eine – wenn auch nur kurze – Erläuterung anbringt, die mit jenen des Rechnungsjahres nicht vergleichbar sind[64].

e) Verhältnis zum betrieblichen Rechnungswesen

823 Gegenstand der aktienrechtlichen Vorschriften über die Rechnungslegung ist allein das *finanzielle* Rechnungswesen. Es steht aber fest, dass der Verwaltungsrat auch verpflichtet ist, intern für das *betriebliche* Rechnungswesen zu sorgen. Dies ergibt sich aus seiner im neuen Kompetenzartikel (Art. 716a OR 1991) aufgeführten allgemeinen Finanzverantwortung. Beide Rechnungen zusammen, die betriebliche und die finanzielle, sind für die Führung notwendig.

824 Das betriebliche Rechnungswesen bleibt den Aktionären unzugänglich; zwar besteht theoretisch das Recht auf Auskunft und Einsicht gemäss Art. 697 OR 1991, doch wird sich der Schleier des Geschäftsgeheimnisses hier in der Praxis kaum heben. Nur eine *Sonderprüfung* gemäss Art. 697a ff. OR 1991[65] dürfte unter Umständen gewisse Einzelheiten des betrieblichen Rechnungswesens den Aktionären zur Kenntnis bringen.

2. Die drei «alten» Grundsätze der Ordnungsmässigkeit

825 Das Gesetz formuliert nunmehr die Anforderungen, denen jede Rechnungslegung – in allen ihren drei Bestandteilen – genügen muss[66]. Die Grundsätze werden, so wie das weitgehend schon bisher der Fall war, als sehr abstrakte und unvollständige Normen wiedergegeben[67]. Dies trifft insbesondere für die klassische Triade der Vollständigkeit, der Klarheit und der Vorsicht zu. Aussagekräftiger im Sinne von ausformulierten Verhaltensnormen erscheinen dagegen gewisse der anschliessenden «neuen» Grundsätze.

826 Das neue Aktienrecht nimmt zuerst die bisher in der kaufmännischen Buchführung untergebrachten «Bilanzgrundsätze» auf.

a) Die Vollständigkeit

827 Die Wiederaufnahme des altbekannten Grundsatzes der «*Vollständigkeit*» erhält im Rahmen der neuen Bestimmungen (Art. 662a Abs. 2) zusätzliche Kraft. Das Gesetz lässt

---

[62] Art. 662a Abs. 1 Satz 2 OR.
[63] Fehlt eine Position des einen Jahres beim andern, so kommt es zu dem sonst nach Schweizer Aktienrecht nicht nötigen «Nullausweis» in einem Jahr.
[64] *FER 1* (1985) Ziff. 4.
[65] Kapitel 12/I, Rz 1857 ff.
[66] Art. 662a OR 1991. Vgl. dazu *Christoph von Greyerz* (SAG 1982) 1 ff.
[67] Vgl. *Forstmoser/Meier-Hayoz* (1983) 223.

eine Ausnahme hiervon im nachfolgenden Absatz 3 gar nicht zu. Die Jahresrechnung muss *wirklich* in allen wesentlichen Punkten vollständig sein: Die Weglassung von bestimmten Verkaufserlösen[68] zum Zwecke der Vorweg-Bildung stiller Reserven, die Aufstellung einer Erfolgsrechnung, die mit einem «Bruttogewinn» beginnt, oder die Weglassung von wesentlichen Beteiligungen in der Bilanz sind fortan unzulässig[69]. Einzig die gesetzliche Schutzklausel bleibt vorbehalten[70].

b)   Die Klarheit

Eher geringe praktische Bedeutung hatte bisher der Grundsatz der «*Klarheit*»[71]. Er fordert Übersichtlichkeit, Anpassung der Darstellung an die Besonderheiten des Unternehmens, sachgerechte Gruppierung und Bezeichnung. Er verlangt vor allem nach einer Vermeidung von Zweideutigkeiten und uneinheitlichen Begriffen in den verschiedenen Teilen der Jahresrechnung.   828

Der «Klarheit» hatte man früher[72] auch (wie die Praxis gezeigt hat, zu Unrecht) die Kraft zugetraut, die Rechnungsleger zu einer aussagekräftigen Gliederung von Bilanz und Erfolgsrechnung zu veranlassen[73]. Diese Funktion übernehmen nunmehr die detaillierten Gliederungsvorschriften des Gesetzes, zusammen mit den noch zu besprechenden «neuen» Grundsätzen (Verrechnungsverbot, Saldierungsverbot und Stetigkeit).   829

c)   Die Vorsicht: Imparitätsprinzip und Anschaffungswert

Zu den schon bisher geltenden Bilanzgrundsätzen gehört vor allem der bisher im Gesetz nicht einmal ausdrücklich genannte, aber darin nach allgemeiner Überzeugung implizite enthaltene Grundsatz der *Vorsicht*[74].   830

Dieser dritte der «alten» Grundsätze, die *Vorsicht*, hat indessen grösste Bedeutung[75] und steht jetzt zu Recht im Gesetz. Darin wird nicht bloss eine mehr oder weniger unverbindliche Mahnung erblickt, sondern nach übereinstimmender Auffassung nichts weniger als die gesetzliche Verankerung des wohl wichtigsten Grundsatzes der Rechnungslegung überhaupt, des *Imparitätsprinzips*. Es ist die vorrangige Regel, dass Gewinne erst ausgewiesen werden dürfen, wenn sie sich *realisieren*, Aufwände dagegen schon dann, wenn sie sich für die Rechnungsperiode bloss *aktualisieren*. Allerdings zeigt sich hier wieder der hohe Abstraktionsgrad auch der neuen Bestimmungen: Weder die Realisierung (auf der Ertragsseite) noch die Aktualisierung (auf der Aufwandseite) sind im Gesetz ausdrücklich angesprochen. Nach dem heutigen Stand der allgemein aner-   831

---

[68] Das Parlament hat die im Entwurf 1983 hinzugefügten Worte «in den wesentlichsten Sachverhalten» als überflüssig gestrichen. *Amtl. Bull. NR* (1985) 1701, dafür aber «die Wesentlichkeit der Angaben» als Ziff. 2 formuliert.
[69] Vgl. *Ancillo Canepa* (1990) 93/94.
[70] Die Schutz- und Anpassungsklausel von Art. 663h OR 1991.
[71] Heute in einer Ziffer (Ziff. 2) mit der Wesentlichkeit zusammengefasst, nachfolgende 3/d.
[72] So *FER 3* (1990) Ziff. 11 noch zum Aktienrecht 1936.
[73] *Carl Helbling* (1990) 102 verleiht dem Grundsatz breitere Bedeutung.
[74] Am deutlichsten vorausgesetzt in Art. 960 Abs. 2 OR und Art. 665/66 sowie 670 OR 1936.
[75] Art. 662a Abs. 2 Ziff. 3 OR 1991; vgl. *Carl Helbling* (1990) 104; *4. EG-Richtlinie* (1978) Art. 31 Abs. 1 Bst. c.

kannten Grundsätze ordnungsmässiger Rechnungslegung[76] und in Übereinstimmung mit dem EG-Recht[77] gilt:

832 – *Ertrag ist realisiert*, wenn gegen einen Drittschuldner eine rechtlich und tatsächlich durchsetzbare («feste, unentziehbare») Forderung entstanden ist. Im Bereich der Leistungserstellung des Unternehmens geht man usanzgemäss davon aus, dies sei immer der Fall im Augenblick der Lieferung bzw. der Erbringung der Leistung. Nicht durchsetzbar (oder jedenfalls zur Zeit des Abschlusses nicht durchsetzbar) ist eine blosse Anwartschaft, eine durch «letter of intent» untermauerte freudige Erwartung, ein aufschiebend-bedingter Anspruch.

833 – *Aufwand ist aktualisiert* dagegen schon, wenn auf den Abschlusstag Verluste oder Risiken (künftige Zahlungen oder Vermögenseinbussen ohne zurechenbaren Gegenwert) erkennbar sind und der sorgsame Kaufmann mit ihnen ernstlich rechnen muss. Die blosse intellektuelle Erkennbarkeit genügt also immerhin nicht; es muss das Element der *Ernstlichkeit* in bezug auf gerade *dieses* Unternehmen, in seiner konkreten Lage, gegeben sein. Es besteht daher notwendigerweise ein gewisser Ermessensspielraum.

834 Aufs engste verbunden mit dem Imparitätsprinzip ist eine andere Folgerung aus dem so unscheinbar daherkommenden Grundsatz der Vorsicht: die aktienrechtliche Bewertung nach den *historischen Kosten*[78]. Werte dürfen höchstens zu den Anschaffungs- oder, wenn sie selbst hergestellt sind, zu den Herstellungskosten bilanziert werden. Auch darin zeigt sich die Imparität: Während rein buchmässige Verminderungen des Wertes (Abschreibungen und Wertberichtigungen) erlaubt und sogar notwendig sind, sind rein buchmässige Zuschreibungen mit ganz wenigen Ausnahmen schlicht verboten[79]. Da ein echtes, in sich geschlossenes *«inflation accounting»* nur möglich wäre, wenn man von diesem ehernen Grundsatz auf weite Strecken abginge, hat unser neues Aktienrecht eine klare Entscheidung gegen ein solches modernisiertes System der Buchhaltung getroffen. Abgesehen von den zu besprechenden Ausnahmen gelangen Werte in die Aktivseite einer Bilanz rechtmässig nur durch einen Finanzierungsvorgang oder einen erfolgswirksamen Vorgang: Mittelbeschaffung – Anschaffung und Herstellung – Umsatz.

835 Der Gesetzgeber nimmt mit dem Imparitätsgrundsatz grosse *Nachteile* in Kauf. Insbesondere im Anlagevermögen erscheinen ältere Vermögenswerte mit einem nicht mehr marktkonformen Wert; dadurch wachsen stille Reserven über längere Zeit fast notwendigerweise an. Auch wenn die Beurteilung der wirtschaftlichen Lage des Geschäftes beeinträchtigt wird – die Gesellschaft ist «reicher», als sich aus der Bilanz ergibt[80] –,

---

[76] Vgl. *FER 3* (1990) Ziff. 12.
[77] *4. EG-Richtlinie* (1978) Art. 31 Abs. 1 Bst. c.
[78] Ebenso *4. EG-Richtlinie* (1978) Art. 35 und 39.
[79] Mit *Ausnahmen*, die weiter hinten erläutert sind: (i) Aufwertung von Liegenschaften oder Beteiligungen zur Beseitigung einer Unterbilanz, (ii) Wiederaufwertung von übersetzt abgeschriebenen Werten auf den ursprünglichen Anschaffungswert zum Zweck der Auflösung einer stillen Reserve, (iii) Aufwertung von Wertpapieren auf das Niveau des gestiegenen Börsenkurses gemäss Art. 667 OR 1991. Vgl. Rz 959.
[80] Hinsichtlich des Ausweises von *Tageswerten* in der konsolidierten Bilanz vgl. hiernach Kapitel 8/IV/B/4, Rz 1231 ff.

geht das Vorsichtsprinzip vor[81]. Die nötigen Erläuterungen sind gegebenenfalls zusätzlich zum reinen Zahlenwerk entweder im Anhang[82] oder im Jahresbericht[83] zu geben.

Das Kostenprinzip wird zum *Niederstwertprinzip* durch den weiteren Grundsatz, dass die Aktiven im Umlaufvermögen (praktisch vor allem Vorräte und angefangene Arbeiten) zum niedrigeren Marktwert zu bewerten sind, wenn der Kostenwert höher sein sollte[84]. 836

Das Vorsichtsprinzip steht umgekehrt *nicht allein im Gesetz*. Es wäre unrichtig, aus ihm abzuleiten, dass eine Gesellschaft nach neuem Aktienrecht umso besser bilanziert, je weiter sie die Unterbewertung von Aktiven aus lauter Vorsicht treibt, bis zum Erinnerungsfranken. Zwar können schon bestehende Ausweise dieser Art bestehen bleiben[85]. Die Unterbewertung muss aber nach neuem Recht dort ihre Grenzen finden, wo sie geeignet ist, die zuverlässige Beurteilung der wirklichen Vermögenslage geradezu zu vereiteln. Beliebig weitergetriebene Unterbewertungen können den gesetzlichen Raster für die Mindestgliederung aus den Angeln heben und verkehrte Relationen aufzeigen. Die Bildung stiller Reserven durch Abschreibung auf den Erinnerungsfranken steht mit dem Prinzip der möglichst zuverlässigen Beurteilung der Vermögens- und Ertragslage, dem leitenden Grundsatz ordnungsmässiger Rechnungslegung, in einem Spannungsverhältnis. 837

3. Die vier «neuen» Grundsätze der Ordnungsmässigkeit

Das neue Aktienrecht bringt weitere Grundsätze, die im alten Gesetz in keiner Formulierung auch nur angedeutet waren – obgleich die Wissenschaft sie schon in unterschiedlichem Mass als Leitprinzipien erkannt und als stillschweigend im Gesetz enthalten empfunden hatte[86]. 838

a)   Die Fortführung

Mehr nur zur Klarstellung weist das neue Aktienrecht darauf hin, dass es in der Rechnungslegung normalerweise immer um *Fortführungswerte* geht[87]. Da jede Bewertung nur eine Antwort auf eine ganz bestimmte, topisch gerichtete Frage sein kann, ist hier 839

---

[81] Daher mindestens etwas salopp, im schlimmsten Fall unzutreffend formuliert *Guhl/Kummer/Druey* (1991) 670: «Auch Entwicklungen, die nicht auf die Betriebstätigkeit zurückgehen, wie die konjunkturelle Wertvermehrung von Liegenschaften (...) gehören in die Erfolgsrechnung (revOR 663).» Entwicklungen von konjunkturellen Wertvermehrungen gehören *nicht* in die Erfolgsrechnung, und zwar unbekümmert um das Ausmass des Wertzuwachses – bis dieser durch Veräusserung an eine Marktgegenseite realisiert ist.
[82] Art. 663b OR 1991.
[83] Art. 663d OR 1991.
[84] Vgl. *FER 3* (1990) Ziff. 12.
[85] Sie müssen es allerdings nicht, trotz des Aufwertungsverbots, dann, wenn die Gesellschaft übertriebene Abschreibungen durch *Wiederaufwertung* bis auf den Kostenwert rückgängig macht. Dies ist als Auflösung einer stillen Reserve zulässig, falls der Tageswert den neuen Buchwert nachhaltig übersteigt, und die Bestimmungen über die Auflösung stiller Reserven eingehalten werden.
[86] Vgl. *Karl Käfer* (1976) Art. 957 N. 415 ff., (1981) Art. 959 N. 49 ff.; *Ernst Bossard* (1984) Art. 958 N. 183, Art. 959 N. 22 ff.
[87] Ebenso *4. EG-Richtlinie* (1978) Art. 31 Abs. 1 Bst. a; *Werner Regli* (1990) 110 f.

die Frage stets ähnlich wie im allgemeinen kaufmännischen Buchführungsrecht[88]: welcher Wert kommt den Aktiven «für das Geschäft» zu, wenn dieses weitergeführt wird?

840 Die alternative Frage ist jene nach dem *Liquidationswert*. Das Fortführungsprinzip kommt als ausschliesslicher Blickwinkel immer dann zu einem Ende, wenn entweder ein Kapitalverlust oder eine Überschuldung[89] sich abzeichnet oder der freiwillige Beschluss zur Auflösung des Unternehmens mit Liquidation gefasst wird. In dieser radikal verschiedenen Betrachtungsweise stellt man sich die Zerschlagung des «going concern» vor Augen und fragt nach den Markterlösen bei Verwertung der Einzelteile.

b) Die Stetigkeit

841 Viel mehr als eine Klarstellung ist dagegen im neuen «*Stetigkeits*»-Prinzip zu erblicken[90]. Diese deutsche Wiedergabe der angelsächsischen «consistency» zielt sowohl auf die Darstellung wie auf die Bewertung ab und ist für die Sicherheit des Einblicks in die wirtschaftliche Lage des Unternehmens von erstrangiger Bedeutung. Eine auf den ersten Blick geringfügige Umstellung in den Bewertungsprinzipien kann die ausgewiesenen Zahlen nachhaltig positiv oder negativ beeinflussen, ohne dass dies mit den zugrundeliegenden wirtschaftlichen Fakten irgend etwas zu tun hätte. Praktische Auswirkungen hat dieser Grundsatz vor allem in zwei Richtungen:

842 – im Gegensatz zum früheren Recht sind Abweichungen in der Darstellungsweise und vor allem in den Bewertungsmethoden nunmehr nur noch zulässig, wenn der *Anhang sie als solche darlegt* und begründet[91]. Die früher hin und wieder geübte Praxis der stillschweigenden Methodenänderung kommt damit zu einem Ende;

843 – der Stetigkeitsgrundsatz veranlasst die Gesellschaften praktisch dazu, die wichtigsten *Bewertungsprinzipien auch tatsächlich zu formulieren*. Sachgerecht wäre es, diese auch im Anhang darzulegen, obgleich das Gesetz so etwas nicht ausdrücklich verlangt[92]. Nur dann ist schon rein methodisch die Stetigkeit vom Leser des Abschlusses zuverlässig zu beurteilen und von der Revisionsstelle ohne weiteres zu überprüfen[93]. Die Stetigkeit in der Bewertung verlangt eine überlegte und über mehrere Jahre beibehaltene Praxis in der Abschreibung von Gütern des Anlagevermögens oder in solchen Dingen wie der Behandlung von Goodwill bei der Übernahme von anderen Unternehmen.

844 Es zeigt sich auch hier, dass der Gesetzgeber auf einer hohen Abstraktionsebene normiert hat; nur im Zusammenhang mit allen übrigen Rechnungslegungs-Vorschriften

---

[88] Art. 960 Abs. 2 OR.
[89] Art. 725 OR 1991.
[90] Art. 662a Abs. 2 Ziff. 5 OR 1991; *FER 3* (1990) Ziff. 13; *4. EG-Richtlinie* (1978) Art. 31 Abs. 1 Bst. b; *Günther Schultz* (1990) 87; *Werner Regli* (1990) 111f.
[91] Art. 662a Abs. 3 OR 1991; *FER 3* (1990) Ziff. 3.
[92] *FER 3* (1990) Ziff. 9. Allerdings hat der Gesetzgeber darauf verzichtet, eine eigentliche Darlegungspflicht für die Bewertungsgrundsätze des Einzelabschlusses aufzustellen. Diese Pflicht besteht jedoch für den Konzernabschluss (Art. 663g Abs. 2 OR 1991).
[93] Dies bedeutet vor allem auch, dass alle Unternehmen, die mit Warenvorräten arbeiten, die Bewertungsmethode («first in/first out» oder «last in/first out» und die andern möglichen Varianten) festzuschreiben und dann beizubehalten haben.

ergibt sich, wie inhaltsreich und folgenschwer dieser Grundsatz der Stetigkeit in Wirklichkeit ist.

c) *Bruttoprinzip: Verrechnungsverbot und Saldierungsverbot*

Als einziger der «neuen» Grundsätze ist der dritte, das *Verrechnungsverbot*, als echte Norm formuliert, so dass er aus sich selber heraus verständlich ist. Es ist grundsätzlich unzulässig, in der Bilanz Aktiven und Passiven zu verrechnen, und in der Erfolgsrechnung Aufwand mit Ertrag[94]. Es geht hier um die Aufrechnung einer Zahl «links» gegen eine Zahl «rechts», so dass nur der Rest, dann entweder links oder rechts, im Zahlenwerk erscheint. Dieses sog. Verrechnungsverbot ist natürlich letztlich ein Ausfluss des Vollständigkeits- und des Klarheitsprinzips, doch ist es so, wie es nun im Gesetz steht, von grosser Strenge. Es war denn auch im Parlament heiss umstritten[95]. 845

Dieses Verbot ist im Zusammenhang mit einem weiteren Grundsatz zu lesen, der hier nicht ausdrücklich mit einem Stichwort geschrieben steht, sich aber sinngemäss aus dem gesamten Rechnungslegungsrecht und vor allem aus der Mindestgliederung ergibt: dem *Saldierungsverbot*[96]. Während das Verrechnungsverbot methodisch die horizontale Aufrechnung von «links und rechts» in der Rechnung untersagt, wendet sich das Saldierungsverbot gegen eine Zusammenfassung in der Vertikalen, von je zwei Aufwandposten oder je zwei Ertragsposten, «von oben nach unten». Das Saldierungsverbot ist im neuen Aktienrecht methodisch durch die Mindestgliederung in der Erfolgsrechnung einerseits und in der Bilanz andererseits klar ausgedrückt: Insoweit als zu gliedern ist, darf nicht saldiert werden. Der umgekehrte Satz gilt nur zum Teil. Selbst dann, wenn als Ergebnis der Mindestgliederungsvorschriften für sich allein eine Saldierung in der Vertikalen erlaubt wäre, muss dennoch ein besonderer Posten erscheinen, wenn dieser nötig ist, um eine möglichst zuverlässige Beurteilung der Vermögens- oder Ertragslage zu erlauben. 846

Es gibt kaum eine andere Vorschrift des neuen Rechnungslegungsrechts, die so unerbittlich *gegen die bisherigen Bräuche* verstösst[97]. Allzu viele Jahresrechnungen, die die Aktionäre unter der Herrschaft des OR 1936 vorgelegt bekamen, waren Tummelfelder von horizontalen Verrechnungen und vertikalen Saldierungen[98]. Es scheint, dass manche die Konsequenzen des Verrechnungs- und Saldierungsverbotes – auch im Verhältnis zum Steueramt – noch nicht recht erkannt haben[99]. 847

---

[94] Art. 662a Abs. 2 Ziff. 6 OR 1991; *4. EG-Richtlinie* (1978) Art. 7.
[95] *Amtl. Bull. NR* (1985) 1701 ff.; *StR* (1988) 475 und (1990) 1359.
[96] Man spricht auch vom Bruttoprinzip in diesem Sinne. Als Bruttoprinzip sollte man besser die beiden Verbote *zusammen* bezeichnen.
[97] Das wurde im Parlament sehr wohl erkannt, *Amtl. Bull. NR* (1985) 1701.
[98] Vgl. die Beispiele bei *Carl Helbling* (1990) 106.
[99] Die neuen Vorschriften für die Rechnungslegung haben bedeutende indirekte Auswirkungen im *Unternehmenssteuerrecht*. Die Kontrolle vieler Vorgänge ist den Steuerbehörden bei ordnungsmässiger Rechnungslegung nach neuem Aktienrecht erheblich erleichtert, was tendenziell zu höheren Steuerforderungen führt.

d)   Die Wesentlichkeit

848   Die «materiality» erscheint als *Wesentlichkeit* der Angaben[100]; auch sie ist wieder reichlich abstrakt durch ein blosses Stichwort formuliert. Funktional bedeutet das, dass die Jahresrechnung den übrigen Grundsätzen, insbesondere natürlich dem Vollständigkeitsgrundsatz, insoweit widersprechen darf, als die dadurch bewirkte Unvollständigkeit oder Unklarheit für das Gesamtbild der Jahresrechnung nicht wesentlich ist. Es ist die moderne Anwendung des alten Grundsatzes «minima non curat praetor»[101].

4.   Weitere Grundsätze der Ordnungsmässigkeit

849   Weitere Grundsätze, die man zum Kern der Grundsätze ordnungsmässiger Rechnungslegung zählen muss, sind hier in Art. 662a Abs. 2 nicht eigens ausgeführt. Sie behalten aber ihre volle Bedeutung.

a)   Verkettung von Erfolgsrechnung und Bilanz

850   Da ist die Grundregel der kaufmännischen Buchführung überhaupt, die *Verkettung von Erfolgsrechnung und Bilanz* als systematisch fortgeschriebene Rechenwerke. Weil diese Grundregel der «Doppik» in der Verweisung auf die Vorschriften über die kaufmännische Buchführung enthalten ist, erschien dem Gesetzgeber eine Erwähnung an dieser Stelle als überflüssig.

851   Allerdings hat diese Weglassung den Nachteil, dass sie jenen Grundsatz nicht ausdrücklich im Gesetz verankert, der offenbar gar nicht mehr als völlig selbstverständlich angesehen wird: die Norm, dass alle *erfolgswirksamen Vorgänge*, die notwendigerweise zu einer Veränderung des Eigenkapitals führen, sich in der Erfolgsrechnung widerspiegeln müssen. Es ist entscheidend, dass die Rechnungslegung nur ordnungsmässig ist, wenn die beiden Rechenwerke streng verkettet sind. In der Tat stellt man fest: der oberflächlich so problemlose Satz «Dieser Betrag wurde direkt dem Eigenkapitalkonto belastet» ist immer häufiger in Erläuterungen zu lesen. In der konsolidieren Rechnung mag das unter bestimmten Umständen seine Richtigkeit haben[102]. Im Einzelabschluss drückt er, ausser wenn es sich um eine blosse Bewertungsänderung zufolge Devisenkursdifferenzen handelt, nichts anderes als einen Verstoss gegen die Grundsätze der ordnungsmässigen Rechnungslegung aus. Das Eigenkapital einer Schweizer Aktiengesellschaft kann sich in einem Einzelabschluss, der den Grundsätzen von Art. 662a OR 1991 genügt, wegen der Verkettung der beiden Rechenwerke – von engen Ausnahmen abgesehen – nicht anders verändern als durch einen Finanzierungsvorgang einerseits oder den Saldo der erfolgswirksamen Vorgänge andererseits.

---

[100]   Art. 662a Abs. 2 Ziff. 2 OR 1991.
[101]   Vgl. *Günther Schultz* (1990) 87 f.; *Ancillo Canepa* (1990) 94 ff.
[102]   Vgl. Kapitel 8/IV/B/4, Rz 1231 ff.

b) Periodengerechte Abgrenzung

Zu den Grundsätzen ordnungsmässiger Rechnungslegung, die in Art. 662a OR 1991 nicht erwähnt sind, gehört ferner das Prinzip der sachlich und zeitlich konsequenten *Periodenabgrenzung*. Dieser Grundsatz ist im Artikel über die Mindestgliederung zwar angesprochen[103], aber wiederum nur durch ein einziges Stichwort «Rechnungsabgrenzung». 852

c) Ordnungsmässige Führung der Bücher

Durch Verweisung vorausgesetzt sind schliesslich die buchhalterischen, formalen Grundsätze der *ordnungsmässigen Führung der Bücher*. Sie erschienen als selbstverständlich, sind es aber erstaunlich oft keineswegs: dazu gehören der fast schon trivial erscheinende Grundsatz der Übereinstimmung des Jahresabschlusses mit den Büchern[104], die systematische und zeitnahe Verbuchung in der zeitlichen Reihenfolge und ohne Ausstreichungen oder Korrekturen, und vor allem die Verbuchung ausschliesslich aufgrund von geordneten Originalbelegen («source documents»). 853

d) Verweisung auf die «kaufmännische Buchführung»

Das Gesetz erklärt seine eigenen Angaben im neuen Art. 662a Abs. 4 für nicht abschliessend, indem es auf den 32. Titel des Obligationenrechtes über die *kaufmännische Buchführung* verweist. Praktisch bedeutet dies vor allem: die Klarstellung, dass (1) die Vorschriften über die Inventur, über die Aufstellung von Inventar, Betriebsrechnung und Bilanz in Landeswährung und (2) der allgemeine Hinweis auf die «allgemein anerkannten kaufmännischen Grundsätze» auch nach neuem Aktienrecht Geltung haben, und dass (3) die Jahresrechnung von den mit der Geschäftsführung betrauten Personen zu unterzeichnen ist. Ebenfalls anwendbar bleibt die Vorschrift, wonach die Geschäftsbücher während zehn Jahren aufzubewahren sind (Art. 962 OR) und die Editionspflicht hinsichtlich der Geschäftsbücher im Falle von Streitigkeiten, die das Geschäft betreffen (Art. 963 OR). 854

5. Die Frage der «Einzelbewertung»

a) Der Stand des Schweizer Rechts

Das neue schweizerische Aktienrecht hat das Prinzip der «*Einzelbewertung*» in seinem engeren Sinne nicht zum Bestandteil der Ordnungsmässigkeit gemacht. Die Botschaft 1983 enthält zwar leidenschaftliche Ausführungen zum Imparitätsprinzip, zur Kapitalerhaltung und zur Stetigkeit, bringt jedoch wenig oder nichts zur Frage der Einzelbewertung. Auch das Parlament hat diese Frage nicht zum Gegenstand einer Änderung des Gesetzestextes gemacht. 855

---

[103] Art. 663a Abs. 4 OR 1991; *FER 3* (1990) Ziff. 14; *4. EG-Richtlinie* (1978) Art. 31 Abs. 1 Bst. d.
[104] In Art. 728 Abs. 1 OR 1936 noch ausdrücklich angesprochen, auch in *4. EG-Richtlinie* (1978) Art. 2 und in Art. 31 Abs. 1 Bst. f indirekt ausgesprochen (Übereinstimmung von Eröffnungs- und Schlussbilanz).

856 Da das neue Recht nach wie vor auf die allgemein anerkannten kaufmännischen Grundsätze verweist (Art. 662a Abs. 4), und damit die bislang als korrekt geltenden Bräuche anvisiert, muss mindestens heute noch folgendes als geltender Rechtszustand angesehen werden:

857 – es gilt hierzulande, trotz Kritik im Vorfeld der Aktienrechtsreform, der Grundsatz der «*Einzelbewertung*» nicht – noch nicht – in der Art, wie dies nach EG-Richtlinien und den entsprechend angepassten Landesrechten der Mitgliedstaaten heute der Fall ist[105];

858 – das Schweizer Recht steht vielmehr noch auf dem Standpunkt, dass eine Bewertungsmethode, die *sachlich vertretbare Gruppen von gleichartigen Wirtschaftsgütern* im Umlaufvermögen und im Anlagevermögen schafft, stetig beibehält und als Gesamtposten bewertet, ordnungsmässig ist. In einer Bilanzposition zusammen ausgewiesene gleichartige Aktiven mit gleicher oder ähnlicher Nutzungsdauer können, falls die Mindestgliederung eingehalten ist, gesamthaft bewertet werden[106].

859 Es gilt also das Prinzip der «Gruppenbewertung», was nicht nur bei den *Vorräten*, sondern insbesondere bei den *Beteiligungen*[107] und den *Liegenschaften*[108] von Bedeutung sein kann. Sinkt der Wert eines Einzelgutes innerhalb einer sachlich vertretbar gebildeten Gruppe von Wirtschaftsgütern unter den Buchwert, so ist eine Wertkorrektur (Abschreibung bzw. Wertberichtigung) so lange nach Schweizer Aktienrecht noch nicht nötig, als der Gesamtwert dieser Gruppe von Wirtschaftsgütern nicht unter den Buchwert sinkt.

860 Stellt man sich im Modell eine *Gruppe von Wirtschaftsgütern* vor, die aus zwei Einheiten besteht, so bedeutet dies folgendes: Der Gesetzgeber hat nichts daran geändert[109], dass – unter den beschriebenen Voraussetzungen – ein Minderwert des einen Gutes mit dem stillen Mehrwert (massgeblicher Wert über dem Buchwert) des andern Gutes «saldiert» werden darf.

b) *EG-Recht: strenger Grundsatz der Einzelbewertung*

861 Wer eine *Verschärfung des Saldierungsverbots* und die *echte Einzelbewertung* befürwortet, muss abwarten, ob die Weiterentwicklung der «allgemein anerkannten kaufmännischen Grundsätze» oder eine Umsetzung der EG-Richtlinie in unser OR hier eine Änderung bewirken wird. Denn zum Gesetz von 1991 ist weder in den historischen Materialien noch im Wortlaut oder der systematischen Regelung etwas anderes zu entnehmen. Währenddessen gilt unter der EG-Regelung das Einzelbewertungsprinzip[110] schon mit grosser Schärfe. Dies bedeutet, dass nach den Richtlinien eine «stille Saldierung» von Minder- und Mehrwerten innerhalb einer Gruppe von Wirtschaftsgütern

---

[105] *4. EG-Richtlinie* (1978) Art. 31 Abs. 1 Bst. e ; vgl. dazu § 252 Abs. 1 Ziff. 3 HGB 1985 als Beispiel der Umsetzung in Landesrecht. Zur Kritik der überkommenen Schweizer Bräuche vgl. *Ernst Känzig* (1983) 153 ff., insb. 157 und 167 aus steuerrechtlichen Sicht und, unter Verweisung auf das Vorbild des deutschen Rechts, *Christoph von Greyerz* (SAG 1982) 6 N. 25.
[106] *FER 3* (1990) Ziff. 10 und *Karl Käfer* (1980) Art. 960 N. 105.
[107] Art. 666 und 665a OR 1991.
[108] Art. 665 und Art. 663a Abs. 2 («Sachanlagen»).
[109] Unbekümmert um die Entwicklung in der Wissenschaft der Rechnungslegung.
[110] *4. EG-Richtlinie* (1978) Art. 31 Abs. 1 Bst. e .

zum Zwecke der Vermeidung einer Wertkorrektur *nicht* zulässig ist. Dieses feingliedrige Saldierungsverbot ist bereits ins nationale Recht umgesetzt, z.B. ins deutsche HGB von 1985[111]; es bedeutet im Ergebnis eine Verschärfung des Imparitätsprinzips weit über das hinaus, was im neuen Schweizer Aktienrecht vorgeschrieben ist.

6. Wesentliche Ereignisse nach dem Stichtag

Das Gesetz enthält keine Antwort auf die Frage, ob und unter welchen Voraussetzungen die Rechnungslegung auf *Ereignisse nach dem Abschluss-Stichtag* Rücksicht nehmen muss. 862

Nach der 4. EG-Richtlinie[112] soll der «Lagebericht» (nach neuem helvetischen Sprachgebrauch entspräche das dem «Jahresbericht» von Art. 663d) auf Vorgänge «*von besonderer Bedeutung*» eingehen, «die nach Schluss des Geschäftsjahres eingetreten sind». Sinngemäss muss etwas Ähnliches in der Schweiz dann und nur dann gelten, wenn der durch die Darstellung per Abschlusstag gebotene Einblick durch nachfolgende ausserordentliche Ereignisse geradezu als irreführend erscheint. Es geht um die intellektuelle *Rückwirkung* nachfolgender Ereignisse auf die in der Stichtag-Darstellung zum Ausdruck kommenden damaligen Ermessensentscheide. Erscheinen diese Entscheide nun als unhaltbar, im Lichte dessen, was sich bis zum Abschluss der Redaktion des Geschäftsberichtes ereignet hat, so müssen sie korrigiert oder mindestens verbal im Jahresbericht noch ins rechte Licht gestellt werden. 863

Das bedeutet umgekehrt *nicht* auch eine allgemeine Darstellungspflicht hinsichtlich der Geschehnisse nach dem Bilanzstichtag, bis zu dem Tag, an dem die Arbeit an der Jahresrechnung abgeschlossen wird. Das Schweizer Recht unterstellt auch den «Jahresbericht» dem *Stichtagprinzip*. Wer eine Weiterführung der Darstellung über den Abschluss-Stichtag hinaus als nötig erachtet, muss auf eine Einführung der der EG-Richtlinie entsprechenden Norm im Schweizer Recht hinarbeiten. 864

B. Die erlaubten Abweichungen von den Grundsätzen der Ordnungsmässigkeit

Von den Grundsätzen der Ordnungsmässigkeit im älteren Sinne, nämlich der Vollständigkeit[113], Klarheit und Vorsicht, darf es keine Abweichungen geben. Das neue Aktienrecht öffnet aber die Möglichkeit, in begründeten Fällen von den «neuen» Grundsätzen der Fortführung, der Stetigkeit und des Verrechnungsverbotes, wohl auch der Wesentlichkeit, *abzuweichen*[114]. Dreifach ist die Einschränkung, die dem Gesetz zu entnehmen ist. 865

---

[111] § 252 Abs. 1 Ziff. 3 HGB.
[112] *4. EG-Richtlinie* (1978) Art. 46 Abs. 2 Bst. a).
[113] In den wesentlichen Punkten, Art. 662a Abs. 2 Ziff. 2 OR 1991.
[114] Art. 662a Abs. 3 OR 1991.

1. Darlegung und Begründung einer Abweichung

866 Die Abweichungen dürfen nie so weit gehen, dass dadurch die Verlässlichkeit der Jahresrechnung als solcher in Frage gestellt wird. Es kann sich sodann immer nur um Ausnahmen handeln: der Verwaltungsrat muss einen hinreichenden *sachlichen Grund* haben, um von einem der Grundsätze in einer bestimmten Jahresrechnung abzuweichen, und der Verwaltungsrat hat dies im Anhang offenzulegen.

867 Kommt der Grundsatz der *Unternehmensfortführung* zu seinem Ende, so ergibt sich dies von selbst: Zeichnet sich das Bedürfnis nach der Aufstellung einer Liquidationsbilanz ab, so darf nicht nur, sondern muss für das entsprechende Zahlenwerk radikal von dem Fortführungsgrundsatz abgewichen werden.

868 Auch Abweichungen von der *Stetigkeit* können sich durch veränderte Verhältnisse zwingend aufdrängen; sie gefährden dann nicht etwa die zuverlässige Beurteilung der Vermögens- und Ertragslage, sondern sie sind umgekehrt notwendig, um sie zu gewährleisten. Dies gilt vor allem für die Stetigkeit der Darstellung, kann doch der Austritt aus bestehenden Geschäftsfeldern oder die Aufnahme neuer Tätigkeiten eine andere Darstellungsart aufdrängen. Aber auch völlig freiwillige Änderungen sind erlaubt, wenn sie sachlich begründet sind, so vor allem im Bereiche der Bewertung des Anlagevermögens und der Vorräte oder Forderungen sowie im Umgang mit Fremdwährungen.

2. Anpassungen an die Besonderheiten des Unternehmens

869 Das Gesetz erlaubt der Gesellschaft, die Jahresrechnung den *Besonderheiten* des Unternehmens anzupassen[115]. Der Gesetzgeber hatte dabei insbesondere die Banken und Versicherungen, die von der öffentlichen Hand beherrschten und die nicht wirtschaftlich tätigen Aktiengesellschaften im Auge, aber auch Dienstleistungsgesellschaften allgemein und vor allem die kleineren Unternehmen. Es handelt sich um die Sicherstellung der notwendigen «Elastizität»[116]. Das Gesetz – immer auf der Hut vor Missbräuchen – setzt jedoch allzu grosser Biegsamkeit eine Schranke mit der doppelten Forderung, mindestens der Rahmen der Grundsätze ordentlicher Rechnungslegung sei zu wahren, und die Rechnung müsse trotz allem «den gesetzlich vorgeschriebenen Mindestinhalt aufweisen»[117]. Soll die Anpassungsklausel überhaupt einen Gehalt haben, ist sie so auszulegen, dass dies nicht auf die Mindestgliederung im formellen Sinne abzielt, sondern auf die Gesamtaussage der angepassten Rechnung unter dem obersten Grundsatz der möglichst zuverlässigen Beurteilung der Vermögens- und Ertragslage.

---

[115] Art. 663h Abs. 2 OR 1991.
[116] *Botschaft 1983*, 147, Ziff. 323.5.
[117] Art. 663h Abs. 2 Satz 2 OR 1991.

3. Abweichung vom Verrechnungsverbot

Heikel wird es sein, wenn eine Unternehmung vom gesetzlichen *Verrechnungsverbot* abweichen will[118]. So wie das neue Rechnungslegungsrecht aufgebaut ist, würde dies bedeuten, dass z.B. in einer Jahresrechnung ausserordentliche Erträge mit ausserordentlichen Aufwendungen vorweg verrechnet würden, so dass auf einer der beiden Seiten der Erfolgsrechnung (jener der kleineren Zahl) gar nichts, und auf der andern nur noch die Differenz als Nettozahl erschiene. Oder es würde bedeuten, dass aktive mit passiven Rechnungsabgrenzungsposten vorweg verrechnet würden; es bliebe dann gleichfalls nur die Differenz auf einer der beiden Seiten der Bilanz stehen.

870

Es ergibt sich von selbst, dass solche Verrechnungen zwischen Aktiven und Passiven, zwischen Aufwand und Ertrag *besonders kritisch* sind. Es lassen sich nur schwer Fälle vorstellen, in denen eine derartige «Quer-Verrechnung» von gesetzlich vorgeschriebenen Posten in der Bilanz oder Erfolgsrechnung nicht gegen die Grundsätze der möglichst zuverlässigen Beurteilung von Vermögens- und Ertragslage, der Vollständigkeit und der Klarheit verstossen würde.

871

4. Abweichung vom Saldierungsverbot

Unter dem einzigen Vorbehalt der Schutzklausel erlaubt das Gesetz keine Abweichung von dem Grundsatz des Ausweises gemäss *Mindestgliederung*. Weitergehende Saldierungen in der vertikalen Richtung, zwischen einzelnen Posten der Mindestgliederung, sind nicht zulässig. Eine Bilanz, die kurzfristige und langfristige Verbindlichkeiten saldiert, widerspricht dem neuen Aktienrecht auch dann, wenn diese Saldierung im Einzelfall begründbar wäre und im Anhang dargelegt wird. Nur im Rahmen der Schutzklausel und eventuell der Sondervorschrift über die Anpassung an die Besonderheiten des Unternehmens (Art. 663h Abs. 2) ist eine Abweichung von der Mindestgliederung im angegebenen Sinne denkbar[119].

872

5. Die Schutzklausel: Der Vorbehalt der Interessen der Gesellschaft oder des Konzerns

Die Transparenz, die von der Rechnungslegung angestrebt wird, steht in einem Spannungsverhältnis zum Schutz des *Geschäftsinteresses*. Wie sich aus Art. 697 OR 1991 ergibt, ist dieses (und sind «andere schutzwürdige Interessen der Gesellschaft») sogar gegenüber den eigenen Aktionären nach wie vor relativ weitgehend geschützt. Eine Schutzklausel ist daher bei der Rechnungslegung, welche die Informationen grundsätzlich einer unbestimmten Vielzahl von Interessenten zugänglich macht[120], unentbehr-

873

---

[118] Art. 662a Abs. 3 OR 1991.
[119] Der Grundsatz der *Wesentlichkeit* (Art. 662a Abs. 2 Ziff. 2 OR 1991) bleibt selbstverständlich auch hier vorbehalten.
[120] Auch die Rechnungslegung nicht offenlegungspflichtiger Gesellschaften ist ausser den Aktionären im Grundsatz mindestens den *Gesellschaftsgläubigern* zugänglich, Art. 697h Abs. 2 OR 1991.

lich[121]. Gemäss Art. 663h Abs. 1 darf die Gesellschaft in der Jahresrechnung (inkl. Anhang), im Jahresbericht und in der Konzernrechnung auf Angaben, die der Gesellschaft oder dem Konzern erhebliche Nachteile bringen können, verzichten[122].

874 Der Verwaltungsrat unterrichtet die *Revisionsstelle* über die Gründe[123], und diese überprüft die Haltbarkeit der Gründe. Die Ansicht der Botschaft, die Revisionsstelle habe danach die Generalversammlung zu unterrichten, wenn ihr die Gründe als ungenügend erscheinen, ist in dieser Weise nicht stichhaltig. Die Revisionsstelle hat nicht ihr Ermessen an die Stelle desjenigen des Verwaltungsrates zu setzen, sondern ist beschränkt auf das Prüfungsthema des Art. 728 Abs. 1 OR 1991 – ob die Buchführung und die Jahresrechnung mit Anhang dem Gesetz und den Statuten entsprechen. Nur wenn der Verwaltungsrat sein Ermessen überschritten oder missbraucht hat, kann von einem «Verstoss gegen das Gesetz»[124] gesprochen werden, und nur wenn es sich um einen wichtigen Fall handelt[125], benachrichtigt die Revisionsstelle die Generalversammlung.

C. Die Erfolgsrechnung

875 Die Gesetzgebung des 19. Jahrhunderts[126], und ihr folgend das Obligationenrecht[127], gingen *methodisch von der Bilanz* aus. Der Kaufmann legte Rechnung, indem er «Bilanz zog». Im OR 1936 stand die «Jahresbilanz» eindeutig an der Spitze; nach ihr war der «Reingewinn» zu berechnen[128]. Heute ist man sich einig, dass für die Zwecke der Rechnungslegung die Erfolgsrechnung praktisch die gleich grosse, wenn nicht grössere Bedeutung hat. Was im OR 1936 und noch im bundesrätlichen Entwurf von 1983 «Gewinn- und Verlustrechnung» genannt war, die Erfolgsrechnung – die Abrechnung über alle erfolgswirksamen Vorgänge des Rechnungsjahres – steht daher im neuen Gesetz an erster Stelle.

Die wichtigsten Gliederungsposten, die in der Erfolgsrechnung nach neuem Aktienrecht nicht weiter saldiert werden dürfen, sind in vier Absätzen eines einzigen Artikels[129] äusserst knapp, aber doch relativ streng geregelt[130].

---

[121] *Botschaft 1983*, 147, Ziff. 325.5. Jetzt Art. 663 h Abs. 1 OR 1991. Offenbar a.A. *Guhl/Kummer/Druey* (1991) 666.
[122] Vgl. BGE 82 II 216. Die Weglassung von Angaben, welche das *Landesinteresse* gefährden, ist durch das Parlament gestrichen worden, *Amtl. Bull. NR* (1991) 848.
[123] Laut *Botschaft 1983*, 147, Ziff. 323.5.
[124] Art. 729b Abs. 1 OR 1991.
[125] Art. 729b Abs. 1 (am Ende) OR 1991.
[126] Vgl. z.B. Art. 656 OR 1881.
[127] Art. 656 OR 1881; Art. 660 ff. OR 1936.
[128] Art. 662 Abs. 1 OR 1936.
[129] Art. 663 OR 1991.
[130] Das Parlament hat die viel weitergehenden Gliederungsvorschriften des Antrags *Jaggi* verworfen, *Amtl. Bull. NR* (1985) 1706.

1. Ertrag

a) Ordentliche betriebliche und alle anderen Erträge

Auf der Ertragsseite ist neu, dass die ordentlichen betrieblichen Erträge – vor allem das, was man im allgemeinen mit Umsatzerlös bezeichnet – getrennt auszuweisen sind von zwei andern Ertragsposten: den *betriebsfremden* Erträgen und den *ausserordentlichen* Erträgen[131]. Diese Unterteilung greift stark in die bisherigen Bräuche ein. Bei rückgängigen Umsatzerlösen ist es naheliegend, während des Geschäftsjahres durch ausserordentliche Transaktionen und betriebsfremde Erträge einen Ausgleich zu suchen. Der Ausgleich bleibt erlaubt und schlägt sich nach wie vor im Jahresergebnis nieder. Aber das Ertragskonto ist in die drei genannten Posten aufzugliedern. Diese legen damit die Verschiebungen in der Ertragslage des Unternehmens recht lieblos offen.

876

Unter *betriebsfremden Erträgen* sind nur jene zu verstehen, die ausserhalb der Geschäftsfelder der marktmässigen Leistungserstellung erzielt werden, so bei einer Fabrikationsgesellschaft die Finanzerträge auf Vermögensanlagen, bei einer Vertriebsgesellschaft die Erträge aus der Vermietung eines nicht betriebsnotwendigen Gebäudes.

877

Unter *ausserordentlichen Erträgen* sind die ihrem Wesen nach nicht wiederkehrenden Erträge ausserhalb der betrieblichen Leistungserstellung zu verstehen, vor allem die Veräusserungsgewinne. Als Veräusserungs- oder Kapitalgewinne bezeichnet man kurz die Gewinne aus Veräusserung von Wirtschaftsgütern des Anlagevermögens[132]. Dazu kann man aber auch andere ihrem Wesen nach nicht periodische Erträge rechnen, wie jene, die aus der Auflösung von nicht mehr benötigten Rückstellungen entstehen. Hierher gehören ebenfalls – in dem jeweils sehr engen gesetzlichen Rahmen – die nichtbaren Erträge aus einer Aufwertung von Anlagevermögen im Rahmen einer Bilanzsanierung (Art. 670 OR 1991) oder aus der Auflösung stiller Reserven durch die Wiederaufwertung eines übersetzt abgeschriebenen Buchwertes auf den ursprünglichen Anschaffungswert.

878

b) Mindest-Raster für die Ertragsseite

Im *Ertrag* sind, klassifiziert nach ihrer «betrieblichen/nichtbetrieblichen» bzw. «ordentlichen/ausserordentlichen» Natur, folgende Posten vorgeschrieben:

879

(1) Erlöse aus Lieferungen und Leistungen;

(2) Finanzertrag;

(3) Veräusserungsgewinne (Gewinne aus Veräusserungen von Anlagevermögen);

(4) andere ausserordentlich Erträge;

(5) betriebsfremde Erträge.

---

[131] Art. 663 Abs. 1 OR 1991.
[132] Erwähnt in Art. 663 Abs. 2 a.E. OR 1991 als «Gewinne aus Veräusserung von Anlagevermögen».

c)   Verrechnungs- und Saldierungsverbot

880 Alle anderen Unterteilungen sind im *Ertrag* grundsätzlich unnötig. Nur so weit, wie die Gliederungsvorschriften von Art. 663 OR 1991 gehen, besteht ein Saldierungsverbot in der «vertikalen» Richtung.

881 Dazu kommt vor allem das Verbot der Verrechnung in «der horizontalen» Ebene, der *Vorwegaufrechnung* von Aufwand bestimmter Art gegen Ertrag ähnlicher Art. Dieses Verbot ist strenger, als man auf den ersten Blick annehmen könnte. Im Unterschied zu den herkömmlichen Praktiken ist nicht zulässig z.B. die Verrechnung der Finanzerträge mit dem Finanzaufwand, dergestalt, dass nur der Saldo auf einer der beiden Seiten auftauchen würde, z.B. als «Finanzertrag 60», wenn in Wirklichkeit einerseits Finanzertrag von 240 und Finanzaufwand von 180 vorliegt. Unzulässig wäre auch eine Vorweg-Verrechnung von Veräusserungsgewinnen mit Veräusserungsverlusten. Das gesetzliche Verrechnungsverbot steht solchen in der Schweiz tief verwurzelten Usanzen jetzt entgegen[133].

882 Die Fachempfehlungen FER von 1990, noch vor der Schlussabstimmung über die Aktienrechtsreform erlassen, ziehen ein flexibles Vorgehen in Betracht. Danach sind horizontale Verrechnungen von Aufwand und Ertrag «*in sachlich begründeten Sonderfällen*» zulässig, wenn dadurch keine irreführende Darstellung der Jahresrechnung entsteht[134]. Zu dieser Empfehlung ist unter der Herrschaft des neuen Rechts ein grosses Fragezeichen dann zu setzen, wenn die Mindestgliederung nicht eingehalten wird. Das neue Aktienrecht beschränkt sich auf eine «Mindestgliederung» in einem sehr wörtlichen Sinn, wenn man den vorgeschriebenen Raster mit demjenigen der EG-Richtlinie[135] oder mit der Umsetzung z.B. ins deutsche Recht vergleicht[136]. Eine Verrechnung, die Weglassung des niedrigeren der beiden entgegenstehenden Posten mit Ausweis der Differenz auf der Seite des höheren Postens, ist ein Verstoss gegen die Mindestgliederung und daher nicht statthaft. Dies jedenfalls so lange, als die besondere gesetzliche Schutz- und Anpassungsklausel nicht angerufen werden kann[137].

2. Aufwand

883 Im Aufwand verlangt das Gesetz eine analoge, aber noch feinere Aufteilung.

a)   Ordentlicher, ausserordentlicher, betrieblicher und betriebsfremder Aufwand

884 Auch alle Aufwendungen sind vorweg zu *qualifizieren* als betrieblich/betriebsfremd und ordentlich/ausserordentlich. Dabei versteht es sich, dass keine Null-Positionen ausgewiesen[138], vielmehr nur jene Aufwandarten angegeben werden, die im Rechnungsjahr effektiv angefallen sind. Nicht erlaubt ist dagegen – ein harter Bruch mit liebge-

---

[133] Art. 662a Abs. 2 Ziff. 6 OR 1991.
[134] *FER 3* (1990) Ziff. 11 Lemma 3; dies ist durch Art. 662a Abs. 3 OR 1991 gedeckt.
[135] *4. EG-Richtlinie* (1978) Art. 4 .
[136] § 265 ff. HGB 1985.
[137] Art. 663h OR 1991, vorn II/B/2, Rz 869, und 5, Rz 873.
[138] Notwendigerweise kommt es allerdings zu einer Nullposition, wenn bei der Gegenüberstellung der Jahres- mit den Vorjahreszahlen im einen Jahr eine Position des andern fehlt.

wordenen Gewohnheiten – die Verrechnung in dem Sinne, dass z.B. der betriebsfremde Aufwand mit dem betriebsfremden Ertrag vorweg verrechnet würde. Es geht nicht mehr an, nur den Differenzposten auf einer der beiden Seiten der Erfolgsrechnung auszuweisen.

Mit einer Verrechnung nicht zu verwechseln ist die Darstellung als *Staffelrechnung*: Wird diese Art der Darstellung einmal gewählt, so ist sie wegen des Stetigkeitsgebotes beizubehalten. Sie erlaubt es, von einer bestimmten Ertragsart gerade die entsprechende Aufwandart abzuziehen und so von Nettozahl zu Nettozahl in Etappen bis zum Saldo, dem Jahresgewinn oder Jahresverlust, weiterzuschreiten. Es handelt sich methodisch nicht um eine Verrechnung, sondern um eine offengelegte, im Zahlenwerk selber methodisch fortschreitende Subtraktion und Addition. 885

b)   *Mindest-Raster für die Aufwandseite*

Im *Aufwand* verlangt das neue Aktienrecht mindestens vier obligatorische Ausweise, zu denen in Wahrheit drei weitere kommen, falls entsprechender Aufwand im Rechnungsjahr angefallen ist: 886

(1) Material- und Warenaufwand;

(2) Personalaufwand;

(3) Finanzaufwand;

(4) Aufwand für Abschreibungen;

(5) wo vorhanden: Aufwand für Rückstellungen;

(6) andere ausserordentliche Aufwendungen;

(7) betriebsfremder Aufwand.

Der bundesrätliche Entwurf von 1983 hatte demgegenüber noch einen zusammenfassenden Posten «Abschreibungen, Wertberichtigungen *und* Rückstellungen» erlauben wollen. Aufgrund einer Intervention des Nationalrates sind die Worte «Wertberichtigung» und «Rückstellungen» weggefallen. Die Mindestgliederung verlangt nun, dass der Aufwand für Abschreibungen in einem gesonderten Posten und für sich allein in der Erfolgsrechnung erscheint. 887

c)   *Wertberichtigungen, Abschreibungen, Rückstellungen*

Wertberichtigungen ihrerseits werden nicht mehr obligatorisch gesondert ausgewiesen. Sie beziehen sich nach der gesetzlichen Sprachregelung ausschliesslich auf das Umlaufvermögen und werden dort gewöhnlich mit dem entsprechenden betrieblichen Aufwand erfasst. Eine «Abschreibung» auf Warenlager ist also richtig eine Wertberichtigung, die in den Posten Warenaufwand eingeht. 888

Der Posten für «*Abschreibungen*» umfasst nur Wertkorrekturen auf Aktiven. Dies bedeutet, dass überall dort, wo für Risiken Rückstellungen zu bilden sind, diese in einem gesonderten, fünften Posten auszuweisen sind. Würden Rückstellungen mit den Abschreibungen vermischt, so wäre der neuen gesetzlichen Vorschrift eines gesonderten Ausweises für Abschreibungen nicht Genüge getan. 889

890 *Rückstellungen* haben mit den Abschreibungen zwar gemeinsam, dass es sich um nichtbare Aufwandposten handelt. Im Gegensatz zu den Abschreibungen sind Rückstellungen aber Belastungen der Jahresrechnung für ungewisse Verpflichtungen und drohende Verluste aus schwebenden Geschäften (Art. 669 Abs. 1 Satz 2 OR 1991). Nach der jetzt vom Nationalrat geschaffenen Fassung würde eine Zusammenfassung der früher in der Schweiz gepflogenen Art «Abschreibungen *und* Rückstellungen», da die beiden Posten innerlich derart verschieden sind, auch gegen das Prinzip der Klarheit und jenes der möglichst zuverlässigen Beurteilung der Ertragslage verstossen.

d) Aufwand für Steuern

891 Eine bewährte Praxis ordnet den Aufwand für Unternehmenssteuern, deren Steuertatbestand sich im Rechnungsjahr verwirklicht hat, den «Rückstellungen» zu. Das neue Aktienrecht kennt, im Gegensatz zum EG-Recht, keinen obligatorischen besonderen Ausweis für Steueraufwand.

892 Was nun aber immer nach aussen gezeigt wird, eines jedenfalls steht fest: der Aufwand für *Steuern* ist *periodengerecht* anzulasten[139]. Zum Aufwand, der nach den Grundsätzen ordnungsmässiger Rechnungslegung das Jahresergebnis kürzt, gehören alle jene Beträge an Unternehmenssteuern, die nach den Vorgängen des Rechnungsjahres bemessen werden. Gemäss dem Imparitätsprinzip genügt die Verursachung; es spielt keine Rolle, wann die Fälligkeit eintritt. Entgegen einer herkömmlichen Auffassung[140] entsteht die Verbuchungspflicht, wenn eine Steuerschuld die gesetzliche Rechtsfolge der Vorgänge oder Zustände in der Rechnungsperiode ist. Es trifft zwar zu, dass manche Steuergesetze (oder die dazu gepflogenen behördlichen Praxen) solche Rückstellungen im Jahr der Verwirklichung des Steuertatbestandes rein steuerlich als Aufwand nicht anerkennen wollen; nur zu gerne möchte der Fiskus den Aufwandposten für Steuern in das Jahr erst der effektiven Steuerfälligkeit verlegen[141]. Dies ändert an der gesellschaftsrechtlichen Situation jedoch nichts[142].

e) Jahresgewinn

893 Es versteht sich, dass der *Jahresgewinn* auf der Aufwandseite steht[143]. Der Gesetzgeber hat den nach OR 1936 zweideutigen Begriff des «Reingewinnes»[144] vermieden und

---

[139] In diesem Punkt bleibt das neue Aktienrecht besonders weit hinter dem EG-Recht zurück, *4. EG-Richtlinie* (1978) Art. 23 Ziff. 19 und 20.

[140] Dargestellt – allerdings schon mit geringer Begeisterung – noch bei *Carl Helbling* (1980) 22/23. Heute *Carl Helbling* (1988) 129 ff. und (1991) 225.

[141] So etwa StG-BS § 73 Abs. 3 Bst. a, der bundesrechtswidrig ist.

[142] *Handelsrechtlich* ist entscheidend, ob im Rechnungsjahr ein Steuertatbestand verwirklicht worden ist; trifft das zu, so ist die Steuer, welche Rechtsfolge des Tatbestandes ist, zurückzustellen. Kantonale Steuergesetze, die die Zuordnung des Steueraufwandes zu der Periode, in der die Steuertatbestände verwirklicht worden sind, nicht anerkennen wollen, sind insoweit bundesrechtswidrig.

[143] Schon *F. Wolfhart Bürgi* (1957) Art. 662/63 N. 9/10 schlug zur Klarstellung den Begriff «Jahresgewinn» vor.

[144] In Art. 662 Abs. 1 OR 1936 bedeutete «Reingewinn» den Gewinnsaldo in der Bilanz, d.h. nach neuer Terminologie den «Bilanzgewinn», während Art. 671 Abs. 1 OR 1936 unter demselben Begriff «Reingewinn» eindeutig den Jahresgewinn, d.h. den Gewinnsaldo der Gewinn- und Verlustrechnung (Erfolgsrechnung) anvisierte.

durch «Jahresgewinn» einerseits, «Bilanzgewinn» anderseits ersetzt. Der Begriff «Reingewinn» ist damit vollständig aus dem Aktienrecht verbannt. Jahresgewinn (oder Jahresverlust) bezieht sich fortan immer auf die Erfolgsrechnung, und Bilanzgewinn (oder Bilanzverlust) immer auf die Bilanz.

Beispiel: Die Erfolgsrechnung nach der neuen gesetzlichen Mindestgliederung[145]   894

Erfolgsrechnung	
Aufwand	Ertrag
1. Material- und Warenaufwand 2. Personalaufwand (inkl. Sozialleistungen) 3. Finanzaufwand 4. Aufwand für Abschreibungen 5. Aufwand für Rückstellungen 6. Andere ausserordentliche Aufwendungen 7. Betriebsfremder Aufwand 8. *Jahresgewinn*	1. Erlöse aus Lieferungen und Leistungen *eventuell:* aktivierte Eigenleistungen 2. Finanzertrag 3. Veräusserungsgewinne 4. Andere ausserordentliche Erträge 5. Betriebsfremde Erträge 6. *Jahresverlust*

3. Erfolgswirksamkeit der stillen Reserven

Eines der dornigsten Probleme, die im neuen Aktienrecht zu bewältigen sind, ist desjenige der *stillen Reserven*. Darauf ist zurückzukommen[146]. Hier ist anzumerken, dass man früher ganz allgemein – in der Fixierung auf die bilanzmässige Betrachtungsweise – die Problematik der stillen Reserven überwiegend *mit Blick auf die Bilanz* diskutiert hatte. Der Unternehmer verstand die stille Reserve fast ausschliesslich als hocherwünschtes «Sicherheitspolster».   895

Heute steht fest, dass der am meisten zu kritisierende Aspekt der stillen Reserven in den Auswirkungen ihrer stillen Bildung bzw. stillen Auflösung auf die *Erfolgsrechnung* liegt. Von dem vom Willen des Verwaltungsrates unabhängigen Anwachsen und Schwinden stiller Reserven zufolge von Wertschwankungen der Aktiven ist hier nicht die Rede. Sie berühren insoweit den Erfolgsausweis nicht. Jede bewusste Bildung und Auflösung stiller Reserven durch den Verwaltungsrat dagegen muss zu einem anderen Erfolgsausweis führen, als er zustande käme, wenn man einfach die durch den Verlauf des Geschäfts bestimmten Vorfälle der Rechnungsperiode wiedergeben würde[147]. Der Ertrag wird niedriger ausgewiesen, als er wirklich erwirtschaftet wurde; im umgekehrten, viel gefährlicheren Fall wird zufolge stiller Auflösung von stillen Reserven der Periodenerfolg höher ausgewiesen, als er wirklich war.   896

---

[145] Erlaubt ist auch die Darstellung in *Staffelform*, vgl. das Beispiel für die Konzernerfolgsrechnung, Kapitel 8/V/A, Rz 1242.
[146] Hiernach Kapitel 7, Rz 1112 ff.
[147] Noch recht unbekümmert *FER 3* (1990) Ziff. 6.

897 Die Erkenntnis, dass hier die eigentliche Problematik der «*stillen Reserven*» zu erkennen ist, hat sich während des Gangs der Aktienrechtsreform zunehmend verbreitet. Nach allerhand Umwegen[148] kam es am Schluss zu der Grundnorm, dass stille Reserven nur noch insoweit still aufgelöst (und damit die Erfolgsrechnungen ohne Offenlegung des Vorganges geschönt) werden dürfen, als dadurch das *erwirtschaftete Ergebnis* nicht in wesentlichem Ausmass günstiger dargestellt wird[149]. Damit hat sich – spät, aber gerade noch rechtzeitig – der Mut eingestellt, der nötig war, um den andernfalls ebenso hohen wie hohlen Grundsatz der «möglichst zuverlässigen Beurteilung der Ertragslage» wenigstens in seinem Minimum durchzusetzen.

D. Die Bilanz

1. Bedeutung der Bilanz

a) Schwächen dieses Rechenwerkes

898 Man hatte im 19. Jahrhundert die *Bilanz* nicht nur in den Vordergrund gestellt, man sah sie auch von einem anderen Blickwinkel her. Der Kaufmann «zog» im einfachsten Fall jährlich Bilanz, indem er Inventur und Kassensturz machte, die unbezahlten Rechnungen seiner Abnehmer und Lieferanten saldierte und die Schulden abzog; das Ergebnis waren seine eigenen Mittel. Heute erscheint die Bilanz als systematisch fortgeschriebenes Rechenwerk, dessen Zahlen sich aus der Vorjahresbilanz, in Verkettung mit der ordnungsmässig erstellten Erfolgsrechnung einerseits und den Finanzierungsvorgängen andererseits, notwendig und abschliessend ergeben. Eine Veränderung einer Bilanzzahl, die sich weder auf einen erfolgswirksamen noch einen Finanzierungsvorgang stützt, kann es nur im Rahmen engster Ausnahmevorschriften des Gesetzes geben. Macht man etwa eine Ausnahme für bestimmte Verschiebungen, die sich aus Währungsveränderungen ergeben, so nur insoweit, als diese mit der Leistungserstellung des Unternehmens nichts zu tun haben und den erfolgsneutralen Finanzierungsvorgängen methodisch näher stehen.

899 Die Bilanz wird aber auch deshalb heute erst an zweiter Stelle gesehen, weil sie *zeitlich* eine Dimension weniger hat als die Erfolgsrechnung: sie gibt nicht das Ergebnis aller relevanten Vorgänge einer Periode, sondern die Verhältnisse nur gerade am *Stichtag*, einem einzigen von 365 Tagen wieder.

900 Und schliesslich enthält die Bilanz, im Gegensatz zu der Erfolgsrechnung, wegen der axiomatischen Verankerung im Anschaffungskosten-Prinzip auf der Aktivseite notwendigerweise *ein Gemisch von aktuellen und historischen Werten*. Auch dies ist eine unüberbrückbare methodische Schwäche des geistigen Konstrukts, das wir Bilanz nennen.

---

[148] Vgl. den unhaltbaren Vorschlag des Nationalrates von 1985, *Amtl. Bull. NR* (1985) 1711.
[149] Formulierung des Ständerates zu Art. 663b Ziff. 8 Satzteil 2 OR 1991. *Amtl. Bull. StR* (1988) 475. Definitiv angenommen in *Amtl. Bull. NR* (1990) 1362.

b) Funktion dieses Rechenwerkes

Dennoch ist die Bilanz aktienrechtlich nach wie vor von hoher Bedeutung, in zwei Hinsichten. 901

Im aktienrechtlichen System dient sie, wie erwähnt, der Durchsetzung der *Kapitalerhaltung*. Eine Ausschüttung an die Aktionäre und damit eine Abschichtung von Aktiven zu Lasten des Eigenkapitals darf nur erfolgen, wenn die *Sperrzahlen* der Bilanz (nämlich die Summe von Aktienkapital, Partizipationskapital, nicht verwendbarem Teil der allgemeinen gesetzlichen Reserve, Reserve für eigene Aktien und Aufwertungsreserve) dadurch nicht beeinträchtigt werden. Die Antwort darauf, ob diese Situation vorliegt, gibt normativ verbindlich die nach den Grundsätzen der ordnungsmässigen Rechnungslegung im verketteten Rechenwerk zustandegekommene Bilanz. So lange, wie die Sperrzahlen nicht gedeckt sind, besteht Ausschüttungsverbot[150]. 902

Aber auch für die *Rechenschaft* des Verwaltungsrates und die moderneren Funktionen des *Führungsinstrumentes* und des *Systemschutzes* ist die Bilanz von zentraler Bedeutung. Schon das Obligationenrecht von 1936 hatte gesagt, die Bilanz müsse das Verhältnis zwischen den eigenen Mitteln (Eigenkapital) und den Verbindlichkeiten (Fremdkapital) zum Ausdruck bringen[151]. Diese Kennziffer des «*equity ratio*» hat auch und besonders nach heutigem Erkenntnisstand entscheidende Bedeutung. Dasselbe trifft zu auf das in der Bilanz – wenigstens andeutungsweise – zum Ausdruck kommende Verhältnis der Finanzierung von Umlaufvermögen einerseits und Anlagevermögen andererseits durch kurzfristige bzw. langfristige Fremdmittel und Eigenkapital. Wird die Bilanz in einer zweckmässigen und konsequenten Weise dargestellt, ergibt sich die Kongruenz (oder mangelnde Kongruenz) des Grades der Immobilisierung auf der Aktivseite und der Fristigkeit auf der Passivseite schon in recht augenfälliger Weise. Auch das Verhältnis des Umlaufvermögens zum Anlagevermögen ist auf einen Blick ersichtlich, vor allem im Vergleich mit der *Vorjahresbilanz*. Und dem Finanzanalytiker öffnen sich reiche Jagdgründe bei der Ermittlung weiterer Kennzahlen, die sich – bei allen Vorbehalten wegen der beschränkten Aussagekraft einer handelsrechtlichen Jahresbilanz – im Vergleich mit der Erfolgsrechnung, der Mittelflussrechnung und den Vorjahreszahlen aus einem wohlgegliederten Rechenwerk ermitteln lassen. 903

Nur angedeutet seien hier[152]: 904

– «*Working capital*» oder Netto-Umlaufvermögen (Umlaufvermögen minus damit zusammenhängende kurzfristige Schulden);

– *Zahlungsbereitschaft* (liquide und kurzfristig greifbare Mittel minus kurzfristige Schulden)[153];

---

[150] Dieser Satz bildet auch die Grundlage des EG-Gesellschaftsrechts, vgl. *2. EG-Richtlinie* (1976) Art. 15 und 16.
[151] Art. 663 Abs. 1 OR 1936.
[152] Es ist auf die einschlägige finanz- und betriebswissenschaftliche Literatur zu verweisen, vgl. insbesondere *Carl Helbling*, Bilanz- und Erfolgsanalyse, 7. Aufl. Zürich 1989.
[153] Für die Zahlungsbereitschaft in einem weiteren Sinne spielt natürlich das Kreditpotential der Gesellschaft eine bestimmende Rolle.

- *Nettoverschuldung* aus Betriebsumsatz (Forderungen aus Lieferungen und Leistungen oder «Debitoren», minus Schulden aus Lieferungen und Leistungen oder «Kreditoren»);
- *verwendbares Eigenkapital* (freie Reserven, verwendbarer Teil der allgemeinen gesetzlichen Reserve plus Bilanzgewinn) im Gegensatz zu den *Kapitalsperrzahlen* (Aktien- und Partizipationskapital plus nicht verwendbarer Teil der allgemeinen gesetzlichen Reserve, plus gegebenenfalls Reserve für eigene Aktien, Aufwertungsreserve und eventuell statutarisch gebundene Spezialreserven).

2. Obligatorische Gliederung der Aktivseite

905 Das alte Aktienrecht hatte zwar auch schon die *Anlagen* («dauernd dem Betriebe dienende Anlagen») und das *umlaufende Vermögen* (insbesondere die «Vorräte und anderen Vermögensstücke») in ihrer Unterschiedlichkeit mehr oder weniger deutlich erfasst[154]. Es kannte aber noch keine Bestimmung, die die Gesellschaft dazu verpflichtet hätte, die Bilanz in zwei klare Kategorien – nämlich das Umlaufvermögen einerseits und das Anlagevermögen andererseits – zu gruppieren[155]. Genau dies ist jetzt in Art. 663a Abs. 1 vorgeschrieben. Dem entspricht, dass die Passivseite in Fremdkapital und Eigenkapital zu gruppieren ist.

a) Das Umlaufvermögen

906 Aus dem Zusammenspiel der verschiedenen Bestimmungen in Art. 663a ergibt sich, dass das Umlaufvermögen in mindestens fünf, eventuell sechs Posten aufgeteilt wird, nämlich

(1) *flüssige Mittel*;

(2) *Forderungen aus Lieferungen und Leistungen*[156];

(3) *andere Forderungen*;

(4) gegebenenfalls *Forderungen* gegenüber Konzerngesellschaften oder massgeblich beteiligten Aktionären[157];

(5) *Vorräte*;

(6) aktive *Rechnungsabgrenzung*[158].

907 Es ist nicht notwendig, die *Vorräte* in der Bilanz weiter zu unterteilen in Rohmaterialien, Betriebsstoffe, Halbfabrikate oder angefangene Arbeiten und fertige Erzeugnisse. Die Zusammenfassung dieser Untergruppen zur Gruppe «Vorräte» verstösst nicht gegen das

---

[154] Art. 665 und Art. 666 OR 1936.
[155] Im deutschsprachigen Raum trifft man auf ein Bilanzschema und das Begriffspaar Umlaufvermögen/Anlagevermögen erstmals voll entwickelt in der deutschen *Notverordnung* vom 19. September 1931, § 261 a; vgl. *Heinrich Friedländer* (1932) 183.
[156] Sog. «Debitoren» der Praxis.
[157] Art. 663a Abs. 4 OR 1991 (diese gehören eventuell zum Anlagevermögen).
[158] Transitorische Aktiven.

Saldierungsverbot. Dagegen ist es nicht mehr zulässig, die Forderungen aus der eigenen Leistungserstellung («Debitoren») zusammenzurechnen mit anderen Forderungen, die dem Unternehmen gegenüber Dritten zustehen. Zu den gesondert von den Debitoren auszuweisenden Forderungen gehören insbesondere die Forderungen an das eigene Personal und, wie sich aus dem nachfolgenden Absatz 4 des Artikels ergibt, die Forderungen gegenüber anderen Gesellschaften des Konzerns und die Forderungen gegenüber Aktionären, die eine Beteiligung an der Gesellschaft halten (d.h. mit 20% oder mehr der Stimmrechte an der Gesellschaft beteiligt sind). Diese dürfen als Untergruppe zu den «anderen Forderungen» erscheinen, falls sie klar bezeichnet und mit einer eigenen Zahl ausgewiesen werden.

b)   Das Anlagevermögen

Das Anlagevermögen[159] seinerseits ist obligatorisch in drei bis fünf Posten aufzuteilen: 908

(1) *Sachanlagen* (Fahrzeuge, Einrichtungen, Maschinen, Gebäude, Grundstücke);

(2) *Finanzanlagen* (Wertpapiere, die nicht zum Umlaufvermögen gehören, inkl. Anlage-Aktien, die nicht Beteiligungen bilden);

(3) *Beteiligungen*[160] in einem Gesamtbetrag[161];

(4) *immaterielle Anlagen*[162];

(5) gegebenenfalls *Gründungs-, Kapitalerhöhungs- oder Organisationskosten.*

Wo angebracht, ist auch der *nicht einbezahlte Teil des Aktien- oder Partizipationskapitals*[163] in den Aktiven aufzuführen.

Besteht ein *Bilanzverlust*[164], so ist er ebenfalls gesondert auszuweisen, wobei auch dieser als rein rechnerische Differenz und als Minusposten zum Eigenkapital methodisch weder dem Umlauf- noch dem Anlagevermögen zugeordnet werden kann.

Hält die Gesellschaft *eigene Aktien*, so sollte sie diese richtigerweise in den Aktiven   909
in einem gesonderten Posten zeigen[165]. Allerdings enthält das neue Aktienrecht keine entsprechende ausdrückliche Vorschrift. Die Schlussfolgerung, dass ein gesonderter Ausweis sachlich richtig ist, ergibt sich auch daraus, dass die eigenen Aktien letztlich weder als Umlauf- noch als Anlagevermögen verstanden werden können.

---

[159] Vgl. zum «*Anlagenspiegel*» oder «*Anlagengitter*» E/7, Rz 980.
[160] Im Nationalrat umstritten, *Amtl. Bull. NR* (1985) 1709 ff. Die Beteiligung ist definiert in Art. 665a OR 1991: «Absicht dauernder Anlage» und «massgeblicher Einfluss», vermutet bei 20% der Stimmrechte.
[161] Hält die Gesellschaft keine Beteiligungen, so entfällt dieser dritte Posten im Anlagevermögen.
[162] Falls die Gesellschaft solche hält.
[163] Besteht ein nicht voll einbezahltes Kapital (non-versé), so ist die Forderung gegen die Aktionäre als Aktivposten auszuweisen: Früher Art. 668 Abs. 2 OR 1936; jetzt Art. 663a Abs. 4 OR 1991. Hier ist eine Zuordnung zum Umlauf- bzw. Anlagevermögen sinnlos. Es handelt sich um einen Posten der Kapitalaufbringung. Entschliesst sich der Verwaltungsrat nicht zu einer dritten Kategorie in den Aktiven, so ist eine Zuordnung in der Nähe der Finanzanlagen im Sinne der «*fuzzy logics*» jedenfalls am wenigsten falsch.
[164] Bilanzverlust als Verlustvortrag aus dem Vorjahr und Jahresverlust zusammen.
[165] Art. 659 ff. OR 1991; Art. 659a Abs. 2 und Art. 671a für die Passivseite. Denkbar ist, die eigenen Aktien und gegebenenfalls das non-versé einer dritten, dem Umlauf- und Anlagevermögen gleichrangigen Kategorie von Aktiven zuzuordnen. Das Gesetz schliesst das keineswegs aus.

c)   Insbesondere geleaste Anlagen

910 Bei den Sachanlagen besteht ein Meinungsstreit insbesondere hinsichtlich *geleaster Objekte*. Wenn das Nutzungsinteresse des Leasers eindeutig über eine Gebrauchsüberlassung hinausgeht, sind diese zu aktivieren (und die entgegenstehende Gesamtverbindlichkeit ist in den Schulden aufzuführen). Entscheidend ist, ob wirtschaftlich überwiegend eine Anschaffung eines Anlagegutes auf Kredit vorliegt; dies zeigt sich darin, dass der Leasingnehmer Investitions- und Eigentümerrisiken übernimmt, wie sie für eine Anschaffung von Anlagegütern auf eigene Rechnung typisch sind. Dann liegt ein *Finanzleasing* vor[166]. Darauf deuten insbesondere folgende Merkmale hin: (i) lange Vertragsdauer; (ii) Unkündbarkeit (oder Kündbarkeit nur unter Inkaufnahme schwerer Nachteile); (iii) uneingeschränktes Kaufsrecht während der ganzen oder fast ganzen Vertragsdauer; (iv) Kaufoption zu sehr niedrigem Preis am Schluss der Vertragsdauer; (v) Überwälzung typischer Eigentümerrisiken auf den Leasingnehmer; (vi) Veräusserungs- und Verfügungsverbot zulasten des Leasinggebers.

911 Allerdings ist eines nicht zu übersehen: selbst im weitestgehend durchgestalteten Finanzleasing erhält der Leasingnehmer *nie die dingliche Verfügungsmacht* über das Objekt. Er kann das Objekt weder weiterveräussern noch verpfänden. Deshalb sind in Ziffer 3 des Anhangs die unter einem Leasingvertrag beschafften Anlagegüter, wenn sie in den Aktiven aufgeführt werden, gesondert als *nicht* im Eigentum des Unternehmens stehend zu erwähnen, über die blosse Angabe der Gesamtschuld hinaus. Dies ergibt sich sinngemäss in Verbindung mit Ziffer 2 des Anhangs. Es wäre unverständlich, wenn eine Aktiengesellschaft Aktiven, die in ihrem vollen Eigentum und Verfügungsrecht stehen, aber verpfändet sind, gemäss Ziffer 2 besonders offenlegen muss, dagegen nicht in ihrem Eigentum stehende, aber frohen Mutes bilanzierte Anlagegüter mit Stillschweigen übergehen könnte.

d)   Organisationskosten

912 Gründungs-, Kapitalerhöhungs- oder Organisationskosten sind stets gesondert auszuweisen, falls die Gesellschaft vom *Recht zur Aktivierung* Gebrauch macht. Dieser weitere obligatorische Posten für das Anlagevermögen ergibt sich aus Art. 664 Satz 2 OR 1991; er ist sinngemäss dem Anlagevermögen zuzuordnen. Es handelt sich funktional um aufgeschobenen Aufwand; der Posten ist innerhalb von fünf Jahren zulasten des Ergebnisses abzuschreiben und hat aus der Bilanz zu verschwinden.

3.   Obligatorische Gliederung der Passivseite

a)   Fremdkapital

913 Nach dem neuen Aktienrecht muss die Gesellschaft ihr Fremdkapital, wenn man die passiven Rechnungsabgrenzungsposten (transitorische Passiven) gerade einordnet, in mindestens fünf, eventuell sechs Posten aufteilen:

---

[166] Financial Leasing, vgl. *Eugen Bucher*, OR Besonderer Teil, 3. Aufl. Zürich 1988, 32 ff.

(1) *Schulden* aus Lieferungen und Leistungen[167];

(2) andere *kurzfristige* Verbindlichkeiten;

(3) *langfristige* Verbindlichkeiten;

(4) Verbindlichkeiten gegenüber *Konzerngesellschaften* oder massgeblich beteiligten Aktionären[168];

(5) *Rückstellungen*;

(6) passive *Rechnungsabgrenzung*[169].

Es versteht sich, dass wegen des Grundsatzes der *Klarheit* in der Darstellung analoge Grundsätze für die Abgrenzung der Schulden aus Lieferungen und Leistungen («Kreditoren») von den übrigen kurzfristigen Verbindlichkeiten anzuwenden sind, wie sie auf der Aktivseite gelten. Das Prinzip der inneren Konsistenz der Darstellungsweise und der Stetigkeit gilt darüber hinaus aber für die ganze Bilanz. Die Gesellschaft ist zwar befugt, ihr Ermessen walten zu lassen für die Abgrenzung von langfristigen Verbindlichkeiten gegenüber kurzfristigen; sie hat sich aber an ihre Grundsätze nach dem Stetigkeitsprinzip zu halten. 914

Unstatthaft ist nach neuem Recht ein Sammelposten «Kreditoren und Rückstellungen» in der Bilanz. Unter *Rückstellungen* sind in der Bilanz nicht nur jene Passivposten aufzuführen, die schon nach Art. 670 Abs. 2 OR 1936 zu bilden waren (Rückstellungen für künftige Zahlungen ohne Gegenwert, für schwebende Geschäfte etc., damals in bezaubernder Naivität «Rücklagen» genannt). Hierher gehört auch, falls nicht transitorisch passiviert, der Saldo der *Steuerrückstellungen*. Dieser ergibt sich vor allem aus der Ausbuchung der Rückstellung für bezahlte Steuern und der Neubildung von Steuerrückstellungen gemäss der Gewinnentwicklung in der Erfolgsrechnung und dem Stand des steuerpflichtigen Kapitals. Ist es nach der Gesetzgebung von 1991 notwendig, die Steuerrückstellungen zu bilden[170], so ist es keineswegs notwendig, sie offen als solche auszuweisen. Sie können mit den übrigen Rückstellungen saldiert werden[171]. 915

b) *Eigenkapital*

Das Eigenkapital kennt normalerweise vier Gliederungsstellen, hier aufgeführt in der Reihenfolge der *zunehmenden Verwendbarkeit*: 916

(1) *Aktienkapital* und *Partizipationskapital*;

(2) *allgemeine gesetzliche Reserve*[172];

---

[167] Kreditoren.
[168] Art. 663a Abs. 4 OR 1991. Diese Verbindlichkeiten sind eventuell auch kurzfristig und wären dann entsprechend einzuordnen.
[169] Transitorische Passiven.
[170] Dazu IV/E/2/a, Rz 1059 ff.
[171] Im Gegensatz zur *4. EG-Richtlinie* (1978) Art. 9 und 10 sowie Art. 23 Ziff. 19 und 20, Art. 26A Ziff. 9 und 10.
[172] Art. 671 OR 1991. Davon ist derjenige Teil nach herrschender Lehre verwendbar, der die Summe allen einbezahlten Kapitals (Nennwert und Agio auf Aktien und Partizipationsscheinen), mindestens aber die Hälfte von Aktien- und Partizipationsscheinkapital übersteigt.

(3) *freie Reserven*;

(4) *Bilanzgewinn*.

917 Dazu kommen gegebenenfalls noch zwei weitere gesetzlich vorgeschriebene Reserven, jene für *eigene Aktien* und jene für *Aufwertungen* bei Kapitalverlust (hiernach Ziff. 4). Es versteht sich, dass diese Sperrposten im Rahmen des Kapitalerhaltungsprinzips des Aktienrechts eine wichtige Funktion erfüllen.

c) *Das Aktienkapital insbesondere*

918 Für die Verpflichtung, das Grundkapital in der *Bilanz* auszuweisen, verwendete man im alten OR einen ganzen Artikel[173]. Das versteht sich heute von selbst; es wird hier nur noch mit der Erwähnung des einzigen Wortes «Aktienkapital» (welches überall den alten Begriff «Grundkapital» ersetzt) angedeutet.

919 Weniger selbstverständlich ist die Behandlung eines nichteinbezahlten Teils des Grundkapitals, des sog. «*non-versé*» – falls es überhaupt noch vorkommt. Es ist stets der volle Betrag des Aktienkapitals auszuweisen, auch wenn vorläufig der nichteinbezahlte Betrag nichts anderes ist als eine Forderung gegen die Aktionäre, die sich durch die Zeichnung zur Erfüllung der Einlagepflicht erst für die Zukunft verpflichtet haben[174].

920 Die Zahl des Aktienkapitals und, wenn eines besteht, des Partizipationskapitals ist im wahren Sinn des Wortes «*festgeschrieben*»; sie steht übereinstimmend in Bilanz, Statuten und Handelsregister. Sie kann überhaupt nur auf dem Wege des qualifizierten Kapitalveränderungs-Verfahrens mit Statutenänderung und Registereintrag wieder angetastet werden. Diese Kapitalzahl steht damit im Gegensatz zu allen Aktivposten und allen Fremdkapitalposten der Bilanz: diese stellen stets bloss eine methodische Widerspiegelung von Tatsachen dar und bleiben nicht länger in der Bilanz, als die Fakten bestehen. Das Aktienkapital dagegen hat normativen Charakter[175]. Es steht in der Bilanz, weil es so sein muss, unbekümmert um den wirklichen Stand des Eigenkapitals der Gesellschaft. Das Aktien- und Partizipationskapital und, in unterschiedlichem Umfange, die allgemeine gesetzliche Reserve, die Reserve für eigene Aktien und die Aufwertungsreserve bewirken eine Ausschüttungssperre und geben für den Fall einer Unterbilanz die Masszahl für die zu ergreifenden Massnahmen (der Benachrichtigung der Aktionäre, der Sanierung bzw. der Bilanzhinterlegung beim Richter).

921 Die bilanzmässige Darstellung der Eigenkapitalposten unter dem Schweizer Aktienrecht ist nach wie vor tiefgreifend von derjenigen der amerikanischen Schule verschieden. In der Schweizer Bilanz soll viel weniger die *Herkunft* des Eigenkapitals (aus Einzahlung einerseits und zurückbehaltenen Gewinnen andererseits) zum Ausdruck kommen, als der *Grad der Verwendbarkeit des Eigenkapitals für Ausschüttungen*. Es geht um das Kapitalerhaltungsprinzip. Dies ist weniger eine analytische als eine normative

---

[173] Art. 668 Abs. 1 OR 1936.
[174] Früher Art. 668 Abs. 2 OR 1936, jetzt Art. 663a Abs. 4 (am Anfang) OR 1991. Im Vorübergehen legt das neue Aktienrecht fest, dass es der Verwaltungsrat ist, der für die Einberufung des «non-versé» zuständig ist, Art. 634a Abs. 3 OR 1991.
[175] Auch der nicht-verwendbare Teil der gesetzlichen Reserve und die anderen Sperrziffern haben normative Funktion, aber nie in dieser Ausschliesslichkeit.

Betrachtungsweise. Das neue Aktienrecht hat an dieser gesellschaftsrechtlichen Methodik, mag sie auch dem homo oeconomicus noch so seltsam vorkommen, nicht das geringste geändert. Es stimmt darin mit dem EG-Gesellschaftsrecht überein[176].

4. Reserven (Rücklagen)

Unter «Reserven» versteht das neue Aktienrecht in Übernahme der Bezeichnung des OR 1936 das, was in allgemeiner Schriftsprache *Rücklagen* heisst: jene Eigenkapitalposten, die aus über die Nennbeträge hinausgehenden *Einlagen* der Aktionäre herstammen[177], und jene, die aus *erwirtschafteten Gewinnen* entstanden sind[178]. 922

a) Die allgemeine gesetzliche Reserve

Auch die «*allgemeine gesetzliche Reserve*»[179], die grundsätzlich unverändert ist, enthält Beträge aus beiden Quellen, Einlagen und Gewinn. Sie ist gesetzlich festgeschrieben sowohl hinsichtlich ihrer Bildung wie ihrer Verwendung. Ihr sind obligatorisch die sog. «Aufgelder» zuzuweisen, die Mehrerlöse, die netto bei Aktienausgaben über die Nennwerte hinaus bei der Gesellschaft eingehen («*Agio*»). Anderseits gehen in die allgemeine gesetzliche Reserve jene beiden Pflichtzuweisungen vom Jahresgewinn in zwei Stufen, die sich aus dem nach wie vor komplizierten Artikel 671 ergeben. Die *erste Zuweisung* bemisst sich mit 5% vom Jahresgewinn und endet, wenn die allgemeine gesetzliche Reserve 20% des Aktienkapitals[180] erreicht hat. Die *zweite Zuweisung* bemisst sich mit 10% von einer anderen (kleineren) Basis, nämlich dem Mehrgewinn, der übrig bleibt, wenn die erste Zuweisung gemacht und eine Dividende von 5% ausgerichtet[181] ist; sie endet, wenn die allgemeine gesetzliche Reserve 50% des Aktien- und des Partizipationskapitals erreicht hat. 923

Die *allgemeine gesetzliche Reserve* ist insoweit frei verwendbar, als sie sowohl die Summe aller Agi wie die Quote von 50% des gesamten Nennkapitals übersteigt. Bis zu diesem Schwellenwert ist ihre Verwendung *gesperrt*. Sie darf nur zur Verlustdeckung (Ausbuchung eines Bilanzverlustes in den Aktiven) oder für bestimmte, offenbar eigenkapitalvernichtende Massnahmen in schlechten Zeiten[182] dienen[183]. 924

b) Freie Reserven

Die Statuten können eine oder mehrere weitere Reserven schaffen, denen die Generalversammlung Teile des Jahresgewinns oder des Bilanzgewinns zuweisen kann – oder sogar muss. Handelt es sich um einen Posten verwendbaren Eigenkapitals ohne Zweck- 925

---

[176] Etwas anderes gilt in der *Konzernbilanz*, Kapitel 8/V/B, Rz 1243.
[177] Sog. «*Kapitalrücklagen*» oder paid-in surplus. *Guhl/Kummer/Druey* (1991) 673.
[178] Sog. «*Gewinnrücklagen*» oder retained earnings.
[179] Art. 671 OR, weitgehend unverändert. Der Begriff «*allgemeine Reserve*» tritt an die Stelle des «*allgemeinen Reservefonds*» von Art. 671 Abs. 1 OR 1936.
[180] Und gegebenenfalls des Partizipationskapitals.
[181] Art. 671 Abs. 2 Ziff. 3 OR 1991.
[182] Art. 671 Abs. 3 OR 1991.
[183] Vgl. den praktisch unveränderten Art. 671 Abs. 3 und die Ausnahmen in Abs. 4 und 5.

bindung, so spricht man von *freien Reserven*, sonst eher von *Spezialreserven*[184]. Verbreitet sind Reserven zur Unterstützung von Wohlfahrtseinrichtungen für Arbeitnehmer[185]. Auch die Generalversammlung selbst ist befugt, solche Reserven zu bilden, ohne Grundlage in den Statuten, doch sind in diesem Fall die Einschränkungen des Art. 674 Abs. 2 OR 1991 zu beachten[186].

5. Gesetzliche Sonderreserven für eigene Aktien und für Aufwertung von Grundstücken oder Beteiligungen

926 Hält die Gesellschaft eigene Aktien oder ist sie in den engen Grenzen des Art. 670 OR 1991 zu einer Aufwertung von Grundstücken oder Beteiligungen geschritten, so kommen nach neuem Aktienrecht zwei gesonderte Eigenkapitalposten hinzu:

a) Die Aufwertungsreserve

927 Der Aufwertungsbetrag erscheint gemäss Art. 670 Abs. 1 Satz 2 OR 1991 als eigener Posten im Eigenkapital. Dieser Betrag gehört nach dem Sinn dieser vom Nationalrat eingefügten Klarstellung zu den Sperrzahlen[187].

928 Der Nationalrat[188] hat sodann in einem neuen Artikel 671b klargestellt, dass die Aufwertungsreserve, einmal gebildet, nur auf drei Arten wieder aufgelöst werden kann:

929 – durch die *Umwandlung in Aktienkapital*, d.h. durch eine noch weitergehende Sperrung der Verwendung dieser Eigenkapitalposition;

930 – nach der *Veräusserung der aufgewerteten Aktiven*. In diesem Falle muss das gleiche gelten wie bei der Sonderreserve für eigene Aktien – obwohl das Gesetz es hier nicht ausdrücklich sagt. Auch wenn der Veräusserungserlös am Schluss den immer noch in der Bilanz stehenden Betrag der Aufwertungsreserve *nicht* deckt, die Veräusserung also mit einem Fehlbetrag gegenüber dem seinerzeit geschätzten «wirklichen Wert» des Grundstücks oder der Beteiligung endet, kann und muss die ganze Aufwertungsreserve aus der Bilanz gestrichen werden. Bezieht sich die Veräusserung nur auf ein Teilgut, dem ein Teil der Aufwertungsreserve entspricht, so ist dieser Teil zu streichen. Die Streichung bedeutet in der Endauswirkung, dass die Gesellschaft nicht verpflichtet ist, zuerst durch erwirtschaftete Gewinne den nachträglich realisierten Fehlbetrag wieder auszugleichen, um zu neuem verwendbarem Bilanzgewinn zu kommen;

931 – durch *Wiederabschreibung*, also durch die Bildung eines Aufwandpostens über die Erfolgsrechnung.

---

[184] Art. 672 Abs. 2 OR 1991.
[185] Art. 673 OR 1991.
[186] Der Beschluss bedarf einer bestimmten «Rechtfertigung», vorn Kapitel 1/III/B/3/c, Rz 123.
[187] *Amtl. Bull. NR* (1985) 1721; *StR* (1988) 501.
[188] a.a.O. 1721/22.

b) Die Reserve für eigene Aktien

Die Gesellschaft muss für *eigene Aktien*, die sie hält, einen besonderen *Reserveposten* im Eigenkapital führen. Dieser entspricht dem für die Anschaffung aufgewendeten Betrag. Die Reserve für eigene Aktien (Art. 671a) bleibt so lange in der Bilanz, bis die eigenen Aktien zufolge Veräusserung an Dritte[189] oder zufolge Vernichtung im Rahmen einer Kapitalherabsetzung abgegangen sind. 932

Stets erfolgt die *Reduktion oder Beseitigung* dieses besonderen Eigenkapitalpostens, wie das Gesetz sagt, «im Umfang der Anschaffungswerte». Ist der Veräusserungspreis höher als der Anschaffungswert, so entsteht, da es sich um einen erfolgswirksamen Vorgang handelt, im Überschuss des Veräusserungserlöses über den Kostenwert Bilanzgewinn. Ist der Veräusserungserlös niedriger als der Anschaffungswert, so entsteht spiegelsymmetrisch ein Bilanzverlust. Es gilt indessen eine Ausnahmeregelung: für jede einzelne Aktie ist der Reserveposten im Umfang genau ihres seinerzeitigen (höheren) Anschaffungswertes herabzusetzen. In dem Umfang, in dem ein Veräusserungsverlust realisiert worden ist, schlägt sich das per Saldo ungünstige Geschäft zwar notwendigerweise als Aufwandposten eigenkapitalmindernd nieder[190]. Aber die Sperrzahl ist verschwunden. 933

Diese Sonderregel der Beseitigung des Reservepostens für eigene Aktien gilt selbst dann, wenn die eigenen Aktien durch *Kapitalherabsetzung* vernichtet werden. In diesem Falle geht der Vorgang aber nicht über die Erfolgsrechnung, da es an einem Umsatzgeschäft und einem Gegenwert fehlt. Hier zeigt sich, dass die eigenen Aktien doppelt passiviert waren: mit ihrem Nennwert im Aktienkapital, und mit ihrem vollen Anschaffungswert in der Sonderreserve für eigene Aktien. Alle diese Posten fallen weg. Die Vernichtung einer eigenen Aktie durch Kapitalherabsetzung führt daher zu einem (erfolgsneutralen) Bilanzgewinn im Betrag des Nennwerts. 934

c) Bedeutung der beiden zusätzlichen Sperrzahlen im Eigenkapital

Beide besonderen Reserveposten kommen zu den *Sperrzahlen* des Aktienkapitals, des Partizipationskapitals und des nicht verwendbaren Teils der allgemeinen gesetzlichen Reserve[191] hinzu. Sie können bilanzmässig für Ausschüttungen nicht verwendet werden. Dies ergibt sich aus dem Sinn dieser besonderen Vorschriften. Es stimmt auch mit der Aussage des Gesetzes überein, dass der Aktionär nur insoweit Anspruch auf eine Ausschüttung hat, als «Bilanzgewinn» vorhanden ist[192]. Wie weiter aus Art. 675 Abs. 2 OR 1991 hervorgeht, dürfen Dividenden nur aus dem Bilanzgewinn und aus *hierfür*, nämlich für Ausschüttungen, gebildeten Reserven ausgerichtet werden. Die beiden besonderen Reserven sind für das genaue Gegenteil einer Ausschüttung gebildet. 935

---

[189] Nicht als echte «Veräusserung» in diesem Sinne kann die Verschiebung der eigenen Aktien an eine Untergesellschaft gelten. In diesem Fall ist Art. 659b OR 1991 zu beachten.
[190] Vgl. die ausführliche Stellungnahme in der *Botschaft 1983*, 151, Ziff. 324.
[191] Art. 671 OR 1991.
[192] Art. 660 Abs. 1 und Art. 675 Abs. 2 OR 1991.

936 Die beiden zusätzlichen Sperrzahlen werden dagegen nicht für die Bestimmung der *Unterbilanz* berücksichtigt, die die Konsequenzen des Art. 725 auslöst[193].

937 Weder der Reserve für Aufwertung noch der Reserve für eigene Aktien dürfen *Bilanzverluste* belastet werden[194]. Ob die beiden Sonderreserven im Rahmen einer Kapitalherabsetzung, durch analoge Anwendung von Art. 732 OR, herabgesetzt oder aus der Bilanz ganz beseitigt werden können, ist ungewiss. Im Gegensatz zum Bilanzgewinn und zu den Reserven, die die Generalversammlung in ihrem Ermessen auflösen kann (nämlich der verwendbare Teil der allgemeinen gesetzlichen Reserve und die von der Gesellschaft gebildeten weiteren offenen Reserven), und im Gegensatz zum Aktien- und Partizipationskapital, das nach dem Verfahren der Kapitalherabsetzung zur Verwendung frei wird, stehen diese beiden obligatorischen Reserveposten nicht in der Verfügung der Aktionäre. Sie verschwinden nur, wenn der Grund für ihre ursprüngliche Bildung seinerseits verschwindet.

938 *Beispiel: Die Bilanz nach der neuen gesetzlichen Mindestgliederung*

Bilanz

Aktiven	Passiven
A. Umlaufvermögen	C. Fremdkapital
1. Flüssige Mittel 2. Forderungen aus Lieferungen und Leistungen 3. andere Forderungen 4. Forderungen gegenüber Konzerngesellschaften oder massgeblich beteiligten Aktionären* 5. Vorräte 6. Aktive Rechnungsabgrenzung	1. Schulden aus Lieferungen und Leistungen 2. andere kurzfristige Verbindlichkeiten 3. langfristige Verbindlichkeiten 4. Verbindlichkeiten gegenüber Konzerngesellschaften oder massgeblich beteiligten Aktionären* 5. Rückstellungen* 6. Passive Rechnungsabgrenzung
B. Anlagevermögen	D. Eigenkapital
1. Sachanlagen 2. Finanzanlagen 3. Beteiligungen* 4. Immaterielle Anlagen* 5. Gründungs-, Kapitalerhöhungs- und Organisationskosten* 6. Nicht einbezahlter Teil des Aktienkapitals* 7. Bilanzverlust[196]	*[Nicht-verwendbares Eigenkapital]* 1. Aktienkapital 2. Partizipationskapital 3. Allgemeine gesetzliche Reserve[195] 4. Reserve für eigene Aktien* 5. Aufwertungsreserve* *[Verwendbares Eigenkapital]* 6. Freie Reserven 7. Bilanzgewinn

* Falls anwendbar

---

[193] Art. 725 Abs. 1 OR 1991; vgl. hinten Kapitel 10/VIII, Rz 1678 ff.
[194] Die gesetzliche Reserve darf dagegen, obgleich sie zum wesentlichen Teil eine zahlenmässig dargestellte Ausschüttungssperre ist, zufolge ausdrücklicher Gesetzesvorschrift zur Beseitigung eines Bilanzverlustes herangezogen und aufgelöst werden.

E. Der Anhang

1. Bedeutung des neuen Bestandteils der Jahresrechnung

Der Anhang ersetzt die bisher üblichen «*Angaben unter dem Strich*» für Bürgschaften und Versicherungswerte gemäss Art. 670 Abs. 1 und Art. 665 Abs. 4 OR 1936. Er wird zum Ort für viele Angaben, die man bislang im Geschäftsbericht unterzubringen pflegte[197]. Darüber hinaus bringt er Neues, nämlich die Pflicht zu einer grossen Anzahl von Angaben über die finanzielle Lage der Gesellschaft, die diese im Zahlenwerk nur schwer bieten könnte oder die dort nach Meinung des Gesetzgebers die Übersichtlichkeit zu stark beeinträchtigt hätten.

939

2. Klarstellungen gegenüber dem heutigen Recht

Mehrere Angaben, die im Anhang unterzubringen sind, sind nichts anderes als Klarstellungen dessen, was heute schon gilt.

940

a)   Eventualverpflichtungen und Interzessionen (Ziff. 1)

Die *Bürgschaften, Garantieverpflichtungen*[198] *und Pfandbestellungen zugunsten Dritter* müssen in einem Gesamtbetrag im Anhang stehen. Unter Garantieverpflichtungen versteht das Gesetz, wie schon das OR 1936, nicht etwa Verpflichtungen aus Gewährleistung im Zusammenhang mit Kauf- und Werkverträgen, sondern Eventualverpflichtungen[199] aus Sicherungsgeschäften. Dazu gehören auch Eventualengagements zugunsten verbundener Unternehmen, Patronatserklärungen nur, wenn sie nach der Erfahrung des sorgsamen Kaufmanns einen faktischen Erfüllungszwang, der einer rechtlichen Verbindlichkeit nahekommt, beinhalten. Anzugeben ist der Betrag, um den das Eigenvermögen der Gesellschaft schrumpfen würde, wenn der schlimmste Fall einträte: Aktualisierung der Zahlungspflicht, und alle Rückgriffsforderungen und Sicherheiten gegenüber dem sichergestellten Hauptschuldner sind ohne Wert. Im Falle der Pfandbestellung verlangt das Gesetz nicht die Angabe des Verkehrswertes des gestellten Pfandes, sondern des Betrages, für den das Pfand bestellt ist.

941

---

[195] Ein *Teil der allgemeinen gesetzlichen Reserve* ist nach herrschender Meinung im Ergebnis verwendbar: nicht verwendbar sind jedoch alle aus *einbezahltem* Kapital (Agio) stammenden Teile. Insoweit als der verbleibende Teil über 50% des Aktienkapitals und des Partizipationsscheinkapitals hinausgeht, ist er nach Art. 671 Abs. 3 OR verwendbar.

[196] Der *Bilanzverlust* gehört natürlich nicht zum Anlagevermögen, sondern ist ein Korrekturposten zum Eigenkapital.

[197] Art. 663b OR 1991.

[198] «*Patronatserklärungen*» sind oft – bei genauer Analyse – formnichtige Bürgschaften oder gültige Garantieverpflichtungen. Vgl. dazu *Peter R. Altenburger* (1979) 152 ff. Das Problem liegt darin, dass die schillernde Bedeutung einer Patronatserklärung von *beiden* Parteien, mit gegenläufigen Nuancen, gewollt ist. Es ist nicht gelöst.

[199] Vgl. *Stephan von Segesser* (1988) passim.

942 Angesichts der eindeutigen Formulierung[200] ist es im *Unterschied* zum bisherigen Recht nicht mehr nötig, für jede der drei Arten von Interzessionen zugunsten Dritter eine Gesamtsumme aufzuführen[201].

943 Ist das Risiko, dass die Gesellschaft zahlen muss und keinen vollen, sofortigen und durchsetzbaren Rückgriff nehmen kann, *aktualisiert*, so braucht es nicht bloss eine Angabe im Anhang, sondern eine Rückstellung.

  b)   *Brandversicherungswerte (Ziff. 4)*

944 Hinsichtlich der *Versicherungswerte* wird klargestellt, dass eine Angabepflicht nur hinsichtlich von versicherten Sachanlagen besteht, und dass es sich um die Brandversicherungswerte handelt. Erforderlich ist nur die Angabe der Gesamtwerte.

  c)   *Obligationenanleihen (Ziff. 6)*

945 Früher waren die *Obligationenanleihen* gemäss Art. 669 OR 1936 gesondert als solche in den Passiven der Bilanz aufzuführen. Dies ist heute nicht mehr unbedingt notwendig; sie können gemäss Art. 663a Abs. 3 OR 1991 mit Notes, Commercial Paper und anderen Schuldverschreibungen in die Gesamtsumme der langfristigen Verbindlichkeiten eingehen.

946 Umgekehrt wären Obligationen, wenn sie *ihrer Fälligkeit nahe* sind, nach der Grundidee von Art. 663a Abs. 3 OR 1991 umzubuchen in die «kurzfristigen Verbindlichkeiten». Ein solcher Vorgang würde die Bilanzverhältnisse unnötig in Aufruhr versetzen. Gerade auch, um so etwas zu vermeiden, sieht Ziffer 6 des Anhanges die Angabe der Beträge und der Fälligkeiten der von der Gesellschaft ausgegebenen Anleihensobligationen vor. Damit ist eine Umbuchung in die kurzfristigen Verbindlichkeiten gegen Ende der Laufzeit jedenfalls so lange nicht notwendig, als einer planmässigen Rückzahlung oder Konversion nichts entgegensteht. Andernfalls müsste, trotz der Regelung von Anhang Ziffer 6, die Gesellschaft wegen des Grundsatzes der möglichst zuverlässigen Beurteilung der Vermögenslage die in naher Zukunft fälligen Schuldverschreibungen in die kurzfristigen Verbindlichkeiten umbuchen.

  d)   *Eigene Aktien (Ziff. 10)*

947 Nichts anderes als eine Präzisierung und Weiterentwicklung des bisherigen Rechtes ist die *Ziffer 10 des Anhangs*, welche Angaben über Erwerb, Veräusserung und Anzahl der eigenen Aktien verlangt[202]. Schon nach bisherigem Recht wäre eigentlich über die Erwerbungen und Veräusserungen eigener Aktien im Geschäftsbericht jährlich zu berichten gewesen[203]. Es war jedoch geradezu Usanz, diesen Punkt mit vornehmem Schweigen zu übergehen[204].

---

[200] Sonst müsste es heissen «Bürgschaften, Garantieverpflichtungen und Pfandbestellungen zugunsten Dritter, je in einem Gesamtbetrag».
[201] Zur gegenteiligen Ansicht neigt *Eric Homburger* (1991) 49.
[202] Vgl. vorn Kapitel 3, Rz 299 ff.
[203] Art. 659 Abs. 4 OR 1936.
[204] *Sebastian Burckhardt* (1983) 105.

Das neue Aktienrecht verlangt genauer die Angabe des eigenen Bestandes und der 948
Aktien, die eine Untergesellschaft hält[205]; es verlangt schliesslich, im Gegensatz zum
heutigen Recht, sogar die Angabe der Bedingungen, zu denen die Gesellschaft die eigenen Aktien im Rechnungsjahr erworben oder veräussert hat. Dies ist vor allem dann brisant, wenn die Gesellschaft hier bekanntgeben muss, dass sie ein Aktienpaket von einem angriffigen Aufkäufer zu einem wesentlich über dem Börsenkurs liegenden Preis aufgekauft hat, oder wenn sie während des Geschäftsjahres eigene Aktien ohne stichhaltige Begründung – die es unter besonderen Umständen geben kann – unter dem Marktpreis abgegeben hat.

3. Neuerungen im Anhang

Im Anhang hat die Gesellschaft jährlich, über den bisherigen Umfang der notwendi- 949
gen Informationen hinaus, wesentliche weitere Angaben zu machen:

a)   Verpfändete Aktiven (Ziff. 2)

Aktiven, die in Wirklichkeit zur Sicherheit eigener Verbindlichkeiten[206] *verpfändet* sind 950
oder unter *Eigentumsvorbehalt* zur Sicherung eines Kreditkaufs stehen, erscheinen nach bisherigem Rechnungslegungsrecht in voller Schönheit in der Bilanz. Dies kann, wie Ereignisse der letzten Jahre gezeigt haben, dazu führen, dass in einem wesentlichen Punkt die wirkliche Vermögenslage der Gesellschaft irreführend zum Ausdruck kommt. Denn Verpfändung bedeutet wirtschaftlich eine aufschiebend-bedingte Veräusserung mit Abtretung des Erlöses an den Gläubiger. Das neue Aktienrecht verlangt daher im Anhang die Angabe der Aktiven, die zur Sicherung eigener Verpflichtungen der Gesellschaft an Dritte verpfändet, sicherheitshalber abgetreten oder unter Eigentumsvorbehalt erworben worden sind.

Es handelt sich hier um eine blosse Erläuterung zu einer *Beschränkung der dinglichen* 951
Rechtsposition hinsichtlich von Werten, die auf der Aktivseite der Bilanz stehen. Es geht nicht etwa um eine Pflicht, pfandbelastete Aktiven in einem Sonderposten der Bilanz zu zeigen. Anzugeben sind die aktivierten Beträge gemäss Bilanz, unbekümmert einerseits um die eventuell höheren, für den Pfandgläubiger massgeblichen Verkehrswerte dieser Vermögensgegenstände, anderseits um die am Abschlusstag dadurch sichergestellte tatsächliche Schuldsumme. Das Gesetz verlangt ferner ausdrücklich nur einen Gesamtbetrag. Dieser Hinweis im Anhang kann daher recht dunkel sein, bleibt doch unklar, welche Gegenstände er genau betrifft, und vor allem auch, in welchem Prozentsatz die betroffenen Aktivwerte durch Sicherungsgeschäfte im Interesse von Gläubigern belastet sind.

b)   Leasingverträge (Ziff. 3)

Neu ist die Verpflichtung, die in der Bilanz nicht ausgewiesenen Verbindlichkeiten aus 952
Leasingverträgen anzugeben.

---

[205] Eine andere Gesellschaft, an der die Gesellschaft mehrheitlich beteiligt ist.
[206] Die Verpfändung zugunsten *Dritter* erscheint in Ziff. 1 des Anhangs.

Diese Regelung soll einer schon erwähnten Unsicherheit in der Buchführungspraxis ein Ende machen. Leasingverträge sind hinsichtlich der Verbindlichkeiten nur bilanzwirksam, wenn die auf diese Weise dem Unternehmen beschafften Anlagegüter zu aktivieren sind; dann ist der Ausweis der entgegenstehenden Verbindlichkeit unerlässlich. Beim sogenannten *Finanzleasing*[207] ist dies der Fall[208].

953 Immer dann jedoch, wenn die Gesellschaft das Leasingverhältnis aufgrund der Vertragslage wie eine blosse *Gebrauchsüberlassung* behandelt, erscheint in der Bilanz weder das geleaste Gut noch die oft sehr erhebliche Gesamtverbindlichkeit, die das Unternehmen dafür eingegangen ist. Im Kontext der Bilanz erscheint eine solche Gebrauchsüberlassung nicht, weil schwebende Verträge nur dann zu passivieren sind, wenn besondere Risiken sich aktualisieren. Und anhangpflichtig unter Ziffer 1 wäre das Leasinggeschäft ebenfalls nicht, weil kein Interzessionsgeschäft (Bürgschaft, Garantie, Drittpfand) zugunsten eines Drittschuldners vorliegt. Daher nun das besondere Erfordernis der Angabe im Anhang.

c) Schulden gegenüber Vorsorgeeinrichtungen (Ziff. 5)

954 Neu wird die Angabe der gesamten Verbindlichkeiten gegenüber *Vorsorgeeinrichtungen* verlangt. Insoweit, als die Mittel der eigenen Personalvorsorgestiftung in die Arbeitgeberfirma zurückgeflossen sind, ist der das schweizerische Vorsorgerecht weithin bestimmende Grundsatz der getrennten Fundierung von Vorsorgeansprüchen durchbrochen. Es gilt daher die Regel, dass ein solcher Mittelrückfluss an den Arbeitgeber in einem den Beiträgen der Arbeitnehmer entsprechenden Verhältnis unstatthaft ist, es sei denn, die Forderung werde sichergestellt. Für die Beurteilung der Lage vor allem der Vorsorgeeinrichtung selbst ist daher diese Sonderangabe unentbehrlich. Die Angabe soll namentlich auch der Stiftungsaufsicht die Arbeit erleichtern. Es handelt sich hier, da diese Verbindlichkeiten natürlich schon im Fremdkapital der Bilanz enthalten sind, letztlich um eine indirekte und ergänzende Untergliederung zum Gliederungsposten «langfristige Verbindlichkeiten» in der Bilanz im Sinne des neuen Artikel 663a Abs. 3[209].

d) Beteiligungen (Ziff. 7)

955 Neu ist die Bestimmung, dass die Gesellschaft jede einzelne *Beteiligung*, die für die Beurteilung der Vermögens- und Ertragslage der Gesellschaft wesentlich ist, anzugeben hat. Es handelt sich um eine ergänzende Erläuterung zum bilanzierten Gliederungsposten «Gesamtbetrag der Beteiligungen» im Anlagevermögen gemäss Art. 663a Abs. 4 und Art. 665a. Die Pflicht zur Angabe wesentlicher Beteiligungen hat im neuen Aktienrecht einige Bedeutung[210], so im Hinblick auf die Vorschriften über die Haltung

---

[207] Vgl. vorn Abschnitt II/D/2/c, Rz 910/11.
[208] Wenn auch mit Bedenken, weil der geleaste Gegenstand auch beim Finanzleasing vom Unternehmen weder verpfändet noch veräussert werden kann. Der Leasingnehmer hat aus zwingenden rechtlichen Gründen nie jene *rechtliche Verfügungsmacht*, die sonst für in den Aktiven der Bilanz aufgeführte Wirtschaftsgüter typisch ist.
[209] Dass die Vorsorgeeinrichtung «andere kurzfristige Verbindlichkeiten» bei der Arbeitgeberfirma eingeht, wird wohl die Ausnahme sein, ist aber möglich.
[210] Beteiligungen nicht *der*, sondern *an der* Gesellschaft werden von Art. 663c OR 1991 («Beteiligungsverhältnisse bei Publikumsgesellschaften») erfasst, hiernach Ziff. 8, Rz 981.

eigener Aktien in Untergesellschaften[211], auf die Vorschrift über den gesonderten Ausweis von Forderungen und Verbindlichkeiten gegenüber andern Gesellschaften des Konzerns[212], und hinsichtlich der Konzernrechnung insgesamt.

Dies war einer der Punkte, in denen sich National- und Ständeräte nachhaltig in den Haaren lagen[213]. Denn gerade diese Ausweispflicht schränkt die praktischen Möglichkeiten, wichtige Einzelheiten des Unternehmens bzw. des Konzerns zu verdecken, drastisch ein. 956

Jede einzelne Beteiligung, die für die Beurteilung der Vermögens- und Ertragslage wesentlich ist, muss im Anhang enthalten sein[214]. Nicht aufzuführen sind «*unwesentliche*» Beteiligungen. Die Wesentlichkeit wird unter einem gemischten Kriterium von Funktion und Grössenverhältnissen zu bestimmen sein. Es ist denkbar, dass eine relativ kleine Beteiligung für die Ertragslage der Gesellschaft besondere Bedeutung hat; umgekehrt ist denkbar, dass eine im Verhältnis zum gesamten Anlagevermögen etwas grössere Beteiligung dennoch für die Beurteilung der Vermögens- und Ertragslage der Gesellschaft insgesamt unbedeutend bleibt. 957

Auf diesen Posten kann die *Schutzklausel* des Art. 663h Abs. 1 anwendbar sein. Danach dürfen in der Jahresrechnung (und der Anhang ist Teil der Jahresrechnung)[215] Angaben weggelassen werden, welche der Gesellschaft oder dem Konzern erhebliche Nachteile bringen können. Für die Weglassung einzelner sensitiver Beteiligungen dürfte diese Ausnahmeklausel von erheblicher Bedeutung sein, doch ist die absolute Grenze im vorrangigen Grundsatz der möglichst zuverlässigen Beurteilung der Vermögens- und Ertragslage zu erblicken. Liegt ein Schutzfall vor, so ist die Revisionsstelle über die Weglassung und die Gründe zu unterrichten[216]. 958

e)   Aufwertungen (Ziff. 9)

Kommt es im engen Rahmen von Art. 670 OR 1991 zu einer ausserordentlichen «Aufwertung» von *Grundstücken oder Beteiligungen* zum Zwecke der Beseitigung einer Unterbilanz, so sind Gegenstand und Betrag im Anhang für das Rechnungsjahr anzugeben, in dem diese Vorgänge sich abgespielt haben. 959

Ziffer 9 des Anhanges ist jedoch auch dazu geeignet, die nicht von Art. 670 erfassten Aufwertungen freiwillig offenzulegen[217]. Dies sind jene Fälle, wo man zum Zwecke der *Auflösung einer stillen Reserve* den Buchwert eines Aktivums, das weit unter seine Anschaffungskosten abgeschrieben worden ist, wieder bis auf den ursprünglichen Anschaffungswert aufwertet. Eine derartige Auflösung stiller Reserven[218] durch *Wieder*- 959a

---

[211] Art. 659b OR 1991.
[212] Art. 663a Abs. 4 OR 1991.
[213] *Amtl. Bull. NR* (1985) 1709 ff. (Streichen der Angabe über Beteiligungen); *StR* (1988) 475; *NR* (1990) 1360 ff.
[214] *Amtl. Bull. StR* (1988) 475.
[215] Art. 662 Abs. 2 OR 1991.
[216] Art. 663h Abs. 1 Satz 2 OR 1991. Vgl. zum Prüfungsthema der Revisionsstelle vorn II/B/5, Rz 874, und Kapitel 11/II/D, Rz 1798 ff.
[217] Eine Pflicht, einzelne Auflösungen von stillen Reserven offenzulegen, gibt es nach OR 1991 nicht; es gilt das Saldoprinzip der Ziffer 8 des Anhangs.
[218] Vgl. dazu Kapitel 7/III, Rz 1040 ff.

aufwertung setzt in Analogie zu Art. 670 OR 1991 voraus, dass der wirkliche Wert im Augenblick der Wiederaufwertung die Anschaffungskosten erreicht oder übertrifft. Der Vorgang ist zudem der Revisionsstelle zu melden[219] und von dieser im Rahmen ihres Prüfungsmandates zu untersuchen.

f)   Genehmigtes und bedingtes Kapital (Ziff. 11)

960 Anzugeben ist auch der Betrag des *genehmigten* und des *bedingten* «Kapitals»[220]. Diese Beträge sind der Bilanz nicht zu entnehmen, da es sich in beiden Fällen nicht um Kapital im engeren Sinne, d.h. um erfolgte Finanzzuflüsse, handelt. Wir haben es noch mit einem bloss normativen Vorgang zu tun, der Autorisierung einer späteren Ausgabe neuer Aktien durch die Generalversammlung. Der Betrag eines genehmigten und eines bedingten Kapitals ist an sich in den Statuten zu finden[221]. Dennoch ist es zu begrüssen, dass der Nationalrat diese zusätzliche Angabe im Anhang verlangt hat.

961 Nicht in den Anhang gehört, im Gegensatz zur Angabe über den Stand des genehmigten und des bedingten Kapitals, die Berichterstattung über die *tatsächlich durchgeführten ordentlichen Kapitalerhöhungen*. Diese stehen im Gefolge des Vorschlages des Bundesrates, welcher lange vor der nationalrätlichen Idee hinsichtlich der Erwähnung von genehmigtem und bedingtem Kapital im Anhang konzipiert worden war, im *Jahresbericht* gemäss Art. 663d Abs. 2[222]. Dafür spricht, dass es um den Bericht über ein abgeschlossenes Ereignis des Rechnungsjahres geht.

4.   Die heisseste Neuerung: Nettoauflösung stiller Reserven im Anhang (Ziff. 8)

a)   Der Streit im Parlament und der Kompromiss

962 Einer der am heissesten umstrittenen Punkte der Aktienrechtsreform war die Frage, inwieweit die *Auflösung* von stillen Reserven im Anhang offenzulegen ist. Nirgendwo sonst ist der Paradigmawechsel, der sich zwischen dem Beginn und dem Ende der Aktienrechtsreform abgespielt hat, besser ersichtlich.

963 Der Nationalrat hatte zu diesem Streitpunkt, entgegen dem Bundesratsentwurf[223], eine Lösung vorgeschlagen, die sogar das *landesübliche Mass an Sachwidrigkeit überstieg*: Die Gesellschaften hätten jene Nettozahl offenlegen sollen, um der den Gesamtbetrag der während der *drei* letzten Geschäftsjahre aufgelösten Wiederbeschaffungsreserven und der anderen stillen Reserven den Gesamtbetrag der in den gleichen drei Jahren neu gebildeten derartigen Reserven überstieg[224]. Es wurde rechtzeitig allgemein erkannt, dass eine derartige Lösung es gestattet hätte, unter Geheimhaltung vor den Aktionären

---

[219] Art. 669 Abs. 4 OR 1991.
[220] *Amtl. Bull. NR* (1985) 1709.
[221] Art. 651 Abs. 2 OR i.V. mit Art. 651a Abs. 1 OR 1991 für das genehmigte Kapital; Art. 653 Abs. 1, Art. 653b Abs. 1 Ziff. 1 und Art. 653g Abs. 1 OR 1991 für das bedingte Kapital.
[222] «Der Jahresbericht nennt die im Geschäftsjahr eingetretenen Kapitalerhöhungen und gibt die Prüfungsbestätigung wieder».
[223] *Botschaft 1983*, 67 ff., Ziff. 209.4; *Entwurf 1983*, Art. 663b Ziff. 8 und Art. 669.
[224] *Amtl. Bull. NR* (1985) 1711.

und allen übrigen interessierten Kreisen bis weit ins vierte Kalenderjahr hinein die Substanz anzunagen und die Ertragslage der Gesellschaft verzerrt darzustellen. Sie hätte es erlaubt, in dieser ganzen Zeitspanne nicht erwirtschaftete Gewinne auszuschütten.

Der Nationalrat hat sich schliesslich dem Vorschlag des Ständerates angeschlossen[225]. Dieser macht zum Gegenstand der Offenlegung den Nettobetrag aus im *Geschäftsjahr* aufgelösten Wiederbeschaffungsreserven und darüberhinausgehenden stillen Reserven einerseits und dem Gesamtbetrag der neu gebildeten derartigen Reserven andererseits. 964

b) *Nettoauflösung (Saldo der internen Veränderungsbilanz) und Schwelle der Wesentlichkeit*

Diese Lösung stellt methodisch auf eine *interne Veränderungsbilanz der stillen Reserven* ab. Diese ist der «Eigenbeleg» des Verwaltungsrates, aus dem dann nur eine Zahl – der Auflösungssaldo – im Anhang bekanntzugeben ist. Es kann sich dabei weitgehend nur um ungefähre Zahlen handeln. Liegt für das Rechnungsjahr eine Nettoauflösung vor, so ist diese im Anhang überdies nur anzugeben, wenn dadurch das *erwirtschaftete Ergebnis in wesentlichem Ausmass günstiger* dargestellt wird. Diese Lösung[226] ist haltbar, weil sie mindestens für die gravierenden Fälle von stillen Auflösungen stiller Reserven dem Prinzip der möglichst zuverlässigen Beurteilung der Ertragslage den Vorrang einräumt. Ist die Wesentlichkeitsschwelle überschritten, so sind also nicht nur, wie im OR 1936, die Revisoren zu informieren, sondern die Aktionäre. 965

Allerdings schweigt das Gesetz ausgerechnet zur Frage, was da «wesentlich» sei. Für die Schwelle der *Wesentlichkeit* wird etwa die Grenze von 10% des erwirtschafteten Ergebnisses, in Anlehnung an «materiality»-Usanzen in anderen Gebieten, vorgeschlagen. Die Eidgenössische Bankenkommission hat in ihrem Rundschreiben vom 25. September 1990[227] für die Banken die Schwelle von 40% gewählt. Eine allgemein gültige Antwort gibt es nicht. Sicher ist eines: jede Beeinflussung von weniger als 10% ist nicht wesentlich. Umgekehrt muss jede Beeinflussung des Jahresgewinns im Ausmass von mehr als 50% angabepflichtig machen, denn dann würde insgesamt mehr *nicht*erwirtschafteter Gewinn ausgewiesen als erwirtschafteter. Man wird, da die Verhältnisse bei Banken doch speziell liegen, und dort auch noch eine Wesentlichkeit im Verhältnis zum gesamten Eigenkapital vorgesehen ist, jeder Aktiengesellschaft innerhalb der Bandbreite von 10% und allerhöchstens 40% einen Ermessensspielraum einräumen. 966

Beim Ermessensentscheid fällt ergänzend auch ins Gewicht, inwieweit das «erwirtschaftete Ergebnis», auf das das Gesetz Bezug nimmt, seinerseits schon aufgrund von *ausserordentlichen Erträgen* zustandegekommen ist, und inwiefern im Jahr, in dem die Rechnung für das vorhergehende Jahr gelegt wird, sich eine Besserung oder Verschlechterung des erwirtschafteten Ergebnisses abzeichnet. 967

---

[225] *Amtl. Bull. NR* (1990) 1360.
[226] Sie tauchte auf im Ständerat, *Amtl. Bull. StR* (1988) 475.
[227] Vgl. dazu *Bernhard Binzegger* (1991) 663 ff.

5. Übrige Angaben *(Ziff. 12)*

968 Eine Auffangklausel besagt, der Anhang habe die «anderen vom Gesetz vorgeschriebenen Angaben» zu enthalten. Weitere Angaben sind in der Tat öfters erforderlich. In Betracht zu ziehen sind die folgenden:

969 (1) nicht eindeutig vom Gesetz vorgeschrieben, aber funktional fast nicht entbehrlich ist die Angabe der wichtigsten *Bewertungsgrundsätze*[228]. Der Grundsatz der Stetigkeit verlangt das implicite. Schweigt sich der Anhang darüber aus, so lässt sich die Einhaltung der Bewertungsgrundsätze im Jahre selbst und im Verhältnis zum Vorjahr nur durch ein Team von Finanzanalytikern und Rutengängern verifizieren (hiernach Ziffer 6);

970 (2) vom Gesetz eindeutig vorgeschrieben ist dagegen die Darlegung der Gründe für die *Abweichungen* vom Grundsatz der Unternehmensfortführung, der Stetigkeit und des Verrechnungsverbotes[229];

971 (3) angabepflichtig ist auch die Begründung für die Anpassung der Jahresrechnung an *Besonderheiten des Unternehmens*[230]. Dies jedenfalls dann, wenn diese Anpassungen so weit gehen, das ohne eine Darstellung und Erläuterung die Grundsätze der möglichst zuverlässigen Beurteilung der Vermögens- und Ertragslage sowie der Klarheit verletzt wären;

972 (4) aus dem vorrangigen gesetzlichen Erfordernis der «möglichst zuverlässigen Beurteilung der Vermögens- und Ertragslage» ist abzuleiten, dass auch der Anhang nach Schweizer Recht gewisse weitere Angaben enthalten muss, wenn diese völlig *unerlässlich* sind, um beim Leser *Missverständnisse zu vermeiden*, die sonst durch das Zahlenwerk für sich allein hervorgerufen würden.

6. Bewertungsgrundsätze

Hinsichtlich der Bekanntgabe der Bewertungsgrundsätze im Anhang für die Vorräte und für bestimmte Posten des Anlagevermögens ist folgendes zu beachten.

a) Goodwill-Abschreibung

973 Zu den Bewertungsgrundsätzen gehören insbesondere auch Angaben über die Behandlung von Goodwill im Zusammenhang mit *Unternehmensübernahmen*. Diese Frage – sie ist nicht zu verwechseln mit der klassischen, hier nicht abzuhandelnden Frage nach der Aktivierbarkeit «derivativen» Goodwills beim Erwerb immaterialer Güter – ist im neuen Aktienrecht leider nicht ausdrücklich geregelt. Es ist dem Gesetz auch kaum ein konzeptueller Anhaltspunkt für die Lösung zu entnehmen.

974 *Beteiligungen*, die übernommen werden, sind nach dem herkömmlichen Prinzip zu Anschaffungskosten zu bilanzieren, abzüglich der gegebenenfalls notwendigen Abschrei-

---

[228] Obligatorisch ist die Angabe der Bewertungsregeln im *Anhang zur Konzernrechnung*, Art. 663g Abs. 2 OR 1991.
[229] Art. 662a Abs. 3 Satz 2 OR 1991.
[230] Art. 663h Abs. 2 OR 1991.

bung im Sinne von Art. 669 Abs. 1 OR 1991. Die Differenz zwischen den (meist höheren) Anschaffungskosten und dem (meist niedrigeren) anteiligen Eigenkapital der übernommenen Beteiligung wird als *Goodwill* bezeichnet. Eine Abschreibung in diesem Betrag ist an sich nicht im strengsten Sinne des Art. 669 «notwendig». Jede Gesellschaft muss sich dazu aber Grundsätze erarbeiten, und deren Darlegung gehört ganz sicher gemäss Art. 663g in den Anhang zur Konzernrechnung, am besten aber auch in den Anhang zum Einzelabschluss. Nur so ist es möglich, der Anforderung der «Stetigkeit» auch praktisch zu genügen und eine eventuell unterschiedliche Behandlung im konsolidierten und im Einzelabschluss zu verstehen.

Entschliesst sich eine Gesellschaft zu systematischer *Goodwill-Abschreibung*, so kann dies im Extremfall sofort oder aber in einer bestimmten Anzahl von Jahresschritten geschehen, z.B. in fünf Jahresschritten in Anlehnung an die Grundidee von Art. 664 OR 1991 (20% p.a.), in zehn Jahresschritten (10% p.a.) oder gar, nach amerikanischen Vorstellungen, in 40 Jahresschritten (2.5% p.a.). Wichtig ist die Stetigkeit der Methode, entscheidend deren offene Darlegung. 975

Geht ein Unternehmen so vor, so kann in einer *Abschreibung von Goodwill* auf übernommenen Unternehmensanteilen, die den stetig befolgten eigenen Grundsätzen folgt, nur dann eine «Neubildung von stillen Reserven» im Sinne des Aktienrechtes[231] erblickt werden, wenn dadurch der Buchwert unter das anteilige Eigenkapital der Beteiligung sinkt. Diese Frage ist von Bedeutung, weil die neu eingeführte Pflicht zur Bekanntgabe von Reserveauflösungen in Ziffer 8 des Anhangs auf eine Nettozahl – den Negativsaldo einer Veränderungsbilanz der stillen Reserven – abstellt. Daher ist das Unternehmen an sich daran interessiert, möglichst viele seiner Abschreibungen und Rückstellungen als «Neubildung von stillen Reserven» im Sinne der Regel der Ziff. 8 zu behandeln, um damit dem Ausweis einer Nettoauflösung zu entgehen. 976

b)   Die Formel «direkt dem Eigenkapitalkonto belastet»

In der Praxis trifft man überraschend häufig die Aussage, der *Goodwill* (im Sinne des Überschusses des Anschaffungspreises über das anteilige Eigenkapital einer erworbenen Beteiligung) sei nach dem Kauf «direkt dem Eigenkapitalkonto belastet worden». 977

Ein solches Vorgehen in der aktienrechtlichen Einzelbilanz verstösst gegen die *Verkettung von Bilanz und Erfolgsrechnung*; es ist ordnungswidrig. Wenn es wahr ist, dass für eine Beteiligung mehr bezahlt worden ist, als ihrem anteiligen Eigenkapital entspricht, und es weiter die Politik der Gesellschaft ist, diesen Überschuss in der Einzelbilanz[232] zum Verschwinden zu bringen, so kann dies im Einzelabschluss nur durch Abschreibung geschehen. Abschreibungen sind immer erfolgswirksam; sie führen notwendig zu Aufwand in der Erfolgsrechnung. Jede andere Entscheidung dieser Frage würde zu einer Entkettung der beiden Rechenwerke führen. Dies wäre ein entscheidender Einbruch in den innersten Kern jener Methode, welche Ordnungsmässigkeit heisst; nur der Gesetzgeber könnte so etwas billigen, und dies nur unter klaren Kautelen und Bedingungen. 978

---

[231]   Art. 663b Ziff. 8 OR 1991.
[232]   Zur *konsolidierten Bilanz* vgl. Kapitel 8/V, Rz 1240 ff.

979 Verfehlt ist insbesondere die These, wer dergestalt das Eigenkapitalkonto kürze, sei doch vorsichtig; er vermeide es, sich reicher darzustellen als er ist. Denn nach wie vor ist der Aktivposten «Beteiligung» der Ausdruck eines Vermögenswertes in dem übertragbaren Anteil an einer *anderen* juristischen Person. Die Beteiligung als solche ist Gegenstand des Rechtsverkehrs. Ist die Beteiligung nach den Bewertungsgrundsätzen für Anlagevermögen wirklich nur wert, was ihr anteiliges Eigenkapital ausdrückt, so hat die erwerbende Gesellschaft einen Überpreis bezahlt gegenüber dem Wert, der für die Bilanz gilt. Dann wird die Differenz zu echtem nicht-barem Aufwand. Eine Umgehung des *Ausweises* in der Erfolgsrechnung ist nicht zulässig. Sie erhöht gleichzeitig den Ertrag künstlich; mit der Kürzung des Eigenkapitals kommt eine unrealistisch aufgeblähte Eigenkapitalrendite zustande.

7. Anlagenspiegel (Anlagengitter)

980 Die Erfolgsrechnung und die Bilanz bleiben erstaunlich undurchsichtig hinsichtlich der genaueren Vorgänge im *Anlagevermögen* während des Geschäftsjahres. In moderner Rechnungslegung wird daher eine Aufstellung dem Anhang beigefügt, die die gesamten Anschaffungs- und Herstellungskosten sowie die gesamten Abschreibungen im Anlagevermögen angibt und diese dann, mit Zu- und Abgängen, Umbuchungen und Zuschreibungen, für die wichtigsten Posten aufgliedert. Unser neues Rechnungslegungsrecht verlangt zwar ein solches *Anlagengitter* (auch «*Anlagenspiegel*» genannt) nicht[233]. Der Anhang ist aber der gegebene Ort für eine solche Aufstellung, die zur zuverlässigen Beurteilung der Vermögens- und Ertragslage erheblich beiträgt.

8. Bekanntgabe von bedeutenden Aktienpaketen im Anhang von Publikumsgesellschaften

a) Neuartige Bekanntgabepflicht

981 Die Kommission des Nationalrats hat eine weitere Angabepflicht für den Anhang vorgeschlagen, heute Art. 663c. Danach müssen Gesellschaften mit börsenkotierten Aktien im *Anhang* die Namen und die *Beteiligungen* derjenigen Aktionäre und «stimmrechtsverbundenen Aktionärsgruppen»[234a] aufführen, von denen ihnen bekannt ist[234], dass diese 5% aller Stimmrechte übersteigen[235]. Enthalten die Statuten eine Vinkulierungsklausel mit einer niedrigeren prozentmässigen Begrenzung der Namenaktien[236], so gilt diese niedrigere Grenze automatisch und zwingend auch für die Bekanntgabepflicht[237]. Ob die Bekanntgabepflicht auch Beteiligungen erfasst, die aus Inhaberaktien bestehen, ist dem Gesetz nicht eindeutig zu entnehmen. Da diese Angaben im Anhang erscheinen, gehören sie zu den *offenlegungspflichtigen* Informationen des neuen Aktienrechts[238].

---

[233] Im Gegensatz zu § 268 Abs. 2 HGB 1985.
[234] Und, wie *Villiger* formuliert hat: «... oder bekannt sein muss» – was im Sinnzusammenhang amüsant inkongruent ist, da man etwas, wovon man pflichtwidrig nichts weiss, auch nicht mitteilen kann!
[234a] Der neuartige Begriff ist in *Amtl. Bull. NR* (1990) 1362 ff. nicht erläutert. Er erfasst Konzerne eindeutig, nach dem erkennbaren Willen aber wohl auch Aktionärssyndikate mit Stimmrechtsbindung.
[235] *Amtl. Bull. NR* (1990) 1362/63.
[236] Art. 685d Abs. 1 OR 1991.
[237] Art. 663c Abs. 2 Satz 2 OR 1991.
[238] a.a.O. 1363.

Offenbar in allerletzter Minute hatte die Redaktionskommission oder der Sprachdienst 982
das Wort «Aktien» durch «Namenaktien» ersetzt – sinnwidrig. Diese Retouche hätte
zur Folge gehabt, dass die Angabepflicht ausgerechnet in jenen Fällen entfallen wäre,
in denen Inhaberaktien oder Partizipationsscheine börsenkotiert sind und die Namenaktien sich in festen Händen befinden. Dieser Fehler wurde inzwischen durch eine
Berichtigung gemäss Art. 33 des Geschäftsverkehrsgesetzes behoben.

b) Übergangszone vom Aktien- zum Kapitalmarktrecht

Diese Vorschrift – oder jedenfalls derjenige Teil, der den Schwellenwert festhält – spielt 983
eine grosse Rolle im Zusammenhang mit dem Kapitalmarktrecht. Dort ist sie bedeutsam zur Offenlegung der grossen Mitspieler und potentiellen Aufkäufer von beherrschenden Paketen als bestimmenden Faktoren der Nachfrage im betreffenden Teilmarkt.
Im Aktienrecht steht die Bestimmung, die unter ausdrücklichem Hinweis auf das Kapitalmarktrecht der USA eingefügt worden ist[239], dagegen etwas quer in der Landschaft.

Wohl ist es technisch möglich, nicht beim betroffenen Aktionär (bzw. dem Kapital- 984
marktteilnehmer) anzuknüpfen, sondern beim *Wissen der Gesellschaft*, und einen Ausweis im Geschäftsbericht zu verlangen. Schon die gewundene Ausdrucksweise zeigt
aber, dass es sich letztlich *nicht* oder nicht in erster Linie um eine Frage des Aktienrechtes handelt, sondern um eine Frage der Spielregeln im *Kapitalmarktrecht*. Eine verlässliche und rechtsgleiche Bekanntgabe von Seiten der Gesellschaft ist ja nur möglich, wenn das Gesetz die Aktionäre ihr gegenüber offenbarungspflichtig macht. Eine
solche Regel würde nun schon dogmatisch gegen die Grundnormen des Aktienrechts
verstossen, weil die Aktionäre über die Erfüllung ihrer Einlagepflicht hinaus gegenüber der Aktiengesellschaft keine Pflichten haben. Diese Meldepflicht ist erkennbar
von Haus aus öffentlich-rechtlicher Natur[240]. Es ist daher sowohl aus rechtsdogmatischen wie aus praktischen Gründen der Durchsetzbarkeit und Gleichbehandlung unerlässlich, eine Offenbarungspflicht bei Überschreiten einer bestimmten Besitzschwelle
dort anzusetzen, wo sie treffen muss: beim *Aktienaufkäufer*. Es zeigt sich denn auch
sofort, dass es sich um eine Regel handelt, die notwendigerweise, soll sie nicht im Lauf
der Zeit dem Gespött anheimfallen, durch eine Strafnorm abzusichern ist. Und es ist
vollends klar, dass das geschützte Rechtsgut weniger in einer guten Information der
Aktionäre über die Vermögens- und Ertragslage der Gesellschaft zu erblicken ist, als
in der *Transparenz und Fairness auf dem Markt für Unternehmensanteile*[241].

Es wäre daher richtig, diese Meldepflicht – die einen unerlässlichen Bestandteil eines 985
funktionsfähigen Marktes für Unternehmensanteile darstellt – gemäss Motion der Kommission des Nationalrates vom 14. September 1989[242] zum Gegenstand des «Börsen-
und Effektenhandelsgesetzes» zu machen[243]. Im Aktienrecht kann sie vorläufig trotzdem zur Verbesserung der Information der eigenen Aktionäre verankert bleiben.

---

[239]   Art. 697h OR 1991, Kapitel 9/I/D, Rz 1320 ff.
[240]   Vgl. Anm. 243, Art. 18.
[241]   So der Tenor der Debatte im Nationalrat, a.a.O. 1362/63.
[242]   «Der Bundesrat legt dem Parlament eine Börsen- bzw. Übernahmegesetzgebung vor, welche einen möglichst deregulierten liberalen Börsenhandel zulässt, unerwünschte Übernahmen verhindert und geordnete Übernahmen mit entsprechendem Minderheitsaktionärsschutz vorsieht.»
[243]   Vorentwurf für ein Börsen- und Effektenhandelsgesetz vom März 1991, Art. 17/18. Die Ansetzung der Schwelle (5%, 10%, 20%) und deren Rückwirkung auf schon bestehende Beteiligungen sind umstritten.

c) Auswirkungen auf das Konzernrecht

986 Die Vorschrift, welche den Verwaltungsrat einer Gesellschaft mit kotierten Namenaktien dazu veranlasst, die ihm bekannten Beteiligungen von 5%[244] oder mehr an der eigenen Gesellschaft im Anhang bekanntzugeben, hat indirekt auch eminente konzernrechtliche Bedeutung:

987 (1) wie auch immer die *Schwelle* festgelegt ist – der beherrschende Aktionär wird sie in praktisch allen Fällen überschritten haben, und der Verwaltungsrat der beherrschten Gesellschaft wird das in den meisten Fällen auch wissen. Dies bedeutet, dass künftig bei Gesellschaften mit kotierten Aktien alljährlich die Tatsache der Beherrschung und die Identität des Beherrschers aus dem Anhang hervorgehen;

988 (2) jedem Dritten, der davon Kenntnis erhält, ist damit die Annahme nahegelegt, dass die Gesellschaft funktional eine Untergesellschaft ist, die einer «*einheitlichen Leitung*» einer Obergesellschaft unterworfen ist und damit Interessen einer von der Untergesellschaft verschiedenen Gesamtheit verfolgt[245];

989 (3) dadurch erscheinen deutlicher als bisher auch gegenüber Dritten die *Verwaltungsräte*, welche in der Untergesellschaft die Obergesellschaft vertreten, als deren Interessenvertreter, mit allen Folgen, die das für die Verantwortlichkeit zufolge Organschaft haben kann[246].

F. Der Jahresbericht des Verwaltungsrates

990 Aus dem früheren «Geschäftsbericht»[247], der verbalen Berichterstattung des Verwaltungsrates über die Ereignisse des vergangenen Geschäftsjahres, ist der «*Jahresbericht*»[248] geworden. Aber nicht nur der Name ist geändert, auch der Inhalt. Und die systematische Einordnung mitten in der Rechnungslegung zeigt, dass die verbalen Ausführungen und ergänzenden Zahlen des Jahresberichtes ein weiteres Mittel sind, mit dem eine «möglichst zuverlässige Beurteilung der Vermögens- und Ertragslage» der Gesellschaft zustande kommen soll[249].

---

[244] Eventuell *weniger* zufolge von Art. 663c Abs. 2 Satz 2 OR 1991.
[245] Art. 663e OR 1991; vgl. *Renato Giudicelli* (1979) 128/29. Dazu Kapitel 8/II/A.
[246] Vgl. *Flurin von Planta* (1988) 153 ff.
[247] Art. 724 OR 1936; *Karl Blumer* (1989) 250.
[248] Art. 663d OR 1991. Amtl. Bull. NR (1985) 1700 und 1715. Der Ausdruck «*Geschäftsbericht*» bezeichnet im neuen Aktienrecht die *Gesamtheit* von Zahlenwerk und Wortbericht, von Jahresrechnung (Erfolgsrechnung, Bilanz, Anhang, gegebenenfalls mit der Konzernrechnung) und Jahresbericht, ist also mindestens viergliedrig.
[249] Art. 662a Abs. 1 OR 1991.

1. Entfallene Gegenstände

Der Jahresbericht ist zwar immer noch ein Ort zur Erläuterung des *Jahresabschlusses*, insofern als das Zahlenwerk für sich allein nicht genügend aussagekräftig ist. Das Gesetz schreibt das aber nicht mehr ausdrücklich vor; ein grosser Teil der Erläuterungen findet sich ohnehin im Anhang. Weggefallen ist daher auch die frühere Pflicht, im Jahresbericht die Erwerbungen und Veräusserungen *eigener Aktien* mitzuteilen[250]; auch dies geschieht, mit verschärften Anforderungen, jetzt im Anhang[251]. 991

2. Erweiterter Inhalt

a) Darstellung des Geschäftsverlaufs

War nach OR 1936 als Hauptgegenstand des Berichts die Tätigkeit zu erläutern, so ist jetzt präziser der Geschäftsverlauf während des Rechnungsjahres darzustellen. Es gilt das Wesentlichkeitsprinzip auch hier, wenn auch nicht direkt aufgrund von Art. 662a Abs. 2, so doch sinngemäss: die Darstellung des Geschäftsverlaufs kann und soll alles Nebensächliche weglassen, aber sie muss vermitteln – wenn auch nur knapp – , was in dieser Zeitspanne Erfolg und Misserfolg der Geschäfte entscheidend geprägt hat. 992

b) Darstellung der wirtschaftlichen und finanziellen Lage

Früher konnte der Verwaltungsrat sich in diesem Punkt darauf beschränken, «den Vermögensstand» zu erläutern[252]. Die neue Formel ist wesentlich anspruchsvoller, und das ist gewollt[253]. Die Beschreibung der *wirtschaftlichen Lage* zielt weniger auf die so beliebten Ausführungen über den Gang der Weltwirtschaft und die Arglist der Zeit ab als auf die konkrete Unternehmensleistung, auf die Stellung im Markt, die Schwächung oder Stärkung der für den künftigen Erfolg entscheidenden Positionen und auf das Personal. 993

Die Darstellung der *finanziellen Lage* ist als wichtige, eigenständige Ergänzung und Erläuterung der Jahresrechnung zu sehen[254]. Am wichtigsten ist normalerweise die Entwicklung der Liquidität im weiteren Sinne, des Eigenkapitals, des Fremdkapitals. Obgleich es möglich ist, dies durch Worte und einzelne Zahlen darzustellen, ruft eine aussagekräftige Darstellung der finanziellen Lage praktisch nach einer Mittelflussrechnung, im Jahresbericht integriert oder als Anlage dazu[255]. 994

---

[250] So aber immer noch das EG-Recht, *4. EG-Richtlinie* (1978) Art. 46 Abs. 2 Bst. d.
[251] Art. 663b Ziff. 10 OR 1991. Nach neuem Aktienrecht widerspiegeln sich die eigenen Aktien notwendigerweise auch in den Passiven der Bilanz, Art. 659a sowie Art. 671a OR 1991.
[252] Art. 724 OR 1936. Dies entspricht der früheren Fokussierung auf die Bilanz und den «Vermögensstandgewinn» im unternehmerischen Denken des 19. und frühen 20. Jahrhunderts.
[253] *Botschaft 1983*, 146/47, Ziff. 323.3 schweigt zwar vornehm, aber in der Arbeitsgruppe von Greyerz war die Verbesserung der Ergänzung des Zahlenwerks durch substantielle Darlegungen ein wichtiges Anliegen.
[254] Das wird bei *Guhl/Kummer/Druey* (1991) 678 übersehen, wenn dort pauschal behauptet wird, das Gesetz weise dem Jahresbericht nochmals dieselbe Aufgabe zu wie der Jahresrechnung.
[255] Hiernach II/G, Rz 1003.

c) Freiwilliger Inhalt

995 Das Schweizer Recht verlangt weder eine nach Geschäftssparten noch eine nach Regionen segmentierte Darstellung, und es trägt – im Gegensatz zum EG-Recht[256] – dem Verwaltungsrat auch nicht eigens auf, Vorgänge von besonderer Bedeutung darzustellen, die *nach Schluss des Geschäftsjahres* eingetreten sind. Auch ein Hinweis auf die «voraussichtliche Entwicklung der Gesellschaft» sowie auf den «Bereich Forschung und Entwicklung», den die Brüsseler Rechtsangleicher den EG-Gesellschaften jährlich abverlangen[257], ist bei uns noch freiwillig. Dies jedenfalls so lange, als eine oder mehrere Angaben solcher Art nicht im konkreten Fall geradezu unerlässlich sind, um ein verlässliches Bild des Geschäftsverlaufs und der wirtschaftlichen Lage zu bieten.

d) Formelle Angaben über vollzogene Kapitalerhöhungen

996 Hat die Gesellschaft im Geschäftsjahr ihr *Aktien- oder Partizipationskapital erhöht*, so muss der Verwaltungsrat diesen Vorgang im Jahresbericht angeben und die Prüfungsbestätigung der Revisoren wiedergeben. Nur die durchgeführte, die Kapitalzahl in der Bilanz verändernde, nicht schon die im Erhöhungsbeschluss erst an die Hand genommene Kapitalerhöhung ist hier gemeint. Daher erscheinen die Angaben über ein genehmigtes und bedingtes Kapital, solange sie erst autorisierte Kapitalveränderungen ausdrücken, nicht hier, sondern im *Anhang*[258].

3. Keine Revision und keine Offenlegung des Jahresberichts

997 Im Gegensatz zum EG-Recht[259] verlangt das neue Aktienrecht nicht, dass der Jahresbericht zusammen mit dem Zahlenwerk von den *Revisoren* geprüft wird; der Verwaltungsrat muss den Bericht von Gesetzes wegen auch nicht offenlegen, selbst wenn die Gesellschaft den Kapitalmarkt beansprucht hat. Auch Zwischenberichte (als Halbjahresberichte oder Sonderberichte über Tatsachen von erheblicher Bedeutung) muss der Verwaltungsrat nicht von Gesetzes wegen erstatten[260].

---

[256] *4. EG-Richtlinie* (1978) Art. 46 Abs. 2 Bst. a.
[257] a.a.O. Abs. 2 Bst. b und c.
[258] Art. 663b Ziff. 11 OR 1991.
[259] *1. EG-Richtlinie* (1968) Art. 2 Abs. 1 Bst. f; *4. EG-Richtlinie* (1978) Art. 51 Abs. 1 Bst. b.
[260] Ein entsprechender Antrag unterlag im Nationalrat, *Amtl. Bull. NR* (1985) 1693.

G. Die Mittelflussrechnung[261]

1. Die Darstellung der finanziellen Lage der Gesellschaft

Dass die Gesellschaft nicht nur über ihre Vermögens- und Ertragslage, sondern auch über ihre *Finanzlage* zu berichten hat, steht fest[262]. Ebenso sicher ist, dass weder die Bilanz noch die Erfolgsrechnung über die massgeblichen Verschiebungen in der finanziellen Verfassung der Gesellschaft auf einen Blick Auskunft geben. Frühere Vorentwürfe[263] hatten deshalb verlangen wollen, dass der Jahresrechnung eine *Mittelflussrechnung* anzufügen gewesen wäre[264]. 998

Dennoch ist die Streichung des Hinweises auf die «*Finanzlage*» in Art. 662a zu bedauern. Nicht nur wird dadurch eine unnötige Differenz zum EG-Gesellschaftsrecht geschaffen; es ist auch erstaunlich, wie unklar der Einblick in die Entwicklung der Finanzen einer Gesellschaft bleiben kann, wenn der Jahresrechnung keine übersichtlich gegliederte Mittelflussrechnung beigegeben ist. Die Vorbereiter des Gesetzes hofften, dass die Verwaltungsräte aus der Generalklausel von Art. 959 und 662a sowie aus Art. 663d, der die Gesellschaft auffordert, im *Jahresbericht* «die finanzielle Lage der Gesellschaft» darzulegen, schliessen würden, eine Mittelflussrechnung sei unerlässlich. Ob in der Schweiz diese Erkenntnis sich auch bei nicht börsenkotierten Gesellschaften durchsetzen wird, bleibt aber mehr als zweifelhaft. 999

2. Die Mittelflussrechnung als Instrument

Es versteht sich von selbst, dass eine aussagekräftige Mittelflussrechnung jedoch mindestens für den *Verwaltungsrat* selbst, als Kontrollinstrument im Rahmen seiner Finanzverantwortung gemäss Art. 716a[265], ein Element der finanziellen Führung darstellt[266]. Es wäre daher falsch zu sagen, das neue Aktienrecht verzichte schlechthin auf das Erfordernis der Mittelflussrechnung; diese erscheint nur nicht als formalisierter Einzelbestandteil der ordnungsmässigen Jahresabrechnung. 1000

Die *Erkenntnisse* über die Mittelflussrechnung haben sich gerade in den letzten Jahren verdichtet[267]; auf jene Literatur ist zu verweisen. Es gibt ebensoviele Arten der Darstellung wie es Gesellschaften gibt. Entscheidend ist, dass der Cash-flow wenn immer möglich nicht indirekt, als Addition zweier Zahlen aus der Erfolgsrechnung 1001

---

[261] *Entwurf FER 6* (1991).
[262] Art. 663d OR 1991.
[263] Innerhalb der Arbeitsgruppe von Greyerz.
[264] Wenn diese Ergänzung wieder aus Abschied und Traktanden fiel, so war es aus dem vorherrschenden Gefühl heraus, dass man damit den Wagen überladen und den Eindruck einer gewissen Schulmeisterlichkeit geben würde. Der Begriff «Mittelflussrechnung» ist einleuchtender als «Kapitalflussrechnung», vgl. zur Nomenklatur *Urs Grünig* (1989) 70/71.
[265] Art. 716a Abs. 1 Ziff. 3 OR 1991.
[266] Vgl. *FER 1* (1985) Ziff. 2; *Entwurf FER 6* (1991).
[267] Vgl. insb. *Karl Käfer* (1984) 55; *Karl Blumer* (1989) 347 ff.; *Entwurf FER 6* (1991); *Max Boemle* (9. A. 1991) 106 ff.; *Urs Grünig* (1989) 76 ff.; *Hans Siegwart* (1989) 230 ff.; (2. A. 1990) 17 ff.

(Gewinn und Abschreibungen) errechnet, sondern direkt aus dem betrieblichen Umsatz abgeleitet wird[268]. Und es sollte jedenfalls nur der Cash-flow aus Betriebstätigkeit in diese Kennzahl einfliessen, nicht auch Gewinnteile aus ausserordentlichen oder neutralen Einkünften der Gesellschaft. Sodann sollte die Mittelflussrechnung, um aussagekräftig zu sein, klar gegliedert sein in drei Fonds, d.h. in konsequent abgegrenzte Bestände an Mitteln, von denen jeder für sich ein negatives oder positives Ergebnis des Mittelflusses aufweisen kann:

– Mittelerarbeitung aus betrieblicher Leistungserstellung (Fonds I);

– Mittelfreisetzung bzw. -bindung im Umlauf- und Anlagevermögen (Fonds II), und

– Mittelzu- und -abflüsse (Fonds III).

1002 Manche ziehen die bezahlte Dividende vorweg vom Cash-flow ab und kommen so zu einem «net cash-flow». Hier wird vorgeschlagen, die Dividende als Eigenkapitalabfluss einzuordnen[269]. Andere wiederum zeigen einen Cash-flow *vor* Steuern. Umrechnungsdifferenzen sollten gesondert erscheinen, damit nicht daraus zu Unrecht das Bild eines geldwirksamen Vorgangs entsteht[270].

---

[268] *Hans Siegwart* a.a.O.; *Entwurf FER 6* (1991) Ziff. 2 erlaubt beide Methoden.
[269] Die Mittelflussrechnung ihrerseits muss den Grundsätzen ordnungsmässiger Rechnungslegung genügen, *Entwurf FER 6* (1991) Ziff. 3.
[270] *Entwurf FER 6* (1991), Ziff. 5; *Ancillo Canepa* (1991) 688.

Die wesentlichen Neuerungen im einzelnen

1. Beispiel:
Mittelflussrechnung

		Mittelherkunft		Mittelverwendung	
I		A. *Mittelerarbeitung* 1. Im Betrieb erwirtschafteter Gewinn[271] 2. Abschreibungen auf Sachanlagen [272] 3. Cash-flow [273] (erarbeitete Mittel) [274]	___ ___ ===	E. *Mittelverzehr* 1. Betriebsverlust ./. betriebsnotwendige Abschreibungen auf Sachanlagen 2. Cash-drain (verzehrte Mittel)[274]	___ ===
II		B. *Mittelfreisetzung* 1. Desinvestitionen im Umlaufvermögen (Vorräte, Debitoren) 2. Desinvestitionen im Sachanlagevermögen 3. Desinvestitionen im übrigen Anlagevermögen 4. Mittelfreisetzung	___ ___ ___ ===	F. *Mittelbindung* 1. Investitionen in Umlaufvermögen (Vorräte, Debitoren) 2. Investitionen in Sachanlagevermögen 3. Investitionen im übrigen Anlagevermögen 4. Mittelbindung	___ ___ ___ ===
III		C. *Mittelzufluss* 1. Zunahme der Schulden (Verschuldung) 2. Eigenkapitalzugang (Kapitalerhöhung, Zuschüsse à fonds perdu, Veräusserung eigener Aktien) 3. Mittelzufluss	___ ___ ===	G. *Mittelabfluss* 1. Abnahme der Schulden (Tilgung) 2. Eigenkapitalabgang (Dividende, Kapitalrückzahlung, Kauf eigener Aktien) 3. Mittelabfluss	___ ___ ===
IV		D. *Saldo:* Liquiditätszunahme +	___	H. oder *Saldo:* Liquiditätsabnahme −	___

---

[271] Gewinn aus Auflösung stiller Reserven gehört selbstverständlich nur dann hierher, wenn er aus einer Transaktion mit einer *Marktgegenseite* stammt und realisiert ist.

[272] Jede Gesellschaft muss selbst entscheiden, wie sie den *nichtbaren Aufwand* aus Abschreibungen auf anderem Anlagevermögen, aus Wertberichtigungen im Umlaufvermögen und der Bildung von Rückstellungen in die Mittelflussrechnung einbeziehen will. Es ist, falls solche Werte in der Mittelherkunft erscheinen, auf Folgerichtigkeit zu achten. Wer die Bildung von Rückstellungen als Mittelschöpfung zeigt, muss die Verwendung von Rückstellungen als Mittelabfluss offenlegen, um eine Verzerrung zu vermeiden. Erweist sich die Rückstellung als übersetzt, so bleibt der nicht benötigte Teil neutral.

[273] Zieht man die bezahlte Dividende vorweg hier ab (statt sie in G/3 zu zeigen) entsteht hier «net cash-flow».

[274] Vgl. *Hans Siegwart* (1990) 18/19. Ein negativer Cash-Flow oder *Cash-drain* entsteht, wenn der im Rechnungsjahr erwirtschaftete Verlust grösser ist als der Betrag der betriebsnotwendigen Abschreibungen auf Sachanlagen. Er kann als Cash-drain (Mittelverzehr) oder unter Mittelschöpfung als *negativer Cash-Flow* gezeigt werden.

1004 2. *Beispiel:*
Mittelflussrechnung in zusammengefasster Form

Eine noch stärker vereinfachte Mittelflussrechnung entsteht, wenn man die Vorgänge saldiert, wobei stets positive oder negative Zahlen angegeben werden; im Betriebsvermögen bedeutet das Minuszeichen eine Investition, im Fremdkapital das Pluszeichen eine Zunahme der Verschuldung. Wiederum bringt die Staffelform die Vorgänge in jedem der drei Fonds zum Ausdruck.

Mittelflussrechnung			
I. Mittelerarbeitung im Betrieb			
1. Im Betrieb erwirtschafteter Gewinn/Verlust	(+/-)	—	
2. Abschreibungen auf Sachanlagen	(+/-)	—	
3. Cash-Flow (erarbeitete Mittel) oder Cash-drain (verzehrte Mittel)		(+/-)	=
II. Mittelfreisetzung und Mittelbindung im Betriebsvermögen			
1. Im Umlaufvermögen freigesetzt/gebunden	(+/-)	—	
2. Im Anlagevermögen freigesetzt/gebunden	(+/-)	—	
3. Insgesamt		(+/-)	=
III. Mittelzu- und -abflüsse			
1. Zu-/Abnahme des Fremdkapitals	(+/-)	—	
2. Zu-/Abnahme des Eigenkapitals	(+/-)	—	
3. Insgesamt		(+/-)	=
IV. Liquidität	(Zunahme/Abnahme)	(+/-)	=

1005 So einfach das obige Beispiel aussieht – es geht in Konsequenz der Gliederung und Aussagekraft schon über viele in der Schweiz heute verwendete Schemen für Mittelflussrechnungen hinaus. Es bringt, wenn auch gegenüber wissenschaftlich korrekten «*Fonds-Rechnungen*» vereinfacht, nicht bloss den Gesamtsaldo der Liquiditätsveränderung im Rechnungsjahr, sondern den einsichtig hergeleiteten Saldo in drei Fonds. Eine Gesamtzahl kann nämlich geradezu irreführend sein; nötig ist der Einblick in Zunahme- oder Abnahmesaldo jedes einzelnen der drei Fonds, in denen Mittel anfallen oder versickern. Sehr wohl kann eine Liquiditätszunahme (in IV) nur deshalb zustande kommen, weil bei schlechtem Cash-flow (Fonds I) eine sehr starke Zunahme der Schulden (Saldo im Fonds III) noch höher liegt als die Zunahme der Bindung von Mitteln in Warenlager und Debitoren (Saldo in Fonds II). Wer nur die Gesamtliquidität zur Kenntnis nimmt, fühlt sich, statt alarmiert zu sein, zu Unrecht beruhigt. Dazu kommt, dass noch allzuviele Mittelflussrechnungen und Bilanzen in der Schweizer Alltagspraxis mittlerer und kleinerer Gesellschaften, sogar von Publikumsgesellschaften, unübersichtlich oder innerlich teilweise inkonsequent dargestellt und gegliedert sind.

III. Die aufgefrischten Bewertungsregeln

Das neue Aktienrecht hat an den Bewertungsregeln – wenn man von dem erneuerten «Recht auf stille Reserven» absieht – insgesamt wenige einschneidende Änderungen angebracht. Für eine grosse Anzahl von Bewertungsfragen ist auf die Literatur zum bisherigen Recht zu verweisen. Es geht hier vor allem um Klarstellungen zu Neuerungen oder Retouchen im Aktienrecht von 1991. 1006

A. Kostenaktivierung

1. Erlaubte Aktivierung

Im alten Obligationenrecht war die Frage der *Kostenaktivierung* recht umständlich geregelt. Das OR 1991 stellt klar, dass nur zwei Arten von Kosten aktiviert werden dürfen, nämlich die Anschaffungs- oder Herstellungskosten einerseits (Art. 665 OR 1991) und die Gründungs-, Kapitalerhöhungs- und Organisationskosten andererseits (Art. 664 OR 1991). 1007

Damit ist im Gegensatz zum alten Recht klargestellt, dass nicht nur *Organisationskosten* im Zusammenhang mit der Errichtung, Erweiterung oder Umstellung des Geschäfts aktivierbar sind, sondern auch die Gründungs- und Kapitalerhöhungskosten. Dies war bisher nur für die Stempelsteuer (Emissionsabgabe) klar, für die anderen Kosten jedoch nach dem Gesetzestext eher zu verneinen. Nichts geändert wurde am Grundsatz der Abschreibung über fünf Jahre, wobei das Gesetz nicht mehr eine jährliche Mindestabschreibung von 20% vorschreibt. Die Gesellschaft kann durchaus auch degressiv abschreiben, also z.B. in einem Schritt zu 40%, einem Schritt zu 30% und drei Schritten zu 10%. Allerdings muss sie, wenn sie nicht in fünf gleichen Schritten abschreibt, dies darlegen, weil sonst die Ertragslage als verzerrt erscheint. Anderseits sieht das neue Gesetz einen gesonderten Gliederungsposten für den Ausweis in den Aktiven der Bilanz vor. 1008

Das Gesetz sagt nun nicht mehr ausdrücklich, es seien die «*Verwaltungskosten*» in der Gewinn- und Verlustrechnung «als Ausgaben einzusetzen». Der Gesetzgeber hat 1991 den Unterschied zwischen Aufwand und Ausgaben endgültig begriffen; er betrachtet es als selbstverständlich, dass Kostenaktivierungen, die das Gesetz nicht billigt, mit den Grundsätzen ordnungsmässiger Rechnungslegung unvereinbar sind. 1009

2. Unstatthafte Aktivierungen

Damit ist in Kauf zu nehmen, dass in bestimmten Fällen ein Unternehmen in einen *Verlustausweis* hineingezwungen wird, wo gute Argumente für eine Aktivierung mit späterer stufenweiser Abschreibung vorgebracht werden könnten. Dies ist etwa dann 1010 der Fall, wenn ein jüngeres Unternehmen zum Aufbau seiner Leistungsposition im Markt erhebliche Aufwendungen vorerst ohne zeitnah entgegenstehende Erträge zu erbringen hat. Zu denken ist vor allem an Forschung und Entwicklung oder den Aufbau eines Vertriebsnetzes. Es bleibt aber dabei: Kosten, von den gesetzlich definierten Fällen abgesehen, können nicht aktiviert werden.

3. «Direkt dem Eigenkapital belastete Kosten»

1011 Nach dem neuen Rechnungslegungsrecht kann es noch viel weniger zulässig sein, Kosten «direkt» dem Eigenkapital zu belasten. Würde Aufwand, in Verletzung von Art. 663 Abs. 3 OR 1991, nur dem Eigenkapitalkonto, nicht aber der Erfolgsrechnung belastet, so käme es nicht einmal zu einer späteren Belastung der Erfolgsrechnung in fünf Jahresschritten, wie es sich bei analoger Anwendung von Art. 664 wenigstens noch ergeben würde. Der Gesamterfolg des Unternehmens wäre damit langfristig um den entsprechenden Betrag zu gut ausgewiesen – genau das Ergebnis, auf dessen Verhinderung das Recht der Rechnungslegung in seiner Gesamtheit ausgerichtet ist.

4. Bauzinsen

1012 Das Gesetz kennt immer noch eine ganz aussergewöhnliche Norm für die Ausrichtung von *Bauzinsen* an Aktionäre. Dies bedeutet nichts anderes, als dass während des Baus grosser Anlagen, in den Schranken von Art. 676 OR, eine sonst unstatthafte Mittelentnahme zugunsten der Aktionäre erlaubt ist. Es handelt sich schlicht um eine teilweise Rückerstattung von Eigenkapital an die Aktionäre. Die so wieder abgeflossenen Mittel werden dann, wie wenn es sich um Bau*kredit*zinsen handeln würde, im Anlagekonto aktiviert. Es handelt sich um eine in den Bräuchen der Gründerzeit des 19. Jahrhunderts verwurzelte Singularität[275], die auch die Aktienrechtreform von 1991 überlebt hat.

B. Bewertung des Anlagevermögens

1013 Unverändert ist das Anschaffungswertprinzip (Aktivierung der Anschaffungs- oder Herstellungskosten) für die Verbuchung von Anlagevermögen, unverändert das Prinzip der angemessenen Abschreibungen. Weder die Art der Bemessung der Herstellungskosten noch die Methode der planmässigen oder nichtplanmässigen Abschreibung wird im neuen Aktienrecht näher ausgeführt. Sogar die alte Formulierung «unter Abzug der *den Umständen angemessenen* Abschreibungen» wird ersetzt durch die etwas schärfere, aber noch kargere «unter Abzug der *notwendigen* Abschreibungen»[276].

---

[275] Art. 630 Abs. 2 OR 1881.
[276] Art. 665 OR 1991.

1. Restwert nach Abschreibungen

Gerade an dieser Stelle ist die Verweisung des neuen Rechtes auf die *Grundsätze der kaufmännischen Buchführung* in Art. 662a Abs. 4 bedeutsam. Um dies auch dem letzten Eidgenossen klarzustellen, hat man in Art. 669 Abs. 1 OR 1991 den Hinweis ausdrücklich nochmals im Gesetz aufgeführt. 1014

Diese Grundsätze verlangen *planmässige Abschreibungen* für Wirtschaftsgüter des Anlagevermögens, die der Abnutzung unterliegen. Die Abschreibungsdauer soll der Dauer der betrieblichen Nutzung entsprechen. Die Wahl der degressiven oder linearen Abschreibungsmethode sind Sache der Gesellschaft. Die Einhaltung der Stetigkeit in der einmal gewählten Methode ist gesetzliche Pflicht[277]. Wird der Abschreibungsplan geändert, oder sieht sich das Unternehmen veranlasst, in besonderen Fällen davon abzuweichen, so ist dies nach neuem Recht in begründeten Fällen zulässig. Es ist jedoch – wenn wesentlich – im Anhang darzulegen[278]. Eine Abweichung von der planmässigen Abschreibung wird insbesondere dann wesentlich, wenn zufolge unvorhergesehener Entwertung im Rechnungsjahr ein gewichtiges Anlageobjekt derart an Wert einbüsst, dass ohne ausserordentliche Abschreibung der Bilanzwert für die betreffende Gruppe von Wirtschaftsgütern als übersetzt erscheinen würde[279]. 1015

2. Indirekte Abschreibungen

Im neuen Aktienrecht findet man nicht mehr die Regel, dass die Gesellschaft die Abschreibungen auch in der Form der Bildung von *Amortisations- oder Erneuerungsfonds auf der Passivseite* der Bilanz vornehmen darf[280]. Es handelt sich um die sog. Methode der indirekten Abschreibung. Nach dieser bleibt der Anschaffungswert bis zum Ende der Nutzungsdauer des abzuschreibenden Gutes in der Bilanz, und die Gesellschaft lässt in einem dem Fremdkapital zuzuordnenden Gegenposten die Wertkorrektur allmählich anwachsen. Es ist dies letztlich eine blosse Frage der Darstellung, und in Darstellungsfragen ist nach neuem Aktienrecht die Gesellschaft zuständig, solange sie sich an die Ordnungsmässigkeit, vor allem das Prinzip der Stetigkeit der Darstellung und Bewertung gemäss Art. 662a Abs. 2 Ziff. 5 hält[281]. 1016

Es versteht sich von selbst, dass die Methode der indirekten Abschreibung die *Bilanz aufbläht*. Die einzelnen der Abschreibung unterliegenden Posten erscheinen auf der Aktivseite für sich allein mit einem zu hohen Wert; das äusserlich sichtbare Verhältnis von Anlagevermögen zu Umlaufvermögen ist verzerrt, weil der längst nicht mehr den Tatsachen entsprechende Anschaffungswert bis zum Tage vor dem Abgang voll in der 1017

---

[277] Aufgrund von Art. 662a Abs. 3 OR 1991.
[278] Art. 662a Abs. 3 Satz 2 OR 1991.
[279] Gedacht ist hier stets an den Fall, wo die ausserordentliche Werteinbusse nicht durch eine Versicherungsleistung gedeckt ist.
[280] Art. 665 Abs. 3 OR 1936.
[281] Es ist ein Geheimnis für niemanden, dass die Methode der indirekten Abschreibung erlaubt, eine «Abschreibung unter Null» durchzuführen, was bei der direkten Methode wegen der Verkettung von Bilanz mit Erfolgsrechnung schon technisch erschwert.

Bilanz steht. Umgekehrt zeigt die Bilanz – wegen des grossen Korrekturpostens in den Passiven – insgesamt mehr Fremdkapital, als in Wirklichkeit vorhanden ist.

3. Immaterielle Güter

1018   Das neue Recht erwähnt die *immateriellen Werte* zwar als Gliederungsposten für die Aktiven der Bilanz, verzichtet aber auf eine weitere frühere Präzisierung, die eigentlich nicht ohne Bedeutung war.

1019   Art. 665 Abs. 2 OR 1936 hatte *klargestellt*, dass auch Rechte, Konzessionen, Patente, besondere Fabrikationsverfahren, Lizenzen, Marken «und ähnliche wirkliche Vermögenswerte» zu den Anschaffungs- oder Herstellungskosten in die Bilanz eingestellt werden durften. Das neue Recht schweigt dazu; diese Regelung ist jedoch nach wie vor geltendes Recht dadurch, dass gemäss Art. 663a Abs. 2 die immateriellen Anlagen zum Anlagevermögen gehören. Dadurch wird das Anschaffungs- bzw. Herstellungskostenprinzip gemäss Art. 665 auch auf solche Werte ohne weiteres anwendbar.

1020   Wer *Goodwill* aktiviert, muss diesen unter den immateriellen Anlagegütern zeigen[282]. Die Aktivierung ist nur zulässig bei erworbenem Goodwill. Der Goodwill gehört nicht zu den «Organisationskosten». Dazu gehört vor allem auch nicht der selbst erarbeitete Goodwill; dieser ist nach einer tief verwurzelten Tradition[283] nicht bilanzfähig.

4.   Aufwertung von Grundstücken und Beteiligungen

1021   Als eine Singularität[284] erlaubt das Gesetz nunmehr etwas, was bisher schon nicht so selten gemacht wurde: die *Aufwertung* zweier Posten des Anlagevermögens, nämlich der Grundstücke und Beteiligungen, über die Anschaffungskosten hinaus. Allerdings macht das Gesetz klar, dass es sich um eine eng eingegrenzte Ausnahme handelt: nur zur Beseitigung einer Unterbilanz[285] darf dies geschehen, also praktisch im Zuge einer Bilanzsanierung, und nur bis auf den wirklichen Wert, und nur wenn die Revisionsstelle dies in einem schriftlichen Bericht der Generalversammlung bestätigt[286]. Was der «wirkliche Wert» sei, überlässt der Gesetzgeber getrost der «Lehre und Rechtsprechung»[287]: in Tat und Wahrheit muss grundsätzlich, wenn auch in umgekehrter Richtung, der Satz von Regeln anwendbar sein, der bei der Bewertung von Anlagevermögen dazu dient, einen Abschreibungsbedarf festzustellen. Die Beteiligungen dürfen nicht weiter aufgewertet werden als bis zu dem Wert, auf den sie abgeschrieben werden müss-

---

[282] Vorn II/E/6/a, Rz 973, zu dem andersartigen Goodwill im Zusammenhang mit Unternehmensübernahmen.
[283] Obgleich sogar Art. 665 Abs. 2 OR 1936 ausdrücklich von den «Herstellungskosten» sprach, F. Wolfhart Bürgi (1957) Art. 665 N. 4 und N. 25.
[284] *Botschaft 1983*, 150, Ziff. 323.6. Vgl. *Carl Helbling* (1992) 300 ff.
[285] D.h. wenn die Aktiven das Aktienkapital, das Partizipationskapital und die allgemeine gesetzliche Reserve nicht mehr voll decken.
[286] Art. 670 OR 1991. Die *Botschaft 1983*, 150, Ziff. 323.6 hatte auch hier in allen Fällen einen Revisor mit besonderem Befähigungsausweis verlangen wollen.
[287] *Botschaft 1983*, 150, Ziff. 323.6.

ten, ständen sie mit einem höheren Wert in der Bilanz. Bei den Beteiligungen ist dies je nach den konkreten Umständen entweder das anteilige Eigenkapital[288] oder der aus Substanz- und Ertragswert bestimmte innere Wert, während bei Grundstücken der Markt- oder Realwert die oberste Grenze abgibt.

Der dafür vorgeschriebene besondere *Bewertungsbericht* der Revisoren, anders als zum Beispiel der Kapitalerhöhungsbericht, geht schriftlich an die *Generalversammlung*[289]. Der Bericht muss bestätigen, dass die gesetzlichen Bestimmungen eingehalten sind. Die Revisionsstelle muss das Ergebnis ihrer Aufwertungsprüfung in den Entscheid über ihre Empfehlung mit Einschränkung oder Rückweisung der Jahresrechnung einfliessen lassen, und die Jahresrechnung darf von den Aktionären nur mit dem vom Revisor als vertretbar anerkannten Aufwertungsbetrag genehmigt werden. 1022

Der Gesetzgeber hat zum Entwurf von 1983 hinzugefügt, dass ein dem Aufwertungsbetrag entsprechender Reserveposten auf der Passivseite der Bilanz gesondert als «*Aufwertungsreserve*» einzustellen und beizubehalten ist[290]. Es handelt sich um eine Ausschüttungssperre des Aktienrechts («nicht verwendbares Eigenkapital»). 1023

C. Umlaufvermögen

1. Vorräte

a)   «Cost or market whichever is lower»

Keine Neuigkeiten gibt es bei den Vorräten. Es gilt die bekannte Regel «*cost or market whichever is lower*», die auch schon unter dem OR 1936[291] anwendbar war. Sinkt der Beschaffungsmarktpreis durch das Kostenniveau hindurch nach unten, so sinken bewertungsrechtlich zwingend die Werte der Vorräte mit. Eine Wertverminderung im Umlaufvermögen ist schon zu verbuchen, wenn sie bloss aktualisiert ist, und nicht erst dann, wenn sie realisiert ist. 1024

b)   Der allgemein geltende Marktpreis

Das neue Recht versucht – ein bisschen unbeholfen – eine um dieses sog. *Niederstwert-Prinzip* entstandene Kontroverse zu lösen. Das OR 1936 sprach vom «Zeitpunkt der Errichtung der Bilanz», und vom «allgemein geltenden Preis»[292]. Die erste Unge- 1025

---

[288] Bei einer Beteiligung an einer Gesellschaft mit relativ sehr grosser Substanz ist dies nur vertretbar, wenn die über den inneren Wert hinausgehende Substanz effektiv dem Zugriff der beteiligten Gesellschaft unterliegt. Das ist in Wahrheit oft nicht der Fall, sei es aus rechtlichen oder aus tatsächlichen Gründen.
[289] Art. 670 Abs. 2 OR 1991.
[290] Art. 670 Abs. 1 Satz 2 und, zur Auflösung der Reserve, 671b OR 1991. Vorn II/D/5/a, Rz 927.
[291] Art. 666 OR51936; so vorher schon Art. 656 Abs. 2 Ziff. 4 OR 1881.
[292] *Botschaft 1983*, 148 Ziff. 323.6.

wissheit – Stichtag oder Tag der Unterschrift unter der Bilanz – liess sich einfach beseitigen durch die Klarstellung, dass es natürlich um den Stichtag geht, zu dem die Bilanz errichtet ist. Misslungen ist die zweite Klarstellung: Jetzt heisst es «*der allgemein geltende Marktpreis*», und es bleibt nach wie vor für den nichtspezialisierten Leser unklar, ob damit der Absatzmarkt oder der Beschaffungsmarkt gemeint sei. Aus dem Sinnzusammenhang des Niederstwert-Prinzips ergibt sich eindeutig, dass für alle Stoffe bis zu Halbfabrikaten der Beschaffungsmarkt, für die fertiggestellten Produkte der Absatzmarkt gemeint ist. Stellte man für nicht verkaufsbereite Erzeugnisse auf den Absatzmarkt ab (Output-Seite), so verstiesse man nicht nur gegen die Grundidee von Art. 666 Abs. 1 OR 1991 – der ja die Anschaffungs- oder Herstellungskosten anvisiert und damit die Input-Seite – , sondern auch gegen das Vorsichtsprinzip von Art. 662a[293].

2. Wertschriften

1026 Das OR 1936[294] enthielt eine überraschende Durchbrechung der sonst schon damals geltenden Grundregeln. Es erlaubte für eine einzige Art von Gütern – «Papiere mit Kurswert» – *unrealisierte Gewinne* aufgrund eines am Stichtag höheren Marktpreises zu verbuchen. Das ist nichts anderes als der unter dem Gesichtspunkt der Ordnungsmässigkeit sonst absolut unzulässige Vorgang einer «Zuschreibung»[295].

1027 Obwohl es auf den ersten Blick nicht jedem Leser klar sein wird, hält das neue Aktienrecht an dieser Durchbrechung des Imparitätsprinzips fest[296]. Liegt der Durchschnittskurs der Börse im letzten Monat vor dem Bilanzstichtag höher als der Buchwert, *kann* auf diesen höheren Kurswert aufgewertet werden[297].

a) Vergleich mit der Aufwertung zur Beseitigung einer Unterbilanz

1028 Diese Regelung, die aus dem OR 1881 stammt[298] enthält allerdings eine bedauerliche *Unschärfe*. Für eine Durchbrechung des Imparitätsprinzips braucht es absolut zwingende legislatorische Gründe einerseits, Sicherungen andererseits. Die Aufwertung von Liegenschaften oder Beteiligungen zur Beseitigung einer Unterbilanz[299] ist methodisch ohne Mühe zu rechtfertigen; darin lässt sich bereits ein Fall im Übergangsbereich zwischen dem Fortführungs- und dem Liquidationsprinzip erkennen. Es soll dem Unternehmen nicht die sinnwidrige Übung zugemutet werden, sehr wertvolle Grundstücke oder Beteiligungen, die aus historischen Gründen zu einem niedrigen Buchwert in der

---

[293] Abs. 2 Ziff. 3.
[294] Art. 667 OR 1936; übrigens schon Art. 656 Abs. 2 Ziff. 3 OR 1881 für «kurshabende Papiere».
[295] Die gesetzlichen Ausnahmen in Anm. .
[296] *Botschaft 1983*, 148, Ziff. 323.6.
[297] Es handelt sich dann um einen der Fälle einer gesetzlich erlaubten Zuschreibung oder Aufwertung. Die andern Fälle sind die Aufwertung von Grundstücken oder Beteiligungen zur Beseitigung einer Unterbilanz gemäss Art. 670 OR 1991 sowie der im Gesetz nicht ausdrücklich geregelte Fall der Wiederherstellung des ursprünglichen Anschaffungskostenwertes, wenn unter diesen abgeschrieben worden ist und der geltende Marktpreis über dem Anschaffungskostenwert liegt, d.h. die Auflösung der stillen Reserven. Dazu Rz 1119 ff.
[298] Art. 656 Abs. 2 Ziff. 3 OR 1881.
[299] Art. 670 OR 1991.

Bilanz stehen, nur deshalb zu verkaufen, weil sonst eine Bilanzbereinigung nicht möglich wäre. Es kommt dazu, dass in Art. 670 eine strenge Überwachung des Vorganges durch die Revisionsstelle und die Bekanntgabe an die Aktionäre vorgesehen ist[300].

Bei den Wertschriften ist beides nicht der Fall. Das Gesetz visiert hier eindeutig nicht den Sanierungsfall, sondern den «courant normal» an. Es fehlt jede besondere Vorschrift über eine Benachrichtigung der Generalversammlung und eine Sonderbestätigung der Revisionsstelle. Wenn es sich um Wertschriften mit Kurswert handelt – wie im Gesetz anvisiert - , so kann dem Unternehmen zudem im schlimmsten Fall, wenn es auf den Ausweis des Wertzuwachses als Ertrag angewiesen ist, noch eher zugemutet werden, die Wertschriften zu Geld zu machen. Dies würde im Falle von Art. 670 Abs. 1 OR 1991 – bei Grundstücken und Beteiligungen, die ja nicht an einem Markt notiert sind – ungleich schwerer fallen. 1029

b) *Wertpapiere des Umlaufvermögens*

Der Gesetzgeber hat in der Tat zu wenig klar ausgedrückt, dass diese Sonderregel nur für Wertpapiere im *Umlaufvermögen* Geltung beanspruchen kann. Nur im Rahmen einer Handelstätigkeit kann es sinnvoll sein, dass der Kaufmann Effekten, die er im Rahmen seines laufenden Geschäftes hält, strikte nach steigenden und sinkenden Börsenkursen bewertet. Man hält es damit methodisch so, wie wenn er sie insgesamt tatsächlich am Bilanzstichtag zum Börsenkurs verkauft *hätte*. Da es um das Umlaufvermögen geht, wirkt sich auch die Wertstellung etwas weniger zufällig aus. Solche Wertschriften und unverbrieften Wertrechte stehen in Tat und Wahrheit den «Vorräten» näher, und wegen der besonders hochgradigen Liquidität, die der Gesetzgeber in der Börsenkotierung gewährleistet sieht, kann – als Ausnahme – vom Niederstwertprinzip abgewichen werden. 1030

Immerhin ist zu beachten, dass ein Unternehmen, welches mit den Bilanzwerten seiner Wertpapiere der «*Volatilität*» der Effektenbörsen nach oben folgt, ihr dann – bei einem nachfolgenden Börsenabschwung – mit entsprechenden Wertberichtigungen nach unten zu folgen hat. Auf den Papiergewinn folgt der Papierverlust. Die möglichst zuverlässige Beurteilung der Ertragslage (verstanden als Auskunft über den *erwirtschafteten* Gewinn) ist dadurch ebenso beeinträchtigt wie die Stetigkeit in der Bewertung. 1031

c) *Wertpapiere des Anlagevermögens: Anschaffungskosten unter Abzug der notwendigen Abschreibungen*

Ganz anders bei Wertpapieren des Anlagevermögens. Dieses «*dient*», wie das alte Obligationenrecht noch ausdrücklich sagte, «*dauernd dem Betriebe*»[301]. In einem solchen Falle wäre es umso sinnwidriger, die für die Vorräte und anderen Bestandteile des Umlaufvermögens geltende Regel des Niederstwert-Prinzips anzuwenden. Umgekehrt kann dann auch die Erlaubnis zur Aufwertung auf den höheren Marktwert im Durchschnitt des letzten Monats vor dem Bilanzstichtag nicht gelten. Denn das Unternehmen verzichtet ja gerade, wenn es diese Werte «dauernd dem Betriebe» widmet, 1032

---

[300] Vgl. III/B/4, Rz 1021/22.
[301] Art. 665 Abs. 1 OR 1936.

auf die Ausnützung der Liquidität des Kapitalmarktes. Sinnvoll ist hier der Grundsatz von Art. 665 OR 1991, nämlich der Anschaffungswert unter Abzug der notwendigen Abschreibungen[302].

1033 Die Notwendigkeit einer Wertkorrektur für Wertpapiere des Anlagevermögens bestimmt sich durch den *inneren Wert* der Wertschriften des Anlagevermögens. Das entspricht der allgemeinen Regel für die Bewertung von Anlagevermögen. Sachlich unrichtig war demgegenüber der alte Art. 667 Abs. 2 OR 1936; er wollte für den inneren Wert von Papieren ohne Kurswert auf die «laufenden Zinsen und Dividenden» abstellen. Die in den dreissiger Jahren vorherrschende Idee, dass Wertpapiere durch Kapitalisierung ihres «Couponertrags» zu bewerten seien, ist durch die Bewertungslehre der letzten Jahrzehnte überholt; sie wurde daher bei der Revision zu Recht gestrichen[303].

d) Ergebnis

1034 Bei richtiger Auslegung ist Art. 667 Abs. 1 OR 1991 nur auf Wertschriften mit Kurswert im *Umlaufvermögen* anwendbar. Wertschriften des *Anlagevermögens*, auch wenn sie an sich Kurswert haben, unterstehen umgekehrt dem Art. 667 Abs. 2 OR 1991. Die Aufwertung auf den höheren Börsenkurs ist im Anlagevermögen nicht zulässig, es wäre denn bei einer Sanierung nach Art. 670 OR 1991. Andernfalls sind die Titel definitiv dem Umlaufvermögen zuzuordnen.

3. Transferrisiken

1035 Was im OR 1991 nun ebenfalls fehlt, ist der recht einzigartige und vielsagende Hinweis im alten Obligationenrecht auf *Transferrisiken* bei Wertpapieren. Dieser Hinweis erwuchs 1936 aus den leidvollen Erfahrungen im Gefolge der auf die Schweiz überschwappenden deutschen Bankenkrise von 1931[304] und der Einführung der Devisen-

---

[302] Sinkt der Börsenkurs unter die Anschaffungskosten, so ist ein Paket von Wertpapieren, das zum Anlagevermögen gehört, nur dann abzuschreiben, wenn auch der *innere Wert* dieser Anlage unter den Bilanzwert gesunken ist und überdies der Wertzerfall als nachhaltig einzustufen ist. Es ist denn auch aufschlussreich, dass für den Bereich der Banken die Eidgenössische Bankenkommission neuerdings zu einer derartigen Unterscheidung zwischen Wertschriften im Umlaufvermögen und Wertschriften im Anlagevermögen gekommen ist. Vgl. Rundschreiben der Eidg. Bankenkommission vom 25. September 1990, dazu *Bernhard Binzegger* (1991) 663 ff.

[303] Wohl ist bei Dividendenpapieren am Schluss auch zu berücksichtigen, wie die Dividendenpolitik verläuft; ungleich entscheidender aber ist der innere Wert, d.h. der aus der nachhaltigen Gewinnsituation und der Substanz des Unternehmens abgeleitete anteilige Unternehmenswert. Dieser Methodenwechsel hat sich, parallel zum Aktienrecht, in der steuerlichen Bewertung abgespielt, vgl. die Arbeit des Verfassers (1977/78) 481 ff.

[304] Vgl. *Herbert Rittmann*, Deutsche Geldgeschichte seit 1914, München 1986, 144: «Die Danat-Bank musste am 11. Juli [1931], einem Samstag, mitteilen, dass sie am Montag ihre Schalter nicht mehr öffnen werde. Am 13. Juli setzte dann der grosse Sturm auf alle Banken und Sparkassen ein. Nach Stunden schon wurden allgemein nur noch 20 v.H. der verlangten Beträge ausbezahlt, was die Zahlungseinstellung bedeutete.»

bewirtschaftung durch die «Notverordnungen» noch im gleichen Jahr[305]. Der Grundgedanke des alten OR bleibt indessen bestehen: Wertpapiere sind *unter* dem Kurswert ausländischer Börsen zu bilanzieren, wenn Transferrisiken bzw. Transferbeschränkungen für Ertrag oder Kapital bestehen oder drohen. Dies ist aber heute nichts anderes als eine Auswirkung des allgemeinen Marktwertprinzips und wurde daher als überflüssig gestrichen.

4. Vorbehalt des besonderen Wirtschaftsaufsichtsrechtes

Gleichzeitig strich der Gesetzgeber auch den früheren Vorbehalt[306] hinsichtlich der Bewertung von Wertschriften, die konzessionierten *Lebensversicherungen* gehören. Es versteht sich heute von selbst, dass die Bundesgesetzgebung im Bereiche der Wirtschaftsaufsicht den allgemeinen Bewertungsvorschriften des Aktienrechts vorgeht. Gewichtige Bündel von Rechtsvorschriften zur Wertschriftenbewertung findet man nicht nur im Bereiche der Lebensversicherungs-Gesellschaften[307], sondern vor allem im Bereiche der Banken und Sparkassen[308].

1036

IV. Abschreibungen und Rückstellungen

A. Abschreibungen und Wertberichtigungen

Das neue Aktienrecht versucht – mit gemischtem Erfolg – , Ordnung zu bringen in die Begriffe, die für die Wertkorrekturen als nicht-bare Aufwandposten verwendet werden[309].

1037

---

[305] Vgl. *Herbert Rittmann*, a.a.O. 140 ff.: «Die deutsche Devisenbewirtschaftung wurde mit Notverordnung des Reichspräsidenten Hindenburg vom 15. Juli 1931, dem Tag der Wiederaufnahme des Zahlungsverkehrs nach der Danat-Krise, eingeführt. Der gesamte Handel mit ausländischen Zahlungsmitteln und der Zahlungsverkehr mit dem Ausland wurde über die Reichsbank zentralisiert, mit der sog. «Anbietungspflicht», womit der gesamte Devisenbestand von Wirtschaft und Bevölkerung faktisch an die Reichsbank abgetreten wurde.» Zahlungsverpflichtungen gegenüber dem Ausland «konnten vom 1. August 1931 an nur noch gemäss der Verordnung des Reichspräsidenten über die Devisenbewirtschaftung ausgeführt werden».
[306] Art. 667 Abs. 3 OR 1936.
[307] Vgl. insbesondere das Versicherungsaufsichtsgesetz vom 23. Juni 1978 (SR 961.01) und das Sicherstellungsgesetz vom 25. Juni 1930 (SR 961.03).
[308] Vgl. Bankgesetz Art. 6 (SR 952.0), gestützt darauf die Bankenverordnung Art. 23-28 und Anhang II (SR 952.02), und insbesondere das neue Rundschreiben der Eidgenössischen Bankenkommission vom 25. September 1990 betreffend die Bewertung von Wertschriften.
[309] Art. 665 und Art. 669 Abs. 1 Satz 1 OR 1991.

1038 Der schweizerische Sprachgebrauch verwendet, im Gegensatz zum deutschen, die Begriffe «Abschreibung» und «Wertberichtigung» recht kunterbunt durcheinander, und nirgends findet man den in Deutschland anzutreffenden Begriff der «Absetzungen für Abnutzung»[310].

1039 Die Botschaft 1983 bestand darauf, es sei der Begriff «Abschreibung» für die Wertkorrektur im Anlagevermögen zu verwenden, und der Begriff «Wertberichtigung» für die Wertkorrektur im Umlaufvermögen[311]. Dieses Vorhaben hat im Parlament Widerhall gefunden. Der Nationalrat hat mit Zustimmung des Ständerates im entscheidenden Art. 663 Abs. 3 OR 1991, der autoritär den Aufwandposten in der Erfolgsrechnung benennt, den Begriff «Wertberichtigung» nur deshalb gestrichen, weil die Wertkorrekturen im Umlaufvermögen usanzgemäss nicht in einem Sonderposten erscheinen, sondern als Teil eines der andern Posten (vor allem Warenaufwand, oder Minderertrag aus Umsatz). Bei den Wertberichtigungen im Umlaufvermögen (Art. 666 und ggf. Art. 667 OR 1991), tritt der Begriff im Gesetz gar nicht mehr auf. Immerhin ist in Art. 669 OR 1991 der Begriff der Wertberichtigung in voller Frische zu finden, so dass im Sinne eines konsequenten Gebrauchs der Begriffe an dem Grundgedanken festgehalten werden kann.

1040 Daraus ergibt sich, dass es in folgerichtiger Terminologie künftig drei Arten von Wertkorrekturen gibt:

— im *Anlagevermögen* «planmässige Abschreibungen» und «ausserordentliche Abschreibungen» (stets als Sonderposten im Aufwand);
— im *Umlaufvermögen* «Wertberichtigungen», wobei diese aber meist nicht als Sonderposten im Aufwand erscheinen.

B. Planmässige Abschreibungen vom Anschaffungswert im Anlagevermögen

1. Lineare und degressive Abschreibungen

1041 Nach allgemein anerkannten kaufmännischen Grundsätzen, auf die das neue Aktienrecht bekanntlich unverändert verweist[312], sind *abnutzbare Wirtschaftsgüter* so abzuschreiben, dass der Differenzbetrag zwischen Anschaffungskosten und Restwert über die Jahre der betrieblichen Nutzung planmässig verteilt wird.

1042 Die *Festlegung des Plans* liegt im Ermessen der Unternehmensleitung, doch muss deren Entscheid, um die möglichst zuverlässige Beurteilung der Ertrags- und Vermögenslage der Gesellschaft nicht zu vereiteln, sachlich begründet sein. Kaum ein grosser Ermes-

---

[310] Vgl. *Tipke/Lang* (1991) § 9.7.25.
[311] Vgl. in diesem Sinne *Botschaft 1983*, 149, Ziff. 323.6.
[312] Art. 662a OR 1991.

sensspielraum verbleibt in der grundsätzlichen Begrenzung der Abschreibungszeit durch die voraussichtliche betriebliche Nutzungsdauer («useful life»).

Die *lineare* Abschreibungsmethode kennt je gleiche Jahresabschreibungsschritte; mit ihr schreibt man damit am Anfang eher zu wenig, am Ende eher zu viel ab. Die *degressive* Methode verwendet normalerweise doppelt so hohe Prozentsätze; mit ihr bemisst man die Jahressätze als gleichbleibenden Prozentsatz je vom Restbuchwert. Sie verlegt das Gewicht des Hauptaufwandes deutlich in die erste Hälfte der Nutzungsdauer und entspricht damit eher dem wirklichen Verlauf der Wertkurve im Fortgang der Abnutzung. 1043

Das Unternehmen kann sogar für eine Gruppe des Anlagevermögens die erste und für eine andere die zweite Methode anwenden – solange der Grundsatz der Stetigkeit und Klarheit in Darstellung und Bewertung beibehalten wird und die Methodenwahl sachlich gerechtfertigt ist. 1044

Darauf, dass die Gesellschaften auch «indirekt», und zwar wiederum linear oder degressiv, abschreiben dürfen, wurde schon hingewiesen[313].

2. «Wegen schlechten Geschäftsgangs unterlassene Abschreibungen»

In der Schweiz ist immer wieder etwa die Rede von der «*Nachholung von wegen schlechten Geschäftsganges unterlassenen Abschreibungen*»[314]. Darin zeigt sich ein grundlegendes Missverständnis; die Abschreibungen, jedenfalls die notwendigen, hängen nicht vom Geschäftsgang ab. Kaum irgendwo anders zeigt das Rechnungslegungsrecht deutlicher seine Härte. Zwar hat die Unternehmensleitung immer einen Ermessensspielraum. Wenn Wertkorrekturen aber wirklich notwendig sind, sei es aufgrund des Stetigkeitsprinzips in der planmässigen Abschreibung, sei es aufgrund eines Korrekturbedarfs für einen plötzlich als stark überhöht erkannten Wertansatz, so ist die Nichtvornahme der entsprechenden Buchung eine Verletzung der Grundsätze ordnungsmässiger Rechnungslegung. Die zuverlässige Beurteilung der wirklichen Lage des Geschäfts wird vereitelt. 1045

Sind umgekehrt vorgenommene Wertkorrekturen wirklich unnötig – nötig auch nicht für Wiederbeschaffungszwecke – , so liegt die Bildung einer *stillen Reserve* vor. Diese geht in jene neue Saldorechnung ein, welche das Aktienrecht als Kompromiss eingeführt hat. Davon ist im nachfolgenden Kapitel 7 zu handeln. 1046

---

[313] Im gleichen Sinne für Zulässigkeit der indirekten Abschreibung trotz Schweigens des Gesetzes *Botschaft 1983*, 149, Ziff. 323.6.
[314] In der Rechtswirklichkeit häufig, was sich daraus zeigt, dass das Steuerrecht nicht darum herumkommt, mit dieser Praxis umzugehen, vgl. Kreisschreiben vom 31. Januar 1979, *Heinz Masshardt* (1985) 277.

C. Ausserordentliche Abschreibungen auf Wirtschaftsgütern des Anlagevermögens

1. Ausserordentliche Abschreibungen

1047 Kommt es zu einem nicht vorhergesehenen, scharfen Wertzerfall während der Nutzung oder hört die Nutzbarkeit überhaupt vorzeitig auf, so kann eine Wertkorrektur im gleichen Jahr durch eine *ausserordentliche Abschreibung*[315] nötig sein. Eine solche Abweichung von der planmässigen, schrittweisen Abschreibung im Anlagevermögen ist jedoch nach heutigem Recht nur dann unerlässlich, wenn der Gesamtbetrag der ausgewiesenen Werte der betreffenden Gruppe von Anlagegütern ohne diese Abschreibung in einer nicht vertretbaren Weise zu hoch liegen würde. Diese Einschränkung ergibt sich auch daraus, dass die planmässige Abschreibung ja ohnehin nie dem in der Retrospektive vielleicht eruierbaren genauen Verlauf der sinkenden Wertkurve folgt – sie enthält eine starke Schematisierung.

1048 Dabei folgt das schweizerische System der Rechnungslegung nach wie vor dem Gedanken, dass die Abschreibung als *Wertkorrektur* zu sehen ist[316]. In der Betriebswirtschaftslehre wird dagegen betont, dass die Abschreibungen im Rahmen des Fortführungsprinzips dazu dienen, die Mittel für die Wiederbeschaffung des abgenützten Wirtschaftsgutes bereitzustellen[317]. Diese funktionale Betrachtungsweise ist erhellend, doch kommt sie im neuen Aktienrecht nicht zum Ausdruck.

2. Ausbuchungen

1049 Einer ausserordentlichen Abschreibung ähnlich ist die *Ausbuchung* eines abgehenden Wirtschaftsgutes. Während in der deutschen Rechnungslegung[318] verlangt wird, dass die Gesellschaft für jedes Jahr die Abgänge und Zugänge im Anlagevermögen gesondert und in den Einzelheiten darlegt, fehlt eine entsprechende Bestimmung im neuen Schweizer Aktienrecht. Sie wurde auch nie von irgendeiner Seite in der Arbeitsgruppe von Greyerz angeregt. Es versteht sich, dass eine Aufstellung über Zu- und Abgänge im Anlagevermögen («Anlagespiegel» oder «Anlagengitter» genannt) für die genauere Analyse der wirtschaftlichen Lage des Unternehmens von Bedeutung ist. Manche grösseren Schweizer Unternehmen bieten denn auch freiwillig diese Angaben.

---

[315] Manchmal spricht man auch, etwas unpräzis, von «Sonderabschreibungen».
[316] So deutlich *Botschaft 1983*, 149, Ziff. 323.6.
[317] *Max Boemle* (1991) 279 mit Hinweisen.
[318] Vgl. § 268 Abs. 2 HGB 1985 («*Anlagespiegel*» oder «*Anlagengitter*»), vorn II/E/7, Rz 980.

D. Wertberichtigungen im Umlaufvermögen

1. Saldierung mit anderem Aufwand

Wertberichtigungen im Umlaufvermögen ordnet man gewöhnlich direkt jenem Posten der Erfolgsrechnung *als Aufwand* zu, auf den sie sich beziehen, so z.B. Wertberichtigungen zu Vorräten dem Warenaufwand. Sie werden in diesem Sinne «saldiert» und meist nicht getrennt ausgewiesen. Anders ist dann zu entscheiden, wenn eine ausserordentliche Wertberichtigung vorliegt, die den Rahmen des gewöhnlichen Geschäftsganges völlig sprengt. Dann muss nach der Mindestgliederung des neuen Aktienrechts die Wertberichtigung als ausserordentlicher Aufwand erscheinen[319]. 1050

Landesüblich ist eine globale Wertberichtigung auf den Vorräten, dem «Warenlager» im engeren Sinne. Sie dient pragmatisch der Abdeckung von mehreren echt vorhandenen Bewertungsrisiken zugleich, so aus der erschwerten Verkäuflichkeit älterer Bestände, aus Wertschwankungen im Markt. Sogar das sonst so gestrenge EG-Gesellschaftsrecht erlaubt gewisse globale Schwankungsreserven («ausserordentliche Wertberichtigungen für Wertschwankungen»)[320]. 1051

2. Terminologie

Da das Gesetz den Begriff Wertberichtigungen im engeren Sinne für Wertkorrekturen im *Umlaufvermögen* verwendet, dürfte man nun also nicht mehr sagen, man habe auf den Warenvorräten, auf den Debitoren oder den zum Umlaufvermögen gehörenden Wertpapieren «Abschreibungen» vorgenommen. Dieser Gedanke wird denn auch in Art. 667 Abs. 2 OR 1991 ausgedrückt. Dort sind – nach dem Gesagten – offensichtlich in erster Linie Wertpapiere des Umlaufvermögens ins Auge gefasst; folgerichtig erscheint der Begriff «Wertberichtigung». 1052

Üblich, aber mit der neuen Terminologie nicht mehr recht vereinbar, ist die überkommene Bezeichnung *«Delkredere-Rückstellung»* oder gar *«Debitorenreserve»*. In Wirklichkeit handelt es sich nicht um eine Reserve, sondern um eine Wertberichtigung auf den Forderungen aus Lieferungen und Leistungen («Debitoren»). Die unsachgemässe Terminologie hat sich insbesondere deshalb in der Schweiz auch handelsrechtlich eingebürgert, weil das Unternehmenssteuerrecht weithin bestimmend gewirkt hat: der Fiskus lässt eine sog. *«Rückstellung»* von 5% auf Forderungen gegen inländische und von normalerweise 10% gegen ausländische Schuldner ohne weiteren Nachweis zu[321]. Der Begriff «Rückstellung» ist hier allerdings dann nicht mehr so stossend, wenn man sich mit der Tatsache abgefunden hat, dass das neue Aktienrecht nicht nur Rückstellungen für künftige Zahlungen, sondern Rückstellungen auch für *künftige Werteinbussen* kennt. 1053

---

[319] Art. 663 Abs. 1 OR 1991.
[320] Mit Pflicht zum Ausweis in der Erfolgsrechnung oder im Anhang, *4. EG-Richtlinie* (1978) Art. 39 Abs. 1 Bst. c.
[321] Vgl. hierzu *Heinz Masshard*t (1985) 317 Anm. 65.

E. Rückstellungen

1. Nicht-barer Aufand

1054 Die Bildung von *Rückstellungen*[322] hat mit den beiden erwähnten Arten von Wertkorrekturen – Abschreibungen und Wertberichtigungen – die Eigenschaft gemeinsam, dass es sich um Aufwandposten handelt, denen im Rechnungsjahr kein Barvorgang entspricht. Es ist *nicht-barer Aufwand*. Sowohl Abschreibungen wie Rückstellungen sind zudem auch keineswegs «realisierte» Vorgänge – sie entsprechen weder einem Umsatz- noch einem Finanzierungsgeschäft mit einem Dritten. Sie sind rein «interne» Vorgänge, Wissens- und Willensakte der Unternehmensleitung, die allerdings aufgrund pflichtgemässen Ermessens zustandekommen müssen. Sie entsprechen dem Vorsichts- und dem Stetigkeitsprinzip und müssen sachlich begründet sein. Rückstellungen sind reine «jeux d'écritures». Sie sind trotzdem sehr ernsthafte, für die Richtigkeit der Rechnungslegung bedeutsame Widerspiegelungen reeller Vorgänge.

1055 Das neue Aktienrecht vermeidet die Begriffsverwirrung des Art. 670 Abs. 2 OR 1936. Dort war davon die Rede, es sei für zu erwartende Vermögenseinbussen in bestimmten Fällen «in der Bilanz durch *Rücklagen* Deckung zu schaffen». Selbstverständlich handelte es sich dabei gerade nicht um Rücklagen, denn dieser Begriff ist gleich dem im schweizerischen Aktienrecht eingebürgerten Begriff der Reserven, also ein Posten des Eigenkapitals. Dagegen sind Rückstellungen Posten des Fremdkapitals. In dem Betrag, in dem eine Rückstellung – unter dem Gesichtswinkel des sorgsamen Kaufmanns – nötig ist, vermindert sich das Eigenkapital. Und entgegen der Methodik des alten OR ist entscheidend nicht nur ihre Einsetzung in die Bilanz, sondern vor allem auch ihr Ausweis als Aufwand in der Erfolgsrechnung.

2. Die Arten von Rückstellungen

1056 Das neue Aktienrecht entfernt sich endgültig von der puristischen, früher vertretenen These, dass echte Rückstellungen nur solche Aufwandbuchungen seien, die sich auf zu erwartende Geldabgänge beziehen[323]. Der Begriff des neuen Aktienrechts ist aufgrund von Art. 669 Abs. 1 OR 1991 eindeutig *weiter gefasst*: als Bildung einer Rückstellung gilt der Aufwandposten, mit dem das Jahresergebnis belastet wird durch die Quantifizierung einer ursächlich dem Rechnungsjahr zuzuordnenden, aber erst in einem späteren Rechnungsjahr eintreffenden Einbusse entweder durch Zahlungsmittelabgang oder durch Wertminderung ohne entsprechenden Gegenwert[324].

---

[322] Art. 669 Abs. 1 Satz 2 OR 1991; vgl. insb. *Karl Blumer* (1989) 224 ff.
[323] Vgl. *Jörg Gessler* (1991) Bem. 85 ff. zu § 152; unscharf *Christoph von Greyerz* (SAG 1982) 7, wonach nur «Verlustrückstellungen» zulässig sein sollen, «Aufwandrückstellungen» dagegen nicht.
[324] Steuerlicher Begriff der *Rückstellung* neuerdings in Art. 63 DBG 1990. Die Begriffe decken sich leidlich, mit zwei Ausnahmen:
  a) das «unmittelbare Drohen» des Verlustrisikos könnte, sachlich zu Unrecht, rein zeitlich ausgelegt werden, so dass Rückstellungen in einem über das nächstfolgende Geschäftsjahr hinausgehenden Rahmen nicht mehr anerkannt würden;

Praktisch kommen die folgenden Arten von Rückstellungen vor: 1057

a)   Rückstellungen für sicher eintreffende, jedoch in der Höhe noch ungewisse künftige Zahlungsmittelabgänge ohne Gegenwert

Zu einer Rückstellung in diesem Sinne schreitet man, wenn immer eine Schuld ohne 1058 zurechenbaren Gegenwert feststeht, ihre Höhe aber noch ungewiss ist und nur geschätzt werden kann, so vor allem in Fällen einer grundsätzlich gegebenen Haftung und bei ungedeckten Garantiefällen.

Hierher gehört insbesondere auch die *Rückstellung für Unternehmenssteuern*. Da durch 1059 den Mechanismus des Steuergesetzes die Rechtsfolge «Steuerzahlung» mit der Verwirklichung des Steuertatbestandes «Gewinn» oder «Kapital» im Rechnungsjahr ursächlich zusammenhängt[325] und durch die Bemessungsgrundlage weitestgehend quantitativ bestimmt ist, ist eine Rückstellung richtigerweise unumgänglich[326]. Die früheren Lehrmeinungen, die diese Pflicht relativierten[327], haben unter dem neuen Rechnungslegungsrecht keine Gültigkeit mehr.

(1) Dies gilt einmal ohne jede mögliche Ausnahme für die *Einjahres-Gegenwarts-* 1060 *bemessung*, die den internationalen Gepflogenheiten entspricht. Sie ist nun im neuen Bundesgesetz über die direkte Bundessteuer für juristische Personen allgemein eingeführt worden[328]. Sie gilt im Kanton Basel-Stadt schon seit Jahrzehnten[329], und das Steuerharmonierungsgesetz vom 14. Dezember 1990 verpflichtet alle Kantone, innerhalb von acht Jahren ihre juristischen Personen diesem System zu unterwerfen[330]. Die Frage kann nur noch sein, ob der Steuerbetrag als Rückstellung oder als andere kurzfristige Verbindlichkeit[331] auszuweisen oder passiv abzugrenzen ist.

(2) Es gilt aber auch für jene Kantone, die während der achtjährigen Anpassungsfrist 1061 des Steuerharmonierungsgesetzes[332] für juristische Personen noch die herkömmliche *zweijährige Vergangenheitsbemessung*, also das (zu Unrecht so genannte) Pränumerando-System befolgen[333]. Die Argumente, die gerade bei diesem System früher gegen die Bildung einer auf die Verursachung abstellenden Steuerrückstellung vorgebracht wurden, halten nicht Stich. Es ist mit der Ordnungsmässigkeit der Rechnungslegung unvereinbar, die ertragswirksamen Folgen eines bestimmten Sachverhaltes in der Rechnungsperiode als Ertrag zu verbuchen und in den Jah-

---

b)   Art. 63 Abs. 1 Bst. d DBG 1990 führt eine «Forschungs- und Entwicklungsrückstellung» ein, die eine reine steuerliche Vergünstigung darstellt, eine Vorverschiebung des bloss *geplanten*, künftigen Aufwands in die Zeit der Planung. In der Welt des Gesellschaftsrechts sind dies «steuerlich bewilligte Rückstellungen mit Rücklageanteil», d.h. Eigenkapital.

[325] Oder jedenfalls unter dem Prinzip der Unternehmensfortführung praktisch unauflösbar.
[326] *Carl Helbling* (1991) 225 «empfiehlt» das.
[327] Vgl. noch *Carl Helbling* (1980) 22 («damit wird eine stille Reserve geschaffen») und 23 unten.
[328] Art. 79 Abs. 2 DBG 1990.
[329] Heute § 75 StG-BS. Groteskerweise rechnet dasselbe Gesetz die Steuerrückstellung, die für das Steuerjahr gemacht wird, als unzulässigen Aufwand wieder auf; § 73 Abs. 3 Bst. a gestattet in Verletzung der ordnungsmässigen Rechnungslegung den Abzug erst im Jahr danach.
[330] Art. 31 StHG 1990.
[331] Art. 663a Abs. 3 OR 1991.
[332] Art. 72 StHG 1990.
[333] Zur Beschreibung dieser Systeme vgl. *Zuppinger/Böckli/Locher/Reich* (1984) 189.

resgewinn einzubeziehen, wenn man die entgegenstehenden, mit diesem Sachverhalt verknüpften künftigen Zahlungsfolgen nicht aufwandwirksam bucht. Die frühere Betrachtungsweise stellte auf die steuerrechtlichen Kategorien von «Entstehung» und «Fälligkeit» der Steuerschuld ab. Sie übersah, dass für die Bildung einer Rückstellung für künftige Geldabflüsse weder eine juristische «Fälligkeit» noch auch nur eine juristische «Entstehung» der Schuld notwendig ist. *Im Gegenteil: die Rückstellung ist stets ein Vorgang, der dem Faktizitätsprinzip folgt.* Es zählt, was nach der Erfahrung des sorgsamen Kaufmanns tatsächlich als Konsequenz voraussehbar ist.

b)   *Rückstellung für sowohl im Eintreffen wie in der Höhe noch ungewisse künftige Zahlungsmittelabgänge ohne Gegenwert*

1062 Dies sind die Rückstellungen im eigentlichsten Sinne: auch das Eintreffen selbst und die Höhe der Verpflichtung sind ungewiss. Es handelt sich im typischen Fall um *Eventualverbindlichkeiten*[334]. Entscheidend sind die Lebenserfahrung des sorgsamen Kaufmanns und das Vorsichtsprinzip gemäss Art. 662a Abs. 2 Ziff. 3 OR 1991.

1063 Bedarf für eine Rückstellung im engeren Sinne entsteht, wenn die Gesellschaft für einen Schaden haftbar gemacht werden sollte oder wenn eine von der Gesellschaft eingegangene *Bürgschaft* oder *Garantie* durch absehbare Zahlungsschwierigkeiten des Hauptschuldners aktualisiert wird. Tritt der Bürgschaftsfall ein, so ist die Schuld an den sichergestellten Gläubiger nicht mehr als Rückstellung auszuweisen, sondern als kurzfristige Verbindlichkeit. Muss der Bürge zahlen[335], so kommt es in dem Masse, in dem sich herausstellt, dass der Rückgriff gegen den Hauptschuldner[336] nicht vollwertig ist – weil Rückbürgschaften nicht bestehen oder wertlos sind, weil die Pfänder für die Regressforderung schlecht sind – , zu der durch die Rückstellung abgedeckten Realisierung des Risikos: Zahlungsmittelabfluss ohne entgegenstehenden Gegenwert[337].

c)   *Rückstellungen für wahrscheinliche künftige Vermögenseinbussen*

1064 In der Schweiz spricht man von «Rückstellungen» auch dann, wenn eine Aufwandbuchung für eine künftige, aber im Rechnungsjahr verursachte, in der Höhe abzuschätzende *Vermögenseinbusse* vorgenommen wird. Klassisch ist der im OR 1991 ausdrücklich genannte Fall der *«drohenden Verluste aus schwebenden Geschäften»*[338]. Es geht

---

[334] Vgl. dazu *Stephan von Segesser* (1988) 39 ff. Typisches Beispiel: Prozessrisiko-Rückstellungen.
[335] Art. 492 und 501 OR.
[336] Art. 507 OR.
[337] Dabei handelt es sich um einen kurzgeschlossenen Vorgang. Denn die Bürgschaftsverpflichtung und die Regressforderung werden zur Zeit ihrer Begründung nach Landesbrauch nicht mit ihren Nennbeträgen in den Aktiven und Passiven der Bilanz ausgewiesen. Würden sie von Anfang an so aktiviert und passiviert, so erwiese sich, dass die als Aufwand zu buchende Werteinbusse durch den Wertzerfall der Regressforderung gegen den Hauptschuldner eintritt. Diesem Wertzertfall ist durch Wertberichtigung Rechnung zu tragen. Eine solche Art des Vorgehens, die ordnungsmässig wäre, führt indessen zu einer Aufblähung der Bilanz und ist unüblich.
[338] Früher Art. 670 Abs. 2 OR 1936: «Vermögenseinbussen, die aus der späteren Erfüllung von Lieferungs- und Abnahmeverpflichtungen und ähnlichen schwebenden Geschäften zu erwarten sind.» Vgl. § 249 Abs. 1 HGB 1985.

nicht nur um künftige Zahlungen ohne Gegenwert, sondern vor allem um künftige Mindereingänge oder einen voraussehbaren Wertzerfall eines aktivierten Wirtschaftsgutes. Da für alle wertmindernden Vorgänge nicht das Realisierungs-, sondern das Aktualisierungsprinzip zwingend gilt, ist die entsprechende Aufwandbuchung eine im Imparitätsgrundsatz angelegte Notwendigkeit.

Nur dann ist auf diese Art zurückzustellen, wenn bei sachgerechter Periodenabgrenzung der ganze Aufwand dem einen Rechnungsjahr zuzuordnen ist. Es kann daher sehr wohl ein zweistufiges Vorgehen angebracht sein: Muss der gewissenhafte Kaufmann nach der Lebensfahrung damit rechnen, dass ein Geschäft mit erhöhter Wahrscheinlichkeit zu einer Vermögenseinbusse in grob zu schätzender Höhe führen wird, so ist vorerst nur eine diesem Erkenntnisstand entsprechende Rückstellung notwendig. Für das einzelne Geschäft ist eine zusätzliche Rückstellung für die zu erwartende effektive Vermögenseinbusse dann und erst dann notwendig, wenn sich das Risiko weiter aktualisiert und in der konkreten Höhe besser abschätzen lässt. 1065

d)   *Globalrückstellungen als Eigenversicherung*

In einzelnen besonders risikobehafteten Geschäftsbereichen wird eine die statistische Schadenswahrscheinlichkeit ausdrückende *Globalrückstellung* als geschäftlich notwendig angesehen. Dies ist überall dort der Fall, wo für spezifische, absehbare Risiken der Abschluss einer Versicherung geschäftsmässig notwendig wäre, diese jedoch wegen Unversicherbarkeit oder wegen praktischer Unerschwinglichkeit der Versicherungsprämien im betreffenden Geschäftsfeld nicht abschliessbar ist. Liegt diese Situation vor, so ist aktienrechtlich die Bildung einer Globalrückstellung *notwendig* nach allgemein anerkannten kaufmännischen Grundsätzen im Sinne von Art. 669 Abs. 1 OR 1991. Es liegt dann und im entsprechenden Umfang eine Ausprägung der *Eigenversicherung* vor. Die professionell bemessenen Globalrückstellungen dürfen nicht als Eigenkapital der Gesellschaft angesehen werden, solange das unversicherbare Risiko andauert. 1066

e)   *«Generalrückstellungen für allgemeine Unternehmensrisiken» als stille Reserve*

Nicht zu verwechseln mit solchen, erlaubten und in besonders riskanten Geschäftsfeldern sogar unerlässlichen Globalrückstellungen sind die von der Botschaft 1983[339] erwähnten *Generalrückstellungen für allgemeine Unternehmensrisiken*. Diese sind in den Augen des Bundesrates «bei uns nicht zugelassen». In der Tat findet das allgemeine Risiko daraus, dass unternehmerisch gehandelt wird, seine bilanztechnische Entsprechung im Eigenkapital. 1067

Eine unspezifische Generalrückstellung wäre Eigenkapital. Im Sinne der Botschaft 1983 ist aber eine Generalrückstellung nur «unerlaubt», wenn sie – da es sich in Wirklichkeit um eine stille Reserve im Sinne von Art. 669 Abs. 3 OR 1991 handelt – in Verletzung der Regeln des neuen Aktienrechts gebildet würde. 1068

---

[339] *Botschaft 1983*, 149, Ziff. 323.6.

1069 Aber selbst dann ist der Botschaft entgegenzuhalten: eine solche Generalrückstellung wäre jedenfalls «unzulässig» nur in dem Sinne, dass die Rechtsfolge einer Verletzung der Regeln über die stillen Reserven in der Verantwortlichkeit des Verwaltungsrates[340], im Einschränkungs- oder Vorbehaltsvermerk der Revisionsstelle[341] und gegebenenfalls in der Sonderprüfung liegt.

1070 Bemerkenswert ist immerhin, dass die EG-Bankbilanz-Richtlinie von 1986[342] ganz offiziell «aus Gründen der Vorsicht» eine *«Rückstellung für allgemeine Bankrisiken»* gestattet. Dies ist die Anerkennung einer Generalrückstellung, und damit einer stillen Reserve für Banken in dem dort umschriebenen Umfang.

3. Die Bildung der Rückstellungen

1071 Es gilt der Grundsatz, dass eine Rückstellung, die in einem bestimmten Geschäftsjahr als notwendig erkannt wird, auch in diesem Geschäftsjahr in voller Höhe zu bilden ist. Dieses Erfordernis kann aber nie weiter gehen, als der ungeschriebene, der ganzen Rechnungslegung zugrundegelegte Grundsatz des *periodengerechten Ergebnisausweises* verlangt[343].

1072 Immerhin: weder das Vorsichtsprinzip noch das Periodizitätsprinzip macht für sich allein das ganze Rechnungslegungsrecht aus. Ihnen steht der Grundsatz entgegen, dass die Beurteilung der Ertragslage möglichst zuverlässig, d.h. vor allem möglichst wenig positiv und negativ *verzerrt* sein soll. Je weiter in der Zukunft ein voraussehbarer Zahlungsmittelabgang oder eine ernstlich zu befürchtende Vermögenseinbusse liegt, desto verzerrender wirkt sich eine Praxis aus, die *auf einen Schlag* die Bildung der Rückstellung in der Höhe der gesamten zu erwartenden künftigen Abgänge verlangt.

1073 Die Rückstellung für *weit in der Zukunft* liegende Zahlungen oder Einbussen kann als absolut notwendig nur insoweit angesehen werden, als sie dem *abgezinsten*[344] Betrag der künftigen Einbusse entsprechen. Denn der in der Bilanz passivierten Rückstellung entsprechen bis zum Eintritt des Abflusses entsprechende Aktiven. Das Unternehmen kann diese in der Zwischenzeit einsetzen; es spart Zinsen, die es hätte zahlen müssen, wenn es die Zahlung im Rechnungsjahr selbst hätte vornehmen und durch Fremdkapital finanzieren müssen. Die Rückstellung ist dann jedes Jahr um den Zinsbetrag zu erhöhen, bis sie den vollen Betrag erreicht.

4. Auflösung überflüssig gewordener Rückstellungen

a) Nicht-barer Ertrag

1074 Die Befürchtung, es drohe ernstlich (und ohne Gegenwert) ein Zahlungsmittelabfluss oder eine Vermögenseinbusse, kann in der Einschätzung des sorgsamen Kaufmanns

---

[340] Art. 754 OR 1991.
[341] Art. 729 Abs. 2 OR 1991.
[342] *10. EG-Richtlinie* (1986) Art. 38.
[343] Vorn Abschnitt II/A/4/b, Rz 852.
[344] D.h. diskontierten. Voraussetzung ist die Unverzinslichkeit der Eventualverbindlichkeit.

nachträglich aus objektiv nachvollziebaren Gründen wegfallen. Soll die zuverlässige Beurteilung der Ertragslage nicht gestört werden, sind überflüssig gewordene Rückstellungen wieder aufzulösen[345]. Dann entsteht durch *Auflösung* der früher gebildeten Rückstellung nicht-barer Ertrag. Es ist dies einer der Fälle, in denen das Imparitätsprinzip geritzt wird: nur geritzt deshalb, weil zwar als Grundlage bloss ein *Eigenbeleg* vorliegt, jedoch objektiv nachvollziehbare Tatsachen zu der Buchung «Ertrag» führen.

Zum Bilanzstichtag nimmt die Gesellschaft eine *Neubeurteilung* sämtlicher Rückstellungen in der Bilanz aufgrund der bestehenden Verhältnisse vor. Ähnlich wie beim «zero base budgeting» kann es angebracht sein, methodisch alle Rückstellungen aufzulösen und sie im heute effektiv erforderlichen Umfange neu zu bilden. Hierbei ist Verrechnung von Aufwand und Ertrag aus Rückstellungsveränderungen erlaubt; sie ist auch üblich. Nur der Saldo erscheint dann in der Erfolgsrechnung, entweder als Aufwand oder als Ertrag. 1075

Der *Netto-Ertrag aus Auflösung von Rückstellungen* ist letztlich, wie schon die Bildung, ein «jeu d'écritures». Da nicht-barer Ertrag gegeben ist, muss das rechnungspflichtige Unternehmen für die Gewährleistung einer möglichst zuverlässigen Beurteilung der Ertragslage verhindern, dass der entsprechende Teil des Jahresgewinns vom Abschlussleser missverstanden wird. Dieser papierene Ertrag ist unter den ausserordentlichen Erträgen (Art. 663 Abs. 1 OR 1991) aufzuführen. Nur in besonders gearteten Fällen wird man in der Auflösung einer Rückstellung einen ordentlichen Ertragsvorgang erblicken können[346]. 1076

Es versteht sich, dass die «Auflösung» der Rückstellung in der Erfolgsrechnung erfolgsneutral dann ist, wenn es in Wirklichkeit um deren *Verwendung* im engeren Sinne geht: wenn der Risikofaktor sich verwirklicht, die Zahlung erfolgt, die Vermögenseinbusse tatsächlich eintritt. Der entsprechende Aufwand ist längst durch die Rechnung gegangen. 1077

b)   Auswirkungen auf die Mittelflussrechnung

Der Verwaltungsrat stellt eine *Mittelflussrechnung*[347] für sich selber im Rahmen seiner Oberleitungsverantwortung auf (Art. 716a Abs. 1 Ziff. 1); nach guter Praxis gibt er sie in gestraffter Darstellung mit dem Jahresbericht den Aktionären ab[348]. Darin darf der Ertrag aus Auflösung von Rückstellungen – als Gewinnbestandteil – nicht etwa nach der Praktikerformel, welche vom Jahresgewinn ausgeht[349], im betrieblichen «Cashflow» erscheinen. Dies würde zu dem irreführenden Bild führen, das Unternehmen habe im Rechnungsjahr dem Sonderertrag entsprechende Mittel erarbeitet. Wer bei der Errechnung des Cash-flows indirekt vorgeht und am Anfang die Bildung der Rückstellung – als nicht-baren Aufwand – zum Cash-flow rechnet, muss später die Auflösung, 1078

---

[345] Das wird von Art. 669 Abs. 2 OR 1991 auch als Normalfall vorausgesetzt.
[346] So wenn der analoge Aufwand kurze Zeit zurückliegt und ein Ereignis betraf, das seinerseits zu den ordentlichen Geschäftsvorgängen gehörte.
[347] Vorn Abschnitt II/G, Rz 1003.
[348] Mit dem Bericht über «die finanzielle Lage der Gesellschaft», Art. 663d Abs. 1 OR 1991.
[349] Kritisch *Max Boemle* (1991) 103 ff.; *Hans Siegwart* (1990) passim.

wenn die Rückstellung unnötig wird, davon abziehen³⁵⁰. Gegebenenfalls sind die Dinge im Jahresbericht, der die wirtschaftliche und finanzielle Lage der Gesellschaft näher zu erläutern hat, darzulegen (Art. 663d OR 1991).

F. Sogenannte Rückstellungen zu Wiederbeschaffungszwecken

1. Das Phänomen der steigenden Wiederbeschaffungskosten

1079 Der grosse Nachteil unseres auf dem Nominalprinzip aufbauenden Rechnungslegungsrechtes besteht bekanntlich darin, dass es zwei säkularen Erscheinungen nicht gerecht wird:

(1) dem Phänomen der unaufhaltsamen *Geldentwertung*; und

(2) dem Phänomen der *zunehmenden Komplexität der Wirtschaftsgüter*.

1080 Beide Erscheinungen kumulieren sich. Da die Nutzungsdauer von Wirtschaftsgütern regelmässig mehrere Jahre, oft 5 bis 10 Jahre und, im Falle von unbeweglichen Wirtschaftsgütern, 15, 20 und mehr Jahre beträgt, wirken sich die beiden Erscheinungen überproportional aus.

a) Die Geldentwertung

1081 Schon bei einer *Inflation* von durchschnittlich 3,5%, wie sie in einem sehr langfristigen Durchschnitt offenbar als normal angesehen werden muss, erhöht sich innerhalb von etwas mehr als zwölf Jahren der nominale Preis eines im übrigen völlig unveränderten Wirtschaftsgutes um die Hälfte. Bei 5,5% Inflation braucht es dazu nur gut acht Jahre.

1082 In dynamischer finanzwirtschaftlicher Sicht und unter dem Fortführungsgrundsatz³⁵¹ dient die Abschreibung dazu, jedem Jahr das anzulasten, was anteilig für die künftige Anschaffung des Ersatzgutes brutto aufgewendet werden muss. Die nominellen Jahresbeträge der Abschreibung sind daher in einer Welt der fortschreitenden Geldentwertung wirtschaftlich stets zu gering, wenn der Wert am Anfang die Grösse der jährlichen Abschreibungen bestimmt.

---

[350] Üblicher ist allerdings, denjenigen Betrag, welcher der Rückstellungsbildung in der Erfolgsrechnung entspricht, im Rechnungsjahr *nicht in den Cash-flow* einzubeziehen, also neutral darzustellen. Der Betrag, den die Gesellschaft aufgrund von früher gebildeten Rückstellungen später tatsächlich auszahlen muss, erscheint dann folgerichtig als Mittelverwendung des Auszahlungsjahres. Die Auflösung umgekehrt einer als nicht mehr notwendig erkannten Rückstellung ist in dieser Methode von selbst ebenfalls richtig behandelt, nämlich als «Cash-flow-wirksam»; der seinerzeit erfolgte, aber vorerst neutralisierte Geldzufluss ist jetzt, im nachhinein, doch noch als realisiert zu betrachten.

[351] Art. 662a Abs. 2 Ziff. 4 OR 1991.

b)   Die zunehmende Komplexität

Ebenso einschlägig wirkt sich das Gesetz der *zunehmenden Komplexität* der Wirtschaftsgüter aus. Was Jahre später wiederbeschafft wird, ist ein Wirtschaftsgut, das aufgrund weiterentwickelter Technologie dem im späteren Zeitpunkt vorherrschenden, anspruchsvolleren wirtschaftlichen Bedürfnis gerecht zu werden vermag. Den im Wettbewerb zunehmenden Anforderungen entsprechen immer leistungsfähigere und fast immer komplexere und damit teurere Maschinen und Einrichtungen. Dasselbe Grundgesetz der Entwicklung wirkt sich allerdings auch gegenläufig aus: es bringt zuerst eine höhere Effizienz schon bei der Herstellung dieser Wirtschaftsgüter, und dann eine höhere Leistungsfähigkeit dieser neuen Wirtschaftsgüter selber.

1083

c)   Folgerung

Eine Gesellschaft kann mit der Summe der Jahresabschreibungen, die sie auf einem Anlagegut vorgenommen hat, im Jahre des Ersatzes das auf dem Markt angebotene und den gegenwärtigen, erhöhten Anforderungen genügende neue Anlagegut nicht bezahlen. Dies bleibt bedeutsam, auch wenn man einbezieht, dass wiederum ein Teil der Kosten durch Fremdkapital finanziert werden kann. Jedermann – vor allem aber der Gesetzgeber[352] – muss zur Kenntnis nehmen, dass die nach historischen Anschaffungskosten bemessene planmässige Abschreibung *ebenso planmässig ungenügend* ist. Mit jedem Jahr, in dem sich die Abschreibung vom Zeitpunkt der ursprünglichen Anschaffung entfernt, fällt der dafür bemessene Aufwandposten weiter hinter das zurück, was zur Aufrechterhaltung eines dem Stand der Technik entsprechenden Leistungsapparates notwendig wäre. Genau das aber verlangt eigentlich das Ziel der Substanzerhaltung[353] im Lichte des nun im Aktienrecht festgeschriebenen Fortführungsprinzips.

1084

2.   Methoden zur Bewältigung des Problems in der Rechnungslegung

Die *Abschreibung vom Wiederbeschaffungswert*, die im Aktienrecht nun erstmals auftaucht, tritt diesem Phänomen entgegen. Da eine solche Abschreibung im wörtlichen Sinne mit dem System der nominellen Rechnungslegung kaum in Einklang gebracht werden kann, behilft sich die Praxis durch eine von drei Methoden. Diese sind durch den neuen Art. 669 Abs. 2 OR 1991 nun gesetzlich anerkannt.

1085

a)   Beschleunigte Abschreibungen

Das wirtschaftliche Ergebnis einer Abschreibung vom Wiederbeschaffungswert lässt sich wenigstens teilweise dadurch erreichen, dass das Unternehmen die Wirtschaftsgüter in einer *kürzeren Zeitspanne* abschreibt, als es der Nutzungsdauer entsprechen würde. Dies wird vor allem dann erreicht, wenn man diese Methode mit der *degressiven* Abschreibung (Abschreibung vom Restwert) kombiniert, die normalerweise mit doppelt so hohen Abschreibungssätzen arbeitet. Dabei werden dann allerdings wegen des rasch

1086

---

[352] *Botschaft 1983*, 72, Ziff. 209.47.
[353] a.a.O.

sinkenden Restwertes die einzelnen Abschreibungsschritte vom zweiten, dritten Jahr an spürbar kleiner. Die Beschleunigung und die degressive Methode zusammen führen zu einer starken zeitlichen Vorverlegung des Abschreibungsaufwands[354].

1087 Der Nachteil dieser sehr unvollkommenen Methode besteht allerdings darin, dass in der *zweiten Hälfte* der wirklich bestehenden Nutzungsdauer die auf das betreffende Wirtschaftsgut entfallenden Abschreibungen dann umso kleiner sind. In der Restzeitspanne gegen Ende der tatsächlichen Nutzung im Betrieb sind sie sogar nahe bei Null oder, im Falle der linearen Methode, tatsächlich Null[355]. Der *Gesamtbetrag* aller Abschreibungen auf jedem Wirtschaftsgut ist in diesem System überdies nicht höher als der Nominalbetrag des Anschaffungswertes: das Hauptziel einer Abschreibung vom Wiederbeschaffungswert wird gar nicht erreicht. Der wirkliche Beitrag an die Finanzierung der nominal höheren Wiederbeschaffungskosten liegt nur im Abzinsungseffekt des in die erste Hälfte der Nutzungsdauer vorverlegten Aufwandes.

1088 Die beschleunigte Abschreibung ist deshalb zu erwähnen, weil das *Unternehmenssteuerrecht*[356] auf diese Weise wenigstens teilweise den Bedarf nach Abschreibungen vom Wiederbeschaffungswert anerkannt hat. In den Jahren 1979/80 wurden die vorher geltenden, niedrigeren Abschreibungssätze für die planmässige, steuerlich anerkannte Abschreibung von Wirtschaftsgütern des Anlagevermögens um ca. 1/4 erhöht, um diesem neuen Gesichtspunkt im Bereiche der Unternehmensbesteuerung wenigstens andeutungsweise gerecht zu werden[357].

b)   Indirekte Abschreibung mit «Abschreibung unter Null»

1089 Wie schon dargelegt, ist es nach neuem Aktienrecht immer noch zulässig, indirekt abzuschreiben. Die Gesellschaft lässt das Anlagegut mit den Anschaffungskosten in den Aktiven bis zum Tag der Ausbuchung stehen und bringt einen *Gegenposten in den Passiven* unter dem üblichen, aber falschen Titel «Amortisationsfonds» (oder unter der der heutigen Erkenntnis entsprechenden Bezeichnung «Abschreibungskonto») unter. Dies gestattet es handelsrechtlich, dem Jahresaufwand bis zur Erreichung des Wiederbeschaffungswertes zusätzliche Abschreibungsschritte zu belasten, auch wenn bereits der volle Nominalwert der Anschaffungskosten abgeschrieben ist[358].

1090 Der Nachteil der Methode der «*Abschreibung unter Null*»[359] besteht darin, dass die *Vermögenslage* der Gesellschaft negativ verzerrt dargestellt wird. Die über den Null-

---

[354] Dies wirkt sich besonders akzentuiert in einem Unternehmen aus, das sowohl expandiert als auch den Bestand seiner Anlagegüter in raschem Fortschreiten erneuert – und umgekehrt.
[355] Anders nur im Fall der «*indirekten Abschreibung unter Null*», hiernach Bst. b).
[356] Jedenfalls wenn man den Begründungen der Eidg. Steuerverwaltung folgt. Vgl. *Heinz Masshardt* (1985), 273, Art. 49 Abs. 1 lit. c Anm. 42.
[357] Vgl. Dringlicher Bundesbeschluss vom 15. Dezember 1978; Begründung im Kreisschreiben der Eidgenössischen Steuerverwaltung vom 31. Januar 1979; in: ASA 47 (1978/79) 401 ff. und *Ernst Känzig* (1982) Art. 22 N. 106.
[358] Fast unnötig anzumerken, dass das Unternehmenssteuerrecht nicht oder ungern mitmacht. Solche Abschreibungen werden mit Vorliebe aufgerechnet als «nicht geschäftsmässig begründet»; *Ernst Höhn* (1988) § 15 Rz. 60; Art. 58 Abs. 1 Bst. b Lemma 2 DBG 1990; Art. 24 Abs. 1 Bst. a StHG 1990.
[359] Die *direkte* Abschreibung «unter Null», d.h. die Bildung eines negativen Wertes im Anlagevermögen, ist nicht nur im Unternehmenssteuerrecht unstatthaft, *Heinz Masshardt* (1985) 217, sondern verstösst auch gegen die Regeln der Rechnungslegung.

punkt hinuntergehende Summe der weiteren Abschreibungsschritte geht voll zulasten nicht nur des Jahresgewinns – was für jede echte Abschreibung zutrifft – , sondern auch zulasten des Eigenkapitals. Diese Auswirkung ist nur teilweise sinnvoll: Sinnvoll ist sie in dem Umfang, in dem die weitergehenden Aufwandbuchungen der Tatsache gerecht werden, dass das alte Wirtschaftsgut nicht mehr den heutigen technischen Anforderungen entspricht. Aus dieser Sicht ist sogar umgekehrt das Eigenkapital bei einer bloss bis auf Null gehenden Abschreibung systematisch zu gut dargestellt. Sinnlos ist sie aber in dem Umfang, in dem zufolge allgemeiner Geldentwertung der Tageswert des abzuschreibenden Wirtschaftsgutes in der Beurteilung der Vermögenslage durch einen höheren Wert wiedergegeben werden müsste. Die Schaffung von Wiederbeschaffungsreserven durch «Abschreibungen unter Null» mit der indirekten Methode führt daher zu einer übertriebenen Schrumpfung des Eigenkapitals.

In der Schweiz ist bisher die Abschreibung vom Wiederbeschaffungswert durch indirekte Abschreibung «unter Null» nur wenig verbreitet, u.a. weil sie steuerlich nicht anerkannt wird. 1091

3. Ausweis zusätzlichen Aufwandes, Nichtausweis von anfallendem Ertrag

Häufiger sind andere Praktiken, mit denen der Saldo der Erfolgsrechnung *zusätzlich gekürzt* wird, um auf das für Wiederbeschaffungszwecke erforderliche Niveau zu kommen. Sie stehen in einem Spannungsverhältnis zum Prinzip der möglichst zuverlässigen Beurteilung der Ertragslage und werden durch den neuen Art. 669 Abs. 2 allzu pauschal gebilligt. 1092

a) Mehraufwand für Wiederbeschaffungszwecke

Eine Vielzahl von einzelnen Massnahmen dienen dazu, den durch die planmässige Abschreibung vom Kostenwert gebotenen Jahresaufwand in der Erfolgsrechnung bis auf das *Niveau* zu erhöhen, das dem *Wiederbeschaffungswert* entspricht. Das Gesetz drückt diesen Vorgang wie folgt aus[360]: 1093

> «Der Verwaltungsrat darf zu Wiederbeschaffungszwecken zusätzliche Abschreibungen, Wertberichtigungen und Rückstellungen vornehmen und davon absehen, überflüssig gewordene Rückstellungen aufzulösen.»

Im Endergebnis erreicht man dasselbe wie bei einer «*indirekten Abschreibung unter Null*», die in der Erfolgsrechnung offen auf der Aufwandseite ausgewiesen wird. Der Vorgang ist aber meist verhüllt: Die Gesellschaft bildet ganz unauffällig zulasten der Erfolgsrechnung mehr Aufwand für sogenannte «Rückstellungen», die nach der gesetzlichen Definition (Art. 669 Abs. 1 Satz 2) eigentlich gar keine Rückstellungen wären. 1094

Wohl ist das Ziel an sich systemgerecht: der Mehraufwand dient intern der Abschreibung vom (höheren) Wiederbeschaffungswert. Nur geschieht dies hier – und damit ist der Übergangspunkt zur Bildung stiller Reserven erreicht – *halbtransparent oder ganz* 1095

---

[360] Art. 669 Abs. 2 OR 1991. Vgl. den etwas anders formulierten Vorschlag in *Botschaft 1983*, 149, Ziff. 323.6.

verdeckt. Werden solche zusätzlichen «Rückstellungen zu Wiederbeschaffungszwecken» gebildet, so ist dies in der Erfolgsrechnung des betreffenden Jahres nur zu erkennen, wenn die Gesellschaft ausnahmsweise einen so benannten Posten und den entsprechenden Ausweis in der Bilanz führt. Das Gesetz erlaubt aber, den anvisierten Weg mit einem in Erfolgsrechnung und Bilanz nicht weiter benannten, unscheinbaren Posten «Rückstellungen» zu begehen. Der Anhang muss dazu nur insofern ergänzend Auskunft geben, als die Bildung solcher «verdeckter Wiederbeschaffungs-Rückstellungen» in die vom Gesetz neu verlangte jährliche Veränderungsbilanz der stillen Reserven eingeht[361].

b) Kritik der unspezifischen «Rückstellungen» zu Wiederbeschaffungszwecken

1096 Es bleibt nichts anderes übrig als festzuhalten, dass nach dem neuen Aktienrecht der Begriff der *«Rückstellungen»* damit noch einen vierten gesetzlichen Sinn erhalten hat: Darunter fällt auch etwas, was mit einer Rückstellung im eigentlichen Sinn wenig zu tun hat, die Bildung eines zusätzlichen Aufwandpostens in der Erfolgsrechnung (und des entsprechenden Fremdkapitalbetrages in der Bilanz) zum Zwecke der Bereitstellung der Mittel für die über den historischen Anschaffungswert hinausgehenden Wiederbeschaffungskosten eines Anlagegutes.

1097 Diese *«Rückstellungen»*, die extern als unspezifischer Passivposten erscheinen, sind funktional ähnlich dem «Abschreibungskonto» auf der Passivseite der Bilanz bei indirekter Abschreibung. Der Posten ist aber intransparent, und er ist zudem irreführend bezeichnet. Falls die Bildung und der Bestand der Rückstellung nicht offen als *«Wiederbeschaffungs-Rückstellung»* ausgewiesen werden, leiden die Klarheit, die Übersichtlichkeit und die Aussagekraft der Jahresrechnung. Das neue Aktienrecht macht in dieser Hinsicht einen allzu zaghaften ersten Schritt zu einer besseren Übersichtlichkeit. Die zuverlässige Beurteilung der Ertrags- und Vermögenslage ist durchkreuzt. Einerseits untersagt das Gesetz[362] die bisher weithin übliche Sammelposition «Kreditoren und Rückstellungen»; und es unterteilt auf der Passivseite in Verbindlichkeiten einerseits und Rückstellungen anderseits. Umgekehrt schafft es für die Abschreibung vom Wiederbeschaffungswert keine klaren Kategorien, und es regt zu der höchst zweifelhaften Verwendung des Begriffs «Rückstellung» für solche Zwecke geradezu an.

c) «Wertberichtigungen» zu Wiederbeschaffungszwecken

1098 Das Gesetz lässt schliesslich ausdrücklich auch noch *«zusätzliche Wertberichtigungen zu Wiederbeschaffungszwecken»* zu[363]. Das bedeutet nach der gesetzlichen Terminologie, dass diese Methode des Ausgleichs für die Tatsache des Mehraufwands für Wiederbeschaffung durch Bilanzmanipulationen auch im Umlaufvermögen erlaubt ist. Praktisch werden damit vor allem die *Vorräte* angesprochen. Bekanntlich lässt das Unternehmenssteuerrecht in der Schweiz bisher eine pauschale Wertberichtigung von nor-

---

[361] Vgl. Art. 663b Ziff. 8 OR 1991. *Botschaft 1983*, 72, Ziff. 209.47 mit der etwas pauschalen Begründung: «Da auch die Wiederbeschaffungsreserven stille Reserven sind, ist ihre Auflösung ebenfalls offenzulegen.»
[362] In Art. 663a Abs. 3 OR 1991.
[363] Art. 669 Abs. 2 OR 1991.

malerweise ¹/₃ der gesamten Anschaffungskosten der Vorräte zu³⁶⁴. Man pflegt dies in der Welt des Unternehmenssteuerrechts allerdings weniger mit dem erhöhten Mittelbedarf für die Wiederbeschaffung zu begründen, als mit einer Art von «globaler Rückstellung für Marktrisiken und Ladenhüter» im Zusammenhang mit den Vorräten. Darin liegt auch teilweise das Zugeständnis einer steuerlich anerkannten, *pauschalen stillen Reserve* auf diesem Posten des Umlaufvermögens³⁶⁵.

d) *Stehenlassen überflüssig gewordener Rückstellungen (nicht ausgewiesener Ertrag)*

Vollends undurchsichtig werden die Buchungspraktiken, wenn die Gesellschaft der ausdrücklichen Ermunterung durch den Gesetzgeber folgt und *überflüssig gewordene Rückstellungen* schlicht in der Bilanz belässt, um künftige Mehrausgaben bei der Wiederbeschaffung von Gütern dagegen abbuchen zu können. Dazu ermächtigt das Gesetz³⁶⁶ wie folgt: 1099

«Der Verwaltungsrat darf zu Wiederbeschaffungszwecken (...) davon absehen, überflüssig gewordene Rückstellungen aufzulösen.»

Es handelt sich unter dem Gesichtswinkel der ordnungsmässigen Rechnungslegung um einen Vorgang des Grauens: eine willentliche Ertragsminderung durch Nichtausweis eines objektiv angefallenen Ertrags – mit interner Zweckbindung! 1100

Rein rechnungsmässig wirkt sich die *Nichtauflösung* einer überflüssig gewordenen Rückstellung ähnlich aus wie eine Fortsetzung der Abschreibung «unter Null». Im Rechnungsjahr ist der Gesamtertrag in diesem Umfang vermindert. Später, bei der Anschaffung des teureren neuen Wirtschaftsgutes zum Ersatz des alten, wird dann der höhere Kostenwert sofort unter Verwendung der bisher nicht aufgelösten Rückstellung *vorweg* abgeschrieben. Im Rechnungsjahr ist also der Gesamtertrag im Umfang der aufgelösten, früher für ganz andere Zwecke gebildeten Altrückstellung wieder künstlich erhöht. Damit ist ein Grad der Undurchsichtigkeit erreicht, bei dem man sich im Ernst fragen muss, wie sich der Gesetzgeber hier noch eine möglichst zuverlässige Beurteilung der Vermögens- und Ertragslage der Gesellschaft vorgestellt hat. Art. 669 Abs. 2 OR 1991 ist mit den Anforderungen an eine aussagekräftige Rechnungslegung letztlich unvereinbar. Er ist ein Relikt aus einer anderen Geisteswelt. 1101

4. Wiederbeschaffungswert, Tageswert und Anschaffungswert

Jedenfalls im Rahmen der Rechnungslegung im *Einzelabschluss* des Aktienrechtes wäre es falsch, nun den Schluss zu ziehen, bei Einführung einer systematischen Abschreibung vom Wiederbeschaffungswert müssten die Anlagegüter auf diesem meist erhöh- 1102

---

³⁶⁴ Genauer: erlaubt ist eine Bilanzierung zu ²/₃ des niedrigeren Wertes von (i) Anschaffungs- und Herstellungskosten oder (ii) Marktwert. Vgl. *Heinz Masshardt* (1985) 310 ff.
³⁶⁵ Echte «Wertberichtigungen zu Wiederbeschaffungszwecken», die im Sinne von Art. 669 Abs. 2 OR 1991 das *Umlaufvermögen* betreffen, sind beschränkt auf den Betrag, mit dem sich das Phänomen der zunehmenden nominellen Werte auch auf die relativ rasch umgeschlagenen Güter des Umlaufvermögens auswirkt.
³⁶⁶ Art. 669 Abs. 2 (am Ende) OR 1991.

ten Niveau, zu ihrem «*Tageswert*» bilanziert werden. Eine derartige Praxis stösst sich mit drei Grundsätzen zugleich.

a)   Keine Ausnahme

1103   Das Gesetz sieht im Artikel über die Wiederbeschaffungswerte (Art. 669 Abs. 2 OR 1991) keine wie auch immer geartete Ausnahme zum Anschaffungskostenprinzip[367] vor. Anlagegüter, die höher als zu den Anschaffungs- bzw. Herstellungskosten in der Bilanz stehen, sind überbewertet (mit Ausnahme des Art. 670 für Liegenschaften und Beteiligungen im Sanierungsfall).

b)   Berücksichtigung des Zustandes und des Standes der Technik

1104   Sodann ist die Tageswertmethode mindestens in dem Umfange im Einzelabschluss auch sachlich nicht gerechtfertigt, als dem vorhandenen Wirtschaftsgut aufgrund von schematischen Berechnungen ein aktueller wirtschaftlicher Wert zugeschrieben wird, den es zufolge seines Zustandes oder des Standes der Technik heute gar nicht hat.

c)   Verkettung von Bewertung und Erfolg

1105   In dem verbleibenden Umfange, in dem man eine «*Zuschreibung*» zum Anlagewert im System der Abschreibung vom Wiederbeschaffungswert zur Vermeidung einer künstlichen Kürzung des Eigenkapitals für gerechtfertigt halten könnte, steht einer Wertzuschreibung das Verkettungsprinzip von Bilanz und Erfolgsrechnung entgegen. Die erfolgsneutrale Zuschreibung – die an sich folgerichtig den überschiessenden Kapitalschrumpfungseffekt der erhöhten und weitergeführten Abschreibungen ausgleichen sollte – widerspricht den Anforderungen einer ordnungsmässigen Rechnungslegung für den Einzelabschluss. Es bräuchte für eine solche Zuschreibung eine gesetzliche Vorschrift, die eine Loslösung der Bilanzbewegungen von der Erfolgsrechnung gestatten würde. Eine solche Norm müsste klare Pflöcke einschlagen, sollten nicht die wohlbegründeten Sicherungswirkungen der Verkettung der beiden Rechenwerke und des Imparitätsprinzips über Bord geworfen werden. Nach neuem Aktienrecht kann das Eigenkapital des Einzelabschlusses sich abgesehen von seltenen Ausnahmen nur verändern durch den Saldo der Erfolgsrechnung oder durch den Saldo der Finanzierungsvorgänge[368].

V. Offenlegung der Jahresrechnung

1106   Das neue Aktienrecht bringt einen ersten Schritt zur Transparenz im Sinne der finanziellen Rechenschaft gegenüber einem weiteren Kreis der Öffentlichkeit: Die von der Generalversammlung genehmigte Jahresrechnung und der dazu gehörende Revisions-

---

[367] Art. 665 OR 1991, erwähnt auch in Art. 663b Ziff. 8. Ausdrücklich *Botschaft 1983*, 72, Ziff. 209.47.
[368] Zur Konzernrechnung vgl. Kapitel 8/IV/B/4/a, Rz 1232/34 ff.

bericht sind nach neuem Aktienrecht *offenzulegen* – jedoch nur, wenn es sich um eine Gesellschaft handelt, die den *Kapitalmarkt* in Anspruch genommen hat. Darüber Kapitel 9/I/D, Rz 1320.

VI. Verhältnis zum EG-Recht

Eine vollständige Wiedergabe der Punkte, in denen das neue Rechnungslegungsrecht der Aktiengesellschaft hinter den Anforderungen der *4. EG-Richtlinie*[369] deutlich zurückbleibt, würde den Rahmen sprengen. Anderseits sind die Differenzen so bedeutsam, dass man sich davon, um den Standort unseres Landesrechtes zu beurteilen, ein Bild machen muss. 1107

1. Daher seien stichwortartig die wichtigsten Punkte, in denen das EG-Recht strenger ist, angemerkt: 1108

– grundsätzlich obligatorischer *Gliederungsraster* mit viel weitergehender Unterteilung[370];

– «*verkürzte*» Bilanz im Einzelabschluss nur für kleinere Unternehmen[371];

– Pflicht zur Angabe der *Entwicklung* der einzelnen Posten des Anlagevermögens (Zu- und Abgänge)[372];

– Begriff der «*nicht endgültigen Wertminderungen*»[373];

– Verbot der Bildung von *Rückstellungen* als Wertberichtigungen zu Aktivposten[374];

– Pflicht zum Sonderausweis von Wertberichtigungen im Umlaufvermögen, die das sonst *übliche Mass überschreiten*[375];

– Pflicht zum jährlichen Ausweis des *Steueraufwands*, und dies sogar gesondert hinsichtlich der «normalen Geschäftstätigkeit» und des «ausserordentlichen Ergebnisses»[376];

– Ausweis der *Bestandsveränderungen*[377];

---

[369] Diese wurde in einigen ihrer Bestimmungen, die sich auf verbundene Unternehmen beziehen, durch die 7. EG-Richtlinie (1983) abgeändert, vgl. deren Art. 42 bis 47.
[370] *4. EG-Richtlinie* (1978) Art. 4.
[371] a.a.O. Art. 11.
[372] Art. 15 Abs. 3 Bst. a. «Anlagenspiegel» oder «Anlagengitter».
[373] Art. 19, mit der Pflicht der Wiederzuschreibung.
[374] Art. 20 Abs. 3 und Art. 39 Abs. 1 Bst. c.
[375] Art. 23 Ziff. 7 Bst. b.
[376] Art. 23 Ziff. 14 und 19; dazu werden noch akribisch die «sonstigen Steuern» in einem eigenen Gliederungsposten der Erfolgsrechnung verlangt. Die Richtlinie erlaubt den Mitgliedstaaten, die ersten beiden Posten zusammenzufassen.
[377] Art. 23 Ziff. 2 und 24 Ziff. A.1 und B.2.

- Pflicht zum *Vorwegabzug* der Umsatzsteuern vom Erlös[378];

- Festschreibung des (in der Schweiz ungeschrieben geltenden) Grundsatzes, dass Wertminderungen unabhängig davon zu berücksichtigen sind, ob das Geschäftsjahr mit *Gewinn* oder *Verlust* abschliesst[379];

- Festschreibung des «*accrual*»-Prinzips[380];

- *Einzelbewertungsprinzip*[381];

- bei zulässiger Anwendung der Verbuchung zu Wiederbeschaffungswerten oder «inflation accounting»: obligatorischer Ausweis der Differenz zum Anschaffungskostenwert als «*Neubewertungsrücklage*»[382];

- Pflicht zur *Wiederaufwertung* im Anlagevermögen (bei Wegfall des Grundes, der zur ausserordentlichen Wertberichtigung geführt hatte)[383];

- Sonderregel für die Aktivierung von *mittelbar zurechenbaren Kosten* und Zinsen als Herstellungskosten[384];

- Sonderregel für *Forschungs- und Entwicklungskosten* sowie Goodwill («Geschäfts- oder Firmenwert»)[385];

- Zulassung *vorsorglicher ausserordentlicher Wertberichtigungen* im Umlaufvermögen zum Ausgleich von «Wertschwankungen»[386];

- Verbot des Einbezugs von *Vertriebskosten* in die Herstellungskosten[387];

- Erwähnung des *Fifo*- und des *Lifo*-Verfahrens[388];

- Verbot von Rückstellungen in einem höheren als dem «*notwendigen Betrag*»[389] und

- Pflicht zur *Erläuterung* aller «sonstigen Rückstellungen».

1109 2. Besonders hoch über dem Niveau des Schweizer Rechnungslegungsrechtes von 1991 liegen die EG-rechtlichen Anforderungen an den Inhalt des *Anhangs*[390]. Der Anhang muss u.a. zusätzlich zum Minimalinhalt unseres Art. 663b OR 1991[391], umfassen:

---

[378] Art. 28.
[379] Art. 31 Abs. 1 Bst. c) (cc).
[380] Art. 31 Abs. 1 Bst. d).
[381] Art. 31 Abs. 1 Bst. e).
[382] Art. 33 Abs. 2.
[383] Art. 35 Abs. 1 Bst. c) (dd).
[384] Art. 35 Abs. 3 und 4.
[385] Art. 37.
[386] Art. 39 Abs. 1 Bst. c). Es handelt sich um den Grundgedanken, der in der Schweiz in der pauschalen Wertberichtigung auf dem Warenlager bzw. den Debitoren zum Ausdruck kommt – allerdings mit Wiederaufwertungsgebot bei Wegfall des Grundes!
[387] Art. 39 Abs. 2 Satz 3.
[388] Art. 40 Abs. 1.
[389] Art. 42 Abs. 1.
[390] Art. 43.
[391] Teilweise verlangt das Schweizer Recht Angaben nicht im Anhang, sondern anderswo; diese sind hier nicht aufgeführt.

- zahlreiche *Erläuterungen* und *Begründungen* zu Einzelposten;
- eine Darstellung der Methode der *Bewertung* und der *Wertberichtigungen*, der *Währungsumrechnung*;
- *Aufgliederung* der Umsätze sowohl nach Tätigkeitsbereichen («Sparten») wie nach geographisch bestimmten Märkten («Regionen»)[392];
- *Personalbestand*;
- «*deferred taxes*», d.h. Steuerlast, die «aufgeschoben» und noch nicht realisiert ist;
- nach Personengruppen (je in einer Gesamtzahl) die *Bezüge* der Leitungs- und Aufsichtsorgane;
- die diesen Personen gewährten *Kredite oder Bürgschaften* («Organkredite»).

3. Der verbale EG-«*Lagebericht*»[393] seinerseits geht über den «*Jahresbericht*» unseres Modells 1991 insofern wesentlich hinaus, als er ausdrücklich auf das den «tatsächlichen Verhältnissen entsprechende Bild» ausgerichtet ist und Gegenstand der Pflichtprüfung durch die Revisoren bildet. Er muss insbesondere auf Vorgänge von besonderer Bedeutung *nach* dem Abschlusstag und die voraussichtliche Entwicklung der Gesellschaft eingehen. 1110

Zusammenfassend wird man sagen können, dass das Schweizer Aktienrecht von 1991 in fast allen Bereichen, in denen das bisherige Recht als rückständig zu bezeichnen war, endlich die Grundlagen zu einer aussagekräftigen und innerlich konsequenten Rechnungslegung verwirklicht. Es ist aber vom Standard des EG-Rechtes in manchen Bereichen noch weit entfernt. 1111

---

[392] In der Schweiz spricht man etwa von «Segmentierung».
[393] *4. EG-Richtlinie* (1978) Art. 46 Art.

Kapitel 7
Stille Reserven

Begleitbericht 1975, 20 ff.
Botschaft 1983, 67 ff., Ziff. 209.4, 149/50, Ziff. 323.6
Amtl. Bull. NR (1985) 1662, 1669, 1693 ff., 1711 ff., 1722; (1990) 1360 ff.
Amtl. Bull. StR (1988) 455 ff., 475 ff., 499 ff.
4. EG-Richtlinie (1978) über den Jahresabschluss, insb. Art. 35, Art. 39 Abs. 1, Art. 40 und Art. 42.
§§ 253, 279 HGB 1985; § 256 Abs. 5, 258 AktG

I. Die Wirkungszusammenhänge

1112 Die «*stillen Reserven*» sind seit den dreissiger Jahren ein beinahe schon magischer Gegenstand der Debatten im Schweizer Gesellschaftsrecht[1]. Man war «für» oder «gegen» stille Reserven, und damit eigentlich gerade auch «für» oder «gegen» die Wirtschaft. Die Diskussion des letzten Jahrzehnts hat indessen zu einer Klärung in verschiedenen Hinsichten geführt. Diese Klärung hat sich, über den Stand des Entwurfs von 1983 hinaus[2], wenigstens teilweise noch in den Regelungen des neuen Aktienrechtes von 1991 niedergeschlagen. Allerdings erlitt der Gesetzesentwurf im Parlament auch wieder einen äusserst bedauerlichen Rückschlag.

1. Die frühere Auffassung

1113 Blickt man auf manche früheren Ausführungen zu den «stillen Reserven», so fällt auf, dass die Betrachtungsweise der Verteidiger dieses Herzensanliegens aller konservativ denkenden Unternehmer auf die *Bilanz* fokussiert war. Man war gefesselt von dem Gedanken, stille Reserven seien eine Art von geheimem Spartopf, den der Verwaltungsrat mit sich führt und bei Bedarf zerschlägt, um die klingende Münze – zu Nutz' und Frommen des Unternehmens sowohl wie seiner Arbeitnehmer – als «eiserne Reserve» einzusetzen[3].

1114 Heute hat die Mehrheit der Exponenten des Wirtschaftsrechts diese Betrachtungsweise als im wesentlichen irrtümlich, auf weite Strecken zudem irrelevant erkannt. Insoweit, als die Bilanz zur Diskussion steht, sind die «stillen Reserven» einmal ganz sicher kein

---

[1] Vgl. *Forstmoser/Meier-Hayoz* (1983) 211. f.
[2] *Botschaft 1983*, 67 ff., insb. 71/72, Ziff. 209.47.
[3] Das klingt an bei *Theo Guhl* (1937) 46 und noch in *Amtl. Bull. NR* (1985) 1662; schon kritisch *Vischer/Rapp* (1968) 27 ff.; engagiert *Werner Niederer* (1972) 36. Neuerdings etwa, aus der Sicht der «Verfassung» der Aktiengesellschaft, *Andreas Binder* (1988) 224 ff. mit zahlreichen Hinweisen; *Karl Blumer* (1989) 206 ff.

Aktivum an sich, kein Geldhort, schon gar kein «Fonds» im eigentlichen Sinne[4]. Sie sind nichts anderes als der gedachte Gegenposten im Eigenkapital, der den geschätzten oder erhofften stillen Mehrwerten von Aktiven (oder Minderwerten von Passiven) gegenübersteht. Es handelt sich nicht nur um eine oft grobe Schätzung, sondern auch um eine abstrakte Saldozahl, die nichts darüber aussagt, welchen Aktiven welche Mehrwerte zugeschrieben werden, sei es im Umlauf-, sei es im Anlagevermögen. Sie sagt vor allem auch nichts darüber aus, ob diese Mehrwerte bei Fortführung des Betriebs durch Veräusserung praktisch realisierbar sind, und schliesslich, ob bei schlechterem Geschäftsgang die stillen Reserven mit dem zerrinnenden Glück nicht ebenfalls dahinschmelzen.

Nur zu oft, scheint es auch, sprach man engagiert von «stillen Reserven», wenn man in Tat und Wahrheit spezifisch die *Selbstfinanzierung*[5] oder allgemein das Ziel eines genügenden Eigenkapitals vor Augen hatte. Wer zum Thema der stillen Reserven sich Kritik gestattete, lief Gefahr, als Verräter am Schweizer Unternehmertum geteert und gefedert zu werden. 1115

2. Die heutige Differenzierung: Bildung und Auflösung stiller Reserven

a) Bildung

Heute steht fest, dass für das Rechnungslegungsrecht entscheidend nicht die stillen Reserven in der *Bilanz* sind, sondern die stille Bildung und die stille Auflösung stiller Reserven in bezug auf die *Erfolgsrechnung*. So wie sich methodisch die Erfolgsrechnung gegenüber der Bilanz an die Spitze gestellt hat, steht heute auch die stille Reserve als Problem der Erfolgsdarstellung im Vordergrund. 1116

Es ist infolgedessen von vornherein von der Auswirkung der Bildung oder Auflösung stiller Reserven auf die Erfolgsrechnung auszugehen. Zu unterscheiden ist zwischen *zwei Arten* von stillen Reserven: 1117

(1) stille Reserven, die ausserhalb der erfolgswirksamen Vorgänge *anwachsen* («erfolgsneutral anwachsende stille Reserven»)[6];

(2) stille Reserven, die die Unternehmensleitung durch willentliche Ertragskürzung oder Aufwanderhöhung *bildet* («erfolgswirksam gebildete stille Reserven»)[7].

Die erste Kategorie der stillen Reserven entsteht mit der Zeit notwendigerweise aus einer auf das Begriffspaar Nominalprinzip/Anschaffungskosten abstellenden Rechnungslegung: die nominalen Werte tendieren insgesamt über lange Zeiträume nach oben, 1118

---

[4] Das OR 1936 gab sich noch der erheiternden Illusion hin, die *gesetzliche Reserve* sei ein «Fonds» (Art. 671 OR 1936). Nach Art. 672 Abs. 2 OR 1936 konnten die Statuten die Anlage weiterer «*Fonds*» festsetzen. Ein Fonds ist stets ein in Aktiven und Passiven abgegrenztes Sondervermögen. Genau das sind die stillen Reserven nicht.
[5] *Amtl. Bull. NR* (1985) 1662.
[6] Man spricht, wenig glücklich, auch von «*Zwangsreserven*», so noch in der *Botschaft 1983*, 68, Ziff. 209.43.
[7] Man sprach unter der Herrschaft des OR 1936 oft von «*Verwaltungsreserven*» oder gar, eindeutig überzogen, von «*Willkürreserven*».

vor allem wegen der säkularen Erscheinung der Geldentwertung. Aber auch Marktveränderungen und technische, konjunkturelle, demographische und schliesslich siedlungstechnische Veränderungen können langfristig sich so auswirken. Im Laufe der Jahrzehnte sind die rein nominellen Mehrwerte ohne besonderes Dazutun der Unternehmensleitung einfach da. Tatsächlich ist diese erste Kategorie stiller Reserven für die Fragen der Rechnungslegung ziemlich uninteressant[8].

1119 Stille Reserven dagegen, die von der Unternehmensleitung gebildet werden, sind *erfolgswirksam*; ihre Bildung setzt den ausgewiesenen Jahresgewinn künstlich unter das Niveau herab, das dem sonst erwirtschafteten Gewinn entspräche[9]. Das ist der erste rechtlich entscheidende Vorgang. Die grundsätzlich in der Schweiz immer noch bestehende Berechtigung der Unternehmensleitung zur Bildung stiller Reserven zur Reduktion des ausgewiesenen Gewinns hat noch 1990 ihren Ausdruck in den *Fachempfehlungen FER* gefunden:

> «Die Forderung nach einem möglichst sicheren Einblick wird insofern relativiert, als die wirtschaftliche Lage in der Jahresrechnung vorsichtiger[10] dargestellt werden darf, als sie tatsächlich ist»[11].

b) Auflösung

1120 Beide Arten von stillen Reserven – die erfolgswirksam wie die erfolgsneutral gebildeten – können *erfolgsneutral verschwinden*. Sie schwinden ohne Einfluss auf die Erfolgsrechnung dahin, wenn die entsprechenden Mehrwerte durch äussere Einwirkungen wegschmelzen.

1121 Stille Reserven beider Art können aber auch *erfolgswirksam* verschwinden: das ist der zweite rechtlich entscheidende Vorgang, die bewusste Auflösung seitens der Unternehmensleitung. Es stellt sich hier eine Gretchen-Frage: wie habt Ihr's mit der Transparenz? Die herkömmliche Antwort war beruhigend eindeutig: die Auflösung wird den Aktionären nicht gezeigt – denn dazu sind stille Reserven schliesslich da[12]. Die Antwort aus der Sicht der ordnungsmässigen Rechnungslegung müsste genau umgekehrt lauten; dem ist nachzugehen.

---

[8] Es wäre unzweckmässig, ja verkehrt, die allmählich anwachsenden Mehrwerte, die wegen des Imparitätsprinzips (vorerst) ihren Weg in die Bilanz nicht finden, vom Begriff der «stillen Reserven» auszuklammern, wie *Guhl/Kummer/Druey* (1991) 675 es ohne strukturierte Begründung vorzuschlagen scheinen.

[9] Nach deutschem Aktienrecht (§ 256 Abs. 5 AktG) kann der Jahresabschluss sogar nichtig erklärt werden, wenn in Verstoss gegen die Bewertungsvorschriften darin Posten *unterbewertet* sind «und dadurch die Vermögens- und Ertragslage der Gesellschaft *vorsätzlich* unrichtig wiedergegeben oder verschleiert wird» (Hervorhebung beigefügt). Zur Abklärung kann die Sonderprüfung gemäss § 258 AktG angeordnet werden.

[10] Das ist eine sehr vorsichtige Beschreibung der Wirklichkeit, fürwahr.

[11] *FER 3* (1990) Ziff. 6. Freilich kann die Lage selbst weder vorsichtig noch unvorsichtig sein!

[12] Klassisch der Ausspruch *Villigers* im Parlament: «Zudem ist die Risikobereitschaft des Managements grösser, wenn nicht jeder kleinste Misserfolg in aller Breite öffentlich werden muss», *Amtl. Bull.* NR (1985) 1662. Ähnlich auch a.a.O. 1666. Zu Recht kritisch *Forstmoser/Meier-Hayoz* (1983) 212.

II. Bildung stiller Reserven

1. Verknüpfung stiller Reserven mit Aktiven oder mit Passiven

Die Bewertungsdifferenz zwischen Buchwert und geschätztem Marktwert, die man als «stille Reserve» bezeichnet, kann nach wie vor gemäss neuem Aktienrecht entweder mit *Aktiven* oder mit *Passiven* verknüpft sein. Zu willentlich gebildeten stillen Reserven führen zwei Wege, die das neue Aktienrecht ausdrücklich erwähnt: 1122

(1) Einerseits sind es «*Abschreibung oder Wertberichtigungen*» – Kürzungen der Aktivwerte, die selbst über das Mass hinausgehen, das für Wiederbeschaffungszwecke noch als nötig angesehen werden kann. Im Klartext sind es im Anlagevermögen übersetzte Abschreibungen, im Umlaufvermögen übersetzte Wertberichtigungen. 1123

(2) Werden die stillen Reserven willentlich über die Passivseite gebildet, so haben wir es mit den in Art. 669 erwähnten übersetzten oder «*zusätzlichen Rückstellungen*» zu tun. 1124

Nicht mehr rechtmässig ist dagegen ein dritter Weg, auf dem «gewillkürte» stille Reserven nach früherem Landesbrauch öfters gebildet worden sind: gewisse Teile der *Erlöse* wurden schlicht aus der Ertragsrechnung weggelassen, oder die Gesellschaft buchte vollends *fiktive Posten*. In der Praxis traf man hin und wieder auf seltsame Gewächse, wie nicht verbuchte Umsatzerlöse, nicht ausgewiesene oder «vergessene» ausserordentliche Erträge, ja Rechnungen, fein säuberlich mit Ort, Datum und Betrag, von nicht existierenden Gläubigern[13]. 1125

Man traf früher auch die Bildung von stillen Reserven in den Passiven durch den Ausweis von *fiktiven Schulden:* man beliess eine Schuld trotz Rückzahlung in der Bilanz. Heute wird dies übereinstimmend als nicht hinzunehmender Verstoss gegen die Ordnungsmässigkeit der Rechnungslegung angesehen[14]. Eine Rechnung ohne zugrundeliegende Leistung, eine Schuld ohne Gläubiger ist nicht zulässig. Die Nichtauflösung unnötig gewordener Rückstellungen jedoch ist zufolge der ausdrücklichen Gesetzesvorschrift von 1991 vorläufig als Vorwegkürzung des ausgewiesenen Ertrags noch gestattet[15]. 1126

Die Bedeutung von Art. 669 OR 1991 ist dabei doch etwas restriktiver, als man bei einer flüchtigen Lektüre annehmen dürfte. Die willentliche Bildung von stillen Reserven ist, zusammengefasst, nur noch zulässig durch: (1) übersetzte Wertkorrekturen in den Aktiven und (2) übersetzt gebildete oder trotz Wegfalls der Begründung beibehaltene Rückstellungen in den Passiven. Alle andern Bildungen von stillen Reserven zulasten der Erfolgsrechnung verstossen gegen das neue Aktienrecht. 1127

---

[13] Solche Vorgänge sind nach neuem Aktienrecht ordnungswidrig.
[14] Der Wandel vollzog sich zwischen BGE 82 II 220 und BGE 92 II 247; Appellationsgerichtsurteil Basel-Stadt vom 26. April 1963, BJM 1963, 165.
[15] Art. 669 Abs. 2 und 3 OR 1991.

2. Die Voraussetzungen für die Bildung stiller Reserven zulasten der Erfolgsrechnung

a) Die Kompromissformel von 1991

1128 Angesichts der *Problematik jeder Bildung stiller Reserven zulasten der Erfolgsrechnung* sollte der Gesetzgeber klare Leitlinien bieten[16]. Der Versuch des Nationalrates[17], die vom Bundesrat[18] vorgeschlagene mittlere Lösung noch stärker zu verwässern, ist zum Glück wenigstens teilweise fehlgeschlagen. Nach dem zum Gesetz gewordenen *Kompromissvorschlag* müssen, damit die willentliche Bildung stiller Reserven nicht gegen die Ordnungsmässigkeit verstösst und von der Revisionsstelle nicht mit Vorbehalten versehen werden muss, zwei kumulative Voraussetzungen erfüllt sein:

(1) Rücksicht auf das *dauernde Gedeihen* des Unternehmens *oder* auf die Ausrichtung einer möglichst gleichmässigen Dividende (sic); und

(2) Berücksichtigung der Interessen *aller Aktionäre*.

b) Bedeutung

1129 Diese Formulierungen des Gesetzes von 1991 gehen über das Niveau einer Leerformel nicht sehr weit hinaus. Grosse Leere gähnt uns schon aus dem «*dauernden Gedeihen*» entgegen; das Unternehmen gedeiht weder dauernder noch besser, wenn es nicht zeigt, was es erwirtschaftet hat. Geradezu skandalös unter den Aspekten des EG-Gesellschaftsrechts ist die vom Parlament entgegen dem Vorschlag der Arbeitsgruppe von Greyerz durchgesetzte Wiedereinfügung der aus dem OR 1936 stammenden Formel von der Ausrichtung einer gleichmässigen Dividende – darauf ist zurückzukommen[19].

1130 Die Formel ist dennoch ein klein bisschen besser als gar nichts. Die neu ins Gesetz gekommene «*Berücksichtigung der Interessen aller Aktionäre*» verweist immerhin zaghaft auf den zeitgenössischen Aspekt der «*Shareholder Value*», auf das Interesse aller Aktionäre an einer günstigen Entwicklung des Aktienwerts. Diese Aspekte könnten einem Verwaltungsrat Mässigung bei der Reduktion des in der Erfolgsrechnung erscheinenden Jahresergebnisses empfehlen. Wie in der Botschaft 1983 zu Recht ausgeführt worden ist, kommt dieser Bestimmung jedoch vor allem in jenen Fällen Bedeutung zu, in denen die *Minderheitsaktionäre* an einer höheren Ausschüttung (und damit, als gesetzlich unerlässliche Vorstufe dazu, an einem vollen Ausweis des wirklich erzielten Jahresgewinnes) interessiert sind. Ihr Interesse ist abzuwägen gegen jenes der Mehrheit der Aktionäre, die manchmal den erwirtschafteten Jahresgewinn künstlich kürzen möchten, um keinen zusätzlichen verwendbaren Bilanzgewinn, der als Basis einer erweiterten Ausschüttung dienen und auch den Appetit des Fiskus wecken könnte, in Erscheinung treten zu lassen[20].

---

[16] Der Vorschlag *Salvioni*, der die stillen Reserven sehr stark eingeschränkt hätte, wurde vom Nationalrat abgelehnt, *Amtl. Bull. NR* (1985) 1700.
[17] *Amtl. Bull. NR* (1985) 1693 ff., insb. 1711 ff.; 1722.
[18] Art. 669 Abs. 3 OR 1991, dazu *Botschaft 1983*, 149, Ziff. 323.6 und insbesondere 71, Ziff. 209.47.
[19] Hiernach III/4, Rz 1155 ff.
[20] *Botschaft 1983*, 71, Ziff. 209.47.

Der Grundsatz des Rechts auf Dividende ist unentziehbar[21]. Es muss sachlich zureichende Gründe geben, um den erwirtschafteten Gewinn in dem den Aktionären zur Genehmigung unterbreiteten Ausweis künstlich zu kürzen.

1131

3. Schranken gegenüber einer allzu weitgehenden Bildung stiller Reserven

a) Gegenläufige Erwägungen des Verwaltungsrates

Mit der Formel von «Rücksicht auf die Ausrichtung einer gleichmässigen Dividende» scheint nach neuem Aktienrecht das grüne Licht für eine weitgehende freie Bildung stiller Reserven zulasten des erwirtschafteten Jahresgewinnes gegeben. Der Eindruck wird verstärkt dadurch, dass das Parlament in seinem Überschwang auch noch die von der Arbeitsgruppe von Greyerz erarbeitete materielle Voraussetzung für eine solche willentliche Kürzung des ausgewiesenen Reinertrags fallen liess – den Rahmen der «Gründe besonderer Vorsicht»[22].

1132

Allein, dieses Aufbegehren des Parlamentes hat keine Zukunft. In einer Zeit, in der die *Aktionäre* ihre Interessen selbstbewusster durchsetzen, wird sich ein Verwaltungsrat sehr wohl überlegen, ob eine den ausgewiesenen Jahresgewinn allzu kräftig zurückstutzende Bildung stiller Reserven noch eine *vernünftige Unternehmenspolitik* ist. Jedenfalls schadet das Übermass: Wer mehr oder weniger willkürlich Erträge zu tief ausweist, und nach Belieben einmal mehr und einmal weniger zu tief, dem wird man plötzlich auch die Seriosität der Aufwanddarstellung, ja der ganzen Jahresrechnung nicht mehr abnehmen[23].

1133

Dazu kommt, dass nach neuem Aktienrecht der Verwaltungsrat – im Gegensatz zu den Verhältnissen unter dem OR 1936 – die einmal gebildeten stillen Reserven *nur noch beschränkt ohne beklemmende Bekanntgabe* an die Aktionäre wieder *auflösen* kann. Eine hochnotpeinliche Auflösung von stillen Reserven, die man nach aussen bekannt geben muss, ist allemal eine gelbe Flagge; sie schränkt sowohl die Geschäftsleitung wie den Verwaltungsrat in ihrer Handlungsfreiheit ein und kann sie am Schluss stärker belasten als ein frank ausgewiesener und überzeugend erklärter Gewinnrückgang.

1134

b) Verbot einer verzerrten Darstellung der Gewinnsituation

Der neue Art. 669 OR 1991 ist keineswegs die einzige Bestimmung, mit der sich die *Zulässigkeit der Bildung* von willentlich gebildeten stillen Reserven entscheidet. Überschreitet die nachträglich beschlossene Kürzung des wirklich erzielten Jahresgewinns die Wesentlichkeitsschwelle, so liegt in diesem Entscheid ein Widerspruch zu Art. 662a Abs. 1 OR, der verlangt, dass die Erfolgsrechnung eine möglichst zuverlässige Beurteilung der Ertragslage der Gesellschaft erlaubt. Insoweit, als durch die Bildung stiller Reserven eine *eigentliche Verzerrung der ganzen Gewinnsituation des Unternehmens*

1135

---

[21] *Peter Böckli* (1991/92) 505 ff. (mit Hinweisen).
[22] So nach *Botschaft 1983*, 71, Ziff. 209.47.
[23] *Amtl. Bull. NR* (1985) 1662 «Chronische Ertragsschwächen können durch ständige Auflösung stiller Reserven während längerer Zeit vertuscht werden.»

zustandekommt, ist sie mit diesem obersten Grundsatz der Rechnungslegung unvereinbar[24]. Eine solche Unvereinbarkeit wird man, vielleicht abgesehen vom «Glätten» einer einmaligen ausserordentlichen Ertragsspitze, sicher dann annehmen müssen, wenn die willentlich vollzogene stille Bildung stiller Reserven die Hälfte oder mehr des in der Rechnungsperiode erwirtschafteten Gewinns ausmacht[25].

4. Mitteilung an die Revisoren und interne Veränderungsbilanz über die stillen Reserven

1136 Schon das alte Aktienrecht hatte in seinem etwas müden Art. 663 vorgesehen, dass der Verwaltungsrat der Kontrollstelle über die Bildung und Verwendung stiller Reserven *«Mitteilung zu machen»* habe. Nicht selten lief es allerdings genau umgekehrt: der Verwaltungsratspräsident erfuhr von der Kontrollstelle, wie sich die stillen Reserven im Rechnungsjahr verändert hatten. Die Mitteilungspflicht ist im neuen Aktienrecht verschärft. Nunmehr wird vorgeschrieben, dass der Verwaltungsrat der Revisionsstelle die Bildung und Auflösung nicht nur von Wiederbeschaffungsreserven, sondern auch von echten stillen Reserven *«im einzelnen»* mitzuteilen hat[26].

1137 Der Verwaltungsrat als von Zeit zu Zeit zusammentretendes Debattier- und Beschlussgremium ist zu einer «Mitteilung im einzelnen» meist gar nicht in der Lage. Die Vorschrift bedeutet in der Praxis, dass der Verwaltungsrat für die Führung einer eigentlichen Kontrollrechnung, einer *internen Veränderungsbilanz* über die Entwicklung der stillen Reserven in Aktiven und Passiven während des Rechnungsjahres, sorgen muss. Denn im Anhang hat er über einen gegebenenfalls herauskommenden Negativsaldo zu berichten[27], und der Anhang ist Gegenstand der Abschlussprüfung durch die Revisionsstelle. Die Revisionsstelle ihrerseits hat auf einer «ins einzelne» gehenden Mitteilung zu beharren, und die interne Veränderungsbilanz ist entscheidend für ihre Prüfung der Nettoveränderung der stillen Reserven im Hinblick auf den Anhang der Jahresrechnung gemäss Art. 663b Ziff. 8[28].

1138 Dadurch, dass das neue Aktienrecht den Verwaltungsrat – als Bestandteil seiner *Finanzverantwortung*[29] – zur Führung einer ordnungsmässigen internen Veränderungsbilanz der stillen Reserven veranlasst, dürfte es einen nicht zu unterschätzenden Schritt in die richtige Richtung getan haben[30]. Es schafft gleichzeitig einen gewissen Anreiz zu einer professionelleren Bewirtschaftung des gesamten Eigenkapitals – nicht nur des stillen.

---

[24] Den Vorrang des sicheren Einblicks hatte schon *Werner Niederer* (1972) 36 postuliert.
[25] Das bedeutet, umgekehrt ausgedrückt, dass der wirklich erwirtschaftete Gewinn *auf jeden Fall* immer deutlich *mehr als die Hälfte* des ausgewiesenen Jahresgewinns ausmachen muss.
[26] Art. 669 Abs. 4 OR 1991.
[27] Art. 663b Ziff.8 OR 1991.
[28] Methodische Ansätze zu dieser internen Bewegungsbilanz finden sich schon bei *Franz Eberle* (1968) 127 ff.
[29] Art. 716a Abs. 1 Ziff. 3 in Verbindung mit Art. 663b Ziff. 8 OR 1991.
[30] Skeptisch *Hanspeter Thiel* (1991) 556 ff.

III. Auflösung stiller Reserven

1. Auflösung ohne Dazutun des Verwaltungsrates

In einem weiteren, unpräzisen Sinne bezeichnet der Sprachgebrauch mit dem Wort «Auflösung» stiller Reserven auch das stille *Dahinschwinden* von vorhandenen stillen Reserven als Reflex äusserer oder innerer Entwicklungen. Dies ist jedoch irreführend. Das Wegschmelzen stiller Reserven vollzieht sich ohne Willensakt und lässt die Erfolgsrechnung unberührt; von einer echten Auflösung, einer willentlichen Aufhebung oder Beseitigung ist nicht die Rede. Die Reduktion des Aktivenüberschusses vollzieht sich völlig ausserhalb des Einflussbereichs von Verwaltungsrat und Generalversammlung. Man kann dementsprechend nicht von einer verzerrenden Auswirkung auf den Ergebnisausweis sprechen. Ein derartiges Wegschmelzen stiller Reserven pflegt sich erfahrungsgemäss besonders in einer Unternehmenskrise abzuspielen, dann ausgerechnet, wenn das Unternehmen auf die früher mit Liebe gehegten stillen Reserven eigentlich angewiesen wäre. 1139

2. Ertragsverbesserung durch willentliche Auflösung stiller Reserven

Für die Erfolgsrechnung von zentraler Bedeutung ist dagegen die Auflösung stiller Reserven im engeren Sinne, die *willentliche Auflösung* durch den Verwaltungsrat. 1140

a) Arten der Auflösung

Die Unternehmensleitung kann auf die verschiedensten Arten eine in den Aktiven bestehende Unterbewertung in Ertrag verwandeln oder eine in den Rückstellungen bestehende Überbewertung zum Verschwinden bringen. Sie verwendet die bisher «stillen» Werte durch eine *erfolgswirksam verbuchte Transaktion* zur Erhöhung des Jahresgewinns oder zur Verminderung des Jahresverlustes. Die erste Frage ist dabei immer, ob der ausgewiesene Erfolg realisiert ist, und ob er zu einer baren Gegenleistung geführt hat, oder ob es sich um einen reinen Papiergewinn handelt. 1141

Die typischen Massnahmen der Auflösung stiller Reserven sind die folgenden: 1142

(1) *Veräusserung* eines Gutes, das (sei es durch äussere Entwicklung, sei es willentlich durch frühere übersetzte Abschreibungen oder Wertberichtigungen) unter dem Verkehrswert bilanziert ist. Dies kann ein Gegenstand des Anlagevermögens oder des Umlaufvermögens sein (Auflösung durch Realisierung); 1143

(2) *Wiederaufwertung* eines im Lauf der Jahre unter die Anschaffungskosten abgeschriebenen Aktivpostens auf den heute vom Verkehrswert voll gedeckten früheren Anschaffungswert («Wiederaufwertung» im engeren Sinne; nicht-barer Ertrag; Auflösung ohne Realisierung); 1144

(3) rein buchmässige Auflösung von *übersetzten* oder *«zusätzlichen» Rückstellungen* («Auflösung» im engsten Sinne, nicht-barer Ertrag, ohne Realisierung); 1145

1146 (4) Übergang zu einem *neuen Bewertungssystem*, wobei der Übergang im Ergebnis eine bestehende Unterbewertung erfolgswirksam auflöst[31].

1147 Eine Auswirkung, die der Auflösung stiller Reserven in der Erfolgsrechnung ähnlich ist, erreicht der Verwaltungsrat auch dadurch, dass er in einem Geschäftsjahr die planmässigen Abschreibungen bis an den untersten Rand des Ermessensspielraums herabsetzt und alle ausserordentliche Abschreibungen und Rückstellungen so lange wie möglich aufschiebt.

b) Die Frage der Bargeld-Wirksamkeit

1148 Es zeigt sich, dass alle Auflösungen stiller Reserven sich in zwei innerlich scharf zu unterscheidende Gruppen aufteilen: jene Auflösungen, die mit einer Realisierung, einem liquiditätswirksamen Veräusserungsvorgang verbunden sind, und jene, die zu einem nicht-baren Ertragsposten führen, der wohl die Ertragslage und das Eigenkapital, nicht aber die Liquiditätslage des Geschäftes verbessert.

1149 In der ersten Kategorie handelt es sich um eine echte *Versilberung*, eine *Desinvestition* mit Aufdeckung von angewachsenen Mehrwerten. In der zweiten Gruppe geht es um ein blosses «jeu d'écritures», eine rein optische Bereinigung des Bilanzbildes, ohne jedes Austauschgeschäft mit Dritten. Die Auflösung von stillen Reserven im Zuge eines «jeu d'écritures» ist ein Ausweis von nicht-barem, nicht-realisiertem Jahresertrag. Diese Art des Gewinnausweises durch Auflösung stiller Reserven steht daher in einem spürbaren Gegensatz zum Grundsatz der möglichst zuverlässigen Beurteilung der Ertragslage. Besonders naheliegend (und wegen des geschaffenen Eindrucks gefährlich) ist der Verkauf von Wirtschaftsgütern zum Zwecke der Auflösung stiller Reserven, wenn der Käufer eine zur gleichen Unternehmensgruppe gehörende Gesellschaft ist. Bargeld und Wirtschaftsgut ändern im Konzern den Ort, ohne dass sich sonst wirtschaftlich das Geringste ändern würde.

3. Die neue Regelung für die Auflösung stiller Reserven

1150 Die Suche nach einer sachgemässen, im politischen Spektrum als Kompromiss akzeptablen Lösung war wesentlich erschwert durch mehrere *Betriebsunfälle* im langen Marsch durch die Institutionen. Der absolut zeitgemässe Vorschlag der ersten Aktienrechtskommission, wonach jährlich ein allfälliger Mehrbetrag an aufgelösten stillen Reserven im Geschäftsbericht bekanntzugeben war, stiess zunächst auf Ablehnung[32]. Am Schluss rang sich die Arbeitsgruppe von Greyerz dann doch wieder zu einer ähn-

---

[31] Allerdings handelt es sich nur *auf kurze Frist* um eine Verbesserung des Erfolgsausweises durch Sichtbarmachen einer bestehenden Unterbewertung; die gegenläufige Auswirkung ist programmiert. Sie tritt ein, sobald im erwähnten Beispiel die Einstandspreise fallen. Ein Hin und Her zur jeweils «besseren» Methode ist unzulässig als Verstoss gegen das Stetigkeitsprinzip.

[32] *Begleitbericht 1975*, 20 ff. *Botschaft 1983*, 70 Ziff. 209.47.

lichen Lösung durch. Das Parlament hat sich um diese Vorschläge dann aber während Jahren gestritten[33]. Der Kampf der Helvetier um die ungestörte Stille ihrer Reserven ging 1991 im wesentlichen mit folgendem *Kompromiss* zu Ende:

a) Die *Auflösung* von stillen Reserven, auch im Sinne von *nicht-baren Papiergewinnen*, bleibt Sache des Verwaltungsrates. Er bestimmt, wann und in welchem Umfang so etwas geschieht. 1151

b) Der dadurch entstehende Ertrag muss in der Erfolgsrechnung erscheinen, und zwar in den meisten Fällen gemäss Art. 663 Abs. 1 OR 1991 als *ausserordentlicher Ertrag*. Anders zu entscheiden ist nur insoweit, als in der Auflösung ein ordentlicher betrieblicher Geschäftsvorgang liegt. Der Ausweis als «nicht-betrieblicher Ertrag» kommt dann in Frage, wenn der Vorgang, in dem eine willentliche Auflösung von stillen Reserven liegt, mit dem Geschäftsbetrieb der Gesellschaft nicht zusammenhängt[34]. 1152

c) Schliesslich und vor allem geht die willentliche Auflösung stiller Reserven in eine nun notwendigerweise nachzuführende *interne Veränderungsbilanz der stillen Reserven* ein. Diese ist zwar nicht der Generalversammlung[35], wohl aber der Revisionsstelle offenzulegen[36]. Der Verwaltungsrat muss jährlich den Saldo dieser internen Aufzeichnung im Anhang[37] ausweisen – dies allerdings nur, wenn (i) der Saldo eine *Abnahme* zeigt, also im Geschäftsjahr per Saldo eine Nettoauflösung stiller Reserven vorliegt, und (ii) diese Nettoauflösung das erwirtschaftete Ergebnis in *wesentlichem* Ausmass *günstiger* zum Ausdruck kommen lässt[38]. 1153

Ob der Vorgang zudem, wenn die Schwelle der Wesentlichkeit überschritten ist, im *Jahresbericht zu erläutern*[39] ist, bleibt eine offene Frage. Nichts ist jedenfalls für eine Einschätzung der «wirtschaftlichen und finanziellen Lage» der Gesellschaft wichtiger als die Unterscheidung zwischen dem Ausweis von echt gegenüber Marktgegenseiten erbrachten Leistungen und dem Ausweis von Erträgen aus Auflösung von stillen Reserven, die der Leistungserstellung der Periode überhaupt nicht zuzurechnen sind. 1154

---

[33] Vgl. die eingangs zitierten Debatten von National- und Ständerat.
[34] Dies dürfte zutreffen, wenn ein Unternehmen neben einem Fabrikationsbetrieb in grösserem Umfang Finanzanlagen akkumuliert und darauf durch Veräusserung nun stille Reserven realisiert. Waren die Finanzanlagen unter die Anschaffungswerte abgeschrieben, so ist eine Wiederaufwertung – als Auflösung stiller Reserven – grundsätzlich erlaubt, falls der Marktwert dies erlaubt.
[35] Die Mitglieder des Verwaltungsrates haben Anspruch auf Kenntnis der internen Veränderungsbilanz über die stillen Reserven.
[36] Art. 669 Abs. 4 OR 1991.
[37] Art. 663b Ziff. 8 OR 1991.
[38] Vorbild für diese gesetzliche Formel waren die Vorarbeiten für *FER 3* (1990) Ziff. 7; vgl. inzwischen für den besonderen Fall der Banken das Kreisschreiben der Eidgenössischen Bankenkommission vom 25. September 1990 zur Bildung auf Auflösung stiller Reserven.
[39] Gemäss Art. 663d Abs. 1 OR 1991

4. Verwendung aufgelöster stiller Reserven für Ausschüttungen

a)   Die Formel von der «möglichst ausgeglichenen Dividende»

1155   Das Parlament hat unter Federführung des Nationalrates am Entwurf des Bundesrates von 1983 die schon erwähnte, anachronistische Änderung vorgenommen: es hat die aus dem Jahre 1936 stammende Formel, wonach die Bildung stiller Reserven der Ausrichtung einer «*möglichst ausgeglichenen Dividende*» dienen kann, wieder eingesetzt[40]. Entgegen der entschieden von der Arbeitsgruppe von Greyerz und dem Bundesrat vertretenen Ansicht dürfen damit stille Reserven nach dem Anschein, den der Gesetzeswortlaut bietet, weiterhin ausgerechnet dazu gebildet und verwendet werden, um nicht nur einen nicht erwirtschafteten Gewinn in der Jahresrechnung auszuweisen, sondern auch noch für das Geschäftsjahr, in dem zu wenig erwirtschafteter Gewinn vorliegt, eine Dividende auszuzahlen.

b)   Kritische Würdigung

1156   Dieser gesetzgeberische Rösselsprung rückwärts ist vollkommen *europarechtswidrig* und steht auch mehr als merkwürdig in unserem eigenen reformierten Aktienrecht. Da scheint immer noch die Vorstellung durch, dass man trotz schwankenden Geschäftsganges den Aktionären um jeden Preis ein *gleichbleibendes Ergebnis* zeigen soll – ein kaum überbrückbarer Gegensatz zur gesamten Bemühung der Aktienrechtsreform und zur gesamten Stossrichtung der EG-Richtlinien seit 1976. Es ist letztlich ein Rückfall ins Unternehmensverständnis der dreissiger Jahre, ja des 19. Jahrhunderts. Denn wenn der im Geschäftsjahr erwirtschaftete Gewinn eine Ausschüttung wirklich nicht zulässt, so bedeutet eine Verwendung von Bilanzgewinn, der aus der Auflösung stiller Reserven stammt, nichts anderes als einen *Abbau der Eigenkapitalbasis*. Wenn es an erarbeiteten Barmitteln fehlt, so bewirkt die Ausrichtung der Dividende eine umso gefährlichere Verschlechterung der Liquidität. Das steht in einem Widerspruch ausgerechnet zu jener Geschäftspolitik, welche durch die vom Gesetzgeber beschworene «*Rücksicht auf das dauernde Gedeihen des Unternehmens*» geboten wäre. Solche Rücksicht ruft im Normalfall nach nichts anderem als einem Verzicht auf Ausschüttungen nicht verdienter Dividenden.

1157   Eine *Auflösung stiller Reserven* zum Zwecke des Ausweises eines nicht erwirtschafteten Jahresgewinns mit darauffolgender Ausschüttung als Bardividende ist, unter Vorbehalt seltener Ausnahmefälle, nur schwer vereinbar mit dem «dauernden Gedeihen». Der Verwaltungsrat muss in einem solchen Fall die Courage haben, den Aktionären zu sagen, dass der erwirtschaftete Jahresgewinn die Dividende nicht oder nicht ganz deckt, dass mit einer Dividende in Wirklichkeit *Substanz ausgeschüttet* würde. Dies ist nicht an sich verboten: dazu kann rechtmässig vorgetragener Bilanzgewinn, eine Spezialreserve oder eine besondere Dividendenreserve herangezogen werden – aber ohne den Umweg über einen *künstlichen Gewinnausweis* in der Erfolgsrechnung. Der Entscheid liegt richtigerweise bei den Aktionären, die dann auch genau wissen, was sie tun: sie teilen sich selbst als Ertrag zu, was in Wirklichkeit Substanz ist.

---

[40]   *Amtl. Bull NR* (1985) 1722; Art. 669 Abs. 3 und Art. 674 Abs. 2 Ziff. 2 OR 1991.

Der Verwaltungsrat wird nur in einer ganz *besonderen Situation* die Generalversammlung zu einer Ausschüttung einer nichtverdienten Dividende veranlassen, so wenn die Gesellschaft mit einem als kurzfristig eingeschätzten Ertragseinbruch konfrontiert ist. Dann kann das Interesse an einer mehr oder weniger kontinuierlichen Ausschüttung für ein oder zwei Jahre vorrangig sein. Eine länger dauernde Verteilung von Substanz unter die Aktionäre im Gewande von Gewinnausschüttungen lässt sich kaum je rechtfertigen. 1158

c) Ausblick

Angesichts des *tiefgreifenden Wandels der wesentlichen Bezugspunkte* für die Unternehmenspolitik kann der uns aus den dreissiger Jahren überkommene Umgang mit den stillen Reserven nicht mehr überzeugen. Die Unternehmensleitung muss in ihrer langfristig ausgerichteten Führung gewisse Ermessensspielräume haben. Der Gedanke jedoch, dass die Güte der Eigenkapitalpolitik am Mass ihrer Verhüllung vor den Aktionären zu messen sei, leuchtet heute nicht mehr ein. 1159

Nur wenige gehen in der Schweiz bislang so weit, *stille Reserven völlig verbieten zu wollen* – nur schon deshalb, weil diese angesichts des Nominalsystems durch Wertzuwächse ohnehin stets wieder neu entstehen. Der richtige Ansatzpunkt ist demgegenüber im obersten Grundsatz einer offenen Unternehmenspolitik zu erblicken: *in der möglichst zuverlässigen Beurteilung der Ertragslage*. In dem Umfang, in dem eine stille Bildung stiller Reserven die Beurteilung der Ertragslage *wesentlich* verdunkelt, und in dem Umfange, in dem eine stille Auflösung stiller Reserven die Ertragslage *wesentlich* verzerrt, sind nach dem jetzigen Stand unseres Gesetzes die Kapitalgeber zu orientieren. Und die Ausschüttung von Werten, die nicht verdient sind, als Dividende nützt nicht, sondern schadet auf die Dauer dem «Gedeihen des Unternehmens»; sie ist mit guter Unternehmensführung nur kurzfristig und in Ausnahmefällen zu vereinbaren.

E. Verhältnis zum EG-Recht

1. Den «*stillen Reserven*» ist das heutige Gesellschaftsrecht Europas *abhold*. Dieser Grundsatzentscheid prägt alle EG-Richtlinien, von der ersten bis zur letzten. 1160

2. Der Entscheid unseres Parlaments, die alte Formel von der «*Rücksicht auf die Ausrichtung einer möglichst gleichmässigen Dividende*» entgegen der Konzeption von 1983 wieder als Rechtfertigung für die Bildung stiller Reserven ins Gesetz aufzunehmen, widerspricht diametral den allgemein geltenden Grundsätzen des EG-Rechtes und des ihm angepassten Gesellschaftsrechts ihrer Mitgliedstaaten. Das EG-Recht schliesst mit wenigen Ausnahmen die willentliche (und vor allem stille) Bildung stiller Reserven aus, so in Art. 2 Abs. 3 und Art. 42 der *4. EG-Richtlinie*. Dem Grundgedanken des EG-Rechts kommt das Schweizer Aktienrecht einzig in der nun recht klar geregelten Pflicht zur Bekanntgabe von *Netto-Auflösungen* stiller Reserven einen Schritt näher. 1161

1162 3. Das *Gesamtbild* des Schweizer Rechts im Bereich der stillen Reserven aber bleibt unter den Gesichtspunkten des europäischen Gesellschaftsrechts ziemlich niederschmetternd. Ein weiteres «aggiornamento» ist hier absolut unausweichlich; die Schweiz wird das autonom vollbringen – im besten Fall – oder dazu gezwungen werden – im zweitbesten Fall.

Kapitel 8
Konzernrechnung

Begleitbericht 1975, 19 und 23
Zwischenbericht 1972, 52 f.
Botschaft 1983, 73 ff., Ziff. 209.5; 417, Ziff. 323.5
Amtl. Bull. NR (1985) 1662, 1715 ff., (1990) 1363
Amtl. Bull. StR. (1988) 478 ff.
FER 2, Konzernrechnung (1986)
FER 5, Bewertungsrichtlinien für die Konzernrechnung (1990)
Entwurf FER 7 und 8 (1991)
7. EG-Richtlinie (1983) über den konsolidierten Abschluss
Vorschlag SE 1991, Art. 6 und 101
§§ 290 ff. HGB 1985
Art. 357–1 ff. LSC; Art. 248 ff. DSC.

I. Der Bedarf nach einer konsolidierten Rechnungslegung

A. Entwicklung der Konsolidierungspraxis

Das OR 1936 hatte praktisch noch keine Kenntnis genommen von der Tatsache, dass sich die Geschäftstätigkeit in *verschachtelten Unter- und Obergesellschaften* abspielen kann. Nur gerade in Art. 711 Abs. 2 Satz 2 OR 1936 blitzte – in völlig anderem Zusammenhang – die Erscheinung der Unter- und der Obergesellschaft auf: «Gesellschaften, deren Zweck hauptsächlich in der Beteiligung an andern Unternehmungen besteht»[1]. Und das Bundesgericht hatte durch seinen rechtsfortbildenden Entscheid von 1975 i.S. *IBZ Finanz AG* indirekt eine Verpflichtung der Revisoren geschaffen, bei verschachtelten Unternehmensgruppen eine «*Konzernbilanz*»[2] zu verlangen, um sich «den Überblick über die Grundlagen der Finanzierung» zu verschaffen[3]. 1163

Die erste Aktienrechtskommission hatte demgegenüber noch geglaubt, *ohne eine obligatorische Zusammenfassung* der Rechnung von Unter- und Obergesellschaften im Kon- 1164

---

[1] Diese Regel nahm das Parlament ins Obligationenrecht von 1936 auf, um dem Bundesrat die Möglichkeit zu geben, für ausländisch beherrschte Holdinggesellschaften eine Ausnahme von dem Erfordernis der schweizerischen Mehrheit im Verwaltungsrat zu ermöglichen.
[2] So taucht der Begriff überraschend in Erwägung 3/c des Entscheides vom 11. November 1975 auf, veröffentlicht offenbar bloss in ST 50 (1976) 9/24 ff.; dazu *Benno Lutz* (1976) 9/20; neuerdings *Peter Nobel* (1991 C) 336. ff.
[3] a.a.O. Erw. 5.

zern auszukommen[4]. In der Arbeitsgruppe von Greyerz jedoch setzte sich die schon zum Gemeingut gewordene Überzeugung durch: eine auch nur einigermassen zuverlässige Beurteilung der Vermögens- und Ertragslage ist aus der Jahresrechnung nicht zu gewinnen, sobald ein wesentlicher Teil der Geschäftstätigkeit sich in Untergesellschaften abspielt.

1165 Auf die Ebene der Obergesellschaft schlagen die die wirtschaftliche Lage kennzeichnenden *Ereignisse in den Untergesellschaften* im weitesten Umfang nur mit Verzögerung und nur teilweise durch. In der Obergesellschaft beobachtet man vorerst nur eine Zu- oder Abnahme der aus den Untergesellschaften eingehenden Ausschüttungen, Zinsen und übrigen Vergütungen. Erst wenn es der Untergesellschaft immer schlechter geht, schlägt sich die Erosion der Eigenkapitalausstattung in der Obergesellschaft nieder – wiederum nur mit Verzögerung und erst dann, wenn ausserordentliche Abschreibungen auf dem Beteiligungskonto sich nicht mehr vermeiden lassen[5]. Das bislang in der Schweiz noch geltende System der Gruppenbewertung[6] gestattet unter Umständen sogar, die eigentlich notwendige ausserordentliche Abschreibung auf einer Beteiligung so lange aufzuschieben, als stille Mehrwerte auf andern Beteiligungen den Minderwert noch ausgleichen. In bestimmten Konstellationen schlägt ein schlechter Geschäftsgang erst dann durch, wenn die Obergesellschaft sich zu Forderungsverzichten und Finanzspritzen an die notleidende Untergesellschaft gezwungen sieht[7] oder diese gar ihre Bilanz deponieren muss. Nach dem Aktienrecht von 1936 war die Obergesellschaft in keiner Weise verpflichtet, ihren eigenen Aktionären Zugang zur Rechnungslegung der von ihr beherrschten Untergesellschaften zu verschaffen. Sie konnte daher auch in ihrer Erfolgsrechnung Gewinne aus Lieferungen an Konzerngesellschaften und Zinsen, welche beherrschte Untergesellschaften ihr zahlten, ohne weiteres als realisierte Waren- bzw. Finanzerträge ausweisen.

1166 Will man die Beurteilung der wirtschaftlichen Lage einer einheitlich geführten, auf mehreren gesellschaftsrechtlichen Ebenen tätigen Unternehmensgruppe verbessern, so ist dazu die Zusammenfassung sämtlicher Rechenwerke notwendig: die Konsolidierung.

B. Schwächen der Konsolidierung

1167 Freilich kann auch die Konsolidierung nie mehr leisten, als ihr *methodischer Ansatz* verspricht.

---

[4] Begleitbericht 1975, 23 und 33/34.
[5] Illustrativ der aufgeführte Entscheid des Bundesgerichts vom 11. November 1975.
[6] Hiervor Kapitel 6/II/A/5, Rz 859.
[7] Kapitel 10/VIII/A, Rz 1685 ff., und C, Rz 1699 ff.

1. Die Fiktion und ihre Folgen

Die Konsolidierung geht von der Fiktion aus, die Geschäftstätigkeit, die sich in verschiedenen juristischen Personen und auf verschiedenen Gesellschaftsebenen mit je verschiedener Rechtslage vollzieht, sei einem *einheitlichen Unternehmen* zuzurechnen. Das «als ob»-Prinzip ist im EG-Recht ausdrücklich formuliert: «Im konsolidierten Abschluss sind Vermögens-, Finanz- und Erfolgslage der in der Konsolidierung einbezogenen Unternehmen so auszuweisen, als ob sie ein einziges Unternehmen wären»[8]. Da dies mindestens rein rechtlich nicht der Fall ist, muss schon vom Ansatz her eine konsolidierte Rechnung das Bild einer Einheitlichkeit bringen, welches über rechtliche Verwerfungen und tatsächliche Schwierigkeiten hinwegtäuscht.

1168

So spiegelt die Konsolidierung – mit ihrem methodischen Ansatz einer fiktiven Einheit – im Eigenkapitalkonto auf der Ebene der Obergesellschaft direkt verfügbares Eigenkapital vor. In Wirklichkeit behindern, wenn darüber verfügt werden soll, die verschiedensten Sperrklauseln der betroffenen Jurisdiktionen[9] und auch Transfer- und Währungsrestriktionen sowie steuerliche Konsequenzen einen tatsächlichen Zugriff der Obergesellschaft. Das in der konsolidierten Rechnung als einheitlicher Block erscheinende Eigenkapital ist in Wirklichkeit auf diese Weise nirgends vorhanden, in der Obergesellschaft nur zum Teil, und in den vielen Untergesellschaften nur zersplittert. Die Konsolidierung muss zudem gerade in den wichtigsten Fällen Einzelabschlüsse von Unternehmenseinheiten rechnerisch zusammenfassen, die in verschiedenen Währungen und erst noch nach verschiedenen rechtlichen Systemen Rechnung legen. Aus den Währungs- und Rechtsunterschieden ergeben sich Probleme, die nicht ohne Rest und Widersprüche lösbar sind. In der Konsolidierung verschwinden auch alle jene Garantien und Bürgschaften, Patronatserklärungen und Beruhigungsbriefe, welche die Obergesellschaft zugunsten der Kreditgeber ihrer Untergesellschaften ausgegeben hat. Deren Existenz – und Brisanz – tritt dann aber schlagartig zutage, wenn die Gläubiger diese Versprechungen bei der Konzerngesellschaft zur Zahlung präsentieren.

1169

2. Gefahr einer Verzerrung

Die Fiktion eines einheitlichen Unternehmens führt auch in manchen Fällen nun ihrerseits zu einem *Zerrbild*. Dazu kann es, wie bei jedem «averaging», kommen, wenn man Äpfel und Nüsse addiert und durch zwei teilt: Sind die Untergesellschaften nach verschiedenen Geschäftsfeldern organisiert, und ist z.B. ihre Rentabilität und Finanzsituation grundlegend verschieden, so führt die Konsolidierung zu der Darstellung einer durchschnittlichen Rentabilität und einer durchschnittlichen Finanzlage, welche die Wirklichkeit in keinem einzigen der Geschäftsfelder angemessen wiedergibt. Wer eine überfinanzierte und eine der Insolvenz nahestehende Tochtergesellschaft mit einer stark verschuldeten Obergesellschaft konsolidiert, kann zu einer Konzernrechnung mit un-

1170

---

[8] *7. EG-Richtlinie* (1983) Art. 18 und 22. Aus Art. 26 Abs. 2 ergibt sich ohne weiteres der Grundsatz der Vollständigkeit: vorbehältlich der Weglassung von gruppeninternen Beziehungen sind alle Gegenstände des Aktiv- und Passivvermögens, alle Aufwendungen und Erträge der konsolidierten Unternehmungen in die Konzernrechnung zu übernehmen.

[9] Z.B. *2. EG-Richtlinie* (1976) Art. 15.

auffälligem, durchschnittlich-normalem Finanzbild gelangen. Auch können starke Unterschiede in den Währungen, die in den verschiedenen Gruppengesellschaften eine Rolle spielen, das in der Konsolidierungswährung zustandekommende Bild verzerren. Dagegen ist kaum ein Kraut gewachsen, jedenfalls nicht ein allgemein wirksames[10]; insoweit kann in der Tat die Konsolidierung die zuverlässige Beurteilung der wirklichen wirtschaftlichen Verhältnisse sogar erschweren, anstatt sie zu erleichtern.

C. Stärken der Konsolidierung

1171 Trotz diesen methodischen Grenzen, an die jede Konsolidierung stösst, wenn sie über einen leicht überblickbaren, inländischen Rahmen hinausgeht, vermag eine Konzernrechnung *vier wesentlichen Anforderungen* zu genügen:

1172 1. Die Konsolidierung eliminiert die trügerische *Eigenkapitaladdition* einer verschachtelten Unternehmensgruppe. Jede Übereinanderschaltung von Unter- und Obergesellschaften – und erst recht, wenn sich die Verschachtelung auf drei, vier und mehr Ebenen erstreckt – führt mit arithmetischer Unausweichlichkeit zu fiktiven Eigenkapitalausweisen. Dies spielt sich in jeder Obergesellschaft ab. Insoweit als ihre Aktiven die Beteiligung an den Untergesellschaften widerspiegeln, ist der wirklich vorhandene Aktivenüberschuss zweimal als Eigenkapital ausgewiesen: einmal bei der Untergesellschaft, und einmal bei der Obergesellschaft. Da die Konsolidierung methodisch ein Hineinschieben der Bilanzen der Untergesellschaften in die Bilanz der Obergesellschaft bedeutet, verschwinden die mehrfach ausgewiesenen Eigenkapitalbeträge sofort wie von Geisterhand. Die Schulden der Obergesellschaft und die Schulden der Untergesellschaft aber – mit Ausnahme der rein konzerninternen Forderungsverhältnisse – addieren sich unerbittlich. Damit wirkt die Konsolidierung von vornherein jener allzu verführerischen Möglichkeit in einer verschachtelten Unternehmensgruppe entgegen, auf jeder der oberen Ebenen das dort ausgewiesene «zusätzliche Eigenkapital» zur Aufnahme weiterer Schulden zu verwenden.

1173 2. Die Konsolidierung der Erfolgsrechnungen und nur sie enthüllt die fiktive Natur der Gewinne aus *konzerninternen Lieferungen und Leistungen*. Erst die Konsolidierung bringt eine Durchsetzung des Imparitätsprinzips auch in dieser Hinsicht. Sie zeigt, dass der Umsatzakt innerhalb des Konzerns nicht gegenüber einer Marktgegenseite erfolgt, dass damit nur scheinbar Gewinn oder Verlust realisiert ist. Erst wenn das Wirtschaftsgut den Konsolidierungskreis verlässt, liegt eine Realisierung vor, und erst dann ist in der konsolidierten Rechnung der Ertrag ausweisbar.

---

[10] Die *Spartenrechnung* kann immerhin eine gewisse Abhilfe bringen; diese wird vom Schweizer Aktienrecht (im Unterschied zur *4. EG-Richtlinie* von 1978) nicht gefordert und ist auch noch wenig verbreitet.

3. Die Konsolidierung bewahrt vor weiteren gefährlichen Selbsttäuschungen, denen   1174
eine *Verschachtelung* von Firmen Vorschub leisten kann[11]. Dazu gehört der Eindruck, dass der Liquiditätsgrad sich verbessert, wenn Waren an Tochtergesellschaften geliefert werden (weil bei der Obergesellschaft die Vorräte abgebaut werden, der Bestand an anscheinend kurzfristigen Debitoren steigt). Dazu gehört die Verteilung der gesamten Schuldenlast auf mehrere Ebenen mit je verhältnismässig geringerem Verschuldungsgrad (während in Wirklichkeit die Schulden gegenüber Dritten sich arithmetisch genau kumulieren, ein Teil der Aktiven aber nicht).

4. So mangelhaft die Konsolidierung methodisch immer ist, nur sie vermag die Leitung der Obergesellschaft mit den *Finanzkennzahlen* des Gesamtunternehmens zu   1175
konfrontieren. Eine schlecht finanzierte Untergesellschaft bleibt nicht isoliert; sie schlägt mit ihren Finanzzahlen auf die ganze Konzernrechnung durch.

Dies alles ist umso wichtiger, als die Erfahrung der letzten Jahrzehnte gezeigt hat, dass   1176
– aus den verschiedensten tatsächlichen[12] und teilweise eben doch auch rechtlichen Teilgründen – ein gewisser *konzernmässiger Beistandszwang* bestehen kann[13].

II. Konzern und Konsolidierung

A. Das Fehlen eines Konzernrechts im weiteren Sinne

1. Entscheid von Fall zu Fall

Die Botschaft von 1983 beschränkte sich zum Fragenkomplex eines Schweizer Konzernrechts auf die Feststellung von rührender Schlichtheit: 1177

«Die Konzerne werfen mannigfaltige Probleme auf, die in einer weiteren Revisionsphase gelöst werden müssen»[14].

---

[11] So schon illustrativ der Bundesgerichtsentscheid vom 11. November 1975, ST 50 (1976) 9/26, Erw. 3/d: «Die Beklagte hätte sich angesichts der engen Verflechtungen der verschiedenen Firmen aufgrund einer konsolidierten Bilanz eine Übersicht verschaffen müssen.»
[12] Vor allem die Verwendung des Firmennamens der Obergesellschaft durch die Untergesellschaft, aber auch das Misstrauen der Wirtschaftsteilnehmer gegenüber jeder Obergesellschaft, die eine Untergesellschaft fallen lässt.
[13] Der Bundesgerichtsentscheid vom 11. Dezember 1990 i.S. CS Holding, publiziert in Praxis 80 (1991) 701 ff., betrifft zwar besondere Verhältnisse eines Bankkonzerns und geht sehr weit, m.E. zu weit. Den darin angesprochenen Überlegungen zum faktischen Beistandszwang kann aber eine gewisse allgemeinere Bedeutung nicht abgesprochen werden.
[14] *Botschaft 1983*, 5, Ziff. 112; dies trotz dem Postulat *Koller* vom 26. Juni 1973 für einen Entwurf für ein Bundesgesetz über Konzerne, a.a.O. 34, Ziff. 145; *Begleitbericht 1975*, 19/20.

1178 Niemand aber hat es später gewagt, diese mannigfaltigen Probleme anzupacken. Solange das Schweizer Recht ein eigentliches Konzernrecht[15] nicht kennt, ist aus den allgemeinen Regeln mindestens folgendes abzuleiten:

1179 a) Die Einrichtung einer *«einheitlichen Leitung»* durch eine Konzerngesellschaft ist als solche rechtmässig[16]. Damit sind beim Interessenkonflikt zwischen Gläubigern oder Minderheitsaktionären einer Untergesellschaft und der leitenden Obergesellschaft die Konzernanliegen in die Interessenabwägung legitimerweise einzubeziehen. Was aber fehlt, sind nähere Bestimmungen darüber, *wie* die Obergesellschaft die Untergesellschaften «leitet».

1180 b) Die *Bekanntgabepflicht* im Anhang von Publikumsgesellschaften[17] für Beteiligungen, die die *5%-Schwelle* erreichen oder übersteigen, legt in Untergesellschaften mit kotierten Aktien die konzernmässige Abhängigkeit alljährlich offen.

1181 c) Die Obergesellschaft bzw. der Hauptaktionär kann, je nach Ausgestaltung der Einzelheiten und den rechtlichen Theorien, die das Gefallen des Richters finden, in der Untergesellschaft in eine *Organstellung* hineingeraten[18]. Damit oder mit dem sog. *Durchgriff* kann er gegenüber den Gläubigern bzw. Minderheitsaktionären direkt haftbar werden[19].

1182 d) Umgekehrt kann die strenge Hand des Richters im Einzelfall bei der *Untergesellschaft* ansetzen. Er stellt dann deren gesetzlich eingerichtete Abschottung der Aktiven und Passiven «nach oben» in Frage (sog. *«umgekehrter Durchgriff»*). In diesen seltenen, rechtsdogmatisch auf den Ansatz des Rechtsmissbrauchs[20] gegründeten Fällen weiss die Mutter, was die Tochter weiss, haftet die Tochter für die Schulden der Mutter, greifen die Mutter-Gläubiger auf das Tochter-Vermögen.

1183 e) Wer einmal die von Art. 620 OR eingerichtete Zellwand des Gesellschaftsrechts durchstossen hat, wird dann keine Hemmungen mehr haben, auch zum *«Querdurchgriff»* zu schreiten: man lässt die eine Schwester für die andere haften, die Gläubiger der anderen auf das Vermögen der einen greifen.

1184 Es genügen schon diese Hinweise zur Erkenntnis, wie tief die sonst ausgewogene Gewährleistung der Interessen von Beteiligten und Gläubigern jeder Konzernebene durch solche Einzelentscheide, die *nicht* auf ein innerlich zusammenhängendes Konzernrecht abgestützt sind, betroffen sein muss. Die Schweizer Praxis ist daher bis

---

[15] *André von Graffenried* (1977) 140 ff.; *Frank Vischer* (1978) 88 ff.; *Jean Nicolas Druey* (1980) 273 ff; *Roland Ruedin* (1980) 151 ff.; *Markus P. Stebler* (1988) 13 ff.; *Barbara Deilmann* (1990) 89 ff.
[16] Die Aussage von *Andreas von Planta* (1983) 602 in Ziff. 5 ist insoweit durch die Aktienrechtsreform relativiert.
[17] Art. 663c OR 1991 (nach dem berichtigten Text nicht nur, wenn *Namenaktien* an der Börse kotiert sind).
[18] *Markus Dennler* (1984) 47 ff.; *Pierre-Olivier Gehriger* (1979) 105 ff.; *Jean Nicolas Druey* (1981) 77 ff.; *Peter Forstmoser* (1982A) 147/48; *Andreas von Planta* (1981) und (1983) 605 und 607; *Karl Spiro* (1983) 643. Hinweise zur Gegenmeinung bei *Andreas von Planta* (1983) 598 Anm. 9 und 10.
[19] Vgl. den Hinweis von *Peter Nobel* (1991 C) 41; *Max Albers-Schönberg* (1980) 115 ff.
[20] Vgl. offenbar erstmals in der Schweiz BGE 53 II 25, dann der «Mutter-Tochter»-Entscheid betr. Stimmrecht BGE 72 II 275/76; 81 II 455; Wissenszurechnung in BGE 112 II 503.

heute mit solchen Durchgriffen, umgekehrten Durchgriffen und Querdurchgriffen äusserst zurückhaltend[21]. Wir haben es hier mit einem Prozess der Rechtsbildung zu tun, der sich nach dem aus Rom und London bekannten Schema der Billigkeitsurteile gegenüber dem strengen Recht allmählich vollzieht[22].

f) Weder die *Minderheitsaktionäre* noch die *Konzernobergesellschaft* haben die besonderen Rechtsbehelfe eines ausgebauten Konzernrechts[23]. Verliert eine Gesellschaft, in die die Aktionäre investiert haben, nachträglich ihre wirtschaftliche Selbständigkeit und wird fortan «einheitlich» im Interesse eines Konzerns geleitet, so haben die Aktionäre praktisch kaum eine rechtliche Handhabe zum Schutz ihrer dadurch bedrohten Interessen. Insbesondere können sie ihre Aktien nicht gegen eine Abfindung der Obergesellschaft anbieten[24]; die Obergesellschaft kann ihnen aber auch die Aktien nicht gegen ihren Willen abnehmen. Das Ergebnis ist ein Patt des allseitigen Missvergnügens.

2. Nachteile des einzelfallbezogenen Durchgriffs

Insgesamt hat – im rechtlichen Zusammenhang betrachtet – ein «*Konzernrecht durch Einzelentscheide*» erhebliche Nachteile. Jeder «Durchgriff» verschiebt Vermögenssubstrat aus dem einen Gläubigerkreis in den andern: was den einen mehr zugesprochen wird, fehlt den anderen – und denen hatte man das vom Gesetzgeber höchstselbst aufgestellte System des Sondervermögens einer Kapitalgesellschaft als verlässlich dargestellt[25]. Jeder Einzelentscheid hackt sich einen Happen aus dem gesamten Konzernvermögen, und zwar gerade dort, wo der jeweilige zuerst gekommene Kläger ansetzt. Setzen sich derartige Vorstellungen durch, entsteht nicht mehr, sondern weniger Rechtssicherheit. Und in der Konsequenz ist es dann auch letztlich vorbei mit der vom Schweizer Gesetzgeber selbst aufrechterhaltenen Vorstellung der wirtschaftlichen Selbständigkeit der Konzernobergesellschaft. Leicht erschiene eine Konzernobergesellschaft, würde sie für alle derartigen Risiken aus Durchgriffshaftung, die aus dem Bereich der Untergesellschaften nach oben durchschlagen, Rückstellungen einsetzen, als mit Fremdkapital überbürdet oder als überschuldet.

---

[21] BGE 108 II 213.
[22] Die Kosten dieses Vorgangs bestehen in der *Verunsicherung* der Berechtigten *jeder* Ebene darüber, welche rechtlichen Abschottungen nun im Ernstfall dicht halten, und welche nicht.
[23] Vgl. §§ 291 ff. AktG.
[24] Schon *Anne Petitpierre-Sauvain* (1972) 211 ff. schlug nicht nur ein «Austrittsrecht» des Minderheitsaktionärs, sondern auch ein *Übernahmerecht* des Mehrheitsaktionärs vor.
[25] «Ce principe de l'autonomie de la personne morale a pour conséquence que mère et filiale ne répondent pas des dettes l'une de l'autre» Cour de Cassation, Paris, 31 mai 1989, D. 1989, IR 227.

B. Zusammenfassung unter einheitlicher Leitung

1187 Jedes Recht, das die Konsolidierung einführt, muss den Tatbestand, der die Rechtsfolge – die Pflicht zur Erstellung einer Konzernrechnung – auslöst, sorgfältig definieren. Nach dem neuen Aktienrecht genügt die blosse Tatsache einer Verschachtelung in Ober- und Untergesellschaften eindeutig noch nicht für die Konsolidierungspflicht. Die Pflicht zur Erstellung einer konsolidierten Rechnung entsteht nach Art. 663e OR 1991 erst dann, wenn drei Voraussetzungen kumulativ erfüllt sind:

1188 1. *Die Jurisdiktion*: Es handelt sich um eine *schweizerische* Aktiengesellschaft[26];

1189 2. *Die Beherrschung*: Die Gesellschaft beherrscht durch Stimmenmehrheit oder «auf andere Weise» eine oder mehrere Gesellschaften (Untergesellschaften). Als eine «andere Weise» der Zusammenfassung gelten vertragliche Verknüpfungen, die rechtlich dazu bestimmt und faktisch in der Lage sind, ohne direkte Stimmenmehrheit eine einheitliche Leitung durchzusetzen (Vertragskonzern);

1190 3. *Die einheitliche Leitung*: Die Obergesellschaft entfaltet tatsächlich eine Tätigkeit, die als einheitliche Leitung der ganzen Gruppe, als «Konzernleitung» zu qualifizieren ist.

1191 Es ist zu betonen: *Stimmenmehrheit für sich allein* genügt nicht für die Begründung der Konzernrechnungspflicht. Eine Gesellschaft muss nicht konsolidieren, bis sie die beherrschten Gesellschaften unter ihrer einheitlichen Leitung zu einem Konzern zusammenfasst. Wenn der Fall auch nicht sehr wahrscheinlich ist, so ist er doch denkbar: rein stimmenmässige oder anderweitige *Beherrschung ohne einheitliche Leitung*. Dies ist etwa der Fall, wenn die Obergesellschaft sich auf die Wahrnehmung der Aktionärsrechte in den Generalversammlungen der Untergesellschaften beschränkt und das operative Geschehen in den Untergesellschaften bewusst und konsequent nicht dem Willen einer einheitlichen Leitung unterwirft. Undenkbar ist dagegen einheitliche Leitung ohne mindestens indirekte Beherrschung.

---

[26] Gemäss Art. 805 OR sind die für die Aktiengesellschaft geltenden Bestimmungen «über die Bilanz und die Reservefonds» auch auf die *GmbH* anwendbar, und eine ähnliche Vorschrift findet sich für die Kreditgenossenschaften und konzessionierten Versicherungsgenossenschaften in Art. 858 Abs. 2 OR. Für Bank-Genossenschaften geht allerdings das besondere Bankenrecht vor.

C. Die Freistellung von Kleinkonzernen

1. Der Grundgedanke

Der Nationalrat[27] hat in Anlehnung an einen Grundgedanken des EG-Gesellschaftsrechts eine Ausnahme von der Konzernrechnungspflicht aufgestellt: Die Konzernrechnungspflicht soll für *Kleinkonzerne*, die den Kapitalmarkt nicht in Anspruch nehmen, so lange entfallen, als nicht Aktionäre mit mindestens 10% des Aktienkapitals eine Konsolidierung verlangen oder diese für eine möglichst zuverlässige Beurteilung der Vermögens- und Ertragslage so oder so notwendig ist. Es handelt sich um einen «Kleinheitsbonus» unter Bedingungen. Der Schweizer Gesetzgeber ist hier teilweise strenger als die entsprechenden EG-Richtlinien, die auch beträchtlich grössere Mittelkonzerne noch durch die Maschen schlüpfen lassen[28].

1192

2. Die Kriterien

Die «Kleinheit» des Konzerns wird vom Gesetzgeber in Zahlen festgelegt. Befreiung tritt nur ein, wenn – pikanterweise auf konsolidierter Basis zu berechnen – *zwei* der massgeblichen *drei Grössen* in *zwei* aufeinanderfolgenden Geschäftsjahren nicht überschritten werden[29]:

1193

(1) Bilanzsumme 10 Mio. Franken;

(2) Umsatzerlös 20 Mio. Franken;

(3) Arbeitnehmerzahl 200 im Jahresdurchschnitt[30].

Es ergibt sich von selbst, dass mit fortschreitender *Geldentwertung* die Schwellenwerte für Bilanzsumme und Umsatzerlös immer tiefer sinken müssen und die dritte, die Arbeitnehmerzahl, damit am Schluss bedeutungslos wird.

1194

Die *Freistellung* ist an sich problematisch, weil schwer einzusehen ist, auf welche Weise nur wegen der relativen Kleinheit der Zahlen nun plötzlich jene zuverlässige Beurteilung der Ertrags- und Vermögenslage ohne Konsolidierung möglich sein soll, wenn sie bei grösseren Zahlen anerkanntermassen unmöglich ist. Dazu kommt, dass auch die Unternehmensleitungen von Kleinkonzernen[31] den Folgen der verdunkelten, geradezu irreführenden Aussagen zum Opfer fallen können, die von nicht konsolidierten Rechenwerken verschachtelter Gesellschaften ausgehen.

1195

---

[27] *Amtl. Bull. NR* (1985) 1716 ff.
[28] *7. EG-Richtlinie* (1983) Art. 6. Siehe Anm. 30 hiernach. Die Schwellenwerte wurden angehoben, «Mittelstandsrichtlinie» vom 8. November 1990.
[29] Art. 663e Abs. 2 OR 1991.
[30] Die entsprechenden Schwellenwerte betragen, unter derzeitigen Umrechnungskursen, nach *EG-Recht* (Stand 1990) für (1) 38 Mio. Franken, (2) 77 Mio. Franken und (3) 500 Arbeitnehmer.
[31] Und die Zahl von 200 Arbeitnehmern für sich allein ist relativ hoch angesetzt. Wer mit 200 Personen einen Umsatz von weniger als Fr. 20 Mio. erwirtschaftet, wird wohl bald in Schwierigkeiten geraten.

1196 Der Vorbehalt des Gesetzes, dass die Freistellung trotz «Kleinheit» nicht gilt, wenn die Konsolidierung für eine *möglichst zuverlässige Beurteilung der Vermögens- und Ertragslage* notwendig ist, ist daher berechtigt[32]. Der Verwaltungsrat der Obergesellschaft und deren Revisionsstelle werden die Frage, ob die Konsolidierung in diesem Sinne trotz «Kleinheit» notwendig ist[33], bei jedem Jahresabschluss zu entscheiden haben. Nur in den seltensten Fällen wird man bei der Grössenordnung, die der Gesetzgeber mit dem Stichwort «200 Arbeitsplätze» ins Auge gefasst hat, bestätigen können, dass noch eine zuverlässige Beurteilung ohne Konsolidierung möglich ist. Zu denken wäre etwa an den Fall, wo eine kleine, privat gehaltene Holdinggesellschaft nur eine oder zwei inländische Betriebsgesellschaften als 100%-ige Beteiligungen hält und der Geschäftsverkehr praktisch ausschliesslich mit Dritten abgewickelt wird. Schon wenn ausländische Tochtergesellschaften, mehrere Betriebs-, Liegenschafts- und Finanzierungsgesellschaften dazu kommen, oder wenn die konzerninternen Finanzierungen und Lieferungen einen beträchtlichen Umfang erreichen, ist trotz «Kleinheit» von Bilanz und Umsatz eine konsolidierte Rechnung für eine möglichst zuverlässige Beurteilung der Vermögens- und Ertragslage praktisch unerlässlich.

D. Die Freistellung von Zwischenkonzernen

1197 Der Gesetzgeber stellte[34] ferner bestimmte *Zwischenkonzerne* von der Konsolidierungspflicht frei. Von dieser Erleichterung sollen jene Gesellschaften der mittleren Ebene profitieren – ob «gross» oder «klein» – , die weder ihrerseits zur Offenlegung ihrer Jahresrechnung verpflichtet sind noch Minderheitsaktionäre haben, die auf der Konsolidierung beharren.

1198 Auch hier sind *positive* und *negative* Voraussetzungen zu erfüllen. Auf der positiven Seite[35]:

(1) Es muss sich um eine *schweizerische* Gesellschaft handeln, die mit ihren Zahlen in die Konzernrechnung der Obergesellschaft einbezogen wird;

(2) die Konzernrechnung der Obergesellschaft muss nach *schweizerischen* oder *gleichwertigen ausländischen Vorschriften* erstellt und geprüft werden. Wird also eine schweizerische Zwischengesellschaft von einer ausländischen Obergesellschaft beherrscht, so müssen der schweizerische Verwaltungsrat und die Revisionsstelle der Gesellschaft die Frage der Gleichwertigkeit entscheiden. Liegt kein Einbezug in die höherstufige Konzernrechnung vor (oder trotz solchem Einbezug keine Gleichwertigkeit), so muss die Zwischengesellschaft konsolidieren;

(3) die Obergesellschaft muss die Konzernrechnung ihren Aktionären und Gläubigern wie die eigene Jahresrechnung *bekanntmachen*.

---

[32] *Amtl. Bull. StR* (1988) 479.
[33] Art. 663e Abs. 3 Ziff. 4 OR 1991.
[34] *Amtl. Bull. NR* (1985) 1716.
[35] Art. 663f Abs. 1 OR 1991.

Auch wenn alle positiven Voraussetzungen erfüllt sind, ist für die Zwischengesellschaft 1199
dennoch kein Konsolidierungsdispens erhältlich in zwei Fällen[36]:

(1) wenn an der Zwischengesellschaft *Minderheitsaktionäre* beteiligt sind, und diese
mit mindestens 10% des Aktienkapitals auf der Konsolidierung beharren (ein besonderes Minderheitsrecht im Konzern), oder

(2) wenn die Zwischengesellschaft ihrerseits die Jahresrechnung nach Schweizer Recht
offenlegen muss[37], also den Kapitalmarkt in Anspruch genommen hat.

Die Offenlegung war bekanntlich eine der umstrittensten Stellen der Aktienrechtsreform, und nach der am Schluss angenommenen Minimallösung trifft die Offenlegungspflicht nur jene Schweizer Aktiengesellschaften, die Anleihensobligationen ausstehend oder Aktien an der Börse kotiert haben. Der weitergehende Vorschlag des Bundesrates von 1983, auch «privat» finanzierte Aktiengesellschaften offenlegungspflichtig zu machen, wenn sie «gross» sind[38], fand im Parlament keine günstige Aufnahme. 1200

Im Ergebnis kommen für den Befreiungsbonus Zwischengesellschaften in Frage, die konzernintern finanziert sind und weniger als 10% Drittaktionäre haben.

E. Der «Bonus» für den Einzelabschluss der konsolidierten Untergesellschaft

Es ist offensichtlich, dass eine Obergesellschaft, die nach neuem Aktienrecht sowohl 1201
ihren dreigliedrigen Einzelabschluss wie eine dreigliedrige Konzernrechnung erstellt,
viele Angaben im Endergebnis entweder *doppelt* oder jedenfalls teilweise *überlappend*
liefert. Ein additiver Zahlenfriedhof in vier Rechenwerken und zwei Anlagen war nicht
das Ziel der Aktienrechtsreform. Dennoch ist genau dies die Folge der heutigen gesetzlichen Regelung, wenn man sie wörtlich befolgt.

Vernünftig ist daher die Fachempfehlung *FER 1*[39], wonach der Einzelabschluss der Untergesellschaft *vereinfacht* werden kann, sofern eine Konzernrechnung erstellt und diese den Adressaten des Einzelabschlusses zugänglich gemacht wird. Es wird namentlich empfohlen, in diesem Fall auf die Mittelflussrechnung der Einzelgesellschaft zu verzichten[40] und den Anhang auf das gesetzliche Minimum zu reduzieren. Diese Fachemp- 1202

---

[36] Art. 663f Abs. 2 OR 1991.
[37] Gemäss Art. 697h Abs. 1 Ziff. 1 und 2 OR 1991, Rz 1320 ff.
[38] Nach dem Vorschlag des Bundesrates von 1983, Art. 697h Abs. 1 Ziff. 3 (*Botschaft 1983*, 235), wäre dies der Fall gewesen, wenn zwei der folgenden Kriterien in zwei aufeinanderfolgenden Geschäftsjahren überschritten wären:
– Bilanzsumme 50 Mio. Franken
– Umsatzerlös 100 Mio. Franken
– Arbeitnehmerzahl 500 im Jahresdurchschnitt.
[39] *FER 1* (1985).
[40] *Entwurf FER 6* (1991) erlaubt, auf die Mittelflussrechnung im Einzelabschluss zu verzichten, wenn diese für den Konzern vorgelegt wird (Ziff. 6).

fehlung findet ihre rechtliche Grundlage im Wesentlichkeitsgrundsatz, aber auch darin, dass durch eine bis zum Peniblen gehende Informationsflut die Beurteilung der finanziellen Lage am Schluss gestört und nicht verbessert wird. Allerdings gilt dieser «Bonus» nicht auch für die *Obergesellschaft* selbst, obgleich die Fachempfehlung FER 1 das offen lässt.

F. Konsolidierungskreis

1203   In die Konsolidierung sind alle Gesellschaften einzubeziehen, die unter der *einheitlichen Leitung* einer Schweizer Obergesellschaft stehen[41]. Dieser Grundgedanke des Gesetzes war in den Beratungen nie umstritten; er folgt den Leitgedanken des EG-Rechtes[42].

1204   Sowohl Bundesrat wie Parlament haben davon abgesehen, den Konsolidierungskreis auf *schweizerische Gesellschaften* oder überhaupt Fakten in der Schweiz zu beschränken. Liegt die Beherrschung mit Zusammenfassung unter einheitlicher Leitung vor, so hat die Obergesellschaft nur noch ein sehr enges Ermessen für die Ausschliessung von Untergesellschaften aus dem Konsolidierungskreis. Weder die Jurisdiktion noch Rechtsnatur der Untergesellschaft – sofern diese nur eine juristische Person ist – begründet eine Ausklammerung aus dem Konsolidierungskreis, unabhängig von der Art des Geschäftsbetriebs. Immerhin sind drei Ermessensentscheide zu treffen:

1205   1. Der Grundsatz der *Wesentlichkeit*[43] gestattet es, Untergesellschaften von untergeordneter Bedeutung nicht zu konsolidieren. Dies hatte ausdrücklich schon die Botschaft zur Aktienrechtsreform bemerkt[44], und der Nationalrat hatte eine Beifügung[45] ins Gesetz aufnehmen wollen[46].

1206   2. Die *Schutzklausel* des Art. 663h erlaubt es, eine Gesellschaft aus der Konsolidierung auszuklammern, wenn der Gesellschaft oder dem Konzern erhebliche Nachteile erwachsen könnten[47]. Wohl trifft die Kompetenz zur Ausklammerung nach rein wörtlicher Auslegung nur auf einzelne Angaben der Konzernrechnung zu und wird die Ausklammerung aus dem Konsolidierungskreis als solche nicht erwähnt. Doch ist es schwer einzusehen, wie in einem Fall, in dem tatsächlich eine Gefährdung vorliegt, der Normzweck mit der Weglassung nur von einzelnen Angaben erreicht werden könnte.

---

[41]   Art. 663e Abs. 1 OR 1991; *FER 2* (1986) Ziff. 9.
[42]   *7. EG-Richtlinie* (1983).
[43]   Art. 662a Abs. 2 Ziff. 2 OR 1991.
[44]   *Botschaft 1983*, 73, Ziff. 209.5.
[45]   Art. 663ter Abs. 1 Satz 2 in den Beratungen, *Amtl. Bull. NR* (1985) 1716.
[46]   Vgl. auch *FER 2* (1985) Ziff. 9 Satz 4.
[47]   Art. 663h Abs. 1 OR 1991; *Botschaft 1983*, 147, Ziff. 323.5 hatte auch noch die Landesinteressen ins Spiel bringen wollen.

3. Nach der hier vertretenen Ansicht sind nicht in den Konsolidierungskreis jene Gesellschaften einzubeziehen, die ein derartig *grundlegend verschiedenes Bilanzbild* aufweisen, dass die Zusammenfassung und Vermischung der Zahlen eine zuverlässige Beurteilung der Vermögens- und Ertragslage geradezu behindern oder vereiteln würde[48].

1207

Dies ist bekanntlich vor allem dann der Fall, wenn *Versicherungs-Gesellschaften* oder *Banken* mit Fabrikations- oder Handelsgesellschaften zusammengefasst werden sollen. Ein Einbezug solcher grundverschieden aufgebauter Rechenwerke nach der Eigenkapitalmethode (Ausweis des anteiligen Ertrags und Eigenkapitals) bietet, über alles gesehen, eine zuverlässigere Beurteilung der wirtschaftlichen Lage. Die rechtliche Grundlage für einen solchen Entscheid wird man in Art. 663h Abs. 2 OR 1991 erblicken dürfen. Auch das EG-Recht sieht vor, dass ein Unternehmen nicht in die Konsolidierung einzubeziehen ist, wenn es «derart unterschiedliche Tätigkeiten ausübt», dass die Zusammenfassung der Zahlenwerke kein den tatsächlichen Verhältnissen entsprechendes Bild zu vermitteln vermag[49]. Die Besonderheit des Geschäfts kann nicht nur nach einer besonderen Darstellung im engeren Sinne rufen, sondern auch eine besondere Methode der Zusammenfassung als insgesamt sinnvoller erscheinen lassen.

1208

III. Die Konsolidierungsmethode

Die Arbeitsgruppe von Greyerz hat sich dazu entschieden, im Gegensatz zu den meisten ausländischen Rechten[50] und dem EG-Recht[51] keine in die Einzelheiten gehenden Vorschriften zur Konsolidierungsmethode ins Gesetz aufzunehmen. Bundesrat und Parlament sind diesem Grundgedanken gefolgt; er strebt eine grösstmögliche Flexibilität an und betont die Gestaltungsverantwortung der Gesellschaften[52]. Die Flexibilität allerdings hat vom Gesetz gezogene Grenzen[53].

1209

1. Konsolidierung und Quotenkonsolidierung

Es obliegt der Konzern-Obergesellschaft, die Konsolidierungsregeln aufzustellen, im Anhang zur Konzernrechnung zu nennen[54] und dann auch in der Praxis sachgemäss und konsequent anzuwenden. Die Obergesellschaft ist innerhalb der noch darzulegenden Schranken frei, die Einzelheiten der Konsolidierungsregeln selber festzusetzen[55].

1210

---

[48] *FER 2* (1985) Ziff. 9 Satz 3.
[49] *7. EG-Richtlinie* (1983) Art. 14. Allerdings ist dann der «ausgeklammerte» Einzelabschluss beizulegen oder der Öffentlichkeit zur Verfügung zu halten.
[50] Insb. Art. 357-1 ff. LSC; früher §§ 329 ff. AktG, 1965, jetzt §§ 290 ff. HGB 1985.
[51] *7. EG-Richtlinie* (1983), Art. 16 ff.
[52] *Entwurf FER 7* (1991).
[53] *Giorgio Behr* (1992) 39; *Carl Helbling* (1992) 318 ff., 468 ff.
[54] Art. 663g Abs. 2 OR 1991.
[55] Immer mehr international tätige Gesellschaften wenden die *IAS* (International Accounting Standards) an.

a)   Vollkonsolidierung

1211 Es ist dabei üblich, die *Vollkonsolidierung* zu wählen. Nach den Fachempfehlungen FER ist das sogar vorgeschrieben[56]. Die Rechenwerke des Konsolidierungskreises werden zusammengefasst, wobei man die Anteile von Minderheitsaktionären an Eigenkapital und Jahresgewinn in einem ersten Schritt vergisst. Die Vollkonsolidierung geht methodisch zunächst davon aus, dass keine Anteile im Drittbesitz stehen: was immer zum Konsolidierungskreis gehört, wird mit allen Bilanzpositionen, allen Erfolgspositionen einbezogen in die Gesamtrechnung. Die Anteile Dritter werden am Schluss in der Bilanz als Passivposten, in der Erfolgsrechnung als Aufwandposten gezeigt; in Wirklichkeit handelt es sich weder um Schulden noch um Aufwand, sondern um reine Korrekturbuchungen.

b)   Quotenkonsolidierung

1212 Möglich ist auch – vor allem wenn eine hälftige Beteiligung besteht – die *Quotenkonsolidierung*: die Rechenwerke der Gesellschaften im Konsolidierungskreis werden konsolidiert, von allen Zahlen aber nur diejenige Quote, die der eigenen Beteiligungsprozentzahl entspricht, in die konsolidierte Rechnung einbezogen. Diese Methode eignet sich aber nur für Sonderfälle, so für 50:50 Gemeinschaftsunternehmen (Joint-Ventures), oder jene seltenen Fälle der Konsolidierung, wo keine Kapitalmehrheit, wohl aber eine einheitliche Leitung besteht.

2.   Eigenkapital-Methode (keine Konsolidierung im engeren Sinne)

a)   Anteiliges Eigenkapital der Untergesellschaft

1213 Keine eigentliche Konzernrechnung im Sinne des neuen Aktienrechtes entsteht durch die «Equity-Methode»[57]. Wenn die Voraussetzungen zur Aufstellung einer Konzernrechnung wegen Zusammenfassung unter einheitlicher Leitung erfüllt sind, genügt die Equity-Methode nicht, oder nur in den seltensten Ausnahmefällen. Freiwillig allerdings kann die Equity-Methode für nichtkonsolidierte Gesellschaften verwendet werden, wenn an ihnen eine «Beteiligung» besteht, d.h. zwar keine Mehrheit, aber eine Quote von 20% bis 49% erreicht wird.

b)   Gefahren der «Equity-Methode»

1214 Die Equity-Methode steht im Gegensatz zur Methode des anteiligen Unternehmenswertes[58]. Die Equity-Methode für 20%ige bis 50%ige Beteiligungen kann ihrerseits problematisch sein. Die konkreten Umstände können dazu führen, dass sie die zuverlässige Beurteilung der Vermögens- und Ertragslage nicht nur nicht verbessert, sondern umgekehrt den Bilanzleser in die Irre führt. Dies ist z.B. dann der Fall, wenn die

---

[56] *FER 2* (1986) Ziff. 3.
[57] *FER 2* (1986) Ziff. 10. Die FER erwähnt auch die Methode des Ausweises zum anteiligen Unternehmungswert oder zum Buchwert.
[58] Die Buchwert- und die Equity-Methode finden ihren Niederschlag in der *7. EG-Richtlinie* (1983) Art. 33; zur Quotenkonsolidierung Art. 32.

Beteiligung von 20% bis 50% an einer ertragsschwachen, aber sehr eigenkapitalkräftigen Gesellschaft besteht, die der *Verfügungsmacht* der Gesellschaft, die die Beteiligung hält, in Tat und Wahrheit *entzogen* ist. Die Equity-Methode kann diesfalls zu dem durch die konkreten Verhältnisse nicht begründeten Eindruck führen, es verfüge die Obergesellschaft tatsächlich über die entsprechende Quote an jenem Eigenkapital. Der Grundsatz von der möglichst zuverlässigen Beurteilung ist (wie im EG-Recht derjenige des «den tatsächlichen Verhältnissen entsprechenden Bildes») vorrangig; in einem solchen Fall ist die Equity-Methode ordnungswidrig, insoweit nämlich, als sie einen höheren Wert erbringt als die ordentlichen Regeln der Bewertung von Beteiligungen im Anlagevermögen (Anschaffungswertprinzip).

3. Das Vorgehen bei der Konsolidierung

a)   Die fünf Grundschritte

Die Konsolidierung ist zwar im einzelnen komplex und technisch[59]. Sie vollzieht sich aber recht klar nachvollziehbar in fünf Schritten:

(1) in einem ersten Schritt müssen die Abschlussgrundsätze der zu konsolidierenden Einzelrechnungen aller Untergesellschaften und der Obergesellschaft so weit wie möglich zur *Übereinstimmung* gebracht werden[60]. Dies ist vor allem dann, wenn Gesellschaften verschiedener Länder zum Konsolidierungskreis gehören, ein mühsames und zeitraubendes Unterfangen. Es verlangt u.a. auch die Gleichstellung der Bilanzstichtage im Konzern, wenn nicht mit aufwendigen Zwischenabschlüssen gearbeitet werden soll;

(2) die *so vereinheitlichten Zahlenwerke sind ineinander zu schieben.* Im Rechenwerk der Obergesellschaft werden die Beteiligungsposten gestrichen, die Aktiven der Untergesellschaft bei der Obergesellschaft eingesetzt, das Fremdkapital der Untergesellschaft zum Fremdkapital der Obergesellschaft hinzugezählt. In der Erfolgsrechnung werden Aufwände und Erträge in diesem Schritt addiert;

(3) die *konzerninternen Tatbestände* sind zu eliminieren: in der Bilanz die gruppeninternen *Finanzierungen* (Forderungen und Schulden der konsolidierten Gesellschaften untereinander), und in der Erfolgsrechnung die *konzerninternen Lieferungen und Leistungen* sowie die konzerninternen Dividenden und Kapitalherabsetzungen. Auch die konzerninternen Zinsen und Lizenzgebühren werden als Aufwand und Ertrag weggestrichen;

(4) konzerninterne Gewinne (*Zwischenergebnisse* im Sinne der deutschen Terminologie) sind zum Abschluss-Stichtag zu eliminieren[61];

---

[59] Vgl. z.B.; *Markus Zenhäusern* (1989); *Karl Blumer* (1989) 276; *Francis Lefèbvre* (1989) N. 1220 ff.
[60] Grundsatz der «Einheitlichkeit», *FER 5* (1990) Ziff. 3.
[61] Vgl. § 304 HGB 1985. Es handelt sich um die Eigenkapitalschöpfung, die nicht realisiert ist, weil das von einer Konzerngesellschaft veräusserte Gut den Weg noch nicht zu einer Marktgegenseite gefunden hat.

1220 (5) das *Eigenkapital* der Obergesellschaft wird eingeteilt nicht nach den Stufen der Verwendbarkeit, wie in der Einzelbilanz, sondern in einbezahltes Kapital (paid-in surplus oder «Kapitalrücklage») und verdientes Kapital (earned surplus oder «Gewinnrücklage»). Es verändert sich als Endergebnis um die aktive oder passive *Kapitalaufrechnungsdifferenz* (Konsolidierungsreserve), wenn die Summe der Eigenkapitalien der Untergesellschaften niedriger oder höher ist als die Summe der wegfallenden Beteiligungsposten in der Bilanz der Obergesellschaft.

Das Ergebnis ist grundsätzlich die Konzernrechnung, wie das Gesetz sie verlangt[62].

b) *Kapitalaufrechnungsdifferenz oder Konsolidierungsreserve*

1221 Nach der früheren *deutschen Methode*[63] wird die erwähnte Kapitalaufrechnung zu jedem Bilanzstichtag neu gemacht; es entsteht folgerichtig zu jedem Bilanzstichtag eine neue Kapitalaufrechnungsdifferenz, als rechnerisches Ergebnis der Zusammenschiebung. Nach der sog. *angelsächsischen Methode*, die von der 7. EG-Richtline vorgeschrieben wird[64], behält man nach vorgenommener Verrechnung die Kapitalaufrechnungsdifferenz der erstmaligen Konsolidierung als Goodwill (auf der Aktivseite) oder Konsolidierungsreserve (auf der Passivseite) bei; spätere Veränderungen erscheinen folgerichtig als Gewinn oder Verlust[65].

IV. Schranken der Freiheit in der Konzernrechnung

1222 Das neue Aktienrecht enthält immerhin mehr *Schranken* gegenüber einer vollen Freiheit in der Konsolidierung, als man auf den ersten Blick annehmen könnte.

A. Erfordernis eines zweckmässigen, widerspruchsfreien Satzes von Konsolidierungsregeln

1223 Die *Konsolidierungsregeln*, die jedes konzernrechnungspflichtige Unternehmen aufzustellen hat[66], müssen einem Minimum an Vollständigkeit und innerer Folgerichtigkeit genügen. Dies ergibt sich rechtlich ohne weiteres daraus, dass die Konzernrechnung den Grundsätzen ordnungsmässiger Rechnungslegung untersteht[67]. Diese Grundsätze verlangen insbesondere Vollständigkeit, Klarheit und das Imparitätsprinzip in der

---

[62] Zu den zahlreichen Einzelfragen, die in Wirklichkeit meist zusätzlich zu lösen sind, vgl. *FER 2* (1986).
[63] §§ 329 ff. AktG, ersetzt durch §§ 290 ff. HGB 1985.
[64] a.a.O. Art. 19 § 301 HGB 1985.
[65] Illustrativ *Conrad Meyer* (1990) 70/71.
[66] Art. 663g Abs. 2 OR 1991.
[67] Art. 663g Abs. 1 OR 1991.

Darstellung. Es ist nicht möglich, diesen Grundsätzen zu genügen, wenn die Konsolidierungsregeln bereits in sich widersprüchlich formuliert oder offensichtlich unvollständig sind.

Die *Fachempfehlungen FER* bieten gute Anhaltspunkte für einen vernünftigen Satz von Regeln einer Schweizer Konzerndachgesellschaft[68]. Gewöhnlich decken die im Konzernrechnung-Anhang wiedergegebenen Konsolidierungsgrundsätze folgende Punkte ab[69]: 1224

(1) Konsolidierungskreis;

(2) Behandlung nicht konsolidierter Beteiligungen;

(3) Bewertungsgrundsätze (Vorräte, Forderungen, Sacheinlagen, Beteiligungen, Finanzanlagen, immaterielle Werte);

(4) Fremdwährungsumrechnung;

(5) konzerninterne Vorgänge und Gewinne;

(6) Regeln für die Darstellung des Eigenkapitals und dessen Veränderung.

B. Auswirkungen der Grundsätze ordnungsmässiger Rechnungslegung

1. Allgemeines

Was auch immer für Regeln gewählt werden – die Konzernrechnung als solche muss den Grundsätzen *ordnungsmässiger Rechnungslegung*[70] genügen. Damit gelten auch in diesem Bereich die Grundsätze des Fortführungsprinzips und der Stetigkeit sowie das Verrechnungs- und Saldierungsverbot. Darüberhinaus gelten aber auch die in Art. 662a Abs. 2 OR 1991 nicht ausdrücklich erwähnten, aber durch das Wort «insbesondere» nach wie vor unterstellten weiteren Grundsätze der ordnungsmässigen Rechnungslegung. Dazu gehört insbesondere, was manchmal wieder in Erinnerung gerufen werden muss, der Grundsatz der Verkettung von Erfolgsrechnung und Bilanz. 1225

Viele Konsolidierungen, die von Schweizer Konzernen vor dem Inkrafttreten des neuen Aktienrechts publiziert wurden, enthielten teilweise erstaunliche Abweichungen von den Grundsätzen ordnungsmässiger Rechnungslegung[71]. 1226

---

[68] *FER 2* (1986) Ziff. 5 ff.; *Entwurf FER 7* und *8* (1991).
[69] Vgl. *FER 2* (1986) Ziff. 4.
[70] Art. 663g Abs. 1 OR 1991; vgl. *Conrad Meyer* (1990) 65 ff.
[71] Illustrativ die Beispiele bei *Max Boemle* (1990) 115 ff.

2. Grundsatz der Einheitlichkeit

1227 Zu den Grundsätzen der Ordnungsmässigkeit kommt in der Konzernrechnung ein weiterer hinzu, der letztlich nichts anderes ist als die Anwendung der Prinzipien der Stetigkeit und der Klarheit auf die verschachtelte Unternehmensgruppe: *der Grundsatz der Einheitlichkeit*[72]. Es ist sicherzustellen, dass die Bewertungsgrundlagen, die in der Konzernrechnung ausgedrückt wird, einheitlich sind, indem für alle Einzelpositionen der Konzernrechnung die gleichen Bewertungsprinzipien angewendet werden. Im Konsolidierungskreis müssen ein einheitliches Berichtswesen und gleichartige Kontenpläne Geltung haben. Dazu ist es notwendig, die nach den verschiedensten Landesvorschriften erstellten Einzelabschlüsse der Konzerngesellschaften auf eine einheitliche Basis zu stellen und zu einer praktisch einheitlichen Gliederung der Jahresrechnung zu gelangen – ein anspruchsvolles und zeitraubendes Unterfangen.

1228 Sicher vereinbar mit dem Aktienrecht ist die Konsolidierung in einer *nicht-schweizerischen* Währung; die Vorschrift der Landeswährung findet sich nur in der kaufmännischen Buchführung[73] und bezieht sich ausschliesslich auf den eigentlichen Einzelabschluss, der den Aktionären zur Genehmigung im Hinblick auf die Gewinnverwendung vorgelegt wird[74].

3. Erfolgsneutrale Zuschreibung oder Wegschreibung bei Verschiebungen in den Währungsrelationen

1229 Das Imparitätsprinzip ist der Schlussstein im Gewölbe der ordnungsmässigen Rechnungslegung, und die Konzernrechnung muss deren Regeln genügen. Damit stellt sich eine dornige Frage: ist die von verschiedenen Schweizer Gesellschaften angenommene Methodik der «*tageswertigen Ausweise*» und der «*direkten Buchungen von Bewertungsdifferenzen auf Eigenkapital*» mit dem neuen Schweizer Aktienrecht vereinbar?

1230 Zulässig ist die direkte Verbuchung von *Umrechnungsdifferenzen* zwischen mehreren Währungen auf das Eigenkapitalkonto[75]. Es handelt sich nicht um einen Vorgang der Leistungserstellung, der zwingend erfolgswirksam über die Erfolgsrechnung verbucht werden müsste. Es geht um eine einem Finanzierungsvorgang gleichzustellende Verschiebung in den Finanzverhältnissen.

4. Zuschreibungen zum Eigenkapital bis zum höheren Tageswert

1231 Es fragt sich aber, ob es statthaft ist, in der Konzernrechnung irgendwelche andere *Zuschreibungen* zu den Wertansätzen in den Aktiven der Bilanz vorzunehmen, die nicht durch Realisierungsvorgänge begründet sind.

---

[72] *FER 5* (1990) Ziff. 3.
[73] Art. 960 Abs. 1 OR.
[74] Art. 698 Abs. 2 Ziff. 4 OR 1991.
[75] *FER 4* (1990).

a)   Im Einzelabschluss: tageswertig bemessene Abschreibungen

Das Imparitätsprinzip und das damit unlösbar verbundene Anschaffungskostenprinzip gehören zu den Grundsätzen ordnungsmässiger Rechnungslegung. Eine Zuschreibung ist notwendigerweise eine Durchbrechung des Imparitätsprinzips; dieses besteht im Kern gerade aus einem Zuschreibungsverbot. Sie kann sich nur als Wiederaufwertung auf den Anschaffungswert durch erlaubte Auflösung einer stillen Reserve[76] oder als Aufwertung von Grundstücken oder Beteiligungen[77] im Einzelabschluss im Sanierungsfall darstellen. 1232

Ganz sicher nicht nur möglich, sondern u.U. geschäftsmässig sogar schon im Einzelabschluss nötig ist die Berechnung der Tageswerte der Anlagen, um die *Abschreibungen nach dem wirtschaftlich massgeblichen höheren Wert* zu bemessen. Eine *tageswertige Abschreibung* kürzt das Eigenkapital gewöhnlich mehr als die traditionell berechnete Abschreibung vom historischen Wert. Der Nachteil, der sich aus einer Kombination vom Anschaffungskostenprinzip in der Bilanz mit dem Grundsatz der Abschreibung vom höheren Tageswert in der Erfolgsrechnung ergibt, liegt in einer Komprimierung des ausgewiesenen Eigenkapitals. Es bräuchte zum Ausgleich den entgegenstehenden Zuschreibungseffekt «Eigenbeleg an Eigenkapital», der sog. «direkten Buchung auf Eigenkapitalkonto». Dagegen gibt es in der nach Schweizer Aktienrecht aufgestellten Einzelbilanz vorläufig kein Gegenmittel. 1233

b)   Eigenkapitalzuschreibungen in der Konzernrechnung

Anders in der Konzernrechnung. Der Bundesrat ist der Auffassung, in der Konzernrechnung könne man vom *Anschaffungskostenprinzip weitgehend abweichen* und die Aktiven ohne weiteres zu dem darüber liegenden Tageswert ausweisen[78]. 1234

An sich besteht auch hier die Gefahr in einer Abkoppelung der Konzernbilanz von der Konzernerfolgsrechnung. Das Anschaffungskostenprinzip als Zuschreibungsverbot hat nicht nur Bedeutung für die Zwecke der Kapitalerhaltung, sondern ist eine Kernbestimmung zur Durchsetzung des Imparitätsprinzips. Lässt man tageswertige Ausweise zu, so sind dies *nicht realisierte Zuschreibungen* zu den Aktivwerten, letztlich Buchungen, die weitgehend bloss durch Eigenbelege gestützt sind. 1235

Anderseits ist die Konzernrechnung nicht oder jedenfalls nicht direkt in die aktienrechtlichen Kapitalerhaltungs-Mechanismen einbezogen. Sie ist nicht Grundlage für die Beschlüsse über die *Gewinnausschüttung* in guten und die Einberufung der *Sanierungsversammlung*[79] in schlechten Tagen. Und das Tageswertsprinzip ist seinerseits wiederum in sich methodisch geschlossen: die entsprechenden Mehrwerte werden «direkt» dem Eigenkapitalkonto zugeschrieben, ohne dass dadurch die Erfolgsrechnung berührt, d.h. Erfolg ausgewiesen würde. Dem fehlenden Ertragsposten für die «Zuschreibung» steht umgekehrt in der Erfolgsrechnung der wegen des meist höheren Tageswertes auch *höhere Abschreibungsbetrag* gewinnmindernd gegenüber. Die Tageswertmethode ist daher in der Erfolgsrechnung durchaus «vorsichtig». Und in der Bilanz kommt es über 1236

---

[76] Vorn Kapitel 6/II/E/3/e, Rz 959, und Kapitel 7/III/2, Rz 1140 ff.
[77] Vorn Kapitel 6/II/D/5, Rz 926.
[78] *Botschaft 1983*, 75, Ziff. 209.5
[79] Art. 725 Abs. 1 OR 1991.

den Eigenbeleg «höherer Tageswert» zwar zu einer Wertzunahme *ausserhalb* der Erfolgsrechnung[80]. Diesem eigenkapitalaufblähenden Effekt der Zuschreibung bis auf den höheren Tageswert steht jedoch die eigenkapitalmindernde Wirkung der tageswertigen, damit meist ebenfalls höheren Abschreibungen entgegen. Die Bemessung der Abschreibungen nach dem Tageswert ist als Verwirklichung des Wiederbeschaffungsprinzips erlaubt oder als Ausfluss des Vorsichtsgrundsatzes sogar geboten.

1237 Das *Tageswertprinzip,* verantwortungsvoll auf diese Weise in der Konzernrechnung angewendet, entspricht daher dem Gesetz. Immerhin: Ist die *Verkettung* des Eigenkapitalkontos mit der Erfolgsrechnung auch nur an einer Stelle einmal aufgegeben, so hat das Rechenwerk einen Teil seiner disziplinierenden Wirkung, seiner Klarheit und letztlich auch seiner Verständlichkeit verloren. Ein solches Vorgehen ist dort und nur dort angebracht, wo konsolidierte Angaben zur Orientierung dienen, in der Konzernrechnung, nicht jedoch im Einzelabschluss; und entscheidend ist auf jeden Fall die offene Darlegung des gewählten Vorgehens. Auf keinen Fall darf die einmal eingeführte Methode einer direkten «Zuschreibung» oder «Wegschreibung» beim Eigenkapital die Unternehmensleitung dazu verleiten, echten Aufwand nicht über die konsolidierte Erfolgsrechnung gehen zu lassen, sondern ihn «direkt» dem Eigenkapitalkonto zu belasten.

5. Bindung an die eigenen Regeln und Revision der Konzernrechnung

1238 Eine wichtige Schranke besteht schliesslich darin, dass die Gesellschaft an die von ihr einmal aufgestellten, vollständigen und in sich logischen, der Ordnungsmässigkeit genügenden Konzernrechnungen dann auch *selbst gebunden* ist[81]. Weicht sie davon ab, so muss sie dies im Anhang zur Konzernrechnung angeben. Sie ist dann verpflichtet, in anderer Weise die für die zuverlässige Beurteilung der Vermögens- und Ertragslage des Konzerns nötigen Angaben zu liefern[82]. Damit der Einblick in die wirtschaftliche Lage sicher ist, braucht es in einem solchen Fall eine *Abweichungsanalyse*. Der Verwaltungsrat muss angeben, worin die Änderung im wesentlichen besteht, und wie sie sich auswirkt.

1239 Der Verwaltungsrat der Obergesellschaft muss die Konzernrechnung den *Konzernprüfern* zur Revision vorlegen; diese prüfen das dreigliedrige Rechenwerk auf Übereinstimmung mit dem Gesetz und den selbstgewählten Konsolidierungsregeln (Art. 731a) und erstatten der Generalversammlung Bericht über das Ergebnis ihrer Prüfung mit Empfehlung auf Genehmigung, Genehmigung unter Vorbehalt oder Rückweisung der Konzernrechnung[82a].

---

[80] Und der Finanzierungsrechnung.
[81] Art. 663g Abs. 2 OR 1991.
[82] In Art. 663g Abs. 2 (am Ende) ist die Formel vom «Einblick» wohl durch ein Versehen der Redaktionskommission stehen geblieben. Überall sonst trat in letzter Minute an deren Stelle die Formel von der «möglichst zuverlässigen Beurteilung».
[82a] Art. 698 Abs. 2 Ziff. 3 OR 1991; Zur Wahl der Konzernprüfer und ihren Aufgaben Rz 1805.

V. Die Bestandteile der Konzernrechnung

Die Konzernrechnung umfasst stets die drei Bestandteile der Konzernerfolgsrechnung, der Konzernbilanz und des Konzernanhangs. Nicht vorgeschrieben ist ein Konzernjahresbericht. 1240

A. Konzernerfolgsrechnung

Viele Konzerne erstellen ihre konsolidierte Erfolgsrechnung heute in der Staffeldarstellung. Nach dem sog. Umsatzkostenverfahren ergibt dies etwa folgendes Bild[83]: 1241

Konzernerfolgsrechnung 1242

A. Konzernbetriebsergebnis

1. *Nettoerlös aus Lieferungen und Leistungen*
   - minus a) Anschaffungs- und Herstellungskosten
   - b) Vertriebsaufwand
   - c) Verwaltungsaufwand
2. *Andere betriebliche Erträge*
   - minus andere betriebliche Aufwendungen

B. Übriges Konzernergebnis

3. *Finanzertrag*
   - minus Finanzaufwand
4. *Übrige nichtbetriebliche Erträge*
   - minus entsprechenden Aufwand

C. Konzernjahresergebnis

5. *Jahresgewinn/Verlust vor Steuern*
   - minus Steuern
6. *Konzernjahresgewinn/-verlust*

Zusätzlich sollte aber der nichtbare Aufwand (Abschreibungen und Rückstellungen) klar ausgewiesen werden.

---

[83] Vgl. *Entwurf FER 7* (1991) Ziff. 6.

B. Konzernbilanz

1243 Die Konzernbilanz widerspiegelt die vorn erläuterten Grundsätze. Sie wird meist in herkömmlicher Form dargestellt, wobei im Eigenkapital an die Stelle der normativ begründeten Begriffe der Einzelbilanz (wie allgemeine gesetzliche Reserve, Aufwertungsreserve, Spezialreserve etc.) die betriebswirtschaftlichen treten. Eigene Aktien sind hier gesondert auszuweisen.

1244 *Beispiel einer Konzernbilanz*

Konzernbilanz	
Aktiven	**Passiven**
A. Umlaufvermögen 1. Flüssige Mittel und leicht realisierbare Wertrechte 2. Forderungen aus Lieferungen und Leistungen 3. Andere Forderungen [84] 4. Vorräte 5. Aktive Rechnungsabgrenzung	*C. Fremdkapital* 1. Schulden aus Lieferungen und Leistungen 2. Andere kurzfristige Verbindlichkeiten 3. Langfristige Verbindlichkeiten 4. Rückstellungen 5. Passive Rechnungsabgrenzung
B. Anlagevermögen 1. Sachanlagen 2. Finanzanlagen 3. Nicht konsolidierte Beteiligungen 4. Immaterielle Anlagen 5. Darlehen an Aktionäre 6. Eigene Aktien	*D. Minderheitsanteile* Anteile Dritter an den konsolidierten Gesellschaften *E. Eigenkapital* 1. Nennkapital 2. Kapitalrücklage [85] 3. Gewinnrücklage [86] 4. Reserve für eigene Aktien

---

[84] Sinngemäss ist Art. 663a Abs. 4 (Darlehen an Aktionäre) zu beachten.
[85] Einbezahltes Kapital, das nicht auf Nennkapital eingebracht worden ist (Agio).
[86] Zurückbehaltene Gewinne, verändert um alle übrigen eigenkapitalwirksamen Vorgänge.

C. Konzernanhang[87]

Der Konzernanhang ist immer unerlässlich; eher noch wäre es vertretbar, auf den Anhang in den Einzelabschlüssen insoweit zu verzichten, als die relevanten Angaben sich im Konzernanhang finden[88]. Seine Gegenstände sind: 1245

(1) Konsolidierungsregeln[89];
(2) Bewertungsregeln[90];
(3) Hinweise auf Abweichungen von diesen Regeln und Vermittlung der nötigen Angaben «auf andere Weise»[91];
(4) Erläuterungen, die zum Verständnis der Konzernrechnung erforderlich sind.

Nützlich sind ferner die folgenden Angaben im Konzernanhang: 1246

(5) Anlagengitter oder -spiegel zum Sachanlagevermögen;
(6) Nähere Angaben zum immateriellen Anlagevermögen;
(7) Segmentierung der Nettoerlöse nach geographischen und spartenmässigen Gesichtspunkten;
(8) Erläuterungen zu Forschung und Entwicklung[92];
(9) Angaben zur Finanzlage und Mittelflussrechnung;
(10) Angaben zu aussergewöhnlichen schwebenden Geschäften[93].

D. Konzernjahresbericht

Im neuen Aktienrecht ist nirgends die Rede von einem *Konzernjahresbericht*. Der Nationalrat hat das Erfordernis eines solchen Berichts spezifisch abgelehnt[94]. Von Gesetzes wegen ist es nicht nötig, das Zahlenwerk und den Anhang noch durch verbale Ausführungen zum Geschäftsverlauf sowie zur wirtschaftlichen und finanziellen Lage 1247

---

[87] *Entwurf FER 8* (1991).
[88] Leider enthält das OR 1991 keine ausdrückliche «Bonus-Klausel» dieser Art.
[89] Art. 663g Abs. 2 OR 1991.
[90] a.a.O.
[91] a.a.O.
[92] Im EG-Gesellschaftsrecht ein obligatorischer Bestandteil des Lageberichtes.
[93] *Entwurf FER 8* (1991) Ziff. 3.
[94] Abgeänderter Antrag *Salvioni* für einen «Konzernjahresbericht», *Amtl. Bull.* NR (1985) 1693.

zu ergänzen, so wie es zum Einzelabschluss vorgeschrieben ist[95]. Damit entfällt auch der gesetzliche Anhaltspunkt für die Notwendigkeit der Abgabe einer Konzern-Mittelflussrechnung.

1248 In diesem Punkt besteht ein *Defizit* gegenüber dem EG-Gesellschaftsrecht[96]. Besonders bedauerlich ist diese Lücke deshalb, weil die Konzern-Mittelflussrechnung nach Schweizer Recht völlig freiwillig bleibt, während im Einzelabschluss die Pflicht des Verwaltungsrates, die «finanzielle Lage» darzustellen, die Abgabe einer Mittelflussrechnung an die Aktionäre empfiehlt. Es fehlt im Unterschied zum EG-Recht eine Aufforderung an die Unternehmensleitung, über die «voraussichtliche Entwicklung der Gesamtheit dieser Unternehmen» und über den «Bereich Forschung und Entwicklung»[97] zu berichten. Es versteht sich, dass die meisten Konzerne aus guten Gründen freiwillig einen verbalen Lagebericht zum Gesamtunternehmen bieten; ja dieser ist in einem Konzern letztlich sogar einzig sinnvoll, und es stellt sich umgekehrt die Frage, inwieweit in einem Konzern die Jahresberichte der Einzelgesellschaften überhaupt noch eine echte Funktion erfüllen.

E. Das weitere Schicksal der Konzernrechnung

1249 Der Verwaltungsrat legt die von den Konzernprüfern revidierte[98a] Konzernrechnung den *Aktionären* als Bestandteil des Geschäftsberichts (der die Jahresrechnung und den Jahresbericht der Obergesellschaft enthält) zusammen mit dem Revisionsbericht über den Einzelabschluss und dem Konzernrevisionsbericht während der Einberufungsfrist von 20 Tagen vor der ordentlichen Generalversammlung auf.

1250 Die gesetzmässig erstellte und geprüfte Konzernrechnung ist nach Schweizer Aktienrecht 1991 Bestandteil des *Geschäftsberichts* der Konzernobergesellschaft[98]. Sie wird dennoch der Generalversammlung getrennt zur *Genehmigung* unterbreitet[99].

1251 Der Gesetzgeber hat die Konzernrechnung als ein den Jahresbericht *ergänzendes Informationswerk* aufgefasst. Die Aktionäre genehmigen die Konzernrechnung verfahrensmässig so, wie sie den Jahresbericht der Obergesellschaft genehmigen. Sie können daher nicht nur ihre Missbilligung ausdrücken, sondern auch einen Rückweisungsbeschluss fassen.

---

[95] Art. 663d OR 1991; Kapitel 6/II/F, Rz 990 ff.
[96] 7. *EG-Richtlinie* (1983) Art. 36 über den «konsolidierten Lagebericht».
[97] a.a.O. Abs. 2 Bst. b und c.
[98] Ausdrücklich so Art. 662 Abs. 1 OR 1991.
[98a] Art. 731a OR 1991; hiernach Rz 1805.
[99] Art. 698 Abs. 2 Ziff. 3 OR 1991. Der Nationalrat hatte den Antrag des Bundesrates, in Art. 698 Abs. 2 Ziff. 3 OR 1991 die Genehmigung der Konzernrechnung durch die Generalversammlung vorzusehen, zuerst ersatzlos streichen wollen. *Amtl. Bull. NR* (1985) 1781.

Die Konzernrechnung und der dazugehörige Konzernrevisionsbericht sind gemäss 1252
Art. 697h OR 1991 nach der Generalversammlung zusammen mit der Jahresrechnung
und dem auf sie bezüglichen Revisionsbericht den Aktionären zuzustellen oder im
Schweizerischen Handelsamtsblatt zu veröffentlichen, wenn die Gesellschaft den Kapitalmarkt in Anspruch genommen hat. Bei den übrigen Gesellschaften bleibt die
Konzernrechnung ein Dokument im Kreise der Aktionäre.

VI. Verhältnis zum EG-Recht

Im Bereich der Konzernrechnung ist das Urteil über den Stand des Schweizer Aktien- 1253
rechts schnell gesprochen: nur gerade die neue Vorschrift, dass *überhaupt* die Obergesellschaft, die eine Gruppe von Untergesellschaften unter ihrer einheitlichen Leitung
zusammenfasst, eine konsolidierte Jahresrechnung mit Anhang erstellen muss, bedeutet
eine erste Annäherung ans EG-Recht. Dem übrigen Gehalt der *7. EG-Richtlinie* von
1983 wird unser Aktienrecht nicht gerecht. Hier wird es einen eigentlichen «*autonomen Nachvollzug*» durch Gesetzesänderung brauchen, um dem EG-Standard zu entsprechen.

Teil III

Organe

Kapitel 9
Generalversammlung und Depotstimmrecht

Begleitbericht 1975, 19
Botschaft 1983, 92 ff., Ziff. 214 und 170 ff., Ziff. 331 (Generalversammlung); 83 ff., Ziff. 212 und 159 ff., Ziff. 328.2 (Stimmrechtsvertretung);
Amtl. Bull. NR (1985) 1669, 1727 ff., 1763-65, 1773 f., (1990) 1383 ff., (1991) 852
Amtl. Bull. StR (1988) 503 ff., (1991) 75
Vorschlag SE 1991 Art. 81 ff.
Vorschlag EG-Strukturrichtlinie 1991
§§ 118–137 AktG
Art. 153–177 LSC; Art. 120–169 DSC.

Änderungen an den Regeln der Generalversammlung, des Aktienstimmrechts und seiner Ausübung durch individuelle oder institutionelle Vertreter erschienen lange keineswegs als prioritär. Noch der Vorentwurf 1975 – er war Gegenstand des «Vernehmlassungsverfahrens» – sprach diese Themen nur am Rande an[1]. Die Motion Muheim vom 11. Dezember 1978 jedoch, mit dem Antrag auf «Totalrevision des Aktienrechtes durch etappenweises Vorgehen»[2], stärkte den Mut der Arbeitsgruppe von Greyerz, das Thema der Generalversammlung und vor allem des Depotstimmrechts in die Revision einzubeziehen. Die heissen Debatten im Parlament 1985–91 zeigten, dass diese Entscheidung richtig war.

1254

---

[1] *Botschaft 1983*, 30/31, Ziff. 143. Einen wichtigen Platz nehmen die Bestimmungen über die «Hauptversammlung» dagegen im *Vorschlag für die Strukturrichtlinie* (5. EG-Richtlinie) von 1983/91 ein, Art. 22 ff.
[2] *Amtl. Bull. NR* (1979) 594 ff. und *StR* (1980) 5 ff. Nationalrat *Muheim* hatte am 11. Dezember 1978 in seiner Motion insbesondere die «Beschränkung des Depotstimmrechtes» gefordert; *Botschaft 1983*, 38, Ziff. 153.

I. Regeln für die Generalversammlung

A. Die Generalversammlung im allgemeinen[3]

1. Die Institution

a) Retouchen

1255 Die Reform von 1991 hat an der Generalversammlung als *Institution* wenig geändert. Insbesondere der so viel zitierte und so oft kritisierte erste Absatz von Art. 698 OR bleibt unverändert:

«Oberstes Organ der Aktiengesellschaft ist die Generalversammlung der Aktionäre.»

1256 Allerdings ist diese altbekannte Aussage durch das neue Gesetz stark relativiert: nach der Festlegung von unentziehbaren Hauptverantwortungen des Verwaltungsrates ist die Generalversammlung nicht mehr in der Lage, im Sinne der früher etwa vertretenen «Allmacht-Theorie»[4] in den Kern der Befugnisse der Exekutive einzugreifen oder diese an sich zu ziehen[5]. Neu gilt die Paritätstheorie.

1257 Die übrigen Bestimmungen des Kernartikels *über die Generalversammlung*, Art. 698[6], bleiben weitestgehend unverändert[7]. Das Gesetz bringt im übrigen mehr nur redaktionelle Änderungen, indem nun stets von «Verwaltungsrat», «Revisionsstelle» und, anstelle von Geschäftsbericht, von «Jahresbericht»[8] die Rede ist[9]. Als Retouche wird man auch die Ersetzung der bisherigen «Abnahme» durch das mindestens in der Schweiz heute übliche Wort «Genehmigung» ansehen: Eine Folge der allgemein geänderten Nomenklatur ist die Ersetzung des Wortes «Reingewinn» durch «Bilanzgewinn».

1258 Auch die Einsetzung des Wortes *«Tantieme»* für den bisherigen deutschen Ausdruck «Gewinnanteil der Verwaltung» ändert am Gesetz nichts. Solche Tantiemen sind dar-

---

[3] BGE 100 II 387, vgl. *Alfred Schett* (1977); *Peter Haefliger* (1978); *Forstmoser/Meier-Hayoz* (1983) 142 ff.; *Homburger/Moser* (1989) 145 ff.; *Petra Schmitt* (1991).
[4] «Omnipotenz-Theorie», vgl. dazu *Petra Schmitt* (1991) 41 mit Hinweisen.
[5] Insoweit ist auch die «eingeschränkte Omnipotenztheorie» – ein herrlicher Widerspruch im Begriffe selbst – nun überholt. Die Ausführungen von *F. Wolfhart Bürgi* (1969) Art. 698 N. 44 können in dieser Weise heute nicht mehr Geltung beanspruchen.
[6] Ebenso wie die grundsätzliche Aussage von Art. 689 OR 1991, der festlegt, dass der Aktionär seine Rechte in den Angelegenheiten der Gesellschaft in der *Generalversammlung* ausübt. Vgl. auch Rz 1819.
[7] Was darin nicht zum Ausdruck kommt, ist die heisse Debatte in der Arbeitsgruppe von Greyerz um die Abschaffung der Generalversammlung; ein Antrag auf Umstellung auf Urabstimmung hätte beinahe eine Mehrheit gefunden. Zur Urabstimmung *Vischer/Rapp* (1968) 140; *Hans Peter Weber-Dürler* (1973) 100 ff.
[8] Art. 663d und Art. 698 Abs. 2 Ziff. 3 OR 1991.
[9] Das revidierte Aktienrecht braucht den Begriff *«Geschäftsbericht»* nun für die Gesamtheit von Erfolgsrechnung, Bilanz, Anhang und Jahresbericht, ergänzt gegebenenfalls durch die Konzernrechnung, vgl. Art. 662 Abs. 1 OR 1991.

an, aus den Statuten der meisten Schweizer Gesellschaften zu verschwinden; ihnen zieht man weithin die feste Entschädigung vor[10]. Der Grundgedanke allerdings, dass das für die Oberleitung der Gesellschaft zuständige Organ je nach Geschäftsgang besser oder eben schlechter entschädigt werden sollte, ist durchaus zeitgemäss[11].

b)   Genehmigung der Konzernrechnung

Materiell völlig neu ist das Recht und die Pflicht der Generalversammlung, die *Konzernrechnung* zu genehmigen, wenn immer die Gesellschaft verpflichtet ist[12], ein solches zusammengefasstes Rechenwerk der unter einheitlicher Leitung stehenden Gesellschaften aufzustellen[13]. Nicht klar geregelt ist die damit funktionell zusammenhängende Wahl der *Konzernrevisoren*; nach der andernorts näher dargelegten Schlussfolgerung muss auch dafür die Generalversammlung zuständig sein[13a]. 1259

2.   Die Fristen

Unverändert ist die *Sechsmonatsfrist* für die Durchführung der ordentlichen Generalversammlung nach Schluss des Geschäftsjahres[14]. 1260

Das neue Aktienrecht verlängert die *Einberufungsfrist auf 20 Tage*. Der Bundesrat hatte geschrieben, diese Verlängerung diene dem Schutz der Aktionäre, der Aufwertung der Generalversammlung und solle die Regelung der Stimmrechtsvertretung – gemeint war die Depot- und Organvertretung des neuen Modells mit dem Ersuchen um Weisungen an den Aktionär – zum Tragen bringen[15]. Es handelt sich um eine zwingende Mindestdauer zwischen Absendung bzw. Veröffentlichung der Einladung und dem Tag der Versammlung; ist die Frist nicht eingehalten, und kann die Versammlung sich nicht als *Universalversammlung* konstituieren[16], so muss der Verwaltungsrat auf einen späteren Termin neu einladen. Denn selbst wenn die Nichteinhaltung der Frist blosse Anfechtbarkeit zur Folge hätte[17], was nach der hier vertretenen Auffassung nicht zutrifft[18], kann sich der Verwaltungsrat wohl kaum damit zufrieden geben, ganz einfach hoffnungsfroh den Ablauf der zweimonatigen Anfechtungsfrist abzuwarten. 1261

Die Statuten können die Einberufungsfrist nicht verkürzen, und zwar auch in einer «geschlossenen Gesellschaft» nicht, bei der die hinter der Verlängerung stehenden Gründe viel weniger oder gar nicht massgebend sind. Mit der auf *20 Tage* verlänger- 1262

---

[10]   Kapitel 10/III/3, Rz 1510.
[11]   Negativ besetzt ist indessen die Tantieme insbesondere steuerlich, weil sie nicht als Entgelt für eine Tätigkeit, sondern als Gewinnverwendung gilt und daher von der Bemessungsgrundlage für die Gewinnsteuer der Gesellschaft nicht abzugsfähig ist.
[12]   Art. 698 Abs. 2 Ziff. 3 OR 1991.
[13]   Kapitel 8, Rz 1163 ff.
[13a] Rz 1805.
[14]   Art. 699 Abs. 2 OR. Das Bundesgericht hat diese Frist für *zwingend* erklärt, d.h. Statutenbestimmungen, die eine längere Frist vorsehen, sind unzulässig, BGE 107 II 248.
[15]   *Botschaft 1983*, 171, Ziff. 331.
[16]   Art. 701 OR (unverändert).
[17]   So *Christoph von Greyerz* (1982) 188.
[18]   Soll die 20-Tagefrist ihren Sinn erfüllen, den man ihr zuschreibt, so erfüllt deren Verletzung den Normtatbestand des Nichtigkeitsartikels, Art. 706b Ziff. 1 OR 1991.

ten *Einberufungsfrist* und den normalerweise nötigen Vorbereitungsarbeiten bedeutet dies praktisch, dass spätestens fünf Monate nach Beginn des neuen Geschäftsjahres der Verwaltungsrat alle für die Einberufung nötigen Beschlüsse gefasst haben muss. Dies setzt die Organe, die die Einzelabschlüsse und die Konzernrechnung aufzubereiten haben, sowie die mit der Prüfung der Einzelabschlüsse befassten Revisionsstellen der Konzerngesellschaften und die Konzernrevisoren unter erheblichen Zeitdruck[19].

Die *20-Tagefrist* tritt nach der hier vertretenen Auffassung ab 1. Juli 1992 für alle Gesellschaften sofort in Kraft, die in ihren Statuten nichts anderes als das alte gesetzliche Minimum von 10 Tagen vorgesehen haben; die Regel von Art. 2 der Schlussbestimmungen steht dem nicht entgegen[19a].

3. Individuelle Stimmrechtsvertretung

a) Beschränkung der Vertretung

1263 Nach wie vor können die Statuten vorschreiben, dass ein Aktionär sich in der Generalversammlung nur durch *einen anderen Aktionär* vertreten lassen kann[20]. Diese Vorschrift ist jedoch vor allem in «geschlossenen Gesellschaften», Aktiengesellschaften mit engem Aktionärskreis, unter Umständen unzumutbar. Der Aktionär kann sich gezwungen sehen, eine zu ihm in Opposition stehende Person mit seiner Vertretung zu beauftragen oder aber seine Aktien unvertreten zu lassen[21]. Je nach Umständen kann eine missbräuchliche Statutengestaltung oder aber eine missbräuchliche Ausnützung einer schon bestehenden Statutenvorschrift gegeben sein. Es kann eine Konstellation entstehen, die genau derjenigen entspricht, die in Art. 689c anvisiert ist: der Aktionär, der sich vertreten lassen möchte, ist praktisch darauf verwiesen, eine dem Verwaltungsrat angehörende oder ihm nahestehende Person mit der Vertretung seines eigenen, oppositionellen Standpunktes zu betrauen. Der dortige Lösungsansatz kann auch hier den Ausweg bieten: die Gesellschaft bezeichnet eine ihr genehme, aber doch unabhängige Person, die als Vertreter für die oppositionelle Stimmabgabe fungiert.

b) Schriftlichkeit von Vollmacht und Ermächtigung

1264 Bei Namenaktien ist nach wie vor eine *schriftliche Vollmacht* des Aktionärs notwendig; überflüssig ist der Hinweis auf das Aktienbuch, da sich dies ohne weiteres aus Art. 686 OR 1991 ergibt. Die übrigen Bestimmungen folgen dem Entwurf von 1983 und weichen inhaltlich vom alten Recht kaum ab. Bei Inhaberaktien gilt das Legitimationsprinzip aufgrund der Inhaberklausel, im Innenverhältnis aber darf der Besitzer einer Inhaberaktie die Mitgliedschaftsrechte nur ausüben, wenn er vom Aktionär hierzu in einem besonderen Schriftstück ermächtigt wurde; eine auf das OR 1936 zurückgehende Regelung[22].

---

[19] Das Problem wurde im Parlament erkannt, *Amtl. Bull. NR* (1985) 1781.
[19a] Rz 2253. Das ist aber *umstritten;* eine frühzeitige Statutenänderung ist zu empfehlen.
[20] Art. 689 Abs. 2 OR 1991.
[21] Dieses Problem hat der Verfasser (1961) 178 nicht erkannt. Eine «*Vinkulierung der Bevollmächtigung»* (dort Anm. 114), d.h. die Statutenbestimmung, dass eine Vollmacht nur gültig ist, wenn der Verwaltungsrat die Person des Vertreters genehmigt, ist heute bei kotierten Aktien unzulässig, bei nichtkotierten aber rechtlich äusserst kritisch.
[22] Art. 689 Abs. 5 Ziff. 2 OR 1936.

Neu sind dagegen die besonderen Regeln für die *institutionellen Stimmrechtsvertreter* (Depotvertreter und Organvertreter); dazu hiernach Abschnitt II, Rz 1334.

1265

4. Keine schriftliche Stimmabgabe

Im Gegensatz zum französischen Aktienrecht[23] erlaubt das neue Schweizer Recht die *schriftliche Stimmabgabe* gegenüber der Generalversammlung[24] nicht. Schriftlich dem Vorsitzenden eingereichte Stimmen sind ungültig, ausser wenn der Vorgang nach den konkreten Umständen sich als schriftliche Bevollmächtigung mit Weisung auslegen lässt. Dann aber muss der Vorsitzende sich entsprechend verhalten und die Stimme als Vertreter selber abgeben.

1266

5. Kein Stimmrechtsausschluss wegen Interessenkollision

Der Aktionär darf grundsätzlich nach wie vor mit seiner Stimmabgabe seine *eigenen Interessen* verfolgen, auch wenn diese mit jenen der Gesellschaft, als Unternehmen verstanden, nicht übereinstimmen. Es gibt deshalb auch unter dem neuen Aktienrecht nur den Stimmrechtsausschluss bei der Décharge für jene, die entlastet werden sollen, aber keinen allgemeinen Stimmrechts-Ausschlussgrund der «*Interessenkollision*»[25]. Die Freiheit der Willensbetätigung tritt aber dort in eine rechtliche Grenzzone, wo die Mehrheit in die Rechte anderer Aktionäre eingreift, ohne dass dies durch das Gesellschaftsinteresse gerechtfertigt würde. Der neue Art. 706 bietet hier eine brauchbare Ausprägung der reichhaltigen Gerichtspraxis[26].

1267

B. Einberufung und Orientierung der Aktionäre vor der Generalversammlung

Das neue Gesetz hat zwar die bisherigen Vorschriften über die Einberufung und die Orientierung der Aktionäre *vor der Generalversammlung* etwas verbessert, ist jedoch bei einer uneinheitlichen Lösung steckengeblieben.

1268

---

[23] Art. 161–1 LSC in der Fassung vom 3. Januar 1983; vgl. den Vorschlag schon von *Vischer/Rapp* (1968) 140.
[24] Wohl zu unterscheiden von der *Abschaffung* der Generalversammlung zugunsten der Urabstimmung.
[25] Das scheint manche immer neu zu überraschen. Sie übersehen aber, dass dies dem Grundsatz entspricht, dass den Aktionär entgegen anderslautenden Stimmen im Schrifttum keine Treuepflicht trifft. Schranke ist einzig der Rechtsmissbrauch: so wird ein Stichentscheid des Vorsitzenden anfechtbar, wenn dieser das ihm im Interesse der Entschlussfähigkeit der Gesellschaft eingeräumte Sonderrecht nicht im erwähnten Sinne, sondern ausschliesslich zur Durchsetzung persönlicher, der Gesellschaft widersprechender Interessen einsetzt. Zu weitgehend wohl *Peter Nobel* (1991 C) 112.
[26] Siehe Kapitel 12/II/A, Rz 1905 ff.

1. Begehren um Einberufung oder Ansetzung von Traktanden als Minderheitsrechte

1269 Die Konzeption und Einberufung der *Generalversammlung* gehören nach wie vor zu den Kernaufgaben des Verwaltungsrates. Dieser nimmt dabei eine Führungsfunktion ein, die ihn zu zeitgerechten und umsichtigen Gestaltungsentscheiden zwingt. Darüber im Kapitel über den Verwaltungsrat mehr[27].

a) Minderheitsrecht auf Einberufung

1270 Das Gesetz behält das in der Praxis sowohl virtuell wie tatsächlich wichtige Minderheitsrecht, das Begehren einer Minderheit von Aktionären auf *Einberufung einer Generalversammlung*, praktisch unverändert bei. Es ist kein Individualrecht. Es ist ein Recht, das vielmehr einer *Gruppe* von Aktionären zusteht, wenn diese mindestens 10% des Aktienkapitals unter ihrer Fahne zu vereinigen vermag[28]. Hier ist «Aktienkapital», wenn Partizipationsscheine bestehen, wirklich im engeren Sinn zu verstehen; das Partizipationskapital zählt nicht mit. Die Bezugsgrösse muss dann aber das «gesamte Nennkapital» sein, wenn die Statuten den Partizipanten ebenfalls das Einberufungsrecht verleihen[29]. Von einer Alternative «oder eine Million Franken Nennwert» ist hier nichts zu lesen. Diese Regel läuft darauf hinaus, dass die Einberufung in einer kleinen Gesellschaft relativ leicht, in einer grossen nur relativ schwer erzwungen werden kann.

1271 Das Begehren ist nur gültig, wenn gleichzeitig ganz konkret sowohl die *Verhandlungsgegenstände* (Traktanden) wie die *Anträge* dazu mit dem Begehren beim Verwaltungsrat angemeldet werden. Dadurch ist dem Verwaltungsrat die Möglichkeit genommen, aufgrund der Nennung eines mehr allgemeinen «Zwecks» – wie das früher möglich war – selber das Traktandum und die Anträge, um die es den Gesuchstellern ging, zu formulieren.

1272 Das Begehren, die Angabe des Verhandlungsgegenstandes und der Antrag hierzu (der vorgeschlagene Beschluss) müssen alle drei *schriftlich* an den Verwaltungsrat gehen.

b) Minderheitsrecht auf Ansetzung eines Traktandums

1273 Das neue Recht gibt einer *völlig anders definierten Minderheitsgruppe* – der Prozentsatz spielt keine Rolle, aber sie muss Nennwerte von einer Million Franken vertreten, kommt in kleineren Gesellschaften also nie zum Zuge[30] – das Recht, im Hinblick auf eine bevorstehende Generalversammlung die *Ergänzung der Traktandenliste* zu verlangen. Dazu ist der Verhandlungsgegenstand (Traktandum) ebenso wie der Antrag (d.h. der vorgeschlagene Beschlusstext) schriftlich dem Verwaltungsrat einzureichen[31]. Das blosse Begehren um Traktandierung ist nicht gültig; nötig ist beides, die Angabe des Verhandlungsgegenstandes *und* die des konkreten Antrags dazu[32].

---

[27] Kapitel 10/IV/B/6, Rz 1574 ff.
[28] Art. 699 Abs. 3 Satz 1. Die Alternative des Art. 697b Abs. 1 OR 1991 (Nennwert von 2 Mio. Franken) ist hier nicht eingefügt. Es muss sich um ein Versehen handeln, ebenso *Peter Forstmoser* (1992) 63.
[29] Art. 656c Abs. 1 und 2 OR 1991.
[30] Der Vorschlag entsprang der vorberatenden Kommission des Nationalrates, *Amtl. Bull. NR* (1985) 1781.Vgl. Anm. 28.
[31] Art. 699 Abs. 3 Satz 2 und 3 OR 1991. Als Individualrecht sieht das Traktandierungsrecht *Peter Forstmoser* (1992) 63.
[32] Art. 699 Abs. 3 Satz 3 OR 1991.

Dieses Recht ist *zeitlich* notwendigerweise in den «count-down» der Vorbereitung der Generalversammlung eingebunden. Ist die Generalversammlung bereits einberufen, so kann das Recht auf Traktandierung nicht mehr Geltung haben; jeder Aktionär hat Anspruch darauf zu wissen, dass die in der Einberufung genannten Traktanden – und nur sie[33] – zur Verhandlung kommen werden. Das Begehren muss daher so rechtzeitig vor dem Beginn der 20-Tage-Frist beim Verwaltungsrat eingehen, dass dieser die Lage beurteilen, seine eigene Stellungnahme festlegen und die Einberufungsunterlagen noch ändern kann. Leider enthält das Gesetz keine Frist; in der Praxis braucht der Verwaltungsrat dafür und für die Redaktion und Änderung des Einladungsmaterials, je nachdem, wie und wo es vervielfältigt, verschickt oder publiziert wird, mindestens 8–15 Tage vor der Versendung. 1274

2. Die Einberufung

Was im Zusammenhang mit der Einberufung vor der Generalversammlung den Aktionären zur Kenntnis gelangt, ist auch im neuen Gesetz methodisch zweigeteilt in eine direkte Kenntnisgabe und eine blosse Auflage zur Einsicht. 1275

a)   Direkte Kenntnisgabe

Die *Einberufung* geht direkt an den Aktionär, bei Namenaktien durch Zustellung an die registrierte Adresse[34], bei Inhaberaktien durch angemessene Veröffentlichung. In diesem Punkt ist die Situation der Aktionäre wesentlich verbessert: Die Einberufung muss neben den Traktanden neu auch *alle Anträge des Verwaltungsrates* zu diesen Traktanden enthalten, sowie die Anträge von Aktionären, wenn immer diese rechtzeitig von ihrem Recht Gebrauch gemacht haben, die Traktandierung eines Verhandlungsgegenstandes zu verlangen[35]. 1276

Obwohl das alles nicht revolutionär ist, geht es doch weiter als das bisherige Recht. Danach war der Verwaltungsrat nur genötigt, zu zwei Traktanden seine Anträge vor der Generalversammlung bekanntzumachen: den *Dividendenantrag* und seinen Antrag zur *Änderung der Statuten*[36]. 1277

Das neue Recht zwingt den Verwaltungsrat zur Bekanntgabe von Aktionärsanträgen in der Einberufung: 1278

(1) wenn es sich um eine *ausserordentliche Generalversammlung* handelt, die von einer 10%igen Minderheit erzwungen wird; und

(2) wenn Aktionäre im Hinblick auf eine vom Verwaltungsrat einzuberufende Generalversammlung die «*Traktandierung*» eines Gegenstandes erzwingen[37].

---

[33] Mit den in Art. 700 enthaltenen Vorbehalten.
[34] Art. 686 Abs. 1 OR 1991 verlangt nun ausdrücklich die Eintragung der Adresse im *Aktienbuch*.
[35] Art. 699 Abs. 3 Satz 2 und 3 OR 1991.
[36] Betreffend Gewinnverwendung Art. 696 Abs. 1 OR 1936, betreffend Statutenänderungsanträge Art. 700 Abs. 1 Satz 3 OR 1936.
[37] Art. 700 Abs. 2 OR 1991.

1279 Alle anderen Anträge von Aktionären müssen, anders lautende Statutenbestimmungen vorbehalten, in der Einberufung nach wie vor nicht bekanntgegeben werden, auch wenn sie dem Verwaltungsrat so frühzeitig zugehen, dass ein Vermerk in der Einberufung an sich noch möglich wäre.

1280 Neu ist an der Regelung, dass die Gesellschaft ihre Informationspflicht hinsichtlich der Traktandierungsbegehren und Anträge – im Unterschied zu dem, was für den Geschäfts- und den Revisionsbericht gilt[38] – nicht durch die blosse Auflegung am Gesellschaftssitz erfüllt; sie ist zur direkten Zustellung bzw. direkten Publikation verpflichtet.

b)   Auflage zur Einsicht mit Anforderungsrecht

1281 Die Aktionäre erhalten den *Geschäftsbericht* (Jahresrechnung mit Erfolgsrechnung, Bilanz, Anhang sowie Jahresbericht und Revisionsbericht, und eventuell die Konzernrechnung mit Konzernbilanz, Konzernerfolgsrechnung und Anhang sowie Konzernrevisionsbericht) nach wie vor *nicht* automatisch zugestellt. Diese Unterlagen sind nicht von Gesetzes wegen der Einberufung beizulegen. Das Gesetz verpflichtet die Gesellschaften nur, diese Unterlagen «am Gesellschaftssitz zur Einsicht aufzulegen»[39]. Sie muss allerdings in der Einberufung die Aktionäre (gegebenenfalls auch die Partizipanten) hierauf sowie darauf aufmerksam machen, dass sie die Zustellung dieser Dokumente verlangen können[40] («Hinweispflicht»).

1282 In der Praxis versteht es sich von selbst, dass eine Gesellschaft alles Interesse hat, nicht entsprechend diesem gesetzlichen *Mindeststandard* zu verfahren, sondern auch den Geschäfts- und den Revisionsbericht den Aktionären direkt zuzustellen. Bei Inhaberaktien ist dies allerdings praktisch nur möglich durch Vermittlung der Banken und Vermögensverwalter. Dass die Inhaberaktionäre[41] die Unterlagen auch direkt anfordern können, ergibt sich von selbst.

3.   Der vorgeschriebene Inhalt der Einberufung

1283 Das neue Aktienrecht enthält so viele Einzelvorschriften zur Einberufung einer Generalversammlung, dass diese zu einer recht trickreichen Angelegenheit geworden ist. Damit die *Einberufung* den Anforderungen des Gesetzes entspricht, ist insbesondere auf folgende Punkte zu achten:

1284 (1) Die Einberufung muss *spätestens am 20. Kalendertag*[42] vor dem Tag der Versammlung versandt bzw. veröffentlicht werden[43]. Entscheidend sind die näheren Vorschriften der Statuten[44]. Die Statuten können die Frist verlängern, aber nicht ver-

---

[38] Art. 696 Abs. 1 OR 1991.
[39] Art. 696 Abs. 1 Satz 1 OR 1991.
[40] Art. 696 Abs. 1 und 2 sowie Art. 656d in Verbindung mit Art. 656a Abs. 2 OR 1991.
[41] Und gegebenenfalls die Partizipanten.
[42] Zum Wirksamwerden der neuen Zwanzigtagefrist gegenüber einer Zehntagefrist in den alten Statuten Kapitel 14/IV/13, Rz 2227.
[43] Nichtbeachtung der 20-tägigen Einberufungsfrist macht die Beschlüsse der Generalversammlung laut *Christoph von Greyerz* (1982) 188 anfechbar. Angesichts von Art. 706b Ziff. 1 ist auf Nichtigkeit zu schliessen, falls nicht eine Universalversammlung (Art. 701) zustandekommt.
[44] Die Statuten *müssen* gemäss Art. 626 Ziff. 5 und Ziff. 7 OR 1991 die entsprechenden Bestimmungen enthalten.

kürzen. Für die Versendung können die Statuten vorsehen, dass der Tag der Postaufgabe massgeblich ist. Bei Veröffentlichung der Einberufung in Zeitungen trägt die Gesellschaft das Risiko, dass durch Verzögerung in Redaktion oder Druckerei oder schliesslich durch eine Verzögerung in der Auslieferung der Zeitung die 20-Tage-Frist nicht eingehalten ist.

In der Praxis ist eine fast dreiwöchige Frist für die Gesellschaften, vor allem die geschlossenen Gesellschaften, eine *recht harte Auflage*[45]. Es bedeutet, dass auch in ausserordentlichen Lagen der Entschluss zur Einberufung der Aktionäre praktisch nicht schneller als innerhalb etwa eines Monats in die Tat umzusetzen ist. Die letzte Möglichkeit für den Verwaltungsrat, sich den Ereignissen mit neuen Traktanden oder andern Anträgen noch anzupassen, endet damit lange vor dem kritischen Tag. 1285

(2) Das Schriftstück der Einberufung muss alle *Traktanden* (Verhandlungsgegenstände) angeben. Dies ist unverändert, ebenso wie die Sanktion einer Unterlassung: über nicht ordnungsgemäss angekündigte Gegenstände können keine verbindlichen Beschlüsse gefasst werden. Die Umschreibung des einzelnen Verhandlungsgegenstandes muss für einen durchschnittlichen Aktionär klar sein, sonst ist der Beschluss, der unter seinem Titel gefasst wird, anfechtbar[46]. 1286

(3) Zusammen mit den Verhandlungsgegenständen sind, wie erwähnt, neu alle *Anträge des Verwaltungsrates* schriftlich bekanntzugeben; von den Anträgen der *Aktionäre* sind es nur jene, welche die Durchführung einer Generalversammlung oder die Traktandierung eines Verhandlungsgegenstandes verlangt haben. Ein Antrag ist im Grundgehalt nichts anderes als ein vorgeschlagener Beschlusswortlaut. Zwar wird man nicht formalistisch sein; es genügt aber nicht, wenn ein Aktionär einfach auf ein anderes Dokument verweist oder den Antrag, wenn dieser einen nicht bereits umschriebenen Beschluss beinhaltet, in einem einzigen Stichwort zusammenfasst. 1287

Es versteht sich von selbst, dass der Verwaltungsrat berechtigt ist, schon bei der Einberufung seine Anträge zu den einzelnen Traktanden zu *begründen* bzw. näher zu *erläutern*. Auch zu den Anträgen von Aktionären, die er wiedergeben muss, kann er Stellung nehmen. Der Verwaltungsrat braucht Begründung, Erläuterung und Stellungnahme nach dem Gesetz nicht unbedingt im Kontext des Einberufungsdokuments unterzubringen, sondern kann sie beilegen oder separat versenden bzw. veröffentlichen. 1288

(4) Die Sondervorschrift des OR 1936[47] für die Bekanntgabe von *Statutenänderungen* durch Auflegung zur Einsicht ist entfallen, weil sie in der allgemeinen Bekanntgabepflicht aufgeht. Statutenänderungsanträge sind nicht mehr am Sitz aufzulegen, sondern mit der *Einberufung im Wortlaut* als Antrag des Verwaltungsrates wiederzugeben. Weil dem so ist, entfällt auch der früher sehr wichtige *ausdrückliche Hin-* 1289

---

[45] Der Vorschlag von *Forstmoser/Hirsch* (1985) 34, eine Mindestfrist von 30 Tagen vorzuschreiben, scheint mir daher nicht zweckmässig.
[46] BGE 103 II 141 mit Verweisungen; *Peter Nobel* (1991 C) 107.
[47] Art. 700 Abs. 1 Satz 3 OR 1936.

weis in der Einberufung auf die Auflegung der Statutenänderungsanträge am Sitz und bei den Zweigniederlassungen der Gesellschaft[48].

1290 (5) Mit der Einberufung muss die Gesellschaft[49] die *Aktionäre stets ausdrücklich auf zwei Punkte aufmerksam machen («Hinweispflicht»):*

— dass während 20 Tagen vor der ordentlichen Generalversammlung der *Geschäftsbericht* und der *Revisionsbericht* – dabei gegebenenfalls die Konzernrechnung und der Konzernrevisionsbericht – am Gesellschaftssitz[50] zur Einsicht durch die Aktionäre aufliegen;

— dass jeder Aktionär die Zustellung einer *Ausfertigung* der am Gesellschaftssitz zur Einsicht aufgelegten Unterlagen verlangen kann.

1291 Diese beiden obligatorischen Hinweise betreffend Auflegung und Anforderung der Unterlagen sind *förmlich* vorgeschrieben[51]; das Gesetz verlangt gegenüber Namenaktionären eine «schriftliche Mitteilung», und gegenüber den Inhaberaktionären eine «Bekanntgabe im Schweizerischen Handelsamtsblatt sowie in der von den Statuten vorgeschriebenen Form».

1292 (6) Mit der Einberufung muss der Verwaltungsrat die *Anordnungen* bekanntgeben, die er für die ordnungsmässige Kontrolle und Abwicklung der Stimmrechtsausübung trifft. Dies stützt sich unmittelbar auf die Verpflichtung des Verwaltungsrates, die für die Feststellung der Stimmrechte gemäss Art. 702 OR 1991 erforderlichen Anordnungen zu treffen. Damit die Aktionäre orientiert sind und sich an die administrativen Regeln halten können, müssen diese Anordnungen in der Einberufung (oder jedenfalls spätestens mit der Einberufung) den Aktionären bekanntgegeben werden. Die Befugnis des Verwaltungsrates allgemein zur Vorbereitung der Generalversammlung stützt sich auf den Kernartikel des Verwaltungsrates, Art. 716a Abs. 1 Ziff. 6 OR 1991, und auf Art. 699.

1293 Zu den *Anordnungen*, an die der Verwaltungsrat zu denken hat, gehören:

(i) die Vorschrift für die Hinterlegung der *Inhaberaktien*[52] an bestimmten Stellen (normalerweise bei Banken) innert Frist zwecks Prüfung der Legitimation zur Ausübung des Stimmrechts und der anderen Mitwirkungsrechte;

(ii) der Stichtag für die *Feststellung* der Teilnahme- und Stimmberechtigung gemäss Aktienbuch bei *Namenaktien*;

(iii) nähere Regeln für die *individuelle Stimmrechtsvertretung*;

(iv) Anordnungen für die *institutionelle Stimmrechtsvertretung* (Depotvertretung und Organvertretung, namentlich Benennung der «unabhängigen Person» gemäss Art. 689c[53])[54];

---

[48] Dafür kennt das neue Aktienrecht andere Hinweispflichten.
[49] Gemäss Art. 696 Abs. 1 und 2 OR 1991.
[50] Und *nicht* mehr an den *Zweigniederlassungen*. Vgl. aber Art. 656d Abs. 2 OR 1991.
[51] Und damit eine rechtliche Falle.
[52] Und gegebenenfalls der Partizipationsscheine, wenn mit diesen Mitwirkungsrechte verknüpft sind, die in der Generalversammlung ausgeübt werden.
[53] Rz 1334 ff.
[54] Der Verwaltungsrat muss in dieser Hinsicht in einer Publikumsgesellschaft eine ganze Reihe neuer Formalitäten beachten, hiernach II/C, Rz 1355 ff., für die Organvertreter und D allgemein, Rz 1361 ff.

(v) Abgabe von *Zutrittskarten* für die Generalversammlung.

(7) Bestehen *Partizipationsscheine*, so muss der Verwaltungsrat ihnen gemäss Art. 656d Abs. 1 die Einberufung der Generalversammlung zusammen mit den Verhandlungsgegenständen und den Anträgen bekanntgeben. Da es sich fast immer um Inhaberpapiere handelt, geschieht dies durch Veröffentlichung in den von den Statuten vorgeschriebenen Blättern. Mit der Kurzfassung «mit den Anträgen» meint das Gesetz die Anträge des Verwaltungsrates und die besonderen Anträge der Aktionäre und gegebenenfalls Partizipanten, die gemäss der genaueren Definition von Art. 700 Abs. 2 OR 1991 in der Einberufung bekanntzugeben sind (Ziffer 3 hiervor). 1294

(8) In der Bekanntgabe der Einberufung mit Verhandlungsgegenständen und Anträgen an die *Partizipanten* muss der *ausdrückliche Hinweis* enthalten sein, dass die Beschlüsse der Generalversammlung am Gesellschaftssitz und bei den eingetragenen Zweigniederlassungen[55] nach Abschluss der Generalversammlung zur Einsicht der Partizipanten aufliegen. Diese Einberufungsvorschrift («Hinweispflicht») ist mitten im Unterabschnitt über die Partizipationsscheine versteckt[56]. 1295

(9) Die Statuten können den Partizipanten zwar nicht das Stimmrecht, wohl aber *Mitwirkungsrechte* wie das Teilnahmerecht (Recht auf persönliche Anwesenheit und Rechtsausübung durch Stellvertreter; Debatterecht; Antragsrecht)[57] verleihen. In diesem Fall muss die Einberufung die administrativen Anordnungen enthalten, die nötig sind, um den Partizipanten die ordnungsgemässe Ausübung dieser Rechte in der Generalversammlung zu erlauben. Da Partizipationsscheine praktisch immer Inhaberpapiere sind, läuft dies darauf hinaus, dass der Verwaltungsrat zur Legitimationsprüfung ähnliche oder gleiche *Hinterlegungsvorschriften* anordnen muss wie für die Inhaberaktionäre[58]. 1296

(10) Ein Begehren um Anordnung einer *Sonderprüfung* ist, wenn es dem Verwaltungsrat rechtzeitig vor der Einberufung zur Kenntnis gebracht wird, in der Einberufung bekanntzugeben. Denn materiell bedeutet es einen eigenen Verhandlungsgegenstand (Traktandum mit darauffolgender Beschlussfassung: Annahme, Ablehnung oder Nichteintreten). 1297

(11) Hat die Gesellschaft *Partizipationsscheine* ausgegeben, und steht zur Zeit der Einberufung der Generalversammlung bereits fest, dass ein Partizipant mit Auskunft oder Einsicht gemäss Art. 656c Abs. 3 nicht befriedigt ist und schriftlich zuhanden der Generalversammlung die Durchführung einer *Sonderprüfung* anbegehrt hat, so ist dies als «Begehren um Traktandierung» in analoger Anwendung von Art. 700 Abs. 2 OR 1991 anzusehen. Auch ein solches Begehren wäre in der Einberufung bekanntzugeben. 1298

(12) Liegt im Vorfeld vor der Generalversammlung ein *Sonderprüfungsbericht* vor[59], so hat der Verwaltungsrat diesen der nächsten Generalversammlung zusammen 1299

---

[55] Hier sind die «Zweigniederlassungen» (wohl wegen eines redaktionellen Versehens) stehen geblieben!
[56] Art. 656d Abs. 2 Satz 2 OR 1991, Rz 1331.
[57] Vgl. hierzu Kapitel 4/II/C/4, Rz 519.
[58] Art. 702 Abs. 1 OR 1991.
[59] Im Sinne von Art. 697a ff. OR 1991.

mit seiner eigenen Stellungnahme zu «unterbreiten». Der Sonderprüfungsbericht ist nicht von Gesetzes wegen ein eigentlicher Verhandlungsgegenstand im Sinne eines mit einem Beschluss zuendegehenden Punktes der Geschäftsordnung. Eine Debatte darüber soll aber wohl stattfinden können. Er muss daher als *Orientierungstraktandum* in der Einberufung erscheinen. Damit die Aktionäre über den Sonderprüfungsbericht debattieren können, müssen sie ihn zur Kenntnis nehmen können. Er ist daher mit dem Geschäftsbericht *aufzulegen*, obwohl das Gesetz dazu nichts sagt.

1300 Stellt der Verwaltungsrat dazu aber Anträge – z.B. den Antrag, es sei seine eigene Stellungnahme zustimmend, der Sonderprüfungsbericht ablehnend zur Kenntnis zu nehmen, – so handelt es sich um ein *Traktandum* im engeren Sinne: die Debatte endet in einem Beschluss. Diesfalls muss der Verwaltungsrat nach Art. 700 Abs. 1 OR 1991 auch diesen seinen Antrag in der Einberufung selbst bekanntmachen. Der Vorgang der Sonderprüfung erhält damit, vor allem wenn Inhaberaktien oder Partizipationsscheine bestehen und diese Dinge veröffentlicht werden, erhebliche Publizität[60].

4. Rechtsfolgen einer mangelhaften Einberufung

1301 Das neue Recht enthält keine zusätzlichen Vorschriften über die *Sanktionen*, die bei Verletzung der Einberufungsvorschriften eintreten[61].

a) Anfechtbarkeit

1302 Grundsätzlich führt eine Verletzung der Einberufungsvorschriften im Zweifel nicht zur Nichtigkeit, sondern zur *Anfechtbarkeit*. Ist das Traktandum nicht hinreichend klar, oder deckt es den Beschlussgegenstand nicht ab, so ist der Beschluss bloss anfechtbar[62]. Das Gesetz will mit der zweimonatigen Verwirkungsfrist[63] für Rechtssicherheit sorgen; der Leitgedanke, dass es so schlimm nicht sein kann, wenn wirklich niemand sich wehrt, hat nach wie vor Überzeugungskraft.

b) Nichtigkeit

1303 Eine Nichtigkeit der Einberufung und damit der Generalversammlungsbeschlüsse wegen *Einberufungsmängeln* wird man allerdings nun aufgrund des ausführlich im Gesetz stehenden Katalogs der Nichtigkeitsgründe[64] näher prüfen müssen. Diese Aufzählung gilt auch für die Verwaltungsratsbeschlüsse und damit die Einberufung. Die Verletzung der Zwanzigtagefrist muss aufgrund von Art. 706b Ziff. 1 zur Nichtigkeit führen, weil der Gesetzgeber die Einberufungsfrist zum Schutz der Aktionäre und wegen des Zeitbedarfs für die neuen Abläufe der Stimmrechtsvertretung (Einholen von Wei-

---

60 Vgl. Kapitel 12/I/B/5/b, Rz 1895 ff.
61 *F. Wolfhart Bürgi* (1969) Art. 700 N. 2 ff.; *Christoph von Greyerz* (1982) 187.
62 BGE 103 II 141.
63 Art. 706a OR 1991.
64 In Art. 706b OR 1991.

sungen etc.)⁶⁵ verlängert hat. Nichtig ist sicher auch eine Einberufung überhaupt ohne Angabe der Verhandlungsgegenstände oder ohne Ort und Tag der Versammlung. Im übrigen aber wird man auf Nichtigkeit nicht ohne Not schliessen. Nur allzu leicht kommt es in der Praxis zu einer Unterlassungssünde in der Einberufung, umso mehr als die Vorschriften komplizierter geworden sind und das Gesetz sie alles andere als gebraucherfreundlich aufbereitet hat.

Aus Art. 706b ergibt sich sinngemäss, dass Beschlüsse der Generalversammlung wegen Verletzung der *Einberufungsvorschriften* nur dann nichtig sind, wenn die Fehler offensichtlich und die Auswirkungen so schwerwiegend sind, dass – über einen einzelnen Einberufungsfehler hinaus – eine funktional untaugliche Kundgebung des Verwaltungsrates vorliegt. 1304

Werden die Partizipanten z.B. entgegen der gesetzlichen Vorschrift⁶⁶ nicht darüber unterrichtet, dass sie den Geschäfts- und den Revisionsbericht nun am Gesellschaftssitz einsehen oder anfordern können und dass die Beschlüsse danach für sie zur Einsicht aufliegen⁶⁷, so können die Partizipanten geltend machen, sie seien an der Ausübung ihres Kontroll- und Anfechtungsrechtes (oder, wenn es ihnen zugesprochen ist, des Teilnahmerechtes) praktisch gehindert worden; die Einberufung sei daher im Hinblick auf Art. 706b nichtig. Um der Rechtssicherheit willen wird man jedoch, wenn es sich um ein Versehen handelt, die Rechtsfolge der Nichtigkeit auch in diesem Falle ablehnen. Reicht niemand innerhalb der gesetzlichen Zweimonatefrist die Anfechtungsklage ein, so ist der Mangel geheilt. 1305

5. Änderung und Widerruf der Einberufung

Kann der Verwaltungsrat die Einberufung, wenn sie einmal abgesandt bzw. veröffentlicht ist, widerrufen? Kann er nachholen, was er vergessen hat, berichtigen, was im Text schiefgegangen ist? 1306

Auf jeden Fall ist eine *Präzisierung* oder eine sinnerläuternde Berichtigung, die materiell nichts Wesentliches ändert, zu Beginn der Generalversammlung noch möglich. Für alle anderen Änderungen wirkt sich die 20-Tage-Frist als Verwirkungsfrist aus. Ist sie abgelaufen, so lässt sich nichts Materielles mehr ändern. Der Verwaltungsrat kann nicht rechtsgültig sieben Tage vor der Versammlung deren Beginn um eine oder zwei Stunden vorverschieben oder neue Traktanden nachschieben oder bekanntgegebene Verhandlungsgegenstände erweitern. Über Anträge zu nicht gehörig angekündigten Verhandlungsgegenständen können keine gültigen Beschlüsse gefasst werden. Diese Bestimmung erfasst nicht in gleicher Weise auch die Ankündigung der Anträge; diese können, falls es in guten Treuen und aus sachlichen Gründen geschieht, selbst in der Generalversammlung noch geändert werden⁶⁸. 1307

---

⁶⁵ *Botschaft 1983*, 171, Ziff. 331.
⁶⁶ Art. 656d und Art. 696 in Verbindung mit Art. 656 a Abs. 2 OR 1991.
⁶⁷ Art. 656d Abs. 2 OR 1991. Hier gibt es *kein* Recht, die Unterlagen (Beschlusstexte) sich zusenden zu lassen.
⁶⁸ Art. 700 Abs. 3 OR 1991. Ausgenommen sind die Einberufung einer ausserordentlichen Generalversammlung und die Durchführung einer Sonderprüfung.

1308 Aus dem Zusammenspiel der beiden Organe Verwaltungsrat und Generalversammlung ergibt sich, dass ein *Widerruf* der Einberufung möglich sein muss. Der Verwaltungsrat hat die Leitungsfunktion gegenüber der Versammlung der Aktionäre. Dem Leiter muss es zustehen, aus triftigen Gründen die Versammlung abzusagen oder zu verschieben, wenn es im Interesse einer vernünftigen Meinungsbildung angebracht ist. Das ist sinnvoll in ausserordentlichen Lagen, so wenn die faktischen Grundlagen des Entschlusses zur Gestaltung der Traktandenliste («Verhandlungsgegenstände») oder der Anträge sich in der Zeit bis zum Versammlungstag tiefgreifend verändert haben oder weggefallen sind.

C. Informationspflichten und Leitungsbefugnis in der Generalversammlung

1. Auskunftspflicht

a)   Verwaltungsrat und Revisionsstelle

1309 Der *Verwaltungsrat* ist in der Generalversammlung (und nur dort)[69] auskunftspflichtig, insoweit als ein Aktionär über die Angelegenheiten der Gesellschaft Auskunft verlangt[70]. Die Auskunftspflicht des Verwaltungsrates und das Einsichtrecht des Aktionärs sind etwas verbessert, aber insgesamt doch relativ wenig geändert worden. Es ist auf die Literatur zu verweisen[71].

1310 Auskunftspflichtig ist auch die *Revisionsstelle*, die das Gesetz aus diesem Grunde zur Anwesenheit verpflichtet. Sie hat allerdings nur über die Durchführung und das Ergebnis ihrer Prüfung – ergänzend zum Revisionsbericht – Auskunft zu erteilen. Entgegen der Meinung vieler Aktionäre ist damit der Vertreter der Revisionsstelle eine nur sehr beschränkte Quelle für zusätzliche Informationen.

b)   Inhalt der Auskunft

1311 Für den *Inhalt des Auskunftsrechtes* bleibt die Bundesgerichtspraxis zum alten OR grundsätzlich massgebend. Die in der Generalversammlung zu erteilende Auskunft geht nur so weit, als die Informationen für die Ausübung der Aktionärsrechte erforderlich sind – insbesondere für die Meinungsbildung im Hinblick auf das Stimmrecht, das Recht auf Durchführung einer Sonderprüfung, die Anfechtungs- und die Verantwortlichkeitsklage. Zu dieser funktionalen Begrenzung kommt die inhaltliche Begrenzung durch das Geschäftsgeheimnis und die Begrenzung durch «andere schutzwürdige Interessen

---

[69] Eine singuläre Ausnahme ist das Begehren um Orientierung über die *Organisation der Geschäftsführung* gemäss Art. 716b Abs. 2 Satz 2 OR 1991.
[70] Art. 697 Abs. 1 OR 1991.
[71] *F. Wolfhart Bürgi* (1957) Art. 697 N. 6 ff.; *Kurt Widmer* (1961) *Hans-Peter Büchler* (1971); *Alfred Schett* (1977); *Christoph von Greyerz* (1982) 151 ff.; *Peter Forstmoser* (1982C) 340; *Jean Nicolas Druey* (1984) 104 ff.; *Eric Stauber* (1985); *Rolf H. Weber* (1992) 71 ff.

der Gesellschaft»[72]. Die blosse Behauptung des Verwaltungsrates, eine bestimmte Information gehöre zur *Geheimsphäre*, genügt zur Ablehnung nicht; vielmehr muss die Gesellschaft (i) die Gefährdung ihrer Interessen durch konkrete Vorbringen belegen, und (ii) gestützt darauf muss die Gefährdung als wahrscheinlich erscheinen[73].

Dennoch hat das neue Aktienrecht auch auf das Auskunfts- und Einsichtsrecht Auswirkungen: da anerkannt ist, dass zum Bereich grundsätzlich erlaubter Auskunftsbegehren mindestens alle jene Materien gehören, die *Gegenstand der Jahresrechnung* sind[74], muss die starke Ausdehnung von Breite und Tiefe der Rechnungslegung sowie die Einführung der obligatorischen Konzernrechnung auch dem Auskunftsrecht mehr Gehalt geben. Ob das Auskunftsrecht – wie gesagt worden ist – auf die Gegenstände *beschränkt* ist, die die Jahresrechnung darzustellen hat, ist mehr als fraglich; diese Auffassung ist zu eng. Man müsste mindestens anerkennen, dass auch der Bereich, der durch den *Jahresbericht* abzudecken ist, Gegenstand von Auskunftsbegehren bilden kann. Aber auch Fragen zur Personalpolitik, zur Unternehmensstrategie und zu Forschung und Entwicklung in ihren Grundzügen können, wenn der funktionale Zusammenhang gegeben ist, zu Auskunftsersuchen führen. 1312

Allerdings wird die Gesellschaft sich auf die neue *Schutzklausel*[75] auch gegenüber Auskunftsbegehren berufen können. Denn wenn es zutrifft, dass eine bestimmte Angabe im Geschäftsbericht der Gesellschaft oder dem Konzern erhebliche Nachteile bringen könnte und die Unterdrückung der Information einem schutzwürdigen Interesse der Gesellschaft entspricht, so muss dasselbe auch hinsichtlich der Auskunft gelten. Ob der Aktionär durch eine Drohung mit einer Sonderprüfung im konkreten Fall die Gesellschaft gesprächiger zu machen vermag, ist höchst ungewiss[76]. Auch die genau gegenteilige Wirkung ist denkbar. 1313

2. Angaben über die institutionelle Stimmrechtsvertretung

Der Verwaltungsrat ist verpflichtet, *im Verlaufe der Generalversammlung* einer Publikumsgesellschaft die Angaben über die institutionelle Stimmrechtsvertretung bekanntzugeben. Er hat dies getrennt für die Depotvertreter, die Organvertreter und die unabhängigen Stimmrechtsvertreter zu tun[77]. 1314

3. Leitungsbefugnis des Verwaltungsrates

Das neue Gesetz ändert nichts an der *Leitungsbefugnis des Verwaltungsrates* und insbesondere seines Präsidenten gegenüber der Generalversammlung. Diese Befugnis steht 1315

---

[72] Zum *Einsichtsrecht* und den Unterschieden zum *Auskunftsrecht* vgl. *Peter Forstmoser* (1982C) 342; *Rolf H. Weber* (1992) 72 ff.
[73] BGE 109 II 47.
[74] *Peter Nobel* (1991 C) 23 sieht das Auskunftsrecht offenbar als darauf eingeschränkt an. Das ist zu eng.
[75] Art. 663h OR 1991.
[76] Nach *Peter Nobel* (1991 C) 288 soll vor dem Hintergrund des Drohmittels der Sonderprüfung die Auskunftspraxis sich verbessern.
[77] Art. 689e Abs. 2 OR 1991; vgl. hiernach Abschnitt II, Rz 1334 ff.

während der Dauer der Versammlung dem vom Verwaltungsrat bezeichneten Vorsitzenden – normalerweise ist es der Verwaltungsratspräsident – allein zu. Er kann insoweit als Versammlungsleiter auch gültig für den Verwaltungsrat sprechen und ad hoc entscheiden; eine ständige Einberufung von Sitzungen des Verwaltungsrates während der Versammlung wäre unpraktikabel. Die entsprechende Ermächtigung steht dem Vorsitzenden konkludent mit der Übergabe der Leitungsfunktion zu, und ein ausdrücklicher Ermächtigungsbeschluss des Verwaltungsrates ist nicht notwendig, wohl aber gegebenenfalls nützlich für die genauere Abgrenzung der Befugnisse.

1316 Der *Vorsitzende* kann aber auch, wenn dies unter besonderen Umständen erforderlich erscheint, die Versammlung unterbrechen, eine Sitzung des Verwaltungsrates einberufen und diese auf der Stelle abhalten. Das kann bei überraschendem Verlauf der Generalversammlung, vor allem bei einer eigentlichen Kampfversammlung, praktisch sogar unumgänglich sein. Umso wichtiger ist die Anwesenheit des Verwaltungsrates in beschlussfähiger Zusammensetzung.

4. Führung des Protokolls

1317 Zu den Pflichten des Verwaltungsrates gehört die Führung des *Protokolls* während der Generalversammlung[78]. Dieses ist nach wie vor im wesentlichen ein *Beschlussprotokoll*, muss also nur die Beschlüsse und Wahlen wiedergeben, ohne dass der Verlauf der Debatte mit ihren wesentlichen Gesichtspunkten im Protokoll zum Ausdruck kommen müsste.

1318 Dagegen sind neu folgende Vorschriften:

(1) im Protokoll ist die *institutionelle Stimmrechtsvertretung* genau festzuhalten, mit Anzahl, Art, Nennwert und Kategorie der Aktien, die von den Depotvertretern, den Organvertretern und den unabhängigen Stimmrechtsvertretern vertreten werden,

(2) die gleichen Angaben sind aber auch aufzunehmen über *Anzahl, Art, Nennwert und Kategorie* der insgesamt von den Aktionären selbst und allen Stimmrechtsvertretern in der Generalversammlung vertretenen Aktien,

(3) im Protokoll müssen die *Begehren* um Auskunft und die *Antworten* verzeichnet werden und

(4) die von den Aktionären «*zu Protokoll*» gegebenen Erklärungen.

(5) Klug handelt ein Protokollführer, der festhält, dass in der Generalversammlung keine eigenen Aktien – auch nicht solche, die Tochtergesellschaften gehören – vertreten worden sind, und dass beim Entlastungsbeschluss alle jene, die in irgend einer Weise an der Geschäftsführung teilgenommen haben, das Stimmrecht nicht ausgeübt haben.

1319 Im Gesetz ist nun ausdrücklich festgehalten, dass die Aktionäre ein Recht auf Einsicht in das Protokoll haben[79].

---

[78] Art. 702 Abs. 2 OR 1991.
[79] Art. 702 Abs. 3 OR 1991.

D. Informationspflichten nach der Generalversammlung Offenlegung

Das neue Gesetz hat die Pflichten des Verwaltungsrates im Bereiche der Information *nach der Generalversammlung* verschärft, ohne indessen so weit zu gehen wie das EG-Recht. 1320

Am schärfsten sind die Unterschiede zu den EG-Richtlinien in der *Offenlegung*[80]. Zwar gibt es auch dort einen «Kleinheitsbonus». Aber alle jene wirtschaftlich bedeutenden *geschlossenen Aktiengesellschaften*, die nach dem vom Parlament gefundenen Kompromiss in der Schweiz nun mangels Ausgabe von Anleihen und mangels Kotierung ihrer Aktien der Offenlegung ihrer Rechnungslegung und ihres Revisionsberichtes entgehen, würden vom EG-Recht zur Publizität gezwungen. 1321

1. Änderung der massgeblichen Bezugspunkte: Kreis der offenlegungspflichtigen Gesellschaften

In der Frage der *Offenlegung* hat sich während der langen Gestationszeit des neuen Aktienrechts ohne jeden Zweifel eine Veränderung der massgeblichen Bezugspunkte abgespielt. Mehr und mehr hat sich die Erkenntnis durchgesetzt, dass Transparenz und Offenlegung für die Rechenschaft, das gute Funktionieren der marktwirtschaftlichen Mechanismen und den Systemschutz von grundlegender Bedeutung sind. Die Vorstellung der «chasse gardée» – wonach niemanden etwas angeht, was der Unternehmer genau tut – ist eindeutig am Schwinden. Im Parlament hat sich dagegen noch 1991 eine enge Sicht der Dinge durchgesetzt, nicht zuletzt wegen der Vertreter der Interessen einiger kleinerer Kantone. 1322

Das Ergebnis der in diesem Punkt *homerischen Debatten*[81] lässt sich in einem Satz zusammenfassen. Offenlegungspflichtig sind jene, die heute ohnehin schon ihre Jahresrechnung veröffentlichen. Das sind die Gesellschaften, deren Aktien an der Börse gehandelt werden und jene, die zwar noch privat gehalten werden, aber den Schritt zum Kapitalmarkt durch die Ausgabe einer Obligationenanleihe getan haben. Das sind in der Schweiz heute weniger als etwa 500 von den über 160,000 Aktiengesellschaften. 1323

Damit bleibt unser Aktienrecht sehr weit hinter dem *EG-Gesellschaftsrecht*[82], aber weit auch hinter dem Alternativvorschlag der Arbeitsgruppe von Greyerz zurück[83]: Danach hätten wenigstens «grössere» Aktiengesellschaften (damals definiert mit 500 Arbeit- 1324

---

[80] *4. EG-Richtlinie* (1978) Art. 47 Art.
[81] Die Debatte begann mit dem Ausruf des freisinnigen Fraktionssprechers: «Der bisher fehlende Publikationszwang ist aus der Sicht des Praktikers ohne Zweifel einer der wichtigsten wirtschaftlich positiven Standortfaktoren unseres Landes», *Amtl. Bull. NR* (1985) 1662; 1774 ff.; der Zuger Volksvertreter: «Dabei ist es doch wie im Schwimmbad: Ein bisschen verhüllt ist viel phantasieanregender als ganz enthüllt», a.a.O. 1775. *Amtl. Bull. StR* (1988) 508 ff.
[82] *1. EG-Richtlinie* (1968) Art. 2 Abs. 1 Bst. f und *4. EG-Richtlinie* (1978) Art. 47 bis 50.
[83] *Botschaft 1983*, 76 Ziff. 209.6; *Entwurf 1983*, Art. 697h Abs. 1 Ziff. 3.

nehmern, 100 Mio. Umsatz, 50 Mio. Bilanzsumme) ihre Jahresrechnung und Konzernrechnung publizieren oder jedem zustellen müssen, der es verlangte.

2. Offenzulegende Angaben

1325 Im Gegensatz zum EG-Recht sind nicht offenlegungspflichtig der *Jahresbericht*, der Antrag des Verwaltungsrates zur Gewinnverwendung und der entsprechende Beschluss der Generalversammlung[84]. Dagegen sind in der Fassung, in der die Generalversammlung sie genehmigt bzw. zur Kenntnis genommen hat, die Jahresrechnung (also nicht der Jahresbericht) und gegebenenfalls der Konzernabschluss offenzulegen, zusammen mit den Revisionsberichten[85].

1326 Der Jahresbericht gehört eigentlich zum «Geschäftsbericht»[86]. Die Offenlegungspflicht legt also hier einen Schnitt hindurch: Die Veröffentlichung des *verbalen Jahresberichts bleibt freiwillig*, obwohl diese weiteren Darlegungen des Verwaltungsrates an sich mit der Jahresrechnung eine Einheit bilden und das Gesetz diese Einheit an anderer Stelle auch hervorhebt. Ein Abdruck auch aller Jahresberichte im Schweizerischen Handelsamtsblatt wäre in der Tat kaum praktikabel; in Frage käme nur die Abgabe an die Interessenten.

3. Art der Offenlegung: Veröffentlichung oder Zusendung

1327 Das Gesetz belässt den Gesellschaften die Wahl zwischen einer eigentlichen *Veröffentlichung* (Abdruck im Schweizerischen Handelsamtsblatt) und der *Offenlegung im engeren Sinne*, d.h. der jederzeitigen Bereitschaft, die Jahresrechnung und gegebenenfalls die Konzernrechnung mit den Revisionsberichten jeder Person zuzustellen, die das verlangt. Unser Gesetz, stets auf Kapitalerhaltung bedacht, erlaubt dabei ausdrücklich der Gesellschaft, dem Anforderer die Kosten der Ausfertigung und des Versands in Rechnung zu stellen[87].

1328 Von einer *Frist für die Veröffentlichung* ist im Gesetz nichts zu lesen; die Publikation muss daher, wenn die Gesellschaft sich dazu entschliesst, ohne Verzug nach der ordentlichen Generalversammlung geschehen. Dagegen erlischt die Pflicht zum Versand ohne weiteres für alle Begehren, die nach Ablauf eines Jahres seit der Abnahme[88] zugehen.

---

[84] *4. EG-Richtlinie* (1978) Art. 47 Abs. 1 und Art. 50.
[85] Art. 697h Abs. 1 OR 1991.
[86] Definition des «Geschäftsberichtes» in Art. 662 Abs. 1 OR 1991, zu dem auch der Jahresbericht als Bestandteil gehört.
[87] «Auf deren Kosten» Art. 697h Abs. 1 OR 1991.
[88] Hier ist der alte Ausdruck stehen geblieben (Art. 698 Abs. 2 Ziff. 3 OR 1936). Der neue Begriff ist «Genehmigung», Art. 698 Abs. 2 Ziff. 4 OR 1991.

4. Einsichtgewährung gegenüber Gläubigern bei den übrigen Gesellschaften

Alle nicht offenlegungspflichtigen Gesellschaften sind gehalten, in die erwähnten Unterlagen am Sitz «*Einsicht*» zu gewähren. Es handelt sich um eine Fortentwicklung einer Vorschrift schon des OR 1936. Berechtigt sind die Aktionäre[89] ohne weitere Nachweise, und ferner die Gläubiger (darin eingeschlossen die Arbeitnehmer als Lohngläubiger), aber nur solche, die ein schutzwürdiges Interesse nachzuweisen vermögen[90]. Aufzulegen sind auch hier Jahres- und Konzernrechnung mit den Revisionsberichten, nicht aber der (verbale) Jahresbericht. «Einsicht» wird im engeren Sinne verstanden. Der Neugierige erhält kein Exemplar ausgehändigt; er ist darauf angewiesen, sich Notizen zu machen. Die Begrenzung auf ein Jahr fehlt für dieses Einsichtsrecht, sie wird aber analog gelten; es wäre nicht einzusehen, warum nach einem Jahr die Einsichtsrechte gegenüber einer *nicht* offenlegungspflichtigen Gesellschaft weiter gehen sollten als gegenüber einer offenlegungspflichtigen. Die Einsicht vollzieht sich jetzt am Sitz der Gesellschaft, nicht mehr, wie unter dem OR 1936, auf dem Handelsregisteramt[91].

1329

Das Parlament hat einen Antrag, alle Aktiengesellschaften müssten einer gewählten Vertretung der *Belegschaft* Einsicht in den Geschäftsbericht (also auch in den Jahresbericht) gewähren, abgelehnt[92].

1330

5. Auflegung der Beschlüsse zur Einsicht für die Partizipanten

Unmittelbar nach der Generalversammlung muss jede Gesellschaft, welche Partizipationsscheine ausgegeben hat, ihre Partizipanten über die gefassten Beschlüsse orientieren. Sie tut dies nach dem Gesetz durch Auflegung der *Generalversammlungsbeschlüsse* am Gesellschaftssitz und bei den eingetragenen Zweigniederlassungen[93]. Eine Zustellung der Beschlüsse an die Partizipanten wird nicht verlangt und wäre bei Inhabertiteln auch nicht ohne weiteres praktikabel. Diese Auflage zur Einsicht ist nichts anderes als die Erfüllung dessen, was im obligatorischen Hinweis anlässlich der Einberufung zur Generalversammlung den Partizipanten in Aussicht gestellt worden ist[94].

1331

Diese Auflegung betrifft nur die Beschlusstexte als solche, muss anderseits «*unverzüglich*» geschehen, was wohl nicht gerade Stunden, aber wenige Arbeitstage bedeutet. In das ganze *Protokoll* haben die Partizipanten zwar ebenfalls Einblick[95]. Selbst wenn die Statuten ihnen dieses Recht ausdrücklich bestätigen, bleibt die Sonderbestimmung über die unverzügliche Auflage der Beschlüsse sinnvoll, denn das Protokoll ist eventuell wegen der zahlreichen heiklen Einzelheiten erst einige Zeit später fertiggestellt.

1332

---

[89] Aufgrund von Art. 696 Abs. 3 OR 1991 dürfen die Aktionäre – im Gegensatz zu den Gläubigern – ihr Auge auch auf den *Jahresbericht* im Sinne von Art. 663d werfen.
[90] Art. 697h Abs. 2 OR 1991; früher Art. 704 OR 1936.
[91] *Botschaft 1983*, 169, Ziff. 329.
[92] Antrag eines Art. 697h Abs. 3, *Amtl. Bull. StR* (1988) 508 ff.
[93] Dass hier Zweigniederlassungen stehen bleiben, ist auf ein redaktionelles Versehen zurückzuführen.
[94] Vorn I/B/3, Rz 1295.
[95] Art. 702 Abs. 3 in Verbindung mit Art. 656a Abs. 2 und Art. 656c Abs. 2 OR 1991; aus Art. 656d Abs. 2 OR 1991 ist nicht das Gegenteil zu entnehmen.

6. Keine Pflicht zu Zwischenberichten

1333 Das Schweizer Aktienrecht kennt noch keine Pflicht des Verwaltungsrates, die Aktionäre in der Zeitspanne zwischen der Offenlegung der Jahresrechnung und der Einberufung der nächsten ordentlichen Generalversammlung übers Jahr zu orientieren. *Halbjahresberichte* (oder noch häufigere Mitteilungen in der Form des Aktionärbriefes) sowie, kurz nach Abschluss des Geschäftsjahres, ein Communiqué über den neuesten Stand der Dinge sind jedoch weithin zur Usanz geworden; auch geschlossene Gesellschaften entdecken die Vorteile eines orientierten und damit auch interessierten Aktionärs.

II. Institutionelle Stimmrechtsvertretung

A. Ausgangslage: Die ungelösten Fragen des Depotstimmrechtes

1. Der Begriff

1334 Der Begriff «*Depotstimmrecht*»[96], in den zwanziger Jahren geprägt, ist an sich durch die Entwicklung überholt: er bezieht sich eigentlich nur auf Inhaberaktien in Kundendepots bei Banken. Das Stimmrecht, das die Banken als Vertreter ihrer Kunden in den Generalversammlungen der Schweizer Aktiengesellschaften professionell ausüben, stützt sich heute wohl eher zum kleineren Teil auf Inhaberaktien. Es geht heute ganz allgemein um die *institutionelle Vertretung* der Kapitalanleger in den Generalversammlungen sowohl für Namen- wie Inhaberaktien. Bei Namenaktien geschieht dies schon seit einiger Zeit auch durch Beauftragte der Gesellschaft selbst.

2. Der Lösungsversuch des OR 1936

1335 Schon nach OR 1936 war bei Namenaktien eine «*besondere schriftliche Vollmacht*» des Aktionärs[97] notwendig, wenn eine Bank die bei ihr verwahrten Namenaktien in der Generalversammlung vertreten sollte[98]. Beim «Depotstimmrecht der Banken» im eigentlichen Sinne schöpft die Bank, als mittelbare Besitzerin, die erforderliche Legi-

---

[96] Vgl. *Peter Böckli* (1961) 222 ff.; *Vischer/Rapp* (1968) 136 ff.; *Hans-Peter Schaad* (1972) 81 ff.; *Georg Gautschi* (1972) 123 ff.; *Forstmoser/Meier-Hayoz* (1983) 154/55; *Paul Schorer* (1984) 101 ff.; wenig differenziert *Erich Tillmann* (1984) 85 ff.
[97] Bzw. des Nutzniessers oder des gesetzlichen Vertreters.
[98] Damit wollte man verhindern, dass die Vollmachtsklausel im Kleingedruckten der Allgemeinen Geschäftsbedingungen untergeht und der Aktionär sich nicht einmal bewusst ist, was mit den Stimmrechten aus seinen deponierten Aktien geschieht.

timation für die Stimmrechtsausübung aus der Tatsache, dass die Inhaberaktien bei ihr liegen[99]. Schon das OR 1936 hatte das Innenverhältnis zwischen Aktionär und verwahrender Bank formalisiert; die Bank war nur befugt, anstelle des Inhaberaktionärs und in dessen Interesse das Aktienstimmrecht auszuüben, wenn sie «eine Vertretungsvollmacht in einer besonderen Urkunde» erhalten hatte[100].

Allerdings hat diese Regelung, als Fortschritt besungen, wenig gebracht. Die Gesetzgebung von 1936 hat nämlich gerade die *Hauptfragen* der institutionellen Stimmrechtsvertretung (sei es durch die Banken oder durch andere Zwischenstellen) ungelöst gelassen: 1336

(1) Muss das berufsmässig auftretende Zwischenglied – Bank, Vermögensverwalter, Effektenhändler, Beauftragter der Gesellschaft selbst – den Aktionär vor der Generalversammlung um *Weisungen* ersuchen?

(2) Muss der Intermediär diese *befolgen*?

(3) Und was geschieht, wenn *keine* Weisungen eingehen?

(4) Müssen die professionellen Vertreter gegenüber der Generalversammlung *offenlegen*, wieviele Stimmen sie für sich selbst[101] und wieviele sie für andere ausüben?

3. Die Einholung von Stimmrechtsvollmachten durch die Gesellschaft selbst

Die Gesellschaften sind je länger je mehr dazu übergegangen, bei den heute verbreiteten *Namenaktien* die Stimmrechtsvollmachten direkt bei den Aktionären einzuholen. Sie fordern ihre Aktionäre im typischen Falle auf, das vorgedruckte Formular für die Stimmrechtsvollmacht blanko zu unterzeichnen und der Gesellschaft postwendend zurückzusenden; die Gesellschaft werde dann «dafür besorgt sein», dass das Stimmrecht ausgeübt wird. 1337

Es handelt sich hier um eine gegenüber dem Depotstimmrecht *neue Erscheinung*, die im neuen Aktienrecht «*Organvertretung*» heisst: nicht ein Zwischenglied des Kapitalmarktes tritt in der Meinungsbildung als Mittler auf, sondern aufgrund der Blankovollmacht ein Angestellter oder Organ der juristischen Person, um deren Willensbildung es gerade geht. Das Obligationenrecht von 1936 kannte keine Antwort[102]. Es war einzig klar, dass auch in solchen Fällen[103] eine schriftliche Vollmacht nötig war[104]. Damit war aber zu den angesprochenen Problemen nichts ausgesagt. 1338

---

[99] Art. 689a Abs. 2 OR 1991.
[100] Art. 689 Abs. 5 Ziff. 2 OR 1936. Richtig müsste es nicht «Vollmacht», sondern «Ermächtigung» heissen. Der Fehler wirkt in Art. 689b Abs. 2 (am Ende) OR 1991 fort.
[101] Bei Banken Nostrobestand.
[102] In Art. 689 OR 1936, der die *Stimmrechtsvertretung* und, in Abs. 5, der das *Depotstimmrecht* anspricht, fand sich keinerlei Schranke oder Lösung.
[103] Die man in der Aktienrechtsrevision mit dem Wort «*Organvertretung*» bezeichnet hat, weil Mitglieder der Organe der juristischen Person sich für diese Stimmrechtsvertretung in der Generalversammlung zur Verfügung stellen.
[104] Art. 689 Abs. 3 OR 1936. Heute Art. 689a Abs. 1 OR 1991.

B. Das Depotstimmrecht der Banken

1. Die Stellung der Banken

1339 Das Depotstimmrecht der Banken[105] war von Anfang an «ein völlig deutscher Gegenstand». Das deutsche Aktienrecht enthält seit Jahrzehnten eine ganze Reihe von Verhaltensregeln für die Finanzintermediäre. Die Bank muss:

- ihren Kunden die *Mitteilungen* der Gesellschaft zustellen;
- den Kunden ihre *eigenen Vorschläge* für die Ausübung des Stimmrechtes vorlegen;
- den Aktionär um *Weisungen* ersuchen;
- und schliesslich den Aktionär *vertreten* und seine *Weisungen befolgen*[106].

1340 Der Schweizer Gesetzgeber hat kaum eine Frage so lange hin und her diskutiert wie die des Depotstimmrechts[107]. Im Gegensatz zu den Diskussionen in den dreissiger Jahren kreiste die Debatte aber keineswegs um die dogmatischen juristischen Fragen[108]. Die beiden Räte entzweiten sich in der Frage, ob die Finanzintermediäre ihre Kunden *immer* um Weisungen ersuchen sollten, oder nur in *besonders wichtigen Fällen,* und wie mangels Weisungen zu verfahren sei. Dazu kam der Zwist um die Offenlegung des Depotstimmrechtes in der Generalversammlung.

1341 Dabei blieb unbestritten, dass heute die Einschaltung von Zwischenstellen in die Ausübung des Aktienstimmrechtes eine echte Notwendigkeit ist. Wohl können die Banken und Vermögensverwalter durch ihre Ausübung des Stimmrechtes – und sei es auch nur abgeleitet aufgrund von Vollmachten ihrer Kunden – dem Verwaltungsrat gegenüber eine gewisse Machtposition einnehmen. Und niemand bestreitet auch, dass das Bankensystem mit seinen Empfehlungen den Ausgang von heiklen Abstimmungen beeinflussen kann. Eine Abschaffung des Depotstimmrechtes würde jedoch mehr schaden als nützen. Denn Missbrauch ist selten und spektakulär, häufig dagegen und unauffällig der sachkundige und verantwortungsvolle Gebrauch. Ohne die Einschaltung von Zwischenstellen für die Stimmrechtsvertretung würde gerade in wichtigen Entscheidungen der Wille der Aktionäre noch weniger auf die Generalversammlung durchschlagen. Der Aktionär ist ein zerstreuter Demokrat. Ist aber die Entscheidung genügend einschneidend, so kann er geweckt und zur Tat aufgerufen werden; er ist hellwach, wenn das Drama einmal ausgebrochen ist.

---

[105] *Peter Böckli* (1961) 222 ff.; *Forstmoser/Meier-Hayoz* (1983) 155; *Erich Tillmann* (1984) 87 ff. und (1985) passim; *Andreas Binder* (1988) 198 ff.
[106] § 128 und § 135 AktG.
[107] *Amtl. Bull. NR* (1985) 1728 ff.; *StR* (1988) 504 ff.; *NR* (1990) 1383 ff.; *StR* (1991) 75; *NR* (1991) 852.
[108] So um die klassische Frage, ob direkte oder indirekte Stellvertretung vorliege.

2. Die «Kanalisierung» des Depotstimmrechts der Banken

Das neue Gesetz auferlegt den Banken im wesentlichen vier neue Verpflichtungen. Es ist nicht zu übersehen, dass das Aktienrecht damit eine *kapitalmarktrechtliche* Dimension erhält.

1342

a) Umschreibung der «Depotvertreter»

Wer als Depotvertreter gilt, stellt das Gesetz klar[109]: es sind die dem *Bankengesetz* unterstellten Institute sowie *gewerbsmässige Vermögensverwalter*. Mit «unterstellt» meint das Gesetz die Unterstellung unter das ganze Bankengesetz; Firmen, die dem Bankengesetz nicht oder nur hinsichtlich bestimmter Artikel unterstehen, gelten nur als Depotvertreter[110], wenn sie gewerbsmässige Vermögensverwalter sind. Dazu gehören vor allem die Effektenhändler, aber auch jene Personen, die tatsächlich gegenüber dem anlegenden Publikum ihre Dienstleistung anbieten, professionell Vermögen von Dritten verwalten und über eine entsprechende Organisation verfügen, wie in bestimmten Fällen Notare und, viel häufiger, die Assets Manager.

1343

b) Weisungsbefolgung

Neu ist in Art. 689b, dass *jedermann, der Mitwirkungsrechte als Vertreter ausübt* – insbesondere also das Stimmrecht in der Generalversammlung –, die Weisungen des Vertretenen zu befolgen hat[111]. Dies richtet sich natürlich in erster Linie an die professionellen Vertreter, die Banken[112] und die Organvertreter bei Namenaktien[113]. Die Norm geht aber darüber hinaus und wendet sich auch an jeden individuellen Stimmrechtsvertreter.

1344

Diese *Befolgungspflicht* ist rechtlich als eine vom Gesetz angeordnete, zwingende Rechtspflicht im *Innenverhältnis* zwischen dem Aktionär und seinem Vertreter zu verstehen. Wie auch immer dieses Verhältnis gestaltet ist – gesetzliche Vertretung, Auftrag oder ein anderer Vertrag – immer ist der Vertreter weisungsgebunden. Die Rechtsfolge kann nur darin liegen, dass die für die Verletzung des entsprechenden Innenverhältnisses typischen Konsequenzen eintreten. Die Befolgung der Weisung ist kein Gültigkeitserfordernis für die Abgabe der Stimme in der Generalversammlung. Selbst wenn die Gesellschaft sogar davon Kenntnis erhalten sollte, dass der Vertreter sich anschickt, weisungswidrig zu handeln, sind die Stimmen als gültig abgegeben zu zählen.

1345

Auf das Innenverhältnis zwischen Aktionär und Vertreter zielt auch die Vorschrift ab, dass bei *Inhaberaktien* derjenige, der die Aktien ohne Eigentumsanspruch im Besitze hat, die Mitgliedschaftsrechte nur ausüben darf, wenn er hierzu vom Aktionär in ei-

1346

---

[109] Art. 689d Abs. 3 OR 1991.
[110] Art. 1 Abs. 3 Bank G. Art. 1 Abs. 2 Bst. a Satz 2 Bank G.
[111] Der Nationalrat hat «Stimmrecht» durch den weiteren Begriff der «Mitwirkungsrechte» ersetzt, *Amtl. Bull. NR* (1985) 1727. Damit ist klargestellt, dass die Weisungsbefolgungspflicht auch die Auskunftbegehren, Voten, Anträge etc. erfasst.
[112] Aber auch die Organe der Aktiengesellschaft selbst, die für Namenaktien diese Funktion übernehmen.
[113] Art. 689c OR 1991.

nem besonderen Schriftstück bevollmächtigt ist. Diese Regel ist praktisch unverändert aus Art. 689 Abs. 5 Ziff. 2 OR 1936 übernommen[114].

c)   Ersuchen um Weisungen

1347 Ungewöhnlich zäh war das parlamentarische Ringen um die für die helvetischen Gefilde verbindliche Definition dessen, was im deutschen Recht schon lange gilt: die Verpflichtung des Depotvertreters, beim Aktionär *Weisungen einzuholen*[115].

1348 Dass dies nötig ist, um die Generalversammlung als Institution aufzuwerten und sie näher an den Willen der Aktionäre anzubinden, war in der Aktienrechtswissenschaft kaum bestritten. Der Nationalrat bekämpfte aber entschlossen den Gedanken, ein Ersuchen um Weisungen müsse vor jeder Generalversammlung an die Depotkunden ergehen. Nach dem Nationalrat sollte dies nur geschehen bei «wichtigen Traktanden», wobei man erklärend hinzufügen wollte, als wichtig gelten sollten «insbesondere» alle Anträge, über die die Generalversammlung nur mit qualifiziertem Mehr beschliessen kann[116]. Der Ständerat stellte sich dem ebenso hartnäckig entgegen[117]. Schliesslich obsiegte die ursprüngliche Entwurfsfassung: das Ersuchen um Weisungen ergeht *vor jeder* Generalversammlung an den Aktionär, und dies hinsichtlich aller Traktanden[118].

1349 Das Problem der *Praktikabilität* eines solchen Ersuchens um Weisung ist ernst zu nehmen, darf aber auch – wie der Berichterstatter im Ständerat erklärt hat[119] – nicht überbewertet werden: es genügt, wenn die Depotbank ihren Kunden ein computergerecht aufbereitetes Formular mit den Anträgen des Verwaltungsrates[120] zu jedem Traktandum zustellt, worauf der Kunde seine Weisung binär – «Ja» oder «Nein» – auf einfachste Art erteilen kann.

1350 Will ein Aktionär wirklich selbst zu einem traktandierten Verhandlungsgegenstand einen Antrag stellen, so wird er zweifellos motiviert genug sein, dass er selbst zur Generalversammlung geht oder die Weisung in eigenen Worten der Bank schriftlich erteilt.

d)   Verhalten des Depotvertreters mangels Weisungen

1351 Noch nachhaltiger war der Hader in der Frage, was geschehen soll, wenn der Aktionär bzw. Hinterleger *keine Weisung* erteilt. Auch in diesem Punkt widersprach der Nationalrat dem Gesetzesentwurf von 1983, der eine gestaffelte Lösung vorsah: mangels besonderer Weisung sollte sich der Depotvertreter an eine *allgemeine Weisung*, die der Aktionär bei ihm hinterlegt hatte, halten, und wenn eine solche allgemeine Weisung

---

[114] Nun Art. 689b Abs. 2 OR 1991. Bedauerlich ist nur, dass es nicht gelungen ist, den Ausdruck «bevollmächtigt» bei der Gesetzesredaktion zu streichen, denn es handelt sich bei Inhaberaktien bei dieser internen Willensäusserung des Vertretenen gegenüber dem Vertreter nicht um eine Vollmacht, sondern um eine *Ermächtigung*.
[115] Vgl. die in Anm. erwähnten Stellen.
[116] *Amtl. Bull. NR* (1985) 1728.
[117] *Amtl. Bull. StR* (1988) 504.
[118] Art. 689d Abs. 1 OR 1991; kritisch *Peter Forstmoser* (1992) 69.
[119] *Amtl. Bull. StR* (1988) 504. Gegenmeinung in *Amtl. Bull. NR* (1990) 1384 («Tretmühle mit Leerlauf»).
[120] Und in besonderen Fällen des Art. 700 Abs. 2 OR 1991 auch der Aktionäre.

fehlt, so hätte der Depotvertreter das Stimmrecht des Hinterlegers nach den *Anträgen des Verwaltungsrates* ausüben sollen. Obgleich eine Begründung in der Botschaft gerade zu diesem wichtigen Punkt fehlt, ist offensichtlich, warum diese dann am Schluss auch Gesetz gewordene Lösung – entgegen der Kritik[121] – durchaus vertretbar ist: wenn der Hinterleger mit der amtsführenden Unternehmensleitung überhaupt in keiner Weise einverstanden ist, so wird er die Aktien verkaufen; Dutzende von Beispielen der Praxis in der letzten Zeit haben gezeigt, dass dies wirklich auch so abläuft. Behält er aber die Aktien mit Groll im Herzen, so wird er diesen Groll in eine den Anträgen des Verwaltungsrates widersprechende Weisung ausmünden lassen. Tut er auch das nicht, so ist im Zweifel anzunehmen, dass er sich nicht als oppositioneller Aktionär betätigen will[122].

Dagegen war der Vorschlag des Nationalrates *inpraktikabel*. Zuerst wollte dieser mangels Weisungen den professionellen Stimmrechtsvertreter in ein Dilemma führen: «Fehlt eine solche [Weisung], so übt er die Stimme im Interesse des Hinterlegers aus oder enthält er sich der Stimme.»[123] Und in einem späteren Zeitpunkt dachte der Nationalrat daran, den Depotvertreter dazu zu verpflichten, dass er die Aktien an der Generalversammlung, wenn keine Weisung vorliegt, überhaupt nicht vertritt[124]. Auch hier setzte sich der Ständerat im Jahre der Schlussabstimmung durch. Es gilt die Regelung des Entwurfs von 1983: Der Depotvertreter folgt der allgemeinen Weisung, und mangels allgemeiner Weisung den Anträgen des Verwaltungsrates[125]. 1352

e)   Verpflichtung zur Ausübung der Rechte

Was in Art. 689b allerdings heute fehlt, ist eine ausdrückliche *Verpflichtung* der professionellen Intermediäre, die Stimmrechte dann auch wirklich auszuüben[126]. Diese Verpflichtung ist aber in der ganzen Regelung von Art. 689 ff., insbesondere in Art. 689b OR 1991, sinngemäss enthalten[127]. Dies ergibt sich indirekt aus dem Gesetz; denn wenn der Vertreter verpflichtet ist, die Weisungen des Vertretenen zu befolgen, und wenn das Gesetz vorschreibt, dass beim Fehlen von Weisungen der Vertreter den Anträgen des Verwaltungsrates zu folgen hat, so liegt darin implizite die Handlungsanweisung des Gesetzes zur Ausübung des Stimmrechts, und zwar in dem vorgeschriebenen Sinne. 1353

Die *Pflicht* zur Ausübung der Stimmrechte bei Bestehen einer Vollmacht ist von Bedeutung, weil die Bank in einer konkreten Abstimmung in einem direkten Interessenkon- 1354

---

[121] *Alain Hirsch* (1991) 296; *Peter Forstmoser* (1992) 69.
[122] a.A. offenbar *Peter Forstmoser* (1984B) 126; als «très criticable» bezeichnet *Alain Hirsch* (1991) 296 die Lösung von Art. 689d Abs. 2 Satzteil 2 OR 1991. Vgl. Rz 1448.
[123] *Amtl. Bull. NR* (1985) 1728 und 1733. Das Dilemma wird durch eine dogmatische Abstützung auf Art. 397 und eventuell sogar den Regelungsgedanken von Art. 419 OR nicht erträglicher.
[124] *Amtl. Bull. NR* (1990) 1383. Vgl. insbesondere die Version der Kommission des Nationalrates für einen Abs. 2bis zu Art. 689d: «Liegen besondere oder allgemeine Weisungen nur zu einzelnen Traktanden vor, so enthält sich der Depotvertreter bei den übrigen Traktanden der Stimme» (a.a.O.).
[125] Art. 689d Abs. 2 OR 1991. Im Gegensatz dazu stimmt das Kreditinstitut nach deutschem Aktienrecht mangels Weisungen im Sinne der von ihm selbst dem Aktionär abgegebenen Empfehlung, § 135 Abs. 5 AktG.
[126] Vgl. § 135 AktG.
[127] Auch der *Organvertreter* kann nicht rechtmässig auf die Vertretung einer Aktie aus eigenem Willensentschluss verzichten, wenn er die entsprechende Vollmacht in den Händen hat.

flikt stehen kann. Hat sie die Vollmacht des Depotkunden, und bestehen weder allgemeine noch besondere Weisungen, so muss sie im Sinne der Anträge des Verwaltungsrates stimmen, auch wenn diese Anträge ihrer eigenen Geschäftspolitik und ihren eigenen Interessen im oder am Unternehmen entgegenlaufen[128]. Das bisherige «soft-law», die «Richtlinien über die Ausübung des Depotstimmrechts vom September 1980» der Schweizerischen Bankiervereinigung[129], enthielten die genau entgegengesetzte Regelung, wonach die Bank unter solchen Umständen sich ganz einfach *der Stimme enthalten* durfte. Das kann in dieser Weise hinfort nicht mehr gültig sein. Nach dem neuen Aktienrecht verpflichtet der Akt der Vollmachterteilung – wenn akzeptiert – den Intermediär zur Stimmrechtsausübung.

C. Die Einrichtung des «Organvertreters» bei Namenaktien

1. Das Problem

1355 Auch jene andere, inzwischen schon zur festen Einrichtung gewordene Spielart der institutionellen Stimmrechtsvertretung kann problematisch sein[130]: Viele Gesellschaften pflegen den Namenaktionären – über das gesetzliche Minimum der Aktionärsinformation hinaus[131] – mit der Einberufung zur Generalversammlung auch den zu genehmigenden Geschäftsbericht (samt Jahresrechnung, Jahresbericht und Revisionsbericht) mit der Post zuzustellen. Dabei ist es üblich, den Aktionär aufzufordern, er möge mit dem beigelegten Vollmachtsformular ein Mitglied der Direktion mit der Vertretung seiner Aktien betrauen, wenn der Aktionär nicht selber an der Generalversammlung teilnehmen will. Diese Aufforderung enthielt gewöhnlich *kein* Ersuchen um Weisungen. Im Gegenteil ging man meistens ausdrücklich, manchmal auch stillschweigend so vor, dass die Direktion die ihr zur Ausübung anvertrauten Stimmen auch ohne weiteres im Sinne der Zustimmung zu den Anträgen des Verwaltungsrates einsetzte.

1356 So sehr eine Institutionalisierung der Stimmrechtsvertretung auch bei Namenaktien zu begrüssen ist, so sehr wirft sie *zwei Probleme* auf, die der Gesetzgeber sich zu lösen vornahm:

(1) eine solche Aufforderung darf wie beim Depotstimmrecht der Banken nicht ohne ein *Ersuchen um Weisungen* ergehen;

(2) der Aktionär muss die Möglichkeit haben, *eine andere Person als den Direktor* der Gesellschaft, um die es geht, mit der Vertretung seiner Aktien und der Ausführung seiner Weisungen zu betrauen, wenn immer er oppositionell zu handeln wünscht.

---

[128] In dieser Hinsicht zutreffend *Botschaft 1983*, 86, Ziff. 212.22.
[129] Vgl. Zusammenfassung in *Botschaft 1983*, 84/85, Lemma 3, Ziff. 212.1
[130] *Botschaft 1983*, 85, Ziff. 212.1.
[131] Vgl. Art. 696 und 700 OR 1936.

Es wäre mit der *Freiheit der Willensbildung* in der Tat unvereinbar, wenn der in Opposition stehende Aktionär gezwungen wäre, der Unternehmensleitung im voraus seine Entscheidung durch die entsprechende Weisung bekanntzugeben. Es ist ihm auch nicht zuzumuten, dass er eine selber in einem Interessenkonflikt stehende Person – nämlich einen Angestellten oder ein Organmitglied der Gesellschaft selbst – mit der Durchsetzung seines oppositionellen Willens betrauen müsste.

2. Die Vorschriften für Organvertreter

Das neue Aktienrecht löst nur die zweite dieser beiden Fragen ausdrücklich[132]: Die Gesellschaft muss den Aktionären immer auch *gleichzeitig eine unabhängige Person* bezeichnen, die von den Aktionären mit der Stimmrechtsvertretung beauftragt werden kann. Dagegen verpflichtet das Gesetz die Gesellschaft bei der Organvertretung nicht ausdrücklich, vor jeder Generalversammlung um Weisungen zu ersuchen. Nach dem Aufbau des Gesetzes muss aber die Pflicht, um Weisungen zu ersuchen, auch für den Organvertreter gelten[133], ja für diesen noch mehr als für den Depotvertreter, der immerhin von der Gesellschaft nicht abhängig ist; es handelt sich in Art. 689d Abs. 1 um eine Regelung «pars pro toto».

Nicht geregelt ist auch, was geschieht, wenn der Aktionär dem Organvertreter überhaupt *keine Weisung* erteilt. Die Rechts- und Interessenlage unterscheidet sich überhaupt nicht von jener beim Depotvertreter: In Analogie zu Art. 689d Abs. 2 Satz 2 wird der Organvertreter in diesem Falle den Anträgen des Verwaltungsrates folgen. Die ist ganz sicher die richtige Lösung dort, wo der Aktionär die Vollmacht blanko auf ein Organmitglied oder einen Arbeitnehmer der Gesellschaft ausgestellt hat. Aber auch wenn der Aktionär eine «unabhängige Person»[134] mit seiner Vertretung beauftragt, aber trotz diesem eine Opposition oder Misstrauen andeutenden Akt Weisungen unterlassen hat, sind die Gründe, die für die in Art. 689d Abs. 2 Satz 2 festgehaltene Regelung sprechen, massgeblich.

3. Unabhängigkeit der Drittperson

Das Gesetz spricht sich über die «*Unabhängigkeit*» der von der Gesellschaft zu benennenden Drittperson nicht näher aus. Die Gedanken, die das neue Gesetz zu diesem Thema beim Revisor ausspricht[135], können auch hier als Leitlinie dienen. Allerdings muss hier auch eine Abhängigkeit von einer Konzernuntergesellschaft mit dem Amt des institutionellen Stimmrechtsvertreters als einer «unabhängigen Person» unvereinbar sein[136]. Als unabhängiger Stimmrechtsvertreter kommt z.B. ein Notar oder ein in der Praxis des Gesellschaftsrechts besonders erfahrener Treuhänder oder ein Bankier

---

[132] Art. 689c OR 1991.
[133] Ebenso *Andreas Binder* (1988) 199.
[134] Art. 689c OR 1991.
[135] Art. 727c Abs. 1 OR 1991.
[136] Im Gegensatz zu Abs. 2 desselben Artikels, der auf eine Besonderheit der Revision im Konzern ausgerichtet ist.

in Frage, vorausgesetzt, der Auserkorene steht auch nicht anderweitig in Mandatsverhältnissen zu der Gesellschaft oder zum Konzern.

D. Gemeinsame Vorschriften

1. Zustellung des Materials für die Generalversammlung

1361 Im schweizerischen Recht findet sich nicht die Regelung des deutschen Rechtes, wonach die Kreditinstitute von Gesetzes wegen verpflichtet wären, ihren Depotkunden auch *ihre eigenen Vorschläge* für die Ausübung des Stimmrechtes zu unterbreiten[137] und ihnen die Mitteilungen der Gesellschaft zukommen zu lassen.

1362 Die Verpflichtung, das *Material* der Gesellschaft dem Aktionär weiterzuleiten, ist immerhin bereits implizite in der gesetzlichen Vorschrift des Art. 689d Abs. 1 enthalten, in der Auflage, stets um Weisungen zu ersuchen. Wer die Unterlagen nicht erhalten hat, kann auch keine sachlich begründete Entscheidung über die Weisungen fällen.

1363 Dagegen haben nach Schweizer Recht die Banken, die gewerbsmässigen Vermögensverwalter und die Organvertreter keine gesetzliche Pflicht, ihre eigenen *Empfehlungen* zu den Traktanden und Anträgen beizufügen; sie können dies tun, aber sie müssen es nicht.

2. Transparenz der institutionellen Stimmrechtsvertretung

1364 Die Regelung der Transparenz ist insbesondere dazu bestimmt, den Ruch missbräuchlicher Machtausübung, der am Depotstimmrecht der Banken und teilweise auch an der Organvertretung hängt, zu beseitigen.

a) Meldepflicht der institutionellen Stimmrechtsvertreter selbst

1365 Wer immer in der Generalversammlung als Organvertreter, unabhängiger Stimmrechtsvertreter[138] oder als Depotvertreter[139] auftritt, hat dem Präsidenten des Verwaltungsrates genau umschriebene *Angaben* zu machen[140]. Wie sich aus dem Zusammenhang des Gesetzes ergibt, muss dies zu Beginn der Generalversammlung geschehen oder jedenfalls bis zu dem Zeitpunkt, in dem der Versammlungsleiter die Vertretungsverhältnisse seinerseits den Aktionären bekanntgibt. Die Punkte betreffen:

(1) die *Anzahl* der institutionell vertretenen Aktien,

(2) *Art* (Namenaktien oder Inhaberaktien) und *Nennwerte*, und

---

[137] § 128 Abs. 2 Satz 1 AktG.
[138] Art. 689c OR 1991.
[139] Art. 689d OR 1991.
[140] Art. 689e Abs. 1 OR 1991.

(3) die *Kategorien* (z.B. Stammaktien, Stimmrechtsaktien, Vorzugsaktien).

Zufolge der Gleichstellungsklausel[141] muss der institutionelle Vertreter auch über *Partizipationsscheine* die entsprechenden Angaben machen, wenn die Statuten den Partizipationsscheinen, abgesehen vom eigentlichen Stimmrecht, bestimmte Mitwirkungsrechte in der Generalversammlung verleihen[142]. Es kann also sehr wohl dazu kommen, dass ein institutioneller Stimmrechtsvertreter für seine Vollmachtgeber, die Partizipanten, nicht an den Abstimmungen teilnimmt, wohl aber, entsprechend den statutarischen Möglichkeiten der betreffenden Gesellschaft für Partizipanten, vertretungsweise *Anträge* stellt oder in die *Debatte* eingreift. In dieser Hinsicht ist es zu begrüssen, dass am Schluss Art. 689b Abs. 1 und Art. 689d Abs. 1 OR 1991 nun präzise von der Ausübung der «Mitwirkungsrechte» sprechen.

1366

b)   Bekanntgabe der institutionellen Stimmrechtsvertretung durch den Vorsitzenden

Der *Vorsitzende* der Generalversammlung ist verpflichtet, seinerseits diese Angaben der Versammlung mitzuteilen – allerdings zusammenfassend, und gesamthaft für jede Vertretungsart, nicht nach einzelnen Vertretern[143].

1367

Das Gesetz sagt nicht, *wann* genau diese Mitteilung zu geschehen hat. Grundsätzlich kann sie auch noch zum Schluss der Generalversammlung erfolgen, bis zu dem Augenblick, in dem der Präsident die Aktionäre nach Hause schickt. Ungenügend wäre jedoch ein Vermerk im Protokoll, der sich nicht auf eine entsprechende Bekanntgabe des Vorsitzenden während der Versammlung stützt.

1368

3.   Sanktionen

Die *Rechtsfolgen*, die das Gesetz für die Verletzung der beiden sonst nur als blasse Ordnungsvorschriften erscheinenden Informationspflichten vorsieht, sind mindestens potentiell gravierend.

1369

a)   Die unterlassene Meldung des Stimmrechtsvertreters

Die *Stimmrechtsausübung* durch einen institutionellen Vertreter, der die Angaben über Anzahl, Art, Nennwert und Kategorie der von ihm als Organvertreter oder als Depotvertreter ausgeübten Stimmrechte nicht bekanntgibt, fällt unter die «unbefugte Teilnahme an der Generalversammlung» gemäss Art. 691 OR (ein Artikel, der im übrigen nicht verändert worden ist). Der Beschluss ist anfechtbar, ausgenommen wenn die entsprechenden Stimmen keinen Einfluss auf die Beschlussfassung ausgeübt hatten und die Gesellschaft dies nachzuweisen vermag[144].

1370

---

[141] Art. 656a Abs. 2 OR 1991.
[142] So wie dies gemäss der ausdrücklichen neuen Vorschrift von Art. 656c Abs. 1 Satzteil 2 OR 1991 nun möglich ist.
[143] Art. 689e Abs. 2 OR 1991.
[144] Art. 691 Abs. 3 OR.

b)   Die unterlassene Mitteilung des Vorsitzenden

1371 Hat der institutionelle Stimmrechtsvertreter gemeldet, was ihm oblag, der *Vorsitzende* es aber unterlassen, die vorgeschriebenen Angaben (gesamthaft für die Organvertreter einerseits und die Depotvertreter andererseits) der Generalversammlung mitzuteilen, so ist der Generalversammlungsbeschluss ebenfalls anfechtbar[145]. Stets ist Voraussetzung für eine derartige Anfechtungsklage jedoch, dass mindestens *ein* Aktionär die Mitteilung über die institutionelle Vertretung vor dem Schluss der Versammlung ausdrücklich *verlangt* hat.

1372 Auch hier bleibt, obwohl das Gesetz es nicht sagt, der Gegenbeweis der Gesellschaft vorbehalten, dass diejenigen Stimmen, die von der fehlenden Mitteilung betroffen sein könnten, auf das Zustandekommen des Beschlusses *keinen Einfluss* hatten. Gibt also z.B. der Vorsitzende bekannt, es seien 12'500 Inhaberaktien zu Fr. 100 Nennwert durch Depotvertreter an der Generalversammlung vertreten, und vergisst er die Mitteilung, dass auch noch 5'000 auf den Namen lautende Stimmrechtsaktien à Fr. 10 Nennwert durch Organvertreter in der Generalversammlung vertreten werden, so kann der Richter auch im schlimmsten Fall nur jene Stimmen als «unbefugt vertreten» streichen, auf die sich die Unterlassung bezieht.

1373 Die *Gegenmeinung* findet sich allerdings in der Botschaft von 1983[146]. Sollten die Gerichte ihr folgen, so müsste hinfort in Publikumsgesellschaften der Bekanntgabe der Vertretungsverhältnisse durch den Vorsitzenden eine ungeheure Bedeutung zukommen. Bemerkt der Präsident nach der Versammlung, dass er die obligate Mitteilung vergessen hat, oder hat er die Mitteilung fehlerhaft, z.B. nicht für jede Vertretungsart (Organvertretung und Depotvertretung) getrennt gemacht, so wären nach dieser Auffassung die Gesellschaftsbeschlüsse während der zweimonatigen Anfechtungsfrist in der Schwebe.

1374 Immerhin wird das Gericht, auch wenn es der bundesrätlichen Meinung folgt, nur dann auf Klage hin zu einer Aufhebung der Beschlüsse der Generalversammlung wegen Verletzung der Mitteilungspflicht kommen, wenn die Mitteilung *gravierende Mängel* aufweist oder ganz unterlassen wurde. Kleinere Mängel und Irrtümer in der Berechnung der Vertretungsverhältnisse, wie sie praktisch ständig in der Hitze des Gefechtes vorkommen, dürfen in Anwendung des aktienrechtlichen Übermassverbots[146a] niemals zu einer Aufhebung sämtlicher Beschlüsse der Generalversammlung führen.

E. Beurteilung der neuen Regelung

1375 Geht man nicht zu dem fernliegenden, aber in der Arbeitsgruppe von Greyerz trotzdem hitzig diskutierten Institut der *Urabstimmung* über[147], so muss das Gesetz zur Funktionsfähigkeit der Generalversammlung Lösungen bieten. Man ist sich heute ei-

---

[145]   Art. 689e Abs. 2 Satz 2 OR 1991.
[146]   *Botschaft 1983*, 88, Ziff. 212.24.
[146a] Rz 1906.
[147]   Ein Echo davon findet sich bei *Roland Ruedin* in Festschrift Raymond Jeanprêtre, 112.

374

nig, dass die Generalversammlung nur funktionieren kann, wenn die Vermittlung der Stimmrechte durch Vollmachten institutionalisiert und erleichtert wird.

Das Gesetz hat insgesamt zu Recht den Schritt zur *Urabstimmung* nicht gemacht; dieser hätte das Schweizer Aktienrecht übrigens auch vom EG-Gesellschaftsrecht ohne zwingenden Grund dramatisch entfernt. Damit wäre die letzte verbleibende Möglichkeit zu einer Debatte verschwunden. Ohne Urabstimmung aber braucht es in Publikumsgesellschaften die institutionelle Stimmrechtsvertretung, soll nicht die Gefahr wachsen, dass Beschlüsse mit Zufallsmehrheiten zustandekommen. Mit den vom Gesetz eingebauten neuen Kautelen ist das Funktionieren dieser Institution einigermassen gewährleistet. Die neue Regelung für die institutionelle Stimmrechtsvertretung ist insgesamt sachgemäss[148]. 1376

Die Einwendung, das Einholen von *Weisungen* vor jeder Generalversammlung sei ein Leerlauf und verursache unnötigen Papierkrieg[149], ist in dieser absoluten Form sicher nicht begründet. Aus dem Gesamtinhalt der neuen Regelung ergibt sich ohnehin – und im normalen Verlauf der Geschäfte ist es auch völlig selbstverständlich – , dass die Depotbank das erhaltene Informationsmaterial für die bevorstehende Generalversammlung dem Depotkunden zustellt. Zu einer ordnungsgemässen Abwicklung gehört, dass dem Aktionär durch ein vorgedrucktes Formular die Möglichkeit geboten wird, auf einfache Weise seinen Willen hinsichtlich der Stimmrechtsausübung an der bevorstehenden Generalversammlung seinem Vertreter kundzutun. 1377

Auch die *Bindung an die Weisung* ist richtig. Die Regel, dass in Ermangelung aller Weisungen gemäss den Vorschlägen des Verwaltungsrates abzustimmen sei, ist von allen denkbaren Varianten nach wie vor die am wenigsten schlechte, jedenfalls besser als jene des deutschen Rechts, die in diesem Fall den Willen der Bank an die Stelle desjenigen des Aktionärs setzt. Die erhöhte Transparenz schliesslich wird zur Entmystifizierung der institutionellen Stimmrechtsvertretung beitragen; dass hier das Gesetz klare und strenge Sanktionen angeordnet hat, werden die Gesellschaften, wenn auch mit Murren, als Tatsache zur Kenntnis nehmen. 1378

III. Präsenz- und Beschlussquoren in der Generalversammlung[150]

Der Gesetzgeber hat, wie schon im Kapitel 3 über die Aktien erwähnt, die bisher über das Aktienrecht verstreuten Präsenz- und Beschlussquoren für die Generalversammlung zusammengefasst und gestrafft. 1379

---

[148] Der Vorwurf, sie sei «systemwidrig» (*Erich Tillmann*, 1984, 96; *Andreas Binder*, 1988, 197/98), ist unzureichend begründet.
[149] Nachzulesen etwa bei *Erich Tillmann* (1984) 87 ff.; ähnlich erneut bei *Jean Nicolas Druey*, Generalversammlung und Minderheitenschutz, Informationstagung der HSG-Weiterbildungsstufe, Zürich 1991, 5; *Amtl. Bull. NR* (1990) 1384.
[150] Vgl. *Brigitte Tanner* (1987) 203 ff., 343 ff.; *Peter Forstmoser* (1991B) 592 ff.

A. Aufräumarbeit

1. Gestrichene qualifizierte Mehrheit «zwei Drittel des gesamten Grundkapitals»

1380 Was schon die erste Aktienrechtskommission in den siebziger Jahren warm befürwortet hatte: Kein einziges gesetzliches Quorum stellt nun auf das *«gesamte Aktienkapital»* ab. Bisher galt die äusserst einschneidende qualifizierte Mehrheit von zwei Dritteln des gesamten Grundkapitals für die Sacheinlage oder Sachübernahme, für Sondervorteile, die Einführung von Stimmrechtsaktien, die Änderung des Gesellschaftszwecks und die Beseitigung von Statutenbestimmungen über die Erschwerung der Beschlussfassung in der Generalversammlung.

1381 Gerade zu diesen Gegenständen hatten sehr viele Gesellschaften den 1936 beschlossenen Gesetzestext in extenso in den Wortlaut der Statuten aufgenommen[151]. Es stellt sich daher – insbesondere im Hinblick auf Art. 6 der Schlussbestimmungen, der genau diesen Fall anspricht – die Frage, wie es mit solchen wörtlichen (oder beinahe wörtlichen) «blossen Wiedergaben»[152] von Gesetzestexten in den Statuten zu halten sei. Es ist auf Kapitel 14 zu verweisen[153].

2. Keine allgemeine qualifizierte Mehrheit für Statutenänderungen

1382 Der Vorentwurf von 1975 hatte noch, in Anlehnung an die bekannte Vorschrift des deutschen Aktienrechts[154], von Gesetzes wegen *für alle Statutenänderungen* eine qualifizierte Mehrheit (vorgeschlagen waren dafür zwei Drittel) verlangen wollen[155]. Diese Idee ist schon früh im Räderwerk der Revision stecken geblieben. Handelt es sich nicht um einen der in Art. 704 umschriebenen «wichtigen Beschlüsse», und sehen die Statuten keine qualifizierte Mehrheit vor, so genügt auch für Statutenänderungen die absolute Mehrheit. Allerdings ist die Reihe der Statutenänderungen, die nach neuem Aktienrecht unter die «wichtigen» Beschlüsse fallen und fortan zwingend der Zweidrittelsmehrheit[156] bedürfen, recht lang geworden[157].

3. Wegfall von Präsenzquoren

1383 Man dachte den Präsenzquoren die Funktion zu, *Zufallsentscheide* in Versammlungen mit schlechter Vertretung der Aktionäre zu verhindern. In der Praxis aber haben sich Präsenzquoren nicht bewährt. Fast jeder Statutenredaktor machte von der Ermächti-

---

[151] Vgl. Art. 6 Schl.Best. OR 1991, Kapitel 14.
[152] a.a.O.
[153] Kapitel 14/III/A, Rz 2170 ff.
[154] § 179 Abs. 2 AktG.
[155] Zweidrittelsmehrheit, vgl. *Begleitbericht 1975* 29.
[156] Und gleichzeitig der absoluten Mehrheit nach Nennwerten, Art. 704 OR 1991.
[157] Hiernach Rz 1389.

gung in Art. 649 Abs. 2 OR 1936 Gebrauch: Die Gesellschaft konnte, kam das Präsenzquorum in der ersten Versammlung nicht zustande, schon zum voraus auf den Zeitpunkt unmittelbar danach eine zweite Versammlung einberufen, in der dann nur das relativ leicht zu erreichende Präsenzquorum von einem Drittel sämtlicher Aktien Geltung hatte. Auf diese Weise ist das Präsenzquorum zur rechtlichen Farce geworden. Auch im Fall von Art. 655 (Beschlüsse über Vorzugsaktien) hat sich das Präsenzquorum keineswegs bewährt.

Das neue Aktienrecht verwendet deshalb dieses rechtliche Gestaltungsmittel überhaupt nicht mehr. Es bleibt künftig allein den Statuten überlassen, im Rahmen des sachlich Vertretbaren Präsenzquoren vorzuschreiben. Von jeder Quorumsvorschrift befreit sind damit nach neuem Recht die Änderung der Firma und die Auflösung mit Liquidation[157a]. 1384

4. Stichentscheid des Vorsitzenden

Verleihen die Statuten dem Vorsitzenden der Generalversammlung – normalerweise ist es der Verwaltungsratspräsident – den *Stichentscheid*, so ist diese Abweichung vom strengen Grundsatz der Stimmrechtsberechnung nach Aktien oder Nennwerten rechtlich gültig[158]. Es handelt sich um eine zum Gewohnheitsrecht verdichtete Praxis; das neue Aktienrecht hat daran nichts geändert. Ein Stichentscheid in der Generalversammlung *ohne* statutarische Grundlage dagegen ist nach wie vor widerrechtlich. 1385

B. Qualifizierte Mehrheit für wichtige Beschlüsse nach neuem Aktienrecht

1. Die neue «Doppelhürde» bei wichtigen Beschlüssen

Es gibt nach der Aktienrechtsreform nur noch eine einzige Art von qualifizierter Mehrheit in der Generalversammlung: die neu eingeführte «*Doppelhürde*»[159], wonach die im Gesetz genannten «wichtigen Beschlüsse» einer qualifizierten Mehrheit 1386

– sowohl von *zwei Dritteln* der vertretenen *Stimmen*, wie

– der *absoluten Mehrheit* der vertretenen *Nennwerte*

bedürfen. Dadurch, dass auf die «*vertretenen*» Stimmen und auf die «*vertretenen*» Aktiennennwerte abgestellt wird, ist jeder Bezug auf das gesamte Grundkapital (bzw. nach neuer Nomenklatur auf das gesamte Aktienkapital) preisgegeben. Auch wenn nur ein relativ geringer Teil der Stimmberechtigten bzw. der Nennwerte in der Generalversammlung gültig vertreten sind, kommt der Beschluss mit der Zweidrittelsmehrheit der Stim- 1387

[157a] Dazu kommen die weiteren in Art. 704 Abs. 1 OR 1991 fehlenden Fälle des Art. 649 OR 1936 (Erweiterung und Verengerung des Geschäftsbereichs; Verlängerung der statutarische Dauer der Gesellschaft oder Auflösung vor deren Ablauf).
[158] Leading case ist BGE 95 II 555.
[159] Art. 704 Abs. 1 OR 1991.

men und der absoluten Mehrheit der Nennwerte zustande – vorbehältlich immer von strengeren Vorschriften der Statuten[160]. Die Vorschrift ist einseitig zwingend in dem Sinne, dass die Statuten nicht gültig für die entsprechenden Beschlüsse eine weniger weitgehende Mehrheit vorschreiben können[161].

2. Die «wichtigen Beschlüsse»

a) Die Fälle

1388 Grundsätzlich unterstellt das neue Recht dieser «Doppelhürde» zwei Fälle, die bislang in Art. 648 dem Erfordernis von zwei Dritteln des gesamten Grundkapitals unterstanden hatten, sowie die drei Fälle der bisher in Art. 636 geregelten Mehrheit gleicher Art (Sacheinlagen, Sachübernahmen und Sondervorteile). Es sind dies die «alten» Fälle der qualifizierten Mehrheit. Zu diesen kommen nun neue hinzu, für die bisher ein blosses Präsenzquorum notwendig war (Sitzverlegung und Fusion), sowie Fälle, für die bisher überhaupt keinerlei Erschwerung der Beschlussfassung galt oder die nach altem Aktienrecht überhaupt unbekannt waren:

(1) die Änderung des *Gesellschaftszwecks*;

(2) die Einführung von *Stimmrechtsaktien*;

(3) Beschränkung der Übertragbarkeit von Namenaktien (d.h. Einführung oder Verschärfung der *Vinkulierung*);

(4) *genehmigte* oder *bedingte* Kapitalerhöhung;

(5) Kapitalerhöhung aus Eigenkapital (d.h. Ausgabe von *Gratisaktien*); die *Kapitalerhöhung* gegen Sacheinlage oder zwecks Sachübernahme und die Gewährung von besonderen Vorteilen;

(6) die Einschränkung oder Aufhebung des *Bezugsrechtes*[162];

(7) die Verlegung des *Sitzes* der Gesellschaft;

(8) die Auflösung der Gesellschaft ohne Liquidation (d.h. die Teilnahme, als untergehende Gesellschaft, an einer *Fusion*).

1389 Sehen die Statuten keine anderen Bestimmungen vor, so ist folglich die Auflösung *mit* Liquidation, die Zerschlagung des Unternehmens, nach wie vor ohne qualifizierte Mehrheit zu beschliessen. Zu beachten ist, dass nach dem neuen Aktienrecht auch der Fusionsbeschluss für sich allein (Genehmigung des Fusionsvertrages) bei der *aufneh-*

---

[160] Diese sind auch nach neuem Aktienrecht grundsätzlich zulässig, Art. 627 Art. 11 OR 1991 und der unveränderte Art. 703 OR. «Die Generalversammlung fasst ihre Beschlüsse und vollzieht ihre Wahlen, *soweit das Gesetz oder die Statuten es nicht anders bestimmen*, mit der absoluten Mehrheit der vertretenen Aktienstimmen.»

[161] Auch die Beschränkung auf das Erfordernis von zwei Dritteln der «gültig abgegebenen» Stimmen wäre nicht gültig; hiernach Ziff. Rz 1395 ff. *Peter Forstmoser* (1992) 69 zweifelt, m.E. zu Unrecht, am einseitig zwingenden Charakter von Art. 704 Abs. 1. Wie hier *Rolf H. Weber* (1992) 81/82.

[162] Einfügung einer Ziff. 5bis, jetzt Ziff. 6: Dieser Punkt ist erst in der parlamentarischen Beratung ins Gesetz gekommen. *Amtl. Bull. NR* (1985) 1781.

menden Gesellschaft, falls nichts anderes in deren Statuten steht, keiner qualifizierten Mehrheit bedarf. Nur wenn für die Abfindung der Aktionäre der aufgelösten Gesellschaft[163] neue Aktien geschaffen werden, liegt eine qualifizierte Kapitalerhöhung (Sacheinlage im Sinne von Ziff. 5) vor, weil Art. 748 ausdrücklich den Übergang von Aktiven und Passiven auf die überlebende Gesellschaft in den Zusammenhang mit diesem Beschluss stellt.

b) *Die Einführung von Stimmrechtsaktien insbesondere*

Eine der umstrittensten Bestimmungen des alten Rechts war die «Einführung von Stimmrechtsaktien» in Art. 648 OR 1936. Nachdem das Erfordernis einer Zweidrittelsmehrheit vom Grundkapital abgeschafft und durch Art. 704 Abs. 1 OR 1991 ersetzt ist, hat leider die Kontroverse über den Begriff der «Einführung von Stimmrechtsaktien» im neuen Gesetzestext keine Lösung gefunden. 1390

Herrschend ist offenbar die Theorie, wonach nur jene Ausgaben von Stimmrechtsaktien, die *die Minderheit unmittelbar beeinträchtigen*, als «Einführung von Stimmrechtsaktien» zu gelten haben. Sie ist abzulehnen. Weder entspricht sie dem einfachen und klaren Wortlaut, noch wird sie dem dahinterstehenden Regelungsbedarf gerecht. Eine Minderheit kann sehr wohl dadurch beeinträchtigt sein, dass gegen ihren Willen die Mehrheit *überhaupt* in einer Gesellschaft zu zwei Aktienklassen mit verschiedenem Stimmrecht übergeht, auch wenn ihr durch den Einführungsbeschluss selbst vorerst noch keine direkten Schäden zugefügt werden. In der Tat gewinnt die Mehrheit wertvolle zusätzliche Optionen, wenn sie künftig ihre Kapitalmehrheit abgeben kann, ohne gleichzeitig auch die Stimmenmehrheit zu verlieren, während die Minderheit nicht nur nichts hinzugewinnt, sondern an Sperrkraft noch verliert. Die Lösung ist vielmehr funktional zu sehen: eine «Einführung» im Sinne von Art. 704 Abs. 1 ist eine Änderung der Verfassung der Aktiengesellschaft, die im Übergang vom einheitlichen Stimmrecht zum System von Gruppen mit unterschiedlicher Stimmkraft liegt. Was die «Einführung» der Stimmrechtsaktien wirklich ausmacht, ist die Abschaffung des Grundsatzes «*one share one vote*». 1391

Sind die Stimmrechtsaktien in der Gesellschaft *als System* einmal eingeführt, so fallen alle weiteren Ausgaben von Stimmrechtsaktien der gleichen Kategorie nicht mehr unter *diese* Ziffer von Art. 704. Erst wenn die Verfassung erneut geändert wird – indem entweder eine nochmals zusätzlich in der Stimmkraft privilegierte neue Klasse von Superstimmrechtsaktien geschaffen wird (z.B. Stimmkrafthebel 10 neben 5), oder wenn das Stimmkraftprivileg der schon bestehenden Stimmrechtsaktien durch eine weitere Differenzierung im Nennwert (z.B. von 100:200 auf 20:200) erhöht wird – ist Art. 704 Abs. 1 Ziff. 2 OR 1991 wiederum anwendbar[164]. 1392

Ist «Einführung» die in Art. 693 Abs. 2 beschriebene Methode – das In-die-Welt-Stellen einer neu definierten Aktienkategorie mit Stückstimmrecht und niedrigerem Nennwert – , so ist umgekehrt, bei folgerichtig funktionaler Auslegung, auch *jede* Einführung von Stimmrechtsaktien dem Art. 704 Abs. 1 unterstellt. Das betrifft dann auch: 1393

---

[163] Art. 748 Ziff. 8 OR.
[164] Mit teilweise ähnlichem Ergebnis, aber gänzlich anderer Begründung *Brigitte Tanner* (1987) 348 und (1991) 207 ff.; *Dieter Zobl* (1991) 10 ff.; Bundesgerichtsentscheid vom 9. Oktober 1990, BGE 116 II 525; SZW 63 (1991) 204.

- den Beschluss der Mehrheit, alle Aktien der Gesellschaft unter gleichmässiger Zuteilung an *alle* Aktionäre aufzuteilen in je eine Stammaktie und eine Stimmrechtsaktie mit niedrigerem Nennwert, und

- die Einführung von Stimmrechtsaktien durch Abgabe von Gratisaktien geringeren Nennwerts an *alle* Aktionäre[165].

1394 Damit ist das Prinzip «one share one vote» abgeschafft. Darin liegt eine Entscheidung[166], die die späteren Spielregeln in der Gesellschaft tiefgreifend und, wie die Erfahrung lehrt, praktisch unwiderruflich verändert. Eine absolute Mehrheit der vertretenen Aktienstimmen genügt dazu nicht[167]; anwendbar ist die «Doppelhürde» des Art. 704 Abs. 1.

c) *Bruchstelle zum System der «gültig abgegebenen Stimmen»*

1395 Das Gesetz spricht in Art. 704 ausdrücklich von «*vertretenen*» Stimmen bzw. Aktiennennwerten. Hat eine Gesellschaft – gestützt auf die allgemeine Ermächtigung von Art. 703 – in den Statuten für die Beschlussfassung die «gültig abgegebenen» Stimmen für massgeblich erklärt, so stellt sich die Frage, ob dies nun auch für die «wichtigen Beschlüsse» des Art. 704 Abs. 1 gilt.

1396 Viele Statuten richten das ganze Beschlusserfassungs-Prozedere auf die «gültig abgegebenen Stimmen» aus. Dieses System hat zur Folge, dass alle überhaupt nicht oder nicht gültig abgegebenen Stimmen aus der Berechnung der Mehrheit wegfallen. Je nach der Anzahl derer, die mitstimmen, und ihrem Verhältnis zu den Enthaltungen, den ungültig abgegebenen und den nicht abgegebenen Stimmen hat dann jeder einzelne der in der Generalversammlung auf einander folgenden Beschlüsse automatisch seine eigene Masszahl für die Berechnung der Mehrheit. Die Masszahl «*gültig abgegebene Stimmen*» ist daher leichter zu handhaben. Das Problem mit der andern Masszahl, derjenigen der «vertretenen Stimmen» bzw. «vertretenen Nennwerte», besteht darin, dass der Verwaltungsrat zusätzlich zum Zählen der Stimmen eine genaue Kontrolle über die zum Zeitpunkt jeder Abstimmung insgesamt *noch* vertretenen Stimmrechte und Nennwerte nachführen lassen muss. Aktionäre, die eine lange dauernde Generalversammlung nicht nur vorübergehend, sondern endgültig verlassen – schon diese Unterscheidung kann Schwierigkeiten bereiten –, sind von der Gesamtzahl der Vertretenen (samt den von ihnen kraft Vollmacht vertretenen Stimmrechten oder Nennwerten) fortlaufend abzubuchen.

1397 Leider ist die eingangs gestellte Frage zu verneinen: Art. 704 Abs. 1 ist *zwingend*. Den Gesellschaften, die statutarisch auf «gültig abgegebene Stimmen» abstellen, bleibt nichts anderes übrig, als für die in Art. 704 vorgesehenen «wichtigen Beschlüsse» das Sy-

---

[165] «Zerlegung» im Sinne von Art. 623 Abs. 1 OR.
[166] Zwar trifft zu, dass hier (vorerst) keine Rechtsstellungen beeinträchtigt werden; der Aktionär hat statt einer Einheitsaktie zwei Aktien mit unterschiedlicher Stimmkraft in seinen Händen. Das ist aber nur in der Stunde null so. Effektiv ist der bevorrechtigte und der benachteiligte Aktionär eine Tatsache, sobald die Aktienverteilung sich verschiebt. Dann zeigt sich, dass Stimmrechtsaktien eingeführt worden sind: Aus einer Gesellschaft mit Einheitsaktien ist eine solche mit Stamm- und Stimmrechtsaktien geworden.
[167] a.A. *Brigitte Tanner* (1987) 273 ff. und (1991) 207 ff.

stem der vertretenen Stimmen anzuwenden. Die Statuten können die Annahme der Beschlüsse nach Art. 704 nicht gültig auf das System der «abgegebenen Stimmen» umstellen, weil das vom Gesetz nun einmal gewählte System das Zustandekommen eines Beschlusses stärker erschwert: Bei der Mehrheitsberechnung nach vertretenen Stimmen zählen alle Stimmenthaltungen bzw. nicht gültig abgegebenen Stimmen automatisch wie Nein-Stimmen.

> *Beispiel:*
> Es sind bei der fünften Abstimmung von ursprünglich 700 Stimmen noch 600 vertreten. 500 Stimmen sind gültig abgegeben; davon sind 370 Stimmen für den Antrag auf Ausschluss des Bezugsrechts.

1398

Nach den Regeln der «gültig abgegebenen» Stimmen entfallen mit den 370 mehr als zwei Drittel der Masszahl (500) auf die Zustimmung; der Beschluss ist angenommen. Nach der Masszahl der «vertretenen» Aktienstimmen (600) ist der Beschluss dagegen nicht zustandegekommen; die notwendige Zahl von 400 Stimmen ist nicht erreicht. Die Umstellung auf das System der *gültig abgegebenen Stimmen* würde die im Gesetz vorgeschriebene qualifizierte Mehrheit im Ergebnis lockern, was unzulässig ist.

1399

3. Das zusätzliche «abgeleitete» Erfordernis einer qualifizierten Mehrheit

a) *Petrifizierungs-Klauseln («lock up») in den Statuten*

Der Ständerat hat 1988 einen neuen Absatz 2 in Art. 704 eingefügt: wenn eine Statutenbestimmung eingeführt werden soll, die für die Fassung bestimmter Beschlüsse *grössere Mehrheiten* als die vom Gesetz vorgeschriebenen festlegt, gilt die in Frage stehende qualifizierte Mehrheit immer schon für deren Einführung[168]. Die Generalversammlung muss bereits selbst bei der Statutenänderung diejenige Hürde nehmen, die sie künftig für einen bestimmten Beschluss in Kraft setzen will.

1400

Die Bestimmung ist eine Antwort des Gesetzgebers – diesmal mit grosser Behendigkeit, im Unterschied zu der in Jahrzehnten gemessenen Reaktionszeit in anderen Gebieten des Aktienrechtes – auf die seit ca. 1986 sprunghaft zunehmenden sog. *«lock up»-Klauseln*. Es handelt sich um Vorlagen auf Einführung eines qualifizierten Mehrheitserfordernisses als Abwehrmassnahmen gegen konkret drohende oder potentielle Angriffe zur Erringung der Kontrolle über die Gesellschaft.

1401

In der Schweiz haben seither, in Anlehnung an die amerikanische Praxis, viele Publikumsgesellschaften, um einem Angreifer die Übernahme der Kontrolle über die Gesellschaft zu erschweren, namentlich folgende Statutenänderungen einer qualifizierten Mehrheit unterstellt:

1402

(1) *Umwandlung* von Namenaktien in Inhaberaktien (was die sofortige Ausserkraftsetzung der Vinkulierung bedeutet);

---

[168] *Amtl. Bull. StR* (1988) 511.

(2) *Aufhebung oder Lockerung der Vinkulierung* der Namenaktien[169];

(3) *Verkürzung der Amtsdauer* oder Aufhebung der *Staffelung* der Amtsdauer des Verwaltungsrates;

(4) *Abwahl* von mehr als z.B. einem Drittel aller Verwaltungsräte[170];

(5) *Auflösung* der Gesellschaft mit Liquidation.

b)   *Hürde für die Einführung neuer «Petrifizierungen»*

1403   Im typischen Fall wird für derartige «Riegel» in den Statuten eine *Zweidrittels-Mehrheit* oder gar eine *Dreiviertels-Mehrheit* vorgesehen. Infolge des neuen Art. 704 Abs. 2 OR 1991 kann eine solche Bestimmung nach dem 30. Juni 1992 nur noch mit der entsprechenden Zweidrittels- oder Dreiviertelsmehrheit in die Statuten hineinkommen.

1404   Eine Frage bleibt offen: die strengste Ausprägung der «lock up»-Klausel kombiniert das qualifizierte Beschlussquorum mit einem *Präsenzquorum*. Etwa so, dass der Beschluss auf Aufhebung der betreffenden Statutenbestimmung nur in einer Generalversammlung gefasst werden kann, in der mehr als die Hälfte der sämtlichen Aktien vertreten sind, und nur mit einer Mehrheit, die drei Viertel aller vertretenen Stimmen auf sich vereinigt. Hat etwa die neue Bestimmung von Art. 704 Abs. 2 darauf Bezug? Das ist eindeutig zu verneinen. Das Gesetz bezieht sich ausdrücklich nur auf jenen Teil der vorgeschlagenen Klausel, welcher «grössere Mehrheiten» vorschreibt, ein Beschlussquorum. Ein *Präsenzquorum*, das in die Statuten kommen soll, muss daher nicht schon in der Generalversammlung, welche die Statuten entsprechend ändert, erfüllt sein. Strenge Präsenzquoren sind dabei jedoch auf jeden Fall ein zweischneidiges Schwert. Sie können die Gesellschaft gerade dann, wenn es in der Krise zu handeln gilt, beschlussunfähig machen[171].

c)   *Hürde für die Abschaffung («Siegwart-Regel»)*

1405   Der neue Art. 704 Abs. 2 betrifft nur die *Einführung* von qualifizierten Mehrheitserfordernissen; er schweigt zu ihrer Abschaffung oder Lockerung. Der bisher auf solche Fälle anwendbare Art. 648 Abs. 1 OR 1936 ist gestrichen[172]. Es besteht jedoch kein Grund zur Annahme, durch diese Streichung und die Hinzufügung des Abs. 2 zu Art. 704 habe man etwas ändern wollen an der erstmals von Alfred Siegwart aufgestellten *ungeschriebenen Rechtsregel*, wonach Erschwernisse der Beschlussfassung nur

---

[169]   Art. 704 Abs. 1 Ziff. 3 OR 1991 erfasst nur den gegenläufigen Vorgang, die Einführung oder Verschärfung der Vinkulierung.

[170]   *Sitzverlegung ins Ausland* (was steuerrechtlich die Liquidation bedeutet) wird heute ohne weiteres durch Art. 704 Abs. 1 Ziff. 7 OR 1991 erfasst; eine Verschärfung der gesetzlichen qualifizierten Mehrheit ist möglich.

[171]   In Publikumsgesellschaften sind sie doppelt riskant, weil das neue Vinkulierungsregime zu einem Schrumpfen der Stimmrechte führt, Art. 685f Abs. 2 Satz 1 OR 1991. *Amtl. Bull. NR* (1990) 1371. Vgl. dazu *Peter Forstmoser* (1992) 69.

[172]   Wörtlich; Art. 648 ist eine «leere Artikelstelle» geworden.

mit der Mehrheit aus den Statuten gestrichen werden können, die sie selber vorschreiben[173].

Dies ist nichts anderes als der spiegelsymmetrische Gedanke des Art. 704 Abs. 2. Diese «Siegwart-Regel» schützt die Beschlusserschwerung, petrifiziert aber umgekehrt die Statuten. Gerade bei sehr restriktiven Vorschriften, wie dem Erfordernis der Dreiviertels-Mehrheit, kann eine Lockerung später einmal gar nicht mehr möglich sein, obwohl vielleicht die Gesellschaft in einer neuen Situation auf grössere Beweglichkeit unbedingt angewiesen wäre.

Extreme Mehrheitserfordernisse sind daher umso mehr ein zweischneidiges Schwert. Der Verwaltungsrat riegelt mit «lock up»-Klauseln, die er der Generalversammlung schmackhaft macht, immer auch sich selber ein.

4. Statutenänderungen ohne qualifizierte Mehrheit

Die *Anwendungsfälle* der Zweidrittels-Mehrheit mit Doppelhürde im Sinne von Art. 704 Abs. 1 sind bedeutend zahlreicher als die Fälle der Zweidrittelsmehrheit vom Grundkapital vor der Revision des Aktienrechts. Vor allem die Unterstellung jeder Einschränkung des Bezugsrechts unter die qualifizierte Mehrheit fällt im praktischen Gesellschaftsleben ins Gewicht. Dennoch wäre es nicht wirklich angebracht, von einer «*Sperrminorität*» zu sprechen, wie dies in Deutschland ohne weiteres für eine Beteiligung von mehr als 25% oder in der Societas Europaea für 34%[174] zutrifft. Denn alle Statutenänderungen, die *nicht* in Art. 704 Abs. 1 besonders erwähnt sind, können nach wie vor mit der absoluten Mehrheit beschlossen werden[175] – es sei denn, die Statuten selbst sähen etwas anderes vor.

So genügt die absolute Mehrheit nach Gesetz z.B. heute noch für folgende Statutenänderungen:

(1) die «*orthodoxe*» *Kapitalerhöhung* (ordentliches Verfahren, Bareinlage, keine Bezugsrechtsbeschränkung);
(2) die Änderung der *Firmenbezeichnung*;
(3) die *Umwandlung* von Namen- in Inhaberaktien und umgekehrt[176];
(4) die *Lockerung* der Vinkulierung;
(5) die *Abschaffung* von Stimmrechtsaktien[177];
(6) die nachträgliche Einführung von barliberierten *Partizipationsscheinen* ohne Einschränkung des Bezugsrechts;

---

[173] a.A. offenbar einzig *Emil Schucany* (1960) Art. 648 N. 5 und *Fritz Funk* (1951) Art. 649 N. 2. Im übrigen herrschende Lehre, vgl. *Alfred Siegwart* (1945) Art. 648 N. 9 und 15; *Ulrich Geilinger* (1948) 48, 52 und 130; *Walter R. Schluep* (1955) 258/59; *Peter Forstmoser* (1981) 17 ff. und 175 N. 92; *Brigitte Tanner* (1987) 185 ff.; *Ruedi Bürgi* (1987) 67.
[174] *Vorschlag SE 1991*, Art. 97.
[175] Vorbehältlich der besonderen Vorschriften des Aktienrechts über die «Zustimmungsbeschlüsse» von Aktionärsgruppen bzw. Partizipanten, die dadurch in ihren Rechten zurückgesetzt werden, Rz 350.
[176] Falls die Statuten das vorsehen (Art. 627 Ziff. 7 OR 1991).
[177] Der Entzug des Stimm-Vorrechtes setzt allerdings eine Zustimmung der Stimmrechtsaktionäre voraus.

(7) die Gewährleistung eines Sitzes im *Verwaltungsrat* für Partizipanten;

(8) die Ausgabe von *Vorzugsaktien* oder Vorzugsgenussscheinen;

(9) die Schaffung eines *Präsenzquorums*[178] für die Generalversammlung;

(10) die *Erhöhung* oder Herabsetzung der Anzahl von Verwaltungsratssitzen;

(11) die Änderung der *Amtszeit* und ihrer Staffelung;

(12) die Einführung einer *Delegationsnorm* für die Übertragung der Geschäftsführungsbefugnisse an eine Geschäftsleitung oder an Direktoren;

(13) die *Kapitalherabsetzung*;

(14) die Auflösung der Gesellschaft mit *Liquidation*.

1410 Mit absoluter Mehrheit wird ferner die *Abwahl* des Verwaltungsrates oder der Revisionsstelle beschlossen. Ob und inwieweit die Statuten etwas anderes bestimmen können, ist umstritten[178a].

IV. Dividendenbeschluss und Schutz vor ungerechtfertigten Gewinnentnahmen

A. Gesetzliche Voraussetzungen einer rechtmässigen Ausschüttung

1411 Ein zentrales Anliegen des Aktienrechts ist es – aus den bitteren Erfahrungen der Gründerzeit des 19. Jahrhunderts heraus –, die Aktiengesellschaft institutionell gegen *ungerechtfertigte Eigenkapitalentnahmen* durch die eigenen Aktionäre zu schützen. Genau dieser Schutz ist ein vorrangiges Anliegen des EG-Gesellschaftsrechts[179]. Gegen eigentliche Kapitalrückgewähr besteht die Schranke von Art. 680 Abs. 2 OR; der Aktionär kann den eingezahlten Betrag nicht zurückfordern. Weiter abgesichert ist diese Regel einerseits durch die Einschränkung des Rückkaufs eigener Aktien, andererseits durch die Formalisierung der Kapitalherabsetzung gemäss Art. 732 ff. OR.

1412 Nun geht es aber darum, auch jene Eigenkapitalentnahmen näher zu regeln, die keine Kapitalrückgewähr darstellen, aber das Eigenkapital der Gesellschaft ebenfalls vermindern: die *Ausschüttung von Dividenden* an die Aktionäre und die Ausrichtung von *Tantiemen* an den Verwaltungsrat. Aktienrechtlich ganz besonders kritisch sind unter diesem Gesichtspunkt auch Darlehen an die eigenen (massgeblichen) Aktionäre[180] und

---

[178] Art. 704 Abs. 2 OR 1991 bezieht sich nur auf die Beschlussquoren, nicht auf die Präsenzquoren.
[178a] Vgl. Rz 1471/72.
[179] *2. EG-Richtlinie* (1976) passim.
[180] Vgl. *Peter Böckli* (1980) 4 ff.; (1983) 527 ff.

An- und Verkäufe von Anlagevermögen, bei denen die Gegenparteien Aktionäre oder diesen nahestehende Personen sind.

1. Die rechtmässig beschlossene Dividende

a) Voraussetzungen einer Gewinnentnahme[181]

Das Aktienrecht verwirklicht die Schranke gegen unerlaubte Gewinnentnahmen durch die Vorschriften über die hochformalisierten Voraussetzungen eines gültigen Dividendenbeschlusses[182]. Sechs Regeln sind es, die die Überführung von Eigenkapital an die Aktionäre unter dem Titel der Dividende bzw. der Gewinnausschüttung rechtlich in enge Bahnen weisen. 1413

(1) Die Dividende kann nur von der *Generalversammlung* beschlossen werden[183].

(2) Der Ausschüttungsbeschluss muss sich auf einen *verwendbaren Eigenkapitalbetrag* des von der Generalversammlung genehmigten Jahresabschlusses beziehen: Dividenden dürfen nur aus dem ausgewiesenen *Bilanzgewinn* und aus hierfür gebildeten Reserven ausgerichtet werden[184].

(3) Der Jahresabschluss (der in der Bilanz das verwendbare Eigenkapital zeigt), muss von der *Revisionsstelle*, eventuell besonders befähigten Revisoren, geprüft sein, und ihr Prüfungsbericht muss der Generalversammlung *schriftlich vorgelegen* haben[185].

(4) Insoweit als die Ausschüttung sich auf einen *Antrag des Verwaltungsrates* über die Verwendung des Bilanzgewinns stützt[186], muss dieser Antrag von der *Revisionsstelle* auf Übereinstimmung mit Gesetz und Statuten geprüft worden sein[187]; ihr Befund muss sodann der Generalversammlung schriftlich vorgelegen haben.

(5) Der *Geschäftsbericht* sowie der *Revisionsbericht* müssen mit dem beschriebenen Inhalt *20 Tage* vor der Generalversammlung zur Einsicht der Aktionäre aufgelegen haben («Auflagepflicht»), und

(6) die Gesellschaft muss die Namen- und Inhaberaktionäre[188] in gebührender Form hierauf hingewiesen haben («Hinweispflicht»).

---

[181] Zum OR 1936 *Forstmoser/Meier-Hayoz* (1983) 242 ff.
[182] Art. 675 Abs. 1 OR: *Zinsen* dürfen für das Aktienkapital nicht bezahlt werden. Diese Vorschrift ist unverändert.
[183] Art. 698 Abs. 2 Ziff. 4 OR 1991, im wesentlichen unverändert.
[184] Diese Regelung ist nur geändert, indem das Wort «*Bilanzgewinn*» systemgemäss an die Stelle des alten Begriffs des «*Reingewinns*» tritt; Art. 675 Abs. 2 OR 1991. Entgegen *Guhl/Kummer/Druey* (1991) 647 bezieht sich der Gewinnbegriff hier *nicht* auf den «Reingewinn des abgelaufenen Geschäftsjahres», sondern ausschliesslich auf die Bilanz.
[185] Art. 728 Abs. 1 und Art. 729 Abs. 1 sowie Art. 729c Abs. 2 OR 1991.
[186] Das ist fast immer der Fall. Theoretisch kann der Verwaltungsrat Verzicht auf Ausschüttung, die Generalversammlung deren Vornahme beschliessen – falls die Regeln eingehalten werden.
[187] Art. 728 Abs. 2 OR 1991.
[188] Sowie gegebenenfalls die Partizipanten.

1414 Entgegen einer hin und wieder anzutreffenden Ansicht, die teilweise durch das missverständliche OR 1936 bedingt war[189], ist der *Jahresgewinn* für die Dividende rechtlich so gut wie bedeutungslos: es geht ausschliesslich um eine Verwendung von Eigenkapital gemäss geprüfter Bilanz. Rein wirtschaftlich allerdings ist die Dividendenpolitik zu Recht durch die Entwicklung des Jahresgewinns bestimmt.

b) Bedeutung der gesetzlichen Entnahmesperre

1415 Diese *Schutzvorschriften* stellen – in grundsätzlicher Übereinstimmung mit dem EG-Recht[190] – eine Vielzahl von Hürden gegen ungerechtfertigte Gewinnentnahmen auf. Damit steht das Schweizer Aktienrecht nach wie vor in einem scharfen Gegensatz zu der flexiblen Regelung des amerikanischen Aktienrechts. Gegen die ersten drei, gegebenenfalls vier Voraussetzungen verstossende Ausschüttungsentscheide sind nichtig; dass das Fehlen des Revisionsberichtes zur Nichtigkeit führt, steht jetzt sogar ausdrücklich im Gesetz[191].

1416 Die Schutzfunktion dieser in sich geschlossenen Regelung ist erstaunlicherweise nicht jedermann eingegangen. So trifft man auf die nicht wirklich vertretbare Ansicht, die sämtlichen Aktionäre könnten sich zu einer Besprechung treffen, und daraus könne ein *unprotokollierter*, aber deshalb nicht weniger gültiger, informeller Universalversammlungsbeschluss erwachsen. Ein «*geheimer Ausschüttungsbeschluss*»[192] sei trotz Verletzung von Sorgfaltspflichten weder nichtig noch anfechtbar. Ja für den Ausschüttungsbeschluss (den «geheimen» wie den «offenen») seien frei verfügbare Reserven nicht begriffswesentlich[193].

1417 Eine derartige Auffassung ist mit dem neuen Aktienrecht *unvereinbar*. Zeigt die geprüfte Bilanz nicht das erforderliche verwendbare Eigenkapital und liegt der Revisionsbericht nicht mit der schriftlichen Prüfungsbestätigung über die Jahresrechnung und den Ausschüttungsantrag des Verwaltungsrates vor, so ist der Ausschüttungsbeschluss von vornherein nichtig und die Geldleistung ungerechtfertigt. Die Empfänger sind ohne weiteres zur Rückerstattung[194], der Verwaltungsrat zur rechtlichen Durchsetzung dieser Forderung der Gesellschaft verpflichtet. Und selbst wenn die übrigen formellen Voraussetzungen erfüllt sein sollten, ist ein bewusst nicht protokollierter und willentlich geheimgehaltener Universalversammlungsbeschluss nichtig. Ist der Wille der Generalversammlung von vornherein gar nicht darauf gerichtet, den Betrag des Eigenkapitals in der Bilanz durch körperschaftlichen Gesamtakt zu verändern – nämlich zu reduzieren – , so ist es überhaupt kein Ausschüttungsbeschluss. Wird die Bilanz dagegen verändert, nur die Protollierung unterlassen, so ist zu unterscheiden. Das Protokoll ist nicht direkt Gültigkeitsform für den Generalversammlungsbeschluss; ein Beschluss kann unter Umständen gültig sein, wenn er versehentlich nicht oder nicht vollständig

---

[189] Dieses bezeichnete den Jahresgewinn ebenso wie den Bilanzgewinn als «*Reingewinn*», Art. 662 und Art. 671 OR 1936.
[190] 2. *EG-Richtlinie* (1976) Art. 15/16 und passim.
[191] Art. 729c Abs. 2 Satz 1 OR 1991. Das Gesetz stellt darüber hinaus eine speziell geregelte Rechtsfolge auf: die Pflicht zur Rückerstattung an die Gesellschaft, Art. 678 OR 1991.
[192] *Louis Bochud* (1991) 167/68 und 194.
[193] a.a.O. 168.
[194] Art. 678 OR 1991. Zwar wird der hierfür erforderliche «böse Glaube» nicht vermutet, er ergibt sich diesfalls jedoch aus den Handlungen der Beteiligten schlüssig.

im Protokoll niedergeschrieben wurde. Etwas völlig anderes ist aber die *absichtliche Nichtprotokollierung*. Einem derartigen «Geheimbeschluss» geht die Qualität eines rechtlich beachtlichen körperschaftlichen Willensaktes ab.

2. Zwischendividende

Auch nach neuem Aktienrecht ist zum Ärger aller, die in den Bahnen des amerikanischen Gesellschaftsrechts denken, die Ausschüttung einer echten *Zwischendividende* rechtlich unmöglich. Entweder ist das, was als Zwischendividende bezeichnet wird, eine rechtmässige, auf die obige Regelung gestützte Dividende. Oder es liegt darin eine widerrechtliche Schuldanerkennung der juristischen Person gegenüber ihren Aktionären oder, wenn die Zwischendividende tatsächlich in bar ausgerichtet wird, eine Leistung ohne Rechtsgrund. Auch echte Abschlagsdividenden[195] sind im Schweizer Recht nicht vorgesehen. 1418

Möglich ist dagegen, im Rahmen der allgemeinen Vorschriften, eine *Bevorschussung auf die bevorstehende Dividende* im Sinne eines Darlehens an die eigenen Aktionäre – allerdings ein aktienrechtlich kritischer Vorgang. Wird dann die Jahresdividende nach den Vorschriften des Aktienrechts beschlossen, so wird die daraus gegenüber den Aktionären rechtsgültig entstehende Schuld der Gesellschaft durch Verrechnung mit jener des Aktionärs erfüllt[196]. Kommt es aber doch nicht zum Dividendenbeschluss, so muss der Verwaltungsrat entweder den Weg einer Kapitalherabsetzung einschlagen oder die ohne Rechtsgrund ausgezahlten Mittel wieder eintreiben, mindestens aber sie durch Schuldanerkennung, wo nötig auch Sicherheitsleistung und Rückzahlungsplan, der Gesellschaft als Aktivum erhalten. 1419

3. Tantiemen

Die gute alte *Tantieme* als jährlicher Gewinnanteil des Verwaltungsrates findet sich auch im neuen Aktienrecht, und zwar weitgehend unverändert[197]. Der Gesetzgeber hat sich darauf beschränkt, den Sockelbetrag, der zuerst als Dividende an die Aktionäre ausgeschüttet werden muss, bevor die Verwaltungsräte zum Zuge kommen dürfen, von 4% auf 5% zu erhöhen und den Begriff «Bilanzgewinn» einzusetzen. 1420

Was der herkömmlichen Tantieme als Gewinnanteil weithin den Garaus gemacht hat, ist die Regelung des Unternehmenssteuerrechts, wonach diese Leistung bei der Gesellschaft als *Gewinnverwendung* gilt und daher steuerlich nicht abzugsfähig ist. 1421

---

[195] So für das deutsche Recht § 59 AktG.
[196] Zur Zwischendividende oder Interimsdividende vgl. insbesondere *François Ruckstuhl* (1974) 37 ff.
[197] Art. 677 OR 1991.

4. Bauzinsen

1422 Unverändert bleibt die vor allem historisch erklärbare Regelung über die Ausrichtung von *Bauzinsen* während der Vorbereitung und des Baus von Anlagen in der Anfangszeit[198]. Es handelt sich, wie schon erwähnt, um eine in den Formen des Ertrags ausgerichtete Teilrückerstattung von einbezahltem Eigenkapital[199].

B. Rechtsfolge bei Verletzung der Ausschüttungsvorschriften

1. Rückerstattungspflicht bei ungerechtfertigten Gewinnentnahmen

1423 Der Generalversammlungsbeschluss, der die Regeln über die rechtmässige Gewinnentnahme verletzt, ist in den gravierenden Fällen nichtig, in den übrigen nach Art. 706 OR 1991 innerhalb von zwei Monaten anfechtbar[200]. Das Gesetz ist härter, als man denken könnte: auch bei unbenütztem Ablauf dieser Verwirkungsfrist und selbst der einjährigen Verjährung des Bereicherungsrechts kann der Empfänger sich des ihm zugeflossenen Geldes nicht freuen. Schon das Aktienrecht von 1936 enthielt in den Art. 678 und 679 eine Sonderregelung für die Rückerstattungspflicht bei ungerechtfertigten Gewinnentnahmen durch die Aktionäre. Eine Überarbeitung der teilweise unzulänglichen Vorschrift erwies sich als notwendig.

1424 Das Gesetz unterscheidet nun in Art. 678 zwischen Gewinnentnahmen, die *formal* als Dividenden bzw. Gewinnanteile abgewickelt werden, aber innerlich nicht gerechtfertigt sind (Abs. 1) und solchen, die äusserlich gar nicht im Gewande einer Gewinnnahme daherkommen, *wirtschaftlich* aber eine verdeckte Gewinnausschüttung darstellen (Abs. 2). In beiden Fällen unterscheidet sich der besondere aktienrechtliche Rückerstattungsanspruch vom allgemeinen des Bereicherungsrechtes vor allem durch die verlängerte Verjährungsfrist.

2. Ungerechtfertigte, formal als Ausschüttungen abgewickelte Gewinnentnahmen

1425 Das Gesetz nennt ausser den Dividenden ausdrücklich auch die Tantiemen an die Verwaltungsräte und andere Gewinnanteile: Sind diese Gewinnentnahmen ungerechtfertigt, so sind sie der Gesellschaft zurückzuerstatten, wenn der Bezüger die Leistung der Gesellschaft «*in bösem Glauben*» – so die unveränderte Formulierung – entgegengenommen hat, d.h. um den mangelnden Rechtsgrund gewusst hat oder wissen musste. Das

---

[198] Art. 676 OR (unverändert). Die Idee findet sich schon in den Motiven zum ADHGB, Berlin 1861, Art. 217 Abs. 2, bei *Werner Schubert*, Hrsg. (1986), 49.
[199] Vorn Kapitel 6/III/A/4, Rz 1011.
[200] Bei bestimmten gravierenden und offensichtlichen Verstössen ist sogar Nichtigkeit anzunehmen, so wenn es an verwendbarem Eigenkapital überhaupt fehlt oder gar kein Jahresabschluss vorliegt.

Gesetz stellt klar, dass rückerstattungsbelastet nicht nur ist, was der Bezüger in seiner Eigenschaft als Aktionär, sondern auch, was er als Tantiemen und andere Gewinnanteile in seiner Eigenschaft als Verwaltungsrat erhalten hat. Neu ist, dass das Gesetz ausdrücklich als Empfänger auch die den Aktionären und Verwaltungsratsmitgliedern *nahestehenden Personen* erwähnt; wenn es in einer Gesellschaft zu ungerechtfertigten Gewinnentnahmen kommt, taucht oft als Empfänger eine Drittperson auf, die dem wirtschaftlich Begünstigten verwandtschaftlich, vertraglich oder durch tatsächliche Beziehungen verbunden ist.

Ungerechtfertigt ist eine Gewinnentnahme, wenn die vorstehend genannten gesetzlichen Voraussetzungen nicht erfüllt sind, bei Tantiemen zusätzlich die in Art. 677 neu festgelegten Bedingungen. Ungerechtfertigt ist eine Dividende vor allem dann, wenn sie sich nicht auf die Ausrichtung von verwendbarem Eigenkapital gemäss geprüfter Bilanz stützt, wenn der für diesen Entscheid nötige Bericht der Revisionsstelle fehlt oder der Generalversammlung nicht vorgelegen hat, oder wenn gar nur ein Verwaltungsratsbeschluss über eine Dividendenausschüttung vorliegt. 1426

3. Ungerechtfertigte Gewinnentnahmen in anderem Gewande

a) *Verdeckte Gewinnausschüttungen*

Neu erfasst das Gesetz nun ausdrücklich auch Gewinnentnahmen, die formal weder als Dividenden noch Tantiemen oder Gewinnanteile und schon gar nicht als Bauzinsen abgewickelt werden, wirtschaftlich aber auf eine *verdeckte Gewinnausschüttung* hinauslaufen[201]. Das Gesetz behandelt neu in Art. 678 Abs. 2 pathologische Erscheinungen; Aktionäre und Mitglieder des Verwaltungsrates sowie diesen nahestehende Personen sollen nun insbesondere auch für *verdeckte* Gewinnentnahmen rückerstattungspflichtig sein. Es handelt sich um Leistungen der Gesellschaft, die zur Gegenleistung in einem offensichtlichen Missverhältnis stehen. Verkauft die Gesellschaft einem Aktionär ein Anlagegut, das einen Marktwert von 1000 hat und zu 300 zu Buche steht, zu einem Wert von 400, so dürfte trotz dem Buchgewinn von 100 der klassische Fall eines offensichtlichen Missverhältnisses vorliegen. Der Aktionär oder Verwaltungsrat sowie der ihm Nahestehende, der dadurch begünstigt ist, muss die Differenz von 600 der Gesellschaft zurückerstatten. Der Teil der Leistung, der eine verdeckte Gewinnausschüttung darstellt, ist aktienrechtlich ohne weiteres ungerechtfertigt; der böse Glaube ist in einem Falle eines offensichtlichen Missverhältnisses zu vermuten. Allerdings ist der Gegenbeweis des guten Glaubens zuzulassen. 1427

b) *Berücksichtigung der wirtschaftlichen Lage der Gesellschaft*

Das Gesetz nennt eine zweite Voraussetzung für die Rückerstattungspflicht bei verdeckten Gewinnausschüttungen in Abs. 2 aufgenommen: die Leistung der Gesellschaft muss auch zur *wirtschaftlichen Lage der Gesellschaft* in einem offensichtlichen Missverhältnis stehen. 1428

---

[201] Vgl. *Botschaft 1983*, 153, Ziff. 326.

1429 Die dafür in der Botschaft gegebene *Begründung*[202] trägt nicht. Es ist nicht einzusehen, weshalb in einer Gesellschaft mit sehr gutem Verhältnis von Eigenkapital zu Schulden und rosiger Ertragslage die absichtliche Begünstigung eines einzelnen Aktionärs oder einer kleinen Gruppe von Verwaltungsräten zu Lasten des Gesellschaftsvermögens rechtlich unbedenklich sein soll. So ausgelegt, wäre die Klausel der «wirtschaftlichen Lage der Gesellschaft» auch unvereinbar mit der nun im Gesetz vom Parlament sehr klar verankerten Pflicht des Verwaltungsrates, unter gleichen Voraussetzungen alle Aktionäre gleich zu behandeln[203]. Der Wortlaut ergibt schlechthin keinen mit dem Gesetz vereinbaren Sinn. Die Klausel muss im Sinnzusammenhang des Gesetzes so verstanden werden, dass die Frage des *offensichtlichen Missverhältnisses* unter *Berücksichtigung* der wirtschaftlichen Lage der Gesellschaft zu beurteilen ist. Bei einer wirtschaftlich gut gestellten Gesellschaft sind daher grosse verdeckte Gewinnausschüttungen nicht einfach – wie leider der Wortlaut zu sagen scheint – rechtlich unbedenklich, nur weil sie z.B. 5% des Eigenkapitals oder 10% des Cash-flows nicht überschreiten. Die Formel ist vielmehr so zu verstehen, dass die Offensichtlichkeit umso eher anzunehmen und der Gegenbeweis zum Thema des guten Glaubens dem Bezüger umso mehr erschwert ist, je schlechter die wirtschaftliche Lage der Gesellschaft ist, zu deren Lasten er Eigenkapital entnommen hat.

c) *Gewinnvorwegnahmen*

1430 Nicht unter Art. 678 Abs. 2, sondern direkt unter Abs. 1 fallen jene Fälle, in denen ein Beteiligter oder eine ihm nahestehende Person wirtschaftliche Leistungen, die der Gesellschaft zustehen, *vorweg* in die eigene Tasche abzweigt. Hier ist es keine direkte «Leistung der Gesellschaft», sondern ein Ansichreissen von dem, was der juristischen Person gehören würde. Es ist dies ein ungerechtfertigter Bezug eines Gewinnanteils im Sinne von Absatz 1, und zwar ein qualifizierter, weil diese Vorgehensweise in der Buchhaltung überhaupt keinen Ertragsposten erscheinen lässt[204]; oft erfüllt der Sachverhalt auch noch andere Normtatbestände[205].

4. Weitere Aspekte der ungerechtfertigten Gewinnentnahme

a) *Verantwortlichkeit des Verwaltungsrates*

1431 Es versteht sich, dass die Rechtsfolgen einer ins Gewicht fallenden verdeckten Gewinnausschüttung im Sinne von Art. 678 Abs. 2 OR 1991 sich in der Rückerstattungspflicht der Empfänger nicht erschöpfen. Der *Verwaltungsrat*, der an der widerrechtlichen Gewinnentnahme beteiligt ist, macht sich gemäss Art. 754 OR verantwortlich. Und angesichts von Art. 717 Abs. 2 OR 1991 ist dies auch einer der klassischen Fälle, in denen eine *direkte Klage* der geschädigten Aktionäre, d.h. der nicht im gleichen Um-

---

[202] *Botschaft 1983*, 153, Ziff. 326: «Dieser doppelte und recht strenge Massstab soll eine kleinliche Nachrechnerei verhindern und den Entscheid von Einzelfällen im weiten Grenzfeld erleichtern.»
[203] Art. 717 Abs. 2 OR 1991.
[204] Art. 678 Abs. 1 OR 1991. Die «wirtschaftliche Lage der Gesellschaft» des Abs. 2 spielt hier keine Rolle.
[205] Ungetreue Geschäftsführung, Urkundenfälschung durch Nichtausweis des Umsatzvorganges im Ertrag, «geldwerte Leistung», Steuerhinterziehung oder Steuerbetrug.

fange begünstigen übrigen Beteiligten, gegen den Verwaltungsrat, der solches tut oder duldet, auf Leistung an die Gesellschaft denkbar ist.

Art. 678 hat auch auf die *Rechnungslegung* Auswirkungen. Wird die Bilanz angesichts eines solchen Vorganges richtig erstellt, so entsteht in den Aktiven, nach Abgang der zunächst tatsächlich ausgerichteten Vermögensteile, eine Forderung gegen die Empfänger und eventualiter eine Forderung der Gesellschaft gegen die beteiligten Verantwortlichen. Es ist Aufgabe des Verwaltungsrates, diese Forderungen einzutreiben und damit Schaden von der Gesellschaft und ihren Gläubigern abzuwenden. Tut er das nicht, so entsteht eine aktivierbare Forderung aus Verantwortlichkeit gegen die pflichtwidrig untätigen Verwaltungsräte. 1432

b)   Aktivlegitimation und Verjährung

Das Gesetz stellt eine weitere Frage klar, die im alten Gesetz offen war. Der Anspruch auf Rückerstattung steht notwendigerweise rechtsdogmatisch zunächst der Gesellschaft zu. Da deren Exekutivorgane, ähnlich wie bei Verantwortlichkeitsansprüchen aus Schädigung der Gesellschaft, in einem Interessenskonflikt stehen und oft gar nicht handeln werden, hat jeder Aktionär nun ein «abgeleitetes» Klagerecht: der Aktionär klagt gegen den Empfänger *auf Leistung an die Gesellschaft*. Was hier fehlt, ist die besondere Kostentragungsregelung des Verantwortlichkeitsrechts[206]. 1433

Die Rückerstattungsklage des Art. 678 ist ein gesetzlicher Spezialfall der Klage aus *ungerechtfertigter Bereicherung*[207]. Da dort – wenngleich weithin kritisiert – nach wie vor die kurze einjährige Verjährungsfrist gilt[208], nimmt das Gesetz hier die schon im OR 1936 enthaltene *Fünfjahresfrist* auf. Massgeblich ist zudem nicht subjektiv die Kenntnis beim Entreicherten, d.h. hier bei der Gesellschaft, sondern objektiv der Empfang der Leistung. Die absolute zehnjährige Verjährungsfrist des Bereicherungsrechtes ist hier gegenstandslos. 1434

5.   Spezialfall: Tantiemen im Konkurs

Art. 679 ist eine der sehr selten angewendeten Bestimmungen des Obligationenrechtes: Tantiemen sind ohnehin rar geworden, und es braucht schon einem sehr überraschenden Zerfall der finanziellen Gesundheit oder aber eine besondere Unverfrorenheit, wenn ein Verwaltungsrat drei Jahre vor Konkurseröffnung sich noch Gewinnanteile in der Form von Tantiemen zuteilen lässt. Der Grundgedanke ist eine Umkehr der Beweislast: bricht der Konkurs aus, so gelten alle in den drei Jahren zuvor bezogenen Tantiemen als ungerechtfertigt, es sei denn, der Verwaltungsrat weise das Gegenteil nach[209]. 1435

---

[206] Art. 756 Abs. 2 OR 1991.
[207] Art. 62 ff. OR. Die Regelung der aktienrechtlichen Rückerstattung ist aber rechtlich eigenständig. Der Einwand der *gutgläubigen Entäusserung* (Art. 64 OR) ist nicht anwendbar.
[208] Art. 67 Abs. 1 OR: «Der Bereicherungsanspruch verjährt mit Ablauf eines Jahres, nachdem der Verletzte von seinem Anspruch Kenntnis erhalten hat.»
[209] Nämlich «dass die Voraussetzungen zur Ausrichtung der Tantiemen nach Gesetz und Statuten erfüllt waren und dass insbesondere die Ausrichtung aufgrund vorsichtiger Bilanzierung erfolgte», Art. 679 Abs. 1 Satzteil 2 OR 1991.

V. Aktionärbindungsverträge

1. Die Kritik

1436 Das neue Aktienrecht berührt mit keinem Wort die Frage der Verträge, die die Aktionäre unter einander über die Art der Ausübung ihrer Aktionärsrechte – in erster Linie des Stimmrechts in der Generalversammlung – abschliessen[210]. Nach der Kritik, die laut geworden ist[211], hätte die Reformvorlage mindestens folgende Fragen lösen müssen:

a) eine rechtliche Gewähr für die Möglichkeit, Aktionärbindungsverträge für die ganze *Dauer des Bestandes der Aktiengesellschaft*, um deren Aktien es geht, abzuschliessen; und

b) die Sicherstellung, dass solche Verträge wohl unter den Parteien, *nicht aber gegenüber der Aktiengesellschaft selbst verbindlich sind*[212].

1437 Es muss offen bleiben, ob es zweckmässig gewesen wäre, wenn der Gesetzgeber im Zuge der Aktienrechtsreform gerade auch, in einem Zuge, die Aktionärbindungsverträge[213] geregelt hätte. Dies zu tun war nach dem vom Eidg. Justiz- und Polizeidepartement eingeschlagenen Verfahren ein Ding der Unmöglichkeit. In der Zeit der ersten Aktienrechtskommission (1968 bis 1975) waren die Aktionärbindungsverträge überhaupt kein Thema. Daher waren sie auch nicht Gegenstand des «Vernehmlassungsverfahrens» der siebziger Jahre[214]. In der Motion Muheim von 1978 findet man zu den Aktionärbindungsverträgen nichts[215]. Die Arbeitsgruppe von Greyerz kam später dazu, die Schranke der «*durch die Vernehmlassung gedeckten Themen*» hier und dort doch zu überspringen, tat das aber nur in den von ihr als am dringlichsten eingeschätzten Punkten[216]: dazu gehörten die Aktionärbindungsverträge nicht.

2. Rechtliche Gründe für den Entscheid

1438 Das Parlament hat die Aufnahme eines Artikels 695a über die Aktionärbindungsverträge eingehend diskutiert und verworfen[217]. Es gibt in der Tat auch gewichtige materiellrechtliche Gründe, weshalb die Aktionärbindungsverträge nicht ins Aktienrecht gehören.

---

[210] Die Literatur ist zahlreich; vgl. *Hans Glattfelder* (1959) 141a ff.; *Robert Patry* (1959) 3a ff.; *Peter Böckli* (1961) 49 ff.; mit neueren Nachweisen *Peter Forstmoser* (1988) 359 ff. und *Rolf H. Weber* (1992) 85 ff.
[211] *Peter Forstmoser* (1984B) 128; (1985) 33 Ziff. 7 und (1988) 359 ff., insb. 380/81.
[212] a.a.O. (1988) 380.
[213] Vgl. die illustrativen vier Entscheide bei *Peter Nobel* (1991 C) 85 ff.
[214] Dargestellt in *Botschaft 1983* 31, Ziff. 144; vgl. *Begleitbericht 1975*, 14.
[215] *Botschaft 1983*, 38, Ziff. 153.
[216] Vinkulierung; Sonderprüfung; Strukturierung der Kernaufgaben des Verwaltungsrates; Überarbeitung der Gründung; Klarstellung der Widerrechtlichkeit von verdeckten Gewinnausschüttungen; Regelung der Organvertreter in der Generalversammlung. Vgl. demgegenüber die Begrenzung der Themen noch nach *Begleitbericht 1975*, 14/15.
[217] *Amtl. Bull. NR* (1985) 1763-65.

a) Dauer der Bindung

Die aufgeworfene dogmatische Hauptfrage – *die Dauer des Vertrages*[218] – hat mit dem Aktienrecht nichts zu tun, sondern betrifft das Vertragsrecht[219]. Die Aktienrechtsrevision hätte eine neue Pandora-Büchse aufgemacht, hätte sie die «Einzelnen Vertragsverhältnisse» im Besonderen Teil des Obligationenrechtes zu ändern begonnen[220]. Und dabei hätte sich die Frage gestellt: *Was* für eine Vertragsart ist der «Aktionärbindungsvertrag»? Wenn er eine einfache Gesellschaft ist – so die Meinung des Verfassers[221] –, hätte man einen Art. 545a schaffen müssen, der besagt hätte, dass einfache Gesellschaften, die auf die Dauer einer Aktiengesellschaft geschlossen sind und die Verfügung über deren Aktien oder die Ausübung der Aktionärsrechte zum Gegenstand haben, *nicht* unter Art. 545 Abs. 1 Ziffer 6 und 546 fallen, d.h. insbesondere *nicht* mit sechsmonatiger Frist gekündigt werden können. 1439

Die grosse Frage ist damit aber erst angeschnitten: ist es wirklich *richtig*, einen Aktionärbindungsvertrag auf die *ganze Dauer einer Aktiengesellschaft*, deren Aktien er betrifft, unkündbar zu machen? Das ist im Gegenteil rechtlich kaum zu vertreten[222]. Es gehört zur verantwortungsvollen Vertragsberatung, innerhalb der Gerichtspraxis zu den «ewigen» Verträgen[223] liegende Lösungen für das immer schwierige Problem zu finden: *wie* und *wann* ein Vertragspartner nach langer Frist aus dem Vertragsverhältnis ausscheiden kann, wenn er das unbedingt will – und zwar *ohne* Klage auf Auflösung vor dem Richter im Sinne von Art. 545 Abs. 1 Ziff. 7 OR. Dies kann so geschehen, dass ein vertragliches Recht zum Ausscheiden aus dem Vertragsverhältnis nach 10- oder 15-jähriger Vertragsdauer eingeräumt wird (in extremer Gestaltung ist die Frist noch länger, aber eben nicht *beliebig* länger, und schon gar nicht angängig ist die Unmöglichkeit jeder Befreiung von der vertraglichen Bindung bis zur Auflösung der Aktiengesellschaft). 1440

Ist dagegen der Vertrag für die einzelne Vertragspartei auf die *Dauer ihrer Aktionärseigenschaft* verbindlich – eine häufige Klausel –, so muss eine Möglichkeit zum Ausscheiden unter vertretbaren Bedingungen innerhalb einer tragbaren Zeitspanne eingeräumt sein[224]. Sieht der Vertrag überhaupt *keine* Lösung für diese Situation vor, so ist die Sanktion des Art. 545 Abs. 1 Ziffer 6 in Verbindung mit Abs. 2 durchaus sinnvoll. Dagegen stünden bis zur Liquidation der Aktiengesellschaft unauflösbare Aktionärbindungsverträge, aus denen man auch nicht unter tragbaren Bedingungen und Auflagen nach verhältnismässig langer Frist ausscheiden kann, auch als Gesetzesidee in Konflikt mit dem Grundsatz der Unzulässigkeit von «ewigen» vertraglichen Bindungen. 1441

---

[218] *Peter Forstmoser* (1988) 380; schon (1982D) 121.
[219] Forstmoser selbst hat das gesagt.
[220] Die «zweite Abteilung» des OR, Art. 184 ff. OR.
[221] *Peter Böckli* (1961) 66.
[222] Vgl. die entsprechenden Bedenken des Bundesrates in *Amtl. Bull. NR* (1985) 1765.
[223] Vgl. die Nachweise bei *Peter Forstmoser* (1988) 369 Anm. 69. Kritisch, wie hier, *Rolf H. Weber* (1992) 86.
[224] Nach Meinung des Verfassers ist BGE 106 II 226 ff. nicht so zu verstehen, wie wenn ein Aktionärbindungsvertrag auf Lebenszeit *ohne* jede Möglichkeit des Ausscheidens in längeren Zeitabschnitten verbindlich eingegangen werden könnte. Das Bundesgericht erklärte die Rechtsfolge der sechsmonatigen Kündigungsfrist gemäss Art. 546 Abs. 1 OR für dispositiv.

Der Nationalrat hat daher insgesamt zu Recht 1985 einen Vorstoss zur Regelung der Aktionärbindungsverträge abgelehnt[225].

b) Unverbindlichkeit für die Aktiengesellschaft

1442 Vielleicht hätte eher noch ein Bedürfnis für die Festschreibung bestanden, dass Aktionärbindungsverträge die Aktiengesellschaft als juristische Person nicht binden. Der Grundsatz ergibt sich aber sowohl aus der Dogmatik des Aktienrechtes wie dem Aufbau der Aktiengesellschaft. Es ist anerkannt, dass der Aktionärbindungsvertrag, von der Aktiengesellschaft aus gesehen, «inter alios» geschlossen wird. Die Gesellschaft kann ihm – entgegen der Praxis in den USA[226] – auch nicht gültig beitreten.

1443 Aktionärbindungsverträge sind vertragliche Bindungen hinsichtlich der *Ausübung* von Aktionärsrechten, in erster Linie des Aktienstimmrechtes. Die Gesellschaft ist rechtlich ausserstande, einen Aktionär verbindlich auf eine bestimmte Art der Bildung ihres eigenen körperschaftlichen Willens festzulegen[227]. Dies verstiesse gegen das Grundprinzip von Art. 698 OR, demzufolge das oberste Organ die Versammlung der Aktionäre ist, in der diese gerade den Willen der Gesellschaft bestimmen. Würde die Gesellschaft als juristische Person den Willen jener bestimmen, die ihren eigenen Willen bestimmen, läge die letzte Willensfestlegung beim Exekutivorgan. Gemäss der Grundstruktur der Aktiengesellschaft ist der Verwaltungsrat rechtlich ausserstande, mit seiner Unterschrift jene, die ihn zu wählen haben, hinsichtlich der Ausübung des Aktienstimmrechtes seinem Willen zu unterwerfen[228]. Dieser allgemeine Grundsatz findet übrigens seinen Ausdruck auch in einem bekannten Anwendungsfall – dem Stimmrechtsausschluss für direkt gehaltene eigene Aktien und eigene Aktien im Eigentum einer beherrschten Gesellschaft[229] – und allgemein im Verbot der «Missachtung der Grundstrukturen der Aktiengesellschaft» nach dem neuen Nichtigkeitsartikel[230].

VI. Verhältnis zum EG-Recht

1444 Im Bereich der Beschlussfassung der Aktionäre in der *Generalversammlung* und des *Depotstimmrechts* – überhaupt der institutionellen Stimmrechtsvertretung – ist das Bild des Schweizer Rechts aus der Sicht des EG-Rechts etwas gemischt.

1445 1. Unsere *Generalversammlung* ist nach wie vor eine sorgfältig durchgestaltete Einrichtung, die den Modellen anderswo in Europa durchaus entspricht, auch der «Hauptversammlung» des abgeänderten Vorschlags für die Strukturrichtlinie und für die Societas Europaea[231]. Wenn etwas, nach heutigem Stand des EG-Rechts,

---

[225] *Amtl. Bull. NR* (1985) 1763-65.
[226] *Henn* on Corporations sec. 198; *Hodge O'Neal* (1963) sec. 5.28.
[227] Vgl. dazu *Peter Böckli* (1961) 63/64.
[228] Vgl. Rz 1671.
[229] Art. 659a Abs. 1 und 659b Abs. 1 OR 1991.
[230] Art. 706b Ziff. 3 (vom Parlament hinzugefügt).
[231] *Vorschlag EG-Strukturrichtlinie 1991*, Art. 22 ff.; *Vorschlag SE 1991*, Art. 81 ff.

nicht europakonform gewesen wäre, dann die immer wieder neu in die Diskussion geworfene Abschaffung der Generalversammlung²³².

2. Sowohl die *Einberufungsrechte* der Minderheit wie die Anforderungen an die Orientierung der Aktionäre im Einberufungsstadium stehen nahe beim europäischen Standard. Dass das Schweizer Recht im Gegensatz zum französischen²³³ keine schriftliche Stimmabgabe des Aktionärs kennt, wird man kaum als mangelnden Europageist der Eidgenossen vermerken.

3. Das Schweizer Recht kennt nach wie vor – im Gegensatz zum deutschen und zum Vorschlag für die Societas Europaea²³⁴ – kein umfassendes Erfordernis der qualifizierten Mehrheit für *Statutenänderungen*, doch ist unsere differenzierte Lösung im übrigen europarechtskonform. Mit dem Recht unserer Nachbarländer und der Societas Europaea in fast allen Fällen unvereinbar sind dagegen die Stimmrechtsaktien, vor allem wenn sie mehr als das doppelte Stimmrecht gewähren²³⁵.

4. Die Regeln der individuellen *Stimmrechtsvertretung* stimmen mit dem europäischen Standard überein, und grundsätzlich auch die Regeln für die Depot- und Organvertretung. Unter EG-rechtlichen Gesichtspunkten kritisch oder unzulässig ist dagegen Art. 689d Abs. 2 Satz 2, der den Depotvertreter dazu veranlasst, mangels Weisungen seitens des Aktionärs den Anträgen des Verwaltungsrates zuzustimmen²³⁵ᵃ.

5. Am schärfsten sind die Unterschiede zum Standard des EG-Gesellschaftsrecht in der *Offenlegung*²³⁶. Zwar gibt es auch im EG-Recht einen «Kleinheitsbonus». Aber sehr viele jener wirtschaftlich ins Gewicht fallenden «*privaten*» *Aktiengesellschaften*, die nach dem vom Parlament gefundenen Kompromiss in der Schweiz nun mangels Ausgabe von Obligationsanleihen und mangels Kotierung ihrer Aktien jeder weiteren Offenlegung ihrer Rechnungslegung und ihres Prüfungsberichtes entgehen, müssten nach EG-Recht ihre von der Generalversammlung genehmigte Jahresrechnung publizieren.

6. Das neue Schweizer Aktienrecht verbessert zwar in Einzelheiten den Schutz der Gesellschaft vor *ungerechtfertigten Gewinnentnahmen*. Das aus dem OR 1936 übernommene System der in den Voraussetzungen hoch formalisierten Jahresausschüttungen²³⁷ entspricht dem EG-Standard. Die 2. EG-Richtlinie geht aber noch wei-

---

²³² So schon *Max Brunner* (1976); *Roland Ruedin* (zit. Anm. 147); *Peter Nobel* (1991) 99.
²³³ Art. 161–1 LSC.
²³⁴ § 179 Abs. 2 AktG (Dreiviertelsmehrheit); *Vorschlag EG-Strukturrichtlinie 1991*, Art. 39 Abs. 1 und *Vorschlag SE 1991*, Art. 97 (Zweidrittelsmehrheit).
²³⁵ Nach französischem Recht ist maximal das doppelte Stimmrecht zulässig, Art. 175 LSC. *Vorschlag EG-Strukturrichtlinie 1991*, Art. 33 Abs. 2, schränkt die Differenzierungen im Stimmrecht ein und verlangt für die im Stimmrecht zurückgesetzten Aktien «besondere Vermögensvorteile», enthält aber kein Verbot.
²³⁵ᵃ *Vorschlag EG-Strukturrichtlinie 1991*, Art. 28 Abs. 1 Bst. e, f. und g. Vorn Rz 1351.
²³⁶ *4. EG-Richtlinie* (1978) Art. 47 Art.
²³⁷ Vorn Abschnitt IV/A, Rz 1411 ff.

ter im Schutz vor ungerechtfertigten Ausschüttungen[238] und schränkt den Erwerb eigener Aktien weitergehend ein[239].

1451 7. Strenger ist das EG-Recht auch mit dem ausdrücklichen Verbot der Gewährung von Darlehen durch die Gesellschaft im Hinblick auf den Erwerb *eigener Aktien*[240] und dem – bei uns jetzt aufgehobenen – Verbot der Inpfandnahme eigener Aktien. Vor allem einzelstaatliche Aktienrechte nehmen deutlicher als das schweizerische die *Darlehen* der Gesellschaft an ihre eigenen Aktionäre und an die Organmitglieder[241] aufs Korn. Auch Bauzinsen gibt es im EG-Recht nicht mehr[242]. Insgesamt steht dennoch das Schweizer Recht in diesem Bereich dem EG-Standard recht nahe.

1452 8. Darin, dass das Schweizer Recht die *Aktionärbindungsverträge* nicht eigens regelt, ist keine Abweichung von den EG-Bräuchen festzustellen. Die einzelnen nationalen Rechte lassen solche Vereinbarungen, wie das schweizerische, grundsätzlich zu[243], aber mit deutlich spürbaren Vorbehalten nach wie vor im französischen Rechtskreis[244]; dieser hatte früher Aktionärbindungsverträge überhaupt nicht anerkennen wollen[245].

---

[238] *2. EG-Richtlinie* (1976) Art. 15/16.
[239] a.a.O. Art. 18 ff.
[240] a.a.O. Art. 23; § 71a AktG.
[241] Vgl. § 89 und § 115 AktG; Art. 106 LSC.
[242] *2. EG-Richtlinie* (1976); *Jörg H. Gessler* (1991) § 57 Anm. 9.
[243] *Hartmut Lübbert* (1971) 95 ff.
[244] Code des Sociétés (1991) Art. 174 Anm. 6. Früher betrachtete der französische Rechtskreis die Verträge auf bindende Festlegung künftiger Stimmrechtsausübung als schlechthin nichtig.
[245] Hinweise bei *Hans Glattfelder* (1959) 195a Anm. 4 und 203a Anm. 1.

Kapitel 10
Verwaltungsrat

Botschaft 1983, 96 ff. Ziff. 215 und 173 ff. Ziff. 332; 111 ff.
Amtl. Bull. NR (1985) 1782 ff., (1990) 1388
Amtl. Bull. StR (1988) 512 ff., (1991) 75 f.
Vorschlag SE 1991, Art. 62 ff.
Vorschlag EG-Strukturrichtlinie 1991 (5. EG-Richtlinie)[1]
§§ 76–117 AktG
Art. 89–112 LSC; Art. 77– 84 DSC.

I. Die Problematik der Oberleitung in einer Aktiengesellschaft

1. Der Verwaltungsrat als Institution und als Problem

Das OR 1881 führte den «Verwaltungsrat» hoffnungsfroh ein[2], und das OR 1936 rief ihn durch zahlreiche Einzelvorschriften etwas strenger zur Pflicht[3]. Dennoch ist der *Verwaltungsrat* als Einrichtung in den letzten Jahrzehnten von vielen Seiten unter Beschuss geraten. Wenn die Vorwürfe auch meist pauschal, hin und wieder satirisch und nicht selten unberechtigt sind, so muss der Gesetzgeber doch aufhorchen. Den Schweizer Verwaltungsräten wird etwa vorgeworfen

1453

– bei ihrer *Auswahl* komme es offenbar mehr auf Beziehungen oder Verwandtschaft als Eignung zur Mitwirkung in der Oberleitung der Gesellschaft an;

– sie verwendeten zu wenig *Zeit und Mühe* auf ihr Amt, verbrächten ihre Sitzungen mit Trudelzeichnungen, wenn nicht gar der Schlaf sie übermannt;

– sie seien der *Geschäftsleitung* kaum eine Hilfe, wohl aber häufig eine Behinderung[4];

– sie unterrichteten sich über den *Gang der Geschäfte ihrer Gesellschaft* im schlimmsten Fall überhaupt nicht, im besten durch die Lektüre des Wirtschaftsteils der «Neuen Zürcher Zeitung»;

– sie seien manchmal in *Interessenkonflikten* verfangen, so dass sie am Schluss weder der verwalteten Gesellschaft noch jenen anderen Interessen wirklich dienen könnten, auf die sie Rücksicht zu nehmen hätten;

---

[1] Fassung von 1983 in ABl. Nr. C 240/2 vom 9. September 1983, neueste Fassung Abl. Nr. C 321 vom 12. Dezember 1991.
[2] Art. 649 ff. OR 1881.
[3] Insbesondere Art. 722 OR 1936; vgl. *Christoph von Greyerz* (1982) 196 ff.; *Vischer/Rapp* (1968) 142 ff.; *Forstmoser/Meier-Hayoz* (1983) 167 ff.
[4] Im Parlament deutlich so geäussert, hiernach Anm. .

– sie würden auf sich abzeichnende *Krisen* nicht oder dann verspätet reagieren.

1454 Dieses arge Bild, auf dessen Hintergrund die Bemühungen der Aktienrechtsreform um den Verwaltungsrat zu verstehen sind, ist nicht nur immer wieder den Medien zu entnehmen[5]. Auch Mitglieder der aktiven Geschäftsleitungen tragen nicht selten ein ähnliches Bild mit sich herum. Es handelt sich um ein Zerrbild; aber wer dieses näher untersucht[6], stösst hin und wieder auf ein Quentchen Wahrheit. Wenn wir heute die Aktiengesellschaft als wichtige Trägerin des Wirtschaftsgeschehens sehen, und wenn wir uns vor Augen halten, dass die Funktionsfähigkeit der Aktiengesellschaft von ihrer einwandfreien Führung abhängt, dann war offensichtlich der Gesetzgeber zum Handeln aufgerufen. Dabei versteht sich, dass die Möglichkeiten, durch die gedruckten Buchstaben eines Bundesgesetzes das Verhalten der Verwaltungsräte zwischen Rhein und Rhône tatsächlich zu verändern, beschränkt sind. Der Gesetzgeber kann aber das eine tun: durch klare Vorgaben Leitungsorgane jener Gesellschaften stärken, die auf dem richtigen Wege sind, und mit den Mitteln des Rechts Leitplanken mindestens für jene Verwaltungsräte zu errichten, die die Dinge fahren lassen und sich noch öffentlich damit brüsten[7].

2. Lösungsmöglichkeiten des Gesetzgebers

1455 Es gibt indessen nur eine begrenzte Anzahl von Möglichkeiten, die *Funktionsfähigkeit* des Verwaltungsrates als Leitungsorgan der Aktiengesellschaft zu verbessern. Insgesamt sind vier diskutiert und zum Teil verworfen worden.

a) *Abschaffung des Verwaltungsrates: verworfen*

1456 Man könnte auf die Lösung jener uralten Aktienrechte zurückgreifen, die – ähnlich wie heute in der GmbH – neben der Generalversammlung kein weiteres Beschlussorgan, sondern einzelne direkt mit allen exekutiven Befugnissen betraute «*Geschäftsführer*» kannten[8]. Dies widerspricht jedoch der letztlich vernünftigen Idee, dass es während des Geschäftsjahres ein Zwischenorgan geben sollte, das über grundsätzliche Dinge Beschluss fasst, die Direktoren begleitet und an der jährlichen Versammlung den Anteilseignern Rechenschaft ablegt. Der radikale Vorschlag wurde daher nicht in Erwägung gezogen.

b) *Übergang zum dualistischen System: verworfen*

1457 Der Grundgedanke des *dualistischen Systems* besteht darin, in cartesianischer Schärfe die Funktion der Geschäftsführung und jene der Wahl und Überwachung personell zu

---

[5] Auch im Parlament war die Rede vom Verwaltungsrat, der «in guten Jahren nutzlos und in schlechten Jahren hilflos» sei, *Amtl. Bull. NR* (1985) 1666.
[6] Vgl. *Vischer/Rapp* (1968) 142 ff.; *Peter Böckli* (1981), (1984) 78 und (1986) 87 ff.; *Robert Holzach* (1983) passim; *Georg S. Odiorne* (1985) 11; *Walter Hess* (1986) 101 ff.; *Hans-Ulrich Baumberger* (1990) 63; *Thomas A. Biland* (1989) 192 ff.; *Knut Bleicher* (1990) 47 ff.
[7] Vgl. den Artikel von *Hansjörg Abt* zu diesem Thema, NZZ Nr. 57 vom 9./10. März 1991, 33.
[8] Vgl. insbesondere das baselstädtische Gesetz vom 6. Dezember 1847 über die Commanditen und anonymen Gesellschaften: «Die anonymen Gesellschaften werden durch Geschäftsführer verwaltet.»

trennen. Die Arbeitsgruppe von Greyerz hat diese Möglichkeit eingehend diskutiert und am Schluss verworfen[9]. Für dieses in Deutschland ausgebildete System spricht zwar vieles. Nicht nur hat es sich als Organisationsmodell mehr oder weniger bewährt; es ist auch in Frankreich 1966 als Wahlmöglichkeit eingeführt worden, im Paar von «directoire» und «conseil de surveillance»[10]. Es ist als vollgültige Option insbesondere auch in den Vorschlägen der EG-Kommission für die Strukturrichtlinie[11] und die Societas Europaea (SE) vorgesehen[12].

Letztlich kam die Arbeitsgruppe jedoch zur *Ablehnung des Trennsystems*, weil das jetzige System mit dem in USA vorherrschenden und bewährten «Board System» durchaus verglichen werden kann. Es bietet zudem eine grössere Flexibilität für die Anpassung an die sehr verschiedenartigen Anforderungen in den weniger als 250 börsenkotierten und weit über 150,000 «privaten» Schweizer Aktiengesellschaften[13]. Gegen das dualistische System sprach auch, dass dieses von den Auffassungen in unserem Lande viel weiter abweicht, als man das im ersten Augenblick annehmen könnte[14]. 1458

Auf keiner Stufe ernstlich geprüft wurde die Möglichkeit, in Anlehnung an das französische System und die SE den Gesellschaften ein *Wahlrecht* auf das dualistische oder das monistische System einzuräumen. Tatsache ist, dass auch das Parlament keinerlei Begeisterung für das dualistische System entwickelt hat. Im Unterabschnitt B hiernach bietet sich Gelegenheit, die *beiden Modelle* der Spitzenverfassung einer Aktiengesellschaft einander gegenüberzustellen. 1459

c)   Verschärfte personenbezogene Anforderungen an die Wählbarkeit: verworfen

In der Arbeitsgruppe von Greyerz kam der Gedanke auf, die *persönlichen Anforderungen* an die Wählbarkeit in den Verwaltungsrat gesetzlich zu verschärfen. Alle diese Vorschläge verschwanden jedoch wieder, entweder schon im vorbereitenden Stadium oder in der parlamentarischen Beratung[15]. 1460

Früh fiel die dispositive gesetzliche *Altersgrenze*[16]. Der Gedanke war, den Gesellschaften eine statutarische Altersgrenze anheimzustellen, und im Gesetz vorzusehen, dass mangels statutarischer Grenze das vollendete siebzigste Altersjahr der Zugehörigkeit im Verwaltungsrat ein Ende setzt. Allein, auch dies erschien schon als unzulässige Einmischung in die Gestaltungsautonomie der einzelnen Gesellschaften. Schon im Entwurf 1983 findet sich diese erörterte Vorschrift nicht mehr. 1461

---

[9]   *Botschaft 1983*, 96, Ziff. 215.11.
[10] Art. 118 LSC.
[11] *Vorschlag EG-Strukturrichtlinie 1991*, Art. 2 Abs. 1 Unterabs. 2.
[12] *Vorschlag SE 1991*, Art. 61 ff., erster Abschnitt «Dualistisches System», mit dem «Leitungsorgan» gemäss Art. 62 und dem «Aufsichtsorgan» gemäss Art. 63, 64 und 65.
[13] *Botschaft 1983*, 96 f., Ziff. 215.11.
[14] Vor allem von welscher Seite wurde dem dualistischen System vorgehalten, dass es den «Präsidenten und Delegierten des Verwaltungsrates» zum Verschwinden bringe, eine Figur, die in der französischsprachigen Schweiz – in Anlehnung an den französischen «Président-Directeur Général» (PDG) – besonders beliebt ist. Vgl. hinten V/B/2/c (am Ende), Rz 1605 und Anm. 218.
[15] *Entwurf 1983*, Art. 707 Abs. 4; dazu *Botschaft 1983*, 173/74, Ziff. 332.1.
[16] Vgl. Art. 90–1, 110–1 und 129–1 LSC.

1462 Das Parlament seinerseits konnte sich für die *Mandatsbegrenzung*[17] nicht erwärmen[18]. Geht man auf die verhältnismässig grosse Zahl 10[19], so lässt sich das von der Botschaft gegebene Ziel – Mandatsbeschränkung, um dem einzelnen Verwaltungsrat eine «wirksame Führung» zu ermöglichen und eine «übermässige Machtkonzentration im wirtschaftlichen Bereich» zu verhindern[20] – mit Sicherheit nicht erreichen. Hätte der Gesetzgeber die Zahl viel niedriger als auf 10 angesetzt, so wäre die starre gesetzliche Regelung den sehr unterschiedlichen individuellen Verhältnissen nicht gerecht geworden. Es bleibt nun der einzelnen Gesellschaft vorbehalten, in ihren Statuten oder Reglementen die Wählbarkeit in den Verwaltungsrat in einer ähnlichen Art einzuschränken, wie dies der bundesrätliche Entwurf von 1983 versucht hatte[21].

1463 Nicht ernstlich in Betracht kam auch eine gesetzlich definierte Mindestanforderung an die *Befähigung* zur Ausübung eines Verwaltungsratsmandates. Alle sind sich einig, dass nicht jedermann für jeden Verwaltungsrat geeignet ist, alle aber auch, dass gesetzliche Auswahlkriterien – wie diese jetzt bei der Revisionsstelle gelten[22] – für den Verwaltungsrat undenkbar sind. Nur indirekt, durch eine bessere Strukturierung der Aufgaben des Verwaltungsrates, lässt sich eine gewisse Leitlinie für die Auswahl der Kandidaten aufstellen.

1464 Nicht näher in Betracht fiel die «*Amtszeit-Guillotine*» in dem Sinne, dass ein Verwaltungsrat nicht für mehr als z.B. drei Amtsperioden zu vier Jahren dem Verwaltungsrat ununterbrochen angehören dürfte. Eine solche Vorschrift würde allzu stark in die Gestaltungsautonomie der Aktiengesellschaften eingreifen. Gerade Familiengesellschaften, überhaupt Aktiengesellschaften mit geschlossenem Aktionärskreis, wären bei der Besetzung ihrer Verwaltungsräte in einem unverdienten Dilemma. Im einen Fall liegt es ebenso sehr im wohlverstandenen Interesse einer Aktiengesellschaft, wenn ein Verwaltungsrat zum fünften Mal im Amt bestätigt wird, wie es im anderen Fall richtig wäre, wenn die fragliche Person schon beim Ablauf der ersten Amtsperiode nicht wiedergewählt würde. Es kann Sache des Gesetzgebers nicht sein, in den Bereich der Eigenverantwortung der Anteilsinhaber einzugreifen.

1465 Beibehalten wurde dagegen die 1936 ins Schweizer Aktienrecht aufgenommene, höchst zweifelhafte Vorschrift[23], wonach die Mitglieder des Verwaltungsrates mehrheitlich *in der Schweiz wohnhafte Schweizer Bürger* sein müssen[24]. Es handelt sich um einen verkrampften Versuch, die Glaubwürdigkeit des Sitzes Schweiz für Briefkastenfirmen und andere mit der Schweiz mehr nur formell in Verbindung stehende Aktiengesell-

---

[17] 8 Mandate nach französischem Recht, Art. 92 LSC, in Deutschland sind die Aufsichtsräte belastbarer: 10 Mandate, § 100 Abs. 2 Ziff. 1 AktG.
[18] *Amtl. Bull. NR* (1985) 1782/83.
[19] Für Mandate in Gesellschaften mit börsenkotierten Aktien.
[20] *Botschaft 1983*, 174, Ziff. 332.1.
[21] *Entwurf 1983*, Art. 707 Abs. 4.
[22] Art. 727a und Art. 727b OR 1991.
[23] Art. 711 OR 1936.
[24] Jetzt neu in Art. 708 Abs. 1 Satz 1 OR 1991. Die singuläre Befugnis für den Bundesrat, für *ausländisch beherrschte Holdinggesellschaften* eine Ausnahme von dieser Regel zu bewilligen, ist mit der Formulierung «wenn die Mehrheit dieser [scilicet der Anteile an diesen] Unternehmen sich im Ausland befindet» in Satz 2 beibehalten worden.

schaften zu erhöhen. Nicht zu übersehen ist allerdings – als Begründung jedenfalls für das Wohnsitzerfordernis – das fiskalische Interesse an in der Schweiz greifbaren Organmitgliedern: auch unsere Steuerbehörden packen keinen, sie hätten ihn denn. Das ganze über das Nennkapital hinausgehende Eigenkapital jeder Aktiengesellschaft ist, beinahe wie durch eine «floating charge», mit der latenten Verrechnungssteuerforderung des Bundes von 35% belastet. Dafür haftet gemäss Verrechnungssteuergesetz[25] jeder einzelne Verwaltungsrat solidarisch mit seinem persönlichen Vermögen[26].

d) *Bessere Strukturierung der Hauptaufgaben: verwirklicht*

Es bleibt damit eine einzige Lösungsmöglichkeit, und diese ist in der Aktienrechtsreform verwirklicht: eine bessere *Information* der Verwaltungsratsmitglieder[27] und eine *bessere Strukturierung der Kernaufgaben* des Verwaltungsrates[28] mit einer verstärkten Herausarbeitung der Organisations- und Finanzverantwortung, sowie eine unmissverständliche Verankerung der *Verhaltensrichtlinien* für Verwaltungsräte, Treue- und Gleichbehandlungspflicht[29]. Die Aktienrechtsreform konzentriert sich denn auch im Bereiche des Verwaltungsrates im wesentlichen auf diese drei Gegenstände. Alle übrigen Änderungen sind Retouchen am bisherigen Recht.

1466

II. Zugehörigkeit zum Verwaltungsrat

1. Aktionärseigenschaft (Qualifikationsaktie)

In diesem Punkt bleibt alles im wesentlichen beim alten[30]. Nach wie vor ist der *Einpersonen-Verwaltungsrat* möglich[31]. Nach wie vor muss jeder Verwaltungsrat *Aktionär* sein; wird er als Nichtaktionär gewählt, so kann er sein Amt erst antreten, nachdem er Aktionär[32] geworden ist[33], d.h. eine Qualifikationsaktie erworben hat. Der *Partizipant* kann trotz Art. 656 Abs. 2 OR 1991 nicht für diese Zwecke als «Aktionär» gelten. Es fehlt dem Partizipanten das volle Bündel der Mitwirkungsrechte, auf jeden Fall aber das Stimm- und Wahlrecht sowie in fast allen Fällen auch das Teilnahmerecht in der Generalversammlung.

1467

---

[25] Art. 15 Abs. 2 VStG 1965; Art. 9 VStV.
[26] Vgl. zur Haftung für Steuern *Peter Böckli* (1986) 521.
[27] Art. 715a OR 1991.
[28] Art. 716a OR 1991; dazu schon *Mario M. Pedrazzini* (1978) 18 ff.
[29] Art. 717 OR 1991.
[30] *Forstmoser/Meier-Hayoz* (1983) 167 ff.
[31] Der Fall wird in Art. 708 Abs. 3 OR 1991 auch ausdrücklich hinsichtlich der Wohnsitz- und Nationalitätsanforderung erwähnt.
[32] Handelt es sich um einen Partizipationsschein oder eine Inhaberaktie, so muss die Gesellschaft verlangen, dass diese zum Nachweis der Aktionärseigenschaft während der Amtsdauer bei ihr hinterlegt bleiben, vgl. Rz. 1725.
[33] Art. 707 Abs. 1 und 2 OR (unverändert). Es handelt sich um eine *Ordnungsvorschrift*. Die mangelnde Aktionärseigenschaft bewirkt nicht etwa eine «schwebende Unwirksamkeit» der Wahl oder, wenn die Eigenschaft nachträglich wegfällt, eine Ungültigkeit der weiteren Handlungen des aktienlosen Verwaltungsratsmitglieds.

401

1468 Das Parlament hat sich somit gegen die Anregung gewendet[34], man solle diese Anforderung gerade zusammen mit der Pflichtaktien-Regelung fallen lassen[35]. Für die Beibehaltung des «*Aktionär-Verwaltungsrates*» spricht sein konzeptuelles Herkommen als Vertreter der Aktionärsinteressen in der Zeit zwischen den Generalversammlungen, aber durchaus auch seine heutige Funktion. Es wäre unverständlich, wenn ausgerechnet die Mitglieder dieses Oberleitungs- und Aufsichtsorgans sich nicht einmal mit einem einzigen Anteil an der Gesellschaft beteiligen würden. Im Gegenteil wäre es aus grundsätzlichen Gründen erwünscht, wenn jeder Verwaltungsrat eine je nach seinen finanziellen Verhältnissen mehr oder weniger ins Gewicht fallende Beteiligung an der von ihm mitgeleiteten Gesellschaft erwerben und behalten würde[36]. Hätte man die bisher geltende Anforderung gestrichen, so hätte der Gesetzgeber gerade das verkehrte Zeichen gesetzt. Er hätte auch genau bestimmen müssen, welche Aktionärsrechte dann dem Nichtaktionär kraft seines Amtes als Verwaltungsrat von Gesetzes wegen zuzuteilen wären.

2. Amtsdauer

1469 Die *Amtsdauer* ist grundsätzlich wenig verändert[37]. Nach wie vor ist die längste nach dem Gesetz mögliche Amtsperiode 6 Jahre[38]. Eine *Zuwahl* (Kooptation) eines neuen Mitgliedes zur Besetzung eines während des Geschäftsjahres frei gewordenen Sitzes durch den Verwaltungsrat selbst – wie etwa im französischen Recht[39] – bleibt dem Schweizer Aktienrecht fremd. Der Verwaltungsrat ist für die Wahl seiner Mitglieder schlechterdings nicht zuständig[40]. Statutenbestimmungen, die so etwas vorsehen, sind und bleiben nichtig[41].

1470 Der neue Art. 711 hält bloss fest, was nach der geänderten Handelsregisterverordnung heute schon gilt. Gerade in Krisensituationen kommt es immer wieder vor, dass der Verwaltungsrat es versäumt oder vorsätzlich unterlässt, das *Ausscheiden* eines Mitgliedes beim Handelsregister zur Eintragung anzumelden. Eine entsprechende Pflicht wird jetzt ausdrücklich aufgestellt, und als Sanktion ist vorgesehen, dass der Betroffene sein Ausscheiden selber anmelden kann, wenn die Gesellschaft mehr als 30 Tage lang untätig bleibt.

---

[34] Insbesondere *Peter Forstmoser* (1984B) 130.
[35] Art. 709 und 710 OR 1936 wurden ersatzlos aufgehoben.
[36] Trotz allen gegenteiligen Beteuerungen wirkt sich natürlich das *Insiderstrafrecht* von Art. 161 StGB hemmend auf die Bereitschaft von Verwaltungsräten aus, Aktien ihrer eigenen Gesellschaft zu erwerben. Vgl. hierzu *Peter Böckli* (1989) 133.
[37] Das Gesetz sieht in Art. 710 OR 1991 nun eine Vermutung auf *drei*jährige Amtsdauer vor, nachdem der Bundesrat 1983 in Art. 710 Abs. 1 vermutungsweise eine *ein*jährige Amtsdauer vorgeschlagen hatte.
[38] Wie bisher in Art. 708 Abs. 1 Satzteil 2 OR 1936. Weggelassen ist im neuen Aktienrecht die Regelung von Art. 708 Abs. 3 OR 1936, da sie als selbstverständlich angesehen wurde.
[39] «à titre provisoire». Art. 94 Abs. 1 LSC.
[40] Art. 698 Abs. 2 Ziff. 2 OR 1991.
[41] Es handelt sich um ein geradezu klassisches Beispiel einer Missachtung der *Grundstrukturen* der Aktiengesellschaft im Sinne von Art. 706b Ziff. 3 OR 1991. Solche Statutenklauseln trifft man etwa in der französischsprachigen Schweiz an.

3. Abberufung

Das neue Gesetz ändert nichts an dem das schweizerische Recht z.B. vom deutschen[42] abhebenden *jederzeit ausübbaren Abberufungsrecht* der Generalversammlung gegenüber jedem einzelnen Mitglied des Verwaltungsrates und dessen Gesamtheit[43]. Notwendig ist lediglich, dass der entsprechende Gegenstand – Abberufung des Verwaltungsrates – ordnungsgemäss traktandiert ist, weil es gültige materielle Beschlüsse ohne hinreichend klare Traktandierung auch nach neuem Aktienrecht nicht gibt. Die Frage bleibt indes ungeklärt, ob – im Rahmen vor allem von Abwehrdispositiven der Gesellschaften gegen aggressive Aktienaufkäufer – die Statuten dieses Recht einschränken können. Eine inhaltliche Beschränkung, z.B. auf einen wichtigen Grund, ist unvereinbar mit dem Gesetz. Jeder Grund, der hinter dem Abberufungsbeschluss steht, ist in sich bereits «wichtig», weil das Vertrauensverhältnis sich objektiv als nicht mehr bestehend erweist.

1471

Dagegen können nach der Literatur die Statuten die Abberufung dem Erfordernis einer *qualifizierten Mehrheit* bzw. einem *Präsenzquorum* (von z.B. zwei Dritteln oder drei Vierteln) unterstellen. Die einzige Grenze läge in einer Bestimmung, die so einschränkend wäre, dass sie die Abberufung faktisch verunmöglicht[44]. Präsenzquoren sind jedoch schon als solche stets ein zweischneidiges Schwert, weil sie die Gefahr der Beschlussunfähigkeit heraufbeschwören. Ein strenges Beschlussquorum für die Abberufung – eine Vorschrift, die es einem einzelnen Verwaltungsrat erlaubt, im Amt zu bleiben, obwohl er das Vertrauen der Mehrheit verloren hat – ist mindestens ein äusserst problematischer Gestaltungsgedanke, geht aber doch wohl über den Bereich des Zulässigen hinaus. Mit dem Prinzip des Gesetzes besser zu vereinbaren ist jene vom Bundesgericht denn auch als zulässig bezeichnete Regel, die bloss den *Überraschungscoup* anvisiert: eine Abberufung von *mehr* als einem Drittel der Verwaltungsräte vor dem Ende ihrer Amtszeit untersteht einer qualifizierten Beschlussvorschrift[45].

1472

4. Gruppenvertreter im Verwaltungsrat

a) Vertreter von Aktienkategorien minderen Rechts

Schon Art. 708 Abs. 4 des OR 1936 enthielt eine Bestimmung, die jeder Gruppe von Aktionären mindestens einen Vertreter im Verwaltungsrat gewährleistete, wenn mehrere Gruppen von Aktionären «*mit verschiedener Rechtsstellung*» bestanden.

1473

Während der Entwurf 1983 diese Vorschrift mehr oder weniger unverändert übernehmen wollte[46], hat der Ständerat eine wichtige Änderung eingefügt[47]. Diese macht – was den

1474

---

[42] *Abberufung* der Aufsichtsratsmitglieder durch die Hauptversammlung, mit Dreiviertelsmehrheit in § 103, des Vorstands durch den Aufsichtsrat nur aus wichtigem Grund, § 84 Abs. 3 AktG.
[43] Art. 705 OR.
[44] *Ulrich Geilinger* (1948) 46/47; *Brigitte Tanner* (1987) 136, 175/76: Dreiviertelsmehrheit sei die obere Grenze.
[45] BGE vom 25. Juni 1991 Canes c. Nestlé.
[46] Art. 709 Abs. 1 E 1983, dazu *Botschaft 1983*, 174, Ziff. 332.1.
[47] *Amtl. Bull. StR* (1988) 513.

Aktienrechtlern an sich immer schon bewusst war[48] – auch jedem Praktiker klar, dass die Einführung von *Stimmrechtsaktien* sofort eine Sonderbestimmung in den Statuten über die Wahl eines Vertreters der in der Stimmkraft zurückgesetzten Stammaktionäre in den Verwaltungsrat nötig macht.

1475 Der *Inhalt der Statutenbestimmung* ist vom Gesetz nicht vorgezeichnet, wohl aber durch den wegleitenden Bundesgerichtsentscheid von 1940, der nach wie vor massgeblich ist[49]: Die Minderheitsgruppe hat kein direktes Entsendungsrecht, sondern ein Vorschlagsrecht mit verbindlicher Wirkung. Die Statuten müssen der zurückgesetzten Aktienkategorie die organisatorische Möglichkeit bieten – praktisch durch eine Sonderversammlung der betreffenden Aktionärsgruppe – , einen Vertreter vorzuschlagen. Dieser muss dann von der Generalversammlung *aller* Aktionäre gewählt werden, sofern der Wahl nicht wichtige Gründe entgegenstehen.

1476 Dem Gesetz fehlt immer noch eine ausdrückliche Bestimmung über die *Rechtsfolge* für den Fall, dass die Generalversammlung ihrer Wahlpflicht nicht nachkommt: sei es, dass der Verwaltungsrat verstockt das Wahltraktandum nicht ansetzt oder die organisatorischen Vorkehren zur Durchführung der Sonderversammlung nicht ernsthaft an die Hand nimmt. In analoger Anwendung der Bestimmungen über die Generalversammlung steht den im Recht zurückgesetzten Aktienkategorien das Recht zu, die Einberufung einer Sonderversammlung zu verlangen und wo nötig gerichtlich durchzusetzen.

1477 Ähnliches gilt für die Ansetzung des Wahltraktandums in der Generalversammlung selbst. Lehnt die *Generalversammlung* die Wahl des von der Sonderversammlung auserkorenen Vertreters grundlos ab, oder ist ein angerufener wichtiger Grund nicht stichhaltig, so muss den Betroffenen die Klage gegen die Gesellschaft auf Anerkennung des rechtswidrig abgelehnten Kandidaten als Verwaltungsrat zustehen. Dies fügt sich dogmatisch bruchlos in die Konzeption des Bundesgerichts ein, wenn man die «Verbindlichkeit» der Vorwahl so versteht, dass in Wirklichkeit die Gesamt-Generalversammlung den einmal rechtmässig bezeichneten Kandidaten nur noch aus wichtigen Gründen *ablehnen* kann. Die Wahl ist dann rechtlich die Frage nach der Ablehnung aus wichtigen Gründen; ist die Ablehnung unbegründet, ist der Vertreter gewählt. So versteht sich der Rechtsbehelf des Stimmaktionärs als Anfechtungsklage gemäss Art. 706 OR 1991: Gutheissung der Klage bedeutet Feststellung der Wahl.

b) *Vinkulierte Namenaktien und Partizipationsscheine*

1478 Ein Vorschlagsrecht kommt verschiedenen «Aktienkategorien», nicht aber verschiedenen «*Aktienarten*» zu. Auch wenn Inhaberaktien und Namenaktien – und vor allem vinkulierte Namenaktien – sich im Grad der Übertragbarkeit tiefgreifend unterscheiden, so bezieht sich dies doch nicht auf den Inhalt der Aktionärsrechte. Die Eigentümer von vinkulierten Namenaktien können sich nicht gegenüber Inhaberaktionären auf Art. 709 Abs. 1 OR 1991 berufen. Kein Recht aus Art. 709 steht auch den Partizipanten zu, obgleich der Gleichstellungsartikel[50] die Partizipanten praktisch zu stimm-

---

[48] *Christoph von Greyerz* (1982) 78 und 202; *F. Wolfhart Bürgi* (1969) Art. 708 Note 51.
[49] BGE 66 II 50; 107 II 188/89. Dazu *Petra Schmitt* (1991) 175.
[50] Art. 656a Abs. 2 OR 1991.

rechtslosen Aktionären macht; das Gesetz lässt entsprechenden Hoffnungen keinen Raum[51].

c)   Kein Einsitz im Ausschuss

Weggefallen ist in den parlamentarischen Beratungen die frühere Bestimmung von OR 1936, wonach «*wichtige Gruppen*» auch Anspruch auf eine Vertretung im Ausschuss haben, wenn ein solcher besteht[52]. Diese Regelung war nur schwer praktikabel – was ist eine «wichtige Gruppe» und was eine «unwichtige Gruppe» von Aktionären? Sie bedeutete auch einen starken Eingriff in die Gestaltungsautonomie der Aktiengesellschaft und widerspricht damit einer Grundtendenz des schweizerischen Aktienrechtes. Der Ausschuss hat eine Führungsrolle und kann seine Aufgabe sinnvoll nur erfüllen, wenn man ihm als kleinem Gremium eine gewisse Homogenität zugesteht. Beginnt, ähnlich wie in der politischen Kompromissmechanik, die Ausmarchung von gegenläufigen Aktionärsinteressen schon im Ausschuss, so ist die *Entschluss- und Funktionsfähigkeit* einer im Wettbewerb stehenden, auf effiziente Leistungserstellung ausgerichteten Aktiengesellschaft in Mitleidenschaft gezogen. Zu Recht hat das Parlament in Abwägung der Interessen entschieden, dass in diesem Fall – so sehr sonst die Minderheitsrechte in der Aktienrechtsreform im Vordergrund stehen – die Homogenität der engsten Exekutive den Vorrang haben muss.

1479

d)   Minderheitsvertreter im allgemeinen Sinn

Abgeändert und klargestellt ist die bisher nur schwer verständliche Regelung von Art. 708 Abs. 5 OR 1936, wonach die Statuten zum Schutze der Minderheiten oder einzelner Gruppen von Aktionären «*weitere Bestimmungen*» über die «*Wahlart*» aufstellen konnten[53].

1480

Neu heisst es, dass die Statuten «*besondere Schutzbestimmungen*» vorsehen können[54]. Allerdings ist auch die neue Vorschrift kein Muster der Klarheit: Aus der Unterbringung in Art. 709, unter den Vorschriften über die Vertretung im Verwaltungsrat, ergibt sich, dass nur Bestimmungen gemeint sind, die eine Sondervertretung im Verwaltungsrat vorsehen. Irgendwelche anderen Schutzbestimmungen, die der statutengebenden Versammlung einfallen könnten, fallen nicht unter Art. 709[55].

1481

Das Gesetz zielt hier auf solche Gruppen ab, die sich nicht im Sinne des ersten Absatzes durch eine definierte abweichende Rechtsstellung einer Kategorie von Aktien kennzeichnen. Bestehen z.B. *Mitarbeiteraktien*, die nicht in einer eigenen Aktienkategorie konstituiert sind, so gewährt Art. 709 Abs. 1 den Mitarbeitern keinen Sitz im Verwaltungsrat. Die Statuten können aber aufgrund dieser Vorschrift vorsehen, dass die Aktionäre, die Mitarbeiter der Gesellschaft sind, Anspruch auf einen oder gegebenenfalls mehrere Vertreter im Verwaltungsrat haben.

1482

---

51   Art. 656e OR 1991. In diesem Sinne übrigens schon *Christoph von Greyerz* (1982) 202 und sehr deutlich *Botschaft 1983*, 134, Ziff. 317.31: «kein Anspruch auf Vertretung im Verwaltungsrat».
52   Art. 708 Abs. 4 Satz 2 OR 1936; entsprechend noch *Entwurf 1983*, Art. 709 Abs. 1 Satz 2.
53   Vgl. zur schwierigen Auslegung *F. Wolfhart Bürgi* (1969) Art. 708 Note 63 ff.
54   Art. 709 Abs. 2 OR 1991. Vgl. *Dieter Münch* (1976) 67 ff.
55   Vgl. die entsprechende Erläuterung in *Botschaft 1983*, 174, Ziff. 332.1.

1483 Möglich, aber in der Schweizer Praxis unüblich ist es, eine *allgemeine Minderheitsvertretung* einzurichten. Eine solche kommt ohne weiteres zustande durch die in gewissen amerikanischen Aktienrechten vorgesehene Methode des «*cumulative voting*»[56]. Wird der Gesamtverwaltungsrat zur Wahl gestellt, und über jedes Verwaltungsratsmitglied einzeln abgestimmt[57], so können die Aktionäre alle ihre Stimmen auf den ihnen genehmen Kandidaten konzentrieren, und es kommt automatisch zu einer Wahl eines Minderheitsvertreters in den Verwaltungsrat[58].

1484 Viel schwieriger ist es, nach dem erwähnten, vom Bundesgericht initiierten Verfahren der *Sonderversammlung* (mit verbindlichem Vorschlag an die Generalversammlung) die Dinge zu regeln[59]. Denn die «Minderheit» ist keine Gruppe, die sich durch eine bestimmte Aktienkategorie oder eine bestimmte Farbe kennzeichnet und die als solche zu einer Sonderversammlung einberufen werden könnte. Die Minderheitsvertreter, die man in der Schweiz praktisch antrifft, sind daher fast immer Vertreter von *Aktionärskategorien* im Sinne des neuen Art. 709 Abs. 1 OR 1991, nicht solche im Sinne von Abs. 2.

5. Vertreter öffentlicher Körperschaften im Verwaltungsrat

1485 Kein Satz ist geändert an dem Sonderstatut für Verwaltungsräte *gemischtwirtschaftlicher Unternehmen*: hier gilt nach wie vor, als tiefgreifende Abweichung vom Wahlverfahren der Generalversammlung, das direkte Entsendungsrecht der beteiligten öffentlich-rechtlichen Körperschaft[60]. Nur das Gesetz, unter dem die Entsandten an- und abtreten[61], ist besonders geartet; einmal im Amt, stehen sie in denselben Rechten und Pflichten wie jedes andere Verwaltungsratsmitglied nach Aktienrecht.

III. Organisation des Verwaltungsrates

1486 Die Organisation des Verwaltungsrates ist nach wie vor ein Kernpunkt der *Gestaltungsautonomie* jeder Gesellschaft. Tatsächlich enthält das Gesetz nur die allernotwendigsten Vorschriften, und diese sind – bis auf zwei sehr wichtige Ausnahmen – im wesentlichen unverändert geblieben.

---

[56] Vgl. *Henn* on Corporations sec. 189.
[57] Und sehen die Statuten die für den «*Proporz*» nötigen weiteren Verfahrensvorschriften vor!
[58] Dann allerdings nur, wenn mindestens so viele Minderheitsstimmen auf einen Kandidaten fallen, wie der Kehrwert aller Verwaltungsratsmitglieder beträgt.
[59] BGE 66 II 50.
[60] Art. 762 OR.
[61] Und abtreten: der Entsender hat das Recht der direkt in der Aktiengesellschaft wirksamen Abberufung.

1. Die beibehaltenen Grundregeln

a) Präsident und Beschlüsse

Auch der Verwaltungsrat des Modells 1991 konstituiert sich selbst: er teilt die besonderen Aufgaben den Mitgliedern in seiner Mitte eigenverantwortlich zu[62]. 1487

Nach wie vor äusserst knapp geregelt ist die ausschlaggebende Stellung des *Präsidenten* des Verwaltungsrates – er wird mehr nur im Vorbeigehen erwähnt[63]. Wie im übrigen auch nach deutschem Recht (hinsichtlich des Vorstandsvorsitzenden und des Aufsichtsratsvorsitzenden) ist die nähere Bestimmung der Aufgaben eines Präsidenten[64] weitestgehend der Praxis, d.h. den Festlegungen im Organisationsreglement[65] und den ungeschriebenen Gepflogenheiten jeder einzelnen Gesellschaft überlassen. 1488

Der bisher durch Gewohnheitsrecht dem Vorsitzenden zugewiesene *Stichentscheid*[66] ist nun im Gesetz (dispositiv) festgeschrieben[67]. Und was im Lande bisher gewohnheitsrechtlich galt, steht nun in Art. 713 OR 1991: für die Beschlüsse des Verwaltungsrates gilt die Mehrheit nicht aller anwesenden Mitglieder, sondern nur die Mehrheit der gültig abgegebenen Stimmen (relatives Mehr). 1489

b) Kein Mehrfachstimmrecht, keine Bevollmächtigung zur Stimmabgabe

Nach neuem Recht gibt es wie nach altem *kein Mehrfachstimmrecht* einzelner Verwaltungsräte[68], obgleich es manchmal praktisch wäre, gerade in Konzernuntergesellschaften oder Gemeinschaftsunternehmen[69]. Statutenbestimmungen, die derartiges ausdrücklich vorsehen, sind nicht bloss anfechtbar, sondern als Verstoss gegen die Grundstruktur der Aktiengesellschaft nichtig[70]. 1490

Unzulässig ist es auch, dass ein Verwaltungsrat an einer Sitzung eine Stimme für sich und gleichzeitig aufgrund einer *Vollmacht* eine Stimme für einen anderen Verwaltungsrat abgibt. Das Amt des Verwaltungsrates ist höchstpersönlich und muss es sein, angesichts der Gestaltung des Rates als Beratungsorgan mit weitgehenden und unentziehbaren Ermessensbefugnissen und entsprechender persönlicher Haftung. Die Willensbildung vollzieht sich in der Verhandlung während der Sitzung; der Präsident und jedes Mitglied müssen eine faire Chance haben, in der Debatte die Mehrheit der Anwesenden auf ihre Seite zu ziehen. Die in Vertretung abgegebene Stimme ist nichtig. Ungültig ist auch 1491

---

[62] Art. 712 Abs. 2 OR 1991 sagt ausdrücklich, die Statuten könnten vorschreiben, dass der *Präsident* durch die Generalversammlung gewählt wird. Diese Einzelvorschrift wurde kritisiert – sie stellt immerhin eine Frage klar.
[63] Vgl. eingehend *Jürg Vollmar* (1986) 131 ff.; vgl. Rz 1532.
[64] *Vollmar* a.a.O. 132 und 134/35.
[65] Vgl. dazu Abschnitt IV/B/2, Rz 1533 ff., und V/A/2, Rz 1586 ff.
[66] Dem Vorsitzenden, nicht dem Präsidenten. Sitzt zu Recht eine andere Person dem Verwaltungsrat vor, so steht ihr der Stichentscheid zu.
[67] Art. 713 Abs. 1 Satz 2 OR 1991.
[68] BGE 71 I 187.
[69] Vgl. dazu *Matthias Oertle* (1990) 115 ff.
[70] Art. 706b Ziff. 3 OR 1991.

die schriftliche Stimmabgabe durch Brief an den Präsidenten – aus denselben Gründen: die Debatte wird zur Farce, wenn die vorher festgelegten Meinungen zählen (in Abweichung von einem Teil[71] der Literatur[72]). Die Stimmabgabe durch Brief an den Präsidenten unterscheidet sich auch tiefgreifend vom Zirkulationsbeschluss, weil dieser nur bei von Anfang an bestehender Einstimmigkeit gültig zustandekommt.

c)   Protokoll

1492   Die Regelungen für die Zirkulationsbeschlüsse und das Protokoll sind unverändert. Das Protokoll des Verwaltungsrates ist nicht ein Beschlussprotokoll; es hat nach dem Gesetz eine Niederschrift auch über die «*Verhandlungen*» zu bieten[73]. Unnötig ist die wörtliche oder auch zusammenfassende Wiedergabe jedes einzelnen Votums, erforderlich dagegen eine Niederschrift, die die wesentlichen in der Debatte zum Ausdruck gekommenen Gesichtspunkte zusammenfasst. Entscheidend ist, dass sich die «Verhandlungen», das Zustandekommen des Beschlusses aus der Meinungsbildung, in groben Zügen nachvollziehen lassen[74]. Stets erforderlich für ein inhaltlich korrektes Protokoll ist die Wiedergabe der gestellten Anträge, wenn auch nur sinngemäss, und der wörtlich zu Protokoll gegebenen Erklärungen einzelner Verwaltungsratsmitglieder. Wichtig ist bei jedem Beschluss die Wiedergabe des genauen Abstimmungsergebnisses bzw. der Einstimmigkeit.

1493   Das Gesetz enthält keine besonderen Schutzvorschriften für die *Geheimhaltung des Protokolls*. Gibt das Protokoll Eingeständnisse von Schwächen, Unzulänglichkeiten oder wüsten Hader wieder, so kann die Herausgabe der Niederschrift der Gesellschaft nachhaltig schaden. Das Protokoll gehört daher zu jenen Interna, bei denen das Geheimhaltungsinteresse der Gesellschaft gegenüber einem Herausgabe- oder Auskunftsanspruch besonders stark ins Gewicht fällt. Das Protokoll fällt ohnehin nicht unter die «Geschäftsbücher, Geschäftskorrespondenzen und Buchungsbelege» des Art. 963 OR, für die die Gesellschaft bei Streitigkeiten editionspflichtig ist[75]. Es hat eine ganz andere Funktion; es hält nicht die Vorgänge der aktiven Leistungserstellung und ihre finanziellen Auswirkungen fest, sondern das Zustandekommen der Willensentscheide innerhalb des Leitungsorgans.

d)   Einsicht, Einberufung

1494   Unverändert ist das Recht jedes Verwaltungsrates, ins Protokoll jederzeit Einsicht zu nehmen oder unter Angabe der Gründe vom Präsidenten die *Einberufung* einer Sit-

---

[71]   Für Zulässigkeit *F. Wolfhart Bürgi* (1969) Art. 708 N. 41, Art. 716 N. 9; *Adrian Plüss* (1990) 85; offengelassen in BGE 71 II 280.
[72]   Der *Stichentscheid* des Vorsitzenden – eine Spielart des Mehrfachstimmrechts für einen Sonderfall – gilt dagegen nach neuem Aktienrecht von Gesetzes wegen und dispositiv, auch ohne Verankerung in den Statuten, gemäss Art. 713 Abs. 1 Satz 2 OR 1991, im Gegensatz zur Rechtslage bei Generalversammlungsbeschlüssen.
[73]   Dies im Gegensatz zum Protokoll der *Generalversammlung*, das gemäss Art. 702 Abs. 2 Ziff. 2 OR 1991 nach wie vor grundsätzlich ein reines Beschlussprotokoll ist. Vgl. für die ergänzenden Angaben im Generalversammlungsprotokoll die Ausführungen zu Art. 702 vorn Kapitel 9/I/C/4, Rz 1318 ff.
[74]   Ebenso *F. Wolfhart Bürgi* (1969) Art. 715 N. 10.
[75]   Also auch dann nicht, wenn der Ansprecher «ein schutzwürdiges Interesse» nachweist und der Richter diese Unterlagen für den Beweis als notwendig erachtet.

zung zu verlangen. Dabei ist jetzt klargestellt, dass dies nicht unbedingt schriftlich geschehen muss, die Einberufung andererseits aber «unverzüglich» zu geschehen hat[76].

e)   Führung des Aktienbuches

Hat die Gesellschaft Namenaktien auszugeben, so ist der Verwaltungsrat trotz dem Schweigen des Gesetzes zuständig für die Führung des Aktienbuches im Sinne von Art. 686 OR 1991. Dies war immer schon unbestritten[77]. Die Aufgabe ist delegierbar, doch verbleibt die Verantwortung stets beim Verwaltungsrat[78]. Nicht zulässig ist eine Statutenbestimmung oder ein Verwaltungsratsbeschluss (z.B. im Rahmen des Organisationsreglementes), der die Aufgabe einem anderen Organ, sei es der Revisionsstelle oder gar der Generalversammlung, zuweist[79]. Die Revisionsstelle darf nicht selbst in die laufende Besorgung von administrativen Angelegenheiten der Gesellschaft einbezogen werden; solche Aufgaben sind unvereinbar mit ihrem Auftrag zu unabhängiger und damit auch unbefangener Prüfung[80]. Die Versammlung der Aktionäre, als nur sporadisch einberufenes Willensbildungsorgan, ist ihrerseits nicht in der Lage, administrative Aufgaben zu übernehmen.

1495

2.   Die Neuerungen hinsichtlich der Informationsrechte des einzelnen Verwaltungsratsmitgliedes

Die Frage der *Information* des einzelnen Verwaltungsrates ist und bleibt ein Hauptproblem des Aktienrechts. Nirgendwo sonst im Aktienrecht besteht ein derartiges rechtliches Spannungsverhältnis wie im Widerspruch zwischen der unbegrenzten und solidarischen Haftung des Verwaltungsratsmitgliedes einerseits und seinem begrenzten Zugang zu den Informationen anderseits.

1496

Nach OR 1936 hatte das einzelne Verwaltungsratsmitglied kein Recht, *ausserhalb der Sitzung* von den mit der Geschäftsführung betrauten Personen Auskünfte zu verlangen; und Einblick in die Bücher und Akten erhielt es nur, wenn die Mehrheit es so beschloss[81]. Handlungsbedarf bestand umso mehr, als das neue Aktienrecht insbesondere die Finanz- und Organisationsverantwortung des Verwaltungsrates noch stärker herausarbeitet. Die Erfüllung dieser Pflicht ist unpraktikabel, wenn selbst in ausserordentlichen Situationen das einzelne Verwaltungsratsmitglied ausserhalb der Sitzungstage zu den Informationen der Gesellschaft keinen direkten Zugang hat und in den Sitzungen seine Informationsquelle auf jene Personen beschränkt sieht, um deren Beaufsichtigung es gerade geht.

1497

Zu Recht hat der Ständerat die Ansätze des Entwurfs von 1983 erweitert und diesem entscheidenden Thema einen eigenen Artikel (Art. 715a OR 1991) gewidmet[82].

1498

---

[76]   Art. 715 OR 1991 im Vergleich mit Art. 713 Abs. 2 OR 1936.
[77]   BGE 76 II 68; *F. Wolfhart Bürgi* (1957) Art. 685 N. 1; *Ulrich Benz* (1981) 23/25.
[78]   *Karl Spiro* (1958/59) 6 ff.
[79]   A.M. *Ulrich Benz* (1981) 24.
[80]   Art. 727c Abs. 1 OR 1991.
[81]   Vgl. *Frank Vischer* (1978) 81; *Adrian Plüss* (1990) 50, mit Hinweisen.
[82]   Amtl. Bull. StR (1988) 514.

a) Der gewährleistete Anspruch auf Information

1499 Das Gesetz bringt nun eine Hauptregel, die im bisherigen Recht schmerzlich gefehlt hat[83]: Jedes Verwaltungsratsmitglied hat Anspruch auf *Auskunft über alle Angelegenheiten* der Gesellschaft.

1500 Früher hätte man so etwas praktisch einhellig als unrealistisch bezeichnet. Denn sitzen im Verwaltungsrat einmal Minderheitsvertreter, Angehörige einer oppositionellen Aktionärsgruppe oder sonst aufmüpfische Individuen, so ist das Interesse des Vorsitzenden, diese Personen von bestimmten Informationen fernzuhalten, verständlich. Dieses Interesse stösst nun aber unversöhnlich zusammen mit der rechtlichen Konzeption des Schweizer Verwaltungsrates, der – teilweise im Gegensatz zu den Rechtsverhältnissen in Deutschland – in allen Angelegenheiten der Gesellschaft zu Sorgfalt verpflichtet ist und schon bei leichtem Verschulden persönlich zur Verantwortung gezogen werden kann. Denn es gilt die eherne Regel: nur ein informierter Verwaltungsrat kann verantwortlich handeln.

1501 Das neue Recht sagt nicht nur, wer auskunftsberechtigt ist – das einzelne Mitglied –, sondern auch, *wer* die Auskunft zu erteilen hat: alle Mitglieder des Verwaltungsrates und die mit der Geschäftsführung betrauten Personen[84]. Aus dem Gesamtzusammenhang ergibt sich, dass es der Präsident des Verwaltungsrates in erster Linie sein muss; die für die Sachfragen zuständigen, mit der Geschäftsführung betrauten Personen sind es in zweiter Linie und die anderen Mitglieder des Verwaltungsrates in dritter. Der Verwaltungsrat hat es im übrigen in der Hand, im *Organisationsreglement*[85] die spontane Berichterstattung – nicht jene eben, die durch ein spezifisches Auskunftsverlangen des Mitgliedes ausgelöst wird – der mit der Geschäftsführung betrauten Personen zweckmässig zu regeln.

b) Information innerhalb der Sitzung

1502 In den *Sitzungen* ist das Informationsrecht nicht beschränkt. Die mit der Geschäftsführung betrauten Personen sind *uneingeschränkt* zur Auskunft verpflichtet. Sie sind aber auch, obwohl das Wort «Auskunft» in Art. 716b Abs. 2 OR 1991 dies nur unzureichend ausdrückt, nicht nur zur Antwort auf Fragen verpflichtet, sondern spontan berichterstattungspflichtig[86]. Sie können sich nicht darauf berufen, sie seien nicht gefragt worden. Es liegt am Verwaltungsrat, die Einzelheiten zu regeln[87].

c) Information ausserhalb der Sitzungen

1503 Neu sind die Regelungen für den Zugang zu den Informationen in der oft einen oder mehrere Monate dauernden *Zeitspanne zwischen den Sitzungen*. Es versteht sich, dass

---

[83] Auch im *Entwurf 1983* war sie noch nicht zu finden.
[84] Art. 715a Abs. 2 OR 1991.
[85] Art. 716b OR 1991.
[86] Das würde dann mit dem Europäischen Gesellschaftsrecht übereinstimmen, vgl. *Vorschlag SE 1991*, Art. 64; etwas einschränkend der *Vorschlag EG-Strukturrichtlinie 1991*, Art. 11 Abs. 4.
[87] Dies ergibt sich aus dem Prinzip der Selbstkonstituierung und der Organisationsverantwortung (Art. 716a Abs. 1 Ziff. 2), die auch die eigene Sphäre umfasst. Vgl. ferner Art. 715a Abs. 6 und Art. 716a Abs. 2 Satz 2 OR 1991.

es zunächst wiederum in die Organisationsbefugnis des Verwaltungsrates fällt, die näheren Vorkehren zu treffen, insbesondere auch für die Dokumentation zur Vorbereitung der Verwaltungsratssitzungen und die Berichterstattung über wesentliche Ereignisse in der Zwischenzeit[88].

Abgesehen davon gibt nun aber das Gesetz jedem Mitglied das Recht, auch ausserhalb der Sitzungen und ohne Ermächtigung des Präsidenten von den mit der Geschäftsführung betrauten Personen direkt Auskunft über den *Geschäftsgang* zu verlangen. Es ist erstaunlich, dass dies überhaupt ins Gesetz hineingeschrieben werden musste – aber nach OR 1936 hatte das Verwaltungsratsmitglied dieses Recht in der Tat nicht. 1504

Begehrt allerdings ein Mitglied Auskunft nicht nur über den Geschäftsgang, sondern *über ein einzelnes Geschäft* von einem Mitglied der Geschäftsführung, so braucht es dazu nach wie vor die Ermächtigung des Präsidenten. Diese von der Arbeitsgruppe von Greyerz ausgeheckte Vorschrift[89] will in erster Linie den «Dienstweg» festhalten: der Präsident soll von dem Vorgang Kenntnis haben und ihn in Bahnen leiten können. Dagegen liegt es nicht im rechtlich ungebundenen Ermessen des Präsidenten, ein solches spezifisches Auskunftsbegehren einfach abzuweisen. Gemäss Abs. 1 hat jedes Mitglied Anspruch auf Auskunft über *alle* Angelegenheiten der Gesellschaft. Daher kann die Auskunft nur dann und nur insoweit verweigert werden, als im Einzelfall überwiegende Interessen der Gesellschaft der Informierung entgegenstehen. Eine Verweigerung der Information darf in keinem Fall dem Verwaltungsrat die Erfüllung seiner Sorgfaltspflicht in unzumutbarer Weise erschweren[90]. 1505

d)   *Einblick ins Rechnungswesen und in die Akten*

Gesetzlich noch stärker eingeschränkt ist – wie schon im bisherigen Recht[91] – der Einblick des einzelnen Verwaltungsrates *in die Bücher* (Unterlagen des Rechnungswesens) und *in die Akten* der Gesellschaft. Dieses Recht geht nur so weit, als es für die Erfüllung einer dem Mitglied des Verwaltungsrates zustehenden Aufgabe erforderlich ist[92]. Dies bedeutet, dass das informationsbegierige Mitglied des Verwaltungsrates angeben muss, für welche Zwecke es Einblick wünscht, und mindestens plausibel machen muss, inwiefern die Information für die Aufgabenerfüllung nötig ist. In diesem kleinen Prozedere entscheidet der Präsident. Nicht zu den hier gemeinten Büchern und Akten gehört das Aktienbuch; jedes Mitglied des Verwaltungsrates hat auf Begehren das Recht auf Einsicht in dieses Verzeichnis, für das es die Verantwortung mitträgt, auch wenn die Registerführung delegiert ist[93]. 1506

e)   *Endgültiger Entscheid des Gesamtverwaltungsrates*

Weist der Präsident ein *Gesuch um Auskunft* über ein einzelnes Geschäft ausserhalb der Sitzungen oder zu irgend einem Zeitpunkt ein Gesuch um Einblick in die Rech- 1507

---

[88]   Dies ergibt sich aus dem Zusammenspiel von Art. 715a Abs. 6 mit Art. 716a Abs. 1 Ziff. 2 und Art. 716b Abs. 2 Satz 1 OR 1991.
[89]   Vgl. *Botschaft 1983*, 176/77, Ziff. 332.2.
[90]   Äusserst knapp für diesen wichtigen Gegenstand *Botschaft 1983*, 98, Ziff. 215.3.
[91]   Art. 713 Abs. 1 Satz 2 OR 1936.
[92]   Art. 715a Abs. 4 OR 1991. Zum Einblick in die Veränderungsbilanz der stillen Reserven Rz 1153 Anm. 35.
[93]   *Karl Spiro* (1958/59) 18 ff.; *Ulrich Benz* (1981) 45; *Andreas Binder* (1988) 146.

nungs- oder Geschäftsakten ab, so entscheidet der Gesamtverwaltungsrat mit Mehrheitsbeschluss endgültig. Gegen diesen Entscheid gibt es keinen Instanzenzug. Die Generalversammlung kann den Entscheid, der in den autonomen Bereich des Verwaltungsrates als Leitungsorgan fällt, nicht als «oberstes Organ» umwerfen, wohl aber mit Missbilligung zur Kenntnis nehmen oder die Mehrheit der Verwaltungsräte abberufen. Der abgewiesene Einzelverwaltungsrat ist auf wenige Behelfe eingeschränkt, so die Protesterklärung zu Protokoll oder vielleicht die Beantragung einer Sonderprüfung in der nächsten Generalversammlung.

3. Entschädigung des Verwaltungsrates

1508 Was sollen Verwaltungsräte verdienen? Der Gesetzgeber hat dieses heisse Eisen nicht aus der Esse gezogen; nur formal ist die Frage angesprochen. Es bleibt bei der Zweiteilung der Leistungen der Gesellschaft an Mitglieder des Verwaltungsrates.

a) Tantiemen oder Entgelt

1509 Aus dem Bilanzgewinn (früher «Reingewinn») dürfen Leistungen an die Mitglieder des Verwaltungsrates nur unter den qualifizierten rechtlichen Voraussetzungen der *Tantieme* bezahlt werden. Es handelt sich um eine echte Gewinnverwendung, die von der Generalversammlung in ihrem unergründlichen Ratschluss beschlossen oder nicht beschlossen wird. Notwendige Grundlage sind eine Statutenbestimmung und die Vorwegausschüttung einer «Sockeldividende» von jetzt 5% an die Aktionäre. Andernfalls handelt es sich um eine ungerechtfertigte Gewinnentnahme[94].

1510 Viel verbreiteter ist heute die sog. *feste Entschädigung*. Wenn eine hinreichende Grundlage für ein *Schuldverhältnis* besteht, dürfen Leistungen an Verwaltungsräte als Aufwand zulasten der Erfolgsrechnung ausgerichtet werden. Rechtsgrundlage ist entweder eine Statutenbestimmung, die die Bemessung und Ausrichtung einer Entschädigung der Generalversammlung oder dem Verwaltungsrat zuweist, oder ein Arbeitsvertrag oder Auftrag der Gesellschaft.

b) Die Bemessung

1511 Während die – heute immer seltener anzutreffende – echte Tantieme als Beteiligung am Gewinn konzipiert ist, bemisst sich die Entschädigung in erster Linie nach der effektiv vom einzelnen Verwaltungsrat übernommenen Leistung. Vier Elemente sind bestimmend:

(1) die persönliche *Leistung* (Arbeit innerhalb und ausserhalb der Sitzungen; Zeitaufwand; geistiger Input);

(2) die *Stellung* innerhalb des Verwaltungsrates (Präsident, Vizepräsident, Delegierter, Ausschussmitglied, Sonderaufgaben);

(3) die Tragung einer summenmässig unbeschränkten persönlichen und solidarischen *Haftung*, und die Verknüpfung des eigenen Rufs mit dem der Gesellschaft;

---

[94] Kapitel 9/IV/A, Rz 1411 ff.

(4) die *Opportunitätskosten*[95], darin eingeschlossen die Erfüllung der Treuepflicht, der Verzicht auf konkurrenzierende Tätigkeit.

Mit *Opportunitätskosten*, als Begriff noch im Grossen Brockhaus von 1971 nicht verzeichnet, bezeichnet man den entgangenen Nutzen, der anderweitig erzielbar gewesen wäre, hätte die betreffende Person nicht diese Aufgabe übernommen. Die Opportunitätskosten eines Verwaltungsratsmandats sind sehr individuell und ungleich hoch, je nach der Marktstellung der Person und ihrem Erwerbspotential. Bei Tante Hermine und Onkel Otto, deren Marktstellung inexistent und deren Verwaltungsratssitz Ausfluss familiärer Ausgleichspolitik ist, betragen die Opportunitätskosten genau Null. 1512

Andererseits ist es nicht nur üblich, sondern wirtschaftlich sinnvoll, bei der Bemessung auch die *wirtschaftliche Lage der Gesellschaft* zu berücksichtigen. Die Entschädigung zulasten der Erfolgsrechnung kann teilweise oder sogar überwiegend dem Verlauf des wirtschaftlichen Erfolgs der Gesellschaft angepasst werden[96]. Dadurch allein wird die Entschädigung nicht zur Tantieme. 1513

4. Nichtige Verwaltungsratsbeschlüsse

Der Ständerat hat in den freigewordenen Raum des früheren Art. 714 eine «Menetekel»-Vorschrift eingefügt[97]. Diese hält grundsätzlich fest, was der *bisherigen Regelung* entspricht: während die Aktionäre einen Beschluss des Verwaltungsrates, anders als einen Generalversammlungsbeschluss, nicht innerhalb von zwei Monaten beim Richter anfechten können, kann ein Verwaltungsratsbeschluss nichtig und damit Gegenstand einer auf ein Nichtigkeitserkenntnis abzielenden Feststellungsklage sein[98]. 1514

Allerdings ist die gesetzgeberische Idee nicht ganz aufgegangen: Mit der neuen Verweisung auf die *Nichtigkeitsgründe* für die Beschlüsse der Generalversammlung ist dem Gesetzesleser wenig gedient. Denn die in Art. 706b Ziff. 1 und 2 aufgeführten Beispiele nichtiger Generalversammlungsbeschlüsse sind gerade atypisch für den Bereich des Verwaltungsrates. Mehr gibt die Ziff. 3 her: Verwaltungsratsbeschlüsse, die die Grundstruktur der Aktiengesellschaft missachten oder die Bestimmungen zum Kapitalschutz verletzen, fallen der Nichtigkeitsfolge anheim[99]. Ein Verstoss gegen die aktienrechtliche Grundstruktur im Sinne des neuen Art. 706 liegt namentlich auch vor, wenn der Verwaltungsrat Befugnisse, die zum unentziehbaren und unübertragbaren Kernbereich des Art. 716a gehören, auf die Generalversammlung abschiebt oder auf Dritte überträgt oder sich in deren Bereich dem Willen solcher Aussenstehender unterwirft[100]. Unzulässig 1515

---

[95] Ein in diese Richtung weisender Begriff war das gute alte *«lucrum cessans» des Gemeinen Rechts*.
[96] Das Recht des Arbeitsvertrags kennt den *«Anteil des Arbeitnehmers am Geschäftsergebnis»* (Art. 322a OR). Es ist nicht einzusehen, warum dies nicht auch für die schuldrechtlich konzipierte «Entschädigung» des Verwaltungsrates gelten sollte.
[97] Insofern überholt: *Peter Nobel* (1991 C) 168. Das Parlament hat den *Entwurf 1983* (Art. 660) bloss abgeändert und die Vorschrift anderswo untergebracht, jetzt Art. 706b und Art. 714 OR 1991. *Amtl. Bull. StR* (1988) 514.
[98] Für die herrschende Lehre *Peter Nobel* (1991 C) 168/69; *Christoph von Greyerz* (1982) 196; *Carlo Jagmetti* (1958) passim.
[99] Vgl. Kapitel 12, Rz 1856 ff.
[100] Vgl. *Peter Nobel* (1991 C) 81.

ist es, wenn ein Verwaltungsrat – wie in dem umstrittenen Fall Leitplanken AG[101] – vertraglich einen Dritten in die gesellschaftsrechtlichen Abläufe einbezieht und einem Aktionär «*gleichstellt*»[102].

1516 Im Gesellschaftsrecht ist auf Nichtigkeit stets nur *im äussersten Fall* zu schliessen. Mit der Nichtigkeit opfert das Recht die Rechtssicherheit kompromisslos: ein im Gewande eines gültigen Beschlusses daherkommender körperschaftlicher Akt wird nachträglich als von Anfang an ungültig und gegenüber jedermann unwirksam erkannt, obgleich vielleicht in der Folgezeit zahlreiche weitere Entscheidungen auf dem Beschluss als Faktum aufgebaut haben. Gerade deshalb hat der Gesetzgeber die Generalversammlungsbeschlüsse nur während der kurzen Verwirkungsfrist von zwei Monaten einer Anfechtung unterstellt. Es ginge nun nicht an, wenn Verwaltungsratsbeschlüsse mangels Anfechtbarkeit dann umso mehr – und noch nach Jahren – für nichtig erklärt würden.

IV. Die neu strukturierten Hauptaufgaben des Verwaltungsrates

1517 In der ersten Hälfte der Aktienrechtsreform bis 1975 war der Verwaltungsrat als Exekutivorgan praktisch gar kein Thema[103]. Auch in der Vernehmlassung bei den Kantonsregierungen, Parteien und Verbänden tauchte der Verwaltungsrat – im Gegensatz zur Revisionsstelle – kaum als Problem auf. In zahlreichen parlamentarischen Vorstössen erschien das Stichwort ebenso wenig wie in der grossen Motion Muheim vom 11. Dezember 1978, die eine umfassendere Revision des Aktienrechts verlangte und zur Einsetzung der Arbeitsgruppe von Greyerz führte[104].

1518 Diese kam bald zum Schluss, dass auch die *Konzeption des Verwaltungsrates* dringend einer Überarbeitung bedurfte, insbesondere im Hinblick auf die Strukturierung der Aufgaben und die bessere Regelung der Delegation von Kompetenzen an die Geschäftsleitung. Das Parlament hat sich dem Entwurf von 1983 mit wenigen Retouchen angeschlossen.

---

[101] BGE 96 II 18.
[102] gleicher Meinung *Peter Nobel* (1991 C) 81.
[103] *Vorentwurf 1975*; *Botschaft 1983*, 30/31, Ziff. 143; vgl. aber *Mario Pedrazzini* (1978) 18 ff.; *Frank Vischer* (1978) 71 ff.
[104] *Botschaft 1983*, 38, Ziff. 153.

A. Kompetenzvermutung für den Verwaltungsrat

1. Die allgemein-subsidiäre Zuständigkeit und ihre Grenzen

Aus dem alten Gesetz ist die umfassende *Kompetenzvermutung* für den Verwaltungsrat übernommen[105]. Danach kann der Verwaltungsrat in allen Angelegenheiten Beschluss fassen, die nicht durch das Gesetz oder – und das ist jetzt im neuen Aktienrecht heikler geworden – die Statuten der Generalversammlung zugeteilt sind[106].

1519

2. Unentziehbare Zuständigkeit

Was wirklich neu ist[107], ist die Unmöglichkeit für die Generalversammlung, ohne Statutenänderung den Kompetenzbereich des Verwaltungsrates[108] rechtsgültig einzuschränken, vor allem aber die Klarstellung, dass es jetzt vollends unentziehbare Kompetenzen des Verwaltungsrates gibt[109]. Dies ist in der Praxis von erheblicher Bedeutung – vielleicht nicht so sehr in den Publikumsgesellschaften wie in den personenbezogenen Aktiengesellschaften. Diese zweite Neuerung ergibt sich aus der neuen Verbindung zwischen der allgemeinen Kompetenzvorschrift und der vom Ständerat hinzugefügten Klarstellung in Art. 716a, wonach die Statuten die dort genannten Hauptaufgaben dem Verwaltungsrat nicht wegnehmen können[110]. Es sind *absolut unentziehbare Kompetenzen*[111]. Eine klar gegen dieses Prinzip verstossende Statutenänderung – z.B. die Übertragung der Oberleitung oder der Organisationsverantwortung auf die Generalversammlung – würde nach der neugefassten Vorschrift von Art. 706b als Verstoss gegen die Grundstruktur der Aktiengesellschaft nichtig sein.

1520

3. Kompetenzvermutung zugunsten des Verwaltungsrates nur im Exekutivbereich

Irrig wäre umgekehrt die Vorstellung, die Generalversammlung könnte durch Statutenänderung dem Verwaltungsrat Befugnisse zuweisen, die *ihr selbst als oberstem*

1521

---

[105] Art. 721 Abs. 2 OR 1936.
[106] Redaktionell hat man die alten Ausdrücke «*übertragen oder vorbehalten sind*» ersetzt durch «*zugeteilt*». Es bestand das Bedenken, dass das Wort «übertragen» zur Verwirrung führt, weil es im zweiten Teil des Artikels und dann vor allem in Art. 716b als die deutschsprachige Wiedergabe des Begriffs «Delegation» verwendet wird. Bei diesem Zuordnungsentscheid von Gesetz oder Statuten handelt es sich eben gerade *nicht* um eine Delegation.
[107] Weggelassen ist die Formulierung «... oder anderen Gesellschaftsorganen», in der Meinung, dass jedenfalls die Kompetenzabgrenzung zum Organ der Revisionsstelle sich aus dem Gesetz so klar ergibt, dass ein Vorbehalt zur umfassenden Kompetenzvermutung des Verwaltungsrates unnötig ist.
[108] *F. Wolfhart Bürgi* (1969) Art. 721 N. 16 ff.; *Christoph von Greyerz* (1982) 198 spricht von einem «Kompetenzauffangbecken». So auch *Botschaft 1983*, 177 Ziff. 332.2.
[109] Art. 716a Abs. 1 OR 1991.
[110] Sie sind nicht nur «unübertragbar»; *Amtl. Bull. StR* (1988) 514.
[111] *Botschaft 1983*, 98, Ziff. 215.2.

Organ unentziehbar und unübertragbar zustehen. Dazu gehören einmal alle in Art. 698 genannten Beschlüsse. Statutenvorschriften oder ein nicht in Statutenform gegossener Generalversammlungsbeschluss, die solche Kompetenzen an den Verwaltungsrat delegieren, verstossen gegen die Grundstruktur der Aktiengesellschaft. Das wäre etwa der Fall, wenn eine Statutenbestimmung die Genehmigung der Konzernrechnung dem Verwaltungsrat zuteilen wollte[112].

1522 Im Einzelnen ist die *Abgrenzung* schwierig. Doch bietet die Frage danach, wer die Macht über die oberste Personenauswahl und die Eigenkapitalstruktur der Bilanz ausübt, und wer die Geschäftsführer auswählt sowie die Macht über die Exekutivbelange hat, bei Schweigen des Gesetzes eine brauchbare Leitlinie. Keine Kompetenznorm der Statuten ist in der Lage, den Beschluss über eine Kapitalherabsetzung oder die Nachwahl beim Austritt eines Verwaltungsrates dem Verwaltungsrat gültig zu übertragen; ungültig wäre nach neuem Aktienrecht auch eine Norm, die den Verwaltungsrat allgemein ermächtigte, Partizipationsscheine auszugeben oder zurückzurufen – es wäre denn in den gesetzlich festgelegten Formen des bedingten oder des genehmigten Kapitals. Aktienrechtswidrig wäre auch jede Statutenvorschrift, die in dem Bereich der Beschlüsse von Art. 698 OR die Zuständigkeit der Generalversammlung auf eine blosse *Genehmigung* von Verwaltungsratsbeschlüssen reduzieren würde.

4. Geschäftsführungskompetenz

1523 Nicht neu formuliert, aber etwas anders nüanciert ist die Bestimmung, dass der Verwaltungsrat die *Geschäfte führt*, soweit er die Geschäftsführung «nicht übertragen» (d.h. delegiert) hat[113].

1524 Diese Bestimmung ist das Herz des schweizerischen *monistischen* Systems und grenzt den Verwaltungsrat aufs schärfste vom deutschen *Aufsichtsrat* ab. Der Verwaltungsrat ist jedenfalls nach dem Grundkonzept Aufsichtsrat und Vorstand zugleich. Er kann aber – falls die Statuten ihn hierzu ermächtigen[114] – aufgrund eigener Entscheidung die Geschäftsführung an andere delegieren. Das Schweizer Aktienrecht kann daher dem monistischen System nur dann zugeordnet werden, wenn man im gleichen Atemzug hinzufügt, dass jede Gesellschaft im Rahmen ihrer Gestaltungsautonomie in der Lage ist, durch *Delegation* bestimmter Exekutivbefugnisse eine Ordnung zu verwirklichen, die vielen Grundgedanken des deutschen Trennmodelles nahekommt. Diese auch in der Botschaft 1983 eingehend angesprochenen Fragen[115] sind Gegenstand namentlich des nachfolgenden Exkurses (Abschnitt X) über den Vergleich mit dem EG-Recht[116].

---

[112] Art. 698 Abs. 2 Ziff. 3 OR 1991 («*unübertragbare*» Befugnis gemäss Ingress des Abs. 2).
[113] Art. 716 Abs. 2 OR 1991.
[114] Gemäss Art. 716b Abs. 1 OR 1991.
[115] *Botschaft 1983*, 96/97, Ziff. 215.11 und 12.
[116] Hiernach Abschnitt X, Rz 1726 ff.

B. Die unübertragbaren und unentziehbaren Hauptaufgaben des Verwaltungsrates

Schon das OR 1936 hatte in Art. 722 der «*Verwaltung*» (heute «Verwaltungsrat») nicht nur aufgetragen, die Geschäfte der Gesellschaft mit aller Sorgfalt zu leiten, sondern sieben Aufgaben ausdrücklich genannt. Es waren dies (i) die Vorbereitung und Ausführung der Beschlüsse der Generalversammlung, (ii) der Erlass der Reglemente und Weisungen für den Geschäftsbetrieb, (iii) die Überwachung der mit der Geschäftsführung Beauftragten im Hinblick auf die Beobachtung der Vorschriften, Gesetze, Statuten und allfälliger Reglemente; (iv) die Pflicht, sich über den Geschäftsgang regelmässig unterrichten zu lassen; (v) die Protokollführung, und schliesslich (vi) die Pflicht, dafür zu sorgen, dass die Bücher geführt, die Gewinn- und Verlustrechnung sowie die Bilanz nach gesetzlicher Vorschrift aufgestellt und (vii) der Kontrollstelle mit den nötigen ergänzenden Auskünften zur Prüfung unterbreitet wurden[117]. 1525

Zwar war an dieser Aufzählung vieles richtig und wichtig; sie war indessen lückenhaft. Sie unterliess es, heute als ausgesprochen zentral angesehene Verantwortungsbereiche des Spitzenorgans einer Aktiengesellschaft aufzuführen. Dies ist die Aufgabe von Art. 716a OR 1991[118]. 1526

1. Die Oberleitung *(Ziff. 1)*

a) Begriff

Was das Gesetz mit dem neuen Begriff der «*Oberleitung*[119]» stichwortartig ausdrücken will, ist eine Unterscheidung zwischen den vielen an sich ebenfalls wichtigen und verantwortungsvollen Tätigkeiten der Führung, die delegiert werden dürfen, und den Grundsatzentscheiden, die nicht delegierbar sind. Der Verwaltungsrat soll einerseits, im Gegensatz zum Tenor des OR 1936, nicht alles selber machen wollen. Aber jenes Amt, das wirklich den Kern seiner gesellschaftsrechtlichen Funktion ausmacht, soll er wirklich selbst wahrnehmen: die Oberleitung. 1527

Oberleitung ist 1528

(1) die Festlegung der *Ziele* und der *Unternehmenspolitik*, die Festlegung der *Prioritäten*;

(2) die Wahl der *Mittel*, um die Ziele zu erreichen;

(3) die dauernde Erhaltung des *Gleichgewichts zwischen Zielen und Mitteln* im Auf und Ab des Geschäftsganges; und

---

[117] Zum OR 1936 *Forstmoser/Meier-Hayoz* (1983) 178.
[118] *Amtl. Bull. NR* (1985) 1784 ff.; *StR* (1988) 514 ff.; *NR* (1990) 1388. Dabei hat das Parlament diese Hauptaufgaben nicht nur, wie vom Entwurf 1983 beantragt, als «unübertragbar» (d.h. nicht an andere delegierbar) bezeichnet, sondern gleichzeitig auch als «unentziehbar», wodurch vor allem eine statutarische oder eine auf einen Aktionärsbeschluss gestützte Kompetenzzuweisung in diesem Bereich an die Generalversammlung vorsorglich verunmöglicht ist.
[119] Erstmals in der Bankenverordnung vom 17. Mai 1972, SR 952.02; *Frank Vischer* (1978) 76.

(4) die grundsätzliche *Weisung* an die Geschäftsführung, *wie* sie die Ziele anzustreben und wie sie mit diesen Mitteln umzugehen hat[120].

1529 Das bedeutet auch und vor allem die Auswahl und die Abgrenzung der konkreten *Geschäftsfelder*, und dabei die Bestimmung dessen, was die Gesellschaft *nicht* tun soll. Zur Oberleitung gehört auch und vor allem die sofortige *Eingriffsbereitschaft* des Verwaltungsrates. Bei der Oberleitung wird man auch, sobald die Gesellschaft mehrere andere Gesellschaften «unter ihrer einheitlichen Leitung zusammenfasst» (Art. 663e), die *Konzernleitung* einordnen. Im Gesetz von 1991 fehlen aber dazu – und überhaupt zum materiellen Konzernrecht – nähere Regeln.

1530 Tatsächlich ist es insgesamt so, wie die Botschaft 1983 erläuternd festgehalten hat: die meisten weiteren jetzt im Gesetz einzeln aufgezählten Hauptaufgaben des Verwaltungsrates sind letztlich nichts anderes als eine Konkretisierung von Aufgaben der Oberleitung[121].

b) Weisungen

1531 Der Hinweis auf die *Erteilung der nötigen Weisungen* ist sinngemäss aus Art. 722 Abs. 2 Ziff. 2 OR 1936 entnommen; die Weisung ist eines der wichtigsten Führungsmittel, mit denen der Verwaltungsrat die Oberleitung wahrnimmt. Solche Weisungen können sowohl sich in protokollierten Verwaltungsratsbeschlüssen niederschlagen wie auch, im täglichen Leben der Gesellschaft, als mündliche oder schriftliche Anweisungen des Präsidenten, einer anderen weisungsbefugten Person oder des Ausschusses ergehen. Das Aktienrecht kann und soll nicht mehr Formalismus in die Gesellschaften hineintragen als absolut unerlässlich. Weisungen können im konkreten Fall sogar auch konkludent ergehen[122].

c) Der Präsident

1532 Obwohl im Gesetz nirgends ausgesprochen, kommt in diesem Kern aller Hauptaufgaben, der Oberleitung, eine natürliche Führungsaufgabe dem *Präsidenten* zu. Der Gesamtverwaltungsrat, als nur von Zeit zu Zeit zusammentretendes Beratungsgremium, ist auf Gedeih und Verderb von der Tüchtigkeit und Standfestigkeit seines Vorsitzenden abhängig. Dem Verwaltungsrat ist in Tat und Wahrheit echte Oberleitung nur im Zusammenwirken mit einem initiativen und verantwortungsbewussten Präsidenten möglich; die Wahl und äusserstenfalls die Abwahl des Präsidenten gehören daher zum Kern der Oberleitungsfunktion des Verwaltungsrates als Gesamtgremium.

---

[120] *Botschaft 1983*, 177/178, Ziff. 323.3.
[121] Vgl. *Thomas A. Biland* (1989) 121 ff. für die Phänomenologie aus der Sicht des Betriebswissenschafters.
[122] Die *Botschaft 1983*, 178, Ziff. 332.3 fügt hinzu, die Geschäftsleitung sei an solche Weisungen des Verwaltungsrates «*gebunden*». Dies versteht sich für dieses auf Delegation gegründete Organ rechtlich von selbst.

2. Die Organisationsverantwortung *(Ziff. 2)*

a) Organisationsreglement

Nebst der Festlegung von Zielen und Mitteln gehört untrennbar zur Oberleitung die zweite im Gesetz genannte Hauptaufgabe, die *Festlegung der Organisation*. Im alten Recht nicht angesprochen, ist diese Klarstellung wesentlich ergänzt durch den nachfolgenden Art. 716b OR 1991. Sie hat ihre Bedeutung – entgegen anderslautenden Meinungen – vor allem auch in mittleren und kleineren Aktiengesellschaften. Organisation im Sinne des Aktienrecht ist, stark vereinfacht gesagt, eine in sich konsequente Festlegung darüber, wer in vernetzten Entscheidungs- und Handlungsabläufen was tut, und wer wem unterstellt ist und Bericht erstattet[123]. In einer grossen Zahl von Unternehmenszusammenbrüchen erweist sich nachträglich, dass gerade in diesem Punkt Unklarheit herrschte, dass ein wesentlicher Keim für das Scheitern schon früh in einer unzweckmässigen oder überhaupt verworrenen Organisation gelegt war.

1533

Obgleich man auch mündlichen und konkludenten Organisationsentscheiden Raum lassen muss, bedarf der Grundstock der Organisation einer Festhaltung im *Verwaltungsratsprotokoll*. Ein eigentliches Organisationsreglement mit bestimmtem Mindestinhalt ist darüber hinaus gesetzlich vorgeschrieben[124], sobald der Verwaltungsrat aufgrund statutarischer Ermächtigung die Geschäftsführung ganz oder zum Teil delegiert, sei es an einen Delegierten aus der Mitte des Verwaltungsrates, sei es an einen Direktor oder eine Geschäftsleitung[125]. Das Organisationsreglement des neuen Rechts enthält auch Grundzüge dessen, was man früher «*Geschäftsordnung*» nannte; es ist dann auch der Ort, wo die Vertretungsbefugnis der einzelnen Verwaltungsratsmitglieder (Einzel- oder Kollektivzeichnungsberechtigung und «Verwaltungsrat ohne Unterschrift») sich regeln lässt[126].

1534

Aus dem Zusammenspiel von Art. 716 mit 716a ergibt sich umgekehrt die Möglichkeit der *Funktionseinheit*: dass in einer Gesellschaft, in der eine Delegation nicht oder nur in geringem Umfange vorgesehen ist, der Verwaltungsrat als Gremium oder als Einzelperson sowohl die Funktion der Oberleitung wie der Geschäftsführung im engeren Sinne gleichzeitig wahrnimmt. Dies trifft ganz besonders in kleinen und in Einpersonengesellschaften zu.

1535

b) Mindestinhalt des Organisationsreglementes

Der Inhalt der Organisationsentscheide richtet sich nach den unendlichen Verschiedenheiten der praktischen Tätigkeiten und Aufgaben. Immerhin ergibt sich aus dem Gesetz selbst, dass stets in der vom Verwaltungsrat zu beschliessenden Organisation die Zuständigkeiten für die Führung der Sachgeschäfte einerseits und für die Finanzen andererseits klar festgelegt sein müssen.

1536

Ist ein *Organisationsreglement* erforderlich, so ist dessen *Mindestinhalt* ausdrücklich vorgeschrieben unter der zusammenfassenden Anforderung: es «ordnet die Geschäftsführung». Das Organisationsreglement:

1537

---

[123] Hier setzt die Wissenschaft des Betriebswirtschafters ein.
[124] Art. 716b Abs. 1 und 2 OR 1991.
[125] Art. 716b Abs. 1 und 2 OR 1991.
[126] Art. 718 Abs. 1 Satz 2 OR 1991.

1538 (1) bestimmt die für die Geschäftsführung erforderlichen *Stellen*, schafft also ein innerlich konsequent geordnetes Schema von *Funktionen* in ihrer Unter- und Nebenordnung, in Einzelfunktionen und Gremien, für die Sachbereiche einerseits, den Finanzbereich anderseits;

1539 (2) umschreibt näher die *Aufgaben* dieser Stellen, wobei nicht an ein detailliertes Pflichtenheft gedacht ist, sondern an die klare Bestimmung, was von jeder Stelle in der Hauptsache zu leisten ist im Mosaik der arbeitsteiligen Geschäftsführung; und

1540 (3) schliesslich regelt es «insbesondere» die *Berichterstattung*[127]. «To whom do you report?», als Gestaltungsfrage, sollte eigentlich durch die Punkte 1 und 2 bestimmt sein. Daher geht es hier, in erkennbarer Anlehnung an das deutsche Aktienrecht[128], um die nähere Kennzeichnung der Pflicht zur spontanen und zur periodischen Berichterstattung der Geschäftsleitung an den Verwaltungsrat.

c) Berichterstattung insbesondere

1541 Das Organisationsreglement kann dabei die Geschäftsleitung etwa zur Berichterstattung über folgende Gegenstände verpflichten:

1542 (1) *ausserordentliche Ereignisse* von erheblichem Einfluss auf das Unternehmen. Ist die Gesellschaft die Leitungsgesellschaft eines Konzerns im Sinne von Art. 663e, so gehören dazu auch solche Ereignisse in Untergesellschaften;

1543 (2) *Geschäftspolitik* aus der Sicht der Geschäftsleitung, als Grundlage der Diskussion und der Entschlussfassung;

1544 (3) grössere *Investitionen* und *Desinvestitionen*, wobei das Reglement ohnedies für besonders wichtige Geschäfte die Genehmigung durch den Verwaltungsrat vorbehalten wird;

1545 (4) *Gang der Geschäfte* in der letzten Berichtsperiode (Umsatz und Ertragsentwicklung nach wichtigsten Geschäftsfeldern);

1546 (5) *Aussichten und Massnahmen* der Geschäftsleitung für die nähere Zukunft;

1547 (6) *finanzielle Lage* des Gesamtunternehmens: Mittelflussrechnung mit betrieblichem Cash-flow und Veränderung der Gesamtliquidität; Verhältnis von Fremd- zu Eigenkapital und andere Kennziffern mit vorrangiger Bedeutung für die Beurteilung der finanziellen Lage, so die Eigenkapitalrentabilität (ROE oder Return on Equity), die Umsatzrentabilität (ROS oder Return on Sales) und die Rentabilität des Betriebskapitals (RONA oder Return on Net Assets);

1548 (7) *Finanzplanung* und *-kontrolle* mindestens in den Grundzügen;

1549 (8) *Personalpolitik und -planung*.

1550 Der *zeitliche Rhythmus der Berichterstattung* sollte im Organisationsreglement mindestens sinngemäss zum Ausdruck kommen. Vieles versteht sich von selbst, anderes

---

[127] Das war nach dem *Entwurf 1983* in dessen Art. 714 angeordnet, *Botschaft 1983*, 176, Ziff. 332.2. Der Nationalrat hat jenen Vorschlag glatt gestrichen, *Amtl. Bull. NR* (1985) 1784.
[128] § 90 AktG.

ist im Rahmen der Gestaltungsautonomie von jeder Gesellschaft nach ihrer Façon zu regeln. Das Schweizer Recht kennt hier, im Unterschied zum deutschen, keine starren gesetzlichen Vorgaben[129].

d) Unzulässiger Genehmigungsvorbehalt der Generalversammlung

Die Generalversammlung kann sich nicht in den Statuten – oder gar in einem einfachen Beschluss – das Recht vorbehalten, das Organisationsreglement des Verwaltungsrates zu *genehmigen*[130]. Ein derartiger Vorbehalt ist unvereinbar mit Art. 716a Abs. 1 Ziff. 2, der unentziehbaren Kompetenz des Exekutivorgans, die Organisation zu bestimmen[131]. Jede substantielle Einmischung in die Organisation verletzt die unentziehbare Hauptaufgabe des Verwaltungsrates; sie verstiesse auch gegen den Grundsatz der eindeutigen Zuordnung der Verantwortlichkeiten in der Aktiengesellschaft.

1551

e) Schriftliche Orientierung von Aktionären und Gläubigern

Die Arbeitsgruppe von Greyerz[132] hatte im Überschwang des Reformeifers die Hinterlegung des Organisationsreglementes beim *Handelsregister* vorschreiben wollen. Der Gedanke dahinter war, dass die Organisation bzw. deren Grundzüge eine mindestens so wichtige Sache waren wie die zahlreichen anderen Informationen, für die das Gesetz den Weg zum Handelsregister obligatorisch macht. Allein, dieser Vorschlag des Entwurfs 1983 ging dem Parlament zu weit. Nur ein Schwundrest der ursprünglich vorgesehenen Transparenz steht jetzt im Gesetz: Der Verwaltungsrat muss sich bereit halten, die Aktionäre[133], die eine entsprechende «Anfrage» stellen, *schriftlich über die Organisation der Geschäftsführung zu orientieren*[134]. Auch Gläubiger, die ein schutzwürdiges Interesse glaubhaft machen, können diese Information anbegehren[135].

1552

Soll es nicht zu peinlichen Widersprüchen kommen, ist jeder Verwaltungsrat gut beraten, der den Text dieser schriftlich abzugebenden Orientierung gleich zusammen mit dem Beschluss über das Organisationsreglement festlegt. Im Gegensatz zum ordentlichen «Kontrollrecht» des Aktionärs, dem Anspruch auf «*Auskunft und Einsicht*» gemäss Art. 697, kann ein Aktionär (oder Gläubiger) diese Anfrage gültig auch ausserhalb der Generalversammlung stellen; ein Abwarten mit der Antwort bis zur nächsten ordentlichen Generalversammlung ist nicht statthaft.

1553

f) Anpassung der Organisation

Zur Organisationsverantwortung gehört die Pflicht des Verwaltungsrates, für eine ständige Anpassung der bestehenden Grundorganisation an *veränderte Verhältnisse* zu sorgen. Gar nicht so selten wird dies versäumt. Das Organisationsreglement, das ja auch

1554

---

[129] Vgl. § 90 Abs. 2 AktG.
[130] A.A. *Peter Nobel* (1991) 165.
[131] Eindeutig so auch Art. 716b Abs. 1 und 2 OR 1991.
[132] *Botschaft 1983*, 180 f., Ziff. 332.3; *Entwurf 1983*, Art. 716b Abs. 2 Satz 2.
[133] Der Relativsatz «..., die ein schutzwürdiges Interesse glaubhaft machen», kann sich nur auf die Gläubiger beziehen. Das Interesse einer beteiligten Person ist immer schutzwürdig, unter dem Vorbehalt einzig des offenbaren Rechtsmissbrauchs.
[134] Dieser Gedanke tauchte erstmals im Nationalrat auf, bei der Beratung des Art. 752, *Amtl. Bull. NR* (1985) 1788.
[135] Art. 716b Abs. 2 Satz 2 OR 1991.

inhaltlich eine eigentliche Geschäftsordnung enthält, ist manchmal schon nach einem Jahr in wichtigen Punkten überholt. Die Eingliederung oder auch die Veräusserung eines Teilunternehmens, die Herausentwicklung einer Konzernstruktur, die Aufnahme der Tätigkeit in neuen Geschäftsfeldern, die Änderung der finanziellen Gesamtbedingungen, all dies ruft nach einer Anpassung der Organisation durch den Verwaltungsrat.

3. Die Finanzverantwortung[136] *(Ziff. 3)*

1555 Mit der Verantwortung für Oberleitung und Organisation aufs engste verknüpft ist die vom Gesetz jetzt viel umfassender als im OR 1936[137] geregelte *Finanzverantwortung*. Die Aufzählung des Gesetzes, die das Parlament praktisch unverändert aus dem Entwurf von 1983 übernommen hat[138], entspricht dem sonst extrem knappen Stil des Gesetzes nicht ganz. In der Arbeitsgruppe von Greyerz herrschte aber der Gedanke vor, dass es sich hier um eine derartig wichtige Materie handelt, dass Hinweise auf das, was konkret zu tun sei, als sinnvoll, ja dringlich erschienen. Die Erfahrungen des letzten Jahrzehnts haben das bestätigt.

1556 Die Finanzverantwortung des Verwaltungsrates[139] bedeutet, dass er im Auf und Ab des Geschäftsganges, sowohl in der Expansion wie im taktischen Rückzug, sowohl bei sprudelndem Cash-flow wie beim Eintreffen von Verlustnachrichten, sich um das *finanzielle Gleichgewicht des Unternehmens* zu kümmern hat. Gewiss muss er das nicht unbedingt höchstpersönlich tun, aber er steht dafür ein, dass diese Funktion wahrgenommen wird. Dazu braucht der Verwaltungsrat systematische und zeitnahe Informationen, und er muss die Finanzvorgänge überwachen und planen.

Die drei Aspekte sind in der neuen Ziffer 3 des Gesetzes ausdrücklich genannt, wobei es stets um die *Ausgestaltung* geht:

a) Rechnungswesen

1557 Schon im OR 1881 war die Verantwortung des Verwaltungsrates für Bilanz und «Betriebsrechnung» an die Spitze gestellt[140]. Der Verwaltungsrat ist heute verantwortlich für die *Ordnungsmässigkeit* der Rechnungslegung und für die zweckmässige Organisation des Rechnungswesens insgesamt, je nach den Bedürfnissen des Unternehmens.

1558 Der Verwaltungsrat hat dafür zu sorgen, dass überhaupt eine Buchhaltung eingerichtet und vollständig, folgerichtig, genau und zeitnah nachgeführt wird. Er muss das Rechnungswesen als eigentliche *finanzielle Standortbestimmung* des Unternehmens verstehen, es so gestalten, dass die Geschäftsleitung und er selbst die für die Führung nötigen Schlüsse ziehen, aus den intellektuellen Schlüssen rechtzeitig die Brücke zur Tat schlagen können. Wie der Bundesrat 1983 zutreffend bemerkt hat, soll der Verwaltungsrat damit ein eigentliches «*Führungsmittel*»[141] aus dem Rechnungswesen machen. Das

---
[136] *André Zünd* (1989) 241 ff.
[137] Art. 722 Abs. 3 OR 1936.
[138] Praktisch wurden nur die Worte umgestellt und bei der Finanzplanung ein Vorbehalt eingebaut, vgl. Art. 716a Abs. 1 Ziff. 3 E 1983, dazu *Botschaft 1983*, 178, Ziff. 332.3.
[139] Vgl. *André Zünd* (1989) 243 ff.; *Rudolf Volkart* (1991) 192 ff.
[140] Art. 655 und 656 OR 1881.
[141] *Botschaft 1983*, 178, Ziff. 332.3.

verlangt gebieterisch nach einer zeitnah geführten Rechnung und einem entsprechenden, dynamisch verstandenen Umgang mit den Zahlenwerken.

Nimmt eine Gesellschaft die «einheitliche Leitung» einer Unternehmensgruppe[142] wahr, so obliegt dem Verwaltungsrat auch die Ausgestaltung der *konsolidierten Rechnungslegung*, darin eingeschlossen die Sorge für zweckmässige Weisungen an die Untergesellschaften. 1559

b)   Finanzkontrolle

Mit dem wohl allzu knappen einzigen Stichwort *«Finanzkontrolle»*[143] ist im Aktienrecht – in Abweichung von engeren finanzwissenschaftlichen Sinngebungen und auch zur Botschaft 1983[144] – ein Doppeltes gemeint: 1560

(1) *tätig in der Echtzeit und gesamtheitlich*: die «Kontrolle der Finanzen» als Ausfluss des Finanzmanagement, als Überwachung und Erhaltung des finanziellen Gleichgewichts, das Wachen insbesondere über die Liquidität[145], was fast immer mit der Aufstellung und zeitgerechten Nachführung einer Geldfluss- oder Mittelflussrechnung einhergeht[146], und 1561

(2) *nachprüfend und ereignisbezogen*: die «interne Kontrolle» als Nachvollzug, kritische Verfolgung und Nachprüfung der finanziellen Abläufe im Unternehmen. 1562

Zwar hat der Verwaltungsrat nicht die Aufgabe, dies unbedingt selbst zu tun, wohl aber die Pflicht, für eine *zweckmässige Ausgestaltung* zu sorgen. Die interne Finanzkontrolle ist entsprechend der Grösse und der Art des Unternehmens auszugestalten. Das voll ausgebaute interne Revisorat[147] einer Grossbank, das eine eigene hierarchische Struktur hat und direkt dem Präsidenten des Verwaltungsrates Bericht erstattet, ist das äusserste Idealbild. Dieses muss keineswegs für Unternehmen der Industrie, des Handels und der Dienstleistung allgemein verbindlich sein. In einfacheren Verhältnissen lassen sich die Erhaltung des finanziellen Gleichgewichts und die ereignisbezogene interne Finanzkontrolle auch viel einfacher, schlanker und auch informeller bewerkstelligen. Dafür kommt nicht zuletzt der Verwaltungsratspräsident selbst oder ein zahlengewandtes Mitglied des Verwaltungsrates in Frage, abgestützt eventuell durch Sonderaufträge im Bereich der Nachprüfung von Ereignissen an die Revisionsstelle. Entscheidend ist, dass die Funktionen als solche wahrgenommen werden, nicht ob dies auf die eine oder andere Weise geschieht. 1563

c)   Finanzplanung

Wie der Bundesrat 1983 festgestellt hat, geht *Finanzplanung* weiter als Budgetierung[148]; Budgets sind aber in fast allen Fällen Voraussetzung für die Finanzplanung. Der Ver- 1564

---

[142] Art. 663e Abs. 1 in Verbindung mit Art. 662 Abs. 1 OR 1991.
[143] Dazu *Max Boemle* (1991) 92 ff.
[144] Die *Botschaft 1983*, 178, Ziff. 332.3, scheint unter Finanzkontrolle nur die vorgangbezogene «interne Kontrolle» zu verstehen.
[145] Dazu *Jean-Paul Thommen* (1991) 415 ff.
[146] Vgl. vorn Kapitel 6/II/G, Rz 1003.
[147] Vgl. *André Zünd* (1982) 379 ff.; *Max Watter* (1988) 191 ff.
[148] *Botschaft 1983*, 178, Ziff. 332.3

waltungsrat ist zu einer vorausschauenden Abschätzung der auf das Unternehmen zukommenden Mittelschöpfungen und Mittelverwendungen[149] und damit vor allem zur Ausgestaltung der *Liquiditätsplanung* verpflichtet[150]. Dies ist eine Kernverantwortung des Spitzenorgans in jedem wirtschaftlich tätigen Unternehmen überhaupt. Dies gilt auch für kleinere Unternehmen – funktional spielt die grössere oder kleinere Anzahl von Nullen keine Rolle[151]. Der hasenfüssige Zusatz des Parlamentes, Finanzplanung sei nur zu betreiben, «sofern diese für die Führung der Gesellschaft notwendig ist», setzt ein falsches Signal – eine Finanzplanung kann auch sehr einfach und dennoch zweckmässig sein, ist aber nur in den seltensten Fällen entbehrlich. Wiederum ist klarzustellen, dass der Verwaltungsrat nicht selber als Gremium die Finanzplanung zu betreiben hat – er hat für die Finanzplanung zu sorgen, sich darüber orientiert zu halten und vor allem im Rahmen seiner Oberleitung zeitgerecht die nötigen Schlüsse zu ziehen.

4. Die Wahl der Geschäftsleitung *(Ziff. 4)*

1565 Nur in kleinsten Verhältnissen kann ein *einziger Verwaltungsrat* alle Aufgaben selber wahrnehmen oder, was heute fast nie mehr vorkommt, ein kleiner Verwaltungsrat zu dritt oder zu fünft wirklich gemeinsam und direkt die Geschäfte führen. Daher kommt es fast immer zur *Wahl* von mit der Geschäftsführung zu betrauenden Personen[152]. Nebst der Oberleitung – der die Organisation- und Finanzverantwortung letztlich unterzuordnen sind – ist dies die zweite Kernaufgabe des Verwaltungsrates. In diesem Punkt entscheidet er weitestgehend über Erfolg und Nichterfolg des Unternehmens, und zwar nicht nur durch den Wahlentscheid, sondern auch durch den späteren Entscheid, ob ein Beauftragter vorzeitig abzuberufen sei. Gerade dieser Entscheid ist wiederum nur möglich, wenn der Verwaltungsrat der Verpflichtung, sich informiert zu halten, und der im Gesetz nicht erwähnten, aber klar vorausgesetzten *Begleitfunktion* nachkommt: Der Verwaltungsrat muss die Tätigkeit der von ihm Beauftragten begleiten.

1566 Unübertragbar ist nur die Wahl der obersten, dem Verwaltungsrat direkt unterstehenden Mitglieder der *Geschäftsleitung*. Der Verwaltungsrat kann im Rahmen der Delegationsordnung von Art. 716b die Ernennung und Abberufung der nächstunteren Ebene der Geschäftsleitung übertragen. Er wird aber oft, um seiner Wahlverantwortung zu genügen, sich für die Ernennung und Abberufung der unmittelbar der Geschäftsleitung unterstellten leitenden Angestellten wenigstens die Genehmigung vorbehalten; von den übrigen wichtigen Personalentscheiden wird er mindestens Kenntnis nehmen wollen. Einzig die Erteilung der registerlich offengelegten Unterschriftsberechtigung, das für die Gesellschaft verbindliche Auftreten gegenüber Dritten[153] (das Gesetz spricht von

---

[149] Hilfsmittel dazu ist die *Mittelflussrechnung*, Kapitel 8/II/G, Rz 998 ff.
[150] Die Bemerkung in der *Botschaft 1983*, 178, Ziff. 332.3, dass der Verwaltungsrat nicht für die Einzelheiten, wohl aber für die zweckmässige Ausgestaltung die Verantwortung trägt, gilt nicht nur für das Rechnungswesen, sondern ebenso für die Finanzkontrolle und für die Finanzplanung.
[151] Illustrativ für die Art, wie manchenorts die einfachste Finanzplanung versäumt wird, ist der von *Peter Nobel* (1991 C) 331 referierte Zürcher Fall.
[152] Und damit zur Notwendigkeit eines Organisationsreglementes gemäss Art. 716b Abs. 2 OR 1991.
[153] In diesem Sinne insbesondere auch *Botschaft 1983*, 178, Ziff. 332.3.

der «Vertretungsbefugnis»), bedarf als Ermächtigungsakt unbedingt eines Verwaltungsratsbeschlusses.

5. Die Oberaufsicht *(Ziff. 5)*

a) *Inhalt des neuen Begriffs der Oberaufsicht*

Entsprechend der alten Trilogie (cura in eligendo, instruendo et custodiendo) darf die früher in Art. 722[154] untergebrachte Aufsichtspflicht nicht fehlen. Das neue Recht aber stellt fest, dass nur die «*Oberaufsicht*» eine unentziehbare Zuständigkeit des Verwaltungsrates selber ist. Damit ist klargestellt, dass es am Verwaltungsrat liegt, die Funktion der Beaufsichtigung näher zu ordnen. Der Verwaltungsrat kann diese Funktionen sowohl einem Ausschuss aus seiner Mitte wie einem einzelnen Mitglied zuteilen, und sie durch Weisungen an die Geschäftsleitung konkretisieren. Er kann, wenn die Verhältnisse unübersichtlich sind, dafür eigene Stellen schaffen[155].

1567

b) *Normative Beaufsichtigung*

Das Parlament hat durch die Einfügung des Wortes «auch» klargestellt, dass die *rein normative Beaufsichtigung* – nämlich die Überwachung hinsichtlich der Befolgung von Gesetzen, Statuten, Reglementen und Weisungen – nur einen Teil der Oberaufsicht ausmacht. Wie schon die Botschaft zutreffend ausgeführt hat[156], kann sich die Oberaufsicht auch auf die Geschäftsführung schlechthin erstrecken, auf die Zweckmässigkeit der Handlungen und Unterlassungen der Beauftragten nicht unter normativen, sondern unter *betriebswirtschaftlichen* Gesichtspunkten. Dabei wird allerdings der Verwaltungsrat, der nun einmal vom Gesetz als Diskutier- und Beschlussgremium konzipiert ist, sich auf die zweckmässig ausgestaltete Berichterstattung stützen und sich vor allem an finanziellen Kennzahlen orientieren müssen[157].

1568

c) *Keine allgemeine Pflicht zum «legal audit»*

Umgekehrt handelt es sich – entgegen einem gewissen Anschein – nicht um eine Verpflichtung des Verwaltungsrates zu einem ständigen «*legal audit*», wie aus dem Wortlaut «Befolgung der Gesetze» entnommen werden könnte. Eine derartige ständige Legalitätskontrolle, wie sie dem Verfasser der Botschaft 1983 offenbar vorgeschwebt hatte[158], ginge nicht nur über das hinaus, was schon für die fast gleichlautende Bestimmung des alten Rechtes gegolten hatte, sondern wurde auch im Parlament nicht gefordert. Die aktienrechtliche Verpflichtung des Verwaltungsrates geht weder dahin, ohne besondere Veranlassung «legal audits» über die gesetzmässige Verhaltensweise der Untergebenen anzuordnen, noch muss er von der Arbeitshypothese ausgehen, dass seine Untergebenen schlechterdings darauf aus sind, die Gesetze zu verletzen. Zwar ist vorbehaltlose Vertrauensseligkeit fehl am Platz, auf der anderen Seite gilt aber auch nicht das Prinzip des systematischen Argwohns. Dem Verwaltungsrat obliegt es, auf

1569

---

[154] Art. 722 Abs. 2 Ziff. 3 OR 1936.
[155] Für die funktionale Ausgestaltung der Unternehmensüberwachung vgl. *Bruno U. Glaus* (1990) 146 ff.
[156] *Botschaft 1983*, 179, Ziff. 323.3.
[157] Vgl. *Thomas A. Biland* (1989) 129.
[158] *Botschaft 1983*, 179, Ziff. 332.3.

die Einhaltung der Gesetze hinzuwirken, die Augen im Hinblick auf mögliche Rechtsverletzungen offenzuhalten und, wenn sich konkreter Anlass zu der Annahme ergibt, dass anwendbare Normen verletzt worden sind, einzuschreiten.

d) Prüfungsausschuss («Audit Committee»)

1570 Zur Oberaufsicht gehört, dass der Verwaltungsrat sich ein Bild macht von der *Qualität der Revision*, der jährlichen Abschlussprüfung durch die Revisionsstelle[159]. Dazu gehört auch die Frage, wie dieses Organ mit der dem Verwaltungsrat direkt oder indirekt unterstellten Finanzkontrolle oder internen Revision zusammenarbeitet und welche Qualität diese eigenen Prüfungsorgane haben. Vor allem aber geht es darum, dass entdeckte Schwachstellen als Signale verstanden, dass praktische Folgerungen gezogen, dass Massnahmen getroffen werden.

1571 In den Vereinigten Staaten hat sich in den letzten Jahrzehnten die Usanz herausentwickelt, dass der Verwaltungsrat für diese Funktion aus seiner Mitte einen *Prüfungsausschuss* («Audit Committee») bildet[160]. Diesem obliegt es dann auch, die Arbeit der Revisionsstelle zu begleiten und zu qualifizieren, erforderlichenfalls auch für einen Wechsel in der Besetzung der Revisionsstelle zu plädieren und das Auswahlverfahren professionell durchzuführen. In der Schweiz sind diese Funktionen bisher noch selten formell ausgeschieden und gehören meist zum Pflichtenheft des Präsidenten.

e) Verantwortung des Verwaltungsrates hinsichtlich des Insiderstrafrechts

1572 Hat die Gesellschaft oder eine ihrer Konzerngesellschaften Aktien oder andere Wertrechte an einer Schweizer Haupt- oder Nebenbörse kotiert, so steht der Verwaltungsrat in den Pflichten, die sich aus dem 1987 beschlossenen Art. 161 StGB über die Bestrafung von Insidergeschäften ergeben[161].

6. Geschäftsbericht und Vorbereitung der Generalversammlung *(Ziff. 6)*

a) Im allgemeinen

1573 Der Verwaltungsrat bereitet die *Generalversammlung* vor[162] und erstellt in diesem Zusammenhang keineswegs nur – wie der im Bundesblatt veröffentlichte Text sagte – den «Jahresbericht» (der verbal den Geschäftsverlauf sowie die wirtschaftliche und finanzielle Lage der Gesellschaft darstellt[163]). Effektiv handelte es sich bei dem Wort «Jahresbericht» in Ziff. 7 um ein redaktionelles Versehen des Gesetzgebers[164]. Richtig ist

---

[159] Art. 728 OR 1991.
[160] *Anderson/Anthony* (1986) 87 ff.; *Frederik L. Neumann* in: *Edward Paul Mattar*, Handbook (1985) 15 ff.; *Bacon/Brown* (1975) 103 ff.; *Luzius R. Sprüngli* (1990) 240 ff.
[161] Vgl. *Niklaus Schmid* (1988) passim, *Peter Forstmoser* (1988 C) und (1988 D) 122 ff., *Peter Böckli* (1989) insb. 49 ff.
[162] Art. 716a Abs. 2 Ziff. 6 OR 1991.
[163] Art. 663d OR 1991.
[164] Vgl. Anm. 165. Dieser hat die im Entwurf 1983 vorgesehene Nomenklatur umgestellt: mit dem Wort *«Jahresbericht»* war in Art. 716a Ziff. 6 der Oberbegriff, die Zusammenfassung von Jahresrechnung und verbalem Bericht gemeint, und für diesen Oberbegriff hat das Parlament in dem entsprechend

nach der neuen Nomenklatur in Art. 716a Abs. 1 Ziff. 6 «*Geschäftsbericht*» im umfassenden Sinne zu lesen[165]. Dem Verwaltungsrat obliegt es, die aus Erfolgsrechnung, Bilanz und Anhang bestehende Jahresrechnung[166] sowie, wenn das Unternehmen konsolidierungspflichtig ist, die Konzernrechnung[167] aufzustellen. Die Konzernrechnung ist nach dem neuen Aktienrecht bloss eine Beilage auf der gleichen Ebene wie der Jahresbericht[168]; sie besteht ihrerseits aus Konzernerfolgsrechnung, Konzernbilanz und Konzernrechnungsanhang[169].

Die in kleineren und manchmal auch recht grossen Gesellschaften anzutreffende Vorstellung, die Erstellung des Jahresabschlusses könne man der Revisionsstelle zuweisen – die habe das alles ja ohnehin anzusehen –, ist unvereinbar mit der klaren Konzeption des Gesetzes. Der Verwaltungsrat ist verpflichtet, zur Vorbereitung der Generalversammlung der *Revisionsstelle* die Buchhaltung und die von *ihm* bzw. unter seiner Verantwortung erstellte Jahresrechnung sowie seinen Antrag über die Verwendung des Bilanzgewinnes zur Prüfung vorzulegen[170]. Er muss den Revisoren weitere erforderliche Unterlagen zur Verfügung stellen[171] und alle zweckdienlichen Auskünfte erteilen sowie seine für den Abschluss relevanten Ermessensentscheide begründen. Ist die Gesellschaft konsolidierungspflichtig, so hat der Verwaltungsrat die Konzernrechnung zu erstellen oder erstellen zu lassen und sie zur Prüfung dem «besonders befähigten Revisor» zu unterbreiten[172].

1574

b)   Konkrete Schritte des Verwaltungsrates

Daraus ergibt sich eine ganze Reihe von entscheidenden Obliegenheiten des Verwaltungsrates zur *Vorbereitung und Durchführung der Generalversammlung*:

1575

(1) Festlegung des (noch ungeprüften) *Jahresabschlusses* mit Erfolgsrechnung, Bilanz und Anhang;

(2) Erstellung des verbalen *Jahresberichts*;

(3) wo erforderlich, Festlegung der *Konzernrechnung* mit Konzernerfolgsrechnung, Konzernbilanz und Konzernrechnungsanhang;

(4) Festlegung des Antrages an die Generalversammlung über die Verwendung des *Bilanzgewinns* (Dividendenantrag);

---

geänderten Art. 662 den Oberbegriff «*Geschäftsbericht*» vorgesehen, der sich aus Jahresrechnung, Jahresbericht und, sofern vorgeschrieben, einer Konzernrechnung zusammensetzt.

[165] Wie sich eindeutig auch aus Art. 662 Abs. 1 OR 1991 ergibt. Zwar lässt Art. 663d OR 1991 seltsamerweise offen, wer Verfasser des Jahresberichtes ist, aber Art. 662 beantwortet diese Frage schon vorweg: der Verwaltungsrat. Art. 716a Abs. 1 Ziff. 6 wurde inzwischen gestützt auf Art. 33 des Geschäftsverkehrsgesetzes in dem hier dargelegten Sinne berichtigt.
[166] Art. 662 OR 1991.
[167] Art. 662 OR 1991.
[168] So deutlich Art. 698 Abs. 2 Ziff. 3 OR 1991.
[169] Nicht erforderlich ist nach dem jetzt geltenden Recht ein Konzernjahresbericht; die Analogie zu Art. 663d OR 1991 gilt nicht.
[170] Obgleich das neue Recht es an dieser Stelle nicht mehr ausdrücklich sagt.
[171] Art. 728 Abs. 2 OR 1991. Vgl. Rz 1811.
[172] Art. 622 Abs. 1 und Art. 731a Abs. 1 OR 1991. Rz 1805.

(5) Vorlage der Jahresrechnung und, soweit erforderlich, der Konzernrechnung sowie des Antrags auf Verwendung des Bilanzgewinns zur Prüfung an die *Revisionsstelle*;

(6) Festsetzung der Einberufung der Generalversammlung mit *Verhandlungsgegenständen* (Traktanden) und obligatorischen *Hinweisen*;

(7) Festlegung aller weiteren *Anträge* des Verwaltungsrates an die Generalversammlung;

(8) *Auflegung* von Geschäftsbericht (mit allen drei obligatorischen Bestandteilen, sowie dazu gegebenenfalls die Konzernrechnung) und Revisionsbericht (und gegebenenfalls Konzernrevisionsbericht) zur Einsicht der Aktionäre und eventuell der Partizipanten am Gesellschaftssitz[173];

(9) *Bereitschaft zur Versendung* dieser Unterlagen an die Aktionäre und gegebenenfalls die Partizipanten;

(10) Festlegung der Formalitäten für die Überprüfung der *Teilnahme- und Stimmberechtigung* in der Generalversammlung;

(11) *Bekanntmachung* bzw. *Versendung* der Einberufung;

(12) gesetzlich vorgeschriebene *Mitteilung* über die Einberufung an die Partizipanten, falls ein Partizipationskapital besteht;

(13) Vorbereitung der *Protokollführung* und der *Stimmenzählung*[174].

1576 Zu den unübertragbaren Befugnissen gehört die *Ausführung* der von der Generalversammlung gefassten Beschlüsse; auch hier ist nicht unbedingt persönliches Tun, sondern die Verantwortung für die Ausführung gemeint. Manche Beschlüsse, wenn nicht die meisten, können vom Verwaltungsrat gar nicht «in corpore» ausgeführt werden.

7. Benachrichtigung des Richters gemäss OR 725[175] *(Ziff. 7)*

1577 Mehr um der Vollständigkeit willen erwähnt Art. 716a abschliessend die Pflicht des Verwaltungsrates, welche sich bei fortgeschrittenem Kapitalverlust aus Art. 725 OR ergibt, als unübertragbar. Ist die Hälfte der massgeblichen Eigenkapital-Sperrzahlen in der Bilanz[176] nicht mehr gedeckt, so kann sich der Verwaltungsrat der Pflicht zur Vornahme der vorgeschriebenen Massnahmen nicht durch irgend eine Delegation entziehen. Wie die Botschaft beifügt, entsteht im Falle einer Überschuldung eine besonders hohe Verantwortung gegenüber der Gesellschaft, den Gläubigern und der Öffentlichkeit[177].

---

[173] Auflegung an den Zweigniederlassungen ist nicht notwendig.
[174] Vgl. Kapitel 9/I/B/4, Rz 1317 ff.
[175] Vgl. Kapitel 9, Rz 1690 ff.
[176] Vgl. Bemerkungen zu Art. 725 OR 1991 hiernach.
[177] *Botschaft 1983*, 179, Ziff. 332.3.

8. Ausschüsse und Arbeitsgruppen

Zum Schluss ist eines klarzustellen: Der Verwaltungsrat ist nicht gehalten, alle ihm als «unübertragbar und unentziehbar» zugewiesenen Hauptaufgaben gewissermassen «*in corpore*» zu erfüllen. Im Gegenteil: wie schon unter dem alten Gesetz[178] ist der Verwaltungsrat auch befugt, *Ausschüsse* oder *Arbeitsgruppen* aus seiner Mitte zu bilden und diesen die Vorbereitung und die Ausführung seiner Beschlüsse oder die Überwachung der Geschäfte zuzuweisen. Er kann auch einzelne Mitglieder mit vorbereitenden oder begleitenden Sonderaufgaben betrauen[179]. Es handelt sich in diesen Fällen entweder geradezu um eine «Delegation», oder eventuell auch nur um eine zweckmässige *Arbeitsteilung* zur Erfüllung der unentziehbaren und unübertragbaren Aufgaben des Verwaltungsrates[180].

1578

C. Vertretungsbefugnis

Im Bereiche der Vertretungsbefugnis des Verwaltungsrates – in der Sprache des Handelsregisters der *Zeichnungsberechtigung* – hat die Aktienrechtsreform weitgehend nur umgruppiert und geglättet.

1579

1. Umfang der Vertretungsbefugnis

Im wesentlichen ist in dogmatisch richtiger Art und Weise nun die *Geschäftsführungsbefugnis* zuerst geregelt, und die Vertretungsbefugnis im Anschluss daran. Unverändert ist die gesetzlich festgeschriebene *weite Vertretungsmacht* der unterschriftsberechtigten Organe: nach wie vor bezieht sich die Vertretungsbefugnis im Namen der Gesellschaft auf alle Rechtshandlungen, die der Zweck der Gesellschaft mit sich bringen kann[181]. Damit knüpft das Gesetz an die letzte Etappe der schwankenden Bundesgerichtspraxis an: eine Art «*ultra vires*»-Doktrin[182], wie das Bundesgericht sie seinerzeit im Prospera-Entscheid als Ausreisser[183] angewendet hatte[184], kann es nach der neueren Negresco-Doktrin[185] nicht geben. Nur in Extremfällen kann eine Rechtshandlung, die von den Organen im Namen der Gesellschaft vorgenommen worden ist, wegen Überschreitung der Vertretungsbefugnis als von Anfang an ungültig angesehen werden. Als solchen Extremfall betrachtet das Bundesgericht die Veräusserung des ganzen Unternehmens

1580

---

[178] Art. 714 Abs. 2 OR 1936.
[179] Das Gesetz fügt neu bei, dass in diesem Fall für eine angemessene *Berichterstattung* an den Gesamtverwaltungsrat zu sorgen ist. Art. 716a Abs. 2 Satz 2 OR 1991.
[180] Das Parlament hat die in Art. 716a Ziff. 8 E 1983 vorgesehene Zuständigkeit des Verwaltungsrates zur «gerichtlichen Anfechtung von Generalversammlungsbeschlüssen» gestrichen. Die Legitimation hierzu ergibt sich ohne weiteres aus Art. 706a Abs. 2 OR 1991.
[181] Art. 718 und 718a OR 1991. Vgl. aber *Rolf Watter* (1985) 142.
[182] *Henn* on Corporations (1970) sec. 184. *Christian Schreiber* (1974) 87 ff.
[183] Dazu *Heinz Schärer* (1981) 72 ff.
[184] BGE 95 II 450 ff.; vgl. dazu *Eugen Bucher* (1971) 53 ff.; anders BGE 96 II 439 und vor allem 116 II 320; *Peter Nobel* (1991 C) 172.
[185] BGE 111 II 284.

durch den Verwaltungsrat[186]. Eine Beschränkung dieser Vertretungsbefugnis – es ginge denn um die im Handelsregister eingetragene Beschränkung hinsichtlich Kollektivunterschrift, Hauptniederlassung oder Zweigniederlassung – hat gegenüber gutgläubigen Dritten nach wie vor keine Wirkung[187].

1581 Die einzige ins Gewicht fallende Änderung des neuen Aktienrechts besteht darin, dass, wenn weder die Statuten noch das Organisationsreglement etwas anderes bestimmen, *jedes einzelne Verwaltungsratsmitglied* einzelzeichnungsberechtigt ist. Nach früherem Recht war in diesem (sehr seltsamen) Fall umgekehrt die Unterschrift sämtlicher Mitglieder des Verwaltungsrates erforderlich[188]. Die Erwähnung des Organisationsreglementes an dieser Stelle im Gesetz[189] bedeutet, dass die praktisch in grösseren Verwaltungsräten fast immer zweckmässige Begrenzung der Vertretungsbefugnis auf einen kleineren Kreis oder die Kollektivunterschrift sich durch einen (wenn auch förmlich im Reglement niederzulegenden) Verwaltungsratsbeschluss durchführen lässt.

2. Zuständigkeit des Verwaltungsrates

1582 Da nach Schweizer Recht Geschäftsführung und Vertretung dogmatisch getrennt sind, bedarf es für die Einräumung der Vertretungsbefugnis oder eben «Zeichnungsberechtigung» eines Beschlusses des *Verwaltungsrates*[190]. Dazu ist dieser von Gesetzes wegen ohne weiteres befugt[191]. Der Verwaltungsrat ernennt «Prokuristen und andere Bevollmächtigte» gestützt auf Art. 721 nun stets selbst. Die Statuten können diese Befugnis nicht mehr anderen Organen zuteilen. Der Verwaltungsrat muss bei der Ernennung die Art der Vertretung («Zeichnungsberechtigung kollektiv oder einzeln») sowie gegebenenfalls eine Einschränkung auf die Haupt- oder bestimmte Zweigniederlassungen[192] festlegen.

V. Die Delegation der Geschäftsführung

A. Die Aufgabenüberbindung

1. Das «monistische» System des Schweizer Aktienrechts

1583 Man muss das schweizerische System der Spitzenverfassung in der Sprachregelung der EG wohl nach wie vor als «*monistisch*» bezeichnen[193]. Diese Vereinfachung geht aber

---

[186] Allerdings hat es gerade in jenem Fall wegen der *ausserordentlichen Krisensituation* die Unternehmensveräusserung doch als noch durch die Vertretungsmacht gedeckt angesehen, BGE 116 II 320.
[187] Wohl aber gegenüber solchen, die von der Beschränkung Kenntnis haben.
[188] Art. 717 Abs. 3 OR 1936 im Gegensatz zu Art. 718 Abs. 1 Satz 2 OR 1991. Unverändert ist auch die Bestimmung über die Organhaftung, bisher in Art. 718 Abs. 3 1936, neu in einem eigenen Artikel, Art. 722. Diese Regelung stimmt nach wie vor mit dem Grundsatz von Art. 55 Abs. 2 ZGB überein.
[189] Art. 718 Abs. 1 Satz 2 OR 1991.
[190] Art. 718 Abs. 2 OR 1991.
[191] Art. 718 Abs. 2 OR 1991.
[192] Art. 718a Abs. 2 Halbsatz 2 OR 1991.
[193] *Vorschlag SE 1991*, Art. 66.

um einen Schritt zu weit: immer schon neigten die Schweizer Verwaltungsräte dazu, die Befugnisse zur täglichen Führung der Geschäfte an Einzelpersonen zu *delegieren*. Entweder ist der Träger dieser übertragenen Befugnisse und Verpflichtungen selbst Mitglied des Verwaltungsrates und heisst traditionell «Delegierter», oder er ist es nicht und heisst in der herkömmlichen Sprachregelung «Direktor» – oder in der neueren «Mitglied der Geschäftsleitung» oder der «Konzernleitung».

Das Schweizer Aktienrecht ist in Wahrheit im Bereich der Spitzenverfassung vollständig auf *Delegation* eingestellt. Dies stützte sich unter altem Recht auf Art. 717 Abs. 2 OR 1936. Es verhält sich nicht anders nach neuem Recht unter Art. 716b OR 1991[194]. Nach wie vor sind alle drei Möglichkeiten der grundsätzlichen Gestaltung einer Delegation möglich: 1584

(1) Delegation der Geschäftsführung an ein *Verwaltungsratsmitglied* («Delegierter des Verwaltungsrates»);

(2) Delegation an «*Dritte*», an Personen ausserhalb des Verwaltungsrates («Direktoren»);

(3) Einrichtung eines eigenständig konzipierten «*Organs*» kraft Delegation («Geschäftsleitung» oder «Konzernleitung»).

Gewiss ist auch noch eine vierte Möglichkeit denkbar: keine Delegation. Nur in den allerkleinsten Verhältnissen und vor allem bei Einpersonen-Gesellschaften ist die in Art. 716 Abs. 2 OR 1991 vorgesehene völlige Identität von Verwaltungsrat und Geschäftsführung praktisch denkbar[195]. 1585

2. Die Verankerung der Delegation: das Organisationsreglement

a)   Ermächtigungsklausel in den Statuten

Nach neuem Recht ist klar festgelegt: für jede rechtmässige Delegation der Geschäftsführung braucht es eine *Delegationsnorm in den Statuten*. Es braucht eine statutarische Klausel, die den Verwaltungsrat ermächtigt, die Geschäftsführung zu delegieren[196] und einen Verwaltungsratsbeschluss, der die Delegation in die Tat umsetzt, das Organisationsreglement. Ganz bewusst ist damit die Delegation in Bahnen gewiesen[197]. Nach altem Recht konnte die Delegation sich noch direkt auf ein von der Generalversammlung erlassenes Reglement oder einen im Dunkel der alten Protokolle verborgenen Aktionärsbeschluss stützen und damit in den Statuten keine Spuren hinterlassen[198]. Dies ist eindeutig nicht mehr möglich. 1586

---

[194] Und Art. 627 Ziff. 12 OR 1991. Vgl. *Frank Vischer* (1968) 345 ff. und (1978) 71 ff.; *Forstmoser/Meier-Hayoz* (1983) 178 ff.; *Jürg Vollmar* (1986) 26 ff.; *Felix Horber* (1986) passim; *Kurt Jean Gross* (1990) 174 ff.
[195] Vgl. dazu *Botschaft 1983*, 177, Ziff. 332.3.
[196] Nicht erforderlich, entgegen dem Anschein im Wortlaut von Art. 716b Abs. 1 OR, ist die Erwähnung «*nach Massgabe eines Organisationsreglementes*» in der Delegationsnorm der Statuten selbst.
[197] Vgl. *Frank Vischer* (1978) 78 ff. Vorn Rz 1533 ff.
[198] Art. 717 Abs. 2 OR 1936; *F. Wolfhart Bürgi* (1969) Art. 717 Note 18.

b) Ausführung durch den Verwaltungsrat

1587 Der Verwaltungsrat muss von der ihm erteilten Ermächtigung, wie erwähnt, in einer ganz bestimmten Weise Gebrauch machen, nämlich durch ein *Organisationsreglement*[199]. Zwar ist nach Art. 18 OR nicht die äussere Form entscheidend, ist nicht Gültigkeitserfordernis, dass wörtlich der Begriff «Reglement» verwendet wird. Wohl aber muss ein Mehrheitsbeschluss des Verwaltungsrates vorliegen und müssen die *inhaltlichen Anforderungen* des Art. 716b erfüllt sein, wie vorn dargelegt. Andernfalls hat der Verwaltungsrat seine Sorgfaltspflicht verletzt und, je nach dem Umfang des Verstosses gegen die Anforderung von Art. 716b, eine «unbefugte Delegation» vorgenommen. Dies hat wesentliche Auswirkungen bei der Frage der Verantwortlichkeit des Verwaltungsrates.

c) Delegation durch die Statuten selbst?

1588 Was nach neuem Recht nicht mehr zulässig wäre, ist eine direkte Delegation von Aufgaben durch die *Statuten*. Dies ergibt sich aus dem Zusammenspiel zwischen der neuen Konzeption von unentziehbaren Hauptaufgaben des Verwaltungsrates – er ist es, der die Organisation festlegt[200] – und dem Delegationsartikel des neuen Gesetzes, der nur von einer «*Ermächtigung*» spricht, die in den Statuten zu stehen hat.

1589 Den Aktionären muss man freilich die Möglichkeit zubilligen, in der Delegationsnorm der Statuten Anordnungen für die *Art* der Delegation zu treffen und *Schranken* der Ermächtigung aufzustellen. So können die Statuten vorschreiben, dass die Delegation nur an ein Mitglied des Verwaltungsrates zulässig ist (Delegierter) oder auch an Dritte (Direktoren), oder umgekehrt nur an eine als eigenständiges Organ begründete «Geschäftsleitung», die sich nicht nur oder überhaupt nicht aus Mitgliedern des Verwaltungsrates zusammensetzt. Stets aber handelt es sich nur um eine Ermächtigung mit Schranken und Auflagen, nie um einen konstitutiven Delegationsbeschluss der Generalversammlung durch Statutenbestimmung. Es ist dogmatisch bruchlos richtig, dass der Verwaltungsrat, wenn er schon persönlich und solidarisch zu haften hat, in Eigenverantwortung die Organisation der Geschäftsführung – «wer macht was und wer berichtet wem» – festlegen muss, aber auch allein festlegen darf.

d) Delegation unter Genehmigungsvorbehalt

1590 In der Praxis der Schweizer Grossunternehmen ist es weithin Brauch geworden, dass der Verwaltungsrat bestimmte weittragende Entscheidungen der Geschäftsleitung einem *Genehmigungsvorbehalt* unterstellt[201]. Im Verordnungsvorschlag zur EG-Aktiengesellschaft («SE») ist dies sogar ausdrücklich verankert[202].

1591 Danach bedürfen folgende Vorgänge der Zustimmung des Aufsichtsorgans (bei Wahl des dualistischen Systems) bzw. eines Beschlusses des Verwaltungsorgans (bei Wahl des monistischen Systems), sobald bestimmte *Grössenordnungen* überschritten werden:

---

[199] Vgl. Abschnitt IV/B/2, Rz 1533 ff. und Rz 1581.
[200] Art. 716a Abs. 1 Ziff. 2 OR 1991.
[201] Vgl. *Botschaft 1983*, 181, Ziff. 332.3 a.E.
[202] *Vorschlag SE 1991*, Art. 72; vgl. Vor allem die deutsche Aktienrechtspraxis.

a) Investitionsvorhaben;

b) Errichtung, Erwerb, Veräusserung oder Auflösung von Unternehmen oder Betriebsteilen;

c) Aufnahme oder Gewährung von Krediten und Garantieübernahmen;

d) Abschluss von Liefer- und Leistungsverträgen.

Es entspricht einer sorgfältigen Gestaltung der Organisation, wenn der Delegationsbeschluss des Verwaltungsrates – je nach den Gegebenheiten des einzelnen Unternehmens – den Vorbehalt der Genehmigung durch den Verwaltungsrat vorsieht[203]. Dies nicht, weil Verwaltungsräte so viel klüger wären als Geschäftsleiter, sondern weil praktisch nur dadurch sichergestellt ist, dass bei besonders weittragenden Entscheidungen der Verwaltungsrat zum voraus schon voll orientiert und in die Verantwortung einbezogen wird[204].

B. Die Wahl des konkreten Delegationssystems

1. Gestaltungsfreiheit

Es obliegt entweder der Generalversammlung (in der Festlegung der Delegationsnorm für die Statuten) oder, wenn die Ermächtigung ohne nähere Festlegung ausgesprochen ist, dem Verwaltungsrat in seiner Organisationsverantwortung, das *System der Delegation* zu bestimmen. Es versteht sich, dass den Anforderungen an eine zweckmässige Organisation nur genüge getan ist, wenn ein einleuchtendes, in sich im wesentlichen *widerspruchsfreies System* gewählt wird.

In der *Gestaltungsfreiheit*[205], in der Vermeidung einer absoluten Trennung des dualistischen Systems, liegt ein grosser Vorzug der Schweizer Lösung. Man kann diese als (relativ) «*offenes System*» bezeichnen. Der Verwaltungsrat oder, wenn die Statuten selbst die organisatorischen Grundentscheide treffen wollen, die Generalversammlung kann dieses im neuen Art. 716a und 716b OR 1991 angelegte Modell in fast schon gegensätzliche Richtungen ausformend verändern[206]. Das Schweizer Recht erlaubt, je nach individuellen Bedürfnissen des einzelnen Unternehmens, eine recht weitgehende Angleichung an eine Spielart des «*Aufsichtsratssystems*», aber auch eine im wahrsten Sinne des Wortes monistische Ausprägung des Verwaltungsrates im *Präsidialsystem* und eine differenzierte Gestaltung im Sinne des amerikanischen «*Board System*».

---

[203] Vgl. den in die Einzelheiten gehenden Katalog zustimmungsbedürftiger Geschäfte bei *Bruno U. Glaus* (1990) 132.
[204] Für Zulässigkeit auch *Peter Nobel* (1991 C) 165.
[205] Vgl. *Peter Böckli* (1984) 82; *Amtl. Bull. NR* (1985) 1661 «äusserst flexibles und anpassungsfähiges Gefäss».
[206] *Bleicher/Leberl/Paul* (1989) 239 ff., und die «vier Modellrollen» bei *Thomas A. Biland* (1989) 169 und 257 ff.

2. Verwaltungsrat und Geschäftsleitung

a) Annäherung ans Trennsystem

1595 Durchaus in Annäherung an das im EG-Recht sogenannte *«dualistische System»*[207] und vor allem an das deutsche Aktienrecht[208] kann entweder die Ermächtigungsnorm der Statuten oder der Verwaltungsrat im Organisationsreglement eine personelle Trennung zwischen Verwaltungsrat und Geschäftsleitung einrichten.

1596 Nicht nur in den grössten Aktiengesellschaften, sondern auch in einer Grosszahl mittelgrosser Unternehmen kristallisiert sich die schon erwähnte *«Geschäftsleitung»* als ein weitgehend eigenständig funktionierendes Gremium heraus[209]. Die Aufgaben einer «Geschäftsleitung»[210], der eigentlichen Exekutive, sind in der Praxis so vielfältig, und die von ihr in der Entscheidvorbereitung und -gestaltung, meist aber auch in der Entscheidfällung gespielte Rolle so bedeutsam, dass man sie in vielen Hinsichten mit einem «Vorstand» vergleichen kann.

1597 Die zu der dualistischen Spitzenstruktur fast schon symmetrische Organisationsform *«Verwaltungsrat/Geschäftsleitung»* hat sich in der Schweiz weithin durchgesetzt. Eine Aktiengesellschaft einer bestimmten Grösse *ohne* ein klar abgegrenztes exekutives Gremium – ob dieses nun Geschäftsleitung, Konzernleitung oder anders heisst - wäre heute schon geradezu eine Anomalie[211]. Man kann sich daher fragen, wie die Aktienrechtsreform von dieser Entwicklung überhaupt hat abstrahieren können - denn im OR 1991 fehlt der Begriff «Geschäftsleitung» gänzlich[212].

b) Leitung der Geschäfte als delegierte Funktion

1598 Im echt dualistischen System droht jedes begleitende, enge Zusammenwirken des Leitungsorgans mit dem Aufsichtsorgan sogleich in einen Widerspruch mit der Idee der Funktionstrennung zu geraten. Man kann dem Schweizer System zwar entgegenhalten, dass niemand sich selber zu kontrollieren vermag. Nicht weniger wahr ist aber, dass in einem pragmatisch mehr und mehr «angenäherten» Dualismus des deutschen Systems – im Regime laufender Abstimmung unter Spitzenpersonen beider Gremien – kein Aufsichtsrat so leicht just das kritisieren wird, was er selbst schon gebilligt oder gar mitkonzipiert hat.

1599 Das dualistische System ist zwar in der *Theorie* das beste - es ist aber auch *nur* dort das beste.

---

[207] *Vorschlag SE 1991*, Art. 62; ähnlich schon *Vorschlag EG-Strukturrichtlinie 1983*, Art. 12.
[208] § 76 ff. AktG.
[209] Der Begriff taucht in OR 1936 in Art. 722 Abs. 2 Ziff. 2 auf.
[210] *Botschaft 1983*, 180 Ziff. 332.3. Vgl. dazu *Andreas Binder* (1988) 167 ff. und 297 ff.
[211] «Die Gewaltentrennung zwischen Verwaltung und Geschäftsleitung hat sich bei vielen Grossgesellschaften durchgesetzt», *Botschaft 1983* , 180 Ziff. 332.3. Ob der Begriff «Gewaltentrennung» sehr glücklich gewählt ist, ist eine andere Frage; mit Montesquieu's Gewaltenteilung hat dies nur wenig zu tun.
[212] Im Gegensatz zu internen Diskussionen in der Arbeitsgruppe von Greyerz von 1980/81, und im Gegensatz zu Art. 722 OR 1936.

Nach Schweizer Aktienrecht ist es demgegenüber möglich, aus dem offenen System eine differenzierte und rechtlich weitgehend widerspruchsfreie Führungsstruktur herauszuentwickeln[213]: 1600

(1) der *Verwaltungsrat* ist nur noch – aber immerhin – in dem Sinne «monistisch», dass er *allein* gegenüber den Anteilseignern auftritt und ihnen gegenüber die Verantwortung sowohl für die Leitungsfunktion wie für die Überwachungsfunktion trägt;

(2) beide Funktionen werden jedoch in dem Sinne *getrennt* ausgeübt, als der Verwaltungsrat nur noch (aber umso mehr) die unverzichtbaren Kernfunktionen selbst wahrnimmt, nämlich die *Oberleitung* des ganzen Unternehmens mit der *Organisations- und Finanzverantwortung*, die *Wahl* der Geschäftsleitung und die *Oberaufsicht*.

Alles andere *muss* der Verwaltungsrat nicht nur nicht selbst tun; er *soll* es meist gar nicht selbst tun (es wäre denn in kleineren Betrieben). Der Verwaltungsrat als Beratungs- und Beschlussorgan ist in einem grösseren Unternehmen bei Lichte betrachtet überhaupt nicht in der Lage, jenes zeitnahe Aufnehmen und Verarbeiten von Informationen, jenes rasche Reagieren und vor allem Initiieren, jenes Nachfassen und Durchsetzen selbst zu vollziehen, das man «führen» nennt. 1601

Sehr wohl aber ist dazu die vollamtliche Geschäftsleitung in der Lage – eng begleitet durch den Präsidenten oder den Ausschuss des Verwaltungsrates. Das zeit- und ortsnahe «*Dabeisein*», das für eine wirksame, ihren Namen verdienende Überwachung unentbehrlich ist, ergibt sich damit von selbst. Denn der Verwaltungsrat – im entscheidenden Unterschied zur dualistischen Ordnung – bleibt direkt im Gesamtbereich verantwortlich. 1602

Dieses Konzept ist in der Aktienrechtsreform 1991 verwirklicht[214], mindestens in dem Sinne, dass dieses durch das Gesetz *vorgezeichnete Modell* jeder Gesellschaft offensteht. Es gestattet auch dem Verwaltungsrat, nachträglich – vor allem in einer *Unternehmenskrise* – Delegationen wieder ganz oder teilweise rückgängig zu machen, rasch und entschlossen das Heft selbst in die Hand zu nehmen[215], was im Formalraster einer dualistischen Zuständigkeitsordnung erschwert oder sogar unmöglich ist. 1603

---

[213] Art. 717 Abs. 2 OR 1936; Art. 716b OR 1991 «Übertragung der Geschäftsführung»; *F. Wolfhart Bürgi* (1969) Art. 717 N. 22 ff.; *Christoph von Greyerz* (1982) 206 ff.; *Botschaft 1983*, 180 Ziff. 332.2; *Forstmoser/Meier-Hayoz* (1983) 181; *Peter Böckli* (1984) 81; *Felix Horber* (1986) 53 ff., 86/113; *Bruno U. Glaus* (1990) 71 ff.; *Jürg Vollmer* (1986) 202; *Regina Kurtenbach* (1989) 29 f.; *Luzius R. Sprüngli* (1990) 41 ff.; *Hans Ulrich Baumberger* (1990) 63 ff.

[214] Vgl. *Botschaft 1983*, 96 ff. Ziff. 215; 177 ff. Ziff. 332.3.

[215] Darauf hat insb. *Frank Vischer* (1984) 164 hingewiesen; vgl. *Bleicher/Leberl/Paul* (1989) 70/71; 193: «Der Board übernimmt in Krisensituationen die Führungsrolle»; *Thomas A. Biland* (1989) 262 ff.; vgl. zur Krisenerkennung die Arbeiten von *Uwe Baltzer* (1983), insb. 320 ff., *Luzius R. Sprüngli* (1990) 208 ff. und *Edward Mattar*, Handbook (1985) 60.6, *Anderson/Anthony* (1986) 63 ff.: «The major tasks of the board of directors in a management crisis are to provide interim stability and continuity of direction for the corporation and to arrange for long-term solutions to the crisis.»

c) Vorteile

1604 Die Vorteile dieser *teilweise verwirklichten Funktionstrennung* stimmen weitgehend mit jenen überein, die den deutschen Gesetzgeber ursprünglich[216] zur Einrichtung des Aufsichtsrats/Vorstands-Systems bewogen hatten: Klarheit in der Aufgabenzuteilung von Geschäftsführung einerseits und Wahl/Aufsicht andererseits; Vermeidung von Selbstüberwachung und Interessenkonflikten innerhalb des Verwaltungsrates (bei Verwaltungsräten mit Aufsichts- und Geschäftsführungsfunktion in einer Person).

1605 Die Arbeitsgruppe von Greyerz hatte sogar im Überschwang erwogen, für *Gesellschaften mit börsengängigen Aktien* diese Organisationsform der teilweisen Trennung verbindlich vorzuschreiben; ein fernes Echo davon findet sich noch in der Botschaft 1983[217]. Zu Gunsten der Einführung einer «strikten personellen Trennung» wurde dort noch mit Nachdruck, aber dann ohne dazugehörige Vorschläge ausgeführt:

> «Nehmen einzelne Verwaltungsräte beide Funktionen (d.h. Geschäftsführung und Oberaufsicht) wahr, so kann das zu einer Machtballung führen und die Oberaufsicht über die Geschäftsleitung erschweren. Die geschäftsführenden Verwaltungsräte beaufsichtigen sich selber.»[218]

d) Nachteile

1606 Eine mehr oder weniger stark getrennte Leitungsstruktur hat auch ihre *Nachteile*. Diese sind zwar nie so gross wie nach dem echten Trennmodell des deutschen oder des EG-Rechts[219], da dem Schweizer Verwaltungsrat auf jeden Fall – im Gegensatz zum Aufsichtsrat – über die Aufsichts- und Wahlbefugnis hinaus wesentliche Hauptaufgaben unentziehbar zugeteilt sind.

1607 Auch bei einem gemässigten Trennmodell nach Schweizer Recht ist streng darauf zu achten, dass der *Informationsfluss* zwischen Verwaltungsrat und der von ihm personell getrennten Geschäftsleitung gewährleistet ist. Ähnlich wie es in der deutschen Praxis anzutreffen ist, wird der Verwaltungsrat entweder den Präsidenten allein oder einen *Ausschuss* unter dessen Führung damit beauftragen, die Geschäftsleitung zu begleiten. Und der Verwaltungsrat hat jedes Interesse, die *Geschäftsleitung* zu den sie betreffenden Beratungen beizuziehen. Es ist Aufgabe des Organisationsreglementes, dies in zweckmässiger Weise zu regeln[220].

---

[216] Schon im 19. Jahrhundert, vgl. Anm. 351.
[217] *Botschaft 1983*, 180, Ziff. 332.3.
[218] In der Botschaft findet sich kaum eine Spur des Grundes, aus dem 1982 in der Schlussredaktion diese Vorschrift gefallen ist: die Westschweizer Vertreter hatten darauf aufmerksam gemacht, dass eine solche Regelung die Gestaltung eines «président diŕecteur-général» (PDG) unmöglich machen würde, eine Figur, die nach französischem Vorbild in der Westschweiz als «président administrateur-délégué» beliebt ist. Der kummervolle Hinweis eines geschichtlich interessierten Mitglieds, es handle sich da um eine in Frankreich erst vom Vichy-Régime (Gesetzsesdekrete vom 16. November 1940 und vom 4. März 1943) eingeführte Figur, half nichts. Letztlich hat man sich für die das schweizerische Aktienrecht kennzeichnende *Gestaltungsautonomie* jeder einzelnen Gesellschaft entschieden: das Trennmodell ist weitgehend (nie ganz!) möglich, aber obligatorisch ist es nicht. An diesem Entscheid hat das Parlament kein Iota geändert.
[219] Dazu *Frank Vischer* (1978) 75.
[220] Art. 716b Abs. 2 Satz 1 OR 1991.

3. Das Präsidialsystem

Nach Art. 716b ist es bekanntlich ohne weiteres möglich, durch Delegation ein eigenständiges Organ «*Geschäftsleitung*» oder «*Konzernleitung*» zu bilden, in dieses Organ dann aber ein Mitglied des Verwaltungsrates zu delegieren. So kann der Präsident des Verwaltungsrates gleichzeitig Vorsitzender der Geschäftsleitung sein, oder der Verwaltungsrat kann ein anderes Mitglied als «Delegierten des Verwaltungsrates» mit dem Vorsitz der Geschäftsleitung betrauen[221]. In diesen Fällen und in weiteren Spielarten liegt zwar die von der Botschaft 1983 beredt gegeisselte «Machtballung» und «Selbstbeaufsichtigung» vor[222], aber das Gesetz erlaubt dies. Es versteht sich, dass das Präsidialsystem die höchste Effizienz in der Führung bringen kann, aber mit seiner Kumulation von Geschäftsführungs- und Aufsichtsbefugnissen in einer Person Rechtsfolgen hat: 1608

a) *Einmal bei dieser Person selbst*: an sie sind besonders hohe Anforderungen hinsichtlich der Fähigkeiten und der Geradlinigkeit ihres Verhaltens zu stellen. Ihre Macht geht weit. Kommt sie im Gang der Geschäfte in Interessenkonflikte wegen des Phänomens der «Selbstbeaufsichtigung», so hat sie diese entschlossen zu Gunsten der Gesellschaft zu lösen. Der Bundesrat wies 1983 darauf hin, dass eine Führungspersönlichkeit in derartiger Doppelfunktion einer verschärften Verantwortlichkeit untersteht[223]. 1609

b) *Aber auch hinsichtlich des Verwaltungsrates*: Dieser muss bei der Wahl der Person, welcher er in dieser Weise eine Doppelfunktion anvertraut, besonders streng darauf achten, dass sie nach Fähigkeiten und Charakter den erhöhten Anforderungen gewachsen ist. Der Verwaltungsrat sieht seine eigene Funktion im Präsidialsystem teilweise erleichtert, teilweise aber auch erschwert. Wer das Präsidialsystem wählt, muss sich bewusst sein: wenn es gut geht, geht es besonders gut, und wenn es schlecht geht, sind die Folgen umso schlimmer. 1610

4. «Board System»

Es ist nicht zu übersehen, dass auch bei Publikumsgesellschaften ein leicht abgewandeltes Organisationsprinzip in der letzten Zeit Raum gewonnen hat: es ist das horizontal aufgeteilte «*Board System*» der amerikanischen Gesellschaftspraxis, mit seiner Aufteilung in «inside directors» und «outside directors». Darauf ist im Exkurs des Unterabschnitts X zurückzukommen. Eine solche Organisationsform ist mit dem Schweizer Recht ohne weiteres vereinbar. 1611

---

[221] Vgl. *Peter Buchmann* (1976) 93.
[222] *Botschaft 1983*, 180, Ziff. 332.3.
[223] So ausdrücklich die *Botschaft 1983*, 180, Ziff. 332.3: «Dafür unterliegen Verwaltungsratsdelegierte einer besonders strengen Haftung: sie haften sowohl als Geschäftsführer wie auch als Verwaltungsratsmitglied.»

5. Der Sonderfall des Bankverwaltungsrates

1612 Eine Sonderstellung hat gemäss Art. 8 Abs. 2 der Verordnung zum Bankengesetz ein *Bankverwaltungsrat*: «Kein Mitglied des für die Oberleitung, Aufsicht und Kontrolle verantwortlichen Organs einer Bank darf der Geschäftsführung angehören». Die Institution des Delegierten des Verwaltungsrates ist bei Banken grundsätzlich unzulässig. Die Ausgestaltung in der Praxis beweist, dass es sich hier um wesentlich mehr handelt als um eine blosse persönliche Unvereinbarkeit; es wäre kaum noch möglich, die Geschäftsleitung einer Bank rechtlich als «delegiertes» Gremium des Verwaltungsrates zu verstehen. Dieser ist vielmehr viel weitgehender als bei der «normalen» Aktiengesellschaft ein Aufsichtsrat, und die Bank-Geschäftsleitung ist ein «Leitungsorgan» ähnlich wie im europäischen Gesellschaftsrecht[224]. Praktisch gilt in Schweizer Bank-Aktiengesellschaften ein dualistisches System, wobei aber im Gegensatz zum deutschen Trennsystem dem Verwaltungsrat[225] die Funktionen der Oberleitung und des Auftretens gegenüber den Aktionären verbleiben.

VI. Sorgfalt, Treue und Gleichbehandlung

1613 Das neue Aktienrecht verleiht den *Verhaltenspflichten* der Verwaltungsratsmitglieder besonderes Gewicht, indem es die früher im Art. 722 untergebrachte Sorgfaltspflicht herausgelöst und, mit der neu ausdrücklich formulierten Treue- und Gleichbehandlungspflicht zusammen, in einen eigenen Artikel eingebaut hat[226].

A. Die Sorgfaltspflicht

1. Gegenstand der Sorgfalt

1614 Die Konturen der Sorgfaltspflicht eines Schweizer Verwaltungsrates bestimmen sich praktisch vor allem durch die reiche Gerichtspraxis zur *Verantwortlichkeit* der mit Verwaltung und Geschäftsführung betrauten Organe[227]. Das neue Recht ändert grundsätzlich an diesem Rechtszustand nichts. Es bleibt dabei, dass jeder Verwaltungsrat und jede mit der Geschäftsführung betraute Person vor allem in vier Hinsichten Sorgfalt beweisen muss:

---

[224] Vgl. Abschnitt X, 1726 ff.
[225] Der jetzt in Art. 716a OR 1991 eingedrungene Begriff der «Oberleitung» ist zuerst an dieser Stelle, in der Bankenverordnung vom 17. Mai 1972, SR 952.02, aufgetaucht.
[226] Art. 717 OR 1991.
[227] Vgl. *Peter Forstmoser* (1987) N. 781 ff. und *Kurt Jean Gross* (1990) 165 ff.

a)   Sorgfalt in der Mandatsannahme

Unsorgfältig handelt, wer ein Mandat übernimmt, dem er offensichtlich *nicht gewachsen* ist. Wer die *Grenzen* seiner Fähigkeiten erst während des Mandates erkennt, kommt nicht darum herum, die nötige Unterstützung und sachkundige Beratung zu suchen oder als letzte Konsequenz sein Mandat zur Verfügung zu stellen.

1615

b)   Sorgfalt in der Organisation

Dem Verwaltungsrat obliegt eine *Gestaltungspflicht*. Er genügt seiner Pflicht nicht, wenn er nur in einzelnen Handlungen seine Aufgaben erfüllt. Er muss durch die Aufstellung, Anpassung und Durchsetzung einer *zweckmässigen Organisation* die Voraussetzungen dafür schaffen, dass die im Unternehmen tätigen leitenden Personen ihrerseits ihre Aufgaben pflichtgemäss erfüllen können[228].

1616

c)   Sorgfalt in der Aufgabenerfüllung

Das Mitglied des Verwaltungsrates oder der Geschäftsleitung ist verpflichtet, den Bereich seiner eigenen Aufgaben im Rahmen des Ganzen zu *bestimmen* und diese Aufgaben hingebungsvoll zu erfüllen. Als Unsorgfalt gilt in der Praxis nicht nur schludrige Arbeit. Unsorgfalt kommt vor allem auch vor, wenn ein Amtsträger eine ihm zukommende Aufgabe gar nicht erst erkennt, oder wenn er trotz der Erkenntnis nicht handelt. Die typische Unsorgfalt ist eine *Unterlassung* von Handlungen, die sich nachträglich als möglich und – richtigerweise immer auf den Erkenntnisstand in jenem ursprünglichen Zeitpunkt zurückbezogen – als unerlässlich herausstellen.

1617

d)   Sorgfalt in der Auswahl der Unterstellten

Dem Recht zur Wahl entspricht die Pflicht zur *Sorgfalt in der Auswahl*; dies gilt analog auch für die Auswahl, welche die Geschäftsleitung für die weiteren Funktionsträger in der Gesellschaft trifft.

1618

2.   Mass der Sorgfalt

a)   Objektivierung

Nach feststehender Praxis ermittelt der Richter das Mass der Sorgfalt, das zu verlangen ist, *objektivierend*. Er fragt danach, welches Verhalten billigerweise von einem abstrakt vorgestellten, ordnungsgemäss handelnden Verwaltungsrat in einer vergleichbaren Situation erwartet werden darf. Daran ändert die Aktienrechtsreform nichts.

1619

Es ist sehr zu hoffen, dass die Gerichte die bessere Strukturierung der Hauptaufgaben des Verwaltungsrates zum Anlass nehmen, um die *Anforderungen* an die Sorgfalt des Verwaltungsrates *mit Bedacht auszuwägen*. Auf der einen Seite denkt niemand daran, die Ernsthaftigkeit dieser Rechtspflicht in Zweifel zu ziehen. Und nach wie vor gelingt es manchen, sich in Situationen aus der Schlinge zu ziehen, wo man aufgrund

1620

---

[228]   Vorn Abschnitt IV/B/2, Rz 1533 ff.

von Art. 754 ein anderes Ergebnis erwartet hätte. Anderseits laufen aber gewisse Gerichtsurteile auf eine derartige Unerbittlichkeit in den Anforderungen an die Sorgfalt in der Überwachung durch Organmitglieder hinaus, dass das Ergebnis eher dem einer *Garantenhaftung* als dem einer Verschuldenshaftung entspricht[229].

1621 Auf die Nachteile eines überzogenen Sorgfaltsbildes, das sowohl mit den relativ engen rechtlichen Möglichkeiten eines einfachen Verwaltungsratsmitgliedes[230] wie mit einer funktionsgerechten Verantwortlichkeitsordnung letztlich gar nicht mehr zu vereinbaren ist, haben insbesondere *Bürgi/Nordmann*[231], *Forstmoser*[232] und *Bär*[233] hingewiesen. Vor allem der letztere hat die Gefahren einer Beurteilung der historischen Situation, in die die Leitungsorgane damals hineingestellt waren, mit einer «nachträglichen Prognose» unterstrichen und einen Satz geprägt, der gegenüber vielen Entscheidungssätzen der Gerichte das alles beherrschende Element der *tatsächlichen Ungewissheit* hervorhebt:

> «Sie (die Verwaltung) handelt nämlich im schwierigen Gebiet der gesellschaftlichen Entschlüsse *in mehrfacher Unsicherheit*, bei denen jede Version voraussehbar fehlschlagen kann ...»[234].

b) Wirtschaftliche Tätigkeit und Risikoscheu

1622 Überspitzte Anforderungen an die Sorgfaltspflicht müssten in der letzten Konsequenz zu Negativdenken, Risikoscheu und «Dienst nach Vorschrift» führen. Die *Übernahme von Risiken* ist nicht einer Unsorgfalt gleichzusetzen; wirtschaftliche Tätigkeit ist immer Risikoübernahme[235]. Sie ist ein Aufs-Spiel-Setzen von wirtschaftlichen Werten, in ihr liegt unausweichlich die Inkaufnahme von möglichen Verlusten. Sorgfalt und wagemutige Initiative gehen zwar im besten Fall zusammen, stehen aber doch natürlicherweise in einem gewissen Spannungsverhältnis. Wer die Gewichte zu stark auf die Seite der Sorgfalt verschiebt, hemmt die Begeisterung für die Sache und jenen Schwung, der allein wirtschaftlichen Erfolg herbeizuführen und damit den Gesellschaftszweck zu erreichen vermag.

1623 Es gibt keineswegs nur eine Pflicht der Organe, an die schlimmste Variante zu denken[236], dies und das aus Sorgfalt *nicht zu tun*, diesem und jenem Argwohn, der andere könnte etwas falsch gemacht haben, auch noch nachzugehen. Es gibt, obwohl im neuen Art. 717 nicht erwähnt, auch eine Pflicht zum Vorangehen und Initiieren, eine Pflicht zum Streben und Wagen. Sollte die Hervorhebung der Sorgfaltspflicht im neuen Art. 717

---

[229] So einlässlich *Peter Forstmoser* (1986) 69 ff. und schon mit Nachdruck *Mario M. Pedrazzini* (1978) 22.
[230] Vgl. hiervor III/2, Rz 1496 ff.
[231] *Bürgi/Nordmann* (1979) Art. 753/54 N. 79 Abs. 5 und 6.
[232] a.a.O. 67.
[233] Vgl. Anm. 234 und 235 hiernach.
[234] Zitiert nach *Amtl. Bull. StR* (1988) 527. Hervorhebung beigefügt.
[235] Zutreffend *Andreas Binder* (1988) 51: «Die Träger der Führungsfunktionen sind einer wirksamen, jedoch die Innovationskraft und Risikobereitschaft nicht hemmenden Kontrolle zu unterstellen». Eindringlich *Rolf Bär* als Experte vor der vorberatenden Kommission des Ständerates *Amtl. Bull. StR* (1988) 527/28; ähnlich *Peter Nobel* (1991) 152.
[236] Vgl. in diesem Sinne etwa *Jean-Paul Thommen* (1991) 636.

dazu führen, dass sich die Verwaltungsräte mehr und mehr zum «*Dienst nach Vorschrift*» angehalten fühlen, so wäre in diesem Punkt die Aktienrechtsreform gründlich fehlgegangen.

B. Die Treuepflicht

Die *Treuepflicht* der Verwaltungsräte stand bisher nicht ausdrücklich im Gesetz, entsprach aber der allgemeinen Rechtsanschauung[237]. Zum Teil war schon bisher die Treuepflicht gegenüber der Gesellschaft strafrechtlich sanktioniert, vor allem durch den Straftatbestand der «ungetreuen Geschäftsführung» in Art. 159 StGB[238], der auf den Kern wirtschaftlich relevanter Untreue abzielt. Das neue Aktienrecht hält nun die allgemeine Treuepflicht sowohl der Verwaltungsräte wie der mit der Geschäftsführung betrauten Personen ausdrücklich fest: diese haben die Interessen der Gesellschaft in guten Treuen zu wahren. 1624

Der Nachteil der neuen Vorschrift liegt einmal darin, dass sie wiederum zu überspannten Anforderungen führen könnte, und andererseits, dass die konkreten Ausfächerungen dieser wichtigen Pflicht aus den dürren Worten «Gesellschaftsinteressen in guten Treuen wahren» nicht herauszulesen sind. 1625

Die Treuepflicht des Verwaltungsrates gemäss Art. 717 Abs. 1 OR 1991 konkretisiert sich in mehreren Hinsichten wie folgt. 1626

1. Keine Interessenverfolgung zu Lasten der Gesellschaft

Der Verwaltungsrat oder das Mitglied der Geschäftsleitung darf schlechterdings keine Geschäfte einseitig zu Lasten der Gesellschaft abschliessen. Wo einer das doch tut, macht er sich im Rahmen von Art. 754 haftbar. Ein Organmitglied, das selber mit der Gesellschaft Verträge schliesst, muss diese im Rahmen üblicher Bedingungen halten; jede wesentliche Begünstigung des Organmitgliedes ist rechtswidrig. Das Bundesgericht hat hervorgehoben: 1627

> «Strenge Massstäbe sind anzulegen, wenn Verwaltungsräte nicht im Interesse der Gesellschaft, sondern im eigenen Interesse, in demjenigen von Aktionären oder von Drittpersonen handeln.»[239]

---

[237] *F. Wolfhart Bürgi* (1969) Art, 722 N. 8; *Anton Thalmann* (1975). Illustrativ *Kurt Jean Gross* (1990) 156 ff. und 171; vgl. auch *Herbert Wohlmann* (1968) zur direkten Frage einer Treuepflicht des *Aktionärs*, insbesondere des *Hauptaktionärs*, 109 f. und *Andreas von Planta* (1981) 83 ff.

[238] «Wer jemanden am Vermögen schädigt, für das er infolge einer gesetzlichen oder einer vertraglich übernommenen Pflicht sorgen soll, wird mit Gefängnis bestraft.»
Dieser Artikel ist Gegenstand einer Strafrechtsreform und soll erweitert werden zu einem Straftatbestand der «*ungetreuen Geschäftsbesorgung*». Vgl. den vom Bundesrat in die Vernehmlassung gegebenen Entwurf von 1991.

[239] BGE 113 II 52 E. 3a.

1628 Das Schweizer Recht – ebenso wie übrigens die Societas Europaea[240] – kennt keinen formalisierten Genehmigungsvorbehalt für Rechtsgeschäfte zwischen der juristischen Person und ihren Organmitgliedern, wie dies für das französische Aktienrecht zutrifft[241]. Ein Selbstkontrahieren in dem Sinne, dass auf beiden Seiten des Rechtsgeschäftes die gleiche Person steht – einmal als Vertreter der Aktiengesellschaft, einmal als Gegenpartei – , ist aber unzulässig[242]. Im übrigen stellt das Schweizer Recht (gleich wie der neueste Vorschlag für die Societas Europaea) auf das gute Funktionieren der Überwachung im Leitungsorgan und auf die pflichtgemässe Ermessensausübung der Beteiligten ab[243].

1629 Es gilt für dieses Ermessen das Prinzip «*dealing at arm's length*»: das Geschäft ist so auszugestalten wie mit einem unbeteiligten Dritten. Auch in personenbezogenen Aktiengesellschaften geraten Organmitglieder etwa in Versuchung und können sich in einer Übergangszone zur vermögensrechtlichen Begünstigung bewegen. Aus aktienrechtlicher Sicht ist die Zone des Ermessens in solchen Fällen recht schmal. Eine Begünstigung, die sich vermögensrechtlich erheblich auswirkt und die nötigen subjektiven Elemente enthält, kann auch strafrechtlich relevant sein.

2. Konkurrenzverbot

1630 Eine Wahrung der Interessen der Gesellschaft ist in guten Treuen nicht möglich, wenn der Verwaltungsrat nebenher der selbst mitgeleiteten Gesellschaft *Kunden abspenstig* macht. Schon unter dem alten Recht schloss man auf allgemeine Unzulässigkeit der Konkurrenzierung[244]. Die *Abgrenzung* bleibt indessen eine Ermessenssache. Schon bei vertraglichen Konkurrenzverboten zeigt sich immer wieder, dass die Unterlassungspflicht sich auf eine direkte, aktive und lokalisierbare Wettbewerbstätigkeit beschränken muss, um durchsetzbar zu sein. Im konkreten Fall ist eine Interessenabwägung erforderlich[245].

3. Verbot von eigentlichen Insidergeschäften (Ausnützung eines Wissensvorsprungs)

1631 Aus der strafrechtlichen Norm des Art. 161 StGB heraus, aber auch direkt als Ausfluss der aktienrechtlichen Treuepflicht muss das Verwaltungsratsmitglied auf eine miss-

---

[240] Siehe Anmerkung 243 hiernach.
[241] Art. 101 LSC.
[242] Wegleitend BGE 63 II 173; zum Problem der Doppelvertretung *Rudolf Tschäni* (1989) 77. *Kurt Jean Gross* (1990) 180 ff. Schwierig zu lösen ist der Fall der Einpersongesellschaft. Wenn die Rechtsordnung eine solche Konfiguration zulässt – und das tut sie im Ergebnis aufgrund von Art. 625 Abs. 2 OR und Art. 708 Abs. 3 OR 1991 –, so muss sie diese Rechtsgeschäfte zulassen. Bei einer Mehrpersonengesellschaft mit einem einzigem Verwaltungsrat ist als Konsequenz des Dogmas von BGE 63 II 173 eine Genehmigung durch die Generalversammlung erforderlich.
[243] Im *Vorschlag SE 1991* ist Art. 73 (Zustimmungsvorbehalt des Aufsichts- oder Verwaltungsorgans für jedes Geschäft, an dem ein Mitglied der Organe ein Interesse hat) wieder gestrichen worden.
[244] *F. Wolfhart Bürgi* (1969) Art. 722 N. 9; *Daniel Würsch* (1989) 30 ff. und 81.
[245] Vgl. *Adrian Plüss* (1990) 42, mit Hinweisen.

bräuchliche *Ausnützung des Wissensvorsprungs*, den es aufgrund seiner Stellung im Unternehmen gegenüber dem Publikum hat, verzichten. Da die Abgrenzungen schwierig und das Interesse der Gesellschaft an Verwaltungsräten, die an die gemeinsame Sache glauben und daher auch einen Teil ihres eigenen Vermögens bei ihr investieren, nach wie vor offensichtlich ist, wird man die in Art. 161 erarbeiteten Abgrenzungen auch im Aktienrecht als massgebliche Leitlinie heranziehen: Nicht jede Ausnützung eines irgendwie gearteten Wissensvorsprungs ist schon treuewidrig. Sie ist es nur in der «*kritischen Zeitspanne*», vor dem Bekanntwerden der heissen Information, und nur hinsichtlich der in Art. 161 definierten besonderen *Ereignisse* (Emission, Unternehmensverbindung und ähnliche Tatbestände vergleichbarer Tragweite). Und es muss sich um eine echte *Insiderinformation* aus dem Herzen der Gesellschaft handeln[246].

In solchen Fällen gilt nicht nur ein Verbot, durch *Ausnützung* des Wissensvorsprungs sich selber zu bereichern, sondern ein ganzes Paket von Normen, darunter eine qualifizierte *Schweigepflicht*[247]. In bestimmten Schranken gibt es auch eine Verantwortung des Verwaltungsrates, zur Einhaltung von Art. 161 StG im eigenen Unternehmen für klare Verhältnisse zu sorgen[248]. 1632

4. Weisungsabhängigkeit

a) Weisungsabhängigkeit im Konzernverhältnis

Im Konzernverhältnis schliessen *aussenstehende Verwaltungsräte von Untergesellschaften* nicht selten Mandatsverträge mit der Obergesellschaft ab. Sie unterwerfen sich damit einerseits den Weisungen der Konzernleitung[249], holen sich anderseits deren Versprechen auf Schadloshaltung ein, sollte ein Gläubiger die Verwaltungsräte der Untergesellschaft verantwortlich machen. 1633

Ein Vertrag, der den Verwaltungsrat zur Treue gegenüber einer anderen juristischen Person als der von ihm geleiteten Gesellschaft verpflichtet, steht nicht in Widerspruch mit dem Schweizer Recht, wenn es sich um das Verhältnis von Konzernmutter- zu Konzerntochtergesellschaft handelt. Das Gesetz kann nicht in Art. 663e davon ausgehen, dass eine Obergesellschaft mehrere Untergesellschaften unter ihrer «*einheitlichen Leitung*» zusammenfasst, ohne eben gerade diese Gesamtleitung auch aktienrechtlich anzuerkennen. In diesem Sinne hat die Vorschrift über die Konzernrechnung indirekt erhebliche rechtliche Auswirkungen. Ist die Einordnung der Gesellschaft als Untergesellschaft in einen Konzern bekanntgemacht, so ist die Ausübung der *Leitungsmacht im Konzerninteresse* grundsätzlich rechtmässig. Dies wirkt sich in dem Sinne aus, dass der an die Konzernleitung gebundene Verwaltungsrat der Untergesellschaft in seine Interessenabwägung die Konzerninteressen gegenüber jenen der Untergesellschaft als Teilnehmerin am Wirtschaftsverkehr einbeziehen darf und muss. Seine Stellung wird dadurch nicht einfacher, wohl aber ist sie rechtlich nicht von vornherein anfechtbar. 1634

---

[246] Vgl. aber für den Fall der *Unternehmensverbindung* die einzigartige rechtliche Figur der «Kontamination» gemäss Art. 161 Abs. 4 StGB.
[247] Vgl. *Renate Wenninger* (1983) 271 ff.; *Bernhard Vischer* (1977) 158 ff.
[248] Dazu *Peter Forstmoser* (1988 D) 128 ff.; *Peter Böckli* (1989) 121 ff. und 136 ff.
[249] Vgl. Art. 663e Abs. 1 OR 1991.

1635 Ein ausgebautes Konzernrecht müsste den *Interessenkonflikt*[250], in dem der Verwaltungsrat einer Konzernuntergesellschaft notwendigerweise steht, auf zweckmässige Weise ausdrücklich lösen[251].

b)   Weisungsabhängigkeit ohne Konzernverhältnis

1636 In der Praxis kommt es immer wieder vor, dass ein Verwaltungsrat sich auch *ausserhalb* einer Konzernstruktur durch *Mandatsverträge* den konkreten Weisungen einer anderen Person – normalerweise jenen des Haupt- oder Alleinaktionärs – unterwirft.

1637 Solche Verträge verwendet die Schweizer Praxis fast bedenkenlos[252]. Im Lichte der neuen Art. 716a und 717 erscheinen sie indessen als problematisch. Sie stehen einmal in einem Spannungsverhältnis mit der Pflicht, die Interessen der Gesellschaft gemäss Art. 717 OR 1991 in guten Treuen zu wahren. Sie sind jedoch insoweit heute unvereinbar mit dem zwingenden Aktienrecht, als sich der Verwaltungsrat dadurch im Bereich der neu konzipierten *Hauptaufgaben*, die dem Verwaltungsrat unübertragbar und unentziehbar zustehen[253], unmittelbar einem fremden Willen unterwirft. Das Schweizer Recht hat nun, ohne es zu sagen, in dieser Hinsicht einen Grundgedanken des deutschen Rechtes für den Vorstand übernommen: der Verwaltungsrat handelt im Bereich seiner Hauptaufgaben gemäss Art. 716a nun gleichfalls zwingend «*unter eigener Verantwortung*»[254]. Der Verwaltungsrat darf sich im Bereich der Hauptaufgaben, wo er nach eigenem bestem Wissen und Gewissen zu handeln hat, nicht an Dritte ketten.

c)   Rechtliche Folgen

1638 Einer Bindung durch Mandatsvertrag ist insoweit die rechtliche Wirkung zu versagen, als sie gegen die Konzeption des Verwaltungsrates als Beratungs- und Beschlussorgan, zusammengesetzt aus eigenverantwortlichen natürlichen Personen, verstösst. Das neue Aktienrecht setzt insofern der Vorstellung eines «treuhänderischen Verwaltungsrates»[255] enge Grenzen, jedenfalls ausserhalb des Konzernverhältnisses. Unvereinbar mit Art. 716a ist insbesondere jede *verbindliche konkrete Weisung* zu einem *Sachgeschäft*, in dem der Verwaltungsrat aufgerufen ist, seine eigene Meinung im Interesse der Gesellschaft zu bilden und durch Stimmabgabe zum Willen der Gesellschaft zu machen.

1639 Rechtlich wirksam ist nur eine Anbindung an die *Berücksichtigung von Gesichtspunkten in der Ermessensausübung,* nie eine eigentliche Instruktionsbefolgungspflicht im Verwaltungsrat[256]. Es wäre ein Possenspiel, wenn natürliche Personen sich treffen und beratend zu einem Entschluss kommen sollen, während in Wirklichkeit einer (oder mehrere von ihnen, oder jedenfalls der Ausschlaggebende) sich schon der den übrigen Sitzungsteilnehmern völlig unbekannten *vorherigen Weisung eines Abwesenden* unterwor-

---

[250] Vgl. *Flurin von Planta* (1988) 161 ff. und 1977/78; *Roland Ruedin* (1988) 198 ff.; *Markus P. Stebler* (1988) 13 ff.
[251] Für Offenlegung schon *Hans-Peter Büchler* (1971). Zum Konzernrecht Rz 1177 ff.
[252] Hinweise bei *Andreas von Planta* (1983) 602 Anm. 27; *Peter Nobel* (1991 C) 63 ff.
[253] Art. 716a OR 1991.
[254] Vgl. § 76 Abs. 1 AktG.
[255] Vgl. *Renato Giudicelli* (1979).
[256] Offenbar tendenziell anderer Ansicht *Peter Nobel* (1991 C) 73.

fen hat. Das Vexierbild eines derartigen «dialogue de sourds» im Verwaltungsrat ist sowohl rechtlich wie menschlich unerträglich.

So viel ist mit Art. 716a OR 1991 vereinbar: der Verwaltungsrat kann sich dazu verpflichten, grundsätzlich gemäss den ihm bekanntgegebenen *Interessen eines Dritten* als Auftraggeber zu handeln, solange diese Drittinteressen mit denen der von ihm verwalteten Gesellschaft vereinbar sind und diese Interessenlage den übrigen Mitgliedern des Verwaltungsrats bekannt ist. Dies bedeutet niemals eine Pflicht zur Befolgung von konkreten Einzelinstruktionen[257] im Bereich der Hauptaufgaben.

1640

5. Ausstandregeln im Verwaltungsrat

a) Reglement

Das Schweizer Recht kennt keine *Ausstandregeln* für den Verwaltungsrat. Es ist gegebenenfalls Sache des Reglementes, die nötigen Bestimmungen aufzustellen. Grundsätzlich kann jeder Verwaltungsrat auch in Angelegenheiten, in denen er gewisse persönliche, der Gesellschaft mehr oder weniger zuwiderlaufende Interessen hat, mitstimmen. Vielleicht haben die Aktionäre – trotz Majorzwahl – eine bestimmte Person in den Verwaltungsrat gewählt, um dieser Gelegenheit zu geben, besonderen Interessen im Verwaltungsrat Gehör zu verschaffen. Es wäre geradezu widersinnig, einen Mitarbeitervertreter im Verwaltungsrat sitzen zu lassen, nur um ihn in den Ausstand zu bitten, sobald über eine Frage abgestimmt wird, in der die Interessen der Arbeitnehmer mit jenen der Gesellschaft als Arbeitgeberin nicht parallel laufen.

1641

b) Direkter Interessenkonflikt

Aus der Treuepflicht des Art. 717 ist jedoch abzuleiten, dass das einzelne Mitglied verpflichtet ist, in den *Ausstand* zu treten, sobald ein qualifizierter Interessenkonflikt vorliegt. Vor allem trifft dies zu, wenn der einzelne Verwaltungsrat für sich oder eine nahestehende Person mit der Gesellschaft als seiner *direkten Marktgegenseite* ein Rechtsgeschäft abschliesst, sei es ein Arbeitsvertrag oder ein Darlehens- oder Kaufvertrag[258].

1642

Ein klassischer Fall des Interessenkonflikts tritt auf, wenn ein massgeblich beteiligter oder beherrschender Aktionär, der dem Verwaltungsrat angehört oder dort vertreten ist, ein ihm oder einer nahestehenden Person gehörendes Grundstück oder Beteiligungspaket an die Gesellschaft verkauft. Nicht anders verhält es sich im umgekehrten Fall, nämlich wenn ein massgeblich beteiligter oder der Hauptaktionär der Gesellschaft ein

1643

---

[257] Der bei *Peter Nobel* (1991 C) 63 abgedruckte Fall des tschechischen Grossindustriellen B. spricht Bände. Der fiduziarische Verwaltungsrat verpflichtet sich, die Verwaltungsratsstelle «ganz nach dessen Willen und Weisungen auszufüllen».

[258] Vgl. die Norm des Vereinsrechts, die zwar nicht direkt anwendbar ist, aber das Prinzip festhält; «Jedes Mitglied ist von Gesetzes wegen vom Stimmrechte ausgeschlossen bei der Beschlussfassung über ein Rechtsgeschäft oder einen Rechtsstreit zwischen ihm, seinem Ehegatten oder einer mit ihm in gerader Linie verwandten Person einerseits und dem Vereine andererseits.» (Art. 68 ZGB).

werthaltiges Objekt abkauft. In allen derartigen Fällen ist die Treuepflicht des Art. 717 Abs. 1 OR nur eingehalten, wenn der als Marktgegenseite der juristischen Person am Geschäft interessierte Verwaltungsrat in den *Ausstand* tritt und auch eine indirekte Beeinflussung des Exekutivorgans unterlässt.

1644 Unter dem Gesichtspunkt des Interessenkonfliktes kann auch etwa die Stellung eines *Bankdirektors* (oder eines andern Erbringers von marktmässig angebotenen Dienstleistungen) im Verwaltungsrat heikel sein. Die Frage wird nach wie vor durch das Gesetz nicht gelöst; Lehre[259] und Praxis[260] beschränken sich darauf, die schwierige Stellung vor allem dessen zu beschreiben, der in einem konkreten Sachgeschäft gleichzeitig als Organ der Bank Gläubigerinteressen, als Organ der Gesellschaft Schuldnerinteressen zu wahren hat[261].

c) *Pflichten der übrigen Verwaltungsräte*

1645 Der übrige Verwaltungsrat seinerseits muss der Situation eines Interessenkonflikts mit *erhöhter Wachsamkeit* begegnen. Er muss auf dem Ausstand des betroffenen Verwaltungsrates beharren. Er kommt, vor allem wenn die Transaktion im Verhältnis zu den Gesellschaftsmitteln ins Gewicht fällt, um die Einholung der Meinung unabhängiger Sachverständiger oft nicht herum. Sowohl das Verbot der verdeckten Gewinnentnahme[262] wie das Gleichbehandlungsprinzip verlangen, dass der übrige Verwaltungsrat ein «dealing at arm's length» (Geschäftsabwicklung wie mit einem Dritten) durchsetzt; sie rufen nach dem eindeutigen Vorrang der Gesellschaftsinteressen.

6. Der Hauptaktionär als Verwaltungsrat

1646 Der Hauptaktionär darf nicht nur selber Verwaltungsrat sein, er wird dieses Amt fast immer für sich oder seine Interessenvertreter beanspruchen. Der Hauptaktionär steht damit aber in einer *latenten Konfliktlage*; er muss in seiner Eigenschaft als Verwaltungsrat strikt die Interessen der Gesellschaft als solchen und damit indirekt auch der übrigen Aktionäre wahren. Nimmt er das Verwaltungsratsmandat an, so tritt er damit in eine eigenverantwortliche Stellung, in der er die Gesellschaftsinteressen – wenn diese ausnahmsweise mit den eigenen im Konflikt stehen – seinen persönlichen Zielen voranzustellen hat[263].

7. Der Minderheitsvertreter im Verwaltungsrat

1647 Dasselbe gilt mit anderen Vorzeichen für den *Minderheitsvertreter* oder den Vertreter einer in den Rechten zurückgesetzten Aktienkategorie. Hat er das Mandat angenommen,

---

[259] *Peter Forstmoser* (1984C) 68.
[260] *Heinrich M. Meier*, Finanz und Wirtschaft Nr. 76 vom 28. September 1991, 25.
[261] Kritisch kann diese Position auch unter dem *Insiderstrafrecht* sein, *Peter Böckli* (1989) 112 ff.
[262] Kaptel 9/IV, Rz 1411 ff.
[263] Vgl. BGE 113 II 52 E. 3a. Zur Problematik *Herbert Wohlmann* (1968) 109/10 und *Andreas von Planta* (1981) 83 ff.

so ist er in erster Linie eigenverantwortliches *Organmitglied*, erst in zweiter der Vertreter von Sondergesichtspunkten. Die Treue- und Sorgfaltspflicht des Art. 717 Abs. 1 gilt für ihn ebenso wie für jeden andern.

8. Schweigepflicht[264]

Während das Gesetz den Revisor zu tiefem Schweigen ermahnt[265] und dem Sonderprüfer – wie gezeigt – eine Gratwanderung zwischen Darlegungsgebot und Schweigepflicht zumutet[266], schweigt es zur verwaltungsrätlichen Schweigepflicht. 1648

Das Verbot des Ausplauderns von Interna ergibt sich hinsichtlich der eigentlichen «*Geschäftsgeheimnisse*»[267] und hinsichtlich der «*erheblich börsenwirksamen Informationen*» aus dem Strafgesetzbuch[268]. Aus der Treuepflicht des Art. 717 Abs. 1 – nach *Bürgi* aus der Sorgfaltspflicht[269] – kann ein noch darüber hinausgehender Bereich der Schweigepflicht abgeleitet werden. Auch sensitive Interna, die nicht die Qualität schutzwürdiger Geschäftsgeheimnisse haben, deren Bekanntwerden aber der Gesellschaft schadet, fallen unter die Schweigepflicht. Zudem erfasst die aktienrechtliche Treuepflicht im strafgesetzlich abgesteckten Geheimbereich auch das bloss *fahrlässige* Ausplaudern, eine Art des Fehlverhaltens, die durch die Maschen des Strafgesetzbuches schlüpft[270]. 1649

Hinsichtlich der Geschäftsgeheimnisse ist der Verwaltungsrat *Geheimnisherr*. Er kann Geheimnisse preisgeben, ja muss dies nicht selten im Rahmen seiner Führungsfunktion, die untrennbar verbunden ist mit einer Orientierungspflicht. Führung ohne Orientierung ist unmöglich. Insoweit, als die Informationspreisgabe den Interessen der Gesellschaft dient, bestehen auch unter dem Gesichtspunkt der aktienrechtlichen Treuepflicht keine Probleme. 1650

---

[264] Vgl. *Renate Wenninger* (1983) 135 ff.
[265] Art. 730 OR 1936 und (ausgedehnt auch auf die Auskunftserteilung gegenüber Aktionären) Art. 730 Abs. 1 und 2 OR 1991.
[266] Art. 697d Abs. 4 und 697e Abs. 1 Satz 1 OR 1991.
[267] Art. 162 StGB.
[268] In der kritischen Zeitspanne, Art. 161 Ziff. 1 (am Ende) StGB; zur Abgrenzung vgl. *Peter Böckli* (1989) 67 ff.; *Günter Stratenwerth* (1990) § 2 N. 27.
[269] *F. Wolfhart Bürgi* (1969) Art. 722 N. 11/12. Dieser geht in seiner Absolutheit indessen zu weit.
[270] Das Strafgesetzbuch zielt im allgemeinen, und so bei diesen beiden Tatbeständen, nur auf *Vorsatz* ab, Art. 18 Abs. 1 StGB.

C. Die Gleichbehandlungspflicht

1. Der Grundsatz[271]

1651 Der Ständerat hat dem neuen Art. 717 eine Bestimmung hinzugefügt, wonach der Verwaltungsrat unter gleichen Voraussetzungen die Aktionäre gleich zu behandeln hat[272]. Damit ist das bisher ungeschriebene *Gleichbehandlungsprinzip*[273] nicht nur im Sinne eines Grundes zur Anfechtung von Generalversammlungsbeschlüssen[274], sondern als positive Handlungsmaxime für das Leitungsorgan im Gesetz festgehalten[275]. Es handelt sich nicht um ein Gebot formeller oder absoluter Gleichstellung, sondern nur um Gleichbehandlung «unter gleichen Voraussetzungen». Abweichungen von der Gleichheit sind möglich, wenn das Interesse der Gesellschaft es verlangt und die Anforderungen des sachlichen Grundes, der Erforderlichkeit und des Übermassverbots eingehalten werden. Es ist auf die früheren Erläuterungen zu verweisen[276].

1652 Die *Bedeutung* des neuen Absatzes ist nicht zu unterschätzen. Manche frühere Ermessensentscheide von Verwaltungsräten waren beeinflusst durch die Tatsache, dass das Gleichbehandlungsprinzip nirgends ausdrücklich im Aktienrecht stand, sondern nur «Jurischtezüüg»[277] war. Die Praxis des Bundesgerichts liess dabei hin und wieder recht hemdsärmlige Ungleichbehandlungen durchgehen[278].

1653 Da es in einer Gesellschaft praktisch *sehr viele Möglichkeiten* gibt, ohne formale Generalversammlungsbeschlüsse die Aktionäre ungleich zu behandeln bzw. einzelne Aktionärsgruppen zu bevorzugen, verstärkt der neue Absatz ohne jeden Zweifel die Stellung der *Minderheitsaktionäre* bzw. der Opposition. Indes bleibt es dabei, dass Verwaltungsratsbeschlüsse nicht anfechtbar sind. Steht nicht geradezu eine Feststellungsklage auf Nichtigkeit zur Debatte, kann die Sanktion einer Ungleichbehandlung durch den Verwaltungsrat im Antrag auf Nichterteilung der Entlastung, im Antrag auf Nichtwiederwahl des Verwaltungsrates, im Antrag auf eine Sonderprüfung und schliesslich in einer Verantwortlichkeitsklage gegen die Schuldigen liegen[279].

---

[271] Vgl. § 53a AktG; *Vorschlag SE 1991*, Art. 40.
[272] *Amtl. Bull. StR* (1988) 515.
[273] Wegleitend *Walter R. Schluep* (1955) 320 ff. und *Heinrich Stockmann* (1971) 387 ff.; BGE 95 II 162; 102 II 265.
[274] Art. 706 Abs. 2 Ziff. 3 OR 1991.
[275] Art. 717 Abs. 2 OR 1991.
[276] Kapitel 12/II, Rz 1905 ff.
[277] Grundlegend schon BGE 69 II 248 ff.
[278] BGE 88 II 98 (Fall Knie).
[279] Hier könnte einer der Fälle einer Verantwortlichkeitsklage nach Art. 754 ausserhalb der Insolvenz zufolge *direkter Schädigung* (Klage auf Leistung an den Kläger) gegeben sein.

2. Konkrete Auswirkungen

Ein gut beratener Verwaltungsrat wird sich unter dem neuen Aktienrecht mehrere *Praktiken*, die unter dem alten Recht mehr oder weniger frohen Mutes befolgt worden sind, zweimal überlegen: 1654

(1) In ein neues rechtliches Licht sind jene Praktiken getaucht, mit denen manche *personenbezogene Aktiengesellschaft* die im Verwaltungsrat oder in der Geschäftsleitung installierten Aktionäre gegenüber den Aussenseitern zu bevorzugen pflegte. 1655

(2) Das Angebot des *Rückkaufs eigener Aktien* an einen bestimmten Aktionär oder eine bestimmte Aktionärsgruppe ist nach neuem Recht nicht nur durch Art. 659 ff. beschränkt, sondern auch unter Art. 717 Abs. 2 OR 1991 kritisch. Dies gilt vor allem, wenn es sich um einen nach amerikanischem Muster ablaufenden Auskauf des lästigen Aktionärs mit massgeblicher Beteiligung handelt («green mail»)[280]. Ein Verwaltungsrat, der sichergehen will, kann solche Transaktionen nur noch durchführen, wenn er einen überzeugenden sachlichen Grund für eine Differenzierung hat oder allen Aktionären unter vergleichbaren Verhältnissen gleiche oder mindestens ähnliche Angebote macht. 1656

(3) Die besondere Sorgfaltspflicht eines Verwaltungsrates, welcher ein Geschäft zwischen *der Gesellschaft* und einem seiner *Mitglieder* (oder einer diesem nahestehenden Person) abschliesst, ist durch das Gleichbehandlungsprinzip zusätzlich abgestützt. Selten trifft man einen Verkäufer eines grossen Objektes, der für seinen Entschluss nicht auch drängende Gründe hat – diese aufzudecken und zu wägen ist Sache des Verwaltungsrates. 1657

(4) Auch im Umgang mit *Auskunfts- und Einsichtbegehren* von Aktionären (oder, wenn die Voraussetzungen dafür gegeben sind, von Gesellschaftsgläubigern) und allgemein bei der gezielten Weitergabe von relevanten Informationen an einzelne Aktionäre[281] hat das Gleichheitsgebot für den Verwaltungsrat Auswirkungen. 1658

(5) Ob das Parlament die *Vinkulierungspraxis* bei der Aufnahme des Gleichbehandlungsgebotes in den Verhaltenskodex des Verwaltungsrates im Auge hatte, ist nicht eindeutig. Es versteht sich aber von selbst, dass Art. 717 Abs. 2 auch auf Ermessensentscheide des Verwaltungsrates in jenem Gebiet Anwendung finden wird. Dies hat Bedeutung dort, wo die Statuten dem Verwaltungsrat eine Befugnis zur Einräumung von *Ausnahmen* zugestehen, vor allem bei der Quotenregelung gemäss dem neuen Art. 685d[282]. 1659

Es bleibt abzuwarten, was die Praxis aus Art. 717 Abs. 2 machen wird. Sicher ist, dass diese Bestimmung potentiell eine *grosse rechtliche Tragweite* für den Minderheitenschutz in schweizerischen Aktiengesellschaften hat. 1660

---

[280] Vorn Kapitel 3/VII/B/3, Rz 393 ff.
[281] Auch ausserhalb des Zielbereiches von Art. 161 Ziff. 1 (am Ende) StGB.
[282] Rz 595 ff. Ähnlich auch bei der Stimmkraftbegrenzung gestützt auf Art. 692 Abs. 2 OR.

VII. Der Verwaltungsrat im Übernahmekampf und in der Krise

A. Übernahmekampf

1. Kampf um die Beherrschung der Gesellschaft

1661 Das Gesetz enthält keine Bestimmungen, auch keine Andeutungen (ausser vielleicht Art. 663c) zu dem seit den achtziger Jahren vermehrt aufgetretenen Phänomen des *Übernahmekampfes*[283] und zur Rolle des Verwaltungsrates in einem solchen Vorgang auf dem «Markt für Unternehmenskontrolle»[284]. Der Antrag Villiger zur Regelung des »*öffentlichen Übernahmeangebots*» in neuen Artikeln des Aktienrechts (Art. 751a, 751b und 751c) fand im Parlament nicht hinreichende Gefolgschaft[285].

1662 In der Tat ändert sich in einer *ausserordentlichen* Lage, wie sie durch ein Übernahmeangebot ausgelöst wird, die Stellung des Verwaltungsrates so tiefgreifend, dass an sich ein Regelungsbedarf auch hinsichtlich der «Zielgesellschaft» und ihrer Organe nicht verneint werden kann. Die Veränderungen sind zunächst rein tatsächlicher Natur, haben aber dann sogleich enorme rechtliche Konsequenzen, so dass ein Blick auf diese Situation keineswegs überflüssig ist. In der Tat sieht sich der Verwaltungsrat plötzlich in neuartige Rollen gedrängt.

a) «*Time is of the essence*»

1663 Der Verwaltungsrat sieht sich von diesem Augenblick an gezwungen, praktisch ständig in der *Echtzeit* zu handeln. Im Gegensatz zum normalen Beschlussrhythmus, in Erfüllung seiner Oberleitungs-, Wahl- und Überwachungsfunktion, muss er nun plötzlich unter höchstem Zeitdruck agieren und unverzüglich reagieren. Den einzelnen Beschluss kann er nur in einem ganz engen zeitlichen Fenster – hier, heute, oder heute Nacht, oder Sonntag früh – fassen und verwirklichen. Stellt der Verwaltungsrat sich auf diesen für ihn ungewohnten Umgang mit der Zeit nicht sofort ein, so hat er die Initiative verloren und damit das Wesentliche, zu dem er durch das neue Aktienrecht aufgerufen ist – *die Oberleitung* – , bereits zu einem guten Teil abgegeben.

---

[283] Vgl. dazu den schweizerischen *Übernahme-Kodex* und den geänderten Vorschlag für eine *13. EG-Richtlinie* auf dem Gebiet des Gesellschaftsrechts über Übernahmeangebote, vom 10. September 1990 (ABl. Nr. C 240 vom 26. September 1990).

[284] *Peter Forstmoser*, Unfriendly Take-Over, Politik und Wirtschaft 2 (1987), 3/47; *Christian J. Meier-Schatz* (1987) 16 und (1988) 106 ff.; *Peter Böckli*, NZZ Nr. 48 vom 27. Februar 1988, 33/34; *André Kuy* (1989) 16 ff. und 67 ff.; *Markus Steinmann* (1989); *Jean Nicolas Druey* (1990) 165 ff; *Peter Nobel* (1987) 163 und *Klaus Oesch* (1984); *Christian J. Meier-Schatz* (1992) 35 ff.

[285] *Amtl. Bull. StR* (1988) 519 ff.

b) Konzentration der Leitungsmacht

Es kommt automatisch zu einer noch stärkeren *Verschiebung der internen Leitungsfunktion auf den Präsidenten* und eine ihn unterstützende kleine Kerngruppe hin. Jetzt zeigt sich die wahre Bedeutung jener im Gesetz mehr nur angedeuteten Funktionsstelle, des Präsidenten. Der Verwaltungsrat ist in der Krise praktisch ausserstande, im grossen Gremium zeitgerecht zu handeln oder dem Präsidenten in die Zügel zu greifen.

1664

c) Richtungskämpfe

In der Krise läuft jeder Verwaltungsrat Gefahr, sich zu *spalten*: im Verlaufe des Kampfes gruppieren sich «Tauben» und «Falken». Nicht selten gesellen sich dazu dann auch viele neutrale «Spatzen», die weder sich dem Angreifer entgegenstellen noch diesem möglichst rasch die Schlüssel übergeben möchten, wohl aber ein einziges Ziel vor Augen haben: in Ruhe und Anstand im Verwaltungsrat zu überleben. Charaktereigenschaften und persönliche Rücksichten, die während «normaler» Sitzungen kaum an die Oberfläche treten, bestimmen nun plötzlich in der Krise die Debatten im Verwaltungsrat. Schliesst der Präsident selbst sich den «Tauben» an, so ist der Kontrollübergang – vorbehältlich einer Revolte in letzter Minute – bereits eine vollendete Tatsache. Dies ist rechtlich von Bedeutung, weil ganz offensichtlich der Verwaltungsrat Mühe haben muss, gleichzeitig seine internen Richtungskämpfe auszutragen und die laufenden Geschäfte, die ja gleichzeitig seine Aufmerksamkeit erheischen, sorgfältig zu verrichten.

1665

d) Verantwortlichkeit

Die *Verantwortlichkeit* des Verwaltungsrates einer Zielgesellschaft im Übernahmekampf ist damit aus vielen Gründen zugleich erheblich verschärft. Er sieht sich hin und her gerissen:

1666

(1) zwischen den Anforderungen des Tagesgeschäftes und der Planung oder Ausführung von *Abwehrmassnahmen*;

(2) zwischen dem wohlverstandenen langfristigen Interesse des Unternehmens (als Wirtschaftseinheit im kompetitiven Markt) und dem kurzfristigen Interesse an der Erhaltung der eigenen *Position*;

(3) zwischen aufblitzenden Ideen für effektvolle Gegenmassnahmen und den *rechtlichen Schranken*[286];

(4) zwischen dem Unternehmensinteresse – darin eingeschlossen insbesondere örtliche Interessen und jene der Arbeitnehmer – und dem Interesse der Aktionäre an der Maximierung des Aktienpreises, an einem möglichst hohen *Kapitalgewinn*; kurz zwischen seiner Treue gegenüber dem Unternehmen und seiner Treue gegenüber den Aktionären.

---

[286] Vgl. die Aufzählung denkbarer Verteidigungsmassnahmen des Verwaltungsrates bei *André Kuy* (1989) 67 ff., von denen die meisten hart an Rechtsnormen stossen.

1667 Das neue Aktienrecht bietet gewisse erkennbare Leitlinien. Der Verwaltungsrat ist, im Gegensatz zu gewissen Strömungen in den USA, mit der sorgfältigen, d.h. vor allem *langfristig ausgerichteten Oberleitung des Unternehmens* beauftragt, nicht mit einer kurzfristigen und transaktionsbezogenen Maximierung von Kapitalgewinnen seiner Aktionäre. Zwar bleibt die Stellung des Verwaltungsrates im Übernahmekampf auch so noch schwierig genug, aber diese eine Antwort ergibt sich aus dem Gesetz. Das Leitungsorgan schuldet Sorgfalt und Treue dem Unternehmen, und damit nur reflexweise auch den Aktionären. Diesen gegenüber ist der Verwaltungsrat zwar zur Gleichbehandlung verpflichtet; doch er hat gegenüber den Anteilseignern nach Schweizer Recht *keine direkte «fiduciary duty»*. Er ist nach der Konzeption unseres Gesetzes auch im Übernahmekampf nicht einfach Aktionärvertreter, sondern Leitungsorgan[287].

2. Folgerungen

1668 Es ist Sache der kapitalmarktrechtlichen Gesetzgebung[288], die Rollen des Aufkäufers einerseits und der Leitungsorgane seines ausgewählten Opfers, der «*Zielgesellschaft*» anderseits, näher festzulegen und in ein ausgewogenes Verhältnis zu bringen. Aus der Sicht des Aktienrechts drängen sich folgende Schlüsse auf:

a) Rechtswidrigkeit eigentlicher «Giftpillen»

1669 Erlaubt (aber letztlich von beschränkter Wirkung) sind die «klassischen» drei Massnahmen: Vinkulierung mit Quote, Stimmkraftbegrenzung und «lock-up», d.h. die Erschwerung der Aufhebung von statutarischen Schutzklauseln. *Abwehrmassnahmen* dagegen, die nur dazu bestimmt sind, den Übergang der Kontrolle zu verhindern, indem sie die Gesellschaft langfristig schädigen oder ihrer Mittel zum wirtschaftlichen Existenzkampf berauben, sind unzulässig. Dazu gehören insbesondere die «*Giftpillen*»[289] im weiteren Sinn, die programmierte Verwässerung oder Verschlechterung ausstehender Papiere und weitere Massnahmen, die die Gesellschaft derart schwächen, mit Schulden beladen oder ihrer wesentlichen Aktiven oder Erfolgspositionen berauben, dass das Ziel für den Angreifer unattraktiv, die Beute ungeniessbar wird.

1670 Insoweit, als sie genau diesem Ziel dienen, sind rechtlich anfechtbar auch die aus USA importierten «*goldenen Fallschirme*». Das sind aufschiebend-bedingte, auf den Tag des Machtwechsel oder der Entlassung nach dem Machtwechsel zwischen Gesellschaft und Spitzenkader vereinbarte hohe Abgangsentschädigungen. Im typischen Fall sind die Summen enorm; ihre Höhe geht über eine wirtschaftlich gerechtfertigte und anständige Abfindung weit hinaus.

---

[287] Ähnlich *Jean Nicolas Druey* (1990) 164 f. Gewisse Vorstellungen des angelsächsischen Rechtskreises würden, in unsere Rechtssprache übertragen, darauf hinauslaufen, dass der Verwaltungsrat *negotiorum gestor*, Geschäftsführer ohne Auftrag, der Aktionäre wäre.

[288] Vgl. den Vorentwurf zum Börsen- und Effektenhandelsgesetz vom März 1991; dazu *NZZ* Nr. 218 vom 20. September 1991, 39. Motion zum Erlass eines Börsen- und Übernahmegesetzes vom 14. September 1989, abgedruckt *Amtl. Bull. NR* (1990) 1393; *Christian J. Meier-Schatz* (1992) 47 ff.

[289] Man hört den Ausdruck in der Schweiz etwa auch – missverständlich – für das, was der amerikanische Börsenjargon als «*shark repellents*» bezeichnet, d.h. institutionelle Erschwerungen der Machtergreifung durch den Angreifer.

Rechtlich unzulässig sind schliesslich jene *Aktionärbindungsverträge*, durch die der Verwaltungsrat eine loyale Gruppe von Aktionären direkt an den Willen der Gesellschaft binden möchte. Sie sind als Rechtsgeschäfte der juristischen Person ohne Wirkung; der Verwaltungsrat als Organ hat keine Vertretungsmacht zum Abschluss von Verträgen, mit der die Aktiengesellschaft die Bildung ihres eigenen Willens festbindet[290].

1671

b)   Keine Lähmung

Das heisst umgekehrt keineswegs, dass der Verwaltungsrat – wie es gewissen Leuten vorschwebt – vom Tage der Eröffnung des Übernahmekampfes an *gelähmt* sein müsste. Im Gegenteil: er behält die volle Verfügungsmacht und damit die Verantwortung, und er kann auch alle ausserordentlichen Massnahmen und Strukturänderungen beschliessen, die das Unternehmensinteresse verlangt[291]. Insoweit gehen gewisse kapitalmarktrechtliche Ansätze, die aus dem Verwaltungsrat der Zielgesellschaft am liebsten eine erstarrte Schlange vor dem Mungo machen würden[292], weit über alles hinaus, was sich nach Schweizer Recht ergibt. Der Verwaltungsrat bleibt in der Verfolgung wohlverstandener Unternehmensinteressen befugt, Rechtsgeschäfte vorzunehmen, die den Bestand der Aktiven und Passiven bedeutend verändern[293]; er bleibt befugt – falls ein Beschluss der Generalversammlung ihn dazu ermächtigt – Aktien auszugeben, und befugt schliesslich, eigene Aktien zurückzukaufen oder die oberste Geschäftsleitung zu verändern. Alle solchen Massnahmen sind nicht *per se* verboten. Aber der Verwaltungsrat sieht sich verschärften Anforderungen an sein Urteil und seine Sorgfalt in der Wahrung nicht seiner eigenen Machtposition, sondern der längerfristigen Unternehmensinteressen unterworfen.

1672

---

[290] *Peter Böckli* (1961) 63 ff.; *André Kuy* (1989) 80. Der Verstoss gegen die Grundstruktur der Aktiengesellschaft, der darin liegt, ist dagegen so wichtigen Autoren wie *F. Wolfhart Bürgi* (1957) Art. 692 N. 42 und *Walter R. Schluep* (1955) 139/40 nicht aufgefallen. Vorn Rz 1443.

[291] Anders der Vorentwurf zu einem Bundesgesetz über die Börsen und den Effektenhandel vom März 1991, Art. 20; Bericht 77 ff. Vgl. dagegen *Übernahmekodex* Ziff. 6, Hervorhebungen beigefügt:
«*Ziff. 6 (Pflichten der Organe der betroffenen Aktiengesellschaft)*
6.1. Die zuständigen Organe der Gesellschaft sind im Rahmen des Gesetzes und der Statuten *in der Wahl von Gegenmassnahmen frei*; insbesondere dürfen sie die Eintragung des Anbieters ins Aktienregister gemäss Statuten verweigern. Die Kommission muss darüber orientiert werden.
6.2. Verfügt der Anbieter zusammen mit einer bereits gehaltenen Beteiligung und aufgrund der eingereichten Annahmen über 10% oder mehr des Aktienkapitals, so kann er die Einberufung einer Generalversammlung und die Traktandierung von Verhandlungsgegenständen verlangen, *damit sich die Generalversammlung zu den Gegenmassnahmen äussern kann*. Der Verwaltungsrat muss die Generalversammlung raschmöglichst einberufen.
6.3. Die Gesellschaft (sowie die mit ihr direkt oder indirekt zusammen vorgehenden Personen) darf *keine die Börsenkurse manipulierenden Handlungen* vornehmen.»

[292] Vgl. insbesondere die Vorstellungen, die im Vorschlag für die *13. EG-Richtlinie* vom 10. September 1990 ihren Niederschlag gefunden haben. In diese Richtung tendieren stellenweise auch *Forstmoser/Hirsch* (1985) 31 und sehr deutlich der Vorentwurf 1991 (Anm. 291).

[293] Er kann also auch ein «*Kronjuwel*» verkaufen, falls der Verkauf sich aus der längerfristigen Unternehmensstrategie aufdrängt und nicht bloss eine abrupte Desinvestition darstellt, um die Beute unattraktiv zu machen.

1673 Der Verwaltungsrat ist aktienrechtlich verpflichtet, für den Fall des Verlustes seiner eigenen Machtposition das Unternehmen als «*bestelltes Haus*» zurückzulassen. Denn Machtwechsel sind nach Schweizer Recht nicht nur mögliche, sondern im Grundsatz rechtmässige Vorgänge.

c) Intervention Dritter

1674 Der Verwaltungsrat bedarf sodann im Übernahmekampf fast immer *als Gremium der Beratung*. Er steht in einem derartigen Gewirr von Unterlassungspflichten, Handlungsbedarf und Interessenkollisionen, dass er nur zu leicht den Überblick verliert. Seine Interessen als verantwortliches Leitungsorgan können im Einzelfall scharf von jenen einzelner Verwaltungsratsmitglieder abweichen, auch von jenen einzelner Protagonisten in der Geschäftsleitung oder – horribile dictu – den Tendenzen der eigenen Rechtsabteilung.

1675 Der Verwaltungsrat kann, getrieben vom Handlungsbedarf in der Echtzeit, meist nur mit *Unterstützung* durch Bücherexperten und andere Spezialisten, darunter Kommunikationsspezialisten, die Situation genügend rasch durchschauen, die Handlungsmöglichkeit und ihre Klippen erkennen, konsequent und zielgerecht entscheiden, die Mitarbeiter und die Aussenwelt zeitnah und in der richtigen Reihenfolge orientieren.

B. Das Unternehmen in der Krise

1676 Gerät das Unternehmen in eine Krise, steht sein Überleben als Wirtschaftseinheit akut in Gefahr, so gleichen die einschneidenden Veränderungen, denen der Verwaltungsrat ausgesetzt ist[294], weitgehend jenen in einem Übernahmekampf:

(1) der Verwaltungsrat muss plötzlich *hier und jetzt entscheiden*[295], und trotzdem mit Bedacht auf die vielfältigen Konsequenzen. Dies vor allem, weil ein nachträglicher Kurswechsel, mit Befehl und Gegenbefehl, in der Krise noch verheerendere Auswirkungen hat als im normalen Geschäftsgang. Es kommt zur «Dominanz des Dringlichen über das Wesentliche»[296];

(2) fast notwendigerweise *konzentriert sich die Leitungsmacht* beim Präsidenten oder wenigen initiativen Personen;

(3) es entsteht die Gefahr einer *Spaltung* im Verwaltungsrat (und dann auch im Management).

---

[294] Vgl. *Klaus Oesch* (1984) *31 ff.; Uwe Baltzer* (1983) 320 ff.; *Robert Holzach* (1983) 7-9; *Anderson/ Anthony* (1986) 63 ff.; *Rainer Müller* (1986); *Martin Lüthy* (1988) 57. ff.; *Bleicher/Leberl/Paul* (1989) 193; *Thomas A. Biland* (1989) 262 ff.; *Gerald C. Meyers* (1989) 195 ff.; *Luzius R. Sprüngli* (1990) 208 ff.; *Pümpin/Prange* (1991) 204 ff.
[295] Illustrativ BGE 116 II 320.
[296] *Martin Lüthy* (1988) 61; 128 f.

(4) Die *Verantwortlichkeit* des Verwaltungsrates ist aktualisiert und verschärft. Der einzelne Verwaltungsrat ist sich nicht mehr recht klar, was von ihm verlangt wird, was genau er tun, und was vor allem er unterlassen soll;

(5) es entsteht fast immer dringender Bedarf nach *fachkundige*r *Beratung* von aussen.

Damit sind wir an der *Kippstelle des Aktienrechts* angelangt: dem Art. 725, beim Übergang vom «going concern» zur finanziellen Schieflage und zum wirtschaftlichen Scheitern – mit allen neuen rechtlichen Problemen. 1677

VIII. Überschuldung und Sanierung

Die Aktienrechtsreform hat nichts geändert an der zentralen Vorschrift des Art. 725, wonach der Verwaltungsrat bei *hälftigem Kapitalverlust* die Aktionäre zu orientieren und zum Handeln aufzurufen, bei Eintritt der Überschuldung aber den Richter zu benachrichtigen hat. Diese Vorschrift, die man konsequenterweise bei den Personengesellschaften nicht findet[297], ist die notwendige Folge des Grundgedankens einer Kapitalgesellschaft[298]: Das Gesetz will grundsätzlich das Weiterwirtschaften ohne Eigenkapital verhindern. 1678

Die Aktienrechtsreform zielt darauf ab, in der Praxis aufgetauchte Zweifelsfragen zu klären, den *Weg zur Sanierung* einer notleidenden Gesellschaft institutionell zu stützen und den sog. «Konkursaufschub» – der schon im alten Gesetz neben der Nachlassstundung bestand, aber selten verwendet wurde – zu einem praktikablen Weg einer «sanften Sanierung» unter richterlicher Obhut auszubauen[299]. 1679

A. Sanierung bei hälftigem Kapitalverlust

1. Definition des hälftigen Kapitalverlustes

a) *Rechtliche Massgeblichkeit der Bilanz*

Während nach altem Obligationenrecht die Bezugsgrösse für den Kapitalverlust das «Grundkapital» war, sind die Dinge nach neuem Recht um einiges komplizierter. Insofern ist Art. 725 Abs. 1 in der neuen Fassung alles andere als benutzerfreundlich: Zunächst einmal ist Bezugsgrösse die Summe von Aktienkapital und allgemeiner ge- 1680

---

[297] Eine Personengesellschaft ist gesetzlich nicht daran gehindert, mit einem über alles *negativen Kapitalkonto* weiterzuwirtschaften. Dies ergibt sich aus dem ganzen System und kommt in Art. 560 OR zum Ausdruck.
[298] Diese Anzeigepflicht findet sich schon in den Motiven zum ADHGB, Verhandlungen über die Entwürfe, Berlin 1861, bei *Werner Schubert*, Hrsg. (1986) 54/388 (Art. 240).
[299] Vgl. *Martin Lüthy* (1988) 66 ff.

455

setzlicher Reserve[299a], und zweitens ergibt sich indirekt aus Art. 656a Abs. 2, dass zum «Aktienkapital» im Sinne von Art. 725 dann auch das Partizipationskapital gehört, wenn ein solches besteht. Dagegen sind *nicht* hinzuzuzählen die beiden weiteren möglichen aktienrechtlichen Eigenkapital-Sperrzahlen, nämlich die «Aufwertungsreserve» gemäss Art. 670 und die «Reserve für eigene Aktien» gemäss Art. 659a Abs. 2.

1681 In einem *Beispiel* sieht dies wie folgt aus:

EIGENKAPITAL	gemäss Bilanz	massgebliche Hälfte
Aktienkapital	600,000	300,000
Partizipationskapital	1,200,000	600,000
Allgemeine gesetzliche Reserve	800,000	400,000
Reserve für eigene Aktien	300,000	
Aufwertungsreserve	900,000	
Bilanzgewinn	1,500,000	
bilanziertes Eigenkapital	*5,300,000*	*1,300,000*

1682 In diesem Beispiel beträgt die Hälfte, deren Unterschreitung die Rechtsfolgen des Art. 725 Abs. 1 auslöst, Fr. 1,300,000[300]. Die Sanierungsversammlung ist also im Ergebnis erst einzuberufen, wenn zufolge von Bilanzverlusten (nach Abzug der Schulden) der ausgewiesene Bilanzgewinn, die ausgewiesenen Sonderreserven für Aufwertung und eigene Aktien ganz, und die verbleibenden Eigenkapitalposten zur Hälfte nicht mehr durch ordnungsmässig bewertete Aktiven gedeckt sind. Das Unternehmen kann also in unserem Beispiel Fr. 4,000,000 oder ca. $^3/_4$ des bilanzierten Aktivenüberschusses verlieren, bevor die gesetzliche Alarmglocke läutet. Nach altem Recht hätte sie noch später geläutet: erst beim Verlust bis auf den Rest von Fr. 300,000 (oder mehr als 94% des bilanzierten Eigenkapitals) hätte Art. 725 OR 1936 den Verwaltungsrat zur Benachrichtigung der Aktionäre gezwungen.

b) *Erfolgsrechnung, Mittelflussrechnung, «Cash-drain»*

1683 Der Mechanismus des hälftigen Kapitalverlustes verrät mit der einseitigen Ausrichtung auf die *Bilanz* seine Herkunft aus dem 19. Jahrhundert[301]. In Tat und Wahrheit ist der noch viel wichtigere Fiebermesser in Ausmass und Gründen der laufenden Verluste in der Erfolgsrechnung und in der Entwicklung von Geldfluss und Liquidität zu erblicken. Meist steht das Unternehmen schon seit längerer Zeit in einem «*Cash-drain*», d.h. es macht nicht nur Betriebsverluste, sondern verzehrt netto Zahlungsmittel am laufenden Band.

[299a] Und zwar der ganzen, auch desjenigen Teils, der nach vorherrschender Meinung verwendbares Eigenkapital darstellt bzw. darstellen kann.
[300] 600,000 + 1,200,000 + 800,000 = 2,600,000 : 2 = 1,300,000.
[301] Art. 240 des Entwurfs von 1861 zum ADHGB: «Ergiebt sich aus der letzten Bilanz, dass sich das Grundkapital um die Hälfte vermindert hat, so muss der Vorstand unverzüglich eine Generalversammlung berufen und dieser, sowie der zuständigen Verwaltungsbehörde, davon Anzeige machen.» *Werner Schubert*, Hrsg. (1986) 54. Art. 657 Abs. 1 OR 1881 ist von dort fast wörtlich übernommen; danach Art. 725 OR 1936 und jetzt Art. 725 OR 1991.

Diese Zusammenhänge sind auch rechtlich relevant, weil sie stärker noch als der Stand des Eigenkapitalkontos die Antwort auf die Frage beeinflussen, ob im Sinne des Gesetzes *ernsthaft Aussicht auf Sanierung* besteht. Kann der Cash-drain nicht behoben werden, so zeichnet sich die zweite Sanierung schon am Horizont ab, bevor die ausserordentliche Generalversammlung nur schon die erste genehmigt hat.

1684

2. Die Sanierungsversammlung

a) Pflicht zu konzeptuellen Folgerungen aus der Situation

Das alte Gesetz, in getreuer Befolgung der Ideen von 1861[302], beschränkte sich darauf, den Verwaltungsrat zur *Einberufung* einer ausserordentlichen Generalversammlung zu veranlassen und ihm aufzutragen, er möge diese «von der Sachlage unterrichten».

1685

Das neue Recht ruft den Verwaltungsrat darüber hinaus zu der sich aufdrängenden Handlung auf: Er hat *Sanierungsmassnahmen* vorzubereiten und in entschlussreifer Form der Generalversammlung vorzulegen. Das Gesetz überlässt ihm dabei ein weites Ermessen, da die konkreten Situationen sehr verschieden sind[303]. Dem Verwaltungsrat kann sich der Entscheid aufdrängen, den Aktionären trotz der Denkbarkeit einer Sanierung[304] die Liquidation der Gesellschaft oder eine rettende Verbindung mit einem anderen Unternehmen vorzuschlagen. Der Begriff der «Sanierungsmassnahme» ist in diesem Sinne offen auszulegen. Aber nur wenn vernünftige Aussicht auf eine Erholung des Betriebs besteht, darf der Verwaltungsrat eine Sanierung vorschlagen. Sonst muss er sich den Vorwurf gefallen lassen, er habe die Aktionäre und Gläubiger dazu verleitet, schlechtem Geld gutes nachzuwerfen.

1686

b) Sanierung als komplexer Vorgang

In den meisten Fällen ist eine Gesundung des Unternehmens nur möglich, wenn auf *mehreren Ebenen* zugleich die Dinge kraftvoll neu geordnet werden[305]. Je nach Lage wird der Verwaltungsrat von der ausserordentlichen Generalversammlung, die er über die Sachlage unterrichtet, vorerst nur einen Auftrag zur Durchführung einer Sanierung verlangen oder ihr schon konkrete Sanierungsvorschläge zur Beschlussfassung unterbreiten. Das Gesetz lässt beide Vorgehensweisen zu. Häufig spielt sich das Ringen um eine Sanierung in einer eigentlichen *Krise* ab; entsprechend erhöhen sich die Anforderungen an den Verwaltungsrat[306].

1687

In fast allen Fällen genügt keineswegs eine blosse *Bilanzbereinigung*. Nötig ist diese allerdings stets: man merzt faule Aktiven aus, berücksichtigt alle Schulden und erweitert die Rückstellungen im erforderlichen Mass. Es kommt damit zu einem Einbruch der Wirklichkeit ins Rechenwerk, zu einer Ausbuchung von illusionär gewordenen Ei-

1688

---

[302] a.a.O.
[303] Vgl. BGE 116 II 533 ff.
[304] Das Gesetz definiert den Begriff nirgends, verwendet ihn aber ausser in Art. 725 und 725a OR 1991 auch in Art. 622 Abs. 4.
[305] Vgl. dazu *Martin Lüthy* (1988) 101 ff; *Max Boemle* (1991) 468 ff.; *Roger Giroud* (1981) 120 ff.
[306] Vorn Abschnitt VII, Rz 1661 ff.

genkapitalposten. Diesem Schrumpfungsvorgang kann als ausserordentliche «Einbuchung von Eigenkapital» gegebenenfalls eine Aufwertung von Grundstücken und Beteiligungen[307] gegenüberstehen.

1689 Eine Sanierung *ohne Opfer und neue Finanzierung* ist aber fast immer eine Illusion. Es geht darum, die Liquiditätslage der Gesellschaft durch die Zuführung neuer Mittel, durch Stillhalteabkommen oder einzelne Stundungserklärungen zu verbessern, vorsorgliche Rückstellungen für weitere Sonderaufwendungen im weiteren Verlauf der Sanierung zu bilden, die Schulden längerfristig zu machen («Umschuldung») und das Verhältnis Fremdkapital/Eigenkapital zu verbessern. Dies geschieht durch Umwandlung von (in Tat und Wahrheit schon längst nicht mehr normal einbringlichen) Guthaben der Gläubiger in Beteiligungsrechte, Forderungsverzichte oder Mittelzuschüsse à fonds perdu und Barkapitalerhöhung. Dies alles hängt von der einen Frage ab: lassen sich Kreise finden, die bereit sind, neues Geld einzuwerfen? Lautet die Antwort nein, so bedeutet dies das Ende fast jeder Sanierung.

B. Benachrichtigung des Richters

1. Die Zwischenbilanz und ihre Prüfung

a) Der Tatbestand

1690 Der auslösende Faktor ist für die Sonderpflichten des Verwaltungsrates im neuen Recht unverändert die *«begründete Besorgnis einer Überschuldung»*. Es liegt im pflichtgemässen Ermessen des Verwaltungsrates, die wirtschaftliche und finanzielle Lage der Gesellschaft stetig zu verfolgen. Art. 725 zielt dabei einzig auf die Deckung des gesamten Fremdkapitals durch die gesamten Aktiven ab, also auf eine Bilanzrelation[308].

1691 In Tat und Wahrheit ist schon nach dem Gesetzestext das auslösende Element subjektiv – «die Besorgnis». Dieser seelische Zustand muss sich notwendigerweise nicht nur auf die Bilanz, sondern auch auf andere böse Zeichen stützen: Die Nachhaltigkeit und das Ausmass der Verluste in den monatlichen oder vierteljährlichen *Erfolgsrechnungen*, ein anhaltender *Cash-drain*[309] die Anzeichen für vergrösserten *Rückstellungsbedarf*, die Verschlechterung der *Liquiditätsposition* gemäss der vom Verwaltungsrat zu führenden Mittelflussrechnung. All dies umso mehr, als ja eine Gesellschaft gewöhnlich nicht direkt von der intakten Eigenkapitalposition zur Überschuldung kommt, sondern – wie

---

[307] Art. 670 OR 1991 als absolut einzigartige Erlaubnis der «Eigenkapitalschöpfung durch Zuschreibung». Erlaubt ist auch die sog. *«Wiederaufwertung»*, Kapitel 6/II/E/3/e, Rz 959.

[308] Art. 657 OR 1881 «Sobald die Forderungen der Gesellschaftsgläubiger nicht mehr durch die Aktiven gedeckt sind, hat die Verwaltung hievon das Gericht behufs Eröffnung des Konkurses zu benachrichtigen.» Vorbild war der Entwurf für ein Allgemeines Deutsches Handelsgesetzbuch (ADHGB) von 1861, Art. 240 (vorn Anm. 301). Sogar das schöne «behufs» haben unsere wackeren Gesetzemacher 1881 dort abgeschrieben.

[309] Vgl. zur Mittelflussrechnung Kapitel 6/II/G, Rz 998 ff.

auch vom Gesetz dargestellt – die *Warnstufe* des hälftigen Kapitalverlustes zuerst erreicht. Der Verwaltungsrat ist damit zu erhöhter Wachsamkeit aufgerufen.

b)   Die Rechtsfolge

Rechtsfolge ist die Pflicht zur Aufstellung einer *Zwischenbilanz* zu *Fortführungswerten* und damit – da eine Bilanz ohne Erfolgsrechnung undenkbar ist – einer Zwischenerfolgsrechnung für das Rumpfgeschäftsjahr bis zum gewählten Stichtag. Das Gesetz spricht nicht von einem «Status» – das wäre eine von der systematischen Fortschreibung der gegebenen Buchwerte losgelöste, freie Bewertung aller Vermögensteile und Verbindlichkeiten.

1692

Nur wenn sich aus dem Zwischenabschluss ergibt, dass die Forderungen der Gesellschaftsgläubiger nicht gedeckt sind, also eine Überschuldung vorliegt, muss der Verwaltungsrat nach dem neuen Recht eine zweite Aufstellung auf den Stichtag besorgen, zu *Veräusserungswerten* (Liquidationswerten). Diese alternative Aufstellung ist nun ein echter «*Status*» in dem Sinne, dass eine Fortschreibung der historisch gewachsenen Buchwerte nicht stattfindet: Alle Aktiven sind zu dem Wert einzusetzen, den sie nach Abzug der zufolge der Verwertung anfallenden Steuern, Kosten und Folgeaufwendungen auf dem Markt unter den herrschenden Verhältnissen erbringen würden. Es ist, etwas lieblos, aber genau gesagt, der Zerschlagungswert der Aktivseite der Bilanz. Nicht nur die nichtbaren Teile des Umlaufvermögens, auch die betrieblichen Teile des Anlagevermögens schrumpfen dabei im Wert fast immer erheblich, während schlummernde Werte – etwa in den Liegenschaften – ans Tageslicht treten[310].

1693

c)   Prüfung des Zwischenabschlusses

Neu verlangt das Gesetz, dass der Zwischenabschluss zu Fortführungswerten und, wenn eine Aufstellung zu Veräusserungswerten notwendig ist, derjenige zu Veräusserungswerten der *Revisionsstelle* zur Prüfung vorgelegt werden. Der Sinn dieser Vorschrift ist vor allem vorbeugend. Der Verwaltungsrat soll in dieser Situation vor Augen haben, dass das von ihm aufzustellende Zahlenwerk auf jeden Fall von einem anderen Organ geprüft wird. Obwohl im Gesetz nicht klar gesagt, ist doch davon auszugehen, dass die Bedeutung der Prüfung auch korrektiv ist: Es sind die von der Revisionsstelle geprüften Zahlen, die darüber entscheiden, ob im Sinne von Art. 725 Abs. 2 eine Überschuldung vorliegt oder nicht. Es sollte daher richtig heissen: «ergibt sich aus den geprüften Zahlen der Zwischenbilanz, dass ...».

1694

Die vom Gesetz in Aussicht genommene Prozedur ist zeitraubend. Sie umfasst einen Zwischenabschluss und damit notwendigerweise auch eine *Zwischenerfolgsrechnung*, eventuell ergänzt durch eine Aufstellung von Vermögen und Schulden nach *Veräusserungswerten*, das Ganze zu prüfen durch die *Revisionsstelle*. Jedenfalls wird man für diesen Vorgang, der dem Schritt ins Gerichtsgebäude vorausgeht, nicht mit Tagen,

1695

---

[310] Entsprechend sind auf der *Passivseite* keineswegs nur alle Schulden und aufgelaufenen Rückstellungen einzustellen; dazu gehören insbesondere auch alle jene weiteren Rückstellungen, die den aktualisierten Eventualverbindlichkeiten entsprechen und die Liquidationskosten abdecken. Darin einzuschliessen sind die Steuern, der Sozialplan für die Arbeitnehmer und die weiteren Stillegungskosten.

sondern mit mehreren Wochen rechnen müssen. Im Interesse beförderlicher Abwicklung ist umso eher eine summarische Zwischenerfolgsrechnung zuzulassen.

2. Weiterwirtschaften mit stillen Reserven trotz überschuldeter Fortführungsbilanz

1696 Im Gegensatz zum alten Recht ist nun eindeutig, dass eine Gesellschaft grundsätzlich weiterwirtschaften darf, wenn zwar zu Fortführungswerten eine Überschuldung vorliegt, der geprüfte Zwischenabschluss zu *Veräusserungswerten* aber so erhebliche stille Reserven zu Tage bringt, dass materiell die Forderungen der Gesellschaftsgläubiger noch gedeckt sind[311].

1697 Immerhin ist der Verwaltungsrat in einer solchen Situation wohl beraten, wenn er die weitere Entwicklung der Lage besonders eng begleitet und überwacht. Denn die tröstliche Gewissheit, dass realisierbare Mehrwerte vorhanden sind, sagt noch nichts aus über den *Mittelfluss der Gesellschaft*; dieser aber ist kurzfristig entscheidend. Fast immer wird aus der Konfiguration «Überschuldung zu Fortführungswerten, Kapitaldeckung durch stille Reserven zu Veräusserungswerten» heraus die Sanierung auf Verkäufen der nicht betriebsnotwendigen Aktiven aufbauen. Nur wenn sich aus allen Elementen der geschäftlichen Lage ergibt, dass eine *nachhaltige Sanierung* und Fortführung der Gesellschaft ernsthafte Aussichten auf Erfolg hat, kann der Verwaltungsrat in einer solchen Lage von einer Benachrichtigung des Richters absehen.

1698 Es versteht sich, dass eine *neue Sanierungsversammlung* in analoger Anwendung von Art. 725 Abs. 1 einzuberufen ist. Dies auf jeden Fall, wenn die Gesellschaft ohne die erste Sanierungsversammlung direkt in die Situation der Überschuldung geraten ist. Die Einberufung drängt sich aber auch auf, wenn die erste Versammlung mit Sanierungsmassnahmen bereits früher stattgefunden hat und in einer zweiten Phase die Überschuldung unter Fortführungswerten akut geworden ist. Der Entscheid über Nachsanierung oder Liquidation liegt dann bei den Aktionären. Nach Schweizer Recht haben die Gläubiger auch in dieser Phase keinerlei Mitspracherecht[312].

C. Gnadenfrist durch Rangrücktritt

1699 Der Nationalrat hat 1985 dem Entwurf eine Klausel beigefügt, die dem Verwaltungsrat gestattet, trotz Überschuldung die Geschäfte weiter zu betreiben und den Richter nicht zu benachrichtigen, «sofern Gesellschaftsgläubiger im Ausmass dieser Unterdeckung *im Rang* hinter alle anderen Gesellschaftsgläubiger *zurücktreten*»[313]. Diese

---

[311] So auch ausdrücklich *Botschaft 1983*, 183, Ziff. 332.6.
[312] Erst wenn der Verwaltungsrat oder, im Falle seiner Säumigkeit, die Revisionsstelle, den Richter benachrichtigt hat, kann ein Gläubiger nach neuem Aktienrecht erstmals eingreifen, durch den Antrag auf *Konkursaufschub*, Art. 725a Abs. 1 Satz 2 OR 1991.
[313] *Amtl. Bull. NR* (1985) 1786; der Vorschlag der Kommission des Nationalrates wurde ohne jede Diskussion angenommen.

Zufügung[314] ist dazu bestimmt, eine in den letzten Jahrzehnten verbreitete Praxis gesetzlich abzusichern. Sie ist insoweit zu begrüssen, bringt aber wegen ihrer unglücklichen Formulierung neue Probleme.

1. Der Rangrücktritt

a) Der reine «Rücktritt im Rang» für den Insolvenzfall

Es gibt in Wirklichkeit *zwei Ausprägungen* eines solchen Rangrücktritts[315]. Im engeren Sinne – und genau nach dem Wortlaut des neuen Aktienrechtes – ist der Rangrücktritt beschränkt auf die verbindliche Erklärung eines Gläubigers zu Gunsten aller anderen Gläubiger[316], dass er im Falle der Insolvenz oder der Liquidation der Gesellschaft für seine finanziellen Ansprüchen erst befriedigt werden will, wenn die Schulden gegenüber allen anderen Gesellschaftsgläubigern vollständig erfüllt sind.

Ein solcher *Rangrücktritt im engeren Sinne* betrifft rechtlich indessen nur die Präferenz-Stellung der Gläubiger unter sich, und dies erst *nach dem Zusammenbruch* des Unternehmens. Der wirklich nur im Rang zurücktretende Gläubiger verzichtet bis zum Tage der Insolvenz oder des Liquidationsbeschlusses weder auf die Einforderung der fälligen Zinsen noch der Kapitalforderung. Eine solche Erklärung vermag der notleidenden Gesellschaft weder liquiditätsmässig noch eigenkapitalmässig Erleichterung zu bringen. Wird in der Zeitspanne, in der die überschuldete Gesellschaft ihre Geschäfte weiter betreibt, die Forderung fällig, so kann der Gläubiger, der im Rang zurückgetreten ist, sie gegen die Gesellschaft ohne Rücksicht auf die anderen Gläubiger geltend machen und durchsetzen, um sich bezahlt zu machen. Dies wird ihm sogar umso leichter gelingen, als er normalerweise am Tage, da er den Rangrücktritt erklärte, von der Gesellschaft eine *bedingungslose schriftliche Schuldanerkennung* erhalten hat, was den andern Gläubigern meist fehlt. Dieses Papier erlaubt ihm nach dem besonders scharfen Schweizer Schuldbetreibungsrecht die rasche Erlangung der provisorischen Vollstreckbarkeit[317] in einem summarischen Verfahren; die Gesellschaft wird dann ausgerechnet dem, der den Rücktritt erklärt hatte, zuerst zahlen müssen.

Das, was im neuen Gesetzestext steht, eine schriftliche Erklärung, die wirklich auf den einfachen «*Rücktritt im Rang*» für den Insolvenz- oder Liquidationsfall beschränkt ist, kann daher niemals die Funktionen erfüllen, die der Gesetzgeber im Auge hatte.

b) Der Rangrücktritt mit Stundung (Stundungsrücktritt)

Was in der Praxis unter dem Titel «Rangrücktritt» im schuldrechtlichen Sinne wirklich gemacht wird, geht über den einfachen «Rücktritt im Rang» – eine blosse Rangordnung unter den Gläubigern im Insolvenzfall – weit hinaus[318]. Ein derartiges Papier

---

[314] Sie geht offenbar auf eine Anregung von *Forstmoser/Hirsch* (1985) 37 zurück.
[315] Wenn man von der ursprünglichen Nachrangigkeit einer Anleihensobligation absieht, was ein dritter Fall wäre, vgl. *Peter Böckli* (1988C) 340.
[316] Vertrag zugunsten Dritter. Das Gesetz schreibt die heilende Wirkung nur einem vorbehaltlos gegenüber *allen* Gläubigern ausgesprochenen Rangrücktritt zu.
[317] «Provisorische Rechtsöffnung» gemäss Art. 82 und 83 SchKG.
[318] Vgl. schon *Revisionshandbuch der Schweiz* (1979) Teil 2.252.3, Ziff. 3.

enthält fast immer eine *Kombination* von *drei rechtsgeschäftlichen Erklärungen*. Der Gläubiger erklärt gleichzeitig

(1) den beschriebenen *Rücktritt im Rang* für den Insolvenz- oder Liquidationsfall;

(2) eine *Zinsstundung*, und

(3) die *Stundung der Tilgung der Kapitalforderung*, und zwar beide Stundungen für so lange, als der Überschuldungszustand andauert[319].

1704 Der Gläubiger spricht aber meist einen sofort wirksamen Forderungsverzicht bei einem derartigen kombinierten Rangrücktritt nicht aus; die Gesellschaft darf daher den entsprechenden Schuldbetrag in ihrem *Fremdkapital* auf keinen Fall streichen. Sie bleibt Schuldnerin ihres vorläufig wohlwollenden Gläubigers; sie hat diesem nach den Bedingungen des Schuldgeschäftes sogleich wieder Zins- und Kapitalzahlungen zu leisten, sobald der Zustand der Überschuldung (gemäss der Definition im Rangrücktritt) überwunden ist. Es handelt sich damit bei der neuen Bestimmung des Gesetzes um eine echte Ausnahme von dem Grundsatz, dass ein Wirtschaften ohne Eigenkapital unzulässig ist[320]. Insoweit, als der bestehende Überschuldungsbetrag durch eine *qualifizierte Rangrücktrittserklärung* im beschriebenen Sinne tatsächlich gedeckt ist, kann der Verwaltungsrat die Geschäfte trotz des bestehenden Überschusses der Verbindlichkeiten über die Aktiven – vorläufig – weiterbetreiben.

c)   Sanierender Forderungsverzicht

1705 Anders verhalten sich die Dinge im Fall eines echten *Forderungsverzichts*[321]. Dieser erhöht das Eigenkapital und vermindert das Fremdkapital in einem Zuge. Er hat in diesem Sinne sofortige und endgültige sanierende Wirkung auf die Bilanz.

2.   Gefahren der neuen Regelung

1706 Im Lichte des Gesagten ist die neue Regelung über die Wirkung des «*Rangrücktrittes*» in vierfacher Hinsicht riskant:

1707 a) Sie ist missverständlich, weil sie nicht klarmacht, dass eine wirklich auf den *Rücktritt im Rang* für den Insolvenzfall beschränkte Erklärung – ein Rechtsgeschäft, das weder Verzichts- noch Stundungswirkung hat – niemals ausreichen kann. Der Wortlaut der neuen Bestimmung scheint aber gerade das zu sagen, was zu erheblicher Rechtsunsicherheit führen muss.

---

[319] Schuldrechtlich handelt es sich um einen Erlassvertrag mit Bedingung gemäss Art. 115 OR.
[320] Nach dem früheren Art. 725, der eine solche Ausnahme nicht kannte, konnte nur ein echter Forderungsverzicht, der den entsprechenden Fremdkapitalposten zum Verschwinden bringt und die Eigenkapitalsumme erhöht, zur Vermeidung der Pflicht zur Benachrichtigung des Richters hinreichend sein, vgl. *Peter Böckli* (1988C) 348 ff.
[321] Art. 115 OR und Art. 82 SchKG. Der Gläuber kann gegen eine der Betreibung auf Konkurs unterliegende Aktiengesellschaft sofort nach Vorliegen des summarischen Urteils über die Aufhebung des Rechtsvorschlages die Beschlagnahmungsmassnahme gemäss Art. 162 SchKG (Aufnahme des Güterverzeichnisses) zur Sicherung seiner Gläubigerinteressen verlangen, Art. 83 SchKG.

b) Auch wenn ein *qualifizierter Rangrücktritt* vorliegt (kein Forderungsverzicht, aber Rücktritt kombiniert mit Stundung von Zins und Tilgung), ist die Gesellschaft bei näherem Zusehen in einer höchst prekären Lage. Sieht die Rangrücktrittserklärung vor, dass die Stundung nur genau so lange und insoweit gilt, als die Gesellschaft ein negatives Kapitalkonto hat, so kann der Gläubiger die Gesellschaft schon beim ersten Anzeichen einer Besserung, bei Überschreitung des Eigenkapitalstandes Null, wieder betreiben. Eine solche Rangrücktrittserklärung verhindert den Konkursausbruch, erschwert aber in einem Zuge eine nachhaltige Gesundung. Es versteht sich daher, dass eine in der Situation von Art. 725 Abs. 2 Satz 2 am Ende befindliche Gesellschaft – Überschuldung abgedeckt durch qualifizierten Rangrücktritt – in ihrer Kreditwürdigkeit und damit in ihrem geschäftlichen Handlungsspielraum mitten im Wettbewerb aufs schwerste geschädigt bleibt. In Wahrheit können weder Verwaltungsrat noch Revisionsstelle, wenn eine nachhaltige Sanierung sich nicht abzeichnet, das Andauern einer derartigen Situation verantworten. 1708

c) Es kommt dazu, dass ein Rangrücktritt, so qualifiziert er auch immer formuliert ist, zunächst nicht mehr als eine Willenserklärung auf einem körperlichen Datenträger ist. Vollwertig für die schuldnerische Gesellschaft ist er nur dann, wenn der Zurücktretende tatsächlich seinerseits finanziell in der Lage ist, eine derartige Verschlechterung seiner eigenen Cash-flow-Position rechtsgültig einzugehen und wirtschaftlich zu verkraften. Gar nicht so selten ist der Zurücktretende seinerseits schon in einer schwierigen Lage, die er durch den dreifachen Verzicht noch verschlechtert, so dass zu allem hinzu noch die Gefahr einer paulianischen Anfechtung besteht[322]. 1709

d) Lässt man einen Rangrücktritt des Gläubigers zur Abwendung des «dépôt du bilan» zu, entsteht nicht geringe Gefahr beim *Gläubiger* selber. Dieser kann sich dazu verleiten lassen, in seinen eigenen Büchern von der notwendigen *Wertberechtigung* seiner Forderung gegen die nach wie vor objektiv überschuldete und fast immer in einem Liquiditätsengpass steckende Gesellschaft abzusehen. Es entsteht ein zweistöckiges Kartenhaus; auf beiden Etagen weicht man vorerst den finanziellen Konsequenzen aus, die sich eigentlich aufdrängen. 1710

3. Der Gang zum Richter

Liegt *Überschuldung* sowohl zu Fortführungs- wie Veräusserungswerten vor, und fehlt es an rechtlich hinreichend qualifizierten und wirtschaftlich werthaltigen Rangrücktritten von Gläubigern, die den rechnerischen Betrag der Überschuldung abdecken, so ist der Rubikon auch nach neuem Aktienrecht überschritten: der Verwaltungsrat ist verpflichtet, den Richter zu benachrichtigen[323]. 1711

Obgleich das Gesetz es ausdrücklich anders sagt, hat der Verwaltungsrat dabei dem Richter nicht nur eine «Zwischenbilanz», sondern einen *Zwischenabschluss* vorzulegen. 1712

---

[322] Wenn das Gericht nicht so weit geht, den Rangrücktritt überhaupt für ungültig zu erklären, wie dies in einem vielerörterten Waadtländer Urteil vom 18. November 1981 geschehen ist, vgl. *Peter Böckli* (1988C) 347 Anm. 53 mit Hinweisen.
[323] Illustrativ BGE 108 V 183 ff.; 112 II 461 und 116 II 533 ff.

Ohne eine wenn auch vereinfachte Erfolgsrechnung, die die Brücke von der letzten Bilanz zum Zahlenwerk am Stichtag schlägt, ist eine Zwischenbilanz gar nicht erstellbar. Ist das Ende der Revision des Zwischenabschlusses nicht kurz bevorstehend, so wird der Verwaltungsrat das ungeprüfte Zahlenwerk vorlegen und das geprüfte nachreichen. Es wäre widersinnig, wenn der neue Hinweis auf die «Prüfung» des Zwischenabschlusses dahin ausgelegt würde, er gestatte, ja verlange wochen- und monatelanges Zuwarten. Wenn nicht der besondere Fall des Konkursaufschubes gegeben ist, spricht der Richter den Konkurs *sofort* aus, d.h. ohne die Verfahrensschritte der Art. 159 ff. SchKG[324].

4. Ersatzvornahme durch die der Revisionsstelle

1713 Das neue Aktienrecht verpflichtet die Revisionsstelle, *in extremis* den Gang zum Richter selbst zu tun, wenn der Verwaltungsrat nicht in der von Art. 725 Abs. 2 OR 1991 umschriebenen Weise handelt. Diese Bestimmung hat Tadel aus dem Lager der Bücherexperten auf sich gezogen; sie sei systemwidrig, weil den Sachverständigen, welche sonst die Zahlenwerke stets nur im Rückblick prüfen, plötzlich eine in der Jetztzeit liegende Unternehmensentscheidung zugemutet werde.

1714 Allein, solche dogmatischen Bedenken müssen zurücktreten, wenn es um die *pragmatische Lösung* eines echten Problems geht. Erfahrungsgemäss ist die Gefahr gross, dass die Verwaltungsräte den schweren Gang zum Richter hinauszögern, so lange es geht, und zwar trotz der bestehenden Gerichtspraxis, dass eine solche Verschleppungstaktik die persönliche Haftung der Verwaltungsräte verschärft[325]. In einer solchen Situation ist die Revisionsstelle ohnehin schon direkt in die Verantwortlichkeit einbezogen[326]. Handelt sie nach neuem Recht, so macht sie wenigstens diesem unmöglichen Zustand aus eigenem Entschluss ein Ende. Das Gesetz schützt die Revisionsstelle dabei dadurch, dass ihre äusserst unangenehme Pflicht, das aktienrechtliche Fallbeil zu betätigen, nur entsteht, wenn die Überschuldung «offensichtlich» ist[327].

D. Der Konkursaufschub

1. Abgrenzung zur Nachlass-Stundung

1715 In der Praxis ist es meist so, dass ein Verwaltungsrat, der das *finanzielle Ende* seiner Gesellschaft nahen spürt, nicht den in Art. 725 Abs. 2 vorgezeichneten Weg geht. Er

---

[324] Vgl. zu den gesetzgeberischen Bestrebungen *Botschaft 1991*, insbesondere 108 ff., Ziff. 205.
[325] Illustrativ für den «Versäumnisschaden», der dem Verwaltungsrat angelastet wird, wenn er die gemäss Art. 725 OR nötige Zwischenbilanz nicht erstellt, ist der von *Peter Nobel* (1991 C), 331 ff. referierte Zürcher Fall.
[326] Sie war aber auch ohne eigenständige Benachrichtigungspflicht in dieser Lage stark exponiert, vgl. den wegleitenden Bundesgerichtsentscheid IBZ vom 11. November 1975, ST 50 (1976) 9/14 ff.
[327] Art. 729b Abs. 2 OR 1991; vgl. dazu *Botschaft 1983*, 188, Ziff. 333.4.

wird wenn möglich gestützt auf den 11. Titel des SchKG – die Schweizer Entsprechung zum bekannten «Chapter Eleven»[328] – ein Gesuch um *Nachlass-Stundung* im Sinne von Art. 293 ff. SchKG einreichen. Allerdings muss dieses Gesuch nicht nur von einer Bilanz, sondern bereits von einem Entwurf des Nachlassvertrages begleitet sein[329]. Dieses Vorgehen verlangt daher eine bereits fortgeschrittene konzeptuelle Arbeit, fast notwendigerweise schon in Absprache mit den Hauptgläubigern; es macht die Schieflage der Gesellschaft schon weiterum bekannt. Ist dies nicht möglich bzw. nicht wünschenswert, so erlaubt das Gesetz in nun klarer geregelter Form[330] das aktienrechtliche *Gesuch um Konkursaufschub* ausserhalb des Schuldbetreibungs- und Konkursverfahrens[331].

2. Der Antrag auf Konkursaufschub

Der Richter entscheidet den Konkursaufschub nicht aus eigenem Antrieb, sondern *auf Antrag* entweder des Verwaltungsrates – als Vertreter der Schuldnerin – oder auch eines Gläubigers[332]. Als Gläubiger kommen an sich auch die Arbeitnehmer und die Steuerbehörden in Frage. Die Aktionäre andererseits sind nicht legitimiert, und der Richter kann nicht um der Sache willen ohne Antrag auf Aufschub erkennen. Der Antrag ist nicht formalisiert oder befristet. Geht der Antrag erst nach der Konkurseröffnung ein, so wird man in Übereinstimmung mit der Lehre dem Richter das Recht zusprechen, den Konkurs nachträglich wieder aufzuheben und den Aufschub auszusprechen[333]. 1716

Es liegt am Antragsteller, die gesetzliche Voraussetzung für den Aufschub darzulegen: «*Aussicht auf Sanierung*». Sache des Richters ist es, aufgrund summarischer Beurteilung der Lage einen Ermessensentscheid zu treffen. 1717

3. Inhalt der Verfügung über den Konkursaufschub

a) Vermögensverwaltung mit Sachwalterschaft

Die Verfügung des Richters über den Konkursaufschub enthält stets *Massnahmen zur Erhaltung der Vermögens*, fakultativ die Einsetzung eines Sachwalters. Das Gesetz präzisiert, dass der Richter diesfalls die *Aufgaben des Sachwalters* näher umschreibt und die Beschlüsse des Verwaltungsrates von der Zustimmung des Sachwalters abhängig macht. Die noch weitergehende Alternative des neuen Gesetzes – dass der Richter dem Verwaltungsrat die Verfügungsmacht überhaupt entzieht und diese dem Sachwalter 1718

---

[328] Freilich weichen das Verfahren und die Rechtswirkungen des «*Chapter 11*» teilweise von denen des Nachlassverfahrens ab.
[329] Art. 293 ff. SchKG; hinsichtlich der Reformbestrebungen vgl. *Botschaft 1991*, 181 ff. Ziff. 210.3.
[330] Art. 725a Abs. 1 OR 1991.
[331] *Martin Lüthy* (1988) 78 ff.
[332] Dies im Unterschied zum Gesuch um *Nachlass-Stundung*, das nach geltendem Recht ausschliesslich vom Schuldner – ohne Antragsrecht der Gläubiger – gestellt werden kann.
[333] Dies ergibt sich durch sinngemässe Anwendung von Art. 173a SchKG, wonach eine Aussetzung des Konkurserkenntnisses möglich ist, wenn nachträglich ein Gesuch um Nachlassstundung anhängig gemacht wird.

anvertraut – geht in einer Situation, wo Aussicht auf Sanierung besteht, ausserordentlich weit und macht die Misere sofort öffentlich bekannt. Kommt der Richter dazu, dass eine derartig radikale Massnahme unerlässlich ist, so bietet das Verfahren des *Nachlassvertrages mit Vermögensabtretung* einen besseren Weg für das weitere Vorgehen.

b) Veröffentlichung oder Geheimhaltung des Konkursaufschubs

1719 Entscheidend ist die neue Präzisierung in Art. 725a Abs. 3: Der Richter muss den Konkursaufschub *nicht veröffentlichen,* ausser wenn dies zum Schutze Dritter erforderlich ist. Diese Bestimmung ist aus der Sicht des notleidenden Unternehmens hilfreich, rechtlich aber *problematisch.* Auf der einen Seite steht fest, dass die Veröffentlichung der Überschuldung die Aussichten auf eine erfolgreiche Sanierung wesentlich beeinträchtigen oder zunichte machen kann, weshalb ein grundsätzliches Interesse an einem «geheimen» richterlichen Konkursaufschub besteht. Andererseits haben die Teilnehmer am allgemeinen Wirtschaftsverkehr nach der Grundkonzeption von Art. 725 OR ein Anrecht darauf, annehmen zu dürfen, dass eine am Wirtschaftsverkehr teilnehmende Kapitalgesellschaft grundsätzlich nicht überschuldet ist. Aufgrund dieser neuen Bestimmung müssen sie damit rechnen, dass ein ihnen gegenüberstehendes Unternehmen in Wirklichkeit längst geheim überschuldet ist und unter der Eingriffsgewalt eines ebenso geheim gehaltenen, richterlich eingesetzten Sachwalters steht.

1720 Ein nicht veröffentlichtes Aufschubsdekret hat *keine Wirkung* auf die laufenden oder kommenden Schuldbetreibungsmassnahmen. Eine solche Gesellschaft geniesst auch in diesem engsten Sinne keinen «Schutz vor ihren Gläubigern». Hat ein Gläubiger das Stadium erreicht, wo er aus eigenem Rechtstitel das Konkursbegehren stellt, so wird ihm der Richter die Tatsache des schon gewährten Konkursaufschubs eröffnen müssen. Damit ist es vorbei mit der Gnadenfrist. Eine Entscheidung, den Konkursaufschub zuzubilligen, ihn aber nicht bekanntzumachen, kommt aus diesen Gründen nur auf verhältnismässig kurze Zeit in Frage. Überdies ist zu verlangen, dass ein in der Beurteilung des Richters wirtschaftlich *breit abgestützter Sanierungsplan* mit guten Erfolgschancen im Entstehen ist, und andererseits, dass die Bekanntmachung des Konkursaufschubs – und damit der Überschuldung – gerade diesen Sanierungsplan ernsthaft gefährden würde.

c) Keine Zwangseinwirkung auf die Gläubiger

1721 Der grosse Nachteil des Konkursaufschubs besteht darin, dass er, im Unterschied zum Nachlassverfahren[334], keinerlei Handhabe dazu bietet, ein allgemein als vernünftig erkanntes Sanierungskonzept *gegen den Widerstand von Gläubigern* durchzusetzen. Überschreitet die Anzahl der Gläubiger die Schwelle von 10 oder 12, so ist fast mit Gewissheit einer darunter, der auf der ungehemmten Durchsetzung seiner Rechte beharrt. Kann er nicht irgendwie befriedigt werden, so droht die Sanierung zu scheitern, der Konkursaufschub endet im Konkurs – oder dann eben doch noch im Nachlassver-

---

[334] Art. 315 SchKG; vgl. *Botschaft 1991,* 186 ff, Ziff. 210.4.

fahren nach SchKG. Der Konkursaufschub bringt damit in seiner heutigen Ausgestaltung nicht viel mehr als eine Atempause, ein vorübergehendes Stillhalten[335], welches die Chancen eines aussergerichtlichen, d.h. notwendigerweise einstimmigen Sanierungsvertrages etwas erhöht.

IX. Abschaffung der Pflichtaktien der Verwaltungsräte

1. Ein mittelbar gesetzliches Fahrnispfand

Mit der Aktienrechtsreform fällt die Pflicht der Verwaltungsräte, eine von den Statuten bestimmte Anzahl Aktien der Gesellschaft an deren Sitz zu hinterlegen[336], weg. Es handelte sich bei den sog. Pflichtaktien des OR 1936 in Wahrheit um eine *Hinterlegung sicherheitshalber* mit Veräusserungsverbot. Es war die Bestellung eines mittelbargesetzlichen Fahrnispfandrechts[337] zugunsten der Gesellschaft, zur Sicherstellung eventueller Ansprüche der Aktionäre und der Gläubiger aus Verantwortlichkeit gemäss Art. 754 OR[338].

1722

Aus zwei Gründen war das Erfordernis der Pflichtaktien überholt.

(1) Die hinterlegten Aktien *büssen* ihren Wert als Sicherheit umso mehr *ein*, je ernsthafter und folgenreicher der Verantwortlichkeitsfall ist. Gerade dann, wenn in einem grossen Debakel die Gläubiger auf die Sicherheit besonders angewiesen wären, strebt der Wert der Aktien gegen Null[339].

1723

(2) Ausserdem konnten die Gesellschaften nach OR 1936 die *Anzahl* der «Pflichtaktien» frei festlegen. Nur zu oft war dies eine einzige Aktie. Selbst im besten Fall war der Wert der Sicherheit, verglichen mit den oft hohen Summen, um die es bei Verantwortlichkeitsansprüchen zu gehen pflegt, unverhältnismässig gering[340].

---

[335] Der Konkursaufschub hemmt den *Zinsenlauf* nicht, er hemmt bloss die Eintreibung der fälligen Zinsen. Diesen Nachteil hat er nach geltendem Recht mit der Nachlassstundung gemeinsam, vgl. *Botschaft 1991*, 184, Ziff. 210.32.
[336] Art. 709/710 OR 1936.
[337] *F. Wolfhart Bürgi* (1969) Art. 709/710 N. 2; die Sondervorschrift des Gesetzes liess das beschränkte dingliche Recht *ohne* schriftlichen Pfandvertrag, ja nach *Bürgi* a.a.o. N. 18 sogar (bei Namenaktien) ohne schriftliche Abtretungserklärung entstehen.
[338] Und eventuell Art. 753 OR.
[339] So schon *Fritz von Steiger*, SAG 30 (1957/58) 12.
[340] *Fritz von Steiger*, a.a.O.

2. Neuer Rechtszustand

a)   Kein beschränktes dingliches Recht mehr

1724   Ob die hinterlegten Pflichtaktien auf 1. Juli 1992 frei werden, selbst wenn die Statuten an jenem Tag noch nicht geändert sind, beantworten die Schlussbestimmungen (Kapitel 14)[341]. Für vom 1. Juli 1992 an gegründete Gesellschaften gibt es aber auf jeden Fall dieses obligatorische, mittelbar-gesetzliche Fahrnispfandrecht nicht mehr. Für eine Verpfändung wäre die Übergabe und gegebenenfalls Indossierung der Aktien, bei unverbrieften Aktien sogar ein schriftlicher Pfandvertrag notwendig.

b)   Qualifikationsaktie

1725   Nicht zu verwechseln mit jenen Pflichtaktien, die man sicherheitshalber zu hinterlegen hatte, ist die *eine* Aktie, die auch nach neuem Recht jeder Verwaltungsrat besitzen muss, um sein Amt antreten zu können[342]. In diesem ganz anderen Sinne gibt es die Pflichtaktie, nämlich als «*Qualifikationsaktie*», immer noch. Diese Aktie muss aber nicht schon von Gesetzes wegen am Gesellschaftssitz hinterlegt werden, und an ihr besteht kein gesetzliches Mobiliarpfandrecht. Bei Inhaberaktien wird die Gesellschaft immerhin in den Statuten die Hinterlegung einer einzigen Aktie an ihrem Sitz verlangen müssen, aber nur zu Legitimationszwecken für Art. 707.

X. Exkurs: Vergleich zwischen dem Schweizer Verwaltungsrat und dem EG-System

A. Das Problem der Spitzenverfassung einer Aktiengesellschaft

1726   Am Schluss dieses Kapitels bietet sich Gelegenheit, der Frage nachzugehen, ob der Schweizer Gesetzgeber gut daran getan hat, *nicht* zum dualistischen System zu wechseln[343] – und zwar, in Abweichung von der vorgeschlagenen Konzeption des EG-Rechtes (Societas Europaea[344] und Strukturrichtlinie[345]) auch nicht wahlweise[346].

---

[341]   Die Statuten sind innerhalb von fünf Jahren anzupassen.
[342]   Art. 707 Abs. 1 und 2 OR (unverändert).
[343]   Dazu *Frank Vischer* (1978) 75.
[344]   *Vorschlag SE 1991.*
[345]   *Vorschlag EG-Strukturrichtlinie 1991*, Art. 3 ff.
[346]   *Vorschlag SE 1991*, Art. 61; Ähnlich *Vorschlag EG-Strukturrichtlinie 1991*, Art. 2 Abs. Unterabs. 2.

1. Die cartesianische Klarheit der dualistischen Spitzenverfassung

Im Vorschlag für die Societas Europaea von 1991[347] wahlweise, obligatorisch schon seit über 100 Jahren in Deutschland[348], sowie wiederum wahlweise seit 1966 in Frankreich[349], leiten und überwachen zwei streng getrennte Organe die Gesellschaft. Der Vorstand «leitet»[350] die Gesellschaft, und zwar «*unter eigener Verantwortung*»; das von ihm personell strikt getrennte Aufsichtsorgan «wählt» und «überwacht»[351]. Wo das dualistische System gilt, schliesst die Zugehörigkeit zum einen Organ die Zugehörigkeit zum andern aus[352]. Massnahmen der Geschäftsführung können dem Aufsichtsorgan nicht übertragen werden[353].

1727

In der Theorie liegen die Vorteile des «*dualistischen Systems*»[354], klar zu Tage[355]. Es wird gelehrt, niemand könne sich selber überwachen, Leitung und Aufsicht seien unvereinbar[356]. Trifft dies zu, krankt unsere 1881 aus dem französischen Aktienrecht des 19. Jahrhunderts[357] übernommene «*monistische*» Leitungsstruktur[358] an einem unüberwindbaren inneren Widerspruch. Wer immer von den Aktionären dazu ausersehen ist, seine Aufgabe als Verwaltungsrat übers Jahr «mit aller Sorgfalt» zu erfüllen und den jährlich zusammentretenden Anteilseignern rückblickend redlich Rechenschaft abzulegen, sieht sich verpflichtet, etwas zu leisten, was tatsächlich keiner kann: er soll dauernd sich selbst überwachen.

1728

Nicht genug damit: jedem einzelnen Schweizer Verwaltungsrat, der sich dergestalt zu sorgfältiger «Leitung und Überwachung» aufgerufen sieht, bleibt, wie vorn dargelegt, der *wirklich freie Zugang zu den internen Informationen* durch ausgeklügelte gesetzliche Schranken begrenzt oder ganz versperrt. Auch der neue Art. 715a[359] verweist den einzelnen Verwaltungsrat nach wie vor dorthin, wo er nach dem Konzept der Gesetzesmacher offenbar hingehört: *in den Sitzungsraum, mit Block und Bleistift*. Der

1729

---

[347] a.a.O.
[348] Entwurf eines Allgemeinen Deutschen Handelsgesetzbuches ADHGB von 1861, Art. 225, bei *Werner Schubert* (Hrsg., 1986).
[349] LSC Art. 118.
[350] §76 Abs. 1 AktG; vgl. *Günter Henn* (1991) 205 ff.; *Bleicher/Leberl/Paul* (1989) 93 ff.; *Jörg H. Gessler* (1991) zu §76.
[351] Entgegen *Thomas A. Biland* (1989) 25 geht also das deutsche Trennungsmodell keineswegs auf die geschichtlichen Erfahrungen des 2. Weltkrieges zurück! Es wurzelt in jenen nach der Mitte des neunzehnten Jahrhunderts: Aktiennovelle vom *18. Juli 1884* und § 248 HGB 1897.
[352] § 105 AktG; Art. 127 Abs. 1 LSC.
[353] §111 Abs. 4 AktG.
[354] So ausdrücklich der *Vorschlag EG-Strukturrichtlinie 1991*, Art. 3 ff. *Vorschlag SE 1991*, Art. 62 ff.; *Bleicher/Leberl/Paul* (1989) 44 ff. und passim bezeichnen den Verwaltungsrat als «einstufiges» Modell, das deutsche System als «zweistufiges» oder «doppelstufiges» Modell; diese Verwendung der Vorstellung von «*Stufen*» scheint mir indessen gerade hier unglücklich – *es geht nicht um «Stufen».*
[355] Vgl. *Günter Henn* (1991) 202 und *Dietrich Hoffmann* (1979).
[356] *Christoph von Greyerz* (1982) 208.
[357] Der «*Conseil d'administration*» der Loi sur les sociétés anonymes von 1867. Das Gesetz wurde erst nach unzähligen Änderungen 1966 ersetzt (LSC Art. 89 und 118), mit dem *Wahlrecht* zwischen monistischem und dualistischem System. Dieses Wahlrecht hat die EG für die Societas Europaea («SE») in Art. 61 übernommen, vgl. im weitern *Thomas A. Biland* (1989) 25 f.
[358] *Christoph von Greyerz* (1982) 197/98.
[359] Vorn III/2, Rz 1496 ff.

Widerspruch geht tief: trotz dem weiterhin beschränktem Zugang zu den Informationen haftet der Verwaltungsrat solidarisch auch für leichte Unsorgfalt[360]. Es ist in der Tat schwer einzusehen, wie ein Verwaltungsrat des monistischen Modells wegen Pflichtverletzung bei der Überwachung der mit der Geschäftsführung betrauten Personen zur Verantwortung gezogen werden kann, wenn ihn das Gesetz gleichzeitig von wesentlichen betriebsinternen Informationen fernhält. Ganz offensichtlich passt die strenge Haftungsbestimmung von Art. 754[361] nur zu einer Leitungsstruktur, in welcher der einzelne auch gesetzlich darf, was er gesetzlich muss[362].

1730 Jedenfalls bleiben die *Spannungen* im Vieleck «Handlungsgebot-Überwachungspflicht-Informationsbeschränkung-Haftung» im monistischen Schweizer Modell ungelöst. Der multifunktionale «Verwaltungsrat» ist als theoretisches Konzept, nur schwer erklär- und vertretbar.

2. Der Entscheid des Gesetzgebers

1731 Umgekehrt erhob sich während der ganzen Reformarbeiten fast überall einhellig *Widerspruch* gegen den Gedanken einer Einführung eines echten dualistischen Systems[363]. Der Ungnade verfiel auch schon in der Arbeitsgruppe von Greyerz die Andeutung, man könnte wenigstens *einen* tragenden Grundgedanken der zweiköpfigen Spitzenverfassung übernehmen: die Funktionen der Führung und der Aufsicht dissoziieren, um das Mass von Haftung und Informationszugang etwas besser zur Übereinstimmung zu bringen. Das Parlament stimmte zu: Die Schweiz bleibt beim monistischen System. Der Kontrast zum deutschen dualistischen System scheint damit erneut festgeschrieben[364], allerdings mit wesentlichen Nuancen.

B. Vergleich von Verwaltungsrat und Vorstand/Aufsichtsrat

1732 Wegen der grossen Rolle, die das dualistische System heute in Europa spielt, sei es als zwangsweise vorgeschriebenes Strukturmodell wie in Deutschland, sei es als Option wie in Frankreich, ist es von Interesse, die beiden Modelle der Spitzenverfassung einer Aktiengesellschaft auf Gegensätze und sich abzeichnende Konvergenzen zu unter-

---

[360] Art. 754 OR 1936 und 1991, im Gegensatz zum früheren Recht (Art. 674 OR 1881), das nur bei Absicht eine persönliche Haftung gegenüber Dritten vorsah. Vgl. zur Inkongruenz auch *Bruno U. Glaus* (1989) 236 ff.

[361] Nach deutschem Recht haften gegenüber Dritten sowohl Vorstand wie Aufsichtsrat (§116 AktG), insoweit als nicht die besonders gravierenden Pflichtverletzungen des §93 Abs. 3 gegeben sind, nur bei «gröblicher» Verletzung der Sorgfalt eines ordentlichen und gewissenhaften Geschäftsleiters.

[362] *Hansjörg Abt* in NZZ Nr. 57 vom 9./10. März 1991, 33.

[363] *Botschaft 1983*, 96,Ziff. 215.11; *Christoph von Greyerz* (1982) 198; *Frank Vischer* (1984) 164; *Peter Böckli* (1984) 79. *Amtl. Bull. NR* (1985) 1659.

[364] *Botschaft 1983*, 25 Ziff. 132.4. «Der Entwurf bleibt beim sog. 'Boardsystem', geht mithin nicht zum Aufsichtsratssystem über». Das Parlament hat dies 1991 gebilligt. Vgl. *Frank Vischer* (1984) 161.

suchen. So ist es methodisch aufschlussreich, die Kompetenzen des Schweizer Verwaltungsrates aufzugliedern in solche, die nach dualistischem System dem Aufsichtsorgan, und solche, die dem Leitungsorgan zugehören würden. Dabei muss die *theoretische Machtfülle*[365] eines Verwaltungsrates immer von neuem verblüffen: Der Verwaltungsrat vereinigt auch nach der Aktienrechtsreform in sich gleichzeitig alle vier typischen Funktionen eines Aufsichtsorgans *und* vier von fünf der wichtigsten Aufgaben eines Leitungsorgans[366].

1. «Aufsichtsratsfunktionen» des Schweizer Verwaltungsrates

Der Verwaltungsrat hat, am deutschen Modell gemessen, einmal alle Funktionen eines *Aufsichtsorgans*: 1733

a) der Verwaltungsrat *wählt*, genau gleich wie ein Aufsichtsrat oder conseil de surveillance, die Mitglieder der obersten Geschäftsleitung (§84 AktG und Art. 120 LSC; Art. 717/721/722 OR 1936; Art. 716a Abs. 1 Ziff. 4 OR 1991); 1734

b) der Verwaltungsrat, wie ein Aufsichtsrat oder conseil des surveillance, *überwacht* sodann die Geschäftsführung (§111 AktG und Art. 128 LSC; Art. 722 Abs. 2 1936; Art. 716a Abs. 1 Ziff. 5 OR 1991)[367]; 1735

c) der Verwaltungsrat hat, ähnlich wie ein Aufsichtsrat oder conseil de surveillance, direkte Verantwortung für die Ordnungsmässigkeit der Rechnungslegung, die Gesetzeskonformität des *Jahresabschlusses* (Bilanz und Erfolgsrechnung) (§171 AktG und Art. 128 LSC; Art. 722 Abs. 3 OR 1936; Art. 716a Abs. 1 Ziff. 3/6 OR 1991); 1736

d) der Verwaltungsrat ist, nicht anders als ein Aufsichtsrat, sehr häufig auch das *Genehmigungsorgan für besonders weittragende Beschlüsse der Geschäftsführung*. In Deutschland ebenso wie in Frankreich gründet sich eine solche Funktion auf Gesetz und Satzung (§ 111 Abs. 3 AktG; Art. 128 Abs. 2 LSC)[368]. In der Schweiz ist die Grundlage in der Befugnis des Verwaltungsrates zur Delegation zu suchen; diese erlaubt ohne weiteres («in maiori minus») den Vorbehalt der eigenen Zustimmung in bestimmten Punkten. Die Regelung findet sich formell meist in der Geschäftsordnung oder im Organisationsreglement des Verwaltungsrates. 1737

---

[365] Allerdings liegt die Macht vor allem in grossen Publikumsgesellschaften *faktisch* weitgehend bei der Geschäftsleitung, vgl. *Frank Vischer* (1984) 161/162; *Peter Böckli* (1984) 78 und (1989) 75 ff.

[366] Hier geht es um eine Übersicht; vgl. im einzelnen *Christoph von Greyerz* (1982) 199 und *Günter Henn* (1991) 246 ff. sowie *Vorschlag EG-Strukturrichtlinie 1991*, Art. 3 ff.

[367] In Deutschland war der Vorstand ganz am Anfang des 19. Jahrhunderts noch von den Aktionären direkt gewählt worden, *Achilles Renaud*, Das Recht der Actiengesellschaften, Leipzig 1863, 474 und 554. Noch der Entwurf für das ADHGB vom 1861 liess dies in Art. 209 Ziff. 7 zu (bei *Werner Schubert*, Hrsg., 47).

[368] *Günter Henn* (1991) 725.

2. «Vorstandsfunktionen» des Schweizer Verwaltungsrates

1738 Der Schweizer Verwaltungsrat hat daneben auch fast alle Zuständigkeiten eines *Leitungsorgans* nach EG-Gesellschaftsrecht, eines Vorstands[369] oder eines «directoire»:

1739 a) Der Verwaltungsrat hat die Finanzverantwortung und *gestaltet in eigener Kompetenz*[370] *die Jahresrechnung*[371]. Die Generalversammlung kann die vom Verwaltungsrat vorgelegte Bilanz und Erfolgsrechnung oder Konzernrechnung nicht selber abändern, sondern sie nur entweder genehmigen[372] oder nicht genehmigen, d.h. sie an den Verwaltungsrat zurückweisen. So jedenfalls die hier vertretene Ansicht, die der «Omnipotenztheorie» unter dem neuen Aktienrecht noch entschiedener widerspricht[373].

1740 Der Verwaltungsrat hat ferner wie ein Vorstand oder directoire[374] den Führungsauftrag hinsichtlich der *Ausschüttung*; er ist es, der die Dividendenpolitik konzipiert[375], der über den Antrag an die Generalversammlung[376] zu befinden und diesen der Revisionsstelle zur Prüfung vorzulegen hat. Die Generalversammlung kann zwar die Dividende gegenüber dem Antrag kürzen, was sie praktisch nie tut, erhöhen aber nur, wenn in der geprüften und von ihr genehmigten Bilanz verwendbares Eigenkapital das erlaubt[377]; (§ 170 Abs. 2 AktG und Art. 124/157 LSC; Art. 722 Abs. 3, 729 Abs. 1 OR 1936; Art. 716a Abs. 1 Ziff. 6 OR 1991);

1741 b) Der Verwaltungsrat, wie ein Vorstand oder directoire, hat weitgehend die Macht über die Tagesordnung (Traktandenliste) der *Generalversammlung* und beeinflusst deren Ablauf durch seine *Anträge* in hohem Masse (§ 121/124 AktG und Art. 158/160 LSC; Art. 699 und 722 Abs. 2 OR 1936; Art. 716a Abs. 1 Ziff. 6 OR 1991)[378];

1742 c) Der Verwaltungsrat hat, wie ein Vorstand oder directoire[379], die *Führungs- und Finanzverantwortung,* deren er sich auch durch die in der Schweiz weitgehend zugelassene Delegation nicht entschlagen kann[380];

---

[369] Vgl. *Vorschlag EG-Strukturrichtlinie 1991,* Art. 3 Abs. 1 Bst. a und Art. 5 ff. *Günter Henn* (1991) 205 ff.
[370] Der Vorstand allerdings nach der Usanz in Absprache mit dem Aufsichtsrat, gesetzlich unter Vorlage der Vorschläge gemäss §170 AktG.
[371] Art. 128 Abs. 4 und 157 Abs. 2 LSC.
[372] So jetzt ausdrücklich Art. 698 Abs. 2 Ziff. 4 OR 1991.
[373] Ändern die Aktionäre in der Generalversammlung die Bilanz doch direkt ab, so ist Voraussetzung, dass der Verwaltungsrat mindestens stillschweigend der Änderung zustimmt und die Änderung nicht wesentlich in das eingreift, was Grundlage des Berichtes der Revisionsstelle war. Art. 729 Abs. 2 OR 1936 und Art. 729c OR 1991.
[374] Art. 162 LSC.
[375] Mehr nur indirekt, aber faktisch sehr deutlich in Art. 674 Abs. 2 OR 1936; Art. 674 Abs. 2 OR 1991.
[376] Art. 700 Abs. 2; Art. 716a und 728 Abs. 1 OR 1991.
[377] Art. 675 Abs. 2 OR 1991. Andernfalls ist der darüber hinausgehende Teil des Ausschüttungsbeschlusses nichtig.
[378] Vgl. *Jörg H. Gessler* (1991) Vorbem. 1 zu §§129-132.
[379] Art. 124 LSC.
[380] Vgl. *Frank Vischer* (1984) 163/63. Noch viel weniger kann, wie *Regina Kurtenbach* (1989) 28 anzunehmen scheint, «die GV (...) kurzfristig die Geschäftsführung übernehmen.»

d) Der Verwaltungsrat hat, wie ein Vorstand oder directoire, die umfassende *Vertretungsbefugnis* für die Gesellschaft. Allerdings ist die Zeichnungsberechtigung in der Schweiz oft personell begrenzt auf die Mitglieder des Verwaltungsrates, die im Unternehmen leitende Funktionen ausüben, nach amerikanischer Sprachregelung die «*inside directors*» (§ 78 AktG und Art. 126 LSC[381]; Art. 717 OR 1936; Art. 718 OR 1991).

1743

Mit seiner Konzentration von Aufgaben und Befugnissen in einem einzigen Spitzengremium scheint das schweizerische, «*monistische*» System in einem unversöhnlichen Gegensatz zum «*dualistischen*» zu stehen. Es entsteht nach dieser ersten Bestandesaufnahme ein Bild vor unseren Augen: der Verwaltungsrat in corpore kann und muss alles und alles allein, was im dualistischen Modell sauber auf zwei Organe aufgeteilt ist.

1744

Nur, die Rechtswirklichkeit sieht anders aus – in der Praxis beider Systeme.

C. Konvergenz der Systeme

1. Überwachung ohne Dabeisein – eine konzeptionelle Schwäche des Trennsystems

So unversöhnlich differenziert die Systeme sein mögen – in der Praxis der letzten Zeit haben sie sich erkennbar konvergent entwickelt.

1745

Das hat mehrere Gründe: Das dualistische System – logisch und «cartesianisch» auf dem Papier – hat den grossen Nachteil, dass es in der wirklichen, von Menschen bewirkten Kette der Handlungen, Reaktionen und Geschehnissen eine künstliche Funktionstrennung vornimmt. Der Satz von der Unmöglichkeit der Selbstüberwachung ist nicht die umfassende, und er ist schon gar nicht die einzige Wahrheit. Es gilt mindestens *ein* weiterer Leitsatz: *Niemand kann überwachen, ohne selbst dabei zu sein.* Die Abwesenden haben nicht nur im Sprichwort Unrecht; für das Dabeisein gibt es keinen Ersatz. Überholt ist die frühere Vorstellung, dass wirklich effiziente Überwachung möglich sei durch ein rein intellektuelles Über-die-Bücher-Gehen, eine Überprüfung im Rückblick und dadurch, dass man den direkt in die Folgen ihrer eigenen Handlungen und Unterlassungen eingebundenen Personen ein Jahr später höfliche Fragen stellt. In der schnellebigen heutigen Welt internationaler Geschäfte sind die Vorgänge des verflossenen Geschäftsjahres Geschichte und, wenn sie endlich nochmals ein Viertel- oder Halbjahr später verarbeitet auf den Tisch kommen, Vorgeschichte. Dazu kommt, dass jede Hierarchie das Hochkommen von guten Nachrichten begünstigt, von schlechten Nachrichten aber verzögert. Keine handelnde Person setzt sich ohne Not selbst ins Unrecht. Gerade besonders gefährliche Ereignisse (und Unterlassungen) werden auf diese Weise dem Aufsichtsorgan oft zu spät in ihrer wahren Tragweite erkennbar.

---

[381] In Frankreich ist die Vertretungsmacht konzentriert in der Person des «président du directoire» oder «directeur général».

1746 Überwachung ist ein anspruchsvoller Erkenntnis- und Beurteilungsprozess. Sie verlangt eine nahe, vor allem auch *zeitnahe Begleitung* sowohl der betrieblichen Abläufe wie der handelnden Menschen. Insoweit als das dualistische System, wenigstens nach seinem klassischen Grundgedanken, eine «*Überwachung ohne Begleitung*» einrichtet, enthält es letztlich eine ebenso schwerwiegende konzeptionelle Schwäche wie «der sich selbst überwachende» Verwaltungsrat helvetischer Observanz.

Die Praxis nun neigt, in Überbrückung der Unvollkommenheiten beider Systeme, zu zunehmender Konvergenz.

2. In der Praxis zu beobachtende Annäherung der Systeme

a) Tendenz zu laufender Abstimmung zwischen der Spitze des Leitungsorgans und dem Präsidium des Aufsichtsorgans

1747 Das Aufsichtsorgan des echt dualistischen Systems versucht einmal, seine gesetzliche Überwachungsaufgabe durch einen *laufenden Kontakt* mit dem Leitungsorgan besser wahrzunehmen[382]. Anknüpfungspunkt ist hier u.a. die Berichterstattungspflicht[383]. Aus dem einseitigen Bericht wird wie von selbst ein Dialog; aus der mehr passiv-registrierenden und «benotenden» Reaktion auf den Bericht ergibt sich in unmerklichem Übergang eine Beeinflussung; aus der Beeinflussung entsteht ganz natürlich eine gegenseitige Abstimmung.

1748 Dieser Entwicklung kommt umgekehrt ein Bedürfnis des (an sich gesetzlich völlig «eigenverantwortlichen») Leitungsorgans Vorstandes nach Absicherung seiner Entscheide entgegen. Hat sich einmal «Präsidium» des Aufsichtsorgans gebildet, so übernimmt dieses die naheliegende Funktion, den Vorsitzenden des Leitungsorgans auf seinem Weg von der Meinungsbildung zum Entschluss, vom Entschluss zu dessen Durchführung zu begleiten.

1749 In Tat und Wahrheit begleitet heute das Aufsichtsratspräsidium oder der Finanzausschuss die entscheidenden *Abschlussdiskussionen* des Vorstandes schon in einem frühen Stadium[384]. Es kommt dadurch zu einem schon «doppelpräsidial abgestimmten» Abschluss- und Dividendenantrag, zu einem gemeinsamen Arbeitserzeugnis. Dessen formelle Billigung durch den Aufsichtsrat ist dann schon aufs Gleis gesetzt[385]. Auch in französischen Gesellschaften, die das dualistische System (directoire / conseil de surveillance) gewählt haben, läuft es in der Praxis ähnlich. Das Aufsichtsorgan kann sich so – durch seinen Vorsitzenden oder seinen Ausschuss[386] - zeitnah in die Entschlussgestaltung und die Entschlussfassung der Geschäftsführung einschalten. Es beginnt damit aber merk-

---

[382] Vgl. die grundlegenden Untersuchungen von *Wolfgang Vogel* (1980) 180 ff., 198 ff., 230 ff.; *Bleicher/Leberl/Paul* (1989) 111 ff.
[383] §90 AktG; *Wolfgang Vogel* (1980) 160 ff.
[384] *Wolfgang Vogel* (1980) 203 ff.
[385] Hinsichtlich des vorsorglichen Einbezugs auch des Spitzenvertreters der Arbeitnehmerschaft vgl. *Bleicher/Leberl/Paul* (1989) 112.
[386] §107 Abs. 3 AktG; *Günter Henn* (1991) 276 ff.; *Gerum/Steinmann/Fees* (1988) 148 f.; 159.

lich aus der gesetzlichen Modellrolle eines unvoreingenommen-distanziert prüfenden «Aufsehers» herauszutreten.

b)   Einfluss der Mitbestimmung auf die Rolle des Aufsichtsorgans

Ein weiterer Grund für die Annäherung der Funktionen liegt in Deutschland ohne Zweifel in der *Mitbestimmung*; zahlreich sind die Auswirkungen der in grösseren Aktiengesellschaften seit Jahrzehnten eingeführten, zuerst auf einen Drittel begrenzten[387], dann paritätischen Vertretung der *Arbeitnehmer* im Aufsichtsrat[388]. 1750

Die *deutsche Mitbestimmung* ist nun freilich keineswegs Mit-Führung. Sie ist zuerst und vor allem Mit-Wahl und Mit-Aufsicht, jedenfalls nach dem formalen Ansatz. Praktisch nehmen die Arbeitnehmervertreter ihren Einfluss vor allem in sozialpolitischen und Umstrukturierungsfragen wahr, manchmal auch in heiklen Wahlgeschäften, selten aber in der «Überwachung». Insgesamt drängen aber doch die Arbeitnehmervertreter den Aufsichtsrat in eine näher bei der Unternehmensführung liegende Rolle. Die Mitbestimmung spielt sich dennoch, und das ist entscheidend, nicht im Leitungsorgan selbst ab, wenn man vom «Arbeitsdirektor» im Vorstand absieht. 1751

Anders schien die Rechtsentwicklung *in der Schweiz* zu laufen; bekanntlich hatten bei uns von 1971 an die Gewerkschaften[389] gleichfalls die Einführung der Mitbestimmung betrieben[390]. Unter der Federführung des damaligen Bundesrates Kurt Furgler machte sich 1973 der Gesamtbundesrat dieses syndikalistische Lieblingsanliegen zu eigen - eine bemerkenswerte innenpolitische Kursänderung der Jahre nach 1968. Der Bundesrat brachte am 22. August 1973 den die Mitbestimmung der Arbeitnehmer nun mitten im Leitungsorgan, im «*Verwaltungsrat*», befürwortenden Verfassungsänderungsantrag ein: 1752

> «Der Bund ist befugt, Vorschriften aufzustellen über eine angemessene, die Funktionsfähigkeit und Wirtschaftlichkeit der Unternehmung wahrende *Mitbestimmung der Arbeitnehmer*»[391].

Damals schienen in der Schweiz sowohl Politiker wie Publikum zu übersehen, wieviel *weiter* eine im Verwaltungsrat – mitten im gesetzlichen Leitungsorgan – ansetzende Mitbestimmung der Arbeitnehmer gehen musste[392] als das deutsche Modell, das im wesentlichen stets auf die Funktionen der Aufsicht und der Wahl begrenzt blieb. 1753

---

[387] Betriebsverfassungsgesetz vom 11. Oktober 1952 §76; später Betriebsverfassungsgesetz vom 15. Januar 1972.
[388] Mitbestimmungsgesetz vom 4. Mai 1976. Vgl. zu den Mitbestimmungsfragen im EG-Recht *Vorschlag EG-Strukturrichtlinie 1991*, Art. 4d ff.; *Martin Prager* (1979); *Günter Henn* (1991) 252 ff.; *Gerum/Steinmann/Fees* (1988) insb. 143 ff.
[389] «Mitbestimmungsinitiative» der Schweizer Gewerkschaften vom 25. August 1971, BBl. 1971 II 780; *Walter R. Schluep*, Mitbestimmung? (1971) 311 ff.
[390] *Botschaft* vom 22. August 1973, BBl 1973 II 237 und Gegenvorschlag der Bundesversammlung vom 4. Oktober 1974 (BBl. 1974 II 886).
[391] Als Art. 34ter Abs. 1 Bst. b-*bis* BV konzipiert. Hervorhebung beigefügt.
[392] Vgl. den Hinweis bei *Frank Vischer* (1984) 165. Blutleer der *Begleitbericht 1975*, 20.

Die Mitbestimmung (Initiative und Gegenvorschlag) wurde in der Volksabstimmung vom 21. März 1976 verworfen[393].

c) Mangelnde Übereinstimmung von Aufgaben und Mitteln

1754 In die gleiche Richtung weisen die sich mehr und mehr abzeichnenden Erkenntnisse über die *wirklichen Entscheidungsabläufe* in einem modernen Unternehmen.

1755 Einem echt *dualistisch gestalteten Aufsichtsorgan* fehlen selbst in dem Bereich, in dem es nach der klassischen Modellvorstellung prüfen sollte - bei der «Prüfung» des die vergangenen Wirtschaftsabläufe widerspiegelnden Zahlenwerkes[394] - sowohl die wirkliche Sachkunde wie noch viel mehr die Instrumente und schlicht die Zeit. Da sind heute die spezialisierten, gezielt ansetzenden Wirtschaftsprüfer ungleich effizienter[395]. Das Aufsichtsorgan sieht sich deshalb auf eine «*Überprüfung der Prüfung*», eine kritische Durchsicht des Ergebnisses der Abschlussprüfung verwiesen – so ausdrücklich das deutsche Gesetz[396]. Je mehr sich aber das Aufsichtsorgan zum Ziel setzt, aus den ex-post-Funktionen herauszutreten, um eine ereignisnahe Begleitfunktion zu übernehmen[397], desto eher stösst es sich an der schlichten Tatsache, dass es als debattierendes und beschliessendes Gremium nur während 3 bis 5 von 365 Tagen existiert. Als Beschlussorgan, das sich nur wenige Male pro Jahr versammelt, ist ein Aufsichtsorgan ausserstande, nur schon mit den ständig anfallenden Unternehmensinformationen Schritt zu halten. *Ereignisnähe*, die Voraussetzung jeder Begleitfunktion, ist nur dadurch zu erreichen, dass das Aufsichtsorgan einen «inneren Kreis» bildet, der drei Kerneigenschaften aufweist: *klein* muss er sein, viel *öfter* muss er tätig werden, und *näher* muss er dabeisein.

d) Informelle Kerngruppen

1756 Es bilden sich aus dieser Lage heraus *informelle Kerngruppen* von Entscheidträgern sowohl im Aufsichts- wie im Leitungsorgan. Und diese Kerngruppen neigen dazu, sich mehr und mehr gegenseitig abzusprechen. Dazu trägt eine rein wirtschaftliche Kraft bei: die im steifen Wind des internationalen Wettbewerbs stehenden Unternehmen können sich Verzögerungen durch formalisierte Dialektik zweier Organe und interne Reibungsverluste durch Positionskämpfe, das sog. «infighting», gar nicht leisten. Es geht darum, durch frühzeitige informelle Absprachen interne Reibungsflächen zu beseitigen. Es geht darum, die Vorlaufzeit gerade der wichtigsten Entscheidungen zu verkürzen[398].

---

[393] Damals gab es ein doppeltes Ja nicht. Vgl. BBl 1976 II 660. Nach *heutigen* Abstimmungsregeln (doppeltes Ja gültig) wäre die Mitbestimmung wohl eingeführt worden.
[394] § 171 AktG.
[395] Die obligatorische Abschlussprüfung wurde in Deutschland erst relativ spät, durch Notverordnung vom 19. September 1931, dem professionellen Aussenstehenden anvertraut, vgl. *Friedrich Klausing* (1933) 172. Das Schweizer Aktienrecht zog 1936 mit Art. 723 OR für «grosse» Aktiengesellschaften nach («... ist die Verwaltung verpflichtet, die Bilanz durch *unabhängige Büchersachverständige* prüfen zu lassen.»).
[396] §171 AktG; Art. 63/64 *Vorschlag SE 1991*; *Vorschlag EG-Strukturrichtlinie 1983* schweigt dazu.
[397] Vgl. *Bleicher/Leberl/Paul* (1989) 266 ff. und 70.
[398] Gelingt dies, so ist es unausweichlich, dass sich «*engere informelle Kommunikationskreise*» entwickeln, dass unter Einbezug auch des Spitzenvertreters der Arbeitnehmerschaft sogar eine «*informelle Abstimmungs-Troika*» entsteht – Kerngruppen, die quer über alle rechtlichen Formalstrukturen und Trennlinien hinwegreichen. *Wolfgang Vogel* (1980) 180 und *Bleicher/Leberl/Paul* (1989) 112.

Damit soll nicht gesagt werden, dass die ursprünglich streng konzipierte Funktionstrennung des dualistischen Systems völlig aufgehoben wäre. Es ist indessen aufschlussreich, dass gerade unter dem zunächst formal so unversöhnlichen dualistischen System die Praxis viel mehr zu einer *übergreifenden Funktionsannäherung* als etwa zu einer Vertiefung des rechtlich sorgsam eingerichteten Grabens tendiert.

1757

D. Die heutigen Erscheinungsformen des Schweizer Modells

1. Weitgehende Nachformung des dualistischen Systems

Es hat sich gezeigt: Das biegsame Schweizer Aktienrecht gestattet eine weitgehende – wenngleich nie vollständige - Einrichtung einer Art dualistischer Organisation. Der Verwaltungsrat wird statutarisch, wie dies von Rechts wegen für die Banken gilt[399], auf die unverzichtbaren Wahl-, Oberleitungs- und Oberaufsichtsfunktionen des Art. 716a verwiesen[400]. Die Statuten übertragen alle übrigen Funktionen auf eine als Quasi-Organ konstituierte, separate «*Geschäftsleitung*». Durch ein zweckmässiges Organisationsreglement lässt sich sodann die zeitlich und personell koordinierte *Begleitfunktion*[401] eines aufsichtsratsähnlichen Verwaltungsrates sicherstellen – und dies, ohne dass es zu einer Verletzung der Funktionstrennung kommt. Vor allem in den Schweizer Grossunternehmen hat sich bekanntlich diese Art der *quasi-dualistischen Spitzenorganisation* eingelebt und bewährt[402].

1758

2. Annäherung an das amerikanische «Board System»

a)   Der Grundgedanke

Das neue Schweizer Aktienrecht gestattet aber auch einen weitgehenden Nachvollzug dessen, was sich in den *amerikanischen Grossunternehmen* in den letzten 20 Jahren herauskristallisiert hat: das «Board System» neuerer Ausprägung, mit *horizontaler Zuordnung der Funktionen*[403]. Grundidee ist eine Funktionsteilung nicht zwischen zwei separaten Gremien - wie in Deutschland, wo das eine immer, das andere fast nie «da-

1759

---

[399] Art. 8 Abs. 2 der Bankenverordnung vom 17. Mai 1972, SR 952.02.
[400] Insb. Art. 716a Abs. 1 Ziff. 1-6 OR 1991.
[401] «Begleitende Überwachung» bei *Bleicher/Leberl/Paul* (1989) 71; vgl. *Luzius R. Sprüngli* (1990) 49 f., 130 ff.
[402] Vorn Rz 1593 ff. Dabei unterscheidet sich, trotz aller Arbeitsteilung, die Zuständigkeit des Schweizer Verwaltungsrates weiterhin von derjenigen des Aufsichtsorgans der Societas Europaea eines Aufsichtsrates oder eines conseil de surveillance: die Verantwortung für die Oberleitung, damit für die strategische Ausrichtung und letztlich das Gedeihen der Gesellschaft überhaupt, bleibt direkt und unteilbar dem Verwaltungsrat zugeordnet. Und dessen Mitglieder haften auch Dritten gegenüber und allgemein, im Unterschied zu den Mitgliedern eines Aufsichtsrates (§116 und §93 Abs. 3 AktG), persönlich, solidarisch und unbeschränkt auch für leichte Unsorgfalt. Schon *Botschaft 1983*, 180 Ziff. 332.3.
[403] Vgl. *Bleicher/Leberl/Paul* (1989) 123 ff.; *Bruno U. Glaus* (1990) 192 ff. und 255 ff.

bei ist» - , sondern eine Funktionsteilung *innerhalb* des einzigen Spitzengremiums. Der Verwaltungsrat wird organisiert in die Gruppe der *«inside directors»*, die sich gleichzeitig der Führung der täglichen Geschäfte widmen, einerseits, und in die (oft zahlenmässig grössere) Gruppe der *«outside directors»*, andererseits[404].

1760 Der Kreis der Aussenstehenden organisiert sich nach neuerer amerikanischer Praxis in drei bis vier *Ausschüssen*, die typische und spezifische *Begleit- und Mitentscheidungsfunktionen* übernehmen[405]. Dies sind vor allem:

– der *Finanzausschuss* («Finance Committee»),

– der *Prüfungsausschuss* («Audit Committee»)[406], und

– der *Entschädigungsausschuss* («Compensation Committee»)[407].

1761 Manchmal bildet sich auch ein Präsidium (meist «Office of the Chairman» genannt), oder ein geschäftsleitender Ausschuss («Executive Committee»), dieser dann nicht selten übergreifend, d.h. unter Teilnahme von innen- und aussenstehenden Mitgliedern des Board of Directors.

1762 Der dahinterstehende Gedanke ist offensichtlich. Man geht pragmatisch davon aus, dass es sich als nicht machbar herausgestellt hat, ein separates Organ zu bilden, das hinreichend zeit- und ereignisnah die Arbeit der laufenden Überwachung ausübt. Dann ist es besser, die Oberleitungs- und die Überwachungsfunktion *innerhalb desselben Spitzengremiums* anzusiedeln und die Aufsichtsaufgaben zur Vermeidung oder Abschwächung von Interessenkonflikten dem Kreis der aussenstehenden Mitglieder anzuvertrauen[408].

b)   Inside directors und outside directors

1763 Aus dieser Sicht steht nun das amerikanische «Board System« in seiner heutigen Ausprägung – mit der horizontalen Funktionsabgrenzung – gar nicht schlecht da[409]. So wichtig die Rolle der «outside directors» ist[410], so bleiben es doch durchaus die *«inside directors»*, die, meist mit dem «Chairman and Chief Executive Officer» (CEO) in ihrer Mitte, die Geschäfte leiten und normalerweise auch im Board die Marschrichtung bestimmen. Dies gestattet ein fruchtbares Zusammenwirken von Innen- und Aussen-

---

[404] Ansätze in ähnlicher Richtung finden sich auch in dem *Vorschlag EG-Strukturrichtlinie 1983*, Art. 21r («nichtgeschäftsführende Mitglieder des Verwaltungsorgans»).

[405] *Anderson/Anthony* (1986) 87 ff.; *Bacon/Brown* (1975) 99 ff.; *Edward Paul Mattar*, Handbook (1985) 15 ff.; zu den Ausschüssen des Schweizer Verwaltungsrates *Luzius R. Sprüngli* (1990) 240 ff.

[406] *Frederik L. Neumann* eingehend in: *Edward Paul Mattar* (Hrsg.) Handbook (1985) 17; *Bruno U. Glaus* (1988) 111 ff.; (1990) 248. Das Audit Committee begleitet die externe Revision, handelt als Anspruchstelle und sorgt dafür, dass aus Feststellungen praktisch wirksame Schlüsse gezogen werden.

[407] *Edward Paul Mattar*, Handbook (1985) 15 ff.; *Courtney C. Brown* (1976) 115 ff.; *Bacon/Brown* (1975) 103 ff.

[408] *Edward Paul Mattar* (Hrsg.), Handbook (1985) 60.6: «On balance, outside directors are more likely to provide objective criticism of management, which may lead to early detection of impending crises.»

[409] Ebenso *Bleicher/Leberl/Paul* (1989) 265.

[410] Vgl. *Joseph F. Alibrandi*, in: *Edward Paul Mattar* (Hrsg.), Handbook (1985) 23.4: «Outside directors constitute a majority of the dream board (...) they are more apt to propose course changes». Ebenso *Anderson/Anthony* (1986) 5 und 88.

stehenden, von denen jeder eine besondere Sicht der Dinge einzubringen vermag. Eine gewisse «Betriebsblindheit» der einen[411] wird ausgeglichen durch die Unvoreingenommenheit der andern. Ist auf der einen Seite eine gegenüber fremden Ideen oft ziemlich defensive und nicht ausgesprochen selbstkritische Grundhaltung mit einer beeindruckenden Kenntnis der geschäftlichen Zusammenhänge gepaart, so ist auf der andern Seite kritische Wachsamkeit vereint mit geringerem Sachwissen und vor allem ungenügender Kenntnis der betriebsinternen Einzelheiten. Aus den spiegelsymmetrischen Stärken und Schwächen entsteht ein höherwertiges Ganzes.

c)   *Dualismus innerhalb eines Organs*

Man kommt damit in der Tat in einem bestimmten Sinn ebenfalls zu einem «*dualistischen*» System. Die «outside directors» konzentrieren sich auf sechs Punkte, die von *Anderson/Anthony* lapidar und überzeugend herausgegriffen worden sind:

> «(1.) Watching for trouble, (2.) Preparing for a crisis, (3.) Appraising the Chief Executive Officer, (4.) Forming a judgment about the next CEO, (5.) Setting standards of performance, (6.) Influencing strategy.»[412].

Die das Trennsystem beseelende Wunschidee, Führung und Aufsicht mit zwei personell und funktionell völlig getrennten Organen zu bewältigen, wird preisgegeben. Das Schweizer Aktienrecht hat den immensen Vorzug, dass es gestattet, gerade auch solche neueren organisatorischen Ideen zu verwirklichen. Die gesetzliche Festschreibung einer zweiköpfigen Spitzenverfassung erweist sich demgegenüber in ihrer Starrheit als Innovationshemmnis.

3.   Ergebnis

Noch niemand hat eine Struktur für die Spitzenverfassung gefunden, die sowohl rechtsdogmatisch folgerichtig und cartesianisch klar wie auch praktikabel ist. Im Widerstreit der Anforderungen bietet gerade das *Schweizer Verwaltungsratssystem* die Grundlage für die Verwirklichung einer pragmatischen Lösung nach dem Leitgedanken des «Board System»: die Führungs- und die Überwachungsfunktionen werden je den innen- und den aussenstehenden Verwaltungsräten zugeordnet. In Arbeitsausschüssen, die zweckmässigerweise klein sind, organisieren sich die vorrangig mit der Überwachung und Begleitung betrauten Mitglieder zur besseren Erfüllung ihrer Aufgabe. Und was an Funktionstrennung und formaler Schönheit der Strukturen verloren geht, wird an direktem Informationsfluss durch die älteste und einfachste, aber nach wie vor wirksamste Methode hinzugewonnen: durch das Dabeisein.

---

[411] a.a.O. «Their (scil. outsiders') detachement enables them to spot problems hidden from insiders immersed in specifics».
[412] *Anderson/Anthony* (1986) 19.

XI. Verhältnis zum EG-Recht

1767 1. Insgesamt steht das neue Schweizer Aktienrecht in der Ausgestaltung der Spitzenorgane der Aktiengesellschaft der Konzeption des EG-Gesellschaftsrechts – die in diesem Bereich wegen der Verzögerung in der Inkraftsetzung der Strukturrichtlinie und der SE-Verordnung erst in Vorschlägen sichtbar ist – recht nahe[413]. Es gibt eine tiefgreifende Ausnahme: die Unmöglichkeit, das *dualistische System* in seiner strikten Ausprägung zu wählen. Bei einer Übernahme des «acquis communautaire» müsste die Schweiz, wie dies in Frankreich seit 1966 der Fall ist, eine *Option*, ein Wahlrecht auf die zweigliedrige Spitzenstruktur einführen, wenn dann die EG-Strukturlinie in Kraft und Wirksamkeit getreten sein wird.

1768 2. Ein frontaler Verstoss gegen den Geist des Vertrages von Rom ist natürlich der aus Art. 711 OR 1936 hinübergerettete Art. 708 OR 1991, der die Mehrheit der Verwaltungsräte[414] aus *in der Schweiz wohnhaften Schweizern* zusammengesetzt sehen will. Diese Vorschrift müsste gegenüber den Mitgliedstaaten der EG und der EFTA sofort unanwendbar werden, wenn die Schweiz sich ernsthaft ihnen gegenüber zu allen vier Grundfreiheiten bekennen sollte.

---

[413] *Vorschlag EG-Strukturrichtlinie 1991*, Art. 6 ff.; *Vorschlag SE* 1991, Art. 61 ff.
[414] Mit der bekannten Ausnahmemöglichkeit für ausländisch beherrschte Holdinggesellschaften, Art. 708 Abs. 1 Satz 2 und Abs. 3 OR 1991. Der Vertrag von Rom verbietet solche Diskriminierungen, wie sie in Art. 708 OR 1991 enthalten sind.

Kapitel 11
Revisionsstelle

Begleitbericht 1975, 24
Botschaft 1983, 99 ff., Ziff. 216 und 184 ff., Ziff. 333
Amtl. Bull. NR (1985) 1672 ff., 1677 ff., 1786 ff., (1990) 1388 f.
Amtl. Bull. StR (1988) 468 ff., 515 ff., (1991) 76
Verordnung des Bundesrates über die fachlichen Anforderungen an besonders befähigte Revisoren
4. EG-Richtlinie (1978)
8. EG-Richtlinie (1984)
Vorschlag SE 1991, Art. 111
§§ 316–324 HGB 1985
Art. 218–235, 248, 495 LSC; Art. 187–195-1 DSC.

I. Der Nachholbedarf

1. Stand der Entwicklung bis zum OR 1936

Schon das Obligationenrecht von 1881 hielt die Generalversammlung dazu an, einen oder mehrere *Revisoren* zu wählen, die ihr einen Bericht über die Bilanz und die von der Verwaltung vorgelegten Rechnungen zu unterbreiten hatten[1]. Denn schon in der Gründerzeit erkannten die Gesetzesväter, dass die Verwaltungsräte bei der Vorlage der Jahresrechnung zur Abnahme durch die Aktionäre in einem gewissen Interessenkonflikt stehen. Als Beauftragten liegt ihnen daran, die Dinge, wenn es einmal schlechter geht, eher zu beschönigen, jedenfalls nicht geradezu sich selbst mit Zahlen anzuklagen. Anderseits wäre es wirklichkeitsfern, den Aktionären zuzumuten, dass sie – wie die Kommanditäre gemäss Art. 600 OR – in die Bücher schauen und persönlich die vom Verwaltungsrat vorgelegten Zahlen hinterfragen. 1769

Das deutsche Recht kennt die unabhängige professionelle Abschlussprüfung seit einem Notrechtserlass von 1931[2]. Unsere Gesetzesrevision von 1936 tat diesen Schritt nur teilweise; sie verbesserte eigentlich bloss zwei Dinge. Sie umschrieb das *Prüfungsthema* klarer durch die bekannten drei Punkte mit der Aussage über die Übereinstimmung mit den Büchern, die Ordnungsmässigkeit und die Einhaltung der Bewertungsgrundsätze[3]. Und sie führte – durch die deutsche Aktienrechts-Notverordnung nun doch beeindruckt – die *obligatorische Prüfung durch unabhängige Büchersachverständige* bei 1770

---

[1] Art. 659 OR 1881.
[2] Vgl. *Heinrich Friedländer* (1932) 197 ff. zur Einführung der «Pflichtprüfung» durch die Notverordnung vom 19. September 1931; § 262a ff. HGB 1931; *Friedrich Klausing* (1933) 26 ff. und 216 ff.
[3] Art. 728 Abs. 1 OR 1936.

bestimmten Gesellschaften ein, damals definiert durch ein Grundkapital von 5 Mio. Franken oder die Beanspruchung von Spargeldern[4]. Allerdings wagte es der Gesetzgeber nicht, den sich aufdrängenden Schluss zu ziehen und diesen Sachverständigenbericht (oder jedenfalls dessen Schlussfolgerungen) den Aktionären zugänglich zu machen. Die Beurteilung der unabhängigen Prüfer war den Augen des Verwaltungsrates vorbehalten; sie blieb vertraulich.

2. Nachholbedarf

1771 Die Grundausrichtung der Gesetzgebung von 1936 war durchaus sinnvoll. Sie enthielt aber Schwächen und Widersprüche[5], die angesichts der Weiterentwicklung des europäischen Rechtes untragbar wurden[6]. Das Hauptproblem war die reine *Laienrevision*, die nach OR 1936 in allen Gesellschaften möglich war, die nicht die drei Anforderungen des Art. 723 für die wenigstens dem Verwaltungsrat zugängliche Prüfung durch unabhängige Sachverständige erfüllten[7]. Dies ist aber der weitaus grösste Teil aller Schweizer Aktiengesellschaften, darunter nicht wenige der die schweizerische Wirtschaft wesentlich tragenden mittelgrossen Unternehmen[8].

1772 Das *Prüfungsthema* als solches war im OR 1936 ebenfalls nicht optimal umschrieben. Die Frage der Übereinstimmung von Gewinn- und Verlustrechnung und Bilanz mit den Büchern ist eine reine Vorfrage der Ordnungsmässigkeit; und die Qualität der Jahresrechnung hängt keineswegs allein davon ab, ob die Darstellung des Geschäftsergebnisses und der Vermögenslage mit den «gesetzlichen Bewertungsgrundsätzen» übereinstimmt.

1773 Das dritte Hauptproblem lag in der eindeutig ungenügenden Gewährleistung der *Unabhängigkeit der Revisoren*.

1774 Und war man einmal an der Überarbeitung des Gesetzes, so bot sich Gelegenheit, kleinere Dinge zu bereinigen. So drängte sich die *Offenlegung* der Person des Revisors im Handelsregister auf. Auch war die eigenartige Doppelspurigkeit einer Laienrevision, die zum «Kontrollstellenbericht» an die Generalversammlung führte, und einer Prüfung durch unabhängige Büchersachverständige, die in den «Bericht an den Verwaltungsrat» mündete[9], zu beseitigen.

---

[4] «Gesellschaften, die Anleihensobligationen ausstehend haben oder sich öffentlich zur Annahme fremder Gelder empfehlen», Art. 723 Abs. 1 OR 1936.
[5] *Vischer/Rapp* (1968) 161 ff.; *Christoph von Greyerz* (1982) 211 ff.; *André Zünd* (1982) 199 ff.; *Forstmoser/Meier-Hayoz* (1983) 191 ff.
[6] *4. EG-Richtlinie* (1978) Art. 51; *7. EG-Richtlinie* (1983) Art. 37; *8. EG-Richtlinie* (1984) Art. 2 ff.
[7] Die Geldentwertung seit 1936 hat eine gewisse selbsttätige Korrektur gebracht: Fr. 5 Mio. von 1936 entsprechen heute einem Grundkapital von mehr als Fr. 40 Mio.. Man hatte damals ausgesprochen die «Grossen» anvisiert.
[8] Dabei ist eine uneingeschränkte Laienrevision manchmal sogar noch schlimmer als gar keine Revision, denn sie kann Aktionäre *und* Verwaltungsräte in falscher Sicherheit wiegen.
[9] Art. 723 OR 1936 im Verhältnis zu Art. 729 OR 1936.

II. Die wesentlichen neuen Regeln für die Revisionsstelle

A. Verschärfte Anforderungen an die Befähigung

1. Das Dilemma des Gesetzgebers[10]

Die Aktionäre und letztlich auch die Verwaltungsräte konnten sich durch den «Kontrollstellenbericht», die Prüfungsbestätigung des Aktienrechts von 1936, in einer *Sicherheit* wiegen, die oft den Tatsachen in keiner Weise entsprach. Die Beispiele von Gesellschaften, bei denen eine an der Oberfläche bleibende Laienrevision eine wesentliche Mitursache des finanziellen Scheiterns war, sind zahlreich. Das allein hätte schon zur Reform Anlass geben müssen. Nun sind aber die tatsächlichen Verhältnisse verwickelter geworden; auch das Recht, das auf sie anzuwenden ist, und die Rechnungslegung als ganze sind heute eindeutig komplexer als 1936. Damit eine Person eine verantwortungsvolle Abschlussprüfung durchführen kann, muss sie im Aktienrecht und in der Rechnungslegung sowie im eigentlichen Handwerk des Prüfens eine hinreichende Schulung durchlaufen und praktische Erfahrung erworben haben.

1775

Die Laienrevision ist nicht nur in grossen Gesellschaften problematisch. Sie ist es auch in vielen der über 150'000 *kleinen und mittleren Gesellschaften*, die in der Schweiz als Aktiengesellschaften bestehen. Denn auch in einer nicht so grossen Gesellschaft können die Verhältnisse erstaunlich komplex, die Probleme der Rechnungslegung und des Aktienrechtes verzwickt, die Folgen einer ordnungswidrigen Rechnungslegung für die Betroffenen verheerend sein.

1776

Dennoch hat man von Anfang an einsehen müssen, dass es zwischen Bodensee und Genfersee, zwischen Inn und Doubs gar nicht genügend ausgebildete Revisoren gibt, um – wie dies in der 8. EG-Richtlinie grundsätzlich der Fall ist[11] – die Revision den auf *universitärer Stufe* beruflich ausgebildeten Bücherexperten vorzubehalten. Das Gesetz weicht daher auch hier von der vielbeschworenen «Einheit des Aktienrechts» ab und trifft eine Zweiteilung in «grosse» und «kleine» Gesellschaften.

1777

2. Besonders befähigte Revisoren

a) Kriterien der Befähigung

Alle jene Gesellschaften, die zwei der drei Grössenmerkmale von Art. 727b Abs. 1 Ziff. 3 erfüllen, müssen Revisoren in die Revisionsstelle wählen, die besondere, vom Bundesrat im einzelnen festgelegte *fachliche Voraussetzungen* erfüllen. Praktisch läuft es darauf hinaus, dass wählbar solche Personen sind, die entweder das eidgenössische Bücherexperten-Diplom oder Ausweise über eine abgeschlossene Fachausbildung[12] mit

1778

---

[10] Deutlich widergespiegelt in *Amtl. Bull. NR* (1985) 1671 ff.; *StR* (1988) 515 ff.
[11] *8. EG-Richtlinie* (1984) Art. 4.
[12] Man denkt z.B. an das Steuerexperten-Diplom. Nach dem Verordnungsentwurf (Art. 4) vom Februar 1992 soll auch das Eidg. Buchhalter-Diplom genügen, wenn dazu eine 12-jährige praktische Erfahrung

so langjähriger praktischer Erfahrung besitzen, dass auf Gleichwertigkeit geschlossen werden kann. Wird eine juristische Person als Revisionsstelle gewählt, so muss die die Revision leitende Person die Anforderungen an die Befähigung erfüllen[13]. Das Parlament hat dabei den Ausdruck «ein ausgewiesener Revisor» durch «besonders befähigter Revisor» ersetzt[14]. Das neue Aktienrecht kennt dabei – im Unterschied zur 8. EG-Richtlinie – kein behördliches *Anerkennungsverfahren* mit förmlicher Zulassung. Es liegt am Verwaltungsrat zu prüfen, ob die Kriterien erfüllt sind, an der Generalversammlung, den Vorschlag zu bestätigen oder zurückzuweisen, am Richter, gegebenenfalls eine Abberufungsklage eines Aktionärs zu entscheiden[14a].

b) Kriterien für die Erforderlichkeit der «Fachrevision»

1779 Das Parlament hat die *Grössenkriterien* gegenüber dem Bundesrat leicht angehoben[15]: In zwei aufeinanderfolgenden Geschäftsjahren müssen zwei der folgenden drei Grössen überschritten sein:

(1) Bilanzsumme von Fr. 20 Millionen,

(2) Umsatzerlös von Fr. 40 Millionen,

(3) Arbeitnehmerzahl 200 im Jahresdurchschnitt[16].

1780 Durch «besonders befähigte Revisoren» ist ferner jede Gesellschaft, auch wenn sie diese Schwellenwerte nicht erreicht, zu prüfen, die den *Kapitalmarkt* in Anspruch genommen hat[17] sowie jene Gesellschaft, die verpflichtet ist, eine *Konzernrechnung* zu erstellen[18]. Durch diese Vorschrift schlägt die vom Parlament eingeführte Idee, bestimmte Kleinkonzerne und Zwischenkonzerne von der Konzernrechnungspflicht auszunehmen, auch auf die Frage der Erforderlichkeit besonders befähigter Revisoren durch. Ein Kleinkonzern, der sich nicht über den Kapitalmarkt finanziert, kann daher einen Revisor ohne besonderen Fähigkeitsausweis berufen.

c) Prüfung von kritischen Einzelvorgängen

1781 Nach den Vorstellungen des Entwurfs 1983 hätten auch jene kleineren Gesellschaften, die grundsätzlich der Laienrevision offen sind, für ganz bestimmte, als besonders kritisch eingeschätzte Prüfungen *im Einzelfall* einen besonders befähigten Revisor beiziehen müssen[19]. Das Parlament war anderer Ansicht[20]. Das Gesetz erlaubt nun dem Revisor ohne besonderen Befähigungsausweis auch die Durchführung der Gründungs-

hinzukommt. Ob dies den Anforderungen der *8. EG-Richtlinie* (besonders in Art. 8) entspricht, ist umstritten.

[13] Art. 727d Abs. 2 OR.
[14] Mit dem törichten Hinweis, man könnte sonst an einen «ausgewiesenen Asylanten» denken, *Amtl. Bull. NR* (1985) 1674.
[14a] Art. 727e Abs. 3 Satz 2 OR 1991.
[15] *Amtl. Bull. StR* (1988) 515/16.
[16] Diese Zahlen sind *nicht* konsolidiert zu verstehen. Sie beziehen sich auf die Obergesellschaft allein, auch wenn diese andere Gesellschaften beherrscht.
[17] Art. 727b Abs. 1 Ziff. 1 und 2 OR 1991: «Anleihensobligationen ausstehend» oder «Aktien an der Börse kotiert» (gemäss Art. 33 GVG berichtigter Wortlaut).
[18] Art. 727b Abs. 1 Ziff. 3 und Art. 731a OR 1991, vgl. Kapitel 8 Rz 1163 ff. und Rz 1805.
[19] Dies war die Gründungsprüfung, die Kapitalerhöhungsprüfung, die Aufwertungsprüfung gemäss *Entwurf 1983*, Art. 670 Abs. 2.
[20] *Amtl. Bull. NR* (1985) 1672 ff.

prüfung²¹, fast alle Kapitalerhöhungsprüfungen²², und sogar die äusserst heikle Aufwertungsprüfung bei der Bilanzsanierung durch Aufwertung von Beteiligungen und Grundstücken²³ in der Bilanz²⁴. Nur für die Bestätigung bei einer vorzeitigen Verteilung des Liquidationsergebnisses²⁵, die bedingte Kapitalerhöhung²⁶ und für die Kapitalherabsetzungsprüfung ist – in diesem Fall wie schon bisher nach OR 1936 – ein besonders befähigter Revisor zu rufen²⁷.

3. Die Prüfung durch Revisoren ohne besonderen Fähigkeitsausweis

a)   Der Revisor ohne Fähigkeitsausweis

Das neue Aktienrecht kennt keine völlige Freistellung der Kleinunternehmen von der Pflichtprüfung, anders als das EG-Recht²⁸. Alle Gesellschaften aber, die keine Konzernrechnung zu erstellen haben, den Kapitalmarkt nicht in Anspruch nehmen und die gesetzlichen Grössenkriterien nicht erreichen, können ihre Abschlussprüfung einem Revisor anvertrauen, der die besonderen fachlichen Voraussetzungen der bundesrätlichen Verordnung *nicht* erfüllt.

1782

Nach Art. 727a OR 1991 müssen diese Revisoren immerhin «*befähigt*» sein, «*ihre Aufgabe bei der zu prüfenden Gesellschaft zu erfüllen*»²⁹. Was ist von dieser «Befähigung zur Aufgabenerfüllungzu halten?

1783

b)   Funktional verstandene Anforderung an die Befähigung

Die vorberatende Kommission des Nationalrates hatte die strengere Vorschrift, die der Bundesrat 1983 angeregt hatte, nämlich die Revisoren müssten «*nach Ausbildung und Erfahrung befähigt sein ...*», durch den Ersatz von «und» durch «oder» abgeschwächt. Der Nationalrat folgte einem Antrag, man solle «salomonisch» keine der beiden Umschreibungen ins Gesetz aufnehmen und die Präzisierung der Rechtsprechung überlassen³⁰. Dies ist wohl zweckmässig, insbesondere im Hinblick darauf, dass eine besondere, formalisierte Ausbildung spezifisch in der Methodik der Abschlussprüfung gerade bei erfahrenen, älteren Revisoren oft nicht gegeben ist. Auch ist es letztlich richtig, dass man entweder die Anforderungen formalisiert, so wie es für die «besonders befähigten» Revisoren der Fall ist, oder dann aber die Anforderungen einzig durch den Schwierigkeitsgrad der dem Revisor zugedachten Aufgabe definiert.

1784

---

[21]   Art. 635a OR 1991.
[22]   Art. 652f OR 1991 für die ordentliche und die genehmigte Kapitalerhöhung.
[23]   Art. 670 Abs. 2 OR 1991.
[24]   Nicht aber die Prüfung am Ende der *Liquidation* gemäss Art. 745 Abs. 3 OR 1991, wenn es darum geht, eine vorzeitige Verteilung des Liquidationsergebnisses zu bewilligen.
[25]   Art. 745 Abs. 2 OR 1991.
[26]   Art. 653f OR 1991, Rz 247.
[27]   Art. 732 Abs. 2 OR 1991.
[28]   *4. EG-Richtlinie* (1978) Art. 11 und 51 Abs. 2. Vgl. auch Anm. 103.
[29]   Diese Formel wurde vom Parlament effektiv als Abschaffung der bisherigen *Laienrevision* verstanden, als Verschärfung der Anforderungen gegenüber dem bisherigen Recht, *Amtl. Bull. NR* (1985) 1674, 1786.
[30]   *Amtl. Bull. NR* (1985) 1786/87. Der Ständerat folgte diskussionslos, *StR* (1988) 515.

1785 Das ist denn auch die Meinung der Gesetz gewordenen Kurzformel: Je *grösser* und *komplexer* die zu prüfende Gesellschaft ist[31], desto grösser sind auch die fachlichen Anforderungen, die an einen Revisor zu stellen sind. Zur Prüfung einer *mittelgrossen Gesellschaft*, die gerade unterhalb der gesetzlichen Schwelle für den «besonders befähigten Revisor» steht, wird man eine Ausbildung als Buchhalter, ein Wirtschafts- oder Rechtsstudium oder gewisse betriebswirtschaftliche Kenntnisse und Erfahrung in Rechnungswesen oder Revision verlangen müssen. Andernfalls ist die gesetzliche Anforderung, dass der Revisor zur Prüfung gerade der betreffenden Gesellschaft befähigt sein muss, unter fast keinen vorstellbaren Umständen erfüllt.

1786 Aber auch in *kleineren Gesellschaften* sind Grundkenntnisse über Buchhaltung und Jahresabschluss, Vertrautheit mit wirtschaftlichen Zusammenhängen und den Grundsätzen ordnungsmässiger Rechnungslegung sowie gewisse Grundkenntnisse im Aktienrecht und wohl auch im Unternehmenssteuerrecht für eine Revision, die diesen Namen verdient, unerlässlich. Dass dem so ist, ergibt sich nun unmittelbar aus dem Gesetz: Niemand kann mit seiner Unterschrift bestätigen, dass «die Jahresrechnung dem Gesetz entspricht»[32], wenn er nicht die Jahresrechnung einerseits und das Gesetz andererseits verstanden hat.

c) *Vorschlagsverantwortung des Verwaltungsrates*

1787 Dem Verwaltungsrat kommt eine unentziehbare Oberleitungsfunktion zu, und er trägt gemäss der neu strukturierten Aufgabenverteilung in Art. 716a OR 1991 die Finanzverantwortung. Daher liegt es an ihm, der Generalversammlung Revisoren vorzuschlagen, die bei nüchterner Beurteilung der Lage als zur Prüfung gerade der betreffenden Gesellschaft befähigt angesehen werden dürfen[33]. Der Verwaltungsrat trägt dafür die *Vorschlagsverantwortung*.

B. Unabhängigkeit der Revisionsstelle

1. Klarstellung der Unabhängigkeit

a) *Unabhängigkeit des Revisors*

1788 Schon wegen des vorangeschrittenen *EG-Rechtes* war es unerlässlich, die rudimentären Unabhängigkeitsvorschriften des OR 1936 – die Revisoren durften praktisch alles sein, nur nicht Mitglieder des Verwaltungsrates oder Angestellte der Gesellschaft[34] – zu verschärfen[35]. Die Schweizer sind für Interessenkonflikte in den letzten Jahren etwas fein-

---

[31] *Botschaft 1983*, 184, Ziff. 333.1.
[32] Art. 728 Abs. 1 OR 1991.
[33] Die Finanzverantwortung des Verwaltungsrates stützt sich auf Art. 716a Abs. 1 Ziff. 3 OR 1991; die Leitungsfunktion und damit die Initiativfunktion gegenüber der Generalversammlung auf Ziff. 1 (Oberleitung der Gesellschaft) und Ziff. 6.
[34] Art. 727 Abs. 2 Satz 2 OR 1936.
[35] *Fortsmoser/Meier-Hayoz* (1983) 192/93; *Carl Helbling* (1992) 100 ff.

fühliger geworden. Die «*Unabhängigkeit*» wird nicht bloss darin gesehen, dass die Revisoren nicht selber dem Verwaltungsrat angehören – eine beinahe schon kabarettistische Idee des OR 1936 –, sondern darin, dass sie vom Verwaltungsrat und von einem Aktionär, der über die Stimmenmehrheit verfügt, wirklich unabhängig sein müssen. Sie dürfen auch nicht, wenn man das Gesetz richtig versteht, Arbeitnehmer eines die Gesellschaft mit Stimmenmehrheit beherrschenden Aktionärs sein. Der Revisor muss sein Amt niederlegen oder es schon gar nicht antreten, wenn er in einem Abhängigkeitsverhältnis steht (Ablehnungspflicht).

b)   Unabhängigkeit der Prüfungsgesellschaft

Ist Revisor eine *juristische Person* (oder eine Personengesellschaft), so muss diese nach der 8. EG-Richtlinie ihrerseits einen *unabhängigen Status* haben. Namentlich muss die Mehrheit der Stimmrechte im Besitze von andern Prüfungsgesellschaften oder von Personen sein, die die besonderen Anforderungen für die Zulassung zur Abschlussrevision erfüllen. Auch die Mehrheit des Verwaltungs- oder Leitungsorgans der Prüfungsgesellschaft muss sich aus anerkannten Revisoren zusammensetzen, und sowohl die Prüfungsgesellschaft wie die einzelnen Revisoren müssen auf unvereinbare Tätigkeiten verzichten[36]. Dieses «*Reinheitsgebot*» des EG-Rechtes hat in der Treuhandbranche der Schweiz nach einer längeren Phase des Zögerns Entscheidungen zum autonomen Nachvollzug ausgelöst[37] und eine gewisse Abkoppelung der Wirtschaftsprüfung vom Bankensektor beschleunigt[38].   1789

2.   Abgrenzungsfragen

a)   Im Konzern

Heikel ist die Frage der Revision von *Konzern-Untergesellschaften*. Muss der Revisor auch von Gesellschaften, die dem gleichen Konzern angehören, unabhängig sein? Da in der Untergesellschaft eines Konzerns das durch die einheitliche Leitung ausgedrückte Konzerngesamtinteresse mit jenen von Gläubigern der Untergesellschaft und von aussenstehenden Aktionären zusammenprallen kann, wäre dies eigentlich zu bejahen. Die heutige Fassung des Gesetzes lässt aber zu, dass die Jahresrechnung der Gesellschaft durch eine Person geprüft wird, die von einer Gesellschaft desselben Konzerns angestellt ist. Im Hinblick auf die Unabhängigkeitsidee von Art. 727c Abs. 1 ist die konzerninterne Prüfung immerhin nur zugelassen, solange auch nicht ein einziger Aktionär oder Gläubiger die unabhängige Prüfung verlangt.[39]   1790

---

[36] *8. EG-Richtlinie* (1984) Art. 2, Art. 23 ff.
[37] *Günther Schultz* (1991) 549/50.
[38] Vgl. *Carl Helbling*, Management-Buyout als Folge der Unabhängigkeitserfordernisse, NZZ Nr. 235 vom 10. Oktober 1991, Sonderbeilage 3.
[39] Art. 727c Abs. 2 am Ende OR 1991. Dieses eigentliche *Vetorecht* gegen die konzerninterne Revision steht im Gegensatz zum *Entwurf 1983*, Art. 727c.

b) Leistungen eines Berater-Revisors

1791   Der Nationalrat hat mit einem Blick nach Brüssel den Satz hinzugefügt, dass der Revisor nicht nur nicht Arbeitnehmer der zu prüfenden Gesellschaft sein darf, sondern überdies keine Arbeiten ausführen darf, *die mit seinem Prüfungsauftrag unvereinbar sind*[40]. Es ist dies nicht eine Abhängigkeit des Revisors durch persönliche Beziehungen, sondern eine Abhängigkeit durch Einspannung in Aufträge der Gesellschaft, die ihn sachlich befangen machen oder der Stossrichtung der Prüfung zuwiderlaufen können. Hat der Revisor früher solche Aufträge übernommen, so muss er nur insoweit bei der Revision in den Ausstand treten, als der Interessengegensatz noch aktuell ist.

1792   Völlig unzulässig, inkompatibel im eigentlichen Sinne, ist die *Kombination von Führung der Buchhaltung und Revision*. Gerade in diesem Punkt weichen allerdings die Landesbräuche noch erheblich von dem ab, was das neue Aktienrecht fordert. Nicht unter die Unvereinbarkeit fällt dagegen die Beratung in steuerlichen und unternehmerischen Angelegenheiten, obwohl es letztlich nicht immer optimal ist, wenn der Prüfer gleich auch selber berät. Eine echte Revision im Bereiche der eigenen Beratungstätigkeit wird in Wirklichkeit durch die Personalunion illusorisch, wenn man dem Credo folgt, dass niemand sich selber überwachen kann.

C. Einsetzung und Abberufung der Revisionsstelle

1. Amtsdauer

1793   Der Bundesrat hatte eine zwingende *Amtsdauer* von drei Jahren vorschreiben wollen[41], in Abweichung vom OR 1936, unter dessen Herrschaft die einjährige Amtsdauer der Kontrollstelle bei vielen Gesellschaften üblich war. Der Gedanke war, dass dadurch die Kontinuität der Revision gefördert und die Stellung der Revisionsstelle gegenüber dem Verwaltungsrat (und auch gegenüber der Generalversammlung) gestärkt würde. Anderslautende Statutenbestimmungen wären nach dem Vorschlag des Bundesrates ungültig gewesen.

1794   Dem Parlament hat dieser Eingriff in die *Gestaltungsautonomie* der Gesellschaften nicht gefallen[42]. Die Amtsdauer kann nach wie vor frei auf ein, zwei oder drei Jahre festgelegt werden[43], jedoch – im Gegensatz zur Situation beim Verwaltungsrat[44] – nicht auf längere Perioden. Die alte Regel, dass die erste Amtsperiode nicht länger als ein Jahr dauern darf, ist aus dem Gesetz verschwunden.

---

[40]   Art. 727c Abs. 1 Satz 2 OR 1991; *Amtl. Bull. NR* (1985) 1787.
[41]   *Botschaft 1983*, 186, Ziff. 333.2
[42]   *Amtl. Bull. NR* (1985) 1787.
[43]   Art. 727e Abs. 1 OR 1991. Bei dieser Gelegenheit stellt das Gesetz gerade auch noch klar, dass die Amtsdauer nicht durch Kalenderjahre bestimmt wird, sondern mit der Generalversammlung endet, der der letzte Bericht zu erstatten ist.
[44]   Art. 710 Abs. 1 Satz 2 OR 1991.

2. Rücktritt

Tritt die Revisionsstelle *während der Amtsdauer* zurück, so ist sie nunmehr verpflichtet, dem Verwaltungsrat ihre Gründe zu nennen; dieser muss sie der nächsten Generalversammlung mitteilen[45]. Der Gedanke hinter dieser harmlos scheinenden Vorschrift ist natürlich der, dass vor einem solchen Rücktritt oft eine *Krise schwelt*. Dadurch, dass die Revisionsstelle nach neuem Recht im Handelsregister eingetragen ist, löst der Rücktritt eine Publikation im Schweizerischen Handelsamtsblatt aus und wird schon in der Zeit vor der Generalversammlung weiteren Kreisen bekannt. Der Verwaltungsrat muss nach dem neuen Gesetz die Beendigung des Amtes des Revisors – sei es durch Amtsablauf, Rücktritt, Abberufung[46] oder Absetzung[47] – innerhalb von 30 Tagen beim Handelsregister anmelden[48].

1795

Fällt der Rücktritt in die *Zeitspanne zwischen den ordentlichen Generalversammlungen*[49], so bleibt – ausser wenn der Revisor sein Amt noch zu Ende führt oder ein Ersatzrevisor gewählt worden ist, der nun ohne weiteres in Funktion tritt – nichts anderes übrig, als eine ausserordentliche Generalversammlung zur Neubesetzung dieses obligatorischen Organs der Aktiengesellschaft einzuberufen. Denn neu hat der Handelsregisterführer die Befugnis und die Pflicht, der Gesellschaft eine Frist zur Neuwahl einer Revisionsstelle anzusetzen, wenn er davon Kenntnis erhält, dass der Gesellschaft die Revisionsstelle fehlt[50]. Nach altem Recht war dies dem Handelsregisterführer gar nicht ersichtlich. Bleibt die Gesellschaft untätig, so ernennt der Richter auf Antrag des Handelsregisterführers die Revisionsstelle nach eigenem Ermessen, wenigstens für ein Geschäftsjahr[51].

1796

3. Abberufung durch den Richter

Die *Generalversammlung* kann einen ihr unangenehm gewordenen Revisor während seiner Amtszeit auch ohne Berufung auf einen wichtigen Grund jederzeit abwählen. Das ist an sich keine Neuerung, da dieses souveräne Recht der Aktionäre schon in Art. 705 OR 1936 festgehalten war. Neu ist aber, dass nun auch jeder Aktionär und jeder Gläubiger durch Klage gegen die Gesellschaft die Abberufung eines Revisors verlangen kann, der die Voraussetzungen für das Amt nicht erfüllt[52]. Für solche Klagen besteht insbesondere dort ein Bedürfnis, wo die Generalversammlung entgegen

1797

---

[45] Art. 727e Abs. 2 OR 1991.
[46] Durch die Aktionäre, Art. 727e Abs. 3 Satz 1 OR 1991.
[47] Durch den Richter, Art. 727e Abs. 3 Satz 2 OR 1991.
[48] Art. 727e Abs. 4 OR 1991.
[49] Gemäss dem analog anwendbaren Regelungsgedanken von Art. 404 Abs. 2 OR darf der Revisor nicht zur Unzeit, d.h. nicht in der kritischen Zeitspanne vor der Generalversammlung oder während ihres Verlaufs, zurücktreten.
[50] Art. 727f Abs. 1 OR 1991.
[51] Art. 727f Abs. 2 OR 1991. Das Gesetz stellt auch klar, dass dieser richterlich ernannte Revisor, wenn er zurücktritt, dies dem Richter zu melden hat, und umgekehrt gibt das Gesetz der Gesellschaft die Möglichkeit, nun ihrerseits vom Richter wiederum die Abberufung des von ihm eingesetzten Revisors zu verlangen. Art. 727 Abs. 3 und 4 OR 1991.
[52] Art. 727e Abs. 3 Satz 2 OR 1991. Vgl. dazu die Verordnung über die fachlichen Anforderungen an besonders befähigte Revisoren (Entwurf Februar 1992), Art. 4.

dem Gesetz einen Revisor ohne besonderen Fähigkeitsausweis eingesetzt hat oder, in kleineren Gesellschaften, eine Person, die offensichtlich unfähig oder abhängig ist. Allerdings ist vorauszusehen, dass die Gerichte sich in der Überprüfung von Ermessensfragen Zurückhaltung auferlegen werden.

D. Das Prüfungsthema[53]

1798 Das Schweizer Aktienrecht konnte mit dem Dreipunkte-Schema der guten alten «Kontrollstelle»[54] nicht den Weg ins 21. Jahrhundert antreten. Das Gesetz zieht sich nun hinsichtlich des Prüfungsthemas, in Anlehnung an das deutsche Aktienrecht[55], recht elegant aus der Affäre:

> «Die Revisionsstelle prüft, ob die Buchführung und die Jahresrechnung sowie der Antrag über die Verwendung des Bilanzgewinnes Gesetz und Statuten entsprechen.»[56]

Damit ist Verschiedenes klargestellt, aber auch manches im gleichen Zuge eher verdunkelt.

1. Klarstellungen

a) Buchführung und Jahresrechnung

1799 Es kommt nun zum Ausdruck, dass *Prüfungsgegenstand* nicht nur die Erfolgsrechnung und die Bilanz sind, sondern zuerst die Buchführung als solche, und dann die darauf gestützte Jahresrechnung mit ihren drei Bestandteilen, der Erfolgsrechnung, der Bilanz und dem Anhang. Der Revisor prüft natürlich immer noch, ob die Zahlen richtig aus den Büchern in den Jahresabschluss übernommen worden sind, aber dies braucht er im Prüfungsvermerk nicht mehr besonders zu bestätigen.

1800 Nicht geprüft wird nach Schweizer Recht – im Gegensatz zum EG-Recht[57] – der *Jahresbericht* des Verwaltungsrates[58], obwohl dieser sich über die *«finanzielle Lage»* auszusprechen hat und damit, ergänzt durch weitere Zahlenangaben, das von der Jahresrechnung entworfene Bild vervollständigen oder aber umgekehrt relativieren und beschönigen kann.

1801 Klargestellt ist, dass die Buchführung und die Jahresrechnung keineswegs nur im Hinblick auf die «gesetzlichen Bewertungsgrundsätze» zu prüfen sind, sondern allgemein

---

[53] Zu allem *André Zünd* (1982) 197 ff. und *Carl Helbling* (1992) 119 ff., 417 ff.
[54] Art. 728 Abs. 1 OR 1936.
[55] Früher § 161 ff. AktG 1965, nun § 317 HGB 1985 (Bilanzrichtliniengesetz).
[56] Art. 728 Abs. 1 OR 1991.
[57] *4. EG-Richtlinie* (1978) Art. 51 Abs. 1 Bst. b. Vgl. dazu *Hanspeter Thiel* (1988) 161 ff.
[58] Art. 663d OR 1991; Kapitel 6/II/F, Rz 990 ff.

darauf, ob sie Gesetz und Statuten entsprechen. Damit prüft der Revisor nach neuem Recht die Anwendung der Grundsätze der ordnungsmässigen Rechnungslegung und die Einhaltung der Einzelvorschriften des neuen Rechnungslegungsrechtes. Dieses ist das Ergebnis aus den namentlich in den Art. 662 bis 670 des OR 1991 enthaltenen Regeln und der zeitgemässen Berücksichtigung der Vorschriften über die kaufmännische Buchführung (Art. 957 OR). Gegenstand der Prüfung sind damit – weil sie bilanzrelevant sind – insbesondere auch die eventuellen Vorgänge um eigene Aktien[59], darin eingeschlossen die Vorratsaktien[60] und der Bestand eigener Aktien in Untergesellschaften[61].

b) Prüfungsgegenstände

Konkreter prüft der Revisor die Buchhaltung und die dreiteilige Jahresrechnung im Hinblick auf folgende Gesichtspunkte: 1802

(1) Die Ordnungsmässigkeit der *Buchführung* während des Rechnungsjahres;

(2) die *Übereinstimmung* des Jahresabschlusses mit den Büchern;

(3) die Einhaltung der Grundsätze *ordnungsmässiger Rechnungslegung* in Erfolgsrechnung, Bilanz und Anhang;

(4) die *Mindestgliederung*;

(5) die Einhaltung der gesetzlichen *Bewertungsvorschriften*;

(6) die Regeln über die *Bildung und Auflösung stiller Reserven* sowie ihrer bedingten Offenlegung im Anhang (insbesondere Nachvollzug der nunmehr praktisch erforderlichen *internen Veränderungsbilanz* über die Entwicklung der stillen Reserven während des Rechnungsjahres);

(7) die Vollständigkeit und Richtigkeit der übrigen *Angaben im Anhang*;

(8) den *Kapitalschutz*: Verbot von Kapitalrückgewähr und ungerechtfertigten Gewinnentnahmen; eigene Aktien[62]; Darlehen an Aktionäre[63];

(9) die Vorschriften hinsichtlich der *allgemeinen gesetzlichen Reserve*[64] und der neuen Sonderreserveposten für *eigene Aktien* und *Aufwertung*[65];

(10) schliesslich die Schlussfrage, ob die Jahresrechnung *insgesamt eine möglichst zuverlässige Beurteilung der Vermögens- und Ertragslage* erlaubt.

Unverändert prüft die Revisionsstelle auch die Übereinstimmung des *Antrages* des Verwaltungsrates über die Gewinnverwendung – im Normalfall ist es der Dividendenantrag – auf Übereinstimmung sowohl mit dem Gesetz wie den Statuten[66]. 1803

---

[59] Kapitel 3/VII/B, Rz 378 ff., und C/2, Rz 405 ff.
[60] Kapitel 3/VIII, Rz 440 ff.
[61] Kapitel 3/VII/D/1, Rz 412 ff.
[62] Vgl. Kapitel 3/VII, Rz 362 ff.
[63] Vgl. dazu *Peter Böckli* (1980) und (1983) sowie *Louis Bochud* (1990).
[64] Art. 671 OR 1991.
[65] Art. 659a Abs. 2, 659b Abs. 3, 670, 671a und 671b OR 1991.
[66] Art. 728 Abs. 1 OR 1991. Die Aussage bei *Guhl/Kummer/Druey* (1991) 687, dieser Auftrag an die Revisionsstelle sei im neuen Aktienrecht fallengelassen worden, trifft nicht zu.

2. Abgrenzungen und offene Fragen

a) Besondere Prüfungen des Revisors

1804 Es versteht sich, dass nicht zur Abschlussprüfung jene *besonderen Prüfungen* gehören, die der Revisor gegebenenfalls nach dem Gesetz vorzunehmen hat, so die schon erwähnte Gründungs- und Kapitalerhöhungsprüfung[67], die Aufwertungsprüfung und – besonders formalisiert – die Kapitalherabsetzungsprüfung[68] sowie im Liquidationsfall die Prüfung im Hinblick auf eine vorzeitige Verteilung des Abwicklungsergebnisses[69].

b) *Prüfung der Konzernrechnung; Wahl der Konzernprüfer*

1805 Von der Prüfung des Einzelabschlusses der Gesellschaft methodisch getrennt ist auch die *Prüfung der Konzernrechnung*. Revisoren haben diese immer dann, wenn die Konzernrechnungspflicht besteht, gemäss Art. 731a OR 1991 obligatorisch zu prüfen. Das Gesetz schreibt nicht zwingend vor, dass der «Konzernprüfer»[70] identisch ist mit demjenigen Prüfer, der die Konzerndachgesellschaft als Einzelgesellschaft revidiert[71]. Immer aber muss der Konzernprüfer nach dem Hin und Her im Parlament ein *besonders befähigter Revisor* sein, und immer untersteht die Konzernprüfung den Bestimmungen über die Unabhängigkeit und die Aufgaben der Revisionsstelle sinngemäss[72]. Analog anwendbar sind insb. die Art. 728 bis 730, ohne Art. 729b Abs. 2. Der Konzernprüfer bestätigt die Übereinstimmung der Konzernrechnung mit dem Gesetz und den Konsolidierungsregeln; er empfiehlt der Generalversammlung der Obergesellschaft Genehmigung (mit oder ohne Einschränkung) oder Rückweisung der Konzernrechnung. Wer Wahlbehörde für den Konzernprüfer ist, ergibt sich – es liegt eine echte Lücke vor – nicht aus dem Gesetz. Der Bundesrat hatte die Ernennung des Konzernprüfers durch den Verwaltungsrat der Konzernobergesellschaft vorgeschlagen; doch das Parlament strich diese Bestimmung in Art. 716a ersatzlos. Es liegt eine echte Gesetzeslücke vor. Richtigerweise gehört dieses Wahlgeschäft zu Art. 698 Abs. 2 Ziff. 2 (Wahl der Revisionsstelle); nicht der Verwaltungsrat[73], dessen Tätigkeit mindestens indirekt im Prüfungsfeld liegt, sondern die Generalversammlung[74], welche die geprüfte Konzernrechnung zu genehmigen hat, wählt den Konzernprüfer.

c) *Keine direkte Geschäftsführungsprüfung*

1806 Es steht fest, dass Gegenstand der aktienrechtlichen Revision nicht die Geschäftsführung als solche ist; die Abschlussprüfung ist nicht im eigentlichen Sinne auch eine *Ge-*

---

[67] Kapitel 1/II/C/3, Rz 81 ff.; Kapitel 2/II/B/5, Rz 211 ff.
[68] Art. 732 Abs. 2 OR 1991; vgl. *André Zünd* (1982) 327 ff.
[69] Art. 745 Abs. 3 OR 1991 («besonders befähigter Revisor»).
[70] Art. 731a Abs. 2 OR 1991.
[71] *Amtl. Bull. NR* (1985) 1785.
[72] Art. 731a Abs. 2 OR 1991, wobei das Gesetz klarstellt, dass Art. 725 OR 1991 auf die Konzernrechnung nicht anwendbar ist. Zur Konzernrevision *Carl Helbling* (1992) 468 ff.
[73] Wie vom Bundesrat vorgeschlagen, *Entwurf 1983*, Art. 716a Abs. 1 Ziff. 5. Vgl. *Amtl. Bull. NR* (1985) 1785; *StR* (1988) 515; *NR* (1990) 1388. Das Parlament hat die Frage ganz einfach am Schluss nicht entschieden. Nach *Peter Bertschinger* (1991) 571 bestimmt «grundsätzlich» der *Verwaltungsrat* den Konzernprüfer, ähnlich *Peter Forstmoser* (1992) 70.
[74] Art. 727 Abs. 1 OR 1991. Zuständig auch für die *Genehmigung* der geprüften Konzernrechnung ist die Generalversammlung, Art. 698 Abs. 2 Ziff. 3 OR 1991.

schäftsführungsprüfung. Die Revisionsstelle hat die Angemessenheit und Zweckmässigkeit der Ziele und der Methoden, mit denen die leitenden Organe die Geschäfte der Gesellschaft führen, nicht zu prüfen, und zwar weder im einzelnen noch darauf, ob die Organe ihre geschäftlichen Ermessensentscheide nach Auffassung des Revisors richtig, vertretbar oder falsch getroffen haben. Es gibt eine gewisse Tendenz, die Abschlussprüfung nicht nur in die Richtung auf einen «legal audit» auszudehnen, sondern auch in Richtung auf eine allgemeine Geschäftsführungsprüfung. Für beide Ausdehnungen ergibt sich aus dem Gesetz kein hinreichender Anhaltspunkt[75].

Umgekehrt ist ebenso einleuchtend, dass der Revisor, wenn er auf *gravierende Mängel* stösst, daraus zwei Schlüsse zu ziehen hat: er muss, wenn schwerwiegende Verstösse gegen die anwendbaren Normen darin enthalten sind, den Verwaltungsrat, im äussersten Fall die Generalversammlung *benachrichtigen*. Und er muss sich überlegen, welche Auswirkungen die festgestellten Mängel auf die von ihm primär zu prüfenden Bereiche des Rechnungswesens und auf die Finanzlage haben können[76]. 1807

d) *Prüfung der Offenlegung des Jahresabschlusses?*

Die Meinung ist zu hören, zum Prüfungsgegenstand der aktienrechtlichen Revisionsstelle gehöre auch die Einhaltung der Vorschriften über die *Publizität der Jahresrechnung* (Art. 697h OR 1991)[77]. Das Prüfungsthema ist in Art. 728 in aller wünschenswerten Deutlichkeit abgegrenzt: Abgesehen vom Dividendenantrag des Verwaltungsrates ist Gegenstand der Prüfung «die Buchführung und die Jahresrechnung», und zu prüfen ist, ob diese Gesetz oder Statuten entsprechen. Die Offenlegung der Jahresrechnung bleibt ausserhalb des Prüfungsbereichs der Abschlussprüfer. 1808

e) *Welches «Gesetz»?*

Das Gesetz selbst lässt die Fragen offen, welchem *«Gesetz»* gemäss Art. 728 Abs. 1 OR 1991 die Buchführung und die Jahresrechnung entsprechen müssen. Der Bundesrat hat in der Erläuterung dieser Stelle von einer «integralen Legalitätsprüfung der Buchführung und Rechnungslegung» gesprochen[78]. In dieser Breite kann die Aussage nicht stimmen: Es geht um die Übereinstimmung der Buchführung und Rechnungslegung mit denjenigen Rechtsvorschriften, die *diese Gegenstände* regeln. Das «Gesetz» sind die Regeln des Kapitalschutzes, der Rechnungslegung, der offenen Reserven, der stillen Reserven und der herkömmlichen «kaufmännischen Buchführung». Die Abschlussprüfung ist keine *«integrale Legalitätsprüfung»*[79]. Es gilt, was der Bundesrat an anderer Stelle selber zu Recht festgestellt hat: 1809

> «Die Revisionsstelle soll Abschlussprüferin bleiben und nicht zur Aufsichtsstelle über die Verwaltung werden.»[80]

Will die Revisionsstelle nur schon den gesetzlichen Umfang ihres Prüfungsauftrages sorgfältig erfüllen, so steht sie vor einer anspruchsvollen Aufgabe; sie wird sich hü- 1810

---

[75] Vgl. die erwähnten Stellen in der *Botschaft 1983*, 187 und 188, Ziff. 333.4.
[76] Vgl. *André Zünd* (1989) 241 ff.
[77] So *Carl Helbling* (1991) 563.
[78] *Botschaft 1983*, 187, Ziff. 333.4.
[79] *Botschaft 1983*, 188, Ziff. 333.4 zu Art. 729b.
[80] *Botschaft 1983*, 99, Ziff. 216.1.

ten, in Werturteile über die operativen Belange und in eine allgemeine Prüfung des Verhaltens der Gesellschaftsorgane auf Gesetzeseinhaltung («legal compliance audit») einzutreten. Die daraus entstehenden Kompetenzverschiebungen und letztlich auch Haftungsprobleme wären unabsehbar.

f) Vollständigkeits- oder Bilanzerklärung

1811 Es versteht sich von selbst, dass die Revisoren gemäss Art. 728 Abs. 2 OR 1991 das Recht haben, vom Verwaltungsrat alle erforderlichen Unterlagen und benötigten Auskünfte einzuholen, und dass dies auf Verlangen auch schriftlich zu geschehen hat. Dies ist eine Anspielung auf die heute bereits zur Usanz gehörende *Bilanzerklärung* oder *Vollständigkeitserklärung* des Verwaltungsrates an die Revisionsstelle. Diese ist im neuen Recht nicht geregelt. Sie ist insoweit sinnvoll, als sie Standardauskünfte der Leitungsorgane formularmässig festhält, darf aber nicht mehr verlangen als zumutbare Erklärungen über den effektiven eigenen Wissensstand der Organmitglieder.

g) Meinungsverschiedenheiten zwischen Revisoren und Verwaltungsrat

1812 Je umfassender der Prüfungsantrag, je komplexer der Prüfungsgegenstand und je anspruchsvoller die anzuwendenden Regeln der Rechnungslegung sind, desto häufiger müssen Prüfer und Geprüfte auf *Kollisionskurs* geraten. Was der Aussenstehende nicht kennt, sind die Diskussionen zwischen den sich zu Unrecht eingeengt fühlenden Leitungsorganen und den auf Exaktheit bedachten, pflichtbesorgten Revisoren.

1813 Das deutsche Recht sieht für solche Fälle, wenn die Beilegung des Streits nicht gelingt, eine besondere Entscheidung der Streitfrage durch den *Richter* vor[81]. Dem Schweizer Recht ist so etwas nach wie vor fremd. Letztlich muss die Revisionsstelle – nach gebührender *Anhörung* des Verwaltungsrates, nach Berücksichtigung der begründeten Einwendungen – ihre eigene, reiflich erwogene Meinung im Revisionsbericht zum Ausdruck bringen. Dazu ist die Revisionsstelle als eigenständiges Organ gewählt, und dafür schuldet sie den Aktionären Rechenschaft[82].

E. Weitere Präzisierungen

1. Einbindung des Revisionsberichtes in die Beschlussfassung der Generalversammlung

1814 Nach wie vor ist der Revisionsbericht eingebunden in den ordnungsmässigen Ablauf der Jahresversammlung der Aktionäre.

---

[81] Früher § 169 AktG, jetzt § 324 HGB (Bilanzrichtliniengesetz).
[82] Vgl. den Vorschlag bei *Forstmoser/Hirsch* (1985) 38, es sei für solche Fälle eine «Konsultativkommission für die Revision» durch bundesrätliche Verordnung einzurichten.

a) Der Prüfungsbericht an die Aktionäre

Die Revisionsstelle berichtet der Generalversammlung schriftlich über das Ergebnis ihrer Prüfung. Sie gibt an, ob die Buchführung und die Jahresrechnung sowie der Anhang dem Gesetz und den Statuten entsprechen, und wenn nicht, in welchen Punkten eine wesentliche Abweichung von den normativen Vorgaben festgestellt wurde. Sie äussert sich auch darüber, ob der Dividendenantrag (allgemeiner: der Antrag über die Verwendung des Bilanzgewinns) gesetz- und statutenkonform ist.

Die Revisionsstelle ist dazu angehalten, gleichzeitig eine *Empfehlung* auszusprechen, über die die Aktionäre sich theoretisch hinwegsetzen können, nämlich:

(1) auf Genehmigung der Jahresrechnung ohne Einschränkung;

(2) auf Genehmigung der Jahresrechnung mit Einschränkung; oder

(3) auf Rückweisung der Jahresrechnung an den Verwaltungsrat.

Es versteht sich, dass die Revisionsstelle besonders durch diese Empfehlung ihre Verantwortung engagiert – vor allem, wenn sie die Jahresrechnung zur Genehmigung[83] ohne Einschränkungen empfiehlt und bestehende Mängel in ihrer Tragweite unterschätzt hat. Nach einer neuen Vorschrift nennt der Revisionsbericht die Personen, welche die Revision geleitet haben, und bestätigt jedesmal, dass die Anforderungen an die Befähigung und Unabhängigkeit erfüllt sind[84].

b) Rechtsfolgen

Die Generalversammlung darf, wie das schon unter dem alten Recht der Fall war, weder die Jahresrechnung genehmigen[85] noch über die Verwendung des Bilanzgewinnes einen Beschluss fassen, wenn kein Revisionsbericht vorliegt oder der Revisor nicht anwesend ist.

Liegt überhaupt kein Revisionsbericht vor, so sind solche Beschlüsse nicht nur als ordnungswidrig, sondern nach ausdrücklicher Vorschrift nunmehr als nichtig zu betrachten[86]. Milder ist das Gesetz dem bloss abwesenden Revisor gegenüber gestimmt: Ist er abwesend, und zwar entschuldigt oder unentschuldigt, so ist der Beschluss über die Genehmigung der Jahresrechnung und Verwendung des Bilanzgewinnes bloss anfechtbar[87]. Hat die Generalversammlung durch einstimmigen Beschluss auf die Anwesenheit des Revisors verzichtet, so ist dessen Fernbleiben unschädlich[87a].

Die *Absenzfolgen* sind damit wesentlich schärfer geregelt als im bisherigen Art. 729 Abs. 4 OR 1936. Keineswegs klar ist, wie der Richter entscheiden würde, wenn sich eine Anfechtungsklage nur gerade auf die nackte Tatsache stützt, dass der Revisor nicht anwesend war und kein einstimmiger Verzichtsbeschluss vorliegt. Eine solche Klage

---

[83] In Art. 729 Abs. 1 OR 1991 heisst es wegen eines redaktionellen Versehens noch «*Abnahme*».
[84] Art. 729 Abs. 2 OR 1991.
[85] In Art. 729c Abs. 1 erscheint der gleiche redaktionelle Fehler: er spricht von «Abnehmen».
[86] Art. 729c Abs. 2 OR 1991; ebenso *Peter Nobel* (1991 C) 104 und *Guhl/Kummer/Druey* (1991) 684.
[87] Im Anfechtungsprozess genügt nicht etwa die blosse Darlegung, dass die Revisionsstelle abwesend war; ihre Abwesenheit ist nach der hier vertretenen Auffassung kein Aufhebungsgrund *per se*.
[87a] Es handelt sich um einen reinen *Ordnungsbeschluss* der Generalversammlung, weshalb entgegen *Peter Forstmoser* (1992) 70 eine besondere Traktandierung nicht erforderlich ist.

kann mangels schutzwürdigen Interesses des Klägers unzulässig oder missbräuchlich sein. Man wird der Gesellschaft doch wohl, in Analogie zu Art. 691 Abs. 3 OR, den Nachweis offenhalten, dass die Abwesenheit keinen Einfluss auf die Beschlussfassung hatte, so vor allem, wenn niemand eine Frage an den Revisor angemeldet hat.

c)   Einberufung der Generalversammlung

1821   Unverändert ist die Befugnis der Revisionsstelle, «nötigenfalls» die *Generalversammlung* der Aktionäre einzuberufen[88]. Es handelt sich hier zwar um eine Bruchstelle im dogmatischen Gefüge der Aktiengesellschaft; wie bei der Anzeige wegen «offensichtlicher Überschuldung» ist der auf historische Fakten ausgerichtete Prüfer plötzlich zu einer Leitungshandlung in der Echtzeit aufgerufen. Doch sprechen rein pragmatische Gründe[89] für diese ausserordentliche Zuständigkeit der Revisoren.

2.   Benachrichtigungspflicht der Revisionsstelle

a)   Gesetzesverstösse

1822   In grundsätzlicher Übernahme der bisherigen Regelung auferlegt das Gesetz der Revisionsstelle die Pflicht, Beobachtungen über Gesetzesverstösse, die sie anlässlich ihrer Prüfung macht, *dem Verwaltungsrat zu melden*. Gesetzesverstösse und Statutenverletzungen unterliegen der Anzeigepflicht, sie sind aber nicht auch Prüfungsgegenstand. Wie die Botschaft zu Recht feststellt, steht die Revisionsstelle nicht unter der Pflicht zur Überprüfung der Geschäftsführung[90].

1823   Die «*Mängel der Geschäftsführung*», die bisher in Art. 729 Abs. 3 OR erwähnt waren, stehen nicht mehr im Gesetz[91]. Dies nicht etwa deshalb, weil sie stets auch eine Gesetzesverletzung darstellen würden – wie die Botschaft 1983 zu Unrecht annimmt – , sondern weil sie gar nicht Objekt der Abschlussprüfung durch die Revisoren sind. Nur wenn ein Mangel so gravierend ist, dass darin eine Verletzung von Gesetz oder Statuten liegt, ist die Revisionsstelle anzeigepflichtig. Zuzustimmen ist der Botschaft darin, dass unter Gesetz im Sinne dieser Anzeigepflicht[92] «jedes Gesetz» zu verstehen ist. Es braucht sich also hier nicht allein um jene Gesetze zu handeln, die für die Führung der Bücher, die Jahresrechnung und die sich darauf beziehenden Beschlüsse der Generalversammlung relevant sind.

---

[88]   Art. 699 Abs. 1 OR 1991.
[89]   BGE 93 II 28. Es ist eine psychologische Tatsache, dass Verwaltungsräte nicht selten in Krisen zwischen Hyperaktivität und Lähmung hin und her pendeln. Die «*Ersatzvornahme*» durch das andere Organ ist im Fall einer Lähmung besser, als wenn um der cartesianischen Schönheit der Strukturen willen gar nichts geschehen würde.
[90]   Art. 729b Abs. 1 OR 1991. *Botschaft 1983*, 188, Ziff. 333.4.
[91]   Art. 729b Abs. 1 OR 1991.
[92]   Im Gegensatz zur Bedeutung des Begriffs «*Gesetz*» in der Definition des *Prüfungsthemas*, Art. 728 Abs. 1 OR 1991.

b) Benachrichtigung der Generalversammlung

In «*wichtigen Fällen*» ist die Revisionsstelle wie bisher gehalten, nicht nur den Verwaltungsrat, sondern auch die Generalversammlung zu benachrichtigen[93]. Es ginge jedoch entschieden zu weit, in den ordentlichen Raster des Revisionsberichtes – so wie die Botschaft 1983 es vorschlug[94] – gerade schon den Posten «Anzeige von Verstössen gegen Gesetz oder Statuten nach Art. 729b Abs. 1» aufzunehmen.

Zwei Einschränkungen sind zu beachten, soll nicht das praktisch unerlässliche *Zusammenwirken von Revisoren und Verwaltungsrat* durch systematisches Misstrauen und eine Hexenjagdstimmung überschattet werden. So etwas würde der Effizienz der Revision mehr schaden, als die in der Botschaft abgedruckten Ideen je nützen könnten:

(1) Es geht keine Meldung an die Generalversammlung, ohne vorherige Erörterung des Falles mit dem *Verwaltungsrat*. Dies ergibt sich aus dem Wort «auch» im Gesetz. Es entspricht aber schon dem allgemeinen Anspruch auf Anhörung, der dem Verwaltungsrat gegenüber der Revisionsstelle zustehen muss;

(2) Eine Meldung von «wichtigen Gesetzesverstössen» an die Generalversammlung bleibt auf wirklich ausserordentliche Fälle beschränkt. Das sind im wesentlichen jene, die das neue Institut der *Sonderprüfung* anvisiert: Die Revisionsstelle wird mit Fug nur dann die grosse Alarmglocke erschallen lassen, wenn eine Verletzung des Gesetzes in einem wichtigen Fall vorliegt und dadurch die Gesellschaft offensichtlich geschädigt worden ist.

In solchen Fällen bleibt es dem Verwaltungsrat stets vorbehalten, zu den Vorwürfen, die die Revisionsstelle vor der Generalversammlung gegen ihn oder gegen die Geschäftsleitung zu erheben gedenkt, Stellung zu nehmen. Er kann darüber gegebenenfalls die Entscheidung der Aktionäre anrufen. Er kann sogar, wie in Art. 731 Abs. 2 OR 1991 vorgesehen, die Einsetzung eines Experten zur Prüfung der Geschäftsführung beantragen[95].

c) Anzeichen von Überschuldung

Stösst die Revisionsstelle bei ihren Arbeiten auf *Anzeichen einer Überschuldung*, so hat sie dem Verwaltungsrat ins Bild zu setzen und die nötigen vertieften Untersuchungen anzustellen, insbesondere im Hinblick auf die alternative Ermittlung der Liquidationswerte und die nötig werdende Prüfung der Zwischenbilanz. Bei «*offensichtlicher Überschuldung*»[96] und Säumnis des Verwaltungsrates setzt sie diesem Frist an. Unterlässt der Verwaltungsrat trotz ihrer Aufforderung die Anzeige, so hat sie den Konkursrichter selbst zu benachrichtigen. Es ist dies eine eigentliche Ersatzvornahme gegenüber einem säumigen Verwaltungsrat, dem gemäss Art. 725 OR nach wie vor originär die Hinterlegung der Bilanz in einer solchen Situation obliegt[97].

1824
1825
1826
1827
1828
1829

---

[93] Art. 729b Abs. 1 (am Ende) OR 1991.
[94] *Botschaft 1983*, 187, Ziff. 333.4.
[95] Für die Einsetzung eines «Sonderprüfers» im Sinne von Art. 697a OR 1991 ist dagegen, auch wenn die Generalversammlung zustimmt, stets ein Ersuchen an den Richter nötig, Art. 697a Abs. 2.
[96] Art. 729b Abs. 2 OR 1991.
[97] Vgl. Kapitel 10/VIII/C/4, Rz 1713/14.

3. Der Erläuterungsbericht der Revisionsstelle

a) Kreis der verpflichteten Gesellschaften

1830 An die Stelle des traditionellen «Berichts unabhängiger Büchersachverständiger» im Sinne von Art. 723 OR 1936 tritt nun der Erläuterungsbericht des Art. 729a.

1831 Der *Erläuterungsbericht* ist nur bei jenen Gesellschaften zu erstatten, die die Prüfung ihres Abschlusses *besonders befähigten Revisoren* anzuvertrauen haben. In diesem Falle erstellt die Revisionsstelle dem Verwaltungsrat einen Bericht, in dem sie sowohl die Durchführung wie das Ergebnis ihrer Prüfung näher erläutert. Wie man hinzufügen muss, legt sie dabei jene Einzelheiten ihrer Arbeit und ihrer Feststellungen in systematischer Weise dar, die in ihrem Bericht an die Generalversammlung – der ja bloss Schlussergebnisse und Empfehlungen enthält – nicht zum Ausdruck kommen können.

b) Bedeutung und Inhalt

1832 Der Erläuterungsbericht hat in der Praxis *erhebliche Bedeutung*. Es wäre unrealistisch zu glauben, jedes Mitglied des Verwaltungsrates würde schon aus seiner Tätigkeit während des Geschäftsjahres alles wissen, was der Revisor in einem typischen Erläuterungsbericht darlegt. Der Erläuterungsbericht ist für den einzelnen Verwaltungsrat eine wesentliche Informationsquelle, auch deshalb, weil viele finanzielle Ereignisse und Zusammenhänge gerade einem in Rechnungslegung und Finanzsachen nicht besonders ausgebildeten Mitglied des Verwaltungsrates erst in der Gesamtdarstellung verständlich werden. Umso wichtiger ist es, dass der Verwaltungsrat darauf beharrt, dass jedem Mitglied ein Exemplar abgegeben wird und der Bericht auch aussagekräftig und gut verständlich ist.

1833 Der Erläuterungsbericht muss insbesondere auch jenes Thema abdecken, das nach dem neuen Aktienrecht im verbalen Jahresbericht zu behandeln ist, nämlich die *Entwicklung der finanziellen Lage* gemäss Art. 663d Abs. 1 OR 1991, und damit die *Mittelflussrechnung*. Zwar ist der Jahresbericht nicht als solcher Gegenstand der Prüfung, doch gehören die Entwicklung der Liquidität, die Herkunft und Verwendung der Mittel in den drei Fonds (Betriebstätigkeit, Investitionen, Finanzierungsvorgänge) zu den entscheidenden faktischen Grundlagen für die Tätigkeit des Revisors. Ein Verwaltungsrat sollte mindestens durch den Erläuterungsbericht die erforderlichen Angaben zum Mittelfluss erhalten, will er wirklich die Finanzverantwortung wahrnehmen.

1834 Bei der konzernrechnungspflichtigen Obergesellschaft ist ein *Konzernerläuterungsbericht* zu erstatten; der Konzernprüfer kann ihn mit jenem der Obergesellschaft als Einzelgesellschaft zusammenfassen.

4. Schweigepflicht mit Nuancen

1835 Unverändert ist die Pflicht der Revisoren zur Wahrung des *Geschäftsgeheimnisses*, und zwar auch bei der schriftlichen Berichterstattung und – viel heikler – bei der Auskunftserteilung in der Generalversammlung. Diese Rolle kann die Revisoren in einen Zwiespalt führen, wollen sie eine grundsätzlich offene Haltung zur Information der Aktionäre über wichtige Grundlagen ihrer Entscheidfindung einnehmen. Im Zweifel geht die

Auskunftspflicht gegenüber der Gesamtheit der Aktionäre vor, *insoweit* als nicht der eigentliche Kerngehalt der Geschäftsgeheimnisse – z.B. die Information über ein Geheimverfahren, ein noch geheim zu haltendes neues Produkt oder eine Erfindung der Gesellschaft, ein Übernahmeprojekt – preisgegeben wird.

Streng ist die *Schweigepflicht* der Revisoren dagegen gegenüber einzelnen Aktionären oder gar Dritten gemäss Art. 730 Abs. 2 OR 1991. Das Gesetz behält umgekehrt ausdrücklich die Auskunftspflicht der Revisoren gegenüber einem Sonderprüfer vor[98]. Dass die Schweigepflicht entfällt, wenn die Revisionsstelle der Generalversammlung einen «wichtigen Fall» eines Verstosses gegen Gesetz oder Statuten melden muss, versteht sich von selbst[99]. 1836

5. Besondere Vorschriften gemäss Statuten oder Generalversammlungsbeschlüssen

Das Gesetz lässt es nach wie vor zu, dass die Statuten oder die Aktionäre in einem Einzelbeschluss die *Organisation der Revisionsstelle* eingehender regeln oder deren Aufgaben erweitern.

Solche Vorschriften sind in der Praxis eher selten. Sie laufen manchmal darauf hinaus, dass der Revisionsstelle Befugnisse zur *Prüfung der Geschäftsführung* oder ein «*legal compliance audit*» übertragen werden. Solchen Ideen darf eine Gesellschaft zwar wegen ihrer Gestaltungsautonomie anhangen; der Boden ist aber rechtlich brüchig, denn jede Einschaltung des Prüfungsorgans in die Hauptaufgaben des Verwaltungsrates gemäss Art. 716a OR 1991 verstösst gegen das Gesetz[100], und überhaupt dürfen den Revisoren keine Aufgaben des Verwaltungsrates zugeteilt werden[101]. 1837

Zu denken ist auch an einen «*security and safety audit*» in bestimmten Fällen. Doch würden dafür eher Sachverständige des entsprechenden Faches und nicht Revisoren in Frage kommen; zudem müsste den Auftrag zweckmässigerweise nicht die Generalversammlung, sondern der Verwaltungsrat erteilen. 1838

Der Gesetzgeber hat hinzugefügt, es dürften der Revisionsstelle auch keine Aufgaben zugeteilt werden, die «*ihre Unabhängigkeit beeinträchtigen*»[102]. Es ist an Aufträge an die Revisoren oder ihnen nahestehende Personen zu denken, die sie bei der Prüfung in einen Interessenskonflikt bringen können. 1839

Keine Spur findet sich im Gesetz von dem Vorschlag, wonach alle Aktionäre und Gläubiger sich darauf sollten einigen können, auf eine *Revisionsstelle zu verzichten*[103]. Nicht nur ist es praktisch gar nicht möglich, alle Gläubiger der Gesellschaft zu erreichen (dazu 1840

---

[98] Art. 730 Abs. 2 Satz 2 OR 1991; diese Bestimmung ist eingefügt in die entsprechenden Bestimmungen über die Schweigepflicht des Sonderprüfers gemäss Art. 697a ff. OR 1991.
[99] Art. 729b Abs. 1 (am Ende) OR 1991.
[100] Art. 731 Abs. 2 1991.
[101] Art. 731 Abs. 1 Satz 2 OR 1991.
[102] Art. 731 Abs. 1 Satz 2 (am Ende) OR 1991.
[103] *Forstmoser/Hirsch* (1985) 38.

gehören insbesondere auch alle Steuergläubiger), sondern der Vorschlag zielt auch grundsätzlich in die falsche Richtung. In der Kapitalgesellschaft, gerade auch der kleineren, hat die Revisionsstelle als oft einzige Vertreterin einer Antithese gegenüber dem allmächtigen Schalten und Walten der bestimmenden Personen eine unentbehrliche Funktion.

III. Verhältnis zum EG-Recht

1841 Das Schweizer Revisionsrecht ist nun im grossen und ganzen beinahe auf dem Niveau des entsprechenden EG-Rechtes. Es verbleiben aber noch die folgenden Hauptunterschiede:

1842 1. Die Anforderungen an die *Befähigung* der Revisoren sind nach den EG-Richtlinien vom 12. Mai 1984 und vom 24. Januar 1989 strenger als jene gemäss Art. 727a OR 1991 für die nicht besonders qualifizierten Gesellschaften, insbesondere die privat finanzierten Aktiengesellschaften mittlerer Grösse.

1843 Dagegen dürften die fachlichen Anforderungen an die «*besonders befähigten Revisoren*»[104] für Gesellschaften, die den Kapitalmarkt in Anspruch genommen haben oder die dort genannten Grössenkriterien erfüllen, doch wohl ungefähr dem Niveau des EG-Rechtes entsprechen. Ein verbleibender Hauptpunkt ist, was als ein Hochschulabschluss[105] bzw. eine auf Hochschulniveau stehende Ausbildung anzusehen ist. Was das Schweizer Recht, im Gegensatz zum EG-Recht, nicht kennt, ist das formalisierte Zulassungsverfahren einer Behörde.

1844 2. Die Zulassungsbedingungen zum Amt des Abschlussprüfers sind nach EG-Recht für den Fall strenger, dass eine *Prüfungsgesellschaft* (juristische Person oder Personengesellschaft) mit der Aufgabe betraut werden soll[106]. Das neue Aktienrecht ist in diesem Punkt noch viel weniger explizit als die 8. EG-Richtlinie.

1845 3. Der *Prüfungsgegenstand* der EG-rechtlich konzipierten Prüfung ist weiter und tiefer wegen der viel feinmaschigeren Rechnungslegungsvorschriften der EG-Richtlinien.

1846 4. Der Prüfer hat nach der 4. EG-Richtlinie[107] (und nach dem vorgeschlagenen Statut der SE) nicht nur den Jahresabschluss mit Erfolgsrechnung, Bilanz und Anhang zu prüfen, sondern er muss auch abklären, ob der *Lagebericht* (in der Schweiz: Jahresbericht) die erforderlichen Punkte abdeckt, mit dem Jahresabschluss des Geschäftsjahres in Einklang steht und dem Kriterium des den tatsächlichen Verhältnissen entsprechenden Bildes entspricht.

---

[104] Gemäss Art. 727b OR 1991.
[105] *8. EG-Richtlinie* (1984) Art. 4 und 8. Gemäss Auskünften der Brüsseler Behörden an das Bundesamt für Justiz verlangt auch die EG keinen Universitätsabschluss im engeren Sinne.
[106] *8. EG-Richtlinie* (1984) Art. 2 Abs. 1 Bst. b.
[107] *4. EG-Richtlinie* (1978) Art. 51. Vgl. auch *Vorschlag EG-Strukturrichtlinie 1991*, Art. 48 ff.

5. Auch das EG-Recht sieht allerdings recht weitgehende, teilweise sogar noch weitergehende *Erleichterungen* bei den Anforderungen an die Abschlussprüfung vor, wenn bestimmte Grössenmerkmale von einer Gesellschaft unterschritten werden.

1847

Dadurch, dass das Schweizer Recht nun die *Unabhängigkeit* der Revisoren klarer fordert[108] und die Abschlussprüfung auf das allgemeine Thema ausrichtet, ob die Buchführung und die Jahresrechnung «Gesetz und Statuten» entsprechen, dadurch ferner, dass mindestens in den «grösseren Gesellschaften» nur noch *besonders befähigte Revisoren* ihres Amtes walten dürfen, hat sich das Schweizer Aktienrecht dem heutigen Stand des EG-Rechtes insgesamt doch auf weite Strecken angenähert. Die nun im Schweizer Recht *obligatorische Konzernrechnungsprüfung* – obgleich noch weit von den Standards des EG-Rechts entfernt – bedeutet einen entschiedenen Schritt in der richtigen Richtung.

1848

---

[108] Und sich damit Art. 23/24 der *8. EG-Richtlinie* annähert.

Teil IV

Klagerechte

Kapitel 12
Sonderprüfung, Anfechtung, Nichtigkeit und Auflösung

Begleitbericht 1975, 31
Botschaft 1983, 90 ff., Ziff. 213.4 und 164 ff., Ziff. 328.5
Amtl. Bull. NR (1985) 1669, 1765 ff., 1773/74, 1788 ff., (1990) 1386 ff., 1388
Amtl. Bull. StR (1988) 505 ff., 512, 518 ff., (1990) 75
Vorschlag EG-Strukturrichtlinie 1991, Art. 42 ff.
Vorschlag SE 1991 Art. 100
§§ 142, 258; 241, 243 AktG
Art. 226, Art. 360–370 LSC.

Ein modernes Aktienrecht versucht ein ausgewogenes System von «checks and balances» aufzustellen: Die Organe sollen zwar entscheiden und handeln, aber der Aktionär soll die Handlungen des Verwaltungsrates hinterfragen und vor allem die Beschlüsse der Generalversammlung durch den Richter beurteilen lassen können. Während der zweite Rechtsbehelf, die Anfechtungs- und eventuell Nichtigkeitsklage, seit jeher zum Schweizer Aktienrecht gehört, ist die in erster Linie den Verwaltungsrat anvisierende Sonderprüfung neu. Sie soll als erste dargestellt werden. Am Schluss ist der Ort, einen weiteren völlig neuen Rechtsbehelf zu erläutern: die als Alternative zur Auflösung aus wichtigem Grund richterlich verfügte Rücknahme von Aktien gegen Abfindung des Aktionärs.

I. Die Sonderprüfung[1]

A. Ein neues ausserordentliches Angriffsrecht der Minderheit

1. Eine Lücke des bisherigen Aktienrechtes

Jedes Aktienrecht muss zuerst und hauptsächlich den Leitungsorganen einen *Freiraum für ihre Initiativen* schaffen; das hat das Aktienrecht 1936 getan. Was damals vernachlässigt wurde, sind die «checks and balances», gegenläufige Kontrollrechte der Minderheitsaktionäre. Will die Minderheit Opposition betreiben, so stehen ihr wenig Mittel zur Verfügung, um an Interna der Gesellschaft heranzukommen. Das Recht auf Aus-

---

[1] *Jean Nicolas Druey* (1984) 110/11; Art. 697a-697g OR 1991.

*kunft und Einsicht*² ist in der Praxis eine recht stumpfe Waffe. Und eine obligatorische Vertretung der Minderheit im Verwaltungsrat kannte das schweizerische Recht nie. Die Mehrheit wählt nach wie vor den Verwaltungsrat nach dem «Majorz»-System: wer über 50,01% der Stimmen gebietet, wählt 100% der Verwaltungsräte³.

1851 Das neue Aktienrecht führt nun als ausserordentliches Angriffsmittel der Minderheit die *Sonderprüfung*⁴ ein – mit fast hundertjährigem Rückstand auf das deutsche Aktienrecht⁵. Eine bestimmte Mindestzahl von Aktionären kann beim Vorliegen genügender Anhaltspunkte für eine Schädigung der Gesellschaft durch Regelverstösse des Verwaltungsrates vom Richter verlangen, dass dieser einen unabhängigen Sachverständigen einsetzt, der die Angelegenheit untersucht. Der Bericht ist am Schluss den Aktionären zur Kenntnis zu bringen.

1852 Es ist offensichtlich, dass das neue Gesetz die *Minderheitsstellung* durch die Einführung der Sonderprüfung *wesentlich stärkt*. Nicht nur der Ablauf einer solchen, dem Verwaltungsrat aufoktroyierten Untersuchung ist für die Leitungsorgane eine Belastung; auch die stete blosse Möglichkeit einer Sonderprüfung verändert die Stellung des Verwaltungsrates im Konflikt mit einer entschlossenen Minderheitsgruppe. Es ist daher keineswegs bloss der Anspruch der Minderheit, sich mit einer Sonderprüfung Material für eine anschliessende Verantwortlichkeitsklage zu beschaffen⁶, die deren Stellung stärkt. Künftig ist ganz allgemein der Minderheit ein dicker Stock in die Hand gegeben⁷.

2. Die rechtlichen Hauptprobleme der Sonderprüfung

1853 In der Vorbereitungsphase wurde hart gerungen um die *ausgewogene Ausgestaltung* dieses neuen scharfen Instruments im Aufeinanderprallen der Interessen: jener der Unternehmensleitung, die auf Freiraum und Geheimniswahrung bedacht ist, und jener der Oppositionsgruppe, die auf Informationsbeschaffung und Druckausübung ausgeht.

1854 Die Auseinandersetzungen hatten ihren Brennpunkt in folgenden Hauptfragen:

(1) Kann jeder *einzelne Aktionär* die Sonderprüfung verlangen?

(2) Sollen auch die *Arbeitnehmer* antragsberechtigt sein?

---

[2] Art. 697 OR 1991. Dazu eingehend *Vischer/Rapp* (1968) 206 ff.
[3] Das Aktienrecht garantiert nur Aktionärsgruppen mit besonderer Rechtsstellung eine Mindestvertretung im Verwaltungsrat. Art. 709 OR 1991; Art. 708 Abs. 4 OR 1936 (praktisch unverändert).
[4] Vgl. *Vischer/Rapp* (1968) 171; *Hans Düggelin* (1973) 37 ff. und (1984) 262 ff.; *Adrian Niggli* (1981); *Peter Forstmoser* (1982B) 333 ff.; *Erik Slingerland* (1982) 337 ff.; *Forstmoser/Meier-Hayoz* (1983) § 12 N. 84 b; *Eric Stauber* (1985); *Conrad M. Walther* (1987) 77 ff.; *Andreas Binder* (1988) 257 ff.; *Andreas Casutt* (1991) 30 ff. mit Hinweisen; *Petra Schmitt* (1991) 92 ff.;
[5] Die Sonderprüfung findet sich in Deutschland schon in § 266 Abs. 2 und 3 HGB 1897, dazu *Staub's* Kommentar zum Handelsgesetzbuch, 11. A. Berlin/Leipzig 1921, I/2, 1123. Heute § 142 AktG; in § 258 die spezielle Sonderprüfung für Unterbewertung. Vgl. *Winfried Gail* (1978) 102 ff.
[6] Wie die *Botschaft 1983*, 90, Ziff. 213.4, meint
[7] Anderer Ansicht *Alexander de Beer* (1992), der von einem «zahmen Papiertiger» spricht.

(3) Soll der Antragsteller *direkt an den Richter* gelangen können, oder muss er zuerst sein Anliegen der Generalversammlung vortragen?

(4) Hat der Verwaltungsrat nicht nur ein Recht auf Anhörung, sondern auch einen Anspruch auf *Gegendarstellung*?

(5) Wie ist es mit dem *Geschäftsgeheimnis* zu halten?

(6) Wer *zahlt*?

B. Die Verfahrensregeln der Sonderprüfung

Was am Schluss im Bestreben, angesichts der Gegensätze eine möglichst ausgewogene Lösung zu finden, herauskam, ist ein *prozeduraler Hindernislauf*: die auf eine Sonderprüfung abzielende Minderheitsgruppe muss nacheinander mehrere Gegenhänge überwinden und die richtigen Posten anlaufen. Gelingt ihr das, so setzt sie umgekehrt die Leitungsorgane ernsthaft unter Druck.

1. Minderheitsrecht, nicht Individualrecht der Aktionäre

Eine der umstrittensten Fragen in der Arbeitsgruppe von Greyerz war, ob der einzelne Aktionär jederzeit sollte direkt an den Richter gelangen und sich dort eine Sonderprüfung bewilligen lassen können[8]. Die Arbeitsgruppe und der Entwurf von 1983 folgten dem Gedanken einer «direttissima» nicht; auch das Parlament hielt an seiner mittleren Lösung fest. Zwar hat jeder Aktionär das *Individualrecht*, der Generalversammlung zu beantragen, dass diese bestimmte Sachverhalte durch einen Sonderprüfer abklären lässt. Doch wenn die Mehrheit den Einzelantrag ablehnt, kann der Opponent gegen den Willen der Gesellschaft eine Sonderprüfung beim Richter nur beantragen, wenn er Aktionäre um seinen Antrag zu scharen vermag, die zusammen mindestens *10%* des Aktienkapitals oder Aktien im *Nennwert von 2 Mio. Franken*[9] halten.

Diese Regelung ist sinnvoll. Sie verhindert, dass ein einzelner Querulant die Leitungsorgane unter Druck setzt[10] oder gar im Alleingang überraschend eine Sonderprüfung – in dem ja notwendigerweise summarischen richterlichen Verfahren – in Gang setzt. Ähnlich dem Grundgedanken für die Einberufung einer ausserordentlichen Generalversammlung besteht eine berechtigte erste Hürde darin, dass es dem aufmüpfigen Aktionär gelingen muss, eine *repräsentative Anzahl von Streitgenossen* von sei-

---

[8] Befürworter dieser «Direttissima» des Aktienrechts war zuerst *Hans Düggelin* (1973) 110; zögernd in diesem Sinne offenbar auch *Andreas Casutt* (1991) 34/35, mit Hinweisen, aus Gründen dogmatischer Symmetrie.
[9] In Grossgesellschaften ist diese Alternative bedeutsam: Beträgt das Aktienkapital Fr. 200 Mio., so genügt im Ergebnis schon 1%. Vgl. Rz 514 für das Verhältnis zum Partizipationskapital.
[10] So die *Botschaft 1983*, 165, Ziff. 328.5.

nem Anliegen zu überzeugen[11]. Das Erreichen des Mindestumfangs von 10% oder Fr. 2 Millionen ist dabei wohlverstanden eine Voraussetzung nicht für den Antrag an die Generalversammlung, sondern nur für die Aktivlegitimation vor dem Richter.

1858 Abgelehnt wurde der Antrag im Nationalrat, unter bestimmten Umständen auch den *Arbeitnehmern* das Recht auf die Beantragung einer Sonderprüfung zu verleihen[12]. Weder die Mitarbeiter noch andere Gläubiger der Gesellschaft sind hier – im Gegensatz zum Einsichtsrecht des Art. 697h[13] – Träger irgendwelcher abgeleiteter aktienrechtlicher Kontrollrechte.

2. Antrag an die Generalversammlung als erster Schritt

1859 Schon die Arbeitsgruppe von Greyerz war zum Ergebnis gekommen, dass der oppositionelle Aktionär nach dem ganzen Aufbau der Organisation einer Schweizer Aktiengesellschaft sein Anliegen *zuerst der Generalversammlung* vorzulegen hat. Die Generalversammlung ist der Ort, wo die Aktionäre ihre mitgliedschaftlichen Rechte ausüben[14]. Dieser Weg erfüllt drei Funktionen zugleich:

1860 Das Recht auf Sonderprüfung soll *subsidiärer Natur* sein. Der nach Informationen begehrende Aktionär muss *zuerst* das Recht auf Auskunft oder das ihm zustehende Recht auf Einsicht ausgeübt haben[15]. Es liegt allerdings allein am Aktionär zu beurteilen, ob er durch die Information, die der Verwaltungsrat ihm im Verfahren des Art. 697 bietet, befriedigt ist und ob er vom Begehren um Sonderprüfung ablassen will.

1861 Der Aktionär[16] tut seinen Antrag auf Sonderprüfung notwendigerweise zuerst der *Generalversammlung* kund[17]. Einerseits fällt es ihm dadurch leichter, die nötige Minderheit zusammenzubringen, die für einen anschliessenden Antrag beim Richter nötig ist. Andererseits gibt der Antrag den Mitaktionären Gelegenheit, ihre eigene Meinung zu äussern, und dem Verwaltungsrat, seine Auffassung nicht nur gegenüber dem Antragsteller, sondern in offener Debatte gegenüber der Gesamtheit der versammelten Aktionäre darzulegen. Der Gesuchsteller hat in der Generalversammlung übrigens eine zusätzliche Chance dadurch, dass die erhöhte Stimmkraft von Stimmrechtsaktien bei der Abstimmung über die Einsetzung eines Sonderprüfers von Gesetzes wegen ausser Kraft gesetzt ist[18].

---

[11] Das Parlament hat aus dem Entwurf 1983 den Zehntel des Aktienkapitals unverändert übernommen (*Botschaft 1983*, 91, Ziff. 213.43), während die Limite für grössere Gesellschaften von einer Million Franken auf zwei Millionen Franken Nennwert angehoben wurde.
[12] *Amtl. Bull. NR* (1985) 1766 «im Falle der Entlassung aus wirtschaftlichen Gründen».
[13] Art. 697h Abs. 2 OR 1991 («Gläubiger, die ein schutzwürdiges Interesse nachweisen ...»).
[14] Art. 689 Abs 1 OR 1991 (in diesem Punkt unverändert).
[15] Art. 697a Abs. 1 Satzteil 2 OR 1991; zustimmend *Andreas Casutt* (1991) 33.
[16] Der Partizipant stellt den Antrag schriftlich. Art. 656c OR 1991.
[17] Stellt er den Antrag nicht, so ist auch der Weg zum Richter versperrt.
[18] Art. 693 Abs. 3 Ziff, 3 OR 1991. Entgegen *Brigitte Tanner* (1987) § 4 Anm. 245 sind Verwaltungsräte als Aktionäre bei einer solchen Abstimmung keineswegs vom Stimmrecht ausgeschlossen. Das Schweizer Aktienrecht kennt für den Fall der Interessenkollision keinen Stimmrechtsausschluss, ausser bei der Décharge.

Nicht zuletzt liegt in dieser Abfolge eine *Entlastung der Gerichte*. Findet der Antrag 1862
auf Sonderprüfung in der Generalversammlung ein erhebliches Echo, so wird nicht
selten der Verwaltungsrat selber den Antrag – in vielleicht modifizierter Form – unterstützen. Dies gibt Raum für einvernehmliche Lösungen. Der Verwaltungsrat muss
einerseits die Möglichkeit haben, auf die Ablehnung des Antrages hinzuwirken und seine
Meinung vor dem Richter und anschliessend während des Verfahrens der Sonderprüfung zu vertreten; ebenso eindeutig muss er die Freiheit haben, sich mit einer Sonderprüfung im Rahmen eines Kompromisses einverstanden zu erklären.

Entspricht die Generalversammlung dem Gesuch, so setzt nicht etwa die Generalversammlung den Sonderprüfer selber ein; entgegen einer vom Ständerat in Erwägung 1863
gezogenen Variante gibt dieser Beschluss nur den Weg direkt zur *richterlichen Einsetzung* frei[18a]. Der Beschluss ersetzt die weiteren Voraussetzungen für die Gesuchsbewilligung durch den Richter.

3. Das Gesuchsverfahren vor dem Richter

In vielen Fällen wird die Mehrheit in der Generalversammlung das Minderheitsgesuch 1864
ablehnen. Die abgewiesenen Antragsteller haben, vom Tag nach der Generalversammlung an gezählt, eine erstaunlich lange Verwirkungsfrist – es sind drei Monate – , um
beim zuständigen *Richter* am Sitz der Gesellschaft eine Sonderprüfung zu beantragen[19]
– ohne weitere Voraussetzungen im Falle eines die Sonderprüfung genehmigenden
Mehrheitsbeschlusses, aber nur mit der nötigen qualifizierten Minderheit, falls der
Antrag entgegen dem Willen der Generalversammlung erfolgt.

a) Gesuch und Begründung

Verlangt der Gesuchsteller eine Sonderprüfung entgegen dem Mehrheitsbeschluss der 1865
Aktionäre, so dreht sich das summarische gerichtliche Verfahren um drei Themen:

(1) Erstes Thema vor dem Richter ist die Frage, ob der Aktionär zuerst die Verwal- 1866
tung um *Auskunft oder Einsicht* ersucht hat (Art. 697a Abs. 1), und zwar im wesentlichen zum gleichen Gegenstand, auf den jetzt das Gesuch um Sonderprüfung
abzielt. Nicht zu prüfen ist, ob der Aktionär mit den vom Verwaltungsrat gelieferten
Informationen hätte zufrieden sein sollen[20]. Nötig ist auch nur das Auskunftsbegehren; der Gesuchsteller braucht nicht etwa zuerst gerichtliche Klage auf
Auskunftserteilung einzuleiten[21].

(2) Die Antragsteller müssen sodann dem Richter *glaubhaft* machen, dass erstens Grün- 1867
der oder Organe Gesetz oder Statuten *verletzt* haben, und zweitens, dass sie durch
diese Verletzung die Gesellschaft oder die Aktionäre *geschädigt* haben (Art. 697b

---

[18a] Gemäss Art. 697a Abs. 2 OR 1991 ist die Verwirkungsfrist 30 Tage (und nicht drei Monate wie im Fall des Art. 697b Abs. 1).
[19] Art. 697b Abs. 1 OR 1991. Weigert sich der Verwaltungsrat, den Antrag der Generalversammlung zum Beschluss vorzulegen, so ist dies einem ablehnenden Beschluss gleichzusetzen. Ebenso *Andreas Casutt* (1991) 77.
[20] Unter Vorbehalt eines im Sinne von Art. 2 Abs. 2 ZGB offensichtlich missbräuchlichen Gesuchs.
[21] Dazu *Peter Böckli* (1984) 266/67.

Abs. 2). Erforderlich ist beides, Plausibilität der Rechtsverletzung und Plausibilität der Schadensverursachung.

1868 Die Arbeitsgruppe von Greyerz hat die Frage der *Kumulation dieser beiden Anforderungen* eingehend diskutiert und am Schluss bejaht, um leichtfertige Streitereien, bei denen die Antragsteller einen Schaden für die Gesellschaft nicht einmal glaubhaft machen können, zu vermeiden[22]. Der Unterschied zwischen voller prozessualer Substantiierung und Beweis einerseits und «Glaubhaftmachung» andererseits ist im Schweizer Prozessrecht gut herausgearbeitet. Die Antragsteller müssen mindestens ihren Vorwurf klar umreissen, objektive Anhaltspunkte darlegen, aus denen sich der Schluss ergibt, dass das Behauptete wahrscheinlich ist: *welche* Verhaltenspflicht hat die Unternehmensleitung nach ihrer Meinung verletzt, und *warum* hat dieser Verstoss gegen die Regeln Schaden angerichtet, d.h. das Reinvermögen der Gesellschaft oder der Aktionäre vermindert? Der Schadensbegriff muss hier grundsätzlich der gleiche sein wie im Verantwortlichkeitsrecht. Auch eine immaterielle Schädigung kann, wenn sie wirklich substantiell ist, einen materiellen Schaden für die Gesellschaft zur Folge haben und genügt unter dieser Voraussetzung ebenfalls als Gesuchsanlass.

1869 Der *ursächliche Zusammenhang* zwischen (behauptetem) Verstoss und (behauptetem) Schaden ist zwar nicht Gegenstand eines Beweises; wohl aber muss er sich nach der allgemeinen Lebenserfahrung aus der vorgebrachten summarischen Tatsachendarstellung als plausibel ergeben[23]. Zur Glaubhaftmachung kann es nötig sein, Auskunftspersonen anzurufen oder dem summarisch urteilenden Richter gewisse die Darlegungen stützende Dokumente vorzulegen.

1870 (3) Die dritte Voraussetzung ist rein aktienrechtlicher Natur: Voraussetzung für den Antrag ist, dass ein *zulässiger Gegenstand* einer Sonderprüfung gegeben ist und die Abklärung des Sachverhaltes auf dem ausserordentlichen Weg der Sonderprüfung «*zur Ausübung der Aktionärsrechte*» erforderlich ist. Dem Gesuchsteller obliegt, den Zusammenhang zwischen dem von ihm anvisierten Aktionärsrecht und dem Thema der beantragten Untersuchung glaubhaft zu machen[24]. Das Aktionärsrecht, welche das Gesetz hier im Auge hat, ist vor allem die Verantwortlichkeitsklage[25]; es kann sich aber nach der hier vertretenen Auffassung bei gravierenden Vorfällen auch um die oppositionelle Ausübung von Mitwirkungsrechten handeln – Antrag auf Amtseinstellung oder Abwahl einzelner Verwaltungsräte; Antrag auf Abberufung der Revisionsstelle[26]; oder schliesslich und vor allem die Verweigerung der Genehmigung der Jahresrechnung[27] und der Entlastung der mit der Geschäftsführung betrauten Organe.

---

[22] Darin liegt eine Differenz zum *deutschen* Sonderprüfungsrecht, § 142 Abs. 2 Satz 1 AktG.
[23] a.A. offenbar *Andreas Casutt* (1991) 97.
[24] Art. 697a Abs. 1 OR 1991. Diese Voraussetzung ist nicht erfüllt, wenn der Gesuchsteller wegen Verjährung der Aktionärsrechte oder aus anderen Gründen gar nicht mehr in der Lage ist, mit den erhaltenen Informationen Rechte durchzusetzen. Botschaft 1983, 164, Ziff. 328.5.
[25] Also entgegen *Botschaft 1983*, 91, Ziff. 213.42, keineswegs «einzig zur Abklärung von Prozessrisiken für eine Verantwortlichkeitsklage».
[26] Wofür die Generalversammlung nach ausdrücklicher Vorschrift des Aktienrechtes zuständig ist, Art. 705 OR.
[27] Art. 698 Abs. 2 Ziff. 4 OR 1991.

b) Der Entscheid des Richters

Der Richter *hört beide Seiten an*: als Gesuchsgegner den Verwaltungsrat und die Gesuchsteller, aber auch den Aktionär, der seinerzeit in der Generalversammlung den dann abgelehnten Antrag gestellt hatte. 1871

Jede Sonderprüfung ist zweckgerichtete *Tatsachenerforschung*. Gerade den juristisch nicht besonders geschulten Personen fällt es erfahrungsgemäss verhältnismässig schwer, eine Sachdarstellung von Werturteilen und inhärenten rechtlichen Qualifikationen freizuhalten[27a]. Es geht nicht um Wertungen, und nicht um die Erstattung von Rechtsgutachten oder überhaupt um rechtliche Beurteilungen. Es ist eine Untersuchung überdies von hinreichend bestimmten Sachverhalten, was freifliegende Suchaktionen im Innenleben der Gesellschaft ausschliesst. Die Sonderprüfung ist weder eine flächendeckende Ausforschung noch eine «fishing expedition»; die Stossrichtung der Prüfung muss immer übereinstimmen mit der Stossrichtung der Aktionärsrechte, denen sie dient. 1872

Ist der Richter gewillt, dem Gesuch stattzugeben, so obliegt ihm – im Sinne eines Gestaltungsurteils im summarischen Verfahren – die *Umschreibung des Gegenstands* der Sonderprüfung und des genauen *Prüfungsauftrags* (Art. 697c Abs. 2). Der Richter beachtet hierbei das gesetzliche Erfordernis des «bestimmten Sachverhalts», die Ausrichtung auf die «Ausübung von Aktionärsrechten»[28] und stets den Rahmen, den die Gesuchsteller selber mit ihrem Gesuch gezogen haben («ne eat iudex ultra petita»). 1873

c) Auswahl der Sachverständigen

In der *Auswahl der Sachverständigen*[29] übt der Richter sein freies Ermessen aus, doch sind an die vom Gesetz verlangte «Unabhängigkeit» der auserkorenen Personen besonders hohe Anforderungen zu stellen[30]. Das Gesetz schliesst es zwar nicht ausdrücklich aus, die Revisionsstelle selber zum Sonderprüfer zu machen, doch dürfte der Richter nur selten so entscheiden. Denn normalerweise entwickelt sich im Lauf der Jahre zwischen Verwaltungsrat und Revisionsstelle eine Zusammenarbeit, die sich fast notwendigerweise in einer gewissen gegenseitigen Befangenheit niederschlägt. Übernimmt die Revisionsstelle einen derartigen Auftrag für die Opposition, so kommt sie in Interessenkonflikte – sie muss fürchten, früher oder später ihr laufendes Revisionsmandat zu verlieren, wenn sie den Leitungsorganen kräftig auf die Zehen tritt; nur allzu leicht wird das Vertrauensverhältnis zum Verwaltungsrat, das normalerweise besteht und keineswegs negativ zu bewerten ist, belastet oder zerstört. 1874

Und vor allem ist gar nicht vorauszusehen, ob im Verlauf der Sonderprüfung nicht auch die Arbeit der Revisionsstelle unter die Lupe gerät. Nicht zu übersehen ist, dass die amtierenden Revisoren zum *Kreis der gegebenenfalls solidarisch haftbaren Organe* gehören, wenn es am Schluss zu einer Verantwortlichkeitsklage kommt[31]. Anderseits sind der Revisionsstelle eine ungeheure Menge von Begleitumständen, Einzelinfor- 1875

[27a] Illustrativ der Fall in Anm. 50.
[28] Mit *Andreas Casutt* (1991) 37/38 auch so, wenn die Generalversammlung zugestimmt hat.
[29] Art. 697c Abs. 2 OR 1991.
[30] Mindestens gleiche, praktisch aber höhere als bei der Unabhängigkeit der Revisionsstelle gemäss Art. 727c OR 1991. Dass das «freie» Ermessen pflichtgemäss auszuüben ist, versteht sich von selbst.
[31] Kapitel 13/III/2, Rz 1994 ff.

mationen und Zusammenhängen schon bekannt, die ein neu dazu tretender Sachverständiger zuerst erarbeiten muss. Dennoch überwiegt das Interesse an einem völlig unbefangenen Sonderprüfer[32]. Je nach dem Gegenstand der Sonderprüfung kommen als Sachverständige Bücherexperten, Juristen, Betriebswissenschaftler, Ingenieure oder gemischte Gruppen in Frage[33].

4. Entstehen des Sonderprüfungsberichts in zwei Runden

a) Erste Runde: Das Eindringen in die Geheimsphäre und dessen Grenzen

1876   Es gibt keinen Zweifel: nach dem jetzt Gesetz gewordenen Konzept dringt der Sonderprüfer in die *Geheimsphäre der Gesellschaft*[34] ein und wird dadurch selber zum Geheimnisträger[35]. In der Tat ist auch die Verschwiegenheitspflicht der ordentlichen Revisoren vom Gesetz ausdrücklich im Verhältnis zum Sonderprüfer aufgehoben[36]. Diesem gegenüber ist das Geschäftsgeheimnis indessen nur insoweit gelüftet, als er Auskunft und Belege über Tatsachen sucht, die für seinen Prüfungsauftrag erheblich sind[37]. Im Gegensatz zu der Darstellung in der bundesrätlichen Botschaft steht also dem Sonderprüfer keineswegs ein «uneingeschränktes» Auskunfts- und Einsichtsrecht zu[38]. Die mit der Sonderprüfung betraute Person ist keine Rachegöttin, die der Unternehmensleitung mit ungezügelten Untersuchungshandlungen in den Nacken fährt.

1877   Zu Recht hat der Bundesrat unterstrichen: die Sonderprüfung dient *nicht zur Abklärung undefinierter Rechtswidrigkeiten* oder gar blosser Unzulänglichkeiten, und auch nicht dazu, die Richtigkeit von Angaben der Unternehmensleitung im Geschäftsbericht oder die Rechtmässigkeit der Bildung oder Auflösung stiller Reserven überprüfen zu lassen[39]. Gegenstand der Sonderprüfung sind auch nicht die Daten, die in den Eintragungen im Aktienbuch festgehalten sind, es wäre denn, dem Verwaltungsrat wird prozedurale Pflichtwidrigkeit gerade in diesem Bereich vorgeworfen. Dann aber geht es nur um jene «Sachverhalte», nicht die Daten als solche. Das Untersuchungsrecht des Sonderprüfers ist stets zugleich begründet und begrenzt durch seinen konkreten Auftrag.

b) Widersprüche

1878   Das Gesetz sieht für Streitigkeiten während der Tätigkeit des Sonderprüfers die *Zuständigkeit des Richters* vor. Es verhält den Sonderprüfer ausdrücklich dazu, die Gesellschaft anzuhören, bevor der abgeschlossene Entwurf des Prüfungsberichts an den Richter geht. Die Gesellschaft hat dann noch eine zweite Gelegenheit (die Bereinigung

---

[32] Ebenso *Andreas Casutt* (1991) 130.
[33] Art. 697c Abs. 3 OR 1991.
[34] *Jean Nicolas Druey* (1976); (1984) 104 ff.; *Andreas Casutt* (1991) 151 ff. und 175 ff.
[35] Art. 697d Abs. 4 OR 1991 und Art. 697e Abs. 1 OR 1991.
[36] Art. 730 Abs. 2 Satz 2 OR 1991.
[37] Der Sonderprüfer hat zwar Zugang zum *Protokoll des Verwaltungsrates*, aber er darf dieses nur als «background-Information» verwenden. Zitate aus dem Protokoll kommen nur als letztes Mittel in Frage und nur so weit, als es für die Darstellung des Prüfungsergebnisses absolut unerlässlich ist.
[38] *Botschaft 1983*, 92, Ziff. 213.45.
[39] *Botschaft 1983*, 91, Ziff. 213.42; teilweise a.A. *Andreas Casutt* (1991) 58.

in der «zweiten Runde»), vor dem Richter zum bereinigten Berichtsentwurf Stellung zu nehmen und Ergänzungsfragen zu stellen. Sie hat vor allem das Recht, im Hinblick auf die Generalversammlung ihre Stellungnahme zum Gegenstand der Sonderprüfung auszuarbeiten. Sie ist berechtigt, sowohl ihre eigene Sicht der Dinge darzulegen wie die Darlegungen im Sonderprüfungsbericht im einzelnen zu widerlegen.

Der Gesetzgeber hat beschlossen, das Dilemma zwischen der Offenlegung von Interna durch den Sonderprüfungsbericht und dem Geschäftsgeheimnis dadurch zu lösen, dass er es schlicht auf den Sonderprüfer abschiebt: 1879

> «Der Sonderprüfer berichtet *einlässlich* über das Ergebnis seiner Prüfung, wahrt aber das *Geschäftsgeheimnis*.»[40]

Hätte man Alexander dem Grossen eine ähnliche Auflage gemacht, als er in Gordion stand, so wäre der Knoten dort heute noch nicht gelöst. Gerade in heiklen Fällen, in denen zu Recht die Gesuchsteller eine Sonderprüfung anstrengen wollen, ist es so gut wie unmöglich, dem widersprüchlichen Ansinnen des Gesetzes gerecht zu werden[41]. Nach der Überlegung des Bundesrates hätte der Sonderprüfer Geschäftsgeheimnisse offenlegen dürfen, insoweit als sie zum Verständnis der Prüfungsergebnisse unbedingt notwendig oder – und damit hatte auch der Bundesrat das Problem letztlich bloss abgeschoben – Gegenstand der Untersuchung selber waren[42]. Diese Formel steht indessen nicht nur nicht im Gesetz: das Gegenteil steht im Gesetz. Nach dem Konzept von 1991 dringt der Sonderprüfer zwar in die Geheimsphäre ein, darf Geschäftsgeheimnisse im Bericht aber nicht ohne Zustimmung der Gesellschaft preisgeben. 1880

c) *Zweite Runde vor dem Richter: Bereinigungsverfahren*

Zum Schutze des Geschäftsgeheimnisses hat der Gesetzgeber eine eigentliche «zweite Runde» des summarischen Verfahrens vor dem Richter eingerichtet. Die Runde beginnt mit der Vorlage des Entwurfs für den Sonderprüfungsbericht beim Richter. Dieser reicht ihn der Gesellschaft weiter. Der Verwaltungsrat hat das Recht, beim Richter die Eliminierung von Stellen des Sonderprüfungsberichtes zu verlangen, wenn diese Stellen[43] entweder Geschäftsgeheimnisse oder «andere schutzwürdige Interessen der Gesellschaft» verletzen. Bejaht der Richter die Verletzung, so werden diese Stellen den Gesuchstellern überhaupt nicht vorgelegt[44]. All das ist aber eine Frage des Masses. Handelt es sich um substantielle Eingriffe, so wird der Richter den Sonderprüfern Gelegenheit geben müssen, ihre durch Weglassungen beeinträchtigten und in der Darstellung gestörten Aussagen noch zu überarbeiten. Von niemandem darf man verlangen, dass er einen Bericht unterschreibt, aus dem die im Gesamtzusammenhang entscheidenden Punkte entfernt worden sind. Ein mögliches Scheitern des ganzen Ablaufs ist die unausweichliche Folge der Entscheidung des Parlaments, der Pelz sei zu waschen, aber er müsse trocken bleiben. 1881

---

[40] Art. 697e Abs. 1 OR 1991. Hervorhebungen beigefügt.
[41] Vgl. zur Abgrenzung *Conrad M. Walther* (1987) 124 ff.
[42] *Botschaft 1983*, 167, Ziff. 328.5.
[43] D.h. die Informationen, die aus den dort stehenden Darlegungen zu den Aktionären und einem weiteren Kreis gelangen.
[44] Art. 697e Abs. 2 OR 1991.

1882 Für jene Fälle, wo während der Dauer der Sonderprüfung *Störungen im ordentlichen Ablauf* eintreten, wird man analog die Vorschriften des Gesetzes für die Revisionsstelle heranziehen. Auch ein Sonderprüfer kann zurücktreten, und dem Richter muss als Korrelat des Ernennungsrechts das Abberufungsrecht zustehen[45]. Der Gesellschaft wiederum wird man beim Vorliegen wichtiger Gründe das Recht zuerkennen, vom Richter die Abberufung des von ihm ernannten Sonderprüfers zu verlangen[46].

    d)   *Abschliessende Stellungnahme beider Seiten*

1883 Zum Abschluss dieser «zweiten Runde» legt der Richter den dergestalt eventuell abgedeckten und überarbeiteten (wie das Gesetz sagt, «bereinigten») Bericht beiden Parteien zur Stellungnahme vor. Beide können dem Sonderprüfer nun letztmals Ergänzungsfragen stellen[47]. Damit das Verfahren sich nicht durch weitere Schriftenwechsel verlängert, wird der Richter jedenfalls diesen letzten Teil der «zweiten Runde» im *mündlichen Verfahren* zu bewältigen suchen. Der Sonderprüfer ergänzt seinen Bericht durch seine Antworten auf die Ergänzungsfragen und fügt die beidseitigen Stellungnahmen seinem Dokument als Anhänge bei.

1884 Das Ergebnis der «zweiten Runde» ist der «Sonderprüfungsbericht». Er ist, obgleich das Gesetz es nicht sagt, gleich wie der Revisionsbericht von den Sonderprüfern zu unterzeichnen[48]. Es handelt sich um einen Bericht über festgestellte Tatsachen, nicht um eine Würdigung[49]. Es liegt auch nicht am Sonderprüfer, *Rechtsfragen zu analysieren* und darzustellen[50] oder – wie die Revisionsstelle zur Jahresrechnung – aus seiner Arbeit Empfehlungen an die Generalversammlung abzuleiten[51]. Deutlich sagte die Botschaft: «Der Sonderprüfer fällt keine Entscheide und greift weder gestaltend noch urteilend in die Verhältnisse der Gesellschaft ein»[52].

    e)   *Rechtsmittel gegen richterliche Entscheide*

1885 Das kantonale Prozessrecht muss nach dem heutigen Stand der Dinge festlegen, wie, bei wem und unter welcher Kognition der einzelne Entscheid des Richters in Sonderprüfungssachen *Rechtsmitteln* unterliegt. Es wird sich dabei stets nur um ein ausseror-

---

[45] Vgl. Art. 727e OR 1991.
[46] In Analogie zu Art. 727f Abs. 4 OR 1991.
[47] Art. 697e Abs. 3 OR 1991.
[48] Art. 729 Abs. 1 OR 1991.
[49] Unzutreffend daher die Kritik *Andreas Binders* (1988) 276.
[50] Vgl. auch *Andreas Casutt* (1991) 46. Sonderprüfer stehen erfahrungsgemäss unter der fast unwiderstehlichen Versuchung, Tatsachenfeststellungen mit Wertungen und eindeutig rechtlichen Schlussfolgerungen zu vermischen. Historisch kam die erste Sonderprüfung in der Schweiz überhaupt, die in der «*Rey/Bally-Affäre*» 1977, durch einen einvernehmlichen Auftrag der Angreifer und der Angegriffenen zustande (NZZ Nr. 159 vom 9. Juli 1977, 17). Ziffer 2 ihres Berichtes: «Durch die Begründung von Ansprüchen der Bally-Gesellschaften gegenüber den Herrn W.K. Rey nahestehenden Gesellschaften sind weder aktienrechtliche noch statutarische oder reglementarische Vorschriften, noch die Regeln ordnungsgemässer Buchführung verletzt worden.» (zitiert nach NZZ Nr. 224 vom 24. September 1977, 19). Dies ist das klassische Beispiel einer normativen Folgerung, einer abschliessenden rechtlichen Wertung. Genau das darf *nie* in einem Sonderprüfungsbericht stehen.
[51] Im Gegensatz also zu Art.729 Abs. 1 Satz 2 OR 1991.
[52] *Botschaft 1983*, 90, Ziff. 213.42.

dentliches Rechtsmittel handeln können, da die im Aktienrecht beschriebenen Schritte auf ein summarisches Verfahren abzielen. Eine prozessuale, aber in der raschlebigen Wirtschaftswelt ausserordentlich wichtige Frage ist die eventuelle aufschiebende Wirkung eines solchen Rechtsmittels[53].

5. Bekanntgabe des Ergebnisses der Sonderprüfung

Das *weitere Schicksal* des Sonderprüfungsberichtes ist vom Gesetz nur teilweise klar geregelt. Aber eines ist gewiss: der Sonderprüfungsbericht ist ein Dokument, das einem weiteren Kreis zugänglich wird. 1886

a) Empfänger des Sonderprüfungsberichtes

Der Sonderprüfungsbericht geht vom Richter *an die Gesellschaft*[54]. Dem Gesetz ist aber nicht zu entnehmen, ob die *Gesuchsteller* nun Anrecht auf ein Exemplar des unterschriebenen Sonderprüfungsberichts haben. Was sie auf jeden Fall in der Schlussphase der «zweiten Runde» vor dem Richter schon eingesehen haben, ist der bereinigte, d.h. in bestimmten Stellen wegen des Geschäftsgeheimnisses oder anderer schutzwürdiger Interessen der Gesellschaft gekürzte definitive Text. Nur noch insoweit, als allfällige letzte Ergänzungsfragen und Stellungnahmen die Feststellungen der Prüfer beeinflusst haben, unterscheidet sich der unterzeichnete Bericht vom «bereinigten Bericht» des Art. 697e Abs. 3 OR 1991. Es ist daher sachgemäss und entspricht dem Grundgedanken des Rechtsinstituts, dass der Richter den Gesuchstellern ein Exemplar des unterzeichneten Sonderprüfungsberichtes aushändigt. 1887

b) «Unterbreitung» anlässlich der Generalversammlung

Das Gesetz fordert vom Verwaltungsrat, dass er den Sonderprüfungsbericht der nächstfolgenden *Generalversammlung* unterbreitet[55]. Nach Wochen, Monaten oder unter Umständen sogar Jahren spielt sich daher vor der Generalversammlung die Offenlegung des Sonderprüfungsberichtes gegenüber den Aktionären ab. 1888

Der Entwurf 1983 hatte gesagt, der Verwaltungsrat müsse an der Generalversammlung den Bericht und die Stellungnahmen – vor allem also seine eigene Gegendarstellung – «zur Verhandlung» bringen. Das hätte diese Dokumente zu einem eigentlichen Verhandlungsgegenstand gemacht und die analoge Anwendung von Art. 696 Abs. 1 OR 1991 nahegelegt. Das Gesetz sagt jetzt nur, der Sonderprüfungsbericht sei zu «unterbreiten». Dies führt nicht zu einem Traktandum im eigentlichen Sinn, wohl aber zu einem *Orientierungstraktandum*, d.h. zu einem Punkt auf der Geschäftsordnung, zu dem eine Orientierung und Debatte, aber kein Beschluss möglich ist. 1889

---

[53] Soll das Verfahren, wie das Gesetz ausdrücklich hofft, «*innert nützlicher Frist*» zu einem Ende kommen, so können Rechtsmittel nur Beschwerden wegen Willkür oder offensichtlichen und gravierenden Verfahrensmängeln sein.
[54] Nicht ausdrücklich, aber sinngemäss in Art. 697e und 697f OR 1991 ausgedrückt.
[55] Art. 697f Abs. 1 OR 1991. Vorn Rz 1304.

1890 Nun ist umso schwerer zu entscheiden, ob der Verwaltungsrat Bericht und Stellungnahme vor der Generalversammlung auf irgend eine Weise den Aktionären zur *Kenntnis* zu bringen hat. Wie diese die Debatte sachgemäss vorbereiten könnten, wenn der Bericht erst in der Eingangshalle aufliegt, ist schleierhaft. Sogar wer die «Unterbreitung» als einseitigen Informationsfluss in Richtung Aktionäre verstehen will, muss zugestehen, dass der Aktionär mindestens Gelegenheit haben muss, vor Versammlungsbeginn sich ein Bild darüber zu machen, worum es in These (Bericht) und Antithese (Stellungnahme) geht. Dann führt nichts an dem Schluss vorbei, dass zur Vorbereitung der Generalversammlung der Sonderprüfungsbericht wie der Geschäftsbericht am Gesellschaftssitz zur Einsicht aufzulegen ist. Und dementsprechend wird auch jeder Aktionär verlangen können, dass ihm diese Unterlage zugestellt wird.

1891 Zum Sonderprüfungsbericht können sowohl Verwaltungsrat wie Aktionäre nur Anträge stellen, wenn ein Beschlusstraktandum im *eigentlichen Sinn* auf der Einberufung steht, sei es, weil der Verwaltungsrat es so gewollt hat, oder weil Aktionäre die Traktandierung (mit Anträgen dazu) erzwungen haben. Die Anträge können dann sowohl auf die zustimmende wie die ablehnende Kenntnisnahme abzielen. Anträge zu Sach- oder Wahlentscheidungen dagegen gehören nicht zum Traktandum «Sonderprüfungsbericht», selbst wenn dieses als Beschlusstraktandum gestaltet ist, sondern zu einem entsprechenden Sachpunkt der Tagesordnung.

c) Aushändigung nach der Generalversammlung

1892 Der Sonderprüfungsbericht ist *zugänglich*, aber er wird *nicht veröffentlicht*. Der Bericht untersteht der strengeren Offenlegungspflicht gemäss Art. 697h Abs. 1 nicht: er wird auch bei den Gesellschaften, die wegen Beanspruchung des Kapitalmarktes veröffentlichungspflichtig sind, nicht im Schweizerischen Handelsamtsblatt abgedruckt. Dagegen kann jeder Aktionär – nicht aber ein Gläubiger[56] – ohne weitere Begründung noch während eines Jahres nach der Generalversammlung eine Ausfertigung des Sonderprüfungsberichtes und der Stellungnahmen verlangen[57].

6. Kostentragung

1893 Umstritten war, wer die *Kosten der Sonderprüfung* zu tragen und vor allem den Vorschuss zu leisten habe[58]. Wenn man sich das kontradiktorische Verfahren mit seinen zwei Runden vor dem Richter, mit den Eliminierungsanträgen, Gegenanträgen, Stellungnahmen und Ergänzungsfragen vor Augen hält, so ist eines klar: dieses hochnotpeinliche Prozedere bürdet der Gesellschaft erheblichen Aufwand auf, vor allem in Form von Zeit und Verunsicherung. Daran ändert wenig, dass das Gesetz den frommen Wunsch äussert, die Sonderprüfung sei innert «nützlicher Frist» und «ohne unnötige Störung des Geschäftsganges» durchzuführen.

1894 Die Kosten der Prüfung und die Kosten des richterlichen Verfahrens treffen die *Gesellschaft*, sobald der Richter die Plausibilität bejaht und das Gesuch bewilligt hat. Die

---

[56] Im Gegensatz zu Art. 697h Abs. 2 OR 1991.
[57] Art. 697f Abs. 2 OR 1991. Bericht und Stellungnahme sind stets zusammen abzugeben.
[58] *Amtl. Bull. NR* (1985) 1770 ff.; *StR* (1988) 506.

Gesellschaft hat auch den Vorschuss zu bestreiten[59]. Nur wenn besondere Umstände es rechtfertigen, auferlegt[60] der Richter am Schluss die Kosten ganz oder teilweise den Gesuchstellern[61]. Diese Regelung läuft darauf hinaus, dass die Gesuchsteller einen Teil der Kosten vor allem dann tragen, wenn sie übereilt, mutwillig oder mit der Absicht, der Gesellschaft zu schaden oder die Organe zu belästigen, eine Sonderprüfung veranlasst haben. Der Wille, die prozessuale Schranke des Kostenrisikos möglichst einzureissen, geht aus den Materialien und den Debatten deutlich hervor[62]. Immerhin hat die Möglichkeit des Richters, die Gesuchsteller mit Kosten zu belasten, umgekehrt die absolut erforderliche Wirkung einer Hemmschranke gegen Personen, denen es vorwiegend darum geht, mit prozeduralen Schritten die Unternehmensleitung zu behindern.

C. Beurteilung der Sonderprüfung

1. Die Sonderprüfung ist eine vor allem auch virtuell wirksame *Neuerung* des neuen Aktienrechts. Sie bringt, wie ersichtlich, einen ganz neuen Ton in den sonst den Leitungsorganen eher gewogenen Gesetzestext[63]. Irren würde sich, wer annehmen sollte, nur in Publikumsgesellschaften hätte dieses Damoklesschwert Auswirkungen. Gerade auch in geschlossenen Gesellschaften – nachdem der Gesetzgeber die Pflicht des Verwaltungsrates zur Gleichbehandlung aller Aktionäre ins Gesetz geschrieben hat (Art. 717 Abs. 2 OR 1991) – dürfte die stete Möglichkeit einer Sonderprüfung dazu führen, dass die Verwaltungsräte diese und jene Praktiken überdenken. 1895

2. So unerlässlich die Möglichkeit einer Sonderprüfung als Minderheitsrecht «in extremis» ist, so bedenkenswert ist umgekehrt das Risiko, dass ein derartiges Verfahren mit seinen Verdächtigungen, Umtrieben und Entgleisungsmöglichkeiten die Gesellschaft als Unternehmen *destabilisiert* oder gar *schädigt*. Es fragt sich, ob die schliesslich Gesetz gewordene Gestaltung der Befürchtung Einhalt gebietet, dass die Sonderprüfung – wie der Bundesrat ausdrücklich gesagt hat – zu erpresserischen Zwecken missbraucht wird oder den Konkurrenten geheime und sensitive Informationen zugänglich macht[64]. Viel wird davon abhängen, wie die Gerichte es verstehen, im summarischen Verfahren die Spreu vom Weizen zu trennen und die Sonderprüfung mit sicherer Hand zu begleiten. 1896

---

[59] Das war im Parlament umstritten, a.a.O.
[60] Der Bundesrat hatte weise schon 1983 erkannt und in Landeswährung beziffert, die Expertenkosten dürften wohl in den meisten Fällen «mehr als Fr. 30'000.–» betragen. *Botschaft 1983*, 168, Ziff. 328.5.
[61] Art. 697g Abs. 1 OR 1991. Selbstverständlich ist, dass die Gesellschaft alle Kosten trägt, wenn die Generalversammlung der Sonderprüfung zustimmt, d.h. die Gesellschaft den Prüfungsauftrag selber formuliert und erteilt (Art. 697g Abs. 2 OR 1991).
[62] *Botschaft 1983*, 168, Ziff. 328.5; *Amtl. Bull. NR* (1985) 1770; (1990) 1387; *Amtl. Bull. StR* (1988) 506; (1991) 75.
[63] Vgl. *Frank Vischer* (1984) 160/61.
[64] *Botschaft 1983*, 91, Ziff. 213.43.

1897 3. An den Unternehmensleitungen liegt es, nicht nur durch ihre klare Führung, sondern auch eine diese verständlich machende *Informationspolitik* das Entstehen von Situationen, aus denen Sonderprüfungen herauswachsen, von Anfang an zu vermeiden.

II. Die Anfechtungsklage

A. Anfechtungsgründe

1. Grundsätzlich unverändertes Anfechtungsrecht

1898 In der Vorbereitungsphase bestand zunächst die Absicht, das Anfechtungsrecht[65] des Aktionärs gemäss Art. 706 OR 1936 zwar zu erleichtern, nicht aber es zu ändern[66]. Das Gesetz von 1991 ändert an der grundsätzlichen Konfiguration dieses wichtigen Mitgliedschaftsrechtes zwar nichts, aber das Parlament hat doch dieses Thema in seinen Beratungen entdeckt und sich zu substantiellen neuen Formulierungen aufgerafft.

1899 Nach wie vor besteht eine *Verwirkungsfrist* von zwei Monaten nach dem Tage der Generalversammlung für die Anhebung der Klage; unverändert ist das *allgemeine Thema* der Anfechtungsklage, nämlich die Behauptung, ein Beschluss der Generalversammlung verstosse gegen das Gesetz oder die Statuten. Unverändert ist der Richter am Sitz der Gesellschaft zuständig, immer noch klageberechtigt sowohl der Aktionär – jetzt auch der Partizipant – wie die Gesellschaft selbst. Das Gesetz bemüht sich, dem Partizipanten die Kenntnis vom Text der Generalversammlungsbeschlüsse, als Voraussetzung jeder Anfechtungsklage, zu verschaffen[67].

1900 Ficht der *Verwaltungsrat* einen Beschluss der Aktionäre an, so bestimmt der Richter einen Vertreter für die Gesellschaft als Beklagte, wie das schon bislang der Fall war[68].

1901 Die *Gläubiger* ihrerseits sind zur Anfechtung nicht berechtigt, wie unter dem alten Recht. Ob die *Genusscheininhaber* anfechtungsberechtigt sind, ist, falls die Statuten schweigen, nach wie vor offen. Behandelt man sie, wie hier vorgeschlagen, als Inhaber einer beteiligungsrechtlichen Quote an der Gesellschaft, so müssen sie auch das Recht haben, sich gegen gesetz- oder statutenwidrige Beschlüsse, von denen sie als Beteiligte betroffen sind, zu wehren.

---

[65] Vgl. *Kuno Walter Rohrer* (1979) insb. 59 ff.; *Christoph von Greyerz* (1982) 191 ff.; *Forstmoser/Meier-Hayoz* (1983) § 21 N. 14 ff.; *Eric Homburger* (1984) 75 ff.; *Eric Stauber* (1985) passim; *Alfred Koller* (1988) 51 ff.

[66] *Vorentwurf 1975*, Art. 706 Abs. 5; *Botschaft 1983*, 31, Ziff. 143; auch die Motion *Muheim* erfasste die Anfechtungsklage nicht, a.a.O. 38, Ziff. 153.

[67] Art. 656d Abs. 2 OR 1991. Anfechtungsberechtigt ist auch der «*Aktionär ohne Stimmrecht*» gemäss Art. 685f OR 1991.

[68] Art. 706 Abs. 3 OR 1936, Art. 706a Abs. 2 OR 1991.

2. Präzisierung der Anfechtungsgründe

Das Gesetz enthält dennoch eine ganze Anzahl von *Neuerungen* im Zusammenhang mit der Anfechtung von Aktionärsbeschlüssen. Der Gesetzgeber hat die Umschreibung der anfechtbaren und der nichtigen Beschlüsse der Generalversammlung überarbeitet und deren systematische Stellung im Gesetz verschoben. 1983 hatte man dies alles in zwei Artikeln über den «Schutz der Aktionärsrechte» bewältigen wollen[69]. Der Ständerat hat seine neue Regelung dagegen direkt in die Art. 706 und 706a bzw. den neu für die Nichtigkeitsfälle geschaffenen Art. 706b eingefügt[70]. Das Gesetz verzichtet nun gänzlich auf den schillernden Begriff der «wohlerworbenen Rechte»[71]; die Praxis hatte diesen so weit aufgefächert, dass er am Schluss jede fassbare Bedeutung verloren hatte[72].

1902

3. Die einzelnen Fälle der Anfechtungsklage

Das Gesetz legt die Anfechtungsgründe im einzelnen fest und umschreibt damit ausdrücklich, was dem OR 1936 nur in sehr allgemeiner Form zu entnehmen war.

1903

Es sind nach neuem Recht im wesentlichen drei Gründe[73], die zur Anfechtbarkeit führen:

1904

a) Wenn ein Beschluss Rechte von Aktionären unter *Verletzung von Gesetz oder Statuten* entzieht oder beschränkt. Das sind die relativ eindeutigen Fälle von rechtswidrigen Eingriffen der Mehrheit[74].

1905

b) Wenn der Beschluss dem Aktionär Rechte entzieht oder beschränkt und dies *in unsachlicher Weise* tut. Unter diesem Titel werden alle jene viel schwerer zu entscheidenden Fälle erfasst, in denen entweder der Beschluss aus partikulären Gründen, die durch das Gesellschaftsinteresse nicht hinreichend gedeckt sind oder in die Stellung der Minderheit eingreift, oder in denen der Eingriff gar nicht erforderlich ist, das Gebot schonender Rechtsausübung verletzt oder inhaltlich übermässig ist. Der Entwurf 1983 hatte noch einen *«offensichtlich unsachlichen»* Eingriff verlangt[75]. Dieser Zusatz wurde zu Recht gestrichen, da die leichte Erkennbarkeit nicht massgeblich sein kann[76].

1906

---

[69] Vgl. *Entwurf 1983* Art. 660 und 660a; *Botschaft 1983*, insbesondere 77 ff., Ziff. 210, sowie 138 ff., Ziff. 321.
[70] *Amtl. Bull. StR* (1988) 512.
[71] Art. 646 OR 1936, aufgehoben durch OR 1991.
[72] Hinten Abschnitt III/3/a Rz 1935 f.
[73] Der vierte Anfechtungsfall ist eine Wiederaufnahme einer dogmatischen Erkenntnis: die *Gewinnstrebigkeit der Gesellschaft* kann nachträglich nicht ohne die Zustimmung sämtlicher Aktionäre aufgehoben werden. Solche Fälle werden ausserordentlich selten sein.
[74] Dazu *Botschaft 1983*, 140, Ziff. 321.
[75] *Entwurf 1983*, Art. 660a Ziff. 2.
[76] *Botschaft 1983*, 140, Ziff. 321 wollte mit dem Wort «offensichtlich» die Gerichtspraxis einfangen, derzufolge nur dann eingegriffen wird, wenn es sich um einen qualifizierten Verstoss gegen das Sachlichkeitsgebot handelt.

1907 c) Wenn der Beschluss – ohne dass er direkt die Aktionärsrechte in Verletzung einer Gesetzes- oder Statutennorm entzieht oder beschränkt, und ohne dass er unsachlich ist – eine durch den Gesellschaftszweck *nicht gerechtfertigte Ungleichbehandlung* oder *Benachteiligung* der Aktionäre bewirkt. Hier wird es um die relativ seltenen Fälle einer *formell* rechtsungleichen Entscheidung gehen, da materielle Rechtsungleichheiten von Ziffer 2 erfasst werden. Die Kurzformel des neuen Gesetzestextes lässt erkennen, dass die Ungleichbehandlung nach wie vor nicht absolut verboten ist: sie kann als relative Ungleichbehandlung durch den Gesellschaftszweck gerechtfertigt sein. Es ist im übrigen fraglich, ob diese Formulierung, die nicht das Gesellschafts*interesse* nennt, sondern den das Tätigkeitsfeld der Gesellschaft wiedergebenden «Gesellschafts*zweck*», zweckmässig ist.

1908 Damit bleibt man insgesamt bei den aus der langjährigen Bundesgerichtspraxis herausgearbeiteten Grundsätzen: Ungleichbehandlung ja – aber nur so weit, wie sie überhaupt als Eingriff erforderlich, nicht übermässig und sachlich begründet ist[77].

1909 Diese differenzierten Grundsätze haben allgemeine Bedeutung; sie müssen, obwohl das Gesetz es dort nicht sagt, auch auf das Gleichbehandlungsgebot für den *Verwaltungsrat* gemäss Art. 717 Abs. 2 OR 1991 anwendbar sein.

4. Bedeutung der neuen Formulierung

1910 Mit diesen Formeln hat der Gesetzgeber zwar nicht die ganze Palette der Rechtsprechung eingefangen, aber wenigstens die vom Bundesgericht entwickelten *Hauptlinien* in einer allgemein verständlichen Weise im Gesetz wiedergegeben. Es ist wohl so gut wie unmöglich, in einer generell-abstrakten Norm noch weiter zu gehen, als dies Art. 706 mit den drei Fallgruppen (direkte Verletzung einzelner Bestimmungen; Verletzung des Sachlichkeitsgebots; Verletzung der Gleichbehandlung im engeren Sinne) tut. Die Konkretisierung wird weiterhin Sache der Rechtsprechung sein. Diese hat es, vielleicht von Einzelfällen abgesehen, sehr wohl verstanden, einerseits den Gesellschaften eine grosse Flexibilität zu lassen, sie vor Anfechtung wegen relativ geringfügiger Eingriffe oder wegen Unzweckmässigkeiten zu schützen, und anderseits bei groben Verstössen ebenso entschlossen einzuschreiten. Dabei gilt es stets im Auge zu behalten, dass das Bundesgericht das Gleichbehandlungsprinzip nie verabsolutiert hat:

> «L'égalité de traitement de tous les actionnaires n'implique, notamment, pas que les conséquences économiques soient les mêmes pour tous».[78]

1911 Der neue Art. 706 enthält damit nicht mehr die allgemeine Klausel, dass der Aktionär schlechterdings «*wegen Verletzung von Gesetz und Statuten*» die Beschlüsse der Generalversammlung anfechten kann. Die Verletzung der genannten Normen muss konkret die Wirkung haben, *Aktionärsrechte* zu beschränken. Es ist dies eine begrüssenswerte Klarstellung. Unter dem alten Gesetzestext sah es so aus, wie wenn eine nicht auf die Durchsetzung von eigenen Rechten gerichtete Anfechtung mit dem abstrakten Thema einer irgendwie gearteten Gesetzesverletzung möglich gewesen wäre.

---

[77] Vgl. *Heinrich Stockmann* (1971) 397 ff.
[78] Bundesgerichtsentscheid Canes c. Nestlé vom 25. Juni 1991, Erw. 5/b/bb; vgl. BGE 117 II 290.

Anfechtungsklagen drehen sich besonders häufig um Generalversammlungsbeschlüsse, die das *Bezugsrecht* einschränken. Dafür hat der Gesetzgeber weit in die Einzelheiten gehende Regeln aufgestellt, die die allgemeinen Anfechtungsgründe des Art. 706 für den Spezialfall der Kapitalerhöhung teils präzisieren, teils ergänzen. Die damit zusammenhängenden Fragen sind im Kapitel 2 dargestellt[79]. 1912

B. Weitere heikle Fragen

1. Kostenverteilung

Neu ist auch hier die Ergänzung hinsichtlich der Kostenverteilung: der Richter *verteilt die Kosten bei Abweisung der Klage* nach seinem Ermessen auf die Gesellschaft und den Kläger[80]. Wie schon die Botschaft ausgeführt hat, soll dadurch die Hemmschwelle, die im Kostenrisiko liegt, abgesenkt werden. Die Möglichkeit für den Richter, der Klägerschaft trotz allem Kosten mindestens teilweise aufzuerlegen, ist aus Gründen der Vorbeugung gegen missbräuchliche Klagen von grosser Bedeutung[81]. Zu beachten ist, dass der Kostenschlüssel hier eindeutig weniger klägerfreundlich formuliert ist als bei der Sonderprüfung. 1913

Der tiefere Grund für die Abweichung vom herkömmlichen System der *Kostenverteilung im Zivilprozess* liegt darin, dass der Streitwert u.U. sehr hoch ist. Er kann zum Individualinteresse des klagenden Minderheits- oder Kleinaktionärs, der vielleicht objektive Interessen wahrnimmt, in einem Missverhältnis stehen. Ausserdem kann der Kläger gerade bei Anfechtungsklagen, im Gegensatz zu einer einfachen Forderungsklage, die Prozessaussichten nie mit derselben Bestimmtheit zum voraus abschätzen. Der Kläger befindet sich vor der Eröffnung des Prozesses nicht selten in einem Informationsnotstand. Bei der Anfechtungsklage verhindert die kurze Verwirkungsfrist von zwei Monaten auch jedes «fact finding» durch eine vorgeschaltete Sonderprüfung, selbst wenn die Voraussetzungen für eine solche Prozedur an sich gegeben wären. 1914

2. Wirkung der Anfechtung und des Urteils

Nichts geändert hat der Gesetzgeber an Art. 706 Abs. 5 OR: Es gibt keine Streitverkündung «erga omnes» an die anderen Aktionäre. Nur wenn diese vom Prozess zufällig erfahren, können sie je nach anwendbarem Prozessrecht versuchen, als Nebenintervenienten ihre Gesichtspunkte in das Verfahren einzubringen. Das Urteil im *Zweiparteienprozess* zwischen Kläger und Gesellschaft wirkt für und gegen alle Aktio- 1915

---

[79] Kapitel 2/IV, Rz 254 ff.
[80] Die Kostenverteilung in Art. 706a Abs. 3 OR 1991 richtet sich vor allem gegen BGE 66 II 48.
[81] Vgl. *Botschaft 1983*, 95/96, Ziff. 214.6.

näre. Das Rechtsmittel ist wie unter früherem Recht rein kassatorisch; der Richter kann kein Gestaltungsurteil erlassen, das den angefochtenen Generalversammlungsbeschluss abändert oder auf das zulässige Mass herabsetzt[82]. Die Anfechtungsklage als *kassatorischer Rechtsbehelf* endet, wenn der Kläger obsiegt, immer mit der Ungültigerklärung des als rechtswidrig erkannten Teils des Generalversammlungsbeschlusses.

3. Bedürfnis nach Schutz der Gesellschaft vor Blockierung

1916 Der Gesetzgeber hat die den Angreifern entgegenstehenden Hürden möglichst abgebaut, den Problemen aber weniger Aufmerksamkeit geschenkt, die sich umgekehrt der *angegriffenen Gesellschaft* stellen.

1917 Der Kläger kann mit dem einzigartigen *Einspruchsverfahren* der Handelsregisterverordnung die Eintragung blockieren – zwar nur «superprovisorisch», deswegen aber nicht weniger wirksam[83] – ohne dass er die Gründe glaubhaft machen müsste. Und ist einmal superprovisorisch blockiert, so neigt der Richter im summarischen Verfahren um die Aufrechterhaltung der Eintragungssperre viel eher dazu, die Dinge vorerst einmal so zu belassen, wie sie sind, als dass er die Eintragung vor dem Vorliegen des materiellen Entscheids nun aus eigener Initiative freigeben würde. In vielen Fällen, in denen eine Gesellschaft auf rasches Handeln im sich ständig ändernden Umfeld des Leistungs- und des Kapitalmarktes angewiesen wäre – und selbst wenn ein fast einstimmiger Entscheid der Aktionäre vorliegt –, kann es aufgrund eines Einspruchs zu monate-, eventuell jahrelanger rechtlicher Blockierung und Ungewissheit kommen.

1918 Aus gelähmter Initiative und verpassten Gelegenheiten *kann* der Gesellschaft und damit allen Aktionären *Schaden* entstehen. Dieser Teilaspekt der Wirklichkeit ist in die Beurteilung des Für und Wider bei der Gewährung von einstweiligen Verfügungen einzubeziehen. Ein Gesellschaftsrecht, das dem negativen Prinzip allzu leicht Vorrang vor der Initiative verschafft, wäre unausgewogen. Die ordnungsmässig zustandegekommenen Beschlüsse, vor allem wenn sie einstimmig oder nahezu einstimmig gefasst sind, sollten auch entgegen einem Einspruch im Handelsregister eingetragen werden, wenn immer die prima-facie-Prüfung keine offensichtlichen Rechtswidrigkeiten ergibt.

4. Schiedsklauseln in den Statuten

1919 Nach wie vor können die Statuten, was nicht selbstverständlich ist, die Anfechtung der Generalversammlungsbeschlüsse durch *Schiedsklausel* allgemein-verbindlich einem Schiedsgericht zur Entscheidung übertragen. Allerdings schränkt das Konkordat vom 27. März 1969 über die Schiedsgerichtsbarkeit die Praktikabilität eines statutarischen

---

[82] Die entsprechenden Vorschläge von *Vischer/Rapp* (1968) 192 haben im Gesetzestext kein Echo gefunden.
[83] Art. 32 Abs. 2 Handelsregisterverordnung. Man vergleiche die abwägende Hand des Gesetzes bei der Sonderprüfung mit der Leichtfertigkeit, mit der hier einem einzelnen Aktionär ohne Güterabwägung das fait accompli der einstweiligen Blockierung zugestanden wird.

Schiedsgerichts drastisch ein: der Verzicht auf die ordentlichen Gerichte und die Begründung der Zuständigkeit des Schiedsgerichts gelten nur dann, wenn eine schriftliche «Beitrittserklärung» des Aktionärs vorliegt, die auf die statutarische Schiedsklausel ausdrücklich Bezug nimmt[84]. Ausserdem ist nach einer älteren Rechtsprechung des Bundesgerichts eine Aufhebung eines Generalversammlungsbeschlusses durch Vergleich unwirksam[85]; kommt es im Schiedsverfahren zum Vergleich, so muss dessen Wortlaut in das Dispositiv eines begründeten Schiedsspruchs eingehen, soll die Einigung der Parteien die erstrebte Wirkung entfalten.

III. Klage auf Feststellung der Nichtigkeit

1. Die Problematik der Rechtsfolge «Nichtigkeit»

In unmittelbarem Zusammenhang mit der Aufhebung regelt das Gesetz nun gerade auch die ausserordentlich heikle Frage der *Nichtigkeit*; im OR 1936 war diese Frage überhaupt nicht angesprochen.

Im Gegensatz zur Anfechtungsklage ist die Klage auf Feststellung der Nichtigkeit nicht an die *Verwirkungsfrist* von zwei Monaten gebunden. Zur Klage befugt (aktivlegitimiert) ist grundsätzlich jedermann, der ein schutzwürdiges Interesse an der Feststellung der Nichtigkeit hat, also auch ein Gläubiger, der Fiskus oder vielleicht sogar (in den Schranken des Lauterkeitsrechts) ein Konkurrent.

Die *Rechtsfolge der Nichtigkeit* ist für einen gesellschaftlichen Willensbildungsakt besonders gravierend; dessen nachträglicher Wegfall kann enorme verunsichernde Konsequenzen haben. Die Nichtigkeit kann noch nach Jahren behauptet und rechtskräftig festgestellt werden. Die Rechtssicherheit ist dadurch bedroht, und zu Recht auferlegt sich das Bundesgericht im allgemeinen grosse Zurückhaltung in der Erkennung auf Nichtigkeit, und die Lehre – mit ihr nachdrücklich mahnend die Botschaft 1983[86] – verfolgt einmütig die gleiche Linie[87].

---

[84] Art. 6 Abs. 2 des Konkordates vom 27. März 1969.
[85] BGE 80 I 389, Erw. 4.
[86] *Botschaft 1983*, 140, Ziff. 321.
[87] BGE 80 II 275; 93 II 33 ff.; vgl. *Christoph von Greyerz* (1982) 195; *Peter Nobel* (1991) 104 und 168; *Forstmoser/Meier-Hayoz* (1983) 164; *F. Wolfhart Bürgi* (1969) Art. 706 N. 13.

2. Ein kühner gesetzgeberischer Regelungsversuch

1923 Der Gesetzgeber, aufbauend auf einem ersten Lösungsansatz der Arbeitsgruppe von Greyerz[88], hat den kühnen Entschluss gefasst, hier die Nichtigkeitstatbestände in einer Aufzählung mit drei Ziffern zu erfassen[89].

a) Eingriffe in Kernrechte des Aktionärs

1924 Nichtig ist der Beschluss der Generalversammlung einmal, wenn er (i) das *Recht auf Teilnahme* an der Generalversammlung, (ii) das *Mindeststimmrecht* oder (iii) die *Klagerechte* entzieht oder beschränkt[90]. Dies ist selbstverständlich und bringt wenig – vor allem wenig neue Gewissheiten. Letztlich ungewiss bleibt, bis das Bundesgericht sich dazu ausgesprochen hat, ob eine Verkürzung der neu auf 20 Tage verlängerten Einberufungsfrist[91] als «Beschränkung des Teilnahmerechts» die Generalversammlung – sofern diese sich nicht als Universalversammlung[92] zu konstituieren vermag – nichtig macht. Viel spricht angesichts der Begründung für diese Verlängerung und des neuen Art. 706b Ziff. 1 dafür[93].

1925 Nichtig sollen aber auch alle Beschlüsse der Generalversammlung sein, die «*andere vom Gesetz zwingend gewährte Rechte des Aktionärs entziehen oder beschränken*»[94]. Damit ist der an sich angestrebte Zweck verstärkter Rechtssicherheit in Frage gestellt. Mit dieser Formulierung, die aus dem Entwurf für Art. 660 Ziff. 1 von 1983[95] stammt, will man der «Lehre und Rechtsprechung Raum lassen». Sowohl Gelehrte wie Richter werden aber nur geringe Erleuchtung aus der Erklärung des Bundesrates schöpfen können, es liege an ihnen, «aufgrund veränderter sozio-ökonomischer Verhältnisse neue Aktionärsrechte für derart wichtig zu erklären, dass deren Verletzung Nichtigkeit zur Folge hat».

1926 Dieser enigmatischen Formulierung ist auf jeden Fall nur mit grösster Zurückhaltung zu folgen. Nach wie vor sind rechtswidrige Generalversammlungsbeschlüsse aus Gründen der Rechtssicherheit vermutungsweise nur anfechtbar; auf Nichtigkeit kann nur aus absolut *zwingenden Gründen* erkannt werden kann[96]. Die Gesellschaft und alle, die mit ihr zu tun haben, müssen sich darauf verlassen können, dass Generalversammlungsbeschlüsse nach dem unbenutzten Ablauf der zweimonatigen Verwirkungsfrist (oder nach der Rechtskraft des abweisenden Endurteils über die Anfechtung) rechtlich Bestand haben – ausser bei krassesten Gesetzesverstössen. Diese müssen dann aber auch offensichtlich sein. Würden die tausend rechtlichen Streitfragen des Aktienrechts,

---

[88] *Entwurf 1983*, Art. 660 Ziff. 1 und 2; *Botschaft 1983*, 138, Ziff. 321. Heute Art. 706b OR 1991, ergänzt durch die neue Ziffer 3 über die «*Grundstrukturen*» und den «*Kapitalschutz*».
[89] Art. 706b OR 1991.
[90] a.a.O. Ziff. 1.
[91] Art. 700 Abs. 1 OR 1991.
[92] Art. 701 OR.
[93] Vorn Kapitel 9/I/A/2, Rz 1261, und B/4, Rz 1301 ff.
[94] a.a.O. Ziff. 2.
[95] *Botschaft 1983*, 220; dazu einlässlich 139, Ziff. 321.
[96] *Botschaft 1983*, 139, Ziff. 321.

welche die Rechtsgelehrten liebevoll pflegen, zu ebenso vielen Anlässen für die Behauptung von Nichtigkeit führen, so wäre es um die Rechtssicherheit im praktischen Leben der Schweizer Aktiengesellschaft übel bestellt.

Nichtig sind sodann nach neuem Recht Beschlüsse der Generalversammlung, die die *Kontrollrechte* von Aktionären über das gesetzlich zulässige Mass hinaus beschränken[97]. Hier ist insbesondere an Statutenbestimmungen zu denken, die das Recht auf Anforderung von Unterlagen[98] oder die Sonderprüfung einschränken[99] oder aufheben wollen. Insgesamt ist diese neue Bestimmung weniger problematisch als die andern[100]. 1927

b) *Eingriffe in Grundstruktur und Kapitalschutz*

Nach dem Willen des Parlamentes sollen schlechterdings nichtig alle Generalversammlungsbeschlüsse sein, die die *Grundstrukturen* der Aktiengesellschaft missachten oder die Bestimmungen zum *Kapitalschutz* verletzen[101]. Diese Vorschrift kam durch den Nationalrat ins Gesetz. Es fragt sich, ob das Parlament sich Rechenschaft abgelegt hat über die Bedeutung und Risiken einer solchen unbestimmten Vorschrift[102]. 1928

(1) *Missachtung der Grundstruktur*: Beispiele für eine Unvereinbarkeit mit der Grundstruktur der Aktiengesellschaft wären die Einführung eines Aufsichtsrates und Vorstandes, sei es nach EG-Modell[103] oder nach deutschem System[104], die Ersetzung des Verwaltungsrates durch ein Organ «die Geschäftsführer», ein Kooptationsrecht des Verwaltungsrates, ein statutarisch eingeräumtes Austrittsrecht des Aktionärs, die Zuordnung des ganzen Gewinn- und Liquidationsanteils an Nicht-Aktionäre, die Einführung des einseitigen Rückrufs der Aktien durch den Verwaltungsrat, die Einführung einer Nachschusspflicht der Aktionäre[105] oder die Abschaffung der Revisionsstelle[106]. Nichtig wären auch die Übertragung der Befugnisse der Generalversammlung auf den Verwaltungsrat oder auf eine Delegiertenversammlung, die Abschaffung der Generalversammlung zugunsten der Urabstimmung, die Einführung nennwertloser Aktien. Als fundamental unvereinbar mit einer Aktiengesellschaft des Schweizer Modells erscheint auch die Einführung eines Vetorechtes für einzelne Aktionäre in den Statuten[107]. Nichtig wäre auch eine Statutenbestimmung, die die Statuten für unabänderbar erklärt. 1929

---

[97] Art. 706b Ziff. 3 OR 1991; *Botschaft 1983*, 139, Ziff. 321.
[98] Art. 696 Abs. 1 Satz 2, auch Art. 716b Abs. 2 Satz 2, vielleicht auch Art. 702 Abs. 2 OR 1991.
[99] Unzulässig wäre – entgegen *Andreas Casutt* (1991) 79 – eine Statutenvorschrift, die die Zustimmung zur Sonderprüfung einer qualifizierten Mehrheit unterstellt.
[100] Fraglich bleibt, wo der von *Christoph von Greyerz* (1980) 157 erwähnte Fall einzuordnen wäre.
[101] Art. 706b Ziff. 4 OR 1991.
[102] Ebenso zurückhaltend *Peter Nobel* (1991 C) 104.
[103] *Vorschlag SE* 1991, Art. 62 ff.
[104] §§ 76 ff. AktG.
[105] Im Gegensatz zum deutschen Recht, § 55 AktG, und zum Recht der GmbH, Art. 803 OR.
[106] Entgegen einem in diese Richtung weisenden Vorschlag von *Peter Forstmoser* (1984B) 130 und (1985) 38.
[107] Nicht zu verwechseln mit dem Erfordernis der Einstimmigkeit, das eine ansehnliche Zahl von Stimmen, darunter *Ruedi Bürgi* (1987) 67, für zulässig erachten.

1930 (2) *Kapitalschutz*: Noch nach Jahren kann die Behauptung aufgestellt werden – u.U. um die Gesellschaft ganz einfach unter Druck zu setzen –, es habe ein bestimmter Generalversammlungsbeschluss der Vergangenheit die Bestimmungen zum Kapitalschutz verletzt. Die Bestimmung ist gewiss insoweit unschädlich, als damit das festgehalten wird, was sich bereits aus der Dogmatik des Aktienrechtes ergibt: nichtig ist ein Beschluss, mit dem die Rückgewähr des Aktienkapitals beschlossen wird, nichtig eine Unterpari-Emission; nichtig wäre auch ein Beschluss, mit dem die allgemeine gesetzliche Reserve schlicht aufgehoben und zu verteilbarem Bilanzgewinn gemacht würde, oder mit dem Art. 659 als für die Gesellschaft unanwendbar erklärt würde.

1931 Der Begriff «*Verletzung der Bestimmungen zum Kapitalschutz*» ist nun aber derart weit gefasst, dass viele Beschlussgegenstände in seine mögliche Reichweite geraten. Fortan ist jedenfalls ein Generalversammlungsbeschluss, der mit den vom Gesetz zum Kapitalschutz aufgestellten Voraussetzungen einer *rechtmässig beschlossenen Dividende* nicht übereinstimmt, nichtig. Dies gilt gemäss jetzt ausdrücklicher Bestimmung dann, wenn der Generalversammlung kein Revisionsbericht vorgelegen hat[108]. Ganz sicher nichtig ist auch eine Dividendenausschüttung, die sich nicht auf einen von der Generalversammlung genehmigten Jahresabschluss stützt, oder auf eine Bilanz, in der es an verwendbarem Eigenkapital fehlt.

1932 Im Bereiche der *eigenen Aktien* kann die Nichtigkeitsfolge zu grosser Rechtsunsicherheit führen. Es ist daher auf die vorn bei den eigenen Aktien gewonnen Ergebnisse zu verweisen[108a]. Dabei ist die von Art. 706b behandelte Frage der Nichtigkeit eines Generalversammlungs- oder Verwaltungsratsbeschlusses zu trennen von der Frage nach der Nichtigkeit eines Rechtsgeschäftes auf Kauf eigener Aktien gegenüber dem Verkäufer.

1933 In der Anwendung von Art. 706b ist behutsam und differenziert zu entscheiden, soll es nicht genau zu jenem Zustand der *Rechtsunsicherheit* kommen, gegen den die kurze Verwirkungsfrist bei der Anfechtungsklage eingeführt worden ist.

3. Beurteilung

a) Kühner Schritt mit neuen Problemen

1934 Es ist zu fürchten, dass durch die Neuregelung der Nichtigkeitsfälle in der Praxis Probleme dort neu entstehen, wo man Probleme aus dem Wege schaffen wollte[109]. Der Gedanke eines Nichtigkeitskataloges in Art. 706b OR 1991 ist gewagt. Es ist immerhin anzunehmen, dass die Praxis zu dem jetzt aufgehobenen Art. 646 und zu Art. 706 ihre Bedeutung behalten wird.

---

[108] Art. 729c Abs. 2 Satz 1 OR 1991.
[108a] Rz 398 ff.
[109] Die Skepsis von *Peter Forstmoser* (1984B) 132 und *Forstmoser/Hirsch* (1985) 32 hat sich als berechtigt erwiesen.

Ist das «*wohlerworbene Recht*» abgeschafft[110]? In einem Sinne gewiss: der Gesetzgeber hat eingesehen, dass der dogmatische Ansatzpunkt eines subjektiven Rechts des Aktionärs nicht tragfähig ist. Wenn nämlich ein «Recht» derartig relativiert, sein Inhalt und die Befugnis, es auch wirklich durchzusetzen, völlig in die einzelfallbezogene Abwägung entgegenstehender Interessen eingebunden werden, dann steht fest, dass es eben kein «Recht» ist. Die Garantien für die Aktionärsstellung lassen sich viel sachgerechter dort anknüpfen, wo der entscheidende Kampf der Interessen sich kristallisiert: bei der Generalversammlung, die in die Rechtsstellung des Aktionärs eingreift. Das «wohlerworbene Recht» des einzelnen Aktionärs erweist sich damit als blosser Reflex der Rechtsprinzipien, die den Mehrheitsbeschlüssen Schranken ziehen: Erforderlichkeit, Übermassverbot, Sachlichkeit und Gleichbehandlung im engeren Sinne.

1935

«Absolut wohlerworben» im Sinne der früheren Ausdrucksweise sind dann nach wie vor die unentziehbaren Rechte: die Aktionärseigenschaft, die Mitgliedschaftsrechte, die Kontrollrechte, das Recht auf mindestens eine Stimme.

1936

b)   Gefahr für die Rechtssicherheit

Es wäre vielleicht zu erwägen gewesen, trotz allem eine letzte Frist für die Geltendmachung einer «Nichtigkeit» von Generalversammlungsbeschlüssen vorzusehen, z.B. eine 10-Jahres-Verwirkungsfrist. Denn theoretisch ist bei der Feststellung der Nichtigkeit all das, was sich danach ereignet hat, umzustellen auf den Zustand, der bestanden hätte, wäre der nichtige Generalversammlungsbeschluss überhaupt nie gefasst worden. Dies führt zu Eingriffen unter Hypothesen, die schon aus praktischen Gründen kaum zu bewältigen sind.

1937

Jedenfalls wird der *Verwaltungsrat* besondere Sorgfalt anwenden müssen, wenn immer er Beschlüsse der Generalversammlung vorbereitet, die unter den in Art. 706b genannten sechs Gesichtspunkten – Teilnahmerecht, Mindeststimmrecht, Klagerechte, Kontrollrechte, Grundstruktur und Kapitalschutz – relevant sind. Denn in diesem Bereich bietet der Ablauf der Verwirkungsfrist von zwei Monaten[111] keine hinreichende Rechtssicherheit, wenn die Dinge so liegen, dass später noch mit vertretbaren Argumenten Nichtigkeit behauptet werden kann.

1938

IV. Klage auf Auflösung oder Abfindung aus wichtigem Grund

Die Aktienrechtsreform hat die *Auflösungsklage*, das Recht von Minderheitsaktionären, aus wichtigem Grund die Auflösung der Aktiengesellschaft zu verlangen[112], in zwei Hinsichten verbessert.

1939

---

[110] So *Peter Nobel* (1991 C) 243.
[111] Art. 706a Abs. 1 OR 1991.
[112] Art. 736 Ziff. 4 OR 1991.

1. Herabsetzung der Schwelle für das Klagerecht

1940 Nach altem Aktienrecht war eine *Auflösungsklage*[113] nur möglich, wenn eine Aktionärsminderheit, die den fünften Teil des Grundkapitals vertrat, dies aus wichtigem Grund verlangte. Entsprechend dem Entwurf von 1983[114] ist diese Schwelle nun auf *zehn Prozent* herabgesetzt. Im Unterschied aber zur Regelung über das Recht der Aktionäre, die Einsetzung eines Sonderprüfers zu verlangen[115], gibt es hier keine Alternativvorschrift, die auch Aktien im Nennwert von insgesamt 2 Millionen Franken genügen lassen würde. In einer grossen Gesellschaft könnte ein solches Mass, das sich auf Nennwerte bezieht, 1% oder gar nur 1%o aller Aktionäre ausmachen. Die Botschaft hatte ein Klagerecht einer so kleinen Minderheit als (für grosse Gesellschaften) zu gefährlich bezeichnet. Das Parlament hat sich dieser Beurteilung angeschlossen[116].

2. Einführung der Abfindung aus Gesellschaftsmitteln

1941 Als absolute *Neuerung* im Schweizer Aktienrecht[117] hat das Parlament in Ziff. 4 des sonst unveränderten Art. 736 eine Variante für den Richter hinzugefügt:

> «Statt derselben [der Auflösung mit Liquidation der Aktiengesellschaft als ganzen] kann der Richter auf eine andere sachgemässe und den Beteiligten zumutbare Lösung erkennen.»[118]

1942 Diese Bestimmung ist in mehr als einer Hinsicht bemerkenswert. Sie ist sicher in einem gewissen Sinne fortschrittlich, aber auch problembeladen.

a)   Urteil in Abweichung vom Rechtsbegehren

1943 Es handelt sich um eine Norm mit *unbestimmter Rechtsfolge*. Nur etwas Negatives ist bestimmt: die «zumutbare Lösung», auf die der Richter erkennt, ist nicht die Überführung der Gesellschaft in das Stadium der Gesamtliquidation. Die Gesellschaft soll ihren statutarischen Zweck grundsätzlich mit der Kapitalausstattung, die ihr bleibt, weiter verfolgen. Die «Lösung» aber muss sich am Schluss immer in einem ganz bestimmten Urteilsdispositiv niederschlagen. Wie diese richterlich verfügte Neugestaltung der gewachsenen Dinge aussehen kann, wird nicht einmal in Andeutung gesagt – denn dass sie «sachgemäss» sein muss, gibt nicht viel mehr wieder als eine oberste Anforderung an jegliches urteilende Eingreifen des Richters.

1944 Was wir vor uns haben, ist eine weitere Übernahme angelsächsischer Rechtsvorstellungen. Ein Richter, der in jenen Traditionen steht, erschrickt nicht, wenn die Kläger von ihm verlangen:

---

[113] Illustrativ BGE 105 II 125.
[114] *Botschaft 1983*, 190, Ziff. 35.
[115] Art. 697b Abs. 1 OR 1991.
[116] Nach Auffassung des Verfassers zu Recht. Der genau in die Gegenrichtung zielende Vorschlag von *Andreas Binder* (1988) 249, Anm. 159, die Auflösungsklage sogar als *Individualrecht* auszugestalten, weicht weit ab von der guten Mitte einer ausgewogenen Lösung.
[117] *Amtl. Bull. NR* (1985) 1660, 1773; *StR* (1988) 518.
[118] Art. 736 Ziff. 4 Satz 2 OR 1991.

«or such other remedy as he may deem fit».

Damit ist die Regel, dass das Urteil im wesentlichen darin besteht, das *Rechtsbegehren* entweder des Klägers oder des Beklagten gutzuheissen, ausser Kraft gesetzt: Der Richter soll selber wissen, was zu tun ist, und er gestaltet frei seinen Eingriff. Der Richter kommt damit aber in erhebliche Entscheidungsnot, umso mehr als seine sachgemässe «Lösung» den «Beteiligten zumutbar» sein soll. Dies ist eine Formel, die aus der Gedankenwelt der Streitschlichtung in Vergleichsverhandlungen herübergenommen ist und dem Richter die Findung einer klaren Lösung, die fast immer von der einen oder von der andern Partei als Zumutung empfunden wird, noch schwerer macht. 1945

b) Richterlich angeordneter Aktienrückkauf

Im wesentlichen zielt die Formel indessen auf ein ganz klar umrissenes Urteilsdispositiv ab, ein *Abfindungsurteil*. Das ist es denn auch, was die Literatur vorgeschlagen hatte[119]. Allerdings hat der Gesetzgeber nicht beachtet, dass dann umgekehrt, soll nun die gesetzliche Lösung sachgemäss und ausgewogen sein, auch die Gesellschaft ihrerseits auf den Ausschluss einzelner Aktionäre aus wichtigen Gründen müsste klagen können[120]. 1946

Im Ständerat war die Rede ausdrücklich von einem Urteil auf «Teilliquidation»[121]. Das würde auf ein direkt wirksames *Kapitalherabsetzungsurteil* des Richters hinauslaufen: so und so viele Mitgliedschaftsstellen (nach dem Konzept jedenfalls mindestens 10%) würden aufgehoben. Das Kapital würde direkt herabgesetzt und die Gesellschaft dazu verurteilt, den vom Richter festgelegten wirklichen Wert der untergehenden Aktien als Abfindung an die obsiegenden Kläger auszuzahlen. Allenfalls könnte im Rahmen der 10%-Grenze von Art. 659 OR 1991 auf eine Kapitalherabsetzung verzichtet und die Gesellschaft dazu verurteilt werden, die betreffenden Aktien als eigene Aktien zurückzunehmen, gegen die analoge Abfindung. 1947

In beiden Fällen zeigt sich aber sogleich, dass wir uns in der Nähe einer *Verletzung der Grundstruktur* der Aktiengesellschaft und der geheiligten Grundsätze gerade auch des EG-Gesellschaftsrechts bewegen. Das Gesetz garantiert mit den Kapitalerhaltungsnormen, denen in der EG sogar eher noch grösseres Gewicht beigemessen wird als in der Schweiz[122], den andern Wirtschaftsteilnehmern, dass eine im Handelsregister eingetragene Aktiengesellschaft sich nicht durch Vermögensübertragungen auf ihre eigenen Beteiligten und zulasten der Gläubiger definanziert, es sei denn, es werde einer von drei klar festgelegten Wegen beschritten: 1948

(1) rechtmässige Gewinnentnahme (Dividende);

(2) Kapitalherabsetzung (Teilliquidation) oder Auflösung (Volliquidation);

---

[119] Vor allem von *Claude Eric Thomann* (1980) 175; *Flurin von Albertini* (1983) 98/99; *Eric Homburger* (1984) 78; *Peter Dorscheid* (1984) 135 ff.; *Peter Forstmoser* (1984A) 54/55; *Forstmoser/Hirsch* (1985) 33/34; *Andreas Binder* (1988) 249.
[120] *Peter Forstmoser* (1984B) 129.
[121] *Amtl. Bull. StR* (1988) 518.
[122] *2. EG-Richtlinie* (1976) passim.

(3) Rückkauf eigener Aktien bis höchstens 10% (bzw. bis auf zwei Jahre 20% im Zusammenhang mit der Vinkulierung).

1949 Es ist nun schon methodisch undenkbar, dass der Gesetzgeber mit einem blossen Stichwort – *«eine andere sachgemässe Lösung»* – die mit der Rechtsfolge der Nichtigkeit ausgestattete Kapitalschutz- und Grundstrukturordnung[123] in Frage stellt oder ausser Kraft setzt. Der Ständerat hat denn auch einen direkt als «Austrittsrecht» formulierten Antrag bis zur Rückzugsreife kritisiert[124]. Wer versucht, das Dilemma *innerhalb* des Systems der Aktiengesellschaft zu lösen, wird auf jeden Fall erkennen müssen, dass der Richter *ohne* das Verfahren einer Kapitalherabsetzung mit Schuldenruf aufgrund von Art. 736 Ziff. 4 nur bis zur Schwelle von 10% eine zwangsweise Rücknahme eigener Aktien anordnen kann.

c)   Richterlich angeordnete Kapitalherabsetzung

1950 Sind die Voraussetzungen einer im Rahmen von Art. 659 gesetzmässigen Übernahme eigener Aktien nicht erfüllt, oder geht das Volumen über 10% hinaus, so kann die Lösung des Richters sowohl gesetz- wie sachgemäss nur sein, wenn sie auch als das durchgeführt wird, was sie dann wirklich ist: als eine aktienrechtliche *Teilliquidation* in den dafür vorgesehenen gesetzlichen Bahnen der Art. 732 ff.

1951 Die *Kapitalherabsetzungsvorschriften* sind in ihrer Gänze zu beachten, wobei einzig an die Stelle des Willens der Generalversammlung jener des Richters tritt. Und der Richter wird vorrangig die Frage prüfen müssen, ob die beklagte Gesellschaft überhaupt über genügend nicht-betriebsnotwendige Mittel verfügt und nach der Eigenkapitalstruktur in der Lage ist, einen solchen Aderlass unbeschadet zu überstehen. Er wird auch bedenken müssen, dass nach der Regel, wonach alle zu spät Gekommenen das Nachsehen haben, dann eventuell weitere Minderheitsaktionäre trotz ihrer ebenso wichtigen Gründe umso fester in der Gesellschaft blockiert bleiben[125].

1952 Jene, die erstaunlicherweise das Urteil auf Rücknahme der eigenen Aktien gegen Abfindung nur gerade als ein *«Minus»*[126] gegenüber der Auflösung der Gesellschaft ansehen, haben nicht beachtet, dass in der Auflösung das Unternehmen als «going concern» zu einem Ende kommt; beim Urteil auf Abfindung dagegen lebt es, amputiert um einen beträchtlichen Teil seines Vermögens und vor allem seiner Liquidität, weiter. Statt dass alle übrigen Aktionäre – wie beim Auflösungsurteil – das Liquidationsergebnis erhalten, bleiben sie hier mit einer in ihrem wirtschaftlichen Bestand bedrohten Gesellschaft zurück. Der Richter wird daher nur in extremis auf einen wesentlich über 10% hinausgehenden «Austritt» mit Abfindung erkennen können.

---

[123] Art. 706b OR 1991.
[124] *Amtl. Bull. StR* (1988) 518.
[125] Auf die grosse Problematik der Kapitalerhaltung und der Gleichbehandlung wies ausdrücklich der Bundesrat hin, *Amtl. Bull. StR* (1988) 506/08.
[126] *Andreas Binder* (1988) 249, auch *Amtl. Bull. StR* (1988) 518; noch weitergehend in der Befürwortung des Austrittsrechts *Ruedi Bürgi* (1987) 124 f.; nicht annehmbar ist sein Vorschlag eines *statutarischen* Austrittsrechts a.a.O. 126/27. Eine derartige Bestimmung wäre nichtig. Eine derartige Abschichtung ist nur in der Personengesellschaft möglich; sie verletzt die Grundstruktur der Aktiengesellschaft mit ihrem Strukturelement des unkündbaren Eigenkapitals.

d)   Weniger weit gehende richterliche Anordnungen

Nach den Vorstellungen des Parlamentes soll die neue gesetzliche Ermächtigung den Richter auch in die Lage versetzen, *weniger eingreifende Massnahmen* anzuordnen, falls diese der besonderen Lage der Gesellschaft und der Kläger gerecht werden. Darin liegt dann eine Übernahme von Entscheidungsprinzipien des Verwaltungsrechts: Verhältnismässigkeitsprinzip mit Übermassverbot, Subsidiarität und Sachgemässheitsgebot. Ausdrücklich wurden im Ständerat genannt die richterliche Anordnung[127]:

(1) einer «*liberalen Dividendenpolitik*»;

(2) der Aufnahme eines oppositionellen Aktionärs, der dazu geeignet ist und in keinem Interessenskonflikt steht, in den *Verwaltungsrat*[128];

(3) der Ausscheidung einer *Beteiligungsgesellschaft*[129].

Noch weiter ging eine Stimme, die andeutete, es könnte der Richter sogar *Generalversammlungs-* und *Verwaltungsratsbeschlüsse abändern*[130]. Da dürfte – falls jene sibyllinische Äusserung im Parlament so zu verstehen ist – die Grenze dessen, was das kontradiktorische, auf die Gesetzesauslegung ausgerichtete Verfahren eines Gerichts noch «sachgemäss» zu leisten vermag, endgültig überschritten sein. Das Bundesgericht hat sich immer gescheut, sich positiv gestaltend in die von Zweckmässigkeitsgedanken beherrschten Willensakte der Gesellschaften einzuschalten.

1953

1954

V. Auflösung mit Liquidation[131]

Als Gegenstück zur Gründung sind die Auflösung und die Liquidation hier kurz zu erwähnen. Die Aktienrechtsreform hat den 4. Abschnitt des Aktienrechts, die Kapitalherabsetzung[132], und den 5. Abschnitt, die Auflösung der Aktiengesellschaft[133], praktisch gar nicht angetastet, übrigens auch die Bestimmungen über die Fusion nicht[134].

1955

---

[127] *Amtl. Bull. StR* (1988) 518.
[128] Faszinierend an diesem Gedanken des Gesetzgebers ist der Wechsel des vom Urteilsdispositiv Betroffenen: hier wäre es die Gesamtheit oder Mehrheit der Aktionäre, beklagt und vom Urteil betroffen aber ist die juristische Person der Aktiengesellschaft.
[129] Was damit genau gemeint ist, bleibt unklar: Übergang zur Holdingstruktur oder Ausgründung einer Tochtergesellschaft.
[130] Berichterstatter der Kommission in *Amtl. Bull. StR* (1988) 518.
[131] Die Bestimmungen des OR 1936 über die Auflösung *ohne* Liquidation (*Fusion*) in Art. 748–51 sind nicht angerührt worden.
[132] Art. 732–735 OR.
[133] Art. 736 ff. OR.
[134] Art. 748–750 OR.

Einige Klarstellungen sind kaum der Rede wert[135]. Das Parlament hat bei der Liquidation einige Retouchen angebracht.

1. Vorzeitige Verteilung des Ergebnisses

a) Revisionsbestätigung

1956 Für den Fall der *Totalliquidation* hat der Gesetzgeber die Verteilung des Liquidationsergebnisses gegenüber dem einerseits starren, andererseits doch wieder zu unbestimmten Text des OR 1936 erleichtert. Die Liquidatoren dürfen schon nach Ablauf von drei Monaten nach dem dritten Schuldenruf das Reinergebnis der Versilberung verteilen, falls ein besonders befähigter Revisor eine entsprechende Bestätigung abgibt. Nach dem Nationalrat hätte der Revisor bestätigen müssen, dass «keine unbekannten Gläubiger vorhanden sein können»[136]. Es versteht sich, dass eine solche Aussage – weil sie eine negative Tatsache bestätigen sollte – wortwörtlich keinem Menschen möglich ist. Was man wirklich meinte, war, dass nach der pflichtgemässen Prüfung der letzten Geschäftstätigkeit der Gesellschaft, der Liquidationsvorgänge und aller übrigen Anhaltspunkte, die den Revisoren unter den gegebenen Umständen relevant erschienen, die Existenz unbekannter Gläubiger nach der Lebenserfahrung auszuschliessen sei.

Dieser Gedanke ist am Schluss Gesetz geworden, mit der Formel:

«... dass die Schulden getilgt sind und nach den Umständen angenommen werden kann, dass keine Interessen Dritter gefährdet werden»[137].

1957 In diesem Wortlaut ist die «negative Beweisführung» ausgemerzt. Andernteils sind – eine wenig praktikable Idee – die Untersuchungen der Revisoren über den Kreis möglicher Gläubiger ausgedehnt auf alle «*Dritten*», die durch das endgültige Verschwinden des Sondervermögens in ihren Interessen gefährdet sein könnten.

b) Vorrechte einzelner Aktienkategorien

1958 Eine schon im Entwurf 1983 enthaltene Änderung von Abs. 1 des Art. 745 zielt auf das Mass für die Verteilung des Ergebnisses unter die Aktionäre. Das alte Aktienrecht sagte etwas ungenau, die Verteilung habe «nach Massgabe der einbezahlten Beträge *und* im Verhältnis der mit ihren Aktien verbundenen Rechte» zu geschehen[138]. Das neue Recht stellt klar, dass dies nicht eine Kumulation, sondern das Verhältnis einer even-

---

[135] Pflicht des Verwaltungsrates, die von der Generalversammlung beschlossene oder von Gesetzes wegen wirksame Auflösung beim Handelsregister anzumelden (Art. 737 OR 1991); Einsetzung der Liquidatoren durch den Richter (Art. 740 Abs. 4 OR 1991); Abberufungsrecht der Generalversammlung gegenüber den Liquidatoren (Art. 741 OR 1991); Berücksichtigung von Vorrechten einzelner Aktienkategorien bei der Schlussverteilung (Art. 745 Abs. 1 a.E. OR 1991).
[136] *Amtl. Bull. NR* (1985) 1788.
[137] *Amtl. Bull. StR* (1988) 519; Art. 745 Abs. 3 OR 1991.
[138] Art. 745 Abs. 1 (am Ende) OR 1936.

tuellen vorrangigen Spezialregel zur allgemeinen Regel ausdrücken soll, und sagt «unter Berücksichtigung der Vorrechte einzelner Aktienkategorien»[139].

2. Liquidatoren

Einige ganz kleine, aber in der Praxis hilfreiche Änderungen betreffen die Liquidatoren. 1959

a) *Wohnsitz in der Schweiz*

Die Vorschrift von Art. 740 OR 1936, wonach mindestens einer der Liquidatoren *in* 1960 *der Schweiz wohnhaft* und zur Vertretung berechtigt sein muss[140], bleibt in voller Schönheit im Gesetz, obgleich sie – jedenfalls so formuliert – zu den neueren Gedanken einer Nichtdiskriminierung ausländischer Personen im Widerspruch steht, gegen diesen Stachel löckt der Gesetzgeber vom 4. Oktober 1991: Ist das Erfordernis nicht erfüllt, so bietet das neue Gesetz nun die Sanktion. Jeder Aktionär oder Gläubiger der in Liquidation befindlichen Gesellschaft kann dem Richter an ihrem Sitz die Ernennung eines vertretungsbefugten Liquidators beantragen, der in der Schweiz wohnhaft ist.

b) *Richterlich aufgelöste Gesellschaft*

Das alte Aktienrecht enthielt eine *echte Gesetzeslücke* im Fall, dass eine Gesellschaft 1961 weder durch Beschluss der Generalversammlung noch zufolge Konkursdekretes aufgelöst wurde. Der Fall ist selten, aber möglich vor allem aufgrund von Art. 57 ZGB: der Richter kann eine juristische Person, und damit auch eine Aktiengesellschaft «aufheben», wenn sie unsittliche oder widerrechtliche Zwecke verfolgt. Es gibt aber auch die Zwangsauflösung als Rechtsfolge von andern Bundesgesetzen, etwa der Lex Friedrich[141]. Jetzt ist klargestellt, dass in diesen Fällen der Richter die Liquidatoren bestimmt[142].

c) *Abberufung*

Unter altem Aktienrecht war es naheliegend[143], aber nicht eindeutig, dass die Generalversammlung die von ihr ernannten Liquidatoren jederzeit auch wieder abberufen konnte. Das ist jetzt klargestellt[144]. Jeder Aktionär – nicht jedoch ein Gläubiger – hat das Recht, dem Richter die Abberufung von Liquidatoren aus wichtigen Gründen zu beantragen[145].

---

[139] *Botschaft 1983*, 191, Ziff. 35 ist allerdings recht verschwommen zu dieser Retouche. Gemäss Art. 656a Abs. 2 OR 1991 gilt die neue Regel auch für die Partizipationsscheine.
[140] Art. 740 Abs. 2 OR.
[141] Art. 27 Abs. 1 Bst. b Lex Friedrich («Auflösung der juristischen Person mit Verfall ihres Vermögens an das Gemeinwesen im Fall von Artikel 57 Absatz 3 des Zivilgesetzbuches»).
[142] Auf Vorschlag der vorberatenden Kommission des Ständerates, *Amtl. Bull. StR* (1988) 518.
[143] Aufgrund einer analogen Anwendung von Art. 705 OR 1936.
[144] Art. 741 Abs. 1 OR 1991.
[145] Art. 741 Abs. 2 OR 1991. Der Richter ernennt nötigenfalls andere Liquidatoren. Ebenfalls ein Vorschlag der ständerätlichen Kommission.

VI. Verhältnis zum EG-Recht

1963 1. Das Institut der gerichtlich angeordneten «*Sonderprüfung*» ist bekanntlich nicht den Köpfen der Eurokraten in Brüssel entsprungen, sondern stammt aus dem deutschen Aktienrecht des 19. Jahrhunderts[146]. Der Gedanke, diese Verschärfung der Kontrollrechte der Aktionäre ins Schweizer Recht überzuführen, findet sich in der die Aktienrechtsreform einleitenden Literatur[147]. Ihr folgte die Arbeitsgruppe von Greyerz[148] ohne jede Abstützung auf die sonst massgeblichen Themen der «Vernehmlassung» von 1975[149].

1964 Insgesamt entspricht die Schweizer Sonderprüfung dem *europäischen Standard*. Sie geht insoweit thematisch sogar weiter, als sie – im Gegensatz zum deutschen Modell[150] – keineswegs beschränkt ist auf «Vorgänge bei der Gründung oder der Geschäftsführung», und auch nicht auf die Vorgänge der letzten fünf Jahre[151]. Anderseits verlangt das Schweizer Recht die Glaubhaftmachung auch einer *Schädigung* der Gesellschaft, während das deutsche sich begnügt mit dem gerechtfertigten Verdacht auf Unredlichkeiten oder Verletzungen des Gesetzes oder der Satzung – allerdings müssen es dann wieder «grobe» Verletzungen sein, während das Schweizer Recht sich zur erforderlichen Intensität der Verletzung nicht äussert. Diese Einzelheiten ändern nichts daran, dass die Schweizer «Sonderprüfung» in jeder Hinsicht *europarechtskonform* ist.

1965 2. Der Grundgedanke, dass es *auch* eine wichtige Aufgabe eines modernen Aktienrechts sein muss, *das gute Funktionieren der Gesellschaft* gegenüber den Eingriffen durch ihre Rechte verfolgende Gruppen zu schützen, taucht – wenn auch nicht hier, sondern im Zusammenhang mit den Unternehmensübernahmen – in den neuesten Vorschlägen zum EG-Gesellschaftsrecht auf[152]. Dieser Gedanke hat im neuen Aktienrecht im Ablauf der Sonderprüfung einen Niederschlag gefunden[153]. Er muss auch bei uns, als Ausfluss und Konkretisierung des Grundsatzes von Art. 2 ZGB, künftig allgemeinere Anwendung finden. Das gut Funktionieren der Gesellschaft und die Wahrung der unternehmerischen Handlungsfreiräume[154] gehören zu den geschützten Rechtsgütern des Aktienrechts.

---

[146] § 266 Abs. 3 HGB 1897; später AktG 1937 und § 142 ff. AktG 1965.
[147] *Vischer/Rapp* (1968) 171; *Hans Düggelin* (1973) passim.
[148] *Botschaft 1983*, 90, Ziff. 213.4.
[149] Vgl. die Übersicht in *Botschaft 1983*, 30/31, Ziff. 143.
[150] § 142 und § 258 AktG.
[151] § 142 Abs. 2 AktG.
[152] Z.B. im *Vorschlag 13. Richtlinie* (1990) zu den Übernahmeangeboten, Art. 6a Bst. e; Art. 20 Abs. 6, und vor allem auch Ingress Bst. e, ABl. Nr. C 240 vom 26.9.1990.
[153] Art. 697d Abs. 1 OR 1991; Kapitel 12/I, Rz 1855 ff.
[154] Der Gedanke fand sich auch schon im Vorschlag für den (dann verworfenen) Mitbestimmungsartikel des Bundesrates von 1973 ausgedrückt («Wahrung der *Funktionsfähigkeit* und der *Wirtschaftlichkeit der Unternehmung*»). Vorn Kapitel 10/X/C/2/b, Rz 1752, Anm. 391.

3. Wenigstens in den Grundzügen europarechtskonform sind auch die Rechtsbehelfe der aktienrechtlichen *Anfechtungsklage*[155], der Feststellungsklage auf *Nichtigkeit*[156] und der *Auflösungsklage*. Jedes europäische Land hat da aber seine eigene Tradition – so erwärmen die Franzosen sich seit je (und weiterhin) für die Rechtsfolge der «nullité» auch von Akten der Leitungsorgane[157]. Falls die neuen Schweizer Bestimmungen über die Nichtigkeit ab initio (Art. 706b und 714) von den Gerichten mit der nötigen Behutsamkeit angewendet werden, ist auch in diesem Bereich das neue Aktienrecht europarechtskonform.

1966

4. Die gesetzliche Ermächtigung an den Richter, im Prozess um die *Auflösung einer Aktiengesellschaft aus wichtigem Grund* eine weniger weit gehende Massnahme anzuordnen, ist so lange EG-rechtskonform, als der Richter in seinem gestaltenden Urteil die äussersten Grenzen des Kapitalerhaltungsprinzips[158] nicht übertritt. Denn das EG-Gesellschaftsrecht ist in diesem Punkt tendenziell eher noch strenger als das Schweizer Aktienrecht.

1967

---

[155] Vgl. namentlich *Vorschlag SE 1991*, Art. 100, *Vorschlag EG-Strukturrichtlinie 1991*, Art. 42 ff.
[156] Insb. *1. EG-Richtlinie* (1968) Art. 11/12.
[157] Vgl. Art. 360 LSC; *Dalloz* Art. 159 Anm. 1 und 4.
[158] *2. EG-Richtlinie* (1976); Art.706b Ziff. 3 OR 1991.

Kapitel 13
Verantwortlichkeit

Botschaft 1983, 104 ff. Ziff. 217 und 191 ff. Ziff. 36
Amtl. Bull. NR (1985) 1788 ff., (1990) 1389 ff., (1991) 852 ff.
Amtl. Bull. StR (1988) 524 ff., (1991) 76, 471
Vorschlag EG-Strukturrichtlinie 1991, Art. 14 ff.
Vorschlag SE 1991, Art. 77 ff.
§§ 93, 116, 117 AktG, § 328 HGB
Art. 242–250, 234/35, 400 LSC.

I. Die Reformpunkte

1968 Die *aktienrechtliche Verantwortlichkeit*[1] war in der ersten Phase der Reform *kein Thema*; der Entwurf 1975 ging auf diese Frage überhaupt nicht ein[2]. Erst durch die Motion Muheim[3] vom 11. Dezember 1978 trat auch dieser Gegenstand in den Kreis der Reformanstrengungen ein. Die Arbeitsgruppe von Greyerz konzentrierte sich auf eine bestimmte Anzahl Reformpunkte. Diese sind mit etwas durcheinandergebrachtem Gefieder, aber insgesamt eindeutig verbessert aus der parlamentarischen Debatte herausgekommen:

1. Haftungsbeschränkung *bei erlaubter Delegation* (Haftung für Sorgfalt in Auswahl, Instruktion und Überwachung);
2. Beibehaltung der *Haftung der Revisoren* für jedes Verschulden;
3. Keine Einführung der Haftung des *Grossaktionärs*[4];
4. *Eingrenzung der Solidarität* allgemein auf ein dem Verschuldensprinzip besser entsprechendes Mass (Aufhebung der «absoluten Solidarität»);
5. Milderung des *Kostentragungsrisikos* für die Kläger;
6. Klarstellung der Verteilung des erstrittenen *Prozessergebnisses*.

---

[1] Zu allem *Peter Forstmoser* (1978) 27 ff.; (1987) passim; (1991A) 536 ff.; *Bürgi/Nordmann* (1979) Art. 753/74; *Christoph von Greyerz* (1982) 289 ff.; *Kurt Jean Gross* (1990) 142 ff.
[2] Vgl. die Aufzählung der Gegenstände der Vernehmlassung in *Botschaft 1983*, 30/31, Ziff. 143.
[3] *Botschaft 1983*, 38, Ziff. 153.
[4] § 117 AktG; *Peter Forstmoser* (1978) 32.

Praktisch nicht abgeändert[5] wurde dabei die *Prospekthaftung*[6] und die *Gründungshaftung*. Der neue Art. 753 entspricht, abgesehen von Retouchen und der sachgerechten Umbenennung in «Gründungshaftung», dem Art. 753 OR 1936[7].

II. Haftung der Exekutivorgane

1. Die Hauptnorm für die Haftung

a) Die Personen, die einzustehen haben

Die Hauptnorm für die Haftung der Mitglieder des Verwaltungsrates und der mit der Geschäftsführung oder der Liquidation *«befassten Personen»* ist nur in Retouchen geändert, im übrigen aber identisch mit dem bekannten Art. 754 OR 1936. Die Haftung gilt damit wie bisher – sogar noch deutlicher – für *faktische Organe*, d.h. stille Verwaltungsräte und Drahtzieher im Hintergrund, und wie bisher *nicht* für den Gross- oder Hauptaktionär, solange er nicht als Drahtzieher in die Gesellschaft hineinwirkt und zum faktischen Organ wird.

1969

Entsprechend dem neuen Konzept sind die «mit der Prüfung» beschäftigten Personen, die *Revisoren*, hier herausgenommen; sie finden ihren Platz in dem neu formulierten Art. 755 über die *«Revisionshaftung»*. Auch heisst es nicht mehr «betraute» Personen, sondern jetzt «befasste» Personen; auch faktisch handelnde Personen, die weder gewählt noch formal beauftragt worden sind, sollen ohne weiteres unter die Haftungsbestimmung fallen.

1970

b) Das Fehlverhalten, für das sie einzustehen haben

Unverändert wird die Haftung durch *jedes Verschulden*[8] ausgelöst, unverändert ist die Definition der Rechtswidrigkeit («Verletzung der ihnen obliegenden Pflichten»), fast unverändert die Zusammenfassung aller Exekutivorgane – des Verwaltungsrates und der mit der Geschäftsführung befassten[8a] Personen. Der frühere, komplizierte Art. 754

1971

---

[5] Mit zwei Ausnahmen: (1) Jetzt sind ausdrücklich auch «irreführende» Angaben des Prospektes erwähnt sind, und (2) die Person des Klägers ist präziser bezeichnet. *Botschaft 1983*, 191, Ziff. 361. *Peter Forstmoser* (1991A) 536. Vgl. die *EG-Richtlinie 89/298* zur Koordinierung der Bedingungen für die Erstellung, Kontrolle und Verbreitung des Prospekts, der im Falle öffentlicher Angebote von Wertpapieren zu veröffentlichen ist, vom 17. April 1989, ABl. Nr. L 124/8 vom 5. Mai 1989.
[6] Vgl. *Rolf Watter* (1991) 671 ff., wobei allerdings gegenüber bestimmten, dort ausgedrückten Auffassungen zum Schluss vom Marktverhalten auf den adäquat verursachten Schaden Vorbehalte anzubringen gen wären.
[7] Der Begriff «tätig sein» wurde durch den Begriff «bei der Gründung mitwirken» ersetzt, und man findet nun ausdrücklich den *Kapitalerhöhungsbericht* erwähnt. Auch ist in Ziff. 2 ist die bisherige Formulierung «dazu beigetragen hat» gestrichen. Neu erfasst Art. 752 OR 1991 auch Titel, die weder Aktien (d.h. Aktien oder Partizipationsscheine) noch Obligationen sind. Zur *Gründungshaftung* BGE 90 II 490.
[8] Die Kommission des Ständerates hatte vorgeschlagen, die Haftung auf Absicht und *Grobfahrlässigkeit* einzuschränken, drang damit aber nicht durch, *Amt. Bull. StR* (1988) 524/25.
[8a] «Befasst», anstatt «betraut», soll die faktischen Organe besser einbeziehen.

Abs. 2, mit dem das Gesetz die Liquidatoren erfasste, entfällt ohne weiteres; die Liquidatoren sind nun in einem Zug mit dem Verwaltungsrat und den Geschäftsführern genannt.

1972 Es bleibt dabei, dass die Verantwortlichkeit des Verwaltungsrates nach Schweizer Recht grundsätzlich *schärfer* ist als diejenige etwa eines Aufsichtsrates nach deutschem Recht. Dessen Haftung ist gemäss § 93 Abs. 5 und § 116 AktG in weiten Bereichen beschränkt auf grobe Fahrlässigkeit, und dazu noch bei erheblich engerem Umfang der Pflichten[9]. In *Frankreich* gilt ähnlich wie in der Schweiz grundsätzlich die solidarische Haftung für jedes Verschulden[10]. Dort ist ausdrücklich auch eine Haftung für (schuldhafte) *Fehler in der Geschäftsführung* vorgesehen, was in dieser allgemeinen Formulierung in der Schweiz nicht gilt. Bei Zahlungsunfähigkeit kann überdies nach einer einzigartigen Regelung des französischen Rechts der Richter im Verfahren von Konkurs oder «*redressement judiciaire*» die geschäftsführenden Organe *direkt* für die Schulden der Gesellschaft haftbar erklären[11].

1973 Die umfassende Praxis, die zu Art. 754 OR entwickelt worden ist, namentlich die «*objektivierte Sorgfaltspflicht*», behält grundsätzlich ihre Gültigkeit[12]. Immerhin ist bei allem die gesetzliche Konzeption des Verwaltungsrates folgerichtig in Rechnung zu stellen: Der Verwaltungsrat hat auch nach neuem Recht keinen uneingeschränkten Zugang zu den betrieblichen Informationen[13], und er ist auch unter neuem Recht essentiell ein *Beratungs- und Beschlussorgan*. Er ist vom Gesetz auf die Funktion der kollektiven Willensbildung angelegt. Das ist, wenn es um die Beurteilung von Unsorgfalt und Unterlassungen geht, zu berücksichtigen. Der Einfluss des Vorsitzenden ist dabei bestimmend, im Guten wie im Schlechten. Er prägt nicht nur die Marschrichtung, sondern auch die einzelnen Geschäfte, deren Vorbereitung, deren Darstellung und Erörterung. In einem Kollektivorgan ist es für ein einzelnes Mitglied faktisch äusserst schwierig, sich in der ganz konkreten Situation ohne Tadel zu verhalten, wenn die Mehrheit einmal in Fehlverhalten abzugleiten beginnt. Und wird das Versagen erkennbar, ist es oft für eine Kursänderung schon zu spät, ist der Schaden schon eingetreten[14].

2. Die neue Einschränkung bei befugter Delegation

a) Der Grundgedanke

1974 Völlig neu ist der zweite Absatz des Art. 754. Hier hat der Gesetzgeber die bislang nur von der Theorie[15] befürwortete Einschränkung der Haftung auf den Bereich der

---

[9] Vgl. in diesem Sinne für das Schweizer Recht *Mario M. Pedrazzini* (1978) 22.
[10] Art. 244 LSC.
[11] Art. 248 LSC und Art. 180 Loi du 25 janvier 1985 (Code des sociétés, 742).
[12] Vgl. insbesondere *Peter Forstmoser* (1987) N. 205 ff.
[13] Vorn Kapitel 10, Rz 1453 ff.
[14] Für das *Mass der Sorgfalt* ist auf Kapitel 10 zu verweisen. Kapitel 10/VI/A/2, Rz 1614 ff.
[15] Vgl. vor allem *Peter Forstmoser* (1987) N. 321 ff., mit umfassendem Referat über die Literatur und Praxis.

nach vorgenommener Delegation *verbleibenden eigenen Verantwortung*[16] formuliert. Letztlich drückt diese Norm nichts anderes aus als die Grundidee der Organverantwortlichkeit überhaupt: Man soll haften für die Verletzung des Kerns der eigenen Pflichten. Erlaubt es das Gesetz, die Pflichten in einem bestimmten Umfang an andere Personen zu delegieren, so kann dem Delegierenden nur noch insoweit ein rechtlich relevanter Vorwurf gemacht werden, als er in der Auswahl, Instruktion oder Überwachung dessen, dem er befugtermassen die Aufgaben überbunden hat, schuldhaft versagt.

Dieser Rechtsgedanke passt bruchlos zu dem neuen Artikel über die *Hauptaufgaben* des Verwaltungsrates, Art. 716a OR 1991. Dort ist der Kernbereich der Pflichten eines Verwaltungsrates, denen er sich nicht selbst entziehen kann und die ihm auch die Generalversammlung und die Statuten nicht entziehen können, umschrieben. Die neue Norm über die Haftung bei erlaubter Delegation fügt sich damit in das Organisationskonzept der Aktiengesellschaft nahtlos ein. 1975

b)   Die befugte Delegation

Befugt ist die Delegation nur dann, wenn die Aufgabenüberbindung sowohl formell wie inhaltlich sich im *Rahmen des Gesetzes* hält. Es bedarf für eine Aufgabendelegation durch den Verwaltungsrat an andere Organe der Verankerung im *Organisationsreglement*[17]. Wie vorn dargelegt[18], kann als solches materiell ein Verwaltungsratsbeschluss in jeder äusseren Gestalt dienen, sofern er die Organisation und Delegation – wer tut was, und wer berichtet wem – klar festlegt und die inhaltlichen Anforderungen des Art. 716b erfüllt. 1976

Das Organisationsreglement seinerseits muss sich auf eine Ermächtigungsklausel, eine *Delegationsnorm* in den Statuten stützen und sich innerhalb ihrer Schranken halten. Sehen die Statuten eine Delegation nicht vor, oder besteht kein Verwaltungsratsbeschluss über deren Ausführung, oder hat die Generalversammlung eine Delegation beschlossen, ohne diese in die Form einer Statutenklausel zu kleiden[19], so ist die Delegation unbefugt. Sie hat keine Entlastungswirkung hinsichtlich der Verantwortlichkeit. Nicht ausgeschlossen ist, dass der Richter in einem solchen Sachverhalt bei der Beurteilung des Verschuldens sogar umgekehrt einen erschwerenden Umstand erkennt. 1977

Inhaltlich darf die Delegation den Verwaltungsrat nie von einer der in Art. 716a OR 1991 umschriebenen *Hauptaufgaben* entlasten wollen. Die Abgrenzungsprobleme sind zwar vorgegeben; immerhin hat der Gesetzgeber durch die Begriffe der «Oberleitung», der «Festlegung» der Organisation und schliesslich der «Ausgestaltung» von Rechnungswesen, Finanzkontrolle und Finanzplanung ebenso wie durch den Begriff «Oberaufsicht» so klar wie möglich ausgedrückt, dass nur die obersten Leitungs- und Aufsichtsfunktionen undelegierbar beim Verwaltungsrat liegen. Befugt ist daher die Dele- 1978

---

[16] Vgl. für die Lehre *Jürg Vollmar* (1986) 192 ff. mit Verweisungen. Das Bundesgericht hatte vor der Reform nie Gelegenheit gehabt, diese Lehre zu bestätigen; *Bürgi/Nordmann* (1979) Art. 753/754 N. 79.
[17] Art. 716b OR 1991.
[18] Kapitel 10/IV/B/2, Rz 1533 ff. und V/A/2, Rz 1586 ff.
[19] Nötig ist eine öffentliche Urkunde über die Delegationsnorm, sei es in dem Gründungsstatut (Errichtungsakt), sei es in einer späteren Statutenänderung.

gation der konkreten Aufsichtsmassnahmen und der Verantwortung für die konkrete Rechnungslegung. Befugt ist auch die Delegation zur Festsetzung aller Einzelheiten im Rahmen des generellen, vom Verwaltungsrat genehmigten Organisationskonzeptes. Befugt ist aber vor allem die Delegation der aktiven Geschäftsführung, insoweit als diese sich nicht auf die Festlegung der strategischen Ziele und der dafür einzusetzenden Mittel bezieht.

1979 Das Parlament hat, wie schon im Kapitel über den Verwaltungsrat erwähnt, die weitere Idee des Entwurfs 1983, dass eine Delegation nur insoweit befugt sein könne, als sie sich aus einem beim *Handelsregister* hinterlegten (und damit öffentlich zugänglichen) Organisationsreglement ergibt, gestrichen. Ein beim Handelsregister hinterlegtes Organisationsreglement gibt es nach dem neuen Aktienrecht nicht. Die in der Botschaft dafür angeführten materiellen Gründe waren in der Tat nicht stichhaltig[20], da, wie zu zeigen ist, der Gesetzgeber die Beweislast zu Gunsten des Klägers umgekehrt hat.

c) *Delegation auf Nichtorgane*

1980 Das Gesetz nennt ausdrücklich nur die Delegation der übertragenen Aufgabe auf «*ein anderes Organ*» der Gesellschaft. Selbst wenn man den Organbegriff in diesem Zusammenhang weit auslegt, würde das doch bedeuten, dass keine befugte Delegation des Verwaltungsrates im Sinne dieses Artikels vorliegt, wenn der Verwaltungsrat aussenstehende Personen oder unterhalb der eigentlichen Geschäftsleitung stehende leitende Arbeitnehmer (Prokuristen, Handlungsbevollmächtigte), aber dann auch nichtchargierte Arbeitnehmer mit bestimmten Aufgaben betraut. In solchen Fällen bliebe dann die volle Verantwortung beim Verwaltungsrat, wie wenn er selbst gehandelt oder zu handeln unterlassen hätte[21].

1981 Diese *Konsequenz* leuchtet nicht ein, denn es würde bedeuten, dass der Verwaltungsrat ausgerechnet für die Fehler jener Personen uneingeschränkt persönlich einstehen müsste, die von ihm besonders wenig beeinflusst werden können, von ihm besonders weit entfernt oder ihm gar gänzlich unbekannt sind – während er sich dort entlasten kann, wo er den fehlbaren Personen besonders nahe steht. Es handelt sich hier um ein gravierendes rechtliches Problem, weil die bundesrätliche Botschaft genau das – persönliche Haftung des Verwaltungsrates für Hilfspersonen ohne Entlastungsmöglichkeit – behauptet hatte[22] und Widerspruch im Parlament gegen diese Auffassung offenbar nicht laut wurde. Der Nationalrat hat über die Worte «einem anderen Organ» sogar ausdrücklich aufgrund eines Kommissionsantrags abgestimmt, wobei das Problem nicht erkannt wurde[23]. Zu Recht hat *Forstmoser* diese Bruchstelle im Gesetz mehrmals kritisiert[24]. Das Gesetz kann nur so verstanden werden, dass man die Entlastungsmöglichkeit des Art. 754 Abs. 2 für den Fall neu einführen wollte, in dem sie nach der Gerichtspraxis besonders zweifelhaft war, und dass die Worte «einem anderen Organ» nur das Besondere beschreiben, auf das man abzielte, ohne dadurch in einem Zug alle anderen Fälle von dem Entlastungsbeweis ausschliessen zu wollen.

---

[20] Vgl. zur Begründung des damaligen Antrags *Botschaft 1983*, 104/105, Ziff. 217.1.
[21] Das haben *Forstmoser/Hirsch* (1985) 39 kritisiert.
[22] *Botschaft 1983*, 106, Ziff. 217.1.
[23] *Amtl. Bull. NR* (1985) 1788.
[24] *Forstmoser/Hirsch* (1985) 39; (1991A) 540, N. 35. *Peter Forstmoser* (1992) 71 f.

d) Beweislastumkehr

Das Gesetz geht davon aus, dass der Kläger jedenfalls schlechter als der Beklagte über die *Fragen der internen Delegation* orientiert ist. Zwar kann der Kläger gemäss neuer Vorschrift des Gesetzes beim Verwaltungsrat eine Anfrage über die Organisation der Geschäftsführung eingeben[25]. Er kann auch, wenn er Aktionär ist, mit einem Begehren um Auskunft oder Einsicht in der Generalversammlung auftreten[26]. Ihm steht schliesslich zu, die gerichtliche Einsetzung eines Sonderprüfers zu verlangen, falls die Voraussetzungen hierfür gegeben sind[27]. Dennoch ist die *Information* im Normalfall für den Kläger – nicht nur hinsichtlich der Delegation, sondern auch der weiteren massgeblichen Vorgänge – grundsätzlich ein Problem.

Das Gesetz gewährt daher dem delegierenden Organmitglied (im typischen Fall dem Verwaltungsrat) *Entlastung nur unter Beweislastumkehr*. Das Gesetz schreibt nochmals ausdrücklich fest, dass, wer die Erfüllung einer Aufgabe delegiert, zunächst für den vom andern verursachten Schaden wie für seinen eigenen haftet. Nur wenn dem Delegierenden der Nachweis gelingt, dass er bei der Auswahl, Unterrichtung und Überwachung die nach den Umständen gebotene Sorgfalt angewendet hat, ist er davon befreit, für den vom anderen pflichtwidrig verursachten Schaden einzustehen.

e) Beweislastverteilung auf Kläger und Beklagten

Damit sind die prozessualen Lasten wie folgt verteilt:

(1) Sache des Klägers ist es, den *Schaden* und dessen *adäquate Verursachung* zu beweisen[28]. Handelt es sich um einen Schaden, den das delegierende Organ selber angerichtet hat, so stellt sich die Frage der Haftungsbegrenzung wegen Delegation überhaupt nicht. Der neue Artikel greift nur ein, wenn der Kläger einen Schaden, der vom unterstellten Organ verursacht worden ist, vom Beklagten als dessen «vorgesetzter Stelle» ersetzt haben will.

(2) Dem Kläger obliegt es prozessual, die *Widerrechtlichkeit* darzutun: eine Verletzung von Sorgfalts- oder anderen Rechtspflichten, die sich aus Gesetz oder Statuten ergeben.

(3) Schliesslich obliegt dem Kläger (obgleich durch die Praxis stark verwässert) die Darlegung des *subjektiven Schuldelementes* – der Fahrlässigkeit oder des Vorsatzes.

Nach der Praxis besteht allerdings, nüchtern betrachtet, eine gewisse *natürliche Vermutung* zu Gunsten des Klägers, dass ein widerrechtlich und adäquat kausal herbeigeführter Schaden dann auch schuldhaft, mindestens fahrlässig verursacht ist. Die Praxis liegt nahe beim angelsächsischen Grundsatz «res ipsa loquitur»[29]: Wenn die Dinge im Prozess einmal bis zum Beweis des Schadens, seiner Verursachung und der Widerrechtlichkeit gediehen sind, ist der Kläger seinem Ziel sehr nahe.

---

[25] Art. 716b Abs. 2 Satz 2 OR 1991.
[26] Art. 697 Abs. 1 OR 1991.
[27] Art. 697a ff. OR 1991.
[28] Zur Kausalität vgl. *Kurt Jean Gross* (1990) 199 f. und *Peter Nobel* (1991 C) 346 ff.
[29] Schluss vom Ereignis auf die Ursache und von der Ursache auf die Schuld.

1986 Hat der Kläger nun die drei genannten Hürden genommen, so haftet das vorgesetzte Organ grundsätzlich für die schädigende Verhaltensweise des Unterstellten. Jetzt liegt es am Beklagten, den Gegenbeweis des Art. 753 Abs. 2 OR 1991 zu erbringen: Sorgfalt bei Auswahl, Unterrichtung und Überwachung dessen, der geschädigt hat. Er muss je nach der Art des Vorwurfs, der dem Unterstellten gemacht wird, nachweisen:

(1) dass er als Vorgesetzter bei der *Auswahl* der untergebenen Person sorgfältig gehandelt, insbesondere eine für die in Frage stehende Aufgabe grundsätzlich und voraussehbar befähigte Person herangezogen hat;

(2) dass er insoweit, als die *Instruktion* des Untergebenen zu den unentziehbaren Kernaufgaben des Verwaltungsrates gehört, das Erforderliche getan hat, dass er aber insgesamt jedenfalls für die nötigen *Weisungen* gesorgt hat; und

(3) dass er die unentziehbare Funktion der *Oberaufsicht* erfüllt hat.

1987 Immer wird dem Beklagten auch der Nachweis offenstehen, dass die schädigende Handlung des Untergebenen auch eingetreten wäre, wenn er die drei Pflichten erfüllt hätte.

f)   Beurteilung der Neuerung

1988 Die neue Regelung ist zu begrüssen. Auf der einen Seite wird der *Richter* zu Recht vom Verwaltungsrat verlangen, dass er seine Aufgabe ernst nimmt. Anderseits ist eine Einschränkung richtig (und ergibt sich aus dem Grundsatz selbst), wenn seine Aufgabe *befugtermassen* auf die drei erwähnten Pflichten der Auswahl, Anweisung und Überwachung reduziert ist. Der Richter wird dabei keine unerfüllbaren Anforderungen an den Nachweis der Erfüllung dieser Pflichten stellen[30].

1989 Ob in der *Praxis* die Beschränkung der Haftung zufolge befugter Delegation auf Auswahl, Anweisung und Überwachung, wie schon behauptet worden ist, ohne Wirkung bleibt[31], ist keineswegs sicher. Ebenso wie es typische Fälle gibt, in denen die Aufsicht sträflich vernachlässigt wird, gibt es Gegenbeispiele, in denen auch das gewissenhafteste Organmitglied durch eine im Rahmen des gesetzlichen Konzepts mögliche Beaufsichtigung das Unheil nicht zu verhindern vermag.

3.   Haftung von Doppelorganen

1990 Entsendet eine juristische Person eine natürliche Person in den Verwaltungsrat einer Aktiengesellschaft, damit diese dort ihre Interessen vertrete, so stellt sich das dornige Problem der sog. *Doppelorganschaft*. Wenn der Entsandte in dem Verwaltungsrat als

---

[30] Zu Recht weisen *Bürgi/Nordmann* darauf hin, dass die Verantwortlichkeit sich immer in einem den wirklichen Gegebenheiten entsprechenden Rahmen halten sollte und dass das Risiko, persönlich haften zu müssen, nicht übermässig gross sein sollte. «Andere Regelungen widersprechen dem Prinzip der Verschuldenshaftung und stehen auch in krassem Widerspruch zu Treu und Glauben», *Bürgi/Nordmann* (1979) Art. 753/754 Note 79.
[31] So *Peter Nobel* (1991 C) 328.

«alter ego» des Entsenders wirken muss, und dies auch in seinen Entscheidungen im Verwaltungsrat tatsächlich tut, so wird das rechtliche Problem offensichtlich: wem sind nun eigentlich die Handlungen im Verwaltungsrat verantwortungsrechtlich zuzurechnen, dem Entsender oder dem Entsandten?

Wer die allgemeinen Grundsätze anwendet und Art. 55 ZGB so versteht, muss die Haftung des Entsenders, zusätzlich zu derjenigen des Entsandten als Verwaltungsrat, bejahen[32]. Wer dagegen die Doppelorganschaft ablehnt, weil die Verwaltungsräte eigenverantwortlich zu handeln haben, ein Weisungsrecht Dritter sich verbietet[33], lehnt auch die Haftung des Entsenders im allgemeinen ab. Eine Ausnahme wäre stets dann zu machen[34], wenn das Wollen und Wirken der entsendenden Gesellschaft sich faktisch zur Stellung eines *faktischen Organs* verdichtet. 1991

Das neue Aktienrecht ist einer Entscheidung dieser überaus folgenreichen Frage ausgewichen. Eine differenzierte Auffassung scheint die richtige zu sein. Es gibt nach Schweizer Recht keine Organschaft kraft Entsendung allein; die Haftung des Entsenders tritt ein, sobald er sich «organtypisch»[35] zu benehmen beginnt, wenn er so handelt, wie ein formell gewähltes Organmitglied handeln würde. 1992

Ein Sonderfall liegt bei Konzernuntergesellschaften vor: Eine Gesellschaft, die eine andere ihrer *«einheitlichen Leitung»* im Sinne des neuen Art. 663e Abs. 1 OR 1991 unterwirft und sich selbst zur «Obergesellschaft» macht, geht in die Nähe der Stellung eines faktischen Organs. Es muss dem Einzelfall die Entscheidung darüber vorbehalten bleiben, wie eine juristische Person andere juristische Personen ihrem leitenden Willen unterwirft, ohne dass damit das getan wird, was für ein Leitungsorgan typisch ist[36]. 1993

III. Revisionshaftung

Die Aktienrechtsreform weitet den sachlichen Haftungsbereich der Revisionsstelle[37] auf der einen Seite aus, auf der anderen Seite schränkt sie die bisher absolut geltende, vor allem die Revisoren als Mitbeklagte belastende Solidarhaftung ein. 1994

Es versteht sich, dass die Revisoren weiterhin der Gesellschaft aus *Auftragsrecht* für Sorgfalt in ihrer Leistung direkt haften[38]. Schon das alte Obligationenrecht hat aber 1995

---

[32] *Karl Spiro* (1983) 642/43, mit Hinweisen insb. in Anm. 14, 15 und 16; dagegen *Andreas von Planta* (1983) 602.
[33] So schon zum alten Recht *Andreas von Planta* (1983) 602.
[34] Nebst anderen Abgrenzungsfragen.
[35] *Peter Forstmoser* (1978) 32 f. und vor allem (1982A) 147/48.
[36] Vgl. dazu Kapital 8/II/B, Rz 1187 ff.
[37] *Christoph von Greyerz* (1976) 14 ff.; (1980) 61 ff.; *Peter Forstmoser*(1987) N. 552 ff.; *Matthias Eppenberger* (1991) 542 ff.
[38] Art. 398 Abs. 2 OR («Er haftet dem Auftraggeber für getreue und sorgfältige Ausführung des ihm übertragenen Geschäftes.»).

die Revisoren in die besondere Verantwortlichkeit eines Gesellschaftsorgans einbezogen und sie damit den Klagen nicht nur des eigenen Auftraggebers, sondern insbesondere der Aktionäre und – im Insolvenzfall – der Gesellschaftsgläubiger ausgesetzt. Bei diesem Grundsatzentscheid bleibt es.

1. Ausdehnung des Anwendungsbereichs der Revisionshaftung

1996 Nach Art. 755 OR 1991 haftet die Revisionsstelle wie bisher für jeden in Verletzung der Pflichten eines Revisors schuldhaft, d.h. *fahrlässig oder vorsätzlich*[39] verursachten Schaden. Diese Haftung gilt nun auch für die Prüfung des Anhangs zur Jahresrechnung, die Prüfung der Konzernrechnung und ihres Anhangs, die Gründungs- und Kapitalerhöhungsprüfung[40] bei Sacheinlagen und -übernahmen, bei bedingter Kapitalerhöhung. Damit ist der die spezifische aktienrechtliche Haftung auslösende Bereich der professionellen Tätigkeit des Revisors gegenüber dem OR 1936 wesentlich erweitert.

1997 Dabei ist nicht zu übersehen, dass nicht nur der Gegenstand erweitert, sondern auch der *Risikograd* erhöht ist: die neu hinzugekommenen Prüfungsobjekte, z.B. der Anhang zur Jahresrechnung, die Konzernrechnung, die Sacheinlagen und Sachübernahmen, sind objektiv besonders riskante Bereiche der Prüfungstätigkeit. Die Revisoren grundsätzlich stärker in die Verantwortung im Bereich ihres Sachverstandes einzubeziehen, war ohne jeden Zweifel – und in einem gewissen Gegensatz zur Rechtslage etwa in Deutschland[41] – ein Anliegen der Aktienrechtsreform.

2. Solidarität der Revisoren mit dem Leitungsorgan

1998 Eine der entscheidenden Fragen des Verantwortlichkeitsrechts in der Aktiengesellschaft ist die *Solidarität* – nicht nur unter mehreren, die die Geschäfte geführt und dabei Schaden gestiftet haben, sondern auch zwischen diesen und den Revisoren, die dem relevanten Fehlverhalten gar nicht oder zu spät auf die Spur gekommen sind und dadurch in die Kausalität des Schadens einbezogen sind. Sollen die Prüfer, wenn die von ihnen Geprüften nicht zahlen können, kraft Solidarität den Kläger schadlos halten müssen?

1999 Nach der vom Verfasser vertretenen Meinung ist es vom Grundsatz her sachwidrig, die Revisoren in eine Haftungssolidarität mit jenen einzubeziehen, deren Handlungen und Unterlassungen sie gerade zu prüfen haben, mit den *Leitungsorganen*. Solidarische Haftung des Prüfers mit dem Geprüften ist ein methodisches Unding. Sie drängt letztlich den Revisor in eine falsche Rolle, nämlich jene laufender misstrauischer Einmischungen in die Belange der Geschäftsführung. Eine solche Tendenz[42] müsste der gesetzlichen Absicht, die Revisionsstelle unabhängig zu halten und sie von einer Ge-

---

[39] «Absichtlich» in der zivilrechtlichen Sprache des 19. Jahrhunderts.
[40] Wie bisher besteht Haftung für die Kapitalherabsetzungsprüfung.
[41] Nach § 323 Abs. 2 HGB 1985 ist die *Ersatzpflicht* der Abschlussprüfer gesetzlich bei Fahrlässigkeit begrenzt auf DM 500,000.
[42] Unter dem OR 1936 klar erkennbar in BGE 97 II 415/16 und im wegleitenden Bundesgerichtsentscheid vom 11. November 1975 i.S. IBZ, ST 50 (1976) 9/27, Erw. 7.

schäftsführungsprüfung und vollends von einer Einmischung in geschäftliche Handlungen fernzuhalten, widersprechen[43].

Der Entwurf 1983 hatte mehr oder weniger deutlich die *Ausklammerung* der Revisionsstelle aus der Solidarität bewerkstelligen wollen[44]. Das Parlament ist dem Vorschlag nicht gefolgt[45], hat aber eine allgemeine Neuformulierung der Solidarität gefunden, die für alle Fälle, nicht nur denjenigen der Revisionshaftung, massgeblich sein muss. Sie entschärft das Problem, das im Einstehenmüssen des Prüfers für die Fehler der Geprüften liegt, zwar nicht vollständig, aber doch weitgehend. Im Ergebnis haftet der Revisor dem Kläger solidarisch für einen Schaden, den in erster Linie die Exekutivorgane verursacht haben, nur insoweit, als ihm dieser Schaden aufgrund seines *eigenen* Verschuldens, d.h. durch eine fahrlässige Verletzung der *eigenen* Sorgfaltspflichten in der Durchführung der Revision, und der Umstände persönlich zurechenbar ist[46]. Diese neue Regel der *differenzierten Solidarität* ist sachgerecht[47].

2000

IV. Geltendmachung des Ersatzanspruchs

Die bisher unter den Titel «Geltendmachung des mittelbaren Schadens» gestellten Artikel 755 bis 758 OR 1936 sind überarbeitet und gestrafft. Der Gesetzgeber hat sie auf die drei Artikel 756, 757 und 758 OR 1991 verteilt. Neu ist die Regelung der Kostentragung. Unterliegt der Kläger, so kann der Richter die Kosten nach seinem Ermessen auch der Gesellschaft auferlegen, sofern der Kläger aufgrund der Sach- und Rechtslage «begründeten Anlass zur Klage» hatte (Art. 756 Abs. 2 OR 1991)[47a].

2001

1. «Schaden der Gesellschaft»

Das Gesetz vermeidet jetzt den oft missverstandenen Begriff des «mittelbaren Schadens» und macht klar, dass die aktienrechtlichen Sonderregeln nur für jene Fälle gelten, wo es um den *der Gesellschaft als juristischer Person zugefügten Schaden* geht.

2002

Für den sog. *direkten Schaden* dagegen, den die Gründer, die Mitglieder des Verwaltungsrates oder die bei der Gründung mitwirkenden Personen den Aktionären oder Gesellschaftsgläubigern zufügen, gibt es nach wie vor keine besonderen aktienrechtlichen

2003

---

[43] Vgl. zu diesen Gesichtspunkten *Botschaft 1983*, 106 Ziff. 217.2. Der ebenfalls auf die «Revisionshaftung» zugeschnittene Vorschlag von 1983, einen solidarisch Mithaftenden zu *entlasten*, wenn sein Verschulden im Verhältnis nur «geringfügig» (*Entwurf 1983*, Art. 759 Abs. 3), ist im Parlament untergegangen. Es gilt jetzt die externe Anwendbarkeit von Art. 42 Abs. 1 OR im Falle geringen Verschuldens.
[44] Dazu *Botschaft 1983*, 106/107, Ziff. 217.2 und 194, Ziff. 364.
[45] Vgl. den ausdrücklichen Hinweis auf die Solidarität zwischen Revisionsstelle und Verwaltungsrat in *Amtl. Bull. NR* (1991) 854.
[46] Art. 759 Abs. 1 OR 1991.
[47] Näheres hiernach in Abschnitt V, Rz 2019 ff.
[47a] Diese Regel ist, wie *Peter Forstmoser* (1992) 72 feststellt, «ziemlich abenteuerlich» – die Gesellschaft ist normalerweise nicht Partei. Das Abenteuer entspricht aber der absoluten Entschlossenheit des Gesetzgebers, die Prozesskostenhürde niedriger zu machen.

Hürden: wo eine derartige Schädigung vorliegt, kann sich die Klage gegen das schuldhafte Organ auf die allgemeinen Bestimmungen über die unerlaubte Handlung, ein Spezialgesetz oder auf die Haftungsnormen von Art. 753 bis 755 stützen. Nichts geändert ist an der Regel, dass bei dieser «direkten Klage» der Gläubiger gegen die Organe auch nur gestützt auf eine Widerrechtlichkeit vorgehen kann, die ihm gegenüber begangen wurde. Wird aus Verletzung des Aktienrechts geklagt, so muss es sich daher um eine zum *Gläubigerschutz* aufgestellte Bestimmung, um die widerrechtliche Schädigung eines gerade dadurch geschützten Rechtsguts handeln[48]. Mit andern Worten genügt eine pflichtwidrige Unsorgfalt in der Geschäftsführung nicht für eine direkte Gläubigerklage ausser Konkurs.

2. Ansprüche ausser Konkurs und im Konkurs aus dem «Schaden der Gesellschaft»

2004 Wie nach bisherigem Recht wird unterschieden für die Ansprüche ausser Konkurs und die Ansprüche im Konkurs.

a) Ansprüche ausser Konkurs

2005 Ausser Konkurs müsste eigentlich die *Gesellschaft*, als geschädigte juristische Person, selber gegen ihre Organe klagen, und das wird jetzt auch ausdrücklich gesagt[49].

2006 Das Gesetz geht aber nach wie vor davon aus, dass dies praktisch nicht so läuft, weil die Organe im *Interessenkonflikt* ihre eigene Stellung eher verteidigen als das ihnen anvertraute Vermögen. Meist gilt die Regel: entweder handelt der Aktionär oder niemand. Unverändert geht die Klage des Aktionärs, der bei Untätigkeit der Gesellschaft klagt, ausschliesslich auf Leistung an die Gesellschaft. Da es sich letztlich um eine Art der «Prozessstandschaft» handelt, d.h. um eine Klage überwiegend aus fremdem Recht und in fremdem Interesse, mildert das Gesetz nunmehr das Prozesskostenrisiko des Klägers zu Lasten der Gesellschaft. Der Richter kann die Kosten, die dem erfolglosen Kläger anfallen würden, nach seinem Ermessen ganz oder teilweise der Gesellschaft überbürden, wenn der Kläger aufgrund der Sach- und Rechtslage begründeten Anlass zur Klage hatte (Art. 756 Abs. 2).

b) Ansprüche im Konkurs

2007 Wird die Gesellschaft insolvent, so sind geschädigt nicht nur die Aktionäre, sondern auch – und normalerweise dann gerade ganz massiv – die *Gesellschaftsgläubiger*. Das Gesetz legt klar, dass im Konkurs[50] zwei Änderungen eintreten:

2008 (1) Befugt zur Einklagung des der Gesellschaft zugefügten Schadens sind nun auch die *Gläubiger*. Wie bisher ist es die Konkursverwaltung, die zur Geltendmachung der Ansprüche der Aktionäre und vor allem natürlich der Gläubiger berufen ist.

---

[48] BGE 110 II 391.
[49] Art. 756 Abs. 1 OR 1991: «Neben der Gesellschaft sind auch die einzelnen Aktionäre berechtigt...».
[50] Und ähnlich beim *Nachlassvertrag mit Vermögensabtretung* (Liquidationsvergleich).

(2) Erst wenn die Konkursverwaltung auf die Geltendmachung dieser Ansprüche – gemeint sind immer die Ansprüche aus *Schädigung der Gesellschaft* durch die Organe – verzichtet, entsteht eine direkte Klagberechtigung von Aktionären und Gläubigern. Das Gesetz legt jetzt klar, dass diese nicht unbedingt eine «Abtretung des Anspruchs» von der Konkursverwaltung verlangen müssen, sondern ohne weiteres aktienrechtlich zu dieser Klage berechtigt sind[51].

c) *Verteilung des erstrittenen Schadenersatzbetrages*

Klar ist, was mit dem *Prozessergebnis* «ausser Konkurs» geschieht: es fällt in die Gesellschaftskasse. Unklar war unter dem OR 1936, was im Falle einer insolventen Aktiengesellschaft genau geschehen sollte. Das Bestreben des Entwurfs 1983, die Verteilung des Prozessergebnisses unabhängig von Art. 260 SchKG rein aktienrechtlich zu regeln, hat die Billigung des Parlamentes nicht gefunden. Die «aktienrechtliche» Ergebnisverteilung steht zwar jetzt im Gesetz, die Abtretung von Ansprüchen der Gesellschaft gemäss Art. 260 SchKG ist aber ebenfalls, in einem neuen Absatz 3 von Art. 757 OR 1991, aufgrund einer Anregung des Ständerates im Gesetz stehengeblieben. Es führen also nach wie vor zwei rechtsdogmatisch völlig verschiedene Wege zum Ziel[52].

Immerhin ist jedenfalls die aktienrechtliche *Ergebnisverteilung* nun klarer geregelt:

(1) Was immer die Aktionäre oder Gläubiger erstritten haben, fällt vorab ausschliesslich an die kleine Gruppe der *klagenden Gläubiger*, und zwar unter ihnen gemäss den Regeln des SchKG (was insbesondere die Anwendbarkeit der Rangordnung gemäss Art. 219 SchKG bedeutet).

(2) Erst wenn die klagenden Gläubiger voll befriedigt sind, kommen die *klagenden Aktionäre* ihrerseits zu einem Anteil am Prozessergebnis, und zwar unter sich proportional zu ihrer Beteiligung an der Gesellschaft. Dies ist logisch aus dem Grundkonzept heraus, dass es hier ja nicht um den vom Aktionär individuell erlittenen Schaden geht, sondern um die negative Vermögensdifferenz bei der juristischen Person.

(3) Sind, was selten vorkommen wird, auch die klagenden Aktionäre voll befriedigt, so fällt der Rest des Prozessergebnisses in die *Konkursmasse*[53].

3. Wirkung des Entlastungsbeschlusses

Die Revision ändert an der grundsätzlich richtigen Regelung von Art. 757 OR 1936 nichts, sondern stellt bloss gewisse Dinge klar:

Der *Entlastungsbeschluss* der Generalversammlung steht einer Klage nur insoweit entgegen, als sie sich auf Tatsachen bezieht, die damals «bekanntgegeben» worden sind[54]. Man wird wohl ergänzen müssen: oder sonst den Aktionären zur Zeit des Ent-

---

[51] *Botschaft 1983*, 193, Ziff. 362. Art. 757 Abs. 2 Satz 1 OR 1991.
[52] Es bleibt also bei der Doktrin von den «actions distinctes» von BGE 111 II 182.
[53] Art. 757 Abs. 2 Satz 2 und 3 OR 1991.
[54] Art. 758 OR 1991.

lastungsbeschlusses offensichtlich bekannt waren. Die Aktionäre haben nur das genehmigt, was sie wussten. Eine Blanko-Entlastung ausgerechnet für jene Tatsachen, die Organe den Aktionären verschwiegen haben, wäre sinnwidrig[55].

2017 Durch den Entlastungsbeschluss – in diesem Umfange – von der Klage ausgeschlossen ist nur die *Gesellschaft* selbst als Klägerin. Alle Aktionäre, die dem Entschluss nicht zugestimmt haben oder gar gegen die Entlastung gestimmt haben[56], können trotz Décharge-Beschluss aus Schädigung der Gesellschaft klagen. Keine Wirkung hat der Entlastungsbeschluss ohnehin auf die *Gläubiger*; diese können nicht nur aus direkter Schädigung, sondern insbesondere auch aus dem der Gesellschaft von den Organen zugefügten Schaden, unbekümmert um eine rein gesellschaftsrechtliche Décharge, ihre Ansprüche einklagen.

2018 Der Erläuterung bedarf der neu hinzugefügte zweite Absatz von Art. 758 OR 1991. In Übereinstimmung mit dem bisherigen Recht wird damit eine besondere *Verwirkungsfrist* für die aus der Schädigung der Gesellschaft abgeleitete Klage der Aktionäre – und nur der Aktionäre – eingefügt: nach Ablauf von sechs Monaten nach dem Entlastungsbeschluss können auch jene Aktionäre, die ihm *nicht* zugestimmt haben[57], keine aus dem Schaden der Gesellschaft abgeleitete Verantwortlichkeitsklage mehr einreichen. Es bleibt ihnen aber – wie stets – eine Klage gegen die Organe aus direkter Schädigung.

V. Solidarität und Rückgriff

2019 Das Parlament hat den Anlass, Solidarität und Regress unter mehreren Haftbaren neu zu regeln, aufgegriffen, dabei aber den Entwurf von 1983 in verschiedenen Hinsichten stark abgeändert und durchaus verbessert. Es handelt sich praktisch um eine neue Regelung.

1. Von der absoluten zur differenzierten Solidarität

2020 Das Parlament hat den Gedanken des Entwurfs von 1983, wonach die vom Bundesgericht angewendete Praxis zur Solidarität einzuschränken sei, aufgenommen, sich aber mit der endgültigen Formulierung bis in die Sommersession 1991 schwer getan[58].

---

[55] BGE 78 II 156; 95 II 320.
[56] Und dazu nach Art. 758 Abs. 1 am Ende auch alle Aktionäre, die die Aktien seither in Kenntnis des Beschlusses erworben haben.
[57] Bzw. die Aktien in Unkenntnis der Décharge erworben haben.
[58] *Amtl. Bull. NR* (1985) 1789, *StR* (1988) 527ff.; *NR* (1990) 1389; *StR* (1991) 76; *NR* (1991) 852. Vgl. aber auch schon die Debatten im Nationalrat, *Amtl. Bull. NR* (1985) 1788/89, mit dem damals gebilligten Antrag zu Art. 759 Abs. 1 Satz 2: «Der Richter bestimmt die Ersatzpflicht des Einzelnen unter Würdigung der Umstände und der Grösse des Verschuldens, wie wenn er alleine gehandelt hätte.». Anders *Amtl. Bull. NR* (1990) 1389 ff.

Die neue Regelung ist verständlich nur auf dem Hintergrund der Bundesgerichtspraxis vor 1991. Das Bundesgericht hat in mehreren von der Lehre weithin kritisierten Entscheiden[59] eine Art von «*absoluter*» Solidarität in dem Sinne angenommen, dass jeder solidarisch Haftbare für den ganzen Schaden aufzukommen hatte, d.h. unabhängig vom Grad des eigenen Verschuldens und unabhängig vom Vorliegen individueller Herabsetzungsgründe im Sinne von Art. 43 und 44 OR[60]. Ja es befürwortete, wenn man gewissen Entscheiden folgt, sogar die solidarische Haftung auch für jenen Teil des Schadens, der von dem in Anspruch genommenen Organmitglied überhaupt nicht adäquat mitverursacht worden war[61] – eine überkausale Haftung. 2021

Auf den Theorienstreit[62] ist hier nicht weiter einzugehen. Nach dem neuen Art. 759 Abs. 1 OR 1991 gilt jedenfalls jetzt eine *differenzierte Solidarität*[63]: 2022

(1) Jede Person ist nach wie vor in erster Linie für den von ihr selbst pflichtwidrig verursachten Schaden *persönlich haftbar*. Die Ersatzpflicht kann dabei am Schluss niedriger sein als der angerichtete Schaden, wenn der Richter aufgrund von Art. 43 Abs. 1 OR wegen geringen Verschuldens (praktisch: leichter Fahrlässigkeit) oder in Ansehung der Umstände oder schliesslich aufgrund der in Art. 44 OR erwähnten besonderen Herabsetzungsgründe die Zahlungspflicht reduziert. 2023

(2) Sind für denselben Schaden mehrere Personen ersatzpflichtig, so löst dies grundsätzlich nach wie vor die *Solidarität* unter ihnen aus. Das heisst, der Kläger kann grundsätzlich jeden von ihnen ins Recht fassen, bis der ihm zugesprochene Schadenersatzbetrag gänzlich beglichen ist; 2024

(3) Neu steht aber der eine für den anderen nur insoweit ein, als ihm der Schaden aufgrund seines eigenen Verschuldens und der Umstände persönlich zurechenbar ist. Damit ist der alte Streit im Sinne der *externen Anwendbarkeit* von Art. 43 Abs. 1 und 44 OR entschieden. Das bedeutet: Wer für sich – wäre er allein ersatzpflichtig – die Herabsetzungsgründe von Art. 43 oder 44 OR in Anspruch nehmen kann, kann dies auch als Solidarschuldner, und zwar auch dann, wenn er solidarisch einstehen muss für einen anderen, der seinerseits diese Herabsetzungsansprüche *nicht* beanspruchen kann. 2025

Durch die Formulierung «*aufgrund ihres eigenen Verschuldens persönlich zurechenbar*»[64] ist auch jene Tendenz ein für allemal durchkreuzt, die die absolute Solidarität 2026

---

[59] Vor allem BGE 93 II 322 und 97 II 415/16. Vgl. insbesondere *Hans Jakob Zellweger* (1972) 68 ff.; *Peter Forstmoser* (1978) 52 ff.; *Bürgi/Nordmann* (1979) Art. 759 N. 10 ff.; *Christoph von Greyerz* (1978) 67 ff. und (1982) 297 ff.; *Peter Forstmoser* (1982B) 370, (1984B) 124 und (1987) N. 271, insbesondere N. 365 und passim.
[60] Vgl. aber den Entscheid des Appellationsgerichts Basel-Stadt vom 5. Oktober 1990, BJM 1991, 135 ff., in dem die gegenteilige Meinung zum Ausdruck kommt.
[61] In diese Richtung gehen BGE 93 II 322; 97 II 416 und das Urteil des Bundesgerichtes vom 11. November 1975, Der Schweizer Treuhänder 9/1976, 27. Früher schon BGE 89 II 122.
[62] Vgl. die Übersicht bei *Peter Forstmoser* (1986) 64/65 und *Kurt Jean Gross* (1990) 233 ff.
[63] Dass die absolute Solidarität wirklich eingeschränkt werden sollte, ergibt sich mit besonderer Deutlichkeit aus der Schlussrunde der Beratungen, in der der Minderheitsantrag, auf Art. 659 Abs. 1 OR 1936 zurückzukehren, abgelehnt wurde, *Amtl. Bull. NR* (1991) 852 ff.
[64] Vgl. den Lösungsansatz bei *Matthias Eppenberger* (1991) 545.

sogar über das Prinzip der adäquaten Verursachung hinaus ausdehnen wollte. Nie haftet unter dem Aktienrecht von 1991 ein Organmitglied für einen Schaden zu dem es rein gar nichts beigetragen, den es nicht mindestens selbst adäquat kausal *mitverursacht* hat[65].

2027 Was damit preisgegeben ist, ist der sehr weitgehende Gedanke des Bundesgerichtes, der Kläger solle unbesehen um alle weiteren Interna aufgrund einer absoluten Solidarität irgend einen, mehrere oder alle solidarisch Mit-Haftbaren herauspflücken und stets aufs ganze einklagen können[66].

2. Möglichkeit der Einklagung des »Gesamtschadens«

2028 Aufgrund der neuen Regelung ist der Kläger darauf angewiesen, zur Vermeidung unnötiger Prozesskosten den Schaden möglichst nur bei denen einzuklagen, die ihn *verursacht* haben, und zudem in möglichst grossem Umfange bei jenen Organmitgliedern, denen er nach Verschulden und Umständen *zurechenbar* ist. Dies erschwert gegenüber der früheren Regel einer «absoluten Solidarität» die Lage des Klägers. Daher hat in der Schlussphase der Ständerat[67] eine sinnvolle Bestimmung eingefügt: Der Kläger kann mehrere Beteiligte gemeinsam für den Gesamtschaden einklagen[68] und verlangen, dass der Richter im *gleichen Verfahren* die Ersatzpflicht jedes einzelnen unter ihnen festsetzt[69]. Überdies gibt das Gesetz in vielen Fällen dem Kläger mit der Sonderprüfung – der Tatsachenforschung vor dem Prozess – ein Instrument der «discovery» in die Hand, von dem man unter dem alten Recht nur träumen konnte; bei der Sonderprüfung ist das Kostenrisiko stark gemildert.

2029 Dadurch und im Zusammenwirken mit der neuen gesetzlichen Regelung für die Kostentragung im Prozess trägt das neue Recht dem *Bedenken des Bundesgerichtes* Rechnung, dass dem Kläger nicht zugemutet werden kann, vorweg genau zu bestimmen, wer für welche Summe ersatzpflichtig sein wird[70]. Mit dem Begriff des «*Gesamtschadens*» ist die Gesamtheit der mehreren von den mehreren Beklagten angerichteten Schäden zu verstehen. Es liegt am Richter, im gleichen Verfahren gemäss der vorstehend dargelegten Regel die persönliche und die solidarische Schuld jedes einzelnen Beklagten festzusetzen. Wie schon im Parlament klargestellt worden ist, hat dies mit dem Innen-

---

[65] Nach Auffassung des Verfassers geht das Gesetz nahe an die Auffassungen von *Peter Forstmoser* (1987) N. 271 heran.

[66] Die Lösung des OR 1991 weicht aber auch wesentlich von derjenigen ab, die *Christoph von Greyerz* (1982) 298/99 in Anlehnung an *Heinz Reichwein* (1968) 129 ff. vorgeschlagen hatte: «Wer solidarisch mit anderen haftet, hat für denjenigen Teil des Schadens voll einzustehen, der von dem am meisten Belasteten verschuldet wurde». Die Regelung stimmt auch mit dem *Entwurf 1983* nicht überein, da dieser für die Revisionshaftung eine Sonderregelung (Haftung nur bis zu dem Betrag, «für den der Revisor zufolge Rückgriffs aufkommen müsste») vorgesehen hatte und eine Milderung der Solidarität im Aussenverhältnis nur für «geringfügiges Verschulden» vorsehen wollte. Vgl. *Botschaft 1983*, 194, Ziff. 364.

[67] *Amtl. Bull. NR* (1991) 852/53; *StR* (1991) 471; *NR* (1991) 853/54.

[68] Nichts geändert ist selbstverständlich am einheitlichen *Gerichtsstand*: Sitz der Gesellschaft.

[69] Vgl. *Peter Forstmoser* (1986) 67.

[70] A.A. *Peter Nobel* (1991 C) 330.

verhältnis unter den mehreren Beklagten, dem *Regressverhältnis*, grundsätzlich noch nichts zu tun[71].

3. Der Rückgriff unter den Verantwortlichen

Das Parlament hat den Vorschlag des Entwurfs 1983, die *Rückgriffsfrage* näher zu regeln, nur teilweise übernommen. Es bleibt bei einer einzigen Retouche am OR 1936: der Richter bestimmt den Rückgriff unter mehreren Beteiligten nicht mehr allein nach dem «Grade des Verschuldens des Einzelnen», sondern «in Würdigung aller Umstände». Damit ist sichergestellt, dass im Rückgriffsprozess nicht nur das Verschulden massgeblich ist; auch die übrigen Umstände im Sinne von Art. 43 und 44 OR spielen eine Rolle. 2030

Es ist aus diesem Grunde sehr wohl möglich, dass das Ergebnis der *Rückgriffsprozesse*, die das Innenverhältnis unter mehreren Organmitgliedern betreffen, anders aussieht als die Festsetzung der Ersatzpflicht jedes einzelnen Beklagten im Hauptprozess, der das Aussenverhältnis zu den Geschädigten klärt, gemäss Art. 759 Abs. 2 OR 1991. Es ist eine Frage des kantonalen Prozessrechtes, inwieweit die Beklagten eine Entscheidung der Rückgriffsansprüche im Hauptprozess verlangen können[72]. 2031

VI. Verhältnis zum EG-Recht

Im ganzen Gebiet der Verantwortlichkeit ist das Schweizer Recht grundsätzlich gleich streng oder eher strenger als das EG-Recht. 2032

1. In den Vorschlägen für die *Societas Europaea* und für die Strukturrichtlinie von 1991 ist die «zivilrechtliche Haftung» der Mitglieder des Verwaltungs-, Leitungs- oder Aufsichtsorgans recht eingehend geregelt[73], und zwar durchaus ähnlich wie im Schweizer Recht. Auch in der fünfjährigen Verjährung der Haftungsklage stimmen das Schweizer Recht und das vorgesehene SE-Recht überein. Im Gegensatz zu dem in dieser Hinsicht noch teilweise zurückhaltenderen deutschen Aktienrecht haften die SE-Organe für den Schaden, der aus jeder Verletzung der ihnen bei der Ausübung ihres Amtes obliegenden Pflichten entsteht. Auch sie haften solidarisch. 2033

Auch das vorgeschlagene *SE-Recht* sieht eine Entlastungsmöglichkeit vor, wenn auch etwas anders aufgebaut als im Schweizer Recht: 2034

---

[71] *Amtl. Bull. NR* (1991) 853; *StR* (1991) 471.
[72] Vgl. das Beispiel des Bundesrates in *Amtl. Bull. StR* (1991) 471.
[73] *Vorschlag SE 1991*, Art. 77 ff.; ähnlich *Vorschlag EG-Strukturrichtlinie 1991*, Art. 14 ff.

> «Ein Mitglied des betreffenden Organs kann sich jedoch von seiner Haftung befreien, wenn es nachweist, dass es keine der ihm bei der Ausübung seines Amtes obliegenden Pflichten verletzt hat.»[74]

Es liegt nahe, die sehr gut strukturierte Vorschrift des Art. 759 OR 1991 dieser Bestimmung vorzuziehen[75].

2035 2. Auch in anderer Hinsicht geht das Schweizer Recht *eher weiter* als das EG-Recht – sei es das umgesetzte Recht der Mitgliedstaaten[76], sei es das Statut für die Societas Europaea. Wesentlich einschränkender ist das vorgeschlagene SE-Recht z.B. für die Aktivlegitimation der Aktionäre zur *«derivativen»* Geltendmachung der Verantwortlichkeitsklage: dies soll nur geschehen können, wenn der Kläger (selbst oder zusammen mit anderen Klägern) über mindestens 5% des gezeichneten Kapitals verfügt[77].

2036 Das Verantwortlichkeitsrecht der Schweiz ist insgesamt auf dem Niveau des EG-Gesellschaftsrechts.

---

[74] *Vorschlag SE 1991*, Art. 77 Abs. 2 Satzteil 2.
[75] Immerhin vermeidet die Formulierung des SE-Verordnungsentwurfs die Fallgrube des Art. 754 Abs. 2 OR 1991, der die Entlastung auf «Organe» zu beschränken scheint, vorn II/2/c, Rz 1980 ff.
[76] Z.B. Haftung von Vorstand und Aufsichtsrat nur für «gröbliche Verletzung» der Sorgfaltspflicht ausserhalb der Sonderfalle des Abs. 2 gemäss § 93 AktG.
[77] *Vorschlag SE 1991*, Art. 78 Abs. 3.

Teil V

Schlussbestimmungen

Kapitel 14
Übergang zum neuen Recht

Botschaft 1983, 195 ff., Ziff. 38
Amtl. Bull. NR (1985) 1789 ff.; (1990) 1392; (1991) 848 ff.
Amtl. Bull. StR (1988) 526 ff.; (1991) 77, 471/72.

In den Schlussbestimmungen[1] des neuen Aktienrechts stehen, in nicht leicht übersehbarer Darstellung, vier Arten von Normen:

(1) der durchgehende *Ersatz* bestimmter Ausdrücke im Gesetz;

(2) *Bestimmungen* des eigentlichen *intertemporalen Rechts*, also Normen, aus denen man entnimmt – oder sollte entnehmen können –, auf welche Sachverhalte das neue Recht wann erstmals anwendbar ist;

(3) *materiellrechtliche Sonderregeln*, die neu geschaffen wurden und in einer Übergangszeit Geltung haben[2];

(4) *Änderungen anderer Gesetze* (vor allem von Steuergesetzen)[3].

Was in den Schlussbestimmungen überhaupt nicht geregelt ist, ist die Frage, inwieweit die neugefassten Bestimmungen des Aktienrechts überall dort, wo das GmbH-Recht und das Genossenschaftsrecht auf dieses verweisen (Art. 805, Art. 858), ebenfalls massgeblich und ab 1. Juli 1992 anwendbar seien. Dies ist zu bejahen: wo auf «die für die Aktiengesellschaften geltenden Bestimmungen» verwiesen wird, sind darunter die *jeweils* in Kraft stehenden Bestimmungen zu verstehen, heute das Aktienrecht vom 4. Oktober 1991.

Das praktische Funktionieren der Übergangsregeln ist verzwickt und so schwer durchschaubar, dass es sich empfiehlt, methodisch von zwei Seiten her vorzugehen. Nach dem Hinweis in Abschnitt I auf den Ersatz von Ausdrücken werden in den Abschnitten II und III die vier Hauptregeln (und ihre Ausnahmen) sowie die materiellen Sonderregeln *analytisch* dargestellt. Abschnitt IV lädt den Leser ein, *pragmatisch* ein Beispiel alter Statuten durchzublättern mit der Frage, was wo zu ändern ist.

---

[1] «Schl.Best. OR 1991»; vgl. vor allem *Peter Forstmoser*, Vom alten zum neuen Aktienrecht, SJZ 88 (1992) 137 ff., insb. 157 ff.
[2] Art. 4 und 6 Schl.Best. OR 1991.
[3] Art. 7 der Schlussbestimmungen enthält über mehrere Seiten sich hinziehende Änderungen anderer Gesetze zu deren Anpassung ans neue Aktienrecht: vor allem der Bundesgesetze über die *Stempelabgaben* (SR 641.10) und über die *Verrechnungssteuer* (SR 642.21) und dazu noch das *Versicherungsaufsichtsgesetz* (SR 961.01). Es handelt sich um technische Anpassungen, die aktienrechtlich kaum von Bedeutung sind und daher hier keiner Erläuterung bedürfen.

I. Ersatz von Ausdrücken

2039 Die erste Gruppe – Ersatz von Ausdrücken – ist in einem eigenen Abschnitt nach dem letzten Artikel des revidierten Gesetzes, der Aufhebung des Art. 945, Abs. 2, und vor den «Schlussbestimmungen» im engeren Sinne eingefügt – welch' hohe Finesse der Gesetzesredaktion. Hier liegt es nahe, diesen Austausch von Ausdrücken im Rahmen der Schlussbestimmungen selbst zu behandeln.

2040 Der «*Ersatz von Ausdrücken*» beschränkt sich auf ein Minimum, nämlich drei. Ein weiterer Fall, der während der Vorbereitungsarbeiten eingehend diskutiert wurde, war der «*Partizipationsschein*»; der Gedanke, ihn entsprechend dem neuen Regelungsgedanken in «stimmrechtslose Aktie» umzutaufen, fiel indessen schon in der Vorbereitungsphase vom Tisch.

2041 Ein Sonderfall kann hier noch erwähnt werden: dem Parlament hat es gefallen, jetzt «*Jahresbericht*» zu nennen, was vorher seit 1881 gesetzlich der «Geschäftsbericht» gewesen war, und den Begriff «*Geschäftsbericht*» alsogleich neu zu verwenden als zusammenfassende Bezeichnung für Jahresrechnung, Jahresbericht und Konzernrechnung[4].

1. Abschied vom «Grundkapital»

2042 Überall wird das Wort «*Grundkapital*» des OR 1936 durch «*Aktienkapital*» ersetzt. Der Begriff Grundkapital ist damit schlicht abgeschafft; das Gesetz setzt ihn auch nicht als zusammenfassender Begriff für die beiden Elemente «Aktienkapital» und «Partizipationskapital» ein. Für die Zusammenfassung dieser beiden Kapitalzahlen bietet sich der nicht im Gesetz stehende Begriff «*Nennkapital*» an[5].

2043 Zu beachten ist dabei eines: der neue Begriff des «Aktienkapitals» kommt in Regelungen vor, die dann am Schluss, wegen des Gleichstellungsartikels 656a Abs. 2, auch für das *Partizipationskapital* gelten[6]. Das Gesetz arbeitet also mit einer zwar juristisch nachvollziehbaren, aber für den Laien doch irreführenden Methodik: ausgerechnet in dem Augenblick, in dem das Gesetz erstmals zahlreiche (aber nicht alle) Grundkapitalregeln auf das Partizipationskapital und damit auf «*Nichtaktienkapital*» anwendbar erklärt, führt man den scheinbar auf die Aktie allein Bezug nehmenden Terminus «Aktienkapital» zur Verankerung der auch für das Partizipationskapital geltenden Regeln ein.

---

[4] Art. 662 Abs. 1 und Art. 663d OR 1991. Art. 716a Abs. 1 Ziff. 6 wurde noch *nach* der Publikation im Bundesblatt vom 15. Oktober 1991 im Zusammenhang mit dem Beschluss über die Inkraftsetzung dieser neuen Sprachregelung angepasst (Art. 33 des Geschäftsverkehrsgesetzes).

[5] Immerhin verwendet das Gesetz den Begriff «*Nennbetrag*».

[6] Im OR 1991 z.B. Art. 623, 626 Ziff. 3, 641 Ziff. 4, 650, 651, 652a Abs. 1 Ziff. 2, 652b Abs. 2, 652d, 652f Abs. 2, 653, 653a, 659 Abs. 1, 663a Abs. 4, 663e Abs. 3 Ziff. 3, 663f Abs. 2; 670 Abs. 1, 671, 671b, 672, 697b Abs. 1, 699 Abs. 3, 725 Abs. 1, 736 Ziff. 4.

2. Einheitliche Begriffe «Verwaltungsrat» und «Revisionsstelle»

Unproblematisch und ohne tiefschürfenden Sinngehalt ist die Ersetzung des älteren Begriffes «*Verwaltung*»[7] durch den teilweise schon im alten Recht herumgeisternden Verwaltungsrat, und des herkömmlichen Begriffs «*Kontrollstelle*» durch Revisionsstelle.

In beiden Fällen strebt der Gesetzgeber eine bessere Übereinstimmung mit dem heute empfundenen Wortsinn an. Unter der «Verwaltung» versteht der heutige Durchschnittsbürger auf Anhieb die staatliche Verwaltung, weniger ein privates Beratungsorgan. Dazu kommt ein weiteres: Letztlich ist das Besondere an dem Oberleitungsorgan der Aktiengesellschaft, dass es ein *Debattier- und Beschlussgremium*, ein Rat ist.

Am gesetzlichen Prüfungsorgan ist entscheidend, dass es die Jahresrechnung *revidiert* und *nicht kontrolliert*. «Kontrolle» – jedenfalls im heute vorherrschenden Wortsinn – liegt in Wahrheit viel näher bei einer begleitenden Überwachungstätigkeit oder sogar bei der Ausübung beherrschenden Einflusses als bei einer nachträglichen Revision der Rechnungslegung für das vergangene Geschäftsjahr. Begleitende Überwachung ist eine der Hauptaufgaben der Verwaltungsräte, nicht der Revisoren.

II. Übergangsbestimmungen

Das *intertemporale Recht* – die Antwort auf die Frage, ob auf einen Sachverhalt noch altes oder schon neues Recht anwendbar sei – findet sich in den Art. 1 bis 3 und 5 der Schlussbestimmungen. Die Redaktion dieser Bestimmungen ist eher unglücklich herausgekommen; übergenaue Vorschriften mit teilweise harten Rechtsfolgen stehen neben einer laissez-faire-Übergangsfrist von einem halben Jahrzehnt; und dazwischen klaffen Regelungslücken, alles in kunterbuntem Durcheinander, und untergebracht in teilweise überlangen Artikeln.

A. Die vier Hauptregeln des intertemporalen Rechts

Das Übergangsrecht zum neuen Aktienrecht lässt sich am besten durchschauen, wenn man sich vor Augen hält, dass hier mit *vier Hauptregeln* gearbeitet wird, denen dann eine unterschiedliche Zahl von Nebenregeln und Ausnahmen zugeordnet sind. Zum Verständnis des Gesetzestextes trägt wenig bei, dass gleich die Hauptregeln 1 und 2 gar nicht in den Schlussbestimmungen selbst stehen, sondern nur durch eine Verweisung auf den Schlusstitel des Zivilgesetzbuches von 1907 erschlossen sind.

---

[7] Das alte Recht verwendete den Begriff «Verwaltungsrat» spezifischer für die aus mehreren Personen zusammengesetzte «Verwaltung», Art. 712 Abs. 1 OR 1936. Gerade Art. 712 Abs. 2 OR 1936 war aber auch auf die Einpersonen-Verwaltung anwendbar, sprach aber von «Verwaltungsrat».

1. Die erste Hauptregel: «Nichtrückwirkung»

2049 Die erste Hauptregel der Schlussbestimmungen ergibt sich zufolge der Verweisung auf Art. 1 des Schlusstitels des ZGB: es ist der Grundsatz der *«Nichtrückwirkung»*[8]. Ist eine Tatsache vor dem 1. Juli 1992 eingetreten, und hat das alte Recht an sie bestimmte rechtliche Wirkungen geknüpft, so bleiben diese auch nach dem Inkrafttreten des neuen Rechts erhalten. Dies lässt sich vereinfachen in dem Satz: *«Für alte Tatsachen gilt für immer altes Recht»*.

2050 Leider ist aber viel heikler die Frage, ob für *«neue Tatsachen»*, d.h. Zustände und Ereignisse nach dem 30. Juni 1992, nun wirklich schon neues Recht gilt oder – vorübergehend – noch altes. Zu dieser zweiten Frage sind die Übergangsbestimmungen für den Uneingeweihten wesentlich unübersichtlicher – und auch der Eingeweihte hat mit dem Gesetzeswortlaut Mühe.

2. Die zweite Hauptregel: «sofortiges Wirksamwerden» des direkt anwendbaren Gesetzesrechtes

2051 Die zweite Hauptregel besagt, dass das neue Recht grundsätzlich – dann eben mit bedeutsamen Ausnahmen – *sofort* am 1. Juli 1992 für alle bestehenden Aktiengesellschaften unmittelbar wirksam wird. Es gilt insoweit der Satz: *«Das neue Recht wirkt sofort»*.

a) Der Vorbehalt für altes statutarisches Recht

2052 Das Gesetz macht nun allerdings zu dieser zweiten Hauptregel von Anfang an einen enorm wichtigen Vorbehalt, einen so bedeutsamen, dass man ihn als dritte Hauptregel bezeichnen muss: *die sofortige Wirkung gilt nur für direkt anwendbare aktienrechtliche Normen, und nicht für altes statutarisches Recht*. Damit ist die Rechtslage gemeint, die am 30. Juni 1992 für die einzelne Gesellschaft kraft einer rechtsgestaltenden *Statutenbestimmung* gegolten hat. Wo immer die Gesellschaft eine Statutenbestimmung kennt, die dem neuen Recht widerspricht (wie das Übergangsrecht sagt: mit ihm «unvereinbar» ist), gilt nach der dritten Hauptregel während einer Übergangsfrist von 5 Jahren, längstens bis zur Anpassung ans neue Recht, noch dieses *«alte Statutenrecht»*[9].

2053 Ein Beispiel für solches altes *statutarisches Recht* einer Gesellschaft ist die am 30. Juni 1992 geltende Bestimmung der Statuten, dass die Namenaktien der Gesellschaft vinkuliert sind, d.h. der Aktionär sie nur mit Zustimmung des Verwaltungsrates übertragen kann, und dass der Verwaltungsrat seine Zustimmung ohne Angabe von Gründen verweigern kann. Ein Beispiel für *direkt anzuwendendes neues Gesetzesrecht* dagegen ist der Art. 704 Abs. 1 Ziff. 6 OR 1991, demzufolge eine Gesellschaft das Bezugsrecht der Aktionäre nur mit der Zustimmung von zwei Dritteln der vertretenen Stimmen und der absoluten Mehrheit der vertretenen Nennwerte beschränken kann.

---

[8] Darauf verweist ausdrücklich *Botschaft 1983*, 195, Ziff. 38.
[9] Eine Ausnahme zur Ausnahme gilt für die Partizipationsscheine gemäss Art. 3 Schl.Best. OR 1991.

b) Beispiele des sofort anwendbaren neuen Gesetzesrechtes

Unter diesem wichtigen Vorbehalt – und unter Berücksichtigung der nachfolgend dargestellten Einzelprobleme – gilt *nach dem 30. Juni 1992 sofort und ohne weiteres*: 2054

- die Möglichkeit, Aktien mit einem *Nennwert unter Fr. 100* auszugeben;
- die Möglichkeit, *bedingtes oder genehmigtes Kapital* zu schaffen[10];
- die neue Methode der *ordentlichen Kapitalerhöhung* (mit dem abschliessenden Feststellungs- und Statutenanpassungsbeschluss des Verwaltungsrates);
- das Erfordernis des *Kapitalerhöhungsberichtes* des Verwaltungsrates, mit *Prüfungsvermerk* eines Revisors in bestimmten Fällen;
- der Wegfall der alten *Zweidrittelsmehrheiten vom gesamten Grundkapital*[11] (und deren Ersetzung durch die qualifizierte Mehrheit der «Doppelhürde», berechnet von den «vertretenen» Aktien gemäss Art. 704 Abs. 1);
- die grundsätzliche Gleichstellung der unter altem Recht geschaffenen *Partizipationsscheine* hinsichtlich aller Rechte ausser dem Stimmrecht (und den mit diesem zusammenhängenden Rechten) mit den Aktien[12] (gerade diese intertemporale Regel ist allerdings stark differenziert durch das Sonderregime des Art. 3 Schl.Best.[13]);
- die neue Regelung für die *eigenen Aktien*[14] – allerdings mit noch zu besprechenden Zweifelsfragen;
- die neuen Regeln über die *ungerechtfertigten Gewinnentnahmen*[15];
- das Recht auf Durchführung einer *Sonderprüfung*[16];
- die *Zwanzigtagefrist*[16a] (hier allerdings mit eventuell entgegenstehendem, normativ eigenständigem altem Statutenrecht, das z.B. eine 14-Tagefrist oder «zwei Wochen» festsetzt) und die übrigen neuen Einzelheiten für die *Einberufung der Generalversammlung*[17] und überhaupt die *Formvorschriften;*
- die neue Regelung für die *institutionelle Stimmrechtsvertretung* («Depostimmrecht der Banken» und «Organvertretung»)[18];
- die *Offenlegung* des genehmigten Jahresabschlusses bzw. der genehmigten Konzernrechnung und der dazugehörigen Revisionsberichte bei allen Gesellschaften, die den Kapitalmarkt in Anspruch genommen haben[19];

---

[10] Kapitel 2/II, Rz 183 ff. Vgl. *Peter Forstmoser* (zit. Anm. 1) 159.
[11] Art. 636 und 648 OR 1936. Vgl. allerdings hiernach Rz 2182 ff.
[12] Art. 656a Abs. 2 OR 1991; dies sogar *entgegen* abweichenden Statutenbestimmungen, gemäss Art. 3 Abs. 1 Schl.Best. OR 1991.
[13] Hiernach Unterabschnitt B, Rz 2084 ff.
[14] Kapitel 3/VII, Rz 362 ff.
[15] Kapitel 9/IV, Rz 1411 ff.
[16] Kapitel 12/I, Rz 1850 ff.
[16a] Das ist freilich umstritten.
[17] Kapitel 9/I/A/2, Rz 1261, und B/4, Rz 1301 ff.
[18] Kapitel 9/II, Rz 1334 ff.
[19] Kapitel 9/I/D, Rz 1320 ff.

- die neuen Bestimmungen über *Anfechtung* und *Nichtigkeit* der Generalversammlungsbeschlüsse;

- die neue Strukturierung der Hauptaufgaben und die übrigen neuen Bestimmungen für den *Verwaltungsrat*[20], darin eingeschlossen die Pflicht zur Aufstellung eines *Organisationsreglementes* nach neuem Recht;

- die neuen Bestimmungen über die Definition des *Kapitalverlustes*, über den *Rangrücktritt* und über den *Konkursaufschub*[21];

- die neuen Vorschriften für die *Revision*[22] und die fachlichen Anforderungen an die *Revisoren* (allerdings mit noch zu erörternden Vorbehalten);

- die neue Vorschrift über richterliche *Alternativen* zur Auflösung aus wichtigem Grund[23] (*Abfindung* von Minderheitsaktionären aus Gesellschaftsmitteln);

- das abgeänderte *Verantwortlichkeitsrecht* mit der differenzierten Solidarität und der teilweisen Entlastung des gutgläubigen Klägers vom Prozesskostenrisiko (wobei allerdings Handlungen oder Unterlassungen *vor* dem 1. Juli 1992 gemäss der ersten Hauptregel noch nach altem Recht beurteilt werden).

c) *Zweifelsfälle*

2055 Bei näherer Prüfung tritt zutage, dass sich zahlreiche heikle Probleme stellen, deren Lösung in den Schlussbestimmungen nicht enthalten, ja nicht einmal angedeutet ist. Nur ein Beispiel: Gelten die neuen Anforderungen an die *Revisoren* sofort und umfassend ab 1. Juli 1992, so könnten nur noch jene Personen, die entweder die in Art. 727a (allgemeine Qualifikation) oder, je nach Fall, die in Art. 727b (besondere Qualifikation) umschriebenen Eigenschaften aufweisen, vom 1. Juli 1992 an einen rechtswirksamen Revisionsbericht abgeben. Genügt nun aber bei einer Gesellschaft, die nach dem Kalenderjahr abschliesst, die am 30. Juni 1992 amtierende «Kontrollstelle» den Anforderungen des neuen Rechts *nicht*, so müsste man schon in der ordentlichen Generalversammlung der ersten Jahreshälfte 1992, *noch vor dem Inkrafttreten des neuen Rechts*, neue Revisoren wählen, die den Anforderungen von Art. 727b entsprechen. Denn sind die Revisoren nicht von der Generalversammlung gewählt, so können sie weder im zweiten Halbjahr 1992 ihres Amtes walten noch in der folgenden ordentlichen Generalversammlung – in der ersten Jahreshälfte 1993 – den gesetzlich verlangten Revisionsbericht abgeben.

2056 Nach der zweiten Hauptregel des intertemporalen Rechts werden alle neuen gesetzlichen Anforderungen, denen nicht altes Statutenrecht widerspricht, sofort wirksam. Wendet man diese Regel ohne näheres Zusehen auch auf die Befähigung der Revisoren an, so müsste eine Gesellschaft, die nach neuem Recht befähigte Revisoren nicht schon *vor* dem 1. Juli 1992, d.h. noch unter der Herrschaft des alten Aktienrechts, gewählt hat, in der zweiten Hälfte des Jahres 1992 in der Tat eine *ausserordentliche Generalversammlung* für die Wahl einberufen. Auch für die *Jahresrechnung*, insbesondere aber

---

[20] Kapitel 10/IV, Rz 1517 ff.
[21] Art. 725 und 725a OR 1991; Kapitel 10/VIII, Rz 1678 ff.
[22] Kapitel 13, Rz 1968 ff.
[23] Kapitel 12/IV/2, Rz 1941 ff.; Art. 736 Ziff. 4 OR 1991.

hinsichtlich der Konzernrechnung, stellen sich schwierige Fragen. Auf all das ist im *Unterabschnitt B* gesondert einzugehen.

3. Die dritte Hauptregel: Die Übergangsfrist für statutarisches Recht

a) Volle fünf Jahre Zeit: altes Statutenrecht bricht neues Gesetzesrecht

Die *dritte Hauptregel* des intertemporalen Rechts steht der zweiten diametral entgegen. Sie wurde schon vorgestellt: Mit dem neuen Aktienrecht unvereinbares «altes» statutarisches Recht bleibt für die betreffende Gesellschaft weiterhin geltendes Recht, bis die Generalversammlung die Statuten anpasst. Dies gilt sogar, wenn dieses alte Statutenrecht unter den Gesichtspunkten des neuen Aktienrechts geradezu «anathema» ist, *mit dem neuen Recht konzeptuell völlig unvereinbar ist*. Es gilt also in dieser langen Übergangszeit der Satz: 2057

«*Altes Statutenrecht bricht neues Gesetzesrecht*».

Dazu sind Präzisierungen nötig. 2058

(1) Die Regel von der Weitergeltung wirkt dort nicht, wo *absolut zwingendes altes Recht* durch *absolut zwingendes neues Recht* ersetzt wird. Geben die altrechtlich geschaffenen Statuten die früheren Bestimmungen über die eigenen Aktien wieder – und zwar ohne erkennbare blosse Verweisung auf das alte Gesetz –, so erhalten diese nicht etwa am 1. Juli 1992 die normative Kraft eigenständigen Statutenrechts, weil ein solches in dieser Sachfrage gar nie erlassen werden *konnte*. Genau gleich ist das Schicksal einer Statutenbestimmung, die die Einzahlung des Liberierungsbetrages auf eine kantonale Depositenstelle vorschreibt. Das war nie – und ist nicht – eine Rechtsfrage in der Verfügungsfreiheit der Generalversammlung;

(2) Die Regel gilt umgekehrt, auch wenn historisch nachweisbar der Statutengeber bloss eine *Verweisung* auf das OR 1936 beabsichtigte, wenn immer der blosse Verweisungscharakter sich nicht eindeutig erkennbar aus dem Statutentext selbst ergibt – vorausgesetzt immer, es gehe um eine Materie, in der die Generalversammlung überhaupt eigenständiges Statutenrecht schaffen *konnte*.

Während des Zeitraums vom 1. Juli 1992 bis zu dem Tage, an dem die neuen Statutenbestimmungen von der Generalversammlung angenommen und im Handelsregister eingetragen sind, gilt für die mit dem neuen Recht «unvereinbaren» alten Statutenklauseln notwendigerweise noch das *alte Recht*. Obwohl dies nicht klar in den Schlussbestimmungen gesagt ist[24], führt kein Weg an diesem Schluss vorbei. Es ist daher im Einzelfall zuerst durch Auslegung sowohl des neuen Rechts wie der alten Statuten zu bestimmen[25], welche Aussagen der Statuten mit dem neuen Recht «vereinbar» sind, 2059

---

[24] In den Schluss- und Übergangsbestimmungen zum *OR 1936* stand dagegen der Satz: «Während dieser Frist [der Anpassungsfrist] unterstehen sie [die Aktiengesellschaften] dem bisherigen Recht, soweit ihre Statuten den neuen Bestimmungen widersprechen», Art. 2 Abs. 2.

[25] *Botschaft 1983*, 196, Ziff. 38.

und welche «unvereinbar». Für die «vereinbaren» gilt neues Recht, für die «unvereinbaren» während der Übergangsfrist altes Recht. Es gilt damit im Ergebnis in der Zwischenperiode *zweierlei Recht* für ein- und dasselbe Statutenwerk, bis die Statutenanpassung endlich vollzogen oder die Fünfjahresfrist abgelaufen ist. Es ist bedauerlich, dass das Gesetz das nicht ausdrücklich sagt, denn der Bundesrat hatte schon 1983 genau das – mit hörbarem eigenem Erstaunen – dem Parlament vorgetragen[26].

2059a Heute erscheint deutlicher als je, dass eine Übergangsfrist von *fünf Jahren* unnötig lange bemessen ist. So sinnvoll es ist, den Gesellschaften, über die Schrecksekunde hinaus, etwa zwei Jahre für die Anpassungsarbeit zu belassen, so unzweckmässig ist die Ausdehnung der rechtlichen Zwielichtperiode auf ein halbes Jahrzehnt.

b) *Die regelmässige Rechtsfolge nach Ablauf der fünf Jahre: schlichte Unwirksamkeit der alten Statutenklauseln*

2060 Sind die Statuten dem neuen Recht nach *Ablauf* der fünf Jahre, d.h. am 1. Juli 1997, immer noch nicht angepasst, so verlieren an jenem Tag die mit dem neuen Aktienrecht unvereinbaren Statutenklauseln jede Wirksamkeit. Sie gelten, wenngleich sie wie gebleichte Gerippe noch im Statutentext herumliegen, fortan wie im Wechselrecht als «nicht geschrieben». An ihre Stelle tritt das neue Recht, das für alle jene Gesellschaften schon ohne weiteres gilt, die die entsprechende Frage in den Statuten nicht eigens ansprechen. So einfach dieses gesetzliche Prinzip erscheint, so schwierig können allerdings die konkreten Einzelfragen sein, die dadurch aufgeworfen werden.

c) *Die «drakonische» Ausnahme nach Ablauf der fünf Jahre: Auflösung der Gesellschaft*

2061 Nun gibt es zur allgemeinen, milden, «solonischen» Regel des automatischen Erlöschens drei grosse und wichtige *Ausnahmen* – eine «drakonische» Rechtsfolge: Das Todesurteil für die juristische Person. Diese Sanktion knüpft sich an die Nichtanpassung innerhalb von fünf Jahren hinsichtlich von *drei Gegenständen*:

(1) *Mindestkapital* von Fr. 100,000[27];

(2) *Mindesteinlage* von Fr. 50,000[28];

(3) gewisse (aber nicht alle) Bestimmungen der Statuten über die *Partizipations- und Genussscheine*[29].

2062 Der Versuch einer Erklärung für diesen Einbruch Drakons in die nachsichtige Gesetzgebung Solons[30] muss an zwei Stellen ansetzen. Bei den beiden ersten Gegenständen – Kapital und Einlage – handelt es sich um *Leistungen der Aktionäre*. Das Gesetz kann

---

[26] *Botschaft 1983*, 196, Ziff. 38.
[27] Art. 621 und Schl.Best. Art. 2 Abs. 2 OR 1991.
[28] Art. 632 Abs. 2 OR 1991.
[29] Art. 656a ff. und Art. 2 Abs. 2 Satz 2 Schl.Best. OR 1991.
[30] Die drakonische Rechtsfolge hatte in den Schluss- und Übergangsbestimmungen zum *OR 1936* allgemein gegolten; es war sogar damals der Handelsregisterführer selbst, der die Auflösung anordnete, Art. 2 Abs. 3 Schl.Best. OR 1936.

daher nicht mit der Rechtsfolge des schlichten Ausserkrafttretens arbeiten; es muss ja etwas Tatsächliches geschehen – eine Einzahlung oder eine sonstige schuldrechtliche Erfüllungshandlung[31]. Diese lässt sich nicht durch eine wie auch immer geartete Rechtsfolge ersetzen.

Bei den Partizipations- und Genussscheinen dagegen handelt es sich nicht um faktische Handlungen. Hier ist eine reine Rechtsfolge zweckmässig, doch erschien ein einseitiges Ausserkrafttreten der gesamten nicht mehr gesetzeskonformen alten Statutenbestimmungen über die «PS» – da es sich um ein *Finanzprodukt* in Händen Dritter mit je individuellem Erwerbstitel handelt – als völlig unzulässig. Man kann dem Eigentümer eines altrechtlich geschaffenen Partizipationsscheins, dessen Emittentin die Fünfjahresfrist verpasst, dieses Wertrecht nicht einfach am 1. Juli 1997 für null und nichtig erklären. Wollte man nicht mit Strafen als Rechtsfolge arbeiten, blieb nur die Auflösung mit Liquidation, und damit die Auszahlung des auf jeden Partizipationsschein entfallenden Anteils, als ultima ratio. In allen drei Fällen entschied sich der Gesetzgeber daher für die «drakonische» Regel: entweder *Anpassung innert Fünfjahresfrist oder Liquidation der Gesellschaft*[32]. 2063

Das Gesetz – etwas betreten angesichts der eigenen Unerbittlichkeit – sieht vor, dass die Aufforderung zur Anpassung dieser drei Sondergegenstände gleich mehrfach im Schweizerischen Handelsamtsblatt und in den kantonalen Amtsblättern zu veröffentlichen sein wird. Der Handelsregisterführer muss danach dem Richter die Auflösung der säumigen Gesellschaft beantragen; der Richter seinerseits kann nochmals eine *Nachfrist* von bis zu sechs Monaten ansetzen[33]. Vergeht auch diese ungenützt, so verfügt der Richter die Auflösung und Liquidation der untätig gebliebenen Gesellschaft. 2064

4. Die vierte Hauptregel: die echten «Grossvater-Klauseln»

Das Parlament hat von dem Anwendungsbereich der zweiten und der dritten Hauptregel sowie der ausnahmsweise geltenden drakonischen Vorschrift wiederum vier überaus wichtige Sondertatbestände ausgeklammert – es sind *Ausnahmen von den Ausnahmen*: 2065

– Von der Anhebung ihres *Aktienkapitals* auf Fr. 100,000 sind alle jene Gesellschaften befreit, die vor dem 1. Januar 1985 gegründet worden sind. Fast die Hälfte aller Schweizer Aktiengesellschaften hatten am 31. Dezember 1984 ein Aktienkapital zwischen Fr. 50,000 und Fr. 99,900. Diese alle zur Kapitalerhöhung zu zwingen, erschien den Politikern undurchführbar. 2066

Immerhin: Die «Ausnahme von der Ausnahme» gilt eindeutig nicht für die *Mindesteinlage*. Eine Gesellschaft, die bloss Fr. 20,000 einbezahltes Kapital hat (Art. 633 Abs. 2 OR 1936), muss auf jeden Fall Fr. 30,000 entweder auftreiben oder 2067

---

[31] Deshalb diese besondere Rechtsfolge – und nicht etwa, wie die *Botschaft 1983*, 196, Ziff. 38, völlig verfehlt ausruft, weil solche Gesellschaften ihre «Existenzberechtigung verloren» hätten!
[32] Art. 2 Abs. 2 Satz 1 Schl.Best. OR 1991.
[33] *Amtl. Bull. StR* (1991) 77: «damit nicht gleich reihenweise schweizerische Aktiengesellschaften aufgelöst werden müssen».

aus vorhandenen freien Reserven in Aktienkapital umwandeln, will sie 1997 dem grausamen Schicksal der Auflösung entgehen[34].

2068 – Falls das *Partizipationskapital* schon am 1. Januar 1985 das Aktienkapital um mehr als das Doppelte überstieg – um das Zehnfache, das Hundertfache vielleicht – , darf die Gesellschaft dieses Partizipationskapital unbegrenzt beibehalten.

2069 – Alte Stimmrechtsaktien mit einem «zu grossen» *Stimmkrafthebel* von mehr als 10:1[35] – z.B. Aktien zu Fr. 100 neben Aktien zu Fr. 2,000 – können zeitlich unbegrenzt weiter bestehen.

2070 – Es gilt eine gesetzliche Bestandsgarantie für alte, noch unter dem OR 1881 geschaffene Zwergaktien mit einem *Nennwert von noch weniger als Fr. 10*[36].

2071 Diese Sonderbestimmungen, als vierte Hauptregel, gelten also verkürzt gesagt für die «alten kleinen Aktiengesellschaften», die «alten hohen PS-Kapitalien», «alte Hochstimmrechtsaktien» und «alte Zwergaktien». Sie sind im Sinne des amerikanischen Sprachgebrauchs «*grandfather clauses*»: Sie behalten für bestimmte oder bestimmbare Rechtssubjekte den früheren Rechtszustand definitiv bei – für jedes einzelne Subjekt, bis es entweder am Schluss als juristische Person durch Auflösung untergeht oder sich dem neuen Recht freiwillig anpasst. Die ganzen neuen Übergangsbestimmungen zum Aktienrecht enthalten insgesamt nur gerade diese «grandfather clauses»: Alle vier Sondernormen gestehen dem Grossvater den privilegierten Platz bis zum Lebensende zu, legen aber ein Stichdatum fest, um die Grossväter von allen anderen Personen abzugrenzen. *Nach* dem Inkrafttreten am 1. Juli 1992 kann niemand mehr neue Sachverhalte nach altem Recht schaffen – es kommen keine neuen Grossväter auf die Welt[37].

2072 Es ist daher einer Gesellschaft, die schon ein Aktienkapital von Fr. 100,000 hat, am 3. Juli 1992 unmöglich, ihr Kapital auf Fr. 75,000 herabzusetzen; will sie erhöhen, so muss sie gleich auf das neue gesetzliche Minimum von Fr. 100,000 gehen. Der Neueintrag «Aktienkapital Fr. 75,000» ist vom 1. Juli 1992 an widerrechtlich. Wenn schon eine Zahl für das Aktienkapital neu ins Handelsregister eingetragen wird, so muss sie nach Art. 621 OR 1991 sechsstellig sein. Daher trägt der Gedanke, mit einer Erhöhung von Fr. 50,000 auf Fr. 75,000 werde doch das Ausmass des Widerspruchs zum neuen Recht vermindert, in geringerem Mass vom Grossvaterprivileg Gebrauch gemacht, rechtlich nicht. Und es ist einer Gesellschaft, die unter altem Recht legalerweise ein PS-Kapital von Fr. 2,000,000 neben einem Aktienkapital von Fr. 100,000 geschaffen hatte, versagt, in dieser Situation auch nur noch einen *einzigen Partizipationsschein* auszugeben – es wäre denn, sie erhöht zuerst ihr Aktienkapital im nötigen Ausmass auf mehr als Fr. 1,000,000[38]. Hier ist der Gesichtspunkt des «geringeren Gebrauchs vom Grossvaterprivileg» von vornherein unanwendbar; der Widerspruch zum neuen Recht würde noch vergrössert. Bestehen in einer Gesellschaft aufgrund der bekannten

---

[34] Art. 632 Abs. 2 OR 1991.
[35] Kapitel 3/IV, Rz 324 ff.
[36] Art. 5 Satz 1 Schl.Best. OR 1991. Auch der Bestand alter Sanierungsaktien von weniger als Fr. 10 Nennwert (Art. 622 Abs. 4 Satz 2 OR 1936) wird nicht angetastet.
[37] Das wird nur vereinzelt im Gesetz ausdrücklich gesagt (Art. 5 Satz 2 Schl.Best. OR 1991), gilt aber allgemein.
[38] Oder sie setzt zuerst das PS-Kapital unter Fr. 200,000 herab, aber das ist kaum praktikabel.

Grossvater-Klausel des OR 1936[39] noch uralte Aktien mit einem Nennwert von weniger als Fr. 10, so ist die Ausgabe von weiteren solchen Aktien, obgleich das Gesetz es nicht ausdrücklich sagt[40], ausgeschlossen.

5. Die intertemporale Rechtswahl

Nur für die Zeit zwischen dem Tag der Annahme des Gesetzes (bzw. dem Tag des Ablaufs der Referendumsfrist, dem 13. Januar 1992) und seinem Inkrafttreten am 1. Juli 1992 stellt sich die Frage der *intertemporalen Rechtswahl*. 2073

Kann die Generalversammlung, unter Aufschub der Rechtswirkungen auf den Tag des Inkrafttretens des neuen Aktienrechts, noch unter der Herrschaft des OR 1936 beschliessen: 2074

– einen Aktiensplit in Titel *unter* Fr. 100, z.B. in solche von Fr. 10?
– eine genehmigte Kapitalerhöhung gemäss Art. 631 OR 1991?
– eine Ausgabe von Partizipationsscheinen neuen Rechts gemäss Art. 656a?
– die Einführung von Stimmrechtsaktien mit einer Mehrheit von drei Dritteln nur der *vertretenen* Stimmen (und nicht des gesamten Grundkapitals) gemäss Art. 704 Abs. 1 Ziff. 2 OR 1991?
– eine Durchführung einer Sonderprüfung per 1.7.1992 gemäss Art. 697a?

Die Lösung der Rechtswahl mit «aufgeschobenem Wirksamwerden» ist elegant. Ihre Zulässigkeit ist aber ungewiss, denn mehr als eine Schwierigkeit steht einer unbekümmerten Bejahung dieser auf die Gestaltungsautonomie aufbauenden rechtlichen Konfiguration entgegen. 2075

a) *Terminierter Generalversammlungsbeschluss*

Ganz sicher handelt es sich nicht um eine *Suspensivbedingung* im Sinne von Art. 151 OR, selbst wenn der Beschluss ausdrücklich von einem bedingten Wirksamwerden sprechen sollte und sogar auf den entsprechenden Artikel des Obligationenrechts Bezug nehmen sollte. Es würde sich um eine unzutreffende rechtliche Selbstqualifikation handeln. 2076

Das Ereignis – das Inkrafttreten des Bundesgesetzes nach Ablauf der Referendumsfrist – ist nicht als solches ungewiss. Vorbehältlich des Untergangs der Eidgenossenschaft wird das neue Recht am 1. Juli 1992 *mit Gewissheit* in Kraft treten; ungewiss war bis Ende März – bis der Bundesratsbeschluss im Sinne von Art. 9 Schl.Best. ergangen war – nur der genaue Tag. Es handelte sich um einen «dies certus an, incertus quando», aber ab 30. März 1992 um einen «dies certus». Das bedeutet, dass es nicht um eine Bedingung geht, sondern um einen unbedingten Rechtsakt mit aufgeschobener Wirkung, um ein sog. *terminiertes Rechtsgeschäft*. Dessen Zulässigkeit und Rechtswirkungen bestimmen sich nach dem Recht am Tage des Aktes, nicht nach dem Recht 2077

---

[39] Schluss- und Übergangsbestimmungen OR 1936, Art. 10 Ziff. 1
[40] Im Gegensatz zum Fall der Stimmrechtsaktien, Art. 5 Satz 2 Schl.Best. OR 1991.

am Tage des Eintritts des Termins. Die Terminierung für sich allein vermag daher den Rechtsakt dem am Tage seines Zustandekommens geltenden Recht – dem OR 1936 – nicht zu entziehen.

b) *Rechtsgeschäftliche Herbeiführung einer positiven Vorwirkung?*

2078 Diese Wirkung könnte nur eine eigentliche übergangsrechtliche Rechtsgestaltung haben, die *intertemporale Rechtswahl*: die Generalversammlung wählt das neue Recht als massgeblich für ihren Beschluss, und verschiebt die Wirkung gleichzeitig auf den Tag, an dem dieses neue Recht in Kraft tritt. Das läuft auf eine rechtsgeschäftlich herbeigeführte *positive Vorwirkung* des neuen Rechts hinaus.

2079 Weder die *intertemporale Rechtswahl* noch die *positive Vorwirkung* eines neuen Gesetzes sind bisher im Zivilrecht der Schweiz allgemein anerkannt. Sie wurden während der Vorbereitung der Übergangsbestimmungen zum neuen Aktienrecht offenbar überhaupt nicht in Betracht gezogen. Sie stehen rechtlich der ersten Hauptregel des intertemporalen Rechts diametral entgegen: diese besagt, dass nicht nur nach altem Recht zu beurteilen ist, was sich *vor* dem Inkrafttreten des neuen Rechts ereignet hat, sondern dass dieses Recht auch *in aller Zukunft* die Wirkungen des damaligen Aktes bestimmt. Genau von diesem Satz – dem Art. 1 Abs. 2 Schl.Tit. ZGB 1907 – will sich die Gesellschaft mit der intertemporalen Rechtswahl freistellen. Die Frage ist daher, ob diese Bestimmung dispositiver Natur ist, und wenn ja, für *welche* Regelungskomplexe des neuen Rechts. Das ist zur Zeit der Abfassung dieser Ausführungen eine offene Rechtsfrage. Nur soviel ist sicher:

2080 (1) eine *intertemporale Rechtswahl* scheint dem heutigen Rechtsgefühl zu entsprechen; sie wurde, offenbar ohne grosse Diskussion, beim Übergang zum neuen Eherecht in der Zeit vor dem 1. Januar 1988 zugelassen; man konnte 1986 oder 1987 einen Ehevertrag abschliessen mit der Klausel, er würde am 1.1.1988 in Kraft treten und dem neuen Eherecht unterstehen. Dies hat in Art. 10d Schl.Tit. ZGB 1984 (wenn auch mehr nur indirekt) seinen Niederschlag gefunden. Diese Regelung scheint aber ziemlich isoliert dazustehen;

2081 (2) zu Art. 1 Schl.Tit. ZGB, der jedem Gedanken an eine Vor- oder Rückwirkung entgegensteht, sind keine Entscheide bekannt, die für die Zeit vor dem Stichtag des Inkrafttretens des Zivilgesetzbuches, dem *1. Januar 1912*, die intertemporale Rechtswahl gestattet hätten[41];

2082 (3) die intertemporale Rechtswahl führt notwendigerweise zu einem rechtlichen *Schwebezustand* zwischen «Beschluss» und «Wirksamwerden». Gerade bei einer genehmigten Kapitalerhöhung «per neues Recht» entstehen Rechtsprobleme, die nur der Gesetzgeber in einer Sonderbestimmung über die intertemporale Rechtswahl lösen könnte: ist der Beschluss sofort, wie gesetzlich vorgesehen, in die Statuten und ins Handelsregister aufzunehmen? Also noch unter altem Recht? Doch wohl nicht. Hat das dann erst nach Ablauf der Schwebefrist, wenn das Gesetz in Kraft getreten ist, zu geschehen? Ist das Interesse des Dritten zu opfern, der auf das Nichtbestehen

---

[41] Art. 3 und 4 Schl.Tit. ZGB visieren nicht diesen Fall an. Ein Hinweis auf eine «Parteivereinbarung» im Sinne einer intertemporalen Rechtswahl findet sich recht isoliert in BGE 39 II 671, aber als blosses obiter dictum.

eines die Anzahl der quotalen Rechte potentiell erhöhenden Beschlusses vertraut hatte? Gelten für die Anfechtung eines vor dem 1. Juli 1992 gefassten Generalversammlungsbeschlusses, der das neue Recht wählt, die alt- oder die neurechtlichen Bestimmungen über die Anfechtungsklage und die Nichtigkeit?[41a]

Am Schluss pragmatisch wichtig ist, dass die *Handelsregisterführer* sich für die Zeit nach dem Inkrafttreten des neuen Rechts überwiegend (wenn auch nicht umfassend) bereit erklärt haben, altrechtliche Beschlüsse mit Aufschubklausel und intertemporaler Rechtswahl aus der Zeit *vor* dem Inkrafttreten einzutragen. Die Entscheidung der Handelsregisterführer ist indessen nach der geltenden Bundesgerichtspraxis ohne materiellrechtliche Bedeutung. Die Rechtsfrage bleibt offen bis zum Urteil des Gerichts, das von einer nicht vorauszusagenden Abwägung der gegenläufigen Gesichtspunkte abhängen wird. 2083

B. Besonderes Übergangsrecht für die altrechtlichen Partizipationsscheine

Die vorstehend erläuterten Ausnahmen betreffen die Rechtsfolgen allein, die Konsequenzen einer Untätigkeit nach Ablauf der fünf Jahre[42]. In den drei Rechtsfolgen allein unterscheiden sich die Übergangsnormen für die Statuten: einfaches Unwirksamwerden nach fünf Jahren in fast allen Fällen; Gesellschaftsliquidation in drei Sonderfällen; unbegrenzte Weitergeltung zufolge der «Grossvater-Klausel» in vier Sonderfällen. 2084

Nun hat es aber dem Gesetzgeber für den grössten Teil einer einzigen Gruppe von Statutenbestimmungen gefallen, ein nochmals *radikal anderes Grundprinzip* (mit zahlreichen Ausnahmen) aufzustellen: für die altrechtlichen Partizipationsscheine. 2085

1. Nichtgeltung der allgemeinen Regel von der fünfjährigen Anpassungsfrist

Im Bereich der Partizipationsscheine gilt:

– *keine allgemeine* fünfjährige Anpassungsfrist, sondern

– *sofortiges Wirksamwerden* der neuen gesetzlichen Vorschriften über die Partizipationsscheine (mit Ausnahmen), und zwar sofort auch entgegen widersprechenden Statutenbestimmungen, alles von Gesetzes wegen am Tage des Inkrafttretens des revidierten Aktienrechts, am 1. Juli 1992. 2086

Hier, bei den Partizipationsscheinen, gilt also die dritte Hauptregel jedenfalls nicht allgemein, sondern der genau *umgekehrte Grundsatz*: im Bereich der Partizipationsscheine bricht (mit Ausnahmen) das neue Gesetzesrecht das alte statutarische Recht. 2087

[41a] Vgl. dazu neuestens *Peter Forstmoser* (zit. Anm. 1) 161 ff.
[42] Art. 2 Abs. 3 Schl.Best. OR 1991.

2. Drei Regelungsbereiche

2088 Es wäre freilich verfehlt anzunehmen, dieser Zauberstab, der am 1. Juli 1992 sofort die Rechtswirkungen ändert, gelte für das *ganze* Recht der Partizipationsscheine. Im Gegenteil fand es unser Gesetzgeber angebracht, für die Partizipationsscheine gleich *drei Regelungsbereiche* mit je unterschiedlichen Rechtsfolgen zu schaffen.

a) *Der Bereich des sofortigen Wirksamwerdens am 1. Juli 1992*

2089 Das sofortige, vorrangige Wirksamwerden auch entgegen bestehenden Statutenbestimmungen, die Regel «neues Gesetz bricht alte Statuten», gilt grundsätzlich für die *neue gesetzliche Konfiguration des Partizipationsscheins*[43].

2090 Dazu musste der Gesetzgeber eine Begriffsdefinition des «Partizipationsscheins» für am 1. Juli 1992 bestehende, in diesem Sinne nach neuem Recht als «PS» zu erfassende Beteiligungspapiere liefern. Von der sofortigen Wirksamkeit am 1. Juli 1992 werden erfasst alle Titel, die

2091 (1) als *«Partizipationsscheine»* oder *«Genussscheine»* bezeichnet sind, und

2092 (2) einen *Nennwert* haben, und

2093 (3) in den *Passiven* der Bilanz ausgewiesen sind[44].

2094 Erfüllt ein am 1. Juli 1992 bestehendes Beteiligungspapier diese drei Kriterien nicht, so fällt es automatisch unter die Bestimmungen über die *Genussscheine neuen Rechts*, selbst wenn der Titel herkömmlich noch die Bezeichnung «Partizipationsschein» tragen sollte. Entscheidend dürften dabei aber – entgegen dem überziselierten Wortlaut dieser Übergangsbestimmung – die Merkmale des *Nennwertes* und des Ausweises in den *Passiven* der Bilanz sein, nicht die *Bezeichnung*. Es ist sehr wohl denkbar, dass angesichts der fast völligen Gestaltungsfreiheit unter altem Recht ein Finanzprodukt mit Nennwert und Ausweis in der Bilanz weder «PS» noch «Genussschein» genannt worden ist, sondern z.B. «Anteilschein» oder «Beteiligungsrecht». Es wäre schwer einzusehen, warum allein aus diesem Grunde Art. 3 Schl.Best. auf solche Titel nicht anwendbar sein sollte. Gewisse Gesellschaften haben übrigens *unverbriefte* «Partizipationsrechte», «Beteiligungsrechte» oder «Genussrechte» ausgegeben; diese gehören inhaltlich ebenfalls zu den in Art. 3 Schl.Best. anvisierten «Titeln».

2095 Fällt nun ein ausgegebenes Beteiligungsrecht unter die so verstandene gesetzliche Definition des *Partizipationsscheins*, so gilt – unter dem Vorbehalt namentlich der Höchstbegrenzung und der Definition der Vermögensrechte[45] – *sofort am 1. Juli 1992*, auch wenn die Statuten noch so ausdrücklich etwas anderes sagen, unter anderem folgendes Recht:

2096 – Der *Gleichstellungsartikel*, Art. 656a Abs. 2, wird wirksam, allerdings unter Vorbehalt der Umschreibung der Vermögensrechte der PS. Die bisher auf den Genuss-

---

[43] Sie gilt aber ausdrücklich nicht für die Höhenbegrenzung im Verhältnis zum Aktienkapital und die genaue Definition der Vermögensrechte, die den Partizipationsscheinen verliehen sind.
[44] Art. 3 Abs. 1 Satz 2 Schl.Best. OR 1991.
[45] Art. 656f OR 1991 und Art. 3 Abs. 2 Schl.Best. OR 1991.

schein-Artikel gegründeten Partizipationsscheine sind den Bestimmungen über die Aktie unterstellt, soweit das Gesetz nichts anderes vorsieht. Die Partizipanten sind insoweit – unter Vorbehalt von Art. 656f – sofort den Aktionären gleichgestellt[46].

– in den Bestimmungen über die Schwellenwerte zur *Einschränkung des Erwerbs eigener Aktien*[46a], über die *allgemeine gesetzliche Reserve*[47], die *Sonderprüfung* und den *Kapitalverlust* ist sofort das bestehende Partizipationskapital zum Aktienkapital hinzuzuzählen; 2097

– sollten die alten Statuten den Partizipanten in gewissen Sachfragen oder unter bestimmten Voraussetzungen z.B. beim Ausfall der Dividende, ein *Stimmrecht* in der Generalversammlung oder ein Zustimmungsrecht in gesonderter Versammlung zugestehen, so verliert diese Klausel sofort jede Wirksamkeit[48]; 2098

– die Partizipanten erhalten sofort das Recht auf *Auskunft* und *Einsicht* sowie auf Einleitung einer *Sonderprüfung*[49]; 2099

– alle Partizipanten haben ab 1. Juli 1992 das gesetzlich geregelte und geschützte *Bezugsrecht*, darin eingeschlossen und von Gesetzes wegen das «Querbezugsrecht» sogar auf Aktien, wenn das Partizipationskapital verhältnismässig schwächer erhöht wird als das Aktienkapital[50]. 2100

Die Rechtslage ist daher hinsichtlich der «PS» eine ganz andere als im sonstigen Bereich der Statutenanpassungen. Während dort überall während der fünf Jahre die in den Statuten ausgedrückte *alte Norm noch gilt*, bis sie angepasst ist, hat bei den Partizipationsscheinen der Gesetzgeber das Gegenteil angeordnet. Obgleich angesichts einer so rabiaten Methode eine kurze, vielleicht ein- oder zweijährige Frist zur Beseitigung von gar nicht mehr geltenden Klauseln in den Statuten angebracht gewesen wäre, gibt das Gesetz dennoch auch im Bereich der Partizipationsscheine den Gesellschaften volle fünf Jahre Zeit für den Vollzug der eigentlich schon sofort per 1. Juli 1992 unerlässlichen Statutenbereinigung. Dazu gehört die *Anpassung der Statuten* an die bereits sofort seit 1. Juli 1992 zwangsweise geltende gesetzliche Konfiguration des Partizipationsscheins. 2101

b)   Anpassungsfrist von 5 Jahren im Bereich der Partizipationsscheine

In bestimmten Fragen des Partizipationsscheins gilt nun aber die Sonderregel des sofortigen Wirksamwerdens *nicht*, beansprucht trotz allem die uns sonst vertraute dritte Hauptregel des intertemporalen Rechts wieder Beachtung. Bestimmte mit dem neuen Recht «unvereinbare» alte Statutenbestimmungen *gelten vorläufig noch weiter*, bis die Gesellschaft sie anzupassen geruht, längstens aber für fünf Jahre. Dazu gehören: 2102

---

[46] Art. 3 Abs. 2 Schl.Best. OR 1991.
[46a] Wie genau dieses «Zuzählen» bei eigenen Aktien funktioniert, ist nicht überall klar, vgl. Rz 383.
[47] «*Allgemeine Reserve*» genannt, vgl. Art. 656b und Art. 671 OR 1991.
[48] Art. 656c Abs. 1 OR 1991.
[49] Art. 656c Abs. 3 (am Ende) OR 1991.
[50] Art. 656g Abs. 3 OR 1991.

2103 (1) die *Umschreibung der Vermögensrechte* in den Statuten, falls diese altrechtliche Definition den Anforderungen des neuen Rechts[51] nicht genügt. Dies bedeutet, dass der entscheidende Eckwert der altrechtlichen Partizipationsscheine überhaupt – die teilweise recht wunderliche Definition der Gewinnanteilsrechte mit oder ohne Anrecht auf das Liquidationsergebnis, die man in altrechtlichen Statuten findet –, wie ein erratischer Block noch bis zu fünf Jahre lang rechtliche Geltung behält, nämlich bis zur Statutenänderung;

2104 (2) das Fehlen der *Ausgabebedingungen* der bereits ausstehenden, noch unter dem alten Recht geschaffenen Titel in den Statuten[52]. Was unter diesen historischen «Ausgabebedingungen» genau gemeint sei (und was davon sich für die Aufnahme in den Kontext der Statuten eignet), ist weder dem Gesetz noch der Botschaft 1983 zu entnehmen[53]. Anvisiert sind wohl jene Fälle, wo aufgrund der sehr weitgehenden Gestaltungsfreiheit unter altem Recht die für eine Definition des Finanzproduktes «PS» notwendigen Eckwerte salopperweise nur in *Prospekten* oder *Zirkularen des Verwaltungsrates* aus der damaligen Zeit aufgefunden werden können. Es ist zu denken an die folgenden Angaben über die Vorgänge zur Zeit der Emission:

– Nennwert;

– Inhaberklausel;

– Liberierung in bar oder durch Sacheinlage;

– Voll- oder Teilliberierung.

2105 Dagegen dürfte das, was man unter «Ausgabebedingungen» noch am ehesten zu verstehen geneigt ist – der Ausgabepreis bei der Emission – nicht darunter fallen. Er hat grundsätzlich in den Statuten, mindestens nach vollendeter Ausgabe der Titel, nichts zu suchen[54].

2106 (3) Die Bezeichnung ausdrücklich als *«Partizipationsscheine»* sowohl auf dem Titel[55] wie in den Statuten. Dies mutet den Gesellschaften innerhalb der Fünfjahresfrist nicht nur eine Statutenänderung, sondern gegebenenfalls die Einziehung der gesamten ausstehenden Titel und deren Überstempelung oder Neudruck zu[56];

2107 (4) Die *Eintragung der PS im Handelsregister*. Der Inhalt der Eintragung ist innerhalb von fünf Jahren auf den vom neuen Recht verlangten Stand zu bringen. Insbesondere ist nun nicht mehr nur die Anzahl der ausgegebenen Partizipationsscheine einzutragen. Registerpflichtig sind vielmehr, wie bei Aktien[57], alle Angaben:

---

[51] Art. 3 Abs. 2 Schl.Best. OR 1991 und Art. 656f OR 1991; dieser tritt *nicht* sofort zwangsweise am 1. Juli 1992 in den Vorrang gegenüber bestehenden statutarischen Umschreibungen.
[52] Art. 3 Abs. 2 Schl.Best. OR 1991.
[53] *Botschaft 1983*, 197, Ziff. 38, sagt bloss enigmatisch: «Zudem müssen die fehlenden Bestimmungen, die heute allenfalls in den Ausgabebedingungen enthalten sind, in die Statuten aufgenommen werden».
[54] Art. 650 Abs. 2, 651 Abs. 3 und Art. 652g/652h OR 1991.
[55] Möglich sind auch «PS mit aufgeschobenem Titeldruck», allerdings nur bei Namen-Partizipationsscheinen.
[56] Art. 3 Abs. 2 Schl.Best. OR 1991.
[57] Art. 656a Abs. 2 OR 1991.

- der gesamte Nennbetrag des Partizipationskapitals;
- der Betrag der darauf geleisteten Einlage[58];
- Anzahl, Nennwert und Art der Partizipationsscheine;
- Angabe der Gleichstellung mit einer bestimmten Aktienkategorie, falls mehrere bestehen[59], und eventuelle Vorrechte.

Die Schaffung von bedingtem oder genehmigtem Partizipationskapital ist erst nach der Anpassung der Statuten hinsichtlich der Partizipationsscheine ans neue Recht möglich. 2108

c) *«Grossvater-Klausel» für «zu hohes altes Partizipationskapital»*

Als Ausnahmeregel kennen die Übergangsbestimmungen, wie schon erwähnt, für die PS einen Anwendungsfall der vierten Hauptregel, eine echte «Grossvater-Klausel»: überstieg das am 1. Januar 1985[60] bereits bestehende Partizipationskapital[61] das Doppelte des Aktienkapitals[62], so kann dieses entgegen der an sich neu geltenden Begrenzung des Art. 656b Abs. 1 ohne jede zeitliche Limitierung so beibehalten werden. 2109

Umgekehrt ist aus der Anwendung der dritten Hauptregel zu entnehmen, dass die erst am 2. Januar 1985 und später das Doppelte übersteigenden PS-Kapitalien *nicht sofort am 1. Juli 1992* bereinigt werden müssen: die Gesellschaften, die sich in dieser Situation befinden, haben fünf Jahre Zeit, um entweder das bestehende Partizipationskapital auf das Doppelte des Aktienkapitals herabzusetzen oder das Aktienkapital – durch Einlagen oder aus Eigenkapital – so zu erhöhen, dass das höchstzulässige Verhältnis erreicht wird[63]. 2110

Der Regel ist zu entnehmen, dass Gesellschaften, die an sich von der Grossvater-Klausel profitieren, insoweit dennoch *blockiert* sind, als sie vom 1. Juli 1992 an ihr Partizipationskapital nicht noch weiter über das gesetzliche Verhältnis hinaus erhöhen dürfen. Sie können keinen einzigen neuen Partizipationsschein mehr ausgeben, es sei denn, sie passen sich zuvor dem neu geltenden Höchstverhältnis an. Denn hier gilt die eherne Regel: neue Grossväter kommen nicht mehr auf die Welt. 2111

4. Die umfassende «drakonische» Rechtsfolge im Bereich der Partizipationsscheine

Nicht nur die Regeln für die Anpassungen sind bei den Partizipationsscheinen anders geregelt als sonst im Aktienrecht, auch die *Rechtsfolge* ist unterschiedlich angeordnet. Es gilt hier gemäss Art. 2 Abs. 2 fast umfassend die zivile Todesstrafe für die juristische Person als ganzes – Liquidation jeder Gesellschaft, welche Partizipationsscheine 2112

---

[58] Art. 641 Ziff. 4 OR 1991.
[59] Art. 656f Abs. 2, Art. 627 Ziff. 9 und Art. 641 Ziff. 5 OR 1991.
[60] Gleicher Stichtag wie für die «alten kleinen Aktienkapitalien», Art. 2 Abs. 2 Schl.Best. OR 1991.
[61] Oder «Partizipationsscheinkapital», wie man damals meist sagte.
[62] Damals «Grundkapital» nach OR 1936.
[63] Art. 2 Abs. 1 und Abs. 2 Satz 1 in Verbindung mit Satz 3 Schl.Best. OR 1991.

ausgegeben und widerborstig die statutarischen Bestimmungen nach Ablauf auch einer richterlich angesetzten Nachfrist nicht angepasst hat[64].

2113 Der zivile Tod gilt nach dem Gesetz (Art. 2 Abs. 2 Satz 1 zielt nur auf Statutenänderungen ab) allerdings nicht auch für das Versäumnis bei zwei vorgeschriebenen Rechtshandlungen:

2114 – beim Versäumnis, die erforderlichen *Eintragungen* in das *Handelsregister* zu veranlassen, und

2115 – beim Versäumnis, *die im Umlauf befindlichen Titel*, die nicht als «Partizipationsscheine» bezeichnet sind, aber nach der gesetzlichen Definition solche sind[65], mit dieser Bezeichnung zu versehen.

5. Einzelfragen bei der Anwendung der Sonderregeln für Partizipationsscheine

2116 Es wäre verwunderlich, wenn ein derart buntes Regelungsmosaik, wie es der Gesetzgeber für die Partizipationsscheine geschaffen hat, nicht zu zahlreichen Zweifelsfragen führen würde.

a) Altrechtliche Ermächtigungsklauseln in den Statuten für die Ausgabe neuer Partizipationsscheine

2117 Eine besondere übergangsrechtliche Frage zielt auf die noch unter altem Recht in zahlreiche Statuten aufgenommene *Ermächtigungsklauseln* ab. Diesen zufolge ist der Verwaltungsrat – meist ohne jede zeitliche Begrenzung – von der Generalversammlung rechtlich in die Lage versetzt, nach seinem eigenen Ermessen und zu den von ihm festzusetzenden Ausgabebedingungen Partizipationsscheine eines bestimmten Nennwertes auszugeben. Gelten diese Ermächtigungen, die teilweise in den Statuten stehen, teilweise aber auch in einem Generalversammlungbeschluss ausserhalb der Statuten, am 1. Juli 1992 weiter? Und für wie lange?

2118 Man hätte von den eigens für die Partizipationsscheine in die Schlussbestimmungen aufgenommenen Sonderregeln mindestens zu dieser Hauptfrage eine eindeutige Antwort erwarten dürfen. Das ist nicht der Fall.

2119 Immerhin ist so viel unmissverständlich durch Art. 3 Abs. 1 der Schlussbestimmungen angeordnet: die Vorschriften über das Aktienkapital und die Aktien[66] sind – in Abweichung von der dritten Hauptregel des intertemporalen Rechts – auf die bestehenden Partizipationsscheine am 1. Juli 1992 *sofort anwendbar* und zwar auch *entgegen* anderslautenden (alten) Statutenbestimmungen. Daher ist die Ausgabe von neuen Partizipationsscheinen durch den Verwaltungsrat ab 1. Juli 1992 nur noch in der Form der genehmigten Kapitalerhöhung[67] möglich. Daraus ergeben sich zwei Folgerungen:

---

[64] Art. 2 Abs. 2 Satz 1 und 2 Schl.Best. OR 1991.
[65] Art. 3 Abs. 2 Schl.Best. OR 1991.
[66] Art. 656a Abs. 2 OR 1991.
[67] Art. 651 ff. und 656b Abs. 5 OR 1991.

wie man sonst auch immer entscheidet, auf jeden Fall muss die altrechtliche Ermächtigungsklausel allerspätestens zwei Jahre nach dem Inkrafttreten des neuen Rechts ohne weiteres erlöschen, denn eine länger als zwei Jahre dauernde Ermächtigung kennt das neue Schweizer Aktienrecht – in Abweichung vom EG-Gesellschaftsrecht, welches fünf Jahre vorsieht[68] – überhaupt nicht.

Aber schon am 1. Juli 1992 ist, bei konsequenter Durchführung des in Art. 3 Abs. 1 der Schlussbestimmungen ausgedrückten Gedankens, eine altrechtliche Ermächtigungsklausel, wenn sie nicht den Anforderungen des neuen Rechts genügt[69] (und das wird in den seltensten Fällen zutreffen), augenblicklich wirkungslos. Entweder steht die Ermächtigung gar nicht in den Statuten[70], oder dann fehlt in den herkömmlichen Ermächtigungsklauseln die Angabe des gesamten Nennbetrags, um den der Verwaltungsrat das Partizipationskapital erhöhen darf – man schrieb eher die maximale Anzahl neuer Partizipationsscheine in die Statuten. Und dann fehlen meist die vom neuen Recht in Art. 650 Abs. 2 bzw. 651 Abs. 3 verlangten weiteren Angaben im Kontext der alten Statuten. 2120

Fazit: aus dem Sonderregime des neuen Gesetzes für die altrechtlichen Partizipationsscheine wird in den meisten Fällen folgen, dass eine noch unter dem Regime des OR 1936 in die Statuten aufgenommene Ermächtigung an den Verwaltungsrat zur Ausgabe neuer Partizipationsscheine *am 30. Juni 1992 um Mitternacht erlischt.* 2121

b) *Rückwirkung auf die historischen «Ausgabebedingungen»?*

Art. 3 Abs. 2 der Schlussbestimmungen enthält eine Zweifelsfrage: bringt er etwa auch noch eine Rückwirkung besonderer Art mit sich? Ist der längst vergangene Vorgang der Emission altrechtlicher Partizipationsscheine nun nachträglich in den Statuten wiederzugeben? 2122

Sicher einmal braucht man nicht mehr an Angaben über alte PS in die Statuten aufzunehmen, als man es hinsichtlich einer neuen PS-Emission müsste. Art. 1 des Schlusstitels zum ZGB 1907 gibt im übrigen die Antwort: jene alten Vorgänge werden danach definitiv so behandelt, wie es nach altem Recht zu geschehen hatte. 2123

Wer aber den Begriff der *«Ausgabebedingungen»* weit auslegen und darin eine Rückwirkung, in Abweichung vom allgemeinen Prinzip der Nichtrückwirkung, erblickt, muss die letzte Schranke für das Zurückgehen in der Zeit bei 10 Jahren ansetzen. Denn nach Ablauf dieser Frist können nach neuem Aktienrecht sogar Bestimmungen über Sacheinlagen und -übernahmen in den Statuten gestrichen werden[71]. Es wäre widersinnig, etwas für alte PS nachzuvollziehen, was das Gesetz für alte Aktien bereits als streichungswürdig ansieht. 2124

---

[68] Vorn Kapitel 2/V, Rz 296.
[69] Art. 650 Abs. 2 und Art. 651 Abs. 3 OR 1991.
[70] Art. 651 Abs. 1 OR 1991.
[71] Art. 628 Abs. 4 OR 1991.

C. Übergangsrecht für altrechtliche Genussscheine

2125 Eine vom Regelungssatz für die Partizipationsscheine wiederum abweichende Sonderregel gilt für die Genussscheine. Als solche gelten bekanntlich nach neuem Recht auch die als «Partizipationsscheine» bezeichneten Beteiligungsrechte, wenn Nennwert und Ausweis in den Passiven der Bilanz fehlen. Im Unterschied zur Regelung für die Partizipationsscheine – die echten – kennt das Gesetz hier kein sofortiges Wirksamwerden: es gilt die dritte Hauptregel, die fünfjährige Anpassungsfrist. Solche Beteiligungsrechte dürfen also noch fünf Jahre lang als «Partizipationsscheine» bezeichnet umlaufen, obgleich der fehlende Nennwert und der fehlende Ausweis in der Bilanz dies eigentlich verbieten würden. Die Angabe eines Nennwertes für alte Genussscheine ist erst mit Ablauf der Anpassungsfrist untersagt.

2126 Die einzelne Gesellschaft hat, wenn sie nach altem Recht eine *Mischform* zwischen Partizipations- und Genussschein oder sonst nicht-konforme Genussscheine ausgegeben hat, die Wahl, diese innerhalb der fünf Jahre entweder auf Genussscheine neuen Rechts «abzurüsten», oder sie auf Partizipationsscheine neuen Rechts «aufzurüsten». Das ist der Sinn der etwas dunkeln Beifügung im Gesetz: «Vorbehalten bleibt die Umwandlung in Partizipationsscheine»[72].

D. Übergangsrecht für eigene Aktien

2127 Hält eine Gesellschaft am 1. Juli 1992 selbst oder in Tochtergesellschaften eigene Aktien, so muss sie sich, obgleich der Erwerb dieser Aktien endgültig den Regeln des alten Aktienrechts unterstellt bleibt, hinsichtlich der Rechtsfolgen an das neue Recht halten.

2128 Nun ist aber zu unterscheiden hinsichtlich der verschiedenen Rechtsfolgen.

1. 10%-Limite

2129 Die neue *Limite von 10%* ist nicht direkt auf über 10% hinaus gehende alte Bestände eigener Aktien anwendbar, da sie ausdrücklich an den Tatbestand des «Erwerbs» anknüpft[73] und dieser nach der ersten Hauptregel vom alten Recht beherrscht bleibt. Art. 659 OR 1991 ist nun einmal klar als Erwerbsbegrenzung formuliert. In diesem Fall gälte umgekehrt die altrechtliche Pflicht zur Veräusserung oder Vernichtung mit tunlicher Beschleunigung nach der ersten Hauptregel grundsätzlich weiter[74].

---

[72] Art. 3 Abs. 3 Satz 4 Schl.Best. OR 1991.
[73] Art. 659 Abs. 1 OR 1991.
[74] Art. 659 Abs. 3 OR 1936.

Dagegen erlischt diese Veräusserungs- bzw. Vernichtungspflicht insoweit, als die alten   2130
eigenen Aktien zusammen mit eventuellen neuen die 10%-Grenze nicht übersteigen.
Insofern gilt hier die zweite Hauptregel des intertemporalen Rechts, das sofortige Wirksamwerden, vorrangig gegenüber der ersten. Die Pflicht, die über die Limite hinausgehenden Aktien abzustossen, knüpft an die neue Tatsache des nach dem 30. Juni 1992
festzustellenden Bestandes, nicht an die alte des seinerzeitigen Erwerbs an.

2. Stimmrecht und Reservebildung

Das Stimmrecht aus eigenen Aktien ruht sowohl nach altem[75] wie neuem Recht[76], doch   2131
gilt das jetzt von Gesetzes wegen auch für eigene Aktien in Tochtergesellschaften[77].
Der Stimmrechtsausschluss gilt wegen der zweiten Hauptregel sofort ab 1. Juli 1992
auch für Altbestände eigener Aktien bei Tochtergesellschaften.

Die Pflicht zur Bildung einer *Sonderreserve* in den Passiven für eigene Aktien knüpft   2132
nach der 1991 Gesetz gewordenen Regelung nicht an den Erwerb als Vorgang sondern
an das Faktum des Vorhandenseins eigener Aktien an[78]. Die Reserve muss demnach
auch für alte eigene Aktien, die am 1. Juli 1992 im Eigentum der Gesellschaft oder
ihrer Tochtergesellschaften[79] stehen, gebildet werden. Dieses Ergebnis ist durchaus vereinbar mit dem ersten Hauptsatz des intertemporalen Rechts, demzufolge die Rechtsfolgen, welche alte Tatsachen unter altem Recht hatten, auch «in Zukunft»[80] gelten.
Die Herrschaft des neuen Rechts geht nach der zweiten Hauptregel für die Fakten *nach*
dem 30. Juni 1992 vor. Der Bestand an eigenen Aktien ist an jedem Tag der Geltung
des neuen Rechts eine derartige Tatsache. Eine Sonderreserve ist daher nicht nur für
am 1. Juli 1992 und danach erworbene eigene Aktien zu bilden, sondern auch für
Altbestände.

3. Angaben im Anhang

Dieselbe intertemporale Regel gilt für die Angaben, die zu *eigenen Aktien* in Ziff. 10   2133
des Anhangs zu machen sind[81].

4. Pfandnahme eigener Aktien

Die Gesellschaft kann ab 1. Juli 1992 sofort eigene Aktien als *Pfand* entgegennehmen[82].   2134

---

[75] Art. 659 Abs. 5 OR 1936.
[76] Art. 659a Abs. 1 OR 1991.
[77] Art. 659b Abs. 1 OR 1991.
[78] Art. 659a Abs. 2 OR 1991.
[79] Art. 659a Abs. 2 und Art. 659b Abs. 3 OR 1991.
[80] Art. 1 Abs. 2 Schl.Tit. ZGB, vgl. Anm. 8.
[81] Art. 663b Ziff. 10 OR 1991.
[82] Zu allem Kapitel 2/VII/D/2, Rz 416 ff.

E. Übergangsrecht für die Rechnungslegung

2135 So sehr dem Gesetzgeber die Besonderheiten bei den Partizipationsscheinen am Herzen lagen, so wenig hat er sich mit zwei weiteren Bereichen befasst, in denen der Übergang vom alten zum neuen Recht problembeladen ist: mit der *Rechnungslegung* (insbesondere der Konzernrechnung) und der *Revision* einerseits, der *Vinkulierung* andererseits. Der im Entwurf 1983 noch vorgesehene, schon damals stark eingeschränkte Vorschlag des Bundesrates[83], eine Verordnung zu erlassen, ist vom Parlament zudem gestrichen worden, so dass auch von jener Seite kaum Hilfe zu erwarten ist.

1. Der Ausgangspunkt: die erste und die zweite Hauptregel

2136 Die Schlussbestimmungen vom 4. Oktober 1991 erwähnen die Rechnungslegung und die Jahresrechnung (Erfolgsrechnung, Bilanz, Anhang) überhaupt nicht. Daher müssen an sich die beiden Hauptregeln von Art. 1 des Schlusstitels zum ZGB gelten:

– *keine* Rückwirkung,

– aber *sofortiges* Wirksamwerden am 1. Juli 1992.

2137 Die massgebliche Frage in diesem Bereich ist dann aber, *welche* «Tatsachen»[84] als am 30. Juni 1992 «eingetreten»[85], welche «Handlungen» als bereits «vorgenommen», kurz welche Sachverhalte als verwirklicht und damit als abgeschlossen angesehen werden können[86].

2. Die sachgerechte Anwendung der ersten Hauptregel

2138 Der Schlusstitel des ZGB 1907, der anwendbar ist, wirft Fragen auf. Er besagt im Ergebnis «für alte Tatsachen gilt für immer altes Recht, für neue Tatsachen gilt sofort neues Recht»[87]. Die Rechnungslegung und ihr Produkt, die Jahresrechnung, passen nun

---

[83] Art. 2 Abs. 4 der Schlussbestimmungen gemäss *Botschaft 1983*, 249.
[84] So Art. 1 Schl.Tit. ZGB.
[85] a.a.O.
[86] Im Bereich der Rechnungslegung so gut wie bedeutungslos ist dagegen die *dritte Hauptregel* – wonach entgegenstehende Statutenbestimmungen noch für fünf Jahre dem neuen Gesetzesrecht vorgehen, bis zur Anpassung. Die Statuten stellen sehr selten besondere Vorschriften hinsichtlich der Gegenstände der Rechnungslegung, hinsichtlich ihrer Ordnungsmässigkeit und der Bewertungsgrundsätze auf. Hier gibt es praktisch kein substantielles «statutarisches Recht», das vorläufig das neue Gesetzesrecht brechen könnte.
[87] *Art. 1 Schl.Tit. ZGB:*
«[1] Die rechtlichen Wirkungen von Tatsachen, die vor dem Inkrafttreten dieses Gesetzes eingetreten sind, werden auch nachher gemäss den Bestimmungen des eidgenössischen oder kantonalen Rechtes beurteilt, die zur Zeit des Eintrittes dieser Tatsachen gegolten haben.
[2] Demgemäss unterliegen die vor diesem Zeitpunkte vorgenommenen Handlungen in bezug auf ihre rechtliche Verbindlichkeit und ihre rechtlichen Folgen auch in Zukunft den bei ihrer Vornahme geltend gewesenen Bestimmungen.
[3] Die nach diesem Zeitpunkte eingetretenen Tatsachen dagegen werden, soweit das Gesetz eine Ausnahme nicht vorgesehen hat, nach dem neuen Recht beurteilt.»

aber schlecht zu dem einfachen Gedankenschema von punktuellen Tatsachen vor und punktuellen Tatsachen nach dem Tage des Inkrafttretens. Läuft das Rechnungsjahr über den Stichtag des Inkrafttretens (1. Juli 1992) hinweg, so sind die davorliegenden Einzeltatsachen – z.B. ein Warenverkauf am 3. April 1992 – bereits im Sinne des ZGB «eingetreten»; der Umsatz des Monats Februar 1992 ist eine «Tatsache», und zwar eine *vor* dem Inkrafttreten verwirklichte. Also würde sich die «rechtliche Wirkung» dieser Tatsache – immer im Sprachgebrauch des ZGB 1907 – , nämlich die Rechnung, die darüber zu legen ist, auch gemäss dem in jenem Monat geltenden Recht bestimmen, dem *alten* Recht.

Das ist nun aber völlig sachwidrig. Rechnungslegung ist im weitesten Umfang die wertende und abschliessende Feststellung der Summe von Aufzeichnungen aller erfolgswirksamen und finanzwirksamen Vorgänge der *ganzen* Rechnungsperiode. Es gilt insofern das Periodizitätsprinzip. Die Aufzeichnungen vom ersten bis zum letzten Tag des Rechnungsjahres müssen notwendigerweise stetig sein und einem einheitlichen System folgen, sollen sie ordnungsmässig im Sinne des Gesetzes sein. Die Prinzipien, die am ersten Tag und im ersten Monat der Buchhaltung gelten, müssen übereinstimmen mit jenen, die im letzten Monat und am letzten Tag gelten. 2139

Art. 1 des Schlusstitels ZGB ist auf *punktuelle* Tatsachen zugeschnitten. Der Gegenstand der Rechnungslegung, die Gesamttatsache «für die Rechnungslegung relevante Vorfälle im Rechnungsjahr» ist demgegenüber erst mit dem *Abschlusstag* in diesem Sinne «eingetreten». Daher sind die neuen Normen der Rechnungslegung auf jene Rechnungsjahre und nur auf jene anwendbar, die vom ersten bis zum letzten Tag unter das neue Recht fallen[88]. Eine Gesellschaft, die nach dem Kalenderjahr abschliesst, legt folglich im ersten Halbjahr 1993 noch nach alten Regeln Rechnung, wenn sie nicht freiwillig schon neues Recht anwenden will[89]. 2140

Dieses Ergebnis wird übrigens auch durch die erste Hauptregel des intertemporalen Rechts, den Grundgedanken der «*Nichtrückwirkung*» des Schlusstitels des ZGB 1907, vollauf gestützt; die Rechtssubjekte sollen nicht ihr Verhalten in einem gegebenen Zeitpunkt – zu Beginn der Rechnungsperiode – auf ein Recht ausrichten müssen, das erst später in Kraft tritt[89a]. 2141

3. Konsolidierung/Konzernrechnung

Dieser Gedanke der Gesamttatsache hat ganz besonderes Gewicht bei der *Konsolidierung*[90]. Noch viel weniger als beim Einzelabschluss kann die Konzernrechnung ein- 2142

---

[88] Ebenso die Erklärung des Berichterstatters des Ständerates, *Amtl. Bull. StR* (1991) 472.
[89] Zum gleichen Ergebnis kommen *Hanspeter Kläy* (1991) 315; *Carl Helbling* (1991) 563; *Amtl. Bull. StR* (1991) 472; *Peter Forstmoser* (1992) 67.
[89a] Mit dem Berichterstatter im Ständerat (*Amtl. Bull. StR* 1991, 472) ist anzunehmen, dass in der ersten Jahresrechnung nach neuem Recht keine *Vorjahreszahlen* anzugeben sind. Mit Vorjahreszahlen sind solche nach dem am 4. Oktober 1991 angenommenen Recht gemeint, und die gibt es im ersten Jahr definitionsgemäss nicht.
[90] *Carl Helbling* (1991) 563 verlangt Aufschub um 2–3 Jahre.

fach am Schluss, nach Abschluss des Geschäftsjahres, beschlossen und jetzt noch rasch als Willens- und Fleissübung durchgezogen werden. Die Konsolidierung verlangt, bildlich gesprochen, *am ersten Tag* der Rechnungsperiode bei allen zum Konsolidierungskreis gehörenden Gesellschaften ein Kommando der Obergesellschaft: «auf eure Plätze, bereit, los» – nach vorher festgelegten und überall eingeführten Konsolidierungsregeln. Alles andere wäre wirklichkeitsfremd[91]. Am 1. Januar 1992 stand aber das neue Aktienrecht noch gar nicht in Kraft. Die erste Hauptregel verböte rundweg eine derartige Rückwirkung. Zweckmässig ist daher die noch spätere Inkraftsetzung der Bestimmungen über die Konzernrechnung auf 1. Juli 1993 gemäss dem Bundesratsbeschluss vom 1. April 1992.

2142a Die Kriterien des Art. 663e für die Konzernrechnungspflicht beziehen sich auf *Vorjahre*. Dies ist ein Fall der sog. unechten Rückwirkung, die nicht gegen das Prinzip der Nichtrückwirkung verstösst. Sind die Schwellenwerte in den beiden massgeblichen Geschäftsjahren *vor* dem 1. Juli 1993, in denen das Konzernrechnungsrecht noch gar nicht galt, überschritten, so gilt dennoch schon ab diesem Tag die Konzernrechnungspflicht.

4. Jahresbericht

2143 Offen ist die Frage, wann erstmals der *Jahresbericht* nach neuem Recht zu erstatten ist (Art. 663d). Der Jahresbericht könnte, als vor allem verbale Beschreibung von vergangenen Zuständen, Ereignissen und Zusammenhängen, rein faktisch durchaus sofort vom 1. Juli 1992 an verlangt werden. Er ist indessen eindeutig in die Rechnungslegung eingebunden; um gerade das deutlicher zu machen, erscheint er systematisch im neuen Aktienrecht nicht mehr im Zusammenhang mit dem Verwaltungsrat (Art. 724 OR 1936), sondern mit der Rechnungslegung (Art. 663d OR 1991). Eine Darstellung der wirtschaftlichen und vor allem der finanziellen Lage ist nur eingebunden in die Rechnungslegung sinnvoll zu bieten. Der neue Jahresbericht ist daher ebenfalls erstmals für das Rechnungsjahr zu erstellen, für das das neue Rechnungslegungsrecht anwendbar ist, d.h. das Geschäftsjahr, das *nach* dem 30. Juni 1992 begonnen hat.

F. Übergangsrecht für die Revision

1. Befähigung der Revisoren

2144 Ein ähnliches Problem wie bei der Rechnungslegung stellt sich bei den Anforderungen an die *Befähigung der Revisoren*. Es hat sich gezeigt: der Revisor, der die nach neuem Recht verlangte Qualifikation besitzt, müsste bereits *vor dem Inkrafttreten* des

---

[91] Eindrücklich die Darlegung der Zeitprobleme mit der internationalen Konsolidierung in *Amtl. Bull. NR* (1985) 1781.

neuen Rechts, in der Generalversammlung der ersten Jahreshälfte 1992, gewählt sein, wenn er unter Einhaltung des neuen Rechts im ersten Semester 1993 seinen Revisionsbericht abgeben soll. Genau das verstösst gegen die erste Hauptregel des intertemporalen Rechts, die Nichtrückwirkung von Art. 1 des Schlusstitels des ZGB.

Die Wahl der Revisoren ist nach dem gesetzlichen Konzept Sache der jährlichen ordentlichen Generalversammlung. Ist nach neuem Recht ein Revisor mit besonderer Befähigung vorgeschrieben, so muss die erste auf den 1. Juli 1992 folgende *ordentliche* Generalversammlung, normalerweise also jene des ersten Halbjahres 1993, zum ersten Mal die entsprechende Wahl treffen. An dieser erstatten letztmals die noch nach altem Recht gewählte Revisoren ihren Bericht. 2144a

2. Die übrigen Regeln der Revision

Es wurde erkannt: Die Jahresrechnung und die Konzernrechnung sind nicht punktuelle Ereignisse, sondern *Dauertatbestände*, die sich über die *ganze Zeitspanne* der Rechnungsperiode erstrecken. Als Gesamttatsachen sind die in ihnen widergespiegelten Einzeltatsachen erst am letzten Tag der Rechnungsperiode vollendet. Die Revision ist zwar in die Rechnungslegung eingebunden, doch ist sie nicht eine Gesamttatsache wie das Rechenwerk. Eine «Aufsplittung» der Rechtsfolgen (Anwendung von altem Revisionsrecht auf Ereignisse *vor* dem 1. Juli 1992, von neuem auf die Ereignisse *danach*) ist angesichts der ersten und zweiten Hauptregel mangels abweichender Gesetzesnorm wohl unausweichlich. 2145

Daraus ergibt sich nun die Regel: die neuen Bestimmungen für den Gegenstand und die Durchführung der Revisionsarbeit gelten sofort für die Zeit *nach* dem 30. Juni 1992 und für den Revisionsbericht als solchen. 2146

3. Besondere Prüfungen

Wo nicht die Gesamttatsache des Rechnungsjahres Gegenstand der Prüfung ist, sondern eine punktuelle Tatsache, die nach dem 30. Juni 1992 im Sinne des Art. 1 Schl.Tit. ZGB «eintritt» und auch in sich abgeschlossen ist, gilt ohnehin sofort neues Recht. Dazu gehören die *besonderen Prüfungen* bei der Gründung und der Kapitalerhöhung, bei der Aufwertung zufolge Kapitalverlust, bei der Kapitalherabsetzung, bei der vorzeitigen Verteilung des Liquidationsergebnisses. 2147

Dazu gehört auch die *Sonderprüfung*. Ein Sonderprüfer, der nach dem 1. Juli 1992 vom Richter eingesetzt wird, geht nach neuem Recht vor; er kann dabei auch Tatsachen untersuchen, die vor dem 1. Juli 1992 eingetreten sind. Einzig die «Beurteilung» dieser alten Tatsachen muss noch im Lichte des alten Rechts geschehen, weil die erste Hauptregel des intertemporalen Rechts es so verlangt[92]. 2148

---

[92] Art. 1 Schl.Tit. ZGB.

4. Ergebnis

2149 Das bedeutet für all jene Gesellschaften, die nach *Kalenderjahren* abschliessen, dass die neuen Rechnungslegungsnormen erstmals auf die Jahresrechnung anwendbar sind, die am 1. Januar 1993 beginnt. Entschliesst sich die Gesellschaft nicht zu einer freiwilligen früheren Anwendung der neuen Regeln, so erhält daher die Generalversammlung des *ersten Halbjahres 1994* erstmals die so erstellten Rechnungen vorgelegt.

Sind neu besonders befähigte Revisoren nötig, so erfolgt ihre Wahl in der ersten auf den 1. Juli 1992 folgenden ordentlichen Generalversammlung – derselben, in der erstmals ein Revisionsbericht nach neuem Recht, aber noch von den unter altem Recht als «Kontrollstelle» gewählten Revisoren erstattet wird, im ersten Halbjahr 1993.

2150 Die hier vertretene Auslegung von Art. 1 des Schlusstitels zum ZGB und der Schlussbestimmungen zum Aktienrecht[93] ist indessen nicht einhellig[94]. Es wäre geradezu grotesk, wenn am Schluss die Gegenmeinung obsiegen würde. Sie würde nämlich darauf hinauslaufen, dass man ausgerechnet dort, wo die Gesellschaften nun wirklich etwas Zeit zur Ausrichtung auf das neue Recht brauchen, ihnen diese Zeit nicht zugesteht: für die Anpassung der Rechnungslegung und, wo nötig, für die Neuwahl qualifizierter Revisoren. Dort jedenfalls, wo eine beförderliche Handlungsweise möglich und sogar empfehlenswert wäre – in der Anpassung der Statuten –, hat man ihnen die im Grunde völlig unnötig lange Frist von fünf Jahren eingeräumt.

G. Übergangsrecht für die Vinkulierung

1. Das Problem

2151 Die Schlussbestimmungen schweigen erstaunlicherweise völlig zur Frage der Vinkulierung. In dem Augenblick, in dem das Parlament sich zur «Aufspaltung» des ganzen Vinkulierungsrechts in zwei in sich geschlossene Regelungssätze entschlossen hatte – dasjenige für börsenkotierte und dasjenige für nichtkotierte vinkulierte Namenaktien – hätte auch der Gedanke aufdämmern müssen, dass eine klare Regelung des Übergangsrechtes für die Praktiker wichtig sein würde.

2152 Die drei Hauptregeln des intertemporalen Rechts führen nicht zu völlig befriedigenden Ergebnissen. Dies vor allem deshalb, weil die dritte Hauptregel – die vorläufige Weitergeltung von mit dem neuen Recht unvereinbaren Statutenbestimmungen – nirgends groteskere Auswirkungen haben kann als hier. Denn das ganze Regime der Vinkulierung von *kotierten Namenaktien* ist von Kopf bis Fuss als zwingendes, vereinheitlichtes, kapitalmarktbezogenes Aktienrecht ausgestaltet, als ein Normenblock, der eigentlich nur als ganzer gelten oder nicht gelten kann.

---

[93] Im wesentlichen ähnlich *Hanspeter Kläy* (1991) 315; *Carl Helbling* (1991) 563; *Günther Schultz* (1991) 550; Berichterstatter in *Amtl. Bull. StR* (1991) 472.
[94] Art. 102 Ziff. 5 BV hätte die Grundlage für eine die Dinge klarstellende Verordnung enthalten.

Da nun aber die dritte Hauptregel im Gesetz steht und jede Ausnahmevorschrift fehlt, 2153
bleibt nichts anderes übrig, als sie sinngemäss anzuwenden. Dies führt notwendigerweise dazu, dass im Zeitraum bis zum 30. Juni 1997 – je nach dem Stand der Statutenanpassung bei jeder einzelnen der Gesellschaften mit börsenkotierten vinkulierten Namenaktien – *völlig verschiedene Vinkulierungsregeln* gelten: teils noch die alten, teils schon die neuen[95]. Das verträgt sich schlecht mit dem Ziel der Rechtssicherheit in den Rechtsfolgen, das man mit dem neuen Regime für kotierte Namenaktien zu verfolgen behauptete.

2. Die Aufspaltung in Ablehnungsgründe (Statutenrecht) und Rechtswirkungen (Gesetzesrecht)

a)   Die statutarischen Ablehnungsgründe

Angesichts der gesetzlichen Konzeption der Schlussbestimmungen zum Aktienrecht 2154
bleibt gar nichts anderes übrig als die eine Feststellung: die alten Statuten gelten auch im Bereich der Vinkulierung selbst dann vorläufig weiter, wenn sie mit dem neuen Recht konzeptuell «*unvereinbar*» sind. Selbst die unter dem neuen Recht undenkbare Klausel, welche eine (trockene) Ablehnung von Erwerbern «*ohne Angabe von Gründen*» vorsieht, bleibt daher in Kraft bis zur Änderung der Statuten – oder bis zum Ablauf der Fünfjahresfrist, wenn die Gesellschaft einfach gar nichts tut.

Was aber wegen der zweiten Hauptregel des intertemporalen Rechts sofort am 1. Juli 2155
1992 in Kraft tritt, sind die *nicht auf Statutenklauseln* gestützten neuen gesetzlichen Ablehnungsgründe: das Handeln nicht auf eigene Rechnung einerseits, die unzutreffenden Angaben zum Erschleichen der Anerkennung durch den Verwaltungsrat anderseits.

b)   Die Wirkungen der Übertragung

Ganz anders verhält es sich hinsichtlich der *rechtlichen Wirkungen* der Übertragung, 2156
ihrer Ablehnung oder ihrer Genehmigung. Die Statuten sagen eher selten etwas Genaues aus über die rechtlichen Wirkungen der Aktienübertragung. Insoweit als die Statuten im Einzelfall keine normativ eigenständige Sonderregel enthalten, gilt vom 1. Juli 1992 an hierfür klar und sofort das neue Recht. Nur positives altes Statutenrecht bricht neues Gesetzesrecht in der Anpassungsperiode. Es gibt im Gesetz keine «grandfather clause» für die Vinkulierung; und wo die Statuten gar nichts bestimmen, können sie auch nicht das neue Recht brechen.

Dort allerdings, wo die Statuten sich positiv regelnd vernehmen lassen, muss nach der 2157
dritten Hauptregel dieses alte Recht noch vorläufig weitergelten. Viele Statuten greifen in der Tat Sonderfragen heraus und regeln sie. So kann man in Statuten etwa lesen:

> «Alle Rechte an der Aktie und aus der Aktie gehen erst auf den Erwerber über, wenn der Verwaltungsrat die Übertragung genehmigt und den Erwerber ins Aktienbuch eingetragen hat.»

---

[95] Ebenso der Berichterstatter im Ständerat, *Amtl. Bull. StR* (1991) 472.

2158 Diese «*Alle-Rechte*»-Klausel hat schon unter dem OR 1936 etliches Kopfzerbrechen veranlasst. Wie auch immer sie auszulegen ist – sie steht mit dem neuen Recht der *kotierten* vinkulierten Namenaktien in unversöhnlichem Widerspruch, muss aber gemäss der dritten Hauptregel, Art. 2 Abs. 1 der Schlussbestimmungen, bis zur Statutenänderung vorläufig noch wirksam bleiben.

c) *Die Frage der «öffentlichen Ordnung»*

2159 Die Frage stellt sich einzig, ob nicht etwa das Vinkulierungsregime der Art. 685d/e/f für kotierte Aktien um der *öffentlichen Ordnung* willen aufgestellt worden ist. Das könnte gemäss Art. 2 des Schlusstitels zum ZGB – der in Tat und Wahrheit eine absolut vorrangige vierte Hauptregel enthält – dazu führen, dass eine *sofortige und umfassende Anwendbarkeit* des neuen Rechts, im Vorrang gegenüber allen anderslautenden alten Statuten, anzunehmen wäre.

2160 Dieser Schluss ist bisher offenbar noch von niemandem gezogen worden[96]; es stellte sich auch sofort die Anschlussfrage, ob etwa dann auch *andere Bestimmungen* des neuen Aktienrechts bei näherem Zusehen «um der öffentlichen Ordnung willen» aufgestellt wären und daher, entgegen der dritten Hauptregel des intertemporalen Rechts in Art. 2 Abs. 1 Schl.Best. OR 1991, *sofort* wirksam sein müssten, unbekümmert um anderslautende alte Statuten. Um den Rest an Rechtssicherheit, den die Fünfjahresregel immerhin zu bieten vermag, wäre es dann geschehen. Und hätte der Gesetzgeber wirklich eine weitere, diametral entgegenstehende Hauptregel für wichtige Teile des Aktienrechts anwendbar erklären wollen – es wäre dann eine fünfte Hauptregel, jene des ordre public –, so hätte er das sagen müssen[97]. Sonst wären die zahlreichen, fein ziselierten Einzelregeln der Art. 2 und 3 der Schlussbestimmungen geradezu eine Stilübung im Absurden.

3. «Alte» Dispo-Aktien und «neue» Eintragung im Aktienbuch

a) *Der Sachverhalt*

2161 Die «*Dispo-Aktie*» ist als Erscheinung des Effektenhandels in den achtziger Jahren bekannt geworden: verkauft ein im Aktienbuch eingetragener Aktionär seine vinkulierten Namenaktien über seine Bank oder seinen Effektenhändler, und ersuchen weder der erste noch die nachfolgenden Erwerber um Eintragung im Aktienbuch, so entstehen anonym «flottierende» Stücke oder eben «Dispo-Aktien». Nach altem Aktienrecht blieb der Veräusserer «*Buchaktionär*» und Träger aller Rechte (ausgenommen der in Coupons verurkundeten Vermögensrechte).

2162 Allerdings ging die Anomalie bei «*Einwegzertifikaten*» noch einen grossen Schritt weiter: die Gesellschaften pflegten den Veräusserer kurz entschlossen im Aktienbuch zu

---

[96] Auch nicht in den Debatten des Parlamentes zu den Schlussbestimmungen, letztmals *Amtl. Bull. StR* (1991) 472.
[97] Tatsächlich ist die Regel von Art. 3 Abs. 1 Schl.Bst. OR 1991 für die Partizipationsscheine eine Verwirklichung des Regelungsgedankens vom sofortigen umfassenden Wirksamwerden, wie er in Art. 2 Schl.Tit. ZGB für Fälle der «öffentlichen Ordnung» angesprochen ist.

streichen («Austragung» genannt), ohne gleichzeitig einen neuen Träger der entsprechenden Mitgliedschaftsstelle einzutragen. Da Einwegzertifikate keine Coupons mehr enthalten, konnte der im Aktienbuch nicht eingetragene Erwerber seinen Anspruch auf die Vermögensrechte weder auf den Ausweis des Registers noch jenen des Wertpapiers (Coupons oder Stammurkunde) gründen; in der Praxis setzte sich gegen die durch die Bundesgerichtspraxis geprägte rechtliche Situation die Usanz der Banken und Effektenhändler durch, wonach die Vermögensrechte dem nicht eingetragenen Erwerber via Bankensystem eben doch zuerkannt wurden.

Dass nach neuem Aktienrecht derartige «Dispo-Aktien» alten Rechts nicht mehr entstehen, und auch nach neuem Recht nicht mehr in grösserem Umfang entstehen sollten, scheint festzustehen. Der Erwerber kann sich als «Aktionär ohne Stimmrecht» ins Aktienbuch eintragen lassen[98]. Tut er das nicht, so kann er seine Vermögensrechte gegenüber der Gesellschaft nach der hier vertretenen Auffassung überhaupt nicht ausüben[99]. 2163

b) Recht auf Eintragung als «Aktionär ohne Stimmrecht»?

Kann nun ein *«Dispo-Aktionär»*, der unter altem Recht den obligatorischen Anspruch auf die Vermögensrechte, nicht aber die mitgliedschaftlichen Vermögensrechte selbst und die Stellung des «Buchaktionärs» erworben hat, sich *nach* dem 30. Juni 1992 bei der Gesellschaft melden und sich als «Aktionär ohne Stimmrecht» ins Aktienbuch eintragen lassen? 2164

Die Antwort ist nicht leicht aus dem neuen Gesetz (Art. 685d ff.) und den Schlussbestimmungen zu gewinnen. 2165

Die erste Hauptregel des intertemporalen Rechts besagt, dass jede Tatsache ihre Wirkungen und Rechtsfolgen nach dem bei ihrem Eintritt geltenden Recht auslöst, und dass dann diese Rechtsfolgen auch nach dem Inkrafttreten des neuen Rechts weiter gelten. Das tatsächliche Ereignis, auf das das neue Vinkulierungsregime abstellt, ist der «Erwerb» einer Namenaktie: 2166

> «Werden börsenkotierte Namenaktien börsenmässig *erworben*, so gehen die Rechte mit der Übertragung auf den Erwerber über»[100].

Gemäss Art. 1 Schl.Tit. ZGB ist überhaupt keine Frage, dass die Rechtsfolge «Übergang der Rechte» sich an den Tatbestand «Erwerb» anknüpft, und dass diese Rechtsfolge an Tatsachen *sofort* am 1. Juli 1992, aber auch *erst* am 1. Juli 1992 anknüpft. Das Übergangsrecht könnte überhaupt nicht genauer formuliert sein: 2167

> «Demgemäss unterliegen die *vor* diesem Zeitpunkte vorgenommenen Handlungen in bezug auf ihre rechtliche Verbindlichkeit und ihre rechtlichen Folgen *auch in Zukunft* den bei ihrer Vornahme geltend gewesenen Bestimmungen»[101].

---

[98] Art. 685f Abs. 3 OR 1991.
[99] Vorn Kapitel 5/II/E/5, Rz 662 ff.
[100] Art. 685f Abs. 1 OR 1991. Hervorhebungen beigefügt.
[101] Art. 1 Abs. 2 Schl.Tit. ZGB. Hervorhebungen beigefügt. Dass Art. 4 Schl.Tit. ZGB nicht anwendbar ist, steht für den Verfasser fest.

2168 Da Art. 1 der Schlussbestimmungen des OR 1991 ausdrücklich auf diese Bestimmung verweist, hätte es einer besonderen Norm bedurft – wie sie in Art. 3 Schl.Best. in der Tat für die Partizipationsscheine vorliegt –, um an «alte» Handlungen die «neuen» Rechtsfolgen zu knüpfen. Der Dispoaktionär alten Rechts hat im Gegensatz zum «nicht anerkannten» Aktionär ohne Stimmrecht die Aktionäreigenschaft nicht erworben. Der altrechtliche Dispoaktionär hat keinen gültigen Erwerbstitel in den Händen.

c) *Abweichende Betrachtungsweise: Abstellen auf die Anmeldung*

2169 Zu einem andern Ergebnis gelangt, wer die entscheidende «Handlung» und das rechtliche massgebliche Ereignis in der *Anmeldung* der noch zur Zeit des alten Rechts erworbenen Aktien bei der Gesellschaft erblickt. Dann wäre für die Rechtsfolge nach neuem Recht Art. 685f Abs. 3 massgebend:

> «Noch nicht von der Gesellschaft anerkannte Erwerber sind nach dem Rechtsübergang als Aktionär ohne Stimmrecht ins Aktienbuch einzutragen».

2170 Diese Handlung, die Anmeldung oder das Gesuch um Anerkennung, fällt in die Zeit *nach* dem 30. Juni 1992; die Beschreibung des Zustands «noch nicht anerkannt» betrifft eine Tatsache ebenfalls vom 1. Juli 1992 an. Also wäre neues Recht anwendbar.

d) *Ergebnis*

2171 Welche Auslegung verdient den Vorzug? Die zweite steht mit der ersten Hauptregel und Art. 685f Abs. 1 im Widerspruch; sie krankt auch daran, dass die Voraussetzung der aktienrechtlichen Norm, um die es geht – «nach dem Rechtsübergang» –, eigentlich gerade *nicht* erfüllt ist. Nach altem Recht und in der ihm vom Bundesgericht entgegen weitverbreiteter börslicher Usanz verliehenen Auslegung gingen die Rechte nicht über, sie verblieben beim Buchaktionär, und zwar *insbesondere* auch – entgegen der Börsenusanz – die mitgliedschaftlichen Vermögensrechte, die nach neuem Recht ungehemmt übertragbar sind. So wie die gesetzlichen Bestimmungen nach dem Ratschluss des Parlamentes nun einmal gestaltet sind, führt kein Weg am Schluss vorbei: die Dispo-Aktionäre alten Rechts – jene, die ihren Erwerb vor dem 1. Juli 1992 getätigt haben –, können sich nicht vom 1. Juli 1992 an als «Aktionär ohne Stimmrecht» ins Aktienbuch eintragen lassen. Ihre Rechtsstellung bestimmt sich in Anwendung der ersten Hauptregel des intertemporalen Rechts auch vom 1. Juli 1992 an in alle Zukunft nach dem alten Recht: Sie haben die Aktionärseigenschaft nicht erworben.

H. Übergangsrecht für die Pflichtaktien

2172 Nach Art. 626 Ziff. 6 OR 1936 mussten alle Statuten die Anzahl der *Pflichtaktien* angeben, d.h. der Aktien, die von den Mitgliedern der Verwaltung am Sitz der Gesellschaft sicherheitshalber zu hinterlegen waren[102]. Diese Pflicht fällt am 1. Juli 1992

---

[102] Art. 709/710 OR 1936.

dahin. Was aber geschieht mit den entsprechenden alten Statutenbestimmungen? Diese bleiben gemäss der dritten Hauptregel[103], zu der gerade hier keine Ausnahme vorgesehen ist, während der fünfjährigen Übergangsfrist in Kraft, bis die Statuten geändert, d.h. der Pflichtaktien-Artikel durch die Generalversammlung aufgehoben worden ist. Frühestens wenn die Streichung der alten Statutenvorschrift in Kraft getreten ist[104], darf die Gesellschaft die hinterlegten Aktien den Eigentümern zurückgeben.

Zwei Sonderfälle bedürfen näherer Betrachtung. 2173

1. Aktualisiertes Pfandrecht

Bestehen am 30. Juni 1992 gegen Mitglieder des Verwaltungsrates im Sinne des OR 1936 *«Ansprüche aus Verantwortlichkeit»*[105], für die die am gleichen Tag bestehenden Pflichtaktien nach altem Recht «als Pfand» dienen, so ist das beschränkte dingliche Recht aktualisiert; es muss nach der ersten Hauptregel des intertemporalen Rechts gültig bestehen bleiben. Das Pfandrecht ist eine «alte Tatsache», die weiterhin vom «alten Recht» beherrscht wird[106]. Die Gesellschaft darf, auch wenn sie die Pflichtaktienklausel schon anfangs Juli 1992 in den Statuten streicht, die entsprechenden Aktien nicht ohne Zustimmung aller Berechtigten herausgeben. Nach dem Gesetz ist entscheidend das Bestehen von Ansprüchen, nicht die Einklagung. Es kann daher in einem Zweifelsfall vorsichtig sein, wenn die Aktien erst nach Ablauf der fünfjährigen Frist des Art. 760 OR freigegeben werden[107]. 2174

2. Unvereinbarkeit mit neuem Recht

Die alten Pflichtaktien-Artikel in den Statuten sind mit dem neuen Aktienrecht insoweit «unvereinbar»[108], als sie in Verbindung mit besonderem Gesetzesrecht, das nun nicht mehr gilt, den Verwaltungsrat dazu gezwungen haben, zu einer Hinterlegung sicherheitshalber zu schreiten, und als sie ohne weitere Formalitäten ein gültiges Pfand begründet haben. Sie bleiben nach der dritten Hauptregel bis zur Statutenänderung in Kraft. Nun fällt das besondere Gesetzesrecht weg. Am 1. Juli 1992 fällt daher auch die Möglichkeit definitiv weg, durch blosse Statutenklausel ein Fahrnispfand ohne weiteres entstehen zu lassen. 2175

Bei Ablauf der *Fünfjahresfrist*, am 1. Juli 1997, werden die dann noch nicht abgeänderten alten Pflichtaktienartikel der Statuten von selbst wirkungslos. 2176

---

[103] Art. 2 Abs. 1 und 3 Schl.Best. OR 1991.
[104] Und keine Ansprüche bestehen, für die die Pflichtaktien als Pfand zu dienen haben.
[105] Art. 710 Abs. 2 OR 1936.
[106] Art. 34 Abs. 2 Schl.Tit. ZGB ist auf diesen Fall nicht anwendbar.
[107] Die längere absolute Frist sowohl des Art. 760 Abs. 1 wie die eventuell noch längere des Abs. 2 müssen vorbehalten bleiben.
[108] Art. 2 Abs. 3 Schl.Best. OR 1991.

2177 Eine Gesellschaft, die nach neuem Recht und aus eigenem gestalterischem Willen heraus ein *Fahrnispfand* an Aktien von Verwaltungsräten zur Sicherung von Verantwortlichkeitsansprüchen schaffen möchte, ist gezwungen, eine neue Formulierung zu finden und den Vollzug der für die Pfandbestellung nötigen Formalitäten mit jedem einzelnen Verwaltungsrat gemäss Art. 900/901 ZGB vorzusehen[109].

I. Erlöschen einer altrechtlichen Delegation

2178 Eine besondere Frage des Übergangsrechts betrifft die rechtsgenügliche *Verankerung der Delegation*, der Übertragung von Geschäftsführungsbefugnissen, gemäss Art. 716b. Nach früherem Recht genügte es, dass die Statuten, ohne den Punkt der Delegation oder Übertragung ausdrücklich zu nennen, ein Reglement vorsahen; im Reglement, das von der Generalversammlung zu erlassen war, fand man dann die Delegation angeordnet[110].

2179 Nach neuem Recht muss die Delegationsnorm als *Ermächtigungsklausel* (Übertragung von Geschäftsführungsaufgaben) *ausdrücklich in den Statuten stehen*[111]. Sicher werden die meisten Gesellschaften, in deren Statuten diese Klausel fehlt, dem Erfordernis durch Statutenänderung nachkommen. Was aber gilt in der Zeit zwischen dem 1. Juli 1992 und dieser Aufnahme der neuen Klausel in die Statuten? Die dritte Hauptregel[112] kann wohl kaum so ausgelegt werden, dass sie nicht nur positiv bestehende «unvereinbare» alte Statutenklauseln vorläufig weiterbestehen lässt, sondern auch die Fälle abdeckt, wo eine nach neuem Aktienrecht erforderliche Regel in den Statuten *fehlt*. Das führt zum Ergebnis, dass alle in die Zwischenzeit bis zur Statutenänderung fallenden Geschäftsführungsmassnahmen der damit betrauten Personen im Sinne des neuen Rechts delegationsrechtlich «unbefugt» sind.

K. Erstmaliger Erlass des Organisationsreglementes

2180 Eine kleine Falle des Übergangsrechtes liegt im neuen Art. 716b: das *Organisationsreglement* ist Gegenstand eines Beschlusses des Verwaltungsrates. Die dritte Hauptregel, welche vom 1. Juli 1992 an eine fünfjährige Anpassungsfrist gewährt, ist nur auf Statuten und damit auf den Zuständigkeitsbereich der Generalversammlung anwend-

---

[109] Übergabe der Urkunde (bei Namenaktien mit Indossament oder separater Übertragungserklärung). Bei unverbrieften Namenaktien stellen sich zusätzliche Probleme.
[110] F. *Wolfhart Bürgi* (1969) Art. 7171 N. 18.
[111] Art. 716b Abs. 1 OR 1991 im Gegensatz zu Art. 717 OR 1936. Dazu Art. 627 Ziff. 12 OR 1991.
[112] Art. 2 Abs. 1 und 3 Schl.Best. OR 1991.

bar. Die Pflicht zum Erlass des Organisationsreglementes im Falle der Delegation der Geschäftsführung wird daher nach der zweiten Hauptregel sofort am *1. Juli 1992* wirksam[113].

Man wird aber eine «rule of reason» anwenden dürfen: ein paar Monate, vielleicht ein halbes Jahr, müssen dem Verwaltungsrat für die Vorbereitung, die Erörterung und die Beschlussfassung zur Verfügung stehen. Verglichen gerade mit der Fünfjahresfrist für die Statutenanpassung ist dies auch so noch eine äusserst knapp bemessene Zeitspanne. 2181

III. Materielle Sondernormen für eine Übergangszeit

A. Streichung bestimmter qualifizierter Mehrheiten aus den Statuten

Das Parlament hat am Schluss noch eine Regel hinzugefügt, die nicht als intertemporales Recht anzusehen ist, sondern, als *materielle Norm in der Übergangszeit*, ein besonderes Anpassungsproblem lösen soll[114]. Es ist bekannt, dass sehr viele Statuten das Bestreben widerspiegeln, den Aktionären die anwendbaren Vorschriften für die Fassung von Generalversammlungsbeschlüssen möglichst vollständig im Kontext der Statuten auszubreiten. Man versteht die Statuten als Brevier für den Verwaltungsrat. Deshalb erscheint überaus häufig im Statutentext die alte Zweidrittelsmehrheit vom gesamten Grundkapital des Art. 648 Abs. 1 OR 1936, manchmal auch jene des Art. 636. Die Schlussbestimmungen sichern ausdrücklich zu, dass die Generalversammlung solche Statutenbestimmungen, falls es sich dabei um eine «*blosse Wiedergabe von Bestimmungen des bisherigen Rechts*» handelt[115], mit der normalen Mehrheit – der absoluten Mehrheit der vertretenen Aktienstimmen – aus dem Statuten entfernen kann. 2182

Diese Sonderregel ist aus drei Gründen bemerkenswert: 2183

1. Beschränkte Geltungsdauer: nur ein Jahr

Die Sonderregel des Art. 6 gilt, in Abweichung von der dritten Hauptregel des Art. 2 Abs. 1 der Schlussbestimmungen, *nicht* während fünf, sondern nur während *eines Jahres* nach dem Inkrafttreten des neuen Aktienrechts. Die Sonderregel erlischt am 30. Juni 2184

---

[113] Natürlich nur dann, wenn die Statuten eine Delegation der Geschäftsführungsbefugnisse vorsehen, Art. 716b Abs. 1 OR 1991.
[114] Art. 6 Schl.Best. OR 1991; *Amtl. Bull. StR* (1991) 472; *NR* (1991) 1108.
[115] Art. 6 Schl.Best. OR 1991: «Wenn in den Statuten gesetzliche Quorenbestimmungen tel quel abgeschrieben worden sind, wenn sie also den Gesetzestest wiederholen», *Amtl. Bull. StR* (1991) 472.

1993, und offenbar soll dann das Gegenteil gelten. Gesellschaften, deren Geschäftsjahr mit dem Kalenderjahr übereinstimmt und die nicht eine ausserordentliche Generalversammlung einberufen wollen, können also nur gerade ein einziges Mal, in der ordentlichen Generalversammlung der ersten Jahreshälfte 1993, von dieser gesetzlichen Erleichterung Gebrauch machen.

2. Was gilt danach?

2185 Nach dem 30. Juni 1993 gilt der Art. 6 der Schlussbestimmungen nach seiner eigenen Aussage nicht mehr. Was gilt dann für Gesellschaften, die die in Art. 6 beschriebenen Bestimmungen über altrechtliche qualifizierte Mehrheiten in den Statuten haben und sie nun doch noch streichen möchten?

2186 Diese Frage zielt auf ein *Kernproblem* des neuen Aktienrechts, die Frage der «Siegwart-Regel». Fällt Art. 6 als Sonderregel weg, so gelten offenbar alle übrigen Regeln des Aktienrechts. Eine Statutenänderung der in Frage stehenden Art – Streichung des Wortlauts von Art. 648 und eventuell 636, der in den Statuten abgedruckt worden ist – fällt ganz sicher nicht unter die neudefinierte qualifizierte Mehrheit des Art. 704: es handelt sich nicht um einen der acht Sonderfälle des Absatzes 1. Und es ist auch das genaue Gegenteil des besonderen Vorgangs, der von Abs. 2 geregelt wird: es geht nicht um eine Erhöhung der geforderten Mehrheit, sondern um deren *Herabsetzung*, um eine Erleichterung[116]. Ist aber Art. 704 nicht anwendbar, so gälte – jedenfalls in Abwesenheit besonderer Statutenvorschriften – die allgemeine Regel des Schweizer Aktienrechts: Die Statuten könnten mit der absoluten Mehrheit der vertretenen Aktienstimmen geändert werden. Das aber wäre ausgerechnet identisch mit der Regel[117], die Art. 6 der Schlussbestimmungen als Rechtswohltat nur für die beschränkte Zeit *eines Jahres* zur Verfügung stellen will.

2187 Des Rätels Lösung liegt darin, dass Art. 6 ein klassisches Beispiel einer *vorausgesetzten Rechtsregel* enthält. Er ist überhaupt nur verständlich, wenn der Gesetzgeber – in Übereinstimmung übrigens mit der herrschenden Lehre[118] – davon ausgegangen ist, dass die «*Siegwart-Regel*», obwohl ungeschrieben, bei uns zwingende Geltung hat:

> «Eine Statutenbestimmung, die eine Erschwerung der Beschlussfassung vorsieht, kann nur mit der Mehrheit und mit der Präsenz aufgehoben oder gelockert werden, die sie selbst vorschreibt.»

2188 Mit dieser vorausgesetzten Rechtsregel hat Art. 6 einen Sinn: *Nach* dem Ablauf der Einjahresfrist ist dann die Aufhebung einer das bisherige Recht (Art. 636, 648 OR 1936) wiedergebenden Statutenbestimmung nur noch mit genau dieser qualifizierten Mehrheit – mit zwei Dritteln des gesamten Grundkapitals – möglich.

---

[116] Kapitel 9/III/B/3, Rz 1400 ff.
[117] Art. 703 OR 1991.
[118] Erstmals formuliert von *Alfred Siegwart* (1945) Art. 649 N. 9 und N. 15; vorn Kapitel 9/III/B/3/c, Rz 1405.

3. Bedeutung des Art. 6 Schl.Best.

Die «*Siegwart-Regel*» muss gewiss als solche Geltung haben – und historisch betrachtet hat sie auch das Parlament zur Aufnahme des Art. 6 in die Schlussbestimmungen bewogen. Dennoch bietet Art. 6 nicht für alle Probleme in diesem Bereich eine befriedigende Lösung[119]. 2189

Die «*Siegwart-Regel*» gilt von vornherein nur für Statutenbestimmungen mit *eigenständigem normativem Gehalt*. Gerade das trifft nach der hier vertretenen Auffassung[120] nicht zu auf die echten statutarischen Verweisungen, z.B. mit der Formel: «vorbehalten bleiben die Fälle, in denen das Gesetz zwingend eine qualifizierte Mehrheit verlangt», oder die noch kürzere Verweisung schlicht auf bestimmte Artikel des Gesetzes: «vorbehalten bleiben Art. 636 und 648 OR». 2190

Mit dem Wegfall einer bestimmten Gesetzesstelle aber, auf die in den Statuten unter Angabe der Artikelnummer verwiesen wird, fällt auch die rechtliche Bedeutsamkeit der Verweisung selbst weg, vorausgesetzt, die reine Verweisung ist für den nicht juristisch gebildeten Statutenleser aus dem Statutentext selbst ohne weiteres erkennbar. Da spielt es nach der hier vertretenen Auffassung keine Rolle, ob die Statuten noch einen Schritt weiter gehen und die zwingend geltende Gesetzesstelle, auf die man verweisen wollte, gerade *im Wortlaut wiedergeben* – solange immer der Wortlaut nicht etwa rein *äusserlich* sich als eigenständige Bestimmung der Gesellschaft darstellt. 2191

Natürlich ist es stets eine *Auslegungsfrage*, ob es sich eindeutig erkennbar um Statutentext mit dem Charakter einer blossen Verweisung handelt. *Das Zitat – wenn es aus dem Text heraus als solches durch Artikelangabe oder dergleichen eindeutig erkennbar ist – teilt dann das Schicksal des Originals*. Es handelt sich nur noch darum, die jeder normativen Kraft beraubte Stelle der Statuten zu streichen. Man kann sie dabei durch eine Verweisung auf das geltende neue Recht (die Doppelhürde des Art. 704) ersetzen, falls die Statuten gleich wie früher über das jeweils anwendbare Recht möglichst umfassend orientieren wollen. Dann aber handelt es sich bei diesem Statutenänderungsbeschluss nicht um eine materielle Aufhebung einer Beschlusserschwerung, sondern eine blosse Statutenbereinigung hinsichtlich einer schon mit dem Dahinfall des Gesetzes *unanwendbar* gewordenen, deklaratorischen, erkennbar bloss verweisenden Statutenstelle. Dies kann nach der hier vertretenen Auffassung auch nach Ablauf der Jahresfrist durch nicht qualifizierten Mehrheitsbeschluss geschehen, da die «*Siegwart-Regel*» überhaupt nicht anwendbar ist[121]. 2192

In dem Fall, den Art. 6 anspricht – im Falle der bloss deklaratorischen Wiedergabe, die aber aus dem Statutentext *nicht* als blosse Verweisung erkennbar ist – ist die Lösung des Gesetzes zweckmässig. Auf andere heikle Fälle aber, – wenn die Statuten die Art. 648 und 636 nicht bloss «wiedergeben», sondern in aus dem Text heraus erkennbarem, eigenständigem normativem Gestaltungswillen die qualifizierte Mehrheit vorsehen, oder wenn die Statuten überhaupt für alle Statutenänderungen ein schwierig zu erreichendes qualifiziertes Beschluss- oder Präsenzquorum oder gar beides vorsehen 2193

---

[119] Er entstand im Schnellverfahren in der Juni-Session 1991.
[120] A.A. *Alfred Siegwart* (1945) Art. 626 N. 6; *Peter Forstmoser* (1981) § 7 N. 34.
[121] Vorbehältlich abweichender Statutenvorschriften.

– ist Art. 6 nach seinem klaren Wortlaut *nicht* anwendbar[121a]. Der vorsichtige Praktiker wird indessen auf jedem Fall von Art. 6 so Gebrauch machen, wie er dasteht.

B. Die Ausländerdiskriminierung bei vinkulierten Namenaktien

2194 Erst im Jahr der Schlussabstimmung gelangte noch eine weitere materiellrechtliche Vorschrift in die Schlussbestimmungen: der Ablehnungsgrund der *Ausländereigenschaft im Rahmen des Vinkulierungsrechts*[122]. Der Artikel ist überaus seltsam formuliert und wirft mehr schwierige Abgrenzungsfragen auf, als er löst.

2195 Es handelt sich gar nicht um eine echte Übergangsbestimmung. Vielmehr wollte man den nun doch als peinlich angesehenen Diskriminierungsartikel *aus dem Kontext des Aktienrechts verbannen*. Man wollte durch sein «Verstecken» im Schlusstitel auch manifest machen, dass es sich da nur noch um vorübergehend geltendes Recht handle.

2196 Es ist auf das Kapitel 5 über die Vinkulierung der Namenaktien zu verweisen[123].

IV. Pragmatisches Vorgehen zur Anpassung der Statuten

2197 Die Übergangsbestimmungen zum neuen Aktienrecht sind derart vielgestaltig aufgefächert und komplex, dass sich nun eine Annäherung an diese Problematik aus völlig anderer Richtung empfiehlt: in der Blickrichtung des Verwaltungsrates, der seine bestehenden Statuten durchblättert und fragt: was muss ich tun, und in welcher Reihenfolge?

Statuten-Abschnitt I

2198 Wer in Statuten blättert, die unter dem OR 1936 entstanden sind, stösst auf den Abschnitt, der die Firma, den Sitz, den Zweck und oft die Dauer der Gesellschaft regelt, als getreues Abbild der Ziffern 1 und 2 des Artikels 626 OR 1936 über den «gesetzlich vorgeschriebenen Inhalt».

[121a] Gerade die *echte Petrifizierungsklausel* ist keine «blosse Wiedergabe» des OR 1936 und fällt nicht unter Art. 6 Schl.Best.
[122] Art. 4 Schl.Best. OR 1991.
[123] Kapitel 5/II/C, Rz 604 ff., und III/B/3, Rz 742.

1. Firma

An der *Firma* ist selten etwas zu ändern. Das neue Aktienrecht bringt nichts Neues, ausgenommen die Freistellung der Abänderung der bestehenden Firmenbezeichnung von dem früheren Präsenzquorum[124]. 2199

2. Sitz

Dass am Konzept des *Sitzes* nichts geändert worden ist, steht ebenfalls fest. Nur die Sitzverlegung untersteht einer neuen Norm: Art. 704 Abs. 1 Ziff. 7 verlangt dafür nun zwingend die qualifizierte Mehrheit. 2200

3. Zweck

a) Das Gesetz hat den früheren Doppelbegriff «*Gegenstand und Zweck*» hier[125] wie auch anderswo[126] fallen lassen zugunsten des allein überlebenden «Zwecks». Die wenigsten Statuten haben aber einen Unterschied zwischen Gegenstand und Zweck gemacht, und üblich ist schon längst die Beschränkung auf den «Zweck» allein. Wo die Statuten zwischen Gegenstand und Zweck ausdrücklich unterscheiden, besteht ebenfalls kein unmittelbarer Anlass zu einer Änderung: die Gesellschaft hat fünf Jahre Zeit, sich zu überlegen, wie sie diesen Artikel genau fassen will. Die Änderung des Zwecks ist dabei nach neuem Aktienrecht wesentlich leichter zu bewerkstelligen als nach altem[127]. 2201

b) Handlungsbedarf kann bei «geschlossenen Gesellschaften» dann entstehen, wenn eine statutarische *Vinkulierungsbestimmung* den gesetzlichen «wichtigen Grund» der Ablehnung von Erwerbern im Hinblick auf den Gesellschaftszweck verwirklichen soll. Dann kommt der genauen Beschreibung des Zwecks eine ganz neuartige Bedeutung zu. 2202

4. Dauer

Die Angabe der *Dauer* der Gesellschaft ist ein alter Zopf – weder das alte noch das neue Recht verlangen so etwas. Sagen die Statuten ausdrücklich, die Gesellschaft bestehe auf unbeschränkte Dauer, so ist daran nichts zu ändern. Nur eine Begrenzung der Dauer – heute sehr selten – gehört unbedingt in die Statuten[128], aber das war schon unter altem Recht so[129]. 2203

---

[124] Früher Art. 649 OR 1936.
[125] Art. 626 Ziff. 2 OR 1936.
[126] Art. 648 Abs. 1 und Art. 649 Abs. 1 OR 1936 – beide aufgehoben.
[127] Aufhebung des Art. 648 OR 1936. Jetzt gilt die nach «vertretenen» Aktienstimmen bzw. Nennwerten berechnete qualifizierte Mehrheit des Art. 704 Abs. 1 OR 1991.
[128] Art. 627 Ziff. 4 OR 1991.
[129] Art. 627 Ziff. 4 OR 1936.

Statuten-Abschnitt II

2204 Meist enthält der zweite Statuten-Abschnitt die Angaben über das *Grundkapital* und die Angaben über die *Aktien*. Hier ist auch meist der Sitz der *Vinkulierungsbestimmungen* – eines der schwierigsten Themen auch des Übergangsrechts.

5. Aktienkapital

2205 Der Begriff «*Grundkapital*» ist zwar von Gesetzes wegen durch «Aktienkapital» ersetzt; die alte Worthülse darf aber noch bis zu fünf Jahren im Statutentext stehen bleiben.

2206 Einen Zwang zur *Erhöhung des Kapitals*, das zwischen Fr. 50,000 und Fr. 99,000 liegt, auf Fr. 100,000 gibt es für alle jene Gesellschaften nicht, die vor dem 1. Januar 1985 schon bestanden haben. Handlungsbedarf besteht jedoch – innerhalb der gesetzlichen Fünfjahresfrist – für die am 1. Januar 1985 und später gegründeteten Gesellschaften mit einem «zu kleinen» Aktienkapital, und für überhaupt alle Gesellschaften mit einer eingezahlten Einlage von weniger als Fr. 50,000[130].

2207 Zur Tat können auch jene Gesellschaften aufgerufen sein, die ein *sehr hohes Partizipationskapital* neben einem kleinen Aktienkapital haben; nur wenn ihr Partizipationskapital schon vor dem 1. Januar 1985 das Aktienkapital um mehr als das Doppelte überstieg, sind sie von der Herstellung des gesetzlichen Maximalverhältnisses befreit. Andernfalls bietet sich innerhalb der Fünfjahresfrist am ehesten eine Erhöhung – und zwar eine wirklich vollzogene, voll- oder teilliberierte, und nicht nur eine genehmigte Erhöhung – des Aktienkapitals an. Denn eine Herabsetzung des Partizipationskapitals allein und durch Rückzahlung stellt schwierige Fragen der Gleichbehandlung; am ehesten käme da noch eine Umwandlung eines Teils der Partizipationsscheine in Aktien in Frage.

6. Einlagen

a) Neue Einlagen

2208 Neu ist das Erfordernis in den Statuten selbst die *Höhe der auf das Aktienkapital geleisteten Einlagen* zu nennen. Das war nach OR 1936 zwar keineswegs unüblich (die Klausel lautet «voll einbezahlte Aktien» oder «zu 50% einbezahlte Aktien», aber es war nicht obligatorisch[131]. Wiederum kann die Gesellschaft sich dafür fünf Jahre Zeit lassen.

---

[130] Also auch jene, die vor dem 1. Januar 1985 gegründet worden sind.
[131] Vgl. Art. 626 Ziff. 3 OR 1936 im Vergleich mit Art. 626 Ziff. 3 Halbsatz 2 OR 1991.

b)   Alte Sacheinlagen

Kann die Gesellschaft *alte Sacheinlageklauseln* – solche, die 10 Jahre zuvor in die Statuten geschrieben worden sind – vom 1. Juli 1992 an streichen? Die Antwort ist nicht so leicht zu finden. Zunächst könnte man dadurch beeindruckt sein, dass nach Art. 1 Abs. 2 Schl.Tit. zum ZGB «alte Tatsachen» auch nach Inkrafttreten des neuen Rechtes vom «alten Recht» beherrscht bleiben. Zweck und Analyse der neuen Bestimmung indessen führen eindeutig zu einem anderen Ergebnis: es geht eben gerade *nicht* um die alte Tatsache der damaligen Sacheinlage, sondern darum, dass *heute* diese uralte Klausel noch in den Statuten steht. Es ist das Noch-drin-stehen, was den Normtatbestand von Art. 628 Abs. 4 OR 1991 ausmacht, und der Tag der Aufnahme in die Statuten ist nur wichtig für den Beginn der Zehnjahresfrist. Die Gesellschaften können daher solche alten Klauseln sofort ab 1. Juli 1992 streichen. 2209

7. Aktien

Die *Anzahl*, der *Nennwert* und die *Art der Aktien* (d.h. Inhaber- oder Namenaktien) findet sich in praktisch allen Statuten, obwohl das alte Recht die Angabe der Anzahl der Aktien nicht ausdrücklich verlangte[132]. Wo die Anzahl fehlt (Klausel: «eingeteilt in fünftausend Inhaberaktien zu ...»), muss das ebenfalls erst in fünf Jahren unbedingt in den Statuten stehen. 2210

8. Kategorien

Besonders wichtig ist die genaue Angabe der Vorrechte einzelner *Kategorien von Aktien* (früher: «Gattungen»), wenn davon mehrere bestehen. Das neue Recht[133] verlangt viel präziser als das alte[134] die Beschreibung der Vorrechte aller Kategorien, die damit ausgestattet sind. Auch hier hat die Gesellschaft fünf Jahre Zeit mit der Anpassung. 2211

9. Vinkulierung

Unmittelbar nach den Angaben über die Aktien trifft man in sehr vielen Schweizer Gesellschaften auf *Vinkulierungsbestimmungen*[135]. Hier ist zu unterscheiden. 2212

a)   Nichtkotierte Namenaktien

Alle Zeit können sich die Gesellschaften mit *nichtkotierten Aktien* lassen: fünf Jahre. Die Regelung der Statuten gilt so weiter, wie sie dasteht, auch wenn sie dem neuen Recht diametral widerspricht. Die Klausel «ohne Angabe von Gründen» bleibt vorläu- 2213

---

[132] Art. 626 Ziff. 3 OR 1936 im Vergleich mit Art. 626 Ziff. 4 OR 1991.
[133] Art. 627 Ziff. 9 OR 1991.
[134] Art. 627 Ziff. 9 OR 1936.
[135] Art. 627 Ziff. 8 OR 1991.

fig gültig. Wenn die Statuten die Spaltung der Rechte ausdrücklich vorsehen (was sehr selten ist, aber vorkommt), so gilt diese während der Anpassungsfrist weiter. Bei allen Gesellschaften, die sich über die Rechtswirkungen der Vinkulierung in den Statuten ausschweigen, gilt jedoch sofort vom 1. Juli 1992 an die *Einheitstheorie*: ohne die Genehmigung der Gesellschaft bleiben alle Rechte an der Aktie und aus der Aktie beim alten Eigentümer, und dies ist zwingendes Recht.

2214 Die Gesellschaft muss aber in der Anpassungszeit eine der schwierigsten Leistungen an die Hand nehmen, die ihr das neue Aktienrecht auferlegt: *die Formulierung der Ablehnungsgründe*, welche den Anforderungen des neuen Artikels 685b Abs. 2 entsprechen. Es geht dabei nicht etwa an, dass die Gesellschaft einfach in ihre Statuten schreibt:

> «Der Verwaltungsrat kann bei Vorliegen eines wichtigen Grundes die Genehmigung der Übertragung von Namenaktien im Hinblick auf den Gesellschaftszweck oder die wirtschaftliche Selbständigkeit des Unternehmens ablehnen.»

2215 Die Gesellschaft ist vielmehr vom Gesetz dazu verhalten, positive «*Bestimmungen*» zu erlassen, die in den Statuten den «wichtigen Grund» für die Ablehnung im Hinblick auf die beiden genannten Gesichtspunkte – «Zweck» einerseits und «Selbständigkeit» anderseits – näher umschreiben. Die oben genannte Formulierung ist, da sie den Anforderungen an die Verankerung eines «wichtigen Grundes» in den Statuten nicht entspricht, rechtlich wirkungslos; eine darauf gestützte Ablehnung wäre ungültig mangels wichtigen Grundes.

2216 Praktisch besonders wichtig ist der Gesichtspunkt der Erhaltung der *Selbständigkeit* unter diesem Blickwinkel. Möglich ist die Ausformulierung folgender Punkte:

2217 – die Fernhaltung von *Konkurrenten* und ihnen nahestehenden Personen[136];

2218 – die *Quote*, d.h. das Recht zur Ablehnung, wenn das Eigentum an Namenaktien einer Person (zusammen mit ihr nach den Statuten hinzuzurechnenden Personen oder Gesellschaften) einen bestimmten Prozentsatz aller Namenaktien[137] übersteigen würde;

2219 – die Ablehnung des Übergangs der *Beherrschung* der Gesellschaft an einen Konzern oder (heikler) an eine Person oder Gruppe von Personen.

2220 Rechtlich heikel sind die «*Sippenklauseln*» und die *statutarischen Vorkaufs- und Kaufsrechte*[138]. Es ist auf Kapitel 5 zu verweisen. Jedenfalls bleibt der Gesellschaft eine Frist von bis zu fünf Jahren zur Anpassung dieser Regeln an das neue Aktienrecht, welches die Erschwerung der Voraussetzungen der Übertragbarkeit über Art. 685b Abs. 1 bis 6 hinaus ausdrücklich untersagt.

---

[136] Kapitel 5/III/B, Rz 720/21 und 727; hier stellt sich die Frage einer näheren Umschreibung des massgeblichen Konkurrenzverhältnisses.
[137] Möglich auch: aller Aktien.
[138] Kapitel 5/III/c/4, Rz 552 ff.

b) Börsenkotierte Namenaktien

Grund zum Handeln haben Gesellschaften mit *börsenkotierten vinkulierten Namenaktien*[139]. Zwar ist die Anpassungsfrist von fünf Jahren anwendbar – aber eben nur vermutlich, weil das Gesetz in diesem heiklen Bereich einerseits keine Spezialregeln aufgestellt hat, andererseits aber der Art. 2 des Schlusstitels zum ZGB 1907 im Hintergrund lauert: würde ein Gericht die Regeln von Art. 685d ff. als «*um der öffentlichen Ordnung willen*» aufgestellt erkennen, so würde dies zu sofortigem Unwirksamwerden aller dem neuen Vinkulierungsregime widersprechenden Statutenbestimmungen führen[140].

2221

Aber nicht nur dieses Risiko empfiehlt rasches Handeln. Denn das neue Recht der kotierten Namenaktien tritt auf jeden Fall insoweit sofort am 1. Juli 1992 in Kraft, als *neue gesetzliche Rechtsfolgen für die Übertragung* angeordnet worden sind und diesen Rechtsfolgen nicht spezifische Statutenklauseln entgegenstehen. Das sind u.a.:

2222

(1) die *Meldepflicht* der beauftragten Bank des Veräusserers;

2223

(2) die relativ kurze *Entscheidungsfrist* für die Gesellschaft, bei deren unbenütztem Ablauf die Übertragung als genehmigt gilt;

2224

(3) die Möglichkeit, von Gesetzes wegen (d.h. ohne besondere Bestimmung der Statuten) *Strohpersonen* und *Unterbreiter falscher Angaben* im Aktienbuch zu streichen bzw. sie abzulehnen;

2225

(4) die neue Kategorie «*Aktionäre ohne Stimmrecht*» im Aktienbuch (jedenfalls dann, wenn dem nicht während der Anpassungsfrist noch spezifische altrechtliche Statutenklauseln entgegenstehen, die dies ausschliessen);

2226

(5) das Erfordernis der *Eintragung der Nutzniesser* und der Angabe der ganzen *Adresse* bei allen Eintragungen im Aktienbuch.

2227

Auch rein tatsächliche Gründe sprechen eine deutliche Sprache: es kann nicht im Interesse der Gesellschaft liegen, mit einem Finanzprodukt «*vinkulierte Namenaktie alten Recht*s» an der Börse vertreten zu sein, wenn die andern Gesellschaften zum homogenen Finanzprodukt neuen Rechts übergehen. Da die neuen Regeln die Handelbarkeit regelmässig gegenüber dem alten Recht erhöhen und die Rechtssicherheit nach neuem Regime grösser ist, muss der Vermerk «nach altem Recht» notwendigerweise auf den Kurs einer kotierten Namenaktie drücken. Im gleichen Sinn wird sich die Vermählung der letztlich unvereinbaren Rechtsblöcke «alt» und «neu» auswirken. Die *Kombination* der alten Statutenbestimmungen über die Vinkulierung in einer ausgedehnten Übergangsfrist von bis zu fünf Jahren mit den sofort wirksamen neuen Gesetzesregeln – überall dort, wo ihnen keine positiv formulierten alten Statutenklauseln mit eigenständigem normativem Gehalt entgegenstehen – muss zu zahlreichen Zweifelsfragen und Friktionen führen.

2228

---

[139] Kapitel 5/II, Rz 572 ff.
[140] Nach der hier vertretenen Ansicht ist Art. 2 Schl.Tit. ZGB 1907 auf die Vinkulierungsbestimmungen *nicht* anwendbar.

2229 Zwei Hauptentscheide sind zu fällen:

2230 – *Quote ja oder nein?* Entscheidet sich die Gesellschaft für die Quote[141], so ist der Prozentsatz festzusetzen. In der Praxis findet man 1% bis 5%, am häufigsten 2% und 3%. Dann stellen sich Anschlussfragen: Soll der Verwaltungsrat Ausnahmen gewähren können? Sind die Ausnahmen in den Statuten näher zu umschreiben, sind sie ihrerseits zu limitieren? Gilt die Quote für alle gleich?

2231 – *Ausländerdiskriminierung ja oder nein?* Dieser Entscheid setzt voraus, dass die Gesellschaft überhaupt im Zielgebiet eines Bundesgesetzes steht, das an den Verlust des Nachweises einer Schweizer Beherrschung bzw. an das Bestehen einer beherrschenden Stellung von Personen im Ausland nachteilige Rechtsfolgen knüpft. Ist die Ablehnungsmöglichkeit in den Statuten selber anzugeben? Mit oder ohne Gesamtlimite? Müssen die Statuten die (diskriminierenden) Bundeserlasse, auf die die Gesellschaft sich berufen möchte, ausdrücklich nennen? Und wie wäre diese zu formulieren, wie die «Gefahrenzone» für den Nachweis zu konkretisieren? Ist ein «Ausländerkontingent» einzurichten, und wenn ja, wie gross angesichts des betreffenden Bundeserlasses und der Aktienstruktur der Gesellschaft?[142] Ist eine Delegation an den Verwaltungsrat für die Festsetzung der Limite rechtswirksam? Ist eine Delegationsnorm in den Statuten notwendig?

2232 Dabei wird der Verwaltungsrat beachten müssen, dass das neue Vinkulierungsregime für kotierte Namenaktien die Übertragung nur des *Stimmrechts* und der damit zusammenhängenden Rechte behindert, die Übertragung der Aktionärsstellung als solchen und der damit verknüpften Vermögensrechte dagegen nichts hemmt[143]. Die Vinkulierung kotierter Namenaktien ist nach dem Modell 1991 nicht anderes als ein *Stimmrechtsausschluss*. Art. 685d ist daher gar nicht in der Lage, das Entstehen eines unter der Lex Friedrich «schädlichen» ausländischen, rein kapitalmässigen Einflusses zu verhindern.

2233 Im ganzen Bereich der Vinkulierung ist vom 1. Juli 1992 an der neue *Art. 704 Abs. 1 Ziff. 3* zu beachten: eine Statutenänderung bedarf einer Mehrheit von mindestens zwei Dritteln der vertretenen Aktienstimmen und der absoluten Mehrheit der vertretenen Aktiennennwerte, wenn in ihr «eine Beschränkung der Übertragbarkeit von Namenaktien» zu erblicken ist.

2234 Wie nun, wenn eine Vinkulierung schon besteht, und diese bloss geändert wird? Die Lösung, so schwierig sie im Einzelfall auch ist, kann immer nur im Sinn der Bestimmung gesucht werden: nur eine *zusätzliche Einschränkung*, ein *Freiheitsverlust* bedarf der qualifizierten Mehrheit. Sehen die Statuten bisher die Klausel «Ablehnung ohne Angabe von Gründen»[144] vor – die nach einhelliger Meinung am weitesten gehende Einschränkung der Rechtsposition eines veräussernden Aktionärs – und geht die Gesellschaft zur Quote (oder Nennung einzelner präziser «wichtiger Gründe») über, so liegt darin keine zusätzliche Einschränkung; die absolute Mehrheit oder die sonst von den Statuten für ihre Änderung vorgesehene Mehrheit ist nach der hier vertretenen

---

[141] Art. 685d Abs. 1 OR 1991.
[142] Kapitel 5/II/C, Rz 604 ff.
[143] Art. 685f OR 1991.
[144] Art. 686 Abs. 2 OR 1936.

Auffassung hinreichend. Diese Auslegung wird im übrigen schon durch den Wortlaut der Ziffer 3 gestützt: nicht «Bestimmungen über die Beschränkung der Übertragbarkeit» sind der qualifizierten Mehrheit unterstellt, sondern nur der Vorgang einer Freiheitseinschränkung, die «*Beschränkung*». Der vorsichtige Praktiker wird allerdings wenn immer möglich die qualifizierte Mehrheit des Art. 704 Abs. 1 zu erreichen suchen.

10. Partizipationsscheine

Die *Partizipationsscheine*, falls solche bestehen, sind in den Statuten meist an dieser Stelle geregelt. Es ist auf die separaten Übergangsregeln (Art. 3 Schl.Best.) zu verweisen. 2235

Jedenfalls wird der Verwaltungsrat die Normen beachten, die *sofort am 1. Juli 1992*, auch und insbesondere entgegen anderslautenden alten Statuten, in Wirksamkeit treten. Bei den Partizipationsscheinen ist es in der Praxis entscheidend, ob diese in ihrer rechtlichen Ausgestaltung der neuen gesetzlichen Regelung schon relativ nahe kommen (wie meist bei den börsenkotierten Partizipationsscheinen), oder ob sie noch exotische rechtliche Eigenschaften aufweisen. Die Partizipationsschein-Bestimmungen des neuen Rechts gehen ohnehin sofort am 1. Juli 1992 (mit Ausnahmen) dem Statutenrecht vor. Für erstaunlich vieles hat die Gesellschaft maximal fünf Jahre Zeit, nämlich um: 2236

– die Definition der Vermögensrechte in den Statuten dem neuen Art. 656f anzupassen (Schlechterstellungsverbot); 2237

– die «Ausgabebedingungen» (was immer darunter zu verstehen ist) in den Statuten niederzulegen; 2238

– alle übrigen eventuell nötigen Änderungen im «PS»-Artikel der Statuten vorzunehmen; 2239

– die Eintragungen beim Handelsregister nach neuem Recht anzumelden; 2240

– gegebenenfalls die ausstehenden Titel, die nicht als «Partizipationsscheine» bezeichnet sind, umzutaufen und umzutauschen. 2241

11. Bezugsrecht

Das *Bezugsrecht* ist in den meisten Statuten entweder gar nicht oder dann durch eine Verweisung auf Art. 652 OR 1936 erwähnt, etwa wie folgt: 2242

> «Jeder Aktionär ist gemäss Art. 652 OR berechtigt, einen seinem bisherigen Aktienbesitz entsprechenden Teil der neuen Aktien zu beanspruchen, soweit nicht der Beschluss über die Erhöhung des Grundkapitals etwas anderes bestimmt.»

In einer solchen Lage kann der Verwaltungsrat für seine Anträge gegenüber der Generalversammlung unter drei Varianten wählen. 2243

2244 – *Er belässt diesen Wortlaut* vorerst in den Statuten: auch in diesem Falle gilt nach der hier vertretenen Auffassung sofort am 1. Juli 1992 das neue Recht mit seiner komplizierten, stark einengenden Regelung für das Bezugsrecht. Denn eine derartige Klausel drückt eindeutig erkennbar nicht einen eigenständigen gestalterischen Willen aus und kann daher nicht als «Statutenrecht» angesehen werden, welche nach der dritten Hauptregel das neue Recht (vorläufig) brechen könnte. Es ist eine als reine Verweisung zu verstehende «blosse Wiedergabe» des alten Rechts, die man alsbald streichen sollte.

2245 – Er schlägt der Generalversammlung eine andere Regelung vor, welche dem neuen Recht besser entspricht, indem er entweder ausdrücklich auf die entsprechenden neuen Gesetzesartikel *verweist* oder einfach das Gesetz *vorbehält*.

2246 – Sehr schwerfällig wäre dagegen eine eigentliche wörtliche *Wiedergabe des neuen Rechts*, da dieses heute hinsichtlich des Bezugsrechts aufgefächert ist in Bezugsrecht bei der ordentlichen und genehmigten und der bedingten Kapitalerhöhung, und weil das Bezugsrecht für Partizipationsscheine in das Bezugsrecht der Aktionäre hineinspielen kann.

2247 Ganz anders liegen die Dinge, wenn die alten Statuten am 30. Juni 1992 eine *normativ eigenständige Regelung* des Bezugsrechts enthalten. Dann gilt die dritte Hauptregel[145]: Statutenrecht bricht, weil hier der Statutengeber eigenständiges Recht schaffen konnte, vorläufig Gesetzesrecht. Während der Anpassungsfrist von höchstens fünf Jahren hat die Gesellschaft diese altrechtlichen Regeln – insoweit als sie dem neuen Aktienrecht widersprechen, und das wird fast immer der Fall sein – aufzuheben.

12. Eigene Aktien

2248 Gewisse Handelsregisterführer empfahlen den Notaren die *wörtliche Wiedergabe* des Art. 659 OR 1936 in den Statuten. Eine solche wörtliche oder fast wörtliche Wiedergabe des ausser Kraft gesetzten Rechts hat nach der hier vertretenen Meinung[146] am 1. Juli 1992 keine normative Wirkung und wird zu totem Buchstaben. Die neue Regelung von Art. 659 bis Art. 659b OR 1991 tritt gemäss der zweiten Hauptregel sofort in Wirksamkeit, da kein normativ eigenständiges Statutenrecht vorhanden ist, welches gemäss der dritten Hauptregel das neue Gesetzesrecht vorläufig brechen könnte[147].

2249 Der Verwaltungsrat sollte die erste Gelegenheit zur Streichung der «blossen Wiedergabe» des Art. 659 OR 1936 ergreifen. Eine Erwähnung der eigenen Aktien in den Statuten ist rechtlich unnötig.

---

[145] Vorbehältlich Art. 2 Schl.Tit. ZGB, doch ist m.E. dieser Artikel nicht anwendbar, wo Art. 2 Abs. 1 und 3 Schl.Best. OR 1991 gelten.
[146] A.A. *Alfred Siegwart* (1945) Art. 626 N. 26; *Peter Forstmoser* (1981) § 7 N. 34.
[147] Dritte Hauptregel, Art. 2 Abs. 1 und 3 Schl.Best. OR 1991.

Statuten-Abschnitt III

Meist finden sich die von Art. 626 Ziff. 5 und 6 OR 1936 verlangten Angaben in einem Abschnitt der Statuten über die «Organe der Gesellschaft». In diesem Bereich muss der Verwaltungsrat wenige, aber überaus wichtige Anpassungen ins Auge fassen.

2250

13. Generalversammlung

Die meisten Statuten enthalten in diesem Bereich *«blosse Wiedergaben» des alten Gesetzeswortlauts*, weit über die äusserst knappen Angaben hinaus, die sowohl das alte und das neue Aktienrecht in Art. 626 und 627 zu diesem Gegenstand verlangen. Hier zeigt sich nun der Nachteil von unnötig detaillierten Statuten: jedesmal muss der Verwaltungsrat schlüssig werden, ob die entsprechende Bestimmung einen bloss *deklaratorischen* Sinn hat (Wiedergabe des alten Rechts, aus dem Statutentext heraus erkennbar ohne eigenständigen normativen Willen) oder aber eine *gesellschaftseigene Regel* aufstellt, die unabhängig vom Bestand des alten Aktienrechts weitergilt. Im ersten Fall verliert die Statutenbestimmung sofort am 1. Juli 1992 jede rechtliche Kraft[148] und ist so rasch als möglich – weil irreführend – aus den Statuten zu entfernen; im zweiten Fall bricht altes Statutenrecht neues Gesetzesrecht während höchstens fünf Jahren.

2251

Gerade in diesem Bereich bestehen so viele *Einzelprobleme*, dass es Sache der individuellen Beratung sein muss, Lösungen anzubieten. Einige Probleme seien herausgegriffen:

2252

– Was die Statuten schon immer regeln mussten und weiterhin regeln müssen[149], ist die *Einberufung der Generalversammlung* und das *Stimmrecht der Aktionäre*. Es geht hier um einen «notwendigen Statuteninhalt». In diesen beiden Fällen sind die entsprechenden Statutenbestimmungen im Zweifel als Ausdruck eigenständigen normativen Willens anzusehen: das alte Statutenrecht gilt vorläufig weiter. Sehen die alten Statuten z.B. 15 Tage für die Einberufung vor, so kommt darin ein eigenständiger normativer Wille zum Ausdruck; es gilt wegen der dritten Hauptregel diese alte Fristbestimmung noch entgegen der neuen gesetzlichen Zwanzigtagefrist bis zur Anpassung der Statuten, längstens bis zum 30. Juni 1997. Setzen aber die Statuten die Einberufungsfrist auf 10 Tage an, so liegt darin nichts anderes als die erkennbare Ansetzung auf das zwingende gesetzliche Minimum der alten Rechts. Dieses wird ersetzt durch das zwingende Minimum des neuen Rechts, von 20 Tagen. Dessen sofortiger Geltung gemäss der zweiten Hauptregel steht *kein* gestalterischer Wille der alten Statuten entgegen; die Erwähnung der 10 Tage ist nichts anderes als eine blosse Vorweisung auf das Gesetz und büsst ihre Kraft mit dem Wirksamwerden des neuen Gesetzes ein. Die 20-Tage-Frist gilt ab 1. Juli 1992[149a];

2253

---

[148] Nach der hier vertretenen Auffassung, vorn III/A/3, Rz 2182 ff.; a.A. *Alfred Siegwart* (1945) Art. 626 N. 6; *Peter Forstmoser* (1981) § 7 N. 34.
[149] Art. 626 Ziff. 4 OR 1936; Art. 626 Ziff. 5 OR 1991.
[149a] Das ist umstritten, vgl. *Peter Forstmoser* (zit. Anm. 1) Anm. 236. Gesellschaften, in denen die *institutionelle Stimmrechtsvertretung* (Art. 689c ff. OR 1991) eine Rolle spielt, sind sinngemäss verpflichtet, so rasch wie möglich die 20-Tagefrist in ihre Statuten aufzunehmen.

2254 — die neue *gesetzliche Zuständigkeit* der Generalversammlung für die Genehmigung der *Konzernrechnung*[150] wird als Folge der um 1 Jahr verzögerten Inkraftsetzung der drei Artikel über die Konzernrechnung erst ab 1. Juli 1993 aktuell. Dabei hat die Gesellschaft nach der hier vertretenen Meinung noch länger Zeit, weil die Konzernrechnungspflicht für dasjenige Rechnungsjahr gilt, das am 1. Juli 1993 oder danach *beginnt*. In diesem Bereich besteht kaum Handlungsbedarf für Statutenänderungen, ausgenommen vielleicht die Änderung des Geschäftsjahres; bei der Bereinigung der Statuten ist eine Aufzählung der Zuständigkeiten der Generalversammlung dem neuen Art. 698 Abs. 2 anzupassen, insbesondere hinsichtlich der Genehmigung der Konzernrechnung;

2255 — für das *Recht auf Traktandierung* eines Verhandlungsgegenstands für die Generalversammlung durch eine Minderheit gilt die Bezugsgrösse «Nennwerte von einer Million Franken»[151] (wirksam vor allem in sehr grossen Gesellschaften und überhaupt nicht in kleinen) sofort ab 1. Juli 1992. Entgegenstehendes, massgebliches Statutenrecht kann in einer blossen Wiedergabe des alten Wortlauts von Art. 699 Abs. 3 OR 1936 in den Statuten nur erblickt werden, wenn dem Text der blosse Verweisungscharakter nicht klar zu entnehmen ist (z.B. weil das Artikelzitat nicht drin steht);

2256 — ebenso sind sofort ab 1. Juli 1992 die neuen Regeln für die Angabe aller *Anträge des Verwaltungsrates* schon bei der Einberufung[152] wirksam, also auch schon in der Zeit, in der die Gesellschaft noch mit den alten Statuten arbeitet. Auch der Stichentscheid des Vorsitzenden des Verwaltungsrates gilt sofort, wenn die Statuten nicht ausdrücklich das Gegenteil anordnen;

2257 — sofort ab 1. Juli 1992 gilt für Gesellschaften mit *Partizipationsscheinen* die Regel, welche zwingend die Bekanntgabe der Einberufung und der gefassten Beschlüsse an die Partizipanten fordert[153];

2258 — auch die neuen Bestimmungen über die *institutionelle Stimmrechtsvertretung*[154] (das «Depotstimmrecht der Banken» und die «Organvertretung») sowie über den Inhalt des *Protokolls*[155] gelten ohne weiteres ab 1. Juli 1992, selbst wenn die alten Statuten noch in Kraft sind;

2259 — die neu definierte und im Anwendungsbereich ausgedehnte *qualifizierte Mehrheit* des Art. 704 gilt grundsätzlich sofort. Dabei ist aber eine Ausnahme zu beachten: wo die Statuten ausdrücklich die Statutenänderung allgemein oder einzelne der in Art. 704 Abs. 1 genannten Gegenstände einer in den Statuten definierten besonderen Mehrheit unterwerfen – z.B. der $^3/_5$-Mehrheit oder der $^2/_3$-Mehrheit *ohne* kumulatives Erfordernis für die Nennwerte – , da gilt dies als statutarisches Recht während der Fünfjahresfrist vorläufig entgegen dem neuen Gesetzesrecht.

---

[150] Art. 698 Abs. 2 Ziff. 3 OR 1991.
[151] Art. 699 Abs. 3 Satz 2 OR 1991.
[152] Art. 700 Abs. 2 OR 1991; dasselbe gilt für «Anträge der Aktionäre, welche die Durchführung einer Generalversammlung oder die Traktandierung eines Verhandlungsgegenstandes» verlangt haben, a.a.O. Satzteil 2.
[153] Art. 656d OR 1991.
[154] Kapitel 9//II/B, Rz 1140 ff.
[155] Art. 702 Abs. 2 OR 1991.

– Wo die Statuten auf «gültig abgegebene Stimmen» abstellen, wird man sich – um die Anwendung des abweichenden Kriteriums des neuen Art. 704 in der gleichen Versammlung zu vermeiden –, die Umstellung auf die Bezugsgrösse der «vertretenen Stimmen» überlegen müssen. Sagen die alten Statuten ausdrücklich, dass Statutenänderungen mit der absoluten Mehrheit der vertretenen Aktienstimmen beschlossen werden, so ist das Feld offen für einen Auslegungsstreit: darin liegt wahrscheinlich eine *bloss verweisende Wiedergabe* dessen, was aufgrund von Art. 703 OR 1936 ohnehin galt[156] – und dann fehlt es an normativ eigenständigem altem Statutenrecht, und Art. 704 Abs. 1 ist sofort wirksam. Nicht auszuschliessen ist aber auch, dass der Richter in einer solchen Vorschrift aus bestimmten Gründen eine Norm der Gesellschaft erblickt, die dem unbefangenen Statutenleser nicht als blosse Verweisung auf das Gesetz erkennbar ist. Dann gilt sie wegen der dritten Hauptregel des intertemporalen Rechts vorläufig weiter, entgegen neuem Recht. Das bedeutet, dass dann vorläufig die Statuten, selbst zu den Gegenständen des Art. 704 Abs. 1, noch nach der alten Statutenbestimmung geändert werden[156a].   2260

– Kennen die Statuten eine Sonderbestimmung, welche die *Anpassung der Statuten ans neue Recht* mit einem niedrigeren Beschlussquorum erlaubt, so muss diese Norm als entgegenstehendes altes Statutenrecht vorläufig auch hinsichtlich der in Art. 704 Abs. 1 genannten Gegenstände gelten. Selbst Art. 704 Abs. 2 muss gegenüber abweichendem, positiv formuliertem altem Statutenrecht vorläufig zurücktreten[157].   2261

Wenn der Praktiker aus all' dem einen Schluss ziehen wird, dann ist es der eine: der Verwaltungsrat ist in vielen Fällen wohl beraten, wenn er die Statuten bei der ersten Gelegenheit umfassend, vor allem aber im Bereich der Generalversammlungsregeln, dem neuen Recht anpasst, sei es in einer ausserordentlichen Generalversammlung nach dem 1. Juli 1992 oder in der ersten folgenden ordentlichen Generalversammlung. Denn in der Zeit vor der Anpassung häufen sich die Zweifelsfragen dazu, was nun vorläufig wirklich gilt, so stark, dass man von einer eigentlichen Übergangsperiode der Rechtsunsicherheit sprechen muss.   2262

14. Verwaltungsrat

Auch das relativ stark geänderte Recht des Verwaltungsrates und der Delegation von Aufgaben der Geschäftsführung tritt nach der ersten Hauptregel des intertemporalen Rechts insoweit sofort am 1. Juli 1992 in Wirksamkeit, als nicht vorläufig *abweichendes altes Statutenrecht* dem entgegensteht.   2263

---

[156] Mit wenigen zwingenden Ausnahmen, Art. 636 und 648 Abs. 1 OR 1936.
[156a] Im Zweifel für *kumulative* Erfüllung der Erfordernisse der alten Statuten und des Art. 704 *Peter Forstmoser* (zit. Anm. 1) 158.
[157] Art. 2 Abs. 3 Schl.Best. OR 1991; ein Fall von *«ordre public»* im Sinne des Art. 2 Schl.Tit. ZGB liegt nicht vor.

a) Hauptaufgaben

2264 Es ist fast nicht denkbar, dass abweichendes altes Statutenrecht besteht, welches den neuen Katalog der Hauptaufgaben in Art. 716a vorläufig einschränken würde. Hier besteht dringender Handlungsbedarf, aber nicht für Anträge an die Generalversammlung – das neue Recht gilt so oder so[157a] – , sondern für die Erfüllung der im Gesetz genannten sechs Hauptaufgaben durch den Verwaltungsrat selbst. Eine blosse Wiedergabe des Art. 716a kann höchstens didaktischen Zielen dienen.

b) Delegation

2265 Dringender Handlungsbedarf, vielleicht der dringendste überhaupt am 1. Juli 1992, besteht dagegen im Bereich der Delegation.

2266 – Besteht *keine Statutenklausel*[158], welche zur Delegation ermächtigt (Ermächtigungsnorm), und sollen Aufgaben der Geschäftsführung auch vom 1. Juli 1992 an auf andere Personen übertragen werden, so muss die Gesellschaft unbedingt so rasch als möglich die entsprechende statutarische Grundlage schaffen[159].

– Besteht in der Gesellschaft noch *kein Organisationsreglement*, das den Anforderungen des neuen Art. 716b Abs. 2 gerecht wird, so muss der Verwaltungsrat tätig werden, um diese Lücke zu schliessen. Umgekehrt wird man einem altrechtlichen Reglement die Gültigkeit noch insoweit zuerkennen, als es sich auf eine *noch* gültige altrechtliche Statutenbestimmung stützt.

c) Qualifikationsaktie

2267 Die Bestimmungen der alten Statuten über die Pflichtaktien sind zu streichen. Kennt die Gesellschaft nur Inhaberaktien, so kann an ihre Stelle eine Vorschrift über die Hinterlegung einer *Qualifikationsaktie* am Sitz der Gesellschaft treten.

15. Revisionsstelle

2268 Das alte wie das neue Recht verlangen in den Statuten Bestimmungen über «*die Organe für die Revision*»[160]. Die Statuten pflegen sich aber recht knapp zu fassen. Selten findet man mehr als blosse Wiedergaben des Aktienrechts zu diesem Thema.

2269 Alle «*blossen Wiedergaben*» verlieren nach der hier vertretenen Auffassung von selbst jede Kraft nach dem 30. Juni 1992. Sie sind als irreführend so rasch wie möglich aus den Statuten zu streichen und gegebenenfalls durch die dem neuen Recht entsprechenden Bestimmungen und Hinweise zu ersetzen.

[157a] *Peter Forstmoser* (zit. Anm. 1) 159 sieht hier sogar einen Anwendungsfall des «ordre public».
[158] Eigentlich war diese schon aufgrund von Art. 627 Ziff. 12 OR 1936 nötig, aber Art. 717 Abs. 1 OR 1936 öffnete einen Umweg über ein Reglement der Generalversammlung.
[159] Art. 627 Ziff. 12 und Art. 717b OR 1991.
[160] Art. 626 Ziff. 6 OR 1991, vorher Art. 626 Ziff. 5 OR 1936.

Manchmal halten die alten Statuten aber *besondere Pflichten* der «Kontrollstelle» fest, 2270
die über deren gesetzlichen Aufgabenbereich hinausgehen. Solche Bestimmungen bleiben grundsätzlich vom neuen Recht unberührt[161], doch ist der Ersatz des alten Begriffs durch den neuen möglichst bald zu vollziehen. Einzig jene Statutenklauseln, die der altrechtlichen Kontrollstelle Aufgaben zuteilen, welche nach heutigem Verständnis dem Verwaltungsrat allein zustehen oder welche die Unabhängigkeit der Revisoren beeinträchtigen, sind «unvereinbar» im Sinne von Art. 2 Abs.3 Schl.Best. und gelten, wenn sie nicht gerade zu nichtig sind, noch längstens fünf Jahre[162]. Hier ist ein Vorbehalt anzubringen wie sonst wohl kaum irgendwo: gehen die alten Statuten so weit, eindeutige Exekutivaufgaben oder gar die Führung der Buchhaltung der Kontrollstelle zuzuordnen, so sind solche Klauseln vom 1. Juli 1992 an angesichts von Art. 706b sofort als *nichtig* anzusehen (Verstoss gegen die Grundstrukturen der Aktiengesellschaft)[163].

Fast nie äussern sich die Statuten zur *Befähigung oder Unabhängigkeit* der Revisoren; 2271
die dritte Hauptregel des intertemporalen Rechts ist daher zu diesem Thema praktisch bedeutungslos.

16. Jahresrechnung

Nicht selten bringen die Statuten im Zusammenhang mit der Revision noch gewisse 2272
Regeln über den *Jahresabschluss* und bestimmte Einzelheiten der Gewinnverteilung sowie der Verteilung des Liquidationsergebnisses, obgleich dies nach Art. 626 (sowohl neuen wie alten Rechts) nicht absolut unerlässlich ist.

Die Festlegung des *Geschäftsjahres* ist kein von Gesetzes wegen vorgeschriebener 2273
Bestandteil der Statuten, aber weithin Usanz; sie bleibt nach neuem Recht gültig.

Soweit Klauseln mit eigenständigem normativem Gehalt zum Thema der *Rechnungs-* 2274
legung bzw. der *stillen Reserven* in den Statuten stehen, können sie entgegenstehendem neuem Gesetzesrecht gemäss der dritten Hauptregel des intertemporalen Rechts vorläufig vorgehen. Der Verwaltungsrat wird aber mit dem Antrag zu ihrer Anpassung nicht zu lange zuwarten, weil ja das ganze übrige Rechnungslegungsrecht ohne weiteres am 1. Juli 1992 in Wirksamkeit tritt. Dass es für dasjenige Rechnungsjahr erstmals gilt, das am 1. Juli 1992 oder später beginnt, wurde schon dargelegt und begründet.

---

[161] Art. 627 Ziff. 13 OR 1991 erlaubt das auch für das neue Aktienrecht.
[162] Nach der hier vertretenen Auffassung ist Art. 2 Schl.Tit. ZGB auf die übergangsrechtlichen Sachverhalte des neuen Aktienrechts nicht anwendbar.
[163] Art. 706b Ziff. 3 OR 1991.

Statuten-Abschnitt IV

2275 Meist in einem Schluss-Abschnitt regeln die Statuten die Bekanntmachungen und gegebenenfalls auch die Schiedsklausel.

17. Form der Bekanntmachung

2276 Nach altem wie neuem Recht müssen die Statuten die *Form* der von der Gesellschaft ausgehenden Bekanntmachungen regeln[164]. Hier ist kaum ein Fall denkbar, in dem altes Statutenrecht mit neuem Gesetzesrecht unvereinbar wäre.

2277 Sehr wohl aber wird der Verwaltungsrat beachten müssen, dass bei *Partizipationsscheinen* die Gesellschaft verpflichtet ist, den Partizipanten sowohl die Einberufung der Generalversammlung wie die Verhandlungsgegenstände (Traktandenliste) und die Anträge bekanntzugeben. Da Partizipationsscheine fast immer, jedenfalls in grösseren Gesellschaften, auf den Inhaber lauten, ist die Form dieser Bekanntgabe in den Statuten zu regeln. Die entsprechende Vorschrift[165] tritt am 1. Juli 1992 sofort (und gegenüber entgegenstehenden Statutenrecht vorrangig[166]) in Wirksamkeit.

18. Schiedsgericht

2278 Viele Statuten vor allem von «geschlossenen Gesellschaften» enthalten eine *Schiedsklausel*[167]. Das neue Aktienrecht äussert sich dazu nicht. Wohl aber ist die Überarbeitung der Statuten im Hinblick auf das neue Recht der richtige Augenblick für die Überlegung, ob ein Ausschluss des ordentlichen Rechtswegs für aktienrechtliche Streitigkeiten immer noch als sinnvoll erscheint, und wenn ja, ob die zwingenden Anforderungen des *Konkordates über die Schiedsgerichtbarkeit* vom 27. März 1969 überhaupt erfüllt (und erfüllbar) sind[168]. Sodann stellen sich Fragen der Anwendbarkeit des Bundesgesetzes über das Internationale Privatrecht, sobald eine der am Schiedsverfahren beteiligte Parteien eine Person ist, die beim Abschluss der Schiedsvereinbarung ihren Wohnsitz oder ihren gewöhnlichen Aufenthalt nicht in der Schweiz hatte[169].

* * *

---

[164] Art. 626 Ziff. 7 OR 1991.
[165] Art. 656d Abs. 1 OR 1991.
[166] Art. 3 Abs. 1 Schl.Best. OR 1991.
[167] Kapitel 12/II/B/4, Rz 1926.
[168] Art. 6 Abs. 2 des Konkordates: schriftliche Erklärung des Beitritts zu einer juristischen Person, sofern diese Erklärung ausdrücklich auf die in den Statuten (oder in einem sich darauf stützenden Reglement) enthaltene Schiedsklausel Bezug nimmt.
[169] Art. 176 IPRG 1987, SR 291.

Insgesamt kommt der Praktiker am Ende zu folgenden Schlüssen: 2279

Wer nicht besondere Gründe hat, anhand der dritten Hauptregel des intertemporalen 2280
Rechts noch möglichst lange altes Statutenrecht anwendbar zu erhalten, wird die Anpassung und Bereinigung der Statuten nach neuem Recht nicht zu früh, aber doch bei einer der ersten Gelegenheiten 1993 oder 1994 durchführen.

Selbst wer im möglichst langen Weitergelten bestimmter alter Statutenklauseln wäh- 2281
rend der fünfjährigen Übergangsfrist Vorteile sieht – so etwa im Bereich der Vinkulierung – , muss sich vor Augen halten, dass weitestgehend auch dann sofort ab 1. Juli 1992 neues Recht gilt und ein «erratischer Block» alten Rechts unvorhergesehene zusätzliche rechtliche Schwierigkeiten entstehen lassen kann.

Unmittelbarer Handlungsbedarf besteht am 1. Juli 1992 für den Verwaltungsrat insbe- 2282
sondere im Bereich der Vertretungsbefugnis (vermutungsweise ist ab 1. Juli 1992 jedes Mitglied des Verwaltungsrates gemäss Art. 718 Abs. 1 einzelzeichnungsberechtigt), der Delegation, des Organisationsreglementes und eventuell der Partizipationsscheine, die sofort und zwingend (wenn auch nicht in allen Hinsichten) vom neuen Recht beherrscht werden.

Handlungsbedarf besteht sofort am 1. Juli 1992 oder sogar schon vorher für alle jene 2283
Gesellschaften, die ihr Geschäftsjahr am 30. Juni oder während der zweiten Jahreshälfte enden lassen: sie müssen die nächstfolgende Jahresrechnung, die am 30. Juni 1993 oder in der zweiten Jahreshälfte 1993 abschliesst, schon nach *neuem Recht* erstellen. Dies setzt voraus, dass schon von Anfang an nach dem 1. Juli 1992 die neuen Regeln bekannt sind und angewendet werden. Jene Gesellschaften müssen ihre Rechnungslegung in aller Eile auf das neue Recht umstellen. Dagegen haben die Konzernobergesellschaften ein Jahr länger Zeit – bis zum 1. Juli 1993 –, um die Konsolidierungsregeln festlegen bzw. durchsetzen und die Vereinheitlichung der Abschlusstermine und Darstellungsgrundsätze zu veranlassen.

Obligationenrecht
26. Titel: Die Aktiengesellschaft

(integrierter Gesetzestext*)

Erster Abschnitt: Allgemeine Bestimmungen

Art. 620   A. Begriff

[1] Die Aktiengesellschaft ist eine Gesellschaft mit eigener Firma, deren zum voraus bestimmtes Kapital (Aktienkapital) in Teilsummen (Aktien) zerlegt ist und für deren Verbindlichkeiten nur das Gesellschaftsvermögen haftet.

[2] Die Aktionäre sind nur zu den statutarischen Leistungen verpflichtet und haften für die Verbindlichkeiten der Gesellschaft nicht persönlich.

[3] Die Aktiengesellschaft kann auch für andere als wirtschaftliche Zwecke gegründet werden.

Art. 621   B. Mindestkapital

Das Aktienkapital muss mindestens 100 000 Franken betragen.

Art. 622   C. Aktien   I. Arten

[1] Die Aktien lauten auf den Namen oder auf den Inhaber.

[2] Beide Arten von Aktien können in einem durch die Statuten bestimmten Verhältnis nebeneinander bestehen.

[3] Die Statuten können bestimmen, dass Namenaktien später in Inhaberaktien oder Inhaberaktien in Namenaktien umgewandelt werden sollen oder dürfen.

[4] Der Nennwert der Aktie muss mindestens zehn Franken betragen. Vorbehalten bleibt die Herabsetzung des Nennwertes unter diesen Betrag im Fall einer Sanierung der Gesellschaft.

---

* Strich am linken Rand = am 4. Oktober 1991 beschlossene Änderungen, in der am 30. März 1992 gemäss Art. 33 GVG berichtigten Fassung. Die neuen Ausdrücke «Aktienkapital», «Verwaltungsrat» und «Revisionsstelle» sind im Kontext ohne Markierung eingefügt.

⁵ Die Aktientitel müssen durch mindestens ein Mitglied des Verwaltungsrates unterschrieben sein. Die Gesellschaft kann bestimmen, dass auch auf Aktien, die in grosser Zahl ausgegeben werden, mindestens eine Unterschrift eigenhändig beigesetzt werden muss.

Art. 623   II. Zerlegung und Zusammenlegung

¹ Die Generalversammlung ist befugt, durch Statutenänderung bei unverändert bleibendem Aktienkapital die Aktien in solche von kleinerem Nennwert zu zerlegen oder zu solchen von grösserem Nennwert zusammenzulegen.

² Die Zusammenlegung von Aktien bedarf der Zustimmung des Aktionärs.

Art. 624   III. Ausgabebetrag

Die Aktien dürfen nur zum Nennwert oder zu einem diesen übersteigenden Betrage ausgegeben werden. Vorbehalten bleibt die Ausgabe neuer Aktien, die an Stelle ausgefallener Aktien treten.

Abs. 2 und 3: aufgehoben.

Art. 625   D. Zahl der Mitglieder

¹ Bei der Gründung muss die Gesellschaft mindestens so viele Aktionäre zählen, als für die Bildung des Verwaltungsrates und der Revisionsstelle nach Vorschrift der Statuten notwendig sind, wenigstens aber drei.

² Sinkt in der Folge die Zahl der Aktionäre unter diese Mindestzahl, oder fehlt es der Gesellschaft an den vorgeschriebenen Organen, so kann der Richter auf Begehren eines Aktionärs oder eines Gläubigers die Auflösung verfügen, sofern die Gesellschaft nicht binnen angemessener Frist den gesetzmässigen Zustand wieder herstellt. Nach Anhebung der Klage kann der Richter auf Antrag einer Partei vorsorgliche Massnahmen anordnen.

Art. 626   E. Statuten
I. Gesetzlich vorgeschriebener Inhalt

Die Statuten müssen Bestimmungen enthalten über:
1. die Firma und den Sitz der Gesellschaft;
2. den Zweck der Gesellschaft;
3. die Höhe des Aktienkapitals und den Betrag der darauf geleisteten Einlagen;
4. Anzahl, Nennwert und Art der Aktien;
5. die Einberufung der Generalversammlung und das Stimmrecht der Aktionäre;
6. die Organe für die Verwaltung und für die Revision;
7. die Form der von der Gesellschaft ausgehenden Bekanntmachungen.

Art. 627   II. Weitere Bestimmungen   1. Im allgemeinen

Zu ihrer Verbindlichkeit bedürfen der Aufnahme in die Statuten Bestimmungen über:
1. die Änderung der Statuten, soweit sie von den gesetzlichen Bestimmungen abweichen;
2. die Ausrichtung von Tantiemen;
3. die Zusicherung von Bauzinsen;
4. die Begrenzung der Dauer der Gesellschaft;
5. Konventionalstrafen bei nicht rechtzeitiger Leistung der Einlage;
6. die genehmigte und die bedingte Kapitalerhöhung;
7. die Zulassung der Umwandlung von Namenaktien in Inhaberaktien und umgekehrt;
8. die Beschränkung der Übertragbarkeit von Namenaktien;
9. die Vorrechte einzelner Kategorien von Aktien, über Partizipationsscheine, Genussscheine und über die Gewährung besonderer Vorteile;
10. die Beschränkung des Stimmrechts und des Rechts der Aktionäre, sich vertreten zu lassen;
11. die im Gesetz nicht vorgesehenen Fälle, in denen die Generalversammlung nur mit qualifizierter Mehrheit Beschluss fassen kann;
12. die Ermächtigung zur Übertragung der Geschäftsführung auf einzelne Mitglieder des Verwaltungsrates oder Dritte;
13. die Organisation und die Aufgaben der Revisionsstelle, sofern dabei über die gesetzlichen Vorschriften hinausgegangen wird.

Art. 628   2. Im besonderen Sacheinlagen, Sachübernahmen, besondere Vorteile

¹ Leistet ein Aktionär eine Sacheinlage, so müssen die Statuten den Gegenstand und dessen Bewertung sowie den Namen des Einlegers und die ihm zukommenden Aktien angeben.

² Übernimmt die Gesellschaft von Aktionären oder Dritten Vermögenswerte oder beabsichtigt sie solche Sachübernahmen, so müssen die Statuten den Gegenstand, den Namen des Veräusserers und die Gegenleistung der Gesellschaft angeben.

³ Werden bei der Gründung zugunsten der Gründer oder anderer Personen besondere Vorteile ausbedungen, so sind die begünstigten Personen in den Statuten mit Namen aufzuführen, und es ist der gewährte Vorteil nach Inhalt und Wert genau zu bezeichnen.

⁴ Die Generalversammlung kann nach zehn Jahren Bestimmungen der Statuten über Sacheinlagen und Sachübernahmen aufheben.

Art. 629   F. Gründung   I. Errichtungsakt   1. Inhalt

¹ Die Gesellschaft wird errichtet, indem die Gründer in öffentlicher Urkunde erklären, eine Aktiengesellschaft zu gründen, darin die Statuten festlegen und die Organe bestellen.

² In diesem Errichtungsakt zeichnen die Gründer die Aktien und stellen fest:
1. dass sämtliche Aktien gültig gezeichnet sind;
2. dass die versprochenen Einlagen dem gesamten Ausgabebetrag entsprechen;
3. dass die gesetzlichen und statutarischen Anforderungen an die Leistung der Einlagen erfüllt sind.

Art. 630 2. Aktienzeichnung

Die Zeichnung bedarf zu ihrer Gültigkeit:
 1. der Angabe von Anzahl, Nennwert, Art, Kategorie und Ausgabebetrag der Aktien;
 2. einer bedingungslosen Verpflichtung, eine dem Ausgabebetrag entsprechende Einlage zu leisten.

Art. 631 II. Belege

[1] Im Errichtungsakt muss die Urkundsperson die Belege über die Gründung einzeln nennen und bestätigen, dass sie den Gründern vorgelegen haben.
[2] Dem Errichtungsakt sind die Statuten, der Gründungsbericht, die Prüfungsbestätigung, die Sacheinlageverträge und die bereits vorliegenden Sachübernahmeverträge beizulegen.

Art. 632 III. Einlagen 1. Mindesteinlage

[1] Bei der Errichtung der Gesellschaft muss die Einlage für mindestens 20 Prozent des Nennwertes jeder Aktie geleistet sein.
[2] In allen Fällen müssen die geleisteten Einlagen mindestens 50 000 Franken betragen.

Art. 633 2. Leistung der Einlagen a. Einzahlungen

[1] Einlagen in Geld müssen bei einem dem Bundesgesetz über die Banken und Sparkassen[1)] unterstellten Institut zur ausschliesslichen Verfügung der Gesellschaft hinterlegt werden.
[2] Das Institut gibt den Betrag erst frei, wenn die Gesellschaft in das Handelsregister eingetragen ist.

Art. 634 b. Sacheinlagen

Sacheinlagen gelten nur dann als Deckung, wenn:
 1. sie gestützt auf einen schriftlichen oder öffentlich beurkundeten Sacheinlagevertrag geleistet werden;
 2. die Gesellschaft nach ihrer Eintragung in das Handelsregister sofort als Eigentümerin darüber verfügen kann oder einen bedingungslosen Anspruch auf Eintragung in das Grundbuch erhält;
 3. ein Gründungsbericht mit Prüfungsbestätigung vorliegt.

Art. 634a c. Nachträgliche Leistung

[1] Der Verwaltungsrat beschliesst die nachträgliche Leistung von Einlagen auf nicht voll liberierte Aktien.
[2] Die nachträgliche Leistung kann in Geld, durch Sacheinlage oder durch Verrechnung erfolgen.

Art. 635 3. Prüfung der Einlagen
             a. Gründungsbericht

Die Gründer geben in einem schriftlichen Bericht Rechenschaft über:
1. die Art und den Zustand von Sacheinlagen oder Sachübernahmen und die Angemessenheit der Bewertung;
2. den Bestand und die Verrechenbarkeit der Schuld;
3. die Begründung und die Angemessenheit besonderer Vorteile zugunsten von Gründern oder anderen Personen.

Art. 635a b. Prüfungsbestätigung

Ein Revisor prüft den Gründungsbericht und bestätigt schriftlich, dass dieser vollständig und richtig ist.

Art. 636 bis 639 OR 1936 aufgehoben.

Art. 640 G. Eintragung in das Handelsregister
              I. Anmeldung

¹ Die Gesellschaft ist in das Handelsregister des Ortes einzutragen, an dem sie ihren Sitz hat.

² Die Anmeldung muss vom Verwaltungsrat beim Handelsregisteramt unterzeichnet oder schriftlich mit beglaubigten Unterschriften eingereicht werden.

³ Der Anmeldung sind beizufügen:
1. eine beglaubigte Ausfertigung der Statuten;
2. der Errichtungsakt mit den Beilagen;
3. der Ausweis über die Wahl der Mitglieder des Verwaltungsrates und der Revisionsstelle, unter Angabe des Wohnsitzes oder Sitzes, bei den Mitgliedern des Verwaltungsrates überdies der Staatsangehörigkeit.

⁴ Die mit der Ausübung der Vertretung beauftragten Personen sind anzumelden. Wenn sie durch den Verwaltungsrat bestellt sind, ist das Protokoll im Original oder in beglaubigter Abschrift beizulegen.

Art. 641 II. Inhalt der Eintragung

In das Handelsregister sind einzutragen:
1. das Datum der Statuten;
2. die Firma und der Sitz der Gesellschaft;
3. der Zweck und, wenn die Statuten hierüber eine Bestimmung enthalten, die Dauer der Gesellschaft;
4. die Höhe des Aktienkapitals und der darauf geleisteten Einlagen;

5. Anzahl, Nennwert und Art der Aktien, Beschränkungen der Übertragbarkeit sowie Vorrechte einzelner Kategorien;
6. der Gegenstand der Sacheinlage und die dafür ausgegebenen Aktien, der Gegenstand der Sachübernahme und die Gegenleistung der Gesellschaft sowie Inhalt und Wert der besonderen Vorteile;
7. die Anzahl der Genussscheine mit Angabe des Inhalts der damit verbundenen Rechte;
8. die Art der Ausübung der Vertretung;
9. die Namen der Mitglieder des Verwaltungsrates und der zur Vertretung befugten Personen unter Angabe von Wohnsitz und Staatsangehörigkeit;
10. der Name oder die Firma der Revisoren, unter Angabe des Wohnsitzes, des Sitzes oder einer im Handelsregister eingetragenen Zweigniederlassung;
11. die Art und Weise, wie die von der Gesellschaft ausgehenden Bekanntmachungen erfolgen und, wenn die Statuten hierüber eine Bestimmung enthalten, wie der Verwaltungsrat den Aktionären seine Erklärungen kundgibt.

Art. 642   III. Zweigniederlassungen

[1] Zweigniederlassungen sind unter Bezugnahme auf die Eintragung der Hauptniederlassung in das Handelsregister des Ortes einzutragen, an dem sie sich befinden.

[2] Die Anmeldung ist von den mit der Vertretung betrauten Mitgliedern des Verwaltungsrates einzureichen.

[3] Die Eintragung begründet neben dem Gerichtsstand des Gesellschaftssitzes einen Gerichtsstand am Ort der Zweigniederlassung für Klagen aus ihrem Geschäftsbetrieb.

Art. 643   H. Erwerb der Persönlichkeit
I. Zeitpunkt; mangelnde Voraussetzungen

[1] Die Gesellschaft erlangt das Recht der Persönlichkeit erst durch die Eintragung in das Handelsregister.

[2] Das Recht der Persönlichkeit wird durch die Eintragung auch dann erworben, wenn die Voraussetzungen der Eintragung tatsächlich nicht vorhanden waren.

[3] Sind jedoch bei der Gründung gesetzliche oder statutarische Vorschriften missachtet und dadurch die Interessen von Gläubigern oder Aktionären in erheblichem Masse gefährdet oder verletzt worden, so kann der Richter auf Begehren solcher Gläubiger oder Aktionäre die Auflösung der Gesellschaft verfügen. Nach Anhebung der Klage kann der Richter auf Antrag einer Partei vorsorgliche Massnahmen anordnen.

[4] Das Klagerecht erlischt, wenn die Klage nicht spätestens drei Monate nach der Veröffentlichung im Schweizerischen Handelsamtsblatt angehoben wird.

Art. 644   II. Vor der Eintragung ausgegebene Aktien

[1] Die vor der Eintragung der Gesellschaft ausgegebenen Aktien sind nichtig; dagegen werden die aus der Aktienzeichnung hervorgehenden Verpflichtungen dadurch nicht berührt.

[2] Wer vor der Eintragung Aktien ausgibt, wird für allen dadurch verursachten Schaden haftbar.

Art. 645   III. Vor der Eintragung eingegangene Verpflichtungen

¹ Ist vor der Eintragung ins Handelsregister im Namen der Gesellschaft gehandelt worden, so haften die Handelnden persönlich und solidarisch.
² Wurden solche Verpflichtungen ausdrücklich im Namen der zu bildenden Gesellschaft eingegangen und innerhalb einer Frist von drei Monaten nach der Eintragung ins Handelsregister von der Gesellschaft übernommen, so werden die Handelnden befreit, und es haftet nur die Gesellschaft.

Art. 646 OR 1936 aufgehoben.

Art. 647   J. Statutenänderung

¹ Jeder Beschluss der Generalversammlung oder des Verwaltungsrates über eine Änderung der Statuten muss öffentlich beurkundet werden.
² Der Beschluss muss vom Verwaltungsrat beim Handelsregisteramt angemeldet und auf Grund der entsprechenden Ausweise in das Handelsregister eingetragen werden.
³ Er wird auch Dritten gegenüber unmittelbar mit der Eintragung in das Handelsregister wirksam.

Art. 648 und 649 OR 1936 aufgehoben.

Art. 650   K. Erhöhung des Aktienkapitals
                 I. Ordentliche und genehmigte Kapitalerhöhung
                 1. Ordentliche Kapitalerhöhung

¹ Die Erhöhung des Aktienkapitals wird von der Generalversammlung beschlossen; sie ist vom Verwaltungsrat innerhalb von drei Monaten durchzuführen.
² Der Beschluss der Generalversammlung muss öffentlich beurkundet werden und angeben:
1. den gesamten Nennbetrag, um den das Aktienkapital erhöht werden soll und den Betrag der darauf zu leistenden Einlagen;
2. Anzahl, Nennwert und Art der Aktien sowie Vorrechte einzelner Kategorien;
3. den Ausgabebetrag oder die Ermächtigung an den Verwaltungsrat, diesen festzusetzen, sowie den Beginn der Dividendenberechtigung;
4. die Art der Einlagen, bei Sacheinlagen deren Gegenstand und Bewertung sowie den Namen des Sacheinlegers und die ihm zukommenden Aktien;
5. bei Sachübernahmen den Gegenstand, den Namen des Veräusserers und die Gegenleistung der Gesellschaft;
6. Inhalt und Wert von besonderen Vorteilen sowie die Namen der begünstigten Personen;
7. eine Beschränkung der Übertragbarkeit neuer Namenaktien;

8. eine Einschränkung oder Aufhebung des Bezugsrechtes und die Zuweisung nicht ausgeübter oder entzogener Bezugsrechte;
9. die Voraussetzungen für die Ausübung vertraglich erworbener Bezugsrechte.

³ Wird die Kapitalerhöhung nicht innerhalb von drei Monaten ins Handelsregister eingetragen, so fällt der Beschluss der Generalversammlung dahin.

Art. 651 2. Genehmigte Kapitalerhöhung
a. Statutarische Grundlage

¹ Die Generalversammlung kann durch Statutenänderung den Verwaltungsrat ermächtigen, das Aktienkapital innerhalb einer Frist von längstens zwei Jahren zu erhöhen.

² Die Statuten geben den Nennbetrag an, um den der Verwaltungsrat das Aktienkapital erhöhen kann. Das genehmigte Kapital darf die Hälfte des bisherigen Aktienkapitals nicht übersteigen.

³ Die Statuten enthalten überdies die Angaben, welche für die ordentliche Kapitalerhöhung verlangt werden, mit Ausnahme der Angaben über den Ausgabebetrag, die Art der Einlagen, die Sachübernahmen und den Beginn der Dividendenberechtigung.

⁴ Im Rahmen der Ermächtigung kann der Verwaltungsrat Erhöhungen des Aktienkapitals durchführen. Dabei erlässt er die notwendigen Bestimmungen, soweit sie nicht schon im Beschluss der Generalversammlung enthalten sind.

Art. 651a b. Anpassung der Statuten

¹ Nach jeder Kapitalerhöhung setzt der Verwaltungsrat den Nennbetrag des genehmigten Kapitals in den Statuten entsprechend herab.

² Nach Ablauf der für die Durchführung der Kapitalerhöhung festgelegten Frist wird die Bestimmung über die genehmigte Kapitalerhöhung auf Beschluss des Verwaltungsrates aus den Statuten gestrichen.

Art. 652 3. Gemeinsame Vorschriften
a. Aktienzeichnung

¹ Die Aktien werden in einer besonderen Urkunde (Zeichnungsschein) nach den für die Gründung geltenden Regeln gezeichnet.

² Der Zeichnungsschein muss auf den Beschluss der Generalversammlung über die Erhöhung oder die Ermächtigung zur Erhöhung des Aktienkapitals und auf den Beschluss des Verwaltungsrates über die Erhöhung Bezug nehmen; verlangt das Gesetz einen Emissionsprospekt, so nimmt der Zeichnungsschein auch auf diesen Bezug.

³ Enthält der Zeichnungsschein keine Befristung, so endet seine Verbindlichkeit drei Monate nach der Unterzeichnung.

Art. 652a   b. Emissionsprospekt

¹ Werden neue Aktien öffentlich zur Zeichnung angeboten, so gibt die Gesellschaft in einem Emissionsprospekt Aufschluss über:
1. den Inhalt der bestehenden Eintragung im Handelsregister, mit Ausnahme der Angaben über die zur Vertretung befugten Personen;
2. die bisherige Höhe und Zusammensetzung des Aktienkapitals unter Angabe von Anzahl, Nennwert und Art der Aktien sowie der Vorrechte einzelner Kategorien von Aktien;
3. Bestimmungen der Statuten über eine genehmigte oder eine bedingte Kapitalerhöhung;
4. die Anzahl der Genussscheine und den Inhalt der damit verbundenen Rechte;
5. die letzte Jahresrechnung und Konzernrechnung mit dem Revisionsbericht und, wenn der Bilanzstichtag mehr als sechs Monate zurückliegt, über die Zwischenabschlüsse;
6. die in den letzten fünf Jahren oder seit der Gründung ausgerichteten Dividenden;
7. den Beschluss über die Ausgabe neuer Aktien.

² Öffentlich ist jede Einladung zur Zeichnung, die sich nicht an einen begrenzten Kreis von Personen richtet.

Art. 652b   c. Bezugsrecht

¹ Jeder Aktionär hat Anspruch auf den Teil der neu ausgegebenen Aktien, der seiner bisherigen Beteiligung entspricht.

² Der Beschluss der Generalversammlung über die Erhöhung des Aktienkapitals darf das Bezugsrecht nur aus wichtigen Gründen aufheben. Als wichtige Gründe gelten insbesondere die Übernahme von Unternehmen, Unternehmensteilen oder Beteiligungen sowie die Beteiligung der Arbeitnehmer. Durch die Aufhebung des Bezugsrechts darf niemand in unsachlicher Weise begünstigt oder benachteiligt werden.

³ Die Gesellschaft kann dem Aktionär, welchem sie ein Recht zum Bezug von Aktien eingeräumt hat, die Ausübung dieses Rechtes nicht wegen einer statutarischen Beschränkung der Übertragbarkeit von Namenaktien verwehren.

Art. 652c   d. Leistung der Einlagen

Soweit das Gesetz nichts anderes vorschreibt, sind die Einlagen nach den Bestimmungen über die Gründung zu leisten.

Art. 652d   e. Erhöhung aus Eigenkapital

¹ Das Aktienkapital kann auch durch Umwandlung von frei verwendbarem Eigenkapital erhöht werden.

² Die Deckung des Erhöhungsbetrages wird mit der Jahresrechnung in der von den Aktionären genehmigten Fassung oder, wenn der Bilanzstichtag mehr als sechs Monate zurückliegt, mit einem geprüften Zwischenabschluss nachgewiesen.

Art. 652e f. Kapitalerhöhungsbericht

Der Verwaltungsrat gibt in einem schriftlichen Bericht Rechenschaft über:
1. die Art und den Zustand von Sacheinlagen oder Sachübernahmen und die Angemessenheit der Bewertung;
2. den Bestand und die Verrechenbarkeit der Schuld;
3. die freie Verwendbarkeit von umgewandeltem Eigenkapital;
4. die Einhaltung des Generalversammlungsbeschlusses, insbesondere über die Einschränkung oder die Aufhebung des Bezugsrechtes und die Zuweisung nicht ausgeübter oder entzogener Bezugsrechte;
5. die Begründung und die Angemessenheit besonderer Vorteile zugunsten einzelner Aktionäre oder anderer Personen.

Art. 652f g. Prüfungsbestätigung

[1] Die Revisionsstelle prüft den Kapitalerhöhungsbericht und bestätigt schriftlich, dass dieser vollständig und richtig ist.

[2] Keine Prüfungsbestätigung ist erforderlich, wenn die Einlage auf das neue Aktienkapital in Geld erfolgt, das Aktienkapital nicht zur Vornahme einer Sachübernahme erhöht wird und die Bezugsrechte nicht eingeschränkt oder aufgehoben werden.

Art. 652g h. Statutenänderung und Feststellungen

[1] Liegen der Kapitalerhöhungsbericht und, sofern erforderlich, die Prüfungsbestätigung vor, so ändert der Verwaltungsrat die Statuten und stellt dabei fest:
1. dass sämtliche Aktien gültig gezeichnet sind;
2. dass die versprochenen Einlagen dem gesamten Ausgabebetrag entsprechen;
3. dass die Einlagen entsprechend den Anforderungen des Gesetzes, der Statuten oder des Generalversammlungsbeschlusses geleistet wurden.

[2] Beschluss und Feststellungen sind öffentlich zu beurkunden. Die Urkundsperson hat die Belege, die der Kapitalerhöhung zugrunde liegen, einzeln zu nennen und zu bestätigen, dass sie dem Verwaltungsrat vorgelegen haben.

[3] Der öffentlichen Urkunde sind die geänderten Statuten, der Kapitalerhöhungsbericht, die Prüfungsbestätigung sowie die Sacheinlageverträge und die bereits vorliegenden Sachübernahmeverträge beizulegen.

Art. 652h i. Eintragung in das Handelsregister; Nichtigkeit vorher ausgegebener Aktien

[1] Der Verwaltungsrat meldet die Statutenänderung und seine Feststellungen beim Handelsregister zur Eintragung an.

[2] Einzureichen sind:
1. die öffentlichen Urkunden über die Beschlüsse der Generalversammlung und des Verwaltungsrates mit den Beilagen;
2. eine beglaubigte Ausfertigung der geänderten Statuten.

[3] Aktien, die vor der Eintragung der Kapitalerhöhung ausgegeben werden, sind nichtig; die aus der Aktienzeichnung hervorgehenden Verpflichtungen werden dadurch nicht berührt.

Art. 653   II. Bedingte Kapitalerhöhung   1. Grundsatz

[1] Die Generalversammlung kann eine bedingte Kapitalerhöhung beschliessen, indem sie in den Statuten den Gläubigern von neuen Anleihens- oder ähnlichen Obligationen gegenüber der Gesellschaft oder ihren Konzerngesellschaften sowie den Arbeitnehmern Rechte auf den Bezug neuer Aktien (Wandel- oder Optionsrechte) einräumt.

[2] Das Aktienkapital erhöht sich ohne weiteres in dem Zeitpunkt und in dem Umfang, als diese Wandel- oder Optionsrechte ausgeübt und die Einlagepflichten durch Verrechnung oder Einzahlung erfüllt werden.

Art. 653a   2. Schranken

[1] Der Nennbetrag, um den das Aktienkapital bedingt erhöht werden kann, darf die Hälfte des bisherigen Aktienkapitals nicht übersteigen.

[2] Die geleistete Einlage muss mindestens dem Nennwert entsprechen.

Art. 653b   3. Statutarische Grundlage

[1] Die Statuten müssen angeben:
1. den Nennbetrag der bedingten Kapitalerhöhung;
2. Anzahl, Nennwert und Art der Aktien;
3. den Kreis der Wandel- oder Optionsberechtigten;
4. die Aufhebung der Bezugsrechte der bisherigen Aktionäre;
5. Vorrechte einzelner Kategorien von Aktien;
6. die Beschränkung der Übertragbarkeit neuer Namenaktien.

[2] Werden die Anleihens- oder ähnlichen Obligationen, mit denen Wandel- oder Optionsrechte verbunden sind, nicht den Aktionären vorweg zur Zeichnung angeboten, so müssen die Statuten überdies angeben:
1. die Voraussetzungen für die Ausübung der Wandel- oder der Optionsrechte;
2. die Grundlagen, nach denen der Ausgabebetrag zu berechnen ist.

[3] Wandel- oder Optionsrechte, die vor der Eintragung der Statutenbestimmung über die bedingte Kapitalerhöhung im Handelsregister eingeräumt werden, sind nichtig.

Art. 653c   4. Schutz der Aktionäre

¹ Sollen bei einer bedingten Kapitalerhöhung Anleihens- oder ähnliche Obligationen, mit denen Wandel- oder Optionsrechte verbunden sind, ausgegeben werden, so sind diese Obligationen vorweg den Aktionären entsprechend ihrer bisherigen Beteiligung zur Zeichnung anzubieten.

² Dieses Vorwegzeichnungsrecht kann beschränkt oder aufgehoben werden, wenn ein wichtiger Grund vorliegt.

³ Durch die für eine bedingte Kapitalerhöhung notwendige Aufhebung des Bezugsrechtes sowie durch eine Beschränkung oder Aufhebung des Vorwegzeichnungsrechtes darf niemand in unsachlicher Weise begünstigt oder benachteiligt werden.

Art. 653d   5. Schutz der Wandel- oder Optionsberechtigten

¹ Dem Gläubiger oder dem Arbeitnehmer, dem ein Wandel- oder ein Optionsrecht zum Erwerb von Namenaktien zusteht, kann die Ausübung dieses Rechtes nicht wegen einer Beschränkung der Übertragbarkeit von Namenaktien verwehrt werden, es sei denn, dass dies in den Statuten und im Emissionsprospekt vorbehalten wird.

² Wandel- und Optionsrechte dürfen durch die Erhöhung des Aktienkapitals, durch die Ausgabe neuer Wandel- oder Optionsrechte oder auf andere Weise nur beeinträchtigt werden, wenn der Konversionspreis gesenkt oder den Berechtigten auf andere Weise ein angemessener Ausgleich gewährt wird, oder wenn die gleiche Beeinträchtigung auch die Aktionäre trifft.

Art. 653e   6. Durchführung der Kapitalerhöhung
a. Ausübung der Rechte; Einlage

¹ Wandel- oder Optionsrechte werden durch eine schriftliche Erklärung ausgeübt, die auf die Statutenbestimmung über die bedingte Kapitalerhöhung hinweist; verlangt das Gesetz einen Emissionsprospekt, so nimmt die Erklärung auch auf diesen Bezug.

² Die Leistung der Einlage durch Geld oder Verrechnung muss bei einem Bankinstitut erfolgen, das dem Bundesgesetz über die Banken und Sparkassen[1)] unterstellt ist.

³ Die Aktionärsrechte entstehen mit der Erfüllung der Einlagepflicht.

Art. 653f   b. Prüfungsbestätigung

¹ Ein besonders befähigter Revisor prüft nach Abschluss jedes Geschäftsjahres, auf Verlangen des Verwaltungsrates schon vorher, ob die Ausgabe der neuen Aktien dem Gesetz, den Statuten und, wenn ein solcher erforderlich ist, dem Emissionsprospekt entsprochen hat.

² Er bestätigt dies schriftlich.

Art. 653g   c. Anpassung der Statuten

¹ Nach Eingang der Prüfungsbestätigung stellt der Verwaltungsrat in öffentlicher Urkunde Anzahl, Nennwert und Art der neu ausgegebenen Aktien sowie die Vorrechte einzelner Kategorien und den Stand des Aktienkapitals am Schluss des Geschäftsjahres oder im Zeitpunkt der Prüfung fest. Er nimmt die nötigen Statutenanpassungen vor.
² In der öffentlichen Urkunde stellt die Urkundsperson fest, dass die Prüfungsbestätigung die verlangten Angaben enthält.

Art. 653h   d. Eintragung in das Handelsregister

Der Verwaltungsrat meldet dem Handelsregister spätestens drei Monate nach Abschluss des Geschäftsjahres die Statutenänderung an und reicht die öffentliche Urkunde und die Prüfungsbestätigung ein.

Art. 653i   7. Streichung

¹ Sind die Wandel- oder die Optionsrechte erloschen und wird dies von einem besonders befähigten Revisor in einem schriftlichen Bericht bestätigt, so hebt der Verwaltungsrat die Statutenbestimmungen über die bedingte Kapitalerhöhung auf.
² In der öffentlichen Urkunde stellt die Urkundsperson fest, dass der Bericht des Revisors die verlangten Angaben enthält.

Art. 654   III. Vorzugsaktien   1. Voraussetzungen

¹ Die Generalversammlung kann nach Massgabe der Statuten oder auf dem Wege der Statutenänderung die Ausgabe von Vorzugsaktien beschliessen oder bisherige Aktien in Vorzugsaktien umwandeln.
² Hat eine Gesellschaft Vorzugsaktien ausgegeben, so können weitere Vorzugsaktien, denen Vorrechte gegenüber den bereits bestehenden Vorzugsaktien eingeräumt werden sollen, nur mit Zustimmung sowohl einer besonderen Versammlung der beeinträchtigten Vorzugsaktionäre als auch einer Generalversammlung sämtlicher Aktionäre ausgegeben werden. Eine abweichende Ordnung durch die Statuten bleibt vorbehalten.
³ Dasselbe gilt, wenn statutarische Vorrechte, die mit Vorzugsaktien verbunden sind, abgeändert oder aufgehoben werden sollen.

Art 655 OR 1936 aufgehoben.

Art. 656   2. Stellung der Vorzugsaktien

¹ Die Vorzugsaktien geniessen gegenüber den Stammaktien die Vorrechte, die ihnen in den ursprünglichen Statuten oder durch Statutenänderung ausdrücklich eingeräumt sind. Sie stehen im übrigen den Stammaktien gleich.

² Die Vorrechte können sich namentlich auf die Dividende mit oder ohne Nachbezugsrecht, auf den Liquidationsanteil und auf die Bezugsrechte für den Fall der Ausgabe neuer Aktien erstrecken.

Art. 656a   L. Partizipationsscheine
I. Begriff; anwendbare Vorschriften

¹ Die Statuten können ein Partizipationskapital vorsehen, das in Teilsummen (Partizipationsscheine) zerlegt ist. Diese Partizipationsscheine werden gegen Einlage ausgegeben, haben einen Nennwert und gewähren kein Stimmrecht.

² Die Bestimmungen über das Aktienkapital, die Aktie und den Aktionär gelten, soweit das Gesetz nichts anderes vorsieht, auch für das Partizipationskapital, den Partizipationsschein und den Partizipanten.

³ Die Partizipationsscheine sind als solche zu bezeichnen.

Art. 656b   II. Partizipations- und Aktienkapital

¹ Das Partizipationskapital darf das Doppelte des Aktienkapitals nicht übersteigen.

² Die Bestimmungen über das Mindestkapital und über die Mindestgesamteinlage finden keine Anwendung.

³ In den Bestimmungen über die Einschränkungen des Erwerbs eigener Aktien, die allgemeine Reserve, die Einleitung einer Sonderprüfung gegen den Willen der Generalversammlung und über die Meldepflicht bei Kapitalverlust ist das Partizipationskapital dem Aktienkapital zuzuzählen.

⁴ Eine genehmigte oder eine bedingte Erhöhung des Aktien- und des Partizipationskapitals darf insgesamt die Hälfte der Summe des bisherigen Aktien- und Partizipationskapitals nicht übersteigen.

⁵ Partizipationskapital kann im Verfahren der genehmigten oder bedingten Kapitalerhöhung geschaffen werden.

Art. 656c   III. Rechtsstellung des Partizipanten
1. Im allgemeinen

¹ Der Partizipant hat kein Stimmrecht und, sofern die Statuten nichts anderes bestimmen, keines der damit zusammenhängenden Rechte.

² Als mit dem Stimmrecht zusammenhängende Rechte gelten das Recht auf Einberufung einer Generalversammlung, das Teilnahmerecht, das Recht auf Auskunft, das Recht auf Einsicht und das Antragsrecht.

³ Gewähren ihm die Statuten kein Recht auf Auskunft oder Einsicht oder kein Antragsrecht auf Einleitung einer Sonderprüfung (Art. 697a ff.), so kann der Partizipant Begehren um Auskunft oder Einsicht oder um Einleitung einer Sonderprüfung schriftlich zu Handen der Generalversammlung stellen.

Art. 656d 2. Bekanntgabe von Einberufung und
Beschlüssen der Generalversammlung

[1] Den Partizipanten muss die Einberufung der Generalversammlung zusammen mit den Verhandlungsgegenständen und den Anträgen bekanntgegeben werden.

[2] Jeder Beschluss der Generalversammlung ist unverzüglich am Gesellschaftssitz und bei den eingetragenen Zweigniederlassungen zur Einsicht der Partizipanten aufzulegen. Die Partizipanten sind in der Bekanntgabe darauf hinzuweisen.

Art. 656e 3. Vertretung im Verwaltungsrat

Die Statuten können den Partizipanten einen Anspruch auf einen Vertreter im Verwaltungsrat einräumen.

Art. 656f 4. Vermögensrechte a. Im allgemeinen

[1] Die Statuten dürfen die Partizipanten bei der Verteilung des Bilanzgewinnes und des Liquidationsergebnisses sowie beim Bezug neuer Aktien nicht schlechter stellen als die Aktionäre.

[2] Bestehen mehrere Kategorien von Aktien, so müssen die Partizipationsscheine zumindest der Kategorie gleichgestellt sein, die am wenigsten bevorzugt ist.

[3] Statutenänderungen und andere Generalversammlungsbeschlüsse, welche die Stellung der Partizipanten verschlechtern, sind nur zulässig, wenn sie auch die Stellung der Aktionäre, denen die Partizipanten gleichstehen, entsprechend beeinträchtigen.

[4] Sofern die Statuten nichts anderes bestimmen, dürfen die Vorrechte und die statutarischen Mitwirkungsrechte von Partizipanten nur mit Zustimmung einer besonderen Versammlung der betroffenen Partizipanten und der Generalversammlung der Aktionäre beschränkt oder aufgehoben werden.

Art. 656g b. Bezugsrechte

[1] Wird ein Partizipationskapital geschaffen, so haben die Aktionäre ein Bezugsrecht wie bei der Ausgabe neuer Aktien.

[2] Die Statuten können vorsehen, dass Aktionäre nur Aktien und Partizipanten nur Partizipationsscheine beziehen können, wenn das Aktien- und das Partizipationskapital gleichzeitig und im gleichen Verhältnis erhöht werden.

[3] Wird das Partizipationskapital oder das Aktienkapital allein oder verhältnismässig stärker als das andere erhöht, so sind die Bezugsrechte so zuzuteilen, dass Aktionäre und Partizipanten am gesamten Kapital gleich wie bis anhin beteiligt bleiben können.

Art. 657 M. Genussscheine

¹ Die Statuten können die Schaffung von Genussscheinen zugunsten von Personen vorsehen, die mit der Gesellschaft durch frühere Kapitalbeteiligung oder als Aktionär, Gläubiger, Arbeitnehmer oder in ähnlicher Weise verbunden sind. Sie haben die Zahl der ausgegebenen Genussscheine und den Inhalt der damit verbundenen Rechte anzugeben.

² Durch die Genussscheine können den Berechtigten nur Ansprüche auf einen Anteil am Bilanzgewinn oder am Liquidationsergebnis oder auf den Bezug neuer Aktien verliehen werden.

³ Der Genussschein darf keinen Nennwert haben; er darf weder Partizipationsschein genannt noch gegen eine Einlage ausgegeben werden, die unter den Aktiven der Bilanz ausgewiesen wird.

⁴ Die Berechtigten bilden von Gesetzes wegen eine Gemeinschaft, für welche die Bestimmungen über die Gläubigergemeinschaft bei Anleihensobligationen sinngemäss gelten. Den Verzicht auf einzelne oder alle Rechte aus den Genussscheinen können jedoch nur die Inhaber der Mehrheit aller im Umlauf befindlichen Genussscheintitel verbindlich beschliessen.

⁵ Zugunsten der Gründer der Gesellschaft dürfen Genussscheine nur auf Grund der ursprünglichen Statuten geschaffen werden.

Art. 658 OR 1936 aufgehoben.

Art. 659 N. Eigene Aktien
I. Einschränkung des Erwerbs

¹ Die Gesellschaft darf eigene Aktien nur dann erwerben, wenn frei verwendbares Eigenkapital in der Höhe der dafür nötigen Mittel vorhanden ist und der gesamte Nennwert dieser Aktien zehn Prozent des Aktienkapitals nicht übersteigt.

² Werden im Zusammenhang mit einer Übertragbarkeitsbeschränkung Namenaktien erworben, so beträgt die Höchstgrenze 20 Prozent. Die über zehn Prozent des Aktienkapitals hinaus erworbenen eigenen Aktien sind innert zweier Jahre zu veräussern oder durch Kapitalherabsetzung zu vernichten.

Art. 659a II. Folgen des Erwerbs

¹ Das Stimmrecht und die damit verbundenen Rechte eigener Aktien ruhen.

² Die Gesellschaft hat für die eigenen Aktien einen dem Anschaffungswert entsprechenden Betrag gesondert als Reserve auszuweisen.

Art. 659b III. Erwerb durch Tochtergesellschaften

¹ Ist eine Gesellschaft an Tochtergesellschaften mehrheitlich beteiligt, so gelten für den Erwerb ihrer Aktien durch diese Tochtergesellschaften die gleichen Einschränkungen und Folgen wie für den Erwerb eigener Aktien.

² Erwirbt eine Gesellschaft die Mehrheitsbeteiligung an einer andern Gesellschaft, die ihrerseits Aktien der Erwerberin hält, so gelten diese Aktien als eigene Aktien der Erwerberin.

³ Die Reservenbildung obliegt der Gesellschaft, welche die Mehrheitsbeteiligung hält.

Zweiter Abschnitt: Rechte und Pflichten der Aktionäre

Art. 660   A. Recht auf Gewinn- und Liquidationsanteil
            I. Im allgemeinen

¹ Jeder Aktionär hat Anspruch auf einen verhältnismässigen Anteil am Bilanzgewinn, soweit dieser nach dem Gesetz oder den Statuten zur Verteilung unter die Aktionäre bestimmt ist.

² Bei Auflösung der Gesellschaft hat der Aktionär, soweit die Statuten über die Verwendung des Vermögens der aufgelösten Gesellschaft nichts anderes bestimmen, das Recht auf einen verhältnismässigen Anteil am Ergebnis der Liquidation.

³ Vorbehalten bleiben die in den Statuten für einzelne Kategorien von Aktien festgesetzten Vorrechte.

Art. 661   II. Berechnungsart

Die Anteile am Gewinn und am Liquidationsergebnis sind, sofern die Statuten nicht etwas anderes vorsehen, im Verhältnis der auf das Aktienkapital einbezahlten Beträge zu berechnen.

Art. 662   B. Geschäftsbericht
            I. Im allgemeinen   1. Inhalt

¹ Der Verwaltungsrat erstellt für jedes Geschäftsjahr einen Geschäftsbericht, der sich aus der Jahresrechnung, dem Jahresbericht und einer Konzernrechnung zusammensetzt, soweit das Gesetz eine solche verlangt.

² Die Jahresrechnung besteht aus der Erfolgsrechnung, der Bilanz und dem Anhang.

Art. 662a   2. Ordnungsmässige Rechnungslegung

¹ Die Jahresrechnung wird nach den Grundsätzen der ordnungsmässigen Rechnungslegung so aufgestellt, dass die Vermögens- und Ertragslage der Gesellschaft möglichst zuverlässig beurteilt werden kann. Sie enthält auch die Vorjahreszahlen.

² Die ordnungsmässige Rechnungslegung erfolgt insbesondere nach den Grundsätzen der:
1. Vollständigkeit der Jahresrechnung;
2. Klarheit und Wesentlichkeit der Angaben;
3. Vorsicht;
4. Fortführung der Unternehmenstätigkeit;
5. Stetigkeit in Darstellung und Bewertung;
6. Unzulässigkeit der Verrechnung von Aktiven und Passiven sowie von Aufwand und Ertrag.

³ Abweichungen vom Grundsatz der Unternehmensfortführung, von der Stetigkeit der Darstellung und Bewertung und vom Verrechnungsverbot sind in begründeten Fällen zulässig. Sie sind im Anhang darzulegen.

⁴ Im übrigen gelten die Bestimmungen über die kaufmännische Buchführung.

Art. 663   II. Erfolgsrechnung; Mindestgliederung

¹ Die Erfolgsrechnung weist betriebliche und betriebsfremde sowie ausserordentliche Erträge und Aufwendungen aus.

² Unter Ertrag werden der Erlös aus Lieferungen und Leistungen, der Finanzertrag sowie die Gewinne aus Veräusserungen von Anlagevermögen gesondert ausgewiesen.

³ Unter Aufwand werden Material- und Warenaufwand, Personalaufwand, Finanzaufwand sowie Aufwand für Abschreibungen gesondert ausgewiesen.

⁴ Die Erfolgsrechnung zeigt den Jahresgewinn oder den Jahresverlust.

Art. 663a   III. Bilanz; Mindestgliederung

¹ Die Bilanz weist das Umlaufvermögen und das Anlagevermögen, das Fremdkapital und das Eigenkapital aus.

² Das Umlaufvermögen wird in flüssige Mittel, Forderungen aus Lieferungen und Leistungen, andere Forderungen sowie Vorräte unterteilt, das Anlagevermögen in Finanzanlagen, Sachanlagen und immaterielle Anlagen.

³ Das Fremdkapital wird in Schulden aus Lieferungen und Leistungen, andere kurzfristige Verbindlichkeiten, langfristige Verbindlichkeiten und Rückstellungen unterteilt, das Eigenkapital in Aktienkapital, gesetzliche und andere Reserven sowie in einen Bilanzgewinn.

⁴ Gesondert angegeben werden auch das nicht einbezahlte Aktienkapital, die Gesamtbeträge der Beteiligungen, der Forderungen und der Verbindlichkeiten gegenüber anderen Gesellschaften des Konzerns oder Aktionären, die eine Beteiligung an der Gesellschaft halten, die Rechnungsabgrenzungsposten sowie ein Bilanzverlust.

Art. 663b   IV. Anhang

Der Anhang enthält:
1. den Gesamtbetrag der Bürgschaften, Garantieverpflichtungen und Pfandbestellungen zugunsten Dritter;

2. den Gesamtbetrag der zur Sicherung eigener Verpflichtungen verpfändeten oder abgetretenen Aktiven sowie der Aktiven unter Eigentumsvorbehalt;
3. den Gesamtbetrag der nichtbilanzierten Leasingverbindlichkeiten;
4. die Brandversicherungswerte der Sachanlagen;
5. Verbindlichkeiten gegenüber Vorsorgeeinrichtungen;
6. die Beträge, Zinssätze und Fälligkeiten der von der Gesellschaft ausgegebenen Anleihensobligationen;
7. jede Beteiligung, die für die Beurteilung der Vermögens- und Ertragslage der Gesellschaft wesentlich ist;
8. den Gesamtbetrag der aufgelösten Wiederbeschaffungsreserven und der darüber hinausgehenden stillen Reserven, soweit dieser den Gesamtbetrag der neugebildeten derartigen Reserven übersteigt, wenn dadurch das erwirtschaftete Ergebnis wesentlich günstiger dargestellt wird;
9. Angaben über Gegenstand und Betrag von Aufwertungen;
10. Angaben über Erwerb, Veräusserung und Anzahl der von der Gesellschaft gehaltenen eigenen Aktien, einschliesslich ihrer Aktien, die eine andere Gesellschaft hält, an der sie mehrheitlich beteiligt ist; anzugeben sind ebenfalls die Bedingungen, zu denen die Gesellschaft die eigenen Aktien erworben oder veräussert hat;
11. den Betrag der genehmigten und der bedingten Kapitalerhöhung;
12. die anderen vom Gesetz vorgeschriebenen Angaben.

Art. 663c   V. Beteiligungsverhältnisse bei Publikumsgesellschaften

¹ Gesellschaften, deren Aktien an einer Börse kotiert sind, haben im Anhang zur Bilanz bedeutende Aktionäre und deren Beteiligungen anzugeben, sofern diese ihnen bekannt sind oder bekannt sein müssten.

² Als bedeutende Aktionäre gelten Aktionäre und stimmrechtsverbundene Aktionärsgruppen, deren Beteiligung fünf Prozent aller Stimmrechte übersteigt. Enthalten die Statuten eine tiefere prozentmässige Begrenzung der Namenaktien (Art. 685d Abs. 1), so gilt für die Bekanntgabepflicht diese Grenze.

Art. 663d   VI. Jahresbericht

¹ Der Jahresbericht stellt den Geschäftsverlauf sowie die wirtschaftliche und finanzielle Lage der Gesellschaft dar.

² Er nennt die im Geschäftsjahr eingetretenen Kapitalerhöhungen und gibt die Prüfungsbestätigung wieder.

Art. 663e   VII. Konzernrechnung
1. Pflicht zur Erstellung

¹ Fasst die Gesellschaft durch Stimmenmehrheit oder auf andere Weise eine oder mehrere Gesellschaften unter einheitlicher Leitung zusammen (Konzern), so erstellt sie eine konsolidierte Jahresrechnung (Konzernrechnung).

² Die Gesellschaft ist von der Pflicht zur Erstellung einer Konzernrechnung befreit, wenn sie zusammen mit ihren Untergesellschaften zwei der nachstehenden Grössen in zwei aufeinanderfolgenden Geschäftsjahren nicht überschreitet:
1. Bilanzsumme von 10 Millionen Franken;
2. Umsatzerlös von 20 Millionen Franken;
3. 200 Arbeitnehmer im Jahresdurchschnitt.

³ Eine Konzernrechnung ist dennoch zu erstellen, wenn
1. die Gesellschaft Anleihensobligationen ausstehend hat;
2. die Aktien der Gesellschaft an der Börse kotiert sind;
3. Aktionäre, die zusammen mindestens zehn Prozent des Aktienkapitals vertreten, es verlangen;
4. dies für eine möglichst zuverlässige Beurteilung der Vermögens- und Ertragslage der Gesellschaft notwendig ist.

Art. 663f   2. Zwischengesellschaften

¹ Ist eine Gesellschaft in die Konzernrechnung einer Obergesellschaft einbezogen, die nach schweizerischen oder gleichwertigen ausländischen Vorschriften erstellt und geprüft worden ist, so muss sie keine besondere Konzernrechnung erstellen, wenn sie die Konzernrechnung der Obergesellschaft ihren Aktionären und Gläubigern wie die eigene Jahresrechnung bekanntmacht.

² Sie ist jedoch verpflichtet, eine besondere Konzernrechnung zu erstellen, wenn sie ihre Jahresrechnung veröffentlichen muss oder wenn Aktionäre, die zusammen mindestens zehn Prozent des Aktienkapitals vertreten, es verlangen.

Art. 663g   3. Erstellung

¹ Die Konzernrechnung untersteht den Grundsätzen ordnungsmässiger Rechnungslegung.

² Im Anhang zur Konzernrechnung nennt die Gesellschaft die Konsolidierungs- und Bewertungsregeln. Weicht sie davon ab, so weist sie im Anhang darauf hin und vermittelt in anderer Weise die für den Einblick in die Vermögens- und Ertragslage des Konzerns nötigen Angaben.

Art. 663h   VIII. Schutz und Anpassung

¹ In der Jahresrechnung, im Jahresbericht und in der Konzernrechnung kann auf Angaben verzichtet werden, welche der Gesellschaft oder dem Konzern erhebliche Nachteile bringen können. Die Revisionsstelle ist über die Gründe zu unterrichten.

² Die Jahresrechnung kann im Rahmen der Grundsätze der ordnungsmässigen Rechnungslegung den Besonderheiten des Unternehmens angepasst werden. Sie hat jedoch den gesetzlich vorgeschriebenen Mindestinhalt aufzuweisen.

Art. 664 IX. Bewertung
1. Gründungs-, Kapitalerhöhungs- und Organisationskosten

Gründungs-, Kapitalerhöhungs- und Organisationskosten, die aus der Errichtung, der Erweiterung oder der Umstellung des Geschäfts entstehen, dürfen bilanziert werden. Sie werden gesondert ausgewiesen und innerhalb von fünf Jahren abgeschrieben.

Art. 665 2. Anlagevermögen a. Im allgemeinen

Das Anlagevermögen darf höchstens zu den Anschaffungs- oder den Herstellungskosten bewertet werden, unter Abzug der notwendigen Abschreibungen.

Art. 665a b. Beteiligungen

[1] Zum Anlagevermögen gehören auch Beteiligungen und andere Finanzanlagen.
[2] Beteiligungen sind Anteile am Kapital anderer Unternehmen, die mit der Absicht dauernder Anlage gehalten werden und einen massgeblichen Einfluss vermitteln.
[3] Stimmberechtigte Anteile von mindestens 20 Prozent gelten als Beteiligung.

Art. 666 3. Vorräte

[1] Rohmaterialien, teilweise oder ganz fertiggestellte Erzeugnisse sowie Waren dürfen höchstens zu den Anschaffungs- oder den Herstellungskosten bewertet werden.
[2] Sind die Kosten höher als der am Bilanzstichtag allgemein geltende Marktpreis, so ist dieser massgebend.

Art. 667 4. Wertschriften

[1] Wertschriften mit Kurswert dürfen höchstens zum Durchschnittskurs des letzten Monats vor dem Bilanzstichtag bewertet werden.
[2] Wertschriften ohne Kurswert dürfen höchstens zu den Anschaffungskosten bewertet werden, unter Abzug der notwendigen Wertberichtigungen.

Art. 668 OR 1936 aufgehoben.

Art. 669 5. Abschreibungen, Wertberichtigungen und Rückstellungen

¹ Abschreibungen, Wertberichtigungen und Rückstellungen müssen vorgenommen werden, soweit sie nach allgemein anerkannten kaufmännischen Grundsätzen notwendig sind. Rückstellungen sind insbesondere zu bilden, um ungewisse Verpflichtungen und drohende Verluste aus schwebenden Geschäften zu decken.

² Der Verwaltungsrat darf zu Wiederbeschaffungszwecken zusätzliche Abschreibungen, Wertberichtigungen und Rückstellungen vornehmen und davon absehen, überflüssig gewordene Rückstellungen aufzulösen.

³ Stille Reserven, die darüber hinausgehen, sind zulässig, soweit die Rücksicht auf das dauernde Gedeihen des Unternehmens oder auf die Ausrichtung einer möglichst gleichmässigen Dividende es unter Berücksichtigung der Interessen der Aktionäre rechtfertigt.

⁴ Bildung und Auflösung von Wiederbeschaffungsreserven und darüber hinausgehenden stillen Reserven sind der Revisionsstelle im einzelnen mitzuteilen.

Art. 670 6. Aufwertung

¹ Ist die Hälfte des Aktienkapitals und der gesetzlichen Reserven infolge eines Bilanzverlustes nicht mehr gedeckt, so dürfen zur Beseitigung der Unterbilanz Grundstücke oder Beteiligungen, deren wirklicher Wert über die Anschaffungs- oder Herstellungskosten gestiegen ist, bis höchstens zu diesem Wert aufgewertet werden. Der Aufwertungsbetrag ist gesondert als Aufwertungsreserve auszuweisen.

² Die Aufwertung ist nur zulässig, wenn die Revisionsstelle zu Handen der Generalversammlung schriftlich bestätigt, dass die gesetzlichen Bestimmungen eingehalten sind.

Art. 671 C. Reserven
I. Gesetzliche Reserven
1. Allgemeine Reserve

¹ Fünf Prozent des Jahresgewinnes sind der allgemeinen Reserve zuzuweisen, bis diese 20 Prozent des einbezahlten Aktienkapitals erreicht.

² Dieser Reserve sind, auch nachdem sie die gesetzliche Höhe erreicht hat, zuzuweisen:
1. ein bei der Ausgabe von Aktien nach Deckung der Ausgabekosten über den Nennwert hinaus erzielter Mehrerlös, soweit er nicht zu Abschreibungen oder zu Wohlfahrtszwecken verwendet wird;
2. was von den geleisteten Einzahlungen auf ausgefallene Aktien übrigbleibt, nachdem ein allfälliger Mindererlös aus den dafür ausgegebenen Aktien gedeckt worden ist;
3. zehn Prozent der Beträge, die nach Bezahlung einer Dividende von fünf Prozent als Gewinnanteil ausgerichtet werden.

³ Die allgemeine Reserve darf, soweit sie die Hälfte des Aktienkapitals nicht übersteigt, nur zur Deckung von Verlusten oder für Massnahmen verwendet werden, die geeignet sind, in Zeiten schlechten Geschäftsganges das Unternehmen durchzuhalten, der Arbeitslosigkeit entgegenzuwirken oder ihre Folgen zu mildern.

⁴ Die Bestimmungen in Absatz 2 Ziffer 3 und Absatz 3 gelten nicht für Gesellschaften, deren Zweck hauptsächlich in der Beteiligung an anderen Unternehmen besteht (Holdinggesellschaften).
⁵ Konzessionierte Transportanstalten sind, unter Vorbehalt abweichender Bestimmungen des öffentlichen Rechts, von der Pflicht zur Bildung der Reserve befreit.
⁶ Versicherungseinrichtungen bilden ihre Reserve nach dem von der zuständigen Aufsichtsbehörde genehmigten Geschäftsplan.

Art. 671a   2. Reserve für eigene Aktien

Die Reserve für eigene Aktien kann bei Veräusserung oder Vernichtung von Aktien im Umfang der Anschaffungswerte aufgehoben werden.

Art. 671b   3. Aufwertungsreserve

Die Aufwertungsreserve kann nur durch Umwandlung in Aktienkapital sowie durch Wiederabschreibung oder Veräusserung der aufgewerteten Aktiven aufgelöst werden.

Art. 672   II. Statutarische Reserven   1. Im allgemeinen

¹ Die Statuten können bestimmen, dass der Reserve höhere Beträge als fünf Prozent des Jahresgewinnes zuzuweisen sind und dass die Reserve mehr als die vom Gesetz vorgeschriebenen 20 Prozent des einbezahlten Aktienkapitals betragen muss.
² Sie können die Anlage weiterer Reserven vorsehen und deren Zweckbestimmung und Verwendung festsetzen.

Art. 673   2. Zu Wohlfahrtszwecken für Arbeitnehmer

Die Statuten können insbesondere auch Reserven zur Gründung und Unterstützung von Wohlfahrtseinrichtungen für Arbeitnehmer des Unternehmens vorsehen.

Art. 674   III. Verhältnis des Gewinnanteils zu den Reserven

¹ Die Dividende darf erst festgesetzt werden, nachdem die dem Gesetz und den Statuten entsprechenden Zuweisungen an die gesetzlichen und statutarischen Reserven abgezogen worden sind.
² Die Generalversammlung kann die Bildung von Reserven beschliessen, die im Gesetz und in den Statuten nicht vorgesehen sind oder über deren Anforderungen hinausgehen, soweit

1. dies zu Wiederbeschaffungszwecken notwendig ist;
2. die Rücksicht auf das dauernde Gedeihen des Unternehmens oder auf die Ausrichtung einer möglichst gleichmässigen Dividende es unter Berücksichtigung der Interessen aller Aktionäre rechtfertigt.

³ Ebenso kann die Generalversammlung zur Gründung und Unterstützung von Wohlfahrtseinrichtungen für Arbeitnehmer des Unternehmens und zu anderen Wohlfahrtszwecken aus dem Bilanzgewinn auch dann Reserven bilden, wenn sie in den Statuten nicht vorgesehen sind.

Art. 675 D. Dividenden, Bauzinse und Tantiemen
I. Dividenden

¹ Zinse dürfen für das Aktienkapital nicht bezahlt werden.

² Dividenden dürfen nur aus dem Bilanzgewinn und aus hierfür gebildeten Reserven ausgerichtet werden.

Art. 676 II. Bauzinse

¹ Für die Zeit, die Vorbereitung und Bau bis zum Anfang des vollen Betriebes des Unternehmens erfordern, kann den Aktionären ein Zins von bestimmter Höhe zu Lasten des Anlagekontos zugesichert werden. Die Statuten müssen in diesem Rahmen den Zeitpunkt bezeichnen, in dem die Entrichtung von Zinsen spätestens aufhört.

² Wird das Unternehmen durch die Ausgabe neuer Aktien erweitert, so kann im Beschluss über die Kapitalerhöhung den neuen Aktien eine bestimmte Verzinsung zu Lasten des Anlagekontos bis zu einem genau anzugebenden Zeitpunkt, höchstens jedoch bis zur Aufnahme des Betriebes der neuen Anlage zugestanden werden.

Art. 677 III. Tantiemen

Gewinnanteile an Mitglieder des Verwaltungsrates dürfen nur dem Bilanzgewinn entnommen werden und sind nur zulässig, nachdem die Zuweisung an die gesetzliche Reserve gemacht und eine Dividende von fünf Prozent oder von einem durch die Statuten festgesetzten höheren Ansatz an die Aktionäre ausgerichtet worden ist.

Art. 678 E. Rückerstattung von Leistungen
I. Im allgemeinen

¹ Aktionäre und Mitglieder des Verwaltungsrates sowie diesen nahestehende Personen, die ungerechtfertigt und in bösem Glauben Dividenden, Tantiemen, andere Gewinnanteile oder Bauzinse bezogen haben, sind zur Rückerstattung verpflichtet.

² Sie sind auch zur Rückerstattung anderer Leistungen der Gesellschaft verpflichtet, soweit diese in einem offensichtlichen Missverhältnis zur Gegenleistung und zur wirtschaftlichen Lage der Gesellschaft stehen.

³ Der Anspruch auf Rückerstattung steht der Gesellschaft und dem Aktionär zu; dieser klagt auf Leistung an die Gesellschaft.

⁴ Die Pflicht zur Rückerstattung verjährt fünf Jahre nach Empfang der Leistung.

Art. 679 II. Tantiemen im Konkurs

[1] Im Konkurs der Gesellschaft müssen die Mitglieder des Verwaltungsrates alle Tantiemen, die sie in den letzten drei Jahren vor Konkurseröffnung erhalten haben, zurückerstatten, es sei denn, sie weisen nach, dass die Voraussetzungen zur Ausrichtung der Tantiemen nach Gesetz und Statuten erfüllt waren; dabei ist insbesondere nachzuweisen, dass die Ausrichtung aufgrund vorsichtiger Bilanzierung erfolgte.

[2] Die Zeit zwischen Konkursaufschub und Konkurseröffnung zählt bei der Berechnung der Frist nicht mit.

Art. 680 F. Leistungspflicht des Aktionärs
I. Gegenstand

[1] Der Aktionär kann auch durch die Statuten nicht verpflichtet werden, mehr zu leisten als den für den Bezug einer Aktie bei ihrer Ausgabe festgesetzten Betrag.

[2] Ein Recht, den eingezahlten Betrag zurückzufordern, steht dem Aktionär nicht zu.

Art. 681 II. Verzugsfolgen
1. Nach Gesetz und Statuten

[1] Ein Aktionär, der den Ausgabebetrag seiner Aktie nicht zur rechten Zeit einbezahlt, ist zur Zahlung von Verzugszinsen verpflichtet.

[2] Der Verwaltungsrat ist überdies befugt, den säumigen Aktionär seiner Rechte aus der Zeichnung der Aktien und seiner geleisteten Teilzahlungen verlustig zu erklären und an Stelle der ausgefallenen neue Aktien auszugeben. Wenn die ausgefallenen Titel bereits ausgegeben sind und nicht beigebracht werden können, so ist die Verlustigerklärung im Schweizerischen Handelsamtsblatt sowie in der von den Statuten vorgesehenen Form zu veröffentlichen.

[3] Die Statuten können einen Aktionär für den Fall der Säumnis auch zur Entrichtung einer Konventionalstrafe verpflichten.

Art. 682 2. Aufforderung zur Leistung

[1] Beabsichtigt der Verwaltungsrat, den säumigen Aktionär seiner Rechte aus der Zeichnung verlustig zu erklären oder von ihm die in den Statuten vorgesehene Konventionalstrafe zu fordern, so hat er im Schweizerischen Handelsamtsblatt sowie in der von den Statuten vorgesehenen Form mindestens dreimal eine Aufforderung zur Einzahlung zu erlassen, unter Ansetzung einer Nachfrist von mindestens einem Monat, von der letzten Veröffentlichung an gerechnet. Der Aktionär darf seiner Rechte aus der Zeichnung erst verlustig erklärt oder für die Konventionalstrafe belangt werden, wenn er auch innerhalb der Nachfrist die Einzahlung nicht leistet.

[2] Bei Namenaktien tritt an die Stelle der Veröffentlichungen eine Zahlungsaufforderung und Ansetzung der Nachfrist an die im Aktienbuch eingetragenen Aktionäre durch eingeschriebenen Brief. In diesem Falle läuft die Nachfrist vom Empfang der Zahlungsaufforderung an.

³ Der säumige Aktionär haftet der Gesellschaft für den Betrag, der durch die Leistungen des neuen Aktionärs nicht gedeckt ist.

Art. 683 G. Ausgabe und Übertragung der Aktien
I. Inhaberaktien

¹ Auf den Inhaber lautende Aktien dürfen erst nach der Einzahlung des vollen Nennwertes ausgegeben werden.

² Vor der Volleinzahlung ausgegebene Aktien sind nichtig. Schadenersatzansprüche bleiben vorbehalten.

Art. 684 II. Namenaktien

¹ Die Namenaktien sind, wenn nicht Gesetz oder Statuten etwas anderes bestimmen, ohne Beschränkung übertragbar.

² Die Übertragung durch Rechtsgeschäft kann durch Übergabe des indossierten Aktientitels an den Erwerber erfolgen.

Art. 685 H. Beschränkung der Übertragbarkeit
I. Gesetzliche Beschränkung

¹ Nicht voll liberierte Namenaktien dürfen nur mit Zustimmung der Gesellschaft übertragen werden, es sei denn, sie werden durch Erbgang, Erbteilung, eheliches Güterrecht oder Zwangsvollstreckung erworben.

² Die Gesellschaft kann die Zustimmung nur verweigern, wenn die Zahlungsfähigkeit des Erwerbers zweifelhaft ist und die von der Gesellschaft geforderte Sicherheit nicht geleistet wird.

Art. 685a II. Statutarische Beschränkung
1. Grundsätze

¹ Die Statuten können bestimmen, dass Namenaktien nur mit Zustimmung der Gesellschaft übertragen werden dürfen.

² Diese Beschränkung gilt auch für die Begründung einer Nutzniessung.

³ Tritt die Gesellschaft in Liquidation, so fällt die Beschränkung der Übertragbarkeit dahin.

Art. 685b 2. Nicht börsenkotierte Namenaktien
a. Voraussetzungen der Ablehnung

¹ Die Gesellschaft kann das Gesuch um Zustimmung ablehnen, wenn sie hierfür einen wichtigen, in den Statuten genannten Grund bekanntgibt oder wenn sie dem Veräusserer der Aktien anbietet, die Aktien für eigene Rechnung, für Rechnung anderer Aktionäre oder für Rechnung Dritter zum wirklichen Wert im Zeitpunkt des Gesuches zu übernehmen.

² Als wichtige Gründe gelten Bestimmungen über die Zusammensetzung des Aktionärskreises, die im Hinblick auf den Gesellschaftszweck oder die wirtschaftliche Selbständigkeit des Unternehmens die Verweigerung rechtfertigen.

³ Die Gesellschaft kann überdies die Eintragung in das Aktienbuch verweigern, wenn der Erwerber nicht ausdrücklich erklärt, dass er die Aktien im eigenen Namen und auf eigene Rechnung erworben hat.

⁴ Sind die Aktien durch Erbgang, Erbteilung, eheliches Güterrecht oder Zwangsvollstreckung erworben worden, so kann die Gesellschaft das Gesuch um Zustimmung nur ablehnen, wenn sie dem Erwerber die Übernahme der Aktien zum wirklichen Wert anbietet.

⁵ Der Erwerber kann verlangen, dass der Richter am Sitz der Gesellschaft den wirklichen Wert bestimmt. Die Kosten der Bewertung trägt die Gesellschaft.

⁶ Lehnt der Erwerber das Übernahmeangebot nicht innert eines Monates nach Kenntnis des wirklichen Wertes ab, so gilt es als angenommen.

⁷ Die Statuten dürfen die Voraussetzungen der Übertragbarkeit nicht erschweren.

Art. 685c b. Wirkung

¹ Solange eine erforderliche Zustimmung zur Übertragung von Aktien nicht erteilt wird, verbleiben das Eigentum an den Aktien und alle damit verknüpften Rechte beim Veräusserer.

² Beim Erwerb von Aktien durch Erbgang, Erbteilung, eheliches Güterrecht oder Zwangsvollstreckung gehen das Eigentum und die Vermögensrechte sogleich, die Mitwirkungsrechte erst mit der Zustimmung der Gesellschaft auf den Erwerber über.

³ Lehnt die Gesellschaft das Gesuch um Zustimmung innert dreier Monate nach Erhalt nicht oder zu Unrecht ab, so gilt die Zustimmung als erteilt.

Art. 685d 3. Börsenkotierte Namenaktien
a. Voraussetzungen der Ablehnung

¹ Bei börsenkotierten Namenaktien kann die Gesellschaft einen Erwerber als Aktionär nur ablehnen, wenn die Statuten eine prozentmässige Begrenzung der Namenaktien vorsehen, für die ein Erwerber als Aktionär anerkannt werden muss und diese Begrenzung überschritten wird.

² Die Gesellschaft kann überdies die Eintragung in das Aktienbuch verweigern, wenn der Erwerber auf ihr Verlangen nicht ausdrücklich erklärt, dass er die Aktien im eigenen Namen und auf eigene Rechnung erworben hat.

³ Sind börsen kotierte Namenaktien durch Erbgang, Erbteilung oder eheliches Güterrecht erworben worden, kann der Erwerber nicht abgelehnt werden.

Art. 685e   b. Meldepflicht

Werden börsenkotierte Namenaktien börsenmässig verkauft, so meldet die Veräussererbank den Namen des Veräusserers und die Anzahl der verkauften Aktien unverzüglich der Gesellschaft.

Art. 685f   c. Rechtsübergang

¹ Werden börsenkotierte Namenaktien börsenmässig erworben, so gehen die Rechte mit der Übertragung auf den Erwerber über. Werden börsenkotierte Namenaktien ausserbörslich erworben, so gehen die Rechte auf den Erwerber über, sobald dieser bei der Gesellschaft ein Gesuch um Anerkennung als Aktionär eingereicht hat.

² Bis zur Anerkennung des Erwerbers durch die Gesellschaft kann dieser weder das mit den Aktien verknüpfte Stimmrecht noch andere mit dem Stimmrecht zusammenhängende Rechte ausüben. In der Ausübung aller übrigen Aktionärsrechte, insbesondere auch des Bezugsrechts, ist der Erwerber nicht eingeschränkt.

³ Noch nicht von der Gesellschaft anerkannte Erwerber sind nach dem Rechtsübergang als Aktionär ohne Stimmrecht ins Aktienbuch einzutragen. Die entsprechenden Aktien gelten in der Generalversammlung als nicht vertreten.

⁴ Ist die Ablehnung widerrechtlich, so hat die Gesellschaft das Stimmrecht und die damit zusammenhängenden Rechte vom Zeitpunkt des richterlichen Urteils an anzuerkennen und dem Erwerber Schadenersatz zu leisten, sofern sie nicht beweist, dass ihr kein Verschulden zur Last fällt.

Art. 685g   d. Ablehnungsfrist

Lehnt die Gesellschaft das Gesuch des Erwerbers um Anerkennung innert 20 Tagen nicht ab, so ist dieser als Aktionär anerkannt.

Art. 686   4. Aktienbuch   a. Eintragung

¹ Die Gesellschaft führt über die Namenaktien ein Aktienbuch, in welches die Eigentümer und Nutzniesser mit Namen und Adresse eingetragen werden.

² Die Eintragung in das Aktienbuch setzt einen Ausweis über den Erwerb der Aktie zu Eigentum oder die Begründung einer Nutzniessung voraus.

³ Die Gesellschaft muss die Eintragung auf dem Aktientitel bescheinigen.

⁴ Im Verhältnis zur Gesellschaft gilt als Aktionär oder als Nutzniesser, wer im Aktienbuch eingetragen ist.

Art. 686a   b. Streichung

Die Gesellschaft kann nach Anhörung der Betroffenen Eintragungen im Aktienbuch streichen, wenn diese durch falsche Angaben des Erwerbers zustande gekommen sind. Dieser muss über die Streichung sofort informiert werden.

Art. 687   5. Nicht voll einbezahlte Namenaktien

[1] Der Erwerber einer nicht voll einbezahlten Namenaktie ist der Gesellschaft gegenüber zur Einzahlung verpflichtet, sobald er im Aktienbuch eingetragen ist.

[2] Veräussert der Zeichner die Aktie, so kann er für den nicht einbezahlten Betrag belangt werden, wenn die Gesellschaft binnen zwei Jahren seit ihrer Eintragung in das Handelsregister in Konkurs gerät und sein Rechtsnachfolger seines Rechtes aus der Aktie verlustig erklärt worden ist.

[3] Der Veräusserer, der nicht Zeichner ist, wird durch die Eintragung des Erwerbers der Aktie im Aktienbuch von der Einzahlungspflicht befreit.

[4] Solange Namenaktien nicht voll einbezahlt sind, ist auf jedem Titel der auf den Nennwert einbezahlte Betrag anzugeben.

Art. 688   III. Interimsscheine

[1] Auf den Inhaber lautende Interimsscheine dürfen nur für Inhaberaktien ausgegeben werden, deren Nennwert voll einbezahlt ist. Vor der Volleinzahlung ausgegebene, auf den Inhaber lautende Interimsscheine sind nichtig. Schadenersatzansprüche bleiben vorbehalten.

[2] Werden für Inhaberaktien auf den Namen lautende Interimsscheine ausgestellt, so können sie nur nach den für die Abtretung von Forderungen geltenden Bestimmungen übertragen werden, jedoch ist die Übertragung der Gesellschaft gegenüber erst wirksam, wenn sie ihr angezeigt wird.

[3] Interimsscheine für Namenaktien müssen auf den Namen lauten. Die Übertragung solcher Interimsscheine richtet sich nach den für die Übertragung von Namenaktien geltenden Vorschriften.

Art. 689   J. Persönliche Mitgliedschaftsrechte
I. Teilnahme an der Generalversammlung
1. Grundsatz

[1] Der Aktionär übt seine Rechte in den Angelegenheiten der Gesellschaft, wie Bestellung der Organe, Abnahme des Geschäftsberichtes und Beschlussfassung über die Gewinnverwendung, in der Generalversammlung aus.

[2] Er kann seine Aktien in der Generalversammlung selbst vertreten oder durch einen Dritten vertreten lassen, der unter Vorbehalt abweichender statutarischer Vorschriften nicht Aktionär zu sein braucht.

Art. 689a   2. Berechtigung gegenüber der Gesellschaft

[1] Die Mitgliedschaftsrechte aus Namenaktien kann ausüben, wer durch den Eintrag im Aktienbuch ausgewiesen oder vom Aktionär dazu schriftlich bevollmächtigt ist.

[2] Die Mitgliedschaftsrechte aus Inhaberaktien kann ausüben, wer sich als Besitzer ausweist, indem er die Aktien vorlegt. Der Verwaltungsrat kann eine andere Art des Besitzesausweises anordnen.

Art. 689b   3. Vertretung des Aktionärs
                a. Im allgemeinen

¹ Wer Mitwirkungsrechte als Vertreter ausübt, muss die Weisungen des Vertretenen befolgen.

² Wer eine Inhaberaktie aufgrund einer Verpfändung, Hinterlegung oder leihweisen Überlassung besitzt, darf die Mitgliedschaftsrechte nur ausüben, wenn er vom Aktionär hierzu in einem besonderen Schriftstück bevollmächtigt wurde.

Art. 689c   b. Organvertreter

Schlägt die Gesellschaft den Aktionären ein Mitglied ihrer Organe oder eine andere abhängige Person für die Stimmrechtsvertretung an einer Generalversammlung vor, so muss sie zugleich eine unabhängige Person bezeichnen, die von den Aktionären mit der Vertretung beauftragt werden kann.

Art. 689d   c. Depotvertreter

¹ Wer als Depotvertreter Mitwirkungsrechte aus Aktien, die bei ihm hinterlegt sind, ausüben will, ersucht den Hinterleger vor jeder Generalversammlung um Weisungen für die Stimmabgabe.

² Sind Weisungen des Hinterlegers nicht rechtzeitig erhältlich, so übt der Depotvertreter das Stimmrecht nach einer allgemeinen Weisung des Hinterlegers aus; fehlt eine solche, so folgt er den Anträgen des Verwaltungsrates.

³ Als Depotvertreter gelten die dem Bundesgesetz über die Banken und Sparkassen unterstellten Institute sowie gewerbsmässige Vermögensverwalter.

Art. 689e   d. Bekanntgabe

¹ Organe, unabhängige Stimmrechtsvertreter und Depotvertreter geben der Gesellschaft Anzahl, Art, Nennwert und Kategorie der von ihnen vertretenen Aktien bekannt. Unterbleiben diese Angaben, so sind die Beschlüsse der Generalversammlung unter den gleichen Voraussetzungen anfechtbar wie bei unbefugter Teilnahme an der Generalversammlung.

² Der Vorsitzende teilt die Angaben gesamthaft für jede Vertretungsart der Generalversammlung mit. Unterlässt er dies, obschon ein Aktionär es verlangt hat, so kann jeder Aktionär die Beschlüsse der Generalversammlung mit Klage gegen die Gesellschaft anfechten.

Art. 690   4. Mehrere Berechtigte

¹ Steht eine Aktie in gemeinschaftlichem Eigentum, so können die Berechtigten die Rechte aus der Aktie nur durch einen gemeinsamen Vertreter ausüben.

² Im Falle der Nutzniessung an einer Aktie wird diese durch den Nutzniesser vertreten; er wird dem Eigentümer ersatzpflichtig, wenn er dabei dessen Interessen nicht in billiger Weise Rücksicht trägt.

Art. 691 II. Unbefugte Teilnahme

¹ Die Überlassung von Aktien zum Zwecke der Ausübung des Stimmrechts in der Generalversammlung ist unstatthaft, wenn damit die Umgehung einer Stimmrechtsbeschränkung beabsichtigt ist.
² Jeder Aktionär ist befugt, gegen die Teilnahme unberechtigter Personen beim Verwaltungsrat oder zu Protokoll der Generalversammlung Einspruch zu erheben.
³ Wirken Personen, die zur Teilnahme an der Generalversammlung nicht befugt sind, bei einem Beschluss mit, so kann jeder Aktionär, auch wenn er nicht Einspruch erhoben hat, diesen Beschluss anfechten, sofern die beklagte Gesellschaft nicht nachweist, dass diese Mitwirkung keinen Einfluss auf die Beschlussfassung ausgeübt hatte.

Art. 692 III. Stimmrecht in der Generalversammlung
1. Grundsatz

¹ Die Aktionäre üben ihr Stimmrecht in der Generalversammlung nach Verhältnis des gesamten Nennwerts der ihnen gehörenden Aktien aus.
² Jeder Aktionär hat, auch wenn er nur eine Aktie besitzt, zum mindesten eine Stimme. Doch können die Statuten die Stimmenzahl der Besitzer mehrerer Aktien beschränken.
³ Bei der Herabsetzung des Nennwerts der Aktien im Fall einer Sanierung der Gesellschaft kann das Stimmrecht dem ursprünglichen Nennwert entsprechend beibehalten werden.

Art. 693 2. Stimmrechtsaktien

¹ Die Statuten können das Stimmrecht unabhängig vom Nennwert nach der Zahl der jedem Aktionär gehörenden Aktien festsetzen, so dass auf jede Aktie eine Stimme entfällt.
² In diesem Fall können Aktien, die einen kleineren Nennwert als andere Aktien der Gesellschaft haben, nur als Namenaktien ausgegeben werden und müssen voll liberiert sein. Der Nennwert der übrigen Aktien darf das Zehnfache des Nennwertes der Stimmrechtsaktien nicht übersteigen.
³ Die Bemessung des Stimmrechts nach der Zahl der Aktien ist nicht anwendbar für:
   1. die Wahl der Revisionsstelle;
   2. die Ernennung von Sachverständigen zur Prüfung der Geschäftsführung oder einzelner Teile;
   3. die Beschlussfassung über die Einleitung einer Sonderprüfung;
   4. die Beschlussfassung über die Anhebung einer Verantwortlichkeitsklage.

Art. 694 3. Entstehung des Stimmrechts

Das Stimmrecht entsteht, sobald auf die Aktie der gesetzlich oder statutarisch festgesetzte Betrag einbezahlt ist.

Art. 695   4. Ausschliessung vom Stimmrecht

[1] Bei Beschlüssen über die Entlastung des Verwaltungsrates haben Personen, die in irgendeiner Weise an der Geschäftsführung teilgenommen haben, kein Stimmrecht.

[2] Dieses Verbot bezieht sich nicht auf die Mitglieder der Revisionsstelle.

Art. 696   IV. Kontrollrechte der Aktionäre
1. Bekanntgabe des Geschäftsberichtes

[1] Spätestens 20 Tage vor der ordentlichen Generalversammlung sind der Geschäftsbericht und der Revisionsbericht den Aktionären am Gesellschaftssitz zur Einsicht aufzulegen. Jeder Aktionär kann verlangen, dass ihm unverzüglich eine Ausfertigung dieser Unterlagen zugestellt wird.

[2] Namenaktionäre sind hierüber durch schriftliche Mitteilung zu unterrichten, Inhaberaktionäre durch Bekanntgabe im Schweizerischen Handelsamtsblatt sowie in der von den Statuten vorgeschriebenen Form.

[3] Jeder Aktionär kann noch während eines Jahres nach der Generalversammlung von der Gesellschaft den Geschäftsbericht in der von der Generalversammlung genehmigten Form sowie den Revisionsbericht verlangen.

Art. 697   2. Auskunft und Einsicht

[1] Jeder Aktionär ist berechtigt, an der Generalversammlung vom Verwaltungsrat Auskunft über die Angelegenheiten der Gesellschaft und von der Revisionsstelle über Durchführung und Ergebnis ihrer Prüfung zu verlangen.

[2] Die Auskunft ist insoweit zu erteilen, als sie für die Ausübung der Aktionärsrechte erforderlich ist. Sie kann verweigert werden, wenn durch sie Geschäftsgeheimnisse oder andere schutzwürdige Interessen der Gesellschaft gefährdet werden.

[3] Die Geschäftsbücher und Korrespondenzen können nur mit ausdrücklicher Ermächtigung der Generalversammlung oder durch Beschluss des Verwaltungsrates und unter Wahrung der Geschäftsgeheimnisse eingesehen werden.

[4] Wird die Auskunft oder die Einsicht ungerechtfertigterweise verweigert, so ordnet sie der Richter am Sitz der Gesellschaft auf Antrag an.

Art. 697a   V. Recht auf Einleitung einer Sonderprüfung
1. Mit Genehmigung der Generalversammlung

[1] Jeder Aktionär kann der Generalversammlung beantragen, bestimmte Sachverhalte durch eine Sonderprüfung abklären zu lassen, sofern dies zur Ausübung der Aktionärsrechte erforderlich ist und er das Recht auf Auskunft oder das Recht auf Einsicht bereits ausgeübt hat.

[2] Entspricht die Generalversammlung dem Antrag, so kann die Gesellschaft oder jeder Aktionär innert 30 Tagen den Richter um Einsetzung eines Sonderprüfers ersuchen.

Art. 697b   2. Bei Ablehnung durch die Generalversammlung

¹ Entspricht die Generalversammlung dem Antrag nicht, so können Aktionäre, die zusammen mindestens zehn Prozent des Aktienkapitals oder Aktien im Nennwert von zwei Millionen Franken vertreten, innert dreier Monate den Richter ersuchen, einen Sonderprüfer einzusetzen.

² Die Gesuchsteller haben Anspruch auf Einsetzung eines Sonderprüfers, wenn sie glaubhaft machen, dass Gründer oder Organe Gesetz oder Statuten verletzt und damit die Gesellschaft oder die Aktionäre geschädigt haben.

Art. 697c   3. Einsetzung

¹ Der Richter entscheidet nach Anhörung der Gesellschaft und des seinerzeitigen Antragstellers.

² Entspricht der Richter dem Gesuch, so beauftragt er einen unabhängigen Sachverständigen mit der Durchführung der Prüfung. Er umschreibt im Rahmen des Gesuches den Prüfungsgegenstand.

³ Der Richter kann die Sonderprüfung auch mehreren Sachverständigen gemeinsam übertragen.

Art. 697d   4. Tätigkeit

¹ Die Sonderprüfung ist innert nützlicher Frist und ohne unnötige Störung des Geschäftsganges durchzuführen.

² Gründer, Organe, Beauftragte, Arbeitnehmer, Sachwalter und Liquidatoren müssen dem Sonderprüfer Auskunft über erhebliche Tatsachen erteilen. Im Streitfall entscheidet der Richter.

³ Der Sonderprüfer hört die Gesellschaft zu den Ergebnissen der Sonderprüfung an.

⁴ Er ist zur Verschwiegenheit verpflichtet.

Art. 697e   5. Bericht

¹ Der Sonderprüfer berichtet einlässlich über das Ergebnis seiner Prüfung, wahrt aber das Geschäftsgeheimnis. Er legt seinen Bericht dem Richter vor.

² Der Richter stellt den Bericht der Gesellschaft zu und entscheidet auf ihr Begehren, ob Stellen des Berichtes das Geschäftsgeheimnis oder andere schutzwürdige Interessen der Gesellschaft verletzen und deshalb den Gesuchstellern nicht vorgelegt werden sollen.

³ Er gibt der Gesellschaft und den Gesuchstellern Gelegenheit, zum bereinigten Bericht Stellung zu nehmen und Ergänzungsfragen zu stellen.

Art. 697f   6. Behandlung und Bekanntgabe

¹ Der Verwaltungsrat unterbreitet der nächsten Generalversammlung den Bericht und die Stellungnahmen dazu.

² Jeder Aktionär kann während eines Jahres nach der Generalversammlung von der Gesellschaft eine Ausfertigung des Berichtes und der Stellungnahmen verlangen.

Art. 697g 7. Kostentragung

¹ Entspricht der Richter dem Gesuch um Einsetzung eines Sonderprüfers, so überbindet er den Vorschuss und die Kosten der Gesellschaft. Wenn besondere Umstände es rechtfertigen, kann er die Kosten ganz oder teilweise den Gesuchstellern auferlegen.

² Hat die Generalversammlung der Sonderprüfung zugestimmt, so trägt die Gesellschaft die Kosten.

Art. 697h K. Offenlegung von Jahresrechnung und Konzernrechnung

¹ Jahresrechnung und Konzernrechnung sind nach der Abnahme durch die Generalversammlung mit den Revisionsberichten entweder im Schweizerischen Handelsamtsblatt zu veröffentlichen oder jeder Person, die es innerhalb eines Jahres seit Abnahme verlangt, auf deren Kosten in einer Ausfertigung zuzustellen, wenn

  1. die Gesellschaft Anleihensobligationen ausstehend hat;
  2. die Aktien der Gesellschaft an einer Börse kotiert sind.

² Die übrigen Aktiengesellschaften müssen den Gläubigern, die ein schutzwürdiges Interesse nachweisen, Einsicht in die Jahresrechnung, die Konzernrechnung und die Revisionsberichte gewähren. Im Streitfall entscheidet der Richter.

Dritter Abschnitt: Organisation der Aktiengesellschaft

A. Die Generalversammlung

Art. 698 I. Befugnisse

¹ Oberstes Organ der Aktiengesellschaft ist die Generalversammlung der Aktionäre.

² Ihr stehen folgende unübertragbare Befugnisse zu:
  1. die Festsetzung und Änderung der Statuten;
  2. die Wahl der Mitglieder des Verwaltungsrates und der Revisionsstelle;

3. die Genehmigung des Jahresberichtes und der Konzernrechnung;
4. die Genehmigung der Jahresrechnung sowie die Beschlussfassung über die Verwendung des Bilanzgewinnes, insbesondere die Festsetzung der Dividende und der Tantieme;
5. die Entlastung der Mitglieder des Verwaltungsrates;
6. die Beschlussfassung über die Gegenstände, die der Generalversammlung durch das Gesetz oder die Statuten vorbehalten sind.

Art. 699 II. Einberufung und Traktandierung
1. Recht und Pflicht

¹ Die Generalversammlung wird durch den Verwaltungsrat, nötigenfalls durch die Revisionsstelle einberufen. Das Einberufungsrecht steht auch den Liquidatoren und den Vertretern der Anleihensgläubiger zu.

² Die ordentliche Versammlung findet alljährlich innerhalb sechs Monaten nach Schluss des Geschäftsjahres statt, ausserordentliche Versammlungen werden je nach Bedürfnis einberufen.

³ Die Einberufung einer Generalversammlung kann auch von einem oder mehreren Aktionären, die zusammen mindestens zehn Prozent des Aktienkapitals vertreten, verlangt werden. Aktionäre, die Aktien im Nennwerte von einer Million Franken vertreten, können die Traktandierung eines Verhandlungsgegenstandes verlangen. Einberufung und Traktandierung werden schriftlich unter Angabe des Verhandlungsgegenstandes und der Anträge anbegehrt.

⁴ Entspricht der Verwaltungsrat diesem Begehren nicht binnen angemessener Frist, so hat der Richter auf Antrag der Gesuchsteller die Einberufung anzuordnen.

Art. 700 2. Form

¹ Die Generalversammlung ist spätestens 20 Tage vor dem Versammlungstag in der durch die Statuten vorgeschriebenen Form einzuberufen.

² In der Einberufung sind die Verhandlungsgegenstände sowie die Anträge des Verwaltungsrates und der Aktionäre bekanntzugeben, welche die Durchführung einer Generalversammlung oder die Traktandierung eines Verhandlungsgegenstandes verlangt haben.

³ Über Anträge zu nicht gehörig angekündigten Verhandlungsgegenständen können keine Beschlüsse gefasst werden; ausgenommen sind Anträge auf Einberufung einer ausserordentlichen Generalversammlung oder auf Durchführung einer Sonderprüfung.

⁴ Zur Stellung von Anträgen im Rahmen der Verhandlungsgegenstände und zu Verhandlungen ohne Beschlussfassung bedarf es keiner vorgängigen Ankündigung.

Art. 701 3. Universalversammlung

¹ Die Eigentümer oder Vertreter sämtlicher Aktien können, falls kein Widerspruch erhoben wird, eine Generalversammlung ohne Einhaltung der für die Einberufung vorgeschriebenen Formvorschriften abhalten.

² In dieser Versammlung kann über alle in den Geschäftskreis der Generalversammlung fallenden Gegenstände gültig verhandelt und Beschluss gefasst werden, solange die Eigentümer oder Vertreter sämtlicher Aktien anwesend sind.

Art. 702   III. Vorbereitende Massnahmen; Protokoll

¹ Der Verwaltungsrat trifft die für die Feststellung der Stimmrechte erforderlichen Anordnungen.
² Er sorgt für die Führung des Protokolls. Dieses hält fest:
  1. Anzahl, Art, Nennwert und Kategorie der Aktien, die von den Aktionären, von den Organen, von unabhängigen Stimmrechtsvertretern und von Depotvertretern vertreten werden;
  2. die Beschlüsse und die Wahlergebnisse;
  3. die Begehren um Auskunft und die darauf erteilten Antworten;
  4. die von den Aktionären zu Protokoll gegebenen Erklärungen.
³ Die Aktionäre sind berechtigt, das Protokoll einzusehen.

Art. 703   IV. Beschlussfassung und Wahlen
             1. Im allgemeinen

Die Generalversammlung fasst ihre Beschlüsse und vollzieht ihre Wahlen, soweit das Gesetz oder die Statuten es nicht anders bestimmen, mit der absoluten Mehrheit der vertretenen Aktienstimmen.

Art. 704   2. Wichtige Beschlüsse

¹ Ein Beschluss der Generalversammlung, der mindestens zwei Drittel der vertretenen Stimmen und die absolute Mehrheit der vertretenen Aktiennennwerte auf sich vereinigt, ist erforderlich für:
  1. die Änderung des Gesellschaftszweckes;
  2. die Einführung von Stimmrechtsaktien;
  3. die Beschränkung der Übertragbarkeit von Namenaktien;
  4. eine genehmigte oder eine bedingte Kapitalerhöhung;
  5. die Kapitalerhöhung aus Eigenkapital, gegen Sacheinlage oder zwecks Sachübernahme und die Gewährung von besonderen Vorteilen;
  6. die Einschränkung oder Aufhebung des Bezugsrechtes;
  7. die Verlegung des Sitzes der Gesellschaft;
  8. die Auflösung der Gesellschaft ohne Liquidation.
² Statutenbestimmungen, die für die Fassung bestimmter Beschlüsse grössere Mehrheiten als die vom Gesetz vorgeschriebenen festlegen, können nur mit dem vorgesehenen Mehr eingeführt werden.
³ Namenaktionäre, die einem Beschluss über die Zweckänderung oder die Einführung von Stimmrechtsaktien nicht zugestimmt haben, sind während sechs Monaten nach dessen Veröffentlichung im Schweizerischen Handelsamtsblatt an statutarische Beschränkungen der Übertragbarkeit der Aktien nicht gebunden.

Art. 705 V. Abberufung des Verwaltungsrates und der Revisionsstelle

¹ Die Generalversammlung ist berechtigt, die Mitglieder des Verwaltungsrates und der Revisionsstelle sowie allfällige von ihr gewählte Bevollmächtigte und Beauftragte abzuberufen.
² Entschädigungsansprüche der Abberufenen bleiben vorbehalten.

Art. 706 VI. Anfechtung von Generalversammlungsbeschlüssen
1. Legitimation und Gründe

¹ Der Verwaltungsrat und jeder Aktionär können Beschlüsse der Generalversammlung, die gegen das Gesetz oder die Statuten verstossen, beim Richter mit Klage gegen die Gesellschaft anfechten.
² Anfechtbar sind insbesondere Beschlüsse, die
   1. unter Verletzung von Gesetz oder Statuten Rechte von Aktionären entziehen oder beschränken;
   2. in unsachlicher Weise Rechte von Aktionären entziehen oder beschränken;
   3. eine durch den Gesellschaftszweck nicht gerechtfertigte Ungleichbehandlung oder Benachteiligung der Aktionäre bewirken;
   4. die Gewinnstrebigkeit der Gesellschaft ohne Zustimmung sämtlicher Aktionäre aufheben.

Absätze 3 und 4 von Art. 706 OR 1936: aufgehoben.
⁵ Das Urteil, das einen Beschluss der Generalversammlung aufhebt, wirkt für und gegen alle Aktionäre.

Art. 706a 2. Verfahren

¹ Das Anfechtungsrecht erlischt, wenn die Klage nicht spätestens zwei Monate nach der Generalversammlung angehoben wird.
² Ist der Verwaltungsrat Kläger, so bestellt der Richter einen Vertreter für die Gesellschaft.
³ Der Richter verteilt die Kosten bei Abweisung der Klage nach seinem Ermessen auf die Gesellschaft und den Kläger.

Art. 706b VII. Nichtigkeit

Nichtig sind insbesondere Beschlüsse der Generalversammlung, die:
   1. das Recht auf Teilnahme an der Generalversammlung, das Mindeststimmrecht, die Klagerechte oder andere vom Gesetz zwingend gewährte Rechte des Aktionärs entziehen oder beschränken;
   2. Kontrollrechte von Aktionären über das gesetzlich zulässige Mass hinaus beschränken; oder
   3. die Grundstrukturen der Aktiengesellschaft missachten oder die Bestimmungen zum Kapitalschutz verletzen.

B. Der Verwaltungsrat

Art. 707 I. Im allgemeinen 1. Wählbarkeit

[1] Der Verwaltungsrat der Gesellschaft besteht aus einem oder mehreren Mitgliedern, die Aktionäre sein müssen.

[2] Werden andere Personen gewählt, so können sie ihr Amt erst antreten, nachdem sie Aktionäre geworden sind.

[3] Ist an der Gesellschaft eine juristische Person oder eine Handelsgesellschaft beteiligt, so ist sie als solche nicht als Mitglied des Verwaltungsrates wählbar; dagegen können an ihrer Stelle ihre Vertreter gewählt werden.

Art. 708 2. Nationalität und Wohnsitz

[1] Die Mitglieder des Verwaltungsrates müssen mehrheitlich Personen sein, die in der Schweiz wohnhaft sind und das Schweizer Bürgerrecht besitzen. Der Bundesrat kann für Gesellschaften, deren Zweck hauptsächlich in der Beteiligung an andern Unternehmen besteht (Holdinggesellschaften), Ausnahmen von dieser Regel bewilligen, wenn die Mehrheit dieser Unternehmen sich im Ausland befindet.

[2] Wenigstens ein zur Vertretung der Gesellschaft befugtes Mitglied des Verwaltungsrates muss in der Schweiz wohnhaft sein.

[3] Ist mit der Verwaltung eine einzige Person betraut, so muss sie in der Schweiz wohnhaft sein und das Schweizer Bürgerrecht besitzen.

[4] Sind diese Vorschriften nicht mehr erfüllt, so hat der Handelsregisterführer der Gesellschaft eine Frist zur Wiederherstellung des gesetzmässigen Zustandes zu setzen und nach fruchtlosem Ablauf die Gesellschaft von Amtes wegen als aufgelöst zu erklären.

Art. 709 3. Vertretung von Aktionärskategorien und -gruppen

[1] Bestehen in bezug auf das Stimmrecht oder die vermögensrechtlichen Ansprüche mehrere Kategorien von Aktien, so ist durch die Statuten den Aktionären jeder Kategorie die Wahl wenigstens eines Vertreters im Verwaltungsrat zu sichern.

[2] Die Statuten können besondere Bestimmungen zum Schutz von Minderheiten oder einzelner Gruppen von Aktionären vorsehen.

Art. 710 4. Amtsdauer

[1] Die Mitglieder des Verwaltungsrates werden auf drei Jahre gewählt, sofern die Statuten nichts anderes bestimmen. Die Amtsdauer darf jedoch sechs Jahre nicht übersteigen.

[2] Wiederwahl ist möglich.

Art. 711 5. Ausscheiden aus dem Verwaltungsrat

¹ Die Gesellschaft meldet das Ausscheiden eines Mitgliedes des Verwaltungsrates ohne Verzug beim Handelsregister zur Eintragung an.

² Erfolgt diese Anmeldung nicht innert 30 Tagen, so kann der Ausgeschiedene die Löschung selbst anmelden.

Art. 712 II. Organisation 1. Präsident und Sekretär

¹ Der Verwaltungsrat bezeichnet seinen Präsidenten und den Sekretär. Dieser muss dem Verwaltungsrat nicht angehören.

² Die Statuten können bestimmen, dass der Präsident durch die Generalversammlung gewählt wird.

Art. 713 2. Beschlüsse

¹ Die Beschlüsse des Verwaltungsrates werden mit der Mehrheit der abgegebenen Stimmen gefasst. Der Vorsitzende hat den Stichentscheid, sofern die Statuten nichts anderes vorsehen.

² Beschlüsse können auch auf dem Wege der schriftlichen Zustimmung zu einem gestellten Antrag gefasst werden, sofern nicht ein Mitglied die mündliche Beratung verlangt.

³ Über die Verhandlungen und Beschlüsse ist ein Protokoll zu führen, das vom Vorsitzenden und vom Sekretär unterzeichnet wird.

Art. 714 3. Nichtige Beschlüsse

Für die Beschlüsse des Verwaltungsrates gelten sinngemäss die gleichen Nichtigkeitsgründe wie für die Beschlüsse der Generalversammlung.

Art. 715 4. Recht auf Einberufung

Jedes Mitglied des Verwaltungsrates kann unter Angabe der Gründe vom Präsidenten die unverzügliche Einberufung einer Sitzung verlangen.

Art. 715a 5. Recht auf Auskunft und Einsicht

¹ Jedes Mitglied des Verwaltungsrates kann Auskunft über alle Angelegenheiten der Gesellschaft verlangen.

² In den Sitzungen sind alle Mitglieder des Verwaltungsrates sowie die mit der Geschäftsführung betrauten Personen zur Auskunft verpflichtet.

³ Ausserhalb der Sitzungen kann jedes Mitglied von den mit der Geschäftsführung betrauten Personen Auskunft über den Geschäftsgang und, mit Ermächtigung des Präsidenten, auch über einzelne Geschäfte verlangen.

⁴ Soweit es für die Erfüllung einer Aufgabe erforderlich ist, kann jedes Mitglied dem Präsidenten beantragen, dass ihm Bücher und Akten vorgelegt werden.

⁵ Weist der Präsident ein Gesuch auf Auskunft, Anhörung oder Einsicht ab, so entscheidet der Verwaltungsrat.

⁶ Regelungen oder Beschlüsse des Verwaltungsrates, die das Recht auf Auskunft und Einsichtnahme der Verwaltungsräte erweitern, bleiben vorbehalten.

Art. 716   III. Aufgaben   1. Im allgemeinen

¹ Der Verwaltungsrat kann in allen Angelegenheiten Beschluss fassen, die nicht nach Gesetz oder Statuten der Generalversammlung zugeteilt sind.

² Der Verwaltungsrat führt die Geschäfte der Gesellschaft, soweit er die Geschäftsführung nicht übertragen hat.

Art. 716a   2. Unübertragbare Aufgaben

¹ Der Verwaltungsrat hat folgende unübertragbare und unentziehbare Aufgaben:
1. die Oberleitung der Gesellschaft und die Erteilung der nötigen Weisungen;
2. die Festlegung der Organisation;
3. die Ausgestaltung des Rechnungswesens, der Finanzkontrolle sowie der Finanzplanung, sofern diese für die Führung der Gesellschaft notwendig ist;
4. die Ernennung und Abberufung der mit der Geschäftsführung und der Vertretung betrauten Personen;
5. die Oberaufsicht über die mit der Geschäftsführung betrauten Personen, namentlich im Hinblick auf die Befolgung der Gesetze, Statuten, Reglemente und Weisungen;
6. die Erstellung des Geschäftsberichtes sowie die Vorbereitung der Generalversammlung und die Ausführung ihrer Beschlüsse;
7. die Benachrichtigung des Richters im Falle der Überschuldung.

² Der Verwaltungsrat kann die Vorbereitung und die Ausführung seiner Beschlüsse oder die Überwachung von Geschäften Ausschüssen oder einzelnen Mitgliedern zuweisen. Er hat für eine angemessene Berichterstattung an seine Mitglieder zu sorgen.

Art. 716b   3. Übertragung der Geschäftsführung

¹ Die Statuten können den Verwaltungsrat ermächtigen, die Geschäftsführung nach Massgabe eines Organisationsreglementes ganz oder zum Teil an einzelne Mitglieder oder an Dritte zu übertragen.

² Dieses Reglement ordnet die Geschäftsführung, bestimmt die hierfür erforderlichen Stellen, umschreibt deren Aufgaben und regelt insbesondere die Berichterstattung. Der Verwaltungsrat orientiert Aktionäre und Gesellschaftsgläubiger, die ein schutzwürdiges Interesse glaubhaft machen, auf Anfrage hin schriftlich über die Organisation der Geschäftsführung.

³ Soweit die Geschäftsführung nicht übertragen worden ist, steht sie allen Mitgliedern des Verwaltungsrates gesamthaft zu.

Art. 717 IV. Sorgfalts- und Treuepflicht

¹ Die Mitglieder des Verwaltungsrates sowie Dritte, die mit der Geschäftsführung befasst sind, müssen ihre Aufgaben mit aller Sorgfalt erfüllen und die Interessen der Gesellschaft in guten Treuen wahren.

² Sie haben die Aktionäre unter gleichen Voraussetzungen gleich zu behandeln.

Art. 718 V. Vertretung 1. Im allgemeinen

¹ Der Verwaltungsrat vertritt die Gesellschaft nach aussen. Bestimmen die Statuten oder das Organisationsreglement nichts anderes, so steht die Vertretungsbefugnis jedem Mitglied einzeln zu.

² Der Verwaltungsrat kann die Vertretung einem oder mehreren Mitgliedern (Delegierte) oder Dritten (Direktoren) übertragen.

³ Mindestens ein Mitglied des Verwaltungsrates muss zur Vertretung befugt sein.

Art. 718a 2. Umfang und Beschränkung

¹ Die zur Vertretung befugten Personen können im Namen der Gesellschaft alle Rechtshandlungen vornehmen, die der Zweck der Gesellschaft mit sich bringen kann.

² Eine Beschränkung dieser Vertretungsbefugnis hat gegenüber gutgläubigen Dritten keine Wirkung; ausgenommen sind die im Handelsregister eingetragenen Bestimmungen über die ausschliessliche Vertretung der Hauptniederlassung oder einer Zweigniederlassung oder über die gemeinsame Vertretung der Gesellschaft.

Art. 719 3. Zeichnung

Die zur Vertretung der Gesellschaft befugten Personen haben in der Weise zu zeichnen, dass sie der Firma der Gesellschaft ihre Unterschrift beifügen.

Art. 720 4. Eintragung

Die zur Vertretung der Gesellschaft befugten Personen sind vom Verwaltungsrat zur Eintragung in das Handelsregister anzumelden, unter Vorlegung einer beglaubigten Abschrift des Beschlusses. Sie haben ihre Unterschrift beim Handelsregisteramt zu zeichnen oder die Zeichnung in beglaubigter Form einzureichen.

Art. 721 5. Prokuristen und Bevollmächtigte

Der Verwaltungsrat kann Prokuristen und andere Bevollmächtigte ernennen.

Art. 722   VI. Organhaftung

Die Gesellschaft haftet für den Schaden aus unerlaubten Handlungen, die eine zur Geschäftsführung oder zur Vertretung befugte Person in Ausübung ihrer geschäftlichen Verrichtungen begeht.

Art. 723 und 724 OR 1936 aufgehoben.

Art. 725   VII. Kapitalverlust und Überschuldung
                             1. Anzeigepflichten

[1] Zeigt die letzte Jahresbilanz, dass die Hälfte des Aktienkapitals und der gesetzlichen Reserven nicht mehr gedeckt ist, so beruft der Verwaltungsrat unverzüglich eine Generalversammlung ein und beantragt ihr Sanierungsmassnahmen.

[2] Wenn begründete Besorgnis einer Überschuldung besteht, muss eine Zwischenbilanz erstellt und diese der Revisionsstelle zur Prüfung vorgelegt werden. Ergibt sich aus der Zwischenbilanz, dass die Forderungen der Gesellschaftsgläubiger weder zu Fortführungs- noch zu Veräusserungswerten gedeckt sind, so hat der Verwaltungsrat den Richter zu benachrichtigen, sofern nicht Gesellschaftsgläubiger im Ausmass dieser Unterdeckung im Rang hinter alle anderen Gesellschaftsgläubiger zurücktreten.

Art. 725a   2. Eröffnung oder Aufschub des Konkurses

[1] Der Richter eröffnet auf die Benachrichtigung hin den Konkurs. Er kann ihn auf Antrag des Verwaltungsrates oder eines Gläubigers aufschieben, falls Aussicht auf Sanierung besteht; in diesem Falle trifft er Massnahmen zur Erhaltung des Vermögens.

[2] Der Richter kann einen Sachwalter bestellen und entweder dem Verwaltungsrat die Verfügungsbefugnis entziehen oder dessen Beschlüsse von der Zustimmung des Sachwalters abhängig machen. Er umschreibt die Aufgaben des Sachwalters.

[3] Der Konkursaufschub muss nur veröffentlicht werden, wenn dies zum Schutze Dritter erforderlich ist.

Art. 726   VIII. Abberufung und Einstellung

[1] Der Verwaltungsrat kann die von ihm bestellten Ausschüsse, Delegierten, Direktoren und andern Bevollmächtigten und Beauftragten jederzeit abberufen.

[2] Die von der Generalversammlung bestellten Bevollmächtigten und Beauftragten können vom Verwaltungsrat jederzeit in ihren Funktionen eingestellt werden, unter sofortiger Einberufung einer Generalversammlung.

[3] Entschädigungsansprüche der Abberufenen oder in ihren Funktionen Eingestellten bleiben vorbehalten.

C. Die Revisionsstelle

Art. 727 I. Wahl 1. Im allgemeinen

¹ Die Generalversammlung wählt einen oder mehrere Revisoren als Revisionsstelle. Sie kann Ersatzleute bezeichnen.
² Wenigstens ein Revisor muss in der Schweiz seinen Wohnsitz, seinen Sitz oder eine eingetragene Zweigniederlassung haben.

Art. 727a 2. Befähigung a. Im allgemeinen

Die Revisoren müssen befähigt sein, ihre Aufgabe bei der zu prüfenden Gesellschaft zu erfüllen.

Art. 727b b. Besondere Befähigung

Die Revisoren müssen besondere fachliche Voraussetzungen erfüllen, wenn
1. die Gesellschaft Anleihensobligationen ausstehend hat;
2. die Aktien der Gesellschaft an der Börse kotiert sind oder
3. zwei der nachstehenden Grössen in zwei aufeinanderfolgenden Geschäftsjahren überschritten werden:
   a. Bilanzsumme von 20 Millionen Franken;
   b. Umsatzerlös von 40 Millionen Franken;
   c. 200 Arbeitnehmer im Jahresdurchschnitt.

² Der Bundesrat umschreibt die fachlichen Anforderungen an die besonders befähigten Revisoren.

Art. 727c 3. Unabhängigkeit

¹ Die Revisoren müssen vom Verwaltungsrat und von einem Aktionär, der über die Stimmenmehrheit verfügt, unabhängig sein. Insbesondere dürfen sie weder Arbeitnehmer der zu prüfenden Gesellschaft sein noch Arbeiten für diese ausführen, die mit dem Prüfungsauftrag unvereinbar sind.
² Sie müssen auch von Gesellschaften, die dem gleichen Konzern angehören, unabhängig sein, sofern ein Aktionär oder ein Gläubiger dies verlangt.

Art. 727d 4. Wahl einer Handelsgesellschaft oder Genossenschaft

¹ In die Revisionsstelle können auch Handelsgesellschaften oder Genossenschaften gewählt werden.
² Die Handelsgesellschaft oder die Genossenschaft sorgt dafür, dass Personen die Prüfung leiten, welche die Anforderungen an die Befähigung erfüllen.

³ Das Erfordernis der Unabhängigkeit gilt sowohl für die Handelsgesellschaft oder die Genossenschaft als auch für alle Personen, welche die Prüfung durchführen.

Art. 727e   II. Amtsdauer, Rücktritt, Abberufung und Löschung im Handelsregister

¹ Die Amtsdauer beträgt höchstens drei Jahre; sie endet mit der Generalversammlung, welcher der letzte Bericht zu erstatten ist. Wiederwahl ist möglich.

² Tritt ein Revisor zurück, so gibt er dem Verwaltungsrat die Gründe an; dieser teilt sie der nächsten Generalversammlung mit.

³ Die Generalversammlung kann einen Revisor jederzeit abberufen. Ausserdem kann ein Aktionär oder ein Gläubiger durch Klage gegen die Gesellschaft die Abberufung eines Revisors verlangen, der die Voraussetzungen für das Amt nicht erfüllt.

⁴ Der Verwaltungsrat meldet die Beendigung des Amtes ohne Verzug beim Handelsregister an. Erfolgt diese Anmeldung nicht innert 30 Tagen, so kann der Ausgeschiedene die Löschung selbst anmelden.

Art. 727f   III. Einsetzung durch den Richter

¹ Erhält der Handelsregisterführer davon Kenntnis, dass der Gesellschaft die Revisionsstelle fehlt, so setzt er ihr eine Frist zur Wiederherstellung des gesetzmässigen Zustandes.

² Nach unbenütztem Ablauf der Frist ernennt der Richter auf Antrag des Handelsregisterführers die Revisionsstelle für ein Geschäftsjahr. Er bestimmt den Revisor nach seinem Ermessen.

³ Tritt dieser zurück, so teilt er es dem Richter mit.

⁴ Liegen wichtige Gründe vor, so kann die Gesellschaft vom Richter die Abberufung des von ihm ernannten Revisors verlangen.

Art. 728   IV. Aufgaben   1. Prüfung

¹ Die Revisionsstelle prüft, ob die Buchführung und die Jahresrechnung sowie der Antrag über die Verwendung des Bilanzgewinnes Gesetz und Statuten entsprechen.

² Der Verwaltungsrat übergibt der Revisionsstelle alle erforderlichen Unterlagen und erteilt ihr die benötigten Auskünfte, auf Verlangen auch schriftlich.

Art. 729   2. Berichterstattung

¹ Die Revisionsstelle berichtet der Generalversammlung schriftlich über das Ergebnis ihrer Prüfung. Sie empfiehlt Abnahme, mit oder ohne Einschränkung, oder Rückweisung der Jahresrechnung.

² Der Bericht nennt die Personen, welche die Revision geleitet haben, und bestätigt, dass die Anforderungen an Befähigung und Unabhängigkeit erfüllt sind.

Art. 729a 3. Erläuterungsbericht

Bei Gesellschaften, die von besonders befähigten Revisoren geprüft werden müssen, erstellt die Revisionsstelle zuhanden des Verwaltungsrates einen Bericht, worin sie die Durchführung und das Ergebnis ihrer Prüfung erläutert.

Art. 729b 4. Anzeigepflichten

[1] Stellt die Revisionsstelle bei der Durchführung ihrer Prüfung Verstösse gegen Gesetz oder Statuten fest, so meldet sie dies schriftlich dem Verwaltungsrat, in wichtigen Fällen auch der Generalversammlung.

[2] Bei offensichtlicher Überschuldung benachrichtigt die Revisionsstelle den Richter, wenn der Verwaltungsrat die Anzeige unterlässt.

Art. 729c 5. Voraussetzungen für die Beschlussfassung der Generalversammlung

[1] Die Generalversammlung darf die Jahresrechnung nur dann abnehmen und über die Verwendung des Bilanzgewinnes beschliessen, wenn ein Revisionsbericht vorliegt und ein Revisor anwesend ist.

[2] Liegt kein Revisionsbericht vor, so sind diese Beschlüsse nichtig; ist kein Revisor anwesend, so sind sie anfechtbar.

[3] Auf die Anwesenheit eines Revisors kann die Generalversammlung durch einstimmigen Beschluss verzichten.

Art. 730 6. Wahrung der Geschäftsgeheimnisse; Verschwiegenheit

[1] Die Revisoren wahren bei der Berichterstattung und Auskunftserteilung die Geschäftsgeheimnisse der Gesellschaft.

[2] Den Revisoren ist untersagt, von den Wahrnehmungen, die sie bei der Ausführung ihres Auftrages gemacht haben, einzelnen Aktionären oder Dritten Kenntnis zu geben. Vorbehalten bleibt die Auskunftspflicht gegenüber einem Sonderprüfer.

Art. 731 V. Besondere Bestimmungen

[1] Die Statuten und die Generalversammlung können die Organisation der Revisionsstelle eingehender regeln und deren Aufgaben erweitern. Sie dürfen jedoch der Revisionsstelle weder Aufgaben des Verwaltungsrates zuteilen, noch solche, die ihre Unabhängigkeit beeinträchtigen.

[2] Die Generalversammlung kann zur Prüfung der Geschäftsführung oder einzelner ihrer Teile Sachverständige ernennen.

Art. 731a VI. Prüfung der Konzernrechnung

¹ Hat die Gesellschaft eine Konzernrechnung zu erstellen, so prüft ein besonders befähigter Revisor, ob die Rechnung mit dem Gesetz und den Konsolidierungsregeln übereinstimmt.
² Für den Konzernprüfer gelten die Bestimmungen über die Unabhängigkeit und die Aufgaben der Revisionsstelle sinngemäss, ausgenommen die Vorschrift über die Anzeigepflicht im Falle offensichtlicher Überschuldung.

Vierter Abschnitt: Herabsetzung des Aktienkapitals

Art. 732 A. Herabsetzungsbeschluss

¹ Beabsichtigt eine Aktiengesellschaft, ihr Aktienkapital herabzusetzen, ohne es gleichzeitig bis zur bisherigen Höhe durch neues, voll einzubezahlendes Kapital zu ersetzen, so hat die Generalversammlung eine entsprechende Änderung der Statuten zu beschliessen.
² Dieser Beschluss darf nur gefasst werden, wenn durch einen besonderen Revisionsbericht festgestellt ist, dass die Forderungen der Gläubiger trotz der Herabsetzung des Aktienkapitals voll gedeckt sind. Der Revisionsbericht muss von einem besonders befähigten Revisor erstattet werden. Dieser muss an der Generalversammlung, die den Beschluss fasst, anwesend sein.
³ Im Beschluss ist das Ergebnis des Revisionsberichtes festzustellen und anzugeben, in welcher Art und Weise die Kapitalherabsetzung durchgeführt werden soll.
⁴ Ein aus der Kapitalherabsetzung allfällig sich ergebender Buchgewinn ist ausschliesslich zu Abschreibungen zu verwenden.
⁵ In keinem Fall darf das Aktienkapital unter 100 000 Franken herabgesetzt werden.

Art. 733 B. Aufforderung an die Gläubiger

Hat die Generalversammlung die Herabsetzung des Aktienkapitals beschlossen, so veröffentlicht der Verwaltungsrat den Beschluss dreimal im Schweizerischen Handelsamtsblatt und überdies in der in den Statuten vorgesehenen Form und gibt den Gläubigern bekannt, dass sie binnen zwei Monaten, von der dritten Bekanntmachung im Schweizerischen Handelsamtsblatt an gerechnet, unter Anmeldung ihrer Forderungen Befriedigung oder Sicherstellung verlangen können.

Art. 734 C. Durchführung der Herabsetzung

Die Herabsetzung des Aktienkapitals darf erst nach Ablauf der den Gläubigern gesetzten Frist und nach Befriedigung oder Sicherstellung der angemeldeten Gläubiger durchgeführt und erst in das Handelsregister eingetragen werden, wenn durch öffentliche Urkunde festgestellt ist, dass die Vorschriften dieses Abschnittes erfüllt sind. Der Urkunde ist der besondere Revisionsbericht beizulegen.

Art. 735 D. Herabsetzung im Fall einer Unterbilanz

Die Aufforderung an die Gläubiger und ihre Befriedigung oder Sicherstellung können unterbleiben, wenn das Aktienkapital zum Zwecke der Beseitigung einer durch Verluste entstandenen Unterbilanz in einem diese letztere nicht übersteigenden Betrage herabgesetzt wird.

Fünfter Abschnitt: Auflösung der Aktiengesellschaft

Art. 736 A. Auflösung im allgemeinen I. Gründe

Die Gesellschaft wird aufgelöst:
1. nach Massgabe der Statuten;
2. durch einen Beschluss der Generalversammlung, über den eine öffentliche Urkunde zu errichten ist;
3. durch die Eröffnung des Konkurses;
4. durch Urteil des Richters, wenn Aktionäre, die zusammen mindestens zehn Prozent des Aktienkapitals vertreten, aus wichtigen Gründen die Auflösung verlangen. Statt derselben kann der Richter auf eine andere sachgemässe und den Beteiligten zumutbare Lösung erkennen;
5. in den übrigen vom Gesetze vorgesehenen Fällen.

Art. 737 II. Anmeldung beim Handelsregister

Erfolgt die Auflösung der Gesellschaft nicht durch Konkurs oder richterliches Urteil, so ist sie vom Verwaltungsrat zur Eintragung in das Handelsregister anzumelden.

Art. 738   III. Folgen

Die aufgelöste Gesellschaft tritt in Liquidation, unter Vorbehalt der Fälle der Fusion, der Übernahme durch eine Körperschaft des öffentlichen Rechts und der Umwandlung in eine Gesellschaft mit beschränkter Haftung.

Art. 739   B. Auflösung mit Liquidation
I. Zustand der Liquidation. Befugnisse

[1] Tritt die Gesellschaft in Liquidation, so behält sie die juristische Persönlichkeit und führt ihre bisherige Firma, jedoch mit dem Zusatz «in Liquidation», bis die Auseinandersetzung auch mit den Aktionären durchgeführt ist.

[2] Die Befugnisse der Organe der Gesellschaft werden mit dem Eintritt der Liquidation auf die Handlungen beschränkt, die für die Durchführung der Liquidation erforderlich sind, ihrer Natur nach jedoch nicht von den Liquidatoren vorgenommen werden können.

Art. 740   II. Bestellung und Abberufung der Liquidatoren
1. Bestellung

[1] Die Liquidation wird durch den Verwaltungsrat besorgt, sofern sie nicht in den Statuten oder durch einen Beschluss der Generalversammlung anderen Personen übertragen wird.

[2] Die Liquidatoren sind vom Verwaltungsrat zur Eintragung in das Handelsregister anzumelden, auch wenn die Liquidation vom Verwaltungsrat besorgt wird.

[3] Wenigstens einer der Liquidatoren muss in der Schweiz wohnhaft und zur Vertretung berechtigt sein. Ist kein zur Vertretung berechtigter Liquidator in der Schweiz wohnhaft, so ernennt der Richter auf Antrag eines Aktionärs oder eines Gläubigers einen Liquidator, der dieses Erfordernis erfüllt.

[4] Wird die Gesellschaft durch richterliches Urteil aufgelöst, so bestimmt der Richter die Liquidatoren.

[5] Im Falle des Konkurses besorgt die Konkursverwaltung die Liquidation nach den Vorschriften des Konkursrechtes. Die Organe der Gesellschaft behalten die Vertretungsbefugnis nur, soweit eine Vertretung durch sie noch notwendig ist.

Art. 741   2. Abberufung

[1] Die Generalversammlung kann die von ihr ernannten Liquidatoren jederzeit abberufen.

[2] Auf Antrag eines Aktionärs kann der Richter, sofern wichtige Gründe vorliegen, Liquidatoren abberufen und nötigenfalls andere ernennen.

Art. 742 III. Liquidationstätigkeit
              1. Bilanz. Schuldenruf

¹ Die Liquidatoren haben bei der Übernahme ihres Amtes eine Bilanz aufzustellen.

² Die aus den Geschäftsbüchern ersichtlichen oder in anderer Weise bekannten Gläubiger sind durch besondere Mitteilung, unbekannte Gläubiger und solche mit unbekanntem Wohnort durch öffentliche Bekanntmachung im Schweizerischen Handelsamtsblatt und überdies in der von den Statuten vorgeschriebenen Form von der Auflösung der Gesellschaft in Kenntnis zu setzen und zur Anmeldung ihrer Ansprüche aufzufordern.

Art. 743 2. Übrige Aufgaben

¹ Die Liquidatoren haben die laufenden Geschäfte zu beendigen, noch ausstehende Aktienbeträge nötigenfalls einzuziehen, die Aktiven zu verwerten und die Verpflichtungen der Gesellschaft, sofern die Bilanz und der Schuldenruf keine Überschuldung ergeben, zu erfüllen.

² Sie haben, sobald sie eine Überschuldung feststellen, den Richter zu benachrichtigen; dieser hat die Eröffnung des Konkurses auszusprechen.

³ Sie haben die Gesellschaft in den zur Liquidation gehörenden Rechtsgeschäften zu vertreten, können für sie Prozesse führen, Vergleiche und Schiedsverträge abschliessen und, soweit erforderlich, auch neue Geschäfte eingehen.

⁴ Sie dürfen Aktiven auch freihändig verkaufen, wenn die Generalversammlung nichts anderes angeordnet hat.

⁵ Sie haben bei länger andauernder Liquidation jährliche Zwischenbilanzen aufzustellen.

⁶ Die Gesellschaft haftet für den Schaden aus unerlaubten Handlungen, die ein Liquidator in Ausübung seiner geschäftlichen Verrichtungen begeht.

Art. 744 3. Gläubigerschutz

¹ Haben bekannte Gläubiger die Anmeldung unterlassen, so ist der Betrag ihrer Forderungen gerichtlich zu hinterlegen.

² Ebenso ist für die nicht fälligen und die streitigen Verbindlichkeiten der Gesellschaft ein entsprechender Betrag zu hinterlegen, sofern nicht den Gläubigern eine gleichwertige Sicherheit bestellt oder die Verteilung des Gesellschaftsvermögens bis zur Erfüllung dieser Verbindlichkeiten ausgesetzt wird.

Art. 745 4. Verteilung des Vermögens

¹ Das Vermögen der aufgelösten Gesellschaft wird nach Tilgung ihrer Schulden, soweit die Statuten nichts anderes bestimmen, unter die Aktionäre nach Massgabe der einbezahlten Beträge und unter Berücksichtigung der Vorrechte einzelner Aktienkategorien verteilt.

² Die Verteilung darf frühestens nach Ablauf eines Jahres vollzogen werden, von dem Tage an gerechnet, an dem der Schuldenruf zum drittenmal ergangen ist.

³ Eine Verteilung darf bereits nach Ablauf von drei Monaten erfolgen, wenn ein besonders befähigter Revisor bestätigt, dass die Schulden getilgt sind und nach den Umständen angenommen werden kann, dass keine Interessen Dritter gefährdet werden.

Art. 746   IV. Löschung im Handelsregister

Nach Beendigung der Liquidation ist das Erlöschen der Firma von den Liquidatoren beim Handelsregisteramt anzumelden.

Art. 747   V. Aufbewahrung der Geschäftsbücher

Die Geschäftsbücher der aufgelösten Gesellschaft sind während zehn Jahren an einem sicheren Ort aufzubewahren, der von den Liquidatoren, und wenn sie sich nicht einigen, vom Handelsregisteramt zu bezeichnen ist.

Art. 748   C. Auflösung ohne Liquidation
I. Fusion
1. Übernahme einer Aktiengesellschaft durch eine andere

Wird eine Aktiengesellschaft in der Weise aufgelöst, dass sie mit Aktiven und Passiven von einer anderen Aktiengesellschaft übernommen wird, so kommen folgende Bestimmungen zur Anwendung:
1. Für die Gläubiger der aufgelösten Gesellschaft hat der Verwaltungsrat der übernehmenden Gesellschaft nach den für die Liquidation geltenden Vorschriften einen Schuldenruf zu erlassen.
2. Das Vermögen der aufgelösten Gesellschaft ist so lange getrennt zu verwalten, bis ihre Gläubiger befriedigt oder sichergestellt sind. Die Verwaltung ist von der übernehmenden Gesellschaft zu führen.
3. Die Mitglieder des Verwaltungsrates der übernehmenden Gesellschaft sind den Gläubigern persönlich und solidarisch dafür verantwortlich, dass die Verwaltung getrennt geführt wird.
4. Für die Dauer der getrennten Vermögensverwaltung bleibt der bisherige Gerichtsstand der Gesellschaft bestehen.
5. Für die gleiche Zeit gilt im Verhältnis der Gläubiger der aufgelösten Gesellschaft zu der übernehmenden Gesellschaft und deren Gläubigern das übernommene Vermögen als Vermögen der aufgelösten Gesellschaft. Im Konkurse der übernehmenden Gesellschaft bildet dieses Vermögen eine besondere Masse und ist, soweit nötig, ausschliesslich zur Befriedigung der Gläubiger der aufgelösten Gesellschaft zu verwenden.
6. Die Vereinigung des Vermögens der beiden Gesellschaften ist erst in dem Zeitpunkte zulässig, in dem das Vermögen einer aufgelösten Gesellschaft unter die Aktionäre verteilt werden darf.
7. Die Auflösung der Gesellschaft ist zur Eintragung in das Handelsregister anzumelden; nach Befriedigung oder Sicherstellung ihrer Gläubiger ist die Löschung zu veranlassen.
8. Nach Eintragung der Auflösung werden die zur Abfindung bestimmten Aktien der übernehmenden Gesellschaft den Aktionären der aufgelösten Gesellschaft nach Massgabe des Fusionsvertrages ausgehändigt.

Art. 749 2. Vereinigung mehrerer Aktiengesellschaften

¹ Mehrere Aktiengesellschaften können durch eine neu zu gründende Aktiengesellschaft in der Weise übernommen werden, dass das Vermögen der bisherigen Gesellschaften ohne Liquidation in das Vermögen der neu zu gründenden Gesellschaft übergeht.

² Auf eine solche Fusion kommen die Vorschriften über die Gründung der Aktiengesellschaft sowie diejenigen betreffend die Übernahme einer Aktiengesellschaft durch eine andere zur Anwendung.

³ Überdies gelten folgende Bestimmungen:
   1. In öffentlicher Urkunde haben die Gesellschaften den Fusionsvertrag abzuschliessen, die Statuten der neuen Gesellschaft festzusetzen, die Übernahme sämtlicher Aktien und die Einbringung des Vermögens der bisherigen Gesellschaften zu bestätigen und die notwendigen Organe der neuen Gesellschaft zu ernennen.
   2. Der Fusionsvertrag ist von der Generalversammlung einer jeden der bisherigen Gesellschaften zu genehmigen.
   3. Auf Grund der Genehmigungsbeschlüsse wird in öffentlicher Urkunde die neue Gesellschaft als gegründet erklärt und in das Handelsregister eingetragen.
   4. Hierauf werden die Aktien der neuen Gesellschaft nach Massgabe des Fusionsvertrages gegen Ablieferung der alten Aktien ausgehändigt.

Art. 750 3. Übernahme durch eine Kommanditaktiengesellschaft

¹ Wird eine Aktiengesellschaft in der Weise aufgelöst, dass sie mit den Aktiven und Passiven von einer Kommanditaktiengesellschaft übernommen wird, so haften die Mitglieder des Verwaltungsrates der Kommanditaktiengesellschaft persönlich und solidarisch für die Verpflichtungen der aufgelösten Aktiengesellschaft.

² Im übrigen finden die Vorschriften betreffend die Übernahme durch eine andere Aktiengesellschaft entsprechende Anwendung.

Art. 751 II. Übernahme durch eine Körperschaft des öffentlichen Rechts

¹ Wird das Vermögen einer Aktiengesellschaft vom Bunde, von einem Kanton oder unter Garantie des Kantons von einem Bezirk oder von einer Gemeinde übernommen, so kann mit Zustimmung der Generalversammlung vereinbart werden, dass die Liquidation unterbleiben soll.

² Der Beschluss der Generalversammlung ist nach den Vorschriften über die Auflösung zu fassen und beim Handelsregisteramt anzumelden.

³ Mit der Eintragung dieses Beschlusses ist der Übergang des Vermögens der Gesellschaft mit Einschluss der Schulden vollzogen, und es ist die Firma der Gesellschaft zu löschen.

Sechster Abschnitt: Verantwortlichkeit

Art. 752 A. Haftung I. Für den Emissionsprospekt

Sind bei der Gründung einer Gesellschaft oder bei der Ausgabe von Aktien, Obligationen oder anderen Titeln in Emissionsprospekten oder ähnlichen Mitteilungen unrichtige, irreführende oder den gesetzlichen Anforderungen nicht entsprechende Angaben gemacht oder verbreitet worden, so haftet jeder, der absichtlich oder fahrlässig dabei mitgewirkt hat, den Erwerbern der Titel für den dadurch verursachten Schaden.

Art. 753 II. Gründungshaftung

Gründer, Mitglieder des Verwaltungsrates und alle Personen, die bei der Gründung mitwirken, werden sowohl der Gesellschaft als den einzelnen Aktionären und Gesellschaftsgläubigern für den Schaden verantwortlich, wenn sie

1. absichtlich oder fahrlässig Sacheinlagen, Sachübernahmen oder die Gewährung besonderer Vorteile zugunsten von Aktionären oder anderen Personen in den Statuten, einem Gründungsbericht oder einem Kapitalerhöhungsbericht unrichtig oder irreführend angeben, verschweigen oder verschleiern, oder bei der Genehmigung einer solchen Massnahme in anderer Weise dem Gesetz zuwiderhandeln;
2. absichtlich oder fahrlässig die Eintragung der Gesellschaft in das Handelsregister aufgrund einer Bescheinigung oder Urkunde veranlassen, die unrichtige Angaben enthält;
3. wissentlich dazu beitragen, dass Zeichnungen zahlungsunfähiger Personen angenommen werden.

Art. 754 III. Haftung für Verwaltung, Geschäftsführung und Liquidation

[1] Die Mitglieder des Verwaltungsrates und alle mit der Geschäftsführung oder mit der Liquidation befassten Personen sind sowohl der Gesellschaft als den einzelnen Aktionären und Gesellschaftsgläubigern für den Schaden verantwortlich, den sie durch absichtliche oder fahrlässige Verletzung ihrer Pflichten verursachen.

[2] Wer die Erfüllung einer Aufgabe befugterweise einem anderen Organ überträgt, haftet für den von diesem verursachten Schaden, sofern er nicht nachweist, dass er bei der Auswahl, Unterrichtung und Überwachung die nach den Umständen gebotene Sorgfalt angewendet hat.

Art. 755 IV. Revisionshaftung

Alle mit der Prüfung der Jahres- und Konzernrechnung, der Gründung, der Kapitalerhöhung oder Kapitalherabsetzung befassten Personen sind sowohl der Gesellschaft als auch den einzelnen Aktionären und Gesellschaftsgläubigern für den Schaden verantwortlich, den sie durch absichtliche oder fahrlässige Verletzung ihrer Pflichten verursachen.

Art. 756 B. Schaden der Gesellschaft
I. Ansprüche ausser Konkurs

[1] Neben der Gesellschaft sind auch die einzelnen Aktionäre berechtigt, den der Gesellschaft verursachten Schaden einzuklagen. Der Anspruch des Aktionärs geht auf Leistung an die Gesellschaft.

[2] Hatte der Aktionär aufgrund der Sach- und Rechtslage begründeten Anlass zur Klage, so verteilt der Richter die Kosten, soweit sie nicht vom Beklagten zu tragen sind, nach seinem Ermessen auf den Kläger und die Gesellschaft.

Art. 757 II. Ansprüche im Konkurs

[1] Im Konkurs der geschädigten Gesellschaft sind auch die Gesellschaftsgläubiger berechtigt, Ersatz des Schadens an die Gesellschaft zu verlangen. Zunächst steht es jedoch der Konkursverwaltung zu, die Ansprüche von Aktionären und Gesellschaftsgläubigern geltend zu machen.

[2] Verzichtet die Konkursverwaltung auf die Geltendmachung dieser Ansprüche, so ist hierzu jeder Aktionär oder Gläubiger berechtigt. Das Ergebnis wird vorab zur Deckung der Forderungen der klagenden Gläubiger gemäss den Bestimmungen des Bundesgesetzes über Schuldbetreibung und Konkurs verwendet. Am Überschuss nehmen die klagenden Aktionäre im Ausmass ihrer Beteiligung an der Gesellschaft teil; der Rest fällt in die Konkursmasse.

[3] Vorbehalten bleibt die Abtretung von Ansprüchen der Gesellschaft gemäss Artikel 260 des Bundesgesetzes über Schuldbetreibung und Konkurs.

Art. 758 III. Wirkung des Entlastungsbeschlusses

[1] Der Entlastungsbeschluss der Generalversammlung wirkt nur für bekanntgegebene Tatsachen und nur gegenüber der Gesellschaft sowie gegenüber den Aktionären, die dem Beschluss zugestimmt oder die Aktien seither in Kenntnis des Beschlusses erworben haben.

[2] Das Klagerecht der übrigen Aktionäre erlischt sechs Monate nach dem Entlastungsbeschluss.

Art. 759 C. Solidarität und Rückgriff

[1] Sind für einen Schaden mehrere Personen ersatzpflichtig, so ist jede von ihnen insoweit mit den anderen solidarisch haftbar, als ihr der Schaden aufgrund ihres eigenen Verschuldens und der Umstände persönlich zurechenbar ist.

² Der Kläger kann mehrere Beteiligte gemeinsam für den Gesamtschaden einklagen und verlangen, dass der Richter im gleichen Verfahren die Ersatzpflicht jedes einzelnen Beklagten festsetzt.

³ Der Rückgriff unter mehreren Beteiligten wird vom Richter in Würdigung aller Umstände bestimmt.

Art. 760   D. Verjährung

¹ Der Anspruch auf Schadenersatz gegen die nach den vorstehenden Bestimmungen verantwortlichen Personen verjährt in fünf Jahren von dem Tage an, an dem der Geschädigte Kenntnis vom Schaden und von der Person des Ersatzpflichtigen erlangt hat, jedenfalls aber mit dem Ablaufe von zehn Jahren, vom Tage der schädigenden Handlung an gerechnet.

² Wird die Klage aus einer strafbaren Handlung hergeleitet, für die das Strafrecht eine längere Verjährung vorschreibt, so gilt diese auch für den Zivilanspruch.

Art. 761   E. Gerichtsstand

Die Klage kann gegen alle verantwortlichen Personen beim Richter am Sitz der Gesellschaft angebracht werden.

Siebenter Abschnitt: Beteiligung von Körperschaften des öffentlichen Rechts

Art. 762

¹ Haben Körperschaften des öffentlichen Rechts wie Bund, Kanton, Bezirk oder Gemeinde ein öffentliches Interesse an einer Aktiengesellschaft, so kann der Körperschaft in den Statuten der Gesellschaft das Recht eingeräumt werden, Vertreter in den Verwaltungsrat oder in die Revisionsstelle abzuordnen, auch wenn sie nicht Aktionärin ist.

² Bei solchen Gesellschaften sowie bei gemischtwirtschaftlichen Unternehmungen, an denen eine Körperschaft des öffentlichen Rechts als Aktionär beteiligt ist, steht das Recht zur Abberufung der von ihr abgeordneten Mitglieder des Verwaltungsrates und der Revisionsstelle nur ihr selbst zu.

³ Die von einer Körperschaft des öffentlichen Rechts abgeordneten Mitglieder des Verwaltungsrates und der Revisionsstelle haben die gleichen Rechte und Pflichten wie die von der Generalversammlung gewählten.

⁴ Für die von einer Körperschaft des öffentlichen Rechts abgeordneten Mitglieder haftet die Körperschaft der Gesellschaft, den Aktionären und den Gläubigern gegenüber, unter Vorbehalt des Rückgriffs nach dem Recht des Bundes und der Kantone.

Achter Abschnitt: Ausschluss der Anwendung des Gesetzes auf öffentlich-rechtliche Anstalten

Art. 763

[1] Auf Gesellschaften und Anstalten, wie Banken, Versicherungs- oder Elektrizitätsunternehmen, die durch besondere kantonale Gesetze gegründet worden sind und unter Mitwirkung öffentlicher Behörden verwaltet werden, kommen, sofern der Kanton die subsidiäre Haftung für deren Verbindlichkeiten übernimmt, die Bestimmungen über die Aktiengesellschaft auch dann nicht zur Anwendung, wenn das Kapital ganz oder teilweise in Aktien zerlegt ist und unter Beteiligung von Privatpersonen aufgebracht wird.

[2] Auf Gesellschaften und Anstalten, die vor dem 1. Januar 1883 durch besondere kantonale Gesetze gegründet worden sind und unter Mitwirkung öffentlicher Behörden verwaltet werden, finden die Bestimmungen über die Aktiengesellschaft auch dann keine Anwendung, wenn der Kanton die subsidiäre Haftung für die Verbindlichkeiten nicht übernimmt.

Art. 945 Abs. 2 OR 1936 aufgehoben.

Ersatz von Ausdrücken: in den Text eingearbeitet.

Schlussbestimmungen des Bundesgesetzes über die Revision des Aktienrechts

Art. 1 A. Schlusstitel des Zivilgesetzbuches

Der Schlusstitel des Zivilgesetzbuches gilt auch für dieses Gesetz.

Art. 2 B. Anpassung an das neue Recht
I. Im allgemeinen

[1] Aktiengesellschaften und Kommanditaktiengesellschaften, die im Zeitpunkt des Inkrafttretens dieses Gesetzes im Handelsregister eingetragen sind, jedoch den neuen gesetzlichen Vorschriften nicht entsprechen, müssen innert fünf Jahren ihre Statuten den neuen Bestimmungen anpassen.

² Gesellschaften, die ihre Statuten trotz öffentlicher Aufforderung durch mehrfache Publikation im Schweizerischen Handelsamtsblatt und in den kantonalen Amtsblättern nicht innert fünf Jahren den Bestimmungen über das Mindestkapital, die Mindesteinlage und die Partizipations- und Genussscheine anpassen, werden auf Antrag des Handelsregisterführers vom Richter aufgelöst. Der Richter kann eine Nachfrist von höchstens sechs Monaten ansetzen. Gesellschaften, die vor dem 1. Januar 1985 gegründet wurden, sind von der Anpassung ihrer Statutenbestimmung über das Mindestkapital ausgenommen. Gesellschaften, deren Partizipationskapital am 1. Januar 1985 das Doppelte des Aktienkapitals überstieg, sind von dessen Anpassung an die gesetzliche Begrenzung ausgenommen.

³ Andere statutarische Bestimmungen, die mit dem neuen Recht unvereinbar sind, bleiben bis zur Anpassung, längstens aber noch fünf Jahre, in Kraft.

Art. 3 II. Einzelne Bestimmungen
1. Partizipations- und Genussscheine

¹ Die Artikel 656a, 656b Absätze 2 und 3, 656c und 656d sowie 656g gelten für bestehende Gesellschaften mit dem Inkrafttreten dieses Gesetzes, auch wenn ihnen die Statuten oder Ausgabebedingungen widersprechen. Sie gelten für Titel, die als Partizipationsscheine oder Genussscheine bezeichnet sind, einen Nennwert haben und in den Passiven der Bilanz ausgewiesen sind.

² Die Gesellschaften müssen für die in Absatz 1 genannten Titel innert fünf Jahren die Ausgabebedingungen in den Statuten niederlegen und Artikel 656f anpassen, die erforderlichen Eintragungen in das Handelsregister veranlassen und die Titel, die sich im Umlauf befinden und nicht als Partizipationsscheine bezeichnet sind, mit dieser Bezeichnung versehen.

³ Für andere als in Absatz 1 genannte Titel gelten die neuen Vorschriften über die Genussscheine, auch wenn sie als Partizipationsscheine bezeichnet sind. Innert fünf Jahren müssen sie nach dem neuen Recht bezeichnet werden und dürfen keinen Nennwert mehr angeben. Die Statuten sind entsprechend abzuändern. Vorbehalten bleibt die Umwandlung in Partizipationsscheine.

Art. 4 2. Ablehnung von Namenaktionären

In Ergänzung zu Art. 685d Abs. 1 kann die Gesellschaft, aufgrund statutarischer Bestimmung, Personen als Erwerber börsenkotierter Namenaktien ablehnen, soweit und solange deren Anerkennung die Gesellschaft daran hindern könnte, durch Bundesgesetze geforderte Nachweise über die Zusammensetzung des Kreises der Aktionäre zu erbringen.

Art. 5 3. Stimmrechtsaktien

Gesellschaften, die in Anwendung von Artikel 10 der Schluss- und Übergangsbestimmungen des Bundesgesetzes vom 18. Dezember 1936 über die Revision der Titel 24–33 des Obligationenrechtes Stimmrechtsaktien mit einem Nennwert von unter zehn Franken beibehalten haben, sowie Gesellschaften, bei denen der Nennwert der grösseren Aktien mehr als das Zehnfache des Nennwertes der kleineren Aktien beträgt, müssen ihre Statuten dem Artikel 693 Absatz 2 zweiter Satz nicht anpassen. Sie dürfen jedoch keine neuen Aktien mehr ausgeben, deren Nennwert mehr als das Zehnfache des Nennwertes der kleineren Aktien oder weniger als zehn Prozent des Nennwertes der grösseren Aktien beträgt.

Art. 6   4. Qualifizierte Mehrheiten

Hat eine Gesellschaft durch blosse Wiedergabe von Bestimmungen des bisherigen Rechts für bestimmte Beschlüsse Vorschriften über qualifizierte Mehrheiten in die Statuten übernommen, so kann binnen eines Jahres seit dem Inkrafttreten dieses Gesetzes mit absoluter Mehrheit aller an einer Generalversammlung vertretenen Aktienstimmen die Anpassung an das neue Recht beschlossen werden.

Art. 7   C. Änderung von Bundesgesetzen

Es werden geändert:

1. Bundesgesetz vom 27. Juni 1973[1)] über die Stempelabgaben

Art. 1 Abs. 1 Bst. a und b

¹ Der Bund erhebt Stempelabgaben:
  a. auf der Ausgabe inländischer Aktien, Anteilscheine von Gesellschaften mit beschränkter Haftung und Genossenschaften, Partizipationsscheine, Genussscheine sowie Anteilscheine von Anlagefonds;
  b. auf dem Umsatz inländischer und ausländischer Obligationen, Aktien, Anteilscheine von Gesellschaften mit beschränkter Haftung und Genossenschaften, Partizipationsscheine, Genussscheine, Anteilscheine von Anlagefonds sowie der ihnen durch dieses Gesetz gleichgestellten Urkunden;

Art. 5 Abs. 1 Bst. a fünfter Strich (neu) und Abs. 2 Bst. b

¹ Gegenstand der Abgabe sind:
  a. die entgeltliche oder unentgeltliche Begründung und Erhöhung des Nennwertes von Beteiligungsrechten in Form von:

...

  – Partizipationsscheinen inländischer Gesellschaften, Genossenschaften oder gewerblicher Unternehmen des öffentlichen Rechts;

² Der Begründung von Beteiligungsrechten im Sinne von Absatz 1 Buchstabe a sind gleichgestellt:
  b. Der Handwechsel der Mehrheit der Aktien, Stammeinlagen oder Genossenschaftsanteile an einer inländischen Gesellschaft oder Genossenschaft, die wirtschaftlich liquidiert oder in liquide Form gebracht worden ist;

Art. 6 Abs. 1 Bst. g

¹ Von der Abgabe sind ausgenommen:
  g. die Beteiligungsrechte, die unter Verwendung eines Partizipationskapitals begründet oder erhöht werden, sofern die Gesellschaft oder Genossenschaft nachweist, dass sie auf diesem Partizipationskapital die Abgabe entrichtet hat.

Art. 7 Abs. 1 Bst. a und a^{bis}

¹ Die Abgabeforderung entsteht:
  a. bei Aktien, Partizipationsscheinen und bei Stammeinlagen von Gesellschaften mit beschränkter Haftung: im Zeitpunkt der Eintragung der Begründung oder Erhöhung der Beteiligungsrechte im Handelsregister;

a^bis. bei Beteiligungsrechten, die im Verfahren der bedingten Kapitalerhöhung begründet werden: im Zeitpunkt ihrer Ausgabe;

Art. 9 Abs. 1 Bst. c und d

¹ Die Abgabe beträgt:

    c. bei der Verlegung des Sitzes einer ausländischen Aktiengesellschaft in die Schweiz ohne Neugründung: 1,5 Prozent des Reinvermögens, das sich im Zeitpunkt der Sitzverlegung in der Gesellschaft befindet, mindestens aber vom Nennwert der bestehenden Aktien und Partizipationsscheine;

    d. auf unentgeltlich ausgegebenen Genussscheinen: 3 Franken je Genussschein.

Art. 11 Bst. b

Die Abgabe wird fällig:

    b. auf Beteiligungsrechten und Anteilen an Anlagefonds, die laufend ausgegeben werden: 30 Tage nach Ablauf des Vierteljahres, in dem die Abgabeforderung entstanden ist (Art. 7);

Art. 13 Abs. 2 Bst. a zweiter Strich

² Steuerbare Urkunden sind:

    a. die von einem Inländer ausgegebenen

    ...

    – Aktien, Anteilscheine von Gesellschaften mit beschränkter Haftung und Genossenschaften, Partizipationsscheine, Genussscheine.

Art. 14 Abs. 1 Bst. a und b

¹ Von der Abgabe sind ausgenommen:

    a. die Ausgabe inländischer Aktien, Anteilscheine von Gesellschaften mit beschränkter Haftung und Genossenschaften, Partizipationsscheine, Genussscheine sowie Anteilscheine von Anlagefonds, einschliesslich der Festübernahme durch eine Bank oder Beteiligungsgesellschaft und der Zuteilung bei einer nachfolgenden Emission;

    b. die Sacheinlage von Urkunden zur Liberierung inländischer Aktien, Stammeinlagen von Gesellschaften mit beschränkter Haftung, Genossenschaftsanteile, Partizipationsscheine und Anteile an einem Anlagefonds;

2. Bundesgesetz vom 13. Oktober 1965 über die Verrechnungssteuer

Art. 4 Abs. 1 Bst. b

¹ Gegenstand der Verrechnungssteuer auf dem Ertrag beweglichen Kapitalvermögens sind die Zinsen, Renten, Gewinnanteile und sonstigen Erträge:

    b. der von einem Inländer ausgegebenen Aktien, Anteile an Gesellschaften mit beschränkter Haftung, Genossenschaftsanteile, Partizipationsscheine und Genussscheine.

3. Versicherungsaufsichtsgesetz vom 23. Juni 1978

Art. 21 Abs. 2–4

² Die aktienrechtlichen Vorschriften über die Bildung und Auflösung stiller Reserven gelten nicht für die technischen Rückstellungen.

³ Der Bundesrat kann für Versicherungseinrichtungen vom Obligationenrecht abweichende Vorschriften über die Abschreibung der Gründungs-, Kapitalerhöhungs- und Organisationskosten sowie über die Bewertung der Aktiven und die Bilanzierung von Mehrwerten aufstellen.

⁴ Die Aufsichtsbehörde veranlasst, dass die Bilanzen von Versicherungseinrichtungen, die der ordentlichen Aufsicht unterstehen, im Schweizerischen Handelsamtsblatt veröffentlicht werden.

Art. 42 Abs. 1 Bst. a

¹ Der Bundesrat erlässt:

    a. ergänzende Bestimmungen zu den Artikeln 3 Absatz 1, 5 Absatz 3, 6 Absatz 1 Buchstabe b letzter Satz, 12, 13 Absatz 3, 14 Absatz 3, 15, 21 Absatz 3, 24, 31 Absatz 2, 34, 37 Absatz 4 und 44 dieses Gesetzes sowie zum Zweck des Einschreitens gegen Missstände, welche die Interessen der Versicherten gefährden.

Sachregister

Alle Stellenangaben beziehen sich auf Randziffern (Rz)

Die Stichwörter (mit Lemma) sind nach Hauptstichwörtern (fett) gruppiert. Nebenstichwörter (nicht fett) verweisen auf das massgebliche Hauptstichwort.

A

Abberufung → Verwaltungsrat (Organ)
Abfindung aus Gesellschaftsmitteln → Auflösung oder Abfindung aus wichtigem Grund
Abschlagsdividende → Dividendenbeschluss
Abschreibungen 1037 ff.
– Anhang 973 ff.
– Anlagevermögen 1013 ff.
– ausserordentliche 1047 ff.
– beschleunigte 1086 ff.
– degressive 1015, 1041 ff.
– Gesamtbetrag 1087
– Goodwill-Abschreibung 975–76
– indirekte 1016, 1044, 1094
– lineare 1015, 1041 ff.
– Nutzungsdauer 1015
– planmässige 1015, 1041 ff.
– Rechnungslegung 889
– unterlassene, wegen schlechten Geschäftsganges 1045 f.
– vom Wiederbeschaffungswert 1085
– zusätzliche 1093
Acquis communautaire → EG-Recht
Agio → Aktien, Ausgabepreis
Aktien 299 ff.
– Aktienarten 353 ff.
– Aktiensplit 323 ff., 2074
– Anteil an einem Unternehmen 303
– aufgeschobener Titeldruck 354
– Aufteilung 1393
– Ausgabebetrag oder -preis 176
– Ausstellung, Recht auf 360
– Beweisurkunden 359
– Dispo-Aktien (alte), Übergangsrecht 2161 ff.
– EG-Recht 460 ff.
– Einheitsaktien 322
– Gratisaktien 160 f., 201, 458 f.
– Inhaber- und Namenaktien 353
– Kleinaktie 306 ff.
– Marktgängigkeit 317 ff.
– Mindesteinlage 46 f.
– Mitarbeiteraktien 448 ff.
– Namenaktien mit aufgeschobenem Titeldruck 354
– Nennwert 310 f.
– nennwertlose 25, 301 ff.
– Nichtigkeit vor Eintragung ins Handelsregister 126
– Partizipationsscheine, Umwandlung in Aktien 485/86, 494
– Penny Stock 315
– Pflichtaktien 439, 2267
– Plazierung vor Kapitalerhöhung 272
– Qualifikationsaktie 112, 122, 1467, 2267
– SEGA-System 355
– stimmrechtslose 478 f.
– teilliberierte 453 ff.
– Titeldruck, aufgeschobener 354
– Umwandlung von Namenaktien in Inhaberaktien 114
– Unterpari-Emission 47
– unverbriefte Namenaktien 354 ff.
– Veräusserlichkeit 542
– Vinkulierung → Vinkulierung als Institut
– Volksaktien 306
– Vorratsaktien 158, 440 ff.
– Wertrechte 354
– Zerlegung 323 ff., 2074
– Zession 361
– Zusammenlegung 323 ff.
– Zwergaktien 2070
Aktienausgabe → Kapitalerhöhung, Aktienzeichnung
Aktienbesitz, Bekanntgabepflicht → Anhang
Aktienbuch 772 ff.
– Aktionäre ohne Stimmrecht 653–57, 665
– Einsicht 772 ff.

- Inhalt der Eintragung 570
- Quote, Bezugsgrösse 591
- Revisionsstelle 1495
- Sonderprüfung 1877
- Sperrfrist 571
- Stichtag 1293
- Verantwortung beim Verwaltungsrat 1495

Aktiengesellschaft
- Aktionärsbindungsverträge 1442, 1671
- Bildung des eigenen körperschaftlichen Willens 1443
- börsenkotierte 1458
- Einheit des Aktienrechts 13
- Familiengesellschaften 1464
- feste Mitgliedschaftsstellen 363
- geschlossene → geschlossene Aktiengesellschaft
- Grundaufbau, unveränderter 20 ff.
- → Grundstruktur
- Kleinaktiengesellschaften, besonderes Statut 13
- mittlere und kleinere Gesellschaften 11, 16
- private 1449

Aktienkapital
- Ausschüttungssperrzahl 304, 918
- Bilanz 918
- Generalversammlung 1270
- Grandfather clause 44
- Grundkapital 2042/43
- Mindesteinlage 46
- Mindestkapital 40, 41
- normativer Charakter 920
- Partizipationskapital 497 f.
- Stichtagsgarantie 44

Aktienplazierung
- öffentliche 192
- vor der Kapitalerhöhung 154

Aktiensplit → Aktien

Aktienzeichnung
- Definition 48 ff.
- Emissionsprospekt 190
- Zeichnungsschein 48, 190, 205

Aktienstimmrecht 1334 ff.
- Aktionär ohne Stimmrecht 645ff.
- Feststellung der Stimmrechte 1292
- gültig abgegebene Stimmen 1395 ff.
- Interessenkollision 1267
- keines bei eigenen Aktien 387/88
- Ruhen 656
- Sonderstimmrecht 492

- Stimmabgabe, schriftliche 1266
- Stimmrecht in der Generalversammlung 1436
- Stimmrechtsausschluss durch Vinkulierung 645
- Stimmrechtsbasis, Schrumpfung 648–50, 656
- vertretene Aktiennennwerte 1387
- vertretene Stimmen 1387
- Vertretung 1263 ff.

Aktionär mit/ohne Stimmrecht → Vinkulierung kotierter Namenaktien

Aktionärbindungsverträge 1436 ff.
- Aktiengesellschaft als Partei 1442
- Ausscheiden aus dem Vertragsverhältnis 1440
- Dauer der Bindung 1439 ff.
- «ewige» vertragliche Bindungen 1441
- Nichtigkeit 1671

Aktionärsrechte
- Aktionärsschutz 7
- Auskunftsrecht, Einsichtsrecht 511 f., 1870
- Einsicht ins Aktienbuch 772 f.
- Kernrechte des Aktionärs 1924 ff.
- → Klagerechte 1849 ff.
- Sonderprüfung 1850, 1911
- Stimmrecht in der Generalversammlung 1436
- unentziehbare Rechte 1936
- wohlerworbene Rechte 1935

Aktionärsgruppen → Verwaltungsrat
Amtsdauer → Verwaltungsrat, Revisionsstelle
Änderung der Statuten → Statutenänderung

Anfechtungsklage 1898 ff.
- Abwesenheit der Revisoren 1819 f.
- Aktionär ohne Stimmrecht 657, 1899
- Aktionärsrechte 1911
- Anfechtbarkeit 1302
- Bezugsrecht 1912
- Blockierung der Gesellschaft 1916 ff.
- EG-Recht 1963 ff.
- Einspruchsverfahren 1917
- Erforderlichkeit → Bezugsrecht
- Gläubiger 1901
- Kostenverteilung 1913/14
- Partizipanten 517
- Rechtsausübung, schonende 258, 272 ff.
- Schiedsklausel 1919
- Übermassverbot 256ff., 258, 272 ff.

- Ungleichbehandlung 1907, 1910
- unsachlicher Beschluss der Generalversammlung 1906
- Verletzung von Gesetz oder Statuten 1905
- Verwirkungsfrist 1899

Anhang zur Jahresrechnung 939 ff.
- Abschreibungen 973 ff.
- Abweichungen 970
- Aktienpakete, bedeutende, Bekanntgabe 981 ff.
- Anlagenspiegel (Anlagengitter) 980
- Aufwertungen 959
- Auskunftspflicht bei Wiederbeschaffungs-Rückstellungen 1095
- Bedeutung 939
- bedingtes Kapital 960–61
- Bekanntgabepflicht, für Aktienpakete 981 ff.
- Besonderheiten des Unternehmens 971
- Beteiligungen 955 ff.
- Bewertungsgrundsätze 973 ff.
- Bürgschaften 941
- eigene Aktien 389, 947–48
- Eigentumsvorbehalt 950
- erwirtschaftetes Ergebnis 965
- Eventualverpflichtungen 941
- genehmigtes Kapital 960–61
- Interzessionen 941
- Leasingverträge 952 f.
- Obligationenanleihen 945–46
- Patronatserklärungen 941
- Reserveauflösungen, Bekanntgabe 976
- Schulden gegenüber Vorsorgeeinrichtungen 954
- stille Reserven, Nettoauflösung 962 ff.
- Veränderungsbilanz (interne) 965 ff.
- verpfändete Aktiven 950–51
- Versicherungswerte 944
- Wesentlichkeit, Schwelle 966

Anlagevermögen → Bilanz, Anhang und Bewertungsregeln

Anpassungsbeschluss des Verwaltungsrates → Statutenänderung

Anpassungsfrist für die Statuten → intertemporales Recht

Anschaffungskosten → Bewertungsregeln

Antragsrecht → Generalversammlung

Anzeigepflicht → Kapitalverlust, Revisionsstelle

Arbeitnehmer → Mitbestimmung, Mitarbeiteraktien

Aufgeschobener Titeldruck → Aktien

Aufkäufer → Übernahmeangebot und -kampf

Auflösung der Gesellschaft mit Liquidation 1955 ff.
- Abberufung der Liquidatoren 1962
- Auflösung durch den Richter 46
- Auflösungsklage bei weniger als drei Aktionären 50 ff.
- Klage 125 f.
- Klage aus wichtigem Grund 1939 ff.
- Liquidatoren 1959 ff.
- Revisionsbestätigung 1956/57
- Verurteilung zur Rücknahme eigener Aktien aus wichtigem Grund 377, 1946
- vorzeitige Verteilung des Ergebnisses 1956 ff.

Aufsicht → Oberaufsicht

Auflösung oder Abfindung aus wichtigem Grund 1939 ff.
- Abfindung aus Gesellschaftsmitteln 1941 ff.
- Aktienrückkauf, richterlich angeordneter 1946 ff.
- Austrittsrecht? 1952
- eigene Aktien 1947
- Kapitalherabsetzungsurteil 1947
- sachgemässe Lösung 1949
- Schwelle 10% 1940
- Teilliquidation 1950
- Urteil in Abweichung vom Rechtsbegehren 1943 ff.
- weniger eingreifende Massnahmen 1953

Aufsichtsrat 1726 ff.

Aufwertung 927 ff.
- Anhang 959
- Anlagevermögen 878
- Aufwertungsreserve 927–31
- Bewertungsbericht, besonderer 1022
- Grundstücke und Beteiligungen 1021 ff.
- Unterbilanz, Beseitigung 1021
- Vergleich 1028 f.

Ausgabepreis → Aktien

Auskunftsrecht 1311 ff.
- Auskunft, Inhalt 1311 ff.
- Auskunftsbegehren 1318, 1658
- Auskunftspflicht 1309 f.
- Einsichtsbegehren 1658
- Geheimsphäre 1311
- inhaltliche Begrenzung 1311
- Jahresrechnung, Gegenstand der 1312

- Organisationsreglement 1553
- Partizipationsscheine 511, 518
- Schutzklausel 1313
- Sonderprüfung 1866

Ausländerdiskriminierung → Vinkulierung kotierter Namenaktien

Ausschüttungssperre → Aktienkapital, Sperrzahlen

Ausstandsgründe → Verwaltungsrat

Austritt aus wichtigem Grund → Auflösung

B

Bargründung → Gründung

Barzeichung → Aktienzeichnung

Bausteine der Aktiengesellschaft → Grundstruktur

Bauzinsen → Kapitalschutz

Beherrschung → Konzernrechnung

Bedingte Kapitalerhöhung 220 ff.
- Anwendungskreis 222 ff.
- Ausgleich, angemessener 240 f.
- Ausübungserklärungen 245 f.
- Ausübungspreis, Herabsetzung 240 f.
- bedingtes Kapital 960–61
- Beeinträchtigung, gleiche 242
- Beschränkung auf 50% des bisherigen Aktienkapitals 168
- Definition des Vorgangs in den Statuten 234 ff.
- Durchführung 244 ff.
- Funktion 220ff.
- Gratisoptionen 229ff.
- jährlicher Feststellungs- und Anpassungsbeschluss 251 f.
- kein Kapitalerhöhungsbericht 248
- Optionen auf Mitarbeiteraktien 227, 450
- Optionsanleihen 220
- Optionsberechtigte, Eingrenzung 222 ff.
- Prüfungsbestägigung des besonders befähigten Revisors 247 ff.
- Schutz der Bezugsrechte bisheriger Aktionäre 239
- Schutz der Optionsberechtigten vor nachträglicher Verwässerung 240
- Statuten 234, 236
- Streichung der Statutenbestimmung 253
- Veröffentlichung im Handelsamtsblatt 238
- Verwässerungsgefahr 221

- Vinkulierung 243
- Vorwegzeichnungsrecht 286 ff.
- Wandel- oder Optionsanleihen 157, 220 ff.

Befähigung der Revisoren → Revisor, besonders befähigter

Bekanntgabepflicht für Aktienbesitz → Anhang

Bekanntmachungen der Gesellschaft 2276

Belegschaftsaktien → Mitarbeiteraktien

Beneficial interest → Vinkulierung kotierter Namenaktien

Berichterstattung → Organisationsreglement

Beschlüsse, wichtige → Beschlussquorum

Beschlussquorum 1386 ff.
- Abberufung mit einer qualifizierten Mehrheit 1472
- Auflösung ohne Liquidation 1388
- Bezugsrecht 1388
- Doppelhürde 337, 1386, 1388, 1408
- Einführung oder Verschärfung der Vinkulierung 562, 2234
- Fusion 1388
- genehmigte oder bedingte Kapitalerhöhung 1388
- Gesellschaftszweck 1388
- Gratisaktien 1388
- intertemporales Recht 2182 ff.
- Kapitalerhöhung 166, 1388
- Petrifizierung als zweischneidiges Schwert 1404
- Präsenz- und Beschlussquoren in der Generalversammlung 1388
- qualifizierte Mehrheit im Übergangsrecht 2182 ff.
- Siegwart-Regel 1405, 2185 ff.
- Sitzverlegung 1382, 1388
- Statutenänderung, 1388, 1408 ff.
- Stimmrechtsaktien 1388 ff.
- vertretene Aktiennennwerte 1387
- vertretene Stimmen 1387
- Vinkulierung, Verschärfung 1388
- wichtige Beschlüsse 344, 1386, 1388 ff.
- zwei Drittel des gesamten Grundkapitals 1380
- zwingende Vorschrift 1387

Besondere Vorteile (bei Gründung, Kapitalerhöhung) → Sondervorteile

Besserungsscheine → Genussscheine

Beteiligungen 955 ff.

- Anhang 955 ff., 979
- Anlagevermögen 908 Anm. 160
- Aufwertung 1021 ff.
- bedeutende 981 ff.
- Bilanz 907/08
- unwesentliche 957

Beteiligung der Arbeitnehmer → Mitarbeiteraktien

Beurkundung, öffentliche → Statuten

Bewertungsregeln 1006 ff.
- Abschreibungen 973 ff., 1015 f.
  - degressive 1015
  - indirekte 1016
  - lineare 1015
  - planmässige 1015
- Anlagevermögen 1013 ff.
- Anschaffungskostenprinzip 1103
- Aufwertung 926
- Bauzinsen 1012 ff.
- Beteiligungen 955, 974
- Bewertungsgrundsätze 843, 969, 973 ff.
- EG-Recht 1107
- EG-Richtlinie, Umsetzung 861
- Einzelbewertung 855 ff., 861
- Gesamtposten 858
- Goodwill 973 ff., 1020
- Grundstücke und Beteiligungen, Aufwertung 1021 ff.
- historische Kosten 834
- immaterielle Werte 1018
- inflation accounting 834
- Kostenaktivierung 1007 ff.
- Leasing 910
- Marktpreis 1025
- Niederstwertprinzip 836
- Organisationskosten 912, 1008
- Stempelabgabe 1008
- Transferrisiken bei Wertpapieren 1035
- Übergang zu einem neuen Bewertungssystem 1146
- Umlaufvermögen 1024 ff.
- Verkettung Bewertung/Erfolg 1105
- Vorräte 1024 ff.
- Wertschriften 1026 ff.

Bezugsrecht 254 ff.
- Anfechtungsklage 1912
- Angaben im Kapitalerhöhungsbeschluss 180
- Ausübung vertraglich erworbener Bezugsrechte 180, 276
- bedingte Kapitalerhöhung 283 ff.
- Bericht über nicht ausgeübte oder entzogene Bezugsrechte 210
- Beschränkung im Beschluss 272 ff.
- Beschränkung in den Statuten, Verbot 263 ff.
- Canes c. Nestlé 260 f.
- Delegation im Ermächtigungsbeschluss 261, 280 ff.
- EG-Recht 294 ff.
- Erforderlichkeit 255 ff., 272 ff.
- Fusion 272
- genehmigte Kapitalerhöhung 277 ff.
- Genussscheininhaber 536
- Gleichbehandlungsprinzip 275, 291
- intertemporales Recht 2242 ff.
- Kapitalverwässerung → Verwässerung
- Mitarbeiterbeteiligung 272
- Partizipanten 521 ff.
- Präsenz- und Beschlussquoren in der Generalversammlung 1388
- qualifizierte Mehrheit 271
- Rechtsausübung, schonende 258, 272 ff.
- Ringier-Entscheide 259
- Sacheinlage 272
- Übermassverbot 258, 272 ff.
- Verhältnis Ausgabepreis/Marktpreis 273
- → Verwässerung
- Vinkulierung 277 Anm. 162
- Voraussetzungen der Beschränkung 272 f.
- Vorwegzeichnungsrecht der Aktionäre 286–90
- wichtiger Grund 272
- Zuweisung nicht ausgeübter oder entzogener Bezugsrechte 180, 276

Bilanz 898 ff.
(siehe auch Rechnungslegung)
- Aktienkapital 918 ff.
- Anlagevermögen 908 ff.
- Aufwertungsreserve 927 ff.
- Bedeutung 898 ff.
- Beispiel 938
- Bilanzgewinn 916
- Bilanzverlust 202, 908, 937
- eigene Aktien, aktiver Sonderposten bei der Tochtergesellschaft 414
- eigene Aktien, Reserve 909, 932–34
- Eigenkapital 916–17
- equity ratio 903
- Finanzleasing 910
- Fremdkapital 913 ff., 1055

671

- Führungsinstrument 903
- Funktion 901 ff.
- Gliederung 905 ff.
- Kongruenz 903
- Konsistenz der Darstellungsweise und der Stetigkeit 914
- Leasing 910 f.
- non-versé 919
- Organisationskosten 912
- Reserve für Aufwertung 927 ff.
- Reserve für eigene Aktien 909, 932–34
- Reserve, allgemeine gesetzliche 923–24
- Reserve, freie 925
- Reserven (Rücklagen) 922 ff.
- Rückstellungen 915
- Sonderreserven, gesetzliche 926
- Sperrzahlen im Eigenkapital, Bedeutung 935 ff.
- Spezialreserven 925
- Stichtag 899
- teilliberiertes Kapital 919
- Umlaufvermögen 906
- verwendbares Eigenkapital 921
- Vorräte 907

Bilanzanhang → Anhang
Bilanzerklärung → Revisionsstelle
Bilanzgenehmigung → Jahresrechnung
Bilanzierungsgrundsätze → GOR
Bilanzklarheit → GOR
Bilanzrichtliniengesetz («BiRiLiG»)
    → Rechnungslegung
Bilanzwahrheit → GOR
Board-System → Spitzenverfassung
Börsenkotierte Namenaktien → Vinkulierung kotierter Namenaktien
Bruttoprinzip → GOR
Buchaktionär → Vinkulierung kotierter Namenaktien
Büchersachverständige, unabhängige
    → Revisionsstelle

Buchführung, kaufmännische
- allgemein anerkannte Grundsätze 785, 791–93, 1014
- Betriebsrechnung, vollständige 786
- Grundsätze ordnungsmässiger Rechnungslegung 814 ff.
- ordnungsmässige Führung der Bücher 853
- Verkettung von Erfolgsrechnung und Bilanz 850/51
- wirtschaftliche Lage des Geschäftes 820

Bürgschaften → Anhang

C

Cash-drain und Cash-flow →
    Mittelflussrechnung

D

Darlehen
- Dritte 418
- eigene Aktionäre 417, 1419
Décharge → Verantwortlichkeit
Delegation der Geschäftsführung 1583 ff.
- altrechtliche 2178 ff.
- befugte Delegation 1974 ff.
- Delegationsnorm in den Statuten 1586 ff., 1977
- Delegationssystem (konkretes), Wahl 1593 ff.
- Delegierter des Verwaltungsrates 1584
- Genehmigungsvorbehalt 1590 ff.
- intertemporales Recht 2178 ff.
- Leitung der Geschäfte 1598 ff.
- Nichtorgane 1980 f.
- Organisationsreglement 1586 ff.
- Schranken der Ermächtigung 1589
Depositenstelle, kantonale → Gründung
Depotstimmrecht der Banken
    → Stimmrechtsvertretung, institutionelle
Dispoaktien → Vinkulierung kotierter Namenaktien

Dividendenbeschluss 1411 ff.
- Ausrichtung einer möglichst gleichmässigen Dividende 1128
- Ausschüttungsbeschluss, geheimer 1416
- Ausschüttungsvorschriften, Verletzung 1423 ff.
- Bevorschussung auf die bevorstehende Dividende 1419
- Dividende
    - rechtmässig beschlossene 1413 ff.
    - nichtverdiente 1158
- EG-Recht 1444ff.
- Entnahmesperre, gesetzliche 1415
- Gewinnausschüttung, verdeckte 1427
- Gewinnentnahmen, Voraussetzungen 1413ff.
- Gewinnverwendung 1803

- Jahresgewinn 1414
- Nichtigkeit 1931
- Recht auf Dividende 1131
- Verwaltungsratsbeschluss 1426
- Verwendung aufgelöster stiller Reserven für Ausschüttungen 1155 ff.
- Zwischendividende 1418 f.

Doppelbesteuerungsrecht internationales → Vinkulierung kotierter Namenaktien

Dualismus → Spitzenverfassung, Verwaltungsrat (Organ)

Durchgriff → Konzernrecht

E

EG-Recht
- Acquis communautaire 33
- Aktien 460ff.
- Anfechtungsklage 1963 ff.
- Bezugsrecht 294ff.
- BiRiLiG 37
- Dividendenbeschluss 1444 ff.
- EG-Richtlinien 31
- EG-Verordnungen 34
- eigene Aktien 1451
- Generalversammlung 1444 ff.
- Gesellschaftsrecht 29
- Gewinnentnahme, ungerechtfertigte 1444 ff.
- Grundstruktur der Aktiengesellschaft 1948
- Gründung 144 ff.
- Kapitalerhaltung 1948
- Kapitalerhöhung 294 ff.
- Kapitalschutz 1444ff., 1967
- Konzernrechnung 1253
- Nichtigkeit 1963 ff.
- Organe im Vergleich 1726 ff.
- Partizipationsscheine und Partizipanten 537–39
- Rechnungslegung 1107
- Rechtsvereinheitlichung 30
- Revisionsstelle 1841ff.
- Societas Europaea («SE») 35
- Sonderprüfung 1963 ff.
- Spitzenverfassung 1767 ff.
- stille Reserven 1160 ff.
- Stimmrechtsaktien 319
- Stimmrechtsvertretung, institutionelle 1444 ff.

- Strukturrichtlinie 32
- Verantwortlichkeit der Organe 2032 ff.
- Verwaltungsrat 1767 ff.
- Vinkulierung 780 ff.

Einberufung → Generalversammlung

Eigene Aktien 362 ff.
- Aktienkapital und Partizipationskapital (Limite) 383/84
- Aktienrückkauf, richterlich angeordneter 1946 ff.
- aktiver Sonderposten bei der Tochtergesellschaft 412 ff.
- Anhang 947–48
- Ausnahme 20% bei Vinkulierung 384
- Ausnahmen, frühere fünf gesetzliche 431 ff.
- Banken und Effektenhändler 438
- Bilanz 810, 932 ff.
- EG-Recht 465, 1451
- Eigenkapital, verwendbares 371/82, 916
- Gleichbehandlungs- und Sorgfaltspflicht 391, 393–95
- Green mail 393 ff.
- intertemporales Recht 2127 ff., 2248 ff.
- Kapitalerhaltungsprinzip 378
- Kapitalherabsetzung 934
- Kapitalmarktrecht 369
- Kursgarantie an Dritte 423 f.
- Kursmanipulation 372
- Kurspflege und Kursstützung 370, 425 ff.
- Limite 383/84, 693
- Mittel, nichtbetriebsnotwendige 392
- Nichtigkeitsfrage 398 ff., 1932
- Offenlegung im Anhang 389
- Partizipationskapital 383
- Pfandnahme 416 ff., 439
- Reserve für eigene Aktien 385/86, 932–34
- Revisionsstelle 407, 1802
- Rückkauf 375, 380 ff., 430, 1656
  - gesetzwidriger 398 ff.
  - Problematik 363 ff.
  - zur Vernichtung 432
- Stimmrecht 387/88
- Teilliquidationstheorie, steuerliche 408 ff.
- Tochtergesellschaften 412 ff.
- Übernahme mit Gesamtvermögen 435 ff.
- Vernichtung 405 ff.
- Verurteilung zur Rücknahme 377
- Weiterveräusserung, gesicherte 396/97

- Wiederveräusserung 405 ff.
- Zweijahresfrist 406

Eigenkapital
(siehe auch Sperrzahlen)
- Abbau 1156
- Abschreibung unter Null 1090
- bilanzmässige Darstellung 921
- Bilanzverlust 202, 908, 937
- Entnahmen, ungerechtfertigte 1411 ff.
- Rechnungslegung 795
- Sperrzahlen, Bedeutung der 935 ff.
- trügerische Eigenkapitaladdition 1172
- verwendbares 202, 392, 1413, 1426
- Wirtschaften ohne Eigenkapital 1704

Eigentumsvorbehalt → Anhang

Einheit des Aktienrechts 11 ff.
- Abweichungen 550 f.
- bestimmende Vorgabe 13
- Vinkulierung der Namenaktien 545

Einheitstheorie → Vinkulierung nichtkotierter Namenaktien

Einlage
- Erhöhung aus Eigenkapital (Gratisaktien) 201 ff.
- Gründung 67 ff.
- Kapitalerhöhung 199 ff.
- Mindesteinlage 46 f.
- Rückgewähr 58 f.

Einsichtsrecht → Aktionärrechte, Auskunftsrecht

Elemente, personalistische → geschlossene AG

Emissionsprospekt 192 ff.
- Beschluss über Aktienausgabe 196
- Bezugnahme im Zeichnungsschein 191
- Erhöhungsbeschluss, Text 182
- Inhalt 195 f.
- Jahresrechnung (mit Revisionsbericht) 197
- Konzernrechnung (mit Revisionsbericht) 197
- öffentliche Zeichnung 193
- Revisionsbericht 197
- Vinkulierung 564
- Zwang 193 f.
- Zwischenabschluss 197

Entlastung → Verantwortlichkeit
Entnahmesperre → Dividendenbeschluss

Erfolgsrechnung 875 ff.
- Abschreibungen 889
- Aufwand 884
- Beispiel 894
- Erfolgswirksamkeit stiller Reserven 895 ff.
- Erträge 876 ff.
  - ausserordentliche 878, 1076
  - betriebsfremde 877
  - nicht-bare 878
  - ordentliche betriebliche und andere 876 ff.
- erwirtschaftetes Ergebnis 897, 965
- Jahresgewinn 893
- Mindest-Raster Aufwandseite 886
- Mindest-Raster Ertragsseite 879
- Rückstellungen 890
- Staffelrechnung 885
- Steuern, Aufwand 891
- stille Reserven als Problem der Erfolgsdarstellung 1116
- Verbot verzerrter Darstellung 1135
- Verrechnungs- und Saldierungsverbot 880 ff.
- Wertberichtigungen 888

Erforderlichkeit → Bezugsrecht, Anfechtungsklage
Erhöhungsbeschluss → Kapitalerhöhung
Erläuterungsbericht → Revisionsstelle
Errichtungsakt → Gründung
Ersatzanspruch → Verantwortlichkeit
Europäische Gemeinschaft → EG-Recht
Eventualverbindlichkeiten → Anhang, Rückstellungen

F

Fähigkeitsausweis der Revisoren → Revisionsstelle
Fakultativer Statuteninhalt → Statuten
Familiengesellschaft → geschlossene AG

Finanzlage
(siehe auch Jahresbericht, Mittelflussrechnung)
- Cash-drain 1683
- Darstellung 993–94
- Erläuterungsbericht 1832
- finanzielles Gleichgewicht des Unternehmens 1556
- Finanzkontrolle 1560 ff.
- Finanzplanung 1564
- Liquiditätsposition 1691
- Mittelfluss der Gesellschaft 1697

Sachregister

- Mittelflussrechnung 998 ff.
- Rangrücktritt des Gläubigers 1710
- Sanierung 1680 ff.
- Zwischenbilanz und ihre Prüfung 1690 ff.

Firma → Präsenzquorum
Fonds → Mittelflussrechnung
Fortführungswerte → GOR
Fusion
- Fusionsbeschluss 1389
- Präsenz- und Beschlussquoren in der Generalversammlung 1388
- Sacheinlage 330, 1389
- Übernahme eigener Aktien 434

G

Gegenstand → Gesellschaftszweck
Geheimsphäre
- Revisionsstelle 1835 f.
- Sonderprüfung 1876 ff.
- Verwaltungsrat 1632, 1648 ff.

Genehmigte Kapitalerhöhung 170 ff.
- Ausgabebetrag 188
- Beschlussinhalt 185
- Beschränkung auf 50% des bisherigen Aktienkapitals 168
- → Bezugsrecht
- Dividendenberechtigung 188
- dogmatischer Unterschied zur ordentlichen Kapitalerhöhung 156
- Einlageart 188
- Ermächtigung für zwei Jahre 183 ff.
- Ermächtigungserneuerung 184
- Festlegungen, die dem Verwaltungsrat zustehen 188
- genehmigtes Kapital in den Statuten 960–61
- Prüfungsbestätigung 211 ff., 218
- Statutenkontext 186

Generalversammlung 1255 ff.
(siehe auch Anfechtungsklage, Stimmrechtsvertretung, Traktanden)
- Allmacht-Theorie 1256
- Anfechtbarkeit 1302, 1898 ff.
- Anordnungen für die Stimmrechtsausübung 1292/93
- Anträge
  - der Aktionäre 1278 ff.
  - des Verwaltungsrates 1276, 1287

- Auflage zur Einsicht mit Anforderungsrecht 1281 f.
- Auflagepflicht 1413
- Auflegung der Beschlüsse 1331 f.
- Auskunftspflicht 1309 ff.
- Begehren um Einberufung oder Ansetzung von Traktanden 1269 ff.
- Benachrichtigung durch Revisoren 1824 ff.
- Depotstimmrecht → institutionelle Stimmrechtsvertretung
- EG-Recht 1444 ff.
- Einberufung 1275 ff.
  - Änderung und Widerruf 1306 ff.
  - Frist 1260 ff., 2253
  - mangelhafte 1301 ff.
  - und Partizipanten 508 ff.
  - durch Revisionsstelle 1821
  - vorgeschriebener Inhalt 1283 ff.
- Geschäftsbericht, Auflage 1281
- Gruppenvertreter 1477
- gültig abgegebene Stimmen 1395 ff.
- Hinweispflichten 1281, 1290, 1295, 1413
- Informationspflicht 1309 ff.
- Informationspflicht nach der Generalversammlung 1320 ff.
- institutionelle Stimmrechtsvertretung, Meldepflicht 1365 f., 1370, 1371 ff.
- Interessenkollision 1267
- intertemporales Recht 2251 ff.
- Konzernrechnung, Genehmigung 1259
- Konzernrevisoren, Wahl 1259
- Leitungsbefugnis des Verwaltungsrates 1315 f.
- Meldung wichtiger Gesetzesverstösse 1827
- Minderheitsrecht auf Ansetzung eines Traktandums 1273 f.+
- Minderheitsrecht auf Einberufung 1270 ff.
- Mitteilung des Vorsitzenden 1371ff.
- Mitwirkungsrechte 1296
- Nichtigkeit 1303
- oberstes Organ 1255
- Offenlegung 1321
- Partitätstheorie 1256
- Partizipationsscheine 1294/95
- Petrifizierungs-Klauseln 1400 ff.
- Protokoll 1317 ff., 1417
- Protokoll, institutionelle Stimmrechtsvertretung 1318

675

- Revisionsbericht als Gültigkeitsvoraussetzung 1818 ff.
- Sanierungsversammlung 1685 ff., 1698
- Sechsmonatefrist 1260
- Sonderprüfung 1297 ff., 1859
- Sonderversammlung 1484
- Sperrfrist 571
- Statutenänderung 135
- Stichentscheid des Vorsitzenden 1385
- Stimmrechte, Feststellung 1292
- Stimmrechtsvertretung, Angabe über 1314
- Teilnahmerechte 1296
- Traktanden 1273, 1286
- Universalversammlung 1416
- Urabstimmung 1376–77, 1929
- Vorbereitung 1573ff.
- Zuständigkeit 566
- Zustellung des Materials 1361 ff.
- Zutrittskarten 1293

Genussscheine 529 ff.
- Beschränkung für neue 532f.
- Besserungsscheine 534
- Beteiligungsrecht, nicht Gläubigerrecht 529
- Bezugsrechte der Inhaber 536
- Gläubigergemeinschaft 535
- intertemporales Recht 2125/26
- kapitalbeschaffende, ohne Nennwert 495
- Partizipationsschein 467/68
- Statutenangaben 533

Gerichtsstand → Verantwortlichkeit
Gesamtschaden → Verantwortlichkeit
Geschäfte, schwebende → Rückstellungen
Geschäftsbereich → Gesellschaftszweck

Geschäftsbericht
- Auflage zur Einsicht mit Anforderungsrecht 1281 f.
- Auflagepflicht 1413
- → Jahresbericht
- Verwaltungsrat, Hauptaufgaben 1573 ff.

Geschäftsführung → Verwaltungsrat, Delegation

Geschlossene Aktiengesellschaften
- Familiengesellschaften 1464
- Mittlere und kleinere Gesellschaften 16
- personenbezogene Aktiengesellschaft 11, 1655
- Schweizer Aktienrecht zweigeteilt 12, 15
- Sonderprüfung 1895
- Sonderregeln 18

GmbH
- Rechnungslegung 2037

Gesellschaftszweck 108 ff.
- Schweizer Begriff des «Zwecks» 109
- Gegenstand 108/09
- Präsenz– und Beschlussquoren in der Generalversammlung 1388
- Tätigkeitsfeld 109
- Vinkulierung nichtkotierter Namenaktien 719, 2202

Gestaltungsautonomie der Aktiengesellschaft
- Bezugsrecht 255
- Gestaltungsfreiheit 1593 ff.
- Verwaltungsrat 1486
- Eigenverantwortung, organisatorische 333

Gewinnausschüttung, verdeckte → Dividendenbeschluss

Gewinnentnahme, ungerechtfertigte
(siehe auch Dividendenbeschluss)
- Ausschüttungen, formal abgewickelte 1425 f.
- Ausschüttungsbeschluss, geheimer 1416
- Ausschüttungsvorschriften, Verletzung 1423 ff.
- Bereicherung, ungerechtfertigte 1423, 1434
- Dividendenbeschluss 1411 ff.
- EG-Recht 1444 ff.
- Entnahmesperre, gesetzliche 1415
- Gewinnausschüttung, verdeckte 1423 ff.
- Gewinnentnahmen, Voraussetzungen 1413 ff.
- Gewinnvorwegnahmen 1430
- Klage auf Rückerstattung 1433
- Missverhältnis, offensichtliches 1427, 1429
- Rückerstattungspflicht 1423 f.
- Tantiemen im Konkurs 1435
- Verantwortlichkeit des Verwaltungsrates 1431 f.
- verdeckte Gewinnausschüttung 1423 ff.
- Verjährung 1433f.
- Verwaltungsratsbeschluss 1426
- wirtschaftliche Lage der Gesellschaft 1428

Gewinnstrebigkeit → Gesellschaftszweck
Gewinn- und Verlustrechnung → Erfolgsrechnung
Gewinnverwässerung → Verwässerung

Gewinnverwendung → Dividendenbeschluss
Gewinnvorwegnahme → Gewinnentnahme, ungerechtfertigte
Gläubigerschutz → Kapitalschutz
Gleichbehandlungsprinzip 1651 ff.
- Abweichungen 1651
- Aktionäre 422
- Anfechtungsklage 1907
- Auswirkungen, konkrete 1654 ff.
- Berücksichtigung der Interessen aller Aktionäre 1128, 1130
- Bezugsrechtsbeschränkung 275, 291
- Gleichbehandlungs- und Sorgfaltspflicht 391
- Green mail 393–95
- Partizipationsscheine, unterschiedliche Rechtsstellung 482ff.
- Rückkaufpreis 395
- Ungleichbehandlung, Sanktion 1653
- Verwaltungsrat 1667
- vinkuliert die Minderheitsaktien 740/41
- Vinkulierung 696

Gliederungsvorschriften
- Bilanz 905 ff.
- Erfolgsrechnung 876 ff.

GOR → Grundsätze ordnungsmässiger Rechnungslegung
Grandfather clause → intertemporales Recht

Gratisaktien 458 ff.
- Erhöhung aus Eigenkapital 201 ff.
- Stimmrechtsaktien, Einführung 1393
- Verrechnungssteuer 42

Gratisoptionen → bedingte Kapitalerhöhung
Green Mail → eigene Aktien
Grundkapital → Aktienkapital

Grundsätze ordnungsmässiger Rechnungslegung (GOR) 814 ff.
- Abgrenzung 852, 1065
- Abschreibungen 1045
- Abweichungen, erlaubte 865 ff.
- Anpassungen an die Besonderheiten des Unternehmens 869
- Anschaffungswert, Vorsicht 830 ff.
- Bruttoprinzip 845
- direkt dem Eigenkapitalkonto belastet 851, 977 ff.
- Ergebnisausweis, periodengerechter 1071
- Finanzierungsvorgänge, Saldo 1105
- Fortführung 839/40
- Gewinnsituation, Verbot einer verzerrten Darstellung 1135
- Imparitätsprinzip, Vorsicht 830 ff., 1105
- Klarheit 828/29
- Niederstwertprinzip 836
- ordnungsmässige Führung der Bücher 853
- periodengerechte Abgrenzung, Rechnungsabgrenzung 852, 906, 1065, 1071
- Saldierungsverbot 845–47, 872
- Schutzklausel 873–74
- Sonderfälle, sachlich begründete 882
- Stetigkeit 841–44
- Verkettung Erfolgsrechnung/Bilanz 850/51, 898
- Verrechnungs– und Saldierungsverbot 845 ff., 870/71, 880 ff.
- Verstoss gegen GOR 1126
- Vollständigkeit 827
- Wesentlichkeit 848

Grundstruktur der Aktiengesellschaft
- Bausteine 39
- EG-Recht 1948
- Eingriffe in 1928 ff.
- nichtige Verwaltungsratsbeschlüsse 1514 ff.

Gründung 53 ff.
- Bargründung 53 ff.
- Depositenstelle 56
- EG-Recht 144 ff.
- Einzahlungsbestätigung 56, 186
- Errichtungsakt 53
- Formvorschrift für Sacheinlagen und -übernahmen 78
- Gründungsbericht 80
- Gründungshaftung 105, 1968
- Gründungsmängel 103 f.
- Gründungsprüfung 60
- Gründungsschwindel 55, 58 f., 67
- Gründungsstatuten 106 f.
- Handelsregister, Anmeldung 127 f.
- Handelsregisterführer, Kriterien 88
- Interessenkonflikt 67
- Offenlegung in Statuten und Handelsregister 90
- Organe, notwendige 128
- qualifizierte Gründung 66 ff., 77 ff.
- Rechenschaft 80
- Rückgewähr des Gründungskapitals 58
- Sacheinlage/Sachübernahme 69 f.

677

Sachregister

- Schuldübernahme bei der Gründung 97 f.
- Sperrkonto 56/57
- Sukzessivgründung 62 ff.
- Übernahme der vor der Eintragung eingegangenen Schulden 99 ff.
- Verrechnung zwecks Liberierung 94 ff.
- Wirtschaftskriminalität 41, 55 ff., 67
- zweistufiges Verfahren 65

Gründungsprüfung 81 ff.
- Befähigung des Revisors 89
- Eintragung, Voraussetzung 87
- Prüfungsbericht 82 ff.
- Prüfungsbestätigung, Aussage 84 ff.
- Prüfungsgegenstand 82 f.
- Verrechnung 83
- Vertretbarkeit, Kriterium 85

Gründungsstatuten → Gründung, Statuten

H

Haftung → Verantwortlichkeit

Handelsregister 124 ff.
- Anmeldung 127 f.
- Feststellungs- und Anpassungsbeschluss 218f.
- Gründung 88 f.
- Gründungsbericht und Prüfungsbestätigung 131
- Inhalt des Eintrags 133 f.
- juristische Persönlichkeit 124
- Lex Friedrich 132
- Organe, notwendige 128
- Prüfung der «Befähigung des Revisors» 131
- Prüfungsbefugnis 129
- qualifizierte zwingende Vorschriften 130
- Revisionsstelle 134
- Stampa-Erklärung 74 Anm. 48

Harmonisierung des Gesellschaftsrechtes in der EG → EG-Recht
Hauptaufgaben → Verwaltungsrat
Herabsetzungsgründe → Verantwortlichkeit
Herstellungskosten → Bewertungsregeln
Höchstbewertungsvorschriften → GOR
Holdinggesellschaften → Konzernrechnung

I

Immobiliengesellschaften → Lex Friedrich
Imparitätsprinzip → GOR
Individualrecht → Sonderprüfung

Insiderstrafrecht
- Insidergeschäfte 1631 f.
- Verantwortung des Verwaltungsrates 1572

Institutionelle Stimmrechtsvertretung → Stimmrechtsvertretung
Interessenkonflikt → Gründung, Verwaltungsrat
Interimsdividende → Dividendenbeschluss

Intertemporales Recht 2047 ff.
- Aktien 2210
- Aktienkapital 2205
- Aktienkategorien 2211
- alte Dispo-Aktien und Eintragung im Aktienbuch 2161 ff.
- altes Statutenrecht bricht neues Gesetzesrecht 2057 ff.
- altrechtliche Delegation 2178 ff.
- altrechtliche Partizipationsscheine 2084 ff.
- Anmeldung 2169
- Beispiele des sofort anwendbaren neuen Gesetzesrechts 2054
- Bekanntmachungen 2276/77
- Bezugsrecht 2242 ff.
- börsenkotierte Namenaktien 2221 ff.
- Delegation, altrechtliche 2178 ff.
- Depotstimmrecht 2258
- Dispo-Aktien (alte) und neue Eintragung im Aktienbuch 2161 ff.
- drakonische Rechtsfolge 2061 ff.
- eigene Aktien 2127ff., 2248/49
  - Anhang, Angaben 2133
  - Limite (10%) 2129 f.
  - Pfandnahme 2134
  - Reservebildung 2131/32
  - Statutenanpassung 2248/49
  - Stimmrecht 2131/32
- Einlagen 2208/09
- Generalversammlung 2251 ff.
  - Einberufungsfrist 2253
  - Konzernrechnung, Genehmigung 2254
- Genussscheine 2125 ff.
- Grossvater-Klauseln 2065 ff., 2109 ff.
- Hauptregeln (vier) 2048 ff.

678

- Jahresbericht 2143
- Jahresrechnung 2272 ff.
- Konsolidierung/Konzernrechnung 2142
- Mindesteinlage und -kapital 2061, 2066/67
- nichtkotierte Namenaktien 2213 ff.
- Nichtrückwirkung 2049ff., 2122, 2142a
- öffentliche Ordnung 2159/60
- Organisationsreglement 2180/81
- Organvertretung 2258
- Partizipationsscheine, altrechtliche 2084 f.
  - Anpassungsfrist von 5 Jahren 2102
  - Ausgabebedingungen 2104, 2122
  - Bezeichnung 2106
  - drakonische Rechtsfolge 2112
  - Ermächtigungsklauseln 2117 ff.
  - Gleichstellungsartikel 2096
  - Handelsregister 2107
  - Regelungsbereiche (drei) 2088
  - Umschreibung der Vermögensrechte 2103
- Pflichtaktien 2172 ff.
- positive Vorwirkung 2078 ff.
- Qualifikationsaktie 2267
- Prüfungen, besondere 2147
- Rechnungslegung 2135 ff.
  - Konsolidierung/Konzernrechnung 2142
  - Jahresbericht 2143
- Rechtsfolge nach Ablauf der fünf Jahre 2060
- Rechtswahl, intertemporale 2073ff.
- Revision 2144 ff.
- Revisionsstelle 2268 ff.
- Revisoren, Befähigung 2055, 2144 ff.
- Rückwirkung 2049 ff., 2122, 2142a
- Schiedsgericht 2278
- statutarisches Recht, Übergangsfrist 2057 ff.
- Statutenänderungen 2260
- Statutenanpassung (pragmatisches Vorgehen) 2197 ff.
- Stichtagsgarantie 44
- Stimmkrafthebel 2069
- terminierter Generalversammlungsbeschluss 2076/77
- Verwaltungsrat 2263 ff.
- Vinkulierung 2151 ff., 2212
- Wirksamwerden, sofortiges 2051 ff.
- Zweck 2201

- zweierlei Recht 2058
- Zwergaktien 2070

Jahresbericht des Verwaltungsrates 990 ff.
- Auflösung stiller Reserven 1150
- Darstellung der wirtschaftlichen und finanziellen Lage 993–94
- EG-Lagebericht 1110
- Erläuterungsbericht 1833
- Geschäftsverlauf 992
- Inhalt 990ff.
- intertemporales Recht 2143
- Kapitalerhöhungen, vollzogene 996
- Offenlegungspflicht 1326
- Revision 997
- Zwischenberichte 1333
- Schluss des Geschäftsjahres, Ereignisse nach 995

Jahresgewinn → Erfolgsrechnung

Jahresrechnung 875 ff.
  (siehe auch Rechnungslegung, Bilanz, Erfolgsrechnung)
- Emissionsprospekt 197
- Genehmigung 1257, 1818
- intertemporales Recht 2272 ff.

K

Kapitalaufbringung, Sicherung → Kapitalschutz
Kapitalerhaltung → Kapitalschutz
Kapitalerhöhung 149 ff.
  (siehe auch bedingte und genehmigte Kapitalerhöhung)
- Ausgabebetrag 176
- Bericht über nicht ausgeübte oder entzogene Bezugsrechte 210
- Bezugsrechte, Angaben 180
- Dividendenberechtigung, Beginn 177
- EG-Recht 294 ff.
- Einmal-Verfahren 152
- Emissionsprospekt 182, 192 ff.
- Erhöhung aus Eigenkapital (Gratisaktien) 160, 201ff., 458
- Erhöhungsbeschluss bei der ordentlichen Kapitalerhöhung 170 ff.
- Feststellungs- und Anpassungsbeschluss des Verwaltungsrates 215 ff.
- Gratisaktien 160 f.
- Jahresbericht 214, 961

679

- Kapitaleinlage, Umschreibung 178
- Kapitalerhöhungsbericht 207 ff.
- orthodoxe 209, 1409
- Partizipationskapital, Erhöhung des 165
- Plazierung der Aktien 272
- Prüfungsbestätigung der Revisionsstelle 211 ff., 218, 247 ff.
- qualifizierte Mehrheit 166f.
- Verrechnung 162, 206
- Vinkulierung 179
- vollzogene, Angaben 996
- Vorwegliberierung des Erhöhungskapitals 154

Kapitalerhöhungsbericht 207 ff.
- Bezugsrechte 210, 276
- Verwaltungsrat 207
- Inhalt 208 ff.
- keiner bei der bedingten Kapitalerhöhung 248
- Notwendigkeit 211
- orthodoxe Kapitalerhöhung 209
- Prüfungsbestätigung 212
- Zuweisung nicht ausgeübter oder entzogener Bezugsrechte 276

Kapitalflussrechnung → Mittelflussrechnung

Kapitalherabsetzung
- Beseitigung des Reservepostens für eigene Aktien 934
- Kapitalherabsetzungsurteil 1947, 1950 ff.
- Partizipationsscheine 481
- Revisor, besonders befähigter 45

Kapitalmarktrecht
- Anhang 984
- Bekanntgabe bedeutender Aktienpakete 981 ff.
- Kapitalmarkt 306, 475, 798
- kapitalmarktrechtliche Dimension 369/70, 1342
- Kursmanipulation 372
- Kursstützung 425 ff.
- Rollen des Aufkäufers und der Zielgesellschaft 1668
- Rückkauf eigener Aktien 430
- Übernahmeangebot 1661 ff.

Kapitalrückgewähr → Kapitalschutz

Kapitalschutz
- amerikanisches Aktienrecht 304
- Bauzinsen 1422
- EG-Recht 1444 ff., 1967
- Entnahmesperre, gesetzliche 1415 ff.

- Gewinnentnahmen, ungerechtfertigte 1450
- Gläubigerschutz 26, 795
- Kapitalaufbringung 26
- Kapitalerhaltung 795, 901, 1948, 1967
- Kapitalverlust, hälftiger 1678, 1691
- Nichtigkeit 1928 ff.
- Rückgewähr des Aktienkapitals 58, 1930
- Scheinliberierung, Gefahr 447
- Schutzfunktion 1416
- Warnstufe des hälftigen Kapitalverlustes 1691

Kapitalverlust
(siehe auch Überschuldung und Sanierung)
- Bilanz, Massgeblichkeit 1680
- Cash-drain 1683
- hälftiger 1680 ff., 1691
- Überschuldung, Anzeichen 1829
- Unterbilanz 936

Kapitalverwässerung → Verwässerung

Klagerechte 1849 ff.
- Gesuch um Einsetzung eines Sonderprüfers 1864 ff.
- Klage auf/aus
  - Anfechtung eines Generalversammlungsbeschlusses 1898 ff.
  - Anerkennung als Aktionär, Eintragung 674 ff.
  - Auflösung oder Abfindung aus wichtigem Grund 1939 ff.
  - Auskunft und Einsicht 1309 ff., 1859 ff.
  - Einberufung einer Generalversammlung und Traktandierung 1270 ff.
  - Feststellung der Nichtigkeit 1920 ff.
  - Rückerstattung ungerechtfertigter Gewinnentnahmen 1433
  - Verantwortlichkeit 1968 ff.

Kleinaktien → Aktien
Kleingesellschaften → geschlossene AG
Kognition → Handelsregisterführer
Konkurrenten → Vinkulierung nichtkotierter Namenaktien
Konkurrenzverbot → Verwaltungsrat

Konkurs 1715 ff.
(siehe auch Überschuldung und Sanierung)
- Konkursaufschub 1715
- Tantiemen 1435

Konkursaufschub 1715 ff.

- Antrag 1716
- Nachlass-Stundung, Abgrenzung 1715
- Sachwalterschaft 1718
- Sanierung, Aussicht auf 1717
- Verfügung über den Konkursaufschub 1718 ff.
- Veröffentlichung oder Geheimhaltung 1719 f.
- Zwangseinwirkung auf Gläubiger 1721

Konsolidierung → Konzernrechnung
Konsolidierungsbonus → Konzernrechnung
Kontrollrechte → Nichtigkeit
Kontrollstelle → Revisionsstelle
Konvergenz → Spitzenverfassung
Konzernanhang → Konzernrechnung
Konzernleitung → Verwaltungsrat, Hauptaufgaben
kotierte Namenaktien → Vinkulierung kotierter Namenaktien

Konzernrechnung 1163 ff.
- Abschreibungen 1236
- als ob-Prinzip 1168
- Befreiungsbonus für Zwischengesellschaften 1197 ff.
- Beherrschung 1191
- Bestandteile 1240 ff.
- Bindung an die eigenen Regeln 1238 f.
- Bonus für den Einzelabschluss 1201 ff.
- EG-Recht 1253
- eigene Aktien 415
- Eigenkapital-Methode 1213 ff.
- Eigenkapitalzuschreibungen 1234 ff.
- einheitliche Leitung 988, 1179 ff., 1993
- Einheitlichkeit, Grundsatz 1227
- Equity-Methode 1214
- Forderungsverzicht 1165
- Gewinnrücklage 1220
- Grundschritte (fünf) 1215 ff.
- gruppeninterne Finanzierungen 1218
- intertemporales Recht 2142/42a
- Kapitalaufrechnungsdifferenz 1221
- Kapitalrücklage 1220
- Kleinkonzerne, Freistellung 1192
- Konsolidierung 1196 ff.
  - Bonus 17
  - Kreis 1203 ff.
  - Methode 1209 ff.
  - Regeln 1223 ff.
  - Reserve 1221
- Konzernrechnungsanhang 1245 f.
- Konzernbilanz 1243 f.
- Konzernerfolgsrechnung 1241 f.
- Konzernerläuterungsbericht 1834
- konzerninterne Lieferungen und Leistungen 1173, 1218
- konzerninterne Verschiebung 1149
- Konzernjahresbericht 1247 f.
- konzernmässiger Beistandszwang 1176
- Konzernprüfer, Wahl 1805
- Konzernprüfung, Konzernrevision 1239, 1790, 1805, 1848,
- Kriterien 1193 ff.
- Minderheitsaktionäre, Beteiligung 1199
- Obligatorium 811
- ordnungsmässige Rechnungslegung im Konzern 1225 ff.
- Prüfung, obligatorische 1239, 1805, 1848
- Quotenkonsolidierung 1212
- Revisoren 1790, 1805
- Tageswertmethode 1236
- Verschachtelung 812, 1174
- Vollkonsolidierung 1211
- Zusammenfassung sämtlicher Rechenwerke 1166
- Zuschreibungen zum Eigenkapital 1229 ff.
- Zwischenergebnisse 1219
- Zwischenkonzern, Befreiung 1197 ff.

Konzernrecht 1177 ff.
- Bekanntgabepflicht im Anhang, Auswirkungen 986 ff., 1180
- Durchgriff 1182
- eigene Aktien 388, 412 ff.
- einheitliche Leitung 988, 1179, 1993
- Fehlen eines positiven Konzernrechts 1177 ff.
- Konzern und Konsolidierung 1177 ff.
- Querdurchgriff 1183
- Rechtssicherheit 1186
- Weisungsabhängigkeit im Konzernverhältnis 1633 ff.

Konzernrevisionsbericht → Konzernrechnung
Krise → Unternehmenskrise
Kursgarantien → eigene Aktien
Kursmanipulation → eigene Aktien

L

Lagebericht → Jahresbericht
Leasing → Bilanz
Legal Audit
- keine allgemeine Pflicht 1569
- Revisionsstelle 407, 1810, 1837
Legalitätsprüfung → Revisionsstelle
Lex Friedrich
- Bankengesetz 617
- Gründung 132
- Immobiliengesellschaft 612–15
- Schlussbestimmungen, Art. 4, 625–26
- Vinkulierung der Namenaktien 607, 611 ff.
Liberierung → Einlage
Liquidation 1955 ff.
- Liquidatoren 1959 ff.
- Quoren 1402
- Verteilung des Ergebnisses 1956 ff.
- Vinkulierung 569

M

Mehrheit, qualifizierte → Beschlussquorum
Mehrstimmrechtsaktien → Stimmrechtsaktien
Minderheitenrechte
(siehe auch Klagerechte)
- Abfindung von Minderheitsaktionären 1952
- Ansetzung eines Traktandums 1273 f.
- Auflösungsklage 1939 ff.
- Begehren um Einberufung oder Ansetzung von Traktanden 1269 ff.
- Gruppenvertreter im Verwaltungsrat 1473 ff.
- Individualrecht 1273 Anm. 31, 1856
- Minderheitsaktionäre 1130, 1185, 1199
- Sonderprüfung 1850 ff.
- Sonderversammlung 350 ff., 484, 1475
- Traktandierung 1276
- vinkulierte Namenaktien 740/41
Minderheitenschutz → Einlage, Minderheitenrechte
Mindestdividende → Dividende
Mindesteinlage und Mindestkapital
  → Aktienkapital
Mindestnennwert → Aktien
Mitarbeiteraktien 448 ff.
- AHV- und Steuerrecht 86, 452
- bedingte Kapitalerhöhung 450
- Giesskannen-Prinzip 227
- Minderheitsvertreter 1480 ff.
- Mitarbeiterbeteiligung mittels PS 475
- Optionen auf 227
- Stock option plan 227
- Verwaltungsratssitz 1482
Mitbestimmung 1750 ff.
Mittelflussrechnung 998 ff.
- Bargeld-Wirksamkeit 1148 f.
- Beispiele 1003–1005
- Cash-flow 1001/1002, 1078
- Erläuterungsbericht 1833
- Finanzlage, Beurteilung 820/21
- Fonds 1001, 1078
- Kontrollinstrument 1000
- Liquiditätsveränderung im Rechnungsjahr 1005
Mittlere und kleinere Aktiengesellschaften
  → geschlossene AG
Mitverwaltungsrechte → Mitwirkungsrechte oder Aktienstimmrecht
Mitwirkungsrechte
- Aktienstimmrecht 1334 ff., 1379 ff.
- dispositive 518
- Namenaktionäre ohne Stimmrecht 656
- Partizipanten 499 ff., 1296
- Sonderversammlung der Partizipanten 501
- Teilnahmerechte 1296, 1305
- Vinkulierung der Namenaktien 763
Monismus → Spitzenverfassung

N

Nachlassverfahren → Konkursaufschub
Nachrangigkeit → Rangrücktritt
Namenaktien → Vinkulierung kotierter bzw. nichtkotierter Namenaktien
Nationalitätsvorschriften 1465
- Verwaltungsrat 1465, 1768
- Vinkulierung 604 ff.
Nennkapital → Aktienkapital
Nennwert → Aktien
Nichtigkeit 1920 ff.
- Aktien, vor der Eintragung ins Handelsregister 126
- EG-Recht 1963 ff.
- eigene Aktien 1932

- Einberufung, mangelhafte 1303
- Eingriffe in Kernrechte des Aktionärs 1924 ff.
- Entnahmesperre, gesetzliche 1415
- Fehlen des Revisionsberichtes 1819
- Generalversammlungsbeschlüsse 139
- Grundstruktur der AG 1928 ff.
- Kapitalschutz 1928 ff.
- Klage auf Feststellung 1920 ff.
- Kontrollrechte 1927
- Nichtigkeitstatbestände 1923 ff.
- Partizipationsscheine 500
- Rechtssicherheit 1922, 1925f., 1937 f.
- Rückgewähr des Aktienkapitals 1930
- Rückkauf eigener Aktien, gesetzwidriger 398 ff.
- Statutenänderungen 139
- Verwaltungsratsbeschlüsse 1514 ff.

Nichtkotierte Namenaktien → Vinkulierung
Niederstwertprinzip → Bewertungsregeln
Non-versé → Teilliberierung
Notar → öffentliche Urkunde

Nutzniessung
- Vinkulierung 569
- Quote 590

O

Oberaufsicht → Verwaltungsrat, Hauptaufgaben
Oberleitung → Verwaltungsrat, Hauptaufgaben

Obligationsanleihen
- Bilanzierung, Anhang 945/46
- mit Optionsscheinen → bedingtes Kapital

Offenlegung der Jahresrechnung 1106 ff.
- Bekanntgabe Aktienpaketen im Anhang 981 ff.
- EG-Gesellschaftsrecht, Unterschiede zum Standard 1324, 1449
- Einsichtgewährung gegenüber Gläubigern 1329
- Frist für Veröffentlichung 1328
- Jahresbericht ausgenommen 1326
- offenlegungspflichtige Angaben 1225 ff.
- Rechnungslegung 802, 1321
- Revisionsbericht 1321
- Veröffentlichung 1326
- Zusendung 1327

- Zwischengesellschaft 1199

Öffentliche Urkunde
- Änderungsbeschluss 135 ff.
- Anpassungsbeschluss des Verwaltungsrates 136 f., 215 ff., 252
- Durchführungsbeschluss (nicht in öffentlicher Urkunde) 188
- Ermächtigungsbeschluss 185 f.
- Feststellungsbeschluss des Verwaltungsrates 136 f., 215 ff., 252
- Gründung 55
- Gründungsstatuten 107 ff.
- Inhalt des Erhöhungsbeschlusses 173 ff.

Omnipotenztheorie → Generalversammlung
Optionsanleihen, Optionsscheine → bedingtes Kapital
Ordnungsmässige Rechnungslegung → GOR

Organe 1254 ff.

Organschaft
- Doppelorgane 1990 ff.
- Durchgriff 1181
- in der Untergesellschaft 989
- Organstellung im Konzernverhältnis 1181

Organvertreter → Stimmrechtsvertretung, institutionelle
Organisationsverantwortung → Verwaltungsrat, Hauptaufgaben

Organisationsreglement 1533 ff., 1586 ff.
- Anpassung der Organisation 1554
- befugte Delegation 1586 ff., 1976 ff.
- Berichterstattung 1541 ff., 1550
- erstmaliger Erlass 2180/81
- Genehmigungsvorbehalt der Generalversammlung 1551
- Hauptaufgaben des Verwaltungsrates 1533 ff.
- Information 1501
- Mindestinhalt 1536 ff.
- schriftliche Orientierung von Aktionären und Gläubigern 1552 f.
- Verankerung der Delegation 1586 ff.
- Vertretungsbefugnis 1579, 1581
- Zeichnungsberechtigung 1581

P

Paritätstheorie → Generalversammlung
Partizipationskapital 920
- Beschränkung auf das Doppelte des Aktienkapitals 497 f.
- Bilanz 916, 920
- eigene Aktien, Begrenzung 383
- Erhöhung 165
- Ersatz von Ausdrücken 2043
- kein Mindestkapital 487
- Partizipations- und Genussscheine 2061, 2068

Partizipationsscheine und Partizipanten 466 ff.
- Abweichungen im Einzelfall 526 ff.
- Anfechtungs- und Verantwortlichkeitsklage 517
- Anrecht übers Kreuz 521
- Antrag auf Sonderprüfung 513 f.
- Auflegung der Beschlüsse 1331 f.
- Auskunftsrecht 511 f.
- Bedeutung auf dem Kapitalmarkt 473 ff.
- Beschränkung auf das Doppelte des Aktienkapitals 497 f.
- Bezugsrecht 521 ff.
- EG-Recht 537–39
- EG-Recht, aufschiebend-bedingtes Stimmrecht 538
- Einsichtsrecht 511 f.
- Entstehung 467 ff.
- Erhöhung von Aktien- und Partizipationskapital 523 ff.
- Generalversammlung 1294/95
- Generalverweisung auf das Recht der Aktien 480
- Gläubigergemeinschaft 470, 477
- Gleichstellungsartikel 479/80, 488
- Hinterlegungsvorschriften 1296
- Hinweispflichten 516
- intertemporales Recht 2084 ff., 2235 ff.
- kein Stimmrecht 500
- Mitarbeiterbeteiligung 475
- Mitwirkungsrechte 1296
- Mitwirkungsrechte, Verleihung von 518, 520
- Orientierung über Einberufung, gefasste Beschlüsse 508, 515
- Protokoll 1332
- Rechtsstellung, unterschiedliche 482 ff.
- Rückrufklauseln 481
- Schutz vor rechtlicher Zurücksetzung 490
- Sonderprüfung 1298
- Sonderstimmrecht 492
- Sonderversammlung der Partizipanten 486, 490, 501
- stimmrechtslose Aktie 478, 494, 500, 654
- Teilnahmerechte 1296, 1305
- Umwandlung von PS in Aktien 485/86
- ungleiche Erhöhung 525
- unverbriefte PS 496
- Verbindlichkeitsklausel 471
- Verfahrensvorschriften 520
- Verwaltungsratssitz, Einräumung 502 ff.
- vinkulierte PS 488/89
- Vorzugs-PS 484

Patronatserklärungen → Anhang
Penny Stock → Aktien
Periodizität → GOR
Personenbezogene Aktiengesellschaft → geschlossene AG
Pfandnahme → eigene Aktien
Pflichtaktien, Abschaffung 1722 ff.
(siehe auch Qualifikationsaktie)
- intertemporales Recht 2172 ff.
- Hinterlegung sicherheitshalber 1722
Positive Vorwirkung → intertemporales Recht
Präsenzquorum 1379 ff.
- Abschaffung 138
- Firma 1384
- Petrifizierungsklauseln 1403
- Wegfall 1383
Präsident des Verwaltungsrates 1487
- Auskunftserteilung 1501
- Delegation 1608
- Ermächtigung für Zugang zu Informationen 1504/05
- interne Leitungsfunktion 1532, 1664
- Stellung 1488, 1532
Präsidialsystem → Spitzenverfassung
Prioritätsaktien → Vorzugsaktien
Prospekt → Emissionsprospekt
Protokoll 1492
- Einsichtsrecht 1332
- Führung des 1317 ff.
- Geheimhaltungsinteresse 1493
- Generalversammlung 1317
- institutionelle Stimmrechtsvertretung 1318

- Nichtprotokollierung 1417
- Verwaltungsrat 1492/93, 1876 Anm. 37

Publizität → Jahresrechnung, Offenlegung

Q

Qualifikationsaktie
- Aktionärseigenschaft 112, 1467
- bei der Gründung 112, 122
- Pflichtaktien 1625
- Statutenanpassung 2267

qualifizierte Mehrheit → Beschlussquorum

Quorum → Beschlussquorum und Präsenzquorum

R

Rangrücktritt 1699 ff.
- Forderungsverzicht 1705
- Gefahren der neuen Regelung 1706 ff.
- Rücktritt im Rang, reiner 1700 ff.
- Schuldanerkennung 1701
- Stundung der Tilgung 1703
- Stundungsrücktritt 1703 ff.
- Überschuldung, Zustand der 1704
- Zinsstundung 1703

Realisationsprinzip → GOR, Bewertungsregeln

Rechnungsabgrenzung → GOR

Rechnungslegung 783 ff.
  (siehe auch GOR, Bilanz, Erfolgsrechnung, Anhang, Jahresbericht, Eigenkapital, Bewertungsregeln, Rückstellungen, Reserven, stille Reserven)
- Abschluss–Stichtag, Ereignisse nach 862–64
- → Abschreibungen
- Anpassungen an Besonderheiten 869
- Anschaffungskostenprinzip 1103
- Anschaffungswert, Vorsicht 830 ff.
- Aufwand, aktualisiert 833
- Aufwandposten, nicht-bare 1037 ff., 1054 f.
- Ausbuchungen 1049
- ausserordentliche Erträge 1076
- Beurteilung, möglichst zuverlässige 816, 837, 1092, 1135
- Bewertung nach den historischen Kosten 834
- Bewertung zu Anschaffungskosten, Prinzip 806
- Bild, entsprechendes 817–18
- BiRiLiG 37
- Bruttoprinzip 807, 845
- Debitorenreserve 1053
- Delkredere-Rückstellungen 1053
- direkt dem Eigenkapitalkonto belastet 977 ff.
- EG-Recht 861, 1107 ff.
- eigene Aktien, Ausweis 810
- Einzelabschluss 1232 f.
- Einzelbewertung 855 ff., 861
- Erfolgskontrolle 798
- Ergebnisausweis, periodengerechter 1071
- Ertrag, ausserordentlicher 1076
- Ertrag, realisiert 832
- Ertragslage, wesentliche Verzerrung 808
- Eventualverbindlichkeiten 1062 f.
- Finanzlage 819 ff.
- Führungsinstrument 796
- Geldentwertung 1081
- Gesamtposten 858
- Imparität, Grundsatz 805, 830 ff.
- Inflation 1081
- intertemporales Recht 2135 ff.
- kaufmännische Buchführung 785, 854
- konsolidierte, Obligatorium 811
- Mindestanforderungen 816
- Mindestgliederung 807, 846
- möglichst zuverlässige Beurteilung der Vermögens- und Ertragslage 816, 837, 1092, 1135
- nicht-bare Aufwandposten 1037 ff., 1054 f.
- nicht–barer Ertrag 1074ff., 1149
- Niederstwertprinzip 836
- Offenlegung, Zusammenhänge 802
- Periodenabgrenzung 852, 906, 1065, 1071
- → Rückstellungen
- Saldierungsverbot 788, 845–47, 872
- Schutzklausel 873–74
- sicherer Einblick 816
- Stichtagsprinzip 864
- Systemschutz 799
- Tageswert 1102 ff.
- true and fair view 816 ff.
- Verkettung Bewertung/Erfolg 1105
- Vermögenseinbussen, künftige 1064 f.
- Verrechnungsverbot 788, 845–47, 870 f., 1075

685

Sachregister

- Verschachtelung 812
- Vorjahreszahlen 822
- Wertberichtigungen 1039 ff.
  - auf den Vorräten 1051
  - im Umlaufvermögen 1050 ff.
- Wiederbeschaffung 1048
- wirtschaftliche Lage des Geschäftes 820

Rechtsausübung, schonende → Bezugsrecht, Anfechtungsklage

Rechtsmissbrauch, Verbot → Bezugsrecht, Vinkulierung

Rechtswahl, intertemporale → intertemporales Recht

Rechtswidrigkeit, qualifizierte → Nichtigkeit

Reglement → Organisationsreglement

Reingewinn → Erfolgsrechnung, Jahresgewinn

Reserven (Rücklagen) 922 ff.
(siehe auch stille Reserven)
- Agio 923
- allgemeine gesetzliche 923–24
- Aufgelder 923
- Aufwertungsreserve 927–31, 1023
- Bilanz 922ff.
- Bilanzverlust 937
- eigene Aktien, Reserve für 385/86, 932–34
- erste Zuweisung zur allgemeinen gesetzlichen Reserve 923
- freie 925
- gesetzliche (allgemeine) 923/24
- offene 123
- Reserve für eigene Aktien 385/86
- Sonderreserven, gesetzliche 382, 925
- → Sperrzahlen im Eigenkapital
- zweite Zuweisung zur allgemeinen gesetzlichen Reserve 923

Revisionsstelle 1769 ff.
- Abberufung durch den Richter 1797
- Abschaffung 1929
- administrative Angelegenheiten 1495
- Amtsdauer 1793 f.
- Anspruch auf Anhörung des Verwaltungsrates 1826
- Aufwertungsprüfung 1022
- Befähigung 1775 ff., 1784 ff., 1817
- Benachrichtigung der Generalversammlung 1807, 1824 ff.
- Benachrichtigungspflicht 1822ff.
- Berater-Revisors 1791

- besondere Prüfung 1804
- besonders befähigte Revisoren 1778 ff.
- Bewertungsgrundsätze 969
- Bilanzerklärung 1811
- Büchersachverständige, unabhängige 1770
- Dividendenantrag des Verwaltungsrates 1413
- EG-Recht 1841 ff.
- eigene Aktien 407
- Einberufung der Generalversammlung 1821
- Einsetzung und Abberufung 1793 ff.
- Einzelvorgänge, Prüfung 1781
- Empfehlung an die Generalversammlung 1816
- Erläuterungsbericht 1830 f.
- Ersatzvornahme 1713 f.
- Ersetzung des Begriffs «Kontrollstelle» 2044 ff.
- Generalversammlung, Benachrichtigung 1807, 1824 ff.
- Geschäftsführungsprüfung 1806/07
- Gewinnverwendung 1803
- Grössenmerkmale 1779, 1847
- Gründung 134
- Haftung 1994 ff.
- Interessenkonflikt 1769
- interne Veränderungsbilanz 1136 ff.
- intertemporales Recht 2144 ff., 2268 ff.
- Jahresbericht des Verwaltungsrates 1800
- Jahresrechnung, Genehmigung mit oder ohne Einschränkung 1816
- Konzernerläuterungsbericht 1834
- konzerninterne Prüfung 1790
- Konzernprüfer 1239, 1805, 1848
- Konzernrechnung 1780
- Konzernrechnungsprüfung, obligatorische 1239, 1804/05, 1848
- Kriterien 1778, 1779 f.
- Laienrevision 1771, 1776
- legal audit 1810, 1837
- Mängel der Geschäftsführung 1823
- Meinungsverschiedenheiten 1812/13
- Meldung von wichtigen Gesetzesverstössen 1827
- Organisation 1836
- Prüfung der Konzernrechnung 1239, 1805
- Prüfung, Durchführung 1831
- Prüfungsbericht an Aktionäre 1413, 1815

- Prüfungsgegenstände 1802/03
- Prüfungsgesellschaft 1789
- Prüfungsthema 1798 ff.
- Revisionsbericht, Fehlen des 1415, 1818 ff.
- Revisionshaftung 1994 ff.
- Revisoren ohne besonderen Fähigkeitsausweis 1782 ff.
- Rücktritt 1795 f.
- Schweigepflicht 1835/36
- Schwellenwerte 1780
- Sonderprüfer 1874/75
- stille Reserven 1136 ff.
- Überschuldung 1829
- Unabhängigkeit 1788 ff., 1817, 1839
- → Verantwortlichkeit
- Verstösse, schwerwiegende 1807
- Verwaltungsrat 1825
- Vollständigkeits- oder Bilanzerklärung 1811
- Vorschlagsverantwortung 1787
- Wahl der Konzernprüfer 1805
- welches Gesetz? 1809/10
- Wertfestlegung 707/8
- Zulassungsverfahren 1843
- Zwischenabschluss 1694/95

Revisionsbericht → Revisionsstelle

Revisionshaftung 1994 ff.
- Ausdehnung 1996/97
- Prüfung des Anhangs 1996
- Solidarität mit Leitungsorgan 1998 ff.

Revisor, besonders befähigter 1778 ff.
- bedingtes Kapital 247 ff.
- intertemporales Recht 2144
- Kapitalherabsetzung 45
- Konzernprüfer 1805
- Liquidation 1956
- Prüfung der «Befähigung des Revisors» 131
- Schwellenwert 1780

Rückerstattung → Gewinnentnahme, ungerechtfertigte

Rückgriff → Verantwortlichkeit

Rücklagen → Reserven

Rückstellungen 1054 ff.
- Aktualisierungsprinzip 1064
- Arten 1056 ff.
- Auflösung überflüssig gewordener Rückstellungen 1074 ff.
- ausserordentliche Erträge 1076
- Bilanz 915
- Bildung 1071 ff., 1080
- Delkredere-Rückstellungen 1053
- Eigenbeleg 1074
- Eigenversicherung 1066
- Erfolgsrechnung, Ausweis 1095
- Eventualverbindlichkeiten 1062
- Faktizitätsprinzip 1061
- Generalrückstellungen für allgemeine Unternehmensrisiken 1067 ff.
- Globalrückstellungen 1066
- Nichtauflösung einer überflüssig gewordenen Rückstellung 1101
- Periodenabgrenzung 1065
- Rechnungslegung 890
- schwebende Geschäfte 1064
- Sonderaufwendungen 1689
- Steuerrückstellungen 915
- Terminologie 1053
- überflüssig gewordene 1099 ff.
- Unternehmenssteuern 1059 ff.
- Verluste (drohende) 1064
- Vermögenseinbussen, künftige 1064 f.
- Verrechnung von Aufwand und Ertrag aus Rückstellungsveränderungen 1075
- Verwendung im engeren Sinne 1077
- Zahlungen, weit in der Zukunft liegende 1073

Rückstellungen zu Wiederbeschaffungszwecken 1079 ff.
- Abschreibung (planmässige) ungenügend 1084
- Abschreibung unter Null 1089 ff.
- Abschreibung vom Wiederbeschaffungswert 1085
- Abschreibungen, indirekte, unter Null 1094
- Abschreibungen, zusätzliche 1093
- Erfolgsrechnung, Ausweis 1095
- Geldentwertung, Inflation 1079, 1081 f.
- Komplexität (zunehmende) 1079
- Kritik 1096 f.
- Stand der Technik 1104
- Substanzerhaltung 1084
- Wertberichtigungen 1098
- Wiederbeschaffungskosten 1079 ff.

Rücktritt im Rang → Rangrücktritt

S

Sacheinlage, Sachübernahme 69 ff.
- Absicht zur Sachübernahme 74
- Aufhebung der Sacheinlage- oder Sachübernahmeklausel 91 ff.
- Formvorschrift 78
- Güteraustauschgeschäfte mit Dritten 72 f.
- Sachübernahme 98
- Schuldübernahme im Augenblick der Gründung 98
- Stimmrechtsaktien 330
- zeitliche Abgrenzung 75
- Zusammenhang mit der Gründung 74

Sachverwalter → Konkursaufschub
Saldierungsverbot → GOR
Sanierung → Überschuldung und Sanierung

Schiedsklauseln in den Statuten
- Anfechtungsklage 1919
- Schiedsgericht 2278

Schlussbestimmungen 2037 ff.
(siehe auch intertemporales Recht)
- Art. 6 2189 ff.
- Ersatz von Ausdrücken 2039 ff.
- Grundkapital 2042/43
- intertemporales Recht, Hauptregeln 2048 ff.
- materiellrechtliche Sonderregeln 2037, 2182 ff.
- Statutenanpassung (pragmatisches Vorgehen) 2197 ff.
- Übergangsbestimmungen 2047 ff.

Schuldübernahme → Gründung, Sacheinlage, Sachübernahme
Schuldverpflichtungen, nachrangige → Rangrücktritt

Schutzklausel zur Jahresrechnung 873/74
- Anhang 958
- Auskunftsbegehren 1313

Schweigepflicht → Verwaltungsrat, Sonderprüfung, Revisionsstelle
Simultangründung → Gründung

Sitzverlegung 1388

Societas Europaea («SE»)
- Vorschlag zu einer Verordnung 35
- → EG-Recht, passim

Solidarität, differenzierte → Verantwortlichkeit

Sonderprüfung 1850 ff.
- Abberufung des Sonderprüfers 1882
- Antrag eines Partizipanten 513 f.
- Auskunft 1866
- Ausübung der Aktionärsrechte 1870
- Begründung 1865 ff.
- Bekanntgabe 1886 ff.
- Bereinigungsverfahren 1881/82
- Destabilisierung 1896
- EG-Recht 1963 ff.
- eigene Aktien 411
- Einsicht 1866
- Gegenstand, Umschreibung 1873
- Geheimsphäre 1876 ff.
- Generalversammlung 1297, 1859
- geschlossene Gesellschaften 1895
- Gesuchsverfahren vor dem Richter 1864 ff.
- Glaubhaftmachung 1867/68
- Hauptfragen 1854
- Individualrecht (keines) 1856
- Kostentragung 1893 f.
- Kumulation von Anforderungen 1868
- Minderheitsrecht 1856 ff.
- Mitwirkungsrechte 1870
- Orientierungstraktandum 1889
- Partizipant 513 f.
- Rechtsmittel 1885
- Revisionsstelle 1874
- Runden 1876 ff.
- Sachverständige, Auswahl 1874/75
- Schädigung der Gesellschaft 1867
- Schwellenwerte 1856
- Sonderprüfungsbericht 1884
  - Aushändigung 1892
  - Gegenstand 1873
  - Unterbreitung an Generalversammlung 1888 f.
  - Tatsachenforschung 1872
- Statutenverletzung 1867
- Stellungnahme des Verwaltungsrates 1878
- Streitgenossen 1857
- subsidiäre Natur 1860
- Tatsachenforschung 1872
- Unterbreitung 1888 ff.
- Untersuchungsrecht, Grenzen 1877
- ursächlicher Zusammenhang 1869
- Verantwortlichkeitsklage 1852, 2028
- Verfahrensregeln 1855 ff.

Sonderregelung für personenbezogene Aktiengesellschaften → geschlossene AG

Sonderversammlung → Minderheitenrechte, Partizipationsscheine, Generalversammlung

Sondervorteile
- Gründung 76
- Kapitalerhöhung 166, 200
- Streichung in den Statuten 93

Sorgfaltspflicht → Verwaltungsrat
Spaltungstheorie → Vinkulierung, Hauptaufgaben
Sperrkonto → Gründung

Sperrzahlen im Eigenkapital 935 ff.
- Ausschüttungssperrzahl 304, 379, 382
- Bedeutung 935 ff.
- gesperrte Verwendung 924, 935 ff.
- Nennkapital 795

Spitzenverfassung 1726 ff.
- Aufsichtsratsfunktionen 1733 ff.
- Bankenverwaltungsrat 1612
- Begleitfunktion 1758
- Board System 1611, 1759 ff., 1766
- dualistisches System 28
- EG-Recht 1767 ff.
- Ereignisnähe 1755
- Funktionstrennung 1604
- Gestaltungsfreiheit 1594
- horizontale Zuordnung der Funktionen 1759
- informelle Kerngruppen 1756 f.
- Konvergenz der Systeme 1745 ff.
- mangelnde Übereinstimmung von Aufgaben und Mitteln 1754 f.
- Modelle einer Aktiengesellschaft 1459
- monistisches System 1583 ff.
- offenes System 1594
- Präsidialsystem 1608 ff.
- Schweizer Modell 1758 ff.
- Schweizer Verwaltungsratssystem 1766
- Trennsystem 1765
- Überprüfung der Prüfung 1755
- Vergleich Verwaltungsrat und Vorstand/Aufsichtsrat 1732 ff.
- Verwaltungsrat und Geschäftsleitung 1595 ff.
- Vorstandsfunktionen 1738 ff.
- Wahlrecht im EG-Recht 1767

Stammaktien → Aktien
Stampa-Erklärung → Handelsregister

Statuten 106 ff.
   (siehe auch Statutenänderung)
- allgemeine offene Reserve 123
- Angabe der Teilliberierung 110
- Anpassung der Statuten 215ff., 252, 757, 2197 ff.
- Anzahl Genussscheine 534
- Art der Ausübung der Vertretung 111
- Aussagen zur gültigen Berufung auf Art. 4 Schl.Best. 628 ff.
- bedingtes Kapital, rechtliche Verankerung 234 ff.
- Delegation durch die Statuten selbst? 1588 f.
- Delegationsnorm 1586
- Delegationssystem (konkretes), Wahl 1593 ff.
- genehmigte Kapitalerhöhung 186 f.
- Geschäftsbereich, Erweiterung und Verengerung 116
- Gründungsstatuten, bedingt notwendiger Inhalt 113 ff.
- Gründungsstatuten, notwendiger Inhalt 107 ff.
- Inhalt u.a. 107 ff., 554 ff., 714 ff., 1475
- intertemporales Recht 2197 ff.
- Mitwirkungsrechte des Partizipanten 519
- Nichtigkeit 500
- Pflichtaktien, Streichung 112
- Qualifikationsaktie 112
- Schiedsklauseln 1919
- Schranken der Ermächtigung 1589
- Sippen-Klauseln 738/39
- Statutenklausel: Aktien als unverbriefte Wertrechte 357
- Umwandlungsklausel für PS 485
- Verankerung der Vinkulierung 553 ff., 712 ff.
- Verrechnung, keine Angabe 117
- Vertretung, Ausübung der, 111
- Vinkulierung 553 ff., 712 ff.
- Vorbehalt der Genehmigung 1592
- Vorhand- und Vorkaufsrechte 755–57
- wirklicher Wert, Festlegung 705
- zusätzliche Statutenbestimmungen, notwendige 341
- Zweck der Gesellschaft 108

Statutenänderung 135 ff.
- Anpassungsbeschluss des Verwaltungsrates 136 f., 215 ff., 252
- Generalversammlung 136
- Inkrafttreten der geänderten Statuten 140 ff.
- intertemporales Recht 2057 ff., 2182 ff., 2197 ff.

- Kapitalerhöhung 163 ff.
- Liquidation 1402
- lock-up 1400 ff.
- öffentliche Urkunde 186 f., 135 ff., 215 ff., 252
- ohne qualifizierte Mehrheit 1408 ff.
- Petrifizierungs-Klauseln 1400 ff.
- qualifizierte Mehrheit 1379 ff.
- Siegwart-Regel 1405
- Verwaltungsrat 457
- Vinkulierung, sofortige Ausserkraftsetzung 1402
- wichtige Beschlüsse (qualifizierte Mehrheit) 1379 ff.

Steuern → Aufwand für Steuern, Rückstellungen, Unternehmenssteuerrecht

Stichentscheid
- in der Generalversammlung 1385
- im Verwaltungsrat 1489

Stille Reserven 1112 ff.
- Anhang 965
- Auflösung 1120 f., 1140 ff.
  - ohne Dazutun des Verwaltungsrates 1139
  - willentliche 1140 ff.
- Ausrichtung einer möglichst gleichmässigen Dividende 1128
- Ausschüttung einer nichtverdienten Dividende 1158
- Ausweis 1134
- Bargeld-Wirksamkeit 1148 f.
- Berücksichtigung der Interessen aller Aktionäre 1128, 1130
- Bildung 1122ff., 1132
- dauerndes Gedeihen des Unternehmens 1128
- Dividende 1159
- EG-Recht 1160 ff.
- Erfolgsdarstellung, als Problem 1116
- erfolgsneutral anwachsende 1117, 1120
- Erfolgswirksamkeit 895 ff., 1118/19
- erwirtschaftetes Ergebnis 965
- frühere Auffassung 1113 ff.
- Geldentwertung 1118
- Generalrückstellung für allgemeine Unternehmensrisiken 1067 ff.
- gewillkürte 1125
- Gewinnsituation, Verbot einer verzerrten Darstellung 1135
- Jahresbericht 1154

- Kompromiss, politischer 1128, 1150
- kritische Würdigung 1156 ff.
- Mitteilung an die Revisoren 1136 ff.
- Nettoauflösung im Anhang 962 ff.
- Nichtauflösung einer überflüssig gewordenen Rückstellung 1101
- Übergang zu einem neuen Bewertungssystem 1146
- Veränderungsbilanz, interne 965 ff., 1136 ff., 1153
- Verwaltungsrat 1151
- Verwendung aufgelöster stiller Reserven für Ausschüttungen 1155 ff.
- Wesentlichkeit, Schwelle 966
- Wirkungszusammenhänge 1112 ff.

Stimmabgabe, schriftliche
→ Stimmrechtsvertretung

Stimmrecht → Aktienstimmrecht

Stimmrechtsauschluss und -beschränkung
- für eigene Aktien 387, 1443
- Entlastungsbeschluss 1318
- Interessenkollision 1267
- Vinkulierung kotierter Namenaktien 645 ff.

Stimmrechtsaktien 342 ff.
- Änderung der Verfassung der Gesellschaft 1394
- Aufteilung grösserer Nennwerte 1393
- Bedeutung 342 ff.
- Beschlussquorum 337
- EG-Recht, Tendenzen 319
- Eigenverantwortung, organisatorische 333
- Einführung 1390 ff.
- Führungsschwergewichte 331
- Gratisaktien 1393
- Gruppenvertreter im Verwaltungsrat 1473 ff.
- Kapitalmehrheit 340
- keine Abschaffung 346
- Mehrstimmrechte, keine direkten 325
- Nachteile 331
- nicht Inhaberaktien 326
- Präsenz- und Beschlussquoren in der Generalversammlung 1388
- Schranke für Einführung 336 f.
- Sonderprüfung 338, 1861
- Stimmkrafthebel 335, 343, 2069
- Stimmkraftprivileg eingeschränkt 339
- Superstimmrechtsaktien 1392

690

– Vertreter im Verwaltungsrat 341
– Zerlegung des Nennwerts 1393
Stimmrechtslose Aktien → Partizipationsscheine
Stimmrechtsvertretung, individuelle
– Verwaltungsrat, Anordnungen 1293
– Vollmacht 1263 f.
Stimmrechtsvertretung, institutionelle 1334 ff.
– Angabe über 1314
– Bankensystem 1341
– Bekanntgabe 1367 f.
– Bindung an die Weisung 1378
– Depotstimmrecht der Banken 1334, 1339 ff.
– Depotvertreter 1343, 1352 ff.
– deutsches Aktienrecht 1339
– EG-Recht 1444 ff.
– Einschaltung von Zwischenstellen 1341
– Ersuchen um Weisungen 1347 ff.
– Hauptfragen 1336
– Innenverhältnis Aktionär/Vertreter 1346
– Interessenkonflikt 1357
– Meldepflicht der institutionellen Stimmrechtsvertreter 1365
– Organvertreter 1355 ff.
  – keine Weisung 1359
  – unabhängige Person 1358
– Organvertretung 1338
– Protokoll 1318
– Sanktionen 1369 ff.
– Transparenz 1364
– unabhängige Drittperson 1360
– unterlassene Meldung des Stimmrechtsvertreters 1370
– unterlassene Mitteilung des Vorsitzenden 1371 ff.
– Verhalten mangels Weisungen 1351 ff.
– Verpflichtung zur Ausübung der Rechte 1353
– Verwaltungsrat, Anordnungen 1293
– Weisungsbefolgung 1344/45, 1378
– Zustellung des Materials 1361 ff.
Stundung → Rangrücktritt, Konkursaufschub
Sukzessivgründung → Gründung

T

Tantiemen
– Gewinnanteil 1420
– Gewinnentnahme, ungerechtfertigte 1426
– Konkurs 1435
– Verwaltungsrat 1509
Teilliberierung
– Eigenkapital, Verwendung von 456
– non-versé 47, 206, 919
– Statutenangabe 110
– teilliberierte Aktien 453 ff., 568
Teilliquidationstheorie → Verrechnungssteuer
Teilnahmerecht → Mitwirkungsrechte
Terminierung → intertemporales Recht
Titeldruck, aufgeschobener → Aktien
Traktanden 1271 ff.
– Ergänzung der Traktandenliste 1273
– Generalversammlung 1271
– Orientierungstraktandum 1299
– Traktandieruungsrecht 1273
Transparenz
– Anhang 939 ff.
– bedeutende Aktienpakete 981
– institutionelle Stimmrechtsvertretung 1334 ff. 1364
– Offenlegung der Jahresrechnung 1106
– Organisation der Geschäftsführung 1552
– Rechenschaftsablegung 803
– stille Reserven 962 ff., 1121, 1140
– Verbesserung 8
– Zusammenhänge Rechnungslegung/Offenlegung 802
Trennsystem → Spitzenverfassung
Treuepflicht des Verwaltungsrates 1624 ff.
– dealing at arm's length 1645
– Insidergeschäfte 1631 f.
– Konkurrenzverbot 1630
– Weisungsabhängigkeit 1633 ff.

U

Überfremdung → Vinkulierung
Übergangsrecht → intertemporales Recht
Übermassverbot → Bezugsrecht, Anfechtungsklage
Übernahme von Vermögenswerten → Sachübernahme

Übernahmeangebot und Übernahmekampf 1661 ff.
- Abwehrmassnahmen 1666
- Aufkäufer 576, 583, 729
- Giftpillen 1669 ff.
- goldene Fallschirme 1670
- Kampfversammlung 1316
- Rollen des Aufkäufers und der Zielgesellschaft 1668
- Stimmrechtsbasis, Schrumpfung 649
- Verantwortlichkeit des Verwaltungsrat einer Zielgesellschaft 1666
- Verschiebung der internen Leitungsfunktion 1664
- Verwaltungsrat 1661 ff.
- Zielgesellschaft 1672

Übernahmerechte, statutarische → Vorkaufs- und Kaufsrechte
Übernahmevertrag → Sachübernahme

Überschuldung und Sanierung 1678 ff.
(siehe auch Konkursaufschub)
- begründete Besorgnis einer Überschuldung 1690
- Bilanzverlust 937
- Ersatzvornahme 1713 f.
- Gang zum Richter 1711 f.
- Kippstelle des Aktienrechts 1677
- komplexer Vorgang 1687
- Konkursaufschub 1715 ff.
- Liquidationswerte 1693
- Nachlassverfahren 1721
- Rangrücktritt 1699 ff.
- Revisionsstelle 1713 f.
- Rückstellungen für weitere Sonderaufwendungen 1689
- Sanierung 1681 ff., 1687
- Sanierung, ernsthafte Aussicht auf 1684
- Sanierungsmassnahmen 1686
- Sanierungsversammlung 1682, 1685 ff., 1698
- Unterbilanz 1021
- Veräusserungswerte 1693
- Weiterwirtschaften trtoz überschuldeter Fortführungsbilanz 1696 ff.
- Wirtschaften ohne Eigenkapital 1704
- Zwischenabschluss und Prüfung 1690 ff.

Umlaufvermögen → Bilanz und Bewertungsregeln
Umwandlung von Namen- in Inhaberaktien → Aktien

Unabhängigkeit → Sonderprüfung, Revisionsstelle, institutionelle Stimmrechtsvertretung
Unabhängige Büchersachverständige → Revisionsstelle
Unverbriefte Namenaktien → Aktien
Universalversammlung → Generalversammlung
Unterbilanz → Kapitalverlust
Untergesellschaft → Konzernrechnung

Unternehmenskrise 1661 ff.
Unternehmenssteuerrecht
- Abschreibung unter Null 1089 ff.
- Abschreibungen vom Wiederbeschaffungswert 1089
- Aufwand für Steuern 891
- Gewinnverwendung 1421
- Kreisschreiben der Eidgenössischen Steuerverwaltung 410
- Revisor, Grundkenntnisse 1360
- Tageswert des abzuschreibenden Wirtschaftsgutes 1090
- Teilliquidationstheorie, steuerliche 408 ff.
- Wiederbeschaffungsreserven 1090

Unterpari-Emission, Verbot → Aktienkapital
Urabstimmung → Generalversammlung

V

Veränderungsbilanz → stille Reserven
Veräusserungswerte → Bewertung

Verantwortlichkeit der Organe 1968 ff.
- Ansprüche ausser Konkurs 2005/06
- Ansprüche im Konkurs 2007 ff.
- befugte Delegation 1976 ff.
- Beurteilung der Neuerung 1988/89
- Beweislastumkehr 1982 ff.
- Décharge 2015 ff.
- Delegation an Nichtorgane 1980 f.
- Delegationsnorm in den Statuten 1977
- Doppelorgane, Haftung 1990 ff.
- EG-Recht 2032 ff.
- eigene Aktien 401
- Einschränkung bei befugter Delegation 1974 ff.
- Entlastungsbeschluss, Wirkung 2015 ff.
- Ersatzanspruch, Geltendmachung 2001 ff.
- Exekutivorgane, Haftung 1969 ff.
- Geltendmachung des Ersatzanspruchs 2001 ff.

- Gesamtschaden 2028 ff.
- Gründungshaftung 1968
- Herabsetzungsgründe 2023, 2025
- Innenverhältnis 2029
- Kostenverteilung 2001
- Mass von Haftung und Informationszugang 1731
- Mitverursachung 2026
- Organisationsreglement 1976
- Pflichtverletzungen 1971
- Prospekthaftung 1968
- Prozesskostenverteilung 2001
- Prozessrisiko 1968, 2006, 2028
- Regressverhältnis 2029
- Revisionshaftung 1875, 1994 ff.
- Rückgriff (Regress) 2030/31
- Schaden der Gesellschaft 2002/03
- Solidarität 2019 ff.
  - absolute 2021, 2027
  - differenzierte 2000, 2022, 2028
  - Leitungsorgan/Revisoren 1998 ff.
- Sonderprüfung 1852, 2028
- Sorgfaltspflicht, objektivierte 1973
- Unterlassungen 1973
- Vergleich mit deutschem Recht 1972
- Verteilung des Prozessergebnisses 2010 ff.
- Verwaltungsrat 1969 ff.
- Würdigung aller Umstände 2030

Verbindlichkeiten, bedingte → Rückstellungen

Verdeckte Gewinnausschüttung → Gewinnentnahme, ungerechtfertigte

Verhandlungsgegenstände → Traktanden

Vermögensrechte
- Aktionärsstellung 659
- eigener Aktien 388
- Mitgliedschaftsrechte, vermögensrechtliche 646
- Partizipanten 480
- Vinkulierung kotierter Namenaktien 646, 763

Verpfändung → Anhang

Verrechnung, Liberierung durch
- Bericht und Prüfung 208 ff.
- Gründung 94 ff.
- Kapitalerhöhung, durch Verrechnung 206
- Statuten 117

Verrechnungssteuer
- Gratisaktien 42, 459
- Kleinstaktien 314

- Meldeverfahren 42
- Teilliquidationstheorie, steuerliche 408 ff.

Verrechnungsverbot → GOR

Versicherungswert → Anhang

Vertretung → Stimmrechtsvertretung

Vertretungsbefugnis 1579 ff.
- Organisationsreglement 1534, 1581
- Umfang 1580
- Veräusserung des ganzen Unternehmens 1580
- Verwaltungsratsmitglied einzelzeichnungsberechtigt 1581

Verwässerung 269 f.
- bedingte Kapitalerhöhung 221, 283
- Bezugsrecht als Schutz 254 ff., 269
- Gewinnverwässerung 269 f.
- Kapitalverwässerung 269 f.
- Kleinaktie 317
- Schutz der Optionsberechtigten vor nachträglicher Verwässerung 240 f.
- Stimmrechtsverwässerung 269 f.

Verwaltung → Verwaltungsrat

Verwaltungsrat (Organ) 1453 ff.
- Abberufung 1402, 1471 ff.
- Abberufung, Erschwerung 1472
- Aktienbuch, Führung 1495
- Aktionär-Verwaltungsrat 1468
- Altergrenze 1461
- Amtsdauer 1402, 1464, 1469 f.
- Amtsdauer, Aufhebung der Staffelung 1402
- Anordnungen für die Stimmrechtsausübung 1292/93
- Anspruch auf Auskunft über alle Angelegenheiten der Gesellschaft 1499 ff.
- Audit Committee 1570 f., 1760
- Ausscheiden 1470
- Ausschüsse 1479, 1578
- Ausstandsregeln 1641 ff.
- Bankverwaltungsrat 1612
- Befähigung zur Ausübung eines Verwaltungsratsmandates 1463
- Bevollmächtigung zur Stimmabgabe? 1490 f.
- Board System 1759 ff.
- Compensation Committee 1760
- dealing at arm's length 1645
- Delegationsnorm in den Statuten 1586
- dualistisches System, Übergang 1457 ff.
- EG-Recht 1767 ff.
- Eigenverantwortung 1639

693

- Einberufung der Generalversammlung 1269
- Einblick ins Rechnungswesen und in die Akten 1506
- Entschädigung des Verwaltungsrates 1508 ff.
- Ereignisnähe 1755
- Feststellung der Stimmrechte 1292
- Finanzausschuss 1760
- Funktionsfähigkeit 1455
- Gruppenvertreter im Verwaltungsrat 1473 ff.
- Hauptaktionär 1646
- Hauptaufgaben, bessere Strukturierung 1466
- Information ausserhalb der Sitzung 1503 ff.
- Information innerhalb der Sitzung 1502
- Informationsrechte 1496 ff.
- inside directors 1759, 1763
- Interessenkonflikt 1453, 1642 ff.
- intertemporales Recht 2263 ff.
- Mandatsbegrenzung 1462
- Mass von Haftung und Informationszugang 1731
- Mehrfachstimmrecht, Ausschluss 1490 f.
- Minderheitsvertreter 1480, 1647
- Mitbestimmung 1750 ff.
- Nationalitätsvorschriften 1465
- nichtige Verwaltungsratsbeschlüsse 1514 ff.
- Organisationsreglement 1586 ff.
- outside directors 1759, 1763
- Präsident 1487 f., 1532, 1664
- Protokoll 1492 f.
- Prüfungsausschuss 1570 f., 1760
- Recht jedes Verwaltungsrates zur Einberufung einer Sitzung 1494
- Schweigepflicht 1648 ff.
- Schweizer Bürger 1465
- Stichentscheid 1489
- Strukturrichtlinie 32, 1457
- Vertreter öffentlicher Körperschaften 1485
- Vinkulierung 566
- Wählbarkeit 1460 ff.
- Weisungsabhängigkeit 1633 ff.

Verwaltungsrat (Hauptaufgaben) 1517 ff.
- Anspruch auf Anhörung 1826
- Antrag über die Verwendung des Bilanzgewinnes 1574
- Aufsichtsratsfunktionen 1733 ff.
- Ausführung von Generalversammlungsbeschlüssen 1576
- Ausschüsse und Arbeitsgruppen 1578
- Benachrichtigung des Richters 1577
- Beratungs- und Beschlussorgan 1601
- Berichterstattung 1541 ff.
- Board System 1611, 1759 ff.
- Delegation
  - der Geschäftsführung 1583 ff.
  - durch die Statuten selbst? 1588 f.
  - unter Genehmigungsvorbehalt 1590 ff.
- EG-Recht 1767 f.
- Erläuterungsbericht 1832
- finanzielles Gleichgewicht des Unternehmens 1556, 1563
- Finanzkontrolle, -planung 1560 ff.
- Finanzverantwortung 1555 ff.
- Funktionseinheit 1535
- Gang zum Richter 1711 f.
- Genehmigungsorgan 1737
- Generalversammlung, Vorbereitung 1573 ff.
- Geschäftsbericht 1573 ff.
- Geschäftsführungskompetenz 1523 f.
- Geschäftsleitung 1595 ff.
- Gleichbehandlungspflicht 1651 ff.
- Gleichgewicht Ziele/Mittel 1528
- Hauptaufgaben, unübertragbare und unentziehbare 1525 ff.
- Insidergeschäfte 1572, 1631 f.
- Interessenverfolgung zu Lasten der Gesellschaft 1627 ff.
- Jahresbericht, verbaler 1573
- Kompetenzen, unentziehbare 1520
- Kompetenzvermutung 1519 ff.
- Konkurrenzverbot 1630
- Konkursaufschub 1715 ff.
- Konzernleitung 1529
- Leitung der Geschäfte als delegierte Funktion 1598 ff.
- Leitung der Generalversammlung 1315/16
- Liquiditätsplanung 1564
- Mandatsverträge 1636
- Meldung von wichtigen Gesetzesverstössen 1827
- monistisches System 1583 ff.
- Oberaufsicht 1567 ff.
- Oberleitung 1527 ff.
- offenes System 1594

Sachregister

- Organisationsverantwortung 1533 ff.
- Präsident 1487 f., 1532, 1664
- Präsidialsystem 1608 ff.
- Prüfungsausschuss 1570 f.
- Rechnungswesen 1557 ff.
- Revisoren 1828
- Schranken der Ermächtigung 1589
- Schweigepflicht 1648 ff.
- Sorgfaltspflicht 1614 ff.
- Stellungnahme bei Sonderprüfung 1878
- Treuepflicht 1624 ff.
- Übernahmekampf 1661 ff.
- Verankerung der Delegation: Organisationsreglement 1586 ff.
- Vertretungsbefugnis, Einräumung 1582
- Vinkulierung 566
- Vorschlagsverantwortung 1787
- Vorstandsfunktionen 1738 ff.
- Wahl der Geschäftsleitung 1565 f.
- Weisungen 1531
- Weisungsabhängigkeit 1633 ff.
- Zielgesellschaft 1672 ff.
- Zwischenbilanz, Pflicht zur Aufstellung einer 1692
- Ablehnungsgründe, Typisierung 554 ff., 557 ff.
- Ausländerdiskriminierung 781

Verzinsungsverbot → Kapitalschutz

Vinkulierung als Institut 540 ff.
- Diskriminierungsverbot 781
- EG-Recht 780 ff.
- Einführung oder Verschärfung nur mit qualifizierter Mehrheit 562
- Einheit des Aktienrechts, Abweichung 550 f.
- Escape clause 561
- Gleichbehandlungsgebot 1659
- intertemporales Recht 2151 ff.
- Interventionsrecht der Regierung? 565
- Kapitalverkehr, Freiheit 781
- Konkurrent 559
- Kontingente und Limiten 560
- Liquidation 569
- Minderheitsaktionäre 544
- Nutzniessung 569
- qualifizierte Mehrheit 562
- rechtliche Probleme, Häufung 541 ff.
- schweizerischer Charakter, Erhaltung 558
- sofortige Ausserkraftsetzung 1402
- Spaltung, Abschaffung 546, 552

- Übermassverbot 562
- Übertragungsverbot 549
- Verankerung in den Statuten 553
- Verwaltungsrat und Generalversammlung, Zuständigkeit 566
- Wandel- und Optionsrechte auf vinkulierte Namenaktien 563/64
- Wechsel der Orientierungspunkte 545

Vinkulierung kotierter Namenaktien 572 ff.
- Ablehnung, widerrechtliche 674 ff.
- Ablehnungsgründe, in den Statuten 631
- Abschrift des Gesetzestextes 632
- Aktienbuch 645 ff., 664
- Aktionär ohne Stimmrecht 570, 584, 587, 627, 634, 651, 654/55, 670/71, 688
- Aktionär ohne Stimmrecht, Eintrag im Aktienbuch 645 ff.
- Anerkennungszwang 641
- Ausländer
  - Ablehnung wegen bestimmter Bundesgesetze 604 ff.
  - Ausschluss, gänzlicher 639/40
  - Diskriminierung 604, 2194 ff.
  - Kontingent 633 ff., 636–38
  - Limite 633/34
- ausländische Börsen 578
- Ausnahmen, Gründe 599–600
- ausserbörslicher Erwerb 576, 660, 667
- Bankengesetz 617
- bankinterne Kompensation 660
- Begrenzung, prozentmässige 576 ff., 580
- beneficial interest 647, 650
- Beschränkung auf das Stimmrecht 645 ff.
- Beurteilung 687 ff.
- börsenkotiert 567, 574/75
- börsenmässige Transaktion 574/75, 660, 667
- Buchaktionär 652, 659, 668, 690
- Bundesgesetze, diskriminierende 606
- Dispoaktien 662, 689/90, 2161 ff.
- Doppelbesteuerungsabkommen 608
- Erbgang 641
- Escape clause 561
- falsche Angaben, Folgen 684/85
- Gefahrenzone für den Nachweis 609 ff.
- Genehmigungsgesuch, Obliegenheit zur Einreichung 663
- Genehmigungsvermutung 673
- Gesuch um Anerkennung als Aktionär 658

695

Sachregister

- Gruppenklausel 585
- Haupt- oder Nebenbörse 577
- Höchstquote, Ausnahmen 595 ff.
- Immobiliengesellschaft 612–15
- Interbankverkehr 660
- Klage auf Eintragung (Anerkennung) 674 ff.
- Lex Friedrich 611
- Meldeobliegenheit (indirekte) des Erwerbers 663 ff.
- Meldepflicht der Veräussererbank 661a/62
- Missbrauchsbeschluss (internationales Doppelbesteuerungsrecht) 616
- Mitgliedschaftsrechte, vermögensrechtliche 646
- Numerus clausus 555
- Nutzniesser 590
- Quote
  - Ausnahmen 595 ff.
  - Bezugsgrösse 588–91
  - Inhalt und Begründung 580 ff.
  - prozentmässige Begrenzung 576 ff.
- Quotenregelung, Rechtsfolgen einer Verletzung 586
- Rechtsfolgen 601, 645 ff., 671 f.
- Rechtsübergang
  - bei börsenmässiger Abwicklung 651–57
  - bei Erwerb ausserhalb der Börse 658 ff.
- Rückabwicklung 660
- Ruhen der Stimmrechte 656
- Schadenersatzpflicht der Gesellschaft 683
- Schlussbestimmungen (Art. 4) 620 ff.
- Schutz der Optionsberechtigten 243
- soweit und solange 621
- statutarische Definition der betroffenen Einheit 585
- Statutenaussage zur gültigen Berufung auf Art. 4 Schl.Best. 628 ff.
- Stimmrechtsausschluss 645 ff.
- Stimmrechtsbasis, Schrumpfung 648–50, 656
- Streichung (nachträgliche) eines Aktienerwerbers 684 ff.
- Streuung im Aktienbesitz 582–84
- Strohpersonen, Ablehnung 642–44
- Übertragung börsenkotierter Namenaktien, Rechtsfolgen 645 ff.

- Unbedenklichkeitsgrenze 609 ff.
- Veräusserer, Nichtaktionär 668
- Vermögensrechte 659
- Warteliste, Warteschlange 621–22
- Willensmängel 684
- Zeitpunkt des richterlichen Urteils 682

Vinkulierung nichtkotierter Namenaktien 691 ff.
- Ablehnung (trockene) eines Erwerbers 714
- Ablehnung aus wichtigem Grund 712 ff.
- Aktienpakete, massgebende 731/32
- Aktionärskreis, Zusammensetzung 719 ff.
- Aktionärsstellen, offene 767
- Angebot zur Übernahme zum wirklichen Wert 709, 769
- Ankaufsrecht (bedingtes gesetzliches) der Gesellschaft 711
- Annahmevermutung 751
- Ausländer 723/24, 742
- Ausnahme 20% 384
- Beherrschungsübergang 728/29, 733
- Buchaktionär 766/67
- eheliches Güterrecht 747 ff., 768 ff.
- Eigentum 771
- Einheitstheorie 691, 763
- Erbgang und Erbteilung 747 ff., 768 ff.
- Escape clause 561, 692ff.
- Forderungsrechte 764
- für eigene Rechnung 693
- Generalversammlung, Zuständigkeit 761
- Gesellschaftszweck, im Hinblick auf 719
- Gleichbehandlungsprinzip 696, 737
- Hauptaktionäre 736
- innerer Wert 700–702
- Konkurrenten 720–22, 727
- Koppelungsklausel 760
- Limite (erweiterte) von 20% des Aktienkapitals 693
- Liquidationswert 705
- Mitwirkungsrechte 763
- ohne Angaben von Gründen 691
- Paketquote 732
- Paketzuschlag 736/37
- Quote zur Erhaltung der Selbständigkeit 725 ff., 730–733
- Rechtsfolgen 762 ff.
- Rückkauf zwecks Ablehnung, Schranken 694 ff.
- Schlussbestimmungen, Art. 4 742–44

- Selbständigkeit des Unternehmens 725 ff.
- Sippen-Klauseln in den Statuten 738/39
- Spaltung, Abschaffung 691
- Spaltung, vorübergehende 768
- Statuten 691, 714 ff.
- Steuerwert 706
- Streubesitz 730
- Übernahmeangebot zum wirklichen Wert 769
- Übertragbarkeit, Erschwerung 752 ff., 756
- Übertragung als Objekt der Zustimmung 770
- Verhandlungspreis 703
- Vermögensrechte 763
- Verwaltungsrat, Zuständigkeit 761
- vinkuliert die Minderheitsaktien 740/41
- vinkulierte Partizipationsscheine 488/89
- Vorhand– und Vorkaufsrechte, statutarische 755–57
- Wertfestlegung durch die Revisionsstelle 707/8
- wichtiger Grund 712 ff.
- wirklicher Wert 699 ff., 705, 769
- wirtschaftliche Selbständigkeit 725 ff.
- Zustimmungsvermutung 766
- Zwangsvollstreckung 747 ff., 768 ff.
- Zwillingsaktien 758

Volksaktien → Aktien
Vollständigkeitserklärung → Revisionsstelle
Vorkaufs- und Kaufrechte an Aktien
- Ankaufsrecht (bedingtes gesetzliches) 692 ff.
- eigene Aktien 420 ff.
- statutarische 755–57

Vorratsaktien 440 ff.
- Canes c. Nestlé 444
- freie, als Ersatz für genehmigtes Kapital 155, 445/46
- gebundene 158, 233, 442 ff.
- Scheinliberierung, Gefahr 447
- treasury stock 440
- Zweckbindung 445

Vorrechte → Vorzugsaktien, Partizipationsscheine
Vorsorgeeinrichtung → Anhang
Vorstand → Verwaltungsrat, Spitzenverfassung
Vorteile, besondere → Sondervorteile

Vorwegzeichnungsrecht → bedingte Kapitalerhöhung, Bezugsrecht
Vorzugsaktien 347 ff.
- abweichende Ordnung 352
- Aufhebung von Art. 655 348
- besondere Versammlung 350
- Dividendenvorrecht 347
- Doppelbeschluss 351
- Liquidationsergebnis, Vorrecht 347
- Präsenzquorum, Aufhebung 348

W

Wahlen → Verwaltungsrat, Generalversammlung
Wandelobligationen → bedingte Kapitalerhöhung
Warteliste, Warteschlange → Vinkulierung kotierter Namenaktien
Wechselseitige Beteiligungen → eigene Aktien
Weisung des Aktionärs → Stimmrechtsvertretung, institutionelle
Weisungen → Verwaltungsrat (Hauptaufgaben)
Wertschriften → Bewertungsregeln
Wichtige Beschlüsse → Beschlussquorum
Wiederbeschaffungsreserve → Rückstellungen zu Wiederbeschaffungszwecken
Wirklicher Wert → Vinkulierung nichtkotierter Namenaktien
Wirtschaftskriminalität, Bekämpfung → Gründung
Wohlerworbene Rechte der Aktionäre
- Abschaffung? 1935
- unentziehbare 1936

Wohlfahrtseinrichtungen

Z

Zeichnungsschein → Aktienzeichnung
Zielgesellschaft → Übernahmeangebot
Zirkulationsbeschluss → Verwaltungsrat
Zerlegung → Aktien (Aktiensplit)
Zweck der Gesellschaft → Gesellschaftszweck
Zugehörigkeit → Verwaltungsrat
Zweigniederlassungen → Einberufung
Zwischenbericht → Jahresbericht

Zwischenabschluss 1690 ff.
- Emissionsprospekt 197
- Erhöhung aus Eigenkapital 201 ff.
- Pflicht zur Aufstellung 1692
- Prüfung 1694 f.
- Revisionsstelle 1695
- Zwischenbilanz und ihre Prüfung 1690 ff.
- Zwischenerfolgsrechnung 1695

Zwischendividende → Dividendenbeschluss